FORSCHUNGEN
ZUR DEUTSCHEN SOZIALGESCHICHTE

BAND 1/II

FORSCHUNGEN
ZUR DEUTSCHEN SOZIALGESCHICHTE

HERAUSGEGEBEN
VON DER HISTORISCHEN KOMMISSION
BEI DER BAYERISCHEN AKADEMIE
DER WISSENSCHAFTEN

BAND 1/II

HARALD BOLDT VERLAG · BOPPARD AM RHEIN

Die Bauernbefreiung im Königreich Württemberg

Band II
Quellen

von

Wolfgang v. Hippel

HARALD BOLDT VERLAG · BOPPARD AM RHEIN

CIP-Kurztitelaufnahme der Deutschen Bibliothek

Hippel, Wolfgang von
Die Bauernbefreiung im Königreich Württemberg. —
Boppard am Rhein: Boldt.
   ISBN 3-7646-1672-5

Bd. 2. Quellen. — 1977.
   (Forschungen zur deutschen Sozialgeschichte;
   Bd. 1)

Gedruckt mit Unterstützung der Deutschen Forschungsgemeinschaft

ISBN: 3 7646 1672 5

1977
© Harald Boldt Verlag · Boppard am Rhein
Alle Rechte vorbehalten · Printed in Germany
Herstellung: boldt druck boppard gmbh

Inhaltsverzeichnis

BAND I

Geleitwort		IX
Vorwort		XI
Quellen und Literatur		1
Abkürzungsverzeichnis		46
Einleitung		49
1.	Die Agrarverfassung im Gebiet des Königreichs Württemberg vor der Bauernbefreiung — ein Überblick	57
1.1.	Grundlagen der Agrarverfassung: Boden und Klima — Erbrecht und Erbsitte — territoriale Differenzierung	60
1.2.	Elemente der Herrschaftsbildung und Herrschaftsausübung im bäuerlichen Bereich. Herrschaft und Genossenschaft	78
1.2.1.	Grundherrschaft	88
1.2.1.1.	Grundherrschaft als Element der Herrschaftsordnung in Südwestdeutschland	88
1.2.1.2.	Bäuerliche Besitzrechte	94
1.2.1.2.1.	Eigenland	99
1.2.1.2.2.	Grundherrliche Güter	105
1.2.1.2.2.1.	Fallehen	106
1.2.1.2.2.2.	Erblehen	120
1.2.1.3.	Leistungen an den Grundherrn	125
1.2.1.3.1.	Jährliche Abgaben	125
1.2.1.3.2.	Besitzwechselgebühren (Laudemien)	131
1.2.2.	Leibherrschaft — Leibeigenschaft	143
1.2.3.	Gerichtsherrschaft	172
1.2.3.1.	Vogtei	173
1.2.3.2.	Niedergerichts- und Ortsherrschaft	176
1.2.3.2.1.	Fronen	184
1.2.4.	Zehntherrschaft	209
1.2.5.	Landesherrschaft. Steuersysteme, bäuerliche Steuerbelastung	228
1.2.5.1.	Steuerzweck	230
1.2.5.2.	Grundzüge der Steuersysteme	237
1.2.5.2.1.	Kloster Schussenried	239

1.2.5.2.2.	Kloster Ochsenhausen	239
1.2.5.2.3.	Ritterkanton Hegau	241
1.2.5.2.4.	Herzogtum Württemberg	242
1.2.5.2.5.	Schwäbisch Österreich	244
1.2.5.3.	Direkte Steuern und „feudale" Abgaben	249
1.2.5.4.	Auflockerung der Agrarverfassung?	250
1.3.	Ansätze zur Auflockerung der bestehenden Agrarverfassung in der 2. Hälfte des 18. Jahrhunderts	252
1.3.1.	Förderung der Landeskultur durch die „agrarische Bewegung"	252
1.3.2.	Die Josephinischen Agrarreformen in Schwäbisch Österreich	258
1.3.2.1.	Die Aufhebung der Leibeigenschaft in Vorderösterreich	261
1.3.2.2.	Die geplante Eigenmachung der Schupflehen	264
1.3.2.3.	Die Robotabolition	267
1.3.3.	Neuorientierung der württembergischen Lehenpolitik im späten 18. Jahrhundert	273
1.4.	Die agrarische Ordnung in Südwestdeutschland am Ende des 18. Jahrhunderts	278
2.	Die Agrarverfassung im Zeichen staatlicher Neugestaltung: Rheinbündische Staatssouveränität contra patrimoniale Adelsherrschaft	305
2.1.	Das Problem der Agrarverfassung in Südwestdeutschland während der 1790er Jahre	305
2.2.	Der Durchbruch zum souveränen Staat: Das Königreich Württemberg in der Rheinbundzeit	309
2.2.1.	Souveräner Staat und adelige Herrschaft	313
2.2.2.	Grundzüge der staatlichen Agrarpolitik während der Rheinbundzeit	321
3.	Die Periode der Ablösungsgesetzgebung 1817–1848/49	330
3.1.	Allgemeiner Überblick: Voraussetzungen, grundlegende Probleme, treibende und hemmende Kräfte	330
3.2.	Die Edikte I und II vom 18. 11. 1817. Entstehung – Bedeutung – Durchführung	355
3.3.	Adelsfrage und Ablösungsproblem im Vormärz	368
3.3.1.	Einzelstaatliche Souveränität und Bundesrecht: Die offene Entscheidung von 1819	368
3.3.2.	Adel und Staat: Eingrenzung der Adelsherrschaft durch den souveränen Staat	372
3.3.3.	Adel und Grundholden: Innerer Zerfall adeliger Herrschaft	383
3.3.3.1.	Die Standesherrschaften Sternberg–Manderscheid–Schussenried und Metternich–Ochsenhausen	408
3.3.3.2.	Die Standesherrschaft Öttingen–Wallerstein	412
3.4.	Ablösungsfrage und staatliche Grundherrschaft	420
3.5.	Die Ablösungsgesetze von 1836. Entstehung – Durchführung – Ergebnisse	437
3.6.	Fortgang der Ablösungsdiskussion in Württemberg bis 1848. Zehntfrage und Mediatisiertenproblem	463
3.7.	Revolution und Ablösungsgesetzgebung 1848/49	480

3.7.1.	Das Gesetz vom 14. 4. 1848	480
3.7.2.	Die bäuerlichen Märzunruhen 1848. Die ländliche Bevölkerung in der Revolution von 1848/49	485
3.7.3.	Ausbau der Ablösungsgesetzgebung 1848/49	498
3.7.4.	Die Kämpfe des Adels um eine Nachtragsentschädigung. Das Komplexlastengesetz von 1865	505
3.7.5.	Ablösungsgewinne und -verluste nach den Gesetzen von 1848/49. Durchführung der Gesetze	511
4.	Auswirkungen der Bauernbefreiung in Württemberg	517
4.1.	Die Verwendung der Ablösungsgelder	519
4.1.1.	Verwendung der Ablösungsgelder beim Staatskammergut	521
4.1.2.	Verwendung der Ablösungsgelder bei dem Hofdomänenkammergut	525
4.1.3.	Verwendung der Ablösungsgelder durch Korporationen und Stiftungen	527
4.1.4.	Verwendung der Ablösungsgelder durch den Adel	529
4.1.5.	Verwendung der Ablösungsgelder bei Kirchen und Schulstellen	533
4.2.	Gesamtwirtschaftliche Auswirkungen der Wiederanlagepolitik der Berechtigten	535
4.3.	Zum Problem des Wandels in der bäuerlichen Abgabenbelastung	539
4.4.	Probleme einer Agrarstrukturpolitik: Güterzerstückung – Allmendfrage – Landeskulturgesetzgebung	544
4.4.1.	Güterzerstückung	545
4.4.2.	Allmendfrage	561
4.4.3.	Landeskulturgesetzgebung	569
5.	Schlußbemerkungen	578
Register		589

BAND II

Editorische Vorbemerkungen	VIII
Verzeichnis der Quellen	IX
Quellen	1
Nr. 1– 26 Die Agrarverfassung im Bereich des Königreichs Württemberg während des 18. Jahrhunderts und die Ansätze zu ihrer Auflockerung in der zweiten Jahrhunderthälfte	1
Nr. 27– 35 Ansätze zur „Bauernbefreiung" in der Periode des Rheinbundes	70
Nr. 36–187 Die Periode der Ablösungsgesetzgebung 1817–1848/49	102
Nr. 188–203 Grundentlastung und Güterzerstückung	595
Nr. 204–206 Die Allmendfrage	653
Nr. 207–211 Die „Bauernbefreiung" im Königreich Württemberg in Einzelbeispielen	672

Editorische Vorbemerkungen

Der Bearbeitung der Quellentexte liegen im wesentlichen die „Richtlinien für die äußere Textgestaltung bei Herausgabe von Quellen zur neueren deutschen Geschichte" von Johannes Schultze zugrunde (Blätter für deutsche Landesgeschichte, Jg. 98, 1962, S. 1–11). Auf sie sei allgemein auch für die folgenden Bemerkungen verwiesen.

Die Rechtschreibung wurde wie die Interpunktion bis auf wenige charakteristische Ausnahmen durchweg modernisiert und nur dann aus der Vorlage übernommen, wenn sie mundartliche Eigenheiten wiedergab oder wiederzugeben schien. Die Absätze der Vorlage wurden aus Gründen des Raumes und der Übersichtlichkeit nicht immer berücksichtigt, sondern häufig zu größeren Einheiten zusammengefaßt, seltener in weitere Absätze unterteilt. Nur ausnahmsweise wurden Kurialien am Anfang und Ende der Schriftstücke einbezogen, die oft sehr umständlichen Betreffangaben wurden in den Quellenüberschriften nach Möglichkeit vereinfacht. Unbedeutende Kürzungen sind durch [...] gekennzeichnet; größere Passagen, auf deren wörtliches Zitat nach Ansicht des Bearbeiters verzichtet werden konnte, sind in Regestform (Kursivdruck!) wiedergegeben. Offensichtliche Versehen der Vorlage wurden stillschweigend verbessert oder mit [!] markiert. Unterstreichungen wurden aus der Vorlage nicht übernommen. Abkürzungen wurden weitgehend ohne besondere Kennzeichnung aufgelöst. Vereinheitlicht sind Datum und Ortsangabe in der Reihenfolge Jahr, Monat, Tag, Ortsangabe.

Als Druckvorlage diente, soweit auffindbar, die Ausfertigung. Auf den Abdruck von Teilen der Schriftstücke und von sonstigen Textaufschriften, die zum Verständnis oder zur Bewertung der Quellen nicht unerläßlich erschienen, wurde aus Raumgründen verzichtet. So sind z. B. bei den Gutachten des Geheimen Rates außer dem jeweiligen unterschreibenden Vorsitzenden nur Referent und Korreferent angegeben, nicht aber die gesamte Liste der jeweils an- und abwesenden Mitglieder. Aus den Akten des Geheimen Rates gehen eventuell abweichende Meinungsäußerungen ohnehin nur sehr selten hervor; in der Regel liegt dem Gutachten der Vortrag des Referenten weitgehend wörtlich zugrunde.

Querverweise auf die Darstellung, einleitendes Aktenreferat (Kursivdruck!) und Anmerkungen vermitteln den Kontext, in dem die einzelnen Quellenstücke stehen. Von hierher sind die einschlägigen Archivbestände notfalls ohne Schwierigkeiten auffindbar.

Sehr viel weiter geht die Bearbeitung der Vorlagen z. B. bei den Nummern 1 ff, 93 ff, 183 ff; z. T. handelt es sich hier um Zusammenstellungen aus einem größeren Aktenbestand. Eine Sonderstellung nehmen die Nummern 207–211 ein; vgl. hierzu das Vorwort der gesamten Arbeit.

Verzeichnis der Quellen

Nr.	Datum	Ort	Betreff	Seite
1– 26			Die Agrarverfassung im Bereich des Königreichs Württemberg während des 18. Jahrhunderts und die Ansätze zu ihrer Auflockerung in der zweiten Jahrhunderthälfte	1
1– 9			Herrschaftliche Revenüenetats aus dem ausgehenden 18. Jahrhundert	1
1	1802 IV	Schussenried	Revenüenetat des Klosters Schussenried mit Einschluß der dazu gehörigen Pfarreien und des Maierhofs zu Schienen . . .	1
2	1806 XII		Revenüenetat der nassau-oranischen Herrschaft Weingarten	7
3	1807 VII		Revenüenetat der Herrschaft Ochsenhausen (Metternich) aus dem ehemals reichsständischen Territorium des Klosters Ochsenhausen	10
4			Revenüenetat der Reichsgrafschaften Zeil (mit Aichstetten) und Trauchburg (mit Wengen und Weiler) nach 15jährigem Durchschnitt 1791–1806	12
5	1809 III		Revenüenetat der Herrschaften Wurzach und Marstetten (Fürstentum Waldburg-Zeil-Wurzach) nach 9jährigem Durchschnitt 1797–1805	15
6			Revenüenetat des fürstlichen Hauses Hohenlohe-Kirchberg für den Teil der Besitzungen, die 1806 an Bayern und 1810 an Württemberg gelangten, nach dem Stand von 1806	17
7			Revenüenetat des Amts Wallerstein nach 10jährigem Durchschnitt 1786–1795	19
8			Revenüenetat des Heilig-Geist-Spitals zu Schwäbisch Gmünd nach 10jährigem Durchschnitt 1792/93–1801/02	21
9			Abgabenbelastung des Marktfleckens Kornwestheim um 1787	23
10	1726 V 1	Altdorf	Bauernschutzbestimmungen in dem „Erneuerten Mayen-Gebott der Landvogtey in Obern- und Nidern-Schwaben" von 1726 .	25
11– 22			Die Josephinischen Agrarreformen in Schwäbisch Österreich	26

Nr.	Datum	Ort	Betreff	Seite
11–16			Aufhebung der Leibeigenschaft	26
11	1782 IV 18	Rottenburg	Bericht des Oberamts Rottenburg an die Vorderösterreichische Regierung und Kammer über die Leibeigenschaftsverhältnisse in seinem Amtsbereich	26
12	1782 IX 13	Freiburg	Bericht der Vorderösterreichischen Regierung und Kammer an den Kaiser, die Aufhebung der Leibeigenschaft in Vorderösterreich betreffend	30
13	1782 XII 20	Wien	Patent über die Aufhebung der Leibeigenschaft in Vorderösterreich	35
14	1783 V 8	Wien	Erläuterndes Dekret zum Patent vom 20. 12. 1782	36
15	1784 III 5	Wien	Erläuterndes Dekret zum Patent vom 20. 12. 1782	38
16	1785 V 2	Wien	Erläuterndes Dekret zu § 3 des Patents vom 20. 12. 1782	39
17–21			Bemühungen um die Allodifikation der Schupflehen	40
17	1784 IV 14	Altdorf	Bericht des Oberamts Altdorf an die Vorderösterreichische Regierung und Kammer über die geplante Eigenmachung der Schupflehen	41
18	1783 V 29	Heiligkreuztal	Eingabe der Äbtissin von Heiligkreuztal an die Vorderösterreichische Regierung und Kammer wegen der geplanten Eigenmachung der Schupflehen	43
19	1783 VI 10	Tettnang	Bericht des Oberamts Tettnang an die Vorderösterreichische Regierung und Kammer wegen der Eigenmachung der Schupflehen	46
20	1783 VII 29	Freiburg	Weisung der Vorderösterreichischen Regierung und Kammer an die Oberämter Günzburg, Altdorf, Stockach, Rottenburg, Tettnang, Wasserburg, an die breisgauischen Stände und an den Hofrat und Landvogt von Blanc betr. die Allodifikation der Schupflehen	48
21	1784 III 5	Tettnang	Bericht des Oberamts Tettnang an die Vorderösterreichische Regierung und Kammer wegen Verwandlung von Schupf- in Erblehen	50
22 a–c	1784/86		Der Versuch der Robotabolition in der Kameralherrschaft Niederhohenberg	51
22 a	1785 VIII 3	Spaichingen	Bericht des vorderösterreichischen Robotabolitionskommissärs, Hofrat Franz Anton v. Blanc, an den Kaiser über die Ablösungsverhandlungen in der Grafschaft Niederhohenberg	51

Nr.	Datum	Ort	Betreff	Seite
22 b	1786 I 12	Sigmaringen	Weiterer Bericht von Hofrat v. Blanc an den Kaiser über die Fronablösung in der Grafschaft Niederhohenberg	54
22 c	1786 III 16	Rottenburg	Bericht von Hofrat v. Blanc über weitere Verhandlungen wegen der Fronablösung in der Grafschaft Niederhohenberg	55
23	1796 II 11	Stuttgart	Umfrage der herzoglich württembergischen Regierung bei 14 Oberämtern über mögliche Maßnahmen, die Zertrennung großer Höfe zu befördern	58
24–26			Probleme der Agrarverfassung auf dem württembergischen Landtag von 1797/99; Plan zur Aufhebung der Leibeigenschaft .	61
24	1798 V 10		Votum, die Aufhebung der Personalleibeigenschaft betreffend	61
25	1798 V 11	Stuttgart	Wünsche des württembergischen Landtags zur Verbesserung der Landeskultur und nach Aufhebung der Leibeigenschaft ...	63
26	1803 III 4	Stuttgart	Gutachten des Kirchenratsrevisorats „die Aufhebung der Leibeigenschaft betreffend" auf Dekret vom 31. 1. 1803	66
27–35			Ansätze zur „Bauernbefreiung" in der Periode des Rheinbundes	70
27–29			Souveräner Staat und adelige Herrschaft: Die staatliche Mediatisiertenpolitik ...	70
27	1806 X 23	Wertheim	Eingabe des Grafen Johann Carl Ludwig von Löwenstein-Wertheim und Limpurg an König Friedrich anläßlich seiner Mediatisierung	70
28	1809 V 10	Stuttgart	Königliches Generalreskript, die Aufhebung aller Patrimonialgerichtsbarkeit im Königreich betreffend	76
29	1811 I 29/31	Stuttgart	Auszug aus dem Generalbericht des Ministeriums des Innern für die Jahre 1809 und 1810: Eingliederung des mediatisierten Adels in die Staatsorganisation	77
30–35			Die staatliche Agrarpolitik während der Rheinbundzeit	79
30	1808 (II 12/24)	Stuttgart	Auszüge aus dem allgemeinen Bericht von Finanzminister v. Jasmund für das Jahr 1807: Agrikulturfragen	79
31	1809 (II 6)	Stuttgart	Auszüge aus dem Jahresbericht des Ministers des Innern v. Normann Ehrenfels zum Jahr 1808: Agrikulturfragen	83
32	1808 XII 23	Stuttgart	An das Finanzministerium. Anbringen der Oberfinanzkammer, Landwirtschaftliches Departement, die Allodifizierung der Fallehen betreffend	86

Nr.	Datum	Ort	Betreff	Seite
33	1809 X 12	Stuttgart	Gutachten von Oberlandesökonomierat Rummel und Oberökonomierat Frisch „über die Allodifikation der Baurenlehen und die Entfernung verschiedener anderer Hindernisse der Bevölkerung in den neuacquirierten Landen und besonders in den gutsherrlichen Besitzungen"	89
34	1811 I 25/VII 12	Stuttgart	Gutachten des Oberlandesökonomiekollegiums zur künftigen Regelung der Verhältnisse zwischen den adeligen Gutsbesitzern und ihren Hintersassen	95
35	1812 VII 6	Stuttgart	Königliches Reskript an das Staatsministerium, die Allodifikation der Lehen betreffend	100
36–187			Die Periode der Ablösungsgesetzgebung 1817–1848/49	102
36– 59			Die Edikte I und II vom 18. 11. 1817. Entstehung, Bedeutung, Durchführung	102
36– 44			Die Entstehung der Edikte I und II vom 18. 11. 1817	102
36	1817 III 3		§ 61 des Königlichen Verfassungsentwurfs	103
37	1817 IV	Stuttgart	Gutachten von Staatsrat v. Weckherlin „Über eine Reform der Feudalabgaben in Württemberg"	104
38	1817 VI 12	Stuttgart	Bericht der wegen Aufhebung oder Loskauf der sogenannten Feudalabgaben niedergesetzten Kommission an das Finanzministerium zu dem Gutachten von Staatsrat v. Weckherlin	116
39	1817 VII 13	Stuttgart	Bericht von Finanzminister v. Otto an den Geheimen Rat über das Gutachten Weckherlins und den Bericht der Feudalkommission	117
40	1817 XI 10	Stuttgart	Gutachten der Steuerregulierungskommission „über die Reform der Feudalabgaben"	119
41– 44			Die Edikte I und II vom 18. 11. 1817	126
41	1817 XI 14	Stuttgart	Votum des Geheimen Rats v. Kerner „über das Finanzwesen"	127
42	1817 XI 15	Stuttgart	Zweites Votum des Geheimen Rats v. Kerner „über Feudalabgaben und Steuerwesen"	129
43	1817 XI 18	Stuttgart	I. Edikt, mehrfache Änderungen im Abgabenwesen betreffend	131
44	1817 XI 18	Stuttgart	II. Edikt, die Aufhebung der persönlichen Leibeigenschaftsgefälle, Ablösung und Verwandlung der Feudalabgaben betreffend	134
45– 59			Kampf um die Erweiterung oder Einschränkung der Ablösungsmöglichkeiten nach dem Edikt II vom 18. 11. 1817	142

Nr.	Datum	Ort	Betreff	Seite
45– 50			Abwehrmaßnahmen des mediatisierten Adels	143
45	1817 XII 2	Regensburg	„Alleruntertänigste Vorstellung" des Fürsten von Thurn und Taxis gegen das 2. Edikt vom 18. 11. 1817	143
46	1817 XII 11	Buxheim	Vorstellung oberschwäbischer Standesherren gegen das 2. Edikt vom 18. 11. 1817	146
47	1818 I 13	Kirchberg	Gutachten von Hofrat Hammer, Hohenlohe-Kirchberg, über das 2. Edikt vom 18. 11. 1817 und über ratsame Gegenmaßnahmen der hohenloheschen Häuser. Bemerkungen des Fürsten von Hohenlohe-Kirchberg dazu	150
48	1817 I 17	Kirchberg, Langenburg, Haltenbergstetten, Öhringen, Bartenstein	Eingabe der Fürsten von Hohenlohe an den König. Bitte, die Anwendbarkeit der Edikte vom 18. 11. 1817 auf ihre Besitzungen zu überprüfen	152
49	1818 II 17	Schloß Zeil	Beratungen oberschwäbischer Standesherren und ihrer Bevollmächtigten über das künftige Verhalten gegenüber den Regierungsbehörden bei der Durchführung des 2. Edikts vom 18. 11. 1817	155
50	1818 II 20	Buxheim	Weisung des Grafen von Waldbott-Bassenheim an das Rentamt Heggbach für sein Verhalten in der Ablösungsfrage	156
51– 55			Regierungsinterne Diskussionen um die Revision des 2. Edikts vom 18. 11. 1817 im Jahr 1818	157
51	1818 III	Stuttgart	Gutachten „Über die unbeschränkte Gestattung der Ablösung sämtlicher Grundabgaben, insbesondere in Beziehung auf die Königliche Hof- und Domänenkammer"	158
52	1818 I 21	Stuttgart	Bericht von Präsident v. Malchus an den König über den Erfolg des Ablösungsgeschäfts im Oberamt Göppingen und über das Verhalten der Mediatisierten	160
53	1818 IV 4	Stuttgart	Protokoll über die Sitzung des Geheimen Rats in Gegenwart des Königs: Diskussion über die staatliche Politik der Grundentlastung	163
54	1818 IV 5	Stuttgart	Königliches Dekret an die Ministerien des Innern und der Finanzen anläßlich der Adelsbeschwerden gegen das 2. Edikt vom 18. 11. 1817	175
55	1818 IX 13	Stuttgart	Verordnung über das Verfahren bei Ablösung der Leibeigenschaftsabgaben und des Lehensverbands sowie bei Ablösung und Verwandlung der Grundgefälle von seiten der Finanzkammer	176

Nr.	Datum	Ort	Betreff	Seite
56– 59			Probleme beim Vollzug des 2. Edikts vom 18. 11. 1817	183
56	1818 I 30	Crailsheim	Bericht der Stiftungsverwaltung Crailsheim über häufige Anstände beim Vollzug des 2. Edikts vom 18. 11. 1817	183
57	1819 VIII 31	Ellwangen	Gutachten der Regierung des Jagstkreises zum Vollzug des 2. Edikts vom 18. 11. 1817 bei den Grundgefällen von Gemeinden und Stiftungen	183
58	1819 X 22	Reutlingen	Gutachten der Regierung des Schwarzwaldkreises zum Vollzug des 2. Edikts vom 18. 11. 1817 bei den Grundgefällen von Gemeinden und Stiftungen	184
59	1823 VIII 11	Stuttgart	Bericht der Hofdomänenkammer an den König über den Fortgang der Fallehenallodifikationen im Hofkamerabezirk Altshausen	186
60– 89			Adelsfrage und Ablösungsproblem im Vormärz	189
60– 68			Adel und Staat: Eingrenzung der Adelsherrschaft durch den souveränen Staat .	189
60– 64			Umtriebe gegen die Wiederherstellung der Patrimonialgerichtsbarkeit	189
60	1816 VI 17	Oberamt Gerabronn	Eingabe aus dem Oberamt Gerabronn an den König gegen die Wiederherstellung der grundherrlichen Patrimonialgerichtsbarkeit	189
61	1816 VIII 2	Stuttgart	Gutachten der Sektion der inneren Administration, Erste Abteilung, „die Eingaben für und wider die Herstellung der gutsherrlichen Gerichtsbarkeit aus dem Oberamt Gerabronn betreffend"	191
62	1817 XII 23	Ehingen	Eingabe der Amtsdeputierten des Oberamts Ehingen an den König gegen die Wiederherstellung der Patrimonialgerichtsbarkeit	192
63	1818 II 4	Wolfegg	Eingabe der Ortsvorsteher und Gemeindedeputierten der Schultheißereien Wolfegg, Dietmanns und Haidgau an den König gegen die Wiederherstellung der Patrimonialgerichtsbarkeit	194
64	1818 II 18	Zeil	Eingabe oberschwäbischer Standesherren an den König wegen der Umtriebe gegen die Wiederherstellung der Patrimonialgerichtsbarkeit in den Oberämtern Leutkirch und Wangen	195
65– 68			Auseinandersetzung zwischen Regierung und Standesherren um die Regelung der staatsrechtlichen Verhältnisse des mediatisierten Adels	198

Nr.	Datum	Ort	Betreff	Seite
65	1819 VI	Stuttgart	Instruktion zu den Unterhandlungen wegen Regulierung der staatsrechtlichen Verhältnisse des Hauses Thurn und Taxis. Beilage VII: Grundherrliche Rechte	198
66	(1824 IV/V)	(Buxheim)	Aufstellung des Grafen von Waldbott-Bassenheim über die „Differenzpunkte" zwischen Regierung und Standesherren bei der Regelung der staatsrechtlichen Verhältnisse des mediatisierten Adels	201
67	1824 XII 7	Frankfurt	Bericht des württembergischen Bundestagsgesandten v. Trott an Außenminister v. Beroldingen über die Mediatisiertenfrage	213
68	1829 I 19	Haltenbergstetten	Äußerung des Fürsten Carl Joseph zu Hohenlohe-Jagstberg über die Frage, ob die Häuser Hohenlohe die Patrimonialgerichtsbarkeit und Polizeiverwaltung in vollem Umfang übernehmen sollen	216
69– 89			Adel und Grundholden: Innerer Zerfall adeliger Herrschaft	217
69	1821 IV 24	Öhringen	Bericht des Oberamts Öhringen an die Regierung des Jagstkreises über die Beschwerden der Vorsteher sämtlicher Gemeindebezirke des Stammteils Hohenlohe-Öhringen gegen das Oberrentamt Öhringen	217
70	1821 VI 13	Kirchberg	Vortrag von Hofrat Hammer an Fürst Ludwig von Hohenlohe-Kirchberg über die augenblickliche Situation der Standesherren in Württemberg	220
71– 74	1831/32		Plan der hohenlohschen Standesherrschaften zu Gefällabtretungen an den Staat	222
71	1831 VI 14/16	Langenburg	Diskussion über den Verkauf standesherrlicher Gefälle an den Staat auf einer Konferenz hohenlohescher Räte	223
72	1831 VII 19	Öhringen	Aufsatz von Domänenrat Mangoldt, Hohenlohe-Öhringen, zur Ablösungsfrage	224
73	1831 X 12	Öhringen	Zirkularschreiben der Domanialkanzlei Öhringen zur Ablösungsfrage	230
74	1832 IV 20	Friedrichsruhe	Instruktion des Fürsten August zu Hohenlohe-Öhringen für seine Domänenräte Beuerlein und Mangoldt auf einer am 24. April 1832 in Langenburg angesetzten Konferenz	232
75– 76	1845		Diskussion der hohenlohschen Standesherrschaften über die Rätlichkeit von Gefällablösungen	234
75	1845 III 2	Stuttgart	Vortrag von Hofrat Mangoldt, Hohenlohe-Öhringen, über die Ablösung grundherrlicher Gefälle	234

Nr.	Datum	Ort	Betreff	Seite
76	1845 III 20	Kupferzell	Schreiben des Fürsten Friedrich Karl von Hohenlohe-Waldenburg-Schillingsfürst an Hofrat Krauß über die Ablösung grundherrlicher Gefälle	236
77	1844/46		Beschwerden und Wünsche des Hohenloher Landwirtschaftlichen Vereins	240
78	1833 VI 22	Stuttgart	Antrag des Abgeordneten Wiest, Oberamt Saulgau, „auf die Herstellung eines festen Rechtszustandes zwischen den Gutsherrschaften und ihren Grundholden"	251
79	1838 XII 15	Wolfegg	Eingabe der Vertreter der Gemeinde Wolfegg an das Oberamt Waldsee über die Verhandlungen wegen Fron- und Leibeigenschaftsablösung	268
80	1845 III 30	Wurzach	Bericht der Domanialkanzlei Wurzach an den Fürsten Leopold von Waldburg-Zeil-Wurzach über das Ablösungsgesuch der Gemeinde Vollmaringen bei der Standesherrschaft Waldburg-Zeil-Trauchburg	270
81	1846 V 12	Ulm	Bericht der Kreisregierung Ulm an das Ministerium des Innern über die Steigerung der Grundabgaben von Fallehen im Donaukreis	272
82	1847 I 4	Wurzach	Bemerkungen des Fürsten Leopold von Waldburg-Zeil-Wurzach zu dem Antrag, die Rechtsverhältnisse der Fallehenbesitzer neu zu regeln	277
83– 84	1829/1830		Beschwerden gegen die Standesherrschaft Öttingen-Wallerstein	279
83	1830 II 27	Neresheim	Bericht des Oberamtes Neresheim an die Regierung des Jagstkreises über die Beschwerden mehrerer Gemeinden wegen Überbürdungen und Bedrückungen durch die Standesherrschaften Öttingen-Wallerstein und Thurn und Taxis	280
84	1830 V 19	Ellwangen	Bericht der Regierung des Jagstkreises an das Innenministerium über die Beschwerden mehrerer Gemeinden gegen die Standesherrschaft Öttingen-Wallerstein	283
85	1831 XII 3	Wallerstein	Weisung des Fürsten Friedrich von Öttingen-Wallerstein an die fürstliche Domanialkanzlei für ihr „Benehmen bei Entdeckung von Rechten und Gefällen, welche bisher nicht in Ausübung und Bezug waren"	288
86	1832 VI 19	Kirchheim	Bericht des Rentamts Kirchheim an die fürstliche Domanialkanzlei zu Wallerstein über zunehmende Leistungsverweigerungen der Pflichtigen	288

Nr.	Datum	Ort	Betreff	Seite
87	1838 VI 28(?)	Wallerstein	Bericht der fürstlichen Domanialkanzlei zum Fronablösungsgesetz vom 28. 10. 1836	289
88	1838 XII 14	Wallerstein	Weisung des Prinzen Karl von Öttingen-Wallerstein an die fürstliche Domanialkanzlei „betreffend die Erörterung und Handhabung der grundherrlichen Rechte des fürstlichen Hauses"	290
89	1840 II 25	München	Weisung des Prinzen Karl von Öttingen-Wallerstein an die fürstliche Domanialkanzlei zu Wallerstein für die Behandlung von Gesuchen um Gutszertrümmerungen	293
90–105			Ablösungsfrage und staatliche Grundherrschaft	294
90– 91			Das Ablösungsgesetz vom 23. 6. 1821 . .	294
90	1820 XII 19	Stuttgart	Gutachten des Geheimen Rats „in betreff einiger Abänderungen in den bestehenden Normen für Ablösungen der Grundabgaben"	294
91	1821 VI 23	Stuttgart	Gesetz, den Ablösungsmaßstab für die Grundabgaben betreffend	299
92	1827 IX 10	Stuttgart	Bericht von Finanzminister v. Weckherlin an den König über die „Ablösbarkeit sämtlicher Grundgefälle des Staates im 20-fachen Kapitalwerte"	300
93– 96			Ablösungsfortschritt und Staatshaushalt .	302
93			Einnahmen der Grundstocksverwaltung des württembergischen Staatskammergutes aus Ablösungen 1819/20 – 1847/48	302
94			Entwicklung der württembergischen Staatseinnahmen aus Staatskammergut und Steuern nach fünfjährigen Durchschnitten 1823/24 – 1867/68	303
95			Bruttoertrag des württembergischen Staatskammergutes aus Lehen- und Zinsgütern nach vier- bzw. fünfjährigen Durchschnitten 1820/21 – 1848/49	305
96			Bruttoertrag des württembergischen Staatskammergutes aus den verschiedenen Zehntrechten nach vier- bzw. fünfjährigen Durchschnitten 1824/25–1848/49	306
97–105			Bemühungen, die Kameralverwaltung zu rationalisieren; Plan zur Zehntfixierung in den 1820er Jahren	307
97	1819 V 14	Stuttgart	Bericht von Finanzminister v. Weckherlin an den König über die Vereinfachung der Kameraladministration	307

Nr.	Datum	Ort	Betreff	Seite
98	1820 III 24	Ludwigsburg	Bericht der Finanzkammer des Neckarkreises an das Finanzministerium über die Vor- und Nachteile der Selbstverwaltung bei den herrschaftlichen Keltern	312
99	1820 V 15	Stuttgart	Vortrag von Oberfinanzrat Frisch im Oberfinanzkollegium über die Selbstadministration von Weinzehnten und Weingefällen bei der Kameralverwaltung	314
100	1820 X 31	Stuttgart	Auszug aus dem Dekret des Königs zum Jahresbericht des Finanzministers v. Weckherlin für das Etatsjahr 1819/20	318
101	1821 I 25	Stuttgart	Bericht von Finanzminister v. Weckherlin an den König „über die Einführung von Geldabgaben für den Weinzehenten und Bodenwein"	318
102	1825 XI 29	Ludwigsburg	Bericht der Finanzkammer des Neckarkreises an das Finanzministerium „die Beförderung der Verwandlung der Weingefälle in Geld betreffend"	320
103	1827 II 20	Stuttgart	Dekret des Königs an den Finanzminister wegen Förderung der Weinzehntverpachtungen	323
104	1828 VI 25	Stuttgart	Vortrag von Oberfinanzrat Geßner im Oberfinanzkollegium über die geplante Verwandlung oder Fixierung der Fruchtzehnten des Staatskammergutes	323
105	1829 IV 28	Ludwigsburg	Bericht der Finanzkammer des Neckarkreises an das Finanzministerium über die Fixierung der Zehnten und Teilgebühren	327
106–138			Die Ablösungsgesetze von 1836. Entstehung – Durchführung – Ergebnisse	329
106–116			Ablösungsgesetze und Adelsfrage 1833–1836	329
106	1833 I 3	Stuttgart	„Gutachten der allergnädigst verordneten Kommission in betreff verschiedener Fragen über die aus der Bestimmung des Art. 14 der Bundesakte etwa abzuleitenden Beschränkungen der Landesgesetzgebung".	330
107	1833 III 13	Stuttgart	Bemerkungen von Domänenrat Mangoldt, Hohenlohe-Öhringen, „über die Entwürfe der Ablösungsgesetze der standesherrlichen Gefälle im Königreich Württemberg"	337
108	1833 (III/IV)		Langenburgische Bemerkungen über die Entwürfe der Ablösungsgesetze	340
109	1833 V 20	Kirchberg	Bemerkungen von Amtmann Fromm, Hohenlohe-Kirchberg, zu den Entwürfen der Ablösungsgesetze	342

Nr.	Datum	Ort	Betreff	Seite
110	1833 VI/VII	(Stuttgart)	Bemerkung des Fürsten Georg Ludwig von Hohenlohe-Kirchberg zur Haltung des Adels gegenüber den geplanten Ablösungsgesetzen	343
111	1834 X 25	Kirchberg	Bemerkungen des Fürsten Georg Ludwig von Hohenlohe-Kirchberg an Freiherrn Gustav v. Berlichingen zu den Verhandlungen mit der Regierung wegen der Ablösungsgesetze	346
112	1834 XI 27	Ludwigsburg	Schreiben des Freiherrn Gustav v. Berlichingen an Fürst Georg Ludwig von Hohenlohe-Kirchberg zu den Verhandlungen mit der Regierung über die Ablösungsgesetze	347
113	1835 I 14	Stuttgart	Note der Ministerien des Innern und der Finanzen an die Kommission der Zweiten Kammer zur Vorberatung der Ablösungsgesetze	349
114	1835 III 16	Ludwigsburg	Schreiben des Freiherrn Gustav v. Berlichingen an Fürst Georg Ludwig von Hohenlohe-Kirchberg zum Abschluß der Verhandlungen zwischen ritterschaftlichen Bevollmächtigten und Regierungsvertretern über die Entwürfe der Ablösungsgesetze	351
115	1836 III 3	Stuttgart	Bericht der Ministerien des Innern und der Finanzen an den König über die Verhandlungen mit den Bevollmächtigten der Standesherren wegen der Ablösungsgesetze	352
116	1836 VII 11	Stuttgart	Bericht der Departementschefs des Innern und der Finanzen an den König „über das Zustandekommen der Feudalablösungsgesetze"	359
117–123			Die Ablösungsgesetze vom 27./29. 10. 1836	361
117–118			Das Gesetz in betreff der Beden und ähnlicher älterer Abgaben	361
117	1832 VI 2	Stuttgart	Bericht des Finanzministeriums betr. die Petition der Kammer der Abgeordneten wegen Untersuchung der Kellereisteuern und des deshalb zu bearbeitenden Gesetzentwurfs	361
118	1836 X 27	Stuttgart	Gesetz in betreff der Beden und ähnlicher älterer Abgaben	375
119	1836 X 28	Stuttgart	Gesetz in betreff der Ablösung der Fronen	383
120–123			Das Gesetz in betreff der Entschädigung der berechtigten Gutsherrschaften für die Aufhebung der leibeigenschaftlichen Leistungen vom 29. 10. 1836	394

Nr.	Datum	Ort	Betreff	Seite
120	1822 V 29	Stuttgart	Gutachten des Geheimen Rats zu einem Vortrag des Innenministeriums wegen Entschädigung der Grundherrschaften für die aufgehobenen Leibeigenschaftsgefälle	394
121	1827 V 5	Stuttgart	Gutachten des Geheimen Rats zu einem Vortrag des Innenministeriums wegen Entschädigung der adeligen Grundherrschaften für die aufgehobenen Leibeigenschaftsgefälle	397
122	1832 III 26	Stuttgart	Anbringen der Ministerien der Justiz, des Innern und der Finanzen an den König „in betreff der Entschädigung der vormaligen Privatleibherrschaften für die aufgehobenen Leibeigenschaftsgefälle und -leistungen"	403
123	1836 X 29	Stuttgart	Gesetz in betreff der Entschädigung der berechtigten Gutsherrschaften für die Aufhebung der leibeigenschaftlichen Leistungen	407
124–138			Durchführung der Ablösungsgesetze vom 27./29. 10. 1839	414
124 a–b	1837 IV/V		Ablösungshemmungen im Oberamt Gerabronn	415
124 a	1837 IV 3	Gerabronn	Eingabe mehrerer Gemeinden des Oberamts Gerabronn an den König wegen der Ablösungsgesetze vom 27./29. 10. 1836	415
124 b	1837 V 7	Gerabronn	Bericht des Oberamts Gerabronn an das Innenministerium über Schwierigkeiten beim Vollzug der Ablösungsgesetze vom 27./29. 10. 1836	417
125	1837 VII 7	Neuenbürg	Bericht des Oberamts Neuenbürg an die Regierung des Schwarzwaldkreises über den Vollzug des Bedengesetzes vom 27. 10. 1836	422
126	1838 I 11	Ulm	Bericht von Oberamtsverweser Löchner an die Regierung des Donaukreises über die Ablösung der Beden und Fronen in den Besitzungen des Grafen von Maldeghem in Niederstotzingen, Oberstotzingen und Stetten	422
127	1838 II 13	Saulgau	Bericht des Oberamts Saulgau an die Regierung des Donaukreises über den Fortgang der Fronablösungen	424
128	1838 V 15	Saulgau	Bericht des Oberamts Saulgau an die Regierung des Donaukreises über den Vollzug des Bedengesetzes vom 27. 10. 1836	425
129	1838 VI 4	Blaubeuren	Bericht des Oberamts Blaubeuren an die Regierung des Donaukreises über den Fortgang der Ablösungen von Beden und Fronen	426

Nr.	Datum	Ort	Betreff	Seite
130	1838 XI 15	Tettnang	Bericht des Oberamts Tettnang an die Regierung des Donaukreises über den Vollzug des Bedengesetzes vom 27. 10. 1836	426
131	1838 XII 7	Ellwangen	Bericht der Regierung des Jagstkreises an das Innenministerium über den Fortgang der Fronablösungen	427
132	1839 VII 30	Wiblingen	Bericht des Oberamtsgerichts Wiblingen an den Zivilsenat des Königlichen Gerichtshofs für den Donaukreis zu Ulm über die Streitigkeiten wegen Verweigerung von Grundgefällen in seinem Bezirk	431
133	1839 VIII 9	Ellwangen	Bericht des Zivilsenats des Königlichen Gerichtshofs für den Jagstkreis an das Justizministerium „betreffend die Ursachen der Zunahme der Prozesse über Beden und ähnliche ältere Abgaben, über Fronberechtigungen und über leibeigenschaftliche Gefälle"	434
134	1839 VIII 16	Reutlingen	Bericht der Regierung des Schwarzwaldkreises an das Innenministerium über den Vollzug der Ablösungsgesetze vom 27./29. 10. 1836	436
135	1839 IX 7	Stuttgart	Bericht von Finanzminister v. Herdegen an den König über den Stand der Ablösungen nach den Gesetzen vom 27./29. 10. 1836	437
136	1839 XII 12	Aulendorf	Bericht des Bezirksamts Aulendorf an die Regierung des Donaukreises über den Ablösungsfortgang in der Standesherrschaft Königsegg-Aulendorf	440
137			Verrechnung der Ablösungsschillinge der Pflichtigen und der staatlichen Zuschüsse aus dem Ablösungsfonds an Staatskammergut und Privatberechtigte auf Grund der Gesetze vom 27./29. Oktober 1836, 1836/37 – 1848/49	442
138			Hauptübersicht über die Entschädigungssummen, die den Berechtigten auf Grund der Ablösungen nach den Gesetzen vom 27./29. Oktober 1836 zuflossen	443
139–146			Fortgang der Ablösungsdiskussion in Württemberg bis 1848. Zehntfrage und Mediatisiertenproblem	447
139–143			Die Zehntfrage 1832–1848	447
139	1832 XI 7/21	Stuttgart	Gutachten des Geheimen Rats zu dem Gesetzentwurf über Verwandlung der Zehnten und Teilgebühren in ständige Renten	447

XXI

Nr.	Datum	Ort	Betreff	Seite
140	1840 V 13	Stuttgart	Gutachten des Geheimen Rats zu einem Bericht des Finanzministeriums über die Zehntfrage	450
141	1842 III 9	Stuttgart	Note des Innenministers v. Schlayer an das Finanzministerium „in betreff der Bitte mehrerer landwirtschaftlicher Bezirksvereine um Fixierung der Zehenten"	459
142	1845 X 3	Stuttgart	Note des Staatssekretariats an die Ministerien des Innern und der Finanzen zu Petitionen der Zweiten Kammer um weitere Ablösungsgesetze	461
143	1846 VI 13	Stuttgart	Note des Innenministers v. Schlayer an das Finanzministerium „betreffend die Frage von der Fixierung und Ablösung der Zehenten und der Aufhebung des Novalzehentrechts"	462
144–146			Der Beschluß der Bundesversammlung vom 17. 9. 1846 und der Beginn neuer Verhandlungen zwischen Regierung und Standesherren	468
144	1846 IX 17	Frankfurt	Auszug aus dem Bericht der württembergischen Bundestagsgesandtschaft an das Außenministerium über die 28. Sitzung der Bundesversammlung	468
145	1846 IX 22	Frankfurt	Bericht der württembergischen Bundestagsgesandtschaft an das Außenministerium „die Auslegung des Art. 14 der Bundesakte betreffend"	469
146	1847 XI 18/19	Donauwörth	Protokoll der standesherrlichen Konferenzen über die Ablösungsfrage	470
147–187			Revolution und Ablösungsgesetzgebung 1848/49	475
147–167			Die bäuerlichen Unruhen im Frühjahr 1848. Berichte und Petitionen	475
147	1848 III 5	Künzelsau	Schreiben von Oberamtmann Schöpfer an Innenminister v. Schlayer über die Stimmung in seinem Oberamt	475
148 a–b	1848 III 7/11	Niederstetten, Gerabronn	Berichte von Oberamtmann Hoyer an das Innenministerium über die bäuerlichen Unruhen im Oberamt Gerabronn	476
149	1848 III 11	Kirchberg	Bericht von Bezirksamtmann Fromm an das Innenministerium über eine Volksdemonstration gegen die Standesherrschaft Hohenlohe-Kirchberg am 10. 3. 1848	479
150	1848 III 13	Weinsberg	Bericht von Oberamtmann Zais an den Minister des Innern über die Unruhen im Oberamt Weinsberg	480
151	1848 III 15	Weinsberg	Bericht des Oberamts Weinsberg an das Innenministerium über die Unruhen im Bezirk, vor allem in Neuhütten	481

Nr.	Datum	Ort	Betreff	Seite
152	1848 IV 16	Wolfegg	Bericht des Bezirksamts Wolfegg an das Innenministerium über die im Amtsbezirk herrschende Stimmung	485
153	1848 VI 13	Heiligkreuztal	An die Ministerien des Innern und der Finanzen. Anzeige von Kameralverwalter Greiner über die Mißstimmung des Landvolks wegen der bevorstehenden nochmaligen Erhebung des Naturalzehnten . . .	486
154	1848 VI 16	Ulm	Eingabe von Oberjustizprokurator Wiest an die Ministerien der Justiz und des Innern. Bitte, im Gegensatz zur Verfügung der Ministerien vom 1. 6. 1848 die Naturalverzehntung schon für dieses Jahr abzustellen	488
155	1848 VII 26	Aalen	Bericht des Oberamts Aalen an das Innenministerium „betreffend einen angeblichen Zustand der Zügellosigkeit unter dem größten Teile der Bürgerschaft zu Essingen"	490
156	1848 III 9		Eingabe an den ständischen Ausschuß: Wünsche und Beschwerden der Bewohner von Kemmeten, Neufels und Neureut, Oberamt Künzelsau	493
157	1848 III 11	Jagsthausen	Eingabe sämtlicher Bürger der Gemeinde Jagsthausen an den König „Wünsche und Beschwerden gegen die Grundherrschaft betreffend"	494
158	1848 III 12	Gaildorf	Erklärung der Gaildorfer Versammlung über die bestehende Notlage von Ackerbau und Gewerbe und die Mittel zu ihrer Heilung	495
159	1848 III 14	Aulendorf	Zuschrift der Wahlmänner und Bürger von Aulendorf an den Abgeordneten des Oberamts Waldsee zur Übergabe an den ständischen Ausschuß oder die Ständekammer	498
160	1848 III 14	Oberdischingen	Petition der Gemeinden Oberdischingen und Bach (Grundherrschaft Graf Schenk von Castell) an die Kammer der Abgeordneten	500
161	1848 III 16	Mühlhausen a. N.	Petition der Gemeindekollegien von Mühlhausen an die Kammer der Abgeordneten „um Aufhebung sämtlicher Feudal- und ähnlicher Abgaben und des grundherrlichen Präsentationsrechts bei Besetzung der geistlichen und weltlichen Stellen" . .	502
162	1848 III 18		Petition von 11 Gemeinden des Oberamts Neresheim an Prinz Karl von Öttingen-Wallerstein	503
163	1848 III 19	Hohebuch	Petition von Hohenloher Bauern an das Innenministerium	507
164	1848 IV 12	Hochdorf	Petition der Gemeinde Hochdorf um Abbau der gutsherrschaftlichen Rechte . . .	508

Nr.	Datum	Ort	Betreff	Seite
165	1848 III 24	Blaubeuren	Eingabe von Stiftungsrat, Stadtrat und Bürgerausschuß der Stadt Blaubeuren an die Kammer der Abgeordneten. Bitte um volle Entschädigung für drohende Ablösungsverluste	511
166	1848 XII 7/27	Schwäbisch Hall	Eingabe der Gültberechtigten zu Schwäbisch Hall an die Ständeversammlung. Bitte um vollständige Entschädigung bei der Ablösung von Gültkäufen und Renten notfalls durch Staatszuschüsse	512
167	1849 III 11	Reutlingen	Eingabe der Stiftungsbehörden in Reutlingen an das Innenministerium. Bitte um Entschädigung aus Staatsmitteln für die Verluste der Stiftungen infolge der Ablösungsgesetze	514
168–171			Die Ablösungsgesetze von 1848/49	516
168	1848 IV 14	Stuttgart	Gesetz betreffend die Beseitigung der auf dem Grund und Boden ruhenden Lasten	516
169	1849 VIII 24	Stuttgart	Gesetz betreffend die Erläuterung und teilweise Abänderung einiger Bestimmungen des Gesetzes vom 14. April 1848 über die Beseitigung der auf dem Grund und Boden ruhenden Lasten	521
170	1849 VI 17	Ludwigsburg	Gesetz betreffend die Ablösung der Zehenten	524
171	1849 VIII 24	Stuttgart	Gesetz betreffend die Beseitigung der Überreste älterer Abgaben	544
172–187			Vollzug und finanzielle Ergebnisse der Ablösungsgesetze von 1848/49	549
172	1849 I 27/31	Alfdorf	Bericht von Ablösungskommissär Brecht an die Ablösungskommission über die Anstände bei den Gefällablösungen in Alfdorf	549
173	1849 II 28	Alfdorf	Bericht von Ablösungskommissär Brecht an die Ablösungskommission über den Stand des Ablösungsgeschäfts in Alfdorf	551
174	1849 IV 18	Welzheim	Bericht des Oberamts Welzheim an die Ablösungskommission über die Ablösungshindernisse in Alfdorf	552
175	1849 II 1	Stuttgart	Zirkularerlaß des Innenministeriums an sämtliche Oberämter	556
176	1849 II 23	Stuttgart	Bericht von Regierungsrat Daniel über seine in Ablösungssachen unternommene Dienstreise ins Hohenlohesche	557
177	1849 V 31	Balingen	Bericht von Ablösungskommissär Vayhinger an die Ablösungskommission über den Stand seiner Arbeit	561
178	1849 VI 14	Künzelsau	Bericht von Ablösungskommissär Linsenmann an die Ablösungskommission über den Stand des Ablösungsgeschäfts	562

Nr.	Datum	Ort	Betreff	Seite
179	1849 VII 20	Künzelsau	Bericht von Ablösungskommissär Linsenmann an die Ablösungskommission über die Hemmungen beim Ablösungsgeschäft .	564
180	1849 VII 15	Aalen	Bericht von Ablösungskommissär Germann an die Ablösungskommission über das Stocken des Ablösungsgeschäfts in dem Bezirk Aalen und Schwäbisch Gmünd . .	565
181	1849 XI 25	Weinsberg	Bericht von Ablösungskommissär Benignus an die Ablösungskommission über seine Tätigkeit in den Grundherrschaften v. Weiler und v. Gemmingen	566
182	1852 XI 14	Stuttgart	Bericht des Innenministers v. Linden an den König über die Tätigkeit der Ablösungskommission und den Stand der Ablösungsgeschäfte	568
183			Übersicht über den Vollzug der Ablösungen von Gefällen, Zehnten und Bannrechten im Königreich Württemberg auf Grund der Gesetze vom 14. 4. 1848 und 24. 8. 1849, 17. 6. 1849 und 8. 6. 1849	574
184			Übersicht über die nach den Gesetzen von 1848/49 abgelösten Gefälle und Zehnten, die Ablösungsbeträge, die geschätzten Verluste der Berechtigten und Gewinne der Pflichtigen	578
185–186			Übersicht über die Ablösungen von Gefällen und Zehnten nach den Gesetzen vom 14. 4. 1848, 17. 6. und 24. 8. 1849 bei den württembergischen Standesherren	581
185			Übersicht über die Gefällablösungen bei den württembergischen Standesherren nach den Gesetzen vom 14. 4. 1848 und 24. 8. 1849	582
186			Übersicht über die Zehntablösungen bei den württembergischen Standesherren nach den Gesetzen vom 14. 4. 1848 und 17. 6. 1849	586
187			Übersicht über das Entschädigungskapital für Gefälle und Zehnten nach den Gesetzen von 14. 4. 1848, 17. 6. und 24. 8. 1849 an Adel, Kirchen- und Schulstellen, Stiftungen und Körperschaften	588
188–203			Grundentlastung und Güterzerstückung .	595
188	1818 I 20	Ulm	Zirkularerlaß der Kreisfinanzkammer Ulm an die Kameralämter des Donaukreises über Lehenallodifikation und Güterhandel .	595
189	1828 IV 15	Stuttgart	Bericht des Finanzministers v. Varnbüler an den König über die „Ablösungsnormen bei Allodifikation mehrerer Gattungen handlohnpflichtiger Güter im Jaxtkreise"	596

Nr.	Datum	Ort	Betreff	Seite
190	1833 I 11	Ulm	Bericht der Finanzkammer des Donaukreises an das Finanzministerium über die Behandlung von Erbteilungen bei Falllehen	598
191	1834 III 3	Ulm	Bericht der Regierung des Donaukreises an das Innenministerium „betreffend den seit einigen Jahren in Oberschwaben statthabenden Güterhandel auf Spekulation und die damit verbundene Zerstückung der Güter"	601
192	1836 IV 18	(Stuttgart)	Motion des Abgeordneten v. Rummel, die Zerschlagung geschlossener Güter zu verbieten	609
193	1837 II 6	Ulm	Bericht der Regierung des Donaukreises an das Innenministerium über mögliche Maßnahmen gegen Güterhandel „in gewinnsüchtiger Absicht" und Güterzerstückung	614
194	1841 XI 25	Stuttgart	Gutachten des Geheimen Rats über die Rätlichkeit von Maßnahmen gegen gewerbsmäßigen Güterhandel und Güterzerstückung	622
195	1845 II 28	Ulm	Bericht der Kreisregierung Ulm an das Innenministerium über die im Donaukreis bestehenden Privatleihkassen	627
196	1847 XI 19	Ulm	Bericht der Regierung des Donaukreises an das Innenministerium über den Güterhandel und die dabei vorkommenden Mißbräuche	630
197	1847 XII 10	Stuttgart	Note der Zentralstelle des Landwirtschaftlichen Vereins an das Ministerium des Innern „betreffend die Mißbräuche beim Verkehr mit Grundstücken"	633
198	1849 XI 28	Königseggwald	Eingabe von Güterbesitzern aus den Gemeinden Königseggwald, Guggenhausen, Riedhausen, Hoßkirch und Hüttenreute an den König. Bitte, der Güterzerstückung in Oberschwaben vorzubeugen	635
199	1852 III 23	Münsingen	Eingabe des landwirtschaftlichen Bezirksvereins Münsingen an den König. Bitte um gesetzliche Maßnahmen gegen den Güterhandel	637
200	1852 X 8	Stuttgart	Gutachten des Geheimen Rats über den Gesetzentwurf gegen Mißbräuche beim Güterhandel	639
201	1877 III 9	Ulm	Bericht der Regierung des Donaukreises an das Innenministerium über die Anwendung von Art. 11 des Gesetzes vom 23. 6. 1853 gegen Mißbräuche bei Liegenschaftsveräußerungen	643

Nr.	Datum	Ort	Betreff	Seite
202			Übersicht über die Güterzerstücklungen im Donaukreis, soweit sie anhand der Dispensationen von Art. 11 des Gesetzes gegen Mißbräuche bei Liegenschaftsveräußerungen (23. 6. 1853) erfaßt werden konnten, 1857/66, 1867/76 und 1877/86	647
203			Übersicht über die Güterzerstücklungen im Jagstkreis, soweit sie anhand der Dispensationen von Art. 11 des Gesetzes gegen Mißbräuche bei Liegenschaftsveräußerungen (23. 6. 1853) erfaßt werden konnten, 1853/76 und 1877/87	651
204–206			Die Allmendfrage	653
204	1806 I 28	Stuttgart	Gutachten des Staats- und Kabinettsministers Graf von Normann Ehrenfels über die Allmendverteilung in Irslingen und anderen Ortschaften des Stadt- und Landoberamts Rottweil	653
205	1812 VII 6	Ludwigsburg	Königliches Reskript an das Staatsministerium, die bürgerlichen Verhältnisse der Einwohner in Absicht auf Gemeindeverfassung und Gemeinheitsrechte betreffend	656
206	1821 X 1	Stuttgart	Bericht des Ministeriums des Innern an den König über die im Königreich vorhandenen Allmenden	660
207–211			Die Bauernbefreiung im Königreich Württemberg in Einzelbeispielen	672
207			Kloster Schussenried – Gemeinde Michelwinnaden	672
208			Herrschaft Zeil – Gemeinde Reichenhofen	699
209			Spital Biberach – Gemeinde Burgrieden	723
210			Herrschaft Öttingen-Wallerstein – Gemeinde Kerkingen	752
211			Herzogtum Württemberg – Gemeinde Kornwestheim	772

Quellen

Nr. 1-26 Die Agrarverfassung im Bereich des Königreichs Württemberg während des 18. Jahrhunderts und die Ansätze zu ihrer Auflockerung in der zweiten Jahrhunderthälfte

Nr. 1–9 **Herrschaftliche Revenüenetats aus dem ausgehenden 18. Jahrhundert**

Vgl. Darstellung, S. 298 ff. Die Revenüenetats ermöglichen trotz meist sehr hoher Naturalienanschläge einen zuverlässigen Einblick in die Einnahmen der betreffenden Herrschaften und die Bedeutung der einzelnen Posten. Soweit sich genauere Erklärungen zu den verschiedenen Abgaben in den Quellen fanden, werden sie in verkürzter Form wiedergegeben.

Der besonders sorgfältig erstellte Revenüenetat des Klosters Schussenried (Nr. 1) vermittelt gleichzeitig eine Vorstellung von dem Aufwand, der auf die jeweiligen Einkünfte entfiel, und damit auch von dem jeweiligen Reinertrag. Erst die Reinertragsberechnung läßt voll erkennen, welch überragende Bedeutung den bäuerlichen Abgaben und Leistungen im Vergleich zu den Erträgen der herrschaftlichen Eigenwirtschaft in der südwestdeutschen „Rentengrundherrschaft" zukam.

Die verwendeten Maß- und Zahleneinheiten sind auf ganze Einheiten gerundet. Daraus erklären sich kleine Unstimmigkeiten in den Additionen.

Nr. 1 1802 April, Schussenried

Revenüenetat des Klosters Schussenried mit Einschluß der dazu gehörigen Pfarreien und des Maierhofs zu Schienen

°B 507, Bü 100.

Der Aufstellung liegt eine Durchschnittsberechnung für die letzten zehn Jahre zugrunde. In den Angaben über den Aufwand noch nicht enthalten sind die allgemeinen Verwaltungskosten.
Die Ausgaben des Klosters für Besoldungen, Versorgung von 38 Geistlichen und zahlreichen Gästen, für Krankenversorgung, Kirchenbedarf, Bau-

kosten usw. überstiegen den errechneten Reinertrag von 47 898 fl nach zehnjährigem Durchschnitt jährlich um 3085 fl.

Zu den Rechts- und Abgabenverhältnissen in der Klosterherrschaft Schussenried vgl. im einzelnen Nr. 207.

Einnahmen	Bruttoertrag		Aufwand		Reinertrag		
	fl	% des gesamten Bruttoertrags	fl	% des Bruttoertrags	fl	% des Bruttoertrags	% des gesamten Reinertrags
A. Beständige Geldeinkünfte							
1. Hauszinse	869	0,6					
2. Grundzinse	716	0,5					
3. Gewerbezinse	353	0,3					
4. Dienstgeld	331	0,2					
5. Umgeld	121	0,1					
6. Holzgeld	21	–					
7. Brunnengeld	12	–					
8. Reluierte Küchengefälle	6	–					
9. Reluierte Heuzehnten	499	0,4					
10. Reluierte Kleinzehnten	26	–					
11. Gestiftete Jahrtage	50	–					
12. Ewige Kapitalzinse	2	–					
13. Bruderschaftsgelder	2	–					
14. Heiligenfabrikgelder	37	–					
Ausgaben auf diese Posten, wobei die Kosten für Erhaltung der Gebäude, von denen Hauszins bezogen wird, mindestens 1990 fl betragen. Verluste und Nachlässe sind mit 1 % des Bruttoertrages angeschlagen. Einige kleine Gegenleistungen an Wein und Weißbrot.			2 053	67,5			
Summe zu A	3 043	2,2	2 053	67,5	990	32,5	2,1
B. Beständige Naturaleinkünfte (Fruchtgülten und Küchengefälle)							
Veesen	13 218 Vtl		7 931	5,6			
Roggen	2 958 „		3 106	2,2			
Haber	10 235 „		4 776	3,4			
Erbsen	4 „		4	–			
Hennen	377 Stück		75	0,1			
Hühner	1 029 „		137	0,1			
Eier	20 794 „		260	0,2			

Einnahmen	Bruttoertrag		Aufwand		Reinertrag		
	fl	% des gesamten Bruttoertrags	fl	% des Bruttoertrags	fl	% des Bruttoertrags	% des gesamten Reinertrags
Aufwand: Schwarzbrot			70	0,4			
Kosten beim Abmessen der Gülten			49	0,3			
2 % Nachlaß und Verlust			326	1,9			
Mühlenzins:							
Kernen 228 Vtl	319	0,2					
Brotkorn 252 „	235	0,2					
Grundwein: 9 Eimer	36	–					
Kompetenzfrüchte und Stroh der Pfarrei Michelwinnaden	252	0,2					
Aufwand: Nachlaß und Verlust			24	0,1			
Summe zu B	17 133	12,1	468	2,7	16 664	97,3	34,8

C. Unständige Geldeinkünfte

1. Umgeld	210	0,1					
2. Beisitzgeld	64	–					
3. Zoll- und Weggeld	38	–					
4. Standgeld	7	–					
5. Sitzgeld	80	0,1					
6. Strafgeld	25	–					
7. für das Harzen	70	–					
8. für das Salpetergraben	20	–					
9. für das Lumpensammeln	12	–					
10. Bestände und Ehrschätze	2 100	1,5					
11. Abzüge und Manumissionen	808	0,6					
12. Mortuarien	760	0,5					
13. Reluierte Kälberabgabe	117	0,1					
14. Reluierter Kleinzehnt	450	0,3					
15. Reluierter Futterzehnt	187	0,1					
16. Reluierter Blutzehnt	68	–					
17. Stollgebühren	70	–					
18. Meß- und Opfergeld	414	0,3					
Aufwand: kleine Posten an Wein und Weißbrot auf 1, 3, 4, 7, 8, 9, 14; Trinkgelder auf 12 u. 14; 1 % Verlust und Nachlaß			96	1,7			
Summe zu C	5 500	3,9	96	1,7	5 404	98,3	11,3

Einnahmen	Bruttoertrag		Aufwand		Reinertrag		
	fl	% des gesamten Bruttoertrags	fl	% des Bruttoertrags	fl	% des Bruttoertrags	% des gesamten Reinertrags

D. Naturalzehnteinkünfte

	Bruttoertrag fl	%	Aufwand fl	%	Reinertrag fl	%	%
Veesen (38 893 Garben, Frucht: 16 424 Vtl gut, 4 078 Vtl schwach)	13 023	9,2					
Roggen (17 347 Garben, Frucht: 3 843 Vtl gut, 159 Vtl schwach)	5 019	3,6					
Gerste (9 102 Garben, Frucht: 2 488 Vtl gut, 323 Vtl schwach)	2 549	1,8					
Haber (14 466 Garben, Frucht: 6 344 Vtl gut)	3 684	2,6					
Erbsen (94 Vtl Frucht, 6 ½ Wagen Stroh)	123	0,1					
Wicken (252 Vtl Frucht, 21 ¼ Wagen Stroh)	255	0,2					
Flachs (1 541 Bund)	308	0,2					
Lein (110 Vtl)	220	0,2					
Geschwungener Flachs (990 Pfund)	248	0,2					
Hanf (62 Bund)	7	–					
Obst (286 Vtl)	95	0,1					
Kartoffeln (281 Vtl)	75	0,1					
Rüben (18 Vtl)	3	–					
Heu (743 Zentner)	371	0,3					
Öhmd (90 Zentner)	45	–					
Gänse (12 Stück)	6	–					
Hühner (10 Stück)	1	–					
Aufwand:							
Fuhrwerk			2 140	8,2			
Zehntknechte			183	0,7			
Arbeitslohn beim Einheimsen			460	1,8			
Drescherlohn			1 876	7,2			
Heu- und Öhmdeinfechsung			200	0,8			
Flachs- und Hanfarbeiten			158	0,6			
Aufwand für Geräte			238	0,9			
Unterhaltung der Gebäude			1 650	6,3			
5 % Nachlaß bei Mißwachs und Hagel			1 302	5,0			
Summe zu D	26 032	18,5	8 206	31,5	17 826	68,5	37,2

Einnahmen	Bruttoertrag		Aufwand		Reinertrag		
	fl	% des gesamten Bruttoertrags	fl	% des Bruttoertrags	fl	% des Bruttoertrags	% des gesamten Reinertrags
E. Naturalfrondienste							
46 ½ vierspännige Bauern leisten 186 Tage à 1 fl 36 kr	298	0,2					
101 dreispännige Bauern leisten 909 Tage à 1 fl 12 kr	1 091	0,8					
40 zweispännige Bauern leisten 80 Tage à 48 kr	64	–					
Die fronpflichtigen Bauern haben ferner zu transportieren:							
256 Blöcke à 30 kr	128	0,1					
2 174 Klftr Brennholz à 24 kr	870	0,6					
und 2 197 Handdienste zu leisten à 15 kr	549	0,4					
28 Lehenbesitzer ohne Fuhrwerk leisten 280 Tage Handdienst à 14 kr	70	–					
Aufwand:							
Bargeld			158	5,1			
Futterhaber			234	7,6			
Kost, Brot, Trunk usw.			1 126	36,7			
Summe zu E	3 069	2,2	1 518	49,5	1 551	50,5	3,2
F. Holz und Torf							
(von 4 405 Jcht Holzboden, 1 629 Jcht Riedboden)	21 417	15,2					
Aufwand:							
Besoldung, Holzmacherlohn, Werkzeuge usw.			4 272	19,9			
Holz- und Torffuhrwerk			2 122	9,9			
2 % Abzug			428	2,0			
Torf und Holz an Untertanen			8 486	39,6			
Summe zu F	21 417	15,2	15 308	71,5	6 109	28,5	12,8

Einnahmen	Bruttoertrag		Aufwand		Reinertrag		
	fl	% des gesamten Bruttoertrags	fl	% des Bruttoertrags	fl	% des Bruttoertrags	% des gesamten Reinertrags
G. Eigenwirtschaft							
1. vom eigenen Feldbau (491 Jcht)	16 870	12,0	13 420	79,5	3 450	20,5	7,2
2. vom eigenen Heu- u. Öhmdbau (76 Jcht Weide, 238 ½ Jcht meist zweimädige Wiesen)	4 032	2,9	3 983	98,8	49	1,2	0,1
3. von eigenem Weinbau (28 Jcht Weinberge)	5 400	3,8	6 848	126,8	−1 448	−26,8	−3,0
4. von eigener Gärtnerei und Obstbau (5 Jcht Garten, 23 Jcht Obstgarten)	1 135	0,8	1 444	127,2	− 309	−27,2	−0,6
5. Fischerei (18 Teiche mit 338 Jcht Fläche)	947	0,7	767	81,0	180	19,0	0,4
Summe zu G	28 384	20,1	26 462	93,2	1 922	6,8	4,0
H. Eigene Gewerbebetriebe							
1. Bierbrauerei	9 578	6,8	8 783	91,7	795	8,3	1,7
2. Müllerei	956	0,7	902	94,4	54	5,6	0,1
3. Bäckerei	581	0,4	1 081	186,1	− 500	−86,1	−1,0
4. Ziegelbrennerei	2 179	1,5	2 154	98,9	25	1,1	0,1
Summe zu H	13 294	9,4	12 919	97,2	374	2,8	0,8
I. Eigene Viehzucht							
1. Hornviehzucht	9 834	7,0	9 644	98,1	190	1,9	0,4
2. Schweinezucht	1 982	1,4	1 934	97,6	48	2,4	0,1
3. Schafzucht	975	0,7	922	94,6	53	5,4	0,1
4. Federvieh	380	0,3	743	195,5	− 363	−95,5	−0,8
Summe zu I	13 171	9,3	13 242	100,5	− 73	− 0,5	−0,2
K.							
1. Aktivkapitalzinse	10 023	7,1					
2. Passivkapitalzinse und Aktivverlust			12 893	128,6	−2 870	−28,6	−6,0
Gesamtbetrag	141 066	100,0	93 168	66,0	47 898	34,0	100,0

Nr. 2 1806 Dezember

Revenüenetat der nassau-oranischen Herrschaft Weingarten

Zusammengestellt und errechnet nach E 221, 63, 7, Q 6–9.

Oberfinanzkammerrat Müller, der mit der Sequestrierung der Herrschaft beauftragt war, erstellte den Revenüenetat im Dezember 1806. Wiedergegeben werden die Bruttowerte des Etats in z. T. veränderter Reihenfolge.

Der Etat konnte nicht auf Grund längerfristiger Durchschnitte erstellt werden, da die nun sequestrierte Herrschaft Nassau-Oranien erst 1803 in den Besitz des Reichsstifts Weingarten eingewiesen worden war und Jahresrechnungen erst seit 1804 vorlagen. So mußte Müller z. T. Schätzwerte einsetzen.

Im Etat scheint ein Anschlag für die Naturalfronen zu fehlen. Vergleicht man das Verhältnis der Fronen zu den anderen Abgaben bei einem einzelnen Hof – vgl. Darstellung, S. 290 –, so dürfte der Wert der Naturalfronen jährlich 2000–3000 fl nicht überstiegen haben.

Einnahmen	fl	% der gesamten Einnahmen
I. Geldeinnahmen		
a) Ständig:		
1) Ständige Grund- und Bodenzinse	403	0,3
2) Ständige Zinse von Schupflehen	5 453	3,7
3) Küchengefälle	1 605	1,1
4) Seefahrten	571	0,4
5) Vogtrecht	945	0,6
Summe I. a)	8 977	6,0
b) Unständig:		
6) Laudemien (Erdschatz, Bubengeld)	4 000	2,7
7) Mortuarien (Schlauf und Fall)	2 600	1,7
8) Dritteiligkeit	1 200	0,8
9) Manumission von der Leibeigenschaft	420	0,3
10) Abzugsgelder	1 000	0,7
11) Auswanderungstaxen	70	–
12) Einzugsgeld	5	–
13) Schirm- und Beisitzgeld	50	–
14) Umgeld und Akzis	420	0,3
15) Gewerbskonzessionen	36	–
16) Strafgelder	200	0,1

Einnahmen	fl	% der gesamten Einnahmen
17) Kanzleitaxen	100	0,1
18) Kleinzehntgeld	1 000	0,7
19) Pachtgelder	11 507	7,7
20) Bergwerksertrag	1 500	1,0
21) Für Holz und Torf	2 000	1,3
22) Für Wildpret	300	0,2
23) Für Fischereien	250	0,2
24) Zinse aus Aktivkapitalien (64145 fl zu 4–5 %)	3 029	2,0
Summe I. b)	**29 687**	**20,0**
Summe Geldeinnahmen (I. a & b)	**38 664**	**26,0**
II. Naturaleinnahmen		
a) Ständige Fruchtgülten einschließlich Mühlenzinse:		
25) Kernen (95 Mltr)	1 482	1,0
26) Roggen (54 Mltr)	625	0,4
27) Dinkel (3481 Schfl)	18 101	12,2
28) Hafer (4423 Schfl)	19 461	13,1
29) Erbsen (4 Mltr)	40	–
30) Wein (11 Fuder)	1 210	0,8
Summe II. a)	**40 919**	**27,5**
b) Unständig: Zehnt:		
31) Roggen (378 Mltr)	4 385	2,9
32) Dinkel (2962 Schfl)	15 402	10,4
33) Hafer (1422 Schfl)	6 257	4,2
34) Niederreuterin (857 Mltr)	2 742	1,8
35) Gerste (170 Mltr)	1 530	1,0
36) Runde Früchte (81 Mltr)	567	0,4
37) Wein (48 Fuder, 15 Eimer)	5 335	3,6
38) Baumwein (4 Fuder)	440	0,3
Summe 31)–38)	**36 658**	**24,6**
39) Eigener Rebbau (70 Fuder, 15 Eimer)	7 755	5,2
40) Brennholz (6153 Klafter)	24 736	16,6
Summe Naturaleinnahmen (II. a & b)	**110 068**	**74,0**
Gesamteinnahmen (brutto)	**148 732**	**100,0**

Bemerkungen zu den einzelnen Posten:

1) Ständige Geldabgabe von einzelnen Häusern und Grundstücken. — 2) Geldabgabe der Bauerngüter für die Benutzung der Häuser, Gärten und Wiesen, während die Äcker eine Fruchtgült geben; vgl. 25)–30). — 3) Die Küchengefälle sind neuerdings in folgenden Ansätzen in Geld verwandelt: Gans 24 kr, Henne 16 kr, Huhn 14 kr, Ei 6 h. — 4) Im Lehenvertrag auferlegte Verbindlichkeit, Wein vom Bodensee nach Weingarten zu führen. Das Geldsurrogat beträgt je Bauer 2–4 Pfd. Pfennig (2 fl 17 kr–4 fl 34 kr). Bei Leistung der Naturalfron erhalten die Bauern je 4spännigen Zug eine Fronspeise von 32 kr, 1 Streichen Hafer, 14 Pfd. Brot, 6 Maß Wein, 2 Streichen Spreu. — 5) Vogtrecht oder Annaten: Wird von inkorporierten Pfarreien entrichtet, wo das Kloster als eigentlicher Pfarr- und Zehntherr den Vikarien den Zehnten überließ und sich dafür eine jährliche Abgabe ausbedingte. — 6) Vgl. Darstellung, S. 139 f; auf 20 Jahre ist 1 Besitzwechsel berechnet. — 7) Schlauf und Fall (der beste Rock und das beste Stück Vieh) fallen dem Leibherrn beim Tod jedes Leibeigenen oder auch bei Gutsübergabe zu Lebzeiten zu; für den Schlauf werden gewöhnlich 2 fl angesetzt, für das beste Stück Vieh ein angemessener Taxwert. Hat ein Bauer mehrere Lehengüter, so werden Schlauf und Fall mehrfach bezogen. — 8) Von jedem Leibeigenen, der kinderlos oder nach Abfindung der Kinder stirbt, erbt der Leibherr den dritten Teil des reinen Vermögens. Von verheirateten Leibeigenen wird beim Tod jedes Gatten der dritte Teil des ganzen beiderseitigen Vermögens eingezogen. Die Dritteiligkeit kommt in der ganzen Gegend nur noch bei der Herrschaft Weingarten vor und ist wegen vieler Unterschleife nur wenig ergiebig. — 9) Das Manumissionsgeld beträgt von 100 fl oder weniger 4 fl, von jeden weiteren 100 fl 2 fl. — 10) 10 % vom ausgeführten Vermögen. — 11) 3 % des Vermögens von Personen, die in österreichisches Territorium zogen, um die von Österreich beanspruchte Territorialhoheit faktisch zu widerlegen, während Österreich umgekehrt keine Taxe erhob. — 12) Als Bürgeraufnahmegebühr für Auswärtige in der Vogtei Hagnau, gewöhnlich 30 fl; davon fielen gewöhnlich 2 Pfd. h (2 fl 17 kr) an die Herrschaft (D 150, Bü 29). — 13) Abgabe von Familien ohne Haus oder Grundbesitz; sie beträgt in der Herrschaft Weingarten je Ehe 34 kr 2 h, von Witwen und Witwern 17 kr 1 h, in der Landvogtei in beiden Fällen nur 17 kr 1 h. — 14) Gewöhnlich die 13. Maß; doch ist seit langer Zeit mit jedem Wirt ein Geldakkord abgeschlossen. — 15) Von Bäckern, Krämern, Branntweinbrennern, Salpeterern usw. wird eine jährliche Gebühr von 30 kr bis 4 fl erhoben. — 17) Herrschaftliche Sporteln für Lehenbriefe und Manumissionsurkunden (à 1 fl 30 kr), Einschreibung neuer Untertanen (à 8 kr). — 18) Das Kleinzehntgeld wird nach jährlicher Abschätzung zu Martini erhoben; zum Kleinzehnt gehören alle Produkte im Zehntdistrikt, die nicht Spelz, Hafer, Roggen, Gerste, Erbsen, Ehmer, Wicken, Bohnen und Linsen sind. — 19) Pachtgelder von vier Maiereigütern, der Ziegelhütte, dem Gasthaus, der Schloßwirtschaft, der Bierbrauerei und einzelnen Gütern und Weihern. — 21) Der Ertrag aus 8427 Jcht (à 0,483 ha) herrschaftlichen Waldungen ist minimal, da die Lehenleute außer Bauholz ein unentgeltliches Brennholzquantum von 5471 Klftr empfangen. Die Waldungen sind in sehr schlechtem Zustand. An mehreren Stellen der Herrschaft wird Torf gegraben und größtenteils als Brennholzersatz den Lehenleuten gratis abgegeben; der Eigenverbrauch an Holz zu Besoldungen und Pensionen, für Gerechtigkeitsholz an die Lehenleute, für Pächter und für den Hausverbrauch sind unter 40) verrechnet. — 25)–39) Preisansätze (Durchschnittspreise 1785/94): Mltr Kernen 15 fl 36 kr; Mltr Roggen 11 fl 36 kr; Schfl Dinkel 5 fl 12 kr; Schfl Hafer 4 fl 24 kr; Schfl Niederreutern 3 fl 12 kr; Mltr Gerste 9 fl; Mltr runde Früchte 7 fl; Mltr Erbsen 11 fl; Fuder Wein 110 fl. — 40) Das Klftr Buchenholz wurde mit 3 fl 30 kr angesetzt, das Klftr Tannenholz mit 2 fl 30 kr. Vgl. die Bemerkungen zu 21). Unter 40) ist auch das Gratisholz an die Lehenleute eingerechnet.

Nr. 3   1807 Juli

Revenüenetat der Herrschaft Ochsenhausen (Metternich) aus dem ehemals reichsständischen Territorium des Klosters Ochsenhausen

Zusammengestellt nach D 21, Bü 238.

Die Aufstellung, von Bezirkskommissär Eisenlor angefertigt, enthält keine Angaben über Berechnungszeitraum, Mengen und Preise der Naturalien.

Einnahmen	fl	% der gesamten Einnahmen
I. Geldeinnahmen		
a) Ständig:		
1) Hauszins und Heugeld	1 366	1,4
2) Bronnen- und Wässergeld	45	–
3) Dienstgeld	238	0,2
4) Handdienste	669	0,7
5) Mähnedienste	1 084	1,1
6) Handdienste und Bodenzins der Beisitzer	91	0,1
7) Gewerbsteuer	517	0,5
8) Kleinzehnt	15	–
9) Öhmdzehnt	43	–
Summe I. a)	4 068	4,2
b) Unständig:		
10) Ehrschatz und Handlohn	3 676	3,8
11) Tausch- und Kaufkonsens	25	–
12) Tod- und Kleiderfälle	291	0,3
13) Manumission	135	0,1
14) Abzug und Nachsteuer	917	0,9
15) Einzugsgebühr (Bürgerrecht)	56	0,1
16) Stüblesgeld	77	0,1
17) Kameralanlagen	36	–
18) Blutzehnt	94	0,1
19) Wein- und Bierumgeld	2 167	2,2
20) Weg- und Brückengeld	50	0,1
21) Von der Schranne	422	0,4
22) Aus der Wage	9	–

Einnahmen	fl	% der gesamten Einnahmen
23) Stand- und Bankgeld von Jahrmärkten in Ochsenhausen	57	0,1
24) Viehzoll	198	0,2
25) Zoll und Akzise von geschlachtetem Vieh	75	0,1
26) Mühlenabgabe	511	0,5
27) Kanzleitaxe und Strafgelder	129	0,1
28) Von verpachteten Herrschaftsgütern	622	0,6
29) Von verpachteten Fischbächen	25	–
Summe I. b)	9 572	9,9
Summe Geldeinnahmen (I. a & b)	13 640	14,0
II. Naturaleinnahmen		
a) Ständig:		
30) Fruchtgülten aus Lehengütern	18 611	19,2
31) Küchengefälle aus Lehengütern	477	0,5
Summe II. a)	19 088	19,7
b) Unständig:		
32) Großzehnt	37 524	38,6
33) Kleinzehnt	891	0,9
34) Ertrag der fürstlichen Domanialgüter	25 979	26,7
Summe II. b)	64 394	66,3
Summe Naturaleinnahmen (II. a & b)	83 482	86,0
Gesamteinnahmen	97 124	100,0

Nr. 4

Revenüenetat der Reichsgrafschaften Zeil (mit Aichstetten) und Trauchburg (mit Wengen und Weiler) nach 15jährigem Durchschnitt 1791–1806

Zusammengestellt und errechnet nach E 221, 62, 8, fol. 19 ff und 159 ff.

Zu den Rechts- und Abgabenverhältnissen in der Herrschaft Zeil vgl. im einzelnen Nr. 208.

Einnahmen	Grafschaft Zeil		Grafschaft Trauchburg	
	fl	% der gesamten Einnahmen	fl	% der gesamten Einnahmen
I. Geldeinnahmen				
a) Ständig:				
1) Zins-, Fron-, Küchen- und Lehengefälle	4 745	14,6		
2) Hellerzinse von Häusern, Grundstücken und Lehengütern			1 412	9,7
3) Jährliche Güter- u. Grundzinse			491	3,4
4) Küchengefälle (Geldsurrogat)			38	0,3
5) Vom Zinsflachs (Geldsurrogat)			22	0,2
6) Frongelder			693	4,8
7) Seefahrten	52	0,2		
8) Gesetzte Steuern			293	2,0
9) Vogtrecht	50	0,2		
10) Kälbergeld	82	0,3		
11) Leib- und Leibhennengelder			187	1,3
12) Vom Metzelkram	28	0,1		
13) Beckenschilling	50	0,2		
14) Steggelder			10	0,1
Summe I. a)	5 007	15,5	3 146	21,6
b) Unständig:				
15) Ehrschatz	1 596	4,9	189	1,3
16) Todfall und Hauptrecht	706	2,2	632	4,3
17) Manumissionen	94	0,3	123	0,8
18) Von ledig Gestorbenen	219	0,7		
19) Jährliche Vermögenssteuer			2 541	17,4

Einnahmen	Grafschaft Zeil fl	% der gesamten Einnahmen	Grafschaft Trauchburg fl	% der gesamten Einnahmen
20) Untertanen-Rezeptionsgelder			35	0,2
21) Konsensgebühren			168	1,2
22) Von Hintersassen	52	0,2		
23) Frevel und Strafen	71	0,2	73	0,5
24) Sporteln und Taxen	383	1,2	630	4,3
25) Abzug oder Nachsteuer	519	1,6	991	6,8
26) Umgeld	575	1,8	417	2,9
27) Vom Branntweinbrennen	50	0,2		
28) Vom Bankmetzgen	9	–	11	0,1
29) Jahrmarktgelder zu Aichstetten	156	0,5		
30) Zoll	1 736	5,4	442	3,0
31) Chaussee-, Brücken- und Weggelder	452	1,4	445	3,1
32) Zoll von der Flößerei	160	0,5		
33) Von gebrannten Kohlhaufen	5	–		
34) Vom Kleinzehnten	120	0,4		
35) Verschiedene Pacht- und Konzessionszinse	136	0,4		
36) Pachtgelder aus herrschaftlichem Eigentum			728	5,0
37) Pachtanschlag für selbstverwaltetes herrschaftliches Eigentum	4 556	14,1	650	4,5
38) Jagd- und Waldertrag	6 029	18,6	1 294	8,9
39) Insgemein	41	0,1		
Summe I. b)	17 666	54,5	9 370	64,3
Summe Geldeinnahmen (I. a & b)	22 673	70,0	12 516	85,9

II. Naturaleinnahmen

a) Ständig:

40) Gültfrüchte von Lehen- und Zinsgütern				
Roggen	1 085	3,3	20	0,1
Dinkel	3 053	9,4	134	0,9
Hafer	3 473	10,7	1 646	11,3
41) Vogthaber	147	0,5	209	1,4
Summe II. a)	7 759	23,9	2 009	13,8

Einnahmen	Grafschaft Zeil fl	% der gesamten Einnahmen	Grafschaft Trauchburg fl	% der gesamten Einnahmen
b) Unständig:				
42) Großzehnt	1 967	6,1		
43) Pachtzins in Frucht			52	0,4
Summe II. b)	1 967	6,1	52	0,4
Summe Naturaleinnahmen (II. a & b)	9 726	30,0	2 061	14,1
Gesamteinnahmen	32 399	100,0	14 577	100,0

Bemerkungen zu den einzelnen Posten:

6) Söldner oder Huber zahlen für Haus- und Kameralfronen 1 fl 30 kr pro Ehe, Witwen und Witwer 45 kr; als Frongelder sind je Winterfuhr 6 kr angesetzt. — 8) Unveränderlicher Zins von fremden Lehen in der Herrschaft. — 9) Auf Grund des Patronatsrechts von Aichstetten. — 10) Die Untertanen entrichten als Ersatz für das herrschaftliche Vorkaufsrecht auf die zum Verkauf angebotenen Kälber der Lehenleute seit 1751 8 kr je Roßbau und 6 kr je Sölde. — 12) Kanon von Landkrämern, deren Häuser und Gerechtigkeit herrschaftliche Lehen sind. — 13) Jährlicher Kanon von Bäckern. — 14) Unterhaltskosten für einen Steg über den Argen. — 16) Ursprünglich bestand das Mortuarium beim Mann im besten Pferd, bei der Frau in der besten Kuh, doch wird es seit langem nach Größe und Qualität der Güter angesetzt. — 17) Die Manumission beträgt in der Grafschaft Zeil nach Größe des Vermögens 1 fl 30 kr bis 5 fl, von Begüterten 7 fl 30 kr bis 30 fl, in der Grafschaft Trauchburg je nach Vermögensstand 3 bis 10 fl. — 18) Die Herrschaft bezieht von ledig sterbenden Leibeigenen den dritten Teil ihrer Hinterlassenschaft als Mortuar. — 19) Von jedem Untertan werden jährlich in der Weihnachtswoche je 100 fl Vermögen 20 kr gezahlt. — 20) Für die Aufnahme als Untertan in der Herrschaft 1 fl 30 kr bis 10 fl je nach Vermögensstand. — 21) Für bedeutende Holzschläge und Vereinödungen wegen Forst- und Jagdverminderung, ferner für den Bau neuer Gebäude. — 22) Hintersassen- oder Beisitzgeld je Ehe 1 fl 12 kr, von Witwern oder Witwen 36 kr. — 25) 10 % vom abziehenden Vermögen. — 26) Das 13. Maß vom verkauften Wein im Ausschankpreis, ferner je Faß 2 Maß Bodenwein im Ausschankpreis; z. T. auch andere Regelungen. — 27) Konzessionsgebühr von 2 bis 6 fl. — 28) Ursprünglich nach der Quantität des verkauften Fleisches berechnet, doch nun in einen jährlichen Akkord verwandelt. — 29) Vom verkauften Vieh werden je fl 1 kr, vom nicht verkauften Vieh pro Stück 1 kr erhoben; Krämer zahlen ein Standgeld von 6 bis 30 kr. — 33) Von jedem gebrannten Kohlhaufen 36 kr. — 35) Pachtgeld für Fischwasser, Weidekanon, Konzession für Lumpensammeln u. ä. — 36) Pachtgelder für Wiesen, Äcker und Fischwasser. — 37) In der Grafschaft Zeil: Brauhaus zu Zeil (300 fl), Ziegelbrennerei (300 fl), Salzniederlage zu Diepoldshofen (2617 fl), Bauhof zu Zeil (688 fl), Bauhof zu Attenhofen (321 fl), mehrere kleinere Güter (330 fl); in der Grafschaft Trauchburg: Brauhaus zu Rimpach (500 fl), Kalkbrennerei (150 fl). — 38) Nach der Bilanz von 1802—1806 betrug der Gesamtertrag bei der Grafschaft Zeil jährlich durchschnittlich 7504 fl; hiervon werden 1475 fl als Kostenaufwand für die Jagd, für Kulturkosten, für Wildschadensentschädigung usw. abgezogen, nicht aber die jährliche Gratisholzabgabe an die Lehensuntertanen mit einem Wert von 3264 fl. Bei der Grafschaft Trauchburg erbrachten Jagd und Wald jährlich durchschnittlich 1706 fl, von denen 412 fl als Aufwand abgezogen sind, nicht aber die Gratisholzabgaben an die Lehensleute (415 Klftr Tannenholz jährlich). — 40)—43) Preisansätze bei der Grafschaft Zeil: Mltr Roggen 16 fl 40 kr; Vtl Veesen 1 fl 3 kr; Vtl Hafer 52 kr; Mltr Gerste 13 fl 30 kr; bei der Grafschaft Trauchburg: Mltr Roggen 13 fl 36 kr; Mltr Veesen 14 fl 14 kr; Mltr Hafer 13 fl 2 kr; Mltr leichter Zinshafer 6 fl.

Nr. 5   1809 März

Revenüenetat der Herrschaften Wurzach und Marstetten (Fürstentum Waldburg–Zeil–Wurzach) nach 9jährigem Durchschnitt 1797–1805

Zusammengestellt nach E 221, 63, 1, Bd. II, Nr. 1.

Einnahmen	fl	% der gesamten Einnahmen
I. Geldeinnahmen		
a) Ständig:		
1) Lehenzinse	5 334	13,9
2) Bretterschnitt	10	–
3) Vogtrechte von den Pfarreien Wurzach und Hauerz	75	0,2
4) Frongelder	1 832	4,8
5) Seefuhren	45	0,1
6) Bäckerschilling	42	0,1
7) Kramereigeld	98	0,3
8) Taferngeld	120	0,3
Summe I. a)	7 556	19,7
b) Unständig:		
9) Ehrschatz	2 177	5,7
10) Lehenskonsensgelder	53	0,1
11) Manumissionen	391	1,0
12) Todfälle	698	1,8
13) Ankunftgelder	4	–
14) Bürgerrecht	38	0,1
15) Beisitzgeld	22	0,1
16) Abzug	873	2,3
17) Strafen und Frevel	86	0,2
18) Kanzleitaxen	629	1,6
19) Handlungsrekognitionsgelder von Juden	21	0,1
20) Branntweinrekognitionsgeld	28	0,1
21) Umgeld	643	1,7
22) Rekognitionsgeld vom Lumpensammeln	18	–
23) Besoldungsbeitrag der Stadt Wurzach	36	0,1
24) Zolleinnahmen	4 002	10,4
Pachtertrag aus eigenen Gütern:		
25) Mahl- und Schmidmühle zu Marstetten	267	0,7
26) Hofgut in Marstetten	583	1,5
27) Kameralgut in Treherz	1 200	3,1
28) Kameralgut in Wurzach	1 819	4,7
29) Bannbrauhaus zu Mooshausen	640	1,7

Einnahmen	fl	% der gesamten Einnahmen
30) Brauhaus zu Wurzach	1 200	3,1
31) Weiher und Weiherwiesen	215	0,6
32) Ziegelhütten und Kalkofen	350	0,9
33) Jagdertrag	263	0,7
34) Waldertrag	3 114	8,1
Summe I. b)	19 370	50,5
Summe Geldeinnahmen (I. a & b)	26 926	70,2
II. Naturaleinnahmen		
a) Ständig: Fruchtgülten von Lehengütern:		
35) Kernen (5 Mltr)	105	0,3
36) Roggen (41 Mltr)	535	1,4
37) Mühlkorn (4 Mltr)	55	0,1
38) Veesen (556 Schfl)	3 873	10,1
39) Hafer (705 Schfl)	3 818	10,0
40) Vogtrecht von der Pfarrei zu Aitrach		
Veesen (18 Schfl)	123	0,3
Hafer (18 Schfl)	96	0,3
Summe II. a)	8 605	22,4
b) Unständig: Zehnten zu Aichstetten und Wiesen:		
41) Roggen (50 Mltr)	648	1,7
42) Gerste (16 Mltr)	185	0,5
43) Veesen (198 Schfl)	1 304	3,4
44) Hafer (123 Schfl)	666	1,7
Summe II. b)	2 803	7,3
Summe Naturaleinnahmen (II. a & b)	11 408	29,8
Gesamteinnahmen	38 334	100,0

Bemerkungen zu den einzelnen Posten:

1) Unter den Lehenzinsen der herrschaftlichen Schupflehen sind zusammengefaßt: Heugeld, Dienstgeld, Leibsteuer, Scheitgeld, Jagdgeld, Hundsmiete, Schwing- und Roßbaugeld, Küchengefälle und Kälbergeld. — 2) Lehensrekognition von der Sägmühle zu Hauerz für die Verpflichtung, 300 Bretter zu schneiden. — 3) Der Herrschaft steht das Patronatsrecht der beiden Pfarreien zu. — 4) Jeder Bürger und Insasse der Stadt Wurzach hat 4 Handdienste zu leisten, jeder Lehensmann auf dem Lande 10 Handdienste und je Roßbau 1 Mähndienst. Bei Verpachtung der Kameralgüter wurden die Fronen in Geld verwandelt (1 Handdienst = 15 kr, 1 Mähndienst = 1 fl 4 kr). — 5) Geldsurrogat für die Verpflichtung der Wirte in der Herrschaft, den herrschaftlichen Wein vom Bodensee anzuliefern. — 6) Die Bäcker in der Herrschaft haben für die Erlaubnis, das ganze Jahr hindurch Weiß- und Schwarzbrot backen zu dürfen, je nach Größe ihres Betriebs jährlich 1 fl 30 kr bis 4 fl zu zahlen. — 7) Konzessionsgeld von 21 Krämern für die Erlaubnis, in herrschaftlichen Lehenhäusern kleinen Kram mit Spezereiwaren usw. treiben zu dürfen. — 8) 7 Wirte in der Herrschaft zahlen für die Belehnung mit Schildwirtschaftsgerechtigkeiten zusammen 120 fl jährlich, erhalten dafür aber

73 Klftr Holz à 2 fl aus den herrschaftlichen Waldungen gratis, so daß ein tatsächliches Defizit von 26 fl entsteht. — 9) Von leibfälligen Schupflehen gibt jeder neue Lehensmann pro Roßbau auf 2 Leiber 100 fl, auf 1 Leib 50 fl Handlohn oder Ehrschatz. — 10) Gestattet die Herrschaft die Veräußerung von Schupflehen, so erhält sie 10 % des Erlöses. — 11) Untertanen, die aus der Herrschaft abziehen, müssen 5 % des hinausziehenden Vermögens für die Manumission zahlen. — 12) Vom Mann der Wert des besten Pferdes, von der Frau der Wert der besten Kuh. — 13) Jeder auswärtige Untertan, der sich im Fürstentum ansässig macht, ohne Lehensmann oder Bürger zu werden, zahlt bei seiner Aufnahme 2 fl. — 14) Jeder In- und Ausländer, der in der Stadt Wurzach als Bürger aufgenommen wird, zahlt der Herrschaft und der Stadtkasse je 20 fl. — 15) Von Beisitzern je Ehe 1 fl 32 kr, von Witwern oder Witwen 46 kr. — 16) Von dem aus der Herrschaft ziehenden Vermögen werden 10 % erhoben. — 18) Der Kanzleiverwalter erhält von der Herrschaft als Besoldung 793 fl 24 kr jährlich. — 19) Für die Erlaubnis, in der Herrschaft zu hausieren, zahlten bisher mehrere Juden ein jährliches Rekognitionsgeld von 4 fl 48 kr. — 20) Für die Erlaubnis zum Branntweinbrennen bezahlen die Berechtigten jährlich 1 fl 30 kr bis 4 fl. — 21) In der Stadt Wurzach erhebt die Herrschaft die 13. Maß und 10 kr vom Eimer Ausschankwein; auf dem Lande wird von jeder Wirtschaft eine Akkordsumme von 6—33 fl jährlich eingezogen. — 22) Vom Papiermüller bei Wolfegg. — 23) Zur Besoldung des Stadtammanns zahlt die Herrschaft jährlich 50 fl, die Stadt Wurzach trägt 36 fl dazu bei. — 24) Hier sind bereits Unkosten für Brücken- und Wehrbau sowie Besoldungen und Einzugsgebühren abgezogen; eingeschlossen sind Zollfrevel mit 2 fl jährlich. — 26) 62 Jcht Acker, 50 Jcht Wiesen, 17 Jcht Gärten, lebenslänglich verpachtet. — 27) 219 Jcht Acker, 115 Jcht Wiesen, Waldtrieb, lebenslänglich verpachtet. — 28) 133 Jcht Acker, 96 Jcht Wiesen, auf 12 Jahre verpachtet. — 30) und 32) Nach Schätzung einzubringendes Pachtgeld. — 34) 4017 Mg Wald und 226 Mg Moosboden. Als jährlicher Ertrag je Mg Wald sind ²/₅ Klftr Holz = 48 kr angesetzt; 100 fl sind als Forstwirtschaftskosten abgezogen. — 35) ff: Bilanzierter Preisanschlag 1800/1805 1 Mltr Kernen = 20 fl 10 kr; 1 Mltr Roggen = 13 fl 8 kr; 1 Mltr Mühlkorn = 13 fl 50 kr; 1 Schfl Veesen = 6 fl 58 kr; 1 Schfl Hafer = 5 fl 25 kr. — 1) und 35)—39) Als Gegenleistungen hat die Herrschaft den Bauern ohne eigene Lehenwaldungen ein bestimmtes Quantum Brennholz abzugeben (309 Klftr à 2 = 618 fl) und zu Häuserbau und Reparaturen einen Beitrag an Holz, Kalk, Ziegeln und Steinen zu leisten (ca. 100 fl), zusammen also ca. 718 fl. — 41)—44) Gute und schwache Frucht sind zusammengerechnet. Als Aufwand für Einsammeln, Dreschen und Fuhrlohn ist das Stroh nicht veranschlagt.

Nr. 6

Revenüenetat des fürstlichen Hauses Hohenlohe-Kirchberg für den Teil der Besitzungen, die 1806 an Bayern und 1810 an Württemberg gelangten, nach dem Stand von 1806

Zusammengestellt nach K II W 275 ad Q 13.

Einnahmen	fl	% der gesamten Einnahmen
I. Geldeinnahmen		
1) Zins und Gülten	397	1,9
2) Neugemachte Gülten	510	2,5
3) Kammergefälle	288	1,4
4) Handlohn und Bestehgeld	2 473	12,0
5) Hauptrecht und Güterfälle	494	2,4
6) Von ehemaligen herrschaftlichen Höfen, Häusern u. Gütern an Geld, Naturalgülten, Dienstgeld, Handlohn u. Sterbfall	283	1,4
7) Schatzung oder ordinäre Landsteuer	1 313	6,4
8) Dienstgeld	1 704	8,3
9) Für Naturaldienste	1 505	7,3

Einnahmen	fl	% der gesamten Einnahmen
10) Anspanngeld	9	–
11) Zinsen von alten und neuen Amtsheiligenkapitalien	99	0,5
12) Hundsgeld	83	0,4
13) Bürgersteuer	150	0,7
14) Nachsteuer oder Abzugsgeld	1 918	9,3
15) Zoll	440	2,1
16) Hausiergeld	5	–
17) Umgeld von Wein, Bier und Branntwein	904	4,4
18) Bannweingeld	113	0,5
19) Akzise	20	0,1
20) Markt-, Zoll-, Stand- u. Ellengeld	16	0,1
21) Konzessionsgeld für Privilegien usw.	9	–
22) Verschiedene Strafgebühren	244	1,2
23) Aus verkauften Fruchtzehnten	49	0,2
24) Aus verkauften Klein- und Blutzehnten	473	2,3
25) Aus verkauften Heuzehnten	2	–
26) Aus verkauften Kraut- u. Obstzehnten	46	0,2
Summe Geldeinnahmen	13 547	65,9
II. Naturaleinnahmen[1]		
a) Ständig: Gültfrucht		
27) Korn (32 Mltr)	194	0,9
28) Kern (1 Mltr)	8	–
29) Dinkel (67 Mltr)	270	1.3
30) Hafer (165 Mltr)	413	2,0
31) Kefterich (28 Mltr)	42	0,2
Summe II. a)	927	4,5
b) Unständig: Zehntfrucht		
32) Korn (144 Mltr)	862	4,2
33) Dinkel (448 Mltr)	1 793	8,7
34) Spitzen (73 Mltr)	147	0,7
35) Gerste (38 Mltr)	190	0,9
36) Hafer (366 Mltr)	916	4,5
37) Stroh	872	4,2
38) Verschiedenes	31	0,2
Summe II b.)	4 811	23,4
39) Forstertrag	1 154	5,6
40) Wiesenertrag	118	0,6
Gesamteinnahmen	20 557	100,0

[1] Preisansätze bei den Naturaleinnahmen:
Mltr Korn 6 fl; Mltr Kern 8 fl; Mltr Dinkel 4 fl; Mltr Hafer 2 fl 30 kr; Mltr Kefterich 1 fl 30 kr; Mltr Spitzen 2 fl; Mltr Gerste 5 fl; Schober Stroh 3 fl; Mltr Erbsen 6 fl; Mltr Linsen 6 fl; Sri Lein 48 kr; Eimer Wein 5 fl.

Nr. 7

Revenüenetat des Amts Wallerstein nach 10jährigem Durchschnitt 1786–1795

Zusammengestellt nach FÖAW I 5. 19.

Der Revenüenetat, ein Auszug aus den Rechnungen der Kameralkommission, Generalkasse, Hofkasse, des Oberamts, Kastenamts, Zollkommissariats, Bauamts, der Hofapotheke und Stampfverwaltung, bietet offensichtlich durchweg Rohertragswerte. Er ist nicht nach Geld- bzw. Naturaleinkünften, ständigen oder unständigen Posten aufgeschlüsselt, sondern gibt jeweils die Daten der einzelnen Einnahmestellen wieder. Die Einnahmen werden hier deshalb möglichst nach Herrschaftsrechten (Grundherrschaft 1.–7., Leibherrschaft 7.–8., Gerichts- und Landesherrschaft 9.–24., Zehntherrschaft 25.–26.), nach Erträgen aus Verpachtungen und Eigenbetrieben (27.–32.) und aus dem Forst (33.–37.) gruppiert. Ausgeklammert werden dabei 3335 fl „Veränderliche Steuern", da derartige Abgaben in den anderen Revenüenetats nicht vorkommen und da diese Summe als durchlaufender Posten für Reichs- und Kreiszwecke zu betrachten ist.

Die Maßangaben sind auf ganze fl, Mltr, Stück auf- bzw. abgerundet. Preisansätze: 1 Mltr Kern = 9 fl 50 kr; 1 Mltr Roggen = 7 fl 42 kr; 1 Mltr Dinkel = 9 fl 20 kr; 1 Mltr Gerste = 9 fl 10 kr; 1 Mltr Hafer = 8 fl 52 kr; 1 Schober Stroh = 3 fl 30 kr; 1 Gans = 40 kr; 1 Henne = 15 kr; 1 Huhn = 7½ kr; 100 Eier = 50 kr; 1 Klftr Laubholz = 4 fl 48 kr; 1 Klftr Nadelholz = 4 fl 25 kr; 100 Wellen Holz = 2 fl 4 kr.

Zu den Rechts- und Abgabenverhältnissen in der Grafschaft Öttingen-Wallerstein vgl. im einzelnen Nr. 210.

Einnahmen	fl	% der gesamten Einnahmen
1. Geldzins	1 207	1,9
2. Fruchtgülten (108 Mltr Kern, 127 Mltr Roggen, 85 Mltr Dinkel, 29 Mltr Gerste, 181 Mltr Hafer)	4 712	7,5
3. Veränderliche Gülten und Grundzinse in Geld und Frucht	207	0,3
4. Küchengefälle (29 Gänse, 517 Hennen, 1071 Hühner, 7339 Eier)	343	0,5
5. Käs- und Hennengelder	36	0,1
6. Konsensgelder	238	0,4
7. Gutsveränderungsjura und Sterbfälle	1 913	3,0
8. Ungenossengeld	41	0,1
9. Dienstgeld von Hausbesitzern	1 372	2,2

Einnahmen	fl	% der gesamten Einnahmen
10. Hausgenossengelder	299	0,5
11. Vogtrecht (Geld und Frucht)	450	0,7
12. Friedschatz	265	0,4
13. Juden-, Synagog-, Gäns- und Kleppergelder	75	0,1
14. Juden-, Schutz-, Schächt- und Begräbnisgeld	620	1,0
15. Beständige Steuern	213	0,3
16. Ordinari-Landsteuern	3 487	5,5
17. Nachsteuern	883	1,4
18. Zoll-, Geleit-, Weg- und Brückengeld	5 378	8,5
19. Jahrmarktgeld	70	0,1
20. Bürgerrecht	11	–
21. Von Handwerkern	71	0,1
22. Schenk-, Sud- und Umgeld	1 880	3,0
23. Strafen und Konfiskationen	542	0.9
24. Amtssporteln	5	–
25. Geldsurrogat für Zehnten	324	0,5
26. Zehntertrag (117 Mltr Roggen, 1 Mltr Weizen, 199 Mltr Dinkel, 173 Mltr Gerste, 56 Mltr Hafer, 1801 Ztr Heu, 78 Schober Stroh)	6 578	10,4
27. Fischerei	130	0,2
28. Zeitpachtschillinge	9 749	15,5
29. Ziegelei	294	0,5
30. Baumaterialien	1 824	2,9
31. Stampfpapier	719	1,1
32. Erlös aus Medikamenten	4 683	7,4
33. Jagdertrag	2 371	3,8
34. Geäckerich	1 095	1,7
35. Holzertrag	10 254	16,3
36. Von Weide, Laub und Gras	227	0,4
37. Forststrafen	293	0,4
38. Insgemein	102	0,2
Gesamteinnahmen	62 962	100,0

Nr. 8

Revenüenetat des Heilig-Geist-Spitals zu Schwäbisch Gmünd nach 10jährigem Durchschnitt 1792/93—1801/02

Zusammengestellt nach Stadtarchiv Schwäbisch Gmünd, Archiv des Heilig-Geist-Spitals, A 13.

Einnahmen	fl	% der gesamten Einnahmen
I. Geldeinnahmen		
a) Ständig:		
1) Grundzinse	7	—
2) Hellergeld	368	1,7
3) Küchengefälle	167	0,8
4) Stiftungsgelder	48	0,2
Summe I. a)	590	2,7
b) Unständig:		
5) Handlohn u. Weglöse	1 931	8,8
6) Kapitalzinsen	649	3,0
7) Von erteilten Pfründen	218	1,0
8) Pachtgelder von verliehenen Gütern	3 631	16,5
9) Für Heu und Öhmd aus eigenen Gütern	427	1,9
10) Für verkauftes Vieh	52	0,2
11) Von Fischwassern	7	—
12) Für den kleinen Zehnten	34	0,2
13) Für Zehntheu	260	1,2
14) Für Zehntstroh	917	4,2
15) Für verkauftes Holz	3 212	14,6
16) Insgemein	301	1,4
Summe I. b)	11 639	53,0
Summe Geldeinnahmen (I. a & b)	12 229	55,6
II. Naturaleinnahmen		
a) Ständig: Gültfrucht		
17) Dinkel (190 Mltr 3 Vtl)	1 711	7,8
18) Kernen (15 Mltr 6 Vtl)	157	0,7
19) Roggen (28 Mltr 7 Vtl)	201	0,9
20) Hafer (233 Mltr 2 Vtl)	1 865	8,5
Summe II. a)	3 934	17,9

Einnahmen	fl	% der gesamten Einnahmen
b) Unständig: Zehntfrucht		
21) Dinkel (333 Mltr 8 Vtl)	3 001	13,7
22) Kernen (7 Vtl)	8	–
23) Roggen (111 Mltr 5 Vtl)	781	3,6
24) Gerste (10 Mltr 7 Vtl)	73	0,3
25) Hafer (238 Mltr 17 Vtl)	1 912	8,7
26) Erbsen (2 Mltr 7 Vtl)	21	0,1
27) Wicken (4 Mltr 2 Vtl)	23	0,1
Summe II. b)	5 818	26,5
Summe Naturaleinnahmen (II. a & b)	9 752	44,4
Gesamteinnahmen	21 980	100,0

Bemerkungen zu den einzelnen Posten:

1) Aus Häusern in der Stadt. – 2) Aus 74 leibfälligen Häusern und Grundstücken, die nur Hellergeld bezahlen. – 4) Von der Armenleutepflege. – 7) Einkaufsgeld von Pfründnern mit Vermögen. – 8) 129 Tagwerk Wiesen, 134½ Tagwerk Acker, 1 Hof von 409 Tagwerk Fläche. – 9) Von 20½ Tagwerk Garten und Wiese. – 11) Von 2 verpachteten Fischbächen. – 12)–14): Das Spital bezog den Kleinzehnten in 2 Orten zu zwei Dritteln, den Heuzehnten in 3 Orten, den Fruchtzehnten in 9 Orten ganz, in 2 Orten zu zwei Dritteln, in 6 Orten zur Hälfte. Der Fruchtzehnt wurde jährlich zur Hälfte in Dinkel und zur Hälfte in Hafer verliehen. – 15) Aus 611 Tagwerk Tannenwald und 355½ Tagwerk Buchen- und Birkenwald. Das selbst verbrauchte Holz ist in dem Betrag enthalten. – 17)–20): Gült aus 151 leibfälligen Höfen, 5 leibfälligen Mühlen und 26 Erb- und Eigengütern, die z. T. gültbar sind. – 21)–27): Vgl. die Bemerkungen zu 12)–14). Preisansätze bei den Naturalien: 1 Mltr Dinkel 9 fl; 1 Mltr Kernen 10 fl; 1 Mltr Roggen 7 fl; 1 Mltr Gerste 6 fl 45 kr; 1 Mltr Hafer 8 fl; 1 Mltr Erbsen 7 fl 12 kr; 1 Mltr Wicken 5 fl 24 kr.

Nr. 9

Abgabenbelastung des Marktfleckens Kornwestheim um 1787

Zusammengestellt nach Christoph Ludwig Kerner, Beschreibung des Herzoglich Württembergischen Markt-Fleckens Kornwestheim im Jahre 1787 (Landesbibliothek Stuttgart, cod. hist. fol. 277).

Bei der folgenden Aufstellung handelt es sich nicht um einen Revenüenetat im strengen Sinn. Die sorgfältigen Berechnungen über die Abgabenbelastung des Ortes, die Amtmann C. L. Kerner anstellte, bieten aber durchaus vergleichbare Daten. Da in den Revenüenetats Nr. 1–8 direkte Steuern, Kommun- und Amtsschaden nicht enthalten sind, wird hier zwecks besserer Vergleichsmöglichkeiten eine doppelte prozentuale Berechnung – mit und ohne diese Abgaben – angestellt. Außer Kerners Beschreibung diente die Aufschlüsselung seiner Angaben in den Württembergischen Jahrbüchern 1860 II, S. 167 ff (von G. Rümelin) als Grundlage; geringfügige Fehler wurden korrigiert.

Kerner legte folgende Preise zugrunde:
Schfl Dinkel 4 fl; Schfl Weizen 8 fl; Schfl Roggen 6 fl; Schfl Gerste 6 fl; Schfl Hafer 3 fl; Schfl Hülsenfrüchte (Erbsen, Wicken, Linsen) 6 fl; Wanne (= 11 Ztr) Heu 9 fl; Gans 20 kr; Rauchhenne 10 kr; Sommerhuhn 5 kr.

Zu den Rechts- und Abgabenverhältnissen, die in Kornwestheim vor der Grundentlastung bestanden, vgl. im einzelnen Nr. 211.

Abgaben	fl	% der gesamten Abgaben	% von den Abgaben ohne direkte Steuern
1) Abgaben der Lehengüter	3 681	20,7	26,8
2) Abgaben der Teiläcker	1 061	6,0	7,7
3) Gült nach Zelg	68	0,4	0,5
4) Gülten, Hennen usw. an die Ortspfarrei (ohne die unter Ziff. 1 verrechneten Gülten im Wert von 291 fl)	630	3,5	4,6
5) Lehenzins aus einigen Häusern u. Scheunen	1	–	–
6) Unablösiger Fruchtzins von einigen Äckern	4	–	–
7) Bodenwein aus verschiedenen Weinbergen	33	0,2	0,2
8) 50 Sommerhühner	4	–	–
9) 6 Gänse	2	–	–
10) Unablösiger Hellerzins	14	0,1	0,1
11) Mahlkern vom Müller	22	0,1	0,2
12) 164 Rauchhennen	27	0,2	0,2
13) Hauptrecht und Fall (geschätzt)	100	0,6	0,7
14) Ewige und unablösige Steuer	11	0,1	0,1

Abgaben	fl	% der gesamten Abgaben	% von den Abgaben ohne direkte Steuern
15) Steuerroggen auf Martini (67 Schfl 5 Sri)	406	2,3	3,0
16) Taubenschlaggelder	1	–	–
17) Abzug oder Nachsteuer	5	–	–
17a) Strafen und Konfiskationen	50	0,3	0,4
18) Besoldungssteuer	1	–	–
19) Ertrag des herzoglichen Schäfereirechts	800	4,5	5,8
20) Novalzehnt	7	–	0,1
21) Strohzehnt	1 200	6,8	8,7
22) Großer Zehnt	4 410	24,8	32,1
23) Zehntsurrogate für Kulturveränderungen	206	1,2	1,5
24) Heuzehnt aus Baum- und Grasgärten	24	0,1	0,2
25) Kleiner Zehnt	250	1,4	1,8
26) Umgeld	550	3,1	4,0
27) Zoll von Handelswaren (geschätzt)	150	0,8	1,1
Summe 1)–27)	13 718	77,2	100,0
Steuern zur Landschaft:			
28) Ordinaristeuer und Zuschlag zur Ordinaristeuer	884	5,0	
29) Extraordinaristeuern	1 492	8,4	
30) Chausseesteuer für Straßenbau und -erhaltung	110	0,6	
31) Beitrag zum herrschaftlichen Schloßbau in Stuttgart	67	0,4	
32) Beitrag zum herrschaftlichen Tollhausbau in Ludwigsburg	21	0,1	
33) Abzahlung einer Kriegsanleihe während des 7jährigen Krieges	202	1,1	
Summe 28)–33)	2 777	15,6	
34) Amtsschaden	234	1,3	
35) Kommunalabgaben	1 044	5,9	
Summe direkte Steuern: 28)–35)	4 055	22,8	
Summe der Abgaben	17 771	100,0	

Nr. 10   1726 Mai 1, Altdorf

Bauernschutzbestimmungen in dem „Erneuerten Mayen-Gebott der Landvogtey in Obern- und Nidern-Schwaben" von 1726

°B 522, Bü 171. Druck.

Die folgenden Bestimmungen wurden fast wörtlich im Maiengebot der Landvogtei von 1749 wiederholt (Druck, ebenfalls °B 522, Bü 171). Sie sind einer der seltenen Belege für landesherrliche Bauernschutzmaßnahmen in Südwestdeutschland; vgl. Darstellung, Kap. 1, Anm. 890, und Nr. 12, Anm. 6. Für die Wirksamkeit der Bestimmungen sprechen die einleitenden Bemerkungen in dem „Erdschatzbuch" des Klosters Weingarten für die Vogtei- und Landvogteiuntertanen diesseits der Schussen von 1730 ff (*B 517, 2. Anhang, Bd. 6): „Weilen bei denen landvogteilichen Lehengüeteren keine Schatzung, so werden selbe in billichen Anschlag genommen und bedarfen dise nicht hochgetrüben werden."

53. Wobei auch zu wissen, daß alle Lehenrevers, außer was dem Gottshaus Weingarten zugehörig, bei der Kaiserlichen Erz- und Landsfürstlichen Kanzlei zu Altdorf wie nicht weniger alle Lehenbrief außer erstbemeltes Gottshaus Weingarten wie auch Weißenau, Salmanschweiler, Creutzlingen, Altschausen, Baindt und Löwenthal verfertiget werden sollen und müssen, alldieweilen aber zu vernemmen kommen, obe sollten sich underschidliche Lehenleute under denen Landvogteiischen Undertanen befinden, welche mit keinen Lehenbrieffen, noch weniger mit denen gewohnlichen Reversen versehen seind, wordurch aber seiner Zeit Streit entstehen und denen Undertanen zum großen Nachteil gereichen kann, also sollen nach Verlesung dises Gebotts innerhalb 4 Wochen eine Verzeichnus der abgängigen Lehenbrief und Reversen durch die Ammänner von den Undertanen abgeforderet und dem Kaiserl. Oberamt eingestellet werden; und welcher Teil nun aber hierinfahls saumselig oder ungehorsam erfunden wurde, solle um 10 Pfd. Pfenning gestrafft werden.

Und weilen auch

54. Einige Jahr hero mehrmalen mißfällig zu vernemmen gekommen, daß einige Lehenherrschaften ihre Lehenleut, die Landvogteiische Undertanen, mit übermäßiger Steigerung der Ehe-Schätzen, Fahl und Schläuffen, auch zumutenden Dienst und Ehe-Fahrten dergestalten immer mehrers zusetzen und hinauftreiben, daß dardurch mancher solcher Lehenmann gleich bei Empfahung des Lehen entkräftet und allergnädigster Herrschaft absonderlich zu Kriegszeiten in Steur- und Reißgelter nicht beihalten, mithin die Praestanten nicht praestieren kann, also werden alle in der Landvogtei Schwaben sich befindende Leibeigne und Lehenleut under 10 Reichstaler Straff dahin ermahnet und alles Ernsts befelchet, daß dieselbe bei Empfahung der Lehen und ehe dieselbe die abforderende Ehe-Schätz und andere zumutende Auflagen bezahlen, so sie sich bei dem Kaiserl. Oberamt jedesmalen anvor gebührend anmelden, die vorherig und ältere Lehenbrief mitbringen, die Verbescheidung darüber abwarten und auch ihren Lehenherrn nicht zuvil nachlauffen, sondern auf deren Erforderen und was alsdann von ihnen verlanget oder sonsten denenselben vorgehal-

ten wird, ihren vorgesetzten Ammann anzeigen und diser sodann nach Gestalt der Sachen dem Kaiserl. Oberambt gehorsamlichen darüber referieren solle.

Nr. 11—22   Die Josephinischen Agrarreformen in Schwäbisch Österreich

Vgl. Darstellung, S. 258 ff.

Nr. 11—16   Aufhebung der Leibeigenschaft

Vgl. Darstellung, S. 261 ff. Wenige Tage nach dem Erlaß der beiden Patente über die Aufhebung der Leibeigenschaft und die Zuerteilung des Grundeigentums an die bäuerlichen Untertanen in Böhmen, Mähren und Schlesien (1. 11. 1781) erging an die Vorderösterreichische Regierung in Freiburg die Weisung zu berichten, ob und wo in den Vorlanden noch Leibeigenschaft bestehe und wie die beiden Patente auch für die Vorlande angewendet werden könnten (Hofkanzleidekret vom 12. 11. 1781; °B 17, Bü 627). Die Freiburger Regierung erstattete das geforderte Gutachten am 13. 9. 1782 (Nr. 12). Die Oberämter, auf deren Berichte sie sich dabei stützte (°B 17, Bü 627), waren sich vielfach über die Natur der Leibeigenschaft und die ihr anhängenden Abgaben und Leistungen nicht im klaren; durchweg vertraten sie die Meinung, als privatrechtliches Verhältnis bzw. urbarialer Rechtstitel könne die Leibeigenschaft nicht ohne Entschädigung beseitigt werden. Besonders instruktiv ist in dieser Hinsicht der Bericht des Landvogts von Ober- und Niederhohenberg, Franz Anton v. Blanc, der sonst als unbedingter Verfechter naturrechtlicher Anschauungen bei den Agrarreformen noch radikaler vorzugehen wünschte als der Kaiser (vgl. Darstellung, S. 269 f und Nr. 11, 14, 22).

Das Patent vom 20. 12. 1782 (Nr. 13) lehnte sich nach Wortlaut und Inhalt so eng an das Patent für Böhmen, Mähren und Schlesien vom 1. 11. 1781 an, daß sich eine Reihe erläuternder und abändernder Zusätze als notwendig erwies, die den Wert des Patents für die befreiten Leibeigenen erheblich minderten (Nr. 14—16).

Nr. 11   1782 April 18, Rottenburg

Bericht des Oberamts Rottenburg an die Vorderösterreichische Regierung und Kammer über die Leibeigenschaftsverhältnisse in seinem Amtsbereich

°B 17, Bü 627, Beilage Nr. 5 zum Bericht der Vorderösterreichischen Regierung vom 13. 9. 1782. Ausfertigung. Unterschriften: Franz von Blanc; Metz; Vicari, Referent.

[...] In Niederhohenberg und im Schömbergischen Bezirke bestehet eigentlich wie in dem Horbischen nur eine überaus gemäßigte und eben daher gewissermaßen nur uneigentliche Leibeigenschaft, vermög welcher die Untertanen bei dem Sterbfalle den Hauptfall mit 38½ kr von jedem Hundert [Gulden], wobei aber eine sehr billige Schatzung genommen wird, dem Aerario entrichten müssen.

Außer diesem hat die allergnädigste Landesherrschaft sowohl inner Landes als in dem Würtenbergischen und Ritterschäftlichen noch mehrere Personalleibeigene, deren Verbindung aber lediglich darin bestehet, daß selbe jährlich für das Leibhuhn, wenn sie eigene Haushaltung führen, 8 kr, bei ihrer Verehelichung statt der Salzscheibe 2 fl und bei dem Sterbfalle von jedem 100 fl, wenn sie würtenbergische Untertanen sind, ein schweres Pfund Heller oder 43 kr, wenn sie aber österreichische oder ritterschäftliche Untertanen sind, 38½ kr Hauptfall entrichten.

Die Leibledigung dieser Personalleibeigenen hängt von der hochlöblichen Regierung ab, welche aber gegen einen billigen, dem Vermögen angemessenen Loskaufschilling niemals erschweret wird.

Im Oberhohenbergischen besteht ebenfalls Lokalleibeigenschaft; hier muß eine abziehende Person für die Leibauslosungsgebühr 1 bis 4 fl und für den Manumissionsbrief 2 fl bezahlen. In der Herrschaft Werenwag gibt es Leib- und Vermögensfällige. Die Leibfälligen müssen jährlich für das Leibhuhn 12 kr, bei Absterben des Mannes das beste Zugstück, beim Absterben der Frau die beste Kuh, bei ihrer Manumission je nach Vermögen 2 bis 15 fl bezahlen; die Vermögensfälligen zahlen für das Leibhuhn 12 kr, bei ihrem Abzug obige Entlassungsgebühr, für den Hauptfall aber nur 38½ kr von jedem 100 fl. In Dotternhausen und Roßwangen sind alle Untertanen leibeigen und entrichten die Abgaben wie die Leibfälligen der Herrschaft Werenwag. Ähnlich ist die Leibeigenschaft in der Herrschaft Schramberg beschaffen: Hier wird beim Absterben des Weibes das beste Kleid als Fall bezogen; für die Manumission erhebt man einen ungefähr entsprechenden Betrag. In der Herrschaft Oberndorf sind gar keine Leibeigenen vorhanden.

Gutachten:

Aus obangeführter Beschaffenheit der in hiesigem Bezirke bestehenden Gattungen von Leibeigenschaft fällt sogleich in die Augen, daß dieselbe viel gemäßigter als jene sei, welche erst kürzlich in den böhmischen Erblanden allergnädigst aufgehoben worden ist, nachdem diese letzere mit weit beschwerlicheren Wirkungen in Absicht auf die Person des Leibeigenen verknüpft war. Über dieses hat der hierländische Untertan, weil er teils zu gar keinen und teils nur zu sehr geringen Fronen verbunden ist, auch von dieser Seite, gegen jenen der böhmischen Erblande betrachtet, ein ungleich milderes Los erhalten, welches ihm noch mehr zu erleichtern alsdann nicht billig zu sein scheinet, wenn dieses nicht anderst als zum Nachteile ihrer Obrigkeiten geschehen sollte, welche ja die von dieser so sehr gemäßigten Leibeigenschaft abfallende, größtenteils lehenbare Nutzbarkeit noch niemal so gemißbrauchet haben, daß hierüber Klage geführt oder daß dieselbe als die Hindernis der Kultur und des häuslichen Fortkommens bei dem Volke angesehen worden wäre.

Bei diesen Betrachtungen müssen wir also der gehorsamsten Meinung sein, daß die für die böhmischen Erblande erflossene diesfällige allerhöchste

Patente so, wie sie liegen, auf die hiesige Gegend nicht anwendbar sein dürften.

Gleichwie aber allerdings zu wünschen wäre, daß das in diesem Zeitalter so sehr auffallende Wort Leibeigenschaft samt allen seinen Wirkungen, welche, so gelind sie auch sind, es dennoch immer wieder in frischer Erinnerung erhalten, aus der Wurzel gehoben werden möchte, so muß ich, der Landvogt, die hieher gehörige gehorsamste Erwähnung machen, daß ich aus Gelegenheit der zu Untersuchung der Schrambergischen Untertansbeschwerden mir gnädig aufgetragenen Kommission, nachdem ich bei dem dortigen Lehensinhaber, Herrn Grafen von Bissing[1]), einen ebenso herzlichen Abscheu gegen das Wort sowohl als gegen die Sache der Leibeigenschaft, obschon nicht den geringsten Mißbrauch derselben wahrnahm, sehr nahe dabei war und nur durch die Weigerung zwoer eigensinniger Gemeinden gegen vier andere, die es gern eingegangen hätten, daran gehindert wurde, daß eines und das andere, das ist: das Wort und die Sache, auf immerhin ausgerottet worden wäre, wie zum Teile aus der obigen Beilage No. 5[2]) zu ersehen ist.

Der Plan zu dieser Abolition war folgender:

A. Weil die Leibeigenschaftsnutzung in dem Lehensurbario deutlich enthalten, das Lehen selbst aber titulo oneroso, nämlich durch Kauf an das Bissingische Geschlecht gekommen ist, so war es vor allem darum zu tun, was für ein Surrogatum man dieser Nutzung substituieren könnte.

B. Der dreißigjährige Durchschnitt der Rechnungen zeigte, daß dieses Gefäll mit allem, was nach dem Lehensurbario dahin einschlägt, jährlich 298 fl 32 kr 5$^{1}/_{2}$ h ertrage.

C. Sollte nun die Leibeigenschaft mit allen Effectibus ohne Nachteil des Lehens aufgehoben werden, so müßte man ein Kapital von eben diesem Ertrage suchen, welches dem Lehen einzuverleiben wäre, dieses Kapital aber, weil die Leibledigungsgebühren nach dem Verhältnisse des Vermögens abgenommen, somit durch den immer wachsenden Wert der Güter in eben dem Maße stets erträglicher sowie die als Sterbfall zu beziehende verschiedene Gattungen Viehes stets teurer werden, nicht nach 4 von Hundert, sondern nach einem geringeren Prozent berechnen, welches der Herr Lehensinhaber dennoch nicht höher als auf 3 vom Hundert bestimmte, obgleich bei derlei ewigen und mit dem Werte der Güter wachsenden Gefällen hierlandes die Ablösung nach 2$^{1}/_{2}$ Prozent zu geschehen pfleget.

D. Die oben in B. aufgeführte Summa per 298 fl 32 kr 5$^{1}/_{2}$ h erforderte also nach Hinweglassung der kr und h ein zu substituierendes Lehenskapital von 9933 fl 20 kr.

E. Man fiel also auf den Gedanken, dieses Kapital von den wirklich leibeigenen Köpfen gegen ihre völlige Loslassung einzuheben, denn es ist hier anzumerken, daß bei weitem nicht alle Untertanen dieser weitschichtigen Lehensherrschaft, sondern nur 2165 Köpfe mit Leibeigenschaft behaftet seien, welche aus 472 Männern, 504 Weibern und 1189 Kindern bestehen, auf welche obige 9933 fl 20 kr zu verteilen wären.

---

[1]) Graf von Bissingen-Nippenburg.
[2]) Bericht der Bissingenschen Beamtung vom 29. 3. 1782.

F. Wie nun diese Verteilung am schicklichsten hätte geschehen können, zeiget die Anlage No. 7[3]), aus welcher die Mäßigkeit der Leibeigenschaftsreluition offenbar am Tage lieget, wenn man erwäget, daß

1. jede leibeigene Person in jene Klasse zu setzen wäre, in welche sie zu gehören von einer gewissen Anzahl unparteiischer und ad actum zu beeidigender Gerichtsmänner geglaubt worden wäre, daß

2., da bei dem Absterben eines Mannes das beste Stück Vieh als Leibfall gegeben wird, in der ganzen Herrschaft Schramberg aber vielleicht nicht zehn leibeigene Hausväter sind, die nicht wenigstens eine Kuhe haben, von den vermöglicheren aber ein Ochs oder gar ein Pferd gegeben werden muß, die ganze Reluition in keiner Klasse die Hälfte von dem Werte des Leibfalles betrage, daß

3. eben dieses sich auch von den Weibern sagen lasse, unter welchen keine ist, deren Sonntagskleider, die als Leibfall gegeben werden müssen, nach dem Verhältnisse ihres Vermögens nicht doppelt so viel wert wären, als diese Reluition beträgt – zu geschweigen, daß alle ihre künftige Geburten schon als vollkommen frei auf die Welt kommen –, daß endlich

4. bei den Kindern die Betrachtung, daß viele derselben vor ihrer Verehlichung sterben, nicht außer acht gelassen und eben daher die klaßmäßige Reluition bei den Vermöglicheren selbst schon sehr gering ist, bei den Unvermöglichen aber sozusagen fast auf nichts herabgesetzt worden.

G. Der Herr Lehensinhaber, dessen edle Denkensart für seine an sich meistens sehr undankbare und boshafte Untertanen nicht genug angerühmt werden kann, trug diesen in seinem und seiner Lehensnachfolger Namen an, daß, wenn sie diesen Reluitionsakkord eingiengen, alle auf einmal ohne mindeste Tax oder Schreibgebühr durch ein öffentliches Proclama als freie Leute erkläret, auch zu ewiger Ausrottung der Leibeigenschaft kein Fremder mehr als leibeigen angenommen werden soll.

H. Jene Untertanen, denen es beschwerlich fallen dürfte, ihr und der Ihrigen Reluitionsgeld herzuschießen, sollten solches indessen verzinsen und jährlich vom Gulden nur zwei Groschen abzahlen, wo sie sofort in zehn Jahren dieser Schuldigkeit auf die unvermerkteste Art sich entledigen könnten; da inzwischen ihre wirkliche vollständige persönliche Freiheit und die ewige Abolition der Leibeigenschaft gleich nach Einlangung der über diesen Akkord von dem höchsten Lehenshofe sich zu erbittenden gnädigen Ratifikation ihren Anfang nehmen und respective für sich gehen würde.

Wer sollte nun wohl glauben, daß ein so vorteilhafter Antrag nicht einhellig angenommen worden wäre?

---

[3]) „Entwurf, wie in der Lehenherrschaft Schramberg die Untertanen von der Leibeigenschaft auf ewig befreiet werden könnten, ohne daß dem Lehenträger an seinen Einkünften etwas vermündert würde." Von dem Ablösungsplan waren 472 Männer, 504 Weiber und 1189 Kinder betroffen. Jede dieser Gruppen wurde nach dem Vermögen in fünf Klassen eingeteilt; Männer sollten 5–17 fl, Weiber 3–11 fl, Kinder 30 kr–2 fl 48 kr für die Entlassung aus der Leibeigenschaft entrichten, so daß sich ein Kapital von rund 9934 fl ergeben hätte; zu 3 % verzinst erbrachte es jährlich 298 fl, den bisherigen Durchschnittsertrag der Leibeigenschaftsgefälle.

Vier Gemeinden hätten sich gern dazu verstanden, allein die zwo anderen haben ihn aus einem dummen Eigensinne verworfen.

Wir untersetzen also höherer Beurteilung, ob nicht die so löbliche Bereitwilligkeit besagten Herrn Lehensinhabers ex officio utiliter angenommen und gegen den Willen des kleineren Teiles bei der ganzen Herrschaft Schramberg ad Effectum gesetzt werden solle, nachdem diese Reluition nicht teilweise eingeführt werden kann, weil sonst durch die immer noch vorzusehende Verehlichung Freier mit leibeigenen Weibsbildern die Leibeigenschaft immer wieder fortgepflanzt und ausgebreitet werden müßte.

Sollte nun diese Reluitionsart des hohen und allerhöchsten Beifalles gewürdiget werden, so würde sie sich mit einer ähnlichen Leichtigkeit und Erträglichkeit auf alle andere hierländische Leibeigenschaftseffectus anwenden lassen und sich allerdings zu versprechen sein, daß sie allerorten von den meisten Untertanen mit großem Vergnügen und Danke würde angenommen werden und auch den Obrigkeiten selbst alsdann umso weniger mißfallen dürfte, wenn, wie allerdings zu hoffen ist, zu derselben Aneiferung dem Herrn Grafen von Bissing über diesen seinen rühmlichen Vorgang auch nur das kleinste Merkmal der diesfälligen hohen oder allerhöchsten Zufriedenheit zu erkennen gegeben werden wollte.

Nr. 12   1782 September 13, Freiburg

Bericht der Vorderösterreichischen Regierung und Kammer an den Kaiser, die Aufhebung der Leibeigenschaft in Vorderösterreich betreffend

°B 17, Bü 627. Konzept. Mit Beilagen.

Euer Majestät haben mittelst Dec[reto] ex Cancellaria aulica de dato 12. Novembris et pr[aesentato] 9. Decembris 1781 an uns erlassen, wie Allerhöchstdieselben die Leibeigenschaft in gesamten böhmischen Erblanden aufzuheben allergnädigst geruhet hätten, und wurden sowohl hierwegen als auch wegen Einraumung des Eigentums der Gründe an die Untertanen deutliche Maßregeln in zwei Patenten vorgeschrieben[1]), anbei allergnädigst befohlen zu berichten:

1°. in welchen hiesigen Orten noch eine Leibeigenschaft bestehe?

2°. Was für Würkungen selbe habe? Dann

3°. wie sie aufgehoben und überhaupt beede Patenten auf die Vorlande adaptiert werden können?

Diese allergnädigste Willensmeinung haben wür nach eingekommenen hinlänglichen Exemplarien der Patenten am 22. Jenner d. J. an alle Ober- und Ämtere, auch Landstände zur fördersamsten Berichtserstattung erlassen.

---

[1]) Die Patente für Böhmen, Mähren und Schlesien vom 1. 11. 1781 über die Aufhebung der Leibeigenschaft und über Zuerteilung des Grundeigentums an die bäuerlichen Untertanen; vgl. Grünberg, Bauernbefreiung II, S. 390 ff.

Auf deren erfolgten Einlangung wir daher unseren Bericht abzustatten und allergehorsamst anzuführen haben, wie

ad 1.um aus denen Vernehmlassungen nicht gewiß zu entnehmen, daß in denen vorderösterreichischen Landen eine wahre Leibeigenschaft sich erhalte, sondern nur in mehreren Ortschaften einige Würkungen hiervon auf gemäßigtere Weise zu spüren, welche aber nicht gleichförmig, sondern schier in jedem Orte anderst hergebracht und in Ausübung sich befinden, mit deren Anführung wir nicht weitläufig sein wollen, allermaßen in denen Beilagen solche des mehreren angeführet werden.

Ad 2.um kann der sogenannte Leibeigene auf vorhinniges Anmelden und gegen einen gemäßigten Konsenstax hinwegziehen und inner Landes anderswo sich niederlassen oder Dienste suchen, wobei jedoch derselbe das Abfahrtgeld, wo es hergebracht, wie auch, wo er sich als ansässig einlassen will, das Burger- oder Beisassaufnahmgeld zu entrichten hat. Desgleichen haben diese Untertanen die Freiheit, ohne Unterschied Handwerkere und Künste zu erlernen und können ihre Nahrung ohngehindert nach Verlangen suchen.

Anlangend die Hofdienste oder Fronen, so haben selbe solche wie andere Untertanen zu verrichten und zwar teils nach denen Verträgen und Urteilen auf eine bestimmte Zahl oder auf eine ohnbestimmte Weise, und zwar dergestalten, daß wenn Klage gegen ihre nächere Obrigkeit oder jenne, welche solche praestationes zu fodern haben, einkömmt, sogleich die übermäßige Zahl auf eine verhältnismäßige also eingeschränket werden, daß der Untertan seinen Feldarbeiten genüglichen vorstehen und das Dominium sich anmit begnügen mag.

Die von beiden Eltern verwaiste Kinder werden bis nun wie [Kinder] anderer Untertanen besorget, und hat der Pfleger wegen Stellung der Rechnung und sonstiger Bemühung eine kleine Belohnung zu empfangen.

Obgleich nun in denen Ortschaften die so geartete Gütterbesitzere von solchen Gründen Hand- und Spannfronen oder Roboten, auch Natural- und Geldpraestationes nach zerschiedener Maße zu entrichten haben, so sind solche Abgaben gleichwohlen als urbarmäßige Rechten nach Verschiedenheit jeden Orts fortgeführet und bis nun eingehoben worden, so wie solche Dominicalpraestationes bei der anno 1764 in Vorlanden vorgegangenen Peraequation in das Steurcatastrum fatieret und in die Belegung gezogen wurden[2]).

Diese dem Namen nach leibeigene Leute haben anbei die Befugnus, ihre Grundstücke, die keine Erb- oder Schupflehen sind, zu verreißen und zu verpfänden, sind auch fähig, alles zu erwerben, was ein anderer nicht leibeigener Untertan erhalten kann.

Hieraus ergibet sich also, daß von der vor Zeiten in den vorderösterreichischen Landen an zerschiedenen Orten bestandenen Leibeigenschaft nur noch die Worte Leibeigenschaft und Manumission erübrigen; die breisgauischen Stände bitten dahero in der Anlage No. 1 allerunterthänigst, daß denen betreffenden Dominien bei allenfalsiger Abschaffung dieser Wörter allergnädigst gestattet werde, den Betrag des Manumissionstax unter dem Namen eines Entlassungsscheins-, Emigrations- oder Sterbfallauslosungstaxes beziehen zu dörfen.

---

[2]) Vgl. dazu Darstellung, S. 246 ff.

Gleichwie aber denen Dominien bei jennen Ortschaften der Sterbfahl, wo solcher urbarmäßig zu beziehen ist, noch fortan nach allerhöchster Intention zu verbleiben haben wird und bei anderen Ortschaften, allwo solcher nicht Herkommens, ohnehin nicht bezogen werden darf, so erachten [wir] alleruntertänigst, daß der Betrag des Sterbfalls gegen etwaige Weglassung des Worts Sterbfall noch fortan unter dem Namen „urbarmäßige Abgabe" einzuheben sein würde.

Ebenso könnte bei Manumittierung eines solchen Untertans allein der gewöhnliche Abzug und der vormalige Betrag für Schreibtax zu beziehen kommen.

Aus den beiliegenden Berichten wird allergnädigst entnommen werden, daß sowohl bei denen Euer Majestät zuständigen Ober- und Obervogteiämteren, als auch bei denen Ortschaften, welche denen nächeren Obrigkeiten und einigen Reichsgotteshäusern, auch der högäuischen Ritterschaft zuständig sind, selten eine wahre Leibeigenschaft sich finde, sondern nur davon zerschiedene Gefälle fortgeführet und eingehoben werden, so wie bei den allerfreiesten Leuten solches zu geschehen pfleget. Würkungen der in Vorlanden fortbenamsten Leibeigenschaften wären von der wahren Leibeigenschaft anderer Länder, wie daselbst angeführt worden, groß unterschieden, inmaßen diesländische leibeigene Untertanen ihre unbewegliche Gründe, wenn sie nicht mit einem Lehensnexu afficieret sind, als ein wahres Eigentum besitzen, worüber sie weder einen Grundherrn erkennen, sondern ihre Stabilien so wie ihr übriges fahrendes Vermögen nach Willkür behandeln können, insoweit nemlich die vorligende, von Zeit zu Zeit erflüssende landesfürstliche Emigrations- und andere Normalverordnungen solches nicht verboten haben, nach erhaltner obrigkeitlicher Bewilligung oder gegen Erstattung der urbarmäßigen Gebühr außer oder in Land sich setzen, verehelichen, vor Gericht stehen können und anderen freien Leuten allerdings gleichgehalten werden, gestalten sie nur einigermaßen und zwar mehr dem Namen nach als in der Tat *durch die Leibeigenschaft bzw. deren Ausflüsse – Hauptrecht, Manumissionsgebühr, die sogenannte Leibhenne und die in den Urbaren begründeten Fronen –* beschränket sind.

Ad 3tium: Die gänzliche Aufhebung dieser an die Dominien abzugeben schuldigen Praestationen wird dem wahren Sinn der allerhöchsten Absicht nicht zutreffend sein, und wenn die Untertanen, wie das k.k. Oberamt in Rottenburg No. 5[3]) den Vorschlag gibet, solches unternehmen und die Abgaben in Geld ablösen, so dörften dieselben andurch auch nach der Anhandlassung des k.k. Oberamts Altdorf No. 2[4]) mehrers beschweret als erleichteret werden, da sie

---
[3]) Vgl. Nr. 11.
[4]) Die betreffende Passage im Bericht des Oberamts Altdorf vom 20. 3. 1782 bezieht sich auf die Allodifikation der bäuerlichen Lehen. Das Oberamt hielt die Allodifikation für wenig ratsam, weil in der Landvogtei die Schupflehenbesitzer erfahrungsgemäß leichter fortkämen als die Inhaber eigener Güter. Da die Bauern das benötigte Geld gegen eine Verzinsung von 4–5 %/o aufnehmen müßten, die Gutseinkünfte nach Abzug der Beschwerden aber höchstens $3^1/_2$ %/o betrügen, wäre eine allgemeine Verschuldung die Folge, und die Bauern müßten den Gläubigern dienen, „eine Dienstbarkeit, die sie empfindlicher trückte als die Leibeigenschaft". Eine Zerstücklung der Güter wäre kaum zu vermeiden, und in der Folge stände das in Kriegszeiten und für andere öffentliche Zwecke benötigte Zugvieh bald nicht mehr zur Verfügung.

das diesfällige Äquivalent aufborgen und sotane Summ fortan verzinsen müssen, welcher Last den Untertanen nicht wenig trücken und anbei verursachen würde, daß neben der Verzinsung auf demselben Gut auch wegen solchen abgelösten Praestationen eine höchere Beschwerde fallen möchte. Jedoch sollte es immer denenselben erlaubet sein, so selbe zu Auslosung solcher Abgaben imstande sind, sich hiervon nach einem gewissen Anschlag freimachen zu können.

Es ist zwar nicht ohne, daß ein Teil der Untertanen besonders in Schwäbisch Österreich keine eigene Gütter, wormit selbe schalten und walten können, besitzen, sondern solche schupflehenweis ad dies vitae gegen Abgab eines Laudemii inhaben; die Erfahrung gibet aber, daß weilen diese Gütter zu Viertel-, Halb-, Drittel- und ganze Baurenhöfe erhalten, a potiori besser bestehen als die ein eigentumliches Gut inhaben, weilen diese auf dem Gut keine Schulden machen können, wobei sie wirtschäftlicher sind, bauen die Gütter gut, solche kommen bei Wohlverhalten auf ihre Kinder, bezahlen bei dem Antritt nur einen Ehrschatz und besitzen sohin ein beträchtliches Gut für einen Bauern. Ein solcher Untertan kann sohin die auf dem Gut haftende Abgabe an den Eigentumsherren und Landesfürst wohl bestreiten und mit seiner famille behörig auskommen.

In den Vorlanden erfoderet es wegen vervielfältigter Untermischung der Kreisständen in derlei Abänderung große Aufmerksamkeit. Diese besitzen derlei Schupflehen und andere Gütter, wegen solchen [be]ziehen sie zerschiedene Utilitäten und Fronen, die eine Ähnlichkeit mit denen Leibeigenschaften haben.

Es ist bekannt, wie sie auf ihre Rechte und Gefälle versesen sind, eine zumutende Abänderung wird allgemeine Gravamina bei dem Kreis nach sich ziehen, man hat solches unlängst zum höchsten Verdruß und Schaden von ihnen erfahren, wie die Dominicalsteuren eingeführt worden. Sie gaben gleich vor, daß ihr Matrikular-Steurfuß leide; derlei Gütter waren mit ihren Nutzungen in den Reichssteur-Bestand genommen, und bei einer Abänderung werde diese erschitteret[5].

Daher scheinet immer das Allerausgibigste und Beste vor den kontribuierenden Untertanen zu sein, wenn Mittel verschaffet würden, wodurch der Eigentumsherr keine Steigerungen in denen Laudemiis und Zinsen, wie schon vermög allerhöchsten Hofdecreten ex cancellaria aulica de dato 27. Septembris 1766 und 9. Maii [1767], auch 1. Julii 1769 anbefohlen worden, vornehmen dörfte[6].

---

[5] Im Zusammenhang mit der Theresianischen Steuerreform in Schwäbisch-Österreich entspannen sich wegen der hier erwähnten Frage langjährige Streitigkeiten mit den in der Landvogtei begüterten Reichs- und Kreisständen. Sie endeten damit, daß die betroffenen Stände ihre Besitzungen mit Hilfe des Schwäbischen Kreises 1774 durch eine einmalige Zahlung von 500 000 fl aus der Dominikal- und Erbsteuer auslösten (°B 17, Bü 875).

[6] Auszüge aus den erwähnten Hofkanzleidekreten in °B 17, Bü 322: Anläßlich mehrerer Spezialfälle erhielt die Vorderösterreichische Regierung und Kammer die Weisung, sie solle darüber wachen, daß bei Gutsantritt den neuen Beständern keine neue Auflage gemacht „und eine dergleichen Erhöhung unter einen anderen Nahmen verstecket werden möge" (27. 9. 1766) und „daß kein immobile [...] mit neuen Grundzinsen und Ehrschätzen oder Erhöhung der alten zum Nachteil des Contributionsstands beschwehret werden möge" (9. 5. 1767). Diese Bestimmung war nicht „pro praeterito" zu verstehen, sondern nur „a dato" (1. 7. 1769).

Diesfalls hat es einen Unterbruch genommen, daß bei Schupflehen solches vorzunehmen in nachgefolgter Verordnung gestattet worden[7]).

Allein hierunter leidet ein großer Teil der kontribuierenden Untertanen; die Leute selbsten, wenn ein derlei Gut erlediget wird, steigeren einanderen, lassen sich auf ein größeres Laudemium und mehrere Gültabgaben ein, der Eigentumsherr unterstützet es und suchet den Ertrag immer noch höcher zu treiben. Dieses unternimmet er besonders seit der Zeit des eingeführten neuen Catastri, um andurch jene Abgaben zum Teil wieder einzubringen, worzu selber vorhin nicht verhalten worden.

Andurch aber stehet die richtige pünktliche Einbringung des Contributionalis in Gefahr, und solches sind Ursachen genug, um die erfoderliche Vorsehung zu treffen. In dieser Erwägung sind wir allerunterthänigst beglaubet, daß auf denen ersten allerhöchsten Normalverordnungen zu beharren und abermalen generaliter zu statuieren wäre, womit alle Versteigerungen bei Schupflehen, dritteiligen und anderen Höfen und Güttern als unzulässig erkläret werden möchten, weilen wahrgenommen worden, daß derlei Untertanen in denen Laudemiis und denen jährlichen Gültgaben und anderen fortan gesteigeret und auf diese Art zu Abtragung der landesfürstlichen Steur untüchtig gemachet werden, mithin bei forthinnigen Erhöhungen, wie solches seit einigen Jahren beschehen, der Kontribuent in Hinkunft nicht mehr bestehen würde. Um nun den Untertan von dem Umsturz zu erhalten, auch dem Dominio den vormalig billichen Nutzensertrag beizumessen, so erfoderen die Umstände, einen annum normativum zu setzen, welcher dann am füglichsten der 1. November 1764 sein würde, weilen damalen die Peraequation in Vorlanden ihren Anfang genommen hat, wobei zu verordnen wäre, daß alle derlei Abgaben nach der dortmaligen Zeit reguliert und bei Straf kein Dominium oder Eigentumsherr darüber zu handlen sich unterstehen solle.

Dieses würde das sicherste Mittel sein, den Untertan zu bewahren und fortan in kontribuablen Stand zu erhalten, worüber sich auch der Eigentumsherr nicht beklagen kann, indeme man ihme an seinem Recht nichts benimmet, sonderen nur dem Exzess Schranken setzet.

Hiebei bleibet dem Eigentumsherr immer bevor, daß selber das Schupflehen um das bestimmte Laudemium und jährlichen Canon oder Gültfrüchten nach Gutbefinden einem Inländer oder Auswärtigen, wie er es immer befuget ware, verleihen kann, allermaßen die Schupflehen nach Willen auch an sich gezogen und sohin wieder verlassen werden können. Jedoch würde nicht zu gestatten sein, daß ein Dominium solche Schupflehengüter vollständig an sich ziehen und unter eigener Administration bauen lassen sollte, indeme andurch wenigere Familien unterbracht würden und hiermit dem Populationsstand in denen betreffenden Ortschaften ein merklicher Nachteil zugefüget würde, auch das Dominium die übrigen Untertanen mit weit mehreren Fronungen zu belegen veranlasset werden möchte.

Daß nun hierüber allergnädigst zu verordnen gefällig und wie die vorgedachte allerhöchste Patenten de dato 1. Novembris 1781 in Vorlanden besser anwendbar gemachet werden sollen, bitten [wir], uns die allerhöchste Belehrung und Befehle zukommen zu lassen.

---

[7]) Eine entsprechende Verordnung war nicht zu ermitteln.

Nr. 13   1782 Dezember 20, Wien

Patent über die Aufhebung der Leibeigenschaft in Vorderösterreich

B 61 I, Bü 234. Druck. (Leicht gekürzter Druck bei *Petzek, Gesetze* II, S. 256—258).

Wir Joseph der Zweite, von Gottes Gnaden erwählter Römischer Kaiser, zu allen Zeiten Mehrer des Reichs, König in Germanien, Hungarn und Böheim etc., Erzherzog zu Österreich, Herzog zu Burgund und zu Lothringen etc. etc.

Zu Begünstigung der Landeskultur und Emsigkeit, die sich nur unter dem günstigen Einflusse einer anständigen Freiheit emporschwingen können, finden Wir Uns bewogen, auch in Unsern österreichischen Vorlanden gleichwie in den übrigen Erbländern die gemäßigte Untertänigkeit einzuführen und in dieser Absicht folgendes festzusetzen:

Erstens: Jeder Untertan ist bloß gegen vorher gemachte Anzeige und von der Herrschaft erhaltene unentgeltliche Meldzettel sich zu vereheligen berechtiget.

Zweitens: Es steht jedem frei, auch von der Herrschaft hinwegzuziehen und sich nach Wohlgefallen in Unsern österreichischen Vorlanden niederzulassen oder Dienste zu suchen. Nur haben diejenigen, so sich anderswo ein Haus erkaufen oder als Inwohner niederlassen wollen, den Entlaßschein zu begehren und dadurch zu bewähren, daß sie von der vorigen Grundobrigkeit entlassen sind. Damit jedoch die Gründe zum Nachteile des allgemeinen Feldbaues nicht unbestellt bleiben, ist dem angesessenen Untertan der Abzug nicht eher gestattet, bis er einen andern tauglichen Landwirt auf seinen Grund gestellet hat[1]).

Drittens: Wo für die Entlassung bis izt an Entlassungs- oder sogenannten Manumissionsgeld oder Taxe 2 fl oder auch darüber entrichtet worden, haben die Untertanen in Zukunft für den Entlaßschein nie mehr als 2 fl zu bezahlen. Wo für die Entlassung weniger als 2 fl bezahlt worden, bleibt es bei dieser geringeren Gebühr; dort aber, wo ganz nichts entrichtet worden ist, darf auch in Zukunft nichts abgefordert werden.

Viertens: Können die Untertanen nach Willkür Handwerke und Künste erlernen und ohne Hindernis ihrer Nahrung und Erwerbung nachgehen, wo sie solche innerhalb Unserer österreichischen Vorlanden finden.

Fünftens: Zwar bleiben auch nach aufgehobener Leibeigenschaft alle ehemals auf den untertänigen Gründen haftende Frondienste, Natural- und Geldentrichtungen, wie sie durch Lehenbriefe, Urbarien, Dingrodeln, Urteln und Verträge bestimmt sind. Außer diesen jedoch kann dem Untertan nirgend ein Mehreres abgefordert werden[2]).

Übrigens hebt die Mäßigung der Untertänigkeit den Gehorsam keineswegs auf, zu welchem die Untertanen ihren Obrigkeiten nach den bestehenden Gesetzen verbunden sind und auch in Zukunft wie vorher verpflichtet bleiben.

---

[1]) Diese Bestimmung geht offensichtlich auf das entsprechende Patent für die Steiermark vom 11. 6. 1782 zurück; vgl. dazu *Mell*, S. 176 f, 181 ff.
[2]) Zur Bedeutung dieses Artikels vgl. Darstellung, Kap. 1, Anm. 809.

Welches Gesetz also die Landesstelle und die untergeordneten Behörden bei vorkommenden Fällen zur Richtschnur zu nehmen und über dessen Befolgung die unabgewendete Obsicht zu tragen haben werden[3]).

Nr. 14   1783 Mai 8, Wien

Erläuterndes Dekret zum Patent vom 20. 12. 1782

B 61 I, Bü 234. Druck. (Leicht abweichender Druck bei Petzek, Gesetze II, S. 260–262).

Unter dem 8. 4. 1783 bat das Oberamt Rottenburg (Landvogt v. Blanc) die Freiburger Regierung um nähere Aufschlüsse zum Patent vom 20. 12. 1782. Unklarheiten bei seiner Interpretation hatten sich z. T. daraus ergeben, daß ungefähr 700 österreichische Leibeigene auf württembergischem und etwa halb so viel württembergische Leibeigene auf österreichischem Territorium saßen (°B 17, Bü 627):

1. Soll sich die Aufhebung auch auf die fremden Leibeigenen im österreichischen oder auch auf die österreichischen Leibeigenen im fremden Territorium erstrecken?

2. Kann sich jeder Leibeigene, der zu Hohenberg gehört, aber außerhalb des Territoriums sitzt, und vice versa durch Zahlung von 2 fl von der Leibeigenschaft freimachen?

3. Haben die Leibeigenschaftsherren die bisher bezogenen Abgaben nicht noch so lange zu beziehen, bis die Leibeigenen die Manumissionsgebühr von 2 fl entrichtet haben?

4. Wie sollen die Leibeigenen bis zu ihrer Manumission genannt werden, da das Patent den Namen Leibeigenschaft aufzuheben scheint? „Denn es wird doch allemal nötig sein, dieselben auch ebensolang von jenen Untertanen zu unterscheiden, welche von Geburt an frei sind und keiner Manumission nötig, folglich auch keine persönliche Abgabe zu entrichten haben."

5. Da es bisher nicht üblich war, einem Leibeigenen nur wegen der Leibeigenschaft das Heiraten zu versagen, soll wohl auch das Patent den Untertanen nicht gestatten, „nach bloßem Wohlgefallen sich zu verehelichen", ohne daß sie die förmliche, freilich kostenlose Erlaubnis von ihrer Obrigkeit als niederem Gerichtsherrn erhalten haben, denn diese hat ein Interesse daran, leichtsinnige Ehen zu verhindern, welche die Zahl der Bettler vermehren und die Gemeinden mit neuen Lasten beladen. Blanc weist erneut auf seinen früheren Bericht mit dem Vorschlag zur Ablösung der Leibeigenschaft hin[1]); die Ablösung ist be-

---

[3]) Nach dem Ausschreiben der Vorderösterreichischen Regierung und Kammer vom 4. 2. 1783 hatte Joseph II. „die diesländische Art der Leibeigenschaft zwar viel gelinder" gefunden als in den böhmischen Erblanden, hatte aber doch „anbefohlen, daß die in Vorderösterreich derzeit noch bestehende Leibeigenschaft um so mehr gänzlich aufgehoben werden solle, als die vollkommene Abrogierung des Namens der Leibeigenschaft als ein Generale festgesetzt seie" (B 61 I, Bü 234).
[1]) Vgl. Nr. 11.

rechtigt, da die Herrschaften die Leibeigenschaft „keineswegs gemißbrauchet und die davon abfallenden respectu Individui sehr kleinen, im ganzen aber beträchtlichen Nutzungen meistens titulo oneroso erworben haben, dieses der Kultur und dem Triebe zur Tätigkeit ganz unnachteilige Recht entweder unter einem andern gelindern Namen oder doch in aequivalenti noch fortan hätten ausüben und genießen können".

Auf die von der kaiserl. königl. vorderösterreichischen Regierung und Kammer mit Bericht vom 22ten April dies Jahrs an allerhöchstes Ort einbegleitete Anfragen des Oberamts zu Rottenburg über das wegen Aufhebung der Leibeigenschaft unterm 20. Dezember 1782 ergangene Patent ist vermög Decreti der kaiserl. königl. böhmisch- und österreichischen Hofkanzlei [...] ruckbedeutet worden, daß

Erstens, da die Aufhebung der Leibeigenschaft zum allgemeinen Besten aus landesfürstlicher Machtsvollkommenheit beschlossen worden, von selbst sich verstehe, daß diese Verordnung extra Territorium sich nicht erstrecken könne, daß

Zweitens, solange das in Sachen ergangene Patent nicht kundgemacht worden, solches auch keine Wirkung habe; daher es denn auch bis dahin bei dem vorigen Gebrauch und Rechten zu verbleiben habe. Daß

Drittens es eine ganz natürliche Sache sei, daß nach Entrichtung des Entlassungs- oder Manumissionsgeldes die Leibeigenschaft erst aufgehoben werde, mithin, solange die Tat bestehe, auch der Namen verbleibe, daß aber den Entlassenen ein eigener Unterscheidungsnamen gegeben werden soll, der allerhöchsten Willensmeinung gerade entgegenlaufe; daher selbe wie jene, welche niemals Leibeigene gewesen, Untertanen heißen sollen. Und endlichen daß

Viertens der erste Punkt des Patents:
„Jeder Untertan ist bloß gegen vorher gemachte Anzeige und von der Herrschaft erhaltene unentgeltliche Meldzedel sich zu verehelichen berechtiget", nur dahin zu verstehen sei, daß für die Erteilung der Heuratskonsense von keiner Herrschaft eine Taxe, wenn vielleicht hier und da eine bestanden, fürohin mehr gefodert werden soll; wodurch denn auch den vorhin bestandenen allerhöchsten Verordnungen nicht derogieret worden, als in Gefolge derer es erlaubet war, liederlichen Gesindel oder auch solchen Leuten, welche weder mit eigenen Mittlen oder mit Handarbeit sich ernähren können, die Heuratskonsense gar abzuschlagen.

Welch allerhöchste Entschließung und Normalerläuterung zur gehörigen Benehmung und Nachachtung hiemit kundgemacht wird.

Nr. 15   1784 März 5, Wien

Erläuterndes Dekret zum Patent vom 20. 12. 1782

B 61 I, Bü 234. Druck. (Fehlerhafter Druck bei Petzek, Gesetze II, S. 265—267).

Das Dekret wurde veranlaßt durch eine Eingabe des landständischen Konsesses des Breisgaues an die Freiburger Regierung und Kammer vom 2. 3. 1784 wegen der Auskaufsgelder leibeigener Untertanen von ihren „näheren Herrschaften" (°B 17, Bü 626): Der Sinn des § 3 des Patentes sollte es nicht sein, das Manumissionsgeld festzusetzen, sondern „einzig die Kanzleischreibtax für Ausfertigung des Entlaßscheins" zu normieren, während das „Dominikaljurisdiktionsgefäll selbst" unter den § 5 begriffen werden sollte. 2 fl als Ablösung für die sonst anfallenden Leistungen wäre keine billige Entschädigung. Nach dem Erläuterungsdekret der Hofkanzlei vom 8. 5. 1783 hört die Leibeigenschaft erst nach Entrichtung des Entlassungs- oder Manumissionsgeldes auf; solange daher ein Leibeigener unter seiner näheren Herrschaft sitzen bleibt und stirbt, ohne sich vorher losgekauft zu haben, „so stirbt er noch als ein wahrer Leibeigener", und es müssen die entsprechenden Abgaben bei Leben und beim Tod entrichtet werden. „Ist er geheuratet und bekinderet, so läßt er seine Witwe und Kinder in der nämlichen Leibeigenschaft zurück, und so pflanzt sich diese von einem Geschlecht auf das andere so lang fort, bis die Loskaufung durch die Erteilung des Entlaßscheins beschiehet, und da dieses gemeiniglich nur erst alsdann zu geschehen pflegt, wenn ein solcher aus dem Dominio in ein anderes abziehen will, so wäre dieses bereits der einzige Fall, in welchem die Befreiung von der Leibeigenschaft ihre Anwendung hätte." Doch ist in diesem Fall eine Gebühr von 2 fl zu gering. Es handelt sich um tituli onerosi, und es kann nicht beabsichtigt sein, „dergleichen teur erkaufte [...] Dominikalgerechtsamen und Gefälle" zu vermindern, zumal diese besteuert werden.

Nachdeme Se. Majestät die Leibeigenschaft ganz aufgehoben hätten, so könne [...] von einer Personalauflage oder von einem Auskaufgeld wegen der Leibeigenschaft keine Frage mehr sein und beschränke sich der ganze Unterschied zwischen den nunmehr freizulassenden und den vorhin schon frei gewesten Untertanen nur darin, daß nach dem Patent vom 20ten Christmonats 1782 der Leibeigene, wenn er anderswo ein Haus erkaufen oder als Inwohner sich niederlassen wolle, einen Entlaßschein begehren und solchen bei seinem niederen Gerichtsherrn mit 2 fl lösen müsse, wenn die Entlassung vorhin nicht umsonst erteilet worden sei; woentgegen der von jeher frei gewesene Untertan eines dergleichen Entlaßscheines nicht bedärfe.

Wenn diesemnach nach gesetzmäßig aufgehobener Leibeigenschaft der vordeme leibeigen geweste Untertan wegen Aufhebung der Leibeigenschaft nebst dem Entlaßgeld und der Abfahrts- oder Abzugsgebühr noch ein Lös- oder Auskaufgeld von 1, 5 und mehr pr. Cento fürohin bezahlen sollten, so würde daraus erfolgen, daß die Leibeigenschaft wider den Sinn der allerhöchsten [Willensmeinung] nur dem Namen nach aufgehoben wäre, in der Tat aber der Untertan immer noch so lang leibeigen bleiben wurde, bis er sich davon los- oder auskaufet hätte.

Der 5te § mehrbesagt-allerhöchsten Verordnung rede auch nicht von Personal-, sondern von Realschuldigkeiten, welche dem Nieder- oder Gerichtsherrn immer zu verbleiben haben, folglich auch nicht von den abziehenden Untertanen als ein Personalonus zu redimieren, sonderen von den neu aufziehenden Untertanen als eine Realschuldigkeit festzusetzen seien, wobei der Grund- oder Gerichtsherr um so weniger einen Verlust habe, als es ihm gleichgültig sein müsse, ob der Untertan A oder B die auf dem Grunde haftende Frondienste, Natural- und Geldabgaben entrichte.

Welches demnach diesseitiger Regierung und Kammer mit dem Auftrag eröffnet werde, daß dieses Auskaufgeld sowohl bei den Kameralämtern, als bei den Dominien oder niederen Gerichteren abgeschaffet und ein so gestalteter Bezug nirgendswo mehr geduldet werden solle.

Diese allerhöchste Entschließ- und respective Erläuterung wird also zur nachrichtlichen Wissenschaft und genauer Beobachtung andurch kundgemacht.

Nr. 16 1785 Mai 2, Wien

Erläuterndes Dekret zu § 3 des Patents vom 20. 12. 1782

B 61 I, Bü 234. Druck. (Leicht abweichender Druck bei Petzek, Gesetze II, S. 274 f).

Die Aufhebung der Leibeigenschaft in der kleinen Grafschaft Falkenstein in dem territorial zersplitterten rheinpfälzischen Gebiet stellte die österreichischen Behörden vor besondere Schwierigkeiten: Es war zu erwarten, daß ein erheblicher Teil der freigelassenen österreichischen Leibeigenen im Laufe der Zeit durch Heirat der Leibeigenschaft anderer Leibherrschaften verfiel und an diese auch Leibsbed, Schatzung und Manumissionsgebühr entrichten mußte. Vor allem, so lautet das merkantilistisch anmutende Argument, entstand Österreich dadurch Schaden, daß die eigenen Untertanen beim Abzug in andere Herrschaften keine Manumissionsabgaben, sondern nur den 10%igen Abzug zahlten, während zuziehende fremde Untertanen ihrem Leibherrn für die Manumission einen Teil ihres Vermögens zurücklassen mußten. Nach Ansicht der Vorderösterreichischen Regierung (Bericht vom 19. 3. 1785; °B 17, Bü 626) sollte daher nur der verhaßte Namen der Leibeigenschaft aufgehoben werden, während die bisherigen Abgaben fortdauerten; die Aufhebung der Leibeigenschaft bzw. ihrer Wirkung erfolge erst durch ausdrückliche Manumission. Besonders bei Abzug von Untertanen unter fremde Herrschaften solle nach dem Prinzip der Gegenseitigkeit gehandelt werden, um nicht finanziellen Schaden zu erleiden und die Auswanderung zu begünstigen. Ein Hofdekret vom 16. 4. 1785 hob daraufhin die Leibeigenschaft in der Grafschaft Falkenstein nach Analogie des Patentes vom 20. 12. 1782 auf; die Leibsbed (jährlich 6 kr vom Mann, 3 kr von der Frau) sollte künftig als Frongeld bzw. Steuer verrechnet, die zum Teil ungemessenen Fronen sollten in ein angemessenes Frongeld verwandelt wer-

den. Wegen der ungenügend geklärten Manumissionsfrage erging unter dem
2. 5. 1785 das folgende allgemeinverbindliche Hofdekret.

Seine Majestät haben gelegenheitlich des wegen Aufhebung der Leibeigenschaft in der Grafschaft Falkenstein unterm 16ten April jüngst abgelassenen Befehls auch allergnädigst verordnet, daß zwar das Entlassungs- oder sogenannte Manumissionsgeld, wenn die Entlassung inner den Erbländern von einer Herrschaft auf die andere geschieht, höchstens auf 2 fl zu bestimmen sei; in Fällen aber, wo ein Untertan aus den Erbländern gänzlichen hinweg und in ein fremdes Land zieht, es bei dem bisherigen Abfahrt- und Manumissionsgelde zu verbleiben habe.

Gleichwie nun wahrgenommen worden ist, daß der § 3 des allerhöchsten Patents vom 20ten Decembris 1782, woselbst das Manumissionsgeld eben höchstens auf 2 fl allergnädigst bestimmt wird, von mehreren Ämtern und Obrigkeiten allgemein verstanden worden, es mag die Entlassung und respective Auswanderung inner oder außer Landes geschehen, also wird zur Hebung dieses Mißverstandes die obige allerhöchste Erklärung hiemit bekanntgemacht und erinneret, daß in deren Gemäßheit das Manumissionsgeld nur alsdann mit höchstens 2 fl oder weniger zu beziehen sei, wenn der Untertan nur innerhalb der k. k. Ländern umzieht; wenn selber aber gänzlich aus den k. k. Ländern hinaus und in ein fremdes Land zieht, das Manumissions- und Abfahrtgeld so zu beziehen sei, wie selbes vor dem ersagten Patent jeden Orts eingenommen worden ist[1]).

Nr. 17—21   Bemühungen um die Allodifikation der Schupflehen

Vgl. Darstellung, S. 264 ff. Schon in ihren Berichten über die Leibeigenschaftsverhältnisse hatten verschiedene Oberämter auch die Frage erörtert, ob man die bäuerlichen Fall- oder Schupflehen in erblichen oder in Eigenbesitz verwandeln solle, hatten teilweise ihre Bedenken geäußert (Bericht des Oberamts Altdorf vom 20. 3. 1782; vgl. Nr. 12, Anm. 4), teilweise die Verwandlung in Erblehen gegen entsprechende Kaufsummen oder gegen Erhöhung der Jahresabgaben befürwortet, um den Untertanen durch dann mögliche Verpfändung, Verkauf oder Tausch größere wirtschaftliche Bewegungsfreiheit zu geben, gleichzeitig aber auch die Herrschaft von hohen Holzabgaben zu befreien (Bericht des Oberamts Tettnang vom 9. 3. 1782, des Oberamts Stockach vom 28. 5. 1782; °B 17, Bü 627).

Mit Hofdekret vom 13. 12. 1782 befahl Joseph II., „daß wegen Einführung des Eigentums von denen Schupflehen zwischen Obrigkeiten und Untertanen

---

[1]) Ein inhaltlich gleichlautender Nachtrag zu § 3 des Patents vom 20. 12. 1782 erging anläßlich der Leibeigenschaftsaufhebung in der Herrschaft Hohenegg und in der Grafschaft Hohenems unter dem 25. 6. 1785 (°B 17, Bü 626). Druck: Petzek, Gesetze II, Nr. 306.

ein gütliches Einverständnis versucht [...] werden solle". Am 4. 2. 1783 wies die Vorderösterreichische Regierung die Oberämter und Obervogteiämter an, die Obereigentümer der Lehen und die Lehenträger deshalb einzuberufen (Druck: °B 17, Bü 623). Doch führten die Verhandlungen, soweit sie überhaupt zustande kamen, offensichtlich fast nirgends zu positiven Ergebnissen (Nr. 17–19). Daran änderten auch die genaueren Vollzugsbestimmungen nichts, da sie für die Bauern zu ungünstig waren (Nr. 20; vgl. auch Nr. 21). Auf Empfehlung der Freiburger Regierung wurde Hofrat v. Blanc, der inzwischen die Fronablösungen in Vorderösterreich voranzutreiben suchte, am 15. 3. 1784 angewiesen, gleichzeitig das Allodifikationsgeschäft zu befördern (°B 17, Bü 623). Die durchgesehenen Akten geben keine Auskunft darüber, ob Blancs Tätigkeit in der Allodifikationsfrage größere Erfolge gezeigt hat.

Nr. 17   1784 April 14, Altdorf

Bericht des Oberamts Altdorf an die Vorderösterreichische Regierung und Kammer über die geplante Eigenmachung der Schupflehen

°B 17, Bü 623. Ausfertigung. Unterschrift: Ernst Graf zu Königsegg.

Hochlöbliche Regierung!

Die allerhöchste Verordnung wegen Einführung des Eigentums bei den Schupflehen vom 13. Decembris abhin machten wir den Grundherren nicht allein kund, sonder wir riefen selbe zur Erzielung eines gütlichen Einverständnis [...] vor diesseitig kaiserl. königl. Oberamtskanzlei. Sie entschuldigten ihr Ausbleiben [...] schriftlich, einige tadelten unsere Verfahrungsart, andere hielten die Erscheinung nicht für anständig. In der Sache aber selbsten stimmen sie zusammen, die Güter, um deren Eigentum es zu tuen, seien dem Kreise verwandt; ihnen werde was zugemutet, das gegen die Verträge anstoße und dem Wohl des Untertanen selbsten nicht anpasse. Sie könnten sich von ihren Mitständen, mit denen sie in einem Verbande wären, nicht trennen[1]).

Der Untertan bezeugt hierzu selbsten keine Lust. Er wünscht nicht nur sich, sonder auch das Gut, das er besitzt, in dem Freiheitsstand[2]).

---

[1]) Nach Beilage Lit. A erging das Ausschreiben des Oberamts vom 5. 3. 1783 auf den 10. 4. an die Herrschaften Salem, Weingarten, Weißenau, Kloster Kreuzlingen, Baindt, Kloster Waldsee ad S.Petrum, Urspring, Löwental, Ravensburg, Buchhorn, Frauenkloster zu S. Michael in Ravensburg, Konvent der Karmeliter zu Ravensburg. Die Antworten liegen bei unter Lit. B–G.

[2]) Nach dem beiliegenden Auszug aus dem oberamtlichen Konferenzprotokoll vom 10. 4. 1783 erklärten die Beamten von Waldsee und Bußmannshausen, die Bauern selbst gingen auf eine Ablösung nicht ein, wenn die Beschwerden auf den Gütern liegen blieben, da sie dadurch nichts gewinnen würden. Die Vertreter der landvogteilichen Zinsleute bestätigten die Aussage der beiden Beamten: „Von allen ihren Amtsangehörigen, mit denen sie aus dieser Sache gesprochen, hätten sie verstanden, daß kein einziger sei, welcher gegen Beibehaltung der Beschwerde, die auf dem Gut haften, gegen einen Entgelt das Eigentum an sich zu erkaufen gedenke, unter hundert wäre kaum einer imstand, es zu tun, die aber bemittelt, legen ihr Geld nicht umsonst hin, weil der Bauer durch das Eigentum nicht mehr an Nutzung herausschlagen würde als jetzt; der Bauer bearbeite sein Gut

Nach seinem Sinne erkauft er nichts, was er nicht dermal schon besitzt. Dem Grundherrn zahlt er bei dem Antritte das Handlohn oder Erdschatz, jährlichen aber gesetzte Geld- und Fruchtzünße, Schlauf, Fall etc., die nach den Landesgesetzen keiner Erhöch- oder Steigerung fähig[3]); hiergegen aber beziecht er alle Nutzungen, welche die Natur erzeugt und der Fleiß vervielfältiget.

Die Robaten und Fronen sind sehr gemäßiget, sie hindern ihn nicht, für sich zu arbeiten. Die Habbegierde, der Anwachs der Familie, deren Unterhalt und anständige Unterkunft fachen die Emsigkeit des Schupflehenmanns an, nur alle mögliche Verbesserung zu versuchen und die Feldungen auf die einträglichste Art zu bestellen. Die Wirkungen des Fleißes und Emsigkeit erstrecken sich auf die Nachkommenschaft.

Der Landes- und Gerichtsherr gestattet nicht, den Lehenhueber so leicht abzustiften und ab dem Gute zu treiben. Über das Gut testiert er zwar nicht, es steht ihm aber frei, solches an eines seiner Kinder im Leben aufzusenden; stirbt er aber, ohne daß er die Haussorgen von sich gelegt, folgt ihm eines, welches das Gut übernimmt.

Zu leugnen ist zwar nicht, daß bei der Übernamme des Eigentums die Wirkung, so sich auf die Nachkommenschaft erstreckt, verdopplet werden, die dermal nur einfach: Je emsiger dem Gute gewartet wird, desto mehrer bringt es hervor und desto höcher steigt es in seinem Werte. Nur die erste, die größere Erträgnis, nicht aber die Erhöchung des innerlichen Wertes käme auf die Rechnung des Schupflehenmannes oder des künftigen Eigentümers. Allein es gibt auch Fälle, wo die zweite Absicht in der itzigen Verfassung erreicht wird. Jeweilen vertauscht er sein Gut mit Bewilligung des Leibherren gegen eine Geldaufgabe an ein geringeres, die Nutzungen hangen von dem Zustande des Gutes, von der Wart und Pflege ab. Hiernach steigt und fällt jene.

Wie der Schupflehenmann die Sache ansicht, sind andere Beschwerden, welche ihn abschröcken, von einem schwereren Gewichte. Der Nutzen, den er von dem Eigentum erwartet, kostet ihn, das Geld, so er hiefür auslegt, trägt ihm kaum 2 Percent, dem Gutsübernemmer wird dardurch eintweders die Last zu schwer, oder die übrige Kinder werden in ihren Erbsteilen verkürzet. Durch die Erkaufung des Eigentums verliert er den Hang gegen den Grundherren und dieser gegen ihn die Neigung. Trückt ihn Mißwachs oder Wetterschlag, läßt ihm der Grundherr was an dem Zünse nach. Bauet er Haus oder Stadel, trägt ihm jener das Holz und halbe Tach bei. Ist er verschuldet, aber ein Hauswürt, bei dem nicht alle Hoffnung eines besseren Fortkommens verschwunden, lehnt ihm jener gegen geringere Percento selbst Geld an oder verwilliget ihm, das Lehen zu versetzen. Besitzt er das Gut als eigentumlich, ziecht in allen derlei Fällen der Grundherr von ihm die Hände ab, er weist ihn von sich. Der Eigentümer wendet sich nicht aus der Gefahr zu verderben, sonder tiefer hinein. Er borgt, solang er Kredit findet, der Zinslast wird ihm zu schwer, er fällt in die Gant und die gute Gläubiger in einen großen Verlust.

---

dermalen, wie es ihm immer am einträglichsten sei; wenn er auch Eigentümer wäre, könnte er nit mehr tun."

[3]) Vgl. Nr. 10 und Nr. 12, Anm. 6.

Nicht nur der Bauer, sonder auch der Bürger und Gelehrte sind der Meinung, daß der Grundherr durch diesen Ankauf gewinne, der Schupflehenmann aber verliere wegen dem nutzbaren Eigentum, das der Schupflehenmann wirklich, jedoch begrenzt besitze, und bleibe in dem vollen Genusse des Erdschatzes, Geld-, Frucht- und andere Zünße; dieser hingegen erkaufe die Anwendung seines Fleißes und Emsigkeit, die ihm nicht mehrer als dermal eintragen, weil er selbe schon auf das höchste gespannen.

Dem Schupflehenmanne steht es in der Willkür, das Eigentum gegen einem Entgelt an sich zu lößen, es soll ihm aber solches nicht aufgetrungen werden. Gleichwohl geschehe, daß ein oder der andere Schupflehenmann (denn alle denken doch nicht gleich und einstimmig) den Mut hätte, den Ankauf des Eigentums zu versuchen. Die Grundherren, voll des Mißtrauens, mit dem Eigentum dörfte auch dem Hange, der zwischen ihnen und dem Zensiten vorbehalten bleibt, einen anderen Schwung bekommen, werden sich hiergegen sperren, mit den Verträgen und daß die Kontrakte aus freiem Willen geschlossen worden und mit keinem Zwange verbunden seien etc., hiergegen schützen.

Bitte um Verhaltungsbefehle, wie bei Widerstand gegen die Grundherren verfahren werden soll, ob nach geschehener Auslösung Handlohn oder Erdschatz noch fortdauern, wie die Entschädigungssumme auszumitteln ist. Die Reichsstände wollen auf den 19. Mai eine Kreiszusammenkunft abhalten und dabei über die vorliegende Frage verhandeln.

Nr. 18   1783 Mai 29, Heiligkreuztal

Eingabe der Äbtissin von Heiligkreuztal an die Vorderösterreichische Regierung und Kammer wegen der geplanten Eigenmachung der Schupflehen

oB 51, Bü 52. Ausfertigung. Unterschrift: Sor. M. Josepha Abbtissin.

Man hat das kaiserliche Dekret vom 13. Dezember 1782 ordnungsgemäß den Untertanen bekanntgemacht und den 22. Mai 1783 dazu bestimmt, daß jede Gemeinde, ja jeder einzelner Untertan, die das Eigentum ihres Lehens an sich zu kaufen Lust gewinnen, davon abermal vor Verhör die Anzeig mache, um einen Versuch machen zu können, ob man des Handels eins werden möge.

Die mehresten Untertanen, ja einige ganze Gemeinden erklärten sich, daß sie Lust und beschlossen haben, ihre inhabende Lehengüter als eigen an sich zu kaufen. Sie sind aber beglaubt, daß alles seine Richtigkeit habe, wenn sie die dermaligen und jährliche Schuldigkeiten abkaufen; das Eigentum des Gutes soll nach ihrer Meinung in keinen Anschlag, ihnen also geschenkter zukommen. Diese Äußerung der Untertanen mußte notwendig allen Versuch eines gütlichen Einverständnisses vereiteln[1]*).*

---

[1]) Bei dem Bericht liegt das Verhörsprotokoll vom 22. Mai 1783. Hiernach erklären die Lehenbauern von Ertingen, „daß sie nur gar nicht hinaussehen können, ob ihr Stand dadurch würde verbessert werden. Bisher hätten sie ein gewisses Brot gehabt, ihre Kinder versorgen können, die landesherrliche Praestanda praestieren. Sollte man ihnen auch ihre

Schmerzlich muß es dabei den Herrschaften fallen, daß Untertanen gegen selbe solche Äußerungen zu tun sich erkühnen, die genugsam beweisen, daß sie das Vermögen der Herrschaft schon als ihr Vermögen ansehen und es in ihrer Willkür stehe, dafür anzubieten, was ihnen gefällt. Zu wünschen wäre auch, daß sie nicht solche Ratgeber an der Hand hätten, die sie in ihren unbilligen Gesinnungen gegen ihre Herrschaft unterstützten, anstatt daß sie die Untertanen, die gewiß nicht fähig sind, die Sache nach ihrer Richtigkeit und dem wahren Grund zu überlegen, eines bessern belehren sollten.

Die hieruntige landesherrliche Verordnung muß ich mir wie eine jede andere Herrschaft gefallen lassen. Sie hat den Nutzen des Untertans, dabei gewiß nicht den Nachteil der Obrigkeiten zum Ziel; ja der Monarch unterstellet die Sache einem Versuche eines gütlichen Einverständnisses zwischen Obrigkeiten und Untertanen; nur eine billige, eine proportionierte Abkommung kann den Versuch eines solchen Einverständnisses befördern und zu dem in der landesherrlichen Verordnung abgezielten Endzwecke bringen.

Der Gegenstand ist aber so wichtig, daß er eine ganz besondere Überlegung erfordert. Die allzu große Begierde der Untertanen, sich der dermaligen Gelegenheit zu bedienen und das Eigentum ihrer bisherigen Lehenbesitzungen an sich zu bringen, setzet sie aber außerstand, eine solche Überlegung zu machen, und der geschöpfte Wahn, daß nichts mehrers erfordert werde, als die wirklichen Lehenschuldigkeiten abzukaufen, erwirkte bei ihnen den so übereilten als blind gefaßten Entschluß: wir wollen kaufen. Sie wollen sich nicht daran erinnern, daß sie keinesweges auf das Eigentum ihrer Lehen, sondern nur auf die Nutzung davon gegen die bestimmte Abgaben seien belehnet worden; sie glauben, durch die allerhöchste Verordnung seie die Frage des Eigentums halber schon aufgehoben und keine Rücksicht mehr auf selbes zu nehmen.

Die einzige Gemeinde Ertingen, der sich auch die kleine Gemeinde Waldhausen anschloß, überlegte die Sache vernünftiger, dachte billiger und sieht das

---

bisherige Lehengüter um die Hälfte schenken, so würden sie doch eine solche Kapitalschuld auf sich nehmen müssen, daß sie auch bei den gesegnetsten Jahren die Zinse nicht würden daraus schlagen können, an Mißjahre und Wetterschlagzeiten nicht zu gedenken. Überhaupt sehe man vor, daß die Versorgung ihrer Kinder sehr würde erschweret werden, denn sollten die zu eigen gemachte Lehengüter gleich den eigenen Gütern können verteilt werden, so würden die Höfe nach und nach so zerrissen werden, daß zuletzt kein Baur mehr vorhanden sein würde, der imstand wäre, zu Kriegszeiten die landesherrlichen Schuldigkeiten mit Fuhren, Proviant, Winterquartier etc. zu verrichten", bei ungeteilter Erhaltung der Höfe aber würde der Übernehmer zu tief verschuldet werden. Der Weiler Waldhausen schließt sich dieser Erklärung an.

Der Ausschuß von Binzwangen erklärt, die Gemeinde wolle bis auf ein Mitglied das Eigentum ihrer Lehengüter an sich kaufen. „Wie sie aber selbe und um was für einen Preis sie selbe zu kaufen bereit seien, können sie noch nicht angeben. Selbst der anwesende Unterammann [...] äußert sich, daß sie gedenken, die Jauchert etwa um 10 bis 15 bis 20 fl zu bekommen, da doch in Binzwangen die eigene Güter ein Jauchert 700 bis 800 fl gekauft werden. Das gestehet der Ausschuß auch ein, daß wenn ihnen die Lehengüter auch über den halben Preis herab geschenkt würden, es ihnen unmöglich fallen würde, an einen Kauf zu stehen."

Der Ausschuß von Hundersingen erklärt im Namen der ganzen Gemeinde, jeder wolle sein Lehengut als Eigentum an sich lösen. Das Verfahren hat man sich nicht überlegt; mehr als 30 fl pro Jauchert könne nicht geboten werden. Die Eigengüter aber werden derzeit um 300 bis 400 fl gehandelt. Die Gemeinde Beuren bietet pro Jauchert kaum 9 fl. Die Gemeinde Andelfingen will nur ein Loskaufkapital bieten, das höchstens den bisherigen Lehenzins abwirft. Entsprechend niedrige Angebote macht auch die Gemeinde von Heiligkreuztal.

Unternehmen für bereits unmöglich an, indem sie sich überzeugt hält, daß den Herrschaften nicht werde wollen zugemutet werden, daß sie ihre eigentümlichen Güter herschenken; ja sie sieht die Unmöglichkeit ein, auch in dem Falle, wenn die Güter auch nur um den halben Wert sollten angeschlagen, die Hälfte also effective geschenket werden. Sie bekennet, daß sie bei ihren Lehengütern bisher gut bestanden seie, und sieht vor, daß auch der geringste Anschlag der Güter ein Kapital ausmachen würde, dessen Zins immer und unvergleichlich höher steigen würde, als die jährliche Abgaben sich dermalen belaufen[1]).

In der Tat ergeben sich sowohl auf seiten der Herrschaften, als auf seiten der Untertanen solche Anstände, die der Ausführung dieser Neuerung gar sehr entgegenstehen.

Von meinem Gotteshause allein zu reden, so sind die jährlichen Lehenabgaben das einzige Einkommen, auf welches man mit der mehresten Sicherheit rechnen kann. Segnet der Himmel die Felder, so hat das Gotteshaus seinen bedingten Anteil sicher daran. Es kann selben von dem Felde einsammeln lassen, ohne daß dem Untertan dabei wehe geschieht[2]). Entgeht diese sichere Revenüe, auf welche doch das ganze Steurwesen peräquieret ist, so entgeht auch der sichere Fond, aus welchem die so hochsteigende Ordinari- als auch beträchtliche Extraordinaristeurabgaben müssen hergenommen werden.

Die Passiva des Klosters sind auf die herrschaftlichen Lehengefälle versichert. Nach der Ablösung der Lehengefälle könnte das Kloster nicht mehr wie bisher wenigstens 200 Untertanen den Winter hindurch mit Drescharbeit beschäftigen. Die Sammlung eines Fruchtvorrates für Notzeiten wäre unmöglich, ebenso die Versorgung zahlreicher Hausarmer durch Brot und Mehl.

Noch die bitterste Folge für die Herrschaft würde aus der angesinnten Umänderung dadurch entstehen, daß der herrschaftliche Respekt, der Gehorsam, die schuldige Abhängigkeit äußerst dabei leiden würde. Die Lehensverbindlichkeit war bereits noch der einzige Zaum, der die Untertanen noch etwas in Schranken hielt.

Ein großer Teil der Untertanen ist ohnehin verschuldet; kaum einer könnte den nötigen Kaufschilling für die Allodifikation bar aufbringen, die erforderliche doppelte Sicherung für die Aufnahme von Kapital können die Untertanen nicht beibringen. Zudem fiele ihnen die jährliche Verzinsung aufgenommener Summen schwerer als die bisherige Naturalienleistung.

Eine dergleichen Neuerung kann vielleicht in andern geschlossenen Ländern, in welchen noch andere Nahrung und Gewinn gebende Gewerbe, Fabriken, Manufakturen vorhanden sind, sehr ersprießlich sein. In unserm Lande aber, wo der Ackerbau der einzige Nahrungszweig ist, sind ganze Höfe nötig, um durch den Überschuß der Produkten ein Geld in das Land zu bringen. Werden aber die Höfe eigen, folgsam teilbar, so werden sie in kurzer Zeit in so kleine Gütlein zerrissen werden, daß selbe kümmerlich ihren eigenen Besitzern das Nötige werden verschaffen und erklecken können. Die Besitzer werden also sich vermehren und die ohnehin schon übersetzte Ortschaften noch mehr übersetzen, dabei außerstand sein, außer mit neuen unerschwinglichen Schulden

---

[2]) Kloster Heiligkreuztal hatte seine Fallehen gewöhnlich gegen die vierte und fünfte Garbe verliehen; von besonders schlechtem Acker erhob es in Andelfingen die sechste oder neunte Garbe. B 30, Bü 294.

Wohnungen zu verschaffen. Mit so zergliederten und zerrissenen Hofgütern wird auch selbst dem Landesherrn besonders in Kriegszeiten in Rücksicht der nötigen Kriegsfuhren, der Proviantlieferung, Winterquartier etc. wohl wenig gedient sein. Sollte aber der Zerreißung der eigengemachten Höfe durch landesherrliche Einbote vorgebeugt werden, wehe demjenigen Kinde, das einen solchen eigengemachten Hof mit den darauf haftenden Schulden übernehmen und seine Geschwistrige ausweisen soll.

An allen genauen Anweisungen, wie die geplante Allodifikation durchgeführt werden soll, fehlt es bisher.

Es kommt wohl vorzüglich auf die Frage des Eigentums halber an; denn dieses ist den Herrschaften schätzbar, macht den wahren und sichern Reichtum aus, mit dem man sich auf jeden Fall hinwieder aus der Not helfen kann, und dieses ist die Grundursache, aus welcher Herrschaften, Corpora immer mehr auf Erwerbung der Immobilienbesitzungen als auf Vermehrung der Kapitalien den Antrag gemacht haben. Man glaubte gut zu tun, Besitzungen teuer zu kaufen, obschon man überzeuget war, daß selbe ein sehr weniges Interesse abwerfen. Das sichere Eigentum machte die Schätzung aus.

So hat erst im Jahr 1768 mein Gotteshaus [...] eine vergangene Mühle um 5000 fl erkaufet und zu Lehen gegeben. Das Interesse davon ist gering, aber das ewige Eigentum schätzbar.

Im Jahr 1730 kaufte man einen Fabrikhof[3]) von Altheim um 6030 fl; kaum 1 pro Cento ist das Interesse davon. Das Eigentum, das sichere Eigentum macht den so hohen Wert aus, und man solle glauben, daß der Landesherr dieses Eigentum nicht als einen Gegenstand des gütlichen Einverständnisses unter dem anzustellenden Versuch sollte mitbegriffen haben [...].

Klage über das Verfahren des Oberamts Stockach, das die Untertanen vor ihrer Erklärung über ihre Bereitschaft, die Lehengefälle abzukaufen, beraten hat und durch zu kurze Fristen den Versuch eines gütlichen Einverständnisses abschneidet[4]).

Nr. 19   1783 Juni 10, Tettnang

Bericht des Oberamts Tettnang an die Vorderösterreichische Regierung und Kammer wegen Eigenmachung der Schupflehen

°B 63, Bü 8 c. Ausfertigung. Unterschriften: Schuster, Baur, Rothenburger.

Hochlöbliche Kaiserl. Königl. Vorderösterreichische Regierung und Kammer!

Der allerhöchst anbefohlene oberamtliche Versuch zu einem gütlichen Einverständnüsse zwischen Grundherren und Schupflehenträgern wegen Eigenmachung der Schupflehen ist ohne sonderliche Wirkung gewesen.

---

[3]) Lehen einer Kirchenfabrik.
[4]) In einem erläuternden Bericht vom 16. 6. 1783 betonte das Oberamt, man habe Kloster Heiligkreuztal und seine „ohnruhige Abtissin" in der Allodifikationsfrage nicht anders behandelt als die übrigen „diesseitigen Subordinierten". °B 17, Bü 623.

Wir haben beide Teile mittels der beiliegenden Zirkularien auf den 6. und 7. dieses einberufen. Es sind aber besonders die Reichsstände Altschhausen, Weingarten, Weißenau, Baind und Ravenspurg, welche eine gemeinschaftliche Sache machten und sich unter der Hand an die Schwäbische Kreisversammlung wendeten, nicht erschienen. Von den übrigen auswärtigen Grundherren haben sich nur das gefürstete Stift Lindau und der Spital der Reichsstadt Lindau zur Eigenmachung ihrer teils in der Herrschaft Schomburg und teils in der Herrschaft Tettnang befindlichen Schupflehengüteren mittels käuflicher Überlassung derselben an ihre Lehenträger erkläret[1]).

Da die Art und Weise der Eigenmachung in der allerhöchsten Verordnung nicht vorgeschrieben ist, so haben wir die Schupflehenträger diesfalls zur näheren Behandlung und Übereinkunft an diese zwei Grundherrschaften verwiesen und werden von dem Erfolge seinerzeit den weiteren Bericht erstatten.

Die Schupflehen der ingesessenen Grundeigentümer sind Kloster-, Kirchen- und Stiftungsgüter. Da wegen deren Veräußerung das allerhöchste Verbott vorliegt, so konnten wir zu derselben Eigenmachung keinen nachdrücklich und wirksamen Versuch machen, obgleich der Prior des Klosters zu Langnau, welches 27 Schupflehengüter in dem oberamtlichen Bezirke hat, durch seinen Abgeordneten, P. Felician Mezger, solche mit allerhöchster Bewilligung nach dem wahren Werte und gegen bare Bezahlung den Schupflehenleuten mit Vorbehalt der Leibeigenschaftsgefälle eigentumlich zu überlassen sich erkläret hat. Überhaupt scheinen die Untertannen keine Lust zur Eigenmachung ihrer besitzenden Schupflehengüter zu haben. Da die Grundherren solche nicht anderst als durch einen vorgehenden Kauf- und Verkaufskontrakt nach dem wahren Werte eigen machen lassen wollen, die Schupflehenträger hingegen mit dem Kaufschillinge nicht aufkommen können und auch lieber bei einem mäßigen Erdschatze und leidentlichen Lehenzins die Güter schupflehenweise als durch Aufborgung eines Kapitals und hoher Verzinsung eigentumlich besitzen, besonders da man solche nach eingeführter Gewohnheit dem hinterlassenen Ehe-

---

[1]) In °B 63 a, Bü 61 befinden sich Erklärungen des fürstlichen Reichsstifts Lindau und von Bürgern und Rat der Stadt Buchhorn wegen der geplanten Eigenmachung der Schupflehen, beide vom 20. 6. 1783. Nach dem Bericht des Reichsstifts Lindau haben sich die Schupflehenbauern von Kernaten, mit denen man offensichtlich schon länger verhandelte, „auf diesseitige so billiche Anträge noch hartnäckiger gezeiget als ehevor", indem sie am 12. 9. 1781 angebotene Summe teils minderten, „teils gar sich zum Kauf nicht geneigt zu sein zeigten". Obwohl die vier Höfe nach Abzug aller onera realia mit 6332 fl in der Güterschatzung liegen, haben die Bauern 1781 nur 3050 fl zahlen wollen, während die Herrschaft sie zu 5593 fl 13 kr angeboten hat. „Ein Wohllobl. K. K. Oberamt wird also von selbsten ganz wohl einsehen, daß diesseits nichts anders als wahre Billichkeit beobachtet worden, hingegen die Lehenleute beglaubt oder ganz unrichtig eingenommen seien, die Lehensherrschaften müssen sich ihr Eigentum nach ihrer Willkuhr abdrucken lassen, welches aber mit Sr. glorwürdigst regierenden K. K. Majestät angestammter Gerechtigkeit sich nicht vereinbaren ließe."
Bürger und Rat der Stadt Buchhorn dagegen erklärten, man könne sich nicht dazu entschließen, den Lehenhof der Spitalpflege in Obermeckenbeuren zu veräußern, da die Pflege zur Unterhaltung der Armen gestiftet sei, zudem die Einwilligung des Fürstbischofs von Konstanz erforderlich wäre, „dritterseits aber unseres Wissens der Lehenträger selbsten mit seinem gegenwärtigen Zustand zufrieden und überhaupt diesortigen Dafürhaltens dieser sowohl als übrige Lehenhubern mit weit wenigerer Beschwerlichkeit alljährlich den ohnehin geringen Lehenzüns zu liefern als den allenfalls zu bestimmenden Kaufschilling auf einmal zu bezahlen werden imstande sein".

gatten, wenn die Belöhnung nicht auf zwei Leiber geschehen ist, oder einem der vorhandenen Kinder wieder schupflehenweise angedeihen ließ.

Es fällt daher hierzulande der Grundsatz, daß eigentumliche Güter besser als lehenbare gebaut und kultiviert werden, hinweg und tritt bei den Schupf- und Erblehengütern ein anderer ein, daß solche nicht so wie die eigentumlichen allzusehr verstücklet und zertrümmeret werden können, wodurch die Untertannen außerstand gesetzet werden, sich zu ernähren und die Abgaben zu entrichten.

Viele wünschen und verlangen demnach, daß die eigentümlichen Güter in Schupf- oder Erblehen verwandlet werden möchten. [...]²)

Nr. 20   1783 Juli 29, Freiburg

Weisung der Vorderösterreichischen Regierung und Kammer an die Oberämter Günzburg, Altdorf, Stockach, Rottenburg, Tettnang, Wasserburg, an die breisgauischen Stände und an den Hofrat und Landvogt von Blanc betr. die Allodifikation der Schupflehen

°B 17, Bü 623. Konzept.

Anlaß zu der Weisung waren zwei Anfragen des Oberamts Stockach vom 24. und 26. 5. 1783 um genauere Allodifikationsnormen (°B 17, Bü 623). Die aus Wien erteilten Direktivregeln schließen sich eng an die Vorschläge an, welche die Vorderösterreichische Regierung in ihrem Bericht vom 27. 5. 1783 an die Hofkanzlei gemacht hatte (°B 51, Bü 52).

Vermög Hofkanzleidekrets de dato 14. et praesentato 27. elabentis gehe die allerhöchste Absicht dahin, die Inhaber der Schupflehen zu Eigentümer dieser Güter zu machen, indeme man nicht zweifle, daß selbe solche alsdann gut erhalten, fleißiger anbauen und nach Möglichkeit verbessern werden.

Nach diesem vorausgesetzten allgemeinen Satz werden auf diesseitige mittels Berichts vom 27. Mai abhin gemachte besondere Anfragen folgende Direktivreglen mitgegeben und zwar:

Ad 1um geschehe ganz recht daran, wenn nur der Lehenverband aufgehoben und derlei Güter den Untertanen käuflich überlassen werden; weil es aber den meisten an dem zur Loskaufung des Lehenverbands nötigen Gelde manglen werde, so können verhältnismäßig aber auch wenigstens so viel jährlichen zu entrichtende Geld- oder Fruchtzinse denenselben darauf geschlagen werden, als etwa der Zins des Kaufschillingskapitals jährlich betragen würde.

Wenn übrigens einige Untertanen imstande seien, so viel Geld aufzubringen, daß selbe die bisherige Dominikal- oder Urbarialgefälle denen Dominiis

---

²) Durch Schreiben vom 17. 6. 1783 informierte die Freiburger Regierung v. Blanc über das mangelnde Interesse der Lehenbesitzer im Oberamt Tettnang an der Allodifikation ihrer Lehen. Dann aber scheine es nötig, die Steigerung von Lehenzins und Ehrschatz zu untersagen und allenfalls 1750 als terminus normativus festzusetzen (°B 63, Bü 8 c).

ebenfalls abkaufen können, so geschehe insoweit auch gut daran; im Gegenteil aber verstehe es sich von selbst, daß die Dominikal- und Urbarialgefälle für das Dominium auf den Grund radiziert verbleiben müssen[1]).

Ad 2dum könne es in Hinsicht auf die Erblehen, weil die Erbbeständer frei damit zu disponieren vermögen, bei der dermaligen Verfassung verbleiben; falls jedoch beede Teile, nemlich der Erbverleiher und -beständer über die gänzliche Allodialisierung des Grunds sich einverstehen, so könne auch diese unbedenklich vorangehen[2]).

Ad 3tium könne das Pretium fisci für die Aufhebung des Lehenbandes bei den Kameralgüteren zu $3^{1}/_{2}$ pcto angeschlagen werden, insoferne die Untertanen mit Geld aufkommen können[3]); im Gegenteil aber seie sich nach deme zu richten, was hier oben ad 1um bereits angemerket worden. Anbei gewärtige man einen besondern gütächtlichen Bericht, was für ein Geld- oder Fruchtzins wegen Abkaufung des Lehenbands auf die Kameralschupflehengüter geschlagen werden wolle?[4])

Ad 4tum werde gutgeheißen, daß zur Bezahlung des allfällig zu bestimmenden Kaufschillings leidentliche Terminen gestattet und, wenn der Untertan die Halbscheid oder auch ein Drittel gleich bar bezahle, der Überrest gegen 4 pcto Interesse bis zur gänzlichen Abzahlung demselben cum reservatione Dominii in Handen gelassen werde.

Ad 5tum müsse der Kaufschilling nach dem wahren Ertrag angeschlagen und reguliert, sofort nicht beiläufig genommen, sondern zu diesem Ende die Ausmessung des Kaufschillings wohl überlegt und geprüft werden[5]).

Ad 6tum bestehe die Regul ohnehin, daß jeder vollkommener Eigentümer eines Grundes die Steur davon entrichten müsse, mithin, wenn sich die Dominien ihres Eigentums ganz begeben, so müssen die Untertanen den Grund hernach rusticaliter versteuren und denen verkaufenden Dominien die Dominikalsteur, wenn sie von einem Grund keine Dominikaleinkünften mehr haben, abgeschrieben werden. Endlich

---

[1]) Die Freiburger Regierung hatte angefragt, ob die Allodifikation nur den Lehenverband oder auch die Lehengefälle betreffe, und sich selbst dahin ausgesprochen, „daß auch die Abkaufung der letztern zu beschehen haben könnte, da andurch der Untertan aufgemuntert wird, sein Eigentum besser zu besorgen", während er sonst das Gut nicht recht benutzen und nur schwer stückweise verkaufen könnte, zudem der herrschaftliche Gefälleinzug bei Zerstückelung der Güter erheblich erschwert würde.

[2]) Nach Ansicht der Freiburger Regierung kamen Erblehen der Natur eines Eigentums gleich, da der Besitzer frei über sie disponieren durfte. Daher könnten hier die Besitz- und Abgabenverhältnisse unverändert bleiben.

[3]) Die Freiburger Regierung hatte eine Kapitalisierung zu $3^{1}/_{2}$ %, notfalls zu 4 % empfohlen, „da es ohnehin sehr schwer halten wird, auch den letztern Kaufschilling aus ermangelndem Kredit und Barschaft aufzubringen", und befürwortet, den Bauern das Geld aus dem Religionsfonds zu 4 % Zins vorzuschießen; nach Ansicht des Oberamts Stockach bestand nur dann die Chance, daß die Bauern ihre Güter allodifizierten.

[4]) In einem Bericht vom 3. 2. 1784 wies die Freiburger Regierung darauf hin, die Schupflehen seien schon so hoch belegt, daß zumindest eine Vergrößerung der Naturalabgaben dem Bauern auf die Dauer zu schwer fallen dürfte; es empfahl daher vorerst eine Prüfung der jeweiligen Verhältnisse durch Robotabolitionskommissär v. Blanc (°B 17, Bü 623).

[5]) Oberamt Stockach hatte angefragt, ob das nutzbare Eigentum unvermögenden Leuten auch unter dem wahren Wert eingeräumt werden solle; die Freiburger Regierung hatte sich dagegen ausgesprochen, „indeme die dem Untertan zu eignende Gnade nicht zum Nachteil und Schaden des Dominii gereichen wolle".

ad 7um et 8um könne kein Zwang weder gegen die Untertanen, weder gegen die Eigentumsherrn statthaben, sondern alles müsse durch ein gütiges Einverständnis geschlichtet werden[6]).

Nr. 21   1784 März 5, Tettnang

Bericht des Oberamts Tettnang an die Vorderösterreichische Regierung und Kammer wegen Verwandlung von Schupf- in Erblehen

°B 63, Bü 8 c. Ausfertigung. Unterschriften: Schuster, Baur, Rothenburger.

[...]

Die allerhöchste Willensmeinung, die Schupflehengüter eigentümlich zu machen, und der Holzmangel in den diesseitigen herrschaftlichen Waldungen, dann der baulose Zustand der herrschaftlichen Schupflehengebäude, welche diese Waldungen noch mehr entkräften, veranlasset das K.K. Oberamt, einer Hochlöblichen K.K. vorderösterreichischen Regierung und Kammer den Vorschlag zu tuen, alle herrschaftlichen Schupflehengüter in dem oberamtlichen Bezirke in Erblehen zu verwandlen und solche den Besitzeren in dieser Eigenschaft mit der Bedingnis unentgeltlich zu überlassen, daß die Gebäude auf eigene Kösten der Inhaber ohne mindesten Beitrag des aerarii erhalten und hergestellet [werden], die auf den Gütern haftende Zins und Gülten bleiben, die Güter nicht zerteilt noch verstücklet und von solchen wie von anderen Erblehen die jährlichen herrschaftlichen Kameralsteurn und bei Sterb- und Veränderungsfällen sowohl des Domini directi als Emphiteutae das gewöhnliche Laudemium entrichtet werden, hingegen die Gutsbesitzer befugt sein sollen, die verwandelte Erblehngüter nach geschehener Anfrage und obrigkeitlicher Bewilligung gegen Abführung der Ausfertigungstaxe zu versetzen, zu vertauschen, zu verkaufen, zu vererben und damit wie mit anderen Erb- und Eigentumsgüteren zu schalten und zu walten, wodurch sowohl dem allerhöchsten aerario als den bisherigen Schupflehengutsinhaberen Nutzen und Vorteil zugienge und die Landeskultur beförderet wurde[1]).

---

[6]) Oberamt Stockach hatte angefragt, ob gegen die bisherigen Eigentumsherren oder auch gegen die Bauern bei Widerstand gegen die Allodifikation Zwang angewendet werden könne; die Freiburger Regierung hatte sich dagegen erklärt.
[1]) Die Freiburger Regierung übersandte unter dem 22. 3. 1784 dem Robotabolitionskommissär v. Blanc den Holzetat der Herrschaft Tettnang, damit er daraus die hohe Belastung durch Holzabgaben ersehen und „folglich bei seiner in Schupflehenverwandlungssachen aufhabenden Kommission den Bedacht nehmen möge, daß die herrschaftlichen Waldungen von ein und anderem nicht mehr zu erschwingenden onere befreiet werden mögen" (°B 63, Bü 8 c).

Nr. 22 a—c   1784—86. Der Versuch zur Robotabolition in der Kameralherrschaft Niederhohenberg

Vgl. Darstellung, S. 267 ff. Am 10. 2. 1783 erging die kaiserliche Resolution, die Aufteilung und Verpachtung der Dominikalgründe in Verbindung mit der Robotabolition auch in den Vorlanden durchzuführen. Mit dieser Aufgabe betraute Joseph II. auf Vorschlag der Freiburger Regierung den Landvogt von Ober- und Niederhohenberg, Franz Anton v. Blanc (°B 17, Bü 121).

In Schwäbisch Österreich bot sich für Blanc nur wenig Gelegenheit zur Betätigung, da nach den eingehenden Berichten Kameralgüter, die nicht bereits verpachtet oder an Bauern vergeben waren, fast nirgends bestanden; entsprechend gering waren die verbliebenen Fronen (°B 17, Bü 120). Aus einer Aufstellung vom 28. 10. 1787 geht hervor, daß der Robotabolitionskommissär die Fronablösung im Gebiet von Schwäbisch Österreich noch kaum eingeleitet hatte (°B 17, Bü 120).

In der einzigen Herrschaft, die genannt wird, der Kameralherrschaft Niederhohenberg, machte ihm ein Teil der Fronpflichtigen unüberwindliche Schwierigkeiten. (Der folgende Schriftwechsel nach den Handakten v. Blancs in °B 38, Bü 78. Die Berichte des Kommissärs sind im Konzept erhalten, von der Hand des Kommissionsaktuarius Hauger mit Verbesserungen v. Blancs; die Weisungen der böhmisch-österreichischen Hofkanzlei in Ausfertigung.)

Die Verhandlungen der Hofkommission mit den fronpflichtigen Kameralorten der Grafschaft Niederhohenberg begannen im November 1784. Als vier Gemeinden sich allen Ablösungsvorschlägen widersetzten, berichtete Blanc in einem zusammenfassenden Bericht vom 3. 8. 1785 über die bisherige Entwicklung an den Kaiser:

Nr. 22 a   1785 August 3, Spaichingen

Bericht des vorderösterreichischen Robotabolitionskommissärs, Hofrat Franz Anton v. Blanc, an den Kaiser über die Ablösungsverhandlungen in der Grafschaft Niederhohenberg

Von den dreizehn Kameralorten haben zehn ganz gleiche Hauptfronen: Kiebingen, Niedernau, Seebronn, Hailfingen, Dettingen, Weiler, Hirschau, Wurmlingen, Schwalldorf und Ergenzingen. Diese Hauptfronen bestehen für die Zugfröner

a) in der Zufuhr der Baumaterialien zum herrschaftlichen Schloß in Rottenburg, jetzt zum Oberamtshaus, zu den drei herrschaftlichen Mühlen, Keltern und allen übrigen Herrschaftsgebäuden,

b. in der Beifuhr des in diesen Gebäuden benötigten Brennholzes aus den Herrschaftswäldern, die ½ bis 2 Stunden von Rottenburg entfernt liegen; für die Handfröner

51

a. in der Leistung der Handdienste zu den genannten herrschaftlichen Gebäuden,

b. in dem Schlagen und Aufsetzen des benötigten Brennholzes.

Außer Niedernau und Ergenzingen haben die anderen acht Orte noch weitere kleine Fronschuldigkeiten zu leisten: Kiebingen und Wurmlingen sollen notfalls der Gemeinde Hirschau beim Einfahren des Heuzehnten nach Rottenburg helfen; dieser Fall wird aber schwerlich jemals eintreten. Andere Gemeinden müssen Heu und Öhmd auf einigen herrschaftlichen Wiesen machen oder einführen, Zehnttrauben auf die Kelter bringen oder Zehntwein nach Rottenburg fahren u. ä. Als Gegenleistung erhalten die Fröner eine im Urbar bestimmte Ergötzlichkeit oder sog. „Lieferung" an Brot und Wein bzw. dafür einen Geldbetrag nach alter Observanz[1]). Für die Holzfron wird schon seit undenklichen Zeiten ein jährliches Frongeld gezahlt: 10 kr je Stück Zugvieh der Zugfröner, 6 kr je Taglöhner, 3 kr je Taglöhnerswitwe, das macht derzeit zusammen 143 fl 52 kr.

Trotzdem mußten die Zugfröner „gegen alles Recht und sozusagen ganz unbegreiflicher Weise" bisher außer dem benötigten Brennholz für die herrschaftlichen Gebäude noch 24 Klafter Kompetenzholz für den Physikus, 3 Klafter für den Freimann, ferner 30 Klafter für den Kerker herbeiführen.

Das Frongeld ist widerruflich, seine Erhebung liegt aber im Interesse der Herrschaft, da das durch die Fron zu bestreitende eigentliche Holzbedürfnis im Taglohn für 71 fl 16 kr besorgt werden kann.

Es geht daher jetzt nur noch um die Ablösung der urbarmäßigen Bau- und anderen kleinen Wiesen-, Wein- usw. Fronen, während eine ganze Reihe nichturbarialer Leistungen, die sich eingeschlichen haben, aufzuheben sind: außer den genannten Holzfuhren das Führen von Wasen auf den herrschaftlichen Weinberg, das Säubern der zwei herrschaftlichen Keltern, die Zufuhr von Wasser und Reifen in die Küferei, das jährliche Fruchtstürzen, die Schloßgartenfron, das Schneiden von Weiden auf der Dettinger Wiese, das Hauen der Reifen für die Küferei, das Aufbeugen des städtischen Dienstbarkeitsholzes, Herbstfuhren der Gemeinden Wurmlingen, Weiler, Dettingen und Kiebingen. „Nur die Unerfahrenheit der Untertanen in dem Buchstaben des Urbarii oder ihr blinder Gehorsam gegen alle Zumutungen der vormaligen herrschaftlichen Rentbeamten und Kastenvögte kann die Ursache gewesen sein, daß dieselben schon von früheren Zeiten her den hier obenbesagten unbefugten Fronforderungen sich unterzogen haben." Die Bauern haben keine Zweifel oder Beschwerden deshalb vor die Kommission gebracht. Der Wert der urbarialen Fronen außer den Baufronen beläuft sich nach den laufenden Fuhr- und Arbeitslöhnen auf 220 fl 39 kr, die der nichturbarialen Fronen auf 129 fl 31 kr; sollte man „gegen alle Wahrscheinlichkeit" auch diese Fronen in die Ablösung einbeziehen wollen, so betrüge die Jahressumme 350 fl 10 kr.

Blanc hat für die Baufronen ein jährliches Frongeld angeschlagen auf 50 kr für jedes Stück Zugvieh, 26 kr pro Taglöhner und 13 kr pro Taglöhnerswitwe;

---

[1]) Der Geldansatz betrug für einen Handfröner oder einen Karren mit 1—2 Stück Zugvieh $4^{5}/_{12}$ kr pro Tag, für Leiterwagen mit 3—4 Stück Zugvieh das Doppelte, für Wagen auf Tragbäumen mit 4 Stück Zugvieh das Dreifache, für Blockwagen mit 6 Stück Zugvieh das Sechsfache.

zusammen mit dem Surrogatgeld für die Holzfron macht das jährlich pro Zugvieh 1 fl, pro Taglöhner 32 kr, pro Taglöhnerswitwe 16 kr. Dieser Anschlag wird sich noch weiter mindern lassen, sobald sich die Mehrheit der Pflichtigen für die Fronverwandlung entschieden hat, da der geschlossene Einzug der von den Gemeinden selbst umzulegenden Reluitionsbeiträge das Verfahren sehr vereinfacht und das Fronbedürfnis „noch allerdings eine Herabsetzung gesagter Individualablösungen leiden werde".

Ein entsprechender Antrag wurde von den Gemeinden Hirschau, Wurmlingen und Hailfingen einhellig, von Seebronn, Ergenzingen und Kiebingen mit großer Stimmenmehrheit „freudig und mit alleruntertänigster Dankbarkeit angenommen, dagegen aber von den übrigen 4 Gemeinden teils aus der diesen Gemeinden eigenen Hartköpfigkeit, teils aus Anstiftung einiger eigensinniger Individuen, und zwar von Niedernau, Schwalldorf und Weiler einhellig, von Dettingen aber mit Ausnahme des Schultheißen und anderen 5 Köpfen verworfen"[2]. Obwohl Blanc, einem allerhöchsten Dekret vom 14. 5. entsprechend, den Gemeinden bzw. ihren Vorgesetzten die kaiserliche Bestätigung anderer Fronablösungskontrakte vorgezeigt hat, ist das „gegen den Eigensinn dieser Gemeinden ohne Wirkung geblieben". Hier dürfte der Fall eintreten, die Fronablösung bei den vier Gemeinden „per Imperium" einführen zu lassen, zumal der Landschaftskassier und die beiden Kassenschultheißen namens der übrigen sechs Gemeinden darum gebeten haben. Die „halsstärrigen 4 Gemeinden" die Naturalfronen weiterleisten zu lassen, ist schwierig und nachteilig für das herrschaftliche Interesse, da bei künftigen Arbeiten „die Lohnfuhrleute und Taglöhner von den mit ihnen vermischten Frönern übles Beispiel nehmen und zuletzt ebenso unfleißige Läder und Arbeiter werden müßten – zu geschweigen, daß in den auf die vermischte, in ihrer Ergiebigkeit so sehr verschiedene Fron- und Lohnarbeit zu machenden Überschlägen niemalen eine Verlässigkeit anzutreffen sein könnte".

Blanc berechnet als gerechten Totalfronschilling für die zehn Gemeinden 743 fl 52 kr[3]) oder 206 $^2/_3$ Malter Veesen nach einem neunjährigen Durchschnitt von 3 fl 36 kr pro Malter[4]).

---

[2]) Beilage: Protokolle der Verhandlungen der Hofkommission mit den einzelnen Gemeinden vom 3. 11.–14. 11. 1784 und Nachtrag vom 7. 6. 1785.
[3]) 600 fl als Surrogat für die noch bestehenden Fronen, 143 fl 52 kr Holzfrongeld; die herrschaftlichen Gegenleistungen an die Fröner, nach zehnjährigem Durchschnitt 171 fl 56$^2/_3$ kr, wurden nicht berücksichtigt.
[4]) Am 6. 10. 1785 erging an Blanc die allerhöchste Entschließung, von dem vorgeschlagenen Frongeld weitere 100 fl nachzulassen, den gesamten Gemeinden die Ablösung noch einmal anzutragen „und bei jenen Gemeinden, wo zwei Dritteile der Stimmen der Robotabolition beitretten, die widerspenstigen Untertanen zu deren Annahme anzuhalten".

Nr. 22 b   1786 Januar 12, Sigmaringen

Weiterer Bericht von Hofrat v. Blanc an den Kaiser über die Fronablösung in der Grafschaft Niederhohenberg

Das neue kaiserliche Fronablösungsangebot ist von den vier widerspenstigen Gemeinden mit dem nämlichen Eigensinne aufgenommen und die fernere Fronleistung zu Weiler mit Ausnahme von 4 Stimmen, zu Dettingen mit Ausnahme von 5 Stimmen, in den anderen zween aber einhellig gewählt worden[1]*). Wobei Unterzeichneter alleruntertänigst bemerken muß, daß in der Gemeinde Weiler der Schultheiß und der erste Deputierte, deren zween in jedem Orte sind, und bei Dettingen der Schultheiß und der zweite Deputierte für die Ablösung votiert haben, woraus zu schließen ist, daß weil die unter den 3 Vorgesetzten als den vernünftigeren Individuis die Mehrheit der Stimmen für die Sache sei, der Überrest der Gemeinde die allerhöchste Wohltat nur aus Dummheit oder Hartnäckigkeit verschmähe, welches zum Teile auch daraus erhebt, daß ihre Stimmen fast alle dahin lauten: Sie wollen bei dem Alten oder: bei der alten Gerechtigkeit verbleiben; denn so albern ist der Bauer, daß er auch eine alte Last für eine alte Gerechtigkeit ansiehet.*

Unterzeichneter kann auch aus der während seiner bereits achtjährigen Amtierung geschöpften Erfahrung auf seine Pflichten versichern, daß diese 4 Gemeinden sich in allen Angelegenheiten durch ein rohes, albernes und fast zu sagen wildes Betragen von den übrigen niederhohenbergischen Gemeinden auszeichnen, und er ist bei sich überzeugt, [...] daß wenn man diesen Gemeinden die Fronbefreiung um einen Drittel desjenigen anböte, zu was sich die anderen 6 Gemeinden mit Freuden- und Dankgefühl verstanden haben, dieselbe von ihnen mit gleicher Hartnäckigkeit würde ausgeschlagen werden.

Will man diesen fast „mitleidenswürdigen Eigensinn" dulden, so soll man den 4 Gemeinden doch für die Zukunft den Beitritt zum Fronablösungsvertrag offenhalten, damit nicht eine „ganz unschuldige und vermutlich klüger denkende Nachkommenschaft" die „Dummheit der Väter" entgelten muß. Bis dahin sollen Zug- und Handfröner außer Reichung des alten Frongeldes jährlich vier Tage, Taglöhnerwitwen zwei Tage gegen Empfang der bisher üblichen Ergötzlichkeiten fronen; die Gesamtverpflichtung entspricht dann etwa dem Frongeldanschlag bei den ablösungswilligen Gemeinden.

Blanc weist demgegenüber auf die geheime Instruktion hin, gegen den Teil der Fronpflichtigen „autoritative" zu verfahren, der sich der vom Kaiser erkannten Billigkeit nicht fügt, und erklärt sich für ein entsprechendes Vorgehen, da der Kaiser die aus „landesväterlicher Sorgfalt" beschlossene Robotabolition „nicht schlechterdings auf die eingeschränkten Begriffe oder auf die hier und da anzutreffende Unbiegsamkeit des Bauernvolkes ankommen zu lassen gemeint sein" werde und da die vorgeschlagene Ablösung die Kräfte der hohenbergischen Untertanen nicht übersteigt[2]*).*

---

[1]) Das Protokoll der Verhandlungen vom 27. und 29. 12. 1785 mit namentlicher Abstimmung der Fronpflichtigen liegt bei den Akten.
[2]) Auf diesen Bericht erging an Blanc unter dem 28. 1. 1786 ein Hofdekret mit folgendem Inhalt: Da die Kameralortschaften der Grafschaft Hohenberg keine gemessenen und für

Nr. 22 c   1786 März 16, Rottenburg

Bericht von Hofrat v. Blanc über weitere Verhandlungen wegen der Fronablösung in der Grafschaft Niederhohenberg

Blanc hat am 24. 2. 1786 in Rottenburg die Stimmenzahl der gesamten zehn Ortschaften erhoben[1]*, wobei die Deputierten der vier dissentierenden Gemeinden nicht nur noch fortan auf ihrem Eigensinn verblieben, sondern auch in die ganz auffallend dreiste Äußerung ausgebrochen sind, daß sie sich zu der Ablösung niemalen verstehen könnten. Auch die Gemeinden Hailfingen, Ergenzingen und Seebronn wünschten jetzt gegen ihr früheres Wort wieder bei der Naturalfron zu verbleiben.* Als Ursache für diese unerwartete und befremdliche Erklärung gaben die Vorgesetzten und Deputierten schließlich an, daß ihre Gemeinden in der Furcht seien, dieser Kontrakt dürfte nicht gehalten werden und man werde, wenn man einst wieder die Fronen haben wolle, solche nicht nur wieder von ihnen verlangen, sondern auch die bisher dabei gehabten Ergötzlichkeiten alsdann nicht mehr abreichen, denn es seie ja jeder Landesfürst Herr, zu tun und zu befehlen, was er wolle, und der Nachfolger in der Regierung werde sich an dasjenige nicht gebunden glauben, was vor dem Antritt derselben in derlei Sachen des Untertans, welcher allemal gehorsamen müsse, gemacht und verordnet worden sei.

Man suchte sofort denselben nicht nur den Ungrund und die Ungereimtheit dieses Vorurteils auf das deutlichste darzustellen, sondern gab ihnen auch zu erkennen, daß man diese so unvermutete Veränderung in dem Sinne ihrer Gemeinden nur als die Folge einer Aufstiftung ansehen müßte, auf welche keine weitere Rücksicht getragen werden möge, nachdem dieselben sich schon einmal ganz frei und wohlbedächtlich zur Fronablösung erklärt hätten, dieses auch Eurer Majestät zur allerhöchsten Schlußfassung alleruntertänigst angezeigt worden wäre. Daher man sich denn zu ihnen, Vorgesetzten und Deputierten, versehen wollte, daß sie ihren Gemeinden gelegenheitlich bessere Begriffe beibringen, indessen aber, ohne sich an den so albernen Meinungen derselben zu stoßen, den in Gemäßheit der vorläufigen verbindlichen Übereinkunft aufzusetzenden Hauptkontrakt unterfertigen würden, welch letzteres dieselben aber

---

jeden Untertan genau bestimmten Fronen zu leisten haben, sondern das herrschaftliche Fronbedürfnis von allen zusammen „in einer förmlichen Gesellschaft" zu leisten ist, „so sind in diesen und anderen dergleichen Fällen, um bestimmen zu können, ob zwei Drittteile der Untertanen einwilligen, nicht die Stimmen ganzer Dorfschaften, sondern jene aller Individuen der gesamten in Gesellschaft fronenden Dorfschaften zu zehlen und, wenn solchergestalt zwei Dritteile der Untertanen in die Fronablösung willigen, solche ohne weiters einzuführen".
Nach Grünberg, Blanc, S. 1215, Anm. 2, erging eine kaiserliche Resolution am 4. 3. 1786, die jede Anwendung von Zwang gegen die Pflichtigen verwarf, da „die Natur eines Vertrages ein freiwilliges Übereinkommen der kontrahierenden Teile (wenigstens des die Gemeinde vorstellenden größeren Haufens) voraussetzet, folglich ein durch Zwang ganzer Gemeinden zustande gekommener Vertrag kein Vertrag mehr sein würde". Diese Resolution, die das Hofdekret vom 28. 1. 1786 praktisch widerrief, liegt offensichtlich dem weiteren Hofkanzleidekret an Blanc vom 13. 5. 1786 zugrunde; vgl. Nr. 22 c, Anm. 5.

[1]) Nach dem beiliegenden Verhandlungsprotokoll entschieden sich von 861 Frönern 581 für und 276 gegen die Ablösung, von den vier renitenten Gemeinden aber nur 9 für und 230 gegen die Ablösung.

nur mit der Bedingnis versprachen, wenn ihre Gemeinden es ihnen gestatten sollten, woran sie aber allerdings zweiflen zu müssen glaubten.

Dieses bestättigte sich auch in einigen Tagen darnach, als die Schultheißen der nämlichen drei Gemeinden die hier in Originali beigebogene Äußerung einreichten[2]) und durch das Vorgeben unterstützten, als ob die Gemeinden diese Sache vorhin nicht genug überlegt hätten, nachdem doch damals die genaueste Erklärung des Geschäftes und der dabei gehegten heilsamen landesfürstlichen Absichten nicht nur zuerst hier in Rottenburg den Vorgesetzten eines jeden Ortes, sondern auch nach der Hand einer jeden versammelten Gemeinde in loco selbst mit der größten Deutlichkeit und unter Vorlegung sowohl als unter Vorlesung der auf anderen Gütern und Herrschaften schon abgeschlossenen Fronablösungskontrakte gemacht worden ist.

Aus der vidimierten Nebenlage geruhen Eure Majestät die von besagten drei Gemeinden teils einhellig und teils nach der weit überwägenden Mehrheit der Stimmen getroffene Wahl der Fronablösung[3]) und aus der weiteren Originalanlage die Gutmeinung des hiesigen k.k. Oberamtes zu entnehmen, welche dahin gehet, daß auf die so dreiste Rücknahme des von mehrerwähnten drei Gemeinden einmal gegebenen Wortes keine Rücksicht zu tragen, sondern die von denselben schon einmal legaliter gewählte Fronablösung ohne weiters für bekannt angenommen und eingeführt werden möchte[4]).

Blancs eigene Meinung:

a) Die Verbindlichkeit des Fronablösungsvertrages entstehet nicht erst durch dessen Ausfertigung, sondern durch die vor dieser Hofkommission von den Bevollmächtigten der Gemeinden oder, wie hier der Fall ist, von den versammelten Gemeinden getroffene diesfällige Erklärung [...].

b) Ließe man es angehen, daß derlei Erklärungen in der Zwischenzeit, als die Sache der allerhöchsten Begnehmigung vorgelegt wird, zurückgenommen werden könnten, so würde diese k.k. Hofkommission ihr ganzes Ansehen verlieren und die Realisierung ihrer schon verabredten Operationen von der Dummheit oder Bosheit einiger Aufhetzer abhangen, welche den Gemeinden so, wie es hier geschehen ist, ganz ungereimte und, man möchte fast sagen, tolle Begriffe beibringen wollte, zu deren blinder Aufnahme das einfältige und mißtrauische Bauernvolk hierlands ohnehin nur gar zu geneigt ist.

---

[2]) Liegt in Abschrift bei, datiert Hailfingen, den 27. 2. 1786.
[3]) Laut Protokoll vom 24. 2. 1786 stimmten Hailfingen mit allen 89 Stimmen, Ergenzingen mit 116 gegen 15 und Seebronn mit 45 gegen 27 Stimmen für die Ablösung der Fronen.
[4]) Nach der beiliegenden „pflichtmäßigen Äußerung" des Oberamtes über den Rücktritt der drei Gemeinden von ihrer früheren Zustimmung zur Robotabolition war den Pflichtigen das Mißtrauen vor allem von den hiesigen Weinwirten eingeflößt worden. „Denn letztere sehen die Ablösung der Fronen deswegen nicht gerne, weil die von dem Lande hereinkommenden Fröner ihr Geld bei ihnen verzehren, dieses aber mit der Ablösung der Fronen zugleich abgestellet wäre." Nach Ansicht des Oberamtes sollte man aufgrund der früheren Abstimmung und der dabei erzielten Zweidrittelmehrheit die Fronen in der ganzen Herrschaft ablösen lassen. „Der hierländische Bauer ist überhaupt durch das viele Fragen verwöhnt und widerstrebt oft, wenn man es auf seinen Willen ankommen läßt, den besten Anstalten, bloß um nein sagen und auf die Freiheit seiner Wahl stolz sein zu können. Sollte indessen vom allerhöchsten Orte verordnet werden, daß die Niederhohenbergischen Gemeinden die Fronen abzulösen hätten, so wird es allen gleichwohl ganz recht sein."

c) Eure Majestät werden aber nicht gesinnt sein, eine in wohlüberlegten und heilsamen landesväterlichen Absichten aufgestellte Hofkommission den Anwandlungen eines so ärgerlichen und gewissermaßen frevelhaften bäurischen Wankelmutes auszusetzen, wodurch dieselbe zum Gespötte der Fremden und Einheimischen werden müßte.

d) Dieser Wankelmut ist hier ganz aufgelegter Undank und Unsinn zugleich: Undank, nachdem Eure Majestät der Landschaft an dem von mehr als zween Dritteln ihrer Individuen angelobten Fronablösungsschilling aus bloßer allerhöchster Gnade 100 fl nachzulassen geruhet haben, und Unsinn, weil ja die Vernunft ihr Recht auf solche Untertanen verloren haben muß, welche glauben können, daß ein von ihrem allergnädigsten Landesherrn selbst eigenhändig bestättigter ewiger Vertrag seine Wirkung noch einst verlieren könnte.

e) Diese alberne Menschen sind also auch in ihrem mittleren und hohen Alter noch wie Mündel zu betrachten, für welche der Staat selbst als ihr Vormünder zu wählen und zu handeln hat, folglich

f) nicht zugeben kann, daß sie durch eine so törichte Reue nicht nur sich und ihre ganze Nachkommenschaft, sondern auch die auf ihrem einmal gegebenen Worte beharrenden drei Gemeinden Wurmlingen, Hirschau und Kiebingen um die ihnen allergnädigst zugedachten Vorteile bringen.

g) Das hiesige Oberamt saget ganz recht, daß es bei dieser Fronablösung auf eine wahre Kleinigkeit, ja auf weniger ankomme, als was die Fröner zu Haus versäumen und hier in den Wirtshäusern zu verzehren pflegen; denn das neue Frongeld ist durch den bereits erwähnten allergnädigsten Nachlaß per 100 fl von den anfänglich stipulierten 50 kr für jedes Stück Zugvieh auf 42$^{1}/_{2}$ kr, jenes der Handfröner von 26 auf 22 kr und jenes der Taglöhnerwitwen von 13 auf 11 kr herabgesunken [...].

h) Dem Vernehmen nach sollen nicht bloß die hiesigen Wirte, sondern auch die gleich genannten vier renitierenden Gemeinden sich unter der Hand alle Mühe gegeben haben, den resilierenden drei Gemeinden die Köpfe zu verdrehen und allerlei irrige Begriffe, vorzüglich aber das bereits angezeigte [...] Mißtrauen in die Unverbrüchlichkeit des Kontraktes beizubringen.

Gleichwie nun aber eben dieses eine solche Albernheit verrät, welche die klügere obrigkeitliche Verfügung eintreten heißt, so ist Unterzeichneter mit dem hiesigen k.k. Oberamte des alleruntertänigsten Ermessens, daß die anmaßliche Zurücknahme des einmal gegebenen Wortes schlechterdings und zwar mit ungnädigen und strengen Ausdrücken zu verwerfen und der Fronabolizionsvertrag, so wie er anfänglich zwischen den sechs Gemeinden verabredet worden, bei allen zehn Gemeinden ohne weiters imperative ad Effectum zu setzen und bei dem Umstande, da diese eigensinnigen Leute denselben zu unterfertigen sich weigeren werden, von dieser k.k. Hofkommission mit Berufung auf diesfällige allerhöchste Entscheidung in Gestalt eines Dekretes an die Landschaft sowohl als an das hiesige Oberamt hinauszugeben wäre, welches zugleich das durch die so frevelhafte Widerrufung dessen, was die Gemeinden quaestionis vor dieser k.k. Hofkommission so feierlich stipuliert haben, verletzte Ansehen derselben wieder herstellen und dem üblen Beispiele vorbiegen würde, welches, wenn diese Widerrufung anginge, die Gemeinden anderer Güter und Herrschaft nehmen und durch das nämliche tolle Vorurteil oder ander ähnliche Aufhetzungen zu gleicher Vermessenheit verleitet werden könnten, wodurch diese k.k. Hofkommission nur das Spiel des bäurischen Unsinnes werden und so herabgewürdiget sein würde, daß Eure Majestät es Unterzeichnetem vielleicht nicht in Ungnaden bemerken dürften, wenn er sich auf diesen zwar immerhin ganz unwahrscheinlichen Fall hin die Freiheit nähme, um die allergnädigste Enthebung von einem Geschäfte zu bitten, dessen Wirkungen von jedem dazwischenkommenden Wirtshaussprecher, der sie vereiteln wollte, und sozusagen von jeder aura populari abhangen würde[5]).

Nr. 23   1796 Februar 11, Stuttgart

Umfrage der herzoglich württembergischen Regierung bei 14 Oberämtern über mögliche Maßnahmen, die Zertrennung großer Höfe zu befördern

A 212, Bü 441. Konzept des Zirkularreskripts an die Oberämter Adelberg, Altensteig, Alpirsbach, Backnang, Calw, Dornhan, Dornstetten, St. Georgen, Göppingen, Justingen, Lorch, Murrhardt, Weinsberg und Welzheim.

Vgl. Darstellung. S. 277 f. Den unmittelbaren Anlaß zu der Umfrage gaben offensichtlich die Streitigkeiten zwischen den Taglöhnern und den 8 Hofbauern von Weiler, Oberamt Hornberg, um die Nutzung der Allmende. Die Taglöhner suchten stets erneut ihren Anspruch auf gleichberechtigte Allmendnutzung gegenüber den Hofbauern durchzusetzen, obwohl bereits 1683 das Stadtgericht von Hornberg gegen sie entschieden hatte und die Taglöhner laut Lagerbuch von 1716 bei ihrer bürgerlichen Aufnahme einen Revers unterschreiben sollten, in dem vor allem auch ihre Nutzungsrechte genau abgegrenzt waren (Anrecht auf einen eigenen Garten gegen jährlich 6 kr und auf einen Gemeindeteil, Anspruch auf jährlich 2 Klafter Holz gegen 20 kr, Weiderecht für eine Kuh gegen 8 kr).
Durch herzogliches Reskript vom 4. 12. 1795 erhielt Oberamtmann v. Liebenstein den Auftrag, die Streitigkeiten näher zu untersuchen; er sollte dabei

---

[5]) Am 13. 5. 1786 erging ein Hofkanzleidekret folgenden Inhalts an Blanc:
„Seine Majestät haben auf einen diesseitigen alleruntertänigst erstatteten Vortrag über die in der Grafschaft Niederhohenberg einzuführende Frohnablösung allergnädigst zu resolvieren geruhet, daß die Gemeinden Seebron, Heilfingen und Ergenzingen ihrem neuerlichen Verlangen gemäß bei der bisherigen Frohnleistung zu belassen und dem Herrn Hof-Commissair überhaupt die Weisung zu geben sei, daß bei Abschließung der Frohn-Reluizions-Kontrakte aller Zwang sorgfältigst zu beseitigen und mit jeder Gemeinde nur nach Mehrheit der zur Gemeinde selbst gehörigen Stimmen derlei Kontrakte zu errichten seien.
Welche allerhöchste Entschließung dem Herrn Hof-Commissair zu dem Ende hiemit eröffnet wird, um nach derselben in dem gegenwärtigen sowie in allen zukünftigen Fällen auf das Genaueste zu achten."
Über den Ausgang der Verhandlungen geht aus den durchgesehenen Akten nichts hervor. Im Oktober 1787 war die Fronablösung in der Grafschaft Niederhohenberg jedenfalls noch nicht durchgeführt (° B 17, Bü 120), und 1790 beschwerten sich niederhohenbergische Gemeinden über den herrschaftlichen Anspruch auf nichturbariale Fronen (°B 38, Bü 79); die Robotabolition scheint also nicht zustande gekommen zu sein.

besonders auch prüfen, ob die Bauerngüter im Hornberger Amt nicht zwischen mehreren Kindern verteilt werden könnten. Dazu hieß es in dem Reskript: „Je mehr Wir übrigens durch diese und andere Vorgänge von dem Nachteil der zwischen den Bauren und Taglöhnern bestehenden Mißverhältnisse überzeugt werden, desto dringender finden wir Uns aufgefordert, auf solche Mittel bedacht zu sein, durch welche zwischen diesen beiden Klassen von Inwohnern nach und nach ein billigeres Verhältnis hergestellt werden könnte, und da Wir überhaupt die bisherige Vererbungsart, nach welcher nur ein einiges Kind den Hof erhält, die übrige Kinder aber sich großenteils mit Geld und Zihlern abfertigen lassen müssen, sowohl für den Hofbesitzer lästig als für die ausgeschlossene Kinder allzu hart finden, so wollen Wir euch aufgegeben haben, unter allenfalsiger Rücksprache mit verständigen Männern aus dem Bauren- und Taglöhnerstand einen wohlerwogenen Bericht zu erstatten, welche Hindernisse der gänzlichen Aufhebung dieser Vererbungsart im Weg stehen, und ob nicht wenigstens für gegenwärtig den Hofbesitzern freigestellt werden könnte, nach freier Willkür ihr Hofgut unter mehrere Kinder zu verteilen; was insbesondere jene Aufhebung oder diese Erlaubnis auf die Ökonomie der Bauren und auf das herrschaftliche Interesse für nachteilige oder vorteilhafte Folgen erwarten lasse und welche Vorsichtsmaßregeln dabei zu beobachten sein möchten." (Bericht Liebensteins vom 14. 1. 1796, fol. 4 b/5).

Liebenstein schrieb auf den 8./9. 1. 1796 eine Amtsversammlung aus, an der außer den Stabsvögten aus jedem Oberamtsstab die Eigentümer des größten und des geringsten Bauernhofs sowie ein Tagelöhner teilnahmen. Die Befragten erklärten sich laut Liebensteins Bericht und Amtsversammlungsprotokoll durchweg dagegen, das bewährte System geschlossener Vererbung auf den jüngsten Sohn oder die älteste Tochter zu verändern: Es entspreche den landwirtschaftlichen Gegebenheiten des Schwarzwaldes – Vorwiegen von Viehzucht und Waldwirtschaft gegenüber dem Feldbau – und sichere die erforderlichen Leistungen an die Herrschaft. Nach Liebensteins Ansicht bedeutete die Aufhebung des bisher geltenden Erbrechts zudem einen Eingriff in die wohlerworbenen Rechte der Untertanen. Schon die wenigen bisher erfolgten Gutszertrennungen zeitigten Verarmung und Unfähigkeit zum Kriegsvorspann. Die Taglöhner selbst seien an der Fortdauer der alten Erbverfassung interessiert, da sie nur von großen Höfen Arbeit und Nutzland gegen bestimmte Dienste zugewiesen bekämen. Besser als Erbteilung sei die von den Bauern selbst befolgte Form, dem älteren Bruder ein Stück Land als „Gütlen" zu dauerndem Eigentum abzutreten; doch müsse man amtlicherseits darauf achten, daß derartige Separationen die Leistungsfähigkeit der Höfe nicht gefährden. (Akten: A 212, Bü 441).

Dennoch ließ Herzog Friedrich Eugen eine Umfrage bei den Oberämtern einleiten, in denen geschlossene Vererbung vorherrsche oder in denen noch größere Güter bestanden:

Die an mehrern Orten rege gewordenen Irrungen zwischen den sogenannten Bauren und Taglöhnern haben Uns veranlaßt, auf die Verfassung der Baurenhöfe, welche gemeiniglich unter mehrern Kindern des Hofbesitzers nur einem einigen zugeteilt werden, Unsere besondere Aufmerksamkeit zu richten.

Da Wir nun den aus der zunehmenden Bevölkerung entstehenden Inkonvenienzen am besten dadurch abhelfen zu können glauben, wenn die Verteilung der großen Baurenhöfe auf alle Weise erleichtert und befördert würde, so wollen Wir Euch aufgegeben haben, Euren wohlerwogenen Bericht, jedoch ohne daß von den untergeordneten Behörden förmliche Berichte durch Euch angezogen oder sonst vor der Hand Aufsehen erregt würde, zu Unserer herzoglichen Regierung zu erstatten, was in dieser Hinsicht in den Euch anvertrauten Oberämtern bereits geschehen ist oder noch zu beobachten sein möchte, was für Hindernisse von seiten der eingeführten Erbfolgeordnung oder der ökonomischen Einrichtung der Güterbesitzer oder ihrer Verhältnisse gegen die Lehen- und Zinsherrschaften der Zertrennung der größern Güter im Weg stehen und wie solche zu beseitigen, besonders wie die auswärtigen Lehenherrn zu gleichen Gesinnungen zu vermögen wären, auch was die etwa an einem oder dem andern Ort in neuern Zeiten vorgenommene Zerstücklung eines Hofguts auf den Wohlstand der Ingesessenen für einen Einfluß gehabt habe[1]).

---

[1]) Die Regierung sah sich durch das Umfrageergebnis nicht veranlaßt, weitere Maßnahmen einzuleiten:
Die Oberämter hielten überwiegend direkte Eingriffe in Erbrecht und Lehenverfassung angesichts der natürlichen Gegebenheiten – unfruchtbares und bergiges Gelände, große Bedeutung von Viehzucht und Waldwirtschaft – im herrschaftlichen wie bäuerlichen Interesse nicht für ratsam und wiesen, soweit geschlossene Vererbung bestand, auf die bäuerliche Abneigung gegen jede Veränderung hin; Güterteilungen seien nur wünschenswert, soweit die volle Nahrung erhalten bleibe und eine Intensivierung der Landwirtschaft erreicht werde. Stabsamtmann Walther von Justingen (28. 2. 1796) empfahl es daher als zweckmäßiger, daß die herzogliche Rentkammer die noch vorhandenen herrschaftlichen Wechselfelder an die Taglöhner verkaufe. Vor allem diese Maßnahme hatte im Oberamt Dornstetten während der letzten 30 Jahre die Bevölkerung von 6000 auf 9000 Menschen anwachsen lassen; doch obwohl die Taglöhner selbst die bäuerliche Sitte geschlossener Vererbung übernahmen, entstand hier bereits das Problem, daß sich neben der Landwirtschaft keine ausreichende handwerkliche Tätigkeit für die vergrößerte Menschenzahl bot (Oberamtmann Heller, 13. 4. 1796). Im Oberamt Lorch hatten sich Güterzertrennungen im Amtsflecken mit seinem starken Handwerkertum vorteilhaft ausgewirkt, nachteilig dagegen in den entfernteren Amtsorten, wo den zuziehenden Handwerkern und Taglöhnern ihr Gewerbe keine ausreichende Nahrung verschaffte. Trotzdem hielt Oberamtmann Bühler (10. 5. 1796) es für erwägenswert, in Gegenden mit starker Bevölkerungszunahme die bisherige Lehenverfassung ganz aufzuheben und die Ansprüche des Lehenherrn auf die einzelnen Grundstücke zu radizieren. Im Oberamt Adelberg war durch verstärkte Zertrennung der Erblehen seit 10 Jahren eine Gruppe von Halbbauern zwischen Bauern und Taglöhnern entstanden, so daß die sozialen Spannungen gemildert wurden; die herrschaftlichen Naturalfronen, Abgaben und Steuern waren allerdings wegen geringeren Zugviehbestandes und beschränkterer Leistungsfähigkeit der Güter schwieriger einzubringen (Oberamtmann Muff, 21. 3. 1796). Im Oberamt Murrhardt wirkte sich nach Ansicht von Oberamtmann Wächter (16. 4. 1796) eine vorsichtige Zertrennung der Lehenhöfe in 2–8 Teile, wie sie der Kirchenrat seit längerer Zeit gestattete, ebenso wie Wald- und Allmendverteilungen vorteilhaft auf die Landwirtschaft aus und verhinderte soziale Spannungen; eine Zerschlagung in beliebig kleine Teile scheine aber nicht unbedingt empfehlenswert. Oberamtmann Fezer von Weinsberg (29. 2. 1796) kannte aus eigener Anschauung die nachteiligen Folgen übertriebener Güterzerteilungen in einem Teil seines Bezirks; er betonte deshalb, bei einer Zertrümmerung der Höfe müßten gleichzeitig Handwerk und Manufakturen gefördert werden, um ausreichende Möglichkeiten zur Nebenbeschäftigung zu schaffen. Oberamtmann Goelz von Dornhan (30. 6. 1796) hob einerseits hervor, infolge der Hofzerstückelungen, die seit den 1770er Jahren in großer Zahl stattgefunden hätten, und der gleichzeitigen umfangreichen Allmendverteilungen habe sich die Zahl der armen Leute vermindert, er wies aber auch auf die Krisenanfälligkeit der „Halbbäuerlein" hin, die zu stolz seien, noch taglöhnern zu wollen. Zu weitgehende Zerstückelung in Taglöhnergüter müsse schließlich zu Verarmung und Auswanderung führen und durch wachsenden Eigenverbrauch und z. T. auch schlechtere Bewirtschaftung den Aktivhandel des Landes gefährden.

Nr. 24—26   Probleme der Agrarverfassung auf dem württembergischen
              Landtag von 1797/99; Plan zur Aufhebung der Leibeigenschaft

Vgl. Darstellung, S. 307 ff. In den „Gewält und Vollmachten" formulierten Städte und Ämter für ihre Vertreter auf dem Landtag von 1797 Beschwerden und Wünsche des Landes. Aus ihnen stellte der landständische Ausschuß einen ersten Katalog zusammen und trug ihn am 9. 3. 1798 mit der Bitte um baldige Abstellung der Beschwerden den herzoglichen Vertretern vor (Steeb, Landtag, H. 6, S. 147–159). Auf die weitgehend zustimmende herzogliche Antwort vom 17. 3. 1798 (Steeb, Landtag, H. 6, S. 169–180) erwiderte der landschaftliche Ausschuß nach langen Beratungen über weitere bisher vorbehaltene Gegenstände (Steeb, Landtag, H. 7, S. 15 ff) mit einer umfassenden Replik. In ihr wurden in einem eigenen Abschnitt auch die Wünsche des Landes zur „Verbesserung der Landeskultur" behandelt (Nr. 25; Beratungen darüber vom 9.–11. 5. 1798: Steeb, a.a.O., S. 69 ff) und in einer ausführlichen Anlage näher kommentiert (Steeb, Landtag, H. 7, Beilagen, S. 70–91). Der daran anschließende Wunsch nach Aufhebung der Leibeigenschaft wurde auf Grund eines Votums formuliert, das vermutlich Landschaftskonsulent Johann Georg Kerner verfaßt hat (Nr. 24). Das Gutachten des Kirchenratsrevisorats von 1803 (Nr. 26) bezeichnet offensichtlich den vorläufigen Abschluß der vom Landtag angeregten amtlichen Aktivität in der Leibeigenschaftsfrage.

Nr. 24   1798 Mai 10
Votum, die Aufhebung der Personalleibeigenschaft betreffend

L.A. VI. 3. Unsigniertes Schriftstück, vermutlich von der Hand des Landschaftskonsulenten Johann Georg Kerner.

Das Votum bildete die Grundlage für die Formulierung des § 60 der landschaftlichen Replik an den Herzog vom 11. 5. 1798 (Nr. 25). In den „Gewält und Vollmachten" hatten nur Wildberg und Waiblingen auch die Beseitigung der Leibeigenschaft gefordert (L.A. VI. 3) – die der Personalleibeigenschaft durch maßvolle Ablösung seitens der Pflichtigen (Wildberg), die der Lokalleibeigenschaft durch Entschädigung der herzoglichen Kammer „auf eine andere Art", „wenn je von einer Entschädigung für die durch diesen menschenfreundlichen Entschluß ihr entzogenen Revenüen die Rede sein kann" (Waiblingen). Eine Eingabe der Ausschußverwandten in Heilbronn vom 26. 11. 1798 blieb ebenfalls bei dem Wunsch stehen, jeder Leibeigene solle sich gegen eine feste Taxe „unsuppliziert, und ohne einen Manumissionsschein von Herzoglicher Kanzlei kaufen zu müssen", freimachen können (L.A. VI. 3).

Überblick über Entstehung und Natur der Leibeigenschaft in Württemberg: Sie entstand durch Usurpation oder Vertrag und ist viel milder als in einigen norddeutschen Gebieten – Mecklenburg, Holstein, Pommern, Lausitz –, wo die

Leibeigenschaft schwerlich aus Verträgen erwuchs, sondern "die Folge tyrannischer und gewaltsamer Unterjochung" ist. Pflichten und Rechte der Leibeigenen in Württemberg. Neuerdings läßt die Rentkammer auch die Lokalleibeigenschaft von ganzen Ortschaften abkaufen, "in welchen noch die Parömie ‚die Luft macht eigen' den angeborenen Menschenrechten Hohn gesprochen hat".

Damit würde man zu weit gehen, wann man die wirtenbergsche Leibeigenschaft für etwas einer Knechtschaft Ähnliches ansehen wollte. Die Leibeigenschaft behindert in Wirtenberg niemand, von einem Ort in den andern zu ziehen, Ämter zu bekleiden oder gar auszuwandern, als in welch letzterem Fall, wie schon bemerkt worden, er der Leibeigenschaft, wie sich das Gesetz ausdrückt, ganz ledig wird[1]).

Allein diese wirtenbergische Leibeigenschaft seie gleich im Verhältnis gegen die Leibeigenschaft anderer teutschen Provinzen noch so gelinde, so stößt sie deswegen ebenso stark wie diese gegen die nie zu verletzende Grundsätze des Naturrechts an.

Nimmt man an, daß die Voreiter der gegenwärtigen Leibeigenen wider ihren Willen zu Leibeigenen gemacht worden seien, daß gewalttätige Ungerechtigkeit es sich angemaßt habe, diese oder jene Ortsmarkung zum Gebiete der Knechtschaft machen zu wollen, in welchem alle Menschen, die darin leben würden, ihre natürliche Freiheit verlieren und nicht um des allgemeinen Wohls willen, sondern um die Renten eines Dritten zu vermehren, dienstbar oder zinsbar werden sollten, so konnte weder für die auf solche Weise mißhandelten Menschen, noch viel weniger für ihre Nachkommen aus einer solchen gewaltsamen Handlung einige Verbindlichkeit entstehen. So ungerecht die erste Forderung des Leibherrn wäre, daß andere ebenso frei geborne Menschen als er selbst ihm Dienste leisten, ihm Abgaben bezahlen sollten, so ungerecht ist dieselbe mithin auch gegenwärtig noch.

Wann aber auch die Leibeigenschaft wirklich die Folge eines Kontrakts ist, den die Voreltern der Leibeigenen mit dem Leibherrn abgeschlossen haben, so kommt hiebei in Betrachtung, daß Elter oder Voreiter nicht befugt waren, einem Dritten Rechte über die Personen ihrer Nachkommen einzuräumen. Jeder, der geboren wird, bringt das Recht des freien Gebrauchs der sich in ihm entwickelnden Fähigkeiten, Talente und Industrie mit auf die Welt, in welchem er nur insoweit eingeschränkt werden kann, als er entweder selbst eingewilliget hat oder das allgemeine Wohl des Staats solches erfordert.

Durch diese Rücksichten fanden sich auch in neueren Zeiten mehrere Regenten bewogen, die Leibeigenschaft in ihren Landen ganz aufzuheben. *Hinweis auf Frankreich, Österreich, die Markgrafschaft Baden. Vorschlag, wie in der Antwort auf die herzogliche Note der Paragraph über die Aufhebung der Leibeigenschaft formuliert werden sollte*[2]).

---

[1]) Anmerkung Kerners mit Hinweis auf die Bestätigung des Tübinger Vertrags durch Herzog Christoph 1551; vgl. Reyscher II, S. 85—91.
[2]) Es handelt sich um die Fassung, die in die Replik vom 11. 5. 1798 übernommen wurde; vgl. Nr. 25, § 60.

Nr. 25   1798 Mai 11, Stuttgart

Wünsche des württembergischen Landtags zur Verbesserung der Landeskultur und nach Aufhebung der Leibeigenschaft

Elias Gottfried *Steeb,* Der Landtag in dem Herzogtum Würtemberg im Jahr 1797. Eine offizielle Zeitschrift, Heft 7, Beilage S. 52—57.

Der folgende Text entstammt der Replik des landschaftlichen Ausschusses auf die herzogliche Note vom 17. März 1798. In seiner Replik faßte der Ausschuß die noch anstehenden Wünsche und Beschwerden der Landstände zusammen.

§ 54. Wenn dem Lande seine immer mehr zunehmende Bevölkerung in staatswirtschaftlicher Hinsicht nicht mehr nachteilig als nützlich sein solle, so ist auf die Verbesserung der Landeskultur der ernstlichste Bedacht zu nehmen.

§ 55. Freiheit in der Benutzung des Grundeigentums ist das einzige und wirksamste Verbesserungsmittel der Landeskultur. Man entlade daher den Grundeigentümer von den ihm in Absicht auf die Benutzung seiner Grundstücke angelegten Fesseln, man gestatte ihm, in seinem Eigentum zu bauen und zu pflanzen, was er für gut findet, und er wird dadurch neben seinem eigenen zugleich auch unmittelbar den Vorteil des Zehendherrn befördern. Besonders verdient der Weingärtner die Aufmerksamkeit der Regierung. Er ist es vorzüglich, der durch jene Beschränkungen leidet, weil ihm unter allen Kultivatoren die Hände am meisten gebunden sind. Man trägt deswegen zur Beförderung des Wohlstandes einer sehr großen und bedeutenden Bürgerklasse darauf an, daß Serenissimus durch ein allgemeines Gesetz den Besitzern der Weinberge gnädigst gestatten möchten, dieselbe auf jede mögliche Art zu benutzen, sie auszureuten und frisch anzulegen, ohne dabei zu etwas mehr als zu einer Anzeige bei den Zehendbeamten und den Ortsvorstehern (welche letztere darüber, ob nicht gegen die Feldordnung gehandelt werde und die Nebenlieger durch die Kulturveränderung keinen Schaden leiden, zu kognoszieren haben) verbunden zu sein.

Zu Erreichung dieses Zwecks möchte aber noch ferner erforderlich sein, daß die Eigentümer wegen der vorgenommenen Kulturveränderung mit der Auflegung einer Taxe verschont und ihnen keine andere Gebühren als die auf den Gütern haftenden Gülten und Zinse samt dem Zehenden (welcher entweder in natura oder gleich dem Bodenwein mittelst Ansetzung eines Geldsurrogats zu erheben wäre) abgenommen würden.

§ 56. Da bei der immer mehr zunehmenden Bevölkerung des Landes und dem durch den Anbau der Futterkräuter vermehrten Viehstande die alljährliche Anblümung des Ackerfelds vornehmlich im Unterlande nicht nur tunlich, sondern auch sehr nützlich sein würde und nur allein die Besorgnis, daß es den Schafen an genugsamer Weide gebrechen möchte, der Ausführung des Projekts, die bisher noch bestandene Bracheinrichtung aufzuheben, im Wege zu stehen scheint, so dürfte vordersamst die Herzogliche Rentkammer und das Kirchenratskollegium aufzufordern sein, unter Vernehmung sachverständiger Personen darüber untertänigstes Gutachten zu erstatten, ob sich nicht in Absicht auf die Schafe und deren Unterhaltung eine solche Einrichtung treffen lasse, bei welcher die Weide auf dem Brachfelde entweder ganz oder wenigstens größtenteils entbehrt werden könnte, wo alsdann über die Einbauung der Brach und wegen der zwischen Ackerbau und Schafzucht zu ziehenden Grenzlinie unter Kommunikation mit der Landschaft ein allgemeines Gesetz abzufassen und in diesem zugleich auch zu bestimmen sein würde, ob und inwieweit von denjenigen Früchten der Zehende zu entrichten sei, welche der Acker im dritten Jahre, wo er bisher zugunsten des Triftberechtigten unangeblümt liegen bleiben mußte, ertragen wird.

§ 57. Da die Zertrennung der Hof- und Erblehengüter dem Zins- oder Lehensherrn, der die Zinse und Gülten aus der Hand des Trägers empfängt, nicht nachteilig ist, sondern vielmehr dessen eigenes Interesse befördert und zugleich den Besitzern dieser Güter oft sehr große Vorteile gewährt und zur Vermehrung der Produktion im allgemeinen dient, so wäre diese Zertrennung sowohl in Absicht auf die rentkammerlichen als kirchenrätliche Hof- und Lehengüter künftighin ohne besonderes Supplizieren auf eine bei dem Beamten zu machende Anzeige und ohne Ansetzung eines Taxes zu gestatten, desgleichen auch die bisher bestandene Zinslosung, als deren Grund, nemlich die Hoflehen und andere mit besonderen Abgaben belegten Güter so viel möglich wieder in eine Hand zusammenzubringen, hinwegfällt, durch ein in das Land zu erlassendes Generalreskript gänzlich aufzuheben.

§ 58. Die ältere Gewohnheit, den Zins- und Bodenwein von frisch gereuteten oder auch sonst gar keinen Ertrag abwerfenden Weinbergen nachzulassen, empfiehlt sich durch die allerstärksten Gründe der Billigkeit.

Es wird daher gebetten, derselben sowohl bei der herzoglichen Rentkammer als dem Kirchenrate in der Maße wieder stattzugeben, daß die ersten, nemlich die frisch gereuteten Weinberge, auf sechs Jahre, die letzten aber insolange, als sie dem Eigentümer keinen Ertrag gewähren, von jener Abgabe befreit bleiben.

§ 59. Um auch auf der Alp und in einigen andern Gegenden des Oberlandes, wo teils noch vieles Feld öde und wüst liegt, teils in mehreren Jahren nur einmal angeblümt wird, der Landeskultur einen Schwung zu geben und solche möglichst zu befördern, dörfte nicht nur den Besitzern solcher Güter den Anbau des Espers und anderer Futterkräuter ohne Nachsuchung einer Spezialkonzession und ohne Ansetzung eines Konzessionstaxes ebenfalls zu gestatten und anzuempfehlen, sondern auch auf Äcker, welche bisher gar nicht oder nur als Wechselfelder alle 10 oder 20 Jahre angebauet worden, auf mehrere Jahre zu akkordieren sein. Auch würde es zu Erreichung des bemeldten Zwecks sehr beförderlich sein, wenn die minder vermöglichen Eigentümer solcher Felder, weil die erste Anpflanzung des Espers etwas kostbar ist, von den Decimatoren, deren eigener Nutzen hier zunächst mitbefördert werden würde, auf einige Jahre eine Unterstützung mit kleinen Anlehnungen erhielten.

§ 60. Eltern und Voreltern waren nicht befugt, die angebornen Menschenrechte ihrer Nachkommen zu veräußern und diesen, ehe sie noch geboren waren, die Verbindlichkeit aufzulegen, nicht dem Staate, sondern einem Dritten gewisse Dienste zu leisten oder einen jährlichen Leibzins und andere Abgaben zu bezahlen. Die persönliche und Lokalleibeigenschaft ruhet mithin auf keinem zu rechtfertigenden Grunde, sondern verletzt vielmehr das Gesetz der Natur von der Gleichheit und beleidigt die Rechte der Menschheit. Das Land hofft deswegen von Seiner Herzoglichen Durchlaucht gerechten Gesinnungen und Dero Zuneigung und Wohlwollen gegen Ihr Volk die mit Sehnsucht erwartete Aufhebung dieser Leibeigenschaft mit allen ihren Würkungen, insofern diese nicht auf den fortdaurenden Besitz gewisser liegenden Güter sich gründen und mithin nicht sowohl in persönlichen Verbindlichkeiten als in Beschwerden, welche auf den Gütern haften, bestehen[1]).

---

[1]) Eine sehr viel schärfere und polemischere Fassung des § 60, von der nur noch einige Formulierungen in die Endredaktion übernommen wurden, befindet sich in L. A. IV. 19. 1, nach wörtlichen Anklängen und Handschrift wohl vom gleichen Autor wie die Endfassung, also wohl von Landschaftskonsulenten Kerner:
„Eltern und Voreltern sind nicht befugt, einem Dritten Rechte über die Personen ihrer Nachkommen einzuräumen. Jeder, der geboren wird, bringt das Recht des freien Gebrauchs der sich in ihm entwickelnden Fähigkeiten, Talente und Industrie mit auf die Welt, in welchem er nur insoweit eingeschränkt werden kann, als er entweder selbst eingewilliget hat oder das allgemeine Staatswohl es erfordert.
Nur gewalttätige Ungerechtigkeit konnte es sich anmaßen, diese oder jene Ortsmarkung zum Gebiete der Knechtschaft zu machen, in welchem alle Menschen, die darin leben würden, ihre natürliche Freiheit verlieren und – nicht um des allgemeinen Wohls willen, sondern um die Renten eines Dritten zu vermehren – zinsbar werden sollten.
Die persönliche und Lokalleibeigenschaft beruhet mithin auf keinem haltbaren Fundament, verletzt die Gleichheit vor dem Naturgesetz und beleidigt die Rechte der Menschheit.
Die gerechten Ursachen der Unzufriedenheit ganzer Volksklassen zu unterdrücken und hinwegzuräumen, erfordert das gemeinschaftliche Interesse des Regenten und des Landes, das Interesse aller derjenigen, welche die ersten Keime gewaltsamer Staatserschütterungen erstickt zu sehen wünschen.
Von der Richtigkeit dieser Grundsätze überzeugt, werden Serenissimus die Leibeigenschaft mit allen ihren bisherigen Wirkungen, insofern diese nicht auf den Besitz von gewissen liegenden Gütern sich gründen und mithin nicht sowohl persönliche als Realbeschwerden sind, in dem ganzen Lande aufheben."

Aber auch noch in der endgültigen Fassung wirkte der § 60 auf die herzogliche Regierung als gefährliche Provokation. Eine herzogliche Signatur vom 29. 6. äußerte höchstes Mißfallen darüber, daß die nach Fassung und Inhalt bedenkliche ständische Replik publiziert worden sei, ohne eine Resolution des Herzogs abzuwarten, und drückte die Erwartung aus, der Ausschuß werde die veröffentlichte Replik, „welche in mancherlei Punkten bei Seiner Kaiserlichen Majestät sowohl als den übrigen Reichsfürsten vieles Aufsehen erregen und unangenehme Folgen nach sich ziehen wird", durch eine angemessene Erklärung in der offiziellen Landtagsschrift zurücknehmen (Steeb, Landtag, H. 8, S. 72 f). Der Ausschuß erläuterte in einer „untertänigsten Erklärung" vom 7. 7. 1798 unter Hinweis auf „die besondere Preßfreiheit der ständischen Verhandlungen" die Bedeutung des § 60: Die Meinung der herrschaftlichen Deputierten, „daß man sich wegen Aufhebung der Leibeigenschaft auf eine der Verfassung zuwiderlaufende Art und in auffallenden Ausdrücken geäußert" (ebd., S. 87), und ihre Besorgnis, „daß auf diese Weise nach und nach alle herrschaftlichen Kameraleinkünfte untergraben und der Staat selbst dadurch in die traurigste Lage versetzt werden möchte" (ebd., S. 108), wies er mit dem Bemerken zurück, die Leibeigenschaft verstoße gegen das Naturrecht und „den Geist und das Bedürfnis der Zeiten", während dies für „den größeren Teil der herzoglichen Kameralrevenüen" nicht zutreffe; auch habe man nirgendwo erklärt, „die herzogliche Rentkammer ohne Unterstützung zu lassen, wenn sie durch Erlassungen von Rechten dieser Art außer Stand gesetzt würde, die Staatsausgaben zu bestreiten". Die Berufung auf die „Rechte der Menschheit" begründete der Ausschuß unter ausdrücklicher Abwehr des derzeitigen „schändlichen Mißbrauchs" dieser Rechte damit, „daß die Erlassung der Leibeigenschaft aus dem positiven Rechte nicht hergeleitet werden kann" (ebd., S. 109 ff).

Nr. 26 1803 März 4, Stuttgart

Gutachten des Kirchenratsrevisorats „die Aufhebung der Leibeigenschaft betreffend" auf Dekret vom 31. 1. 1803

A 282, Bü 328. Nicht unterzeichneter Schriftsatz.

Der Vorstoß des Landtagsausschusses wegen Aufhebung der Leibeigenschaft (Nr. 24–25) veranlaßte den Herzog, Rentkammer und Kirchenrat mit genauerer Überprüfung ihrer Einnahmen aus diesem Recht zu beauftragen. Durch Zirkularreskript vom 8. 10. 1798 erhielten die Kirchenratsbeamtungen die Weisung, über die Leibeigenschaft zu berichten und Vorschläge zu machen, „wie etwa solcherlei Leibeigenschaftsgefälle in andere schickliche Abgaben verwandelt werden könnten" (A 282, Bü 328). Das folgende Gutachten, das auf eine neue Initiative der Regierung zu Beginn des Jahres 1803 hinweist, ist dem Herzog nicht erstattet worden. In einer Aktennotiz vom 12. 3. 1803 bemerkt Eberhard Friedrich v. Georgii, daß für den Vortrag „ein Zeitpunkt abgewartet werden müsse, wo man sich einen glücklichen Erfolg versprechen kann."

Durchleuchtigster Herzog, Gnädigster Herzog und Herr!

Euer Herzogliche Durchlaucht haben rückgehende Akten in Leibeigenschaftssachen zu dem Ende hiehero zu geben gnädigst geruht, „um wohlerwogenes Gutachten sowohl über die besondere Vorschläge der Beamten wegen Ledigzählung der Leibeigenen, als auch überhaupt in der Rücksicht zu erstatten, wie diese Sache auf eine den Zeitumständen gemäße Weise einzurichten seie, mithin auf der einen Seite die in gegenwärtigen Tagen so verhaßte Leibeigenschaft nach und nach ganz aufgehoben werde, auf der andern Seite aber dem Geistlichen Gut an seinen daher rührenden Gefällen und Einkünften kein oder doch wenigstens kein beträchtlicher Nachteil zugehen möge."

Gehorsamst Unterz[eichnete] haben nun diesen allerdings wichtigen Gegenstand in reifliche kollegialische Überlegung gezogen und legen jetzt das Resultat hievon zu höherer Würdigung in der Kürze untert[änigst] vor.

Die Leibeigenschaften haben ihren Ursprung von dem Sieg erhalten, welchen die Franken im Jahr 496 über die Alemanen erfochten. Jene verschenkten, verkauften, veräußerten diese als Überwundene und Gefangene, wie es ihnen einfiel. Sie machten sie mit ihren Leibern eigen, und [diese] mußten zum Zeichen der Anerkenntnis ihrer Leibeigenschaft jährliche gewisse Zinse bezahlen und andere, der Sklaverei ähnliche Dienstbarkeiten verrichten, durften ohne Erlaubnis nicht heuraten und wurden nach ihrem Tode bald härter, bald geringer verhauptrechtet.

Es erweckt dahero bei dem Menschenfreund traurige Empfindungen, daß diese in jenen Zeiten der Finsternis und der Barbarei eingeführte Gewohnheit bei einem nicht unbeträchtlichen Teil seiner Nebenmenschen bis auf den heutigen Tag und bis auf unsere aufgeklärte Zeit, folglich 1307 Jahre lang fortgeerbt worden ist.

Die Leibeigenschaft stößt gegen die natürliche Gefühle des Menschen an:

Sie erzeugt bei den gewöhnlichen Gesinnungen der niedern Volksklasse Abneigung gegen die Mutter, daß von ihr solche Fesseln geerbt worden sind;

sie ist Hindernis für den Wohlstand, für Niederlassungen außer dem Geburtsort, sie lähmt Industrie und den Erwerbsfleiß, weil jeder weißt, daß je mehr er sich erworben, desto mehr nach seinem Tod dem Leibherrn bezahlt werden muß;

sie gibt Gelegenheit zu Begehung vieler moralischen Übel in Verheimlichung des Vermögens, niederer Ästimation des Hauptfalls und anderer Kunstgriffe;

sie ist für das weibliche Geschlecht in Hinsicht der Forterbung auf dessen Nachkommenschaft vorzüglich drückend und anständigen ehelichen Versorgungen hinderlich[1]).

Der Herr Marggraf von Baaden hat dahero in seinen Landen die Leibeigenschaft schon lange und ohne ein anderwärtig Äquivalent aufgehoben[2]), und man trifft deswegen in allen Grenzorten Monumente der Erkenntlichkeit an.

Ein Gleiches ist auch erst vor etlichen Jahren in dem Hochstift Speyer geschehen[3]), und vermög des Schwäbischen Mercurs Nr. 22 vom 31. Januar 1802 ist man auch in Bayern mit gleicher Absicht, jedoch gegen einen andern Ersatz umgegangen[4]).

Es muß sich dahero dem Vaterlandsfreund der Wunsch aufdringen, daß diesen Beispielen auch in Württemberg gefolgt und diese Überbleibsel eherner Zeiten ausgetilgt werden möchten.

Die Sache ist gleichwohl aber auch in andern und staatswirtschaftlichen Rücksichten zu betrachten. Dann die Leibeigenschaftsgefälle sind wohlerworbene Kammer-Revenuen und in Wirtembergico zwar in dem Landtagsabschied von 1520 § 16 modifiziert[5]), dadurch aber eo ipso dieselbe, wie sie gegenwärtig bestehen, sanktioniert und anerkannt. Die unbedingte Aufhebung würde also ein Defizit erzeugen.

In Baden ist solches durch Verminderung des Militärs gedeckt worden, und der Herr Fürstbischof von Speyer konnte einen richtigen Blick in die Säkularisationsgeschichte hinein machen und also wohl noch vor dem Torschluß seinen Untertanen eine Wohltat erweisen; der Herzogl[iche] Kirchenrat aber befindet sich in keinem dieser Fälle.

Es läßt sich auch für die jährliche Leibeigenschaftsgefälle nichts anders surrogieren, und nach dem Vorschlag der Geistl[ichen] Verwaltung Leonberg würde zwar der Name verändert, der Sache selbst aber nicht abgeholfen[6]), als warum es eigentlich zu tun ist.

---

[1]) Vgl. Darstellung, Kap. 1, Anm. 434 f.
[2]) Generalreskript vom 23. 7. 1783; *Ludwig*, S. 199 ff.
[3]) Verordnung vom 22. 6. 1798; *Scheel*, Jakobiner, S. 425.
[4]) In dem Artikel wird von der seit anderthalb Jahren bestehenden Absicht des Kurfürsten berichtet, den Leibeigenen in seinen oberen Staaten gegen eine „Aversions-Loskaufungs-Summe" „ewige Manumission" zu erteilen.
[5]) Erläuterung des Tübinger Vertrags vom 11. 3. 1520. In Punkt 16 wird der freie Zug der Leibeigenen außer Landes bestätigt. *Reyscher* II, S. 65 f.
[6]) Der Geistliche Verwalter zu Leonberg, Christian Gottlieb Seeger, entwickelte in seinem umfangreichen Gutachten vom 27. 12. 1798 den Plan, man solle alle Leibeigenen zu freien Mitbürgern erklären, „die Leibeigenschaften von den Personen auf ihre Vermögenschaften übertragen", das verhaßte Wort Leibeigenschaft aus Lagerbüchern und Rechnungen

Ebensowenig kann eine allgemeine Landesangelegenheit daraus gemacht werden, weil es den Reglen der Billigkeit zuwiderliefe, wenn ein Freigeborener die Last des Leibeigenen mit helfen tragen sollte.

Die Menschen können nicht auf Gleichheit im Wohlstand Ansprache machen, das Kind des armen Taglöhners muß mit seiner Existenz zufrieden sein wie das des reichen und angesehenen Mannes.

Gehorsamst Unterzeichnete sind dahero der unt[ertänigst] gutächtlichen Meinung, womit auch die meiste der Kirchenratsbeamten kraft ihrer Berichte einverstanden gewesen sind[7]):

Es seie zu Erreichung des vorhabenden Zwecks kein ander Mittel aufzufinden, als die Leibeigene durch Loskaufung gegen Entrichtung eines gemäßigten Geldansatzes mit Rücksicht auf ihr Vermögen, Alter, Kinderanzahl, männlichen oder weiblichen Geschlechts ihrer Personalservitut zu entlassen und das gefallende Manumissionsgeld zu sicherem Kapital anzulegen.

Dieweilen aber bei manchen und vielleicht bei vielen die Vermögensumstände so beschaffen sind, daß es schwer halten dörfte, das angesetzte Loszahlungsgeld von ihnen bar herauszubringen, so möchte solches entweder in leidentliche Zieler zu zerschlagen oder der Versuch zu machen sein, daß sie den Betrag gegen hinlängliche Versicherung selbst als Kapital übernehmen und solang verzinsen, bis solches abgelöst wird.

Von diesem Vorhaben aber wäre mittelst Anbringen an den hochpreislichen Geheimen Rat unt[ertänigste] Anzeige zu machen, und nach erfolgter gnädigsten Genehmigung möchten sofort die Loskaufsunterhandlungen wirklich eröffnen zu lassen sein.

Betreffend die lokalleibeigene Orte, deren es folgende sind: Alpirsbach, Rotenacker, Wittershausen, Boll[8]), so tretten gehorsamst Unterz[eichnete] dem sehr guten Vorschlag des Oberamts Alpirsbach bei, daß die Ledigzählung als ein Mittel benutzt und angebotten werden könnte, um dagegen Holz- und Weidgerechtigkeiten in den klösterlichen Waldungen auszugleichen; in Orten aber, wo kein solcher Tausch zustand käme oder nicht angebotten werden könnte, wäre nur noch eine Übereinkunft auf eine Aversalsumme mit den Gemeinden das übrigbleibende Versuchsmittel.

Um endlich den Zustand der kirchenrätlichen Leibeigenschaften etwas anschauender zu machen, wird ex actis unt[ertänigst] angezeigt, daß die Zahl der personal- und lokalleibeigenen Leute, auch Hagenstolzen in numero rotundo in 9000 Köpfen beederlei Geschlechts, alt und jungs bestehe, welche nach einer entworfenen neunjährigen Bilance von 1765/74 auf ein Gemeinjahr 3102 fl

---

tilgen und den Gefällen neue, auf die Sache bezogene Benennungen geben — „jährliches Rekognitionsgeld" statt Leibhennen und Leibschilling, „Heiratsgeld" statt Brautlauf, „Vermögensgeld" statt Hauptrecht. Außer genauen Ansätzen für mögliche Ablösungen schlug Seeger vor, einen Leibeigenschaftsfonds einzurichten, in dem sich die relativ niedrig angesetzten Manumissionsgelder innerhalb von 30 Jahren, dem durchschnittlichen Verfallstermin für das Hauptrecht, auf den vollen Kapitalwert verzinsen sollten.

[7]) Bei den Akten befinden sich außer dem Leonberger Bericht (Anm. 6) noch die Berichte der Geistlichen Verwaltungen von Wildberg und Nürtingen.

[8]) Die Zahl der mit Lokalleibeigenschaft behafteten Orte beim Kirchengut war freilich erheblich größer, wie ein Auszug aus den Kirchenratsrechnungen von 1796/97 in A 282, Bü 325 zeigt.

19 kr 4 1/3 hl, nach einer dreijährigen Bilance, nämlich von 1797/1800, aber 3790 fl an Abgaben jeder Art abgeworfen haben⁹). Es kann hingegen die dreijährige Bilance als einem zu kurzen Zeitraum und auch um deswillen nicht zur Norm angenommen werden, weil in dem Jahr 1797/98 außergewöhnliche Todesfälle und Loszahlungen von 5230 fl 28 kr vorgefallen und unter der Berechnung begriffen sind.

Nimmt man an, daß die 9000 leibeigene Köpfe im Durchschnitt jeder die gemäßigte und wohl aufzubringende Summe von 10 fl pro Manumissione zahlen kann und unfehlbar wird, so gewinnt hierdurch das Geistl[iche] Gut einen Kapitalfonds von 90 000 fl und an Zinsen hieraus à 5 pct., weil 2 1/2 [pct.] bei unbeständigen und mit Kosten verbundenen Gefällen nicht zum Maßstab genommen werden können, 4500 fl, welches auch das Maximum der dreijährigen Bilance von 1797/1800 um 710 fl übersteigt, wobei übrigens ferner untertänigst bemerkbar gemacht wird, daß die obige neun- und dreijährige Bilancen, welche man für jetzt zu einer ungefähren Übersicht gewählt, nicht zum Maßstab des vorhabenden Zwecks und vorläufigen Versuchs gelegt werden können, weil

1. die Manumissionsgelder mit bilanciert worden, die doch kraft ihrer Bestimmung bereits schon unter dem Kapitalfonds begriffen sind und unter demselben Zinse tragen, mithin nicht zu dem Kapitalwert der noch gegenwärtig leibeigenen Leuten geschlagen werden dörfen,

2. weil die Besoldungen und Wartgelder der Hühner- und Leibvögte, die nur nach dem Murrharder Bericht in 7 fl Geld, 1 Schfl 2 Sri Rocken, 6 Schfl Dinkel, 2 Schfl Haber daselbst bestehet, nicht weniger auch die Schreibverdienste der weitläufen Partikularien, welchen um der genealogischen Fortführungen willen keine andere Einrichtung gegeben werden kann, von dem Ertrag nicht abgezogen worden sind, welches denselben um ein Namhaftes vermindern wird, so daß um ein Gutes weniger als 10 fl dem Kopf nach gegeben werden darf, und das Geistliche Gut ist doch für die Aufhebung der Leibeigenschaft entschädigt.

Um aber hierin ganz sicher zu gehen, möchte es vor allen Dingen darauf beruhen, wie der Versuch ablaufe und was aus gutem Willen pro Manumissione zu geben offeriert wird, und alsdann wäre erst noch weiter erforderlich, eine 27jährige Bilance, um den Sterbfällen näherzukommen, mit Hinweglassung der Manumissionsgelder und mit Abzug der Erhebungskosten zu entwerfen, und diese wird sofort zur Grundlage und genaueren Übersicht, auch Zurechtweisungen dienen, ob die offerierende Summen angenommen werden können oder nicht. Somithin wäre vor der Hand alles bloß präparatorisch einzuleiten.

---

⁹) Berechnungen liegen bei. Danach beliefen sich die durchschnittlichen jährlichen Einnahmen je Leibeigenen 1765/74 wie 1797/1800 auf etwa 25 kr. Von dem jährlichen Durchschnittsbetrag der beiden Perioden – 3102 fl bzw. 3791 fl – entfielen 40 fl/274 fl (1,3 %/7,2 %) auf jährliche Abgaben, 125 fl/146 fl (4 %/3,9 %) auf Heiratsgebühren, auf Manumissionen 384 fl/534 fl (12,4 %/14,1 %) und auf Todfallabgaben 2526 fl/2837 fl (81,4 %/74,8 %).

Nr. 27-35   Ansätze zur „Bauernbefreiung" in der Periode des Rheinbundes

Nr. 27—29   Souveräner Staat und adelige Herrschaft: Die staatliche Mediatisiertenpolitik

Vgl. Darstellung, S. 313 ff. Der Auseinandersetzung zwischen souveränem Staat und adeliger Herrschaft kommt in der württembergischen „Bauernbefreiung" erhebliche Bedeutung zu. Das Problem entstand in Württemberg erst durch die Mediatisierung umfangreicher bisher reichsunmittelbarer Adelsterritorien 1806/10. Die folgende Quellenauswahl verdeutlicht aus der Perspektive der Mediatisierten wie der Regierung die Anfänge der Konfliktsituation, die in gewandelter Form den ganzen Vormärz hindurch andauerte und entscheidend dazu beitrug, schnellere Fortschritte der Grundentlastung zu verzögern.

Nr. 27   1806 Oktober 23, Wertheim

Eingabe des Grafen Johann Carl Ludwig von Löwenstein-Wertheim und Limpurg an König Friedrich anläßlich seiner Mediatisierung

E 31/32, Bü 304, UFasz. 648, Q 1 Beilage. Ausfertigung.

Allerdurchlauchtigster und Großmächtigster König, Allergnädigster König und Herr!

Das Schicksal, welches die höhere Politik und Gewalt vielen teutschen Reichsständen durch die Pariser Föderationsakte vom 12. Juli dieses Jahrs zubereitet hat[1]), muß notwendig in den Augen eines jeden um so härter erscheinen, als solches vielen teutschen Reichsständen und alten illüstren Häusern ohne ihr Verschulden und ohne den mindesten rechtlichen Grund ihre althergebrachte und wohlerworbene Rechte und Befugnisse gleichsam mit einem Schlag zernichten will.

Dieses harte Schicksal hat unter mehrern auch meine Limpurgische Herrschaften betroffen. Und je härter und unverschuldeter dasselbe schon an und für sich ist, desto mehr habe ich mir von der allgemein bekannten und verehrten Gerechtigkeit, Großmut und Billigkeit Euer Königlichen Majestät alleruntertänigst versprechen zu dürfen geglaubt, daß von Allerhöchst Denenselben solches so viel nur immer möglich gerechtest werde zu mildern gesucht und die Allerhöchst Denenselben zugewendete Souveränität wider den wahren Geist und Buchstaben der Pariser Föderationsakte nicht nach bloßer Willkür würde ausgedehnt werden.

---

[1]) Vgl. Rheinbundsakte, Art. 24.

Allein ich habe in meiner Limpurg-Sontheim-Obersontheimischen sowie auch Michelbachischen Herrschaft ganz das Gegenteil zu erfahren gehabt und von [dem von] Euer Königlichen Majestät allergnädigst verordneten Commissario, Oberlandesregierungsrat Röll, mich einer solchen Behandlung ausgesetzt gesehen, welche mit meinen gerechten Erwartungen und Hoffnungen in direktem Widerspruch steht.

Um diese meine gerechte Erwartungen und Hoffnungen in den Augen Euer Königl. Majestät einigermaßen alleruntertänigst zu rechtfertigen, werden Allerhöchst Dieselben mir nicht in Ungnaden aufnehmen, wenn ich es wage, die Gründe, welche mich dazu berechtigen, Allerhöchst Denenselben in tiefster Ehrfurcht und vertrauensvoll näher bemerklich zu machen. Ich würde es gewagt haben, Euer Königl. Majestät dieses mein Anliegen persönlich alleruntertänigst zu Füßen zu legen und Allerhöchst Denenselben meine tiefste Devotion zu bezeigen, wenn nicht mein Alter und meine schwächliche Gesundheitsumstände mir solches ohnmöglich machten.

Meiner geringen, nur an Recht und Billigkeit gewöhnten, aber mit der höhern Politik nicht genugsam vertrauten Einsicht nach scheint mir

1. der ganze Zweck und die ganze Tendenz der Pariser Föderationsakte dahin zu gehen, an die Stelle der bisherigen, mehr zusammengesetzten teutschen Reichsverfassung eine einfachere und weniger vielköpfige und schwerfällige anzuordnen und dadurch die allerhöchsten und höchsten Souverains in den Stand zu setzen, einen ansehnlichen und zweckmäßig organisierten Militair-Etat zur allgemeinen Beschützung unterhalten zu können, damit die Staaten des errichteten Rheinischen Bundes eine bessere und größere militärische Macht bilden und deployieren können.

2. Die Föderationsakte aber selbst betreffend[2]), so wendet solche den allerhöchsten und höchsten Souverains die Souverainität über mehrere bisherige teutsche Reichslande zu; dabei scheinet mir aber ganz natürlich die Frage zu entstehen, ob durch diese Zuwendung der Souverainität diejenige vormalige teutsche Reichsstände, welche nun der Souverainität unterworfen sein sollen, dasjenige verloren haben, was man Landeshoheit nennt.

Meiner schwachen Einsicht nach dürfte diese allerdings nicht unwichtige Frage verneinend zu beantworten sein, und zwar aus nachfolgenden Gründen:

a) Den allerhöchsten und höchsten Souverains ist nur diejenige volle Souverainität zugewendet worden, welche vorher dem teutschen Reich in seiner Gesamtheit zugestanden hat, und es konnte und wollte auch keine andere als diese zugewendet werden, weil keine andere existierte und erledigt wurde.

b) Diese Souverainität ist meinen Begriffen nach nichts anders als Reichshoheit, Oberhoheit im Gegensatz zur Landeshoheit. Beide sind voneinander ganz verschieden und keineswegs identisch (!); denn das teutsche Reich in seiner Gesamtheit in Verbindung mit seinem Oberhaupt, dem römischen Kaiser, war souverain, nicht aber dessen einzele Stände, ob sie gleich mit der Landeshoheit begabt sind.

Der Reichssouverainität war also die Landeshoheit untergeordnet; und diese kann mit und neben jener bestehen. Der Beweis hievon liegt selbst in

---

[2]) Die folgenden Erörterungen beziehen sich auf Art. 26 und 27 der Rheinbundsakte.

den Verhältnissen, in welchen sich Euer Königl. Majestät Staaten noch vor dem Preßburger Frieden befunden haben. Allerhöchst Dieselben besaßen ohnstreitig die Landeshoheit, waren aber mit dieser der Souverainität des teutschen Reichs in seiner Gesamtheit untergeordnet. Durch die Allerhöchst Denenselben zugewendete Souverainität ist die vorherige bloße Landeshoheit mit jener jetzt bloß konsolidiert worden, und es liegt darin der klare Beweis, daß Souverainität und Landeshoheit keine idendische Begriffe, sondern wesentlich voneinander verschieden sind.

Die Landeshoheit besteht in dem Aggregat mehrerer einzelen, der Reichshoheit untergeordneten Regierungsrechte und Regalien, deren Erwerbstitel auf kaiserlichen und Reichsbelehnungen, Privilegien, ausdrücklichen und stillschweigenden Konzessionen, uralter Observanz, unfürdenklichem Besitz, ausdrücklichen Gesetzen und mehreren von europäischen Mächten feierlich garantierten Friedensschlüssen beruhet. Jeder Teil dieses Aggregats einzeler Regierungsrechte und Regalien hat durch diesen rechtmäßigen Erwerbtitel ebenso gut die Eigenschaft der Patrimonialität und des Eigentums erlangt als die Patrimonialgerichtsbarkeit und die eigentümliche Besitzungen selbst, auf welchen diese Regierungsrechte und Regalien haften und einen Teil des Eigentums ausmachen, welches aber den allerhöchsten und höchsten Souverains keineswegs zugewendet werden wollte und konnte.

c) Bloß allein also diejenigen Rechte, welche das teutsche Reich in seiner Gesamtheit als wesentliche Souverainitätsrechte ausgeübt hatte, mit Einschluß der kaiserlichen Reservatrechte konnten und wollten nur den allerhöchsten und höchsten Souverains zugewendet werden, weil keine andere teutsche Reichssouverainitätsrechte existierten. Alle andere Hoheitsrechte und Regalien hingegen gehören teils als bloße zufällige, teils als bloß landesherrliche zum Eigentum und Patrimonio der Länderbesitzer, Eigentums- und Territorialherren kraft ihrer rechtmäßigen Erwerbstiteln und haben großenteils schon den Länderbesitzern zugestanden, ehe noch einmal die Landeshoheit sich völlig ausgebildet hatte.

d) Die wesentlichen teutsche Reichssouverainitätsrechte waren aber keine andere als

α) die Reichsgesetzgebung, welche aber doch das dem Landesherrn kraft der Landeshoheit zustehende Recht, solche Gesetze zu geben, die den Reichsgesetzen nicht entgegen sind oder solchen derogieren, nicht ausgeschlossen hat; folglich kann die Gesetzgebung des Souverains solche in der bemeldeten Maße dermalen gleichfalls nicht ausschließen.

β) In der obersten Reichspolizei und der Kreispolizei, und zwar letztere als Reichsanstalt betrachtet, bei welchen beiden aber das Recht der Landesherrn, Polizeigesetze zu geben, die den Reichspolizeigesetzen nicht derogieren, in salvo geblieben ist.

γ) In der Reichs- als obersten und höchsten Gerichtsbarkeit.

δ) In dem Recht der allgemeinen Reichsverteidigung und Beschützung, von dem das Recht der Konskription und des recroutements eine natürliche Folge ist, wodurch aber das Recht der Landes- und Eigentumsherrn, eine zur Handhabung der innern Sicherheit und Polizei und Bewachung ihrer Personen und Schlösser erforderliche Anzahl Soldaten zu halten, nicht ausgeschlossen wird.

ε) In dem Besteuerungsrecht sowohl zur Bestreitung der Reichsverteidigung als auch der allgemeinen Reichs- und Kreisbedürfnisse, folglich in dem Recht der Ausschreibung, Auferlegung und Erhebung der Kontribution oder eigentlichen sogenannten extraordinairen Steuern im Gegensatz zu den sogenannten unveränderlichen, zur Bestreitung der Landesadministrationskosten bestimmten und an die Stelle der ehemaligen alten sogenannten Beeten getrettenen ordinairen oder Kameral-Steuern, als welche dem Landesherrn nach wie vor zuständig sind.

e) Selbst die eingeschränktester Auslegung unterworfene Föderationsakte vom 12. Juli dieses Jahrs benennet auch keine andere Souverainitätsrechte als die eben allerunterthänigst angeführte. Sie bedient sich zwar in Ansehung des Rechts der Besteurung des weniger bestimmten Ausdrucks impôts; allein dieser Ausdruck kann der Natur der Sache nach ohnmöglich etwas anders als die bloße extraordinairen Steuern in sich begreifen, weil alle andere Arten von Auflagen keine wesentliche Souverainitätsrechte sind und auch von dem in seiner Gesamtheit souverain gewesenen teutschen Reich nicht bezogen worden sind, sondern zu dem Eigentum der Reichsstände gehöret haben. Denn wäre zum Beispiel das Zollregal ein wesentliches Souverainitätsrecht des teutschen Reichs gewesen, so würden die einzelen teutschen Reichsstände dieses Regals ganz unfähig gewesen sein. Wäre es aber auch ein wesentliches Recht der bloßen Landeshoheit, so würde solches allen und jeden teutschen Reichsständen ohne Ausnahme haben zugestehen müssen, welches aber bekanntlich der Fall nicht ist. Es ist also ein bloßes auf Konzessionen beruhendes zufälliges Hoheitsrecht, wobei es sogar nicht an Beispielen fehlt, welche beweisen, daß auch mediati, ja sogar privati mit dem Recht der Zölle begabt sind. Es folgt also

f) aus allem diesem ganz natürlich, daß alle Rechte, welche keine wesentliche teutsche Reichssouverainitätsrechte waren, sondern bloß zufällige und bloß landeshoheitliche Regalien sind, den bisherigen Landesherrn nach wie vor zuständig bleiben und zu ihrem wohlerworbenen Eigentum und Patrimonio gehören, welches ihnen durch die Förderationsakte weder entzogen worden ist, noch entzogen werden wollte. Der deutlichste Beweis hievon liegt selbst in den Worten der Föderationsakte, wo die den Landesherrn zustehende Rechte, worunter sogar das Regal des Forstrechts, der forsteilichen Obrigkeit, des Wildbanns und der Bergwerke ausdrücklich benannt sind, exemplicative aufgezählt worden und wobei ausdrücklich noch bestimmt wird, daß alle andere Rechte, welche der Souverainität nicht als wesentlich ankleben, non essentiellement inhérens à la souveraineté[3]), den bisherigen Landes- und Eigentumsherrn fernerhin zuständig und unbenommen bleiben sollen.

Klagen über Kommissär Röll: Dieser hat sich bei der Besitznahme der Limpurgischen Herrschaft Handlungen erlaubt, welche den Grafen aus mehreren ihm zustehenden Regalien und landeshoheitlichen Rechten verdrängen wollen.

Gedachter Oberlandesregierungsrat Röll hat nemlich

---

[3]) Zitat aus Art. 27 der Rheinbundsakte.

1. sogleich meine Kanzleibeamten und übrige geistlich und weltliche Diener, sogar auch meine Forstbediente, welche sämtlich doch lediglich von mir besoldet werden, als Königl. Württembergische Kanzleien, Beamten und Dienern in Pflichten genommen und die Königl. Wappen an meine Kanzlei und meine Schlösser angeheftet, welches mir um so unzulässiger zu sein scheint, als einesteils während der bestanden habenden teutschen Reichssouverainität, welcher meine Limpurgische Besitzungen untergeordnet waren, meine Kanzleibeamten und Diener nicht Diener des souverainen teutschen Reichs, sondern die meinigen gewesen sind, auch niemals verlangt worden ist, daß sie sich des Heiligen Römischen Reichs Kanzleien, Beamten und Diener nennen und als solche gerieren, noch weniger daß sie die Souverainitätsrechte des teutschen Reichs respizieren sollen; anderntteils aber inhalts der Föderationsakte noch dazu mir nach wie vor die niedere und mittlere Gerichtsbarkeit oder die erste und zweite Instanz, die forsteiliche Obrigkeit sowie alle übrige zufällige und bloß landesherrliche Regalien und Hoheitsrechte sowie das Eigentum zuständig bleiben, folglich von mir ebenso wie bei der vormaligen teutschen Reichssouverainität proprio jure, nicht aber alieno nomine, mithin auch nicht durch Königl. Behörden auszuüben sind, folglich auch meine Kanzeleien, Ämter und Forststellen ohnmöglich Königliche Behörden sein können, sondern nach wie vor die meinigen bleiben und meinen Titel und Namen zu führen haben, wenn nicht eine offenbare Kollision der Pflichten entstehen und wider den bekannten Grundsatz gehandelt werden solle, daß niemand zweien Herren dienen könne, somit auch ebensowenig an meine Kanzleien, Amthäuser und Schlösser, welche zu meinem Eigentum gehören, Königl. Wappen haben angeheftet werden können.

2. hat gedachter Oberlandesregierungsrat Röll meinen öffentlichen Behörden andere Siegel mit dem Königl. Wappen und zwar mit dem Befehl zugestellt, sich künftig keiner andern als dieser zu bedienen, vielmehr die meinigen an ihn auszuliefern, welches ebenfalls um so weniger zu rechtfertigen sein dürfte, als bei den mir zustehenden zweien gerichtlichen Instanzen und gleichfalls zuständigen, der Souverainität nicht wesentlich anklebenden, sondern zufälligen und bloß landesherrlichen Regalien und Rechten mir der Gebrauch meines angebornen Siegels und Wappens bei öffentlichen Fertigungen nicht versagt und entzogen werden und also eine Abforderung meines Siegels, worauf niemand außer mir irgendeinen Anspruch zu machen hat, gar nicht stattfinden kann.

3. hat gedachter Commissarius sogleich das Kirchengebet überall angeordnet und mich und meinen Stamm völlig daraus vertilgt, welche mit dem ganzen Geist und Zweck der Föderationsakte im Widerspruch stehende große Herabwürdigung bei meinen Dienern und Untertanen natürlich um so auffallender sein mußte, als der vormaligen teutschen Reichssouverainität, an deren Stelle nunmehr Euer Königl. Majestät in meinen Limpurgischen Herrschaften tretten sollen, in ganz Teutschland nicht bloß allein des souverainen teutschen Kaisers und Reichs, sondern auch ausdrücklich neben dem Souverain der Landes- und Eigentumsherrn in dem Kirchengebet erwähnt worden ist, daher eine solche auffallende gänzliche Vertilgung meines Namens aus dem Kirchengebet in Verbindung, daß man alle meine Behörden und Dienern zu Königlichen Stellen qualifizieren will, notwendig die Meinung bei meinen Dienern und Untertanen hervorbringen muß, als wenn ich aller meiner Rechte völlig entsetzt worden

seie, ihnen gar nichts mehr zu befehlen hätte und sie auch nicht schuldig seien, mir zu gehorchen.

4. sind von mehrermeldeten Commissario Oberlandesregierungsrat Röll nicht bloß die Limpurgischen Steuerkassen gestürzt und unter Siegel gelegt worden, sondern derselbe hat sich auch sogar herausgenommen, meine Amts- und Domainenkassen zu stürzen, die Rechnungen davon einzusehen und abzuschließen [...]. Ein Benehmen, welches um so unzulässiger ist, als es sogar Eingriffe in mein Eigentum in sich enthält, welche weder aus dem Begriff der Souverainität, noch aus dem Inhalt der Föderationsakte gerechtfertigt werden können.

5. *Commissair Röll hat die geistlichen und weltlichen Beamten und Diener angewiesen, künftig königliches Stempelpapier zu benutzen. Auch diese Forderung beruht auf keinem Souveränitätsrecht; der Graf behält sich vor, in Sachen der eigenen Behörden auch eigenes Stempelpapier zu benutzen.*

Der Graf ist überzeugt, daß die Handlungsweise des Commissairs nicht der vom König erteilten Instruktion entspricht; unter nochmaliger Berufung auf den Sinn der Rheinischen Föderationsakte bittet er darum, daß der König die desfallsige allergerechteste Remedur eintretten zu lassen allergnädigst geruhen mögen, als worum ich hiermit unter ausdrücklicher, aber ehrfurchtsvoller Verwahrung aller meiner Rechte und Zuständigkeiten gegen alle über die Grenzen der ehemaligen teutschen Reichssouverainität sich ausdehnende Unternehmungen alleruntertänigst bitte und in allertiefstem Respekt zu ersterben die Gnade habe Euer Königlichen Majestät
Alleruntertänigster
Johann Carl Ludwig, Graf zu Löwenstein-Wertheim und Limpurg[4]).

---

[4]) Obwohl der König in einer Note vom 14. 11. 1806 die Interpretation der Rheinbundsakte, speziell die der neuen staatlichen Souveränität, als unzutreffend zurückwies, beharrte der Graf in einem Schreiben vom 17. 1. 1807 auf seiner Auslegung und gebrauchte dabei in Abwehr gegen das Mediatisierungsverfahren Formulierungen, die als Majestätsbeleidigung gewertet werden konnten: Der Umfang der Souveränität hänge nicht vom freien Willen des Königs ab, sondern sei „zum Glück schon auf das bündigste durch die Bundesakte Art. 26 entschieden"; die weitergehenden Maßnahmen bei der Besitzergreifung der mediatisierten Gebiete hätten ihren Grund „in einer bloßen Willkür", indem sie den hohen Adel im Widerspruch zur Rheinbundsakte „in die Klasse des niedern Adels auf die kränkendste Weise" herabwürdigten. König Friedrich erwog wegen dieses Schreibens ein Gerichtsverfahren gegen den Grafen. Der 1. Senat des Oberjustizkollegiums, zum Rechtsgutachten aufgefordert, konstatierte zahlreiche „respektswidrige und mit den neuen Subjektionsverhältnissen des Grafen von Löwenstein-Wertheim und Limpurg im offenbarsten Widerspruch stehende Äußerungen" und beantragte deshalb seine Bestrafung durch ein Austrägalgericht, falls der Monarch nicht Nachsicht üben wolle (6. 2. 1807). Auf eine Vernehmung durch den Kreishauptmann von Heilbronn antwortete der Graf am 27. 6. 1807 mit einer schriftlichen Erklärung, in der er sich „alleruntertänigst" entschuldigte, falls er ohne bösen Vorsatz Ausdrücke gebraucht habe, die „nach den individuellen Ansichten des Allerhöchsten Souverains als respektswidrig erscheinen" könnten. Ein weiteres Gutachten, zu dem das Oberjustizkollegium am 7. 7. 1807 aufgefordert wurde, scheint nicht mehr erstattet worden zu sein (Akten: E 31/32, Bü 304, UFasz. 648).

Nr. 28   1809 Mai 10, Stuttgart

Königliches Generalreskript, die Aufhebung aller Patrimonialgerichtsbarkeit im Königreich betreffend

RegBl 1809, S. 189 f.

Vgl. Darstellung, S. 316 f. Eine Vorberatung im Staatsministerium scheint nicht stattgefunden zu haben (Akten: E 31/32, Bü 220, UFasz. 278). Unter dem 10. 5. 1809 erging an das Staatsministerium das folgende Dekret, das als Richtschnur für die Redaktion des Generalreskripts diente:

„Seine Königliche Majestät finden sich bewogen, alle Justizkanzleien und Patrimonialbeamtungen der in Allerhöchstdero Staaten befindlichen mediatisierten Fürsten und Grafen ohne Ausnahme aufzuheben und dieselben den übrigen Königlichen Landen in Absicht der Ausübung der Kriminal- und Ziviljurisdiktion zu assimilieren; auch sind andurch alle bisher bestandene Patrimonialjustizbeamtungen der Edelleute sowohl für das Kriminal- als Zivilfach aufgehoben und ihre bisherigen Gerichtsbezirke simpliciter den Königlichen Beamtungen unterworfen, so daß die Besitzer der Güter, welchen Standes sie auch sein mögen, keine Jurisdiktion irgendeiner Art, weder mediam noch bassam, auszuüben haben und sie bloß Rentbeamte zu bestellen berechtigt sind. Die in den ehmals fürstlichen und gräflichen Herrschaften befindlichen Kanzleigebäude sind in Beschlag zu nehmen, um daselbst die Königlichen Beamten unterzubringen; ferner ist andurch aller Unterschied für die Gutsbesitzer in den Königlichen Staaten, sie mögen einen Titel haben, welche sie wollen, in Absicht der Steuerfreiheit aufgehoben und sind solche alle und jede der allgemeinen Steuer unterworfen, wonach allem das Königliche Staatsministerium das Erforderliche durchgängig zu verfügen hat."

Ein Dekret des Staatsministeriums vom gleichen Tage (RegBl 1809, S. 190) hob die noch verbliebenen adligen Steuerprivilegien auf.

Friderich, von Gottes Gnaden König von Württemberg etc.

Da Wir zu Vereinfachung der Justizpflege und gleichförmigen stracken Handhabung derselben in allen vorkommenden Fällen verordnet haben wollen, daß die von Unsern Fürsten, Grafen und adelichen Gutsbesitzern bisher ausgeübte Patrimonialgerichtsbarkeit in ihrem ganzen Umfange, mithin sowohl die Kriminal-, Zivil- und Forstgerichtsbarkeit als auch alle auf Polizeigegenstände sich beziehende Jurisdiktion von nun an gänzlich aufgehoben sein soll, so erklären Wir hiedurch die sämtliche Justizkanzleien und Patrimonialgerichte Unseres Reichs für aufgelöst.

Wir untersagen daher sowohl allen fürstlichen, gräflichen und adelichen Gutsbesitzern, welchen bisher die Patrimonialgerichtsbarkeit und Ortspolizei zustand, als auch ihren bisherigen Behörden und Beamten bei schwerer Ahndung, auf keine Art und Weise irgendeinen Justizakt, er sei gerichtlich oder außergerichtlich, vorzunehmen, sondern disfalls alles Unsern Königl. Kollegien, Gerichten und Beamten zu überlassen.

In dieser Gemäßheit haben die betreffenden Kön. Oberbeamten alle bei den ehemaligen Justizkanzleien und Patrimonialgerichten verhandelten Akten zur Hand zu nehmen und in den noch anhängigen Zivil-, Kriminal- und Forstsachen nach Vorschrift Unserer Gesetze und Verordnungen entweder selbst das Erforderliche einzuleiten oder die Akten an die geeigneten Behörden einzusenden, welche zur Annahme und Erledigung derselben hierdurch angewiesen sein sollen.

Indem also von nun an Unsern Fürsten, Grafen und adelichen Gutsbesitzern nur noch das Recht, die zur Administration ihrer Güter und Revenüen erforderlichen Rentbeamten zu bestellen, bevorbleibt, so verordnen Wir, daß von allen Vakaturen bei Stadt- und Gerichtsschreibereien und Schultheißenämtern den bestehenden Königl. Verordnungen gemäß die Anzeige wegen Wiederbesetzung derselben an die Königl. Oberregierung gemacht und die in den ehemaligen fürstl. und gräfl. Herrschaften befindlichen Kanzleigebäude zu Unserer weitern Disposition von Unsern K. Kameralverwaltern in Besitz genommen werden sollen. Hieran geschiehet Unser Kön. Wille, und Wir verbleiben Euch in Gnaden gewogen.

Nr. 29 1811 Januar 29/31, Stuttgart

Auszug aus dem Generalbericht des Ministeriums des Innern für die Jahre 1809 und 1810: Eingliederung des mediatisierten Adels in die Staatsorganisation

E 7, Bü 35, fol. 12 b–16 a. Ausfertigung. Unterschrift: Graf von Reischach.

In Absicht auf den Gang, welchen die Staatsgewalt in dem Laufe der nächstverflossenen zwei Jahre zu einer vollkommeneren Erreichung des Staatszwecks im Regiminalfach eingeschlagen hat, verdienen die organischen, in die Verfassung des Staats eingreifenden Anordnungen zuerst Aufmerksamkeit.

1. Aufhebung der Patrimonialgerichtsbarkeit.

Unter diesen steht die Aufhebung der Patrimonialgerichtsbarkeit obenan. Die Bestimmungen, welche die Rheinische Bundesakte über diesen Gegenstand gegeben hatte, waren unverträglich mit dem hohen Staatszweck, die ganze Staatsverwaltung nach gleichen Grundsätzen zu leiten. In der Gerichtsbarkeit, welche den Fürsten, Grafen und adelichen Gutsbesitzern eingeräumt war, lag das Prinzip der Trennung und Entzweiung. Wenn die neue Schöpfung gedeihen sollte, so mußte Einheit im System in dieselbe gebracht werden, es mußte ein kräftiger und durchgreifender Schritt geschehen, um die Hindernisse zu beseitigen, welche dem Gouvernement bei seinem unermüdeten Streben nach gleichförmiger und rascher Würksamkeit sich in den Weg gelegt hatten.

Mit den Grundsätzen der höheren Staatspolitik hat es die Weisheit Eurer Königlichen Majestät nicht vereinigen können, daß königliche Untertanen eine Gerichtsbarkeit über andere königliche Untertanen ausüben sollen. Das Generalreskript vom 10. Mai 1809 hat daher die Patrimonialgerichtsbarkeit mit allen ihren Ausflüssen aufgehoben, und die wohltätige Folge davon ist gewesen, daß alle Justizkanzleien und Obervogteiämter in den mediatisierten Staaten verschwunden, diese wie die zuvor eigentümlichen Staaten in Oberamtsbezirke eingeteilt, die zur Gemeindeadministration und zur Handhabung der niedern Polizei bestimmten Ortsmagistrate nach den in den ältern Staaten bestehenden Grundsätzen organisiert, auch ihre Verhältnisse zu den Kommunen und Amtskorporationen, unter welchen ihre Besitzungen gelegen, genauer festgesetzt worden sind, die gerichtliche und polizeiliche Gewalt nach ihrem ganzen Umfang nur von den königlichen Oberämtern und Kollegien neben dem Bezug der von der Gerichtsbarkeit abhangenden Nutzungen ausgeübt wird und die Scheidewand, welche sich zwischen die eigentümlichen und sogenannten Patrimonialorte gestellt und zu manchen Inkonvenienzen Anlaß gegeben hatte, niedergerissen worden ist.

2. Aufhebung der Steuerfreiheit.

Nicht minder wichtig ist das am nemlichen Tag ergangene Generalreskript, welches auch diejenigen Fürsten und Grafen, welche ehemals ein Sitz- und Stimmrecht auf Reichs- und Kreistägen und bis dahin noch ausnahmsweise die Steuerfreiheit genossen hatten, der Besteurung unbedingt unterworfen und den Grundsatz ausgesprochen hat, daß jeder, welcher den Schutz des Staats genießt, auch an den Lasten des Staats mitzutragen verbunden sei[1]).

Ebenso verdienen die Allerhöchsten Verordnungen hier erwähnt zu werden, durch welche den Edelleuten die allgemeine Pflicht aufgelegt wurde, dem König und Vaterlande in den Zeiten des Kriegs persönlich Dienste zu leisten, und sie und ihre Söhne den Vorschriften der Konskriptionsordnung ohne Ausnahme unterworfen wurden[2]).

Alle diese Verordnungen haben den wohltätigen Zweck, die Fürsten, Grafen und Edelleute wieder in die Reihe edler Gutsbesitzer und in diejenige Verbindung mit dem Staat zurückzuführen, von welcher sich ihre Vorältern vor Jahrhunderten losgezählt hatten.

Dagegen haben Euer Königliche Majestät auch dem hohen und niedern Adel sprechende Beweise der königlichen Huld und Gnade gegeben. Die vier Erbkronämter sind früher schon an Fürsten und Grafen des Reichs verliehen worden. Mehrere derselben haben das besondere Glück, die ansehnlichsten Stellen im Staate zu bekleiden. Vierzig Mitglieder desselben haben in dem verflossenen Jahre teils Anstellungen, teils Beförderungen, teils ehrenvolle Auszeichnungen erhalten, und Euer Königliche Majestät nehmen noch täglich auf die Anstellung des Adels bei Militär-, Hof- und Zivildiensten den vorzüglichsten Bedacht. Dagegen können aber auch Allerhöchstdieselben erwarten, daß

---

[1]) Dekret des Staatsministeriums, die Besteurung der Besitzungen und Gefälle der Fürsten und Grafen betreffend, vom 10. 5. 1809. RegBl 1809, S. 190.

[2]) In einem Aufruf vom 18. 6. 1809 wurde der Adel aufgefordert, „dem Vaterlande seine Dienste in einem Augenblick zu widmen, wo dasselbe ihrer bedarf" (RegBl 1809, S. 245 f); nach der Verordnung vom 26. 6. 1809 (ebd., S. 262) hatten die „Edelleute" für den Fall, daß sie keinen Kriegsdienst leisteten, als „angemessenes Surrogat" während des ganzen Krieges ein Viertel ihrer jährlichen Einnahmen als Extrasteuer zu zahlen. Die Militärkonskriptionsordnung vom 20. 8. 1809 befreite nur die ehemals reichsunmittelbaren Fürsten und Grafen von der Militärpflichtigkeit, doch erwartete der Monarch auch von ihnen, daß sie freiwillig „eine der ehrenvollsten Staatsbürgerpflichten" erfüllten (ebd., S. 357).

die Mitglieder des hohen und niedern Adels die Allerhöchste Verordnung, sich zu gewisser Zeit im Jahr in der Königlichen Residenz aufzuhalten und Allerhöchstdenselben die schuldige Devotion persönlich zu bezeigen, um so williger befolgen werden[3]).

Nr. 30—35   Die staatliche Agrarpolitik während der Rheinbundzeit

Vgl. Darstellung, S. 321 ff Nr. 30 und 31 vermitteln einen Eindruck von den agrarpolitischen Intentionen der höchsten Regierungsstellen. Die Bemühungen um intensivere Nutzung des Landes, vermehrte Population und größeren Nationalreichtum stießen in Neuwürttemberg immer wieder auf die bestehenden Nutzungsrechte an der Allmende (vgl. Nr. 204 und 205) und – speziell in Oberschwaben – auf das Fallehensystem als Hemmnisse höherer Landeskultur. Der erste Versuch, die Bauern zur Allodifikation der Fallehen zu bewegen, verlief wenig erfolgreich (Nr. 32). Während der nächsten Jahre wurde das Problem der Fallehenallodifikation in verschiedenen Zusammenhängen weiter diskutiert (Nr. 33 und 34). Einen vorläufigen Schlußpunkt setzte das Reskript vom 6. 7. 1812, ein Kompromiß zwischen der staatlichen Agrarpolitik und den bestehenden „privaten" Eigentumsverhältnissen (Nr. 35).

Nr. 30   1808 (Februar 12/24), Stuttgart
Auszüge aus dem allgemeinen Bericht von Finanzminister v. Jasmund für das Jahr 1807: Agrikulturfragen

E 7, Bü 33. Ausfertigung. Der Bericht ist undatiert; er wurde in den Sitzungen des Staatsministeriums vom 12., 15. und 24. Februar 1808 verlesen.

fol. 8 b–11 b:

Der Finanzminister berichtet, daß

8. auch der Anbau öde und wüst gelegener Felder in vielen Gegenden immer mehr Unternehmen findet, da er, den Intentionen Euer Königlichen Majestät gemäß, nach dem Verhältnis des größeren oder kleineren Kapital- und Arbeitaufwands durch Bewilligung der Zehendfreiheit auf bestimmte Jahre möglichst erleichtert wird.

So werden auch nützliche Kulturveränderungen, welche dem Klima und Boden, der Lage und den örtlichen Bedürfnissen angemessen sind, soweit es

---

[3]) Nachdem die Standesherren schon im Spätjahr 1809 eine entsprechende Aufforderung erhalten hatten – vgl. z. B. Mößle, S. 176 –, schrieb ein königliches Reskript vom 26. 1. 1810 den mediatisierten Fürsten und Grafen bei Verlust des vierten Teils ihrer Einkünfte vor, sich wenigstens drei Monate des Jahres in der königlichen Residenz aufzuhalten: Zusammenstellung, S. 9; vgl. Mößle, S. 176 ff.

dem Allerhöchsten Interesse angemessen ist, möglichst befördert. Doch dürften solche bei dem ausgemacht großen Nutzen, den sich der Landbauer dabei machen kann und an dem dennoch der Landes-, Lehen- und Grundherr mehr oder weniger Anteil hat, besonders dadurch mehr zu begünstigen sein, daß man den Unternehmer nicht zu einer Zeit durch die Bezahlung eines Taxes davon abschrecket, wo er ohnedies mit Geldauslagen anfangen muß.

Ebenso wichtig für die Erhöhung der Fonds im Wohlstande der Nation ist es auch, daß

9. das Landwirtschaftsdepartement der Königlichen Oberfinanzkammer, legitimiert durch huldreichste Bewilligungen Euer Königlichen Majestät, fortfährt, an der Verwandlung der Fallehen in teilweis veräußerliche erbeigene Lehen zu arbeiten. [...]

Diese dem Wohlstande der Nation und also auch dem Staatsreichtum so nachteilige Fallehen finden sich besonders häufig in den katholischen Provinzen des Reichs.

Ob nun gleich die wohltätige Verwandlung dieser Fallehen in Erblehen immer mehr Fortgang zu gewinnen scheint, wie dann wirklich in den letzten sechs Monaten 19 Fallehen auf solche Art verwandelt worden sind, so scheinen dannoch die milden Grundsätze Euer Königlichen Majestät noch immer nicht den gehofften Eingang zu finden.

Der Grund dieser Erscheinung ist wohl in der so allgemein herrschenden Liebe zum Alten, in der gewohnten Arbeitsscheu der Untertanen, die unter dem Krummstab wohnten, in der Abneigung gegen Vermehrung jährlich wiederkehrender Abgaben, in der Allgewalt des Egoismus, der nur für sich, nicht für die Nachkommen sorgen will, und in dem großen Übel zu suchen, daß der Wert der Güter durch den Krieg und seine mittelbare und unmittelbare Folgen in manchen Gegenden tief gesunken ist und daß eben diese Fallgüter gewöhnlich noch mit weitern Geld- und Naturalabgaben und neben dem Zehenden mit der Landgarbe und mit Spann- und Handdiensten beschwert sind.

Unter diesen Umständen gebe ich es der landesväterlichen Entschließung Euer Königlichen Majestät ehrfurchtsvoll anheim, ob Allerhöchstdieselben nicht geruhen wollen, solchen Fallehenbesitzern bei der Verwandlung in Erb- oder Zinslehen die Anrechnung für den Heimfall, welcher ohnedies nur äußerst selten statthat, in Gnaden zu erlassen, dabei aber zu verordnen, daß bei solchen Gütern, worauf noch die Landgarbe oder der Zehend ruht, beide Abgaben nach billiger Durchschnittberechnung in eine fixierte Naturalabgabe, die aber gegen einen von Zeit zu Zeit zu regulierenden Normalpreis mit Geld reluiert werden kann, verwandelt werden sollen[1]).

---

[1]) In der Sitzung des Staatsministeriums vom 12. 2. 1808 bemerkte der König hierzu (E 7, Bü 33): „Die Verwandlung der Fallehen in Erb- und Zinsgüter müsse allgemeiner, als seither geschehen, eingeführt und zu dem Ende die Allerhöchste Absicht, die darauf gerichteten Gesuche auf alle Art zu begünstigen, auf der Kanzel an Orten, wo sich zum großen Teil dergleichen Güter befinden, bekanntgemacht, auch den Kameralverwaltern aufgegeben werden, jeden Besitzer von dergleichen Güter zu fragen, ob und unter welchen Bedingungen er die Verwandlung verlange, wo sodann nach Verfluß von drei Monaten sämtliche Erklärungen einzuschicken seien. Das Finanzdepartement hätte sich gutächtlich zu äußern, inwiefern einer Erleichterung in Absicht der gewöhnlichen Bedingungen stattzugeben wäre, wonach die erforderlichen Expeditionen zu fertigen seien."
Auf ein entsprechendes Dekret erließ die Oberfinanzkammer, Landwirtschaftliches De-

Neben der sich immer weiter verbreitenden Abschaffung des Fallehensystems ist auch

10. mit der Ablösung aller Kameralfrondienste nicht ohne guten Erfolg der Anfang gemacht worden.

Mit der allgemeinen Abschaffung jenes Systems und dieser Kameralfronen wird die Bevölkerung und der Nationalwohlstand sichtbar wachsen und die Nation erst wahren Sinn für höhere Industrie bekommen, welche allein die Basis des Staatsreichtums ist. Aus gleichem Grunde sind

11. die Manumissionsgesuche der Leibeigenen möglichst begünstigt worden, und solcher Gesuche kommen seit der Zeit immer mehrere ein, seitdem Euer Königliche Majestät huldreichst befohlen haben, die Entlassungsgebühren mäßiger und mehr nach Verhältnis des Vermögens, des Alters, des Geschlechts und der Leibeigenschaftsbedingungen selbst zu bestimmen.

Bloß seit der Organisation der Königlichen Oberfinanzkammer sind wieder 70 leibeigene Untertanen manumittiert worden, wodurch dem Domanio ein direkter Zugang von 1958 fl erwuchs.

Und schon jetzt zeigen sich die Folgen dieser von Euer Königlichen Majestät angeordneten Einrichtung in der fortschreitenden Kultur und Gewerbsamkeit des Königreichs, von welcher die besonders in neueren Zeiten erteilten Konzessionen zu Errichtung neuer laufender Werke, Feuerwerkstätten, Bleichanstalten und zu Aufführung zahlreicher bürgerlicher Gebäude zeugen.

fol. 13 b–14 a:

Da die Höhe der Abgaben durch das reine echte Einkommen der Nation überall bedingt und begrenzt ist, so muß natürlich mit dem steigenden Wohlstande der Nation auch die Möglichkeit herbeigeführt werden, höhere Abgaben von ihr zu erschwingen. Alle Auslagen, welche daher der Staat für die Belebung der Industrie von allen Seiten macht, sind ein wohlangelegtes Kapital.

Der Weisheit Euer Königlichen Majestät ist die Errichtung einer großen National-Ackerbau- und einer National-Industrieschule noch vorbehalten, und zwei solche Institute würden als die glänzendsten Denkmäler einer staatsklugen Regierung geeignet sein, den Zweck der Nationalbildung zum Reichtum zu befördern, vorausgesetzt, daß diesen Schulen durch einen zweckmäßigen Elementarunterricht, wofür bekanntlich der Schweizer Pestalozzi so viel getan hat, gehörig vorgearbeitet wird[2]).

---

partement, am 16. 3. 1808 eine Verordnung mit näheren Verfahrensanweisungen an die Beamten (RegBl 1808, S. 134 ff). Zu dem Ergebnis der Aktion vgl. Nr. 32.

[2]) In der Sitzung des Staatsministeriums vom 15. 2. 1808 äußerte König Friedrich (E 7, Bü 33): „Eine Agrikulturschule würde nicht viel Ersprießliches leisten. Der größte Mangel würde der an Lehrern sein. Man würde kaum Einen Mann im Lande zu finden imstande sein, der die erforderlichen Kenntnisse besäße, wiewohl man deshalb im allgemeinen nicht behaupten könne, daß gerade die Agrikultur im Land auf einer niedern Stufe stehe. Nur beschränkten sich die Kenntnisse meistens nur auf das Lokal. In Schulen die Landwirtschaft zu lehren seie wegen der großen Anzahl schlechter Schullehrer, welche ohnehin wegen ihres geringen Einkommens ein Nebengewerb treiben müßten, unausführbar; eher dürfte es der Fall in den städtischen Realschulen sein.

Den Verkauf von Domänengütern wüßten S.K.M. durchaus nicht gutzuheißen. Wenn der Regent nicht Besitzer von Domänen seie, so seie er vom Staat getrennt."

fol. 39 b—42 b:

Aus den eingegangenen Rapports über den Erfolg der Fruchtzehendverleihungen des letztabgewichenen Jahrs ergibt sich das Resultat, daß unerachtet die Winterernte in manchen Gegenden des Reichs keine volle Ernte genannt werden kann, unerachtet das Sommerfeld wegen der so lange angehaltenen außerordentlichen Dürre oft kaum das Saatkorn als Ertrag wiederlieferte, unerachtet beträchtliche Bezirke des Reichs durch Hagelschlag teils ganz verwüstet wurden, teils einen bedeutenden Teil ihres Erntesegens verloren haben und wegen dieses Unglücks von Euer Königlichen Majestät reiche Unterstützungen erhielten, dennoch von verliehenen Zehenden im Ganzen 235 373 Schfl 4 Sri Früchte auf die königlichen Speicher eingesammelt worden sind und nach vergleichender Berechnung gegen das dritte, sechste und neunte Jahr von ungefähr gleichem Morgenzahlanbau der Ertrag der verliehenen Zehenden sich um 13 523 Schfl erhöht hat.

Bei alledem zeigen schon die großen Anstalten, die die Behörden machen mußten, um dem Betrug bei Zehendverleihungen und Zehendeinziehungen nur einigermaßen zu steuren, daß die Zehendverfassung der Administration und der Nation gleich nachteilig ist. Die Erhebungskosten müssen äußerst beträchtlich sein, und bei der besten Administration des Zehendens ist es doch gerade diese so verhältnismäßig scheinende Abgabe, die von der bessern Kultur des Bodens, somit von der Vermehrung der Steuerobjekte abhält und ihrer Natur nach abhalten muß, da sie nicht von dem reinen, sondern von dem rohen Ertrage genommen wird.

In mehreren Staaten, wo man die großen Nachteile dieser Abgabe erkannt hat, hat man doch in der Art gefehlt, diesen Nachteil zu beseitigen. So wurden in Frankreich alle Zehenden ohne irgendeine Entschädigung aufgehoben. Da aber das Defizit der Finanzen durch andere direkte oder indirekte Abgaben gedeckt werden mußte, so machte man natürlich einen Teil der Nation durch den unverschuldeten Schaden des andern Teils, der keinen Zehenden zu entrichten hatte, reicher.

So hat man in der Schweiz seit verschiedenen Jahren angefangen, die Zehendpflichtigkeit mit Geldkapitalien abkaufen zu lassen. Wenn man auf der einen Seite nicht leugnen kann, daß diese Prozedur für die Landwirtschaft und selbst für die Erhöhung des eigentlichen Steuerfonds die vorteilhafteste sein möchte, so ist doch auch auf der andern Seite nicht zu verkennen, daß der Staat, der als moralische Person betrachtet nie stirbt, immer unmittelbar verliert, wenn er Naturalerträgnisse mit Geld abkaufen läßt, das im Laufe der Zeiten immer einen geringern Wert repräsentieren wird als Naturalien. Wollte sich aber auch der Staat über diesen Nachteil hinwegsetzen, weil er mittelbar durch die Erhöhung des Steuerfonds gewinnt, so fällt doch diese Rücksicht bei den Privatpersonen weg, welche zehendberechtigt sind. Der große Vorteil der Zehendfreiheit scheint aber eine allgemeine Maßregel zu erfordern. Vielleicht würde der Hauptvorteil schon dann gewonnen werden können, wenn der Zehendertrag nach Durchschnittssummen ausgemittelt, die Durchschnittssumme aber als fixe Naturalgült festgesetzt und zugleich bestimmt würde, daß auch diese wieder nach kurrenten Mittelpreisen reluiert werden könnte. Sollte diese Idee das Glück haben, die Allerhöchste Aufmerksamkeit auf sich zu ziehen, so würden die notwendigen Modifikationen derselben durch eine nähere Recherche sehr leicht ausgemittelt und etwaige Zweifel gehoben werden können. [...]

So lobenswürdig der Eifer und die Vorsicht ist, mit welchem das Landwirtschaftliche Departement den Naturalkommerz betreibt, so wird die dadurch nötig gemachte Naturaladministration dennoch immer Veranlassung zu unverhältnismäßigen Administrations- und Regiekosten und zum Betruge geben und die Quelle ewig wiederkehrender Verluste sein.

Ich glaube nicht zuviel zu sagen, wenn ich behaupte, daß durch die gänzliche Aufhebung der Naturaladministration bloß für die königlichen Kassen eine jährliche Ersparnis von 300 000, vielleicht 400 000 fl gemacht werden könne und daß auch die Nation um eine wahrscheinlich noch bedeutendere Summe ihr Einkommen erhöhen würde. Es scheint mir aber nach den auf einen von Euer Königlichen Majestät erhaltenen Befehl bereits gemachten Recherchen nichts leichter, als die gesamte Naturaladministration überflüssig zu machen, und zwar durch die einfache, den Untertanen gewiß sehr willkommene Einrichtung, daß alle Naturalprästationen in Normalpreisen, welche von Zeit zu Zeit nach Durchschnittsmarktpreisen zu regulieren wären, mit Geld reluiert würden. Ich werde imstande sein, darüber nächstens einen ausführlichen alleruntertänigsten Vortrag zu machen, welcher die Ausführbarkeit dieser Idee zeigen und zugleich nachweisen wird, daß und wie den Einwürfen dagegen begegnet werden könne, die in Hinsicht auf Vorkehrungen gegen Getreidemangel gewöhnlich gemacht zu werden pflegen[3]).

Nr. 31   1809 (Februar 6), Stuttgart

Auszüge aus dem Jahresbericht des Ministers des Innern v. Normann Ehrenfels zum Jahr 1808: Agrikulturfragen

E 7, Bü 34. Ausfertigung. Der Bericht ist undatiert; er wurde in der Sitzung des Staatsministeriums vom 6. 2. 1809 vorgetragen (E 7, Bü 35, Fasz. I).

fol. 3 b–8 b:

Der Minister berichtet über den starken Unterschied in der Bevölkerungsdichte Alt- und Neuwürttembergs.

Übrigens liegen die Gründe dieser Erscheinung [...] hauptsächlich in Ursachen, die größtenteils den neuen Staaten eigen sind. Ich rechne dahin vor-

---

[3]) Der Vortrag ist wohl nicht erstattet worden. In der Sitzung des Staatsministeriums vom 15. 2. 1808 bemerkte der König zu den Vorschlägen des Finanzministers (E 7, Bü 33): „Der Idee der Aufhebung des Zehenden gegen ein bestimmtes Fruchtsurrogat könnten S.K.M. durchaus nicht ihre Zustimmung geben. Der Zehende sei für den Landmann eine von unabsehbaren Zeiten her sich schreibende, in seinen Augen nicht drückende Auflage, die immer ihre genaue Bestimmung habe und leicht zu erheben seie. Jede diesfallsige Abänderung würde leicht einen widrigen Eindruck machen und die neuregulierte Abgabe in einem minder günstigen Licht erscheinen. In Frankreich fühle man längst den Fehler, den man durch Aufhebung der Zehenden gemacht habe. Auch seie bei Erhebung des Zehenden das Stroh sowie der Durchschlag kein unbedeutendes Objekt."

züglich die in den Baurengütern noch bestehenden Lehens- und emphyteutische Verhältnisse, nach welchen das Gut ungeteilt auf den Erstgebornen oder, wie es selbst in unserm Schwarzwald noch gewöhnlich ist, gar auf den Letztgebornen übergeht. Die andern, je nach dieser Verschiedenheit jüngern oder ältern Brüder werden des Inhabers Knechte und durch ihre Armseligkeit sowie durch die Unmöglichkeit, selbst etwas zu verdienen, in die Lage gesetzt, daß sie entweder gar nicht heiraten oder eine verarmte und daher gewöhnlich selbst in körperlicher Bildung und Kräften zurückstehende Nachkommenschaft hinterlassen.

Der Besitz eines Eigentums, sei dasselbe auch noch so gering, spornt zu Fleiß und Industrie an, führt Erwerbsmittel herbei und bildet eine dem Staat in seinen äußern und innern Verhältnissen vorteilhafte größere Bevölkerung.

Eurer Königlichen Majestät Weisheit sind diese wichtige Bemerkungen am wenigsten entgangen, und Allerhöchstdieselben haben im vorigen Jahr die Erleichterung der Teilbarkeit der Höfe befohlen[1]). Welchen Erfolg die hierauf vom Finanzdepartement erlassene Verfügung gehabt habe, ist dem Departement des Innern unbekannt, das jedoch durch Vereinfachung der Sache den Zweck erringen möchte, der selbst im Anfang einige Aufopferung von Entrichtungen verdient, weil in einer Monarchie zur innern Wohlfahrt und zur notwendigen Teilnahme an den Kriegen des Kontinents an Vermehrung der Volksmenge alles gelegen ist.

Mit diesem wichtigsten Gegenstand der Bevölkerung steht auch in einigen neuen Gegenden des Königreichs die gleich wesentliche sittliche Vervollkommnung in Verbindung, welcher durch neuere, dem ersten Anschein nach in blendende, bei genauer Untersuchung aber die Prüfung nicht aushaltende Isolierungsanstalten so sehr entgegengehandelt worden ist.

So angenehm es dem Reisenden in die Augen fällt, wenn er in den Grafschaften Zeil, Wurzach, Wolfegg etc. beinahe keine Dorfschaften, hingegen lauter einzelne, halbviertel Stunden voneinander entlegene Besitzungen in dem Umfang von 80 bis 150 Morgen erblickt, und so gewiß die ursprüngliche Absicht dahin ging, durch die Zerreißung der Dörfer und diese Isolierung den Ackerbau zu begünstigen, so nachteilig sind die Folgen hiervon für die Menschenkultur. Das Kind muß zu jeder Jahrszeit einen Weg von ein bis zwei Stunden zurücklegen, um seine Schule, der Erwachsene, um seine Kirche zu besuchen und seinen Geistlichen zu finden. Der weltliche Ortsvorsteher ist wie der kirchliche von der anvertrauten Gemeinde entfernt, und in Fällen der Not findet keine wechselseitige Hülfsleistung statt. Der Mensch wird seinem Nachbar fremd, und die letzterem drohende Feuers- und andere Gefahr rührt ihn nicht, solange er sich selbst davon befreit glaubt.

Auch ist die Wirkung dieser Vereinzelung, welche im Anfang mit großen Kosten und Aufopferung verknüpft war, in Beziehung auf [die] Agrikultur selbst nicht von den gehofften Folgen gewesen. Das ermunternde Beispiel der Nachbarn, die Unterredung über die Möglichkeit eines bessern Baues und eines größern Ertrags gehen größtenteils ab, und statt derselben tritt die Gewißheit für den Besitzer ein, von dem Ertrag seines großen, ungeteilt auf ihn übergegan-

---

[1]) Vgl. Nr. 30, Anm. 1 und Nr. 32.

genen Guts ohne besondere Anstrengung leben zu können, Gründe genug, um die erste Absicht dieser bloß von Stubengelehrten hochgepriesenen, einseitig nach einzelnen Rücksichten beurteilten und zu schnell angewandten Methode zu verwerfen. Die durch Natur und Kunstfleiß gesegneten Gegenden des Königreichs wissen davon nichts und bieten eine ganz nicht zu vergleichende stärkere Volksmenge dar, und dennoch hat die Natur den Altdorfer Kreis nicht stiefmütterlich behandelt.

Der Regierung Eurer Königlichen Majestät sei es vorbehalten, die Mittel zu erforschen und anwenden zu lassen, wodurch der südliche Teil Ihres Königreichs der Kultur des nördlichen so viel möglich näher gebracht werde[2]).

fol 52 a—56 a:

Von Vermehrung der Manufakturen und Fabriken läßt sich nicht viel sagen. [...] Überhaupt hat auch die Handelsgeschichte Württembergs bisher den allgemeinen Erfahrungssatz bestätigt, daß, wo nicht schiffbare Ströme und benachbarte Meere die Kommunikation im Innern und in die Ferne erleichtern, das Fabrikwesen im umgekehrten Verhältnis mit der Landeskultur steht und daß also jenes zurückbleibt, je größer die Fortschritte sind, welche in dieser gemacht werden; es ist auch nicht schwer, diese Erscheinung zu erklären, da Fabriken nur dann gedeihen und mit andern auswärtigen Rivalen Konkurrenz halten können, wenn die Arbeiter um einen geringen Lohn zu bekommen sind und diese nicht einen reichlichern Erwerb in landwirtschaftlichen Beschäftigungen finden.

Letzteres ist nun aber der Fall bei Württemberg, welches in seinem größtenteils günstigen Boden und Klima eine unversiegbare Quelle des Nationalreichtums und in seinen Bewohnern anhaltende Regsamkeit, diesen Schatz zu immer höhern Zinsen anzulegen, besitzt. Daher werden die Allmandverteilungen mit immer stärkerem Eifer und Nachdruck betrieben, auch werden sie durch die respizierenden Stellen nach der neuern, die Erhöhung der Landeskultur zum Gegenstand habenden königlichen Verordnung vom 30. Januar 1806 möglichst befördert. Es wurden mehrmals eigene Kommissarien, teils aus den Kollegien selbst, teils Beamte vom Land, deswegen abgeordnet. Auch wurde jene Verordnung unterm 4. November 1808, da solche nur die ehmaligen drei Landvogteien betraf, zur allgemeinen Vorschrift gemacht[3]). In Flötzlingen, Rottweiler und Mönchweiler, Hornberger Oberamts wurden Streitigkeiten über die Allmanden entschieden, die länger als ein Jahrhundert anhängig waren.

---

[2]) In der Sitzung des Staatsministeriums vom 6. 2. 1809 äußerte sich der König auch „über das Unangemessene und Schädliche in polizeilicher Hinsicht, welches die Zerreißung der Dorfschaften in den Grafschaften Zeil, Wurzach, Wolfegg etc. und deren Zersplitterung in lauter einzelne, halbviertel Stunden voneinander entlegene Höfe, zur Folge gehabt habe. Der vermeintliche Gewinnst für den Ackerbau werde bei weitem durch die offenbare Nachteile überwogen, welche durch die Entfernung der Schulen, durch den Zeitverlust in der gegenseitigen Kommunikation, durch die erschwerte Aufsicht der Schultheißen, durch die Hindernisse des Konskriptionsgeschäfts usw. verursacht werden. Es werde schwerhalten, jene zerstreute Besitzungen wieder in Dorfschaften zu vereinigen. Zeit und fühlbare Not müßten das meiste dabei bewirken." (E 7, Bü 35, Fasz. I).

[3]) Vgl. Darstellung, S. 564 f und Nr. 204.

Durch die Verordnung vom 16. Maii 1808, daß im Anbau der Brache die Ausmärker nicht weiter als die Bürger eines Orts beschränkt werden dürfen, wurde ein Damm hinweggeräumt, welcher der höchstmöglichen Benutzung des Bodens zuvor sehr hinderlich war[4]). Nach dem in dem Allerhöchsten Dekret vom 13. Februar 1808 ausgedrückten, bereits im Eingang gedachten Entschluß Eurer Königlichen Majestät, die in Allerhöchstdero Staaten befindlichen Fallehen zur Beförderung des Wohlstands der gegenwärtigen Inhaber und ihrer Nachkommen entweder in Erblehen oder in Zinsgüter unter erleichterten Bedingungen verwandeln zu lassen, hat man bei den zu dem Departement des Innern gehörigen Administrationen angefangen, solche den Besitzern in freie Zinsgüter zu verwandeln. Es sind hierüber einige Fälle bereits so zur allgemeinen Zufriedenheit erledigt worden, daß man nicht zweifeln darf, auch künftig hierin zur Beförderung der Landeskultur, des Wohlstands der Untertanen und des Kredits der Korporationen bedeutende Fortschritte machen zu können.

Zu gleicher Zeit hat man gegen das auch schon erwähnte, vornehmlich in den oberschwäbischen Provinzen eingeführte sogenannte Vereinöden Grundsätze aufgestellt, die, so vorteilhaft dieses System für die Landwirtschaft im ersten Augenblick erscheint, dasselbe, da es in seinen Folgen der Bevölkerung, dem Erwerbsfleiß der Bürger und dem Kredit der Gemeinden nachteilig ist, wo es noch sein kann, ganz entfernen, da aber, wo es schon zu weit fortgeschritten ist, nur unter Einschränkungen erlauben, die den freien Verkehr der Güter in Zukunft wieder möglich machen und die einzelnen Besitzer gegen die aus einem gestörten Benutzungsrecht des Eigentums notwendig hervorgehenden Prozesse sichern. Angaben zur Förderung des Obstbaues, der Viehzucht, über die Ernteergebnisse.

Nr. 32   1808 Dezember 23, Stuttgart

An das Finanzministerium. Anbringen der Oberfinanzkammer, Landwirtschaftliches Departement, die Allodifizierung der Fallehen betreffend

D 37, Bü 80. Ausfertigung. Unterschriften: v. Wangenheim, v. Süskind, Feuerlein, Frisch. Referent und Verfasser des Anbringens: Oberfinanzrat Frisch.

Die Kameralbeamten haben die Fallehenbesitzer vernommen, ob und unter welchen Bedingungen sie an der Verwandlung ihrer Fallehen in Erblehen interessiert sind[1])*. Aus den sehr verschiedenen und z. T. unstatthaften Erklärungen (Forderung von Steuer- und Zehntfreiheit!) sind kaum allgemeine Schlüsse zu ziehen.*

---

[4]) RegBl 1808, S. 258: Generalverordnung des Oberlandesökonomiekollegiums, den Brachanbau der ausgesessenen Güterbesitzer oder Ausmärker betreffend. Die Gleichstellung der Ausmärker wurde mit dem Grundsatz der Rechtsgleichheit, aber auch mit der Beförderung der Landeskultur und dem Zehntinteresse begründet.
[1]) Vgl. Nr. 30, Anm. 1.

Im Verhältnis der sehr großen Anzahl leibfälliger Bauerngüter besonders in den seit dem Lüneviller Frieden erworbenen Provinzen haben sich nicht sehr viele um eine Veränderung ihres Zustandes gemeldet.

Der Hauptgrund davon mag wohl in dem Charakter der Bauern liegen, daß sie nämlich gerne beim alten bleiben und gegen Neuerungen mißtrauisch sind.

In manchen Gegenden Oberschwabens, wo die Vereinödung der Güter eingeführt ist, d. h. wo nach altdeutscher Sitte jeder Bauer ein für sich bestehendes, im eigentlichsten Sinne geschlossenes Gut hat, wo also nicht wohl ein Tausch oder Verkauf einzelner Güterstücke anschlägt, in solchen Gegenden konnte die Verwandlung der leibfälligen Güter in erbeigene oder in Zinsgüter nicht so viel Reiz für den Untertan haben als anderwärts, wo die Bauern in Dörfern beisammen wohnen und ihre Güter auf der ganzen Flur zerstreut sind und wo ein Handel mit Gütern stattfinden kann.

Ein weiterer Grund ist ohne Zweifel der, daß die Folgen des Kriegs viele Bauern in ihren Vermögensumständen so weit zurückgebracht haben, daß sie im gegenwärtigen Zeitpunkte nicht imstande waren, für die Verbesserung ihres Zustandes ein Opfer zu bringen.

Zunächst haben sich daher nur aus der ersten und letzten Klasse des Bauernstandes Bewerber gezeigt, um leibfällige Güter entweder in erbeigene oder in gemeine Zinsgüter zu verwandeln, nämlich reiche oder arme.

Jene fühlten sich imstande, einen Preis für die Erlangung des Eigentums ihrer bisher leibfälligen Güter anzubieten und zu bezahlen; auch ließ die Größe derselben eine Teilung derselben und hiemit die Versorgung mehrerer Kinder sie hoffen.

Die ärmere Klasse machte sich ohne Zweifel Rechnung, bei einem stückweisen Verkauf ihrer Güter weit mehr zu lösen als bei einem Gesamtverkauf, wozu sie ihre andringenden Gläubiger oder wohl gar die Obrigkeit in kurzer Zeit veranlaßt haben würden. Sie boten für die Verwandlung verhältnismäßig mehr an als die Reicheren, aber auch mehr, als vermutlich manche im Augenblicke der Gewährung zu bezahlen vermögend sein dürften.

Inzwischen wird diese Erfahrung eine weise und väterliche Regierung an der Erreichung des Zwecks: den ganzen Stand der Bauern durch die Gewährung des Eigentums der Güter und durch die unverkennbaren Vorteile einer möglichst freien Benützung und Veräußerung derselben zu einem größeren Wohlstande zu bringen, der zu Veredelung des moralischen Charakters und zu Vermehrung der Bevölkerung führt, nicht zweifeln lassen. Ist nur einmal die Bahn gebrochen, erlangen in jedem Dorfe auch nur zwei Bauern das Eigentum ihrer Güter, von welchen sie inzwischen nicht viel mehr als Zeitpächter waren, unter leidentlichen Bedingungen und vermehrt sich ihr Wohlstand dadurch; äußern sie gegen ihre Mitbürger Zufriedenheit und Vergnügen über ihren Zustand, treten die Kinder ohne lästige Formen und hohe Gebühren in den Besitz der Güter ihrer Eltern: so wird bei den übrigen das Verlangen nach einem gleichen Lose schnell und mächtig erwachsen.

Erörterung, inwiefern den Fallehenbesitzern die Verwandlung ihrer Güter in Erblehen und Zinsgüter durch günstige Bedingungen erleichtert werden soll. Da sich der Wert der Güter durch die Allodifikation erhöht, hat die Gutsherrschaft Anspruch auf Entschädigung. Vorschläge hierzu:

1) Für das Heimfallrecht wurde bisher bei Verwandlung in Erblehen etwa $^1/_4$, bei Verwandlung in Zinsgüter etwa $^1/_3$ des taxierten Gutswertes angesetzt. Empfehlung, diese Ansätze auf $^1/_8$ bzw. $^1/_5$ zu vermindern.

2) Entschädigung für das Laudemium.

3) Fronen: Je weniger es mit den Grundsätzen der höheren Staatswirtschaft übereinkommt, Staatsdomänen durch Selbstadministration zu benützen, desto entbehrlicher sind heutzutage Dienstbarkeiten, womit in der Vorzeit der Schutz eines Mächtigen und oft zugleich ein Teil der ihm überflüssigen Ländereien erworben ward. Ein allgemeiner Ablösungsmaßstab ist für die sehr verschiedenartigen Dienste nur schwer zu finden. Viele Lehenbesitzer haben sich gar nicht geneigt bezeugt, für die Aufhebung der Gutsfronen etwas zu bezahlen, die übrigen aber sind in ihren Entschädigungsofferten weit unter dem wahrscheinlichen wahren Werte geblieben. Ob nun etwa die Fronpflichtigen sich mit der Hoffnung geschmeichelt haben, daß, wenn die gegenwärtigen Staatswirtschaftsverhältnisse dergleichen Dienste entbehrlich machen, auch keine oder wenigstens keine vollständige Entschädigung dafür werde erwartet werden, besonders auch, weil die neuen Staatsverhältnisse nur andere Gattungen von Fronen, z. B. Hof-, Militär-, Jagd-, allgemeine Landesfronen etc. häufiger gemacht haben, oder ob gewisse Vergütungen oder der Fronatz, welche gewöhnlich waren, in den Augen der Fronpflichtigen einen so großen Wert hatten, daß sie damit die Dienste selbst für belohnt hielten, darüber vermögen gehorsamst Unterzeichnete kein entscheidendes Urteil zu fällen. Sie sehen sich daher veranlaßt, es auf allerhöchste Entscheidung auszusetzen, ob die allermeistens entbehrlichen und nicht zu benützenden Fronen, welche auf leibfälligen Gütern haften, aus königlicher Milde ohne Entschädigung wollten erlassen werden oder ob man nach Abzug der Gegenleistungen den reinen Fronwert bei den Allodifikationsberechnungen berücksichtigen soll.

4) Küchengefälle sollten, soweit nicht schon observanzmäßige Preise bestehen, nach einem Normalpreis auf längere Zeit oder für immer fixiert werden.

5) Der Wunsch vieler Fallehenbesitzer, die Landgarben in eine ständige Getreidegült zu verwandeln, entspricht dem Interesse der Finanzverwaltung.

Weitere Angaben über die Erklärungen der Fallehenbesitzer. Die meisten reservierten sich ihre Brenn- und Bauholzgerechtigkeiten in den herrschaftlichen Waldungen. Empfehlung, zur Bearbeitung des umfangreichen Geschäfts einige Mitglieder der Oberfinanzkammer zu ernennen[2] [3]*).*

---

[2]) Dem Anbringen sind Bemerkungen des Präsidenten der Oberfinanzkammer v. Wangenheim als Sondervotum beigegeben. Seine Vorschläge sind von dem Wunsch bestimmt, die Kameralverwaltung abzubauen und gleichzeitig die staatlichen Einnahmen dauerhaft zu sichern. So trat er u. a. für die Möglichkeit ein, die Naturalzehnten in eine ständige Fruchtgült zu verwandeln und in Geld zahlen zu lassen; ebenso sollte für die Küchengefälle ein Getreideäquivalent bestimmt und dieses nach periodischen Durchschnittspreisen in Geld gezahlt werden. Weiter setzte er sich dafür ein, sämtliche Abgaben unter einem gemeinschaftlichen Namen als eine Abgabe einheben und verrechnen zu lassen. Mit der Verwandlung der Fronen in ein Geldsurrogat solle man bis zu einem günstigeren Zeitpunkt warten und einstweilen nur die ungemessenen Fronen in gemessene verwandeln.

[3]) Eine Weisung des Finanzministeriums vom 15. 4. 1809 (D 37, Bü 82, UFasz. 4, Q 2) be-

Nr. 33   1809 Oktober 12, Stuttgart

Gutachten von Oberlandesökonomierat Rummel und Oberökonomierat Frisch „über die Allodifikation der Baurenlehen und die Entfernung verschiedener anderer Hindernisse der Bevölkerung in den neuacquirierten Landen und besonders in den gutsherrlichen Besitzungen"

E 146, Bü 1505 a.S., UFasz. betr. das Reskript vom 6. 7. 1812. Ausfertigung.

Zwei Anzeigen von Kreissteuerrat Zäb in Buchau über die willkürliche Handhabung der Heiratserlaubnis durch die Gutsherrschaften gegenüber ihren Grundholden und über den Widerstand der Gemeinden, neue Bürger aufzunehmen bzw. den Bau neuer Häuser zu gestatten und diese mit Allmendnutzung zu versehen (9. 8. und 5. 10. 1808), setzten die Diskussion über die Frage in Gang, ob man die staatlichen Allodifikationsbestimmungen auch auf die Patrimonialherrschaften ausdehnen solle. Zäb hatte vor allem auf die nachteiligen Auswirkungen des Fallehensystems hingewiesen. In ihrem kritischen Gutachten vom 4. 5. 1809 stimmte die Oberregierung seiner Ansicht über die Nachteile der Fallehenverfassung zu: Es lasse sich nicht bezweifeln, „daß die Fallehensverfassung [...] als eine der vorzüglichern Hindernisse der Bevölkerung und der Landeskultur anzusehen ist, daß die Vagantenhorden, wodurch Oberschwaben seit Jahrhunderten geplagt wurde, vornehmlich durch diese Verfassung entstanden und fortgepflanzt worden sind, daß eine wohlgeordnete Gemeindeverfassung neben dem Fallehensystem nicht bestehen kann, daß bei der Ungewißheit des Grundeigentums jeder Reiz zur Arbeitsamkeit und zu soliden Gutsverbesserungen ersticken muß und daß es also sowohl für den Staat als für die Patrimonialherren vorteilhaft sein würde, wenn durch Veränderung der Fallehen in Erblehen und Zinsgüter und durch Erleichterung der Lehenszertrennungen der fleißige Landmann die Aussicht, seine mit Mühe und Kosten verbesserten Feldgüter auf die Nachkommenschaft zu vererben, der Vater einer zahlreichen Familie die Hoffnung, jedem seiner Kinder einen angemessenen Wohnsitz und eine Ausstattung in Grundstücken verschaffen zu können, die Gemeinde weniger Veranlassung, einen Teil ihrer Mitglieder hinauszuweisen, und die Landeskultur einen Zuwachs von arbeitsamen Händen erhielte". Doch erschien es ihr zumindest so-

---

stätigte im wesentlichen die Vorschläge des Landwirtschaftlichen Departements: Bei den Allodifikationen sind die jeweiligen Verhältnisse genau zu berücksichtigen. 1) Die herabgesetzten Anschläge für das Heimfallrecht gelten in der Regel nur als Minimum, freiwillige höhere Angebote der Lehenleute sind anzunehmen. 2) Bei der Berechnung des Kapitalwerts für das Laudemium sind bei Gütern, die nur auf den Mann verliehen werden, 25 Jahre, bei Gütern, die auf zwei Leiber verliehen werden, 20 Jahre als durchschnittliche Besitzdauer anzunehmen; wo das Laudemium zu Gnaden steht, wird es auf 10 % vom gerichtlichen Wertanschlag des Gutes bestimmt, falls es nicht herkömmlich niedriger angesetzt wurde. 3) Die Fronpflichtigkeit ist nach Möglichkeit „auf billige Art" abzukaufen. 4) Die Küchengefälle sollen möglichst in Fruchtgülten verwandelt werden. 5) Die Unterhandlungen wegen Verwandlung der Landgarben sind abgesondert von dem Allodifikationsgeschäft vorzunehmen. 6) Es ist im allgemeinen darauf Bedacht zu nehmen, „daß die Entschädigung so viel möglich in Naturalgülten bestimmt und die bisherigen Emolumente der Besitzer, besonders aber die Holzgerechtigkeit dagegen kompensiert werde". Zwei weitere Mitglieder des Landwirtschaftlichen Departements sollen sich mit dem Allodifikationsgeschäft befassen.

lange nicht ratsam, die Verordnung vom 16. 3. 1808 (RegBl 1808, S. 134 ff) auch auf die patrimonialherrschaftlichen Fallehen anzuwenden, solange das Allodifikationsgeschäft in der staatlichen Grundherrschaft noch nicht weitergediehen sei.

Daraufhin wurden Rummel und Frisch beauftragt, ein weiteres Gutachten in der umstrittenen Frage zu erstatten (Akten: E 146, Bü 1505 a. S., UFasz. betr. das Reskript vom 6. 7. 1812). Das Gutachten, an das Staatsministerium gerichtet, bildet die Grundlage für die amtlichen Erörterungen der nächsten Jahre darüber, ob und wieweit die Adelsgebiete in die Allodifikationsbemühungen des Staates einbezogen werden könnten (D 37, Bü 80, UFasz. 4). Vgl. Darstellung, S. 327 f.

Die Gutachter äußern sich zu den beiden größten Hindernissen für die Bevölkerungsentwicklung: A. Fallehensystem, B. Widerstand von Gutsherrschaften und Gemeinden gegen die Niederlassung neuer Familien.

A. Das Fallehenssystem.

Schon seit einem Menschenalter hat man die Wahrheit durch die Erfahrung bestättiget gefunden, daß das Feudalsystem der Baurengüter das Emporsteigen der Landeskultur hindere und das Fortschreiten der Bevölkerung aufhalte. Demungeachtet kamen nur einzelne wenige Staaten, und diese nur durch die Allgewalt der Zeitereignisse dahin, den auf der Agrikultur liegenden Zwang zu lösen und eine volle Freiheit des Eigentums herzustellen.

Die Unterzeichnete gehen bei Beurteilung dieses Gegenstandes von der Überzeugung aus, daß die Auflösung des Lehensverbands und die Verwandlung der damit behafteten Güter in volles Eigentum

a) wohltätig und nach dem Geist, der unsere Zeitereignisse beherrscht,

b) unabänderlich notwendig sei.

ad a: Um den wohltätigen Einfluß, den das volle Eigentum und die Teilbarkeit der Baurenlehen auf den Wohlstand der Länder behaupten, darzustellen, würde man sich auf eine Wiederholung desjenigen einlassen müssen, was mehrere über diesen Gegenstand vorhandene, zum Teil auch vaterländische Schriften enthalten und worin die Zweifel, welche gegen eine solche Maßregel entstehen könnten, so befriedigend gelöst sind, daß die gehorsamst Unterzeichnete diese Wahrheit als konstituiert voraussetzen und sich daher nur auf den aus dem gegenwärtigen Zeitalter sich aussprechenden unbedingten Imperativ der Auflösung einlassen.

ad b: Die gehorsamst Unterzeichnete glauben bei der Darstellung der Notwendigkeit der Auflösung des Lehenverbandes auf die Geschichte der Entstehung derselben zurückgehen und sie aus dem Verhältnisse der Vorzeit zu der Gegenwart beweisen zu müssen.

Entstehung der Bauernlehen in dunkler Vorzeit. Der freie Deutsche, der nur den Krieg und die Jagd kannte, setzte Gefangene als eigene Leute ein, um Ackerbau und Viehzucht zu betreiben. Absinken auch der ehemaligen Freien in den Stand der Leibeigenen und Hörigen im Verlaufe des Mittelalters.

Je allgemeiner dadurch der Stand der eigenen und hörigen Menschen wurde, desto mehr mußte die nationale Energie sinken. Diese Menschen hatten keine Ehre, denn sie waren nicht heerbannfähig und wurden nicht zur gemeinen

Landesverteidigung gezogen, sondern entrichteten dafür einen Pfenning oder Wachszins und wurden Denariales, Cerocensuales, freie wachszinsige Leute genannt, die den alten Landeigentümern nicht gleichgeschätzt wurden.

Lange dauerte dieser Zustand der Dinge, bis endlich häufigere Einfälle fremder Völker den längern Unterhalt des Heerbannes und Steuren notwendig machten. Diese neue, gegen den ursprünglichen Zustand anstrebende Auflage führte die erste Änderung in dem ursprünglichen Verhältnisse dieser Menschen herbei, doch kannten sie noch keine Militärpflicht, und bei der durch die Allgemeinheit dieses Zustandes zunehmenden Erschlaffung der Nation trat Werbung an ihre Stelle.

Nun aber hat die Gesetzgebung die allgemeine Militärpflicht aller Staatseinwohner ausgesprochen und in dieser Beziehung die Scheidewand zwischen Menschen und Menschen im Staate niedergerissen, jene bisher nicht zum aktiven Teile der Nation gehörige Einwohner zu sich hinaufgezogen und die morschen Formen des alten Zustandes zertrümmert.

Diese Ansicht hebt sich vorzüglich in der Betrachtung aus, daß bei dem beginnenden Übergewicht eines allgemeinen Militärstandes, wozu bereits Frankreich und Baiern die Initiative geben, alle Fugen der ehemaligen Verfassung bersten müssen, denn der Mann, der keines Eigentums fähig ist, ist nur so lange ein guter Soldat, als das Waffenglück ihm lächelt; verfinstert sich dieses, so hat er kein Interesse, sich einem Lande zu opfern, das ihm die wesentlichen Rechte des Staatsbürgers verweigert, in dem er weder ein Eigentum hat noch erwerben kann. Hievon stellt uns die Geschichte aller innern Kriege Teutschlands die unverkennbarsten Beispiele dar.

Die durch eine energische Foderung des Zeitgeistes gebottene Aufhebung des Feudalverbandes der Bauerngüter scheint den gehorsamst Unterzeichneten das Prinzip zu konstituieren, daß hierin der Willkür der Gutsherrn durchaus kein Spielraum gelassen, sondern dieselbe durch ein Gesetz in einem bestimmten Zeitraume von ungefähr zehn Jahren ausgesprochen werde. Nur dadurch können Euer Königliche Majestät auf dem kürzesten Wege zum Ziel gelangen und einen der Staatsverwaltung zu wichtigen Gegenstand nach einer das Ganze umfassenden Absicht behandeln.

Wenn die gehorsamst Unterzeichnete von der Notwendigkeit der Verwandlung der Baurenlehen in volles Eigentum ausgehen, so sind sie dabei weit von der Behauptung entfernt, als müßte dieser Feudalverband so geradehin und ohne allen Ersatz aufgehoben werden.

Die Verbindlichkeit des Lehenmannes, für die durch eine solche Veränderung dem Gutsherrn entgehenden nutzbaren Rechte billigmäßigen Ersatz zu leisten, liegt zu offen da, als daß sie auch nur einen Augenblick verkannt werden könnte.

Die Bestimmung einer Relutionssumme, die das Interesse des Gutsherrn mit denen des Staats und des Lehenträgers zu vereinigen imstande ist, und die Art, diese Summe zu erheben oder auf das Gut als Rente anzulegen, hat die schon längst sehnlichst gewünschte Allodifizierung der Baurenlehen immer zurückgehalten.

Für eine Entschädigung an die Gutsherren kommen in Betracht I. Laude-

mium, II. Mortuarium, III. Heimfallrecht, IV. Lehendienste. Die ständigen Abgaben in Geld und Naturalien können fortbestehen.

I. Das Laudemium ist das wichtigste unter den nutzbaren Rechten, die mit der Allodifikation der Bauerngüter aufhören müssen. Erörterungen, wie sein Kapitalwert zwecks Ablösung berechnet werden kann. Gegenleistungen der Herrschaft sind, ebenfalls kapitalisiert, davon abzuziehen. Den Überrest als das reine Abkaufskapital sollte der Lehensmann nach seinen individuellen Umständen entweder sogleich abkaufen oder so lange landläufig verzinsen, bis entweder seine Vermögensumstände den Abkauf erlauben oder irgendeine Veränderung mit dem Gute, entweder durch Aussteuerung der Kinder mit Grundstücken oder durch den Tod des Besitzers, vorgeht, in welchen Fällen das Kapital abgezahlt werden müßte oder nur als eine durch einzelne Grundstücke genugsam versicherte Schuld ausstehen könnte.

Es ließe sich zwar der Abkauf des Lehensverbandes noch auf eine kürzere und mit weniger Geschäften verknüpfte Art dadurch erreichen, wenn entweder der berechnete Ertrag der Lehenware als eine perpetuierliche Rente auf das Gut gelegt oder die ständigen Abgaben an Geld und Naturalien um eine gewisse Quote erhöht würden; allein dieses Verfahren möchte sich schwer mit dem Interesse der Königl. Oberfinanzkammer vereinigen lassen, welcher dadurch in der Folge ebensoviel an Steuern entgienge, als diese Renten betragen, und sie von dem Prinzip, alle ligenden Güter nach möglichster Gleichheit zu den allgemeinen Staatslasten unbeschränkt in Konkurrenz zu ziehen, entfernen würde.

Diese Art der Relution würde überdies bei dem großen Umfange alle jene Beschränkungen vermehren, die aus dem bisherigen Sisteme der ständigen Abgaben hervorgehen und die Staatsbilanzen unsicher, die Staatsbedürfnisse von Hagelschlag und Mißwachs mitunter abhängig machen und die Kosten der Administration unendlich erhöhen: ein Sistem, dem man gegenwärtig um so weniger huldigen kann, je mehr durch die seit Jahrhunderten herbeigeführte Begebenheiten von einer alles umfassenden unvergänglichen Größe alle Berührungspunkte sich so vervielfältigten, alle Bedürfnisse sich so vermehrten, daß eine ganze Umformung der Verhältnisse aller Klassen der Gesellschaft sich erzeugen mußte, die dem ganzen bürgerlichen Leben einen so veränderten Charakter aufdrückte, daß für dasselbe die Zeichen des Werts (das Geld) kaum so schnell vervielfältiget werden können, um der stets zunehmenden Masse der Güter, die sie repräsentieren, in einem gerechten Verhältnisse nachzukommen.

ad II.: Mit dem Worte Sterbfall (Mortuarium) werden zwei ihrer Natur nach ganz verschiedene Abgaben bezeichnet:

a) die Abgabe, die mit dem Tode eines Freien als Besitzers eines leibfälligen Guts verbunden ist und unter dem Namen Sterbfall, Besthaupt usw. bekannt ist, und

b) die Abgabe, die dem Tod eines Leibeigenen folgt und durch den Namen Leibfall am treffendsten bezeichnet wird[1]).

Erörterungen über die Berechnung des Ablösungskapitals zu a).

---

[1]) Vgl. Darstellung, S. 167, 169 ff.

ad b: Das Mortuarium von Leibeigenen betrachten die gehorsamst Unterzeichnete als nicht zum Ressort des ihnen erteilten allerhöchsten Auftrags gehörig; sie würden auch über ein Recht, das den Menschen zur Sache macht, und über eine daraus hergeleitete Abgabe, die mit dem Begriffe der unveräußerlichen Rechte der Menschheit so wenig übereinstimmt, nichts weiters sagen können, als daß schon mehrere teutsche Souverains sich bewogen gefunden, die Leibeigenschaft gänzlich abzuschaffen und dadurch zugleich die damit verbundene Abgaben auch ohne Ersatz auf immer zu lösen.

ad III.: Der Heimfall oder das Recht, ein Baurenlehen nach dem Tode des Besitzers an sich zu ziehen und darüber nach Wohlgefallen zu disponieren, wird unter allen nutzbaren Rechten der Gutsherrn am meisten widersprochen. *Unklarheit darüber, ob ein Gut ursprünglich Herrenland war oder ob es zu den feuda oblata gehört. Gründe, die gegen ein Heimfallrecht sprechen: Observanz der Vererblichkeit; Belastung der Lehen mit direkten und indirekten Steuern entgegen dem ursprünglichen Zustand, während der Gutsherr seine Ansprüche auf Abgaben nicht verminderte und in dieser Beziehung den Gutsbesitzer als Eigentümer eines mit Lehensgefällen belasteten Guts betrachtete.*

d) Wenn der Gutsbesitzer nach so vielen Kriegsjahren sein Vermögen den Territorialverbindlichkeiten geopfert, die auf seinen Fundum repartierte Quote der Landesschulden bezahlt und alle Lasten bestritten, die nur den Eigentümer treffen konnten, mit welchem Rechte kann nun nach dem Tode des Besitzers der Dominus directus, der durch Jahrhunderte und besonders zu den Zeiten der Not seine Eigentumsrechte für ihn so wohltätig ignorierte, ein Gut an sich reißen und eine Familie verstoßen, die demselben ihre Existenz opferte?

e) Über diese Gründe erhebt sich noch mächtiger das Interesse des Staats. In einer geordneten Staatsverfassung ist ein Heimfallrecht nicht denkbar; diese kann niemand ein Recht zugestehen, aus Privatabsichten die Etablissements einzelner Familien an sich zu reißen, nach und nach den Umfang ganzer Dörfer in einzelne Maiereien zu verwandlen, eine Menge der Einwohner in einen nahrungslosen Zustand hinauszustoßen und der Verarmung preiszugeben.

Die allgemeine Ungewißheit der Natur der Lehen und die hieraus hervorgehende Unbestimmtheit der Rechte, die Unmöglichkeit, den ursprünglichen Stand der Dinge wiederherzustellen, die Fürsorge für die Population und die allgemeine Pflicht, jede Einwohnerfamilie gegen die ihre Existenz zernichtende Privatabsichten einzelner zu schützen, ist mit einem Heimfallrecht unvereinbar.

Ein Recht, das also auf ganz ungewissen Unterstellungen beruhet, gegen das Gefühl der natürlichen Billigkeit streitet, eine Restitution voraussetzt, die nach einem ganz anderen Staatsorganismus nicht mehr möglich ist, gegen das höchste Interesse des Staats anstrebt und nie ausgeübt werden kann, verdient diesen Namen nicht mehr und kann bei einer allgemeinen Veränderung keine Ansprüche auf Entschädigung geben.

Gründe, die für das Heimfallrecht und seine Entschädigung sprechen könnten: Die Heimfälligkeit der Fallehen ist nach den vorhandenen Dokumenten unbestreitbar; damit stimmt auch die juristische Lehrmeinung und die Gesetzgebung überein; die faktische Erblichkeit dieser Lehen ist keine rechtliche Verpflichtung; wegen höherer Steuerbelastung können die Bauern keine Entschä-

digung von den Gutsherrn fordern; der Staat kann die bisher bestandenen Einrichtungen durch ein Gesetz aufheben, die Auseinandersetzung der Privatrechte nach diesem Gesetz aber scheint zunächst bloße Privatsache zu sein; eine unentgeltliche Aufhebung würde den Bauern auf Kosten der Gutsherrn bereichern.

Das Übergewicht, das die Gründe gegen das Heimfallsrecht in politischer Hinsicht haben, dörften die Gründe für dasselbe in rechtlicher Form aufheben, so daß untertänigst Unterzeichnete hierüber eine gutächtliche Äußerung nicht wagen, sondern diesen Gegenstand der allerhöchsten Entscheidung ehrfurchtsvollst überlassen müssen.

ad IV.: Die Unterzeichneten glauben, daß das Interesse des Staats ebensosehr den durch ein allgemeines Gesetz zu bestimmenden Abkauf der gutsherrlichen Frondienste fodere, als es die Veränderung der Bauernlehen in volles freies Eigentum schon an und für sich mit sich bringt. *Vorschläge für die Ablösung. Der ermittelte Jahreswert ist zu drei Prozent zu kapitalisieren.*

B.: Von dem zweiten Teile dieses alleruntertänigsten Gutachtens, den Beschwerden und Hindernissen, die von seiten der Gutsherrn und Gemeinden der Ansiedlung neuer Familien entgegengestellt werden, hat die von Euer Königlichen Majestät erlassene allerhöchste Verfügung, die den Patrimonialherrschaften alle Jurisdiktion entzog[2]), den größeren Teil gehoben.

Die Hindernisse, welche die Gemeinden entgegenzustellen imstande sind, sind nur scheinbar, indem sie der allerhöchsten Kognition Euer Königlichen Majestät stets unterliegen; sie werden sich in jenen Orten, die größtenteils aus Fallgütern bestehen, von selbsten heben, wenn Allerhöchstdieselben die Verwandlung der Bauernlehen in freies Eigentum auszusprechen sich bewogen finden sollten; dadurch muß es Interesse aller Lehengutsbesitzer werden, die Ansiedlung neuer Familien zu erleichtern, denn der größere Teil dörfte sich in der Lage befinden, einen Teil seines Guts zu veräußern, um das Abkaufskapital aufzutreiben, und der Wert der Güter kann bei einer so plötzlich vermehrten Zahl der Verkäufer nur durch eine verhältnismäßige Vermehrung der Einwohner erhalten werden; auch derjenige, dem ein parater Fond zu diesem Zwecke nicht fehlt, wird diesen Wunsch teilen, um auf seinem Gute zwei oder mehrere seiner Kinder, wie es der Umfang seines Hofs gestattet, zu versorgen.

Eine ganz geänderte Ansicht stellen

a) jene Orte dar, die kein Lehenssystem mehr kennen, wo aber der reichliche Ertrag der Gemeindenutzungen die Einwohner bestimmen könnte, jeder neuen Ansiedlung einer Familie alle mögliche Hindernisse entgegenzustellen, um nicht durch einen vergrößerten Austeiler an dem bisherigen Genusse zu verlieren,

b) solche Gemeinden, in denen nicht das Burgerrecht, sondern der Besitz einer Gerechtigkeit zum Genusse einer Gemeindenutzung fähig macht.

Die untertänigst Unterzeichnete betrachten die Erteilung des Burger- wie des Untertanenrechts als einen Ausfluß der landesherrlichen Gewalt und glauben daher, daß alle Gesuche um Aufnahme in das Burgerrecht eines Orts bei den betreffenden Oberämtern eingebracht und von diesen die Gemeinden

---

[2]) Nr. 28.

mit ihren allenfallsigen Einwendungen dagegen gehört werden sollten; sobald diese mit oder ohne überwiegende Gründe die Annahme widersprechen, sollte die Sache umfänglich erhoben und der Königlichen Oberregierung zur Entscheidung vorgelegt werden. Nur dadurch glauben sie die auf einseitigen Ansichten beruhende Einwirkungen der Magistrate mit den allgemeinen Staatsprinzipien in Übereinstimmung bringen zu können.

In Ansehung jener Orte, in denen der Genuß der Gemeindenutzungen von dem Besitze einer Gerechtigkeit abhängt, haben Euer Königliche Majestät in einem unter dem 30. Januar 1806 für Neuwürttemberg gegebenen Gesetze[3]) jeden, der sich eine eigene Wohnung zu bauen und eine Familie zu nähren imstande ist, zum Genuß aller bürgerlichen Nutzungen fähig erklärt. Es hängt daher nur von der allerhöchsten Entschließung ab, dies Gesetz für das ganze Reich geltend zu machen und dadurch die in ein oder den andern Orten durch Herkommen oder Dorfsordnungen sich noch erhaltene Beschränkungen des Fortschreitens der Population als im Widerspruche mit dem höchsten Staatsinteresse auf immer zu entfernen.

Die gehorsamst Unterzeichnete haben in dem durch diesen allerhöchsten Auftrag ihnen gnädigst geschenkten Vertrauen die Verpflichtung gefunden, diese Gegenstände frei und ohne alle Rücksicht auf die bei dem einen oder andern Collegio bestehende Praxis zu bearbeiten [...].

Nr. 34   1811 Januar 25/Juli 12, Stuttgart

Gutachten des Oberlandesökonomiekollegiums zur künftigen Regelung der Verhältnisse zwischen den adeligen Gutsbesitzern und ihren Hintersassen

D 56, Bü 1, UFasz. 1, Q 3. Protokollauszug.

Beschwerden verschiedener Gemeinden vor allem über herrschaftliche Fronansprüche veranlaßten König Friedrich, das Staatsministerium zu Anträgen darüber aufzufordern, „wie bei nun veränderten Umständen durch Festsetzung allgemeiner Prinzipien in die Verhältnisse adelicher Hintersassen zu ihren Gutsherrschaften überhaupt erschöpfende Einrichtungen für die Zukunft zu treffen sind" (Dekret des Staatsministeriums an die Oberregierung, 17. 12. 1810).

Das vorliegende Gutachten des Oberlandesökonomiekollegiums, die gründlichste Äußerung zu der gestellten Frage, beleuchtet die Schwierigkeiten einer allgemeinen gesetzlichen Regelung. Die Sektion der inneren Administration schlug deshalb vor, eine eigene Gesetzgebungskommission aus Mitgliedern aller Kollegien und Departements solle den Gegenstand bearbeiten; nur so sei „in Bälde und in der erforderlichen Vollständigkeit" die Aufgabe zu lösen, „das Staatswirtschaftssystem im allgemeinen mit dem Systeme der Verhältnisse der adelichen Hintersassen zu ihren Gutsherrschaften und dem ihrer Abgaben dergestalt ins Gleichgewicht zu bringen, daß auf der einen Seite Privateigentums-

---
[3]) Vgl. Nr. 204, Anm. 1.

rechte so wenig als möglich verletzt, auf der andern aber den Forderungen des allgemeinen Staatswohls gegeben werde, was ihnen gegeben werden kann und soll" (Gutachten vom 24. 12. 1811). Die Erörterungen des Staatsministeriums im Juli 1812 (vgl. Nr. 35) brachten nur Teilergebnisse. Im Januar 1813 kam das Problem noch einmal im Staatsministerium zur Sprache, doch beschränkte sich die Diskussion auf die Fronen (Gutachten des Staatsrats v. Leypold vom 18. 1. 1813; E 31/32, Bü 320, UFasz. 680). Ein weiteres Gutachten, mit dem die Kommission für Gemeindenutzungen beauftragt wurde, scheint nicht erstattet worden zu sein (Akten: D 56, Bü 1, UFasz. 1).

Man erwidert der Oberregierung auf ihre Weisung vom 28. 12. 1810:
Auch dem diesseitigen Collegio scheine es ein wichtiger Gegenstand der Staatsverwaltung zu sein, die Verpflichtungen der adelichen Hindersassen gegen ihre Gutsherrn einer Revision zu unterwerfen, indem sie auf das Privatwohl von vielen tausend Familien, mithin auf das gemeine Wohl notwendig eine nachteilige Wirkung äußern müssen, wenn sie nicht mit dem Zeitalter und mit den Verhältnissen der heutigen Staatsverfassung in Übereinstimmung gesetzt werden.

Unter die erwähnten Verbindlichkeiten komme vorzüglich aufzuzählen:

I. Die Leibeigenschaft.

Wenngleich schon lange her bei zunehmender Aufklärung die Strenge des urspringlichen Rechts durchgängig gemildert sei, so habe man doch in mehreren Staaten diese Art von Unterwürfigkeit als unverträglich mit der übrigens bestehenden bürgerlichen Freiheit angesehen und daher solche bald mit allen Wirkungen, bald wenigstens dem Namen nach, aber mit Beibehaltung eines Surrogats für die Dienste und Abgaben aufgehoben. Da die Abschaffung der Leibeigenschaft ohne allen Ersatz manchem Leibherrn einen empfindlichen Verlust an seinem Privateigentum zufügen würde, so glaube man diesorts, daß, wenn es auch in den Königlichen Staaten zur Aufhebung der Leibeigenschaft kommen sollte, der Leibherr nach einem gesetzlich zu bestimmenden billigen Maßstab dafür zu entschädigen wäre.

II. Der Lehenverband.

a) Erblehen, die sich dem Eigentum sehr nähern und deshalb mit dem Wohle des Staates und der einzelnen Familien im allgemeinen vereinbarlich sind, indem bei den Veränderungsfällen meistens leidentliche Abgaben erhoben und die Veräußerungen fast nirgends mehr erschwert werden. Der Erblehenverband an sich selbst werde daher selten irgendwo Grund zu einer erheblichen Beschwerde sein.

b) Der Fallehennexus, der, von seinem ursprünglichen Begriff schon seit Jahrhunderten entfernt, nur noch eine üble Mischung von Wirkungen des Eigentumes und lebenslänglicher Haftung darstelle.

Als in der alten Zeit der Ritter oder der Abt seinem Knecht und seiner Magd ein Stück Feld und eine Wohnstätte auf ihre Lebenszeit gegen gewisse Naturalien und Dienste entweder zur Belohnung oder gegen ein Handgeld verliehen, da wußte man von Steuern und Amtsschäden noch nichts; und kamen harte Zeiten, so half der Herr seinem Lehenmann, den zu ernähren er ohnehin die Verbindlichkeit hatte, aus.

Versetze man dieses Verhältnis in die gegenwärtige Zeit, denke man sich hinzu, daß der Lehenherr von seinen Gefällen nirgends etwas nachgelassen, solche vielmehr von Zeit zu Zeit, wenn das Gut durch den Fleiß der Bauern sich besserte, erhöht, auf der andern Seite aber alle Staats- und Gemeindslasten, die, in ihrer Entstehung unbedeutend, nun so wichtig und mannichfaltig geworden sind, lediglich dem Lehenmanne, als ob er Eigentümer wäre, überlassen und sich von aller Sorge für seine Person losgesagt habe; setze man endlich den sehr wahrscheinlichen Fall, daß bei der Willkür, welcher die Verleihung fallbarer Güter ihrer Natur nach unterworfen ist, die mediatisierten Lehenherrn trachten werden, dasjenige, was sie an Souverainetätseinkünften verloren, an Lehengefällen wieder einzubringen, so scheine es außer Zweifel, daß die Gesetzgebung nicht genug eilen könne, diesem in vielen Teilen des Königreichs herrschenden, von seinem Ursprunge ganz abgewichenen und durch die Willkür der Lehenherrn höchst drückenden Verhältnis solche Bestimmungen zu geben, wodurch die große Zahl der Lehenbauern und mit ihnen der Staat sichergestellt werden.

Wenn man daher nicht lieber die ganze Verbindung auflösen und die Verwandlung der Fallehen in Eigentum bei der nächsten Erledigung gegen eine von dem Landesherrn zu bestimmende Entschädigung allgemein verordnen wollte, so dürfte wenigstens zur gesetzlichen Norm vorzuschlagen sein, daß

1. kein Lehenherr ein erledigtes Fallehengut an sich ziehen oder anders als bisher bewirtschaften sollte;

2. daß keine Erhöhung weder der ständigen noch unständigen Lehengefälle ohne landesherrliche Genehmigung stattfinde;

3. daß es bei jedem Leheninhaber stehe, das Eigentum des Gutes nach einem durch das Gesetz bestimmten und durch die landesherrliche Behörde in Anwendung zu bringenden Tarif zu erwerben. Ein solcher Tarif sei nach einer Bilance der bisherigen unständigen Gefälle nicht schwer zu entwerfen und bei diesem Collegio, welches keine fernere Fallbarkeit der von Gemeinden und piis corporibus abhangenden Güter gestatte, fortdaurend in Übung.

III. In Ansehung der Fronen möchte es schwer sein, eine allgemein anwendbare gesetzliche Vorschrift zu erteilen, indem teils der Maßstab und die Art der Leistung, teils die Rechtstitel der Fronen gar verschieden seien. Einige zeigen sich als einen bloßen Ausfluß der Leibeigenschaft, andere als einen Teil der Lehenabgaben; andere beruhen auf besondern Übereinkünften als ein Äquivalent für abgetretene Rechte und Nutzungen, einige bestehen in Hand-, andere in Spanndiensten; einige seien gemessen, andere ungemessen und in beiden Fällen entweder so mäßig, daß darunter das Privat- und gemeine Wohl nicht leide, oder so exzessiv und unzeitig, daß sie mit den übrigen Pflichten und Leistungen des Untertanen in Kollision kommen; einige endlich werden dem Fronherrn ganz unentgeltlich, andere nur gegen Reichung von Geld oder Naturalien geleistet.

In der Voraussetzung, daß ungemessene Fronen im strengen Sinn des Worts und nach einer despotischen Willkür des Fronherrn nirgends statthaben, sondern daß Observanz oder Gewohnheit die Regel geben, möchte daher die landesherrliche Aufsicht besser in der Erörterung der einzelnen Beschwerden nach den vorliegenden Verhältnissen als in einem allgemein gesetzlichen Ausspruch sich äußern, wobei man in Gefahr käme, entweder Privatrechte zu kränken, oder Surrogate zu bestimmen, die den Fronpflichtigen lästiger als die Naturalleistung wären.

IV. In Ansehung der Gülten, Grundzinse und andern Gefälle dieser Art möchte es nicht nur bei der allgemeinen Vorschrift, daß keine solche neue Auflage konstituiert werden solle, zu belassen, sondern auch dem Staatswohl angemessen sein, die Abkaufung dieser Realbeschwerden durch Aufstellung eines gesetzlichen billigen Maßstabes zu erleichtern.

Den hier geäußerten Ansichten über die einzelnen Gattungen von Leistungen und Abgaben an die Gutsherrn habe man nun noch folgende allgemeine Bemerkungen beizufügen:

1. Die Hauptbeschwerde der bisherigen gutsherrlichen Hintersassen bestehe darin, daß sie angehalten werden, nicht nur alle jene Leistungen und Abgaben nach wie vor zu prästieren, sondern auch alle Lasten des Staats, dem sie nunmehr angehören, an direkten und indirekten Steuern und landesherrlichen Fronen sowie alle aus dem Amtssozietätsverband, in den sie gekommen, fließenden Abgaben und Beschwerden zu tragen.

Diese Klage sei allerdings nicht ungegründet, und es sei der Ruin vieler Kommunen und Einwohner unvermeidlich, wenn ihnen nicht bald eine gerechte Erleichterung hierin verschafft werde; allein hiezu sei nach diesseitigen Ansichten das vorzüglichste Mittel nur in einem richtigen Steuersistem zu finden.

Gleichwie nämlich bereits der Grundsatz ausgesprochen sei, daß die Gutsherrn mit ihren Liegenschaften sowohl als auch mit ihren grundherrlichen Gefällen zur Staatssteuer beigezogen werden sollen, also folge hieraus, daß den Hintersassen die gutsherrlichen Abgaben und Leistungen an dem Steueranschlag ihrer Besitzungen im Kapitalwerte abgezogen und auf den Steueranschlag der Gutsherrn gelegt werden müssen. Hievon sei alsdann die Wirkung, daß die Hintersassen nur noch ihr freies Eigentum gegen den Staat versteuern, was sie sich so wie jeder andere Untertan gefallen lassen müssen. Aber um sie der Wirkungen jenes Grundsatzes in seinem ganzen Umfange teilhaftig zu machen, müssen alle und jede auf einem Gut haftenden Lasten, mithin insonderheit auch die Fronen von dem Steueranschlage in Abzug gebracht werden.

2. Wenn auf diese Weise der Anschlag der mit Abgaben oder Leistungen belasteten steuerbaren Objekte gehörig berichtigt und gegenüber von andern nicht belasteten Objekten rektifiziert sei, so könne auch bei der Umlage der Stadt-, Amts- und Kommunenschäden bei der Steuerkontribuentschaft unter sich keine Prägravation mehr vorkommen, wenngleich diese gegenüber von dem Gutsherrn, weil derselbe an den Stadt-, Amts- und Kommunschäden nicht beitrage, sich prägraviert finden könne.

Im letztern Falle lasse sich nicht ausweichen, solange das Gesetz bestehe, nach welchem die vormals befreiten fürstlichen, gräflichen und adelichen Güter und Gefälle an jenen Sozietätslasten nicht mitzutragen haben. Indessen dürfe diese Exemtion, insofern es sich nur von solchen Amts- und Kommunschäden handle, welche aus dem Sozietätsverbande selbst und der innern Ökonomie der Ämter und Kommunen fließen, nicht als eine Beschwerde für die steuerbare Untertanschaft betrachtet werden, da die Exemten mit dieser auch zuvor nicht in einem gesellschaftlichen Verband gestanden, sondern von dieser alle dergleichen Lasten ohne Konkurrenz der Exemten getragen worden seien.

Eine andere Beschaffenheit habe es hingegen mit solchen Prästationen, welche von den Untertanen nicht wegen des Sozietäts-, sondern wegen des Staatsverbands geleistet werden müssen, z. B. mit den herrschaftlichen Hof-, Militär- und Jagdvorspanns-, mit den Kriegs-, mit den außerordentlichen Straßenbaukosten etc., wenn solche auf den einzelnen Ämtern oder Kommunen liegenbleiben und nicht durch eine allgemeine Peräquation oder durch eine Umlage auf den Gesamtstaat übernommen werden, weil in jenem Fall die Exemten von einer Last frei bleiben, woran sie in diesem hätten teilnehmen müssen.

3. Bei den persönlichen Leistungen, worunter die Handfronen, mit welchen häufig ganze Gemeinden, und zwar meistens ungemessen, ihren ehemaligen Ortsherrschaften behaftet seien, eine Hauptrubrik ausmachen, sei es am schwersten oder vielleicht unmöglich, ein allgemeines Prinzip aufzustellen, um die Privateigentumsrechte dieser Herrschaften mit der notwendigen Rücksicht auf die Aufrechthaltung der Untertanen, welche nun auch den Staatsfronleistungen unterworfen sind, zu vereinigen.

Da beide Arten von Frondiensten nebeneinander offenbar nicht bestehen können, indem es selbst physisch unmöglich sei, an zwei Orten zugleich sich zu beschäftigen, auch in jedem Falle der Fronpflichtige notwendig zuerst für sich so viele Zeit übrigbehalten müsse, um für seinen und der Seinigen Unterhalt sorgen zu können, und da der Staat auf der einen Seite zwar das Recht habe, die Dienste eines jeden Untertanen ohne Rücksicht auf dessen Privatverhältnisse in Anspruch zu nehmen, auf der andern Seite aber nicht nur für die Erhaltung der Untertanen zu sorgen, sondern auch die Eigentumsrechte zu schützen verpflichtet sei, vermöge man diesorts nicht abzusehen, wie diese einander widerstrebenden Rücksichten durch eine allgemein anwendbare Form zu vereinigen sein möchten, sondern man beglaubige sich, daß nichts anderes zu tun sei, als jeden einzelnen Fall nach seiner individuellen Beschaffenheit und nach den Grundsätzen der Billigkeit zu behandeln.

4. Alle diejenigen Relationen, welche zwischen den ehemaligen Gutsherrn und ihren Hintersassen stattfinden, seien auch, und zwar in einer noch größeren Ausdehnung, zwischen der Königl. Oberfinanzkammer als Gutsherrschaft und ihren Hintersassen vorhanden, mithin müsse, wenn nicht eine für diese Untertanenklasse sehr drückende Ungleichheit übrigbleiben soll, alles dasjenige, was bei dem Gutsherrn statuiert werde, auch bei der Königl. Oberfinanzkammer Platz greifen. Hieher gehöre insonderheit und hauptsächlich gleiche Behandlung der Besteuerung, daß nämlich die Prästationen und Abgaben, welche von den Gütern an die Königl. Kammer geleistet werden müssen, ebenfalls an dem Steueranschlag solcher Güter in Abzug gebracht werden, weil sonst, da auf die Kameralgüter und Gefälle keine Steuerquote übernommen werde, solche gegen die klaren Grundsätze eines gerechten Steuersystems auf den belasteten Gütern liegenbleibe und also diese ebenso viele Steuer als andere freie Güter von gleichem Werte entrichten müssen.

Das Oberlandesökonomiekollegium empfiehlt, wenigstens provisorisch zu verfügen, daß die erledigten Fallehen weder von den Lehenherrn an sich gezogen oder anders als bisher bewirtschaftet, noch bei der neuen Verleihung mit irgendeiner bisher nicht darauf gelegenen Last beschwert werden dürfen.

Nr. 35 1812 Juli 6, Stuttgart

Königliches Reskript an das Staatsministerium, die Allodifikation der Lehen betreffend

RegBl 1812, S. 336 f.

Die Staatsratsprotokolle, welche über die Entstehung dieses Reskripts und des Reskripts vom gleichen Tage über die bürgerlichen Verhältnisse der Einwohner (Nr. 205) genaueren Aufschluß geben könnten, waren nicht aufzufinden (vgl. die Hinweise bei Hölzle, Württemberg, S. 107). Beide Reskripte verfolgten das Ziel, Institutionen abzubauen, die man als Hemmnis für die wirtschaftliche und soziale Entwicklung in Neuwürttemberg ansah.

Für die Diskussion über das vorliegende Reskript enthält ein Gutachten des Staatsrats v. Leypold einige Hinweise (8. 7. 1813; E 146, Bü 1505 a. S., UFasz. betr. die Einreden der Kinder des Johann Georg Zirn..., Q 3): In den Staatsratssitzungen äußerten mehrere Mitglieder, man möge bei den Allodifikationen günstigere Bedingungen einräumen; der König zeigte sich hierzu geneigt, doch wurde nichts darüber ins Conclusum aufgenommen. In der Diskussion über die Frage, wieweit der Staat über die Fallehen der Gutsbesitzer disponieren könne, beantragten einige Räte unter Hinweis auf die Gesetzgebung anderer Staaten, es solle den Gutsbesitzern vorgeschrieben werden, ihre Lehen in einem bestimmten Zeitraum ablösen und auch zertrennen zu lassen. Einer bemerkte, da eine andere Verfassung eingetreten sei, seien Gesetze nötig, um die Fallehenbesitzer gegen übertriebene Laudemienansprüche der Lehenherren zu schützen. Der König aber äußerte: „Man könne den Gutsherren das Beispiel der Oberfinanzkammer zur Nachahmung empfehlen. Ein Gesetz wäre zwar auszusprechen, über die Modalitäten aber sich zu verständigen. Nur gegen eine mauvaise volonté von Seite der Gutsherrn müsse man kämpfen, dies erfordere das Interesse der Untertanen und des Staats."

Friderich, von Gottes Gnaden König von Württemberg, souverainer Herzog in Schwaben und von Teck etc.

Liebe Getreue! Da Wir die Erleichterung und allmählige Auflösung des Lehensverbands der Bauerngüter der allgemeinen Wohlfahrt und der Landeskultur überhaupt für vorträglich ansehen, auch in der Lehensverbindung zum Teil ein Hindernis liegt, welches der Teilnahme aller Gemeindeglieder an den Gemeinheitsrechten insofern entgegensteht, als diese Rechte öfters Zugehörungen von geschlossenen Lehengütern sind, so haben Wir nach Anhörung Unsers Staatsrats beschlossen und verordnen andurch:

I.) Die Allodifizierung der Bauernlehen überhaupt und die Verwandlung der Fallehen insbesondere in Erblehen, freie Zinsgüter und volles Eigentum soll auf alle mögliche Weise begünstigt werden.

II.) Bei den von der Königl. Oberfinanzkammer und den Korporationen und Stiftungen abhängenden Fallehen wird nach den disfalls bereits eingeführten Grundsätzen ferner verfahren werden[1]).

III.) Über die Zertrennung eines Fallehens der Oberfinanzkammer wird nach jedesmaliger Begutachtung der Krondomainensektion von dem Finanzminister bei Uns angefragt werden.

IV.) Der in dem ersten Artikel ausgesprochene Grundsatz bezieht sich auch auf die von fürstlichen, gräflichen, adelichen und andern Gutsbesitzern als Lehenherrn abhängige Baurenlehen.

V.) Kein Gutsbesitzer darf die von einem Fallehensinhaber nachgesuchte Verwandlung oder Allodifikation des Lehens aus bloßem Eigenwillen und ohne Anführung wichtiger Gründe zurückweisen. Die Modalitäten und Bedingungen derselben hängen von einer freiwilligen Übereinkunft des Lehensherrn mit dem Lehensmann ab. Es sind aber den Gutsherrn die von der Finanzkammer hierin befolgten Grundsätze, jedoch ohne einen Zwang, anzuempfehlen. Die Übereinkunft beider Teile ist dem Königl. Beamten anzuzeigen und von diesem der neu konstituierten Behörde[2]) zur Prüfung vorzulegen.

VI.) Sollte ein Gutsbesitzer aus offenbarem bösem Willen seinem Lehenträger die Erlaubnis zu Verwandlung des Fallehens unter annehmlichen Bedingungen versagen, so ist Uns davon durch Unsern Minister des Innern die unmittelbare alleruntertänigste Anzeige zu machen.

VII.) Es steht den Gutsbesitzern frei, die von ihnen herrührende Fallehen beim Heimfall oder auf Nachsuchen der Lehenträger zertrennen oder auch nur einen Teil des Fallehens in ein Erblehen oder Eigentum verwandeln zu lassen.

VIII.) Von einer eintretenden Zertrennung aber ist die Königl. Beamtung zu benachrichtigen.

IX.) Geschlossene nicht fallbare Bauernhöfe und Erblehengüter, in wessen Obereigentum sie auch seien, dürfen sowohl durch Erbschaft, als auf andere Weise nach vorheriger Anzeige bei dem gutsherrlichen Beamten zertrennt werden.

Ihr habt hienach das Erforderliche zu verfügen und bekanntzumachen. Mit der Vollziehung ist Unser Minister des Innern und, soweit es die von der Oberfinanzkammer abhängenden Lehen betrifft, Unser Finanzminister besonders beauftragt.

---

[1]) Vgl. Darstellung, Kap. 2, Anm. 77 und 80; Nr. 32.
[2]) Es handelt sich um die Kommission für Gemeindenutzungen und Lehensallodifikation; Einblick in ihre Tätigkeit geben die freilich nur sehr fragmentarisch erhaltenen Akten in D 56.

Nr. 36-187   Die Periode der Ablösungsgesetzgebung
             1817-1848/49

Nr. 36-59   Die Edikte I und II vom 18. 11. 1817.
             Entstehung, Bedeutung, Durchführung

Nr. 36—44   **Die Entstehung der Edikte I und II vom 18. 11. 1817**

Vgl. Darstellung, S. 355 ff. Während § 61 des Königlichen Verfassungsentwurfs vom 3. März 1817 (Nr. 36) Generalnormen für eine künftige Grundentlastung aufstellte, gab die Diskussion über die Reform des Steuerwesens, durch die Auseinandersetzungen mit den Ständen im Frühjahr und Sommer 1817 intensiviert, die wichtigsten unmittelbaren Anstöße für die Entstehung des zweiten Edikts vom 18. 11. 1817. In einem Dekret an den Geheimen Rat vom 26. 3. 1817 betonte der König, es sei „von besonderer Wichtigkeit", die Einsicht in den Ertrag der Staatseinnahmen und in deren Verwendung „so viel möglich zu erleichtern". Der Finanzminister wurde deshalb beauftragt, nicht nur das Rechnungswesen zu vereinfachen, sondern auch „in Erwägung zu ziehen, wie rücksichtlich der unter den verschiedensten Titeln und Namen auf einzelnen Häusern, Grundstücken etc. ruhenden, oft in ganz unbedeutenden Beträgen in die Staatskasse fließenden und daher einen unverhältnismäßig hohen Verwaltungsaufwand erfordernden ständigen Zinse und Gülten in Geld, Früchten oder anderem wie z. B. Hellerzinse, Canones, Rauchhühner aus Gebäuden und dergl. für die Zukunft eine veränderte Einrichtung, je nach Umständen entweder durch Aufhebung oder Einleitung des Abkaufs solcher Abgaben zu treffen wäre, um teils das Grundeigentum von dergleichen belästigenden Auflagen zu befreien, teils auch hier eine Vereinfachung der Administration und des Rechnungswesens zu bezwecken" (E 31/32, Bü 405, UFasz. 1025, Q 1). Auf Antrag des Finanzministers v. Otto wurde eine besondere Kommission gebildet, um entsprechende Vorschläge zu erarbeiten. Ihr Vorsitzender, Staatsrat v. Weckherlin, lieferte mit seinem Gutachten die Grundlage für alle weiteren Beratungen und den schließlich entscheidenden Vorentwurf für das zweite Edikt vom 18. 11. 1817 (Nr. 37). Während die Lehenkommission seinen Vorschlägen in fast allen Punkten zustimmte (Nr. 38), meldete Finanzminister v. Otto gegen die beabsichtigte Schmälerung der Staatseinkünfte Bedenken an und wünschte gleichzeitig, daß die geplante Reform sämtliche Untertanen einschloß (Nr. 39). Daraufhin wies der Geheime Rat am 4. 8. 1817 die sog. Steuerregulierungskommission an, sich über die Reform des Steuerwesens hinaus auch mit der Reform der Feudalabgaben zu befassen. Doch erst am 10. 11. 1817 lieferte Kommissionspräsident Freiherr v. Wangenheim das geforderte Gutachten (Nr. 40), so daß es auf die endgültige Fassung des zweiten Edikts keinen Einfluß mehr ausgeübt hat. Schon am 26. 10. 1817 hatte Präsident v. Malchus die Entwürfe von 11 Organisationsedikten (publiziert unter dem 18. 11. 1817) dem König vorgelegt (E 7, Bü 78); am 10. 11. wurden sie zur schleunigen Beratung an die zweite Abteilung des Geheimen Rats weitergeleitet. In den Sitzungen vom 14. und 15. 11. 1817 befaßte sich dieses Gremium mit dem zweiten Edikt. Geheimer Rat v. Kerner, der auch jetzt noch versuchte, den Wangenheim'schen Reformgedanken Geltung zu verschaffen (Nr. 41–42), konnte sich mit seiner scharfen Kritik an den Grundlagen des Edikts nicht durchsetzen. Die Änderungsvorschläge des Geheimen Rats für die endgültige Fassung des Edikts wurden vom König fast durchweg genehmigt (Nr. 44).

Nr. 36 1817 März 3
§ 61 des Königlichen Verfassungsentwurfs
Druck: Reyscher III, S. 357.

Nach den Konzeptprotokollen über die Beratungen des Geheimen Rats zum Verfassungsentwurf (E 31/32, Bü 105) kam der spätere § 61 in den Sitzungen vom 30. 12. 1816 und 3. 1. 1817 zur Sprache. Wangenheim, der mit Abänderungsvorschlägen hervortrat, wollte offenbar auch die Verwandlung der Zehnten und anderer Naturaldienste einbeziehen, stieß jedoch wie später (vgl. Nr. 40) bei den meisten Mitgliedern des Geheimen Rats auf Widerstand. Die übernommene Fassung stammt von Wangenheim. Über die Intention der Neufassung gibt die Diskussion in der Sitzung des Geheimen Rats vom 22. 1. 1817 in Anwesenheit des Königs Aufschluß: „König: Hier werde ein Prozeß mit dem Adel kommen. v. Lühe: Man habe es vorausgesehen und eben deswegen die Bestimmung gemacht. König: Es werde wohl keine Reaktion von den Bürgerlichen erfolgen, da sie gegenwärtig den Adel brauchen. v. Wangenheim: Wollen sie nicht, so mögen sie es haben. Es sei aber sehr wohltätig, und die Regierung müsse den Antrag machen. Wenn zwei Kammern sind, so lasse sich's schwerlich durchsetzen. König: Man müsse mit den königlichen Fallehen anfangen.

Leibeigenschaft. v. Otto: In Altwürttemberg gebe es noch Lokalleibeigenschaft. König: Die Ledigungen müssen erleichtert werden. v. Lempp: Die Aufhebung der persönlichen Leibeigenschaft könnte als ein Mittel der Belohnung und zur Aufmunterung gebraucht werden."

§ 61. Die Bestimmungen, unter welchen die auf besondere Rechtstitel sich gründenden persönlichen Dienste und Abgaben, auch andere Reallasten losgekauft und verwandelt werden können, beruhen zwar im allgemeinen auf einer gütlichen Übereinkunft oder auf einer von dem Grundsatze der Entscheidung ausgehenden richterlichen Bestimmung; wegen der Bauernlehen und Leibeigenschaft wird jedoch zum voraus festgesetzt:
1.) Dem Fallehenvertrage kann unter den jetzt bestehenden staatsbürgerlichen Verhältnissen die Folge nicht gegeben werden, daß der Lehenherr den im Besitze dieser Güter befindlichen Familien solche entziehen oder die Bedingungen und Abgaben lästiger als die zuletzt bestandenen machen dürfe; vielmehr wird zum Besten der Landeskultur jedem Fallehenbesitzer das Recht verliehen, gegen eine vollständige Entschädigung des Lehenherrn für den aus seinen Rechten fließenden Ertrag das Lehen in Eigentum zu verwandeln.

2.) Erblehengüter und andere geschlossene, nicht fallehenbare Bauernhöfe dürfen sowohl durch Erbschaft als auf andere Art nach vorheriger Anzeige bei dem gutsherrlichen Beamten getrennt werden[1]).

3.) Da mit der Gleichheit der staatsbürgerlichen Rechte das Leibeigenschaftsverhältnis nicht verträglich ist, so wird dasselbe, wo solches noch besteht, mit seinen Wirkungen in der Maße aufgehoben, daß die Berechtigten für die damit verbunden gewesenen Nutzungen eine von den bisherigen Leibeigenen zu leistende billige Entschädigung erhalten.

Auswandernde hingegen sind von Bezahlung des Manumissionsgeldes frei.

Nr. 37   1817 April, Stuttgart

Gutachten von Staatsrat v. Weckherlin „Über eine Reform der Feudalabgaben in Württemberg"

E 31/32, Bü 405, UFasz. 1026. Ausfertigung. Ohne Datum und Unterschrift.

Am 6. 4. 1817 hatte Weckherlin dem König ein Gutachten über eine Abgabenreform in Württemberg übersandt, in dem er auch kurz auf die Leibeigenschafts- und Grundabgaben einging (E 7, Bü 57, Q 97). Im Auftrag des Monarchen arbeitete er dann sein Gutachten „Über eine Reform der Feudalabgaben in Württemberg" aus. Das Begleitschreiben an den König datiert vom 19. 4. 1817 (E 7, Bü 59, Q 350).

§ 1 Natur der Feudalabgaben. § 2 Ihre finanzielle Bedeutung. § 3 Unterscheidung von persönlichen und dinglichen Abgaben. § 4–6 Verwerflichkeit der persönlichen Leibeigenschaft. § 7 Vorschlag, sie aufzuheben. § 8–9 Zulässigkeit der dinglichen oder Grundabgaben. § 10–24 Bedingungen dieser Zulässigkeit: § 10–13 Herstellung freien Eigentums. § 14–15 Unveränderlichkeit der Abgaben. § 16–17 Angemessenes Verhältnis der Abgaben zum Gutsertrag. § 18 Ablösungsmöglichkeiten. § 19–20 Zusammenziehen kleiner Abgaben. § 21 Verbot neuer Auflagen. § 22 Fronen und Frongelder. § 23 Blutzehnt und Hundehalten. § 24 Zusammenfassung. § 25 Vorschläge zum Vollzug.

§ 1. Unter den Feudalabgaben, welche der Gegenstand nachfolgender Vorschläge sind, werden überhaupt alle diejenige Geld- und Naturalleistungen verstanden, welche der Bauernstand infolge spezieller Verbindlichkeiten seiner Guts- oder Leibesherrschaft abzutragen hat und die

    a) entweder nur der Person anhängen, mithin mit dem Güterbesitz in keiner Verbindung stehen (persönliche Abgaben)

    b) oder auf dem Grund und Boden haften und auf jeden Besitzer desselben übergehen (dingliche Abgaben).

§ 2. So wie diese Feudalabgaben dem Landmanne einen großen Teil des Einkommens, das jährlich sein Fleiß hervorbringt, hinwegnehmen, so sind sie

---

[1]) Fast wörtliche Wiederholung von Punkt IX des Reskripts vom 6. 7. 1812 (Nr. 35).

auf der andern Seite die Quelle einer großen und wichtigen Revenüe für die Gutsherrschaften. Die Finanzkammer in Württemberg bezog in dem Rechnungsjahr von Georgii 1808/09

    a) an Personal- oder Leibeigenschaftsgefällen   29 410 fl
(Personalgefälle 10 173 fl,
Lokalleibeigenschaftsgefälle 19 237 fl)
    b) an Grund- oder Realgefällen aus Zins- und Lehengütern   725 187 fl
    c) an Zehenden und Teilgebühren   1 225 427 fl
                                              zusammen   1 980 024 fl

Rechnet man die Gefälle dieser Art aus den spätern Erwerbungen hinzu, so mögen sie der Königlichen Finanzkammer (mit Ausschluß der Hof- und Domänenkammer) ein jährliches Einkommen von etwa 2 200 000 fl verschaffen.

§ 3. Bei einer Prüfung der Feudalabgaben nach ihrem rechtlichen sowohl als nationalökonomischen und finanziellen Werte müssen notwendig die rein persönlichen, aus ehemaligen Leibeigenschafts- und Hörigkeitsverhältnissen entsprungenen Abgaben von den Grundbeschwerden genau getrennt werden, welche in Eigentums- oder noch fortdauernden Jurisdiktionsverhältnissen ihren Grund haben.

§ 4. Die persönliche Leibeigenschaft erbt sich entweder von der Mutter auf die Kinder fort, oder sie entsteht durch den Aufenthalt in einem Orte, in welchem die Luft leibeigen macht.

Seitdem ein wohlgeordnetes Staatsregiment die Personen aller Untertanen in gleichen Schutz nimmt, hat jede persönliche oder Lokalleibeigenschaft ihr rechtliches Fundament verloren. Dies hat die württembergische Verfassung längst anerkannt und daher den Leibeigenen alle gemeine persönliche und dingliche Rechte freier Staatsbürger zugestanden, inkonsequenterweise aber die Abgaben des alten Leibeigentums beibehalten.

So haben nun die Leibeigenen bis jetzt noch
    a) jährliche Steuern, Leibschillinge, Leibhennen, Weisatgelder, Fronen etc.,
    b) Abgaben bei ihrer Verheuratung, Brautlauf, Ungenossenschaftsgelder etc.,
    c) bei ihrem Absterben: Hauptrecht, Sterbfall, Besthaupt, Gürtelgewand, große und kleine Fälle etc. und
    d) bei ihrer Loslassung: Manumissionsgelder zu entrichten.

§ 5. Die Abgaben aus der Personal- und Lokalleibeigenschaft widerstreiten allen Grundsätzen der Nationalökonomie.

1. Entweder wird hiebei wie bei den jährlichen Abgaben und dem Brautlauf weder auf Vermögensbesitz noch Einkommen Rücksicht genommen, und gerade die Ärmeren, welche die Mittel zum Loskauf nicht aufzutreiben vermögen, sind denselben vorzugsweise unterworfen,

2. oder sie nehmen den bedrängten Erben das Beste aus der Hinterlassenschaft der Eltern für den Leibherrn hinweg. Dadurch werden der Mut und die Mittel zum Erwerb in gleichem Grade geschwächt und Reize zu mannigfaltigen betrüglichen Handlungen gegeben.

3. Besonders traurig ist das Los der leibeigenen Töchter; jede Aussicht zu einer bessern Versorgung ist ihnen verschlossen: Der Jüngling, der nur eine

leibeigene Nachkommenschaft von ihnen zu erwarten hat, meidet sie ebensosehr als die Gemeinde, in die sie tretten wollen.

Sollen diese Hindernisse durch Loskauf hinweggeräumt werden, so müssen sie nicht selten das ganze kleine Heuratgut zum Opfer bringen, das zum Beginnen eines Haushalts so nötig gewesen wäre.

§ 6. Eine Einkommenquelle, die das Recht nicht für sich hat und den Wohlstand und die Bevölkerung unterdrückt, muß auch dem Finanzmanne verwerflich sein. Berechnet er noch die Nachlässe und den Abgang am Gefäll als notwendige Folge der Unvermögenheit der meisten Leibeigenen, die namenlosen Schreibereien, die oft für einen Mannsschilling von 2 kr 1 h Jahr für Jahr drei bis vier Folioseiten erfordern, die Beschwerlichkeiten im Einzug und [bei] den Beurkundungen, die Abgaben, die nicht selten dem Leibherrn selbst obliegen etc., so überzeugt er sich leicht, daß diese Gattung von Einnahmen unter die zwecklosesten gehören.

Alles richtig berechnet und die Zeit, welche der Kameralbeamte und Rechnungsrevisor notwendigeren Geschäften entziehen müssen, nicht in Anschlag genommen, fällt die reine Einnahme von solchen Gefällen gewiß auf zwei Drittteile ihres Bruttoertrags herab, und die Finanzkammer erhält für die oben in Berechnung genommenen pp. 30 000 fl jährlich kaum 20 000 fl.

§ 7. Mehr bedarf es wohl nicht, um eine Regierung, die ihr Finanzsystem nur auf das Recht, den Nationalwohlstand und eine kluge Ökonomie zu gründen die Absicht hat, zu unbedingter Aufhebung einer Abgabe zu vermögen, die schon den Geist der Zeit, die geläutertsten Grundsätze von bürgerlicher Gleichheit und Freiheit gegen sich hat. Durch eine bloße Loskäuflichkeit solcher Abgaben würde die Regierung mit sich selbst in Widerspruch kommen und das Verwerfliche derselben aufs neue sanktionieren und verewigen.

Allein es scheint keineswegs genug zu sein, daß sie nur für ihre Kammern die Abgaben dieser Art aufhebe; sie kann den rechtswidrigen und staatsverderblichen Zustand, unter dem ein nicht unbedeutender Teil des Volks von andern Leibherren noch immer niedergehalten wird, ebensowenig ferner fortdauern lassen, noch auch für die Aufhebung eines solchen Mißbrauchs aus Staatsmitteln Entschädigung reichen. Seine Königliche Majestät werden vielmehr die Billigung und den Dank der Mit- und Nachwelt ernten, wenn Sie in dem ganzen Umfange des Königreichs alle Personal- und Lokalleibeigenschaftsabgaben, insoferne sie nicht mit Grundeigentumsverhältnissen in unmittelbarer Verbindung stehen, ohne alles Losgeld auf der einen und ohne alle Entschädigung auf der andern Seite für ewige Zeiten aufheben.

Anmerkung: Der Königliche Verfassungsentwurf spricht zwar im § 61 s.m. 3 von billiger Entschädigung für die Berechtigten durch die bisherigen Leibeigenen[1]). Ohne Zweifel aber ist hier

a) nicht von den Königlichen Kammern und

b) nur von solchen Leibeigenschaftsgefällen die Rede, welche durch spätere Verträge auf das Grundeigentum radiziert worden sind (Realleibeigenschaft)[2]).

---

[1]) Vgl. Nr. 36.
[2]) In einer Note an das Innenministerium vom 14. 2. 1825 erläuterte der damalige Finanz-

§ 8. In einem andern Lichte als die persönlichen Abgaben erscheinen die dinglichen oder die Grundbeschwerden der Güterbesitzer. So verschieden auch immer ihr Ursprung sein mag, ihre fortdauernde Rechtmäßigkeit scheint keinen haltbaren Einwendungen zu unterliegen. Die dermaligen Besitzer des beschwerten Grundeigentums erwarben dasselbe nur mit der Verbindlichkeit zu den darauf haftenden Lasten, und sie erwarben es eben daher um einen um so viel niederern Preis. Auf der andern Seite kann das Gefäll, gültig erworben, dem Gültberechtigten so wenig als eine andere eigentümliche Sache ohne Rechtsverletzung entzogen werden.

§ 9. Betrachten wir die Grundgefälle aus dem Standpunkte der Nationalökonomie und der Finanzwirtschaft, so dürfen wir sie im allgemeinen und unter den hienach angeführten Bedingungen in die Reihe der vorzüglichsten Abgaben stellen.

1. Indem sie auf einer festen Grundlage beruhen, gewähren sie dem Grundherrn eine sichere und, wenn sie in Naturalien abgetragen werden, mit dem Preise derselben und dem Werte des Gelds in stetem Verhältnis bleibende Einnahme. Ihr hoher Wert für die Staatsadministration hat sich nie so unwidersprechlich als in der gegenwärtigen Zeit bewährt; ohne Steuern, bei nie erhörter Teurung, bei fortdauernden großen Staatsbedürfnissen waren sie es, die die Regierung in den Stand setzten, dem Bedrängten durch Gnadenpreise wohlzutun, dem Landmann sein Saatkorn zu reichen und dennoch den Bedürfnissen der Staatskasse Genüge zu leisten. Wohin würde es mit Württemberg gekommen sein, wenn in dieser Not die Finanzkammer keine Fruchtspeicher zu öffnen gehabt hätte!

2. Nicht minder empfehlungswert sind diese Gefälle in Beziehung auf den Abgabepflichtigen.

Nur demjenigen Güterbesitzer, dem sie zuerst aufgelegt werden, vermindern sie den Wert seines Grundeigentums, aber eben deswegen fallen sie dem Käufer desselben und allen künftigen Besitzern nicht mehr zur Last. Sie sind für sie keine Abgabe mehr, denn was sie an Gült reichen, ersetzt ihnen das Interesse des geringeren Erwerbungskapitals.

Man fürchtet, die Gültabgabe setze den Güterbesitzer außerstand, seine Steuer abzutragen; man irrt. Denn nach dem württembergischen und jedem wohleingerichteten Grundsteuersystem steuert von der Grundgült nicht der Gültreicher, sondern der Gültherr. Jenem ist sie von dem Steuerkapital seines Guts abgezogen, ja bei erhöheten Grundsteuern wird er oft gegen den Besitzer eines gültfreien Guts sich erleichtert finden, z. B.:

---

minister v. Weckherlin, warum 1817 die Realleibeigenschaftsgefälle nicht aufgehoben worden seien (E 146, Bü 2, Q 41):
1. Die Realleibeigenschaftsgefälle haben ganz die Natur anderer Grundabgaben angenommen; die Besitzer derartiger Güter haben diese wohlfeiler als freie Güter erkauft, so daß „ihnen durch den Nachlaß auf Kosten der übrigen Steuerpflichtigen eine wirkliche Schenkung gemacht würde".
2. Es handelt sich bei den Realleibeigenschaftsgefällen um hohe Beträge, so „daß der unentgeldliche Verlust derselben einen zu bedeutenden Ausfall in den Einkünften des Staates zur Folge gehabt hätte".
3. Hauptrecht und Sterbfall werden auch von einem großen Teil nicht mit Leibeigenschaft behafteter Fall-, Erblehen ud Erbzinsgüter entrichtet, so daß die Gerechtigkeit erfordert hätte, auch diese Abgaben aufzuheben – wegen der finanziellen Größenordnung der Leistung und der Schwierigkeit, sich mit den privaten Grundherrschaften wegen der Entschädigung zu einigen, eine undurchführbare Maßregel.

Die ordentliche Steuer betrage aus einem gültfreien Acker 3 fl, so wird der Besitzer eines mit einer Gült von 1 fl beschwerten Guts bezahlen: Steuer 2 fl, Gült 1 fl.

Steigt nun die Steuer aufs Dreifache, so wird der erstere zu bezahlen haben 9 fl, der letztere: 3fache Steuer à 2 fl = 6 fl, Gült 1 fl, zusammen 7 fl, mithin weniger ca. 2 fl, welche auf den Gültherrn und die übrigen gültfreien Grundbesitzer fallen.

Unter solchen Verhältnissen legen die Grundgefälle der Landeskultur und ihren Fortschritten kein Hindernis in den Weg, sie schwächen weder den Mut noch die Kräfte des Grundeigentümers, sie sind vielmehr ein wesentliches Beförderungsmittel seines Wohlstands und eines lebhaften Güterverkehrs; denn entweder sind sie stet und fest, so daß der Güterbesitzer voraus weißt, was er im Laufe des Jahrs zu entrichten haben wird, wie er seine ökonomischen Anordnungen hienach treffen, sparen, kaufen oder veräußern soll, oder sie steigen und fallen mit dem Ertrag, dann kann ihre Entrichtung ihm nie lästig fallen, er gibt gern mehr vom größeren Einkommen, wenn er sicher ist, beim geringeren geschont zu werden.

So macht diese Abgabegattung den Güterbesitz angenehmer, reizt zum Erwerb, erhöht die Kultur und den Wert des Grundeigentums, mit diesem den Kredit und den Nationalwohlstand.

§ 10. Alle diese Vorzüge der Grundabgaben finden jedoch nur unter folgenden Bedingungen statt:

1. Die Grundabgabe muß auf freiem Eigentum ruhen;

2. sie muß zum großen Teil unveränderlich sein;

3. sie muß in einem angemessenen Verhältnis mit dem Gutsertrag stehen und dessen Natur entsprechen; sie muß endlich

4. schon von früheren Zeiten her auf dem Gute ruhen und mit dem allgemeinen Abgabewesen des Staats in Verbindung gesetzt sein.

§ 11. Was die erste Bedingung anbelangt, so sind es eigentlich die persönlichen Beschränkungen, denen ein Gültreicher in der Benützung seines Grundeigentums und in dem Verkehr mit demselben unterworfen ist, was der Landeskultur und dem Emporkommen des Bauernstands so große Hindernisse in den Weg legt; vor allen müssen daher sie hinweggeräumt werden.

1. Zuerst nehmen die Fallehen die Aufmerksamkeit der Regierung in Anspruch, und durch die Bestimmungen in dem Königlichen Verfassungsentwurf § 61 und der vorangegangenen Generalverordnung vom 6. Julii 1812[3]) ist in dieser Hinsicht bereits ein großer Schritt für die Volkswohlfahrt getan.

Dennoch scheinen die Bedingungen, unter welchen selbst die Königlichen Kammern die Allodifikationen zugeben, einer schnellen und allgemeineren Anwendung dieser wohltätigen Maßregeln im Wege zu stehen. Es dürften daher folgende weitere Vorschriften zu erteilen sein:

a) Für die Aufhebung des Fallehensverbands selbst sollte keine besondere Entschädigung gefordert, sondern sich einzig mit dem Ersatz des bisherigen Gefällbetrags begnügt werden;

---

[3]) Vgl. Nr. 35.

b) die Verwandlung sollte nie in Erblehen, sondern in reine Zinsgüter mit ungeteiltem Eigentum geschehen;

c) die Finanzkammer hätte hienach eine für die Allodifikation möglichst günstige Norm, wie jener Ersatz zu berechnen, vorzulegen;

d) diese Norm wäre öffentlich bekanntzumachen; alle unter der Aufsicht des Staats stehende Gemeinde-, Stiftungs- und andere Korporationen hätten sich hienach zu achten, und die adelichen und andere Grundherrschaften wären aufzufordern, sie bei ihren diesfallsigen Verträgen gleichfalls zugrund zu legen;

e) jeden Jahrs wäre an Seine Königliche Majestät unmittelbar durch das Ministerium des Innern Bericht zu erstatten

α) über die Zahl der Fallehen jeder Grundherrschaft,

β) über die Zahl und Beschaffenheit der von jeder derselben geschlossenen Allodifikationsverträge und

γ) über die Ursachen, warum hierunter nichts weiter geschehen sei.

§ 12. 2. Nicht minder bedarf die Gesetzgebung in Beziehung auf die Erblehen einer Vervollständigung.

Seitdem infolge des Generalreskripts vom 6. Julii 1812 die Erblehen durch Erbschaft und auf jede andere Weise zertrennt werden dürfen und durch die Verordnung vom 2. März 1815[4]) auch die Zins- und Lehenlosung aufgehoben, mithin das Gesetz der Geschlossenheit und Unzertrennbarkeit dieser Lehen außer Wirkung gesetzt ist, kann konsequenterweise auch keine Tax- oder andere Gebühr mehr für jeden eintrettenden Zertrennungsfall gefordert werden.

Ist aber hiedurch das Größere, nemlich die Lehenszertrennung ohne Taxe zugegeben, so kann wohl noch weniger das Geringere, nemlich eine bloße Veränderung des Besitzers oder die Verpfändung des Lehens einem Anstand und einer Abgabe unterworfen sein.

Auf diese Art hat das dem Lehenherrn bei Erblehen bisher zugestandene Obereigentum für die Finanzverwaltung sein praktisches Interesse bereits verloren, und der hierin begründete Hauptunterschied zwischen dem Erblehen und bloßen Zinsgut ist aufgehoben.

In dieser Hinsicht dürfte daher nur noch bestimmter gesetzlich zu erklären sein,

a) das bei Erblehen dem Lehenherrn bisher zugestandene Obereigentum sei für solchen infolge der Verordnungen vom 6. Julii 1812 und 2. März 1815 als aufgehoben anzusehen und mit dem nutzbaren Eigentum vereiniget;

b) die bisherigen Erblehen nehmen hiedurch die Eigenschaft bloßer Zinsgüter an, die in Veränderungs-, Zertrennungs- und Verpfändungsfällen keiner Konzessionstaxe unterliegen.

c) Sollte eine Grundherrschaft an die Fortdauer einer Trennungsgebühr aus einem besondern Titel oder wegen des ihr durch die unbedingte Zertrennbarkeit etwa zugehenden größern Administrationsaufwands eine Ansprache zu haben glauben, so sei hierüber besonderer Bericht zu erstatten;

d) das bei mehreren Erblehen und Zinsgütern dem Gefällherrn bisher zugestandene Losungsrecht werde gleichfalls für aufgehoben erklärt.

---

[4]) RegBl 1815, S. 79–81; vgl. Darstellung, Kap. 2, Anm. 92.

§ 13. Es läßt sich schwer beschreiben, welche unendliche Vorteile für die Geschäftsführung und die Lage des Landmanns aus dieser einfachen, zwanglosen Maßregel entstehen werden. Mit freiem Eigentum beschenkt, mit neuer Liebe an den Bau desselben gefesselt, wird der Gutsbesitzer zugleich von zahllosen Plackereien und Kosten befreit werden, die, indem sie ihm die Kräfte zu zweckmäßigerer Benutzung seiner Güter raubten, in gleichem Grade der Administration nachteilig waren. Zwar wird die Königliche Finanzkammer eine nicht unbedeutende Summe an Lehenstaxen (vielleicht jährliche 20- bis 30000 fl) verlieren, allein einesteils kann hierauf bei einer Reform der Staatsabgaben überhaupt Rücksicht genommen werden, andernteils wird die Kammer in der Vereinfachung ihres Rechnungswesens, in der Verminderung der Geschäfte in den Kanzleien, in der Ersparung von Schreiberei-, Renovations- und Prozeßkosten zum großen Teil wieder entschädiget werden.

§ 14. Eine weitere Bedingung, unter welcher die Grundabgaben vor andern einen Vorzug verdienen, ist ihre Unveränderlichkeit. Zwar muß auch hier Ziel und Maß gehalten, und es müssen nicht auch die nach dem jährlichen Ertrage wohltätig steigenden und fallenden Abgaben unbedingt in lauter jährliche und fixe verwandelt werden. Vielmehr muß bei einer wohlgeordneten Finanzadministration auf ein richtiges Verhältnis zwischen unveränderlichen und veränderlichen Gefällen sorgfältige Rücksicht genommen werden, einmal, damit auch die Regierung an den Schicksalen und an dem Fleiß oder Unfleiß der ackerbautreibenden Klasse Anteil nehme und ihre Revenüen mit dem steigenden Flor des Landbauers zunehmen, und dann, damit sie nicht bei einigen minder fruchtbaren Jahren in Gefahr komme, eine ihrer wichtigsten Revenüen ohne Ersatz in besseren Jahren zurücklassen oder durch Zwangsmittel den Wohlstand des Güterbesitzers gefährden zu müssen.

§ 15. Unter die veränderlichen Gefälle, welche zum Besten der Güterbesitzer sowohl als der Finanzadministration auf jährliche ständige Größen fixiert werden sollten, sind vornehmlich diejenigen zu zählen, welche bei Veränderungen mit dem Besitzer der Erblehen- und Zinsgüter unter dem Namen von Handlohn und Weglöse (Laudemien) teils in festgesetzten Summen, teils nach Prozenten des Kaufs- oder geschätzten Güterwerts, des Güterertrags, oft auch des Vermögens oder der Fahrnis, teils in Vieh als sogenannte Güterfahl oder Herdrecht erhoben zu werden pflegen, teils auch zu Gnaden gestellt sind.

Durch den größern Teil dieser Laudemien wird die Trennung der Güter und somit der freie Verkehr mit solchen und die gleiche Beratung der Nachkommenschaft des Landmanns unendlich erschwert; ungewiß, wann und wie oft sie wiederkehren und meistens beim Tode gerade in dem Zeitpunkte schwererer Haussorgen eintrettend und mit lästigen Taxationen verbunden, vermindern sie selbst in ungleichem Verhältnis mit ihrer Größe den Wert der Güter und den Kredit ihrer Besitzer; sie erschweren zugleich die Administration, vervielfältigen die Geschäfte und widerstreiten einem wohlgeordneten Steuersystem.

Alle diese Abgaben dürften

a) teils durch Ablösung, teils durch Verwandlung in jährliche fixe Geld- und Naturalabgaben aufzuheben sein;

b) als Maßstab der Ablösungssumme möchte es an dem einfachen Kapitalwert um so mehr genügen, als die zu ihrer Erhebung berechtigte Herrschaft schon durch Ersparung in den Administrationskosten bedeutend gewinnt. Je auf zwanzig Jahre wäre ein Veränderungsfall und zur Basis der Durchschnittsberechnung bei den Laudemien nach Prozenten und bei Güterfällen der Belauf der letzten drei Fälle anzunehmen. Die künftige fixe Abgabe wäre zur Hälfte auf Früchte zu setzen, und bei letzterer Berechnung die neuere Kammertaxe zugrund zu legen.

c) Die Maßregel einer solchen wohltätigen Laudemienaufhebung müßte allgemein und durchgreifend, jedoch dem Abgabepflichtigen die Wahl unter der Ablösung und der Verwandlung mit der einzigen Beschränkung freizulassen sein, daß, wo die jährliche fixe Abgabe nicht über 1 fl 30 kr hinansteigen würde, die Ablösung statthaben müsse.

§ 16. Als dritte Eigenschaft der Grundabgabe wird erfordert, daß sie der Natur des Gutsertrags entspreche und mit diesem Ertrag in einem angemessenen Verhältnisse stehe.

In ersterer Beziehung ist es jetzt, wo wenigstens der Regent als Gutsherr seine Tafel nicht mehr mit Hühnern, Eiern und andern dergleichen Lieferungen der Bauern versorgen läßt, in hohem Grade zweckwidrig, noch immer unter dem Titel von Kuchengefällen alte und junge Hühner, Gänse, Eier, Honig, Pfeffer, Käse, Fische, Zungen, Schweine und Schweinsviertel etc. in den Lager- und Haischbüchern, in den Partikular- und Hauptrechnungen der Beamten aufgeführt zu sehen, ungeachtet für alle diese Artikel längst billige Geldpreise festgesetzt sind und es nur zu Mißbräuchen veranlaßt, der Natur des Güterertrags widerspricht und dem landwirtschaftlichen Haushalt Eintrag tut, wenn sie für die Küchen der Beamten in natura erhoben werden. Es wäre daher

a) den Königlichen Kammern und ihren Beamten zu befehlen, daß alle sogenannten Kuchengefälle in den gesetzten oder observanzmäßigen Preisen zu den Geldzinsen geschlagen und in allen öffentlichen Urkunden und Rechnungen als solche aufgeführt, folglich nie mehr in natura erhoben werden sollen;

b) eben dies fände in Beziehung auf die neu aufzulegenden Grundgefälle dieser Art statt, und in Fällen, wo das Lagerbuch oder die Observanz zu der Auflegung eines Küchenartikels berechtigt und die neue Gesetzgebung die Auflegung eines Grundzinses überhaupt zuläßt, wäre nie der Küchenartikel selbst, sondern nur der observanzmäßige Preis dafür als Geldzins anzusetzen.

§ 17. Was die verhältnismäßige Größe der Grundabgabe anbelangt, so können dieselbe entweder zu klein oder zu groß sein.

Sind sie zu klein, so werden sie dem Abgabepflichtigen durch die Mühe des Einzugs bei den Teilhabern, durch die Einlieferung, den Abgang etc. ebenso lästig als der Administrationsbehörde, welcher das Huhn ebenso viele Mühe, Schreibereien, Einzugs- und Renovationskosten macht als der Scheffel Frucht.

Einigermaßen wird diesem Gebrechen durch die oben berührte Zurechnung der Kuchengefälle zu den Geldzinsen abgeholfen; dennoch werden noch immer unverhältnismäßig kleine Geld- und Gültabgaben übrigbleiben.

Seltener trifft man Zinse und Gülten an, welche im Verhältnis mit dem Gutsertrag zu groß sind; wo dies aber der Fall ist, wie z. B. bei Gütern, welche neben dem Zehenden das Halbteil, das Drittteil oder das Viertteil jährlich abzureichen haben, da ist an kein Aufblühen der Kultur, an keine bessere Lage des Bauernstandes, selbst an keine Sicherheit für die Finanzverwaltung zu denken.

Um dem einen wie dem andern Übel abzuhelfen, gibt es dreierlei Mittel:
1. die Ablösbarkeit,
2. die Zusammenziehung verschiedener Gefällgattungen,
3. die Radizierung des Gefälls auf ein Gut von geringerem Umfang.

Bei der Anwendung dieser Mittel kommt übrigens in Betracht, daß die Gefälle eines Guts, das vormals ein geschlossenes Ganze machte, ungeachtet der erlaubten Zertrennbarkeit dennoch aus Einer, nemlich des Trägers Hand eingezogen und an den Gefällherrn abgeliefert werden müssen und daß man von dieser Anordnung ohne den größten Nachteil für die Administration nicht abweichen darf, daß es aber dennoch Zins- und Lehengüter gibt, bei welchen schon früher das wohltätige System der Trägereien außer Augen gesetzt und jede Parzelle mit der ihr zugeteilten Abgabe als ein für sich bestehendes Gut behandelt wurde, ohne daß jetzt die Bildung neuer Trägereien für sie möglich wäre. In dieser Hinsicht ist als ein Ganzes zu betrachten:

a) die auf sämtlichen Gütern ein und ebenderselben Trägerei haftende Zins- und Gültsumme,

b) der auf einer zu keiner Trägerei gehörigen Parzelle ruhende Zins- oder Gültbelauf.

§ 18. Dieses vorausgesetzt, möchte die Ablösbarkeit der jährlichen Zins- und Gültabgaben auf folgende Weise zu bestimmen sein:

A) In Beziehung auf die kleineren Zinse und Gülten:

a) Alle Geldzinse, welche mit Einfluß der in solche verwandelten Laudemialgelder und Kuchengefälle (supra § 15 & 16) bei einem Trägereigut oder bei einer zu keiner Trägerei gehörigen Parzelle den Betrag von jährlichen 1 fl 30 kr nicht übersteigen, sowie

b) alle Frucht- und Weingülten von ebendiesem Betrag wären als ablösbar zu erklären und bei den letztern die neuere Kammertaxe zur Norm der Geldberechnung zu nehmen.

B) In Beziehung auf die größeren Zinse und Gülten:

c) Bei allen Gütern, welche neben den Zehenden das Halbteil, Drittteil oder Viertteil geben, können diese Teilgebühren nach einem neunjährigen Durchschnittsertrag zur Hälfte unter der Bestimmung abgelöst werden, daß die andere Hälfte in eine ständige Naturalgült verwandelt werde.

d) Da die Bestimmung, ob und inwieweit eine jährliche fixe Zins- und Gültabgabe gegen den Gutsertrag zu groß sei, von der besondern Ertragsfähigkeit der einzelnen Güter abhängt, mithin im allgemeinen kein Maßstab hiefür gegeben werden kann, so wäre sämtlichen zins- und gültpflichtigen Güterbesitzern die Zusicherung zu erteilen, daß in allen Fällen, wo ein solches Übermaß nachgewiesen werde, eine verhältnismäßige Reduktion eintretten und für das übrige die Ablösung im einfachen Kapitalbetrag statthaben werde.

e) Ebendieser Maßstab für die Ablosungssumme wäre bei allen übrigen Geldzinsen sowie bei dem hälftigen Gefällbetrag der halb-, dritt- und viertteiligen Güter anzuwenden, mithin eine Abgabe von 1 fl mit 20 fl abzulösen.

Was hingegen die ständigen jährlichen Naturalgülten anbelangt, so wäre für deren Ablösung in der Regel der 25fache Betrag festzusetzen und nur bei den ad d) genannten Quoten eine Ausnahme zu gestatten.

§ 19. Ein weiteres Mittel, die geringfügigen Zins- und Gültposten zu entfernen, liegt in der Zusammenziehung verschiedener Gefällgattungen.

Außer der obenberührten Verwandlung der Kuchengefälle in Geldzinse möchte zu gestatten sein:

a) daß in Fällen, wo ein und ebendasselbe Gut neben Naturalgefällen auch Geldzinse zu reichen hat, die letzteren in eine Fruchtabgabe nach der neuen Kammertaxe verwandelt und

b) wenn Wein und mehrere Fruchtgattungen auf ein und ebendemselben Gute als Gülten ruhen, alles zusammen auf zwei Fruchtgattungen, nemlich Winter- und Sommerfrucht, gesetzt werden dürfe.

§ 20. Da, wo die Auflösung der Gülten Anstände findet, ist eine zweckmäßigere Radizierung derselben auf Güter von geringerem Umfange das beste Mittel, dem Stande der Güterbesitzer freies Eigentum zu verschaffen, die Administration zu vereinfachen und die meisten Vorteile der wirklichen Ablösung ohne Zwang und Aufwand von irgendeiner Seite zu erreichen. Wozu soll es auch dienen, daß 2–3 Schillinge, 2–3 Sri Frucht auf 20–30 Morgen Felds radiziert sind? Man setze die Abgabe auf einen Morgen, und 19–29 Morgen werden frei und dem Besitzer zur unbedingten Disposition heimgegeben sein. Große Strecken Feldes, ganze Gemeindemarkungen können auf diese Weise von allem Feudalzwange, von allen Feudalabgaben befreit werden.

Da, wo das zins- und gültbare Gut einem einzigen Besitzer zugehört, kann die neue Radizierung auf einen kleinen Teil desselben keine Schwierigkeiten unterworfen sein; sie würde auch da noch statthaben können, wo das Hauptgut nur in wenige Parzellen von größerem Umfang geteilt wäre. Nur in dem Falle, wo das Hauptgut in viele kleine Teile, unter viele einzelne Besitzer zerstückelt ist, würde die Ausführung Anstand finden, wenn die Besitzer sich nicht vereinigen könnten, wer von ihnen auf seinen Teil gegen verhältnismäßige Entschädigung von den andern die Gült zu übernehmen habe. Doch würden dergleichen Fälle minder häufig vorkommen, einmal, weil bei manchem Gute der Art die Ablösung selbst statthaben würde, besonders aber dann, wenn die Gemeinden selbst aufgefordert würden, ins Mittel zu tretten.

Nichts würde nemlich dem hohen Zwecke, das Privateigentum von allen Feudallasten zu befreien, mehr und kräftiger zusagen, als wenn die Summe sämtlicher Zinse und Gülten, welche auf dem Grundeigentum sämtlicher Mitglieder einer Gemeinde haften, oder wenn auch nur die Beschwerden einzelner sehr zerstückelten Zins- und Lehengüter auf die Gemeindekasse übernommen, auf ein Gemeindegut radiziert und von der Gemeindeverwaltung an den Zins- und Gültherrn abgetragen würden. Die Gemeindeadministration hätte nicht nötig, sich mit einer speziellen Subrepartition dieser übernommenen Beschwerden zu befassen; denn da der steuerbare Fonds der Gemeindeglieder in dem Verhältnis der ihm abgenommenen Lasten sich vergrößerte, so fiele künftig eine um so größere Quote des Gemeindeschadens auf das befreite Eigentum, und die Gemeindekasse fände dadurch ohne neue Belästigung der vormals freien Güter ihren Ersatz. Sollte dies aber auch nicht überall in gleichem Verhältnisse der Fall sein, was liegt daran, da durch die Operation dem größten

Teil nicht nur der jetzt lebenden Gemeinde, sondern auch ihrer ganzen Nachkommenschaft freies Eigentum verschafft und Vorteile gegründet werden, an denen bälder oder später alle teilnehmen werden.

Würde man dem einzelnen gestatten, aus kleinlichem Eigennutze wohltätigen, für das Ganze berechneten Planen dieser Art entgegenzutretten, so könnte in keinem Staate jemals eine große Maßregel zur Ausführung gebracht werden.

Eine einzige Vorsicht zum Besten des Gefällherrn wäre hiebei anzuwenden; man müßte nemlich darauf Rücksicht nehmen, daß derselbe in dem neu gewählten Fonds ein sicheres Unterpfand für die darauf radizierte Abgabe hätte, daß mithin dieselbe in keinem Mißverhältnis mit dem jährlichen Gutsertrag stände.

Hiefür läßt sich nun zwar kein allgemeines Regulativ geben, weil die Ertragsfähigkeit der einzelnen Güter unendlich verschieden ist; im allgemeinen dürfte jedoch festzusetzen sein, daß die Abgabe auch bei dem besten Morgen gebauten Feldes den Belauf von 2 bis 3 fl nie übersteigen dürfe.

§ 21. Hat man für die Vereinfachung und Verminderung der bereits bestehenden Grundabgaben aus so guten Gründen zu sorgen, so kann noch weniger die Vervielfachung derselben durch neue Auflegung zugegeben werden. Denn hier tritt noch der besondere Umstand ein, daß die neu geschaffene Grundabgabe den Wert des Eigentums für den gegenwärtigen Besitzer um das Kapital der Abgabe vermindert.

So wie daher ohnehin keinem Privaten die Auflegung neuer Grundbeschwerden je zu gestatten ist, so dürften auch die Königlichen Kammern anzuweisen sein, in Fällen, wo sie zu der Auflegung eines neuen Geld- oder Naturalzinses befugt sind, immer und solang derselbe den Belauf von 1 fl 30 kr nicht übersteigt, nur den Kapitalwert nach dem oben angegebenen Maßstabe anzusetzen und einzuziehen und solchen für den Staatsfonds (in Domanium) zu verwenden.

§ 22. Einer der drückendsten Feudallasten ist noch Erwähnung zu tun, der Fronen und Frongelder:

Insofern sie als reine Überbleibsel vormaliger persönlicher Leibeigenschaft noch bestehen, werden sie zwar mit der allgemeinen Aufhebung der Leibeigenschaftsgefälle ebenfalls verschwinden; allein gar zu häufig sind sie durch unantastbare Verträge auf das Grundeigentum fixiert und als Naturaldienst oder Frongeld in würkliche Reallasten verwandelt worden, deren Aufhebung nun erheblichen Schwierigkeiten unterliegt.

Eine allgemeine Verwandlung derselben in eine ständige Geldabgabe möchte vor jetzt noch hie und da den Fronpflichtigen schwerer fallen als die Naturalleistung; auch könnte sie zum Nachteil derjenigen ausschlagen, welche keine rechtliche Verbindlichkeit zu haben behaupten, für Dienste, die der Dienstherr nicht in natura bedarf, ein Surrogat zu bezahlen.

Für die Finanzkammer mögen die Frongelder (ohne die Dienste, welche in natura geleistet werden) einen Gegenstand von jährlichen 25000 fl ausmachen. Nicht minder erheblich sind die Hand- und Spanndienste für manchen großen Gutsbesitzer.

Vor jetzt dürfte sich eine allgemeine Anordnung auf folgende Punkte beschränken:

1. Den Königlichen Kammern sowie allen unter der Aufsicht des Staats stehenden Administrationen wäre der Naturalgebrauch aller auf dem Grundeigentum ruhenden Hand- und Spannfronen zu untersagen, so daß sie solche auch keinem Pächter überlassen dürfen;

2. nur wo ein unbestreitbares Recht für die Forderung eines Fronsurrogats vorliegt, wäre sich mit den Fronpflichtigen auf ein billiges Frongeld, wobei alle mit der Administration bisher verbundene Kosten in Abzug gebracht werden müssen, oder über eine gänzliche Ablösung derselben mittelst eines einfachen Kapitals zu vergleichen.

3. Die bereits durch frühere Verträge und Observanz entstandene Frongelder wären auf gleiche Weise für ablösbar zu erklären;

4. die Privatbesitzer und Dienstherren wären aufzufordern, diesem Beispiel zu folgen; vorläufig hätten sie die etwa noch stattfindende ungemessene Dienste unter Mitwürkung der Königlichen Oberbeamten auf eine billige Weise in gemessene zu verwandeln.

In dem an Seine Königliche Majestät unmittelbar über die Allodifikation der Fallehen alle Jahr zu erstattenden Berichte wäre anzuzeigen, was jeder Gutsbesitzer hierunter getan habe, welche Frongelder er dermalen noch beziehe, auch ob und welche Schwierigkeiten der Aufhebung der Naturalleistung im Wege stehen.

§ 23. Noch möchten zwei andere dem Zeitgeiste widerstrebende Abgabegattungen einer höheren Würdigung zu empfehlen sein:

1. Der lebendige oder Blutzehenden.

Da er der Finanzkammer im Jahr 1808/09 nur eine Revenüe von 912 fl gewährte und für die Abgabepflichtigen ebenso drückend als für die Administration unsicher und kostbar ist, so dürfte er für die Kammer sowohl als das Kirchengut aufzuheben und nachzulassen, denjenigen aber, welchem er als Besoldungsteil zugewiesen ist, billige Entschädigung zu geben sein.

2. Für das Hundehalten.

Die Finanzkammer bezog hiefür in dem gedachten Jahr in Geld und Naturalien 1254 fl. Sollte die Abgabe hie und da nur als persönliche Last auf einzelne oder auf Kommunen gelegt sein, so dürfte sie ganz und unentgeltlich nachzusehen, als Realbeschwerde aber mit einfachem Kapital abzulösen sein.

§ 24. *Zusammenfassung der vorgeschlagenen Maßnahmen.*

§ 25. *Ein Teil der Maßnahmen (Aufhebung der persönlichen Leibeigenschaft, Verbot neuer Grundauflagen usw.) ist auf dem Verordnungsweg bekanntzumachen und durchzuführen.*

Betreffend hingegen die Ablösbarkeit und Fixierung der Laudemien bei den bisherigen Erblehen- und Zinsgütern sowie der Halb-, Dritteils- und Viertteilsgefälle und der Fronen und Frongelder, die Ablösbarkeit der kleinen Geld- und Naturalzinse, der größern, mit dem Ertrage in keinem Verhältnisse stehenden Gültquoten und des Hundehaltens, besonders aber die Radizierung der Grundabgabe auf kleinere Gutsteile oder Gemeindegründe und die Zusammenziehung verschiedener Gefällegattungen, so müßte die Ausführung mit kommissarischen Verhandlungen an Ort und Stelle beginnen.

Es ist sichtbar, daß das Resultat derselben mit dem Grundsteuersystem in engster Verbindung stehet und daß eine Rektifikation des letztern unendlich erleichtert und vervollkommnet wird, wenn die Resultate der erstern bei Katastrierung des Grundeigentums bereits vorliegen.

In dem Fall nun, daß eine Revision des Grundsteuerkatasters würklich vorgenommen würde, wäre den Steuerkommissarien, die ohnehin in jede Gemeinde kommen und die sämtlichen Grundgefälle eines jeden Guts und Gutsbesitzers erforschen müssen, der Auftrag zu erteilen, sowie sie die diesfallsigen Notizen und die weiters erforderlichen Durchschnittsberechnungen von den Gutsherren zur Hand gebracht haben werden, in Gemeinschaft mit den Beamten derselben die Abgabepflichtigen Mann für Mann zu Protokoll zu vernehmen: fürs erste, welche Gefälle sie abzulösen gedächten, und dann, welche in feste Geld- und Naturalzinse zu verwandeln wären? Wobei sie denselben die nötigen Belehrungen zu geben und sie besonders zur Ablösung aufzufordern hätten.

Wegen der hienach noch übrigbleibenden Reallasten wäre sodann mit dem Ortsmagistrat in Kommunikation zu tretten und derselbe zu vernehmen, ob nicht oder in welcher Maße die den Gemeindegliedern obliegende Lasten auf die Gemeindekasse zu übernehmen und auf ein Gemeindegut zu radizieren sein möchten? Sollte dies ganz oder zum Teil Anstand finden, so wären dann die Gültpflichtigen selbst zu vernehmen, mit den Besitzern der ungeteilten oder nur wenig zerteilten Güter die neue Radizierung ohne weiters zu bewerkstelligen, bei den mehr geteilten aber zu trachten, einen Vergleich unter den Teilhabern zustande zu bringen.

Was die Zusammenziehung der Gefälle auf wenigere Gattungen betrifft, so wäre bei dieser Gelegenheit mit den Abgabepflichtigen gleichfalls eine Vereinigung zu treffen.

Die Protokolle mit dem Resultat wären unverweilt an die gültherrliche Behörde zur Genehmigung einzusenden, um solches bei der Steuerrektifikation zugrunde legen zu können.

Nr. 38   1817 Juni 12, Stuttgart

Bericht der wegen Aufhebung oder Loskauf der sogenannten Feudalabgaben niedergesetzten Kommission an das Finanzministerium zu dem Gutachten von Staatsrat v. Weckherlin.

E 31/32, Bü 405, UFasz. 1026. Ausfertigung. Unterschriften: Wekherlin, Hartmann, Spaeth, Tafel.

Die Kommission verdankte ihre Entstehung dem Wunsch des Königs, die Finanzverwaltung zu vereinfachen (vgl. Einleitung zu Nr. 36—44). Sie sollte sich auch mit der beabsichtigten Reform der sogenannten Feudalabgaben befassen. Mitglieder waren Staatsrat v. Weckherlin (Vorsitzender), Geh. Oberfinanzrat v. Hartmann, Oberfinanzrat Spaeth, Hof- und Domänenrat Tafel.

Weckherlins Gutachten (Nr. 37) wurde der Kommission am 29. 4. zur Begutachtung zugestellt (E 31/32, Bü 405, UFasz. 1026).

[...] Nach einer reiflichen Erwägung der in dem erwähnten Aufsatz über die Reform der Feudalabgaben enthaltenen Vorschläge haben sich die Unterzeichneten im allgemeinen überzeugt, daß durch die Realisierung derselben nicht nur die beabsichtete Vereinfachung in der Finanzverwaltung und besonders in dem Kameralrechnungswesen vollkommen erreicht, sondern daß auch die Untertanen der lästigsten Abgaben entlediget und daß insbesondere dem Grundbesitzer für die Benützung seines Eigentums eine Freiheit gegeben würde, welche für die Kultur die wohltätigsten Folgen hervorbringen, den gesunkenen Wohlstand der Bauern heben und dadurch mit der jährlichen Produktion den Nationalreichtum bedeutend vermehren, zugleich aber in ihrer Rückwirkung der Finanzverwaltung eine hinlängliche Entschädigung für die Opfer verschaffen würde, die sie jetzt der guten Sache der Untertanen darbrächte. Besonders wohltätig dürfte eine Operation der Art, welche so sehr dem Geiste und der Forderung der Zeit entspricht, auf die Gesinnungen der Untertanen, auf ihre Liebe zum Vaterlande, auf ihre Industrie und, indem sie dem Menschen selbst ein höheres Gefühl seiner Würde einflößte und ihm größere Hülfsquellen eröffnete, auch auf ihre innere Bildung einwirken.

Meist zustimmende Bemerkungen zu dem Gutachten Weckherlins. Abweichungen: Für Gefälle aus Personal- und Lokalleibeigenschaft soll den Privatberechtigten notfalls eine Entschädigung nach billigen Ablösungsnormen zustehen. Zu § 18 c: Beim Abkauf derart schwerer Abgaben soll man unverzinsliche Zahlungsfristen einräumen, bei halbteiligen Gütern sollen ⅔ der bisherigen Abgabe ablösbar sein. Zu § 20: Die auf einzelne Grundstücke radizierte Gült darf nicht mehr als ein Viertel des durchschnittlichen Ertrags ausmachen. Weitere Empfehlungen, die Reform zu fördern: Den ablösungswilligen Gutsbesitzern ist auf Verlangen das Loskaufskapital auf Lebenszeit oder bis zur Veräußerung des befreiten Gutes gegen hinlängliche Sicherheit und landläufige Verzinsung auszuborgen, den Ärmeren ohne hinreichende Realversicherung ist die Ablösungssumme in verzinsliche Raten zu zerschlagen. Nicht abgelöste Geld- und Naturalgefälle unter 1 fl 30 kr sollten künftig nicht mehr vom Steuerkataster abgezogen werden.

Nr. 39 1817 Juli 13, Stuttgart

Bericht von Finanzminister v. Otto an den Geheimen Rat über das Gutachten Weckherlins und den Bericht der Feudalkommission

E 31/32, Bü 405, UFasz. 1026. Ausfertigung.

Allgemeine Bemerkungen:
1. Wenngleich nicht zu mißkennen ist, daß durch die in Antrag gebrachte Reform der Feudalabgaben nicht nur die Finanzverwaltung vereinfacht und

der Administrationsaufwand vermindert, sondern auch die Kultur befördert und der Nationalreichtum vermehrt wird, so scheint es doch bedenklich, mit der Reform zugleich auch eine so bedeutende Verminderung der Abgaben eintreten zu lassen, daß der dadurch in den Staatseinnahmen entstehende Ausfall auf Kosten der übrigen Untertanen, welche für ihre mit den Feudallasten beschwerte Mitbürger zu zahlen nicht verbunden sind, gedeckt werden muß, auch ist eine solche Verminderung im Grund nichts anders als eine Veräußerung des Staatsguts, welches nach den Bestimmungen der Hausgesetze in seinem wesentlichen Bestand erhalten werden soll, so aber nicht geschehen würde, wenn ein großer Teil der Leibeigenschaftsgefälle und der Lehenstaxen ohne Ersatz verlorengienge und dadurch der Kapitalwert des Grundstocks um mehr als eine halbe Million verringert würde.

2. Da die Reform der Feudalabgaben hauptsächlich die Beförderung des Wohlstands der damit belasteten Untertanen im allgemeinen zum Zweck hat, so wird hiebei der Grundsatz festzustellen sein, daß keine Ausnahme bei irgendeiner Grundherrschaft stattfinden dürfte, sondern alle diejenigen Bestimmungen, welche bei der Oberfinanzkammer zur Erleichterung der Untertanen eintreten, auch bei der Hof- und Domainenkammer sowie bei den Patrimonialherrschaften, Stiftungen, Kommunen und andern Korporationen in Anwendung zu bringen seien.

v. Otto ist unter folgenden Modifikationen mit den Anträgen der Kommission einverstanden:

Wegen der Leibeigenschaftsverhältnisse wäre zu bestimmen:

a) Vom Tage der Publikation des Gesetzes an hört die Fortpflanzung der Leibeigenschaft auf die Nachkommen auf.

b) Alle leibeigenen Personen jedes Alters und Geschlechts, wenn sie nicht über 100 fl eigenes Vermögen haben, sind unentgeldlich freizusprechen.

c) Wenn das eigentümliche Vermögen über 100 fl beträgt, so zahlt

aa) eine Mannsperson ledigen Standes 1 % von ihrem Vermögen, ein Verheurateter oder Witwer 2 %,

bb) eine Weibsperson ledigen Standes zahlt 2 %, eine verheuratete oder Witwe 3 %.

d) Das Vermögen wird nach den Zubringensinventarien, Eventual- oder Realabteilungen, Heuratsbriefen, Übergabsurkunden und andern Dokumenten dieser Art berechnet oder in deren Ermanglung summarisch aufgenommen.

e) Jede leibeigene Person oder ihre Eltern oder Vormünder haben innerhalb eines Jahrs zu erklären, ob sie nach diesem Maßstab die Manumission verlangen, und in solchem Fall das Lösegeld sogleich zu erlegen. Nach Verfluß jener Frist beruht die Bestimmung des Manumissionsgelds auf besonderer Übereinkunft mit dem Leibherrn.

f) Für die Manumission wird keine Taxe, für den Löseschein aber dem Beamten eine dem zehenten Teil des Lösegelds gleichkommende Gebühr, außer welcher nichts weiter anzurechnen erlaubt ist, bezahlt.

g) Wenn eine Gemeinde innerhalb eines Jahrs die Lokalleibeigenschaft abkaufen will, so hat sie für die von dem Leibeigenschaftsherrn bezogenen Nutzungen, welche nach einem Durchschnitt von den letzten zwanzig Jahren berechnet werden, das 20fache, nach Verfluß eines Jahrs aber das 30fache zu entrichten.

h) Die Loskaufsumme muß in fünf unverzinslichen Jahresfristen abgetragen werden.

i) Wo das besondere Verhältnis besteht, daß die Bewohner eines Orts durch den Wegzug leibeigen werden[1]), wird solches mit dem Tag der Publikation aufgehoben.

Zu § 13: *Auf die Taxgefälle von den Lehensveränderungen kann ohne Entschädigung durch ein Surrogat nicht verzichtet werden.*

Ad § 22: Die Aufhebung der Naturalfronen bei den Königlichen Kammern und den unter der Aufsicht des Staats stehenden Administrationen, während der Gebrauch derselben den Privatbesitzern und Dienstherrn verbleiben soll, würde mit dem obigen allgemeinen Grundsatz p. 2 im Widerspruch stehen. Es möchte daher vorderhand die Leistung der Hand- und Spanndienste so lange fortdauern, als sich nicht die Fronpflichtigen mit der Dienstherrschaft darüber vergleichen, wobei jedoch den letztern möglichst billige Behandlung der erstern zu empfehlen und für den Fall, daß sie sich nicht würden vereinigen können, der Regierung die Einschreitung und Entscheidung vorzubehalten wäre.

Zu § 23: *Die Herkunft der Pflicht zum Hundehalten müßte genauer untersucht werden.*

Nr. 40   1817 November 10, Stuttgart

Gutachten der Steuerregulierungskommission „über die Reform der Feudalabgaben"

E 31/32, Bü 405, UFasz. 1026. Nicht mundierte Endfassung.

Mitglieder der Steuerregulierungskommission waren Staatsminister v. Wangenheim, Hof- und Finanzrat Zeller, Oberfinanzrat Spaeth, Kollegienassessor Krehl. Das Kommissionsgutachten basierte auf dem Gutachten des Referenten, Hof- und Finanzrat Zeller. Über die Behandlung der Zehntfrage hatte Zeller einen Vortrag Wangenheims aus dem Jahre 1816 herangezogen. Wangenheim wich bei der Endredaktion des Gutachtens in einigen Punkten von den Kollegialbeschlüssen ab (vgl. Anm. 3). Im wesentlichen bestimmten Zeller und Wangenheim das Ergebnis des Kommissionsgutachtens; die beiden anderen Kommissionsmitglieder äußerten sich sehr viel zurückhaltender in der Ablösungsfrage, wie ihre beiliegenden Bemerkungen zeigen (Akten: E 31/32, Bü 405, UFasz. 1026).

---

[1]) Die Lokalleibeigenschaft in den betroffenen Orten wurde für die Einwohner finanziell nur dann wirksam, wenn sie außerhalb dieses Ortes lebten. Diese Regel galt z. B. in der Stadt Murrhardt; vgl. Darstellung, Kap. 1, Anm. 430.

§ 1–5 Feudalabgaben, Begriff, Entstehung, Bedeutung in Württemberg; Einteilung in persönliche und dingliche Feudalabgaben.
§ 6–15 Persönliche Feudalabgaben. Verschiedene Meinungen über die Aufhebung der Leibeigenschaft.
§ 16 ff Dingliche Feudalabgaben:
I § 16–35 Gründe für Aufhebung, Verwandlung oder Beibehaltung: § 18 Lehenverband. § 19 Ständige Grundabgaben. § 20–32 Zehnten und Landgarben. § 33 Dingliche Fronen. § 34 Blutzehnt und Hundehalten. § 35 Ergebnis.
II § 36–45 Entschädigung der Berechtigten.
III § 46–52 Sicherung der Entschädigungssumme für die bisherigen Zwecke.
IV § 53–67 Verwandlung der Grundabgaben in ständige Geldrenten, mehrjährige Verpachtung von Zehnten und Teilgebühren.
§ 68–69 Weitere Anträge der Kommission. § 70 Zusammenfassende Übersicht.

§ 1. Unter Feudalabgaben begreift man diejenigen Leistungen, zu welchen ein Staatsbürger wegen einer entweder seiner Person oder seinem Grundeigentum anklebenden Verbindlichkeit, die nicht in einem öffentlichen Verhältnisse, sondern in dem Privateigentum des Berechtigten ihren Grund hat, verbunden ist.

Ihre Entstehung (§ 2). Große Bedeutung dieser Abgaben in Württemberg (§ 3). Trennung zwischen persönlichen und dinglichen Feudallasten (§ 5).

Persönliche Feudalabgaben sind ein Überbleibsel von den Leibeigenschafts- und Hörigkeitsverhältnissen vergangener Zeiten (§ 6).

§ 7. Diese Art von Gefällen widerspricht ebensosehr den Gesetzen des Naturrechts, als sie von der Staatspolizei, der Nationalökonomie und der Finanzkunde verworfen wird.

Sie widerspricht dem Naturrecht, weil sie das heilige Recht der Persönlichkeit verletzt und den Menschen als Sache behandelt. Beschränkung des Staatsbürgers in seiner persönlichen Freiheit, Belastung vorzüglich der ärmeren Volksklassen, teure Verwaltung.

Es muß daher dem Staate nicht bloß das Recht zustehen, sondern es muß ihm als heilige Pflicht obliegen, das Leibeigenschaftsverhältnis als unsittlich, unrechtlich und unpolitisch gänzlich aufzuheben.

§ 61 des Königlichen Verfassungsentwurfs sieht die Aufhebung vor. Über die Entschädigungsfrage (§ 8) sind die Ansichten der Kommission geteilt: Oberfinanzrat Spaeth will Entschädigung der Leibherren, wobei der Staat die Hälfte der Entschädigungssumme übernehmen soll; Kollegienassessor Krehl will vollen Loskauf durch die Pflichtigen. Beide begründen ihre Ansicht vor allem damit: Es handle sich um Privatrechtstitel, die der Staat nicht ohne Entschädigung aufheben könne. Der Grundstock des Kammergutes werde um ca. ½ Mill. fl vermindert; für den entstehenden Einnahmeausfall müßten auch die freien Staatsbürger aufkommen (§ 10/11).

§ 12. Der unterzeichnete Staatsminister von Wangenheim und der Hofrat Zeller aber haben die Überzeugung, daß für die Aufhebung der Leibeigenschaft weder dem Staate noch den Staatskörperschaften, weder dem Regenten als Besitzer des Familienfideikommisses noch den adelichen Gutsbesitzern ein Recht auf Entschädigung zustehe. Denn

1. seien alle Wesen, die mit Vernunft und Freiheit begabt seien, als Selbstzwecke und nicht als bloße Mittel in Gottes freier Schöpfung zu behandeln. Eine Verpflichtung wie diejenige der Leibeigenschaft könne nach der Vernunft nicht einmal durch freiwillige Erklärung entstehen, weil sie die Pflichten, die der Mensch gegen sich selbst habe, verletze, noch viel weniger aber könne sie durch die Geburt aufgedrungen werden. Der Staat, dessen Zweck die Verwirklichung eines sittlichen Zustandes sei, könne daher nie zugeben, daß die Würde des Menschen durch Leibeigenschaft entehrt werde, er könne nicht dulden, daß jemand Eigentum auf eine solche Weise besitze, durch welches die Rechte eines andern oder gar die Rechte der Menschheit in seiner eigenen Person verletzt werden. [...] Wenn auch die Leibeigenschaft zu einer Zeit, in welcher das Recht des Starken galt und die Vernunft den Trieben der Sinnlichkeit weichen mußte, entstanden und sogar unter den Schutz des positiven Rechts gestellt worden sei, so sei der Staat doch schuldig, seinen Schutz zurückzunehmen und dagegen die bisherigen Verpflichteten gegen die Anforderung der Berechtigten zu beschützen, sobald er das Unsittliche des von ihm früher beschützten Verhältnisses erkannt habe. Eine Entschädigung für die Aufhebung der Leibeigenschaft sei daher nicht denkbar. Das Sittengesetz, die Grundlage des allgemeinen Staatsrechts, würde dadurch dem positiven Privatrecht zum Opfer gebracht werden.

Ja, der Staat würde einen offenbaren Widerspruch begehen, wenn er, nachdem er die Leibeigenschaft als unrechtlich aufhob, die bisherigen Leibeigenen zu einer Entschädigung verpflichten wollte, weil er ja dadurch die Gerechtsame als rechtmäßig anerkennen würde.

Die gegenseitige Meinung vergesse offenbar, indem sie sich auf das Privatrecht stütze, daß der ganze Akt der Aufhebung aus den Grundsätzen des allgemeinen Staatsrechts hervorgehe und daher auch in seinen Folgen nach diesem zu beurteilen sei.

Das Privatrecht könne die Leibherrn nur gegen Zurückforderung der bisher bezogenen Nutzungen schützen, keineswegs aber Ansprüche einer Entschädigung begründen, weil das positive Recht mit allen Wirkungen in sich selbst aufhöre, sobald es vom Staate für unsittlich erkannt werde.

Bei einer konsequenten Anwendung der gegenseitigen Meinung würde die Sklaverei, die früher in einem Staate positivrechtlich galt, nur gegen vollen Ersatz der Nutzungen aufgehoben werden können. Hier sei aber der Irrtum zu evident, als daß er einer Widerlegung bedürfte.

Die Wohltat des Verfassungsentwurfs würde mit der Forderung nach einer Entschädigung aufhören; Hinweis auf die Aufhebung der Leibeigenschaft in anderen Staaten.

§ 13 [...] ad c) Man könne nicht sagen, der Grundstock des Kammerguts werde vermindert, sondern es werde solcher durch die unentgeldliche Befreiung nur nicht vermehrt. Es gebe kein Kammergut mehr, sondern eine Zivilliste und ein Staatsgut. Das herile Verhältnis habe aufgehört, und an die Stelle der Suzeraineté sei die Souveraineté getreten.

ad d) Die Vermehrung der Steuer für die einzelnen nicht leibeigenen Staatsgenossen sei unbedeutend. Jeder denkende freie Bürger müsse diese Abgabe selbst verwerfen und werde nur der Genosse von freien Mitbürgern sein wollen.

Die Kommissionsmitglieder außer Krehl sind der Ansicht, daß ein möglicher Entschädigungsanspruch nicht mehr für Kinder gilt, die seit dem gesetzlichen Inkrafttreten des Verfassungsentwurfs (5. 6. 1817) geboren wurden (§ 14); nach Krehl soll erst der Loskauf der Eltern von der Leibeigenschaft die Freiheit der Kinder bewirken.

Dingliche Feudalabgaben (§ 16 ff):
I. Gründe für die Aufhebung, Verwandlung oder Beibehaltung der einzelnen dinglichen Abgaben:

a) Der Lehenverband von Fall- und Erblehen ist wie das Lehenlosungsrecht wegen seiner Schädlichkeit für Bevölkerung, Bodenkultur und Emporkommen des Landmannes unentgeltlich aufzuheben; für die Lehentaxen soll Entschädigung gezahlt werden (§ 18).

b) Ständige Grundabgaben: Allgemeine Ablösbarkeit; besonders die Küchengefälle sind wegen des hohen Verwaltungsaufwandes ohne Rücksicht auf ihre Größe und ohne Unterschied zwischen den Berechtigten abzulösen (§ 19).

c) Zehnten und Landgarben: Im Gegensatz zu den übrigen Gutachten tritt die Kommission dafür ein, daß auch diese Abgaben für loskäuflich erklärt werden (§ 20):

§ 21. Wie jede Sache in der Welt, so hat auch dieser Gegenstand seine gute und seine schlimme Seite. Die erstere wird aber gewöhnlich überschätzt und die letztere bei dem festen Glauben an Herkommen und Gewohnheit nicht gehörig erwogen.

Das wahre Gute an derselben besteht in folgendem:

a) daß sie von dem Landmann etwas fordert, das er besitzt, und in der Form, in welcher er solches besitzt, während er, wenn er solche in Geld entrichten solle, erst erwarten muß, ob und wie er seine Naturprodukte verkaufen kann;

b) daß kein Rückstand dabei aufkommen kann, was bei Geldgefällen häufig ist, indem die Früchten auf dem Feld und der Wein unter der Kelter, noch ehe der Eigentümer sich in Besitz setzt, bezogen werden;

c) daß ihre Erhebung keine Willkür und keine Ungerechtigkeit zuläßt, weil der Pflichtige und der Berechtigte wissen, was sie zu geben und zu nehmen haben, und

d) daß sie die Regierung, welche den größten Teil dieser Grundabgaben besitzt, durch ihr eigenes Interesse veranlaßt, den Ackerbau zu beschützen und die Kultur des Bodens zu begünstigen[1]).

---

[1]) Randnotizen Wangenheims zu § 21:
Zu a) „Dies gilt aber nur von dem seltenen Fall des in andern Rücksichten verderblichen Selbsteinzugs; und was verschlingen die Nachlässe, die Gnadenanschläge und selbst die Rückstände von dieser Abgabe?"
Zu b) „S. d. vorige Anmerkung. Es läßt sich aber die Geldrevenüe sichern, wenn man statt mit einzelnen mit Gemeinden unterhandelt."
Zu c) „Sie sind aber auch die Quelle unzähliger Kollisionen zwischen den Pflichtigen und den Erhebern und somit die Quelle der Immoralität des Volks und der Beamten zugleich."
Zu d) „Die Erfahrung hat wenigstens in Würtemberg die Richtigkeit dieses Grunds nicht bestätigt."

Bei allen diesen (noch immer problematischen)²) Vorzügen aber wird sie von der Geschichte, von der Gerechtigkeit, von der Nationalökonomie, von der Finanzkunde und von der Politik verworfen.

§ 22. Betrachtet man nemlich die Zehenten auf dem Standpunkte der Geschichte, so findet man, daß ihr ursprünglicher Charakter sich wesentlich verändert und daß ihr Entstehungsgrund längst bei uns aufgehört hat.

In Zeiten, in welchen eine Nation sich noch auf einer niedrigen Stufe des Wohlstandes befindet, in welchem das allgemeine Tauschmittel, das Geld, noch selten ist, kann nichts natürlicher sein, als die Staatsabgaben in Gütern zu erheben, welche jeder Beitragspflichtige hat und welche die nächsten Bedürfnisse befriedigen, nemlich in Produkten des Bodens. Es wäre nicht ratsam gewesen, das wenige Geld dem Umlauf zu entziehen, und dem Landmann war es nicht immer möglich, die Abgaben in Geld zu entrichten. Daher findet man die Naturalabgaben ursprünglich bei allen Nationen.

Die Zehnten sind nach ihrem Ursprung im Karolingerreich „größtenteils wahre Staatsabgaben", verwandelten sich aber „bei der Verwirrung, die im Mittelalter herrschte", allmählich in „wahre Privatrenten"; ihr Ursprung spricht längst nicht mehr für ihre Beibehaltung (§ 22). Der Zehnt verletzt den Grundsatz der Gleichheit, da er als Abzug vom Rohertrag Bodenqualität und Arbeitsaufwand nicht berücksichtigt (§ 23).

Seine Schädlichkeit unter dem Gesichtspunkt der Nationalökonomie:

1. Der erhebliche Mehraufwand zu Meliorationen wird für die Zehntpflichtigen unrentabel oder sogar nachteilig;

2. der Grundeigentümer ist in der Benutzung seiner Güter beschränkt, da Kulturveränderungen ohne Zustimmung des Zehntherrn und Zahlung von Konzessionsgeldern nicht zulässig sind;

3. der Güterbesitz wird unangenehm gemacht durch Plackereien der Beamten, Zehnt- und Kastenknechte: Laufende Besichtigung der Güter, Hemmung beim Einführen der Ernte und beim Keltern (§ 24).

Besondere Nachteile für den Staat: Bei der erdrückenden Staatskonkurrenz konnte sich kein privater Getreidehandel bilden, so daß der Bauer unter dem natürlichen Preis verkaufen muß. Die Preisregulierung durch den Staat ist für Taglöhner und Handwerker vorteilhaft, für die Gesamtheit des Volkes aber höchst nachteilig. Ein Agrikulturstaat bedarf guter Getreidepreise als Antrieb zu größerer Arbeitsamkeit und Produktivität; das kann nur durch privaten Getreidehandel geschehen. „Das Emporkommen des Ackerbaues und der Flor der Gewerbe beruht daher darauf, daß der Staat sein monopolartiges Getreidegewerbe aufgebe und den Privaten überlasse". Gute Exportmöglichkeiten für Württemberg. Berufung auf Adam Smith (§ 25). Durch die umfangreiche staatliche Fruchtverwaltung entgeht der Nation auch „der Vorteil, welcher sich aus der reinen Geldfinanzwirtschaft ergeben würde": Verwaltungskosten würden erspart, der höhere Wert der Naturalien wäre ein Gewinn auch für die Allgemeinheit (§ 26). Nachteile der Zehntverpachtung im Aufstreich: Zu hohe Angebote aus Feindschaft, Eitelkeit oder Interesse der Dorfwirte; es werden Streitereien in den Gemeinden veranlaßt oder gefördert (§ 27). Aufwand an Personal

---

²) Einschub von Wangenheims Hand.

und investiertem toten Kapital; Schreibereien durch Renovationen, Abschätzungen, Prozesse; Verluste durch Abgang und Unterschleif; bei der großen Veränderlichkeit der Zehnteinnahmen ist kein fester Wirtschaftsplan möglich (§ 28). Zu beachtende politische Rücksichten: Frankreich würde bei einem künftigen Krieg sofort die Aufhebung von Zehnten und Gülten proklamieren; die Demagogen könnten so „das Volk durch eine seinem Eigennutze vorgeworfene Lockspeise zur Mitwirkung verführen" (§ 29). Die Argumente Weckherlins für die Beibehaltung des Zehnten sind nicht stichhaltig. Eine staatliche Getreidemagazinierung reicht für Notzeiten nicht aus, verursacht aber hohe Unkosten; die Not in Ländern ohne Getreidemagazine (Frankreich, England, Holland) war 1817 nicht größer als in den anderen Staaten. Der Handel schafft sicheren Ausgleich, Wucher wird durch das Prinzip der Konkurrenz und mögliche staatliche Maßnahmen verhindert. Hat man dennoch Bedenken, so wären Gemeindemagazine nützlicher (§ 30/31). Es ergibt sich, daß die Aufhebung der Zehnten „nicht nur in jeder Hinsicht vorteilhaft, sondern auch von dem Staatswohl geboten sei und daß der Verfassungsentwurf diesem entsprochen habe, wenn er sie unbedingt für ablösbar erklärte" (§ 32). Dingliche Frondienste „unterdrücken das Gefühl der Bürgerwürde", hindern den Pflichtigen an freier Zeiteinteilung, nutzen dem Berechtigten wenig, ersticken die freie Wirksamkeit und pflanzen die Trägheit (§ 33). Blutzehnten und Hundehalten sind für die Pflichtigen drükkend, für die Berechtigten „unsicher und kostbar" (§ 34).

§ 35. Diese Betrachtungen führen nun zu dem Resultat, daß alle dingliche Lasten gegen billige Entschädigung für ablösbar zu erklären seien. Der Staat ist dazu nicht bloß berechtigt, sondern verpflichtet, weil diese Verfügung von der Beförderung des Wohls aller geboten ist, letzterem aber alle Privatrechte als dem Staatszwecke widersprechend gegen Entschädigung weichen müssen.

Die Fesseln des Ackerbaues werden dadurch gelöst, der Geldumlauf wird befördert und die Industrie in allen ihren Zweigen neu belebt. Unberechenbar muß dieses auf das Nationalvermögen wirken, und bedeutend werden die staatswirtschaftlichen Vorteile sein. Schon der finanzielle Gewinn ist ungeheuer, indem sich das reine Staatseinkommen um mehr als eine Million erhöhen muß. Denn

1. erhöht sich dadurch, daß die dem Staat zugehörige Feudallasten nun in die Steuer kommen, das Grundsteuerkapital um mehr als 40 Millionen, welches, wenn man nur den fünften Teil des Ertrags als Steuer annimmt, einen Grundsteuerzusatz von 400 000 fl zuläßt, und dann werden

2. die in dem § 28 geschilderte namenlose Administrationskosten erspart, welche in der Summe von 600 000 fl gewiß nicht zu hoch angeschlagen sind.

II. *Entschädigung des Berechtigten:*

Die Abkaufsumme muß dem Wert des Gefälles entsprechen (§ 36). Keine Entschädigung für das Heimfallrecht bei Fall- und Erblehen; unter „Familie" sind nach Ansicht der Kommission alle Blutsverwandten und gesetzlichen Erben zu verstehen (§ 37). Bei Laudemium und Sterbfall sind 25 Jahre für eine Veränderung anzunehmen. Die drei letzten Fälle gelten als Norm, wenn sie sich innerhalb der letzten 75 Jahre ereignet haben; sonst muß wegen des höheren Geldwertes in früheren Zeiten eine magistratische Schätzung des Gutes ihren

Wert ermitteln. Als Entschädigung für fortfallende Lehentaxen sind anzusetzen bei Fallehen 8 %, bei Erblehen 5 % des Laudemiums, bei fehlendem Laudemium 4/5 % bzw. 1/2 % des Taxwertes (§ 38). Für die Ablösung ständiger Natural- und Geldabgaben trägt die Kommission dem landesüblichen Zinsfuß entsprechend allgemein auf den 20fachen Entschädigungsmaßstab an (§ 39)³). Der Gefällwert ist nach den lokalen Preisen zu ermitteln (§ 40). Wertermittlung für Kleinzehnten, Küchengefälle, Fronen, Blutzehnten, Hundehalten (§ 41–45).

III. Maßregeln zur Sicherung des Entschädigungskapitals:

Die Frage ist wichtig, da die Befriedigung bestimmter Zwecke auf den Grundabgaben ruhte (§ 46–47).

1. Staat: Sorge vor künftiger Steuererhöhung und Mißtrauen werden die Pflichtigen oft von der Ablösung abhalten. Schwierigkeiten bei der Verwendung der Ablösungsgelder werden umgangen, wenn der Staat das Kapital als unveräußerliches Kapital bei den einzelnen Gemeinden stehen läßt. So ist das Kapital am besten gesichert, das Vertrauen der Bürger in die guten Absichten der Regierung gewonnen, die schnelle Vereinfachung der Kameralverwaltung ermöglicht. Die Zinsen sind von den Gemeinden in vierteljährlichen Raten unter den Steuern abzuliefern, den Gemeinden wäre die Eröffnung einer Leihbank für ihre Bürger oder die Schuldentilgung möglich. Die Überlassung des Entschädigungskapitals an die Gemeinde scheint eine Hauptbedingung der Ablösung der dem Staate zustehenden Grundabgaben und dasjenige Vehikel zu sein, das am einfachsten, schnellsten und wohlfeilsten zum Ziele führt und das allein die dem Volke schuldige Sicherheit mit vielen Nebenvorteilen gewährt. Die zweitbeste Lösung wäre der Aufkauf von Staatsobligationen, wodurch die Kammer Gläubigerin des Staates würde (§ 48).

2. Gemeinden und Stiftungen leihen den künftigen Kaufschilling am besten gegen Zinsen aus (§ 49).

3. Adel: Seine Mittlerrolle im Staat ist durch seinen Reichtum und vor allem durch seinen Grundbesitz bedingt. Der Staat muß daher durch eine besondere Verordnung für die Erhaltung der Familienfideikommisse sorgen. Die Ablösungsgelder können zu Schuldentilgung, Ankauf von Grundstücken, Anlage von Kapitalien verwendet werden, doch sind die beiden ersten Möglichkeiten vorzuziehen. Die Entscheidung bleibt am besten den beteiligten Interessenten überlassen (§ 50).

4. Pfarreien: Die Gemeinden sollen die Verwaltung des Gefällkapitals übernehmen und die jährlichen Erträge an die bisherigen Berechtigten auszahlen (§ 51).

IV. Maßregeln, die Grundabgaben in ständige Geldrenten zu verwandeln und die veränderlichen Naturalgefälle auf mehrere Jahre gegen Geld zu verpachten:

---

³) Bei den vorläufigen Beschlüssen hatte die Kommission für alle Geld- und Naturalgefälle über 1 fl 30 kr Jahreswert den Ablösungsmaßstab auf den 25fachen Betrag festgesetzt. Wangenheim, der das Gutachten in diesem Punkt revidierte, glaubte nach den Äußerungen der Kommissionsmitglieder mit ihrer Zustimmung bei der definitiven Beratung rechnen zu können. Er hielt die Minderung auf den 20fachen Maßstab für unerläßlich, „weil die Bestimmung der abzulösenden Summen nach dem landläufigen Zinsfuß conditio sine qua non für die Ablösung selbst ist" (E 7, Bü 59, Q 346).

Vorschläge zur Behandlung der einzelnen Gefällarten. Bezirkskommissionen, die einer Zentralkommission als Rekursinstanz untergeordnet sind, sollen in jedem Oberamt den Wert der Gefälle berechnen, danach die Abgaben in eine Geldrente verwandeln und gleichzeitig die endgültige Ablösungssumme festsetzen (§ 53–63). Das Resultat wäre, „daß innerhalb eines Jahrs außer dem Pfarrzehnten sämtliche Grundabgaben mit seltenen Ausnahmen in ständige Geldrenten verwandelt wären und daß man nun ruhig zuwarten könnte, bis jeder Besitzer das Kapital hätte, seine Grundrente loszukaufen" (§ 64). Die Gemeinden sollen das Geschäft des Renteneinzugs übernehmen; dadurch wird die Kameralverwaltung sehr schnell vereinfacht (§ 65–67).

Weitere Anträge der Kommission:
1. Verbot, neue Grundrenten irgendeiner Art aufzulegen;
2. Revision der Gesetze über Pfand- und Vorzugsrechte, um Hypotheken auf liegende Gründe abzusichern (§ 68);
3. „es dürfte auch rätlich sein, den größern Güterbesitz zu begünstigen": Bisher bestanden in Württemberg die beiden Extreme zu großer Gebundenheit des Bodens oder zu unbeschränkter Freiheit der Güterteilung. „Beides scheint der Nationalindustrie gleich nachteilig zu sein": Zu geringe Bodennutzung oder zu geringe bzw. fehlende Überschußproduktion. Es dürfte deswegen eine eigene Beratung verdienen, ob nicht gesetzliche Anordnungen zu treffen wären, um die unbegrenzte Trennbarkeit der Grundstücke allmählich in der Maße zu beschränken, daß ein von einem Bauren hinterlassenes Gut von 10–12 Morgen nicht weiter zerteilt [werden], sondern nur auf ein Kind übergehen könnte.

Doch müßte jedem Taglöhner und Handwerker geringer Landbesitz für Gemüse- und Kartoffelanbau gestattet sein (§ 69). Übersicht über die Ansichten der Kommission im Vergleich mit denjenigen der anderen Regierungsstellen (§ 70).

Nr. 41–44   Die Edikte I und II vom 18. 11. 1817

Der Geheime Rat beriet am 14. und 15. 11. 1817 über die Entwürfe der Edikte I und II. Über den Verlauf der Sitzungen informieren in großen Zügen die mundierten Protokolle die dem König zur Einsicht vorgelegt wurden, detaillierter, wenn auch bisweilen schwer verständlich, die Konzeptprotokolle von Staatsrat v. Leypold. Bei den Akten liegen ferner Separatvota der Geheimen Räte v. Wächter und v. Maucler und zwei von Geheimem Rat v. Kerner (vgl. Nr. 41, 42). Den wichtigsten Diskussionspunkt bildete die Frage, ob die Leibeigenschaft entschädigungslos aufgehoben werden sollte, wie es der Entwurf vorsah, ob dies nicht eine Ungerechtigkeit gegen die übrigen freien Staatsbürger sei, die nun den Ausfall an Kameralrevenüen mitdecken müßten, ob die Ausdehnung auf Stiftungen und andere private Grundherrschaften nicht einen Eingriff in die Stiftungszwecke und in Privatrechte, beim Kammergut und bei der *Hofdomänenkammer aber eine unzulässige Schwächung des königlichen Familienfideikommisses im weiteren und engeren Sinne darstelle, und ob man nicht bei den Bestimmungen des Königlichen Verfassungsentwurfs (§ 61) stehenbleiben solle. Die Majorität stimmte dafür, die Gefälle aus Personal- und Lokalleibeigenschaft nur im unmittelbaren Einflußbereich des Staates unentgeltlich aufzuheben, nicht aber bei anderen privaten Grundherrschaften, denen die Gefälle als Privateigentum gehörten. Der Verlust für den Staat schien durch Gesamtvorteile wie Verwaltungsersparnisse usw. neutralisiert; doch wandte sich die Mehrheit gegen einige Abstimmungen (v. Kerner, v. Maucler), der Staat solle auch die Entschädigung an die Privatleibherren übernehmen: Dies könne der Staatskasse oder der Gesamtheit des Staates nicht aufgebürdet werden (E 31/32, Bü 149).*

Die Änderungsvorschläge des Geheimen Rates an den Ediktsentwürfen wurden vom König fast durchweg genehmigt. Die wichtigeren sind im folgenden Text (Nr. 43 und 44) als Zusätze durch spitze Klammern < > markiert oder in den Anmerkungen angegeben.

Nr. 41 1817 November 14, Stuttgart

Votum des Geheimen Rats v. Kerner „über das Finanzwesen"

E 31/32, Bü 149, Q 18 ad 15. Ausfertigung.

Die Edikte No. 1 und 2 verdienen den feurigsten Dank derer, welche durch die Befreiung von Leibeigenschafts- und Hörigkeitsbanden zu Staatsbürgern unentgeltlich erhoben werden; auch die Teilnahme ihrer Mitbrüder über ihr Geschick wird nicht ausbleiben und sich in Segenswünschen über unsern König ergießen. Auch die allgemeinen Prinzipien, welche über die Steuren ausgesprochen sind, scheinen wohltätig zu sein; wenn aber Grund und Boden, Häuser und Gewerbe nur allein belastet werden sollen, so fallen diese Steuren auf dieselben Gegenstände wie bisher, obgleich auf veränderte Weise, womit in der Hauptsache wenig gewonnen sein wird. Auch ist die Administration zu kostspielig und zu weitläuf, wenn von jedem einzelnen Stück Gut der rohe und reine Ertrag ausgemittelt werden soll, und der Staatsklugheit ist es nicht angemessen, ohne diejenige, welche bezahlen sollen, gehört zu haben, ein Abgabensystem zu promulgieren; denn sind auch keine Stände vorhanden, so sind doch Stadt- und Amtsversammlungen und Gemeindsdeputierte da, welche für diesen Gegenstand ein besseres Organ der öffentlichen Meinung als die Landstände selbst sein dürften.

Das Edikt No. 1 scheint Grund und Boden von allen dinglichen Lasten durch Ablösung befreien zu wollen und würde auch darin mit § 61 des Verfassungsentwurfs[1]) übereinstimmen, welcher den Pflichtigen die Wahl zwischen

---
[1]) Nr. 36.

Loskauf und Verwandlung läßt. Das Edikt No. 2 hingegen enthält solche Beschränkungen, daß jener Zweck nicht erreicht werden kann, denn außer dem Abkauf von Grundgefällen unter 1 fl 30 kr jährlichen Ertrags, außer dem Abkauf der dinglichen Fronen, des Blutzehendens und Hundehaltens enthält dasselbe kein Mittel, sich derzeit von den höheren Lasten durch Geld, sondern nur durch andere dingliche Lasten zu befreien.

Fall- und Erblehen sollen nur in Zinsgüter verwandelt werden, wobei nur ein kleiner Gewinn ist und das Gut immer mit dinglichen Lasten beschwert bleibt.

Der Punkt 3 Seite 4[2]) enthält die Zusicherung der Ablösbarkeit der Grundabgaben in der Maße, als die allmählich sich entwickelnden Bedürfnisse der Untertanen dieselbe erfordern.

Aber woran soll diese Entwicklung erkannt werden, soll sie nicht da vorhanden sein, wenn sich Liebhaber zum Kauf zeigen? Allein, um zu kaufen, muß man den Preis kennen, und dieser muß in diesem Fall zuvor genau und gesetzlich bestimmt sein. Warum soll die weitläufe und kostspielige Operation mit der Verwandlung in Zinsgüter vorangehen, ehe der Geldloskauf zugestanden wird, und warum nicht gleich anfänglich die Wahl lassen, ob der Eigentümer durch Geld oder Gülten sein Gut von beschwerlichen Lasten frei machen will, und ohne eine solche Wahl wäre die im § 61 des Konstitutionsentwurfs bereits zugesagte Wohltat teilweise zurückgenommen.

Bei Ablösung oder Verwandlung der Naturaldienste, wobei der örtliche Taglohn zugrund gelegt werden soll (§ 18), möchte dieser zu hoch sein, da in der Fron wenig gearbeitet wird.

§ 6 Seite 9[3]) ist nicht wahrscheinlich, daß der befreite Landmann die auf den Gütern seines Mitbürgers haftenden Beschwerden freiwillig mitübernehmen werde, und Zwang müßte einen üblen Eindruck hervorbringen.

Es muß überhaupt auffallen, daß alle Grundabgaben, welche 1 fl 30 kr übersteigen, nicht abgelöst werden können, und nach der Seite 9 Abteilung 5[4]) geschehenen Zugestehung, die Güter mit neuen, diese Summe übersteigenden Grundbeschwerden belasten zu dörfen, ist daher anzunehmen, daß man mehr von dem Grundsatz der Abkürzung der Schreibereigeschäfte als von den höhern Ansichten der Erleichterung der Untertanen und des Nationalwohlstands ausgegangen ist.

Votans hat gleich bei dem Antritt des Ministerii des Innern eine Reform in den öffentlichen Abgaben und den Verhältnissen der Feudal- und gutsherrlichen Ansprüche [als notwendig] erkannt und deshalb den untertänigsten Antrag gemacht, daß zu Berichtigung dieser Gegenstände eine Kommission niedergesetzt werde; dieses ist auch geschehen, und Herr Minister v. Wangenheim hat das Präsidium übernommen, aber diesen Auftrag nicht beendigt[5]).

Da der Gegenstand von außerordentlicher Wichtigkeit ist, so hat Votans sich stets um den Fortgang bekümmert und auf diese Kommission einzuwirken

---

[2]) Nr. 44, Abschnitt III.
[3]) Nr. 44, Abschnitt IV § 6.
[4]) Nr. 44, Abschnitt V.
[5]) Vgl. Nr. 40.

gesucht, welche auch dem Vernehmen nach so weit vorgerückt ist, daß in wenigen Tagen unter einem Präsidio die Sache dem Königl. Geheimen Rat zur Entscheidung vorgetragen werden könnte, daher ich darauf antragen muß, daß Herr Präsident v. Malchus ersucht werden möchte, das Präsidium dieser Kommission zu übernehmen und das Resultat dem Königl. Geheimen Rat vorzutragen.

Denn so, wie die Sache gegeben ist, wird sie keinem Teil genügen; dem Grundherrn werden Ansprüche genommen, welche den andern Teil nicht befriedigen; den einen erhält man gewiß zum Feind und den andern nicht zum Freund, und somit hätte man abermal eine halbe Maßregel ergriffen, welche die erhabenste Absicht unseres Königs keinen Dank, sondern nur Tadel ernten ließe, und überdies wäre ein Zweck nicht erreicht, dessen Erreichung für die Finanzen Württembergs und die Erhebung des Landes zu höherem Nationalwohlstand unerläßlich ist, nämlich den Grund und Boden durch sukzessive Befreiung der Grundbeschwerden zu höherem Wert zu bringen, die Staatsadministration einfacher und weniger kostspielig zu machen.

Ich würde glauben, meine Pflicht gegen Seine Majestät auf das höchste zu verletzen, wenn ich unterlassen könnte, den Königl. Geheimen Rat inständig zu bitten, zuvor ein anderes System zu prüfen, ehe dieses in das Publikum gebracht wird. [...]

Nr. 42   1817 November 15, Stuttgart

Zweites Votum des Geheimen Rats v. Kerner „über Feudalabgaben und Steuerwesen"

E 31/32, Bü 149, Q 16 ad 15. Ausfertigung.

Kerner betont erneut, daß die in den Königl. Edikten gegebenen Bestimmungen rücksichtlich des Feudalwesens gerade in der Hauptsache dem Verfassungsentwurf nicht entsprechen, Erwartungen des Volks und der Zeit nicht befriedigen und mehr auf das Mechanische des Rechnungswesens als auf höhere Rücksichten sich stützen.

Nun zeigt sich auch durch die Mitteilung der von dem Herrn Minister v. Wangenheim zusammengestellten Ansichten von den verschiedenen Stellen[1]), daß das, was in den Edikten gegeben ist, nur eigentlich die Nebensache von dem Antrag der Kommission unter dem Präsidio dieses Herrn Ministers ist und daß die Hauptsache, welche diese Kommission aus naturrechtlichen Gründen, aus Gründen der Nationalökonomie, der Finanzwissenschaft, der Politik und des Verfassungsentwurfs in Vorschlag bringt, nicht beachtet wurde und daß somit die höchsten Interessen des Regentenhauses und des Staats einer Rechnungsnorm nachstehen sollen.

---

[1]) Vgl. Nr. 40, § 70. Eine ausführlichere Übersicht über die verschiedenen Ansichten in E 146, Bü 1, und E 7, Bü 59, Q 346.

Seine Königliche Majestät haben zur Freude des ganzen Volks die feierliche Zusicherung gegeben, daß das Schreibereiwesen bis auf das unumgänglich Notwendige beschränkt werden solle; aber auf diese Art würde das für Württemberg so verderbliche Finanzschreiberei- und Administrationswesen aufs neue gegründet.

Dieses aber soll die geringere Rücksicht sein, warum ich mich gedrungen fühlen muß, das Wort zu nehmen.

Der § 61 des Verfassungsentwurfs[2]) ist es, um dessen Behauptung es sich handelt. Dieser ist eine Hauptstellung in dem ganzen Verfassungsentwurf, er ist ein Edelstein in der Krone, er war bestimmt, der Anker zu werden, an welchem das Staatsschiff im Sturm festliegen sollte, er hatte der Stützpunkt eines hervorkeimenden Staats werden sollen; dieser § hatte vielleicht den größten Anteil daran, daß Württemberg die Hoffnung von ganz Deutschland wurde, er ist der Keim einer Schöpfung, wie allein der Geist der Zeit sie verlangt, und wird dieser nicht behauptet, so ist die Basis verloren, von dem Körper die Seele gewichen, und Württemberg teilt in der Zukunft sein Schicksal mit denjenigen Staaten, in welchen der Geist nicht begriffen wird, der über den Völkern waltet und der Staaten verschlingt und werden läßt.

Diesem § 61 des Königl. Verfassungsentwurfs, welcher den Loskauf aller Reallasten zugesagt hat, fehlt daher nichts mehr als die gesetzliche Bestimmung, auf welche Weise dieses nicht nur teilweise, sondern ganz geschehen kann, wenn sich Liebhaber dazu finden. Es fehlt noch die Bestimmung, daß dem § 88, 199 und 207, welche den Grundstock im wesentlichen erhalten haben wollen, nicht zu nahe getreten werde.

Ich bin nicht in Kenntnis, ob hierüber die Kommission unter dem Präsidio des Herrn Ministers v. Wangenheim bereits Vorschläge gemacht hat; hat sie aber solche gemacht, so verdienen sie mehr als andere geprüft zu werden; hat sie keine gemacht, so kann es ihr unmöglich schwerfallen, solche zu machen.

Hier ist es um die Heiligung des Königlichen Worts, um die größte Hoffnung des Vaterlandes, um die Gründung des Staats zu tun, hier sind wir auf dem Scheideweg zweier ganz verschiedenen Systeme angekommen, welche in dem Kontrast wie die evangelisch-lutherische Lehre und der römisch-katholische Glauben vor mir liegen, und je nachdem das Königl. Edikt ausfällt, huldigen wir aufs neue der einen oder der andern.

Ich wiederhole daher [...] meinen gestrigen Antrag, den Herrn Präsidenten v. Malchus zu ersuchen, das Präsidium über die Kommission zu übernehmen, welches Herr Minister v. Wangenheim verlassen hat, und die Resultate dieser Kommission dem Königl. Geheimen Rat vorzutragen[3]).

In betreff der Steuerverhältnisse ist kein Auszug von dem Gutachten der Steuerkommission mitgeteilt worden; da aber das Edikt No. 1 auch eines neuen

---

[2]) Nr. 36.
[3]) Laut Konzeptprotokoll der Sitzung verlas Kerner sein Votum am Schluß der Diskussion. Auf seinen Vorschlag, v. Malchus solle die Ergebnisse der Wangenheim-Kommission dem Geheimen Rat vortragen, fragte Präsident von der Lühe v. Malchus, ob er die Zeit habe, Wangenheims Vota durchzugehen. Daß auch diesmal wieder Kerners Vorstoß erfolglos blieb, zeigt der weitere Text: „v. Kerner mag die Akten lesen. v. Malchus: Schritt vor Schritt zu gehen."

Steuersystems erwähnt, eines so höchst wichtigen Gegenstandes, so erfoderte doch die Vorsicht, auch hierin eine Übersicht über die Vorschläge der Kommission zu erhalten.

Sollten auch die Meinungen geteilt sein, so beweist eine solche Verschiedenheit um so mehr die Rätlichkeit, dem Volk in seinen Stadt- und Amtsversammlungen und seinen Bürgerdeputierten die Verschiedenheit der Ansichten in kurzen und deutlichen Sätzen vorzulegen und solches um seine Meinung zu fragen, wodurch man sich übrigens durchaus die Hände nicht zu binden braucht.

Ich stimme also in Hinsicht der Steuren dafür, daß man keine Grundsätze ausspreche, ehe das Volk gehört worden, weil wenn solche einmal als der Wille Seiner Majestät ausgesprochen sind, man nicht mehr davon abgehen kann, wenn sie auch die allgemeine Meinung gegen sich haben.

Jeder weiß, daß er Steuren zahlen muß, und jedes System hat eine böse und eine gute Seite, daher nur dasjenige das beste ist, welchem die Mehrheit derjenigen beistimmt, welche bezahlen sollen.

Nr. 43   1817 November 18, Stuttgart

I. Edikt, mehrfache Änderungen im Abgabenwesen betreffend

RegBl 1817, Beilage I.

Wilhelm, von Gottes Gnaden König von Württemberg

In dem nämlichen Augenblicke, in welchem die Vorsehung die Regierung Unseres getreuen Volkes Uns anvertraut hat, haben Wir demselben gelobt: „daß seine Wohlfahrt, sein Glück das einzige Ziel Unserer Bemühungen und daß es Unser erstes Bestreben sein werde, die Erreichung dieser hohen Zwecke durch eine dem Zeitgeist und den Bedürfnissen Unsers Volkes entsprechende und seinen Wohlstand erhöhende Verfassung sicherzustellen."[1])

Wir haben diese Zusage erfüllt. Wir vertrauen auf die Anerkennung von Teutschland, Wir vertrauen auf die Überzeugung aller Unbefangenen in Unserm Volke, daß, wenn diese Verfassung bis jetzt noch nicht vollständig begründet ist, die Ursache davon nicht im Mangel an Zugestehung von allem dem liege, was das wahre Wohl des Volkes erheischt, mit welcher Wir vielmehr einer jeden Forderung zuvorgekommen sind. Zugleich vertrauen Wir aber auch, daß Unser getreues Volk dankbar die Sorgfalt erkennen werde, welche Wir der dauerhaften Begründung seines Wohls unermüdet gewidmet haben und welche Wir demselben auch ferner widmen werden.

Wir haben in Unserm Organisationsedikt vom heutigen Tage die Formen der Verwaltung so geordnet, wie Wir dieselben für die Erreichung der hohen Zwecke Unserer Regierung als unerläßlich notwendig erachten. Wir haben Uns bestrebt, Änderungen, welche Wir als notwendig erachten, so viel als möglich

---

[1]) RegBl. 1816, S. 327 (30. 10. 1816).

an diejenigen Formen anzuschließen, welche gegenwärtig bestehen, in deren Alter zugleich aber auch die Ursache liegt, aus welcher dieselben nicht mehr für Verhältnisse anwendbar sein können, die so ganz anders als jene gestaltet sind, unter welchen sie den Zwecken der Regierung haben genügen können.

Indem Wir durch diese Änderungen in der Gestaltung der Verwaltungsformen wesentliche Hemmnisse in dem Vorschreiten zum Ziele, welches Wir Uns gesetzt haben, beseitigen, ist Uns zugleich nicht entgangen, wie schwer diejenigen Lasten, welche die jüngstvergangene verhängnisvolle Zeit auf Unsere getreue Untertanen gewälzet hat, auf diese überhaupt, insbesondere aber auch auf die ackerbautreibende Klasse drücken und wie sehr hierdurch die durch die Natur und sonstige glücklichen Verhältnisse begünstigte größere Entwicklung und Vervollkommnung der Landeskultur selbst unterdrückt wird.

Wir haben Uns überzeugt, teils daß der Aufwand, welchen die Zwecke und die Bedürfnisse der Regierung erfordern, auf die verschiedenen Quellen von Einkommen nicht gehörig verteilt ist, daß ein zu großer Teil desselben auf das Grundeigentum gewälzt und daß dieses um so verderblicher ist, weil die ordinäre oder Grundsteuer, vor einem Jahrhundert nur unvollkommen angelegt, den gegenwärtigen Kulturverhältnissen nicht mehr angemessen sein kann, und daß dieselbe teils aus dieser Ursache, teils durch die Verschiedenartigkeit des Steuerfußes in den mit dem Stammlande vereinigten neuen Erwerbungen ungleich, endlich auch, daß dieselbe dadurch nachteilig ist, daß in Besteurung des Grundeigentums jene der Gewerbe und der Häuser mit hineingezogen ist, welche nach ganz andern Ansichten und Grundsätzen geordnet werden muß.

Aus diesen gewiß vollgültigen Ursachen haben Wir Uns daher zu einer Revision und zu einer neuen Ordnung des gesamten Abgabenwesens und zugleich entschlossen, für die Grundsteuer ein neues Grundkadaster aufnehmen und bearbeiten zu lassen, in welchem der rohe und reine Ertrag des Grundeigentums nach richtigen ökonomischen Grundsätzen gewürdiget und durch welches ein Maßstab erzielet werden soll, wie diese Steuer mit derjenigen möglichst großen Gleichheit verteilt werden kann, ohne welche keine Steuer gerecht ist. In gleicher Art werden Wir für die Besteurung der Häuser in den Städten und für jene der Gewerbsindustrie andere Besteurungsnormen anordnen und ausführen lassen[2]).

Indem Wir Unserm getreuen Volke diese von Uns getroffene Maßregel ankündigen, durch welche, wenn sie zur Ausführung gediehen sein wird, die Sicherheit des Besitzes und der Kredit der Grundbesitzer auf feste Grundlagen gegründet wird, eröffnen Wir demselben zugleich auch Unsern Entschluß, durch teilweise Aufhebung und Milderung der sogenannten Feudalabgaben die Fesseln zerbrechen zu wollen, durch welche teils die persönliche Freiheit gefährdet, teils die Vervollkommnung der Landeskultur gehemmt wird, welche nur in dem Grade blühen kann, als das Grundeigentum frei ist und als der Landbauer, in seiner Tätigkeit nicht gehemmt, die Früchte seiner mühevollen Arbeit voll ernten kann.

Von dieser Überzeugung und auch von jener durchdrungen, daß diese Ab-

---

[2]) Vgl. Darstellung, S. 541.

gaben zwar weniger beachtet, dennoch aber den Wohlstand der Landbauer untergraben, haben Wir den Beschluß gefaßt,

a) daß alle Abgaben der Art, welche aus der persönlichen Leibeigenschaft herrühren, ohne Entschädigung für Unsere Kammern, für die übrigen Gutsherrschaften aber gegen eine gesetzlich zu regulierende billige Entschädigung aufgehoben[3]),

b) daß die sogenannten Küchengefälle nach billigen Sätzen in eine fixe Geldabgabe verwandelt,

c) daß diejenigen Abgaben der Art, welche auf einem größern Gütercomplexus ruhen, auf eine geringere Fläche radiziert und daß die übrigen Grundstücke von aller Pflichtigkeit befreit,

d) daß die Fallehengüter in freie Zinsgüter umgewandelt werden sollen,

e) endlich, daß alle Realabgaben der Art gegen eine gesetzlich zu regulierende Entschädigung der Berechtigten sollen abgelöst werden können.

Wir beziehen Uns auf das besondere Edikt vom heutigen Tage, welches Wir in dieser Beziehung erlassen und welches Wir der gegenwärtigen Bekanntmachung haben anhängen lassen. Wir werden bei näherer Bestimmung der Grundsätze, nach welchen die Ablösungen bewirkt werden sollen, die Eigentumsrechte möglichst schonend, das Interesse der Berechtigten mit jenem der Pflichtigen und mit denjenigen Rücksichten zu vereinigen suchen, welche Wir dem Wohl des Ganzen schuldig sind, und vertrauen dabei auf die ersteren, daß sie die kleinen Opfer, welche die Vollziehung dieser Maßregeln denselben kosten kann, dem Wohl des Ganzen willig darbringen werden.

Indem Wir auf diese Art den Quellen des Staatseinkommens Unsere Sorgfalt widmen, haben Wir zugleich die Beschränkung des Staatsaufwandes zum Gegenstande Unsers rastlosen Bemühens gemacht und teils durch die umfassenden Einschränkungen, welchen Wir Unser Königliches Haus unterworfen, zum Teil auch durch jene, welche Wir in allen Teilen der Verwaltung eingeleitet haben, erwirkt, daß unbeschadet der Zwecke der Regierung die Ansprüche, welche Wir an Unsere getreuen Untertanen machen müssen, ebenfalls in Schranken gehalten werden können, welche mit ihrem Wohle vereinbar sind.

Die Tilgungsfrist für die Staatsschuld wird von 80 Jahren auf 45 Jahre verkürzt, wobei der erforderliche Mehraufwand durch Einsparungen und die Revision des Staatshaushaltes aufgebracht werden soll[4]).

Hoffnung, daß außer den sofort aufgehobenen Abgaben aus der persönlichen Leibeigenschaft mit dem Anfang des kommenden Etatsjahres Stammiete, Gestütsbeitrag und Stallkassengelder, Hundetaxe und die Akzise von der Viehweide, von Viktualien, von Feld- und Gartenfrüchten und von den Marktwaren erlassen und andere Abgaben ermäßigt werden können[5]).

---

[3]) Dieser Passus lautete in Malchus' Entwurf: „... ohne Entschädigung für Unsere Krondomänenkammer und auch für diejenigen, welche sonst noch zu ihrer Erhebung berechtigt sein mögen, aufgehoben".

[4]) Edikt III vom 18. 11. 1817, die Festsetzung der Staatsschuld, die Tilgung und Verwaltung derselben betreffend, RegBl 1817, Beilage III. Danach betrug die bis zum 20. 10. 1817 liquidierte Staatsschuld 22 116 553 fl; hinzu kamen die noch nicht liquidierten Summen, schätzungsweise fast 8 Mill. fl.

[5]) Ein königliches Reskript vom 7. 8. 1818 (RegBl 1818, S. 453 ff) erließ außer der bereits um

Wir vertrauen dagegen zu Unsern getreuen Untertanen, daß sie diejenigen Abgaben, welche für den Staatsaufwand unausweichlich erforderlich sind, pünktlich und willig entrichten, daß sie die Anordnungen, welche Wir zu ihrem Wohl vorkehren, befolgen und daß sie die unermüdete Sorgfalt, welche Wir diesem widmen, durch hingebendes Vertrauen dankbar anerkennen werden.

Nr. 44   1817 November 18, Stuttgart

II. Edikt, die Aufhebung der persönlichen Leibeigenschaftsgefälle, Ablösung und Verwandlung der Feudalabgaben betreffend

RegBl 1817, Beilage II.

Wilhelm, von Gottes Gnaden König von Württemberg
    In der Überzeugung, daß in einem Staate, dessen vorzüglichster Reichtum in dem Grundeigentume und in der zweckmäßigen Benutzung desselben besteht, der Wohlstand des Volkes auf die Grundlage einer dem Recht und dem Zeitgeiste entsprechenden Freiheit des Grundeigentümers und des Bauern gebaut werden müsse, haben Wir Uns seit dem Antritte Unserer Regierung mit diesem wichtigen Gegenstande beschäftigt. Wir haben gefunden, daß, so sehr auch der Geist der früheren Gesetzgebung in dem Mutterstaate die Fesseln der persönlichen Leibeigenschaft zu erleichtern gestrebt hat, dennoch auf einem großen und besonders dem ärmeren Teile Unserer Untertanen noch eine drückende Last manichfaltiger Abgaben lastet, welche, je weniger ein zureichender Rechtsgrund für die Fortdauer derselben angeführt werden kann, desto verderblicher jedem Emporstreben zu höherem Wohlstande im Wege stehen. Mit diesen Lasten ist in Unsern ältern und neuern Provinzen ein Druck anderer Art für die Grundeigentümer verbunden, welchen der Lehensverband erzeugt. Beschränkt in der Benutzung des lehenbaren Grundes, in seiner Erwerbung sowie in seiner Veräußerung, hat bisher der Landmann weder durch Verkauf sich helfen, noch selbst der Vater durch Verteilung seine eigenen Kinder unter sich gleichstellen können. Abgaben, bald an sich unverhältnismäßig, bald durch ihre Natur, bald durch die Zeit, in welcher dieselben gefordert werden, bald durch die Kosten und Plackereien der Erhebung drückend, haben der Industrie den Mut und die Mittel, sich zu heben, entziehen, die Kultur hemmen, die Armut vermehren

---

100 000 fl verminderten Stempelabgabe und den aufgehobenen Leibeigenschaftsgefällen mit einem Jahresbetrag von 28 513 fl

die Stamm-Miete	152 314 fl
Hundetaxe	19 334 fl
Gestütsbeitrag	15 335 fl
Pferdekonzessionsgelder	19 866 fl
Akzise von Viehweiden	5 389 fl.

Von den insgesamt 340 751 fl entfielen also nur knapp 8,5 % auf die Leibeigenschaftsabgaben. Das Abgabengesetz vom 29. 6. 1821 hob u. a. die Akzise von Feld- und Gartenfrüchten mit einem Jahreswert von 90 000 fl und das Markttaggeld von Inländern mit 12 000 fl Jahreswert auf (RegBl 1821, S. 388).

und durch alles dieses sowie durch verminderte Produktion und Bevölkerung dem Staate, auf welchen dieselbe zugleich eine kostbare Verwaltungslast gewälzt haben, immer tiefere Wunden schlagen müssen. Diese Gebrechen haben Unsere Aufmerksamkeit um so mehr auf sich ziehen und Uns zu entscheidenden Maßregeln bestimmen müssen, je härter die Folgen langer Kriegsjahre und mehrjährigen Mißwachses noch auf dem größten Teil der Güterbesitzer lasten. Wir haben daher bereits in Unserm Verfassungsentwurfe mehrere hierauf sich beziehende Bestimmungen gegeben[1]), und um Unsere lieben und getreuen Untertanen nun in den Genuß der ihnen hiedurch zugedachten Wohltaten zu setzen, verordnen Wir <nach Anhörung Unseres Geheimen Rates> wie folgt:

I. Die persönliche Leibeigenschaft mit allen ihren Wirkungen soll vom 1. Januar 1818 an in dem ganzen Umfange Unsers Königreichs aufgehoben sein.

1) Unter der persönlichen Leibeigenschaft ist dasjenige Leibeigenschaftsverhältnis verstanden, nach welchem ohne Rücksicht auf Güterbesitz entweder einzelne Personen oder ganze Gemeinden einem andern als eigengehörig angesehen und zu gewissen Abgaben verbindlich gemacht werden (Personal- und Lokalleibeigenschaft).

2) Alle Leibeigenen, auch diejenigen, deren Leibeigenschaftsverhältnis sich auf den Besitz gewisser Güter gründet, sollen alle Rechte freier Staatsbürger genießen. Der Leibeigenschaftsherr soll, da derselbe infolge bestehender Grundeigentumsverhältnisse und des Verfassungsentwurfes unter den hiernach folgenden Bestimmungen auch künftig noch zum Bezug gewisser Realleibeigenschaftsgefälle berechtigt bleibt, über dieselben nicht mehr Rechte als über jeden andern Grundholden und Gültpflichtigen auszuüben befugt sein.

3) Die bisherigen Personal- und Lokalleibeigenen sollen von dem vorstehend vorgeschriebenen Termin an <auf ewige Zeiten> von allen und jeden Abgaben, welche sie in dieser Eigenschaft an die Königlichen Kammern, an die unter der Aufsicht des Staats stehenden Gemeinde-, Stiftungs- und andere öffentliche Administrationen zu entrichten haben, unentgeldlich, von jenen aber, welche sie an andere Gutsherrschaften zu entrichten verpflichtet sind, gegen eine gesetzlich zu regulierende Entschädigung befreit sein[2]), mithin von da an

a) weder jährliche Leibsteuern, Leibschillinge, Leibhennen, Leibhahnen, Leibsbeeten, Weisatgelder etc.,

b) noch bei ihrer Verheiratung einen Brautlauf, Ungenossame und dergleichen zu entrichten haben,

c) ebensowenig auf ihr Absterben ihre Erben ein Hauptrecht oder Besthaupt, kleinen oder großen Fall, Herdrecht, Gürtelgewand etc. zu bezahlen schuldig sein, endlich

d) für die Loslassung ein Manumissionsgeld nicht stattfinden können.

---

[1]) Vgl. Nr. 36.
[2]) In Malchus' Entwurf hieß diese Passage: „[...] und andere öffentliche Administrationen sowie an andere Grundherrschaften und Privaten zu entrichten hatten, unentgeldlich und auf ewige Zeiten befreit sein". Die Mehrheit im Geheimen Rat trat für eine Entschädigung der privaten Grundherrschaften durch die Pflichtigen selbst ein.

4) Es soll hiebei keinen Unterschied machen, ob der Leibeigenschaftsherr bisher die Gebühren selbst bezogen oder ob er dieselben als Beinutzung dem Leibvogt oder Verwalter überlassen hat; jedoch sollen die bis zu dem erwähnten Termin verfallenen Rückstände noch an die betreffende Behörde entrichtet werden.

II. Die Lehenbarkeit der Bauerngüter, unter welcher Form sie bisher bestanden haben mag, soll unter nachstehenden näheren Bestimmungen als aufgehoben betrachtet werden:

A. Fallehen

§ 1. Dem Fallehenvertrage soll nach Maßgabe des Verfassungsentwurfes § 61 subm. 1[3]) die Folge nicht gegeben werden können, daß der Lehenherr den im Besitze dieser Güter befindlichen Familien dieselben entziehen oder die Bedingungen und Abgaben lästiger machen darf, als dieselben zuletzt bestanden haben; vielmehr soll jedem Fallehenbesitzer das Recht eingeräumt sein, gegen eine vollständige Entschädigung des Lehenherrn für den aus seinen Rechten fließenden Ertrag das Lehen in freies Eigentum zu verwandeln.

<Unter dem Begriff der Familie soll nur die männliche und weibliche Nachkommenschaft der gegenwärtigen Fallehenbesitzer verstanden werden, insofern bei einzelnen solchen Fallehen durch eine rechtsbeständige Observanz nicht auch den Seitenverwandten und den Eheleuten ein Sukzessionsrecht zusteht[4]).>

§ 2. In die Reluitionssumme soll jedoch <bei den von Unsern Kammern, sodann von den unter der Aufsicht des Staates stehenden Korporationen und Stiftungen relevierenden Fallehen> für die Aufhebung des Fallehenverbandes selbst eine Entschädigung nicht eingerechnet werden können und der Lehenherr einzig mit dem Ersatz des bisherigen Gefällbetrags sich zu begnügen haben, <bei denjenigen Fallehen aber, welche von andern Lehenherrn relevieren, diese Entschädigung, insofern die Lehenherrn nicht von selbst auf dieselbe verzichten, nach billigen, gesetzlich zu bestimmenden Normen stattfinden können[5]).>

§ 3. Die Verwandlung der Fallehen soll einzig nur in reine Zinsgüter mit ungeteiltem Eigentume geschehen und daher aus Fallehen nicht erbliche oder Lehengüter anderer Art geschaffen werden können.

§ 4. Bis zu dieser Verwandlung sollen die bisherigen Abgabenverhältnisse unter den § 1 erwähnten Beschränkungen bestehen bleiben.

§ 5. Für die Entschädigungsberechnungen soll unverzüglich eine allgemeine Norm bekanntgemacht werden[6]); bis dahin aber soll es bei der Vor-

---

[3]) Vgl. Nr. 36.
[4]) Der Geheime Rat empfahl diesen Zusatz, um möglichen Streitigkeiten über den rechtlichen Begriff der Familie vorzubeugen. Vgl. Darstellung, Kap. 3, Anm. 231.
[5]) Der Geheime Rat empfahl, diesen Paragraphen ganz wegzulassen, da er im Widerspruch zu II § 1 – vollständige Entschädigung des Lehenherrn – eine Entschädigung für die Aufhebung des Fallehenverbandes untersagte. Der König aber wollte laut Randnotiz im Protokoll vom 15. 11. 1817 den Paragraphen der adligen Gutsbesitzer wegen beibehalten. So entstand die erweiterte endgültige Fassung.
[6]) Verordnung vom 13. 9. 1818. Vgl. Nr. 55.

schrift der Generalverordnung vom 6. Juli 1812[7]) sein Verbleiben behalten, nach Maßgabe von welcher die Guts- und Lehenherrn die mit den Lehensinhabern getroffene Übereinkunft den für die Prüfung derselben niedergesetzten Königlichen Behörden vorzulegen haben.

§ 6. Am Schlusse eines jeden Jahres sollen die Oberämter ein Verzeichnis
 a) über die Zahl von Fallehen jeder Gutsherrschaft,
 b) über die Zahl und Beschaffenheit der von jeder derselben geschlossenen Reluitionsverträge und
 c) über die Ursache, warum hierunter weiter nichts geschehen sei, <durch die Regierungen> an Unser Ministerium des Innern einzusenden haben, welches Uns Höchstselbst vorgelegt werden soll[8]).

B. Erblehen

§ 7. Das Obereigentum, welches bisher bei Erblehen dem Lehenherrn zugestanden hat, soll als aufgehoben anzusehen und mit dem nutzbaren Eigentume vereinigt sein.

§ 8. Ebenso soll das Losungsrecht, welches bei mehreren dieser Erblehen sowie bei einigen Zinsgütern dem Gefällherrn bisher zugestanden hat, <nach Maßgabe der Verordnung vom 2. März 1815[9])> als aufgehoben betrachtet werden.

§ 9. Die bisherigen Erblehen sollen hiedurch die Eigenschaft bloßer Zinsgüter annehmen, welche nach vorheriger Anzeige bei dem gutsherrlichen Beamten sowohl durch Erbschaft als auf jede andere Art getrennt, im Besitz verändert und verpfändet werden dürfen, ohne daß dieselbe ferner einer Konzessionstaxe unterliegen können.

§ 10. Im Fall jedoch eine Grundherrschaft an die Fortdauer einer Trennungsgebühr einen Anspruch zu haben glauben sollte, dann soll über diesen Anspruch von dem betreffenden Oberamte an die Behörde Bericht erstattet werden.

§ 11. Die für den Nichtgebrauch des Losungsrechts hie und da eingeführten Gebühren sollen aufgehoben sein.

III. Wir sichern die Ablösbarkeit der Grundabgaben in der Maße zu, als die allmählig sich entwickelnden Bedürfnisse der Untertanen dieselbe erfordern. Vorläufig aber verordnen Wir:

A. Ablösbarkeit der Laudemien

§ 1. Die bei Veränderungen mit dem Besitz der bisherigen Erblehen und Zinsgüter unter dem Namen von Handlohn und Weglösin (Laudemien) teils in festgesetzten Summen, teils nach Prozenten des Kaufs- oder geschätzten Güterwerts, des Güterertrags, des Vermögens oder der Fahrnis, teils in Vieh als sogenannter Güterfahl oder Herdrecht, teils auf andere Art erhobenen veränderlichen Gebühren, dieselbe mögen in Geld oder in Naturalien erhoben worden sein, sollen ablösbar sein.

---

[7]) Vgl. Nr. 35.
[8]) Diese Bestimmungen sind nicht realisiert worden.
[9]) RegBl 1815, S. 79 ff. Vgl. Darstellung, Kap. 2, Anm. 92.

§ 2. Es soll den Abgabepflichtigen freistehen, dieselben auf die bisherige Weise abzureichen oder aber die Ablösung oder Verwandlung derselben in eine ständige Geld- oder Naturalabgabe verlangen zu können.

§ 3. Der Gefällberechtigte soll verbunden sein, sich an die hienach festgesetzten Normen zu halten und sechs Wochen nach eingelegter Bitte des Abgabepflichtigen seine Erklärung abzugeben, im entgegengesetzten Falle aber der Pflichtige ermächtigt sein, die Vollziehung dieses Gesetzes bei den Gerichten zu gesinnen.

§ 4. Als Norm für die Ablösung oder Verwandlung sollen nachstehende Vorschriften betrachtet werden:

a) Je auf 25 Jahre soll ein Veränderungsfall angenommen[10]),

b) zur Basis der Durchschnittsberechnungen bei veränderlichen Laudemien, Güterfällen etc. der Belauf von den 3 letzten Fällen angenommen,

c) die Ablösung in einfachem Kapitale, d. h. für den jährlichen Durchschnittsbelauf der 20fache Betrag gegeben,

d) bei der Verwandlung in eine ständige Abgabe aber die Hälfte auf Geld, die andere Hälfte auf Früchten gesetzt werden. Bei Berechnung dieser letztern soll die neue Kammertaxe zugrunde gelegt werden.

§ 5. Hierbei soll die freie Wahl der Pflichtigen nur insoferne beschränkt sein, daß in Fällen, wo die jährliche ständige Abgabe nicht den Betrag von 1 fl 30 kr übersteigt, die Ablösung (nach § 4 lit. c) statthaben muß.

B. Ablösbarkeit der jährlichen Grundabgaben von 1 fl 30 kr und weniger

§ 6. Alle sogenannte Küchengefälle als alte und junge Hühner, Hennen, Gänse, Eier, Honig, Pfeffer, Käse, Fische, Wachs, Öl, junge Lämmer, Schweine, oder wie dieselben immer Namen haben mögen, sollen in den gesetzten oder observanzmäßigen Preisen zu den Geldzinsen geschlagen und in allen öffentlichen Urkunden und Rechnungen als solche aufgeführt, folglich nie mehr in natura erhoben werden. In Fällen, wo das Lagerbuch oder die Observanz zu der Auflegung eines Küchenartikels berechtigt und die gegenwärtige Verordnung die Auflegung eines Grundzinses überhaupt zuläßt, soll ein solcher Küchenartikel jedesmal nur als Geldzins in dem observanzmäßigen Preise angesetzt werden.

§ 7. Alle Geldzinse, welche mit Einschluß der in solche verwandelten Küchengefälle (§ 6) bei ein und ebendemselben bisher erblehenbaren oder auch nur zinsbaren Trägereigut oder bei einer zu keiner Trägerei gehörigen Parzelle den Betrag von 1 fl 30 kr nicht übersteigen, sowie alle Frucht-, Wein- und andere Naturalgülten, welche diesen Betrag nicht übersteigen, sollen ablösbar sein und bei letzteren die neuere Kammertaxe als Norm der Geldberechnung genommen werden.

C. Ablösbarkeit der Teilgebühren

§ 8. Ebenso sollen bei Grundstücken, welche neben dem Zehnten das Halbteil, Drittteil oder Viertteil geben, die Teilgebühren in der Maße ablösbar sein, daß von der nach einem zwölfjährigen Durchschnitt auszumittelnden

---

[10]) Im Entwurf: 33 Jahre. Der Geheime Rat empfahl den sonst üblichen 25jährigen Anschlag für einen Veränderungsfall.

<reinen> Einnahme¹¹) des Teilherrn der eine Teil durch ein Geldkapital völlig abgelöst, der andere aber in eine ständige Naturalgült verwandelt werden kann.

§ 9. Bei der Bestimmung, der wievielte Teil abgelöst und der wievielte in eine Gült verwandelt werden soll, soll die Ertragsfähigkeit oder der gewöhnliche Körnerertrag des Guts entscheiden, jedoch als Regel angenommen werden, daß keine ständige Abgabe den fünften Teil des durch genaue Schätzung zu erhebenden reinen Ertrags übersteigen darf.

§ 10. Damit den einzelnen Teilhabern eines unter mehreren Besitzern zertrennten teilbaren Feldes die Ablösung und Verwandlung auch in dem Falle, daß nicht alle damit einverstanden sind, möglich sein möge, dennoch aber die Loskaufssumme und die künftige Gült nach Maßgabe des bisherigen Gesamtertrags genau bestimmt werden könne, soll dieser Gesamtbetrag, sowie sich ein Abgabepflichtiger zur Veränderung meldet, auf alle Parzellen nach vorgegangener Abschätzung ausgeteilt und hierüber ein Verzeichnis aufgenommen werden, welches in der Folge bei eintretenden Partialloskäufen und -verwandlungen zum Grund gelegt werden kann.

D. Allgemeinere Bestimmungen für die Ablösung

§ 11. Das Ablösungskapital soll im allgemeinen bei Geldzinsen sowohl als Naturalgülten nach dem landläufigen Zinsfuß auf den zwanzigfachen Betrag des Gefälls gesetzt werden. Welcher Abgabepflichtige jedoch bis zum letzten Dezember 1818 zu der Ablösung eines der unter A, B und C aufgeführten, Unseren Kammern zugehörigen Gefälls sich meldet, soll nur den sechzehnfachen Betrag zu ersetzen verpflichtet sein¹²).

§ 12. Jedem loskaufenden Güterbesitzer soll, wenn er es verlangt, das Loskaufskapital gegen landläufige Verzinsung geborgt und in Zieler zerschlagen werden, jedoch bis zu gänzlicher Berichtigung der Loskaufssumme für diese und für die etwa rückständigen Zinsen dem Gültherrn das Eigentumsrecht auf die losgekaufte Gült vorbehalten bleiben.

§ 13. Dagegen sollen diejenigen Geld- und Naturalgülten, welche 1 fl 30 kr und weniger betragen und welche bis zu Errichtung des neuen Grundsteuerkadasters noch nicht abgelöst sind, an dem Steuerkapital der Güter nicht in Abzug gebracht werden.

§ 14. Sollte zu erweisen sein, daß eine ständige Geld- und Naturalgült von höherem jährlichen Betrag als 1 fl 30 kr den fünften Teil des reinen Ertrags des damit belasteten Guts übersteigt, alsdann soll auf Ansuchen des Abgabepflichtigen die Gült auf diesen Ertrag herabgesetzt und für das Weitere die Ablösung im einfachen Kapitalbetrag gestattet werden.

E. Fronen und Frongelder

§ 15. Insofern die Fronen (Spann- oder Handdienste) als reine Überbleibsel vormaliger persönlicher Leibeigenschaft dermalen noch bestehen, sollen die-

---

¹¹) Geändert aus „auszumittelnden Jahresbetrag", um Aufwand und Leistungen des Teilherrn zu berücksichtigen.
¹²) Die Begünstigung wurde auf Kammergut und Hofdomänenkammer beschränkt, während der Entwurf auch die „anderen öffentlichen Administrationen" einbezogen hatte. Der König hatte laut Protokoll den niedrigen Ablösungssatz gewünscht.

selben sowie die dafür surrogierten Frongelder infolge der aufgehobenen Personalleibeigenschaft (Nr. I) gleichfalls als aufgehoben betrachtet werden.

§ 16. Frondienste oder Frongelder, welche auf Grundeigentum radiziert sind, sollen, es mag sich ihr Wert noch so hoch belaufen, mit einfachem Kapital ablösbar sein; dabei soll es jedoch dem Fronpflichtigen freistehen, im Fall er den Naturaldienst vorzieht, diesen auch ferner leisten zu können.

§ 17. Wir erklären alle ungemessene Fronen <– unter welchen auch die ungemessenen Jagdfronen begriffen sein sollen –> als ungesetzlich. Die Kammern und auch die anderen Gutsherrn sollen solche durch Übereinkunft mit den Dienstleuten, wenn keine Ablösung zustande kömmt, bis zum letzten Dezember 1818 in gemessene verwandeln. Die Verträge hierüber sowie die etwa festzusetzenden Fronsurrogatgelder sollen den vereinigten Regierungs- und Kammerkollegien zur Genehmigung vorgelegt werden.

§ 18. Bei Ablösung oder Verwandlung der Naturaldienste soll, wo nicht ältere Verträge etwas anderes bestimmen, unter Berücksichtigung der Art und Weise, wie nach dem Lagerbuch oder nach der Observanz der Dienst bisher zu leisten gewesen ist, der örtliche Taglohn zugrunde gelegt, jedoch der dem Gutsherrn obgelegene Aufwand vollständig in Abzug gebracht werden.

F. Die lebendigen oder Blutzehenten aller Art

§ 19. Die lebendigen oder Blutzehenten aller Art sollen auf den Grund einer zwölfjährigen Durchschnittsberechnung mit einfachem Kapital ablösbar sein; den Beamten und Geistlichen, welche dieselben als Besoldungsteil genossen haben, soll für dieselben Entschädigung gereicht werden.

G. Das Hundehalten

§ 20. Die Verpflichtung zum Hundehalten, <von welchem der Geldwert auf jährlich vier Gulden für eine einfache Hundslege festgesetzt wird,> soll auf gleiche Weise ablösbar sein, und die Reluitionsverträge sollen der Königlichen Behörde zur Genehmigung vorgelegt werden; <dabei soll jedoch gegen diejenigen, welche von dieser Befugnis zur Ablösung keinen Gebrauch machen wollen, den Jagdherrn das Recht, die Naturalleistung verlangen zu können, vorbehalten bleiben.>

IV. Damit auch diejenigen Grundeigentümer, bei welchen die Ablösung der Grundabgaben noch Anstände findet, in Abtragung derselben erleichtert und ihnen zu Erwerbung eines völlig befreiten Eigentums Gelegenheit verschafft werde, wollen Wir nicht nur die Zusammenziehung verschiedener Abgabegattungen, sondern auch die Radizierung der Grundabgabe auf ein Gut von geringerem Umfange gestatten.

Zu dem Ende

§ 1. sollen die Abgabepflichtigen nicht nur in Fällen, wo ein und ebendasselbe Gut neben Naturalabgaben auch Geldzinse zu reichen hat, um Verwandlung der letztern in eine gleiche Naturalabgabe, sondern auch dann, wenn das Gut bisher mit mehreren Gattungen von Früchten und anderen Naturalien belastet gewesen ist, um die Reduktion derselben auf 2 Fruchtgattungen, nämlich Winter- und Sommerfrucht, bitten können.

§ 2. Geld- und Naturalgülten, deren Geringfügigkeit mit der Größe des gültbaren Grundes in keinem Verhältnis steht, sollen auf Güter von geringerm Umfange radiziert werden in der Maße, daß, wenn z. B. ein Erblehen- oder Zinsgut im Umfange von 20–30 Morgen Feldes nur einige Schillinge oder einige Simri Frucht zu reichen hat, diese Gültabgabe auf 1 oder 2 Morgen allein radiziert und alles übrige Feld dadurch soll freigemacht werden können.

§ 3. Diese neue Radizierung auf einen kleinern Teil des gültbaren Grundes soll sowohl da, wo das Ganze ein und ebendemselben Besitzer zusteht, als auch da, wo mehrere Teilhaber sind, stattfinden können. In letzterem Falle soll jedoch derjenige, der die ganze Abgabe auf sein Gut übernimmt, von den übrigen verhältnismäßig mittelst eines bar zu bezahlenden einfachen Kapitals entschädigt werden.

§ 4. Es soll übrigens darauf Rücksicht genommen werden, daß das Gut, auf welches nun die ganze Gült radiziert wird, nicht über Verhältnis beschwert und dadurch die Sicherheit des Gültherrn gefährdet werde. In dieser Hinsicht soll auch hiebei die oben angeführte Regel ihre Anwendung finden, daß die Abgabe in keinem Fall den fünften Teil des genau auszumittelnden reinen Ertrages übersteigen darf.

§ 5. Im Fall das Gut, welches künftig die Abgabe allein zu tragen hat, einem Dritten als Unterpfand verschrieben ist, soll dasselbe von diesem Verbande, insoweit er die Gültabgabe gefährden oder diese dem Dritten nachteilig werden könnte, befreit und hiezu vornehmlich die Entschädigung angewendet werden, welche der Besitzer von den bisherigen Gültteilhabern zu erwarten hat (§ 3).

§ 6. Außerdem soll den Gemeinden gestattet sein, die Summe aller Zinse und Gülten, welche auf dem Grundeigentum sämtlicher Gemeindeglieder ihrer Gemarkung haften, auf einen Gemeindegrund (Allmand, Waldung oder gebautes Feld) zu übernehmen und zu radizieren und sofort dieselbe von dem Bürgermeisteramt aus der Gemeindekasse an den Zins- und Gültherrn abtragen zu lassen. Die Magistrate unter Zuziehung der Gemeinden sollen sich hierüber zu erklären haben, <und wenn drei Vierteile von den Gemeindegliedern für die Radizierung stimmen[13]),> alsdann soll die Zins- und Gültabgabe als eine Schuld der Gemeindekasse betrachtet werden, ohne daß aber die übernommenen Beschwerden durch Subrepartition auf die bisherigen zinsbaren Güter speziell wieder eingehoben werden dürfen.

V. Verbot der Auflegung neuer Grundabgaben

Je wohltätiger Wir die Folgen der durch die obigen Vorschriften beabsichtigten Vereinfachung und Verminderung der bereits bestehenden Grundabgaben[14]) für den Grundeigentümer sowohl als auch für die Kameraladmini-

---

[13]) Der Geheime Rat wollte durch diesen Zusatz verhindern, daß Magistrate und Gemeindedeputierte, „bei welchen öfters ein abgesondertes Privatinteresse vorzüglich leitend sein könnte", sich auf Kosten ihrer Mitbürger von den Reallasten ihrer Güter befreiten.

[14]) Hier strich der Geheime Rat den Zusatz „bis zu 1 fl 30 kr", um das Verbot, neue Grundabgaben aufzulegen, allgemein auszusprechen. Ebenso änderte er den folgenden Absatz, in dem den beiden Kammern befohlen wurde, solche neu anfallenden Abgaben bis zu einem Betrag von 1 fl 30 kr nur im einfachen Kapitalwert einzuziehen.

strationen erachten, je weniger werden Wir ihre Vervielfachung durch Auflegung neuer Abgaben gestatten.

Dagegen wollen Wir, daß die aus den Ablösungen erfolgenden Kapitalsummen wieder in Domanium verwandelt und daß in gleicher Art, und wenn bei andern Gutsherrschaften die abgelösten Gülten zu einem Fideikommiß gehört haben, der Fideikommißnexus auf das Ablösungskapital übertragen werden soll.

Indem Wir Uns überzeugt halten, daß Wir durch die gegenwärtige Verordnung einen neuen Grund zu der Wohlfahrt Unserer lieben und getreuen Untertanen gelegt haben, befehlen Wir, daß dieselbe durch Unsere Oberämter sofort in allen Gemeinden bekanntgemacht werden soll, und versehen Uns zu sämtlichen Beamten, daß dieselben sich die Erreichung Unserer landesväterlichen Absichten durch alle in ihre Hände gelegten Mittel eifrigst werden angelegen sein lassen.

Was insbesondere die Ausführung der in den Abschnitten III und IV vorgeschriebenen Maßregeln für die Ablösung, Verwandlung und für die neue Radizierung der Grundabgaben anbelangt, so wollen Wir solche hiemit Unsern Königlichen Ober- und Kameralbeamten gemeinschaftlich und in der Maße aufgetragen haben, daß dieselben sich deshalb in die zu ihren Amtsbezirken gehörigen Gemeinden persönlich verfügen und unter Zuziehung der gutsherrschaftlichen, der Korporations- und Stiftungsbeamten, insoweit es deren Interesse mitbetrifft, die geeigneten Verhandlungen mit den Abgabepflichtigen und Magistraten vornehmen, ordentliche Protokolle hierüber aufnehmen und sodann das Resultat ihrer Verrichtungen, deren Beendigung Wir längstens bis zum 1ten Juni 1818 erwarten, von Monat zu Monat einsenden.

Sollten die Ober- und Kameralbeamten wegen anderer dringenden Geschäfte gehindert sein, das Geschäft in seinem ganzen Umfange selbst vorzunehmen, so sollen dieselben ermächtigt sein, durch einen tüchtigen Unterkommissär die nötigen Vorbereitungen und Einleitungen unter ihrer Aufsicht und Anweisung besorgen zu lassen.

Nr. 45—59 **Kampf um die Erweiterung oder Einschränkung der Ablösungsmöglichkeiten nach dem Edikt II vom 18. 11. 1817**

Vgl. Darstellung, S. 368 ff. Mit einer Reihe von Eingaben an den König protestierten hoher und niederer Adel gegen Inhalt und Vollzug des 2. Edikts vom 18. 11. 1817 (Nr. 45, 46, 48). Trotz starker inhaltlicher Übereinstimmung scheinen sie weitgehend ohne nähere Absprache der Mediatisierten untereinander zustande gekommen zu sein. Noch unmittelbarer als die gleichzeitigen publizistischen Äußerungen – vgl. Darstellung, Kap. 3, Anm. 104 – bezeichnen sie in direkter Konfrontation mit dem souveränen Staat zum erstenmal die grundsätzliche Einstellung des Adels in den Fragen der „Bauernbefreiung". Die Sorge der Mediatisierten vor den nachteiligen Auswirkungen des Edikts und vor einer rigorosen Durchführung durch die staatlichen Behörden zeigt sich ebenso in den internen Äußerungen (Nr. 47) wie in den Versuchen, durch Druck auf die Lehenleute diese von allen Ablösungsversuchen abzuhalten (Nr. 49–50). Bei den Diskussionen innerhalb der Regierung, ob man die Bestimmungen des 2. Edikts erweitern oder revidieren solle, hielt der Monarch dem Adel gegenüber an dem Reformplan allerdings in vollem Umfang fest (Nr. 52–55). Welche Schwierigkeiten umfassenderen Ablösungen aus der Sicht der Zeitgenossen allein von der finanziellen Seite her entgegenzustehen schienen, verdeutlicht ein Gutachten der Hofdomänenkammer, das die wesentlichen Einwände gegen erweiterte Ablösungsmöglichkeiten zusammenfaßt (Nr. 51). Andererseits hinderten traditionsbezogene Einstellung und wirtschaftliche Not die Pflichtigen vielfach daran, die gesetzlichen Bestimmungen zu nutzen, selbst wenn die Behörden die Ablösungen voranzutreiben suchten (Nr. 56–59).

Nr. 45–50   Abwehrmaßnahmen des mediatisierten Adels

Nr. 45   1817 Dezember 2, Regensburg

„Alleruntertänigste Vorstellung" des Fürsten von Thurn und Taxis gegen das 2. Edikt vom 18. 11. 1817

E 146, Bü 21, Q 2. Ausfertigung. Unterschrift: Karl Alexander Fürst von Thurn und Taxis.

Eurer Königlichen Majestät Allerhöchste Verordnung vom 18. des verflossenen Monats mußte mich als einen der begüterten Standesherren und Landeigentümer des Königreichs Württemberg mit dem tiefsten Schmerzgefühl und mit den bangesten Ahnungen für die Zukunft durchdringen.

Durch diese königliche Allerhöchste Verordnung wird den ehemals reichsständischen und adelichen Familien im Königreiche Württemberg das ihnen von Jahrhunderten her zugestandene Eigentum ihrer Güter abgesprochen, und dieses wird schon von diesem Augenblicke an auf den Bauernstand übertragen, welchem gestattet wird, alle Abgaben, die derselbe an die adelichen Eigentümer vertragmäßig bisher zu entrichten hatte, abzulösen, folglich das Eigentum des Adels in sein Eigentum und zwar in sein freies Eigentum zu verwandeln.

Als Württemberg das Glück hatte, Eure Königliche Majestät den Thron Allerhöchstihrer Väter besteigen zu sehen, hat nicht nur der Bürger- und Bauernstand, sondern auch der Stand der Fürsten, Grafen und des Adels die frohe Hoffnung schöpfen dürfen, daß nicht nur die Rechte und das Eigentum des Bürger- und des Bauernstandes, sondern auch die Rechte und besonders das Eigentum des Adels den mächtigen Schutz Eurer Königlichen Majestät finden würde, und die in allen Staaten bisher geachteten Grundsätze des

Rechts, ganz vorzüglich aber auch die bekannten gerechten und humanen Gesinnungen Eurer Königlichen Majestät haben diese Hoffnung unterstützt.

Nicht grundlose Anmaßungen willkürlicher Gewalt, nicht veraltete Ansprüche der Vorzeit sind es, deren Schutz sich der Adel von Eurer Königlichen Majestät vertrauensvoll versprochen hatte und um deren Schutz ich gegenwärtig submissest anflehe.

Es sind wahre, wohlerworbene, teuer erkaufte Eigentumsrechte, die dem rechtmäßigen Erwerber entzogen und auf denjenigen übertragen werden sollen, der nie einen Anspruch darauf besessen hat.

Nie war der Bauer Eigentümer des Gutes, das ihm als Fallehen verliehen war; nie war der Fallehnmann Grundeigentümer. Grundeigentümer war und ist noch derjenige, der das Gut erkauft und die Benützung desselben dem Fallehnmann oder Bauern auf seine Lebenszeit gegen gewisse Abgaben überlassen und diesem das Mittel verschafft hat, sich und seine Familie auf einem fremden Gute zu ernähren und Vermögen zu erwerben.

Dieses ist die zwar von einigen mißkannte, aber leicht erweisliche Natur der Fallehn, und wenngleich in Ländern, wo man diese Art von Gütern weniger kennt, irrige Begriffe darüber herrschen mögen, so ist doch kein Untertan Eurer Königlichen Majestät in den neuwürttembergischen Landen, der nicht wüßte, daß, wenn er ein Fallehn besitzt, dieses nicht sein Eigentum, sondern das Eigentum seines Grundherrn sei.

Besonders wichtig ist die aus dieser in Schwaben so bekannten und nie widersprochenen Behauptung fließende Wahrheit, daß die Gefälle, die der Fallehnbauer zu entrichten hat, keine Abgaben sind, die seinem Eigentume aufgelegt worden wären. Sie sind die Bedingungen, unter welchen ihm ein fremdes Eigentum zu benutzen eingeräumt worden ist, und selbst wenn das Fallehn in ein Erblehn verwandelt worden, so verlieren doch die auf dem Erblehn haftenden Abgaben diese Natur nicht, weil das Obereigentum noch immer bei dem Grundherrn ist.

Die Abgaben von den Fall- und Erblehen sind daher wahre Eigentumsnutzungen so gut, als es der Pachtzins ist, der dem Eigentümer von seinem verpachteten Gute entrichtet wird.

Das Fallehen ist im Grunde „nichts anderes als ein lebenslänglicher Pacht", der gewöhnlich an den Sohn des Fallehenbauern übergeht.

Es kann in den allerhöchsten Absichten Eurer Königlichen Majestät nicht liegen, dem Eigentum des Adels, der schon viele Jahre her große Summen an Steuern erlegt hat, den Staatsschutz zu entziehen und diese Klasse Allerhöchstihrer Untertanen zu zwingen, Eigentum und Eigentumsnutzungen an eine andere begünstigtere Klasse der Untertanen abzutreten und dadurch den Untergang aller fürstlichen, gräflichen und adelichen Familien vorzubereiten, indem die ehemaligen Grundholden und Pächter zu Landeigentümern erhoben, die bisherigen fürstlichen und gräflichen Landeigentümer aber zu bloßen Kapitalisten herabgesetzt werden.

Den schwankenden und unsichern Zustand des Kapitalisten hat die Erfahrung in der neuesten Zeit hinreichend gezeigt, indes es eine bekannte Sache ist, daß der Besitzer von Grund und Boden oder von Gefällen, die auf diesen radiziert sind, sich wieder erholen und vom Untergange retten kann.

Die Deutsche Bundesakte schützt die Rechte und das Eigentum des ehemals reichsunmittelbaren Adels.

Fürst Thurn und Taxis schließt die alleruntertänigste Bitte an, daß der Vollzug der Allerhöchsten Verordnung vom 18. des vorigen Monats bis zu näherer Prüfung dieser und dergleichen voraussehlicher alleruntertänigster Vorstellungen, insoferne derselbe die Güter und Besitzungen des Adels und die Schuldigkeiten seiner Grundholden betrifft, suspendiert werden wolle. [...]¹).

---

¹) Als König Wilhelm in einem Schreiben an den Fürsten vom 24. 12. 1817 in dessen Vorstellung „weniger die Äußerung eigener Ansichten als die Wirkung der Ratschläge" anderer erkennen wollte (E 146, Bü 21, Q 4), betonte Thurn und Taxis in einer neuen Vorstellung vom 30. 12. 1817 (ebd., Q 5) die Selbständigkeit seiner Demarche, wobei er weitgehend die Argumente seiner ersten Eingabe wiederholte. Schärfer äußerte er sich auf die Mitteilung der königlichen Entschließung vom 5. 4. 1818 (Nr. 54) in einer Vorstellung vom 6. 6. 1818 an die Kreisregierung Ulm, in der er seine Reklamation am Bundestag ankündigte (ebd., Q 31, Beilage):
Der äußerste Notfall, in dem ein Eigentümer gezwungen werden kann, „sein Eigentum zu veräußern und sich eine Entschädigung dafür aufdrängen zu lassen", besteht in Württemberg nicht.
„Ferner kann es ebensowenig widersprochen werden, daß adeliche Familien, welche kein Grundeigentum und keine Grundrenten besitzen, sondern nur von Kapitalien, die der Verlustgefahr ihrer Natur nach stets ausgesetzt sind, ihrem Stande gemäß leben sollen, ihrem gänzlichen Untergange bloßgestellet sind." Das Eigentum des schwäbischen Adels an den Fallehen ist unbestreitbar. Die geplante Verwandlung in Zinsgüter ist nur ein erster Schritt zur Ablösung der Grundabgaben überhaupt. „Gerade die den Adel zugrunde richtende Ablösbarkeit der Grundabgaben ist die Absicht und der Zweck der Verordnung. Die Aufhebung des Fall- und Erblehnsystems ist nur das Mittel dazu. Um die Grundabgaben ablösbar zu machen, mußten die Fall- und Erblehen aufgehoben, das ist: das Eigentumsrecht des Grundherrn mußte auf den Bauern übertragen werden; denn solange der Adel im Besitze seines Eigentums rücksichtlich der Erblehen geblieben wäre, so hätte es zu sehr auffallen müssen, wenn dem Grundholden die Ablösung dessen, was er an den Eigentümer, der ihm die Nutznießung einräumt, zu entrichten hat, wäre gestattet worden. Dieses wäre ebensoviel gewesen, als wenn dem Mieter eines Hauses gestattet würde, den Mietzins abzulösen." Hieraus wird der unersetzliche Wert des Eigentumsrechts der Grundherren an den Fall- und Erblehen für den Adel deutlich, „da dessen Erhaltung von der Unablösbarkeit der Renten und diese von dem Eigentumsrechte abhängt". Dieses Eigentumsrecht des Adels hat Anspruch auf den Schutz des Staates wie das Eigentum aller anderen Staatsbürger; die Übertragung des Eigentums von einer Klasse der Staatsbürger auf eine andere ist „mit den Grundsätzen des Rechts schlechterdings nicht vereinbar". „Es ist also kein Recht des Staates denkbar, vermög dessen die Grundherren gezwungen werden könnten, ihr Eigentum abzutreten; kein Recht, dem Grundherrn die Verleihung seines Eigentums gegen Grundrenten zu untersagen, also auch kein Recht, alle Grundrenten für ablösbar zu erklären. [...]
Geld und Kapitalien sind keine Entschädigung für Grundrenten, wenn nicht mit diesem Gelde sogleich wieder Grundrenten erworben werden können, dieses ist aber unmöglich in einem Lande, wo alle Grundrenten als ablösbar erklärt sind.
Der Adel ist berechtigt, für seine Erhaltung und Fortdauer und dafür zu sorgen, daß es seinen Nachkommen nicht an einer diesem Stande entsprechenden Existenz gebreche." Darum hat er seit je Grundeigentum und Grundrenten erworben und diesen Besitz durch fideikommissarische Einrichtungen gesichert.
Jetzt aber ist das Eigentumsrecht schon vor jeder Entschädigung der eigentlichen Eigentümer auf die Bauern übertragen worden. Das 2. Edikt vom 18. 11. 1817 läuft der Bundesakte gerade zuwider: Es vereitelt indirekt alle diejenigen Rechte, die den ehemaligen Reichsständen zugesichert werden sollten, da die Bundesakte, „welche offenbar die Erhaltung der ehemals reichsständischen Familien will, voraussetzet, daß sie Eigentümer und Grundherren bleiben, und alle ihnen zugesicherten Rechte fruchtlos werden, wenn dieses der Fall nicht mehr ist". Thurn und Taxis sieht sich daher in die „traurige Notwendigkeit" versetzt, zur Sicherung seines „teuer erworbenen Eigentums" unter feierlicher Verwahrung seiner Rechte zu erklären, daß er sich an die Bundesversammlung wenden wird; er erwartet, daß die Regierung die Suspensivkraft dieser Berufung anerkennen wird. Da auch die Pfarreien und Kirchenfabriken, welche Fall- und Erblehen und

Nr. 46   1817 Dezember 11, Buxheim

Vorstellung oberschwäbischer Standesherren gegen das 2. Edikt vom 18. 11. 1817

E 146, Bü 21, Q 3. Ausfertigung. (Etwas abweichender Druck in: *Waldbott-Bassenheim*, Grundeigentum, S. 183–191).

Die Eingabe an den König wurde auf einer Konferenz in Buxheim (10./11. Dezember 1817) beschlossen und entworfen. Sie geht im wesentlichen auf Vorschläge des Grafen von Waldbott-Bassenheim zurück. Ihre Argumentation war bewußt auf „staatswirtschaftliche Gründe" für die Beibehaltung der Erb- und Fallehen abgestellt, während man vorerst nur vorsichtig auf die bundesrechtliche Garantie der standesherrlichen Besitzrechte hinwies, um nicht durch direkte Konfrontation weitere, noch härtere Maßnahmen der Regierung zu veranlassen und um Zeit für Verhandlungen in Frankfurt zu gewinnen (Akten: FÖAW VII 3 a. 14 c, Fasz. 14). Waldbott-Bassenheim überreichte die Vorstellung noch vor dem 15. 1. 1818 in Stuttgart und ergänzte sie auf Wunsch des Innenministers v. Otto durch ein Promemoria „Entwickelung der Rechts- und landwirtschaftlichen Verhältnisse der unter dem Namen Fall- und Erblehen in Neuwürttemberg herkömmlichen Gutsverpachtungsweisen" (E 146, Bü 21, Q 8; gedruckt in: Waldbott-Bassenheim, Grundeigentum, S. 191 ff; weitere Akten in NZAZ 1020; vgl. Mößle, S. 248). Vgl. Darstellung, S. 364 f.

Die unterzeichnete Fürsten und Grafen bitten ehrfurchtsvollest um allergnädigste Erläuterung der Königlichen Edikte vom 18. November laufenden Jahres.

Euere Königliche Majestät haben in zwei unterm 18. November l. J. sub Nro. 1 und 2 erlassenen allerhöchsten Verordnungen wiederholt die Wohlfahrt und das Glück des Volkes als das einzige Ziel und Bestreben Allerhöchstdero Bemühungen ausgesprochen.

Euer Majestät haben bei Erwähnung dieses Zweckes die Bereitwilligkeit zu allgemeiner Mitwirkung und Darbringung nötiger Opfer in Anspruch genommen.

Die alleruntertänigst Unterzeichnete verehren im Innersten das hohe Ziel, welches Euere Majestät zu erreichen streben, und beeilen sich ehrfurchtsvoll, ihre Bereitwilligkeit auszudrücken, zu diesem edelsten aller Regentenzwecke nach möglichsten Kräften mitzuwirken.

Euere Majestät wollen alle Ausflüsse persönlicher Leibeigenschaft im ganzen Umfange des Landes gegen billige Entschädigung vertilgt sehen; wir bitten Allerhöchstdieselbe, unsere unbeschränkte Bereitwilligkeit zu Realisierung die-

---

Grundgefälle besitzen, erhebliche Verluste erleiden werden und dadurch neue Lasten für die zum Unterhalt des Kultus, der Kirchen und Pfarrgebäude subsidiarisch verbundenen Patronats- und Zehntherrschaften entstehen, sieht sich Thurn und Taxis veranlaßt, seine Verwahrung „auch auf diese auf mein Eigentum und meine rechtlich erworbenen Befugnisse und Einkünfte so wesentlich einfließenden Folgen" des Edikts auszudehnen.

ses Zweckes sowie zur Verwandlung aller ungemessenen Frohnden in gemessene versichern zu dürfen.

Indem wir dieser Pflicht uns zu entledigen streben, fühlen wir eine zweite nicht minder heilige, die der offenen Wahrheit, welche wir Euer Majestät, uns und unseren Familien und nebstdem noch Mitmenschen schuldig sind, welche vormals [als] unsere Untertanen ganz unserer Fürsorge anvertraut waren und deren weitere Relationen zu uns erst der staatsrechtlichen gleichförmigen Bestimmung für ganz Teutschland entgegensehen. Diese ernste Pflicht ermahnet uns in jenen Punkten, wo die allerhöchste Verordnungen sogenannter Fall- und Erblehen und eines Lehenverbandes erwähnen, welcher die Benutzung, Erwerbung und Veräußerung des lehenbaren Grundes erschwere, welcher mit Abgaben unverhältnismäßig bald durch die Natur, bald durch die Zeit der Erhebung, bald drückend durch Kosten und Plackereien den Mut und die Mittel, durch Industrie sich zu heben, entziehe, die Armut vermehre, die Bevölkerung vermindere und dem Staate immer tiefere Wunden schlage und deshalb aufgelöst werden müsse.

Jene ernste Pflicht gebietet uns, Euer Majestät nicht zu verschweigen, daß diese nachteilige Verhältnisse, welche die allerhöchste Verordnungen mit so lebhaften Farben schildern, wenigstens in den neuen Landen, vorzüglich in Oberschwaben und auf unsern Besitzungen nicht bestehen.

In diesem Teile des Staates findet sich zwar der Name von solchen Lehen, aber die Sache nicht. Hier sind die sogenannte Fall- und Erblehen keineswegs Ausflüsse der Leibeigenschaft oder eines Lehensverbandes, sondern reine Benutzung des Eigentums.

Leicht vermögte daher jener kollektive Name von Fall- und Erblehen bewirken, daß gestützt auf den Wortlaut der Königl. Verordnungen diesen eine Ausdehnung weit über ihre Tendenz gegeben würde; eine Ausdehnung, welche die ältesten Eigentumsrechte tödlich verletzte, das ganze Verhältnis des Adels, vorzüglich in Oberschwaben, mit einem Schlage zertrümmerte und weit entfernt, das erhabene Ziel Euer Majestät ins Dasein zu führen, vielmehr gemeinschädlich ausfallen müßte.

In den neuen Landen, vorzüglich in Oberschwaben, sind sämtliche sobenannte Fall- und Erblehen auf keine Weise Ausflüsse der Leibeigenschaft oder eines Feudalverbandes, sie sind reine Verpachtungen eigentümlichen Gutes entweder auf Lebzeiten des Pächters oder auch für dessen Deszendenz, sie sind durchgängig auf freie, gesetzlich errichtete Verträge gegründet, stammen zum Teil aus den neuesten Zeiten her, beruhen durchgängig auf einer Verleihung des wahrhaften Eigentümers unter legalen Bedingungen, und nie war auch nur einen Augenblick zwischen Eigentümer und Nutznießer der mindeste Zweifel oder Streit über das Eigentum.

Diese Wahrheit wäre durch eine ungemessene Anzahl von Urkunden zu erproben, wenn es noch eines weiteren Beweises bedürfe, wo das allerhöchste Gouvernement in einer öffentlichen Verordnung bereits unterm 6ten Juli 1812[1]) freilich anerkannt und selbst ausgesprochen hat, daß bei den sogenannten

---

[1]) Vgl. Nr. 35.

Bauernlehen die Bauern nur als Lehenträger, keineswegs aber als Gutsbesitzer, viel weniger als Gutseigentümer zu betrachten seien, daß durchaus gegen den Gutsherrn kein Zwang über die Bedingungen und Grundsätze eintreten dürfe, unter welchen das sogenannte Fallehen ein künftiges Eigentum des Lehenträgers werden könne.

Wollte man daher die Verordnungen Euer Majestät vom 18. November über jene das Eigentum beschränkende, die Armut vermehrende und die Industrie niederschlagende Institute der bloßen Namensverwandtschaft wegen auch auf die sobenannte Fall- und Erblehen und vorzüglich in Oberschwaben ausdehnen, so würde dem edelsten Zwecke Euer Majestät gerade entgegengehandelt, das Eigentumsrecht würde nicht allein beschränkt, es würde wahrhaft vernichtet, und mit ihm alle Industrie sonach gänzlich zu Boden fallen. Mehr noch, man würde durch eine solche Ausdehnung der Verordnung vom 18. November, welche den Nutznießern eines sogenannten Fallehens das Eigentum desselben vornweg gewähret, den auffallenden Widerspruch herbeiführen, daß der Staat Gerechtsame, welche er im Jahr 1812 als ein heiliges, durch keinen Zwang antastbares Eigentum eines Staatsbürgers anerkannte, fünf Jahre nachher zu entziehen sich berechtigt fühlte!!

Aber diese Verletzung der Eigentumsrechte wäre nicht der einzige Nachteil für die bisherigen Eigentümer sobetitelter Fall- und Erblehen; noch würde die weitere Inkonvenienz eintreten, daß die Gutseigentümer, welche bisher durch lebenslängliche Verpachtung ihres Gutes dem Pächter die Mittel seiner Subsistenz für sich und die Seinige auf ein ganzes Menschenalter gewährten, nunmehr in gehässige Gläubiger des neu Beschenkten verwandelt, daß statt Friede und Eintracht der Same des Unfriedens gestreuet würde. Es ist keineswegs eine rednerische Floskel, es ist reine Tatsache, daß, wollte das im Jahr 1812 noch feierlich vom Staate anerkannte Eigentum vom Gutsherrn auf den lebenslänglichen Pächter übertragen werden, daß alsdann dem Adel in Oberschwaben das ganze Fundament seiner Existenz, sein gänzliches Grundeigentum benommen würde, daß er als gezwungener Gläubiger neu beschenkter Eigentümer auf den Betrieb seiner Kapitalien reduziert, wider den besten Willen zu jüdischen Schacherkünsten genötigt würde, bloß um zu seinem seit Jahrhunderten angestammten Eigentum auf die einzig noch mögliche Weise wieder zu gelangen. Was aber wäre Euerer Majestät und was dem Volke ein Adel, auf bloßes Geld und Geldbetrieb begründet, annoch wert?

Jedoch nicht allein die vorigen Reichsstände und der Adel in den neuen Landen, besonders Oberschwabens, würden unter der zu befürchtenden Ausdehnung der Verordnung vom 18. November erliegen, auch eine Menge bürgerlicher Eigentümer sogenannter Fall- und Erblehen würden dabei schuldlos leiden, und der erhabene Zweck Euerer Majestät, größeres Volksglück, größerer Wohlstand, würde dennoch auf keine Weise durch die Opfer unserer Eigentumsrechte erzielt werden!

Die beabsichtete größere Bevölkerung Oberschwabens durch die Zerstücklung der Güter in gleiche Kindsteile würde schon in den nächsten Generationen so viele und kleine Gutsteile herbeiführen, daß die Konsumtion wenn nicht stärker, doch gleich der Produktion ausfallen müßte. Der Verkauf der Früchte ins Ausland müßte unterbleiben, damit das Inland bestehen könnte, der Zufluß des Geldes würde verstopft; und womit sollten alsdann Untertanen, welche auf dem kleinen Ackerbezirk kaum ihre eigene Existenz zu gewinnen wüßten, noch die nötigen Abgaben an den Staat entrichten? Und welche Folgen würde die Nachbarschaft der Schweiz, welche fast all ihr Brot in Oberschwaben kauft, herbeiführen, wenn künftig für sie ihre Hauptnahrungs- und für Schwaben aber die bedeutendste Geldquelle durch den eigenen Bedarf der gesteigerten Bevölkerung gestopft würde?

Daß jede Bevölkerung ihre gemessenen Grenzen habe, daß zu große Zerstückelung der Grundstücke zu traurigen Ereignissen führe, hat die allerneueste Geschichte leider nur allzulaut bewährt. Tausende mußten die mütterliche Erde verlassen, weil sie zu Haus nicht mehr zu leben fanden; ein schreckliches Opfer zum Beleg, daß alles, auch die Bevölkerung, ihre natürliche Grenze habe.

Wenn diese düstere Rückerinnerung, welche wir so gerne dem menschenfreundlichen Gefühl Euerer Majestät ersparen mögten, vorzüglich in Oberschwaben oder in jenen Gebieten wenig oder gar keinen Stoff findet, welche vormals unserer Obhut anvertraut waren und wo außer sogenannten Fall- und Erblehen die Untertanen wenig anderes liegendes Eigentum hatten, wenn dagegen Altwürttemberg tausende von Auswanderern zählt, welche in einem einzigen Mißjahre im Auslande dem Hungertode zu entgehen suchen mußten, in diesem gegebenen Falle fühlen wir uns zur Überzeugung verpflichtet, daß Euer Majestät um einer bloßen Namensverwandschaft willen die sobenannte Fall- und Erblehen oder das ganze Grundeigentumssystem in Oberschwaben nicht jenen verderblichen, Armut befördernden, Industrie niederdrückenden Anstalten beizählen lassen werden, welche Allerhöchstdieselbe zu ersticken im edelsten Gefühle sich berufen finden.

Schon im Jahr 1812 in der Verordnung vom 6ten Juli erkannte der Staat unsere Eigentumsrechte an den oftbenannten Gütern, er untersagte jeden Zwang bei gewünschter Veränderung derer Natur. Euer Majestät selbst wollen dem Eigentum unbeschränkte Bahn zur Entwicklung höchstmöglicher Industrie belassen; Euer Majestät selbst stellen mit diesem Prinzip es jedem Eigentümer anheim, sein Gut in einen lebenslänglichen Pacht zu geben, wenn er es vorteilhaft findet – wie könnte, was Euer Majestät in Übereinstimmung mit den Gesetzen heute noch jedem, auch dem geringsten Ihrer Untertanen gestatten, ein von den Gesetzen und dem Staatsschutz aufgegebenes Faktum sein, weil es in einem früheren Zeitpunkt zustande kam, wo kein souveränes Verhältnis uns beschränkte, wo die bestehenden Gesetze die gemachten Verträge billigten?

Aber nicht allein die Verordnung vom 6ten Juli 1812 erkannte, daß Eigentum der oftbenannten Güter nicht dem Bebauer gehöre und daß es gegen allen Zwang geschützt werden solle. Auch Euer Majestät haben durch allerhöchstdero Beitritt zur Bundesakte die feierliche Verpflichtung auf sich genommen, den vormaligen Reichsständen den ungestörten Genuß ihrer Eigentumsrechte nach wie vor zu belassen und zu einem gleichförmigen Zustand in ganz Teutschland für alle mitzuwirken.

Eure Majestät erlauben daher die alleruntertänigste Bitte um die allergnädigste nähere Erläuterung der Verordnung vom 18ten November laufenden Jahres, daß solche die sobetitelte Fall- und Erblehen in den neuen Landen, besonders in Oberschwaben, oder jener vormaligen Reichsstände nicht umfasse,

welche erweislich reines Eigentum der letzteren sind und daher auf alle Weise in dem Schutze Euerer Majestät und der Gesetze stehen.
  Wir ersterben in tiefschuldigster Ehrfurcht
    Euerer Königlichen Majestät
      alleruntertänigst gehorsamste
Max Wunibald Fürst von Waldburg zu Zeil Trauchburg
Joseph Fürst von Waldburg zu Wolfegg und Waldsee
Franz Fürst und Altgraf zu Salm-Reifferscheid-Dyck
Richard Graf von Schaesberg Tanheim
Wilhelm Graf von Quadt zu Isny
Friedrich Graf Fugger (...?) für sich und aus Auftrag für den Grafen Franz Xaver von Königsegg-Aulendorf
Aloys Fürst zu Öttingen Spielberg
Carl Graf von Waldburg als Vormünder des minderjährigen Herrn (?) Fürsten von Waldburg Wurzach und in dem Namen des [Grafen Franz Karl] von Erbach Roth in dessen Abwesenheit
Fr[iedrich] Graf v. Waldbott Bassenheim[2])

Nr. 47 1818 Januar 13, Kirchberg

Gutachten von Hofrat Hammer, Hohenlohe-Kirchberg, über das 2. Edikt vom 18. 11. 1817 und über ratsame Gegenmaßnahmen der hohenloheschen Häuser. Bemerkungen des Fürsten von Hohenlohe-Kirchberg dazu

K II W 307, Q 5. Ausfertigung.

Durch die Königliche Verordnung vom 18. November v. Js. [...] ist der Grundsatz der Regierung deutlich ausgesprochen, daß die fürstlichen hohen Herrschaften in keiner Beziehung mehr zu ihren bisherigen Untertanen bleiben, daß alle Rechte und Ansprüche an diese aufhören und die eigentlichen fürstlichen Besitzungen mit alleiniger Ausnahme des nicht erheblichen Grundeigentums um einen sehr billigen Preis verkauft und in Kapitalien verwandelt werden sollen.
  Die traurigen Folgen, welche die Vollziehung dieser Königl. Verordnung haben muß, sind augenfällig, und es kann daher nur von den Mitteln die Rede sein, durch welche sich dieses große Unglück abwenden läßt.
  Es ist kaum zu erwarten, die Untertanen dahin zu bewegen, daß sie von den königlichen Zugeständnissen keinen Gebrauch machen, obgleich nichts hier-

---

[2]) Eine Vorstellung mehrerer oberschwäbischer Grundherren, größtenteils Mitglieder der ehemaligen Reichsritterschaft, vom 17. 12. 1817 stimmt inhaltlich mit den Eingaben von Thurn und Taxis und der oberschwäbischen Standesherren durchweg überein. E 146, Bü 21, Q 1. Unterschriften des Grafen Reuttner von Weil, der Freiherren von Hornstein Grüningen und Hornstein-Bußmannshausen, Ulm-Erbach, Freyberg-Allmendingen, Speth-Granheim und Speth-Schilzburg, Bömmelberg, Hermann und des Adeligen Schad v. Mittelbiberach.

zu Dienliches versäumt wurde[1]), und man hat daher nur den Weg der Vorstellungen bei den Königl. Behörden und am Ende bei dem Bundestag übrig.

Man war zwar anfänglich der Meinung, sich zunächst nicht an die höchste Behörde zu wenden, sondern nur den königlichen Unterstellen die Anstände und Schwierigkeiten, welche die Vollziehung der mehrerwähnten Verordnung herbeiführt, bemerklich zu machen und hierdurch die Sache so lange zu verschieben, bis der Rechtszustand der fürstlichen hohen Herrschaften vertragen worden seie.

Dies getraue ich mir aber in meinem Wirkungskreise bei der Eilfertigkeit, womit die Ablösung der Feudal- etc. Abgaben betrieben wird, nicht zu bewerkstelligen, und mir erscheint daher eine gleichbaldige Eingabe bei dem Königl. Ministerium des Innern [...] notwendig[...].

Eine Resolution, welche nicht genügt, versperrt übrigens den Weg an den Geheimen Rat und am Ende an des Königs Majestät keineswegs.

Grundzüge einer derartigen Eingabe[2]*). Notwendigkeit, sämtliche Rentbeamten für ihr künftiges Verhalten zu instruieren und gegen weitere Maßnahmen der Oberämter in der Ablösungsfrage zu protestieren.*

Wenn auch nicht zu erwirken ist, daß das bisherige Abgabensystem im Hohenloheschen fortbestehen darf, so kann man es doch vielleicht dahin bringen, daß die Ablösung unterbleibt und die unbeständigen Gefälle nach einer nicht nachteiligen Norm in ständige Geld- und Naturalgefälle verwandelt werden dürfen, und damit wäre meines Erachtens schon sehr viel gewonnen.

Ich unterwerfe diese meine gutachtlichen Bemerkungen um so mehr einer strengen Prüfung, als sich die Folgen der Ausführung weder vorhersehen noch verbürgen lassen.

---

[1]) Laut Schreiben von Hofrat Hammer an Geheimen Rat Graf zu Öhringen vom 30. 12. 1817 (K II W 307, Q 4) hatte man in Langenburg und Kirchberg beschlossen, die Ober- und Kameralbeamten unter der Hand zu veranlassen, das Ablösungsgeschäft z. Zt. bei den fürstlichen Untertanen noch nicht vorzunehmen; die Rentamtsangehörigen selbst wollte man über die Gesetze und ihre Auswirkungen „mit der nötigen Vorsicht" so unterrichten, „daß diese vielleicht hierdurch zum größten Teil bewogen werden, es noch zur Zeit beim alten zu belassen". Eine entsprechende Mitteilung ging an die übrigen hohenloheschen Kanzleien.
Den Teilerfolg dieser Bemühungen schildert ein undatierter und unsignierter Bericht über die Vernehmung der Pflichtigen im Amt Kirchberg wegen Eigenmachung der Lehen und Ablösung der Gefälle (wohl Februar 1818, K II W 307, Q 15):
„[...] Es wurden alle Stabsbewohner ohne Unterschied zu Protokoll genommen, was sie zu tun gesonnen seien. Der größte Teil wollte es beim alten lassen; ein anderer Teil behielt sich seine Erklärung offen und bat sich vierzehn Tag Bedenkzeit aus; der kleinste Teil, meist Bauren, wollten hauptsächlich den Dienst, wenigere Handlohn und Sterbfall ablösen. Immediate lösten meistens ihre Naturalgült ab, auch Mediate, die dergleichen hatten, und besonders welche sie ans Kameralamt etc. zu geben hatten.
Bei der ganzen Sache tat der Oberamtmann nichts dafür und nichts dagegen; er verlas den Anfang der königlichen Verordnung – das übrige erklärte der Kameralverwalter. Er ließ nicht undeutlich merken, daß es die Untertanen der Herren Fürsten beim alten lassen möchten, besonders mochte er mit dem Dienste nichts zu tun haben. Die Aichenauer gaben ein böses Beispiel, wollten alles ablösen und persuadierten dadurch viele. Man merkte deutlich, daß manchmal einer dem andern ordentlich mechanisch nachahmte, bis wieder einer eine andere Erklärung gab, daß es beim alten sollte gelassen werden; dann ahmten gleich wieder viele nach. Die sich Bedenkzeit ausbaten, waren meistens gesonnen, es beim alten zu lassen, und mochten dieses aus verschiedenen Gründen nur nicht so nackend erklären."
[2]) Dieser Entwurf, vom Fürsten vollkommen genehmigt, bildete die Vorlage für die Eingabe der hohenloheschen Fürsten vom 17. 1. 1818 (Nr. 48).

Ausführliche Randnotizen des Fürsten von Hohenlohe-Kirchberg:
Die Mehrzahl der staatlichen Beamten ist gegen das Erhalten der alten Ordnung.

Auf die Untertanen selbst würken zu wollen, wäre ein höchst unzulängliches, trügliches Mittel.

Ich kann hierbei aber nicht unterlassen, eine Bemerkung beizufügen, die sich mir bei der Beobachtung des seitherigen Ganges der Regierung dargestellt hat und die eben nicht sehr erfreulich ist.

Während die Krone mit uns mediatisierten Fürsten um die Wiedereinführung in denjenigen Rechtszustand unterhandelt, den uns selbst die Rheinische Bundesakte, ein Machtwerk Napoleons, zugestanden und belassen hatte und den uns nachher nur eine Reihe gewaltsamer Verfügungen entzog, entspinnen sich in dem Gehirn des treuen Finanzministers Plane, die sofort verwirklicht werden und auf nichts anders abzwecken, als uns den größten Teil des Eigentums und die nutzbaren Rechte, welche uns selbst in der Zeit der größten Willkür belassen worden waren, ja welche diese nicht einmal zu schmälern wagte, zu entreißen. Und schwerlich liegt eine andere Absicht zugrunde, wenn die Unterhandlungen über den Rechtszustand so ungebührlich verzögert werden, als die, die Ausführung aller dieser schönen Plane erst abzuwarten, damit wir sodann von allen den uns längst vorgehaltenen Zugeständnissen, Jurisdiktion, Steuerfreiheit der Gefälle, Aufsicht auf die Kirchen und Schulen etc., keinen Gebrauch mehr machen können und wieder bitten müssen, uns solche abzunehmen. Was hilft uns Jurisdiktion, wenn unsre Einkünfte durch die neue Ordnung der Dinge so geschmolzen sind, daß wir die nötigen Beamten nicht mehr ernähren können, und wenn keine Gefälle mehr stattfinden, deren Beitreibung obrigkeitliche Hülfe und dies nur bisweilen erfordert, wenn die Untertanen durch keine Art Verbindlichkeit mehr mit uns verbunden sind. Was hilft Steuerfreiheit von einer nicht existierenden Einnahme. Was hilft die Aufsicht über pretensiöse Diener, zu deren Erhaltung die nötigen Mittel fehlen.

Es bleibt daher kein anderes Mittel, als Vorstellungen bei den höhern Behörden und bei dem König selbst zu machen.

Der Fürst wünscht daher eine möglichst baldige gemeinschaftliche Vorstellung an das Ministerium des Innern.

Nr. 48   **1818 Januar 17, Kirchberg, Langenburg, Haltenbergstetten, Öhringen und Bartenstein**

Eingabe der Fürsten von Hohenlohe an den König. Bitte, die Anwendbarkeit der Edikte vom 18. 11. 1817 auf ihre Besitzungen zu überprüfen

E 146, Bü 21, Q 7. Ausfertigung. Unterschriften: Georg Ludwig Prinz zu Hohenlohe-Kirchberg für seinen Vater, Carl Joseph Fürst zu Hohenlohe-Jagstberg für sich und den abwesenden Fürsten zu Hohenlohe-Bartenstein, Carl Ludwig Fürst zu Hohenlohe-Langenburg, August Fürst zu Hohenlohe-Oehringen.

Euerer Königlichen Majestät landesväterliche Absichten und Zwecke bei den allerhöchsten Bestimmungen in den königlichen Edikten und Verordnungen vom 18. Nov. v. J. wegen Aufhebung der Leibeigenschaft und der Lehenbarkeit der Baurengüter erkennen wir, die alleruntertänigst Unterzeichneten, im allgemeinen mit der tiefsten Ehrerbietung.

Indem wir aber die gewisse Überzeugung haben, daß solche Bestimmungen ihre Anwendbarkeit auf unsere Besitzungen im Königreiche nicht finden, so hoffen wir, von der allerhöchst Königlichen Gnade die Erlaubnis zu erhalten, die hauptsächlichsten Gründe von solcher unserer Überzeugung und von unserer darauf gestützten ehrfurchtsvollen Bitte nur ganz kürzlich darstellen zu dürfen.

Die Leibeigenschaft ist mit ihren drückenden Folgen im Hohenloheschen schon vor Jahrhunderten von unsern Vorfahren abgeschafft[1]).

Mit dem bestehenden Erblehenverband der Baurengüter sind durchaus keine der Landeskultur nachteilige Beschränkungen verknüpft. Der Erwerbung, der Benutzung und der Veräußerung des lehenbaren Grundes stehen in der Regel keine Hindernisse entgegen. Bei größeren Baurengütern werden die Verteilungen derselben so wenig gehindert, daß vielmehr in einigen unserer Stammsteilen Belohnungen darauf gesetzt und bekanntgemacht wurden, wenn sich die Besitzer allzu großer Güter zu angemessener Verteilung derselben entschlossen[2]).

Wenn dagegen die gänzliche Zertrennung der Lehengüter bisher erschwert oder gar nicht zugelassen wurde, so ist dies vornehmlich aus Fürsorge für den Wohlstand der Bauren selbst geschehen, indem im Hohenloheschen eine mehr als zweihundertjährige Erfahrung bewährt hat, daß nur leichtsinnige Haushälter schuldenhalber zu dem Mittel der sogenannten Zerschlagung eines vereinten Guts ihre Zuflucht zu nehmen pflegen, während alle sorgfältige Landwirte sich beständig angelegen sein lassen, ihre geschlossenen Baurenhöfe ungeschmälert auf ihre Nachkommen zu vererben. Der größte Teil der vereinten Baurengüter in unsern Besitzungen ist keineswegs von übermäßigem Umfang, sondern den Verhältnissen einer fleißigen Familie angemessen und aus besseren und schlechteren Stücken, welcher Unterschied sich mehr oder weniger fast bei allen Ortsmarkungen findet, zusammengesetzt. Bleibt das vereinte Gut beisammen, so ist der Besitzer imstande, auch die geringeren Güterstücke gehörig zu verbessern und ihren Ertrag zu erhöhen. Stehet es dagegen in des Besitzers ganz freier Willkür, von seinem geschlossenen, auf den Unterhalt einer Familie berechneten Gut ein Stück nach dem andern zu verkaufen, so sind damit dem Leichtsinnigen Tür und Tor geöffnet, seine Familie nach und nach brodlos zu setzen und zugrunde zu richten. In letzterem Falle kaufen die Vermöglichen des nemlichen Orts die besseren Güter an sich, und die schlechteren bleiben am Ende wüst liegen, weil der Besitzer sie nicht mehr mit den erforderlichen Dünger versehen, auch sonst nicht mehr mit den geeigneten Mitteln aufkommen kann, um sie in guten Stand zu bringen und zu erhalten.

Die von den Gütern entblößten Häuser werden sodann gemeiniglich armen Leuten zuteil, die sich in den Dörfern nicht fortbringen können und daher ihren Nachbarn mit Betteln oder Stehlen zur Last fallen müssen, und zuletzt zerfällt

---

[1]) Vgl. *Schremmer,* Bauernbefreiung, S. 19 ff.
[2]) Vgl. *Schremmer,* Bauernbefreiung, S. 56.

und verschwindet ein vorher schön bestandener Baurenhof bis auf die letzte Spur.

Wir wollen zwar nicht in Abrede ziehen, daß anderswo die Güterzertrennungen zur Aufnahme des Feldbaues dienen können, allein es ist uns leicht, von der hiesigen Gegend den Erfahrungssatz vollständig zu beweisen, daß die Vernichtung einer Einrichtung, welche die Vorfahren schon vor mehreren Jahrhunderten gemacht und welche die Nachfolger zu allen Zeiten für zweckmäßig und bewährt erkannten, ein wahres Unglück für das Landvolk wäre, welches sich noch durch die weitere unausbleibliche Folge vergrößern würde, daß die Viehzucht und die Viehmastung, welche nur bei einem verhältnismäßig großem Gut tunlich und nützlich ist, wesentlich darunter leiden und solches den darauf sich gründenden Viehhandel vermindern müßte, welch letzterer allein durch die Cünzelsauer Viehhandlungs-Gesellschaft in früheren und besseren Jahren, wie sich erweislich machen lässet, eine Summe von mehr als einer halben Million Gulden im Durchschnitt jährlich in das Land gebracht hatte[3]).

Die Abgaben von den Erblehengütern — wovon ein beträchtlicher Teil vor nicht langer Zeit noch Domänen unserer fürstlichen Häuser war und durch freien Verkauf dann unter feierlicher Bedingung solcher Lehensabgaben an die gegenwärtigen Besitzer oder ihre Vorfahren kame — sind weder unverhältnismäßig noch ihrer Natur nach oder durch die Art ihrer Erhebung drückend, auch sind damit weder Plackereien noch Kosten für die Bauersleute verbunden.

Der frühere, ja noch der gegenwärtige Zustand des Landes, auf welchen die vielen Kriegsjahre und andere Bedrängnisse doch notwendig sehr nachteilig einwirken mußten, liefert, mit Ausnahme der durch anhaltenden Mißwachs herabgekommenen Weingegenden, einen selbstsprechenden Beweis, daß das bisher bestandene Lehenwesen und die damit verknüpften Abgaben weder die Fortschritte der Landeskultur gehemmt, noch dem Gewerbsfleiß die Mittel, sich zu heben, entzogen haben.

Diesen staats- und landwirtschaftlichen Betrachtungen, welche sich zunächst auf die Abgabenpflichtigen beziehen, stehet die rein rechtliche Betrachtung zur Seite, daß durch Anwendung der eingangs gedachten allerhöchsten Verordnungen auf unsere Besitzungen unsere unwidersprechlichen Eigentumsrechte, womit die uns zugedachte Surrogate in keine haltbare Vergleichung kommen, würden entzogen werden. Und doch ist Sicherheit der Eigentumsrechte nach Euerer Königlichen Majestät allerhöchst manifestiertem Willen die erste Bedingung jeder auf Recht und Ordnung gegründeten Staatsverfassung.

Zweifach schmerzlich müßte uns solche Ausdehnung und Anwendung in dem jetzigen Zeitpunkt fallen, wo die durch Euerer Königlichen Majestät besondere allergnädigste Vergünstigung vor bald einem Jahre eingeleiteten Unterhandlungen über den Rechtszustand unseres gesamten fürstlichen Hauses noch fürdauern.

Geruhen Euere Königliche Majestät, diese kürzlich dargestellten Beweggründe einiger Aufmerksamkeit zu würdigen, so dürfen wir uns von Allerhöchstdero preiswürdiger Regentensorgfalt und Gerechtigkeitsliebe die Gewährung der alleruntertänigsten Bitte versprechen,

---

[3]) Vgl. *Schremmer*, Bauernbefreiung, S. 131 f.

daß vor der Ausdehnung und Anwendung der königlichen Verordnungen vom 18. Nov. v. J. unter Num. I und II auf die hohenlohischen Besitzungen noch eine nähere Untersuchung über ihre Anwendbarkeit hergehen und daß die gegenwärtigen Verhältnisse vor der allergnädigst verheißenen Herstellung eines festen Rechtszustandes, welcher wir sehnsuchtsvoll entgegensehen, nicht verändert werden mögen.

Nr. 49   1818 Februar 17, Schloß Zeil

Beratungen oberschwäbischer Standesherren und ihrer Bevollmächtigten über das künftige Verhalten gegenüber den Regierungsbehörden bei der Durchführung des 2. Edikts vom 18. 11. 1817

F 413, Bü 437, Q 18. Abschrift des Konferenzprotokolls der Mediatisiertenversammlung vom 17./18. 2. 1818.

Anwesend waren die Fürsten von Waldburg-Zeil-Trauchburg, Waldburg-Wolfegg-Waldsee, Salm-Reifferscheid-Dyk, Waldburg-Wurzach; die Grafen von Waldbott-Bassenheim, Quadt-Isny, Schaesberg-Tannheim, Fugger-Kirchberg; durch Bevollmächtigte ließen sich vertreten die Grafen von Törring-Gutenzell, Königsegg-Aulendorf, Erbach-Wartemberg-Rot; die Fürsten von Öttingen-Wallerstein und Öttingen-Spielberg waren am persönlichen Erscheinen verhindert.

Die beiden wichtigsten Punkte der Tagesordnung bildeten das 2. Edikt vom 18. 11. 1817 und die Umtriebe staatlicher Behörden gegen die Wiederherstellung der Patrimonialgerichtsbarkeit (vgl. dazu Darstellung, S. 374 f und Quellen, Nr. 62 ff).

[...]
Nach verschiedenen, von allen höchst- und hohen Herrschaften gegebenen Erklärungen vereinigte man sich auf folgendes Conclusum:

Es seie der weitere Fortgang der in Stuttgart eingeleiteten Verhandlungen noch zur Zeit abzuwarten, den königlichen Ober- und Kameralämtern aber oder andern Stellen, welche sich einer Einschreitung und Vollzugs der königlichen Verordnung vom 18. Nov. II anmaßen wollen, wäre von den betreffenden Rentämtern zu erwidern, sie haben die Aufforderung ihrer Herrschaft vorgelegt und den Auftrag erhalten, dem Ober- und Kameralamte zu eröffnen, daß die hohe Standesherrschaften insgesamt allerunterthänigst Vorstellung gegen das Edikt vom 18. Nov. v. J. bei S.K.M. gemacht hätten, welches das Ober- und Kameralamt veranlassen müsse, einsweils die Sache beruhen zu lassen.

Sollten die königlichen Stellen sich mit solchen Anzeigen nicht beruhen lassen, so wäre von Seite der Standesherrn selbst eine feierliche Protestation bei der betreffenden königlichen Regierung dagegen einzugeben. [...]

Da das königliche Edikt vom 18. November bestimmt eine Entschädigung für die zu verlierende Leibeigenschaftsgefälle zusichere, da die hohen Standesherren in ihrer Eingabe an des Königs Majestät selbst auf diese Gefälle gegen

Ersatz renunziert haben und die Rechte klar aussprechen, daß derjenige, welcher dem Staatswohl ein Opfer bringen muß, seine Entschädigung vom Tage des Verlustes erhalten müsse, vom 1. Jänner d. J. an aber, wo die Leibeigenschaftsrechte und -gefälle gegen Entschädigung zessieren sollten, letztere noch nicht ausgemittelt gewesen seien, so folgt klar, daß der Bezug der Leibeigenschaftsgefälle mit Besthaupt und Manumissionen in allen standesherrlichen Gebieten noch fortdauern müsse und solche Abgaben die Rentämter zu beziehen hätten. Sollte ein Pflichtiger die Zahlung verweigern, so wäre der Rechtsweg einzuschlagen und auf den unerwarteten Fall verweigerter Justiz erst an die höchste Stelle sich zu wenden und, bis die zu regulierende Entschädigung auf rechtsverbindliche Weise ausgemittelt sein wird, auf dem Fortbezuge des Gefälls zu beharren.

Sollten einzelne Pflichtige sich um die Ablösung melden, so solle der Fall dilatorisch behandelt werden, bis man mit den benachbarten Standesherren und ihren Rentämtern Rücksprache gepflogen hat. [...]

Weitere Tagesordnungspunkte; vor allem Information über die Umtriebe gegen die Wiederherstellung der Patrimonialgerichtsbarkeit und Beschluß zu einer Eingabe an den König in dieser Sache[1]).

Nr. 50   1818 Februar 20, Buxheim

Weisung des Grafen von Waldbott-Bassenheim an das Rentamt Heggbach für sein Verhalten in der Ablösungsfrage

F 413, Bü 444, Beilage 10. Abschrift.

Weisung, wie sich das Rentamt gegenüber Maßnahmen des Oberamts zum Vollzug des 2. Edikts vom 18. 11. 1817 in der Standesherrschaft zu verhalten hat[2]). Sollte die Königliche Stelle demungeachtet voranfahren wollen, so hat das Rentamt zu erklären, daß es beauftragt sei, im Namen seiner Herrschaft gegen diesen Eingriff in meine Eigentumsrechte feierlich zu protestieren.

Es folgt daraus von selbst, daß es jede von ihm verlangte mündliche oder schriftliche Aufklärung und jede Einsicht von rentämtlichen Papieren zu verweigern hat, vielmehr hat es auf der Stelle alle Urbarien in diesem Fall hieher einzuschicken. Je wichtiger diese Angelegenheit ist, desto genauer hat der Rentmeister sich an diese Vorschriften zu halten, indem jede Dienstverletzung in diesem Punkt unfehlbar mit dem Verlust des Dienstes bestraft werden wird.

Weiter erhält das Rentamt den Auftrag, die Lehenleute über ihr wahres Interesse zu belehren, ihnen vorzustellen, welche traurige Folgen daraus entstehen würden, wenn sie die Lehengüter eigen machen, wodurch die meisten sich in einen Schuldenlast stecken würden, ohne dadurch ihre jährliche Abga-

---

[1]) Tagesordnungspunkt am 17. und 18. 2. 1818. Text der Eingabe: Nr. 64.
[2]) Entsprechend den Beschlüssen der Konferenz auf Schloß Zeil vom 17. 2. 1818; vgl. Nr. 49.

ben im geringsten zu vermindern; wie sie [sich] dadurch aller herrschaftlichen Unterstützung an Holz, Nachlässen in Zeit der Not und Vorschüssen verlustiget machen würden, wie dadurch durch die erfolgende Teilung der Güter der Wohlstand des Orts herunterkommen und die Armut im Gegenteile zunehmen würde. Wie bei dem Eigenmachen der Lehengüter niemand gewönne als das Schreiberpersonale, indem izt bei keiner Gant, bei keiner Erbteilung und bei keiner Übergabe in Heuratsfällen an die Kinder auf das Lehengut Rücksicht genommen würde, wohingegen nach der erfolgten Ablösung desselben von diesen Gütern Taxen bezahlt werden müßten. Das Rentamt hat ihnen weiter vorzustellen, wie ich nicht hoffe, daß einer meiner Lehenleute eine gerechte Ursache habe, über die Art, wie er von mir ist behandelt worden, im geringsten zu klagen; daß ich also nicht hoffen dürfe, daß einer sich würde beigehen lassen, den Versuch zu machen, mich um mein Eigentum bringen zu wollen, daß ich in diesem unerwarteten Fall alles aufbieten würde, um seinen Versuch zu vereiteln, um ihm zu zeigen, welcher Unterschied bestünde zwischen einer Herrschaft, welche mit ihren Untertanen Ursache habe, zufrieden zu sein, und einer, welche Ursache habe, ihren Untertanen ihre Ungnade fühlen zu lassen.

Das Rentamt wird vorzüglich jenen, welche von dem Allodifikationsschwindel ergriffen sind, hierüber sprechen, aber auch andere, welche Sprecher in den Gemeinden sind und auf die Meinung der übrigen wirken, zu belehren suchen.

Sollte demungeachtet ein Allodifikationsgesuch eingereicht werden wollen, so hat das Rentamt die Annahme desselben schlechterdings zu verweigern und im äußersten Fall allenfalls den Bittsteller an mich damit zu weisen, dabei aber auf einen schlechten Empfang von meiner Seite vorzubereiten [...]. [...]

Nr. 51—55   **Regierungsinterne Diskussionen um die Revision des 2. Edikts vom 18. 11. 1817 im Jahr 1818**

Vgl. Darstellung, S. 365 f. Während der Verwalter des Finanzministeriums, Präsident v. Malchus, am 21. 1. 1818 darauf antrug, die Proteste der Mediatisierten gegen das 2. Edikt nicht zu berücksichtigen, und eine Erweiterung der Ablösungsbestimmungen für das Staatskammergut beim König durchsetzte (Nr. 52), empfahl Innenminister v. Otto in einem Vortrag vom 30. 1. 1818 über die Vorstellungen des hohen und niederen Adels gegen das 2. Edikt aus rechtlichen wie politischen Gründen, die Bestimmungen über Lehenallodifikation und Ablösung von Grundabgaben gegenüber den Mediatisierten zu suspendieren (E 31/32, Bü 336, Q 3). Den Anstoß zu umfassender Beratung im Geheimen Rat gab ein scharfer Angriff des Obertribunalspräsidenten v. Georgii auf die Verfügung des Finanzministeriums vom 29. 1. 1818; unter Hinweis auf das abschreckende Beispiel des revolutionären Frankreich betonte Georgii die negativen Folgen erweiterter Ablösungsmöglichkeiten vor allem auch für die geistlichen Korporationen: Ihre Leistungen für Kirche, Schule und Armenfürsorge würden bei Wertminderung ihres Grundstocks und bei steigendem Verlustrisiko gefährdet und müßten dann aus Steuermitteln finanziert werden (11. 2. 1818; E 146, Bü 21, Q 11 Beilage). Dem Vorschlag des Geheimen Rats-Präsidenten Staatsministers v. d. Lühe, die ganze Ablösungsfrage noch einmal umfassend zu erörtern und so lange auch die Verfügung des Finanzministeriums vom 29. 1. 1818 auszusetzen (E 31/32, Bü 336, Q 7), stimmte der König am 24. 2. 1818 zu (ebd., Q 6). Die Sitzung des Geheimen Rats fand am 4. 4. 1818 in Gegenwart des Königs statt (Nr. 53). Der Vorbereitung dieser entscheidenden Beratung diente von seiten der Hofdomänenkammer offensichtlich das Gutachten „Über die unbeschränkte Gestattung der Ablösung sämtlicher Grundabgaben" (Nr. 51). Die Entscheidung des Monarchen (Nr. 54) tastete zwar die Bestimmungen des 2. Edikts nicht an, schränkte dagegen die weiterführenden Ablösungsmöglichkeiten der Verfügung vom 29. 1. 1818 wieder erheblich ein. Die Verordnung vom 13. 9. 1818 (Nr. 55) enthielt die erforderlichen Vollzugsvorschriften zum 2. Edikt vom 18. 11. 1817.

Nr. 51 1818 März, Stuttgart

Gutachten „Über die unbeschränkte Gestattung der Ablösung sämtlicher Grundabgaben, insbesondere in Beziehung auf die Königliche Hof- und Domänenkammer"

E 14/16, Bü 279, UFasz. 1, Q 1.

Der unsignierte und nicht genauer datierte Aufsatz ist das Ergebnis von Beratungen des Hof- und Domänenkammerkollegiums offensichtlich anläßlich der Vorbereitungen für die allgemeine Diskussion, die in der zweiten Abteilung des Geheimen Rats am 4. 4. 1818 über die Ablösungsfrage stattfand (vgl. Nr. 53).

Durch das Reskript vom 23./29. 1. 1818[1]) wurde die Ablösbarkeit von Gefällen in Millionenwerten verfügt, ohne die Frage zu klären, wie diese Summen wieder in ein sicheres und nutzbares Stammvermögen verwandelt werden können. Der Kapitalwert der Geld- und ständigen Naturalgefälle der Hofdomänenkammer beträgt zu 5 % berechnet bei Geldgefällen 114 800 fl
bei Naturalgefällen zu Etatspreisen 1 337 893 fl
  1 452 693 fl[2])

Möglichkeiten der Wiederanlage:

I. Abkauf der Passivleistungen und Tilgung der Schulden des Hofkammergutes; zu empfehlen.

---

[1]) Vgl. Nr. 55.
[2]) Eine berichtigte Aufstellung über die Geld- und Naturalgefälle der Hofdomänenkammer vom 12. 10. 1818 (E 14/16, Bü 279, UFasz. 1, Q 4) bietet folgende Zahlen:
Die jährlichen Geldzinse (einschließlich des Geldwerts für Küchengefälle) 6 717 fl 20 kr
Naturalien (nach den relativ hohen Etatspreisen) 77 787 fl 54 kr
  84 505 fl 14 kr
Das zwanzigfache Ablösungskapital hätte 1 690 104 fl 40 kr betragen; davon entfielen 236 220 fl (14 %) auf Gefälle unter 1 fl 30 kr.

II. Verzinsliche Anlagen der Gelder bei einer Bank. Die Verwaltung würde sehr vereinfacht, doch ist bei Geldkapitalien im Gegensatz zum Naturalbezug infolge des schwankenden Geldwertes die Gefahr von Verlusten sehr groß, auch sind Geldkapitalien möglichen Angriffen auf das königliche Stammvermögen sehr viel stärker ausgesetzt. Diese Verwendungsart ist deshalb zu verwerfen.

III. Verwendung zum Betrieb von Fabriken und Manufakturen oder landwirtschaftlichen Gewerben. Abgesehen davon, daß die Anlegung der Kapitale in Gewerben, von welcher Art sie sein mögen, nie die gehörige Sicherheit für das Stammvermögen gewähren kann, ist schon wegen des geringen und unsichern Ertrags diese Verwendungsart ebenfalls gewiß nicht zu billigen.

IV. Ankauf von Domänen ist die sicherste Verwendungsart, aber:

a. Es wird schwer sein, für so sehr bedeutende Summen an gelegenen Orten nutzbaren Grund und Boden erkaufen zu können.

b. Der Ertrag der Domänen, sie mögen selbst administriert oder verpachtet werden, wird nie die Sicherheit und Gleichheit [des Ertrags] gewähren, der bei den Grundgefällen stattfindet. Hagelschaden, Mißwachs, Unglücksfälle jeder Art können den Ertrag der Domänen sehr vermindern, in einem Jahr fast ganz aufheben, während die Grundgefälle diesen Zufällen bei weitem weniger unterworfen sind.

c. Die Verwaltung der Domänen erfordert größern Aufwand als die Verwaltung dieser Grundgefälle, besonders wenn die geringern nach dem Edikt vom 18. November 1817 abgelöst werden und bei den übrigen eine zweckmäßige Buchhaltung, wodurch die bisher öfters notwendig gewordenen Renovationen vermieden werden, eingeführt wird. Endlich:

d. *Staatswirtschaftlich betrachtet ist es gar nicht vorteilhaft, wenn moralische Personen Eigentümer von Grund und Boden sind. Niemand wirtschaftet in der Regel besser als der Eigentümer selbst. Man müßte daher die Domänen stückweise wieder gegen Erbzins an Landwirte überlassen und käme wieder dahin, wovon man ausgegangen ist.*

Nach all vorstehendem scheint es dem bleibenden Interesse der Königlichen Hof- und Domänenkammer auf keinerlei Art vorteilhaft zu sein, wenn die höhern Grundabgaben abgelöst würden, indem gewiß nicht wohl eine in jeder Hinsicht ebenso sichere, gleich große und sich immer gleichbleibende Revenüe aufgefunden werden kann, zu deren Erwerbung das Ablösungskapital verwendet werden könnte.

Aber auch in Hinsicht der Abgabenpflichtigen scheint es ihr Vorteil keineswegs so dringend zu erheischen, daß diese Grundabgaben abgelöst werden. Diese Gefälle vereinigen die Vorteile der Zehendabgaben in sich, ohne den Hauptnachteil derselben, daß diese sich nemlich nach der Größe des rohen Ertrags richten, zu haben; sie beschränken das Eigentum auf keine Art, da die Zinsgüter veräußert werden können, auf welche Art sie wollen; auch in der Benützungsart der Güter wird der Inhaber dadurch nicht beschränkt, der Abgabepflichtige weiß jedes Jahr bestimmt, was er zu geben hat, und die Abgabe wird gerade zu der Zeit von ihm verlangt, wo er die Mittel zur Abtragung derselben vorrätig hat. Es ist daher nicht einzusehen, wie diese Grundabgaben ein Hindernis in der Kultur sein sollten, vorausgesetzt, daß sie nicht in einem auffallenden Mißverhältnis zu dem Ertrag des Guts stehen [...].

Offenbar ist derjenige Landwirt, der jährlich seine Gült, die ihm an seinem Steuerkapital in Abzug gebracht wird, zu entrichten hat, besser daran, als derjenige, der, um die Gült abzukaufen, Schulden machen mußte, in welchem Falle die meisten Landleute bei uns sein werden, und der nun, während er das freigemachte Gut voll besteuren muß, aus dem aufgenommenen Kapital die Zinse zu bezahlen hat und dabei der Gefahr ausgesetzt ist, daß ihm vielleicht gerade zur ungelegensten Zeit das Kapital aufgekündigt und er dadurch in die Notwendigkeit versetzt wird, entweder ein Gut zu verkaufen oder sich andere Aufopferungen gefallen zu lassen.

Ebendeswegen wird auch nicht zu erwarten sein, daß die Ablösung dieser Grundabgaben, wodurch weder der Vorteil des zur Abgabe Berechtigten noch des Abgabepflichtigen erreicht zu werden scheint, einen raschen Fortgang haben wird.

Es ist Pflicht des Hof- und Domänenkammerkollegiums, bei der geplanten umfangreichen Veränderung des Grundvermögens mit der größten Vorsicht vorzugehen.

Nr. 52   1818 Januar 21, Stuttgart

Bericht von Präsident v. Malchus an den König über den Erfolg des Ablösungsgeschäfts im Oberamt Göppingen und über das Verhalten der Mediatisierten

E 31/32, Bü 336, Q 2. Ausfertigung. Der Bericht wurde am 23. 1. in der ersten Abteilung des Geheimen Rates erstattet.

Euer Königlichen Majestät überreiche ich alleruntertänigst einen Bericht des Kameralverwalter Seeger in Göppingen über den Erfolg des Abkaufes der Feudalrechte im Oberamt Göppingen[1]). Aus demselben ergibt sich,

1. daß anfangs die Pflichtigen, wahrscheinlich durch Insinuationen von Übelgesinnten irregeleitet, über die Gültigkeit der Ablösungen besorgt gemacht wenig Neigung bezeigt haben, von den ihnen durch das Edikt angebotenen Befreiungsmitteln Gebrauch zu machen;

2. daß aber, nachdem das zweckmäßige Benehmen des Beamten ihnen diese Besorgnis genommen hatte, der Abkauf der Laudemien und Hellerzinse in sechs in dem Bericht genannten Ortschaften vollständig geschehen ist[2]),

---

[1]) Der Bericht befindet sich in E 221, Bü 2326, Beilage zu Q 2 a.
[2]) Nach Seegers Bericht bestand anfangs wenig Aussicht auf günstigen Erfolg: Es „hatte sich unter den Leuten die Furcht verbreitet, als ob keine Sicherheit für sie wegen der Abkaufssumme bestehe und es einem Nachfolger in der Regierung leicht einfallen könnte, die abgekauften Beschwerden aufs neue zu fordern, weil dieser Abkauf ohne Einwilligung der Agnaten geschehe". Der Kameralverwalter begann daraufhin das Ablösungsgeschäft in den einflußreichsten Orten und ließ es dann durch seinen Aktuar fortsetzen. In Heiningen, Boll, Holzheim, Eschenbach, Klein- und Groß-Eislingen wurden so die Laudemien vollständig, die Hellerzinse größtenteils abgekauft.

3. daß die Leute häufig das Verlangen zeigen, auch diejenigen Hellerzinse ablösen zu dürfen, die über 1 fl 30 kr betragen;
4. daß dagegen die Ablösung der Fallehngüter teils wegen dem gegenwärtigen Unvermögen der Besitzer, teils aber auch um deswillen mehr Schwierigkeiten findet, weil die Besitzer noch mildere Bedingungen hoffen.
Endlich zeigt
5. der nemliche Beamte an, daß die Degenfeldischen Beamten auf die an sie gerichtete Aufforderung nicht erschienen sind, daß die in dem Oberamt begüterten Gutsherrschaften dem Vernehmen nach protestieren wollen, daß aber diese Widersetzlichkeit der Beamten den Untertanen die ihnen erwachsende Vorteile erst recht sichtbar mache und daß die Degenfeldischen Bauern in Groß-Eißlingen nicht allein ebenfalls zur Ablösung sich bereit erklärt, sondern auch gegen alle Nachteile sich verwahrt haben, welche durch das Nichterscheinen der gutsherrlichen Beamten für sie entstehen könnten.

Zugleich erbittet der Beamte sich Verhaltungsvorschriften sowohl hierüber als auch über die Ablösung der Hellerzinse, die über 1 fl 30 kr betragen.

Nach meinem Dafürhalten ist die Gestattung der Ablösung auch von diesen Zinsen unbedenklich. Das Edikt gebietet die Ablösung von denjenigen, die bis zu diesem Betrag steigen; nirgends ist aber verfügt, daß nicht auch diejenigen Gefälle sollen abgelöst werden können, welche 1 fl 30 kr übersteigen. Vielmehr ist No. III des Edikts die Ablösbarkeit der Grundabgaben im allgemeinen in der Maße zugesichert, als die allmählich sich entwickelnde Bedürfnisse der Untertanen diese erfordern. Diese Gründe, welche für die Regierung sowie für die Untertanen die Ablösung wünschenswert machen, bleiben die nemlichen, die Abgabe mag 1 fl 30 kr oder darüber betragen, weshalb ich mich auch zu dem Antrag verpflichtet erachte, daß Euer Königliche Majestät auch die letztere, da wo sie verlangt wird, zuzulassen geruhen mögen[3]).

Soviel nun die zweite Anfrage betrifft: ob nemlich auf die Protestation der gutsherrlichen Beamten Rücksicht genommen oder aber ob, im Fall dieselbe der an sie gerichteten Aufforderung nicht Folge leisten, die königlichen Beamten fortfahren und auch die Ablösung der Gefälle der gutsherrlichen Zinsleute regulieren sollen, so muß ich nach meinen Ansichten und Grundsätzen mich für das letztere erklären. Die erste Pflicht der Mediatisierten und der ehemaligen Reichsritter ist Gehorsam gegen den Souverän, von welchem weder die Bundesakte dieselbe losgezählt hat, noch irgendeine Verfügung sie loszählen kann.

---

[3]) Auf die königliche Genehmigung hin ließ Präsident v. Malchus unter dem 29. 1. 1818 die „Gestattung der Ablösung von Grundabgaben über den Betrag von 1 fl 30 kr" bekanntmachen (RegBl 1818, S. 57):
„Se. Königl. Majestät haben durch Reskript vom 23. d. M. zu genehmigen geruhet, daß in Fällen, wo von Abgabenpflichtigen, welche von den Königl. Kammern und von den unter der Aufsicht des Staats stehenden Gemeinde-, Stiftungs- und andern öffentlichen Administrationen abhängen, die Ablösung von Grundabgaben über den Betrag von 1 fl 30 kr verlangt wird, diese gestattet, daß mithin alle in dem Edikte vom 18. November des vorigen Jahrs unter Lit B § 6 und 7 bezeichneten Gefälle, welche über 1 fl 30 kr betragen, ebenfalls in dem zwanzigfachen Betrage abgelöst werden dürfen.
Sämtliche Königl. Ober- und Kameralbeamten haben sich nach dieser allerhöchsten Entschließung bei den ihnen in dem Edikte II vom 18. November 1817 aufgetragenen Verhandlungen mit den Abgabenpflichtigen zu achten."

Das Nichterscheinen der Beamten ist daher straffällig, doppelt, weil sie durch ihren Ungehorsam zugleich die Absicht erklären, dem Gesetz selbst nicht Folge leisten zu wollen, welchem sie ebensogut wie der Bauer unterworfen sind, solange nicht eine Abänderung des Gesetzes erfolgt ist.

Ich habe bereits früher die Gründe entwickelt, aus welchen ich für irgendeine Modifikation zugunsten des Adels mich nicht erklären kann. Ich muß bei dieser meiner Ansicht um so mehr beharren, als in dem Edikt im Grunde nichts enthalten ist, was nicht schon durch die frühere Gesetzgebung verfügt worden wäre, und ihnen deshalb eine neue Beschwerde nicht zugefügt wird, sodann aber auch – was wohl zu beherzigen ist – weil der angebliche Verlust, welchen das Edikt ihnen an ihren Eigentumsrechten zufügen soll, ihrem Bestreben, sich der Hoheit des Staats zu entziehen, nur zur Folie dient.

Ausführlicher Hinweis auf das Generalreskript vom 6. 7. 1812[4]), nach dem die Allodifikation der Bauernlehen möglichst begünstigt werden soll und die Trennbarkeit der nicht fallbaren Güter grundsätzlich gestattet ist.

Ebendieser Grundsatz ist auch in dem § 61 des Verfassungsentwurfes[5]) ausgesprochen. Freilich haben die Mediatisierten diesen nicht angenommen. Wollte man aber hierauf Rücksicht nehmen, so würde dieses auf die leider nur zu viel besprochene Frage führen, ob die Verfassung in dem hiesigen Staate durch Vertrag pazisziert werden muß oder als Charte gegeben werden kann, in Ansehung von welcher aber den Mediatisierten selbst entgegengehalten werden könnte, daß ihre Ansprüche durch die Bundesakte bestimmt sind, daß jede weitere Ausdehnung Sache Euerer Königlichen Majestät ist, auf welche sie daher ein Recht nicht haben können.

Wahrscheinlich werden die Mediatisierten und die Reichsritter dagegen reklamieren, daß das Edikt den Maßstab festsetzt, nach welchem die Ablösungen statthaben sollen.

Abgesehen davon, daß schon in dem bereits angeführten Generalreskript von 1812 verfügt ist, daß die von der Kammer befolgten Grundsätze anempfohlen und daß Fälle einer unbilligen Forderung allerhöchsten Orts zur Remedur angezeigt werden sollen, müssen die Mediatisierten nachweisen, daß ein zu 5 % berechnetes Kapital ihnen nicht vollen Ersatz gewähre, welchen Beweis man ruhig erwarten sowie den übrigen Einwendungen, namentlich auch dem der möglichen Versplitterung ihres Vermögens durch unhaushalterische Wirtschaft mit Grund entgegensetzen kann, daß es notwendig auffallen muß, wie sie gerade in diesem Fall eine Vormundschaft des Staats als Recht ansprechen, während sie in allen andern Fällen Himmel und Erde gegen die Ausübung der legitimsten Souveränitätsrechte in Bewegung setzen. Das einzige Wahre in ihren Beschwerden ist, daß sie nicht mehr Grundherrn der Bauern bleiben, und gerade dieses ist es, was das Interesse Euerer Königlichen Majestät, des Staats und der Untertanen erfordert, die, abgesehen von allen politischen Nachteilen dieses Verhältnisses, wie in dem vorliegenden Bericht nachgewiesen ist, das Opfer ihrer Geldgierde sind.

---

[4]) Vgl. Nr. 35.
[5]) Vgl. Nr. 36.

Kein Untertan – und dieses sind die Mediatisierten –, wie priviligiert er auch sonst sein mag, kann ein Recht haben, durch seinen Widerspruch oder durch seinen Ungehorsam die Wirksamkeit der Gesetze zu elidieren.

Aus diesem Grunde halte ich mich zu dem Antrage verpflichtet, daß Euer Königliche Majestät zu verfügen geruhen mögen, daß die königlichen Beamte zwar die gutsherrlichen zum Behuf der Ablösungsverhandlung zitieren lassen, daß aber im Fall ihres Nichterscheinens oder ihres Widerspruches die ersteren ermächtigt sein sollen, ohne Rücksicht auf diese die Verhandlung auf eine rechtsbeständige Art vorzunehmen.

Nr. 53 1818 April 4, Stuttgart

Protokoll über die Sitzung des Geheimen Rats in Gegenwart des Königs: Diskussion über die staatliche Politik der Grundentlastung

E 31/32, Bü 336, Q 1 a. Reinschrift.

Anwesend: Geheimer Rats-Präsident Staatsminister von der Lühe, Außenminister Graf von Zeppelin, Kriegsminister Graf von Franquemont, Minister der Residenzpolizei Graf von Phull, Justizminister von Maucler, Innenminister von Otto, der das Finanzministerium verwaltende Präsident von Malchus, die Geheimen Räte von Wächter, von Hartmann, von Lempp, von Kerner, Staatsrat von Leypold, Staatsrat und Präsident von Riedesel, die Obertribunalspräsidenten von Gros und von Georgii, die Staatsräte von Wekherlin und von Weißer.

Abwesend wegen Krankheit der Staatsrat Ministerialdirektor von Reuß.

Seine Königliche Majestät haben sich durch die von mehreren Gutsbesitzern gegen die in dem II. Edikt vom 18. November v. J. wegen Verwandlung der Fallehn in freies Eigentum erteilten Vorschriften gemachte Vorstellung sowie durch verschiedene Allerhöchstdenselben zugekomme Bemerkungen über die Verordnung vom 29. Januar d. J. in betreff der Ablösbarkeit der Grundabgaben von mehr als 1 fl 30 kr gnädigst bewogen gesehen, unter dem 24. Februar d. J. den Befehl zu erteilen, daß in einer in Allerhöchstihrer Gegenwart abzuhaltenden Versammlung des ganzen Geheimen Rats, zu welcher auch der Staatsrat von Weißer beigezogen werden soll, die erwähnten Gegenstände nach ihren ökonomischen, staatswirtschaftlichen, polizeilichen und rechtlichen Momenten beraten, auch zu desto vollständiger[er] Aufklärung derselben von den Ministerien des Innern und der Finanzen, sodann von dem Staatsrate von Wekherlin und zur Beleuchtung der rechtlichen Seite von dem Obertribunalspräsidenten von Georgii Vorträge gehalten werden sollen.

Auf die Anzeige, daß die bestellten Referenten mit ihren Vorträgen gefaßt seien, bestimmten Seine Majestät den heutigen Tag zur Versammlung. Allerhöchstdieselbe eröffneten die Sitzung mit der Erklärung: Die Wichtigkeit der obenerwähnten Gegenstände und der Einfluß, den dieselbe auf die Wohlfahrt des Landes haben, hätten Allerhöchstsie veranlaßt, dieselbe in Ihrer Gegenwart nochmal beraten zu lassen, um sodann Ihre weitere Entschließung in der

Sache fassen zu können. Seine Majestät forderten sofort den Minister des Innern auf, den ihm aufgetragenen Vortrag abzulegen.

Derselbe verlas nicht nur sein schriftliches Votum *[Beilage A]* die in dem königlichen Edikte vom 18. November v. J. erteilten Vorschriften wegen Verwandlung der Fallehen in freies Eigentum betreffend, sondern auch einen von dem Regierungsrat Waldbauer über denselben Gegenstand gefertigten Aufsatz *[Beilage 1 ad A]*.

Der Verfasser des letzteren bemüht sich zu zeigen, daß die Nachteile, welche dem Fallehninstitut zum Vorwurf gemacht worden, ungegründet seien oder wenigstens nicht von demselben herrühren und daß überhaupt nach staatswirtschaftlichen Rücksichten keine zureichende Gründe vorhanden seien, den Fallehnsvertrag aus landesherrlicher Macht aufzuheben, und das Wohl des Staats und der einzelnen Fallehenbesitzer nicht mehr erfordere, als was schon der Verfassungsentwurf bestimme.

Der Staatsrat von Wekherlin bemerkte gegen diesen Vortrag, daß die von ihm in den neuesten Druckschriften gegebene Schilderung der Nachteile des Fallehenwesens[1]), gegen welche der Regierungsrat Waldbauer sich hier auslasse, sich vorzüglich und oft wörtlich auf eine Abhandlung gründe, die ihm der letztere als damaliger Steuerrat in Weingarten im Jahre 1809 auf sein Ansuchen geschrieben und die er hier bei sich habe.

Der Antrag des Ministers des Innern geht unter Beziehung auf jenen Waldbauerschen Vortrag dahin: daß, da von Aufhebung oder Zurücknahme der erlassenen Gesetze nicht die Rede sein könne, auf die eingekommenen Vorstellungen die Bestimmung des Edikts, zufolge welcher den im Besitze von Fallgütern befindlichen Familien solche nicht entzogen noch die Bedingungen und Abgaben lästiger gemacht werden dürfen, zu wiederholen, die befohlene Veräußerung dieser Güter an die Besitzer unter Anführung des Grunds, daß für die Entschädigungsberechnungen eine allgemeine Norm derzeit noch nicht gegeben werden könne, zu suspendieren und einstweilen die Allodifikation oder Verwandlung solcher Güter nach Maßgabe der G[eneral]verordnung vom 6. Juli 1812[2]) auf die Übereinkunft des Lehensherrn mit dem Lehensmann auszusetzen wäre.

Am Ende bemerkt der Minister des Innern noch, daß die Bestimmung des Edikts, durch welche das Obereigentum der Erblehen künftig für aufgehoben erklärt werde, dahin zu erläutern sein möchte, daß dieselben nur bei solchen Erblehen Anwendung finde, worüber der Lehenbesitzer frei verfügen und wo das dominium directum mit dem utile nie konsolidiert werden könne[3]).

Auf die Anfrage des Ministers des Innern, ob er gleich mit seinem weitern Vortrag über die Ablösung der Feudalabgaben fortfahren solle, bestimmen Seine Majestät, daß nunmehr der Staatsrat von Wekherlin seinen Aufsatz in betreff der Verwandlung der Fallehen in freies Eigentum vorlesen soll.

---

[1]) Vg. *Weckherlin,* Aufhebung, und *Weckherlin,* Zertrennung.
[2]) Vgl. Nr. 35.
[3]) Diese Bestimmung hätte den Obereigentumsanspruch der Lehenherren in weiten Teilen Neuwürttembergs sichergestellt, z. B. in Hohenlohe; vgl. Darstellung, S. 121 ff und Quellen, Nr. 48.

Der letztere verliest daher sein schriftliches Votum *[Beilage B]*, in welchem er darauf anträgt, die Verordnungen vom 6. Juli 1812 und 18. November 1817 in Übereinstimmung mit den weiteren Vorschlägen, welche er in der kürzlich erschienenen Druckschrift gemacht, festgehalten und ebenso die Bestimmungen des Edikts in Hinsicht der Teilbarkeit der Bauergüter und der Aufhebung des jetzt ganz bedeutungslos gewordenen Namens des Obereigentums bei Erblehen aufrechterhalten werden.

Der Präsident von Georgii, welcher von Seiner Majestät nach Beendung des Vortrags des Staatsrats von Wekherlin zu Ablegung des seinigen aufgefordert worden, sucht in dem verlesenen Aufsatz *[Beilage C]* zu entwickeln, daß das dominium eminens des Staats erst dann, wenn die Erhaltung des letzteren den Eingriff in das Privateigentum fordere, nicht aber dann eintreten könne, wenn bloß ein wahrer oder vermeintlicher Nutzen des Staats bezweckt werde, und daß der Mangel jenes Erfordernisses nicht durch ein Gesetz ergänzt werden könne, indem die gesetzgebende Gewalt aus ihren Schranken trete, sobald sie sich herausnehme, gesetzlich zu verfügen, welchen Gebrauch der Eigentümer von seinem Eigentum machen soll, oder ihm dasselbe gar, wäre es auch gegen Entschädigung, zu entziehen.

Demnächst stellt er dar, daß, da höchstens eine Nützlichkeit, aber keine Notwendigkeit der Aufhebung und Änderung des Instituts der Fall- und Erblehen sowie der Grundabgaben nachgewiesen werden könne, diese Aufhebung oder Abänderung nicht ohne den Willen der Eigentümer vollzogen werden könne und daß es daher rechtlich nicht tunlich sei, das II. Edikt vom 18. November nach seinem ganzen Umfang auf die Grundeigentümer anzuwenden. Er äußert sich sodann näher darüber, welche Bestimmungen durch ein Gesetz gegeben werden können und welche Punkte auf die Einwilligung der Grundeigentümer ausgesetzt werden müssen.

Zu den ersteren rechnet er die Aufhebung der Leibeigenschaft gegen Entschädigung, die Aufhebung aller aus derselben hergeleiteten Fronen, Verwandlung aller ungemessenen Fronen in gemessene, Bestimmung eines Maximums der Entschädigung für Leibeigenschaft sowie für Laudemien und andere Falllehnsprästationen, Verbot der Vertreibung eines Fallehnbauern von dem Gute ohne Erkenntnis der Landesgerichte und ferner Verbot, in den Lehnsbrief den Gesetzen und staatsbürgerlichen Verhältnissen zuwiderlaufende Bestimmungen aufzunehmen, auch endlich Festsetzung eines Maximums für die Ablösung der Grundabgaben.

Zu den zweiten rechnet er die Erblichmachung der Fallehn, die Aufhebung des Obereigentums bei Erblehen, die willkürliche Zertrennung der Lehen, die Ablösbarkeit jeder Art von Grundabgaben und die Verwandlung der Küchengefälle in Geldzinse.

Er trägt daher darauf an, daß die Grundherrn in einer zu erlassenden Deklaration aufgefordert werden, neben demjenigen, was als gesetzlich angeordnet zu betrachten sei, freiwillig dasjenige anzuerkennen, was, ohne ihren grundherrlichen Rechten wahren Nachteil zu bringen, zur Erleichterung und Verbesserung des Schicksals ihrer Hintersassen geschehen könne. Daneben sollten aber die Beamte angewiesen werden, die Vollziehung des II. Edikts gegen die Gutsherrn zu suspendieren.

Nachdem der Präsident von Georgii seinen Vortrag beendiget hatte, wurde von Seiner Majestät der Minister des Innern aufgefordert, seinen Vortrag über die Ablösbarkeit der Grundabgaben abzulegen.

Derselbe verliest hierauf einen schriftlichen Aufsatz [Beilage D], worin dargestellt wird, daß die Ablösung der Grundabgaben selbst für die Abgabepflichtigen, noch mehr aber für die Kammern, Stiftungen und die Gutsherrn und für den Staat selbst große Nachteile bringe und ohne Beeinträchtigung der Rechte der Grundherrn nicht verordnet werden könne.

Nach Beendigung dieses Vortrags forderten Seine Majestät den Präsidenten von Malchus zu Ablesung seines Aufsatzes auf.

Derselbe äußerte sich in dem verlesenen Aufsatz [Beilage E] über den zivilrechtlichen Gesichtspunkt nicht näher, dagegen entwickelt er, welche Befugnisse der Staat nach staatspolizeilichen Grundsätzen in Beziehung auf die Rechte der einzelnen haben müsse. Er geht demnächst die gegen das Edikt angeführten staatswirtschaftlichen Zweifel und Einwürfe durch, hebt die Vorteile der Aufhebung der Fallehen aus und beruft sich auf die Vorgänge von Hannover, Österreich, Bayern etc. Sodann führt er unter Berufung auf die Druckschrift des Staatsrats von Wekherlin an, daß die Verordnungen von 1808 und 1812 sowie der Verfassungsentwurf im Grunde dasselbe bestimmen, was das Edikt enthält, und es sich somit bei der Beschwerde eigentlich nur darum handle, daß ein Maximum der Ablösungsgelder bestimmt werden wolle, diese Bestimmung aber schlechterdings notwendig und wohltätig sei.

In Beziehung auf die Ablösung der Feudalabgaben beleuchtet er insbesondere auch die Einwürfe, welche in einem Seiner Majestät vorgelegten Vortrage hinsichtlich des Interesse[!] der Kammern und der Kirchengüter enthalten sind[4]). Sein Antrag geht auf vollständige Aufrechterhaltung der gegebenen Verordnungen.

Demnächst verliest der Präsident von Georgii mit gnädigster Erlaubnis Seiner Majestät seinen Vortrag über die Ablösbarkeit der Feudalabgaben [Beilage F]. Derselbe zeigt hier, daß durch die Ablösung dieser Abgaben der Fond vermindert, die Verwaltung unsicher und die Hypothekbestellung schwieriger werden und daß die Ablösung nur unter den aus der Natur der Fideikommisse und einer ständischen Verfassung hervorgehenden Bedingungen geschehen könne. Er trägt daher darauf an, daß vorderhand die Ablösbarkeit aller Gülten unter und über 1 fl 30 kr eingestellt werde.

Endlich trägt auch der Staatsrat von Wekherlin sein Votum über die Ablösbarkeit der Geld- und Naturalgülten vor [Beilage G]. Er ist darin der Meinung, daß es bei dem, was das Edikt vom 18. November v. J. hierüber bestimme, belassen werden könne und die Ablösung der Gülten über 1 fl 30 kr, weil ihre gänzliche Freigebung für die Finanzen und die Nationalökonomie schädlich sei, nur ausnahmsweise bei besonders nachgewiesener Notwendigkeit oder Nützlichkeit wie bei den in dem Edikt vom 18. November speziell ausgehobenen Fällen zu gestatten sein dürfte.

---

[4]) Gemeint ist der Vortrag des Obertribunalspräsidenten v. Georgii vom 11. 2. 1818; vgl. die Vorbemerkungen zu Nr. 52—55.

Seine Majestät forderten sodann die einzelnen Mitglieder und zwar zuerst den Minister der Auswärtigen Angelegenheiten zur Abstimmung über die Bestimmungen des Edikts wegen Allodifikation oder Verwandlung der Fallehen und über die Ablösbarkeit der Gülten auf.

Der Minister der Auswärtigen Angelegenheiten äußert: Die Vorteile der Aufhebung des Fallehensverbands seien nicht über alle Einwendung erhaben, wenigstens nie so groß, daß ein so bedeutender Eingriff in das Eigentumsrecht gerechtfertigt werde. Deswegen glaube er, daß im ganzen das Gesetz von 1812 mit einigen zulässigen Modifikationen beibehalten werden sollte. Hinsichtlich der Ablösung der Gülten vereiniget er sich mit dem Minister des Innern.

Der Minister der Residenzpolizei stimmt für die Aufrechterhaltung des Edikts in betreff der Allodifikation der Fallehen und mit dem Minister des Innern in Hinsicht der Ablösung der Gülten.

Der Geheime Rat von Wächter hält die Bestimmung des Edikts, daß die Fallehen der Familie des Lehenbauern nicht entzogen werden sollen, für zulässig, in Ansehung der Allodifikation der Fallehengüter aber die Bestimmung der Verordnung von 1812 den Rechten für angemessener. Er macht den Vorschlag, daß man durch eine Deklaration nachzuhelfen suchen sollte. Er stimmt ferner gegen die Ablösbarkeit der Gülten über 1 fl 30 kr, wie dieselbe durch die Verordnung vom 29. Januar d. J. gestattet ist, und würde sie nur ausnahmsweise in Fällen, wo die Ablösung besonders veranlaßt sei, zulassen, weil es das Interesse des Staats und des Hauses erfordere, diese Gülten beizubehalten. Er würde also gedachter Verordnung keine Folge geben.

Der Geheime Rat von Lempp: Die Beschwerde sei vorzüglich darauf gerichtet, daß den Gutsherrn zugemutet werde, das Eigentum der Fallehengüter um einen von der Regierung bestimmten Preis zu verkaufen. Abgedrungen durch das Staatswohl sei diese Maßregel nicht und zerstöre daher den öffentlichen Glauben an die Sicherheit des Eigentums. Er rät daher an, auf die Bestimmung des Gesetzes von 1812 zurückzugehen. Wegen der Ablösbarkeit der Gülten vereiniget er sich mit dem Minister des Innern und dem Geheimen Rat von Wächter.

Der Staatsrat von Leypold verliest eine schriftliche Abstimmung, die auf Festhaltung des Edikts vom 18. November v. J. und der Verordnung vom 29. Januar d. J. geht *[Beilage H]*.

Der Präsident von Gros: Er habe schon lange den Grundsatz angenommen und öffentlich gelehrt, daß von dem Staat kein Privateigentum angegriffen werden könne, wenn es nicht das Wohl des Staats erfordere, unter dem letztern aber nur die Erreichbarkeit des Staatszwecks zu verstehen sei und die bloße Nützlichkeit nie Maßstab des Rechts sein könne. Er würde daher der Bestimmung des Edikts, daß der Lehenherr das Eigentum an den Bauern um einen bestimmten Preis überlassen müsse, keine Folge geben. Hinsichtlich der Ablösbarkeit der Gülten vereiniget er sich mit der Abstimmung des Geheimen Rats von Wächter.

Der Staatsrat von Weißer äußerte sich anfänglich über die Leibeigenschaft, da aber Seine Majestät äußerten, daß Allerhöchstsie sich hierüber so bestimmt entschieden und ausgesprochen hätten, daß keine Diskussion darüber mehr stattfinden könne, so ging derselbe zu den Fallehen über. Er bemerkte, daß man denselben Nachteile als eigentümlich beigemessen habe, die sie mit jedem Pacht gemein hätten. Um so weniger halte er die Abschaffung für eine durch das Staatswohl so dringend gebotene Maßregel, daß der befragte Eingriff in das Eigentum der Gutsherrn gerechtfertigt sein dürfte. Er würde daher die Sache darauf zurückführen, wie sie nach dem Gesetz von 1812 und dem Verfassungsentwurf war, und nur die Anordnung anraten, daß die Laudemien nicht ganz bei dem Antritt des Guts, sondern erst in gewissen Fristen bezahlt werden. Ebenso stimmt er gegen die Ablösbarkeit der Gülten über 1 fl 30 kr.

Der Präsident von Riedesel stimmt bei beiden Punkten wie der Präsident von Gros.

Der Geheime Rat von Kerner verliest eine schriftliche Abstimmung [Beilage I] und trägt auf Aufrechterhaltung des II. Edikts vom 18. November v. J. und der Verordnung vom 29. Januar d. J. mit dem Beifügen an, daß die Abkaufssummen für die Gülten und Teilgebühren geringer angesetzt werden, der gutsherrliche Fallehenmann dem Kammerfallehenmann hinsichtlich der Abkaufssumme gleichgestellt, die Ablösungssumme den Gemeinden als Kapital zur Generalstaatskasse verzinslich angeliehen und diejenigen Bestimmungen, wodurch das Schreibereigeschäft zu sehr vervielfältiget werde, wie z. B. bei den Teilgebühren, abgeändert werden sollten.

Der Geheime Rat von Hartmann: Er habe das Falleheninstitut immer als ein bedeutendes Hindernis für die Kultur angesehen. Er glaube daher, daß der Staat befugt und veranlaßt sei, dieser Störung zu begegnen, und daß dieses durch das Edikt auf eine Art geschehen sei, welche keinen unbefugten Eingriff in das Privateigentum enthalte, denn der Gutsherr werde ja vollkommen entschädiget. Das Falleheninstitut könne mit der jetzigen Staatsverfassung gar nicht bestehen, die Bauern können nicht neben dem Untertanenverhältnis auch noch dem Gutsherrn treu, hold und gewärtig sein. In Beziehung der Ablösbarkeit der Gülten über 1 fl 30 kr stimmt der Geheime Rat von Hartmann dafür, daß diese nicht den kleineren gleichgestellt und ihre Ablösung nur wie ehemal bloß ausnahmsweise gestattet werde.

Der Justizminister von Maucler stimmt in einem verlesenen schriftlichen Aufsatz [Beilage K] für die Beibehaltung des Edikts vom 18. November und dessen Bestimmungen über die Verwandlung der Fallehen, trägt jedoch darauf an, daß die Gutsbesitzer sowohl über die Normen der Entschädigung für die Aufhebung des Fallehenverbands als auch über die Verwendung der Loskaufssumme für die Fideikommisse gehört werden. In Beziehung auf die Ablösbarkeit der Gülten über 1 fl 30 kr stimmt der Justizminister dafür, daß der Verordnung vom 29. Januar d. J. keine Folge gegeben, sondern durch das Regierungsblatt bekanntgemacht werde, daß die einzelnen Anmeldungen den Ministerien vorzutragen seien und man sodann nach der Zahl und Beschaffenheit derselben das weitere abmessen soll.

Der Kriegsminister Graf von Franquemont tritt der Abstimmung des Ministers von Otto in Ansehung beider Gegenstände bei.

Der Geheime Rats-Präsident Staatsminister von der Lühe äußert: Da er schon mehrere Male Gelegenheit gehabt habe, sich über die Bestimmungen des II. Edikts vom 18. November 1817 zu äußern, auch während der gegenwärtigen Sitzung die Beschwerden über dasselbe schon von mehreren Seiten beleuchtet worden seien, so wolle er, um die Geduld Seiner Majestät nicht zu ermüden, seinen Aufsatz über die Hauptmomente der im Druck erschienenen Abhandlungen des Staatsrats von Wekherlin nicht verlesen, auch, um Wiederholungen zu vermeiden, von weiteren Erörterungen über die rechtliche Grenze der Staatsgewalt in Beziehung auf die Disposition über das Eigentum der Untertanen um so mehr abstehen, als seine Ansicht darüber mit demjenigen zusammenstimme, was die Präsidenten von Gros und von Georgii hierüber geäußert haben. Gegen die von dem Präsidenten von Malchus angeführte politische Betrachtung müsse unter anderem in Erwägung gezogen werden, daß das Falleheninstitut mit dem Untertanenverhältnisse des Adels um so eher vereinbarlich erscheine, als ehemals häufig Reichsunmittelbare in fremden Gebieten Fallehengüter besessen und sich vermöge der Realsubjektion den Gesetzen dieser Länder hätten unterwerfen müssen. Der Verfassungsentwurf könne die Reklamationen der Mediatisierten nicht entscheidend niederschlagen, weil derselbe auf Annahme der Stände ausgesetzt und nicht als Gesetz proklamiert sei.

Nach Vorausschickung dieser Bemerkungen verliest der Geheime Rats-Präsident von der Lühe den schriftlichen Aufsatz [Beilage L], in welchem seine Anträge in betreff [der] zur Beratung gekommenen Gegenstände enthalten sind. Jene gehen dahin, daß er, was das II. Edikt betrifft, dem Vorschlag, der eingekommenen Vorstellungen ungeachtet auf unbedingter und unmodifizierter Vollziehung desselben zu bestehen und solche, wenn es nötig würde, mit Gewalt durchzusetzen, nicht beitreten, jedoch auch nicht dazu raten könne, dem Edikt gar keine Folge zu geben. Der Vorbehalt desselben, für die Entschädigung der Lehenherrn noch Norm und wegen Verwendung der Ablösungsgelder zum Besten des Fideikommisses Bestimmung zu geben, bieten ganz natürliche Auskunftsmittel dar, um auf der einen Seite den Vorwurf unzulässiger Eingriffe der Staatsgewalt in das Privateigentum zu vermeiden und das Interesse der Fallehenbauern zu befördern. Beide Verordnungen würden mancherlei Gelegenheit darbieten, billige Bestimmungen zu machen, durch welche das Interesse aller Beteiligten in den für die allgemeine Wohlfahrt heilsamsten Einklang gebracht werden könnten. Die Beiziehung einiger einsichtsvollen und billigen Güterbesitzer würde die Sache sehr befördern, und wenn dann noch die Gutsbesitzer einen unstatthaften Starrsinn entgegensetzen würden, so möchten wenigstens die Entschließungen der Regierung in den Augen unbefangener Sachverständiger keinem gegründeten Vorwurf mehr ausgesetzt sein können.

Was die Ablösbarkeit der Gülten über 1 fl 30 kr betrifft, so trägt der Geheime Rats-Präsident von der Lühe darauf an, daß dieselbe nicht als Regel, sondern höchstens als sehr seltene, nicht zu begünstigende und nur unter ganz besondern Umständen nach vorheriger sorgfältiger Prüfung und nie ohne Kognition der höhern Behörde zu gestattende Ausnahme gestattet und hiernach die Verordnung vom 29. Januar d. J. abgeändert werden sollte. Endlich trägt er darauf an, daß die übrigen in dem Edikt ad II B und III A festgesetzten Bestimmungen zu belassen wären.

Seine Majestät erklärten hierauf: Nach allem, was bisher vorgetragen worden, drehe sich die Sache um die zwei Rücksichten, um die rechtliche und die staatswirtschaftliche. Was die erstere betreffe, so glauben Allerhöchstsie, daß wenn die Gutsherrn entschädigt werden, der Staat das Recht habe, das Fallleheninstitut aufzuheben. In der zweiten Beziehung sprechen die Vernunft und die Erfahrung anderer Staaten zu laut für die Wohltätigkeit der Aufhebung des Fallehenwesens.

Als Seine Königliche Majestät dieses erklärt hatten, hoben Allerhöchstdieselbe die Sitzung auf und trugen dem Minister des Innern auf, den Oberregierungsrat Waldbauer über die auffallende Abweichung seines neueren Aufsatzes von dem im Jahre 1809 gelieferten zur Verantwortung zu ziehen und darüber Bericht zu erstatten[5]).

Die Verhandlung hatte von 1 Uhr mittags bis abends 8³/₄ Uhr gedauert.
Die Richtigkeit dieses Protokolls beurkundet
Geheimer Ratskanzleidirektor Pistorius

Beilage A (9 Blatt):
In seinem Votum griff Innenminister v. Otto die Argumentation wieder auf, die er bereits in einem Vortrag vom 30. 1. 1818 (E 31/32, Bü 336, Q 3) vorgebracht hatte: Der Wert oder Unwert der Fallehen ist umstritten; selbst wenn die Nachteile des Fallehensystems erwiesen wären, darf die Gesetzgebung nicht um des Staatswohles willen Eigentumsrechte entziehen und an andere übertragen, auch nicht gegen eine festgesetzte Entschädigung. Doch muß die Staatsgewalt den Fallehenherren in der Benützung ihres Eigentums solche Grenzen ziehen, daß sie nicht „durch schädliche Steigerung der Bedingungen bei Fallehenskontrakten oder durch willkürliche Verfügungen über ihre Fallehen die Lehenbauren bedrücken und die Familien derselben unglücklich machen können". Eine einseitige Ablösungspflicht für den Adel ist unberechtigt; auch kann man erwarten, daß dieser unter dem Druck der öffentlichen Meinung oder im eigenen Interesse durch freiwillige Übereinkunft mit seinen Pflichtigen dem Beispiel des Staates folgt. Man soll daher lieber „etwas später, aber mit Schonung der Eigentums- und Gleichheitsrechte" zum Ziele kommen.

Beilage 1 ad A (67 Blatt):
„Untersuchung der Frage, ob die Fallehengüter für das Wohl der Lehensbesitzer und des Staates so nachteilig seien, daß die höchste Staatsgewalt sich dadurch berechtigt halten könne, die Lehensherren gegen ihren Willen dazu zu zwingen, daß sie den Lehensbesitzern das volle Eigentum dieser Güter gegen eine billige Entschädigung überlassen". Nach ausführlicher Schilderung des Fallehensystems vertrat Waldbauer die Ansicht, die Gesetzgebung müsse sich auf die Verhinderung von Mißbrauch beschränken und jeden Ablösungszwang gegenüber den Mediatisierten vermeiden. Waldbauer hob besonders auch die Vorzüge des Fallehenverbandes hervor: Das Antrittskapital ist im Vergleich zum wahren Gutswert relativ gering, in Notlagen erhält der Bauer Nachlaß oder Unterstützung; die Erblichkeit ist durch den § 61 des königlichen Verfassungsentwurfs gesichert, die geschlossene Vererbung sorgt für Wohlhabenheit

---

[5]) Obwohl Waldbauer in einer Rechtfertigungsschrift darauf hinweisen konnte, daß der Aufsatz von 1809 eine reine Privatarbeit gewesen sei, daß er damals die oberschwäbischen Verhältnisse nicht hinreichend gekannt und aus altwürttembergischer Perspektive abgewertet habe, ließ der König ihm einen Verweis erteilen, weil er in Waldbauer einen Gegner der neuen Gesetzgebung sah (E 146, Bü 21, Q 18 Beilagen).

und hindert die übermäßige Bodenzersplitterung; die Ablösung des Fallehensystems wäre für die Bauern oft nachteilig, vor allem bestünde die Gefahr, daß der Adel Bauerngüter aufkauft und ein abhängiger Pächterstand entsteht.

Beilage B (4 Blatt):
Weckherlin hielt in seinem Votum an den Grundsätzen fest, die er in seinen beiden Broschüren – vgl. Anm. 1 – entwickelt hatte. Er bestritt, daß das Heimfallrecht bei Fallehen noch reale Bedeutung besitze. Staatswohl und Staatsrecht müßten höher stehen als Privateigentum und Privatrecht, „wo es darum zu tun ist, alle jene tiefeingreifenden Nachteile aus der Staatsgesellschaft zu entfernen, [...] wo es darum zu tun ist, einer Bevölkerung von einigen hunderttausend Menschen ihre Existenz möglich zu machen, um sie ihrer höheren Bestimmung entgegenzuführen".

Beilage C (35 Blatt):
Dem Obertribunalspräsidenten von Georgii war die Aufgabe gestellt worden, die rechtliche Seite der Edikte zu beleuchten. Indem er „Sicherheit und Sicherstellung der Personen und des Eigentums" als wichtigsten Staatszweck hervorhob, stellte er die Frage nach der Befugnis der höchsten Staatsgewalt zu gesetzlichen Eingriffen in private Rechte: Enteignung ist nur als ein Notrecht zur Sicherung der inneren oder äußeren staatlichen Existenz oder für den Fall erlaubt, daß die privaten Rechte im Widerspruch zu den menschlichen Urrechten stünden (z. B. bei der Sklaverei). „Freilich verbirgt sich oft ein sehr verwerflicher Eigennutz unter der Maske der Ansprüche an das natürliche Recht der Gleichheit, das als unveräußerliches Menschenrecht ausgegeben wird", und erstrebt über die Gleichheit der Rechte auch „die Gleichmachung aller Güter und äußern Glücksumstände". „In allen Staaten hat dieser unselige (räuberische) Hang des Menschen traurige Revolutionen erzeugt" (Agrargesetzgebung der Gracchen, Französische Revolution). Auf Deutschland darf sich „dieser unselige Geist" nicht ausdehnen, der Staat darf „solche Auswüchse regelloser Begierden" nicht begünstigen. „Nationalglückseligkeit" und „Gemeinwohl" genügen nicht als Rechtsgründe für Eingriffe in Privatrechte, vielmehr müssen sie der Rechtssicherung als dem wichtigsten Staatszweck untergeordnet bleiben. „Ein auf die Rechtsbasis gegründeter Staat wird vielleicht weniger glänzen als ein anderer, der sich stets dem sogenannten Zeitgeist, gleichgültig gegen den innern Gehalt des letztern, anzupassen strebt; aber die wahre, nie verwelkende Ehre kann für Regenten und Volk doch nur in dem das Recht über alles liebenden und achtenden Staat errungen werden." Nicht einmal die Aufhebung der Leibeigenschaft wäre rechtlich nötig, denn die Leibeigenschaft verletzt in der bestehenden Form kein menschliches Urrecht. Im Fallehensystem verstößt nichts gegen die „bürgerliche Freiheit". Auch nicht unter dem Aspekt des Staatswohls ist die Aufhebung der Fallehen eine Notwendigkeit, da die angeblichen Nachteile wirtschaftlicher und moralischer Art wenig überzeugen.

Unter Hinweis darauf, daß auch in sonstigen Bestimmungen des Edikts vielfach private Rechte des Adels aufgehoben oder gemindert würden, empfahl Georgii, in einer königlichen Deklaration diejenigen Bestimmungen zu bezeichnen, die als gesetzlich angeordnet zu betrachten seien, und gleichzeitig die Grundherren zu freiwilliger Anerkennung dessen aufzufordern, was ohne Nachteil für ihre Rechte zur Erleichterung und Besserstellung ihrer Hintersassen geschehen könne.

Beilage D (32 Blatt):

Der Aufsatz „Die Ablösbarkeit der Grundabgaben nach staatswirtschaftlichen und finanziellen Rücksichten" stammt von Regierungsrat Waldbauer.

In ihm werden nicht nur die Begründungen des zweiten Edikts vom 18. 11. 1817 zugunsten der Ablösungen angezweifelt und der Entschädigungsmaßstab für ungenügend erklärt, sondern wird besonders die Ablösbarkeit der Grundabgaben in staatswirtschaftlicher wie finanzieller Hinsicht in Frage gestellt.

1. Staatswirtschaftlich: Die Grundabgaben sind als Zinsen einer auf den Boden radizierten Kapitalschuld zu betrachten. Beide Seiten finden dabei ihren Vorteil. Für die Kultur wenigstens theoretisch nachteilig sind nur die unständigen Abgaben, die sich nach der Höhe des Ertrags oder Gutswertes richten, wie die Teilgebühren oder Laudemien, doch lassen sich diese Nachteile durch Verwandlung der Abgaben in jährliche Gülten beseitigen. Das Gleiche gilt für die Fronen. Bei einer allgemeinen Ablösung der Grundlasten aber würde das nötige Betriebskapital den Bauern auf lange Zeit entzogen und käme in die Hände der Berechtigten, die es zur Sicherung ihres Eigentums wieder in Grund und Boden investieren müßten; „so ist die natürliche Folge davon, daß je mehr Grundabgaben abgelöst werden, desto mehr Grundeigentum der arbeitenden Volksklasse entzogen wird und in die Hände von moralischen und physischen Personen kommt", die es wieder durch Taglöhner und Pächter bestellen lassen. Wenigstens ein Drittel des bisher belasteten Grundes dürfte so den bisherigen Besitzern entzogen werden, die Produktion ginge infolgedessen zurück.

2. Finanziell: Der Vorwurf der weitläufigen und kostspieligen Verwaltung trifft nicht die Grundabgaben an sich, sondern die unbeschränkte Zerstückelung der pflichtigen Güter. Ihre unbeschränkte Verteilung sollte daher nicht gestattet werden. Nur die Anlage in Grund und Boden bietet die höchstmögliche Kapitalsicherung; Naturalrenten können schon deshalb nicht mit barem Geld in gerechtem Maßstab abgelöst werden, weil sie der Geldentwertung entzogen sind. Im Fall allgemeiner Ablösung können Oberfinanzkammer, Hofdomänenkammer, evangelisches Kirchengut, evangelische und katholische Kirchenpflegen, Wohltätigkeitsstiftungen ihre Pflichten nicht mehr erfüllen; das entstehende Defizit fällt ebenso wie die dann notwendige Aufbesserung vieler Pfarrbesoldungen auf Staatskasse und Gemeinden, so daß Steuererhöhungen unvermeidlich sind. Die Existenz des höheren und niederen Adels wäre durch die Ablösungen ernsthaft gefährdet. Bei der Wiederanlage der Ablösungsgelder in Grund und Boden, der einzig dauerhaft sicheren Investitionsform, wird die Verwaltung mit neuen Aufgaben beschwert; der Reinertrag wird zurückgehen, da die private Bewirtschaftung von Grund und Boden am vorteilhaftesten ist.

Beilage E:

(Der Aufsatz des Präsidenten von Malchus wurde von diesem zurückbehalten und nicht wieder zu den Akten gegeben.)

Beilage F (25 Blatt):

Georgii setzte sich in diesem Vortrag mit der Verordnung vom 29. 1. 1818 auseinander, speziell mit der Gefahr, daß das Vermögen der Grundabgabenberechtigten durch Geldentwertung, größere Unsicherheit des Kapitalbesitzes oder anderer Anlageobjekte und geringere Möglichkeit zu Hypothekenaufnahmen vermindert werde: Nach dem Verfassungsentwurf vom 3. 3. 1817 ist es unzulässig, den Grundstock von Kammergut und Hofdomänenkammer zu vermindern. Die Einkünfte von Hofdomänenkammergut und Staatskammergut sind die Grundlage für den Unterhalt des Regenten, sie bringen dem Volk erhebliche Steuerentlastung und machen die Regierung bei einem wesentlichen Teil der Staatsausgaben von der ständischen Bewilligung unabhängig. Neue Auflagen infolge Einnahmeminderung müßten mehr Unzufriedenheit erregen „als das Altgewohnte, über das sich niemand beschwert hat".

Entsprechende Verluste würden vor allem auch bei evangelischem und katholischem Kirchengut, Stiftungen und Kommunen eintreten; „wichtigste Anstalten für Religion, Sittlichkeit und intellektuelle Bildung" gerieten in Not, ohne daß die Abschaffung von Naturalzehnten und Gülten „eine so große Erleichterung für den Landmann ausmachen".

Georgii sprach sich daher aus für die Aufhebung der Leibeigenschaft, die Erblichkeit der Fallehen mit dem Recht, sie gegen volle Entschädigung vom Lehensverband zu befreien, für die Aufhebung des Obereigentums bei Erblehen durch ihre Verwandlung in Zinsgüter, für die Verwandlung der Küchengefälle in Geldzinse, für die Ablösbarkeit der Laudemien, Teilgebühren, Fronen, Blutzehnten und Hundslegen, wandte sich aber gegen die Ablösbarkeit der Gülten unter und über 1 fl 30 kr bei allen Korporationen.

Beilage G (2 Blatt):
Votum v. Weckherlins:
Das zweite Edikt hat die drückendsten wirtschaftlichen Nachteile der Gültabgaben beseitigt; diese haben jetzt nicht mehr die Gehässigkeit von Feudalgefällen, sondern nur den Charakter einer unablöslichen Schuld. Für die Debitoren sind die Naturalgülten oft einfacher zu entrichten als Geld; nach vereinfachter Verwaltung sind sie durch ihren bleibenden Wert „die sicherste Grundlage des Kredits jeder Regierung". Mit diesen Einnahmen lassen sich die dringendsten Staatsbedürfnisse unabhängig von Steuerverwilligungen und -zahlungen befriedigen. Der Verkauf eines großen Teils des Staatsvermögens hätte den Schein und die allgemeine Meinung gegen sich. Gültverkäufe sind daher nur in Sonderfällen zu wünschen.

Beilage H (11 Blatt):
Nach einem Überblick über die Vorgeschichte des zweiten Edikts sprach sich Leypold aus Gründen des Staatsrechts und der Staatswirtschaft dafür aus, das Edikt unverändert aufrechtzuerhalten und durch die Verordnung vom 29. 1. 1818 fortzuentwickeln: Das Edikt widerspricht nicht „den höheren Grundsätzen von Recht, welche den Gesetzgeber leiten müssen – der Rechtsphilosophie"; es sucht durch Abänderung oder Aufhebung „früher wohlbegründeter, nunmehr aber zwecklos, wohl gar zweckwidrig gewordener Rechte auf eine für die Untertanen erfreuliche Weise mit dem Geist der Zeit fortzuschreiten" und betrifft dabei nicht speziell den Adel, sondern alle bisherigen Grundherrschaften. „Es ist nicht zu leugnen: Der Begriff Grundherrschaft widerspricht dem neueren, auf die Begriffe von Staat und staatsbürgerlichen Verhältnissen gegründeten Sy-

steme. Die Ausübung der Regierungsrechte kann nach diesem so wenig als das Bekenntnis eines Glaubens an den Besitz einer Erdscholle – Grund und Boden geknüpft oder darauf gegründet sein [...]." „Die Entfesslung des Grundeigentums mit der Freiheit der Person ist ein Postulat der Staatswirtschaft, der steigenden Kultur und Bevölkerung." Das zweite Edikt hat hierzu „schonend" den Anfang gemacht, indem es „die Freiheit, das Eigentum freimachen zu können", eröffnete; die Ausführung wird folgen, „wie es die Bedürfnisse erheischen, [...] und also mit der Stufe der Kultur gleichen Schritt gehen. Nicht jeder Zeitpunkt ist für die gesetzgebende Gewalt eines Staats geeignet, das Prinzip der Freiheit auszusprechen. Der Zeitpunkt des Verfassungsentwurfs und dann der vom 18. November 1817 war es."

Beilage I (3 Blatt):
Kerner begründete das Festhalten an den Bestimmungen des zweiten Edikts vom 18. 11. 1817 und der Verordnung vom 29. 1. 1818 aus den „Forderungen der Zeit" und dem „natürlichen" Recht: Das Eingreifen der Gesetzgebung ist „um so notwendiger, je mehr die Rechtlichkeit und die Zweckmäßigkeit der noch bestehenden Feudalverhältnisse in Zweifel gesetzt wird, deren Unverträglichkeit mit den Forderungen der Zeit den blutigsten Kampf des Jahrhunderts veranlaßt hat und welche früher oder später die Veranlassung einer Opposition des Volks gegen die Regierung werden müssen". Hier kann man sich überzeugen, daß „die Gesetzgebung über das positive Recht erhaben sein muß und das letztere sich in dem vorliegenden Fall nur nach den allgemeinen Gesetzen richten kann, welche die Billigkeit, die Vernunft und das Bedürfnis vorzeichnen". Ein Rückschritt auf dem eingeschlagenen Weg müßte die Regierung gegenüber dem Volk in ein bedenkliches Verhältnis bringen.

Mündlich fügte Kerner sein Votum für die im Protokoll genannten weiteren Milderungen der Ablösungsbestimmungen hinzu, wobei er offensichtlich an die Vorschläge der Wangenheimkommission vom 10. November 1817 anknüpfte (vgl. Nr. 40).

Beilage K (15 Blatt):
Votum des Justizministers v. Maucler:
Das zweite Edikt ist nach der bestehenden Staatsform gültiges Gesetz, seine Zurücknahme nach so kurzer Zeit wäre nur bei Gefahr für den Staat gerechtfertigt. Man war sich einig, daß die rechtliche Seite des Edikts „schwache Angriffspunkte darbiete", hielt aber die staatswirtschaftlichen Gründe in ihrer Bedeutung für überwiegend. Der Gesetzgeber muß von anderen Gesichtspunkten ausgehen als der Richter; dieser müßte zugunsten des Adels urteilen. Die „Klugheitslehre" der jetzigen Zeit läßt es als besser erscheinen, „wenn die Regierung selbst revolutioniert, als wenn sie das Volk revolutionieren läßt".

Die Lage der Fallehenbesitzer spricht für die Aufhebung des Fallehenverbandes, da nach der Schilderung des Grafen von Bassenheim „ein großer Teil unserer Population gleichsam in der Luft lebt, an nichts hängt und der Willkür nicht seiner Regierung, sondern seiner Mituntertanen preisgegeben ist" und die Observanz diese Lage nur gemildert, nicht aber aufgehoben hat. Doch sollen die Reklamanten über die Normen der Entschädigung für die Aufhebung des Fallehenverbandes und über die Wiederverwendung der Gelder für die

Fideikommisse gehört werden. Bis zur Erklärung der Gutsbesitzer soll der Geheime Rat einen Gesetzentwurf über die Teilbarkeit der Güter vorbereiten, um diesen wichtigen und besonders schwierigen Gegenstand der Gesetzgebung zu regeln. Die Verordnung vom 29. 1. 1818 ist wegen der nachteiligen Wirkungen einer allgemeinen Ablösung auf die Vermögensverhältnisse sämtlicher Berechtigten bedenklich und wird nicht von Gründen des Staatswohls und der Gerechtigkeit gefordert. Es sollten daher die einzelnen Anmeldungen zur Ablösung größerer Grundlasten den Ministerien vorgelegt werden, um aus Beschaffenheit und Zahl dieser Gesuche den Hinweis für weitere Maßnahmen zu erhalten.

Beilage L (10 Blatt):
In seinem Votum ging von der Lühe davon aus, die Aufhebung des Falllehenverbandes biete keine so großen Vorteile, daß die Regierung zu derartigen Eingriffen in Eigentumsrechte befugt sei, und befürwortete deshalb den im Protokoll dargelegten Mittelweg. Entschieden wandte er sich gegen die Verordnung vom 29. 1. 1818, besonders wegen der drohenden Fondsverminderung bei Staatskammergut und Hofdomänenkammergut: Es ist für das Ansehen, für die durch den allgemeinen Staatszweck gebotene und daher für die allgemeine Wohlfahrt wesentliche Selbständigkeit sowie für die Würde und den Glanz des Regenten und seines Hauses von hoher Wichtigkeit, daß ein Komplex von Besitzungen und dinglichen Rechten existiert, die in einem anderen Sinne Staatsgut sind als die Steuern und Abgaben, und daß diese nicht die einzige Quelle zur Bestreitung des Aufwandes für Regenten und Verwaltung darstellen. Die Ablösung ist für die Verwaltung allein bei den kleinen Abgaben vorteilhaft; bei größeren Abgaben sollte sie nur unter ganz besonderen Umständen erlaubt werden.

Nr. 54   1818 April 5, Stuttgart

Königliches Dekret an die Ministerien des Innern und der Finanzen anläßlich der Adelsbeschwerden gegen das 2. Edikt vom 18. 11. 1817

E 146, Bü 21, Q 20. Ausfertigung.

Ich habe Mir über die Vorstellungen mehrerer vormaligen Reichsstände und anderer Gutsbesitzer gegen Bestimmungen des II. Edikts vom 18. Nov. v. J., die Auflösung des Fall- und Erblehensystems und die Ablösung der Grundabgaben betr., umständliche Vorträge in einer außerordentlichen Sitzung der beiden Abteilungen Meines Geheimen Rats erstatten lassen und dieselbe in genaue Erwägung gezogen.

Da Ich es aber auch durch die in andern Staaten gemachten Erfahrungen für entschieden ansehe, daß das staatswirtschaftliche Interesse des Landes und der Untertanen die Freiwerdung des Grundeigentums, somit auch insbesondere die Auflösung des Instituts der Fallehen fordert, da ferner die Gutsherrn für den Verlust ihrer Rechte nach Maßgabe des Verfassungsentwurfs § 61 vollständige Entschädigung erhalten sollen, so finde Ich weder in staatswirtschaftlicher noch, unter der erwähnten Voraussetzung, in rechtlicher Hinsicht einen Grund, von den Bestimmungen des in Gemäßheit des Verfassungsentwurfs und nach Anhörung Meines Geheimen Rats gegebenen, einzig die Wohlfahrt des Landes bezweckenden II. Edikts vom 18. Nov. v. J. abzugehen, und trage Ich dem Finanzministerium insbesondere auf, Mir über die Bestimmung der Entschädigung der Gutsbesitzer nach dem Edikt vom 18. Nov. ad II A § 5 sowie über die Ausführung des Edikts überhaupt die erforderlichen näheren Anträge in Meinem Geheimen Rat vorzulegen.

Was sodann die durch Mein Dekret vom 23. Jan. d. J. gestattete Ablösbarkeit der Meinen Finanzkammern und den unter der Aufsicht des Staats stehenden Gemeinden, Stiftungen und andern Administrationen zugehörigen Grundabgaben über den Betrag von 1 fl 30 kr betrifft, so sind die Fälle, wo eine Ablösung von den Abgabepflichtigen besonders verlangt wird, jedesmal an die betreffenden Ministerien einzuberichten, welche sofort über die Zulässigkeit dieser Ablösung in jedem einzelnen Falle nach den Umständen und den Bedürfnissen zu erkennen und von Zeit zu Zeit und vorerst von Monat zu Monat Vortrag in der ersten Abteilung des Geheimen Rats darüber zu erstatten haben.

Nr. 55   1818 September 13, Stuttgart

Verordnung über das Verfahren bei Ablösung der Leibeigenschaftsabgaben und des Lehensverbands sowie bei Ablösung und Verwandlung der Grundgefälle von seiten der Finanzkammer

RegBl 1818, S. 503–511.

Auf die königliche Weisung vom 5. 4. 1818 (Nr. 54) machte Präsident v. Malchus als Verwalter des Finanzministeriums Vorschläge über die Entschädigungsnormen für die privaten Grundherrschaften und über Maßregeln zum Vollzug des 2. Edikts. Sein Vortrag (17. 4. 1818) wurde vom Geheimen Rat in mehreren Sitzungen beraten (6./13. 5. 1818); die Verordnung, die Staatsrat v. Weckherlin auf dieser Grundlage ausarbeitete, genehmigte der König in der vom Geheimen Rat modifizierten Form am 13. 9. 1818 (Akten E 33/34, G 373 I, Q 4 – 16; E 146, Bü 1; E 221, 38, 1).

Am umstrittensten bei den Beratungen waren die Modalitäten und die Dauer der Frist, die den Berechtigten eingeräumt werden sollte, um sich mit ihren Pflichtigen gütlich zu einigen. Malchus wollte den Mediatisierten nach dem Vorbild der Gesetzgebung von Hessen-Darmstadt, Bayern und Preußen einen Zeitraum von einem Jahr oder von zwei Jahren setzen, binnen dessen sie ohne staatliche Intervention mit den Pflichtigen eine Übereinkunft über die Entschädigung für die Leibeigenschaft bzw. die Allodifikation der Fallehen treffen konnten, empfahl aber gleichzeitig, die Regierung solle schon jetzt die gesetzlichen Normen erlassen, die nach diesen Fristen anzuwenden seien. Der Geheime Rat jedoch mahnte mit knapper Majorität von einem allgemeinverbind-

lichen Regulativ ab: Es stehe im Widerspruch zu einer freien Übereinkunft zwischen adligen Grundherren und Bauern und würde die ersteren dazu veranlassen, in Hoffnung auf günstigere Umstände nichts in der beabsichtigten Ablösung zu tun, statt daß sie „in eine Lage gesetzt würden, in welcher ihre Abfindung in den Augen ihrer Lehenspflichtigen ein gewisses Ansehen der Freiwilligkeit behielte"; auch schien es ratsam, vor Erlassen eines Gesetzes erst noch genauere Kenntnisse der äußerst unterschiedlichen lokalen Verhältnisse im Lande zu gewinnen.

Dem Gutachten der Mehrheit im Geheimen Rat entsprechend wurde daher in der Verordnung vom 13. 9. 1818 das Regulativ auf die Finanzkammern, Körperschaften und Stiftungen unter Staatsaufsicht beschränkt, für die übrigen Gutsherrschaften aber bis auf das Ablaufen der bestimmten Fristen ausgesetzt (§ 3 und 18).

Der zweite wesentliche Punkt, in dem das Gutachten des Geheimen Rates von dem Vortrag des Finanzministers abwich, war die Höhe der Ablösungsnormen für Grundgefälle. Malchus hatte für Geld- und Naturalgefälle bis zu 1 fl 30 kr allgemein auf eine 20fache Entschädigungssumme angetragen, gegenüber der Ministerialverfügung vom 19. 1. 1818 aber für Geldgefälle über 1 fl 30 kr auf den 20fachen, für Naturalgefälle über 1 fl 30 kr auf den 25fachen Ablösungsmaßstab. Nach der Empfehlung des Geheimen Rates wurde dieser Ansatz auch für Geldgefälle auf den 25fachen Betrag erhöht.

Wilhelm, von Gottes Gnaden König von Württemberg

Wir haben Uns in Unserem II. Edikt vom 18. Nov. v. J. vorbehalten, über das Verfahren bei Ablösung der Leibeigenschaftsabgaben und des Lehensverbands sowie bei Ablösung und Verwandlung der Grundgefälle nähere Bestimmungen zu erteilen, und verordnen nunmehr in dieser Beziehung nach Anhörung Unseres Geheimen Rates folgendes:

I. Leibeigenschaft

§ 1. Denjenigen Gutsherren, welche zufolge Unseres erwähnten Edikts für die vom 1. Januar d. J. an aufgehobenen Lokal- und Personalleibeigenschaftsgefälle eine Entschädigung anzusprechen haben, geben Wir hiemit eine einjährige, vom 1. Juli d. J. beginnende Frist, um mit denjenigen, an welche sie wegen dieser Gefälle eine Forderung zu machen haben, in Güte und ohne Einwirkung der Königlichen Behörden eine Übereinkunft zu treffen.

§ 2. Unsere Regierungen haben sich von dem Fortgang der deshalb stattfindenden gütlichen Unterhandlungen in ihren Bezirken genaue Kenntnis zu verschaffen und nach Verfluß der für die Übereinkunft offengelassenen Jahresfrist über den Erfund an Unser Ministerium des Innern Bericht zu erstatten, auch dabei die obwaltenden Hindernisse und die eintretenden besondern Verhältnisse anzuzeigen.

§ 3. Sollte innerhalb der erwähnten Jahresfrist die Auseinandersetzung der Gutsherren mit ihren vormaligen Leibeigenen den erwarteten Fortgang nicht gehabt haben, so werden Wir nach Ablauf derselben ein Regulativ erteilen, nach dessen Bestimmungen von Unsern Behörden eingeschritten werden soll.

II. Allodifikation der Fallehen

§ 4. Da nach Unserem Edikt vom 18. Nov. v. J. § 4 die bisherigen Abgabenverhältnisse der Fallehen bis zu deren Verwandlung in Zinsgüter fortdauern, bei dieser Verwandlung aber jene Verhältnisse im ganzen neu festgestellt werden müssen, so kann das, was in dem erwähnten Edikt (ad Nro. III und IV) von verschiedenen andern Grundabgaben verordnet worden, so lange, als nicht die Allodifikation vor sich gegangen ist, auch im einzelnen nicht auf die Fallehen angewendet werden. Bei dieser Allodifikation selbst aber haben sich Unsere Finanzkammern sowie die unter der Aufsicht des Staats stehenden Körperschaften und Stiftungen nach folgenden Vorschriften zu achten.

§ 5. Der Allodifikationsakt umfaßt

a) die Entschädigung für den Ehrschatz oder andere bei dem Antritt des Guts oder bei dem Abgang von demselben zu entrichtenden Laudemial- und Fallgebühren,

b) Verwandlung der Frondienste,

c) Ausgleichung wegen der von dem Lehenmann genossenen Gegennutzungen,

d) zweckmäßigere Bestimmung der jährlichen Geld-, Küche- und Naturalabgaben auf wenigere Artikel und runde Summen.

Alle diese Gegenstände sind dergestalt in eine Gesamtverhandlung zusammenzufassen, daß unter Beobachtung der gesetzlichen Normen je nach der Konvenienz beider Teile und der Beschaffenheit des Guts durch gütliche Übereinkunft festgesetzt werde, ob und inwieweit die Entschädigungssummen entweder durch ein bis zur Abzahlung zu verzinsendes Kapital oder durch Überlassung von Grundstücken oder durch Verwandlung in jährliche Geld- und Naturalgülten oder durch Kompensation der Gegennutzungen etc. ausgeglichen werden sollen, so daß hieraus deutlich hervorgeht, mit welchem Umfang und unter welchen Abgabeverhältnissen das bisherige Fallehen künftig als Zinsgut fortdauern werde.

§ 6. *Für die Ablösung der Laudemial- und Fallgebühren gelten die Bestimmungen des 2. Edikts vom 18. 11. 1817 III § 2 und § 4.*

In Hinsicht auf die Bestimmung des Ablösungskapitals wird als Grundsatz vorausgesetzt, daß, wenn die Veränderung zur Zeit des Verfalls einer Laudemial- oder Fallgebühr geschieht, der Gutsherr neben dem Betrag dieser Gebühr auch eine Kapitalsumme in Anspruch nehmen kann, deren Zinse, jedoch ohne daß Zins aus Zins gerechnet würde, nach jedesmaligem Ablauf der bestimmten 25 Jahre zusammengenommen die neu verfallende Laudemial- oder Fallgebühr ertragen. Der Fallgutsbesitzer würde also, wenn er bei dem Antritt des Guts zugleich die Laudemial- oder Fallgebührschuldigkeit abkaufen wollte, nicht nur die ganze verfallene Gebühr, sondern auch $4/5$ derselben, deren Zinse in 25 Jahren zusammen den Betrag jener Gebühr ausmachen würden, mithin im ganzen $9/5$ des Laudemiums zu entrichten haben.

Geschieht die Veränderung in der Zwischenzeit, so vermindert sich das Ablösungskapital nach der Formel:

$$\frac{9/5 \ (voller \ Laudemienablösungsbetrag) \cdot 20 \ (Kapitalisierung)}{20 + a}$$

wobei a die Zahl der Jahre ist, die noch bis zu 25jähriger Besitzdauer des allodifizierenden Leheninhabers fehlen[1]).

§ 7. Laudemienberechnung für auf zwei Leiber verliehene Güter mit unterschiedlichen Laudemial- oder Fallgebühren für Mann und Frau. Auf je 20 Jahre ist eine Veränderung anzunehmen.

§ 8. Ist auf die bisher vorgeschriebene Weise das Ablösungskapital für die Laudemial- und Fallgebühren ausgemittelt, so hat der Ablösende, wenn keine andere Übereinkunft getroffen wird, den 4ten Teil daran bar zu bezahlen; das Übrige aber ist in angemessene Fristen zu verteilen und bis zur Verfallzeit gegen landläufige Verzinsung und hinlängliche Sicherheit anzuborgen.

§ 9. Sollte jedoch das Kapital oder ein Teil desselben, je nach der Konvenienz der interessierten Teile und dem Ertrage des Guts, verglichen mit den bereits darauf haftenden Grundabgaben, in eine ständige Geld- oder Naturalgült verwandelt werden wollen, so ist hiebei nach den Bestimmungen des Edikts die Hälfte dieser neu zu schaffenden Gült auf Geld, die andere Hälfte aber auf Früchte zu setzen und bei Berechnung der letzteren die hiernach in § 22 angeführte Taxe zugrund zu legen, der Betrag der Gült aber nach dem Interesse eines 4prozentigen Kapitals zu normieren, so daß bei einem Ablösungskapital von 100 fl die jährliche Gült auf 4 fl zu setzen ist, wovon 2 fl in Geld und 2 fl in Früchten abgetragen werden.

§ 10. Bei der Allodifikation ist zugleich mit den auf dem Fallehen haftenden Frondiensten eine der neuen Gesetzgebung entsprechende Änderung vorzunehmen und unter billiger Rücksicht auf das Verhältnis des Werts der Frondienste zu dem Wert der Taglohnsarbeiten der Bedacht darauf zu nehmen, daß die Frondienste entweder abgelöst oder in einen jährlichen Geldzins verwandelt werden; in jenem Falle geschieht die Ablösung nach der Vorschrift des Edikts vom 18. Nov. v. J. Nr. III lit. E § 16. mit einfachem Kapital, in diesem wird ein 4prozentiges Interesse aus dem Ablösungskapital als ständiger Geldzins festgesetzt. Sollte jedoch der Fronpflichtige den Naturaldienst vorziehen, so steht es ihm frei, diesen auch ferner zu leisten. Es mag übrigens die Allodifikation zustande kommen oder nicht, so sind auf jeden Fall die ungemessenen Frondienste nach dem § 17 des gedachten Edikts in gemessene zu verwandeln.

§ 11. Betreffend die den Gutsherrn obgelegenen Gegenleistungen, so hören diejenige, welche sich auf persönliche Leibeigenschaftsverhältnisse bezogen haben, bei nunmehr aufgehobener Leibeigenschaft von selbst auf, und nur diejenigen Gutsherrn, welche für das Leibeigenschaftsgefäll Entschädigung erhalten, haben sich den Wert derselben in Abrechnung bringen zu lassen.

Für das Aufhören solcher Gegenleistungen hingegen, welche als Teile des dem Fallehenbauern bisher zugestandenen nutzbaren Eigentums anzusehen sind, ist kein rechtlicher Grund vorhanden; dieselbe dauern daher, wenn keine andere Übereinkunft getroffen wird, in dem bisherigen Maße fort.

§ 12. Insofern jedoch bei dem durch die Allodifikation sich aufhebenden Lehensverband und bei den zu gleicher Zeit eintretenden Veränderungen in den Abgabeverhältnissen des Bauern auch in den gutsherrlichen Gegenleistungen eine Abänderung nötig und ratsam wird, ist hiebei folgendes zu beobachten:

---
[1]) Erläuterungen hierzu RegBl 1818, S. 545 ff (23. 9. 1818).

a) Beziehen sich die Gegenleistungen auf besondere Prästationen des Bauern, z. B. auf Hand- und Spanndienste, und werden diese nach § 10 abgelöst oder in Geldzinse verwandelt, so ist der nach einem Durchschnitt auszumittelnde Wert der Gegenleistungen von dem Wert der Dienste, ehe er zu Kapital erhöht wird, in Abzug zu bringen.

b) Beziehen sich aber solche Gegenleistungen auf die bisherigen Abgabeverhältnisse im allgemeinen, wie z. B. die Abgabe an Bau- und Brennmaterialien, so bleibt zwar der Gutsherrschaft unbenommen, sich durch eine mit den Gutsbesitzern zu treffende angemessene Übereinkunft davon frei zu machen; es ist aber darauf Rücksicht zu nehmen, daß ihr Durchschnittswert an den Ablösungskapitalien für Laudemial- und Fallgebühren oder an den jährlichen Zins- und Gültabgaben abgerechnet und in Gegenden, wo es an Holz gebricht, etwa durch Überlassung verhältnismäßiger Walddistrikte oder auf andere Art dem Bauern die Möglichkeit seiner künftigen Beholzung gesichert werde.

§ 13. Mit der Allodifikation ist zwar nicht notwendig eine Ablösung der bisherigen ständigen Zins- und Gültabgaben verbunden, es müßten dieselbe denn in einem Mißverhältnis mit dem Gutsertrage stehen; da jedoch diese Verhandlung eine natürliche Gelegenheit darbietet, die Verordnungen des Edikts vom 18. Nov. v. J. wegen der Ablösbarkeit der Teilgebühren und Blutzehenden zur Vollziehung zu bringen, so ist nicht nur hierauf der Bedacht zu nehmen, sondern es versteht sich auch von selbst, daß bei dieser Veränderung nach Maßgabe jenes Edikts die Küchengefälle zu den Geldzinsen zu schlagen, die Gülten auf wenigere Gattungen zu reduzieren und die Beschwerlichkeiten der kleineren Abgaben nach Hellern, Vierling, Maßen etc. durch Ablösung oder Zusammenziehung zu entfernen sind.

§ 14. Hat der Fallehenbauer rücksichtlich seines Gutsbesitzes auf einem Allmandplatz die Weide, das Beholzungsrecht etc. auszuüben oder sonst einen Nutzen davon gehabt, so behält derselbe diese Nutzung als eine Zugehörde des Guts auch nach der Allodifikation bei, es würde denn solche zur Kompensation gegen einen Teil des Ablösungskapitals oder der Abgaben aufgehoben. Ist die Allmand selbst mit dem Fallehen als ergänzender Teil verbunden gewesen, so bleibt sie auch nach der Allodifikation bei dem Gut. Haben aber die Allmandstücke keinen wirklichen Bestandteil des Fallehenguts ausgemacht, so können sie auch bei der Allodifikation desselben von dem Fallehenbauern nicht als Eigentum in Anspruch genommen werden.

§ 15. Über den Allodifikationsakt ist eine schriftliche Urkunde aufzusetzen und von den Interessenten zu unterzeichnen. Betrifft die Sache ein den Finanzkammern zugehöriges Gut, so sind die Urkunden an diese durch die Kameralämter, in allen übrigen Fällen aber durch die Oberbeamten an die Kreisregierungen zur Prüfung einzusenden.

§ 16. Sowie die Allodifikation vor sich gegangen und das bisherige Fallehen in ein Zinsgut verwandelt ist, sind die für dergleichen Zinsgüter bestehenden gesetzlichen Vorschriften auf dasselbe anzuwenden. Insbesondere bildet das Zinsgut auch künftig noch ein für sich bestehendes Ganzes, worüber bei eingetretener Zertrennung der Inhaber des größern Teils zum Träger zu bestellen, ein Trägereizettel auf Kosten der Zinspflichtigen zu fertigen und die Abgaben an den Verfallterminen aus einer, des Trägers Hand unmangelhaft an den Zinsherrn abzutragen, auch alle Zertrennungsfälle und Veränderungen im Besitz demselben unverweilt anzuzeigen sind.

§ 17. *Auf Fallehen, die im Ausland liegen, sind die württembergischen Gesetze und Verordnungen nicht anwendbar.*

§ 18. Den übrigen in dem § 4 nicht genannten Gutsherrschaften geben Wir noch einen zweijährigen, vom 1. Juli d. J. beginnenden Termin, um binnen desselben durch freiwillige Übereinkunft mit ihren Lehenleuten die Fallehenverhältnisse in Gemäßheit Unseres Edikts vom 18. Nov. v. J. auseinanderzusetzen, und überlassen es beiden Teilen, inwieweit sie es ihrer wechselseitigen Konvenienz und den individuellen rechtlichen und ökonomischen Rücksichten angemessen finden, die in vorstehenden Artikeln bezeichneten Normen und Vorschriften, vorbehaltlich ihrer besondern Entschädigung für das Heimfallsrecht, zum Maßstab zu nehmen. Wir hegen dabei die Hoffnung, daß diese Gutsherrschaften ihren wahren Vorteil erkennen und den auf jenes Edikt gegründeten Wünschen der Fallehenbesitzer selbst entgegengehen werden, behalten Uns aber vor, nach Ablauf der zweijährigen Frist für die noch unerledigten Fälle ein die Gutsherrschaften bindendes Regulativ zu erteilen, nach welchem sofort Unsere Behörden auf Anrufen des pflichtigen Teils einzuschreiten haben.

III. Ablösbarkeit der Grundabgaben

§ 19. Für die Ablösung oder Verwandlung der Laudemial- oder Fallgebühren bei Erblehen- und Zinsgütern gilt dasjenige, was in dieser Beziehung oben in den §§ 6–9 bei den Fallehen vorgeschrieben ist.

§ 20. In Hinsicht auf den Maßstab, nach welchem die Grundabgaben zu Kapital angeschlagen werden sollen, verbleibt es, soviel die Geld- und Naturalzinse von 1 fl 30 kr und darunter betrifft, bei der Vorschrift Unseres Edikts vom 18. Nov. v. J. (Nro. III § 4 und 11), wonach dieselbe mit 20 zu Kapital erhöht werden sollen; was aber die höheren Geld- und Naturalzinse über 1 fl 30 kr anbelangt, so wird hiemit festgesetzt, daß dieselbe mit dem 25fachen Betrag ins Kapital zu legen seien.

§ 21. Ebendieser Maßstab ist auch anzuwenden, wenn nach einer dem Gutsherrn zustehenden lagerbüchlichen oder observanzmäßigen Befugnis der Fall einer neuen Zinsgültauflegung eintritt. Es ist alsdann der Geldwert dieser Gült, sofern sie in Naturalien besteht, nach den obigen Preisen auszumitteln und sogleich mit dem 20fachen und, wenn sie sich über 1 fl 30 kr beläuft, mit dem 25fachen Betrag ins Kapital zu legen, das Kapital selbst aber dem Schuldner gegen landläufige Verzinsung anzuborgen und in angemessene Zieler zu zerschlagen.

§ 22. Für die Berechnung des Geldwerts der Naturalien, welche abgelöst oder verwandelt werden sollen, wollen Wir folgende Preise bestimmt haben:

für 1 Scheffel Kernen	12 fl
für 1 Scheffel Weizen	10 fl
für 1 Scheffel Mühlkorn	9 fl
für 1 Scheffel Rocken	8 fl
für 1 Scheffel gemischtes Korn (glatte und rauhe Frucht)	7 fl
für 1 Scheffel Gerste	7 fl
für 1 Scheffel Ackerbohnen	8 fl

für 1 Scheffel Erbsen	10 fl
für 1 Scheffel Linsen	10 fl
für 1 Scheffel Wicken	6 fl
für 1 Scheffel Welschkorn	10 fl
für 1 Scheffel Dinkel	5 fl
für 1 Scheffel Einkorn und Ehmer	4 fl
für 1 Scheffel Haber	3 fl
für 1 Wanne Heu	11 fl
für 1 Fuder Stroh	10 fl

Bei Wein und Holz sind die Lokalpreise nach einem angemessenen Durchschnitt zugrunde zu legen.

§ 23. Sollte in Beziehung auf die privatrechtlichen Verhältnisse der Interessenten, z. B. über die Frage, ob ein Gut Fall- oder Erblehen sei, welche Rechte und Verbindlichkeiten dem Gutsherrn oder Gutsbesitzer bisher zugestanden seien usw., oder auch über die Anwendung der im Edikt und der gegenwärtigen Verordnung vorgeschriebenen Norm Streit entstehen, so ist der Gegenstand, wenn die Sache die Königliche Finanzkammer berührt, der geeigneten Regierungs- und Finanzkammerdeputation, außerdem aber der betreffenden Kreisregierung zur Entscheidung vorzulegen, ohne daß jedoch derjenige Teil, der in seinen Rechten gekränkt zu sein glaubt, dadurch gehindert würde, an die ordentliche Gerichtsbehörde seinen Rekurs zu nehmen.

§ 24. Die am Schlusse des Edikts vom 18. Nov. v. J. beigefügte Bestimmung, daß zur Ausführung der in den Abschnitten III und IV vorgeschriebenen Maßregeln die königlichen Beamten sich in die zu ihren Amtsbezirken gehörigen Gemeinden selbst verfügen sollen, läßt sich, nachdem den Gutsherrschaften zu Auseinandersetzung mit ihren Gutsangehörigen eine bestimmte Zeitfrist eingeräumt worden ist, auf diese nicht mehr anwenden, und es ist auch selbst in dem Falle, wenn künftig die Umstände erfordern sollten, die Untersuchung oder Vermittlung vorhandener Anstände einem königlichen Beamten zu übertragen, jedesmal vorerst in Überlegung zu ziehen, ob nicht zu Ersparung der Kosten die Verhandlung in dem Wohnorte des Beamten vorgenommen werden könnte.

Was sodann diejenigen Verhandlungen betrifft, welche mit den Abgabepflichtigen der Königlichen Kammer, der Stiftungen und anderer Korporationen wegen Ablösung, neuer Reduzierung und sonstiger Vereinfachung der Grundbeschwerden künftig noch zu treffen sein werden, so sind besondere Reisen der Beamten in den Wohnort der Gültleute nur auf besonderes Begehren derselben und in solchen Fällen zulässig, wo die Menge oder Schwierigkeit der vorzunehmenden Ablösungs- und Veränderungsakte es rätlich und notwendig macht. Die hiebei aufzuwendenden sowie die bisher bereits aufgewandten Kosten sind von beiden Teilen zu gleichen Hälften zu tragen, es müßte denn der Fall eintreten, daß dem einen oder dem andern Teile ein geflissentlicher Umtrieb oder eine offenbar unstatthafte Weigerung zur Last fiele, wo sodann dem schuldigen Teile allein die Kosten zuzuweisen sind.

Nr. 56–59 Probleme beim Vollzug des 2. Edikts vom 18. 11. 1817

Nr. 56   1818 Januar 30, Crailsheim

Bericht der Stiftungsverwaltung Crailsheim über häufige Anstände beim Vollzug des 2. Edikts vom 18. 11. 1817

E 175/176, Bü 983. Ausfertigung. Unterschrift: Cranz.

Obgleich die Bestimmungen des Edikts über die Ablösung der Laudemien bei den Stiftungslehen im Oberamt einen ziemlich guten Fortgang nehmen, so verursacht doch dessen Ausspruch III Lit. A § 5 insoferne viele Anstände, als die hier beschränkte freie Wahl gerade den größern, als den jetzt unvermögendern Teil der Lehenszensiten betrifft, die zwar wenig im Besitz [haben], indessen ebendaher auch den sie treffenden kleinern Ablösungsbetrag nicht leisten können.

Zu dieser Klasse gesellt sich freilich auch ein anderer Teil derjenigen Lehenspflichtigen, welche das Wohltätige dieses Gesetzes nicht einsehen können und wollen, aus Starrsinn sich der Ablösung nicht fügen und den Lehensverband forttragen, ja mitunter noch andern übles Beispiel zu geben bemüht sind.

Bitte um höchste Entscheidung, ob dem wegen Vermögenslosigkeit sich weigernden Zensiten Nachsicht gegönnt und mit ihm darüber die erforderlichen Verhandlungen gepflogen, demgegenüber aber die Einwendungen der bloß eigensinnigen Debenten nicht gehört werden dürfen?¹)

Nr. 57   1819 August 31, Ellwangen

Gutachten der Regierung des Jagstkreises zum Vollzug des 2. Edikts vom 18. 11. 1817 bei den Grundgefällen von Gemeinden und Stiftungen

E 146, Bü 1503 a. S., UFasz. Generalia, Lehensachen betr. die Behandlung der von den Gemeinden und Stiftungen zu entrichtenden Grundabgaben durch die Steuerkommissarien. 1819–1820, Q 3. Ausfertigung. Unterschrift: Mohl. Referent: Oberregierungsrat Krauß.

Anlaß des Gutachtens war ein Antrag der Katasterkommission, die Steuerkommissäre sollten im Interesse einer einfacheren Katastrierung das Ablösungsgeschäft nicht nur für Grundabgaben an das Staatskammergut, sondern auch für die an andere Korporationen, Gemeinden und Stiftungen mitbearbeiten. Das Innenministerium forderte daraufhin die Kreisregierungen am 6. 7. 1819 zum Gutachten auf.

[...]
Am Schlusse des 2. Edikts vom 18. November 1817 ist die Bestimmung beigefügt, daß zu Ausführung der in den Abschnitten III und IV vorgeschriebenen

---
¹) Am 24. 3. 1818 wies die Kreisregierung die Stiftungsverwaltung an, nach III Lit. D § 12 des Edikts den interessierten Güterbesitzern das Loskaufkapital in Raten zu zerschlagen.

Maßregeln die königlichen Beamten sich in die zu ihren Amtsbezirken gehörigen Gemeinden selbst verfügen und unter Zuziehung der Korporations- und Stiftungsbeamten die geeigneten Verhandlungen mit den Abgabepflichtigen vornehmen sollen.

Indem aber bald die Erfahrung zeigte, daß die Abgabepflichtigen für die Begründung der auf mehreren Gütern haftenden Abgaben auf einen kleinern Komplex wenig Sinn haben, daß die Anträge der Beamten auf Ablösung der Grundabgaben zunächst um deswillen nicht beachtet werden, weil wenigstens der größere Teil der Abgabepflichtigen sich zur Zeit von ihren durch Krieg und Teurung erlittenen Entkräftungen noch nicht so weit erholt hat, daß es ihnen nicht schwerer fallen sollte, eine selbst in Zieler zerschlagene Abkunftsumme aufzubringen, als die jährliche, längst gewohnte Abgabe ferner zu entrichten, und daß unter diesen Umständen ohne Erreichung des beabsichteten Zwecks bedeutende Kosten auf die Gemeinden und Stiftungen fallen, so wurde durch die Verordnung vom 13. September v. J. verfügt, daß besondere Reisen der Beamten in den Wohnort der Gültpflichtigen nur auf besonderes Begehren und in solchen Fällen zulässig sein sollen, wo die Menge oder Schwierigkeiten der vorzunehmenden Ablösungs- und Veränderungsakte es rätlich und notwendig mache.

Auch im Laufe dieses Jahrs hatte die gehorsamst unterzeichnete Stelle bei den Abgabepflichtigen keinen Sinn für die Begründung der auf mehreren Gütern haftenden Abgaben auf einen kleinern Komplex zu bemerken, dagegen aber wahrzunehmen, daß auch itzt noch die Unvermögenheit des größern Teils der Abgabepflichtigen als das Haupthindernis anzusehen sei, den freien Grundbesitz in Bälde herzustellen.

Von den den Steuerkommissarien zu erteilenden Aufträgen möchte daher nach dem Erachten der gehorsamst unterzeichneten Regierung sich ebensowenig ein günstiger Erfolg erwarten lassen, als durch die bisherigen Bemühungen der Beamten etwas Bedeutendes geleistet worden ist [...].

Neue Ablösungsverhandlungen durch die Steuerkommissarien sind nur zu empfehlen, wenn Stiftungen und Gemeinden dadurch keine besonderen Kosten entstehen.

Nr. 58   1819 Oktober 22, Reutlingen

Gutachten der Regierung des Schwarzwaldkreises zum Vollzug des 2. Edikts vom 18. 11. 1817 bei den Grundgefällen von Gemeinden und Stiftungen

E 146, Bü 1503 a. S., UFasz. Generalia, Lehensachen betr. die Behandlung der von den Gemeinden und Stiftungen zu entrichtenden Grundabgaben durch die Steuerkommissarien. 1819–1820, Q 9. Ausfertigung. Unterschriften: Frhr. von Linden, Hartmann, Bayer. Referent: Regierungsrat Hartmann.

Über den Anlaß des Gutachtens vgl. Nr. 57, Einleitung.

Die Kreisregierung hat von den Oberämtern Bericht eingeholt, ob und unter welchen Bedingungen die Gemeinden und Stiftungen aufgefordert werden sol-

len, auch ihre Gefälle unter Mitwirkung der Steuerkommissarien nach den Bestimmungen des 2. Edikts ablösen zu lassen.

Die meisten Stimmen vereinigen sich in der Bejahung der obigen Fragen rücksichtlich der geringeren, 1 fl 30 kr nicht übersteigenden Gefälle, hingegen verneinen dieselbe die Frage in Beziehung auf die bedeutendern Grundabgaben.

So sehr auf der einen Seite dem Landmann die Befreiung seiner Güter von lästigen Grundabgaben zu gönnen wäre, indem dadurch voraussichtlich die Kultur und mit dieser der Wohlstand der Bevölkerung befördert werden würde, so sehr ferner eine allgemeine Ablosung der Gefälle aller Art das Katastrierungsgeschäft vereinfachen und erleichtern würde, so wenig scheint sich auf der andern Seite ein Zwang gegen den Giltherrn zum Abkauf mit den Grundsätzen des Eigentumsrechts zu vereinigen.

Der Staat oder vielmehr die Finanzkammer kann hierin eher als jede andere physische oder moralische Person ein Opfer bringen, indem die Lücke, welche durch wohlfeilen Abkauf und den leichter möglichen Verlust oder Zusetzung des Kapitals in seinen Einkünften entsteht, durch die Steuer gedeckt werden soll, obgleich auch hier die Frage entsteht, ob nicht durch solche Ablösungen ein Teil des Staatskredits – da Gefälle wie Grundeigentum zu Unterpfändern taugen – verloren gehe, und nicht mißkannt werden kann, daß, wenn der Regent in Rücksicht auf Steuern an die Volksbewilligung gebunden ist, es von seiner Seite wirklich als ein Opfer angesehen werden muß, wenn er sich einer unbedingten, aus seinem ursprünglichen Eigentum des Bodens herrührenden Einnahme gegen eine erst noch von jener Prüfung, Debattierung und Bewilligung abhängende alljährliche Ersatzsumme begibt.

Anders ist es bei Privaten, Kommunen und Stiftungen, welche Grundgefälle haben. Wenngleich eine Stimme sich gegen den hohen Geldpreis der Naturalien zur Ablosung beschwert *(Stiftungen von Rottenburg)*, so bedenkt diese nicht, daß ewige Gefälle sonst immer zu 2$^{1}/_{2}$ Pct., somit im 40fachen Betrage abgelöst worden sind, eine Gewohnheit, die ihren guten Grund in der geringeren Sicherheit hat, welche ein auch dreifach versichertes Kapital gewährt. Kommunen, Stiftungen, Privaten etc. unterliegen dem Druck der Zeitverhältnisse. Legen sie den Erlös auch so sicher als möglich zu Kapital an, so kommen Kriege, Quartiere, Lieferungen, Requisitionen, Kontributionen, Mißwachs, Teurung, Hagelschlag, Unwert der Güter und deren Erzeugnisse, allgemeine Verarmung; die Kapitalien müssen erhoben und eingebrockt oder sie können gar nicht erhoben werden, die Zinszahlungen stocken, das Kapital geht in Gantungen ganz oder zum Teil verloren, und so ist die Gemeinde, die Stiftung, der Privatmann durch die Ablosung eines größern oder geringern Teils seines Einkommens verlustiget, das er ohne dieselbe nicht verloren haben würde.

Da nun zugleich der allgemeine Geldmangel die Ablosung bedeutender Gefälle auch den Giltpflichtigen für den Augenblick sehr erschwert oder gar unmöglich macht und den Gültherrn die Erstreckung der Zahlungsfristen auf eine große Anzahl Jahre, obgleich verzinslich, schon deswegen nicht zugemutet werden kann, weil der Bezug eines Martinigefälls in natura bei gegenwärtiger Zeit bei weitem nicht so beschwerlich als der von Zielerzahlungen und Zinsen ist, die nur zu oft durch richterliche Hülfe kaum beigetrieben werden können, so glaubt gehorsamst unterzogene Stelle aus allen diesen Gründen nicht darauf antragen zu dürfen, daß den Steuerkommissarien die Behandlung der Ablosung der Grundgefälle, die Verwandlung eines Teils der Teilgebühren in ständige Gilten und die neue Begründung der letztern in der Maße zu übertragen sein dörfte, daß wider den Willen der Gemeinde- und Stiftungsräte als Gefällherrn mit demselben vorgeschritten werden könnte, sie ist vielmehr des Dafürhaltens, daß wenn, was sehr zu bezweifeln, einige oder mehrere Gefällpflichtige den Wunsch der Ablosung auch dann noch äußern würden, wenn ihnen der Steuerkommissär eröffnet haben wird, daß sobald der Abkauf beschlossen sei, das Gut als frei katastriert und die Gültlast vom Steuerkapital nicht mehr werde abgeschrieben werden, doch noch zuvor die giltherrliche Bewilligung des Abkaufs auf die Bedingungen der Verordnung vom 13. September vorigen Jahrs (Regierungsblatt No. 54)[1]) einzuholen sein wird.

Kein Bedenken wegen Ablösung der Grundabgaben bis zu 1 fl 30 kr im 20fachen Betrag, da hier der Verwaltungsaufwand oft den Wert der Abgabe erreicht oder übersteigt. Doch sollen den Gefällberechtigten keine zusätzlichen Kosten durch die Tätigkeit der Steuerkommissarien entstehen.

Nr. 59   1823 August 11, Stuttgart

Bericht der Hofdomänenkammer an den König über den Fortgang der Fallehenallodifikationen im Hofkameralbezirk Altshausen

E 14/16, Bü 279, UFasz. 2, Q 4. Ausfertigung. Unterschriften: Vellnagel, Gerber.

Euer Königlichen Majestät haben wir ehrerbietigst zu berichten, daß seit dem 1. Juli 1821 in dem Hofkameralamtsbezirk Altshausen 9 Fallehensallodifikationen vorgekommen sind. Nach Abzug derselben besitzt die Hofdomänenkammer in jenem Bezirk noch 562 Fallehengüter.

Es ergibt sich hieraus, daß das Allodifikationssystem bei den Lehenbesitzern noch immer sehr wenig Eingang findet, ungeachtet der Lehenbesitzer dabei in der Tat sehr begünstigt wird, seitdem durch das Edikt vom 18. November 1817 das Obereigentum der Lehensherrschaft, welches früher bei der Allodifikation mit bedeutenden Summen abgekauft werden mußte, aufgehoben ist.

Den Grund dieser Erscheinung haben wir Euer Königlichen Majestät schon in den früheren Jahresberichten, welche wir über den Fortgang des Allodifikationswesens zu erstatten hatten, ehrerbietigst angezeigt[1]). Derselbe liegt vor-

---

[1]) Nr. 55.
[1]) Schon in einem Anbringen vom 9. 8. 1819 wies die Hofdomänenkammer auf diese Tatsache hin: „Dem schnellen Fortgang der Fallehensallodifikationen steht teils der Mangel an Geld zu Bezahlung der Loskaufssummen, teils und vorzüglich aber das beinahe unbedingte Beharren der Landleute auf dem alten Herkommen und die Ansicht, daß das Zertrennen der Güter nachteilig sei, im Wege, weswegen es häufig der Fall ist, daß bei neuen Belehnungen der Lehensmann sich bestimmt gegen das Eigenmachen seines Lehens erklärt." Ähnlich die Berichte vom 19. 9. 1820 und 2. 8. 1821 (E 14/16, Bü 279, UFasz. 2, Q 1–3).

züglich in der entschiedenen Abneigung der Lehenbesitzer gegen die Aufhebung des Verbands der geschlossenen Höfe und der Vererbung derselben nach Erstgeburtsrecht.

Sie erblicken in dieser Aufhebung den Keim der Verarmung ihrer Nachkommenschaft und können sich nicht überzeugen, daß die erhöhte Kultur des Bodens diesem Nachteil vorzubeugen imstande sei. Nach den wiederholten Berichten des Hofkameralamts sprechen sich die Fallehensbesitzer hierüber mit einer großen Bestimmtheit aus, und der geringe Teil derselben, welcher sich bis jetzt zur Allodifikation entschlossen hat, wurde beinahe durchgehends bloß durch die dringende Notwendigkeit, seinen Gläubigern einen Teil des Gutes aufzuopfern, hiezu bewogen.

Wir können diese Ansicht in der Hauptsache auch wirklich nicht ungegründet finden. Allerdings könnte zwar die Verteilung der Fallehengüter bei den ersten Nachkommen der Allodifikanten nicht anders als vorteilhaft wirken. Späterhin aber müßte notwendig einmal ein Zeitpunkt eintreten, wo die Steigerung der Kultur mit dem Fortgang der Bevölkerung nicht mehr gleichen Schritt halten könnte. Hievon wäre dann Verarmung die Folge, und bei aller Vermehrung der Bevölkerung, bei allem Fleiße derselben und dem hiedurch erhöhten Flor des Ackerbaues würde demungeachtet weder der einzelne sich im Wohlstand befinden, noch der Staat, dem er eben deshalb nichts leisten könnte, einen Vorteil ziehen. Die traurigen Erfahrungen, die wir von der Verarmung der hofkammerlichen Gefällpflichtigen im Unterlande täglich zu machen im Fall sind, bestätigen dieses zur Genüge.

Dabei ist zu bemerken, daß die nachgebornen Kinder der Fallehenbesitzer immer noch in einer günstigeren Lage sind als die Familie eines armen Landmanns im Unterlande; denn jenen bleibt, wenn sie auch nicht durch den Betrieb eines Handwerks oder durch Heirat ihr Unterkommen finden, immer noch für den äußersten Fall eine Freistätte auf dem Lehengute, das ihre Eltern besaßen, wo der Bruder, auf den dasselbe übergieng, sie aufzunehmen verbunden ist.

Wir glauben daher, daß wenigstens insolange, als nicht die freie Entwicklung der landwirtschaftlichen Industrie durch Verminderung der Grundabgaben überhaupt mehr begünstigt werden kann und als nicht insbesondere auch durch die Herstellung eines freien Verkehrs nach außen und durch günstige Handelsverhältnisse dafür gesorgt sein wird, daß jedes etwaige Übermaß von Bevölkerung hinreichendes Fortkommen finde, das System der Allodifikation der Falllehen keine besondere Begünstigung verdiene. Dagegen scheint es uns zweckmäßig, darauf hinzuwirken, daß diejenigen Fallehengüter, deren Umfang nicht allein die Bedürfnisse, sondern auch in Beziehung auf Kultur die Kräfte Einer Familie übersteigt, in zwei oder mehrere Lehen geteilt werden, deren jedes sodann wieder ein unteilbares Gut bilden würde.

Da in dem Bezirk des Kameralamts Altshausen sich wenigstens 50 Lehen befinden, welche allein an Ackerfeld mehr als 75 Morgen und zum Teil 100 – 140 Morgen enthalten, so könnte hiedurch eine nicht unbedeutende Verbesserung erreicht werden.

Um jedoch die Lehenbesitzer diesem Plane geneigt zu machen, wäre, wenn auch von den erstgebornen Söhnen keine Einsprache zu erwarten sein sollte, in jedem Falle von seiten der Hofdomänenkammer die unentgeltliche Bauholzabgabe für die erste Einrichtung der erforderlichen neuen Wohn- und Ökonomiegebäude nötig. Dieses würde auch, da die in Frage stehende Verteilung in jedem Falle nur nach und nach vor sich gehen könnte, ohne zu große Belästigung der Hofdomänenkammer geschehen können.

Würden nun Euer Königliche Majestät diese Ansichten und Vorschläge gnädigst zu genehmigen geruhen, so dürfte das Hofkameralamt anzuweisen sein, den betreffenden Lehensbesitzern gelegenheitlich, jedoch mit Vermeidung aller Zudringlichkeit, die Verteilung ihrer Güter auf die in vorstehendem ehrerbietigsten Vortrag bezeichnete Weise vorzuschlagen. Im übrigen aber wären die Fallehensallodifikationen auch künftig ganz wie bisher zu behandeln[2]).

---

[2]) Laut Randaufschrift vom 1. 9. 1823 genehmigte der König die Anträge der Hofdomänenkammer. Doch blieben die Allodifikationserfolge auch in den nächsten Jahren bescheiden: 1817/31 wurden insgesamt 73 Lehen mit 107 Gebäuden und 2324 Mg Grund und Boden allodifiziert; von dem Loskaufschilling von 13 262 fl wurden 9 021 fl durch Aufrechnen herrschaftlicher Gegenleistungen abgegolten (E 14/16, Bü 279, UFasz. 2, Q 6).

Nr. 60-89   Adelsfrage und Ablösungsproblem im Vormärz

Nr. 60—68   **Adel und Staat: Eingrenzung der Adelsherrschaft durch den souveränen Staat**

Nr. 60—64   **Umtriebe gegen die Wiederherstellung der Patrimonialgerichtsbarkeit**

Vgl. Darstellung, S. 363, 374 f. Die drei Eingaben gegen die Wiederherstellung der Patrimonialgerichtsbarkeit (Nr. 60, 62, 63) zeigen das Problem aus der Sicht der Mediatuntertanen und des Staates. Die Eingabe aus dem Oberamt Gerabronn vom 17. 6. 1816 (Nr. 60; vgl. Nr. 61) ist die einzige, die damals von bäuerlicher Seite aus eigenem Antrieb entstand, wenn auch offensichtlich die Interessen von Dorfschultheißen maßgebend waren, die eine Beschränkung ihrer künftigen Kompetenzen besorgten. Über die beiden Eingaben von 1817 und 1818 (Nr. 62, 63) informiert der standesherrliche Protest gegen die amtlichen Umtriebe (Nr. 64). Auf die hier geschilderte Weise entstanden zwischen dem 23. 12. 1817 und dem 21. 2. 1818 elf Eingaben aus Oberschwaben an den König (E 146, Bü 1893 a. S.); sie wiesen vor allem aus der Perspektive der staatlichen Bezirksbeamten auf die negative Seite der Patrimonialgerichtsbarkeit als Widerspruch zur neuen Staatlichkeit hin – besonders deutlich z. B. in Nr. 62 –, aber auch auf die möglichen Nachteile für die betroffenen Lehenleute (Nr. 63).

Nr. 60   1816 Juni 17, Oberamt Gerabronn
Eingabe aus dem Oberamt Gerabronn an den König gegen die Wiederherstellung der grundherrlichen Patrimonialgerichtsbarkeit

E 146, Bü 1893 a.S., UFasz. betr. Vorstellungen gegen die Wiederherstellung der Patrimonialgerichtsbarkeit 1816/1819, Q 1, Beilage. Ausfertigung.

Die Eingabe, von Substitut Schumacher aus Eschenau, OA Weinsberg, verfaßt, ist von 53 Gemeindevorstehern und Gemeinderatsmitgliedern aus 15 Gemeinden und Gemeindeparzellen unterschrieben, die zu den Grundherrschaften Hohenlohe-Bartenstein, Hohenlohe-Langenburg und v. Crailsheim gehörten: Herrentierbach, Riedbach, Heuchlingen, Raboldshausen, Billingsbach, Atzenrod, Simmetshausen, Mittelbach, Bächlingen, Hürden, Hengstfeld, Stab Dünsbach, Brachbach, Forst und Morstein.
Aus den Akten geht hervor, daß Stabsschultheiß Ritter in Dünsbach der eigentliche Urheber der Eingabe war und daß die unterzeichnenden Gemeindevorstände ohne Wissen und Willen der übrigen Ortseinwohner gehandelt hatten. Die Schultheißen im Amt Kirchberg hatten ihre Teilnahme verweigert. Offensichtlich unter herrschaftlichem Druck zogen die Unterzeichner aus der

Grundherrschaft v. Crailsheim ihre Unterschriften wieder zurück, und aus den hohenloheschen Gebieten gingen zwei Gegenerklärungen zugunsten der Patrimonialgerichtsbarkeit ein. Zur Haltung der Regierung und zum Abschluß der Affäre vgl. Nr. 61.

Euere Königliche Majestät haben schon so viele Beweise von huldreicher Gewährung bescheidener Bitten gegeben, haben schon so manchen geängstigten treuen Untertanen mit väterlichem Herzen aufgerichtet, haben schon so oft dem gemeinen Manne bewiesen, daß seine Wünsche nicht weniger als die des Hohen und Reichen gelten, daß wir nicht unschlüssig sein können, ob wir es wagen dürfen, ein Anliegen in Untertänigkeit vorzutragen, das, wenngleich nur auf einer bloßen Sage beruhend, uns doch sehr beunruhigt.

Seit einiger Zeit vernehmen wir nämlich das Gerücht, das durch seine immer größere Ausdehnung einige Wahrscheinlichkeit für sich hat, daß unsere Grundherrn wieder wie in den Jahren 1806–1809 unsere Gerichtsherrn werden sollen. Und dieses Gerücht nun ist uns sehr unlieb, beunruhigt uns und veranlaßt uns zu der alleruntertänigsten Bitte:

Euerer Königlichen Majestät möchte es allergnädigst gefällig sein, die seit 1809 bestehende Gerichts-, Regiminal- und Polizeiverfassung nicht auf die Weise zu ändern, daß wir wieder unsern Grundherrn untergeben werden.

Wir haben es von der Erfahrung, daß die Patrimonialgerichte keinen Nutzen für Land und Leute gewähren. Sie bilden beinahe immer Staaten im Staate, denn sind ihnen schon einerlei Gesetze zur Richtschnur gegeben, so haben doch die Gerichtsherrn nicht einerlei Köpfe.

Wir wollen dadurch keinem einzelnen zu nahe tretten, wenn wir sagen, daß es solche geben könne, welche, weil sie groß und reich sind und sich deshalb nicht so sehr fürchten, dem Untertanen manchmal zu viel antun; wir wollen aber auch diesen Satz nicht als zweifelhaft darstellen, denn er ist ein Hauptbeweggrund unserer alleruntertänigsten Bitte. Wir wollen nicht steif und fest behaupten, daß durch Patrimonialgerichte das Gemeindeadministrationwesen vernachlässigt und die Polizei etwas lahm werde; als nicht frommend scheint es uns aber z. B. doch, daß der Grundherr, der hinsichtlich seines Besitztums in so vielen Berührungen mit dem seiner Gemeinde steht, über letzteres wachen solle, daß der Patrimonialamtmann die Gemeinderechnungen trotz seiner eigenen Verdienstsanrechnungen justifiziere, und als unwahrscheinlich kommt es uns nicht vor, daß da die Polizei etwas langsamer gehe, wo zu viele Amtleute sitzen.

Wir wollen endlich nicht sagen, daß da, wo Patrimonialämter sind, der Geschäftsgang in jeder Hinsicht beschwerlicher sich zeige; die Erfahrung lehrte uns aber früher, daß sie im allgemeinen keineswegs erleichternd eingreifen. [...]

Unsere Grundherrn sind ebensowohl Untertanen Euerer Königlichen Majestät als wir. Wir haben dies schon oft von Euerer Königlichen Majestät vernommen und waren darüber allemal vergnügt, denn wir überzeugten uns dadurch, daß Allerhöchstdieselben immer nur nach Gerechtigkeit handeln. Wenn sie nun schon früher etwas mehr waren, als sie gegenwärtig sind, und itzt das nicht mehr werden können, was sie waren, dafür aber eine Entschädigung verlangen, kann ihnen diese auf Kosten unserer zuteil werden?

Wir glauben dies deswegen nicht, weil wir den Verlust ihrer frühern Rechte weder herbeigeführt, noch etwas von denselben lukriert haben und weil wir nur einen Regenten zu erkennen schuldig sind. Und diese Folgerung kann nicht irrig sein, denn sie ruht auf richtigen Prämissen.

Möge unsern Grundherrn alles Billige so zuteil werden, daß sie zufriedengestellt werden. Wir wünschen es ihnen herzlich, denn sie beziehen manchen Gulden nicht mehr, den sie früher mit Recht von uns bezogen haben, nun aber nicht mehr von uns beziehen können, weil sie nicht mehr unsere Herren, weil sie Privatleute sind. Mögen sie aber nicht auf unsere Rechnung zufriedengestellt werden. Alles, was sie von uns fordern konnten, erhielten sie bis itzt unmangelhaft. Mit nichts sind wir gegen sie im Rückstande, und mehr können sie nicht von uns verlangen, als sie bisher empfingen. [...]

So glauben wir denn, in der Hoffnung leben zu können, daß Euere Königliche Majestät allergnädigst berücksichtigen, was uns ein so großes Anliegen ist, was gewiß alle übrige in unserer Lage befindliche, nicht von besonderem Eigennutz geleitete treue Untertanen Euerer Königlichen Majestät mit uns teilen. Ja wir glauben es mit Zuversicht, denn gleiche Lasten geben in der Regel gleiche Rechte, und nicht nur ebenso große, sondern unserer früheren Verhältnisse wegen noch größere Lasten, als der Altwürttemberger trägt, ruhen auf uns, und doch wünschen wir nichts anderes, als dieser hat und behält.

Ehrfurchtvoll ersterbend Euerer Königlichen Majestät alleruntertänigste, treugehorsamste Untertanen.

Nr. 61   1816 August 2, Stuttgart

Gutachten der Sektion der inneren Administration, Erste Abteilung, „die Eingaben für und wider die Herstellung der gutsherrlichen Gerichtsbarkeit aus dem Oberamt Gerabronn betreffend"

E 146, Bü 1893 a.S., UFasz. betr. Vorstellungen gegen die Wiederherstellung der Patrimonialgerichtsbarkeit 1816/19, Q 3. Ausfertigung. Unterschrift: Roell.

Euer Königliche Majestät haben der gehorsamst unterzogenen Stelle die Eingabe eines Teils der Gemeindevorsteher im Oberamt Gerabronn gegen die Restitution der Grundherren in die Patrimonialgerichtsbarkeit und die gegen diese Eingabe gerichteten Protestationen der Gutsherrn v. Crailsheim zu Morstein und einiger Vorsteher der Bezirke zu Langenburg und Kirchberg sowie die eventuelle Bitte der Fürsten von Hohenlohe zu Kirchberg, Langenburg und Bartenstein um Mitteilung jener ersten Eingabe zu ihrer Gegenerklärung um gutächtliche Äußerung zuzufertigen geruhet. [...]

Es ist natürlich, daß in Augenblicken, wo die Erwartung auf nähere oder fernere Entwicklung dieser und jener Ereignisse gespannt ist, sich die Stimmen der entgegengesetztesten Interessen vernehmen lassen, und wenn sich vielleicht hie und da ein Ortsvorsteher in der Vorstellung gefällt, daß er jetzt gleichsam auch der Vorgesetzte seines ehemaligen Herrn sei, so mag dagegen dieser gerade in einer solchen mehr oder weniger laut gewordenen Vorstellung einen weiteren Grund erblicken, sich das alte Verhältnis zurückzuwünschen, ohne daß die Bestrebungen des einen wie des anderen bloß auf die allem persönlichen Interesse fremde Rücksicht für das allgemeine Beste gerichtet wären.

Die Regierung kann und wird sich daher in der Verhandlung und Erwägung dessen, was das allgemeine Beste gebietet, durch solche einander entgegenarbeitende Bemühungen weder irremachen noch aufhalten, noch leiten lassen, sondern ihren Gang fest und ruhig fortgehen.

Und so dürften dann auch die vorliegenden Eingaben an und für sich unbeachtet bleiben.

Denn selbst für die Stimmung des Publikums in dem Oberamt Gerabronn geben sie keinen sicheren Beweis ab. Es ist ziemlich klar, daß der Stabsschultheiß Ritter von Dünsbach allein oder doch vorzüglich der Veranlasser der Bitte gegen die Herstellung der Patrimonialgerichtsbarkeit ist, und wie man fast dafür stehen kann, daß der Mehrzahl der Mitunterschriebenen die Sache, wenn sie weiter und ernstlich zur Sprache käme, ziemlich gleichgültig sein würde, ebenso darf man auf der andern Seite mit hoher Wahrscheinlichkeit vermuten, daß die für die Herstellung sprechenden Eingaben meistens dem gutsherrlichen Einfluß und der gutsherrlichen Bearbeitung ihr Dasein verdanken.

Eine Mitteilung der Eingabe an die Standes- und Grundherren würde nur weiteren Streit herbeiführen; die Mitteilung sollte deshalb unterbleiben.

Nr. 62   1817 Dezember 23, Ehingen

Eingabe der Amtsdeputierten des Oberamts Ehingen an den König gegen die Wiederherstellung der Patrimonialgerichtsbarkeit

E 146, Bü 1893 a. S., UFasz. betr. Vorstellungen gegen die Wiederherstellung der Patrimonialgerichtsbarkeit 1816/19, neue Zählung, Q 7. Ausfertigung. Ohne Angabe des Verfassers. 27 Unterschriften der „Amtsvorsteher" aus 26 Gemeinden.

Eure Königliche Majestät!

Die alleruntertänigst unterfertigten Amtsdeputierte haben sich der Dankadresse von Stadt und Amt Ehingen vom 23. dieses Monats[1]) nach ihrer innigsten Überzeugung angeschlossen; sie halten sich aber auch in Erwägung ihres bisherigen Zustandes verbunden, Euer Königlichen Majestät die besonderen Wünsche alleruntertänigst vorzutragen, deren Erfüllung ihnen die Erfahrung bisher so wert gemacht hat, daß sie glauben müssen und überzeugt sind, die Wünsche seien wesentlich mit ihrer Wohlfahrt verbunden.

Die Aufhebung der Patrimonialgerichte hat manche Einwirkungen glücklich gehoben, welche das besondere Interesse und die unverstörbare Neigung zur Willkür von denen in die unparteiische Rechtspflege und Behandlung amtlicher Geschäfte gebracht hat, die in den meisten Fällen nur mit Beteiligung handeln können.

---

[1]) Dankadresse für die Edikte I und II vom 18. 11. 1817, besonders für die Aufhebung der Leibeigenschaft.

Den Zweig einer öffentlichen Staatsgewalt in den Händen einer Untertanenklasse zu sehen, selbst zu empfinden, gegen jemand hingegeben zu sein, dessen Interesse sogar kollidierend ist, überzeugt zu sein, daß dieses Institut, ein Staat im Staat, kein Interesse für, sondern gegen ihn habe, und die tägliche Erfahrung wahrzunehmen, daß Gleichheit vor den Gesetzen erschwert und öffentliche Gewalt häufig nur zur Beförderung des Privatnutzens gemißbraucht wird, alle diese Momente nähren wir mit einer Summe von Jammer und Besorgnis.

An dem landesfürstlichen Oberbeamten fanden wir einen Schutz gegen derlei Beeinträchtigungen, welcher mit örtlicher Einsicht und Bekanntschaft mit allen Umständen sogleich wirksam und tätig handeln konnte und wobei es nicht zu besorgen war, daß die Einwirkungen der Beteiligung sogleich gehoben werden konnten, weil der landesfürstliche Beamte vorzüglich damit beauftragt war, die landesherrlichen Gesetze ohne Unterschied der Person und des Standes auf der Stelle handzuhaben und die Wohlfahrt der Untertanen parteilos zu sichern.

Die alleruntertänigst Unterzeichneten können Euer Königlichen Majestät nicht verhehlen, daß die Einführung der Patrimonialgerichtsbarkeit jede Besorgnis hierüber in demjenigen Grad erhöhe, in welchem sie die Einmengung der Gutsherrschaften in diesen beträchtlichen Zweig der Staatsverwaltung bei dem Wiederaufleben dieser Gerichte sich annähern sehen.

Zwar ist es nicht zu mißkennen, daß die Verwaltung der Gerichtsbarkeiten unter landesherrlichen Gesetzen mit dem Vorbehalt des Rekurses an höhere Behörden manchen Druck beseitigen könne, allein wenn der Untertan gegen seinen Gerichtsherrn als Partei und Richter zugleich steht, wird es ihm schwer und hart sein, parteiloses Recht zu verteidigen, wie selbst aus der ehemalig östreichischen Verfassung mit vielen Erfahrungen nachgewiesen werden könnte und es sich von selbst darlegt, daß der von seinem eigenen Interesse geleitete Richter, der die erste Behandlung des Geschäfts unter sich hat, eine unausweichliche Gewalt bei sich verwahre, welche der ununterrichtete Untertan, der oft mit so vielen andern Verhältnissen an ihn gebunden ist, aus natürlicher Furcht nicht zu beseitigen vermag.

Diesen Erbfehler der Patrimonialgerichtsbarkeit hat die bisherige Verfassung mit der Wurzel aus dem Grund gehoben, und da noch überdies alle Patrimonialgerichte eigentlich nur aus einem ministeriellen Dienst bestehen, den die Inhaber als Lehenpflichtige Euer Königlichen Majestät zu leisten haben oder der ihnen aus einem Privilegio zukam, welches mit der gänzlichen Umstaltung der vorigen Verfassung an den neu entstandenen Staat zurückfiel, so können die alleruntertänigst Unterfertigten gar nicht daran zweifeln, Euer Königlichen Majestät werden die allerhöchste Gnade haben, unsere Ansprüche auf das natürliche Recht der parteilosen Gerichtspflege mehr zu würdigen als Privilegien und Lehengerechtigkeiten, die mit der Umstaltung der Zeitumstände, denen sie ihre Entstehung zu danken hatten, auch zerfallen sind und die noch überdies den meisten Besitzern, wenn sie dieselbe gehörig würdigen wollen, mehr zur Last als zum Vorteil gereichen.

In dieser wohlerwogenen Betrachtung glauben daher die alleruntertänigst Unterfertigten ihre submisseste Bitte hinlänglich motiviert zu haben, daß die Patrimonialgerichte nicht mehr erweckt werden möchten, indem aus dieser Anstalt nur zwei Folgen hervorgehen können, die beide dem Staat und der Wohlfahrt der Untertanen gleich nachteilig sind, einmal daß die Untertanen von der Parteilichkeit der interessierten Gutsherrn belästiget werden und von dieser sich nicht befreien können, und dann, daß sie mit allem Mut und Anstrengung von Kösten und Kräften mit ihren Gutsherrn bei den höhern Behörden in einem ewigen Streit tretten, welcher alle Behörden ermüdet und sie gänzlich erschöpft.

Indem die alleruntertänigst Unterfertigten diese wahrhaften Motive ihrer alleruntertänigsten Bitte Euer Königlichen Majestät zur Beherzigung vorlegen, glauben sie von den reinen Gesinnungen Allerhöchstderselben für das Wohl der Untertanen die allerhuldreichste Gewähr erwarten zu können.

Nr. 63   1818 Februar 4, Wolfegg

Eingabe der Ortsvorsteher und Gemeindedeputierten der Schultheißereien Wolfegg, Dietmanns und Haidgau an den König gegen die Wiederherstellung der Patrimonialgerichtsbarkeit

E 146, Bü 1893 a. S., UFasz. betr. Vorstellungen gegen die Wiederherstellung der Patrimonialgerichtsbarkeit, neue Zählung, ad Q 14. Ausfertigung. Verfasser: Stadtschreiber Weihenmaier, Waldsee. 11 Unterschriften.

Dank an den König für die bisher erwiesenen Wohltaten. Sorge vor Wiedereinführung der Patrimonialgerichtsbarkeit.

Unabhängig sollen die Gerichte nach Eurer Königlichen Majestät allerhöchster Intention sein. Daß aber bei der Gerechtigkeitspflege, von Patrimonialbeamten geübt, Unabhängigkeit selten stattfindet und daß so häufig das Interesse und die Willkür des Gutsherrn dabei ins Spiel kommt, ist eine Wahrheit, die durch die neueste Erfahrung nur zu sehr bestätigt wird. Besonders aber lassen die Lehenverhältnisse, in denen wir mit diesen Gutsherrn stehen, uns wünschen, niemals wieder ihrer Gerichtsbarkeit unterworfen zu werden. Die mancherlei Versuche der Gutsherrn und ihrer Beamten, die Lehengefälle zu steigern und die dem Lehenherrn zur Last fallende Lehennutzungen zu schmälern, zwingen manchen Familienvater, seine Rechte auf gerichtlichem Wege zu verteidigen, wie die vielen bei den höheren Gerichtshöfen anhängigen Rechtsstreite der Art zur Genüge beweisen. So gewagt nun ein solcher Schritt auch bei dem augenscheinlichsten Rechte schon unter den jetzigen Verhältnissen für den einzelnen ist, indem er sich und seiner Familie dadurch Verfolgungen aller Art von dem mächtigeren Gegner zuzieht, um wieviel mehr würde der Besitzer eines Lehens dann zu fürchten haben, wenn diesem Lehensherrn auch noch die Gerichtsbarkeit über ihn zustände. Käme endlich ein Leheninhaber vollends wegen Ausübung der Forstgerichtsbarkeit oder wegen Wildschadens mit seinem Lehenherrn in Konflikt, so wäre öfters sein Unglück entschieden, denn es ist Tatsache, daß in solchen Fällen der bitterste Haß denjenigen trifft, der es wagt, durch Anrufung der allgemeinen Gesetze des Staats mit den individuellen Ansichten des Gutsherrn in Widerspruch zu sein.

Aus diesen Beweggründen formiert sich nun unsere flehentlichste alleruntertänigste Bitte:

Eure Königliche Majestät wollen huldreichst geruhen, uns in Beziehung auf Gerechtigkeitspflege auch künftig den übrigen königlichen Untertanen gleichzuhalten und allergnädigst nicht zu gestatten, daß wir je wieder einer Patrimonialgerichtsbarkeit unterworfen werden.

Nr. 64   1818 Februar 18, Zeil

Eingabe oberschwäbischer Standesherren an den König wegen der Umtriebe gegen die Wiederherstellung der Patrimonialgerichtsbarkeit in den Oberämtern Leutkirch und Wangen

E 146, Bü 1893 a. S., UFasz. betr. Vorstellungen gegen die Wiederherstellung der Patrimonialgerichtsbarkeit, Q 24. Ausfertigung. (Teilweise fehlerhafter Druck in: *Waldbott-Bassenheim, Grundeigentum*, S. 234–239).

Die Eingabe wurde während einer Konferenz auf Schloß Zeil am 17./18. 2. 1818 beschlossen. Protokollabschrift F 413, Bü 437, Q 18. Vgl. Nr. 49. Weitere Eingaben gleichen Inhalts von verschiedenen Standesherren E 146, Bü 1893 a. S., a.a.O., Q 25 ff; z. T. gedruckt in Waldbott-Bassenheim, Grundeigentum, S. 240 ff.

Eurer Königlichen Majestät wagen die unterzeichneten Fürsten und Grafen, deren Besitzungen in den beiden Oberamtsbezirken Leutkirch und Wangen ganz oder zum Teil gelegen sind, einen Vorfall in tiefster Ehrfurcht anzuzeigen, welcher dahin abzwecket, Untertanen, die bisher ihr künftiges Schicksal ruhig und mit Ergebung erwarteten, in Gärung und Irrwahn zu versetzen und zu Schritten zu verleiten, welche die nachteiligsten Folgen besorgen lassen.

Am 3., 4. und 6. Februar jüngsthin wurden von dem Kommunrechnungsrevisor Spät in Leutkirch die Schultheiße und Obmänner in der Oberamtsstadt versammelt unter dem Vorwande, daß man mit ihnen Sachen von höchster Wichtigkeit zu verhandeln habe. Hier wurde ihnen eine schon in Bereitschaft gelegene an Eure Königliche Majestät gerichtete alleruntertänigste Bittschrift vorgelegt, deren Inhalt dahin ging, daß die Patrimonialgerichtsbarkeit nicht mehr hergestellt werden möchte, indem die Untertanen mit den Königlichen Beamten in Verwaltung der Gerichtsbarkeit bisher sehr wohl zufrieden gewesen seien, von ihren Patrimonialherrn aber bei Herstellung derselben gedrücket zu werden besorgten.

Die Ortsvorgesetzte weigerten sich anfänglich, die Bittschrift zu unterzeichnen, vorzüglich auch um deswillen, weil der Revisor ihnen strenge und bei dem Untertanseide verbot, die Sache ihren Mitbürgern bekanntzumachen[1]; endlich

---

[1] Auf der Konferenz der Standesherren auf Schloß Zeil, auf der die vorliegende Eingabe beschlossen wurde, berichtete ein standesherrlicher Beamter, Spät habe den Schultheißen unter anderem auch damit gedroht, bei Verweigerung ihrer Unterschriften liefen sie Gefahr, daß ihre Landschaftsschulden nicht auf die Staatskasse übernommen würden (F 413, Bü 437, Q 18).

mußte er eine Rücksprache gestatten, und so geschah dann, daß nach angewendeter Bearbeitung einzelner Schultheißen oder Obmänner am 3ten Tage, den 6. Februar, einige Unterschriften zusammengebracht wurden. Mehrere und benanntlich die Schultheiße und Obmänner aus dem Fürstentum Zeil, auch einige von Wurzach verweigerten aber auch am letzten Tage standhaft die Unterzeichnung.

In dem Oberamtsbezirke Wangen wurde die Sache etwas anderst behandelt:

Freitags, den 6. Februar, erhielten die Schultheißen den Befehl in Worten:

„Wegen Bestimmung des Preises der zusammengebrachten Früchte sowie wegen Bestimmung eines Wartgeldes und anderer pressanter Gegenstände ist morgenden Samstag, den 7. dies., eine allgemeine Amtsversammlung bis vormittags um 9 Uhr auf dem Rathause in Wangen ausgeschrieben, welcher der Schultheiß N. von N. persönlich beiwohnen solle. Gemeindsdeputierter ist keiner erforderlich."

Die Amtsversammlung fand auf dem Rathause statt, und nachdem die unbedeutenden Geschäfte, welche den Vorwand gaben, abgetan waren, wurden die Einberufenen in der Stadtschreiberei versammelt; dort las ihnen der Stadtschreiber eine wie bei Leutkirch schon in Bereitschaft gesetzte Supplik wegen Nichtherstellung der Gerichtsbarkeit vor mit der Zumutung, daß sie unterschreiben möchten.

Einige unterzeichneten sogleich; der bei weitem größere Teil aber, und unter diesen elf Schultheißen aus der mir, dem Fürsten von Zeil, gehörigen Grafschaft Trauchburg, einige von Kißlegg, die Schultheißen aus der dem Fürst Dietrichstein gehörigen Herrschaft Neuravensburg und jene aus der dem Grafen Beroldingen zuständigen vormals ritterschaftlichen Besitzung Ratzenried verweigerten die Unterschriften, indem sie vorstellten, daß sie eine Sache von so hoher Wichtigkeit mit den Gemeindedeputierten und Magistraten in Überlegung nehmen müßten. Da ihnen solches gestattet werden mußte, so nahmen sie tags darauf, am 8. Februar, Rücksprache mit ihren Mitbürgern. Einige hielten Gemeindsversammlungen und stellten in förmliche Umfrage, ob die Untertanen die Patrimonialgerichtsbarkeit wollten oder nicht. Das Resultat war, daß sie am folgenden Tage, den 9. Februar, eine Deputation nach Wangen schickten mit der Erklärung, daß sie nicht unterschreiben können, weil sie

1. gegen ihre Patrimonialherrschaften und die vormals verwaltete Gerichtsbarkeit keine Beschwerde führen könnten und

2. weil sie dafür hielten, daß der gemeine Bürger und Bauersmann den Standes- und Gutsherrn weder Rechte geben noch nehmen könnte[2]).

---

[2]) Mit ähnlichen Argumenten reagierten offenbar viele Schultheißen von Gemeinden der Standesherrschaft Waldburg-Wolfegg-Waldsee. Auf Vorladung in die Oberamtsstadt Waldsee sollen sie die ihnen abverlangte Unterschrift „ohne Rücksprache mit ihren Gemeinden größtenteils verweigert und nach genommener Rücksprache wie die Gemeinden Winterstetten, Steinach, Reute, Urbach, Essendorf, Zell etc. erkläret haben: ‚Sie seien Untertanen und müssen sich die Verordnungen gefallen lassen, eine Petition seie daher überflüssig und stehe ihnen nicht zu, etwas den Mediatisierten zu nehmen oder zu geben; auch sei es über ihr Erkennungsvermögen, eine Entscheidung zu geben; sollte es der Wille Seiner Majestät sein, so werde es ihnen in dem Regierungsblatt schon bekanntgemacht werden etc.'." (Eingabe von Joseph Fürst von Waldburg zu Wolfegg und Waldsee vom 25. 2. 1818; E 146, Bü 1893 a. S., UFasz. betr. Vorstellungen gegen die Wiederher-

Wegen Isny kommt untertänigst zu bemerken, daß der Burgermeister aus der Stadt Isny in Wangen nicht anwesend war, sondern ein Magistratsglied und der Obmann die Bittschrift unterschrieben haben, ohne mit dem Magistrat und der Bürgerschaft Rücksprache zu nehmen, und daß von der Landschaft, welche zum Gebiete des vormaligen Klosters Isny gehört, kein Schultheiß einberufen war.

Besonders auffallend ist noch der Umstand, daß auch die Vorsteher und Magistratspersonen der Oberamtsstadt Wangen, welche die Frage von Herstellung der Patrimonialgerichtsbarkeit gar nicht betreffen konnte, zur Unterschrift beigezogen wurden.

Wir beschränken uns untertänigst in der Erzählung des Herganges auf die wenigen einfachen Tatsachen, wie sie aus dem Munde der einberufenen Schultheißen und Obmänner geflossen sind, welche erforderlichenfalls solche eidlich zu bestättigen kein Bedenken finden werden.

Eure Königliche Majestät geruhen daraus allergnädigst zu ersehen, wie man die Volksstimme bearbeitet und wie man mit solcher freventliches Spiel treibet.

Wenn es von diesem an die Zeiten einer unglücklichen Revolution erinnernden Spiele abhängen solle, jene Staatsbestimmungen erst in endliche Erfüllung gehen zu lassen, die der Monarchenkongreß zu Wien in der Konstitution für Deutschland bereits wörtlich schon ausgesprochen, der darauf zu Paris erfolgte Friedensschluß aller europäischen Christlichen Mächte garantiert, Euere Königliche Majestät als ein deutscher Bundessouverain allerhöchstselbst angenommen, auch mehrere Bundesmächte rücksichtlich der in ihren Staaten befindlichen Standesherren schon wirklich in Erfüllung gebracht haben; was würde in dem allgemeinen Staatsrecht noch heilig und unverletzlich sein, und wie würden Herrscher und Völker sich mit Zuversicht auf ein bestehendes Recht verlassen können.

Euer Königliche Majestät gedenken aber zu gerecht und zu erhaben, als daß Höchstdieselbe solchen niedrigen, egoistische Zwecke der angestellten Beamten verfolgenden Umtrieben nur den mindesten Wert beilegen sollten, und wir sind innigst überzeugt, daß es mehrer nicht braucht, als dergleichen Machwerke zur allerhöchsten Kenntnis zu bringen, um unserer ehrfurchtsvollesten Bitte Gehör zu geben, den Königlichen Beamten und Kommundienern über das Vorgefallene die allerhöchste Indignation zu erkennen zu geben und künftige ähnliche Aufwieglungen der Untertanen bei schärfester Strafe niederlegen zu lassen.

Unterschriften:
 Max Wunibald Fürst von Waldburg zu Zeil Trauchburg etc. für mich und als Kurator des Fürsten von Waldburg Wurzach

---

stellung der Patrimonialgerichtsbarkeit 1816/19, Q 26). Nach anderen standesherrlichen Eingaben handelten die unterzeichneten Schultheißen, soweit sie nicht hintergangen wurden, ohne Rücksprache mit ihren Gemeinden in eigensüchtigem Interesse, weil sie bei Wiederherstellung der Patrimonialgerichtsbarkeit eine Beschränkung ihrer bisherigen Machtbefugnisse befürchten mußten; vgl. z. B. *Waldbott-Bassenheim*, S. 242, 253; ebd. S. 246 f, 258 f Gegenerklärungen von Gemeinden gegen ihre Schultheißen.

Leopold Fürst Waldburg zu Zeil Wurzach
Richard Graf von Schäsberg Thannheim
Joseph Fürst von Waldburg zu Wolfegg und Waldsee
Wilhelm Graf von Quadt Isny, für mich und im Namen des Grafen Carl von Erbach Roth

Nr. 65—68   Auseinandersetzung zwischen Regierung und Standesherren um die Regelung der staatsrechtlichen Verhältnisse des mediatisierten Adels

Nr. 65 gibt den besten Einblick in die Motive der Mediatisiertenpolitik des Ministeriums nach dem überraschenden Bundesbeschluß vom 24. 5. 1819 (vgl. Darstellung, S. 368 ff, bes. S. 370 ff). Nr. 66 und Nr. 67 enthalten eine Zusammenfassung der unterschiedlichen Standpunkte der Standesherren wie der Regierung, die eine Gesamtübereinkunft wegen der staatsrechtlichen Verhältnisse ausschlossen (vgl. Darstellung, S. 372 ff, bes. S. 376 f). Die mögliche Bedeutung der Patrimonialgerichtsbarkeit für die Standesherren beleuchtet ausschnitthaft Nr. 68 (vgl. dazu Darstellung, S. 379 ff).

Nr. 65   1819 Juni, Stuttgart

Instruktion zu den Unterhandlungen wegen Regulierung der staatsrechtlichen Verhältnisse des Hauses Thurn und Taxis. Beilage VII: Grundherrliche Rechte

E 9, Bü 76, UFasz. 2, Beilage VII zu Q 4.

Nach dem für Württemberg ungünstigen Bundesbeschluß vom 24. 5. 1819 – vgl. Darstellung, S. 369 f – erhielt Außenminister v. Wintzingerode durch Dekret vom 27. 5. 1819 den Auftrag, zur Wiederaufnahme der Verhandlungen über die staatsrechtlichen Verhältnisse des Hauses Thurn und Taxis die Instruktionen für die Regierungsvertreter nach dem neuesten Stand der Mediatisiertenfrage zu überarbeiten (E 9, Bü 76, UFasz. 2, Q 3). Mit Bericht vom 15. 6. 1819 legte der Minister das Ergebnis der Beratungen seines Departements in Form von Aufsätzen zu den einzelnen Verhandlungspunkten vor (ebd., Q 4). Beilage VII über die grundherrlichen Rechte behandelt prinzipiell die Frage, welche Politik die Regierung wegen des 2. Edikts vom 18. 11. 1817 gegenüber Deutschem Bund und Mediatisierten befolgen solle.

In Beziehung auf diesen Gegenstand wird von dem bisher beobachteten Grundsatze, daß auf die vertragsmäßige Ausscheidung der dem Souverän und der dem Grundherrn zukommenden Revenüen durchaus nicht zurückzukommen seie, fest zu beharren sein, welches auch mit vollem Rechtsbestande durchgeführt werden kann. *Nähere Ausführungen dazu.*

Die größte Schwierigkeit, welche sich einer gütlichen Verständigung mit den Standesherrn über die gutsherrlichen Rechte entgegenstellt, ist das Edikt vom 18. November 1817 über die Ablösbarkeit der Fall- und Erblehen.

Es ist hier nicht der Ort, das Für und Wider dieser Gesetzgebung zu erörtern und die allerdings bedeutenden Einwendungen anzugeben, welche sich gegen den betreffenden Kommissionsbericht des Ausschusses der Bundesversammlung machen lassen; die Frage, welche hier vorliegt, ist nur die, ob mit der Aufrechthaltung jener Gesetzgebung eine gütliche Vereinigung mit den Mediatisierten vereinbar sei?

Diese Frage kann dem Sachverhältnis gemäß nur verneint werden, und die Anerkennung hievon dürfte schon in dem Edikte vom 13. September 1818[1]), welches die gezwungene Ablösung bei den Gutsherrn vorläufig auf zwei Jahre aussetzt, enthalten sein. Daß die Regierung das Edikt vom 18. November 1817 unbedingt und ohne eine von außen gegebene Veranlassung, welcher sie anständigerweise folgen kann, zurücknehme, scheint mit ihrer Würde unvereinbar, nachdem sie alle Gegenvorstellungen fortgesetzt verworfen und es zu der Beschwerde der Standesherrn am Bundestage, welche die Mediatisierten infolge der abweisenden Entscheidung ergreifen zu müssen vorher erklärt haben, hat kommen lassen.

Es fragt sich daher, wenn die Regierung eine gütliche Vereinigung mit den Mediatisierten will, wenn die Aufrechthaltung des Edikts vom 18. November 1817 hinsichtlich derselben damit unvereinbar und wenn eine unbedingte Zurücknahme desselben mit der Würde der Regierung unverträglich ist, welches Verfahren bleibt offen, das diese verschiedene Forderungen vereinigte.

Zwei Wege dürften sich darbieten:

I. Die Regierung beharrt auf dem Prinzip der gezwungenen Ablösbarkeit, die Mediatisierten erkennen dasselbe an, es wird ihnen jedoch die Zusicherung erteilt, daß die Normen der Ablösung nur durch ein mit Zustimmung der Stände, folglich auch mit der ihrigen zu erlassendes Gesetz bestimmt werden sollen.

Es ist zu bezweifeln, daß die Mediatisierten hierauf eingehen werden, weil sie mit der Anerkennung des Grundsatzes der gezwungenen Ablösbarkeit den Rechtsboden verlieren, auf den sie sich bisher zu stellen bemüht gewesen sind, den Grundsatz nemlich, daß die Fall- und Erblehen ihr Eigentum seien, welches sie nur unter gewissen Bedingnissen zur Nutznießung eingeräumt hätten.

Verständen sie ihr wahres Interesse, begriffen sie den geschichtlichen Gang der Zeit, so würden sie diesen Ausweg, wodurch die Regierung die einseitige Bestimmung der Bedingnisse der Ablösung aufgibt, ergreifen; es ist dies, wenn auch vielleicht von einzelnen, doch von der Mehrzahl nicht zu erwarten. Die Ablösbarkeit werden sie insofern anerkennen, als die Ablösung selbst und die Bedingungen derselben in jedem einzelnen Falle von freier Übereinkunft abhängig gemacht wird; dann fällt aber die gezwungene Ablösbarkeit weg, und der Grundsatz enthält nichts mehr, als was schon vor dem 18. November 1817

---

[1]) Vgl. Nr. 55.

gesetzlich war, nemlich der ein für allemal erteilte oberlehensherrliche Konsens des Regenten. Um die gezwungene Ablösbarkeit handelt es sich aber gerade.

II. Die Regierung erklärt in der mit den Mediatisierten zu treffenden Übereinkunft:

a) Sie werde die Frage, ob in dem gesetzlich ausgesprochenen Grundsatze der gezwungenen Ablösbarkeit der gutsherrlichen Rechte unter Vorbehalt der Bestimmung der Normen desselben durch ein mit Zustimmung der Stände zu erlassendes Gesetz eine Verletzung des Artikels 14 der Bundesakte und der darin zugesicherten Aufrechthaltung der Eigentumsrechte der Standesherrn liege, der gutächtlichen Auslegung der Bundesversammlung überlassen und dieselbe als verbindlich für sich anerkennen, gleichwie auch die Standesherrn sich derselben zu unterwerfen hätten.

b) Sie werde, bis diese Begutachtung oder authentische Erklärung erfolgt sei, den durch das Edikt vom 18. November 1817 ausgesprochenen Grundsatz der gezwungenen Ablösbarkeit auf die Gutsherrn nicht anwenden, in keinem Falle aber und welches auch immer die Auslegung der Bundesversammlung sein sollte, die Normen der Ablösung einseitig und anders als mit Zustimmung der Stände durch ein Gesetz festsetzen[2]).

Dieser Ausweg ist mit der Würde der Regierung vollkommen verträglich. Der Artikel 14 ist ein Bestandteil eines völkerrechtlichen Vertrags; entsteht eine Ungewißheit über seine Anwendung, so ist es durchaus angemessen, daß die Regierungen, welche keinen Richter über sich anerkennen, den von ihnen gemeinsam geschlossenen Vertrag auslegen. Die Auslegung wird alsdann ein für alle verbindliches Gesetz, dem kann sich auch die württembergische Regierung unterwerfen.

Fällt die Entscheidung der Bundesversammlung gegen den Grundsatz der gezwungenen Ablösbarkeit aus, so hat sie das Gehässige dieser Bestimmung zu tragen, da kein vernünftiger Mensch fordern oder nur erwarten kann, die württembergische Regierung solle sich in Opposition mit dem ganzen Bunde setzen[3]). Daß aber ein Gesetz, welches die Rechte einer Klasse von Untertanen betrifft, nur mit Zustimmung der Stände erlassen werde, ist den Grundsätzen der konstitutionellen Monarchie durchaus gemäß.

---

[2]) Inhaltlich fast völlig übereinstimmend lautet § 52 der Deklaration über die staatsrechtlichen Verhältnisse des fürstlichen Hauses Thurn und Taxis vom 8. 8. 1819, RegBl 1819, S. 518 f.

[3]) Nach dem Bericht des Außenministers an den König vom 15. 6. 1819 hatten einige Konferenzmitglieder gegen den hier empfohlenen Weg das Bedenken erhoben, es könne der Schein entstehen, Württemberg weiche dem Druck der Bundesversammlung und gebe dadurch das erste Beispiel für das Eingreifen des Bundes gegen ein Landesgesetz, das mit den Grundsätzen des Bundes im Widerspruch stehe. Sie wünschten daher als dritte Möglichkeit den Rückzug gegenüber den Mediatisierten ohne Einschaltung des Deutschen Bundes durch eine das 2. Edikt beschränkende Verordnung noch vor Eröffnung des Landtags (Herbst 1819). Der Außenminister bemerkte dagegen, „daß zwar durch diesen dritten Antrag die Unannehmlichkeit einer Entscheidung der Bundesversammlung über den Sinn des Artikels 14 der Bundesakte umgangen, dagegen aber auch das Gehässige einer Zurücknahme der ergangenen Verordnung ganz auf die Regierung selbst fallen würde, während dasselbe bei einer mir immer noch sehr zweifelhaft scheinenden Entscheidung des Bundes gegen das Königliche Edikt nur diesen treffen würde. In dieser Hinsicht scheint mir auch der zweite Antrag immerhin noch der angemessenste."

Die Regierung kann alsdann mit der Ablösung der ihr zuständigen gutsherrlichen Rechte fortfahren und dadurch die bereits bestehende Gewalt der Dinge vermehren, welcher die Gutsherrn früher oder später doch werden nachgeben müssen.

Wenn vielleicht eingewendet werden wollte, die Entscheidung der Bundesversammlung über den Grundsatz der gezwungenen Ablösbarkeit liege schon in dem Beschlusse vom 24. Mai d. J., so wäre dies durchaus unrichtig. Einmal hat sich der kgl. württembergische Gesandte das Protokoll offenbehalten, es konnte deshalb noch gar nicht über dessen etwaigen Widerspruch entschieden werden, und dann beschränkt sich der Beschluß auch lediglich auf die drei darin ausgesprochenen Punkte; eine bestimmte Erklärung der Bundesversammlung, wie sie die württembergische Regierung in diesem Falle fordern würde, kann nur nach Instruktionseinholung erfolgen, auf welche ohnehin ausdrücklich anzutragen sein wird.

Die Abstimmung des königlichen Bundestagsgesandten hätte, vorausgesetzt, daß dieser Weg eingeschlagen würde, ungefähr folgende Sätze auszuführen:

a) die Angabe der Gründe des bisherigen Verfahrens,
b) die Berufung auf die Gesetzgebung anderer deutschen Staaten,
c) die Bereitwilligkeit, die authentische Erklärung des Art. 14 in der oben berührten Weise durch den gesamten Bund anzuerkennen, wohlverstanden, daß dieselbe von allen übrigen Bundesstaaten als gleich verbindend werde anerkannt werden.

Nr. 66 (1824 April/Mai, Buxheim)

Aufstellung des Grafen von Waldbott-Bassenheim über die „Differenzpunkte" zwischen Regierung und Standesherren bei der Regelung der staatsrechtlichen Verhältnisse des mediatisierten Adels

E 65/68, Verzeichnis 57, Bü 59, UFasz. 11, 2 b, Q 79 Beilage. Ausfertigung.

Nach dem Begleitschreiben des langjährigen Bevollmächtigten der Standesherren, des Grafen von Waldbott-Bassenheim an Staatsminister v. Maucler vom 3. 5. 1824 (ebd., Q 79) hatte dieser den Grafen bei einem Zusammentreffen in München gebeten, die bestehenden Hindernisse für eine allseits befriedigende Regelung der Mediatisiertenangelegenheiten in Württemberg schriftlich in Form einer Privatkorrespondenz zu bezeichnen. Nach Ansicht von Waldbott-Bassenheim war es die unabdingbare Voraussetzung für eine Übereinkunft der Regierung mit sämtlichen württembergischen Mediatisierten, daß die in den Differenzpunkten bezeichneten Anstände beseitigt wurden. Eine Antwort seitens der Regierung scheint nicht erfolgt zu sein. Maucler übersandte die Korrespondenz am 8. 5. 1824 an den württembergischen Bundestagsgesandten v. Trott mit der Aufforderung, sie unter Berücksichtigung der in Frankfurt herrschenden Ansichten zu begutachten. Nach Trotts Bericht (Nr. 67) war eine baldige Aktivi-

tät des Bundes in der Mediatisiertenfrage nicht zu erwarten. Im Stuttgarter Außenministerium beschloß man daher, den Abschluß der Verhandlungen über die staatsrechtlichen Verhältnisse mit den Häusern Hohenlohe und eventuelle weitere Schritte der Bundesversammlung abzuwarten (Notate vom 21. und 24. 12. 1824, E 65/68, Verz. 57, Bü 59, Q 86).

Differenzpunkte, über welche bei den mehrmaligen über den Vollzug des 14ten Artikels der Deutschen Bundesakte stattgehabten Unterhandlungen keine Annäherung der Ansichten herbeigeführt werden konnte und welche folglich als Haupthindernisse einer Vereinigung zu diesem Zweck im Wege stehen.

1. Familienverträge betreffend.

Die Königlichen Kommissarien verlangten beharrlich, den beschränkenden Beisatz „insoweit sie nichts gegen die Verfassung enthalten" zu den wörtlichen Bestimmungen des 14ten Artikels der Deutschen Bundesakte beizufügen. *Versteht man unter Verfassung die auf verfassungsmäßigem Wege entstandenen Landesgesetze, so wird dieser Zusatz so beschränkend, daß dadurch die ganze Autonomie aufgehoben werden kann, indem dieses Recht nichts anders ist als die Befugnis, über die Personen und das Eigentum der Familie von der gewöhnlichen Gesetzgebung abweichende Bestimmungen zu treffen. Bei den verstreuten Besitzungen des hohen Adels in mehreren Souveränitätsländern mit verschiedener Gesetzgebung würden neue Hausgesetze praktisch unmöglich werden.*

2. Diensteid der Beamten und Verpflichtung der Untertanen betreffend.

Die Leistung des Diensteides durch die standesherrlichen Beamten wurde in der Deklaration für das fürstliche Haus Thurn und Taxis § 15 zugestanden, *doch wurde diese Bestimmung durch die Vollzugsverordnung vom 12. 6. 1823* dahin modifiziert, daß der von dem Standesherrn ernannte besoldete Diener zur bloßen Ehrerbietungsbezeugung gegen seinen Dienst- und Brodherrn, in dessen Namen er die demselben nach der Bundesakte zugesicherten und verbleibenden Rechte ausübt, verpflichtet wird[1]. Es ist wohl unmöglich, in dieser Beschränkung noch die Wesenheit eines Diensteides zu entdecken; es ist weder von Angelobung des Gehorsams, der Treue, der Dienstverschwiegenheit, noch von Angelobung, den Nutzen seines Herrn zu fördern und seinen Schaden zu wahren, die Rede. Man glaubt, daß diese Zusicherungen wesentlich notwendig dem Eide beigesetzt werden müssen und daß es überhaupt keiner neuen Definition des Diensteides bedürfe, indem derselbe eine schon so lange hergebrachte Sache ist, daß darüber keine Mißdeutungen möglich sind. *Hinweis auf die angemessenere Regelung in Bayern, Preußen, Hessen-Darmstadt.*

Da es nicht geleugnet werden kann, daß die Untertanen der vormaligen reichsständischen Gebiete auch in den gegenwärtigen Verhältnissen noch Pflichten gegen ihre Standesherrn zu erfüllen haben, und da es allgemein erlaubt ist, denjenigen, welchem Pflichten obliegen, zu Erfüllung derselben zu ermahnen, so ist nicht wohl zu begreifen, warum bisher eine Verpflichtung der standesherrlichen Untertanen fortwährend verweigert wurde. Da das Königlich

---

[1] Verordnung vom 12. 6. 1823 (RegBl 1823, S. 653 ff), § 25.

Preußische, Königlich Baierische, Großherzoglich Badensche, Großherzoglich Hessensche und Herzoglich Nassauische Gouvernement sämtlich diese Verpflichtung den Standesherrn gestatten, so würde durch eine solche Verweigerung das Königlich Württembergische Gouvernement allein dem durch die Bundesakte ausgesprochenen Prinzip des in allen Bundesstaaten gleichförmigen Rechtszustands für die mittelbar gewordene Fürsten und Grafen entgegenwirken.

3. Anordnungen und Verfügungen über Gegenstände, welche die Verwaltung ihrer standesherrlichen und Eigentumsrechte betreffen.

Hier sollte den Normen der bayerischen Deklaration von 1807 entsprechend den mediatisierten Fürsten und Grafen das Recht eingeräumt werden, Lokalverordnungen im Geiste der Gesetze zu geben, wobei diese Befugnis nicht bloß auf Reglements für ihre Eigentumsrechte beschränkt ist.

4. Rechtspflege.

Die vorzüglichsten Hindernisse, welche im Königreich Württemberg dem Vollzug der Bestimmungen des 14ten Art. der Bundesakte, die Ausübung der standesherrlichen Gerichtsbarkeit betreffend, im Wege stehen, sind in neueren Zeiten durch die Königlichen Edikte, die untere Staatsverwaltung betreffend[2]), herbeigeführt worden, indem man dieselbe unbedingt auf die standesherrlichen Gebiete in Anwendung bringen wollte. Sie sind zweierlei Art:

1. werden mehrere Rechte, welche die Bundesakte ausdrücklich den fürstlichen und gräflichen Häusern bleibend zusichert, an die standesherrlichen Gemeinden übertragen, um sie in ihrem Namen oder im Namen der Regierung durch ihre Ortsmagistrate verwalten zu lassen.

2. wurden solche Verwaltungsnormen eingeführt, welche die Verwaltungslast durch Vervielfältigung der Angestellten so vergrößert haben, daß es den beteiligten Häusern unmöglich gemacht wird, die ihnen bundesgesetzlich zustehende Befugnisse auszuüben, wenn sie nicht den größten Teil ihrer Revenüen dazu verwenden wollen.

Das Edikt über die Gemeindsverwaltung[3]) erteilt den Ortsvorstehern die Befugnis, die Ortspolizei im Namen der Gemeinde, die Landespolizei im Namen und aus beständigem Auftrag der Regierung zu handhaben. Da nun der 14te Art. wörtlich die Ortspolizei den mediat gewordenen Fürsten und Grafen zusichert, die Baierische Deklaration von 1807 die untere Polizei im Gegensatz mit der hohen Polizei, welche sie dem Souverän zuweist, den mediatisierten Herrn beläßt, so vermögen dieselbe die Anwendung der erwähnten Edikte auf ihre Gebiete nicht mit dem Tenor des 14ten Art. zu vereinigen. Ebensowenig können sie die folgenden Bestimmungen dieser Edikte mit dem ihnen zugesicherten Rechtszustand in Einklang bringen: Dem Ortsvorstand steht bei Polizeivergehungen eine Strafgewalt zu, bei höheren Straffällen wird sie dem Ortsmagistrat erteilt. Ebenso werden demselben eine Art von Rechtspflege sowohl in strittiger als willkürlicher Gerichtsbarkeit und die Aufsicht über die in jeder

---

[2]) Edikte betreffend die Organisation der unteren Staatsverwaltung in den Departements der Justiz und des Innern, RegBl 1819, S. 17 ff.
[3]) Edikt über die Gemeindeverfassung vom 31. 12. 1818, RegBl 1819, Beilage I.

Gemeinde vorhandenen Stiftungen für Kirchen-, Schulen- und Armenbedürfnisse selbst mit Einschluß der für diese und ähnliche Zwecke gestiftete Familien- und Privatstiftungen eingeräumt, wie dann selbst der sogenannte Stiftungsrat aus dem Gemeinderat mit dem vorhandenen Ortsgeistlichen konstituiert worden ist. Diese Kommunaleinrichtungen sind in den standesherrlichen Gebieten sowie in den übrigen Gemeinden ohne alle Modifikation eingeführt worden, obschon in dem Edikte vom 31. Dezember 1818 über die Organisation der untern Staatsverwaltung zum Departement der Justiz und des Innern IX wörtlich erklärt wird: „Den in Unserem Königreiche begüterten Standesherrn sowie dem ritterschaftlichen Adel bleiben die ihnen zugesicherten Jurisdiktions-, Polizei- und Aufsichtsrechte unbedenklich vorbehalten, insoferne die Ausübung derselben zwar einige Modifikationen der gegenwärtigen Anordnungen veranlassen, aber den wahren Erfordernissen der untern Staatsverwaltung nicht nachteilig werden kann."

Das württembergische Gouvernement erkennt hierdurch also an, daß den Standesherrn ihre Jurisdiktions-, Polizei- und Aufsichtsrechte vorbehalten bleiben sollen und daß Modifikationen dieses Edikts in dieser Hinsicht zu treffen nötig sind. Die mediatisierten Fürsten und Grafen haben sich bemüht, im Laufe der Unterhandlungen jene nötigen Modifikationen, welche den ihnen zugesicherten Rechtszustand sichern konnten, zu erzielen, konnten aber ungeachtet der bewiesenen, vielleicht allzu großen Nachgiebigkeit nicht das gewünschte Ziel auf diesem Wege erreichen.

Sie können die Bestimmungen der Bundesakte, welche 4. „die Ausübung der bürgerlichen und peinlichen Gerichtspflege in erster, und wo die Besitzung groß genug ist, in zweiter Instanz, die Forstgerichtsbarkeit, Ortspolizei und Aufsicht in Kirchen- und Schulsachen, auch über milde Stiftungen usw. ihnen beläßt", mit den Bestimmungen der angeführten Edikte, welche wesentliche Teile dieser Befugnisse mit denen daraus fließenden Nutzungen den Gemeinden und ihren Kassen zuweist, nicht vereinigen.

Wenn die Bestimmungen der Bundesakte bei Ausübung dieser Rechte sie an die Vorschriften der Landesgesetze weist, so glauben sie nicht, daß dieser Bedingnis jene Ausdehnung gegeben werden könne, daß diese Landesgesetzgebung befugt seie, ihnen Teile ihrer staatsrechtlichen Befugnisse zu entziehen, sie glauben vielmehr, daß hierunter nichts anderes verstanden werden könnte, als daß die Gesetze bezeichnet seien, nach welchen die standesherrliche Behörden Recht zu sprechen und die Polizei zu verwalten haben; im entgegengesetzten Falle würde ihr durch die Bundesakte begründeter Rechtszustand kein bleibender und noch weit weniger ein gleichförmiger sein können. *Diese Ansicht wird durch den Kommissionsbericht des Bundestags vom 24. Mai 1819*[4]*) gerechtfertigt. Auch die bayerische Deklaration von 1807 beschränkte die Ausübung der standesherrlichen Jurisdiktions- und Polizeirechte durchaus nicht; die Bestimmungen des bayerischen Edikts von 1818 sind damit konform.* In Bayern so wenig wie in den übrigen Bundesstaaten wurden den Gemeinden Jurisdiktionsbefugnisse zugewiesen, und nur im Königreich Württemberg wurde hierin der Grundsatz des übereinstimmenden Rechtszustandes gestört.

---

[4]) Vgl. Darstellung, S. 369 f.

Wenn in dem angeführten Gemeindsedikt den Gemeinden des ehemaligen Herzogtums Württemberg ihre frühere Befugnisse restituiert werden sollen, so kann dies kein Grund sein, eine gleiche Stellung den Gemeinden in den Mediatgebieten zu geben, welchen früher keine andere Rechte zustanden als die Verwaltung ihres Gemeindsvermögens und ihrer gemeinschaftlichen Angelegenheiten unter herrschaftlicher Aufsicht. Die Standesherrn enthalten sich jeder Bemerkung über den Einfluß dieser Gemeindeeinrichtungen auf das Gemeindewohl, sie glauben es aber nach den gemachten Erfahrungen nicht mit den Pflichten gegen ihre Häuser und selbst gegen die Bewohner ihrer Gebiete vereinigen zu können, durch die Verzichtung eines Teils ihrer bundesgesetzlichen Befugnisse dazu mitzuwirken, daß die erwähnten Edikte in ihrem ganzen Umfang auf ihre Gebiete angewendet werden. Sie erlauben sich die einzige Bemerkung über diesen höchst wichtigen Gegenstand, daß es wohl schwer denkbar sei, daß eine Kommunaleinrichtung, welche für ein Land gegeben wird, in welchem kein mit gutsherrlichen Befugnissen possessionierter Adel sich befand, auf einen Landesteil ohne Nachteil angepaßt werden könne, in welchem ein solcher Adel besteht und welcher überdies noch den größten Teil des Grundeigentums besitzt. Durch diese Einrichtungen wird folglich der Großbegüterte mit seinem Eigentum unter die Jurisdiktion und Polizei des wenig oder gar nicht Begüterten gestellt. Notwendig muß hierdurch ein Zustand des Streites herbeigeführt werden, und das bisher bestandene gute Vernehmen, welches zur wechselseitigen Zufriedenheit gereichte, wird dadurch zerstört. Diese Mißstimmung wird am meisten in Augenblicken der Not für die standesherrlichen Gemeinden fühlbar werden; der Gutsherr wird sich auf den rechtlichen Standpunkt stellen, das strenge verlangen, was ihm rechtlich nicht verweigert werden kann, und sich nicht berufen fühlen, da milde Rücksichten gegen Leute eintreten zu lassen, welche in steten Zwisten mit ihm leben. Der Aufenthalt für den Adel auf dem Land wird unter diesen Verhältnissen täglich unerträglicher werden, und die Revenüen ihrer Besitzungen werden der örtlichen Zirkulation entzogen werden und nie wieder zurückfließen, wo sie hergekommen sind. Ebenso glauben die Beteiligten unter Anführung der vorstehenden Gründe, daß die Bestimmungen der §§ 46 usw. in den Edikten über die Rechtspflege in den untern Instanzen vom 31. Dezember 1818, welche die Zuziehung von Gerichtsbeisitzern, welche von den Gemeinden aus ihren Mitgliedern zu erwählen seien, [festsetzen], auf ihre erste Instanzgerichte nicht anwendbar seien. Indem die Bundesakte ihnen die Ausübung der Rechtspflege in erster Instanz beläßt, so glauben sie nicht im Fall zu sein, sie mit ihren Standesuntertanen teilen zu müssen. Daß dies hier der Fall ist, unterliegt wohl keinem Zweifel, indem diese Gerichtsbeisitzer aus dem Volk und durch das Volk gewählt werden. Es wird ihnen also nichts übrig bleiben als das Recht, den Präsidenten dieses Volkstribunals zu ernennen; sie vermögen nicht, in dieser Stellung jene zu entdecken, welche die Gründer der Bundesakte den ehemaligen Ständen des Reichs belassen wollten. Die in den gedachten Edikten den Gemeinden übertragene Handlungen der freiwilligen Gerichtsbarkeit, vorzüglich die Führung der Hypotheken- und Lagerbücher, bildet eine weitere wichtige Beschwerde der Standesherrn. Die Bundesakte beließ ihnen die Jurisdiktionsbefugnisse in unterer Instanz; hieraus folgt, daß sie ihnen in dem Maße, wie sie sie ausübten, und über alle Teile [...] verbleiben sollen. Sie können es also ebensowenig mit diesen Bestimmungen vereinigen, wenn auch hier einzelne derselben den Gemeinden zugewiesen werden sollen. Ganz besondere Gründe tretten aber noch insbesondere bei der den Gemeinden übertragenen Führung der Lager- und Hypothekenbücher ein. Dieses Geschäft wird entweder nach diesen Bestimmungen den Gemeindsgliedern selbst, welche kaum lesen und schreiben können, anvertraut, oder es wird auf Kosten und sehr zum Nachteil der Gemeinde in pekuniärer Hinsicht einem Schreiberpersonale anvertraut werden, welches weder das hinlängliche Zutrauen genießt, noch hinlängliches Vermögen besitzt, um für begangene in die Eigentumsrechte tief eingreifende Fehler zu haften. Dieses Verhältnis tritt noch in weit höherem Grade da ein, wo, wie es meistens in Oberschwaben der Fall ist, der größte Teil der Güter den Gutsherrn gehört und dem Bauern nur ein lebenslängliches Pachtrecht zusteht. Hier würde also der Fall eintretten, daß dem Pächter die Dokumenten, welche die Eigentumsrechte sichern sollen, anvertraut würden und ihm die Gelegenheit gegeben würde, die Urkunden, welche das Eigentum sichern sollen, in amtlicher Form zum Nachteil des Eigentümers zu seinem eigenen Nutzen zu verändern. Es wird einleuchtend sein, wie gefährlich für die Eigentumsrechte und die öffentliche Sicherheit eine solche Einrichtung sein müßte; sie würde alles öffentliche Zutrauen zerstören und den Hauptzweck des Staats, die Sicherheit des Eigentums, auflösen.

Die hier angeführten Gründe sowie die große Unordnung, welche in dem Hypothekenwesen und in allen Handlungen der freiwilligen Gerichtsbarkeit statthaben, seitdem sie in den Händen von ganz geschäftsunkundigen Menschen sich befinden, lassen wohl die Billigkeit des Verlangens nicht verkennen, daß sie so wie bisher von den standesherrlichen Gerichtsbehörden verwaltet werden.

Ein weiteres Hindernis wurde der Zurückstellung der Rechtspflege an die Standesherrn dadurch in [den] Weg gestellt, daß durch das Edikt über die Organisation der untern Staatsverwaltung die Amtsgewalt der ehemaligen Ämter der Reichsstände unter mehrere Individuen geteilt werden soll. Vormals wurde durch einen Beamten und einen Aktuar die Kriminal-, Zivil- und freiwillige Gerichtsbarkeit sowie die Polizei verwaltet, statt daß diese Geschäfte jetzt durch einen Amtmann, Amtsrichter und Gerichtsnotar nebst dem einem jeden beigegebenen Aktuar insoweit verwaltet werden sollen, als Teile dieser Befugnis nicht den Gemeinden übertragen sind. Als Grund dieser Einrichtung wird in dem Edikt vom 31. Dezember 1818 angeführt, daß bei dem Umfang und der Vielartigkeit dieser Geschäfte zumal bei einem Distrikte von 20 000 Menschen die Talente, Kenntnisse, praktische Ausbildung und Tätigkeit eines einzigen Mannes nach den Forderungen der jetzigen Zeit nicht genügen könne.

Dieser angeführte Grund wird bei den wenigsten Mediatgebieten seine Anwendung finden, indem wohl kein standesherrlicher Amtsbezirk eine Bevölkerung von 20 000 Menschen umfassen wird. Man glaubt nicht, daß diese bloß administrative Maßregel der Regierung, in welcher sie die Stellung ihrer Beamten festsetzt, unter jene allgemeine Gesetze gerechnet werden könne, an deren Ausübung die Vorschrift der bundesgesetzlichen Rechte der Fürsten und Grafen gebunden ist; wollte man aber den Grundsatz der Trennung der Justiz und Polizei als ein solches Gesetz betrachten, welchem die staatsrechtlichen Befugnisse der Mediatisierten zum Opfer gebracht werden müssen, so ist nicht wohl einzusehen, warum dieser Grundsatz bloß in der den Mediatisierten belassenen Amtsinstanz in Anwendung gebracht werden wolle, während der Gemeinderat die Polizei, die freiwillige und strittige Gerichtsbarkeit und die Strafgewalt ausübt. Es wird erlaubt sein zu bezweifeln, daß dieser aus der untersten Klasse des Volks gewählte Gemeinderat mehr als ein standesherrlicher Beamter die Talente, Kenntnisse, praktische Ausbildung und Tätigkeit usw. besitze, um den Forderungen der Zeit mehr als jener zu entsprechen. Bei dem Königlichen Kreisgericht wird außer der Zivil- und Kriminaljustiz auch die freiwillige Gerichtsbarkeit über exemte Güter und Personen verwaltet. Der Grundsatz der Trennung der verschiedenen Amtsbefugnisse ist also in dem Königreich Württemberg nicht so allgemein in Ausführung gekommen, daß man nicht hoffen dürfte, daß der Wunsch, den 14ten Art. der Bundesakte zu erfüllen, das Königliche Gouvernement vermögen dürfte, den Standesherrn zu gestatten, in einem Amtsdistrikt, der nicht über 10000 Seelen enthaltet, sämtliche in No 4 der Bundesakte bestimmte Rechte durch einen Beamten und einen Aktuar verwalten zu lassen. Es kann Euer Exzellenz unmöglich entgehen, daß es sonst bei einem nicht sehr beträchtlichen Gebiete unmöglich ist, die uns zustehende Gerechtsame auszuüben, ohne eine Ausgabe von 5 bis 6000 fl zu veranlassen, ebensowenig kann denselben entgehen, daß ohne ein solches Zugeständnis an eine Übereinkunft unmöglich zu denken seie. Wer wird sich entschließen, einem Vergleich seine garantierte Rechte zum Opfer zu bringen, welcher ihm nur die Wahl läßt, seine Ausgaben um eine so beträchtliche Summe zu vermehren oder auf die Ausübung seiner Rechte zu verzichten. Euer Exzellenz erwähnten in München der Erleichterung, daß nemlich gestattet werden würde, unsern Rentbeamten die Polizeiverwaltung zu übertragen. Abgesehen davon, daß die Rentbeamten nicht immer die nötigen Eigenschaften für die Verwaltung der Polizei besitzen dürften, so sehe ich in dieser Vereinigung einen neuen Nachteil. Der Polizeibeamte soll als solcher nach den Bestimmungen der Organisationsedikte rücksichtlich der Annahme, Entlassung und Besoldung wie die königliche Beamte gleicher Kategorie behandelt werden. Ist man nun mit dem Rentbeamten als solchem unzufrieden, so kann ihm zwar das Rentamt abgenommen werden, jedoch können seine Verhältnisse als Polizeibeamter nicht verrückt werden, d. h. mit andern Worten: er behält seinen Gehalt, und ein Teil der Arbeit wird ihm abgenommen. Ich kann mich von der Ansicht nicht trennen, daß bei unserm gegenwärtigen Verhältnis wir uns unmöglich in die Lage setzen können, daß die Verwalter unseres Vermögens eine unabhängige Stellung von uns erhalten.

Die vorgeschlagene Vereinigung wird dem Interesse der Untertanen der standesherrlichen Gebiete gewiß am meisten entsprechen. Der Landmann wünscht schnelle und nahe Hülfe und Rat in allen seinen Angelegenheiten; er wünscht also, das ihm vorgesetzte Amt in seiner Nähe zu finden. Berücksichtiget man die vielen Kompetenzstreitigkeiten, welche zwischen nach der neuen Organisation angestellten Beamten über die Grenze ihrer Amtsbefugnisse entstanden sind, so wird es keinem Zweifel unterliegen, daß der Landmann mit seinen Angelegenheiten sehr oft von einer Stelle zur andern wandern wird und erst nach einem ihm höchst schädlichen Zeitverlust diejenige Stelle finden wird, welche seine Angelegenheit erledigen kann. Hiezu kommt noch, daß er sehr oft zu gleicher Zeit mehrere Angelegenheiten verschiedener Art vorzubringen hat, welche von einer Stelle auf einmal abgetan werden können, anstatt daß er nach der neuen Amtsorganisation mehrerer dazu bedarf. Zu diesen Nachteilen kommen noch jene, welche für das Land aus der Anhäufung von nicht hinlänglich beschäftigten Beamten entstehen; wenn für einen Distrikt von 20 000 Menschen das durch die Edikte angeordnete Personale für die Geschäftsführung hinreicht, so muß dasselbe Personale in einem Distrikt von 2 bis 3000 Seelen nicht hinlänglich beschäftigt sein, besonders wenn die den Hoheitsbeamten vorbehaltene Befugnisse auch künftig noch von denselben verwaltet werden sollten. Aus diesem Grund wird sich das Verlangen wohl rechtfertigen, daß die Besoldung eines standesherrlichen Beamten auf 800 und die eines Aktuars auf 300 festgesetzt werde. Wollte der Staat aus unbekannten Gründen durchaus auf der Übersetzung des standesherrlichen Personals bestehen, so wird es als eine billige Forderung der Beteiligten erscheinen, daß derselbe die hiedurch vermehrte Ausgabe über sich nehme. Seine Majestät der König von Preußen haben zu Bestreitung der Administrationskosten bei einem nach ganz andern Grundsätzen aufgestellten Amtspersonale den mediatisierten Fürsten den Bezug der direkten Steuern ihrer Gebiete belassen; auch das Badische Edikt von 1819 hat in dem Fall, daß die Früchte der Jurisdiktion nicht hinreichen, einen Zuschuß aus der Staatskasse zugesichert.

5. Aufsicht über die Amtsführung der standesherrlichen Beamten.

Eine weitere beschwerende Differenz ergab sich in der Unterhandlung darin, daß den Standesherrn nicht gestattet werden wollte, Einsicht von der Justizverwaltung ihrer Ämter zu nehmen. Wenn von den Standesherrn verlangt wird, daß sie gleich dem Fiskus für die Handlungen ihrer Beamten zu haften haben, so muß wohl ihnen auch gestattet sein, Kenntnis von jenen Handlungen zu nehmen, für welche sie verantwortlich sind. Diese Befugnis wird sowohl in Baiern, Östreich, Preußen, Sachsen usw. keinem Gerichtsherrn untersagt, obgleich nirgends eine Einmischung in die Entscheidung der Rechtsfragen gestattet sein kann. Der von den königlichen Kommissarien aufgestellte Grundsatz widerstrebt also auch hier ganz allein einem übereinstimmenden verheißenen Rechtszustand. Der Vorteil der standesherrlichen Jurisdiktion für den Untertanen geht ohne diese Befugnis größtenteils verloren. Die Klage über Verschleif, Vernachlässigung usw. der Rechtspflege bringt der Untertan weit lieber bei der in der Nähe sich befindenden Herrschaft als bei dem entfernteren Appellationsgericht an. Hier kann er seine Beschwerden mündlich ohne alle Kosten vortragen, dort muß er Reise- und Advokatenkosten anwenden, um seine Klage anzubringen. Der Standesherr befindet sich ohne diese Befugnis außerstand, den Grund oder Ungrund der vorgebrachten Beschwerde durch Einsichtnahme der Akten zu beurteilen und eine Abhilfe höhern Orts zu veranlassen. Ohne diese Befugnis muß er mit eigenen Augen zusehen, wie der von ihm bezahlte Beamte in seinem Namen seine Gerichtsangehörige mißhandelt, statt daß er im entgegengesetzten Fall eine höchst wünschenswerte Kontrolle ausübt. Da er nicht selbst die befundenen Mißbräuche abstellen kann, sondern sie nur bei den höhern Justizstellen durch Anzeige veranlassen kann, so ist irgendein Mißbrauch dieses Rechts ganz unmöglich.

6. Geteilte Jurisdiktion: *Waldbott-Bassenheim beantragt wie früher, daß in gemischten Orten den Fürsten und Grafen die Polizei und freiwillige Gerichtsbarkeit, dem Staat aber die Kriminal- und Ziviljustiz über den ganzen Ort belassen werden.*

7. Die Jura fisci: Die Standesherrn verlangen uneingeschränkt die jura fisci, nämlich: 1. das Recht, die liquiden Gefälle exekutorisch beizutreiben,
2. das Recht, die nämlichen Vorzugsrechte bei Konkursen zu genießen wie die königlichen Rentämter,
3. das gesetzliche Pfandrecht auf das Vermögen ihrer Beamten und Verwalter wegen aller aus der Amtsverwaltung entspringenden Verbindlichkeiten.

8. Forstgerichtsbarkeit: Hier kann den Standesherren keine andere Beschränkung zugemutet werden, als daß sie sich bei Ausübung der Forst- und Jagdpolizei nach der königlichen Jagd- und Forstordnung richten müssen. Beschränkungen wie in Württemberg gibt es in keinem anderen Bundesstaat. Vorzüglich auffallend muß der vorgeschriebene Diensteid erscheinen. Wenn die Bundesakte ihnen alle die Rechte, welche aus dem Eigentum und dessen ungestörten Genuß herrühren, beläßt, wie läßt sich diese Bestimmung mit der beabsichtigten Beschränkung dieses Eigentumes durch völlig von ihnen unabhängige Diener vereinigen. Die beteiligten Fürsten und Grafen sind überzeugt, daß bei einer solchen Stellung ihrer Diener sie aufhören würden, ihre Herrn und sehr bald Herrn ihres Eigentums zu sein.

9. Polizeiverwaltung:
Bei diesem Gegenstand konnten die von den Königlichen Herrn Kommissarien aufgestellten Grundsätze mit den diesseitigen Ansichten durchaus nicht vereiniget werden. Erstere stellten folgende Hauptgrundsätze auf:
1. Die Munizipalverwaltung in den standesherrlichen Besitzungen muß der im übrigen Teil des Königreichs völlig gleich sein.
2. Nur die Gegenstände der niedern Polizei können von den standesherrlichen Beamten verwaltet werden, dagegen verwalten die Königlichen Oberamtleute in den standesherrlichen Bezirken die Gegenstände der höhern Polizei.
3. Die bestehende Oberamtseinteilung soll beibehalten werden, und die standesherrlichen Besitzungen machen integrierende Teile dieser Amtskörperschaften [aus].
4. Die Polizei muß von der Justiz getrennt verwaltet werden.
Dagegen wurde von den Standesherrn verlangt wie folgt:
1. Daß die neu eingeführte Munizipalverwaltung in den fürstlichen und gräflichen Gebieten nur insoweit fortbestehen solle, als sie die Verwaltung des Gemeindevermögens, die Gemeindswahlen und andere die Gemeinde in concreto betreffende Angelegenheiten betrifft;
2. daß kein Teil des standesherrlichen Gebiets einer nicht standesherrlichen Gemeinde einverleibt werde;

3. daß keine standesherrliche Domänen als Waldungen und Meierhöfe, welche ein geschlossenes Ganze bilden, einer Gemeinde einverleibt werden und daß, wo einer der beiden vorhergehenden Fälle stattgehabt hat, dieses wieder abgeändert werde;

4. daß die Lokalortspolizei im Namen der Standesherrn durch einen von ihnen zu ernennenden Ortsvorsteher oder Schultheißen unter steter Aufsicht des standesherrlichen Amts ausgeübt werde;

5. daß ein jedes standesherrliche Gebiet ein eigenes Ganze bilde, welches unter einem standesherrlichen Amt steht, welchem letzteren alle Befugnisse eines Königlichen Oberamts zustehen, und folglich in administrativer und polizeilicher Hinsicht ganz von der Amtskörperschaft getrennt sei, und daß die Bildung eines solchen standesherrlichen Amtes nicht durch die gegenwärtige Oberamts- oder Kreiseinteilung gehindert werden solle sowie die ehemaligen ritterschaftlichen Besitzungen der Standesherrschaften mit diesen Ämtern vereiniget werden können;

6. daß die Polizei mit allen Teilen der Justiz durch denselben Beamten verwaltet werden könne;

7. daß den Standesherrn das Recht gelassen werde, Gewerbsrekognitionen zu erteilen und die dafür zu bezahlenden Rekognitionsgelder zu beziehen, worunter nur solche Gewerbe zu verstehen sind, welche nur auf die standesherrliche Gebiete beschränkt sind, und keineswegs solche, welche sich über größere Landesstrecken ausdehnen, als Fabriken usw.

Bei dieser so großen Meinungsverschiedenheit hat man sich bemüht, ein Mittel zu erdenken, wie durch möglichste Beibehaltung der allgemein bestehenden Verwaltungsformen die beiderseitigen Ansichten vorzüglich in Rücksicht des Amtskörperschaftsverhältnisses möglichst vereiniget werden könnten, und hat die Ehre, folgenden Vorschlag zur Berücksichtigung vorzulegen:

Die einem solchen standesherrlichen Gebiet obliegenden allenfallsigen gemeinschaftlichen Lasten werden unter Vorsitz des standesherrlichen Amtes von den Deputierten der Gemeinden gemeinschaftlich beraten und unter die Gemeinden verteilt; der Gerichtsaktuar wird dabei das Protokoll führen; eine eigene Kasse hat nicht statt. Bei diesem Geschäft wird nach den Vorschriften, welche für die Amtskörperschaften bestehen, im allgemeinen verfahren. Bei allgemeinen Distriktslasten, welche den ganzen Kreis oder die bisherige ganze Amtskörperschaften betreffen, als Militärverpflegung, Vorspann, größere Straßenbauten, Landessteuerangelegenheiten, nehmen sie an der bisherigen Amtskörperschaftsverbindung insolange teil, bis eine andere Amtseinteilung statthat, nach welcher die standesherrlichen Gebiete gänzlich von den übrigen unmittelbaren Gebietsteilen getrennt werden. In diesen oben angeführten Fällen schicken die standesherrlichen Gemeinden Deputierte zu der Amtsversammlung, um Anteil an der gemeinschaftlichen Beratung in dieser Hinsicht zu nehmen. Der standesherrliche Beamte wird diesen Versammlungen beiwohnen, um dem Interesse der standesherrlichen Gemeinden gemäß die Deputierte beraten zu können und zugleich das Interesse der Standesherrschaft, insoweit dieselbe zu solchen Lasten zugezogen wird, zu vertretten, in welcher Hinsicht seine Stimme in den Deliberationen zum Behuf der zu fassenden Beschlüsse gezählt wird. Im übrigen macht aber das standesherrliche Gebiet keinen integrierenden

Teil der Amtskörperschaft aus. Die Schulden, die aus dem bisherigen Oberamtsverband noch herrühren, übernehmen die standesherrlichen Gemeinden nach dem bisherigen Verhältnis auf sich und repartieren dieselbe unter sich, dagegen bleiben sie in Zukunft von dem eigentlichen Oberamtsschaden befreit. In landständischen Angelegenheiten handeln die Einwohner der standesherrlichen Gebiete in Verbindung mit der Amtsversammlung desjenigen Oberamts, dem sie bisher zugeteilt waren, bis eine andere Oberamtseinteilung statthaben wird. Die standesherrlichen Polizeibezirke werden weder durch die bisherige Oberamts- noch Kreiseinteilung beschränkt. Die Ernennung der Ortsvorsteher in den fürstlichen und gräflichen Besitzungen wird den Fürsten und Grafen überlassen.

Zur Rechtfertigung der vorstehenden Anträge erlaubt man sich, folgendes anzuführen. Nach der Stellung, welche von seiten der Königlichen [Regierung] für die standesherrliche Polizeibefugnisse beabsichtigt wurde, übt der Ortsvorsteher die niedere Ortspolizei im Namen der Gemeinde aus, die Befugnisse der sog. höhern Polizei aber im Namen des Staats; rücksichtlich ersterer steht er unter Aufsicht des standesherrlichen Amtsmanns und rücksichtlich letzterer unter dem Königlichen Oberamtmann; beide, der Königliche Oberamtmann und der standesherrliche Amtmann, stehen unter der Aufsicht der Königlichen Regierung. Diese Stellung ist sehr verschieden von jener, welche die Baierische Deklaration von 1807 und die spätere von 1818 sowie von jener, welche Seine Majestät der König von Preußen als den Vollzug des 14ten Art. der Bundesakte bestimmen. Nach der Baierischen Deklaration verwaltet das standesherrliche Herrschaftsgericht nebst der Justiz in allen ihren Zweigen die Polizei in ihrem ganzen Umfang, sowohl jene Teile derselben, welche als Ausflüsse der niedern Polizei, als jene, welche als Ausflüsse der Staatsgewalt betrachtet werden; nur in der zweiten Instanz tritt eine Separation der Hoheitsrechte ein; diese werden der Königlichen Regierung zur Verwaltung übertragen, während die andern durch die Justiz- und Regierungskanzlei der Mediatisierten verwaltet werden. Nach ganz gleichen Grundsätzen wurde in dem Königreich Preußen verfahren, nur wurde hier die für die Mediatisierte noch vorteilhaftere Bestimmung gegeben, daß die zweite Instanz statt durch eine Regierungskanzlei durch einen standesherrlichen Oberbeamten ausgeübt werden könne, welchem die nemlichen Befugnisse wie einem Königlichen Landrat zustehen. Die Beteiligten glauben nicht ohne Grund, sich auf die Beispiele der beiden größten Staaten Deutschlands berufen zu dürfen, in welchen die Verhältnisse der vormaligen Reichsstände zu ihrer vollkommenen Zufriedenheit bestimmt wurden, wenn es sich davon handelt, noch nicht geregelte Verhältnisse derselben nach dem Geiste der Bundesakte und nach dem Grundsatz eines übereinstimmenden Rechtszustandes festzusetzen. Sie glauben diese Ansicht um so mehr begründet, als die Bestimmungen der Baierischen Deklaration von 1807 schon im allgemeinen als Normen für dieselben bestimmt sind.

Wenn die beteiligten Fürsten und Grafen für die Gebiete die Trennung von der im Königreich Württemberg bestehenden Amtskörperschaft verlangen, so stehen ihnen folgende Gründe zur Seite:

1. erfolgte die Vereinigung mit denselben erst in dem Zeitpunkt, als ihnen ihre Jurisdiktionsbefugnisse entzogen wurden. Sie bestanden unter württem-

bergischer Souveränität mehrere Jahre frei von diesem lästigen Verband. Es läßt sich also mit Grund hoffen, daß, nachdem ihnen die entzogene Jurisdiktionsbefugnisse zurückgestellt werden, sie auch zugleich in den frühern Standpunkt restituiert werden.

Kostspieligkeit der Oberamtskorporationen. Ein eigener Korporationsverband kann den standesherrlichen Gebieten aus rechtlichen Gründen nicht versagt werden. Hinweis auf die Regelung in Bayern durch die Deklaration von 1807. Von dem Augenblicke an, in welchem die Justiz und Polizei an die Standesherrn zurückgegeben wird, bilden die standesherrlichen Gebiete eigene Distrikte; standesherrliche Beamte verwalten die Justiz und Polizei; die Administrationskosten werden größtenteils aus den standesherrlichen Kassen bezahlt, und der größte Teil des in den Oberamtsversammlungen beratenen Amtsschadens ist denselben fremd. Die standesherrliche Gebiete erhalten hiedurch eigene finanzielle Verhältnisse, und müßten sie mit den unmittelbaren Gemeinden in einer Amtskorporation verbleiben, so geschähe es nur, um zu Ausgaben beizutragen, welche ihnen völlig fremd sind. Auch die altwürttembergische Verfassung widerspricht der Bildung standesherrlicher Korporationen durchaus nicht. [...]

Eine weitere Beschränkung der Rechte der mittelbar gewordenen Fürsten und Grafen findet sich in dem Grundsatz, daß der Königliche Oberamtmann einen Teil der Polizei in ihren Gebieten auszuüben habe. *Die Baierische Deklaration von 1807 räumt den Königlichen Landbeamten durchaus keine solche Einwirkung auf die standesherrlichen Besitzungen ein. Lit. E § 1–13 der bayerischen Deklaration.* Ein solches Einwirken des Königlichen Oberamtmannes kann also durchaus nicht als dem Geiste der Bundesakte entsprechend betrachtet werden; stets wird es Reibungen zwischen den Behörden erzeugen und immer hindernd darauf wirken, sich allseitig an die neue Ordnung der Dinge zu gewöhnen.

Der Entzug des Rechts, Gewerbskonzessionen zu erteilen, hat eine Fülle von Streitigkeiten in den Gemeinden und zwischen den Standesherren und Gewerbsberechtigten entstehen lassen, vor allem infolge der unklaren Regelung über Realgerechtigkeiten. Da die standesherrlichen Waldungen und Domänen keinen Teil an den Gemeindelasten zu tragen haben, brauchen sie auch keiner Gemeinde einverleibt zu werden.

10. Eigentumsrechte, Entschädigungsansprüche und andere finanzielle Verhältnisse betreffend.

Einer der wichtigsten Differenzpunkte, welche in den stattgehabten Unterhandlungen nicht erledigt werden konnten, sind die finanziellen Verhältnisse der beteiligten Fürsten und Grafen. Teils konnte man sich über die Grundsätze nicht vereinigen, teils fanden sich die Beteiligten durch die in Vorschlag gebrachte Fassung nicht hinlänglich gesichert. Man wollte von Seite der Königlichen Kommissarien die stattgehabten Ausscheidungen der standesherrlichen Revenüen als rechtsgültige Verträge bestehend erhalten und brachte rücksichtlich der standesherrlichen Fall- und Erblehen und Grundgefälle eine Bestimmung in Vorschlag, bei welcher man sich unsererseits nicht beruhigen konnte. *Hinweis auf die bayerischen Normen in der Deklaration von 1807 und in dem*

Edikt von 1818. In Württemberg waren die Mediatisierten bei der Revenüenausscheidung vielfacher Willkür ausgesetzt. Waldbott-Bassenheim stellt daher folgende Anträge:

1. Den fürstlichen und gräflichen Häusern werden in Rücksicht ihrer im Königreich gelegenen Besitzungen alle diejenigen Rechte und Vorzüge zugesichert, welche aus deren Eigentum und dessen ungestörtem Genuß herrühren und nicht zu der Staatsgewalt und den höhern Regierungsrechten gehören. In dieser Hinsicht verbleiben ihnen ihre Fall- und Erblehen und grundherrliche Gefälle jeder Art. Alle desfallsige ihren Besitzstand und [ihre] Rechte beschränkende, seit ihrer Unterwerfung im allgemeinen ergangene gesetzliche Bestimmungen sollen auf dieselbe keine Anwendung finden, dagegen ihre Rechtsverhältnisse nur nach den Lehenbriefen und andern einen Rechtstitel begründenden Dokumenten und dem frühern Herkommen gemäß von den Gerichten in Streitfällen beurteilt werden können.

2. *Die Bergwerksrechte jeder Art verbleiben den Standesherren wie vor der Mediatisierung.*

3. *Der Neubruchzehnte in den mediatisierten Gebieten verbleibt den Standesherren, falls nicht privatrechtliche Ansprüche bestehen. Der seit 1806 entzogene Zehntertrag wird zurückerstattet.*

4. *Die Revenüenausscheidung wird nach den Grundsätzen der bayerischen Deklaration von 1807 revidiert, ebenso*

5. *die Übernahme der Diener, die Ausscheidung der Schulden und anderer Lasten.*

6. *Die vor Entstehung der Bundesakte vorgenommenen Ausscheidungen sind nur dann als gültig zu betrachten, wenn die Beteiligten mit dem Resultat einverstanden sind.*

Weitere Anträge, u. a. wegen Steuerprivilegien und vor allem wegen der Garantien für die zu treffende Übereinkunft über die staatsrechtlichen Verhältnisse der württembergischen Standesherrn, damit der neue Rechtszustand „nicht einer steten Umwandlung durch die Landesgesetzgebung unterworfen bleibe".

Nr. 67 1824 Dezember 7, Frankfurt

Bericht des württembergischen Bundestagsgesandten v. Trott an Außenminister v. Beroldingen über die Mediatisiertenfrage

E 65/68, Verz. 57, Bü 59, UFasz. 11, 2 b, Q 85. Ausfertigung.

Größeres Interesse an der Mediatisiertenfrage besteht nur bei Baden und dem Großherzogtum Hessen. Die übrigen deutschen Höfe begünstigen zum Teil die Mediatisierten, zum Teil sind sie bei der Frage gleichgültig, da man nicht gewohnt ist, sich der Erörterung allgemeiner Fragen, wenn sie auch im Prinzipe wichtig sind, ohne ein besonderes Interesse ernsthaft anzunehmen und deshalb in unangenehme Diskussionen einzulassen. [...]

Die Forderungen des Grafen v. Bassenheim namens der Mehrzahl der württembergischen Mediatisierten sind fortwährend so weit von den Grundsätzen, welche die Regierung bisher standhaft verfolgt hat, verschieden, daß eine gütliche Vereinbarung unerreichbar scheint, wenn die Regierung nicht die wesentlichsten Gesichtspunkte, von denen sie bisher ausgegangen ist, geradezu aufzugeben willens wäre. Es dürfte daher, wenn diese Angelegenheit überhaupt zur Erledigung gebracht werden soll, dies nicht anders als unter Mitwirkung der Bundesversammlung erreichbar sein, wobei das Königliche Gouvernement übrigens gewiß auf keine Weise einseitige und willkürliche Auslegungen zu seinem Nachteile anzuerkennen nötig hat, sondern dieser eine entschiedene, mit Gründen unterstützte Weigerung entgegenzusetzen befugt und imstande sein wird. Es dürfte doch auch Mittel geben, der Erwägung dessen, was die Aufrechterhaltung der Souveränitätsrechte und einer geregelten Administration fordern, bei andern Höfen Eingang zu verschaffen.

Die meisten der Ausstellungen des Grafen Bassenheim enthalten nur eine Wiederholung dessen, was in den früheren Verhandlungen bereits bis zur Ermüdung vorgekommen ist. Der Adel will durchaus keine Munizipal- und Gemeindeverwaltung in den standesherrlichen Gebieten; deshalb ist er nicht damit zufrieden, daß die von ihm ernannten Administrativbeamten seiner Leitung und seinen Anweisungen nach Maßgabe der Gesetze unterworfen sein und daß die Ortsobrigkeiten hinwiederum unter Leitung und Aufsicht der von ihm ernannten Beamten stehen sollen. Die Notwendigkeit solcher Organe wohl einsehend und das Recht ihrer Ernennung und Bestellung ausdrücklich begehrend, will der Adel in ihnen doch nur blinde Organe seines Willens ohne alle verfassungsmäßige, durch Gesetze gesicherte Stellung besitzen; er will fortfahren, innerhalb des ihm angewiesenen Kreises der Befugnisse gewissermaßen als Landesherr wie ehemals zu regieren; die Stellung, die er begehrt, ist mit einem verfassungsmäßig begründeten Gemeindezustand unverträglich, eines muß, das sieht der Adel richtig ein, weichen.

Aus demselben Grunde will der Adel seine eigentümlichen Besitzungen, welche ein geschlossenes Ganze bilden, nicht einmal einer Gemeinde zugeteilt wissen, wodurch alle regelmäßige Territorialeinteilung unmöglich nützlich werden würde; deshalb spricht er stets von dem Schutze, den er seinen Gutsangehörigen zu gewähren durch die in Württemberg bestehenden Einrichtungen verhindert werde, und verlangt ein Kognitionsrecht bei gerichtlichen Verhandlungen, während es doch wohl nicht leicht irgendjemand einfallen wird zu glauben, die mediatisierten Gutsherrn seien in der Tat imstande, die Gesetzlichkeit des Verfahrens der Beamten zu prüfen, wenn man ihnen auch das Recht dazu einräumen wollte. Deshalb genügt der zugestandene Diensteid nicht, obgleich dadurch die Beamten angewiesen werden, allen denjenigen Verpflichtungen nachzuleben, welche ihnen das Übereinkommen mit den Standesherrn auferlegt, namentlich was den Polizeibeamten betrifft, den gesetzlichen Anordnungen des Standesherrn Folge zu leisten; deshalb wird ein Untertaneneid gefordert, obgleich nicht abzusehen ist, wie es einer persönlichen und eidlichen Verpflichtung bedürfe, um Verbindlichkeiten zu befestigen, welche durch die Hülfe des Gesetzes erzwungen werden können, wenn damit nicht ein unbestimmtes Abhängigkeitsverhältnis oder eine sog. Hörigkeit bezweckt wird.

Nie wird die Regierung mit den Standesherrn, welche die Ansichten, die Zwecke und die Beharrlichkeit des Grafen Bassenheim teilen, gütlich übereinkommen, solange diesen noch einige Aussicht bleibt, ihr Ziel zu erreichen, wenn die Regierung nicht den Grundsatz aufgibt, daß in den standesherrlichen Gebieten dieselbe Gemeinde- und Munizipalverwaltung, dieselbe Gerechtigkeitspflege, dieselbe oberamtliche Verwaltung etc. wie in den übrigen Gebietsteilen des Königreichs bestehen solle. Konzessionen im einzelnen werden zwar angenommen werden, jedoch nicht zur Vereinbarung führen. Daß die ehemalige Gutsherrlichkeit mit der gegenwärtigen Verfassung in Württemberg unvereinbar sei und daß mit dieser jener nun entschiedener Krieg gemacht werde, das begreift der Adel sehr deutlich, und darin sieht er auch richtig; es fragt sich nur, welches dieser beiden Verhältnisse dem andern weichen solle. Deshalb erklärt sich auch der Adel äußerlich mit den Einrichtungen in denjenigen Staaten zufrieden, wo diese beiden entgegengesetzten Verhältnisse sich weniger entschieden entgegentreten, vielmehr der Widerspruch noch mehr im Dunkeln steht; nicht daß der Adel damit in der Tat zufrieden wäre, eben weil er glaubt, dadurch doch noch eine Wurzel des alten Verhältnisses erhalten zu haben, aus der unter der Gunst der Zeit ein frischer Zweig treiben könnte.

Jener Gegensatz ist ein so entschiedener, daß er nicht umgangen oder durch einiges Ab- und Zutun gelöst werden kann; sonst ließe sich im einzelnen wohl noch hier und da unschwer eine Vereinigung bewirken. Wie die Sachen aber stehen, scheint mir dieses Mittel nur noch anwendbar zu sein, um mit denjenigen Standesherrn, welche das streitige Prinzip freiwillig aufgeben, eine Vereinigung zu erleichtern, oder um jenes Prinzip von seiten der Regierung demnächst bei einer Verhandlung vor dem Bundestage desto bestimmter festzuhalten, da das Aufgeben desselben nicht in der Absicht des Gouvernements liegen wird.

Man hat den neuen verfassungsmäßigen Einrichtungen in Württemberg vielfach den Vorwurf gemacht, daß sie dazu dienten, dem großen Haufen eine demokratische Herrschaft zu verleihen – Graf Bassenheim nennt die Ortsgerichte, eine in Deutschland uralte Einrichtung, Volkstribunäle –, daß sie dem Geiste der Monarchie zuwider seien und dieselbe bedrohten. Versteht man unter der Monarchie nicht die Herrschaft der unbedingten Willkür, so möchte sich dagegen wohl erweisen lassen und nicht überflüssig sein, gelegentlich bemerklich zu machen, daß die verfassungsmäßigen Einrichtungen in Württemberg vielmehr der dem Demokratismus ebenso wie dem Despotismus zusagenden Nivellierung aller Verhältnisse widerstreben, indem dadurch der große Haufen des Volks in verfassungsmäßig gegliederte Abteilungen verteilt wird, in denen die Regierungsgewalt regelmäßig geordnet ist und ihre regelmäßige Wirkung hat, in denen das Interesse am gemeinen Wesen Nahrung und eine geordnete Anwendung findet und in denen der Einfluß, den die bürgerliche Tugend geben solle, ebenso sichergestellt ist als der, den der ansehnliche, nicht bloß der große Besitzstand überall gibt und überall zu geben berufen ist, wo nicht von der Herrschaft, sondern von einer wohltätigen Direktion, einer naturgemäßen Einwirkung die Rede ist. Die Festigkeit des Lehnsystems beruhte auf solchen Einheiten, an deren Spitze der Guts- und Lehnsherr stand. Nachdem das Lehnsystem mit der ausgebreiteteren Kultur des Volks hat untergehen müssen, scheint nichts so sehr zur Befestigung der in ihren Grundlagen schwankenden bürgerlichen Gesellschaft geeignet zu sein als wohlgeordnete gemeinheitliche Verhältnisse. Dieser Übergang würde nicht so schwer halten, er würde nicht so viel Widerstand erleiden, es würde nicht so mancher Rückschritt geschehen sein, wenn man der Überzeugung Raum geben wollte, daß die Entwickelung der Geschichte keine rückgängige sein kann, daß die Zeit des gutsherrlichen Adels vorüber ist und daß man ernsthaft daran denken muß, wie an dessen Stelle ein politischer Adel treten könne, der ebensowohl zur eigenen Sicherheit als zur gesetzlichen Freiheit aller diene, ohne daß seine Existenz irgendjemand belästige, herabwürdige und die freie Entwickelung geistiger und leiblicher Kräfte hindere.

Nr. 68   1829 Januar 19, Haltenbergstetten
Äußerung des Fürsten Carl Joseph zu Hohenlohe-Jagstberg über die Frage, ob die Häuser Hohenlohe die Patrimonialgerichtsbarkeit und Polizeiverwaltung in vollem Umfang übernehmen sollen

K II W 274, Q 198. Abschrift.

Vgl. Darstellung, S. 380 f.

Hohenlohe Jaxtbergisches Sentiment!
Ich bin meines Orts weit entfernt, die Last zu verkennen, die auch mir in finanzieller Hinsicht die gemeinschaftliche Übernahme der Justiz und Polizei auferlegen wird. Allein, wenn ich in die Wagschale die Wichtigkeit derselben in jeder andern Hinsicht lege, so glaube ich auf die Gerechtsame nicht verzichten zu können, ohne mich an dem Sinne der Bestimmungen meiner Vorältern u. an meiner Nachkommenschaft zu versündigen und sozusagen an dem Rest der fast gänzlich verschwundenen politischen Existenz unseres Hauses einen Selbstmord zu begehen, wodurch als unausbleibliche Folge ein Opfer nach dem andern herbeigeführt und zuletzt der uns angewiesene Standpunkt vernichtet, unser Haus heruntergesetzt, in den Augen der höchsten Mächte sowohl als der andern mediat Gewordenen blamiert und unsere Existenz sowohl als selbst der Bezug unserer Einkünfte so schwankend, so unsicher und dependent gemacht würde, daß in kurzer Zeit, wo nicht wir, doch unsere Nachkommen in die Klasse der bürgerlichen Gutsbesitzer herabgewürdigt [würden] und, zur Freude der Feinde unseres Standes außer allen Einfluß auf unsere Untertanen gesetzt, [es] uns selbst kaum möglich bliebe, als eine für dieselben nur schwere und daher verhaßte Last das Land unserer Väter ferner zu bewohnen.
Anschluß an die damit übereinstimmende Ansicht von Hohenlohe-Langenburg. Überzeugung, daß der Verwaltungsaufwand durch bessere Organisation noch vermindert werden könnte.

Nr. 69—89   Adel und Grundholden: Innerer Zerfall adeliger Herrschaft

Vgl. Darstellung, S. 383 ff. Die folgende Quellenauswahl konzentriert sich geographisch auf drei Gebiete: Hohenlohe (Nr. 69–77), Oberschwaben (Nr. 78–82) und die Standesherrschaft Öttingen-Wallerstein (Nr. 83–89).

Die verschiedenen Aspekte und Motivationen der Beteiligten, des berechtigten Adels, der Grundholden und ihrer Vertreter sowie der staatlichen Behörden sind nach Möglichkeit berücksichtigt. Vor allem für die Haltung der Pflichtigen auch in den kleineren ritterschaftlichen Grundherrschaften werden sie ergänzt durch die Akten über den Vollzug der Ablösungsgesetze von 1836 (Nr. 124 ff), besonders aber durch die Berichte über die Bauernunruhen im März 1848, die bäuerlichen Märzpetitionen und die Berichte über die Durchführung der Ablösungsgesetze von 1848/49 (Nr. 147 ff, 156 ff, 172 ff).

Die Fürstentümer Hohenlohe waren 1848 das Zentrum der bäuerlichen Märzunruhen in Württemberg. Aus Nr. 69 und 77 wird ersichtlich, wie sich hier eine Tradition weitgehend gleichbleibender Beschwerden gegenüber der Herrschaft im Lauf der Jahrzehnte gebildet hatte (vgl. Nr. 124, 147 ff, 156, 163). Zwischen den hohenloheschen Fürsten und ihren Beamten kam die Diskussion über die Möglichkeit mehr oder weniger umfangreicher Ablösungen früher und intensiver in Gang (Nr. 70–76) als in anderen Standesherrschaften, auch wenn es dort vor allem in den 1840er Jahren an Überlegungen in dieser Richtung nicht gefehlt hat (Nr. 80, 82; vgl. Nr. 146).

Einen Eindruck von häufigen Klagpunkten adliger Grundholden in Oberschwaben vermitteln Nr. 78, 79 und 81.

Zu dem besonders gespannten Verhältnis zwischen der Standesherrschaft Öttingen-Wallerstein und ihren Pflichtigen (Nr. 83–89; vgl. Nr. 162) vgl. Darstellung, S. 412 ff.

Nr. 69   1821 April 24, Öhringen

Bericht des Oberamts Öhringen an die Regierung des Jagstkreises über die Beschwerden der Vorsteher sämtlicher Gemeindebezirke des Stammteils Hohenlohe-Öhringen gegen das Oberrentamt Öhringen

E 175/176, Bü 747, oberstes UFasz., Q 9. Ausfertigung. Unterschrift: Oberamtsverweser Oesterlen.

In einer Eingabe vom 12. 1. 1821 hatten die Gemeinden Baumerlenbach, Eckartsweiler, Ernsbach, Forchtenberg, Kirchensall, Langenbeutingen, Neuenstein, Ohrnberg, Untermaßholderbach, Wohlmuthausen, Zweiflingen und Michelbach ihre „Anstände und Wünsche" gegen das Oberrentamt Öhringen bei der Kreisregierung Ellwangen vorgetragen. Sie wollten nicht „als wirkliche Kläger gegen des Herrn Fürsten v. Oehringen Durchlaucht" auftreten, sondern bloß die Bahn der Gesetze betreten, um dasjenige zu erlangen, „was sie schon längst angesprochen haben, ohne ein günstiges Resultat bisher herbeiführen zu können". Ihre Beschwerden: 1. Übersteigerte Jagdfronen und Holzhaufronen der Söldner. Man bittet um genauen Nachweis der Verpflichtungen. 2. Forchtenberg klagt über das Dienstgeld (je Bürger 4 fl Dienstgeld, 16 kr Frongeld): Da man Fronen bereits in Natur leistet, kann nicht noch ein Geldbetrag verlangt werden; man wünscht den Rechtstitel des Rentamts für den Bezug des Dienstgeldes zu sehen. 3. Für den Bezug von Schutzgeldern ist kein Grund bekannt, „denn nach unsern Begriffen erteilt nur der Landesherr den Untertanen den Schutz. Es wird also keines besonderen Schutzes für diese Personen bedürfen, welche in der Gesellschaft ihrer Mitbürger fortleben [...]." Man wünscht einen Nachweis der Berechtigung. 4. Klage wegen zu hoher Taxation bei Handlohn und Sterbfall. „Wenn sich der benachbarte altwürttembergische Untertan einer Befreiung von derlei Feudallasten in die Kategorie der Leibeigenschaft gehörend erfreut, so muß es für den Neuwürttemberger ein drückendes Gefühl sein, fortwährend in den Fesseln dieses Drucks zu verbleiben, und es wird uns daher nicht verargt werden dürfen, wenn wir die strenge Erfüllung der gesetzlichen Bestimmung in der Taxation wünschen." 5. Zehntverleihungskosten waren früher nicht üblich. Forderung „nach der früheren Observanz". (E 175/176, Bü 747, oberstes UFasz.). Das Oberrentamt Öhringen erstattete dazu am 10. 4. 1821 Bericht (ebd., Q 17).

[...] *Fürs erste beschweren sich die Vorsteher darüber, daß mit den Fuhr- und Handfronen ein Übermaß gehalten zu werden scheine, und bitten, daß ihnen bewiesen werde, welche Jagdfronen die Bauern und Söldner zu leisten und welches Holz die letztern unentgeltlich zu hauen haben, ob diese Verbindlichkeit auf einem lagerbuchmäßigen Vertrag beruhe oder nur durch Observanz sanktioniert seie. Das Oberrentamt beweist durch Auszüge aus Lagerbüchern unwidersprechlich die Fuhr- und Handfronpflichtigkeit der Bauern und Söldner, zeigt die Billigkeit und Gleichheit in der Jagdfronbelastung und widerlegt die Beschwerde der Gemeinden, daß mehr als der Bedarf an Holz in der Fron gemacht und geführt werden müsse, so gerade und offen, daß ich nichts weiter hierüber zu bemerken weiß.*

Die zweite Beschwerde begreift das von dem Oberrentamte jährlich beziehende Dienstgeld von Bauern und Söldnern und führt zu der Bitte: daß sich das Rentamt ausweise, aus welchem Rechte es eine Abgabe unter diesem Titel verlange, wenn die Fronen in natura geleistet werden.

Darüber beruft sich das Oberrentamt auf den Dienstvertrag vom Jahr 1609 [...] und begründet in betreff der besonders ausgehobenen Beschwerde der Gemeinde Forchtenberg den Bezug des Dienst- und Holzbatzengelds auf die in beglaubigter Abschrift angeschlossene Übereinkunft Forchtenberg, den 4. Dezember 1708, Ziffer 6.

Gegenüber der dritten Beschwerde, daß das Rentamt von Personen, die im Leibgeding leben, unter dem Titel Schutzgeld eine Abgabe von 2 fl von einem Mann und 1 fl 30 kr von einer Witwe jährlich gefordert und bezogen habe, beweist das Oberrentamt erfolgreich die Berechtigung zum Bezug dieses Gefälls.

Die vierte Beschwerde wiederholt die frühere Klage der Gemeindevorste-

her *von Untermaßholderbach und Zweiflingen wegen übersteigerter Handlohns- und Sterbfallsberechnung*[1]).

Dem, was das Oberrentamt darüber äußert, muß ich im allgemeinen beistimmen. Die Klagen über unverhältnismäßig niedere Taxationen laudemialbarer Güter gegen den wahren Wert sind von dem Königl. Kameralamte in betreff des inkamerierten Stifts[2]) ebenso häufig als von dem fürstl. Rentamte, auch haben wiederholte Taxationen durch fremde Felderverständige die Wertseinschätzungen auch nicht herbeigeführt, welche unter Vergleichung der Kaufspreise zu erwarten waren.

Unter diesen Umständen ist die Besorgnis des Oberrentamts nicht ohne Grund, daß die wiederholten Taxationen von keinem Erfolg sein werden, da sich die Gemeinden des fürstlichen Rentamtsbezirks hierin für einerlei Grundsätze vereinigt haben, daher sich auch das Oberrentamt zu der untertänigsten Bitte veranlaßt sahe, ihm die Mittel gnädigst zu bezeichnen, die ihm rechtlich erlaubt sind, um der fürstlichen Herrschaft zu dem Bezug ihrer Lehensgefälle in dem berechtigten Maße in solchen Fällen zu verhelfen, wenn Wertseinschätzungen laudemialbarer Güter offenbar hinter dem kurrenten Preis der Güter gleicher Qualität auf derselben Markung zurückbleiben.

Wie die beschwerdeführenden Gemeinden den 5. Punctum zu einer Beschwerde erheben können, daß nämlich die fürstliche Herrschaft die Kosten der Zehentverleihung den Beständern in Anrechnung bringe, ist mir nicht begreiflich, denn wie sich auch das Oberrentamt darüber erklärt, ist der Zehentpacht eine freiwillige Handlung, welche die Liebhaber nur nicht einzugehen brauchen, wenn ihnen die Bedingungen nicht angemessen sind, welche der Zehentherr derselben vorausschickt.

Alle diese und ähnliche Klagen und Beschwerden kommen mir beinahe täglich sowohl von den Gemeinden des Stammteils Hohenlohe-Öhringen als Waldenburg und Bartenstein vor und nehmen einen großen Teil der mir von den sonstigen vielen Geschäften übrigen Zeit in Anspruch, so daß ich dadurch meine dringenden amtlichen Verrichtungen auf den Amtsorten häufig versäumen muß. Auf zehen deutliche Belehrungen über ein und dieselbe Sache kom-

---

[1]) Auf Beschwerden dieser und anderer Gemeinden über das eigenmächtige und widerrechtliche Verfahren des Oberrentamts Öhringen bei Berechnung von Handlohn und Sterbfall (9. und 12. 8. 1819) hatte das Oberamt Öhringen festgestellt, daß das Rentamt zu niedrige Taxationen der Güter durch die Ortsvorsteher eigenmächtig erhöhte, wußte aber aus eigener Erfahrung zu berichten, daß die Güterschätzungen durch die ortsansässigen Taxatoren regelmäßig (und oft weit) unter dem wahren Wert lagen. Die Beschwerdeführer beriefen sich darauf, der Anschlag von Handlohn und Sterbfall auf Grund einer Taxation stelle eine Neuerung dar, früher sei die Schatzungsanlage aus der ersten Hälfte des 18. Jahrhunderts, um $1/3$ erhöht, der übliche Maßstab für den Güterwert gewesen; doch traf diese Behauptung offensichtlich nicht zu. Das Rentamt Öhringen legte einige Beispiele für die Schätzungsmethoden der örtlichen Behörden vor, darunter das des Lehengutes von Friedrich Baier aus Tiefensall, das 1816 gerichtlich taxiert und 1819 verkauft wurde:
14 Parzellen mit zusammen knapp 18 Mg Fläche hatten nach der Schatzungsanlage aus der Mitte des 18. Jahrhunderts einen Wert von 94 fl. Die gerichtliche Taxation von 1816 veranschlagte 337 fl, das Rentamt erhöhte die als zu niedrig erachtete Summe auf 860 fl. Der Kaufpreis belief sich drei Jahre später aber auf 1898 fl: das 5,6fache der gerichtlichen Taxation und immerhin noch das 2,2fache des erhöhten Anschlags durch das fürstliche Rentamt (E 175/176, Bü 747, oberstes UFasz., Q 1, 2, 5 und Beilagen).
[2]) Stift Öhringen.

men die Leute zum eilftenmal wieder und tragen den nämlichen Gegenstand nur etwas verändert vor und glauben stets einer Verbindlichkeit sich entziehen zu können, die ihren Nachbarn Altwürttembergs fremd sind, wozu freilich das vorzüglich beiträgt, daß wenn sie einmal mit ihrer Schuldigkeit gegen den Staat fertig sind, sie von den fürstlichen Rentämtern mit Lehensgefällen, unter denen Handlohn, Sterbfall und Dienstgelder die lästigsten sind, aufs neue in Anspruch genommen werden.

Der Herr Fürst von Öhringen sucht zwar bei jeder Gelegenheit ihre Verbindlichkeiten zu erleichtern, es werden viele Nachlässe verwilliget und manche Wohltaten gespendet, die von den Vorstehern auch dankbar anerkannt werden; da aber einmal das Mißtrauen gegen die Verbindlichkeiten eingerissen hat, die von der fürstlichen Herrschaft angesprochen werden, so ist es um so wünschenswerter, wenn die beschwerdeführenden Gemeinden höchsten Orts über ihre Verpflichtungen belehrt und zurechtgewiesen werden[3]).

Nr. 70   1821 Juni 13, Kirchberg
Vortrag von Hofrat Hammer an Fürst Ludwig von Hohenlohe-Kirchberg über die augenblickliche Situation der Standesherren in Württemberg

K II W 302, Q 45. Ausfertigung.

Hammer legt eine Übersicht über die neuen königlichen Zugeständnisse an die Standesherren vor, betont, „daß die schlimmen Gesinnungen der Regierung gegen die Standesherrn in jeder Zeile der vorliegenden verschiedenen Resolutionen in der Rechtszustandssache sichtbar sind" und daß daher ein Eingehen auf diese Anträge „höchstwahrscheinlich die traurigsten und nicht mehr zu reparierenden Folgen hat".

Wollen die hohen gnädigsten Herrschaften noch weiters erwägen, daß das unheilbringende Verwaltungssystem der meisten Regierungen in und außerhalb Deutschland, der Druck der Auflagen bei einer Stockung der Gewerbe und gänzlichen Nahrungslosigkeit der Einwohner notwendig die Auflösung der Staaten herbeiführen muß, daß die Gefälle ohne Ausnahme, sie mögen nun in Gülten, Zehenten oder Lehensabgaben bestehen, von allen Seiten angefeindet und daher bei einer Staatsumwälzung, so wie dies schon in Frankreich, Spanien und neuerlich auch in Neapel geschehen ist, ohne alle Entschädigung aufgehoben werden, daß der Fortbezug dieser Gefälle die Standesherrn in eine unangenehme Opposition mit ihren Untertanen bringt und endlich daß die Gewalt der öffentlichen Meinung, welche von jeher die Welt regiert hat, sich die-

---

[3]) Die Beschwerden wurden durch Verhandlung im Oberamt am 8. 11. 1821 erledigt; die Pflichtigen ließen sich in den meisten Punkten durch die vom Rentamt vorgelegten Urkunden und mündlichen Belehrungen beruhigen, baten aber noch um nähere Nachweisungen über die durch das Dienstgeld abgelösten Fronen und sprachen die Hoffnung aus, der Fürst werde denen, die über 60 Jahre alt seien, das Dienstgeld künftig erlassen (ebd., Q 17).

sen Gefällen und der Patrimonialjurisdiktion entgegensetzt und höchstwahrscheinlich über kurz oder lang den Sieg davonträgt, so wird sich durch diese Gründe die untertänigste, jedoch ganz unmaßgebliche Meinung gerechtfertigt finden, daß die Standesherrn in dem Königreich Württemberg wegen Überlassung der sämtlichen Untertanengefälle und der damit verbundenen Lasten gegen Abtrettung von Grundeigentum an Waldungen und Landgütern unterhandeln und hierauf die geeigneten Anträge machen sollten.

Als große Grundbesitzer und Landeigentümer würden sich die Standesherrn den englischen Lords und den französischen Ducs und Pairs gleichgestellt und ihre Besitzungen auch unter den Stürmen der Revolutionen für die künftigen Zeiten gesichert sehen, alle Reibungen mit den übrigen Staatsangehörigen fielen hinweg[1]), und der Standpunkt formierte sich von selbst, von welchem aus sie so wohltätig auf das allgemeine Beste dauernd einwirken könnten.

Daß sich bei einer solchen Veränderung die gegenwärtigen sehr beträchtlichen Verwaltungskosten vermindern und daher die reinen Einnahmen der Standesherrn bedeutend erhöhen müssen, fällt in die Augen.

Wenn die Regierung, wie ich fast vermute, diese Anträge ganz von der Hand weist oder sie nur unter Bedingungen annehmen will, die unangemessen sind, so könnte man dann um so fester bei dem Bundestag auftretten, auch allenthalben im Lande die öffentliche Meinung für sich gewinnen, welche in dem Verfahren der Regierung nichts anders als eine von den allgemein anerkannten Grundsätzen des Rechts und der Staatsökonomie abweichende Willkür erblicken würde[2]).

---

[1]) Der folgende, dann gestrichene Satz hieß ursprünglich „und sie würden sich als die natürlichen Repräsentanten des Volks darstellen".
[2]) In einer weiteren Begründung zu diesen Anträgen vom 19. 6. 1821 (ebd.) führte Hofrat Hammer vor allem aus:
„1. Die Justiz- und Polizeiverwaltung in dem Königreich Württemberg ist in der neuern Zeit etwas ganz anderes geworden, als sie früher war, und sie hat durch die Veränderungen und die denen Gemeinderäten zugestandenen Befugnisse in der Hauptsache den meisten Wert für die Standesherrn verloren.
2. Sie verliert ihn ganz, wenn man damit die Kosten vergleicht, welche sich für die beiden hohenloheschen Stammsteile Langenburg und Kirchberg beiläufig
a) wegen der ersten Instanz auf ca. 6000 fl,
b) wegen der zweiten Instanz auf ca. 3000 fl berechnen",
während die verbliebenen Vorteile — z. T. erleichterte Erhebung der Gefälle — denkbar gering sind. Die Gesetzgebung zeigt, daß die Vereinfachung oder die Ablösung der Grundabgaben ein Lieblingsgedanke der Regierungen ist; vom Deutschen Bund darf man keine wirksame Unterstützung erwarten. Selbst wenn die standesherrlichen Gefälle geschützt werden, „so geht doch die einmal beschlossene Ablösung der dem Staat zugehörigen Gefälle ihren Gang fort, und in der Folge stehen die standesherrlichen Gefälle als die Ruinen des alten, allgemein verhaßten Feudalwesens und als die Zeichen der Widersetzlichkeit ihrer Besitzer gegen den Geist der Zeit und die heilbringenden Maßregeln der Regierungen einzeln da und geben den standesherrlichen Angelegenheiten den gehässigsten Anstrich". Die Ablösung wird weitergehen, und es ist schließlich der gänzliche Verlust der Gefälle zu befürchten. Man sollte daher der Regierung die Abtretung der Patrimonialgerichtsbarkeit und der Gefälle gegen Grundeigentum vorschlagen; geht sie darauf nicht ein, so beweist sie, daß es ihr mit der Beseitigung der Feudallasten, die sie im 2. Edikt in grellsten Farben schildert, nicht ernst gewesen ist. Man kann dann das Einschreiten des Deutschen Bundes erbitten.
Auf einer Konferenz der hohenloheschen Räte über die Mediatisiertenfrage in Künzelsau am 26. 6. 1821 wurden auch die Hammerschen Vorschläge besprochen und dieser Ausweg allgemein als wünschenswert „in unserer verhängnisvollen Zeit" betrachtet. Die Räte empfahlen, mit größter Vorsicht und über eine dritte Person „einer solchen neuen und

Nr. 71—74   1831/32. Plan der hohenloheschen Standesherrschaften zu Gefällabtretungen an den Staat

Vgl. Darstellung, S. 387 f. Unmittelbarer Anlaß zu dem Plan, den gefährdetsten Teil der standesherrlichen Gefälle an den Staat abzutreten, war der Versuch der Staatsfinanzverwaltung, die Sterbfall- und Handlohngebühren von Trägereigütern im 16fachen Jahresbetrag gemeindeweise zu günstigen Abzahlungsbedingungen abzulösen, „indem derlei Gefälle mit dem gegenwärtig bestehenden Finanzsysteme nicht mehr im Einklange seien" (Verfügung des Finanzministeriums vom 24. 11. 1830, in: RegBl Ergänzungsband, 1838, S. 428 ff). Ein Rundschreiben der Domänenkanzlei Öhringen vom 18. 1. 1831 wies auf die möglichen bedenklichen Folgen dieser Maßnahme hin: Die dadurch entstehende Benachteiligung der fürstlichen Grundholden müsse eine Mißstimmung gegen die Standesherren erwecken, „deren Folgen und Äußerungen sich im voraus nicht berechnen lassen". Finde der Staat derartige Abgaben mit dem Staatswohl nicht mehr vereinbar, „so fordern die Rücksichten auf Rechtsgleichheit, daß alle Staatsangehörigen gleich behandelt werden und nicht eine Klasse derselben auf Kosten der übrigen Begünstigungen erhält"; daher müsse der Staat erst derartige Rechte von Privaten gegen volle Entschädigung erwerben, um sie dann allgemein ablösen zu lassen. Nach einem vergeblichen Versuch, den oberschwäbischen Adel zur Teilnahme zu bewegen, begannen die hohenloheschen Häuser seit Juni 1831 mit gemeinsamen Beratungen (Akten: Archiv Neuenstein, unnummerierter Bestand im 4. Stock, Akten betr. die Dienstgeldabtretung).

---

vielleicht überraschenden Idee allerhöchsten Orts einen erwünschten Eingang zu verschaffen"; zeige sich die Regierung nicht in der Lage, genügend günstig gelegene Domanialgüter und Waldungen abzutreten, so sollte man vor allem die Frucht- und Weinzehntgefälle mit der Bestimmung zu erhalten suchen, „daß deren Unablösbarkeit sowie der dazu benötigten Frohndedienste von dem Staate garantiert würde". Inzwischen müsse man die standesherrlichen Rechte auf alle Weise verteidigen (ebd. Q 52).
Aus den weiteren Akten geht hervor, daß die Fürsten, voll Mißtrauen gegen Regierung und Stände, den Plan höchst skeptisch beurteilten, aber doch eine vorsichtige Sondierung in Stuttgart befürworteten (K II W, Bü 302/303). Auf diese versteckte Initiative dürften die Bemerkungen von Finanzminister Weckherlin in seinem Bericht für das Jahr 1820/21 an den König zurückgehen, schon jetzt bewirke die Gesetzgebung „einen auffallenden Unterschied zwischen dem Grundholden der Kammer und dem des Adels"; eine weitere Verschärfung der Situation werde endgültig „zweierlei Klassen" von Bauern im Staate schaffen. „Dann wird die Idee eines Zwangs gegen den Adel mit Entschädigung von seiten des Staats in Anregung kommen. Es dürfte sich aber fragen, ob es nicht geratener wäre, schon jetzt den Bitten mehrerer Adelichen, ihre grundherrlichen Gefälle und Rechte an die Kammer gegen Geld oder Domänen abzutreten, insoweit entgegenzukommen, als solches ohne direkten finanziellen Verlust bei der künftigen Ablösung von Seite der Bauern geschehen kann." (Bericht vom 7. 3. 1822, fol. 10 b/11 a; E 33/34, Bü 126). König Wilhelm wollte jedoch derartige Angebote „wenigstens im allgemeinen nicht begünstigt" wissen, sondern sprach sich nur dafür aus, in gemischten Orten „eine Ausgleichung und Aufhebung der Gemeinschaft" bei grundherrlichen Rechten und Gefällen zu versuchen (Dekret vom 19. 4. 1822; ebd.).

Nr. 71 1831 Juni 14/16, Langenburg

Diskussion über den Verkauf standesherrlicher Gefälle an den Staat auf einer Konferenz hohenlohescher Räte

Archiv Neuenstein, unnummerierter Bestand im 4. Stock, Akten betr. die Abtretung der Dienstgelder an den Staat, Fasz. 1, Q 9. Protokollauszug.

[...] Und man kam sonach

II. auf die Lehensgefällablosung, um in Erwägung zu ziehen, ob es ratsamer sein möchte, bei der bisherigen Weigerung, diese Gefälle ablösen zu lassen, zu beharren oder nicht, und in letzterem Fall, welches Verfahren von dem hohen Gesamthaus eingehalten werden sollte. Der Hohenlohe Jagstbergische Herr Abgeordnete erklärte, daß sein gnädigster Fürst und Herr durchaus nicht geneigt seien, auf irgendeine Gefällablosung einzugehen, indem nach ihrer Ansicht die noch bestehenden grundherrlichen Gefälle als Ausflüsse der Herrlichkeit des fürstlichen Hauses auf jede Weise festzuhalten seien. Die sämtlichen Abgeordneten der übrigen hohen Stammsteile aber glaubten, da der Geist der Zeit sich immer mehr gegen die Belästigungen des Grundeigentums aller Art ausspreche, da ferner die Standesherrn nicht mehr in der Lage sind, so wie sie es früher als Landesherrn waren, sich für ihre Gefälle die nötige Hülfe zu verschaffen, was sie bei der immer zunehmenden Verarmung der Pflichtigen vielen unvermeidlichen Verlusten aussetzt, daß es rätlich sein dürfte, ehe sonst bedenkliche Änderungen im gegenwärtigen Stand der Dinge eintreten, Schritte zu tun, um womöglich die Umwandlung der am meisten gehässigen und in Betracht der mit ihrer Verwaltung verbundenen vielen Weitläufigkeiten auch für die Herrschaften lästigen Gefälle in anderes sicheres Vermögen zu bewirken.

Allerseits war man der Meinung, daß durch Ablösungsverträge mit den Gefällpflichtigen dermal wenig oder gar nichts zu bezwecken sei, da die Pflichtigen ziemlich allgemein hoffen, ohne alle Vergütung von Lasten frei zu werden, deren Bestehen gleichwohl jedem bei der Übernahme seiner Güter bekannt war und die auf rechtsgültigen Verträgen und durch Jahrhunderte geheiligten Institutionen beruhen; man glaubte sich aber der Hoffnung hingeben zu dürfen, daß vielleicht die Königliche Regierung derartige Berechtigungen gegen eine angemessene Vergütung übernähme, damit ihr bei der von derselben beabsichtigten allgemeinen Entlastung des Grundeigentums die Rechte von Privaten weniger störend entgegenträten, und die Hohenlohe-Langenburgischen Herren Abgeordneten äußerten, daß ihr gnädigster Herr und Fürst wünschen, Seine Durchlaucht der Fürst zu Hohenlohe-Oehringen möchte es unternehmen, unter der Hand und am geeigneten Ort in Stuttgart im vertraulichen Weg Erkundigung einzuziehen, ob man nicht von seiten des Staats darauf einzugehen geneigt seie, wenigstens die veränderlichen Lehensgefälle an Fall- und Handlohn, dann die Dienst- und Frongelder, auch die noch bestehenden Naturalfronen gegen Abtretung von Grundeigentum einzutauschen.

Da die Hohenlohe-Oehringischen Räte hierauf erwiderten, daß sie an der Bereitwilligkeit ihres gnädigsten Fürsten und Herrn, diesen Auftrag für das Beste des Hohenloheschen Gesamthauses zu übernehmen, nicht zweifelten, so wurde diese vorläufige Versicherung von allen dankbar angenommen und beschlossen, auf das Resultat der nur erwähnten Erkundigung das weitere Handeln in dieser Sache auszusetzen¹).

Nr. 72 1831 Juli 19, Öhringen

Aufsatz von Domänenrat Mangoldt, Hohenlohe-Öhringen, zur Ablösungsfrage

Gleicher Aktenbestand wie Nr. 71, Fasz. 1, Q 19 Beilage. Abschrift.

Der Vortrag wurde auf der Hauskonferenz in Kupferzell am 5. 8. 1831 gehalten. Er bietet die wesentlichen Argumente des Fürsten August von Hohenlohe-Öhringen und seiner Beamten dafür, durch schnelles Verhandeln mit der Regierung die Lehengefälle, Fronen und Dienstgelder abzustoßen. Vgl. Nr. 73 f und zur Vorgeschichte Nr. 71, Anm. 1.

Ich werde mich nicht irren, wenn ich behaupte, daß die Veranlassung zu dem vorliegenden Entwurf einer Eingabe bei Seiner Majestät aus der allgemeinen, durch die Bedürfnisse und Ereignisse der gegenwärtigen Zeit gebildeten Überzeugung hervorgegangen ist, derjenige Teil der standesherrlichen Gefälle und Rechte, welcher nicht unzweifelhafter realer Natur ist und dessen Privatrechtstitel nicht bis auf die neueste Zeiten rechtsgenügend nachgewiesen werden kann, seie mit einer Veränderung bedroht, welche jetzt schon in der öffentlichen Meinung durch mannichfache gehässige Mittel auf eine Weise vorbereitet werde, die später eine kräftige Einwirkung auf jene Umwandlung von seiten der Berechtigten ausschließe und selbst den Staat aus nationalwirtschaftlichen Gründen sowie die 2. Kammer der Stände in eine Stellung verweise, in welcher notwendig sie mit den Beteiligten gegen die Gefällberechtigte Partie nehmen müsse.

---

¹) Bereits am 1. 7. 1831 konnte die Domanialkanzlei Öhringen durch Zirkular mitteilen, daß Fürst August von Hohenlohe-Öhringen den Plan der Gefällabtretung in Stuttgart ins Gespräch gebracht habe und der König einem entsprechenden Schreiben der Fürsten mit Verlangen entgegensehe (ebd., Q 10). Eine Hauskonferenz, auf der die Fürsten bzw. ihre Vertreter das weitere Vorgehen berieten, fand am 5. 8. 1831 in Kupferzell statt (Abschrift des Konferenzprotokolls ebd., Q 19; vgl. Nr. 72, Einleitung und Anm. 5). Die grundsätzlichsten Bedenken gegen den Plan aus der Sicht einstiger Landesherrschaft heraus formulierte zuvor Fürst Ernst von Hohenlohe-Langenburg: „Es ist zu bedenken, daß wir durch diesen Austausch unsere Untertanen an die Krone abtreten und das bisher zwischen ihnen und uns bestehende Band zum Teil lösen, daß unsere Untertanen davon in der Wirklichkeit keinen Nutzen haben, sondern vielmehr ihre Gefälle von der Krone mit mehr Strenge als von uns eingetrieben werden werden"; man müsse daher darüber beraten, „ob es nicht unsern Verhältnissen zu unsern Untertanen angemessener sei, erst einen Versuch zu gemeindeweiser Ablösung der Gefälle zu machen, ehe man sich auf die Abtretung dieser Gefälle an den Staat einläßt". Keinesfalls dürften die Verhandlungen mit der Krone einen zu offiziellen Charakter gewinnen, damit die Untertanen nicht unnötig unruhig gemacht würden. Auch wollte sich der Fürst nur auf einen Tausch gegen Grundeigentum, nicht gegen eine unsichere Grundrente einlassen (13. 7. 1831, ebd. Q 13). Ebd. Q 10 ff weitere Äußerungen der hohenloheschen Fürsten und Domanialkanzleien zu Ablösungsverhandlungen mit der Regierung.

Die öffentlichen Blätter lehren, daß sich die Verfechter des dritten Standes nicht bloß mit der Bekämpfung der Leibeigenschafts- und Lehensgefälle begnügen, sondern daß sie auch gegen die Fronen und Frongelder und gegen den Zehenten zu Felde ziehen, dessen privatrechtlichen Titel die Majorität des Ausschusses der 2. Kammer in der badischen Ständeversammlung bereits widersprochen und die Entstehung des Zehentens als dem öffentlichen, nach dem Bedürfnis der Gesamtheit des Staats sich modifizierenden Rechte angehörig erklärt hat.

Ja, man sucht die Fundamente des historischen Rechts durch die Bildung eines Gegensatzes in dem Vernunftrechte zu untergraben und bemüht sich, die öffentliche Meinung dafür zu gewinnen, daß dann in dem Billigkeitsrechte der Verpflichtungsgrund zur Auflösung jeder nach positivem Rechte durch Besitz, Verjährung und Vertrag geschützten Leistung liege, sobald diese dem Wohlsein der Mehrheit entgegenwirke.

Es ist nicht zu mißkennen, wie weit solche Grundsätze zu führen und welche Verletzungen sie bei einem denkbaren nachgiebigen, nach einem populären Charakter ringenden Gouvernement zu erzeugen imstande sind.

Dies wird gewiß derjenigen Beobachtung nicht entgehen, welche die an uns vorübergegangenen jüngsten 40 Jahre, die gegenwärtige Kulturstufe der Masse, die mit dem Steigen der Bevölkerung und ihrer Bedürfnisse enge verbundene Verminderung des Wohlstandes und das hieraus hervorgehende Ringen nach Befreiung von ihren mancherlei Verpflichtungen und die wichtige Tatsache unbefangen prüft, daß durch den Tausch des konstitutionellen mit dem rein monarchischen Regierungsprinzip in der Hälfte von Europa, namentlich in unserm Vaterlande das Gouvernement selbst seine frühere Stellung verrückt und durch den Organismus der Volksvertretung bei dem schon zweimal eingetretenen Fall der Nichtkonstituierung der 1. Kammer dem dritten Stande in dem Rechte zur Legislatur die Richterstelle in eigener Sache eingeräumt hat, daß mithin in gärungsvollen Zeiten die Möglichkeit nicht ausgeschlossen ist, das Gouvernement nicht allein da auf der Seite der Mehrzahl zu sehen, wo der Staat die Beschränkung der Rechte einzelner in seinem eigenen Interesse findet, sondern auch in Fällen, wo die innere bessere Überzeugung der numerischen Kraft der beteiligten Gesetzgeber weichen muß.

Wenn schon im Jahr 1828, das die 1. Kammer nicht versammelt erblickte, es nicht mehr möglich war, dem Schäfereigesetze eine andere, das Prinzip des Eigentums mehr schützende Richtung zu geben[1]), welches Los werden die Leibeigenschafts- und Lehensgefälle, die Fronen und Zehenten vom Jahr 1832[2]), der Zeit des nächstvorstehenden württembergischen Landtags, zu erwarten haben? Werden nicht alle aus einem gutsherrlichen Verhältnis entstandenen Bezüge neben den erlittenen Anfechtungen auch schon deshalb einer Anregung unterliegen, weil die Kenntnis ihrer rechtlichen Entstehung sich nicht ebenso in den hiezu verpflichteten Geschlechtern wie die Verbindlichkeit zu Kapitalzinsen etc. fortgeerbt hat?

---

[1]) Gesetz über das Schäfereiwesen vom 9. 4. 1828; RegBl 1828, S. 177 ff. Vgl. Darstellung, S. 571, 574.
[2]) Muß heißen: 1833.

Die 1. Kammer bietet in ihrer Zusammensetzung für die Rechte der Standesherren keinen hinreichenden Schutz. Da der Staat bei einer Ablösung keine Verluste erleidet und man die Entwicklung der Dinge sich nicht selbst überlassen kann, so wird wohl die Behauptung nicht zu gewagt erscheinen, daß der bei diesem gärungsvollen Treiben im höchsten Grade beteiligte hohe Adel der Tätigkeit seiner Gegner nicht eine gefährliche Passivität entgegensetzen, die Hände in den Schoß legen und ruhig dem Häufen derjenigen Waffen zusehen darf, die, begünstigt durch die öffentliche Meinung, zur Bekämpfung seiner Grundlagen und Rechte bestimmt sind, sondern daß er vielmehr mit vorsichtiger, aber fester Hand den Zeitpunkt jener drohenden Aufregung wahrnehmen müsse, welcher noch Hoffnung zur möglichen Sicherstellung seiner Interessen gibt und ihm noch die Mittel darbietet, sich so gut als möglich gegen Eigentumsbeeinträchtigungen zu schützen.

Wenn hiedurch die erklärte Bereitwilligkeit zur Abtretung einzelner Gattungen der standesherrlichen Revenüen gerechtfertigt erscheinen dürfte, so wird mir erlaubt sein, auch über die entstehende Bedenklichkeit, daß durch die Abtretung eines Teils der Gefälle das zwischen den hohen Herrschaften und ihren Untertanen bestehende Band aufgelöst und letztere der strengen Behandlung der Staatsverwaltung übergeben würden[3]), mich ebenso freimütig als ehrerbietig zu äußern.

Vor der Mediatisierung wurde wirklich der Nexus der Dienstbarkeit und Zinspflichtigkeit des Bauern als der Erwerbstitel seines Grundvermögens betrachtet. In ihnen erblickte der Bauer wirklich ein Band, das ihn wohltätig an seinen Grundherrn knüpfte, der in der Wechselwirkung als Landesherr gegen eine geringe Staatsabgabe seine persönliche Freiheit und sein Eigentum schützte und seiner Industrie und seinem Fleiße die errungenen Früchte ungeteilt überließ.

Damals durfte er noch nicht seinen Sohn zur Verteidigung des Vaterlandes stellen, ihm war noch nicht bekannt, daß der Schutz des Staates mit so hohen Abgaben verbunden sei und daß er nichts genießen dürfe, das nicht einer indirekten Steuer unterworfen wäre.

Leider ist dieses nach der Mediatisierung eingetreten und mit ihm auch bei dem zinspflichtigen Bauern die Meinung, daß er zwei Herrn habe, daß aber der König den Fürsten, also auch die königliche Abgabe der fürstlichen vorgehe und daß sich die letzteren in demselben Verhältnis vermindern sollten, wie sich erstere ausgebildet und erhöht haben.

Weil ihm die Staatsabgaben wenig übrig lassen, um die fürstlichen zu bezahlen, so fallen ihm gerade die letztern um so lästiger, und ein sehr großer Teil der Pflichtigen, besonders die jüngere Generation derselben, erkennt in den fürstlichen Bezügen nichts weniger als ein wohltätiges Verbindungsmittel mit seinem Grundherrn, vielmehr spricht sich immer lauter ihre Ansicht dahin aus, daß man entweder sie von den fürstlichen Leistungen befreien oder daß der König um so weniger Staatsabgaben von ihnen nehmen solle. Letzteres wird und kann, solange der Staatsorganismus noch so kompliziert ist, nicht geschehen, und der Bauer wird die Staatsabgaben als mit den kräftigsten Zwangsmit-

---

[3]) So die Bedenken des Fürsten Ernst v. Hohenlohe-Langenburg; vgl. Nr. 71, Anm. 1.

teln verbunden und als ein notwendiges Übel betrachten, während ihm die fürstlichen für überflüssig erscheinen, deren rechtlose Natur ihm selbst Beamte und Staatsrechtlehrer begreiflich zu machen suchen und für deren Beurteilung er einem zweiten Nationalkonvent von 1789 entgegensieht.

Ich hege daher die unmaßgebliche Meinung, daß die Lösung dieses dem verpflichteten Teile nur lästig scheinenden Bandes, geschieht es auf rechtsgenügende Weise, dem Berechtigten im Hinblick auf die Zukunft nur Vorteile gewähren kann und daß auch die Besorgnis der Extradition der Lagerbücher[4]) nicht den Grund zur Verweigerung der Ablösung der weniger sichern Gefälle bilden sollte, weil deshalb durch verschiedene Mittel den befürchteten Nachteilen wird begegnet werden können.

Im Speziellen habe ich aus hohem Auftrag meines gnädigsten Fürsten und Herrn auch die Fronen und Fronsurrogatgelder unter die abzutretenden Gefälle deshalb aufgenommen, weil gerade diese Leistungen dem Landmanne die verhaßtesten sind und in ihren Erfolgen den Berechtigten nie denjenigen Ertrag gewähren, der mit dem Aufwand des Verpflichteten im Verhältnisse steht.

Eine reiche Erfahrung bestättigt, daß der Nutzen der Naturalfronen nie dem Aufwande gleichkommt und daß eine Verwandlung derselben in Grundrenten nicht allein den Verpflichteten erleichtert, sondern auch die so häufigen Reibungen beseitigt und den Berechtigten neben der Sicherheit der Rente noch andere Vorteile zuweist, [...] so wie die Erfahrung bei Jagden lehrt, daß man mit 50 bezahlten oder freiwilligen Treibern und einigen tüchtigen Triebführern mehr als mit 200 böswilligen, zum Jagen gleichsam getragenen Frönern leisten kann.

Auch die herrschaftlichen Holzhau- und Fuhrfronen werden hieher zu zählen sein, indem, wird der ortsübliche Lohn nach billigen Taxen hiefür vergütet, man eher eine forstwirtschaftliche Behandlung des Holzhiebs, die zeitige Abfuhr des Holzes aus dem Wald bewirken sowie eine Verschleuderung des erstern auf dem Transport durch vorsorgliche Maßregeln bei bezahlten Fuhren beseitigen kann.

Über jene wird zwar, namentlich dem Abkauf der Holzhau- und Fuhrfronen, die Tatsache entgegenstehen, daß der Bauer die Naturalleistungen nicht so hoch wie die Geldabgaben anschlägt und daß er, wenn der Staat nicht mit einer namhaften Summe ins Mittel tritt, sich zu jenem Abkauf nicht wird verstehen wollen. Allein immerhin werden auch die Fronen für abkaufbar zu erklären sein, weil diese Bereitwilligkeit denn nur gegen den Staat und in der Voraussetzung ausgesprochen wird, daß dieser in die Unterhandlungen mit den Fronpflichtigen eintrete und hiebei auch auf die Fronen zugunsten der Kirchen und Schulen etc. Rücksicht genommen werde.

Da überdies die sogenannten Dienstgelder aus dem Fronnexus vertragsmäßig hervorgegangen sind und dieselbe Eigenschaft wie Fronsurrogatgelder haben, so scheint mir das diesfallsige Prinzip dann nicht vollständig durchgeführt zu werden, wenn Surrogate Gegenstand des Abkaufs sein können, die Naturalverpflichtung selbst aber für unablösbar erklärt wird.

---

[4]) Vgl. Darstellung, S. 401.

Auch mein gnädigster Fürst und Herr hielte es für sehr wünschenswert, wenn der Staat für die abzutretende Gefälle den Berechtigten Grundeigentum überlassen würde, allein er hat deshalb Anstand genommen, die Surrogierung der angebotenen Gefälle einzig auf Grundeigentum zu beschränken,

1. weil man sich damit nicht auf entfernte Gegenden werde verweisen lassen wollen,

2. der Staat selbst aber in der Nähe wenig bedeutendes Grundeigentum besitze,

3. die Prinzipien des gegenwärtigen Finanzministerii für die Beibehaltung der Staatsdomänen sich aussprächen und

4. die Gemeinden sich nach vorausgegangenen Erfahrungen zur Abgabe von Grundeigentum nicht entschließen dürften, so daß Hochdieselben befürchten, die diesseitige Erklärung zur Bereitwilligkeit der Gefällabgabe möchte erfolglos bleiben, wenn man in die Offerte nicht solchen Spielraum legt, welcher da die Wahl eines andern Surrogats zuläßt, wo das Grundeigentum nicht ausreicht.

Auf diese Weise ist der Vorschlag zu der alternativen Gegenleistung von Grundeigentum oder Grundrente entstanden, und man glaubte die Voraussetzung der Sicherheit der letztern nicht richtiger als mit den Worten „eiserne Domänenobjekte" bezeichnen zu können.

Sind die Grundsätze des Gouvernements über die Abkaufungsnormen hieher mitgeteilt und ist die Frage über die Abgabe von Staatsgrundeigentum bejahend entschieden und dadurch der Anteil bestimmt, der für die abzutretende Gefälle an Realitäten überlassen werden will, so kann man auch die Höhe der Grundrente und die Frage ermessen, ob man solche wegen des sich mit der Zeit verändernden Geldwerts nicht in Getreide bedingen sollte.

Die Ausführung selbst habe ich mir auf die Weise gedacht, daß zunächst vom Staat Normen sowohl zum Abkauf der Gefälle als zur Überlassung von Grundeigentum in Gemeinschaft mit den Berechtigten aufgestellt werden;

daß hienach der Staat auf dreierlei Weise einschreite:

1. Die vollständige Übernahme der gedachten Gefälle von solchen Bezirken, deren Abkaufsumme er durch Überlassung einer hinreichenden Quantität Grundeigentum tilgen könne;

2. daß in Gemeinden, wo dies nur teilweise oder gar nicht mit Grundeigentum entschädigt werden könnte, der Staat von der schuldigen Summe einen quotativen Anteil als Schuldner übernehme, dadurch die Hauptsumme der Entschädigung der Gemeinden erleichtere, sich aber zugleich

3. ausspreche, daß der Rest von der Gemeinde jährlich teils in Körner, teils in Geld als eine im privatrechtlichen Weg entstandene Grundrente an den Berechtigten in einer Summe abgeliefert werde, wie wir viele Beispiele selbst in Hohenlohe nachzuweisen imstande sind.

So zahlt z. B. die Stadt Oehringen noch heute als jährliches Surrogat für Lehenabgaben die Summe von 700 Goldgulden oder nach dem jetzigen Kurs 1167 fl rheinisch, und ich gestehe, wären bereits die verhaßten Naturalfronen, die angefochtenen Dienstgelder und unständigen Lehensgefälle in solche Grundrenten verwandelt, hätte man jetzt schon nicht mehr nötig, den kreuzerweisen Bezug jener Gefälle aus mannichfachen Händen mit enormen Administrationskosten zu bewirken, wäre man nicht mehr in dem Fall, mit der zunehmenden Armut des Landes wenigstens den 10. Gulden freiwillig oder im Gante nachzulassen, ja wäre man bereits vor den unberufenen Urteilen und Aufhetzereien über diese an sich rechtlich begründeten Leistungen geschützt – so würde ich wahrlich hierin einen weitern Grund zur zuversichtlichen Hoffnung finden, daß die in neuerer Zeit erkennbaren Krämpfe im inneren Staatsleben der teutschen Gauen spurlos an dem Gesamthause Hohenlohe vorübergehen werden und daß ein Teil von dessen Revenüen zwar verändert, aber dadurch zeitgemäß befestigt worden sei, während zu befürchten ist, daß wenn ein Einschreiten von seiten des Staats durch die Beschränkung der Surrogate auf Grundeigentum von vornherein unwahrscheinlich, wo nicht unmöglich gemacht wird, das ganze oben als nützlich und notwendig nachgewiesene Vorhaben scheitern und ein großer Teil des Gefällbesitzes der fürstlichen Herrschaften in die unsichern Hände einer begehrlichen Zukunft gelegt und an eine Generation verwiesen werde, wovon die eine Hälfte nicht gehorchen und die andere Hälfte nicht bezahlen will.

Eine Grundrente mag in gärungsvollen Zeiten unsicherer sein als Grundeigentum. Allein abgesehen von der gegenwärtigen Unmöglichkeit des Erwerbs des letztern unterliegt jedes Eigentum dem Begriff der Rechtsachtung und dem Staatsschutz, und wo dieser seine Wirksamkeit verloren hat, da wird freilich das Recht des Stärkern auch das Grundeigentum nicht verschonen. Durch den Vorschlag, in Stuttgart um die Einsetzung eines gemeinschaftlichen Comités zu bitten, das die Frage der Gefällabtretungen abklären soll, glaubte Hohenlohe-Öhringen den Gang der Verhandlungen mit der Regierung zu beschleunigen. Sollte aber der Antrag des Fürsten von Hohenlohe-Langenburg[5]) *zweckmäßiger erscheinen, dann wäre in der geplanten Eingabe die Alternative Grundeigentum oder Grundrente unbedenklich aufzunehmen, um zwei Anerbieten der Regierung prüfen zu können*[6]).

---

[5]) Vgl. Nr. 71, Anm. 1, ferner die folgende Anm.
[6]) Die auf der Hauskonferenz anwesenden Fürsten oder ihre Vertreter stimmten der Ansicht des Fürsten von Hohenlohe-Kirchberg zu, „wenn schon gewiß für alle Teile es das Wohltätigste und Beste sein würde, hinsichtlich der den fürstlichen Herrschaften nach der eingetrettenen Mediatisierung verbliebenen Gefälle es bei dem bisherigen Zustand zu belassen, [...] so sei gleichwohl nicht zu verkennen, daß den grundherrlichen Berechtigungen Veränderungen drohen, die nach dem dermal herrschenden, auch die heiligsten Rechte nicht schonenden revolutionären Geist mit sehr fühlbarem Verlust für die Berechtigten verknüpft sein dürften; daher eine Umwandlung der am meisten angefochtenen Gefälle als Handlohn, Sterbfall, Dienstgelder etc. in anderes sicheres Eigentum vor dem Eintritt einer zu befürchtenden Krisis höchst wünschenswert sei." Doch sollte einem Antrag von Hohenlohe-Langenburg entsprechend vor einer derartigen Eingabe an die Regierung Domänenrat Mangoldt in Stuttgart Erkundigungen einziehen, ob das Ministerium den Berechtigten volle Entschädigung einräumen werde – in Grundeigentum, sonst in Bargeld und staatlich garantierten Obligationen der pflichtigen Gemeinden – und ob den „hohenloheschen Untertanen" die gleichen Ablösungserleichterungen wie den staatlichen Grundholden gewährt werden sollten. Erst dann wollten die Fürsten ihren Antrag auf Übergabe der Laudemien, Fronen und Dienstgelder an den Staat stellen (ebd., Q 19). Als die Erkundigungen nicht ungünstig ausfielen (ebd., Q 22), machten die Fürsten am 6. 10. 1831 ihre Eingabe, beschränkten sich aber auf das Angebot, Fronen und Dienstgelder gegen Grundeigentum, möglichst in Wald, abzutreten (ebd., Q 27).

Nr. 73   1831 Oktober 12, Öhringen

Zirkularschreiben der Domanialkanzlei Öhringen zur Ablösungsfrage

Gleicher Aktenbestand wie Nr. 71, Fasz. 1, Q 34. Abschrift.

In einer Audienz beim König überreichte Fürst August von Hohenlohe-Öhringen die Eingabe der hohenloheschen Fürsten vom 6. 10. 1831[1]*).*

Zunächst hätten Seine Majestät der König den durchlauchtigen Fürsten und Herrn für das in Höchstsie gesetzte Vertrauen gedankt, ihre Freude und Wohlgefallen an jenem Anerbieten geäußert und laut das Zeitgemäße dieses Schrittes und die dadurch gegebene Möglichkeit anerkannt, daß nun die früher beabsichtigte teilweise Ablösung der Gefälle aus Staats- und Gemeindemitteln mit einem wirksamern Erfolg begleitet sein könne. Auch das gewünschte Entschädigungssurrogat in Grundbesitz finde bei ihm Anklang, indem er gerade in jetziger Zeit den hohen Wert erkenne, welchen reiche Grundbesitzer für sein Land hätten, für schwierig aber halte er, daß jener Ersatz in Staatswaldungen gewährt werde, weil der Staat für die Befriedigung des Holzbedürfnisses zu sorgen und auch aus andern Gründen den Besitz von Waldungen möglichst festzuhalten hätte.

Der König wünscht, daß die fürstlichen Häuser die Bedingungen, unter welchen sie die Gefälle abtreten wollen, der Regierung mitsamt zuverlässigen Bilanzen vorlegen. Er hofft, daß während der Verhandlungen auch die veränderlichen Lehensgefälle in die Ablösung einbezogen werden.

Fürst von Hohenlohe-Öhringen macht Vorschläge für die weiteren Verhandlungen mit der Regierung.

Die Sorge für das nachhaltige Wohl des Gesamthauses findet in der vorstehenden wichtigen Angelegenheit auf der einen Seite reiflich zu erwägen den jetzigen Geist der Zeit und die mit der vorwärtsschreitenden Ausbildung des dritten Standes sich erhöhende Unsicherheit des Gefällbesitzes, die aus einer Ablösung hervorgehende Vereinfachung der Administration und Beseitigung der mancherlei Verluste an Gefällen durch unfreiwillige Nachlässe, im Gant etc. und auf der andern Seite, ob nicht der neuerliche Gang der politischen Weltbegebenheiten, das rein monarchische, dem Aristokratismus günstigere Prinzip das seit 1819 in imposanten Umrissen sich ausdehnende konstitutionelle Element verdränge und dadurch das von der Klugheit und Vorsicht gebotene Streben nach Sicherstellung des Gefällbesitzes mittelst Ablösung oder Umwandlung weniger notwendig mache.

Die unterzeichnete Stelle hat sich schon früher erlaubt, die Notwendigkeit und Nützlichkeit einer ändernden Maßregel in dem Gefällbesitz bei dem nach menschlichen Berechnungen voraussichtlichen Fortbestand des konstitutionellen Prinzips in Südteutschland nachzuweisen, sie glaubt sich aber auch für den Fall dafür aussprechen zu müssen, daß die Regierungsform sich wieder mehr zur rein monarchischen hinneige, weil im Volke selbst das Bedürfnis der Freiheit des Bodens sich immer mehr festsetzt, der gemeine Mann in demselben das

---

[1]) Vgl. Nr. 72, Anm. 6.

Heil seiner Zukunft zu erblicken meint, der Begriff von Grundherrlichkeit einer Gleichförmigkeit im Staatsleben entgegensteht und daher die Gefälle selbst sowohl von Verpflichteten als vom Staate je länger, je mehr als ein Hindernis dürften erkannt werden, das der Entwicklung des bürgerlichen Lebens wie der Ausbildung des Staatsorganismus entgegensteht. Ebenso wie in einem konstitutionellen Staate wird der sich immerhin nach den Bedürfnissen und Wünschen der Mehrzahl richtende absolute Monarch reiche Grundbesitzer, nie aber Eigentümer solcher Gefälle wünschen, welche an ein doppeltes Untertanenverhältnis und an eine Teilung derjenigen Gewalt erinnern, nach deren ausschließendem Besitz der absolute Regent zu ringen gewohnt ist.

Die Behauptung wird daher nicht zu gewagt erscheinen, daß über kurz oder lang zu den lauten, gehässigen Stimmen der Verpflichteten namentlich gegen die Lehensgefälle und Fronen auch die des Gouvernements sich gesellen und daß man später nicht derjenigen Bedingungen sich wird zu erfreuen haben, welche ein entgegenkommendes Vertrauen in jetziger Zeit bewilligen dürfte, weshalb auf seiten der fürstlich hohenloheschen Stammsteile bei den bevorstehenden Unterhandlungen die Frage über die Notwendigkeit einer Veränderung im Gefällbesitz als bejahend zu entscheiden und nur vorzugsweise die Aufgabe der Erlangung einer genügenden Entschädigung des bisher bezogenen reinen Ertrags zu lösen sein dürfte.

Eine gefällige Mitteilung der hierauf erfolgenden allseitigen Entschließungen erbittet man sich schließlich geziemend.[2]).

---

[2]) Das gleiche Aktenstück enthält Abschriften der Stellungnahmen der Domanialkanzleien Waldenburg, Langenburg, Haltenbergstetten:

1831 Oktober 15, Waldenburg:
Die Domanialkanzlei bemerkt, „daß, wenn Waldungen als Entschädigung für die abzutrettenden Gefälle etwa nicht zu erhalten wären, man diesseits bares Geld oder gehörig gesicherte Obligationen anderer Liegenschaft vorziehen würde, weil man durch dieses Mittel passendes Grundeigentum nach und nach zu erwerben imstande ist. Volle Entschädigung vorausgesetzt, ist man diesseits nicht nur zur Abtrettung der Dienstgelder und Laudemien, sondern auch der übrigen Gefälle, namentlich Zehenten bereit, indem man wegen dem immer mehr sich teilenden Grundbesitz es für notwendig hält, es den Gutsbesitzern möglich zu machen, ihre oft sehr kleinen Gutsparzellen ungeteilt zu genießen, und die Lage der Standes- und Gutsherrn — der weitere Gang der politischen Angelegenheit sei, welcher er wolle — immer mißlicher werden wird, daher die Umwandlung aller Gefälle in anderes sicheres Vermögen gewiß sehr ratsam ist. Indessen versteht es sich von selbst, daß vorerst abzuwarten sein wird, welchen Gang die Unterhandlung wegen den bereits angebotenen Dienstgeldern und Fronen nimmt und ob man dabei von seiten der Regierung den Grundsatz voller Rechtsachtung wird vorherrschen lassen. [...]"

1831 Oktober 26, Langenburg:
Der Fürst hält an seinen bisherigen Bedenken gegen eine Unterhandlung mit der Regierung über die Gefällablösung fest: Zunächst muß sich die Regierung über die Grundsätze für die geplanten Gefällablösungen äußern, oder die hohenloheschen Häuser müssen diese Grundsätze feststellen und der Regierung als unabweisbare Bedingung vorlegen.

1831 Oktober 21, Haltenbergstetten:
Haltenbergstetten ist mit Langenburg „darin vollkommen einverstanden, daß nicht eher in irgendeine weitere Unterhandlung mit der königlichen Regierung einzugehen sei, bis diese die Grundsätze, nach welchen die Entschädigung für die abzutrettenden Gefälle erfolgen solle, mitgeteilt hätte. [...]

In die Abtrettung der Zehenten gedenken unser gnädigster Fürst nicht einzugehen, was auch schon um deswillen rätlich sein möchte, weil, wenn alle Gefälle auf einmal abgetreten und die volle Entschädigung dafür ausgemittelt werden wollte, die bedeutende Summe, welche daraus hervorgehen würde, entweder einen Reiz zur Verringerung des Entschädi-

Nr. 74   1832 April 20, Friedrichsruhe

Instruktion des Fürsten August zu Hohenlohe-Öhringen für seine Domänenräte Beuerlein und Mangoldt auf einer am 24. April 1832 in Langenburg angesetzten Konferenz

Archiv Neuenstein, unnummerierter Bestand im 4. Stock, Akten betr. die Abtretung des Dienstgeldes, Fasz. 4, Q 122. Abschrift.

Während Hohenlohe-Öhringen auf einer Hauskonferenz in Waldenburg am 27. 10. 1831 (ebd., Q 38) dafür eintrat, ohne Vorbedingungen mit dem Ministerium zu verhandeln, stimmten die übrigen Häuser mit Hohenlohe-Langenburg dafür, zunächst solle sich die Regierung über ihre Entschädigungsgrundsätze äußern. Auf eine entsprechende Eingabe ernannte die Regierung zwei Kommissarien, um die Anträge von fürstlichen Bevollmächtigten entgegenzunehmen und darüber Bericht zu erstatten (Schreiben von Innen- und Finanzministerium an die Fürsten vom 15. und 18. 11. 1831, ebd., Q 44). Dieses Vorgehen verschärfte die Meinungsdifferenzen zwischen Hohenlohe-Öhringen und den übrigen Linien. In der vorliegenden Instruktion für die Konferenz in Langenburg resümierte Fürst August, der in Stuttgart versucht hatte, die Grundsätze der Regierung zu ermitteln, seine Überlegungen, warum die Standesherren den Abbau der Grundherrlichkeit vorantreiben müßten. Die Instruktion wurde auf der Konferenz selbst ausführlich diskutiert (ebd., Q 150), doch hielten die übrigen hohloheschen Häuser an ihrer abwartenden Haltung fest. Nach weiteren vergeblichen Bemühungen, im vorhinein Klarheit über die Absichten der Regierung zu erhalten und sich auf ein gemeinsames Vorgehen zu einigen, beschloß Fürst August von Hohenlohe-Öhringen Separatverhandlungen mit Stuttgart, um das Hauseigentum möglichst zu erhalten (24. 6. 1832, ebd., Q 147; Verwahrung des Seniorats dagegen namens der übrigen Fürsten vom 16. 7. 1832, ebd., Q 155). Doch führten die Verhandlungen vor dem Landtag von 1833 zu keinem Ergebnis mehr.

Die Domänenräte sollen darauf aufmerksam machen, daß sich
1. die deutschen Standesherrschaften zu keiner Zeit weniger als zur jetzigen die heterogene Zusammensetzung der deutschen Bundesversammlung verhehlen dürfen, von welcher man bei einem über standesherrliche Rechte entstehenden Streit mit den Verpflichteten und dem beteiligten Staate wirksame Unterstützung hoffe. Sämtliche Glieder derselben seien von ihren durch das Interesse des kommittierenden Hofs diktierten Instruktionen abhängig, eines wie das andere habe entweder bereits denselben Streitgegenstand durch Gesetz oder Vertrag in dem von ihm vertretenen Staat ordnen sehen oder erwarte dieses, es erscheine also hierbei ebenso wesentlich beteiligt wie diejenigen Häupter des Deutschen Bundes, welche zugleich europäische Großmächte bilden und den Impuls zu Entscheidungen geben, bei welchen gewiß die aus

---

gungsmaßstabes darbieten oder das ganze Ablösungsgeschäft vereiteln dürfte. Übrigens geben Seine Durchlaucht einer Entschädigung an Geld oder sichern Obligationen den Vorzug vor einer solchen in Grundeigentum. [...]"

dem nicht niederzuhaltenden Entwicklungsprozeß der deutschen Volksstämme hervorgehenden Bedürfnisse und Forderungen der Gesamtheit in demselben Grade beachtet werden, in welchem man hievon Beförderung des Nationalwohls, also auch das des Staats hoffe.

Nicht an unparteiische, unabhängige Richter, sondern an eine Versammlung von Männern gewiesen, deren Entscheidung nicht auf eigene Überzeugung, sondern auf einen Befehl ihrer Gewaltgeber und deren Interesse basiert sei, werden die Mediatisierten, lassen sie es aufs äußerste ankommen, sich bei einem derartigen Streit zwischen die Regierung und das Volk gestellt und die Beurteilung ihrer Rechte einer Versammlung übergeben sehen, welche einzig durch politische Gründe und solche diplomatische Rücksichten geleitet wird, die das Interesse der Gesamtheit im Auge behält und nur dann zugunsten des privilegierten Teils derselben sich aussprechen dürfte, wenn dies ihr eigener Vorteil gebietet, ein Prämiß, dessen Gehalt dem Gefällbesitz mit jedem Tag weniger Garantie gewährt.

So wie der Akt der Mediatisierung für alle Zeiten nur als ein Gewaltstreich erscheinen werde, der wenigstens bei mehreren Häusern durch ein zeitgemäßes Opfer pekuniärer Vorteile in seinem gänzlich auflösenden Umfang hätte teilweise vermieden werden können, ebenso, befürchte ich, stehe der Grundherrlichkeit eine Epoche bevor, wo, wenn die Interessenten starr am Alten hängen und nicht zeitig an eine Konsolidierung ihres Vermögens denken, die Existenz eines großen Teils ihrer Gefälle bedroht ist, so daß auf den gegenwärtigen Besitzern jener Rechte im Hinblick auf ihre Nachkommen eine ebenso große Verantwortlichkeit ruhe, wenn sie unvermeidlichen Gewährungen sich entgegenstemmen, als wenn sie den Anmaßungen neuerungssüchtiger Freiheitsstürmer grundlos nachgeben und sich entweder einschüchtern oder durch das zweideutige Lob einer für des Volkes Wohl berechneten Handlung zum unbegründeten Verschleudern und Verzicht wohlerworbener Rechte verleiten lassen.

Fürst August will beide Extreme meiden.

Die Verwandlung umstrittener Gefälle und Leistungen in Geld bedeutet für die Standesherren eine Sicherung ihrer Einkünfte. Denn es ist unbestritten, daß es für die Berechtigten in der Folge nicht gleichgültig ist,

a) ob sie mit ihrem Gefäll an eine geordnete Gemeinde oder landständisch garantierte Staatskasse gewiesen sind oder ob sie wegen dessen Erhebung mit dem Beutel von Tausenden in eine mit jedem Jahr zunehmende Opposition zu treten haben,

b) daß die Naturalfronen von den Verpflichteten mit dem zunehmenden Widerspruchsgeist immer mehr mit gehässigern Augen betrachtet und voraussichtlich später nur zwangsweise, aber auch um so unvollständiger verrichtet und dadurch weit unter ihren ursprünglichen Wert gedrückt werden und daß

c) der für jene Gefälle unter privatrechtlichem Titel erworbene Grund und Boden jenen Gerechtsamen vorzuziehen seie. Ebensowenig werde zu mißkennen sein,

d) daß die Besorgnis vor einem gewaltsamen Umsturz aller gesellschaftlichen Bande, wo in jedem Fall die Gefälle in ihrem alten Kleide verlorengiengen, weit entfernter liege als die, daß im ruhigen, aber unaufhaltsamen Gange der Entwicklung des Volkslebens je länger je mehr verletzende Eingriffe in die standesherrlichen Rechte erfolgen, wenn diese nicht vorher durch Vertrag eine den Bedürfnissen der staatsbürgerlichen Institutionen entsprechende Veränderung erhalten haben, deren möglichst vorteilhafte Erwirkung in jetziger Zeit die zunächstliegende Pflicht der Standesherren sei.

4. Fürst August wollte – im Gegensatz zu Langenburg und Kirchberg – die Grundsätze der Regierung durch mündliche Unterhandlungen erfahren. Er hat in der Vergangenheit stets die Interessen des Familienfideikommisses berücksichtigt und will dieses auch für die Zukunft sichern.

5. Er erklärt ausdrücklich, daß er bei seinen Verhandlungen in Stuttgart ganz aus eigenem Antrieb ohne fremde Einwirkungen gehandelt hat.

6. Es ist ausdrücklich zu wiederholen, daß die Bestimmungen der Grundsätze zur Entschädigung einer Unterhandlung nie vorausgehen, sondern erst in dieser festgestellt werden können. „Aus diesen wohlerwogenen Gründen" wiederholt Fürst August „die eindringende Bitte um alsbaldige Ernennung von Bevollmächtigten", um mit den von der Regierung ernannten Kommissarien zu verhandeln.

Nr. 75–76   1845. Diskussion der hohenloheschen Standesherrschaften über die Rätlichkeit von Gefällablösungen

Nr. 75   1845 März 2, Stuttgart

Vortrag von Hofrat Mangoldt, Hohenlohe-Öhringen, über die Ablösung grundherrlicher Gefälle

Archiv Neuenstein, Sen. Ka II 10, 2, Q 2. Abschrift.

Mangoldt überreichte den Vortrag am 3. 3. 1845 den Fürsten von Hohenlohe-Öhringen und Hohenlohe-Langenberg, um einen hausgesetzlichen Beschluß zu veranlassen (ebd. Q 1).

Die Verfügung der Ministerien der Justiz und des Innern betr. die Anlegung und Führung der Gemeindegüterbücher vom 3. 12. 1832[1]) nötigt dazu, den Güterbuchskommissären Notizen über die grundherrlichen Abgaben zu liefern. Es fragt sich, inwiefern es auch in dem Interesse der fürstlichen Herrschaften liege, wenn vor der Erteilung der fraglichen Notizen einzelne, nach ihrem Betrag weniger bedeutende Gefälle zur Ablösung gebracht werden könnten. Angesichts des schlechten Zustands der verschiedenen herrschaftlichen Bücher scheint es zweckmäßig, zu Vermeidung höchst bedeutender Renovaturkosten noch vor der Erteilung jener Notizen auf die möglichst gänzliche Ablösung einzelner Gefällgattungen im Wege des freien Vertrags hinzuwirken. Ob

---

[1]) RegBl 1832, S. 471 ff.

dies aber geschehen darf, darüber geht noch eine hausgesetzliche Entschließung ab. In dieser Hinsicht dürfte wohl die Einleitung zu Ablösungsverträgen in allen den Fällen zu gestatten sein,

1. wo die Gefälle in einzelnen unbedeutenden Beträgen von vielen Zensiten kreuzerweise oder in ganz geringen Fruchtquantitäten mit einem unverhältnismäßig großen Verwaltungsaufwand jährlich erhoben werden müssen,

2. wo vor der Erteilung jener Güterbuchsnotizen wegen des mangelhaften Eintrags in den betreffenden Gült- und Lagerbüchern eine Renovatur der fraglichen Gefälle vorausgehen müßte, deren Kosten dem größeren Teil derselben gleichkommen würden, und

3. wo einzelne Weiler, Dörfer und Gemeinden bereit wären, die unständigen Lehensgefälle in eine fixe Jahresabgabe in Geld oder Naturalien zu verwandeln oder auch die Berechtigung selbst unter Bedingungen abzulösen, wie solche noch von den hohen Herrschaften gemeinschaftlich festzustellen wären; ebenso

4. wenn die Gutsbesitzer ganzer Feldmarkungen sich zu Fixierung ihrer Zehnten gegen ein jährliches aus einer Hand abzulieferndes Geld- und Fruchtquantum herbeiließen.

Wenn ich mir daher erlaube, diesen wichtigen Gegenstand zur hohen einsichtsvollen Prüfung und Entschließung vorzulegen, wird meine Sorge für die Wahrung der Interessen des hohen Fürstenhauses nicht befürchten dürfen, mißverstanden zu werden, darauf hinzuweisen, daß es dem seine Zeit und ihre Bewegungen beobachtenden Geiste nicht entgehen kann, daß die Zunahme der Bevölkerung, ihre Kultur wie ihre mannigfachen Bedürfnisse während der jüngsten 30 Friedensjahre in die Ansicht der mittellosen Klasse der menschlichen Gesellschaft über die materiellen Güter dieser Erde, über die Begriffe von Ausschließlichkeit der Rechte am Eigentum und Besitz etc. solche Änderungen hervorgebracht und solchen Grundsätzen Eingang verschafft haben, die es den höhern und gebildeten Ständen als besondere Obliegenheit, ja als einen Akt der Klugheit gebieterisch vorhält, die Interessen der niedern Lagen der Gesellschaft, des eigentlichen Volkes, einer sorgfältigen Erwägung zu unterziehen, seine wirklichen Bedürfnisse kennenzulernen und mit Wohlwollen, Ernst und Beharrlichkeit an ihrer Befriedigung zu arbeiten.

Keine andere soziale Frage ist von solcher Wichtigkeit, und ihre Lösung wird um so dringender, je greller der Widerspruch zwischen den Bedürfnissen und Anforderungen jener Klassen und den Mitteln, sie zu befriedigen, bereits an vielen Orten in den Vordergrund tritt und je mehr zu besorgen steht, daß, wie es beim Kommunismus und Sozialismus bereits eingetreten, niedere Künste und schlechte Bestrebungen sich der dort wuchernden Unkunde, Gehässigkeit und anarchischen Kraft bemächtigen, um sie zum Angriff gegen die Grundlagen der bürgerlichen Ordnung selbst in Bewegung zu bringen.

Daher dürfte von seiten der Gefällberechtigten immer mehr auf eine konzentriertere Konsolidation ihrer Gefällbezüge, namentlich auf Verwandlung derselben in ungeteilten Grundbesitz hingewirkt werden; denn nicht zu leugnen ist, daß schon die allgemeine Stellung des hohen Adels als Grundbesitzer eine weit freundlichere, nicht den immer sich wiederholenden Angriffen bloßgestellte wie die des Gefällbesitzers ist – Nachteile, die das Erblehensystem hervorgerufen hat und die auch nicht endigen werden, solange dessen Ausflüsse nicht zu rechter Zeit und in sichernden Formen fixiert sind²).

Nr. 76   1845 März 20, Kupferzell

Schreiben des Fürsten Friedrich Karl von Hohenlohe-Waldenburg-Schillingsfürst an Hofrat Krauß über die Ablösung grundherrlicher Gefälle

Archiv Neuenstein, Sen. Ka II, 10, 2, Q 12 Beilage. Abschrift.

Zum Anlaß des Schreibens, das gleichzeitig als Instruktion diente, vgl. Nr. 75, Anm. 2.

Verehrtester Herr Domänenkanzleidirektor!

Bei der Beurteilung dieses wichtigen Gegenstands, welcher unzweifelhaft eine Lebensfrage behandelt, erscheint es mir notwendig, denselben von allen Seiten möglichst umfassend und scharf zu beleuchten. Sie werden daher bei der auf den 26. dieses in Kirchberg bestimmten Konferenz unserer Herren Räte meine unmaßgebliche Ansicht in folgendem vortragen:

Es wird wohl von allen Seiten anerkannt und zugegeben werden, daß bei allen Bestimmungen über das Verhältnis der deutschen Standesherren, wie sich dieselben in den verschiedenen Staatsveränderungen unseres Jahrhunderts gestaltet haben, immer mehr oder weniger die Idee zugrunde lag, unserer politischen Existenz eine höhere Bedeutung zu belassen. Diese Idee aber hat gewiß nicht ihren Grund allein in der Achtung, welche man allgemein der Heiligkeit unserer Rechte zollte, noch in den Bemühungen und der Anerkenntnis der moralischen sowie der rechtlichen Verpflichtung, teilweise wenigstens die Unbilden der Zeit wiedergutzumachen. [...]

---

²) Mangoldts Schriftsatz scheint den Anstoß zu der Hauskonferenz der hohenloheschen Räte in Döttingen am 26. 3. 1845 gegeben zu haben. Hier vertrat Hofrat Mangoldt für Öhringen die Ansichten, die er bereits in seinem Vortrag vom 2. 3. 1845 geäußert hatte. Die Abgeordneten von Kirchberg und Bartenstein sprachen sich im gleichen Sinne aus, Hofrat Krauß dagegen übergab die Instruktion seines Fürsten (vgl. Nr. 76), und der Vertreter von Langenburg schloß sich dem an, weil „die von den hohen Standesherrschaften bis jetzt verfochtenen Grundsätze der Erhaltung der Hochdenselben nach der Mediatisierung noch verbliebenen Eigentumsrechte würden aufgegeben werden und nach und nach auf alle in der Zweiten Kammer von Zeit zu Zeit gemacht werdenden diesfallsige Anträge eingegangen werden müßte, weil somit dadurch das Prinzip verletzt und für die Bewahrung dessen, was die hohen Herrschaften an derartigen Gerechtsamen noch besitzen, das Fundament verloren werden würde". Hofrat Mangoldt warf weiter die Frage auf, ob die Ablösung sämtlicher Erblehen in Hohenlohe für die Berechtigten rätlich erscheine und ob es nicht vorzuziehen sei, falls man sich darauf unter günstigen Bedingungen einlassen wolle, „dies nur unter der Bedingung der gleichzeitigen Ablösung aller andern Gefälle, also auch der Zehenten zuzulassen". Ein derartiger Schritt schien den Konferenzteilnehmern schon wegen der Größe der betreffenden Gefälle kaum möglich. Unter Umständen hielten sie es für gerechtfertigt, die Erblehen ablösen zu lassen und für die einkommenden Gelder ungeteiltes Grundeigentum zu erwerben; doch solle man zunächst die Entscheidung des Deutschen Bundes abwarten und bis zur Publikation der Bundesbeschlüsse in Württemberg am bestehenden Besitz festhalten. Protokoll der Hauskonferenz in Sen. Ka. II 10, 2, Q 12.

Wenngleich von seiten der großen Mächte unseren Verhältnissen und ihrer durch den Deutschen Bund selbst garantierten Feststellung öfters das Wort geredet wurde, was, wenn es auch die bloße Gerechtigkeit nicht überstieg, dankbar anzuerkennen ist, leider aber meistens durch die Bemühungen derjenigen Bundesglieder wieder lautlos verhallte, welche uns früher am nächsten standen und daher billig die meisten Rücksichten gegen uns hätten nehmen sollen, so, wiederhole ich, geschah dieses nicht bloß zu unseren Gunsten. Es liegt sicher eine höhere politische Tendenz zugrunde, welcher wir ebensoviel, wo nicht mehr als der Billigkeit verdanken.

Die konstitutionelle Staatsverfassung, wie sie namentlich in Deutschland besteht, bedarf einer Stütze. Die Standesherren nach ihrer jetzigen Stellung, nach ihren Verhältnissen und ihrem für die Regierung nicht minder wie für sich selbst wichtigen Einfluß auf die konstitutionellen Institutionen bilden ein notwendiges Gegengewicht und die natürlichen Schranken gegen das stürmische Andrängen des Zeitgeistes, welcher als ein Kind der Revolutionen in stetem Widerspruche gegen alles bestehende Recht sich auflehnt.

Ich glaube, die Wahrheit des Gesagten stellt sich auch durch die Erfahrung in der konstitutionellen Geschichte unseres Landes heraus, und selbst die Regierung, wenn sie gerecht und unparteiisch sein will, muß es bestätigen und anerkennen. Wenn man auch auf der einen Seite verlangen kann, daß wir in Würdigung der Zeitverhältnisse dem allgemeinen Interesse ein Opfer bringen, wie es auch bereits wiederholt geschehen ist, so hat doch auf der andern Seite jedes Opfer seine Grenzen und kann nicht bis zur Gefährdung der Existenz ausgedehnt werden.

Sollen aber die Standesherren dem eben angeführten Zwecke entsprechen und in diesem Sinn wirken können, so müssen sie notwendig im Besitze ihrer jetzt schon auf das Minimum reduzierten Rechte bleiben. Verlieren sie dieselben, sei es durch Gewalt oder durch freiwillige Übereinkunft, so hören sie auf, das zu sein, was sie bisher waren und sein sollten, und müssen daher eine neue Stellung einzunehmen suchen.

Ich sollte glauben, die Regierung könne bei reiflicher Überlegung dieses unmöglich wünschen.

Von diesem Gesichtspunkte aus wird jede Entäußerung unserer Rechte, welcher Art sie auch sein und welche Folgen sie auf unsere Privatverhältnisse haben mag, zur Prinzipienfrage. Es handelt sich davon, ob wir das bleiben wollen, was wir sind, oder ob wir eine neue Stellung einnehmen wollen und welche?

Wer den Mut hat, sagt ein Schriftsteller, einen männlichen Entschluß auf rechtschaffenen Wegen zur Ausführung zu bringen, muß auf halbe Geständnisse, auf kleinmütige Ausweichungen, auf eine zweideutige Stellung Verzicht tun.

Da es sich hier nicht davon handelt, der Regierung einen guten Rat zu geben, den sie weder verlangt, noch viel weniger berücksichtigen würde, da sie die Sache von einer ganz andern Seite zu beurteilen scheint, sondern da es sich davon handelt, uns selbst klarzumachen, was bei den gegebenen Verhältnissen und Zeitumständen ratsam und notwendig ist, um unser eigenes Interesse möglichst zu wahren, so glaube ich allerdings, daß es nur in unserem eigenen Vorteil sein kann, die falsche Stellung zu verlassen, in welcher wir uns mehr und mehr befinden.

Auf der einen Seite werden unsere Rechte angegriffen, von der andern werden wir nur schwach unterstützt. Unsere Rechte werden durch immer zu wiederholende Konzessionen geschwächt. Ehe wir sie ganz verlieren, wird es allerdings besser sein – wenngleich leider der günstige Augenblick bereits vorüber ist –, dieselben noch möglichst dadurch zu retten und zu erhalten, daß wir sie in eine den materiellen Ansichten der Zeit mehr entsprechende Form bringen.

Dazu ist es aber nach meiner Ansicht und nach meinen Grundsätzen notwendig, konsequent und durchgreifend zu Werke zu gehen und alle halbe Maßregeln zu vermeiden.

Wollen und können wir dieses tun, so bin ich ganz damit einverstanden. Freiwillig und ungezwungen aber möchte ich es nicht für ratsam und zweckmäßig halten, stückweise zu Werke zu gehen.

Ich sehe zwar die Möglichkeit nicht ein, wie wir bei der jetzigen finanziellen Lage des Landes eine allgemeine Ablösung unserer Rechte etc. ohne bedeutenden Schaden durchführen könnten. Ich will aber die Möglichkeit nicht bestreiten.

Es ist allerdings wahrscheinlich, daß wir, je länger wir warten, desto schlechtere Bedingungen erhalten werden; dieses lehrt wenigstens die seitherige Erfahrung. Was ich aber für ganz unmöglich halte, ist eine schleunige Ablösung solcher Rechte, deren Begründung zweifelhaft ist.

Um die Frage zu beurteilen, ob die Ablösung unserer Rechte notwendig ist, muß man einen genaueren Begriff des Zeitgeistes und der Zeitverhältnisse und ihres Unterschieds feststellen.

Nach dem Zeitgeist erscheint diese Notwendigkeit allerdings vorhanden; ob aber auch nach den Zeitverhältnissen, ist eine andere, schwierigere Frage, bei deren Beurteilung wohl alle wahrscheinlichen, nicht aber alle möglichen Veränderungen in Berechnung gezogen werden müssen.

Bloß deswegen, weil unsere Rechte manchen lästig, andern ungegründet erscheinen, dieselben aufzugeben, wäre sicher ohne allen Grund. Es steht wohl selten eine Sache so gut, daß sie nicht durch übelgewählte Argumente besonders in den Augen der Masse verdächtiget und verletzt werden könnte. Daß dieses geschieht, lehrt die tägliche Erfahrung.

Es ist nicht zu leugnen, daß die Stellung der Standesherren zu ihren Grundholden in neuerer Zeit eine schwierige, unangenehme, gehässige und höchst undankbare geworden ist und es immer noch mehr werden wird durch die zügellosen Bestrebungen derjenigen, welche gerade aus diesem Verhältnisse den einzigen Nutzen ziehen. Dieses Verhältnis aber würde von selbst aufhören, wenn eine durchgreifende Verwandlung der Rechte in Grundbesitz durchgeführt wird, schwerlich aber in dem Maße zum Vorteile der Pflichtigen, wie es denselben von Leuten vorgespiegelt wird, welchen bei ihrer Aufreizung des Volks dessen wahres Interesse nur zum Deckmantel dient, um ihren eigenen Vorteil zu begünstigen, und die, da sie nichts zu verlieren haben, ihre revolutionären Ideen in der Hoffnung verfolgen, bei einer gewaltsamen Veränderung der Umstände etwas zu gewinnen.

Sobald wir, unsere bisherige Stellung verlassend, freiwillig in die Klasse der übrigen Grundbesitzer zurücktreten, was die natürliche Folge einer gänzlichen Ablösung sein muß, so müssen wir ebenso unsere ganze Politik ändern. Wir müssen uns dann notwendig denjenigen enger anschließen, welche dieselben Zwecke und dieselben Interessen mit uns verbinden, und folglich auch manche Ideen aufgeben, die wir in unserer jetzigen Stellung aus Grundsatz aufrechterhalten und verteidiget haben, obgleich sie uns nur wenig Anerkennung, keinen Nutzen, sondern nur Schaden gebracht haben. Mir nicht minder wie allen meinen Standesgenossen wird und muß es schwerfallen, eine Stellung aufzugeben, welche beinahe seit einem Jahrtausend mit unserem Namen identisch war. Mir nicht minder wird der Abschied schwerwerden von all den schönen, großen Erinnerungen einer bessern Vergangenheit. Mir nicht minder wird es schwerfallen, mich in unsere neue Lage zu schicken und in einer neuen Sphäre zu handeln. Ich würde auch gerne mit dem Zeitgeiste, diesem Zerrbilde der neueren Ideen, in die Schranken treten, wenn auch bei ungewissem Ausgange des Kampfes, wenigstens einer ehrenvollen Niederlage gewiß.

Trotz allem dem aber bin ich bereit, alles aufzugeben, was wir an Rechten noch besitzen, wenn die Zeitverhältnisse, welche allein zu berücksichtigen sind und entscheiden müssen, und somit die Klugheit es gebietet und die Entschädigungen entsprechend sind.

Von der richtigen Beurteilung der Zeitverhältnisse hängt nun diese ganze Frage ab. Nur sie kann und soll uns bestimmen; jede ängstliche Berücksichtigung des Zeitgeistes muß dabei ausgeschlossen werden. Wer sich durch ihn einschüchtern ließe, wäre schon halb verloren.

Zur richtigen Beurteilung der Zeitverhältnisse aber scheint mir vor allem notwendig zu sein, darüber ins reine zu kommen, von welchem Gesichtspunkte aus die Regierung unsere Stellung beurteilt. Teilt sie die Ansicht und erkennt sie, daß unsere jetzige politische Existenz zu Aufrechterhaltung des monarchischen Prinzips notwendig ist und eine Garantie für ihr eigenes Bestehen darbietet, dann wird sie die Notwendigkeit selbst einsehen, jetzt, wo es vielleicht noch Zeit ist, unsere Existenz zu wahren und zu sichern, d. h. durch einen kräftigen Rechtsschutz über die unaufhörlichen Angriffe der Leidenschaft und der Gehässigkeit zu erheben.

Glaubt sie aber, unserer nicht zu bedürfen, und teilt auch der Bund diese Ansicht, dann freilich müssen wir für uns selbst sorgen und lieber, wenn auch mit Opfern, dasjenige zu vertauschen oder zu verkaufen suchen, was uns unter solchen Umständen am Ende noch entrissen würde.

Der Augenblick ist gekommen, sich hierüber bestimmt auszusprechen. Ergibt sich die Notwendigkeit, um noch zu retten, was zu retten ist, unsere standesherrlichen Rechte etc. abzulösen, dann kann aber meines Erachtens von einer teilweisen und dadurch nur noch um so nachteiligeren Ablösung nicht die Rede sein.

Entweder müssen wir Standesherren in dem bisher damit verbundenen Begriffe bleiben – und dazu sind unsere Rechte bereits auf das Minimum reduziert –, oder wir müssen reine Grundbesitzer werden, und alsdann könnte uns alles, was sich nicht darauf bezieht, nur lästig, nachteilig und schädlich sein. Wir müssen dann unsern Einfluß, welcher vielleicht sogar in materieller Beziehung nicht geschwächt würde, in einer ganz andern Richtung geltend machen und alles vermeiden, was unsere neue Stellung unbestimmt und zweideutig erscheinen ließe und der Gehässigkeit unserer jetzigen Feinde neue Waffen gegen uns in die Hände geben würde.

Ob, wie schon oben angeführt, bei den gegebenen Verhältnissen es den Pflichtigen möglich sein wird, auf eine gänzliche Ablösung einzugehen, inwieweit der Staat sich dabei beteiligen wird, nach welchen Grundsätzen die Entschädigungen geboten und angenommen werden können, das vermag ich für jetzt nicht zu entscheiden. Kaum ist es möglich, nur nach Wahrscheinlichkeit darüber zu urteilen. So viel aber ist gewiß, daß die Anregung dazu von den Berechtigten wohl nimmer wird ausgehen können.

Was auch immer für ein Entschluß gefaßt werden wird, so bin ich jedenfalls ganz gegen einzelne kleinere Ablösungen, umso mehr, da sie weder den jetzigen Mißständen abhelfen, noch einen Nutzen gewähren können, der Grundsatz aber dabei doch geopfert wird; ebenso bin ich gegen Fixierung sowohl der Zehenten als der Gefälle, da wir dabei nur verlieren können, jedes durch die Zeitverhältnisse möglichen Gewinns aber uns entschlagen.

Auf die drohenden Demonstrationen unruhiger Köpfe lege ich keinen so großen Wert. Wir sind seit einigen 50 Jahren beinahe schon nicht mehr in dem ruhigen Genusse unserer Rechte. Man hat früher gegen die Vorrechte angekämpft, man tut es jetzt, man wird es immer tun. Es ist freilich dadurch schon vieles zugrunde gegangen, es hat sich trotzdem aber auch manches erhalten. Ich will meine Meinung gewichtigen Gründen nicht starr entgegensetzen. Ich will unsere jetzige Stellung beibehalten, ebenso dieselbe gegen eine neue vertauschen, je nachdem die gemeinsame reifliche Beratung der Sache das eine oder das andere für ratsamer oder zweckmäßiger herausstellt. Wozu ich mich aber nie entschließen werde, unter keiner Bedingung, das sind halbe Maßregeln; diese können immer nur höchst wenig nützen, aber sehr viel schaden, ja alles verderben! [...]

Nr. 77   1844/46

Beschwerden und Wünsche des Hohenloher Landwirtschaftlichen Vereins

E 146, Bü 1467 a. S., Q 12 Beilage. Auch als Druckschrift 1846 in Heilbronn erschienen.

Auf Initiative des Rechtskonsulenten Müller, Künzelsau, begründeten im Juni 1844 26 Grundeigentümer den Hohenloher Landwirtschaftlichen Verein mit dem Ziel, die Verhältnisse der Grundholden in den hohenloheschen Landesteilen und den ehemaligen ritterschaftlichen Orten dieser Gegend gegenüber Standes- und Grundherrschaften günstiger zu gestalten. Sie beschlossen Statuten, wählten Rechtskonsulenten Müller zum Vorsitzenden, einen Kassier und einen elfköpfigen Vorstand, dem die Aufnahme neuer Mitglieder übertragen wurde. Jedes Mitglied sollte ein Sechzigstel seiner Steuerschuld als Vereinsbeitrag zahlen. Nach Ziel und Methoden handelte es sich um einen „Prozeß-

verein": Man beabsichtigte, Petitionen an Regierung und Stände einzureichen, Druckschriften über die bäuerlichen Rechtsverhältnisse zu verfassen, Rechtsgutachten einzuholen, Private und Gemeinden bei Prinzipienprozessen finanziell zu unterstützen. Die Kreisregierung Ellwangen empfahl, das Vorhaben nicht durch Verleihen von Körperschaftsrechten zu institutionalisieren, sah aber auch keinen Grund, die Entwicklung des Vereins von Amts wegen einzuschränken (Bericht an das Innenministerium vom 8. 10. 1844; E 146, Bü 1467 a. S., Q 1). Doch ließ das Innenministerium die Tätigkeit des Vereins wegen seiner möglichen „Tendenzen" und seines schnellen Anwachsens sorgfältig überwachen: Auf der Generalversammlung vom 21. 12. 1844 waren 70–80 Mitglieder anwesend (ebd., Q 4 Beilage), auf einer Versammlung Mitte März 1845 zählte das Oberamt Künzelsau fast 300 Anwesende (ebd., Q 7 Beilage); das Mitgliederverzeichnis wies Ende August 1845 996 Mitglieder aus (ebd., Q 9). Die unten wiedergegebene Denkschrift von Rechtskonsulent Müller wurde schon auf der Generalversammlung vom 21. 12. 1844 genehmigt, doch da Müller auf dem Landtag von 1845 in die Kommission der 2. Kammer für Beseitigung der Grundlasten gewählt wurde, wollte man erst abwarten, was die Stände für die Beseitigung der Grundlasten tun würden (ebd., Q 12 b).

Müllers Denkschrift, die am 9. 4. 1846 bei der Regierung eingereicht wurde, bietet eine gute Zusammenfassung des Standardkatalogs hohenlohescher Wünsche und Beschwerden, wobei die Ablösungsgesetze von 1836 bereits die Klagen über Fronen und Dienstgelder, Schutzgelder und ähnliche Abgaben hinfällig gemacht hatten. Vgl. Nr. 69 und 124, ferner KdA 1833 II, 19, S. 55 a ff (Bericht über zwei Petitionen aus dem Oberamt Öhringen).

Die Beschwerden und Wünsche der Hohenloher in betreff der Abgaben an ihre Grundherrschaften und des Wildschadens sowie der Verbindlichkeit der fürstlich hohenloheschen Standesherrschaften, die Kosten des Kirchen- und Schulwesens zu tragen. Eine Denkschrift an die hohe württembergische Staatsregierung aus Auftrag des Hohenloheschen Landwirtschaftlichen Vereins, verfaßt von dem Rechtskonsulenten Müller zu Künzelsau. 1846.

Die dringende Notwendigkeit, daß die Verhältnisse der fürstlich hohenloheschen Grundholden in den außen bezeichneten Beziehungen einer gründlichen Untersuchung unterworfen, daß ihre Verpflichtungen und Rechte ins Klare gesetzt und daß die höchst drückenden Zustände teils im Wege der Vollziehung der schon bestehenden Gesetzgebung, teils durch ergänzende Gesetze geändert werden, wird sich aus folgender Darstellung auf das überzeugendste ergeben.

I. Ungewißheit der Verpflichtung. Mangelhafter Zustand der Lager- und Schatzungsbücher und Erschwerung ihrer Einsichtnahme[1]).

Die erste, gewiß billige Forderung der Grundholden geht dahin, daß über die grundherrlichen Ansprüche und ihre Begründung den Pflichtigen die nötige Kenntnis gegeben werde.

Man sollte zwar glauben, daß bei so großer Belastung der Güter, wie sie in Hohenlohe vorkommt, jeder Güterbesitzer von seinen Verpflichtungen ur-

---
[1]) Vgl. Darstellung, S. 401 und Quellen Nr. 124.

kundliche Kenntnis habe oder daß er solche sich leicht verschaffen könne. Allein es herrscht in dieser Beziehung eine auffallende, vielfach nachteilige Unwissenheit.

Die Belastung der Güter mit grundherrlichen Gefällen ist keine allgemeine, keine gleiche: Manche Güter sind von Handlohn und Sterbfall frei, manche sind bloß mit dem ersteren belastet, von anderen und zwar von den meisten wird beides gefordert; die einen zahlen mehr Prozente, die anderen weniger; einzelne Güter haben ein fixiertes geringes Laudemium.

Die ständigen Gefälle sind nach Namen und Ursprung höchst verschieden, und auch über die Zehentverhältnisse besteht vielfache Ungewißheit.

Über den Begriff der durch das Königliche Edikt vom 18. Novbr. 1817 aufgehobenen Geschlossenheit der Güter, welche jetzt noch insofern praktische Bedeutung hat, als die Gutsherrschaften unter Berufung auf die Deklarationen über ihre staatsrechtlichen Verhältnisse von stückweisen Verkäufen die Entrichtung von sogenannten Konzessionsgeldern im Betrag von 5, 6, $6^{1/2}$ und $6^{2/3}$ Prozent des Gutswertes in Anspruch nehmen, herrscht eine große Meinungsverschiedenheit, indem nicht bloß Güter, welche eine Gesamtgült auf sich haben und nach etwa erweislichem Herkommen nicht stückweise verkauft werden durften, sondern auch eine noch so kleine Mehrheit von Gütern, welche Teile ehemaliger größerer Gutskomplexe bilden, zu den geschlossenen gerechnet werden wollen, während andererseits die Geschlossenheit der Güter im allgemeinen bestritten, wenigstens der Nachweis derselben bei einzelnen Gütern mit Recht verlangt wird.

In den Lagerbüchern kommen viele freieigene Güter vor, unter welchen wohl solche zu verstehen sind, welche weder Zins, noch Handlohn und Sterbfall zahlen; allein die Güterbesitzer kennen sie nicht.

Ferner gibt es viele teils unverteilte, teils verteilte Gemeindegüter, deren Lehenbarkeit in großem Zweifel steht. Über die Fälle, in welchen Handlohn und Sterbfall bezahlt werden muß, sowie über die Teidigungsweise dieser Abgaben ergeben sich sehr viele Anstände.

Die Gemeinden besitzen nirgends Abschriften von Lagerbüchern; und so notwendig sie in der Gemeinde wären, damit jeder Gutsbesitzer die gerade wegen des Beweises für die gegenseitigen Rechte und Verbindlichkeiten aufgenommenen Urkunden einsehen könnte, so wird doch die Fertigung solcher Abschriften auf Kosten der Gemeinden verweigert; die einzelnen Grundbesitzer aber haben höchst selten einen Auszug aus dem Lagerbuch in der Hand.

Ein sehr großer Teil der Hohenloher, vielleicht der bei weitem größte, kennt also die Lasten gar nicht, welche auf den Gütern haften.

Wenn auch hie und da einem Grundbesitzer ein Lagerbuch auf Verlangen aufgeschlagen wird, so versteht er gewöhnlich den Inhalt nicht, zumal die Güterbeschreibungen häufig ungenau sind und mit den heutigen Bezeichnungen, den heutigen Maßverhältnissen nicht übereinstimmen. Denn nirgends oder höchst selten wird man eine Reduktion der hohenloheschen Maße in die württembergischen finden.

Viele Lagerbücher sind aber auch im Laufe der Zeit durch mangelhafte Fortführung in große Unordnung gekommen und fast unbrauchbar geworden, so daß selbst die grundherrlichen Beamten sich in denselben nicht zu finden wissen, sondern bei Gutsveränderungen oft schwierige Untersuchungen über die Identität der Güter anzustellen haben.

Ein weiterer für die Grundholden gefährlicher Übelstand besteht darin, daß in den Lager- und Schatzungsbüchern bei neuen Erwerbungen die Güterstücke nicht selten ohne weiteres den früher besessenen angereiht wurden, so daß freie Güterstücke unter die Rubrik von handlohn- und sterbfallpflichtigen zu stehen kommen konnten.

Auch das ist ein Übelstand, daß die Grundherrschaften zuweilen statt der Gült- und Lagerbücher die Schatzungsbücher vorlegen, welche in bezug auf die Gülten und Laudemien höchst unzuverlässig sind.

Wie viele Irrtümer solche Mißstände zur Folge haben müssen, ergibt sich aus den nicht seltenen Fällen, daß Handlohn und Sterbfall, zuweilen auch Zehnten von freien Gütern angesprochen werden, von welchen Ansprüchen die Rentbeamten aber auf Protestation der Grundholden hier und da von selbst wieder abstehen oder infolge von Klagen abstehen müssen.

So groß der Nachteil der Erschwerung oder gänzlichen Verweigerung der Einsichtnahme von Lagerbüchern in Beziehung auf die Verpflichtungen der Hohenloher ist, so groß ist er auch in Beziehung auf die Rechte derselben, über welche gleichfalls fast völlige Unwissenheit besteht. Dies gilt namentlich auch von den Rechtsverhältnissen in betreff der Kirchen und Schulen. Es ist zwar den Hohenlohern so ziemlich allgemein bekannt, daß ihre Herrschaften die Kirchen, Pfarrhäuser und Schulhäuser bauen und unterhalten und daß sie die Kirchen- und Schuldiener besolden. Die wenigsten aber wissen es, daß diese Leistungen der Herrschaften auf dem Besitze der infolge der Kirchenreformation eingezogenen Kirchen- und Pfarrgüter beruhen und daß die diesfälligen Verbindlichkeiten der Herrschaften sowie die eingezogenen Kirchengüter in den Lagerbüchern verzeichnet sind.

Da nun in neuerer Zeit über den Umfang dieser Verbindlichkeiten viele Streitigkeiten entstehen, so wäre es von hohem Interesse für jede Pfarr- und Schulgemeinde, hierüber aus den Lagerbüchern sich näher unterrichten zu können.

Da aber die Grundherrschaften, obgleich sie ihre Lagerbücher, sooft sie ihnen dienlich scheinen, als Beweismittel gegen die Grundholden den Gerichten vorlegen, doch die Vorlegung derselben, wenn Grundholden oder Gemeinden sie einzusehen verlangen, gewöhnlich verweigern, so ist leicht zu ermessen, daß dies eine große Beschwerde für die Hohenloher sein muß.

II. Ungemessenheit und Unerschwinglichkeit der Handlohns- und Sterbfallsabgaben. Leibeigenschaftlicher Ursprung der letztern[2]).

Ursprünglich bestand der Handlohn wohl meist in einem Weinkauf oder in sonstigen Ehrengaben, wie der Sterbfall in dem besten Kleide bei Frauen, in dem besten Stück Vieh bei Männern. Die veränderten Sitten, besonders aber die veränderte Verwaltung der herrschaftlichen Einkünfte brachte die Verwandlung in eine Geldabgabe mit sich, und es wurde dann die Erhebungsweise nach Prozenten erfunden, die zur Zeit ihrer Einführung bei dem Unwerte der Güter

---

[2]) Vgl. Darstellung, S. 404 f.

und bei der Geringfügigkeit anderer Abgaben nicht unbillig erscheinen mochte und die auch später noch, da in vielen Gegenden und namentlich auch im Hohenloheschen der sehr mäßige Schatzungsfuß der Güter der Handlohns- und Sterbfallsberechnung zugrund gelegt wurde, erträglicher war.

Dies Verhältnis hat sich aber sehr geändert. Denn jetzt verlangen die Grundherrschaften die genannten Abgaben bald nach dem Kaufpreise, wenn dieser hoch genug erscheint, bald nach dem vollen jetzigen Güterwerte, wenn dieser höher als der Kaufpreis ist. Die Güter aber stehen in hohen Preisen, ohne im Verhältnisse derselben zu rentieren. Angesehene Ökonomen behaupten, daß selbst große Güter bei dem zweckmäßigsten Betriebe höchstens 3 Prozent rentieren und daß bei kleineren Gütern, welche eine verhältnismäßig kostspieligere Administration haben, die Rente noch geringer sei.

Der Grundbesitzer, welcher sein Gut um einen hohen Preis übernehmen muß, ist gewiß sehr übel daran, wenn er dafür desto höhere Laudemien zu bezahlen hat.

Ist der Gutsübernehmer ein Sohn des vorigen Besitzers, so hat er gewöhnlich den Sterbfall desselben und zu gleicher Zeit den Handlohn zu bezahlen. Ein guter Teil seines etwaigen baren Vermögens wird dadurch aufgezehrt, oder er muß, was sehr häufig vorkommt, zu Bestreitung dieser Abgaben ein Kapital aufnehmen. Noch härter fällt es einer Witwe, wenn sie nach dem Tode des Familienhauptes den Sterbfall bezahlen und nach Verfluß einer Jahresfrist das Gut durch Handlohnszahlung wieder bestehen soll.

Höchst auffallend ist das Steigen dieser Abgaben besonders seit der Staatsveränderung im Jahre 1806, infolge welcher die Landeshoheit der hohenloheschen und anderer Herrschaften aufgehört hat und wodurch die ehemaligen Untertanen nun nur noch durch Abgabepflicht mit denselben verbunden sind.

Wenn der Bauer aus seinen Gefällbüchlein ersieht, was sein Urgroßvater, sein Großvater, sein Vater an Laudemien zu bezahlen hatte und was man nun an ihn fordert, so kann er die Erhöhung der Abgaben ebensowenig begreifen als die Möglichkeit, daß es auch in Zukunft so fortgehe. Übrigens tragen zur Vermehrung der Laudemien nicht allein der erhöhte Güterwert bei, sondern auch die häufigeren Veränderungsfälle infolge der vermehrten Bevölkerung, der zunehmenden Güterteilungen, des lebhafteren Verkehrs, die immer mehr abkomme Sitte, daß Kindskäufe weit unter dem Güterwert abgeschlossen werden, sowie eine immer strenger werdende Teidigungsweise. Ja selbst durch die zunehmende Armut, z. B. durch die gegenwärtig sich wieder vermehrenden Güterveräußerungen im Exekutions- und Gantwege, werden die Handlohnsanfälle vermehrt, und das Unglück einer mörderischen Seuche würde, wenn auch den humanen Gefühlen der Grundherrn gewiß nicht erwünscht, ihnen doch das Recht zum Bezuge ungeheurer Summen von Sterbfall und Handlohn verschaffen. Wer sollte sich nicht darüber wundern, daß auch die auf Befreiung des Landmanns gerichtet gewesene Ablösung der Fronen und die hiefür sowohl von den Gutsbesitzern als dem Staat bezahlten höchst beträchtlichen Summen die Handlohns- und Sterbfallslasten noch erschweren. Und doch ist es so, weil der durch die Ablösung bewirkte namhaft höhere Wert der Güter bei den Handlohns- und Sterbfallsberechnungen nicht in Abzug gebracht werden will.

Unter den angeführten Umständen müssen die Laudemien zu einer die Kräfte des Volkes und seine Tüchtigkeit, zu den Staats- und Gemeindelasten beizutragen, verzehrenden Last werden, und es ist wahrlich die Bitte wohlgemeint, daß eine wohlwollende Regierung hierauf ihr ernstes Augenmerk richten möge. Denn die Fortdauer des jetzigen Zustandes würde eine solche Bereicherung der Berechtigten, ein solches Herabkommen der Grundbesitzer zur Folge haben, daß im Laufe der Zeit die letzteren in herrschaftliche Pächter verwandelt würden.

Eine besondere Beschwerde der Hohenloher in bezug auf den Sterbfall besteht noch darin, daß derselbe nach der dermaligen Gesetzgebung nicht als eine leibeigenschaftliche Leistung betrachtet wird und daß auch die Ablösungsnormen des I. und II. Königlichen Edikts vom 18. Novbr. 1817 keine besondere Erleichterung bei der Ablösung gewähren, während doch [...] der Sterbfall im Hohenloheschen allen Umständen nach gleichen Ursprungs mit dem in Oberschwaben als leibeigenschaftlich aufgehobenen Sterbfall ist.

Auch ist hier noch des mit den Beschwerden I und II zusammenhängenden Mißstandes Erwähnung zu tun, daß in nicht wenigen hohenloheschen Gemeinden die Schultheißen nebenher in fürstlichen Diensten als Gefällverwalter etc. stehen und dafür auf und nach Wohlverhalten Belohnungen beziehen, ein Verhältnis, welches höheren, mit den Gemeindeinteressen so häufig in Streit geratenden Personen gegenüber ebenso unstatthaft erscheinen dürfte als ein Dienstverhältnis gegen Amtsuntergebene.

III. Durch zum Teil sehr beträchtliche Nebengebühren als Ab- und Zuschreib-, Teidigungsgebühren, auch Deputat genannt, Kammertaxe, Kleinhandlohn und dergleichen wird bei mehreren Herrschaften, am meisten bei Hohenlohe-Oehringen und Kirchberg, die Last der Laudemien noch erschwert.

Die Ab- und Zuschreibgelder waren wohl die Gebühren für den Eintrag der Gutsveränderungen in die Schatzungsbücher und sollten, nachdem das Ab- und Zuschreiben oder der Steuersatz aufgehört hat, eine Funktion der grundherrlichen Beamten zu sein, billig weggefallen sein, zumal für die mit den Handlohns- und Sterbfallsteidigungen verbundenen Geschäfte unter dem Namen Deputat besondere Gebühren, im Hohenlohe-Oehringenschen z. B. bei Handlohn und Sterbfall 3 kr vom Gulden des Gefälls, angesetzt werden. In dem eben genannten hohenloheschen Landesanteile war der sogenannte Deputatgroschen durch eine Amtstaxordnung von 1792 auf 1½ kr heruntergesetzt worden, die Beamten rechnen aber dennoch 3 kr und legen zum Beweise für diesen Anspruch die durch die ebenerwähnte Taxordnung aufgehobene ältere Taxordnung von 1772 vor.

IV. Hinsichtlich der Zehnten, sowohl der alten als Neubruchzehnten, teilen die Hohenloher die Beschwerden und Wünsche der anderen Württemberger.

V. In Beziehung auf die Zinsen und Gülten glauben die Hohenloher mit gutem Grund, daß ein namhafter Teil derselben unter die erleichternden Bestimmungen des Bedengesetzes hätte gestellt werden sollen, daß dies aber aus Unkenntnis der Pflichtigen versäumt worden sei.

Manche, vielleicht alle Rentämter haben nämlich seit längerer Zeit die Gewohnheit, die alten Namen der verschiedenen Gefälle in den Gefällbüchlein nicht mehr zu bezeichnen, sondern die jährliche Schuldigkeit nur unter einem allgemeinen Namen, z. B. Ordinarigefäll, einzutragen; erweislich ist sogar, daß hier und da den Gefällen ein neuer Name, z. B. Bodenzins, beigelegt wurde.

Bei Einsichtnahme der Lagerbücher würden sich aber viele Gefälle, namentlich Vogthaber, Vogthühner, als bedenartige Abgaben herausstellen, welche von den Standesherrschaften in dieser Eigenschaft nicht angemeldet wurden und daher bis jetzt als Gülten behandelt werden.

VI. Von dem stückweisen Verkaufe sogenannter geschlossener Güter, mag nun das ganze Gut zerteilt oder nur ein einzelnes Stück von demselben wegverkauft werden, fordern die hohenloheschen Gutsherrschaften 5 bis $6^2/_3$ Prozent des Gutswertes neben Gült-Repartitionsgebühren und hier und da noch Reisekostenentschädigung für den Rentbeamten. Je häufiger solche stückweise Verkäufe in neuerer Zeit vorkommen, desto mehr Aufsehen veranlaßt diese weder durch Lagerbücher noch Taxordnungen, noch (wie der Verfasser wenigstens überzeugt ist) durch altes Herkommen sanktionierte Abgabe[3]).

Es ist einleuchtend, daß die Frage von der Rechtmäßigkeit dieser Abgabe von großer Bedeutung ist, da die durch das II. Edikt vom 18. Novbr. 1817 erfolgte allgemeine Aufhebung der Beschränkung in der stückweisen Güterveräußerung solche Veräußerungen häufiger herbeiführt, als sie schon der Volkssitte und der geringeren Bevölkerung nach früher vorkommen konnten, und da die Ablösung der Konzessionsgelder, wenn sie rechtlich beständen, die größten Schwierigkeiten darbieten würde.

Aber auch schon die großen Unbequemlichkeiten, welche den Verkäufern und Käufern bei solchen Veräußerungen gemacht werden, bilden eine der nicht geringsten Beschwerden der Hohenloher. Die Gemeinderäte sind nämlich angewiesen, ohne die gutsherrliche Zustimmung – und diese wird vor Anerkennung und Bezahlung des Konzessionsgeldes nicht gegeben – über Gutsveräußerungen nicht zu erkennen. Wird über diese Verträge das Erkenntnis hinausgeschoben, so entstehen Zahlungsverweigerungen von seiten der Käufer, hieraus entstehen aber natürlich manchfache Verlegenheiten und Prozesse. Es war daher eine große Beruhigung, als das Königliche Obertribunal in einer Beschwerdesache des Franz Schmitt von Amrichshausen unterm 21. Novbr. 1843 aussprach, daß nach dem Gesetze das gemeinderätliche Erkenntnis nicht aufgeschoben werden könne, wenn zuvor dem betreffenden Rentamte die Anzeige von der Veräußerung gemacht worden sei. Allein nach einem Justizministerialerlasse vom 12. Juli 1844 wurde diese Verfügung als unzuständig erklärt, und wenngleich die Kammer der Abgeordneten auf eine gegen jenen Ministerialerlaß von dem Abgeordneten Wiest eingebrachte Motion den Entschluß faßte, die Staatsregierung um Auskunft über die Sache zu bitten, und ein im Druck erschienenes Gutachten des Rechtskonsulenten Dr. Pfizer in Stuttgart dartut, wie vollkommen in seinem Rechte und seiner Pflicht das Königliche Obertribunal verfügt hat, so dauern doch bis jetzt die oben berührten großen Unbequemlichkeiten fort, da

---

[3]) Zu den Konzessionsgebühren in Hohenlohe vgl. Darstellung, Kapitel 1, Anm. 249 und S. 395 f.

die Gerichte durch jenen Ministerialerlaß zweifelhaft geworden zu sein scheinen, wie sie zu verfügen haben[4]).

Unter diesen Umständen ist es einstweilen einigermaßen beruhigend, daß unter den beinahe gegen alle hohenloheschen Herrschaften anhängigen Konzessionsgeld-Prozessen, nachdem schon früher die Herrschaften Waldenburg und Kirchberg zunächst aus dem formellen Grunde verweigerter Urkundenedition mit solchen Ansprüchen abgewiesen worden waren, kürzlich das Königliche Obertribunal einen Streit mit der Standesherrschaft Hohenlohe-Kirchberg auf den Grund des mangelnden rechtlichen Herkommens gegen die Herrschaft entschieden hat und daß gegen Hohenlohe-Waldenburg ein gleiches Erkenntnis von erster und zweiter Instanz vorliegt.

Freilich hat das Königliche Obertribunal zu gleicher Zeit mit dem eben berührten Erkenntnisse einen gleichen Rechtsstreit mit Hohenlohe-Langenburg zugunsten dieser Herrschaft entschieden. Allein es fehlt nicht an Hoffnung, daß letztere Sache durch neue Beweismittel eine andere Gestalt gewinnen werde.

So wie aber diese Konzessionsgeldangelegenheiten im allgemeinen derzeit noch stehen, ist vorauszusehen, daß die Grundholden noch manchen beschwerlichen Kampf zu kämpfen haben, bis ihre Beschwerden erledigt sein werden.

VII. Nach der gesetzlichen Bestimmung, daß die Grundsteuer nur von dem Reinertrag erhoben werden soll, wie denn auch Gülten und dingliche Fronen abgezogen werden, sollten folgerichtig auch die Laudemien, welche neben dem Zehnten die drückendste Last der Hohenloher sind, bei der Besteuerung abgezogen werden. Ein früherer Abgeordneter des Oberamtes Gerabronn, Rapp, hat diesen Punkt mit Recht als eine der wichtigsten Beschwerden der Hohenloher angesehen und zum Gegenstand einer Motion gemacht, die aber leider, auch ungeachtet wiederholter Verwendungen der Kammer der Abgeordneten, bis jetzt noch keinen Erfolg hatte[5]).

VIII. Der Wildschaden.

Der Schaden, den die hohenlohischen Güterbesitzer durch das Wild zu leiden haben, das in einzelnen Gegenden in größerer, in anderen in geringerer Anzahl angetroffen wird, bildet einen hauptsächlichen Gegenstand der Beschwerden der Hohenloher. Von besonders bedeutendem Umfange ist der Wildschaden auf den in und an dem Revier Hermersberg gelegenen Markungen. Längst schon wurden hierüber von einzelnen Gemeinden Klagen geführt, die aber bis jetzt ein abhelfendes Resultat nicht zur Folge hatten. Die Größe des Schadens und dessen jährliche Wiederkehr erneuern stets die Klagen hierüber. Angestellte Untersuchungen haben ergeben, daß der Wildschaden in wenigen Orten von keineswegs bedeutendem Markungsumfange sich auf die Summe von 1300 fl in einem Jahre belaufen hat, das in Beziehung auf den Nahrungsmangel für das Wild zu den gewöhnlichen gehört. Hierbei ist übrigens der Schaden, den das Wild in den Waldungen, namentlich in jungen Schlägen anrichtet, nicht in Berechnung genommen, der sich auf eine sehr namhafte Summe belaufen müßte. Der vorjährige strenge Winter gab zu besonders großem Wildschaden

---

[4]) Vgl. Darstellung, S. 394.
[5]) Motion Rapp KdA 1833 II, 7, S. 65 ff; vgl. Darstellung, Kapitel 3, Anm. 265.

Anlaß; vor dem großen Schneefall suchte das Wild seine Nahrung auf Samen- und Repsfeldern, namentlich auf letzteren, deren Ertrag fast zum größten Teile vernichtet wurde; nach dem Schneefalle aber hielt sich das Wild größtenteils in den Waldungen auf, und es sollen in jungen Schlägen ganze Strecken ganz und gar abgefressen worden sein, so daß an einen ordentlichen Nachwuchs nicht gedacht werden könne.

Das Wild, besonders auch die Hasen, besucht zur Winterszeit gewöhnlich sogar die den Ortschaften nächstgelegenen Felder und Gärten, wo es namentlich an Obstbäumen bedeutenden Schaden anrichtet. Der Stadt Künzelsau, deren Bewohner viele Mühe und Kosten auf den Obstbau verwenden, nähern sich in Winternächten die Hirsche bis auf wenige Schritte vor den Oberamts- und Oberamtsgerichtsgebäuden, gerade als wollten sie für die nachsichtsvolle Duldung in dem freundlichen Kochertale ihren höflichen Dank abstatten. Da der Verfasser als Abgeordneter des Oberamts Künzelsau mit besonderer Rücksicht auf diese Gegend bei der letzten Ständeversammlung wegen des Wildschadens einen Antrag gestellt und motiviert hat, so wird sich auf diesen statt einer weiteren Schilderung des Wildschadens hiermit bezogen[6]).

---

[6]) KdA 1845, Beil. H. 2, S. 778 ff, 1409, 1421; KdA 1845, 42, S. 57; 67, S. 1 ff. Vgl. Darstellung, S. 405 ff. Schon auf früheren Landtagen wurden Wildschadensbeschweren aus Hohenlohe laut. Die Situation – zweifellos in extremen Fällen – und die Stimmung der betroffenen Bauern schilderte der Abgeordnete des Oberamts Öhringen, der spätere Märzminister Duvernoy, 1833 (KdA 1833 II, 33 (16. 8. 1833), S. 28 ff):

„Nach einer von beeidigten Sachverständigen vorgenommenen Schätzung betrug der Wildschaden, welchem 15 Grundbesitzer in der Gemeinde Eichach, Oberamts Oehringen, noch in diesem Jahre ausgesetzt waren, allein 791 fl. Von dem im Übermaße durch die fürstlichen Forstbeamten gehegten Wilde werden die mit Winter- und Sommerfrüchten angeblümten Felder verheert, die Kartoffeläcker durchwühlt, die mit Reps angebauten Felder verwüstet und zertreten, die Wiesen abgefressen, der Rebstock und die jungen Obstbäume beschädigt, die Gemeinde- und Privatwaldungen und selbst die Staatswaldungen in ihrem Wachstum gehemmt. Der Landmann im Oberamtsbezirk Oehringen muß seine Güter gleichsam als Weideplatz für das fürstliche Wild betrachten, und dennoch hat er die Grundsteuern an den Staat in demselben Maße abzutragen wie diejenigen Staatsbürger, welche von dem Wildschaden befreit sind. Er ist öfters genötigt, fünfmal zu säen, bis ihm endlich das Glück einer vollen Ernte zuteil wird. Er sieht sich gezwungen, die Äcker in Wiesen zu verwandeln, weil auf diesen verhältnismäßig der Schaden nicht die Größe erreicht wie auf den Fruchtfeldern.

Zu allen Versuchen, das Wild von seinen Gütern abzuhalten, nimmt er Zuflucht. Strohseile werden um die Felder herumgezogen, jedoch vergebens, das Wild setzt über sie hinein; Feuer werden angezündet, allein auch umsonst, die Hirsche richten dennoch Schaden an. Da die Landleute genötigt sind, in der Nacht die Wildhüter zu machen, so bauen sich die Vermöglicheren Hütten auf die Felder, und die Ärmeren graben sich Löcher in die Erde.

Wenn das Rotwild auf ihr Eigentum hereinbricht, so steht ihnen das einzige Schutzmittel zu Gebot, durch Lärmen und Geschrei das Wild zu vertreiben, denn das einfachste, mit dem Schießgewehre die Tiere zu verscheuchen, ist strenge verboten.

Ich erlaube mir, folgende Stelle aus einem Schreiben eines Landmanns aus dem Oberamtsbezirke Oehringen vorzulesen:

„Ich bin einer der ersten Grundbesitzer im hiesigen Orte, der seine meisten Güter an der fürstlichen Wildgrenze hat, weswegen ich auch von Erfahrung sprechen kann. Wenn ich Wintersamen auf dem Felde habe und etwas Reps dabei, so muß ich öfters 2–3 Mann zum Wildhüten haben, und wenn ich ganz sicher sein will, so muß ich den Hüter selbst machen. Ich habe des Tags vor Arbeit und Sorgen und des Nachts vor dem Raub des Wildes weniger Ruhestunden als mein Hund, weil dieser nur des Nachts mit mir muß und bei Tag ausruht. Soviel mir bekannt ist, haben doch die Hrn. Beamten des Tages nur acht Arbeitsstunden, warum soll der Bauer, der das Brod für alle baut, Tag und Nacht arbeiten?"

Ein ähnliches Schreiben erhielt ich auch von einem Bürger der Gemeinde Wohlmuths-

IX. Die Kirchen- und Schulverhältnisse[7].

Bis zur Unterwerfung Hohenlohes unter die Krone Württemberg wußte man nicht anders, als daß die hohenlohischen Herrschaften allen Aufwand auf das Kirchen- und Schulwesen tragen, insbesondere die Kirchen, Gottesäcker, Pfarr- und Schulhäuser bauen und unterhalten, ferner Pfarrer und Schullehrer besolden und daß sie all dieses auch bei vermehrtem Bedürfnisse leisten.

Wie die Mediatisierung überhaupt den hohenloheschen Herrschaften Veranlassung gab, möglichst viele vorher bezogene Abgaben als grundherrliche sich zu erhalten, früher bestrittene Ausgaben dagegen wegzuweisen, so diente diese Veränderung zu manchfachen Versuchen, jenen Aufwand für Kirchen- und Schulzwecke allmählich ab- und auf die Gemeinden überzuwälzen.

Die württembergischen Beamten kannten die älteren hohenlohischen Rechtsverhältnisse nicht und behandelten daher das Kirchen- und Schulwesen teils nach württembergischen, teils nach gemeinrechtlichen Grundsätzen; die Gemeinden wagten in der ersten Zeit einen Widerspruch nicht, und es ging allmählig auch bei ihnen das Bewußtsein ihrer alten Rechte verloren, während die Standesherrschaften nicht nur nicht daran erinnerten, sondern häufig ihre Verbindlichkeiten in Abrede zogen oder, wenn sie sich je entschlossen, für Kirche und Schule etwas zu tun, dies als eine Gnadensache erklärten und hier und da selbst Reverse hiefür verlangten. Auf diese Weise ging eine Leistung nach der anderen unvermerkt auf die Gemeinden über, die Schullehrer erhielten aus Gemeindemitteln Entschädigungen für aufgehobene unpassende Besoldungsteile, Belohnungen für besondere Verrichtungen und Besoldungszulagen, Schulholz wurde von den Gemeinden angeschafft; es wurden die Kirchen- und Schulvisitationskosten getragen, die hohenloheschen Almosenkassen als Heiligenpflegen erklärt, mit den verschiedensten Ausgaben für Kirche und Schule beschwert, und das Defizit sollte von den Gemeinden gedeckt werden.

Hie und da erhoben sich zwar Zweifel gegen diese Neuerungen, allein es fehlte an der Kenntnis der älteren Verhältnisse.

Erst als mit dem Schulgesetze von 1836 den Gemeinden die Zuweisung bedeutenden Aufwandes durch Errichtung neuer Lehrerstellen und Erhöhung der Schulbesoldungen drohte, wenn sie nicht einen durch Privatrechtstitel verpflichteten Dritten würden in Anspruch nehmen können[8], sahen sich einzelne Gemeinden zur Anstellung von Untersuchungen über ihre Rechtsverhältnisse veranlaßt, deren Beispiel nach und nach auch andere Gemeinden folgten. Diesen Versuchen, die fürstlichen Standesherrschaften in Anspruch zu nehmen, traten

---

hausen. Während meiner Anwesenheit im Oberamtsbezirke Oehringen in diesem Frühjahr äußerte sich ein bejahrter Landmann also gegen mich: „Wir sind keine Ackerbauern wie in Altwürttemberg. Wir sind bloße fürstliche Wildfütterer."
Das Bild dieses von Nachtwachen und Arbeit abgehärmten Mannes und der Ton seiner Stimme wird sich nie in meinem Gedächtnisse verlöschen."

[7]) Vgl. Darstellung, S. 403 f.
[8]) Nach Art. 18 des Volksschulgesetzes vom 29. 9. 1836 waren die Kosten für die Volksschulen, soweit nicht ein Dritter vermöge Herkommens und anderer Rechtstitel dafür einzutreten hatte, aus den für Schulzwecke bestimmten örtlichen Stiftungen, aus den besonderen Einnahmen für Schulzwecke und schließlich aus Gemeindemitteln aufzubringen; notfalls konnten sie als Gemeindelast nach dem Steuerfuß umgelegt werden. Herkommen und andere Rechtstitel zu Lasten Dritter sollten durch das Gesetz „keine Ausdehnung erhalten". RegBl 1836, S. 497.

letztere mit allem Ernste entgegen, leugneten nicht nur ihre Verbindlichkeiten für Kirche und Schule, sondern suchten sogar Leistungen, welche sie unausgesetzt präsentiert hatten, teils zu widerrufen, teils die fernere Leistung auf den dermaligen Umfang zu beschränken, in welch letzterer Beziehung sie sich insbesondere hinsichtlich des Schulaufwandes auf den von ihnen falsch ausgelegten Artikel 18 des Schulgesetzes zu berufen pflegten.

Durch längere Forschung ermittelte der Verfasser, daß die hohenlohischen Herrschaften zur Zeit der Reformation die allgemeinen und örtlichen Kirchengüter gegen Übernahme alles Aufwandes auf das Kirchen- und Schulwesen eingezogen und daß sie diese Verbindlichkeit, welche auch in Lagerbüchern und Teilungsrezessen vorgemerkt ist, anerkannt und herkömmlich erfüllt haben. Es ist derzeit eine nicht geringe Zahl von Rechtsstreiten über jene Verbindlichkeiten bei den Gerichten anhängig. *Rechtskonsulent Dr. Pfizer hat ein Gutachten über diese Rechtsverhältnisse erstattet*[9]).

II. Abteilung: Mittel der Abhilfe.

Zu I: Es ist dringend notwendig, gesetzlich vorzuschreiben, daß die Grundlasten auf jedem Gute oder Gutsstück gründlich untersucht und festgesetzt werden, um fortwährende Streitigkeiten zwischen Pflichtigen und Berechtigten zu vermeiden; sonst würde ein Hauptzweck bei der kostspieligen Anlage von Gemeindegüterbüchern (Verfügung vom 3. 12. 1832, RegBl 1832, S. 471 ff) nicht erreicht. Die Gemeinden müssen notfalls auf die Herausgabe der gutsherrlichen Lager-, Gült- und Schatzungsbücher klagen, um klaren Einblick in die bestehenden Verpflichtungen zu erhalten.

Zu II: Gegen die „wahrhaft beunruhigenden Erhöhungen der Handlohns- und Sterbfallsgebühren" ist Abhilfe durch Verwandlung in fixe jährliche Abgaben oder Ablösung nötig, wie sie das 2. Edikt vom 18. 11. 1817 vorsieht. Württemberg muß daher die endgültige Bundesentscheidung in Frankfurt betreiben. Zudem ist das 2. Edikt bezüglich der Erblehen auf alle Berechtigten anwendbar, denen keine besonderen Vorbehalte in königlichen Deklarationen eingeräumt wurden. Entsprechende Gerichtsentscheidungen liegen vor.

Zu III: Diese Beschwerde würde mit der Fixierung oder Ablösung der Laudemien von selbst wegfallen.

Zu IV: Man fordert Aufhebung der Novalzehnten und Fixierung der übrigen Zehnten mit Ablösungsmöglichkeit. Vorher muß die Laudemienfrage gelöst werden, damit das Ansteigen des Gutswertes infolge von Zehntablösungen nicht automatisch die Sterbfallsabgaben anwachsen läßt.

Zu VI: Die Regierung sollte die Grundherrschaften auffordern, Beschreibungen der angeblich geschlossenen Güter zu liefern, um sie den Gemeinden mitteilen zu können.

Zu VII: Bitte an die Regierung um gesetzliche Abhilfe.

Zu VIII: Wiederholte Bitte, einen entsprechenden Gesetzentwurf vorzulegen.

---

[9]) Liegt bei. Das Gutachten wurde auch gedruckt; vgl. Literaturverzeichnis.

Zu IX: Eine gerichtliche Klärung dieser vielfach bestrittenen Privatrechtsverhältnisse wäre wünschenswert. Deshalb ist eine genaue Untersuchung des unsicheren Rechtszustandes dringend nötig, um zu vermeiden, daß er zum Nachteil der Gemeinden förmlich verändert wird. Der Hohenloher Landwirtschaftliche Verein hat beschlossen, sich mit dieser Frage besonders zu beschäftigen, die Gemeinden zu beraten und in Rechtsstreitigkeiten zu unterstützen. Das Innenministerium soll auf Grund seines Oberaufsichtsrechts die Gemeindebehörden zu entsprechenden Untersuchungen auffordern[10]).

Nr. 78   1833 Juni 22, Stuttgart

Antrag des Abgeordneten Wiest, Oberamt Saulgau, „auf die Herstellung eines festen Rechtszustandes zwischen den Gutsherrschaften und ihren Grundholden"

Verhandlungen der Kammer der Abgeordneten des Königreichs Württemberg auf dem zweiten Landtag von 1833, Stuttgart 1834, Bd. 2, 15. Sitzung (22. 6. 1833), S. 77–138.

Über Wiest, einen Vorkämpfer der „Bauernbefreiung" in der Zweiten Kammer, vgl. Darstellung, S. 399 f, 402 f. Von 1833 bis 1856/59 wurde Wiest vom Oberamt Saulgau mit nur einer Unterbrechung in den Landtag gewählt: 1848/49 vertrat er als Abgeordneter das Oberamt Laupheim. Seit 1833 setzte Wiest sich auch mit einer Reihe von Motionen für die Grundentlastung ein, wollte 1848/49 allerdings – vor allem mit Rücksicht auf Kirchen und Stiftungen – den Zehntberechtigten durch fünfprozentige Verzinsung der Ablösungskapitalien eine höhere Entschädigung gewähren, als das Zehntgesetz vom 17. 6. 1849 zugestand. Die Begründung des vorliegenden Antrags gibt gleichzeitig einen Eindruck von den strittigen grundherrlichen Verhältnissen in Oberschwaben und von Wiests gemäßigt liberaler Einstellung, die bei aller scheinbaren Kompromißlosigkeit der prinzipiellen Argumentation im einzelnen doch einen vertretbaren Ausgleich zwischen Ideal und Wirklichkeit anstrebte.

§ 1: Kampf in Beziehung auf die Feudallasten.

Die württembergische Regierung wird den auf den 15. Januar 1833 einberufenen Ständen unter anderem auch Gesetzesentwürfe über Ablösung von sogenannten Feudallasten und Zehnten vorlegen. Diese Entwürfe werden, wie man jetzt schon hört, keinen Teil befriedigen, weder den zur Erhebung der Feudalvorteile und der Zehnten berechtigten, noch den zu deren Entrichtung verpflichteten Teil des Volks. Die Kammer der Standesherrn und die Repräsentanten des

---

[10]) Die Regierung des Jagstkreises, zum Bericht über die Eingabe aufgefordert, kam zu dem Ergebnis, bei den Wünschen und Beschwerden handele es sich um ein Gemisch von privatrechtlichen Gegenständen und Gesetzgebungsfragen, die auf administrativem Weg nicht geregelt werden könnten (10. 11. 1847; E 146, Bü 1467 a. S., Q 17). Die Angelegenheit blieb in der Folgezeit auf sich beruhen und fand durch die Gesetzgebung von 1848/49 ihre Erledigung.

ritterschaftlichen Adels werden die Vorschläge zu nachteilig für ihre Standesinteressen, die Volksabgeordneten aber werden sie noch zu gering, noch zu wenig bietend finden. Ja die erstern, die Standes- und Gutsherrn, werden von Vorschlägen gar nichts hören wollen, weil, lassen sie sich ihrer Meinung nach auf solche Propositionen ein, sie damit auch schon an den Tag legen, daß sie das Prinzip des Eigentums opfern, daß sie den Grundsatz wohlhergebrachter Rechte preisgeben und damit der Gefahr die Türe öffnen, am Ende auch das noch nicht angefochtene Eigentum, ja sogar das, was als Entschädigung angeboten werde, bloßgestellt zu sehen. Entstehe einmal eine Lücke in dem Gebäude, worauf das Eigentum beruht, sei einmal ein Stein der dasselbe umfassenden dichten Mauer weggebrochen; so werden allmählig immer mehrere Steine weggenommen, die Lücke werde immer größer, bis endlich die Mauer und mit ihr das ganze Gebäude des Eigentums und aller darauf beruhenden mannigfaltigen Rechte zusammenstürze. Anarchie und die größte Unordnung werden die Begleiterinnen und die [78] Folgen sein. Lieber also, sagen sie, widerstrebe man mit aller Kraft der beabsichtigten Neuerung, dem auf Umsturz von Thron und Altar gerichteten Zeitgeist, und halte man an dem Prinzip fest, auch nicht um eine Messerspitze von dem Hergebrachten zu weichen.

§ 2: Beurteilung der die Feudallasten festhaltenden Meinung.

Wäre dieses ein ganz gutes Recht, würde es aus der Vernunft, würde es nicht minder aus der Geschichte ebenso gut nachgewiesen werden können wie z. B. das Recht, daß, was ich auf meinem Gute pflanze, ich mein nennen dürfe, so würden die an dem Alten halten wollenden Herren ganz recht haben; aber vieles von diesem Alten ist, was Vernunft und Geschichte gegen sich haben, was von beiden als Unrecht anerkannt werden muß, wenn es gleich den Schutz der gegenwärtigen Gesetze so lange, als auf verfassungs- und ordnungsmäßigem Wege nichts anderes eingeführt ist, in Anspruch nehmen kann und wohl auch so lange mit Recht in Anspruch nimmt. Oder, meine Herrn, sollte es sich wohl mit der Vernunft vereinbaren lassen, daß der größere Teil eines Volks nicht frei geboren werde, sondern daß er schon mit der Geburt, schon mit dem Eintritt in diese Welt als Sklave, als Leibeigener von wenigen zur Welt komme? Sollte es wohl mit den Forderungen der Vernunft, mit den alten, ältern und ältesten Geschichten, welche uns Beispiele freigeborner Völker und gütiger, wohlwollender, die Freiheiten ihrer Mitbrüder und ihr Eigentum ehrender Reichen gibt, in Einklang gesetzt werden können, daß ein sehr geringer Teil des Volks den bei weitem größern von Geburt an nur allein zu seinen Zwecken benütze, daß er ihn nur für sich arbeiten und sich abmühen lasse, daß er alle Früchte seines Fleißes für sich nehme und ihm nur zum notdürftigen Leben lasse nur so viel, um ihm die so nützlichen Kräfte zum neuen Erwerb zu erhalten, daß er ihm keine [79] Menschenrechte, sondern nur die des Tiers einräume und also wie diese als bloße Zubehörde, als bloßes Inventarstück, als glebae adscriptus behandle, also auch wie entlaufenes Vieh mit Gewalt auf diesen Strich der Erde wieder zurückführen könne, welcher statt, wie es der gütige Schöpfer wollte, ihm zum Segen, nur ein Gegenstand des Fluchs werden sollte, daß er ihn darauf geboren werden ließ? Solches Verhältnis, meine Herrn, verabscheut die Vernunft, sie wie das Sittengesetz und die christliche Moral weisen sie (!) mit Unwillen von sich. Beide, wie die Vernunft, empören sich darüber. Aber auch die Geschichte verdammt solche Menschenmißhandlung, freilich nicht die ganze Geschichte, sondern nur die, welche uns Nationen aufweist, wo solche Behandlung nicht – nie war, wo die vernünftige Freiheit, die Gleichheit aller vor dem Recht und Gesetze sich erhalten hatte.

§ 3: Fortdauer der meisten Wirkungen der Leibeigenschaft und Festhaltung am Feudalsystem.

Solche Sklaverei, solche Leibeigenschaft existiert nun nicht mehr, hält man mir entgegen; wohl wahr, aber die Folgen dauern immer noch fort. Der Name hat aufgehört, es darf kein Leibeigener mehr so genannt, nicht mehr mit der alten barbarischen Strenge behandelt werden, aber der größere Teil seines Wesens, nämlich die Abgaben dieses Leibeigenschaftsverhältnisses werden immer noch fortbezogen, sogar in ganz königlichen und in hofkammerlichen Bezirken. Noch immer währt die Folge, und zwar die wichtigste, der Mangel eigentümlichen Grund und Bodens, fort. Und hierin und in der Last der Leibeigenschaftsabgaben bestehen gerade die Fesseln, in denen die Industrie, die Landwirtschaft und der Handel liegen. Wie ist an einen Aufschwung desselben, an das Gedeihen der Gewerbe, wie besonders an Vervollkommnung der Landwirtschaft, der bäuerlichen Ökonomie [80] zu denken, wenn der Boden ein fremder ist, wenn sein Besitz ein unbestimmter, ein ungewisser, weil nur von dem Zufall, ob der gegenwärtige Besitzer Kinder erhalte und ob sie bei Leben bleiben, abhängiger ist, ja wenn, selbst diese glücklichen Zufälle vorausgesetzt, der Besitz nur auf die Lebensdauer gilt! Wie kann hierbei Liebe für den Boden, der ihn nährt, wie Anhänglichkeit an das Vaterland, wovon das Gut ein Bestandteil ist, wie können die erhebenden Gefühle von Patriotismus, von Hingebung, von Aufopferung für ein Volk, für ein Vaterland Wurzel fassen, welches solche wenige Allein-Grundbesitzer in sich schließt, welches die Folgen bestandener harter Leibeigenschaft bestehen läßt, welches Einrichtungen sanktioniert und in Schutz nimmt, die es dem größten Teil der Bewohner unmöglich machen, eigenen Grund und Boden zu erwerben. Eigentum und [zwar] freies Eigentum ist der stärkste Antrieb und Sporn für die Hebung der Kultur des Bodens, für die vollkommenste Benützung und Erzeugung möglichst vieler und bester Früchte, für deren Verwertung, also dadurch auch für die Erweiterung des Handels und der Gewerbe. Wie können diese Zwecke, diese Früchte von konstitutionellen Staaten erreicht werden, wie vernünftige Freiheit entstehen, wenn der Boden nicht frei ist, wenn er den, welcher ihn baut, ganz abhängig von wenigen andern macht, wenn seine und seiner Familien Existenz nur unter Voraussetzung glücklicher Zufälle gesichert ist und wenn ihn neben bedeutenden Staats- und Körperschaftsabgaben noch unendlich viele und lästige grundherrliche erdrücken und zugrunde richten. Freiheit kann bei der freisinnigsten Verfassung nicht gedeihen, wenn sie auf Leibeigenschafts- und Lehenabgaben und auf Lehengütern gegründet werden will. Dieses letztere System, das der Lehengüter, will aber gerade mit aller Hartnäckigkeit, mit der größten, an mittelalterliche Zeit erinnernder Strenge festgehalten werden. Man stützt sich hierbei auf [81] den Satz, daß diese Lehen wahres Eigentum der Verleihenden seien und daß die Aufhebung derselben ein großer Eingriff in das Eigentumsrecht wäre.

§ 4: Beurteilung des Fallehensystems: a) Aus der Vernunft.

Nun aber widerspricht die Vernunft, daß der Schöpfer die Erde nur sollte erschaffen haben, um das ausschließliche Eigentum von wenigen zu sein, und daß der weit größte Teil eines Volks nur einen ganz prekären Genuß davon sollte haben dürfen, von dem er nach Belieben in längerer oder kürzerer Zeit sollte ohne alles und ohne weiteres vertrieben werden können, wenngleich seine Besitzer ihn urbar gemacht, wenn gleichwohl sie ihn kultiviert haben, wenn ihr Schweiß, ihre Mühe und Arbeit es waren, wodurch er das, was er nun ist, geworden ist, ein fruchtbarer, ein ergiebiger Boden. Die darauf stehenden, mit ihrem Fleiße, durch ihre Kosten, durch ihre Anstrengungen erbauten Gebäude sollen nicht ihnen, sondern dem Herrn des Bodens sein. Auf Unkosten der arbeitenden Klasse soll die nicht arbeitende alles dieses gewinnen, soll sich bereichern, um noch mehr solche glückliche Pflanzer, um noch mehr solche beglückte Untertanen, ja nicht Untertanen, sondern Leibeigene, Sklaven, erwerben zu können. Diese sollen nicht nur durch Händearbeit, durch Anstrengungen aller Kräfte sich bereichern, auch das Erzeugnis der höchsten Naturgefühle, die Kinder sollen nicht ihren Eltern, sondern den Leibherrn eigen sein. Wenn diesfalls nicht Vernunft, Moral und Christentum vereint solche Behandlung von sich stoßen, so weiß ich nichts, was dieses Edelste, was die Menschheit haben kann, verbieten sollte. Aber, sagt man, sind die Herrn nicht in rechtmäßigem Besitz? Haben sie nicht ihre Güter, ihre Herrschaften auf gesetzliche Weise, das ist unter von den Gesetzen wie von dem natürlichen Rechte gebilligten und sanktionierten, in der Re[82]gel rechtlichen Titeln erworben, geschah die Acquisition nicht auf ebenso rechtlich gültige Weise als die Erwerbung des beweglichen und jedes andern Eigentums, welches nicht angefochten wird? Dies ist alles wohl wahr, wenn man von den letztern Jahrhunderten spricht, aber nicht ist es richtig, wenn von der Zeit des Mittelalters die Rede ist.

§ 5: b) Aus der Geschichte.

Diese weiset nämlich in unwidersprechlichen und in den mannigfaltigsten Urkunden nach, daß die Erwerbung des größern Teils des Grund und Bodens auf der Unterdrückung der gemeinen Freien durch die verschiedensten Mittel beruht.

Nach den ältesten Geschichtschreibern über Deutschland bestand „*der weit größte Teil des Volks aus Freien*", die über ein freies Hofgut verfügten; mehrere Hofbesitzer vereinigten sich zu einer Mark, „*um mit gemeinsamen Kräften das Ihrige [...] zu verteidigen*" (S. 82), und wählten sich selbst ihre Anführer. Die Grundzüge solcher freien Verfassung erhielten sich bis in die Zeit Karls des Großen und gingen erst in den folgenden Jahrhunderten allmählich unter. Die *weitere politische Entwicklung auf Kosten des König- und Kaisertums* – alle diese Umstände führten eine solche Unsicherheit in ganz Deutschland herbei, daß die, welche sich nicht mehr zu schützen vermochten, Schutz und Schirm bei den Mächtigern und bei den Stiften zu suchen sich gezwungen sahen *und in Hörigkeit und Leibeigenschaft absanken*. [84] Die Anarchie war es also, welche die freien Gutsbesitzer zwang, unfrei zu werden. Mochten sie nun einem wirklichen Zwang durch zeitige Unterwürfigkeit zuvorkommen oder wurde er wirklich wider sie angewendet, in dem einen wie in dem andern Fall konnte wohl kein freier Vertrag, wodurch die Freiheit der Person und der Güter aufgegeben worden wäre, angenommen werden. Wie könnte überdies, wenn diese zwingenden Umstände auch nicht gewesen wären, eine Übereinkunft, welche die Aufopferung der Freiheit der Personen und ihre Herabwürdigung zum Tier zur Folge hatte, eine vernünftige, eine moralische genannt werden! Noch so langer Besitz, noch so lange Inhabung könnte einen solchen Vertrag nie zu einem rechtlichen stempeln, nie eine Verjährung begründen. Wohl kam es auch nicht selten vor, daß die Meinung, sich ein besonderes Verdienst jenseits zu erwerben, wenn Güter einem Heiligen, d. i. dem Patron eines Stifts geweihet würden, zu solcher Hingebung freier Güter bestimmte; allein wodurch ward solche Meinung auch erzeugt? Sehr häufig, lehrt die Geschichte, durch die Vorstellungen der Mönche selbst. Immer oder doch meistens war aber Furcht und Zwang, und zwar wohl gerechte, der Grund, den Stand der Freien aufzugeben. Die hörigen Leute wurden in der Folge der Zeit in vielen Gegenden am Ende auch zu Leibeigenen. Es war zu reizend, den ganzen Bezirk einer Grafschaft oder eines Bistums, eines Klosters, einer Immunität, alle [85] Bewohner, die darauf waren, und alle Güter, welche sie besaßen, als eigen zu besitzen; daher das Streben, diese Zwecke zu erreichen.

Ausdehnung des Fallehensystems mit verschiedenen Mitteln. Beispiele: Die Klöster Ochsenhausen und Schussenried. Gegenwehr gegen den Druck des Fallehensystems im Bauernkrieg.

§ 6: Drang der gegenwärtigen Zeit nach Festsetzung eines Rechtszustandes.

Frage man sich nun, ob nicht die ähnlichen Momente, die in den damaligen Jahrhunderten solche Be[88]wegungen hervorbrachten und zur Erkenntnis des begangenen Unrechts und der Notwendigkeit des Gutmachens nötigten, ja ob nicht noch weit mehr, weit umfassendere, weit eingreifendere Elemente vorliegen, die jetzt die Gemüter bewegen, die die ähnlichen Klagen, die gleichen Wünsche, Beschwerden und Begehren hervorrufen und welche eine Erledigung auf die eine oder andere Weise nötig machen? Die Frage, ob dem Andrang zu widerstreben oder ob ihm begütigende Berücksichtigung geschenkt werden solle, wird nicht schwer zu beantworten sein, wenn man anders ruhig darüber nachdenkt, ob es wohl möglich sei, jenem allgemeinen dringenden Begehren zu widerstehen, ob es zulässig sei, mit einem kategorischen Imperativ oder mit Gewalt der Waffen die immer und immer ertönende Stimme nach Beachtung der Forderungen zu unterdrücken, ob es tunlich sei, dem Zeitgeist Gewalt entgegenzusetzen und ihn zu unterdrücken. Der Zeitgeist ist eine Macht, die größer ist als die der Heere, welcher solche also selbst nicht zu widerstreben vermögen. Der Zeitgeist, die öffentliche Stimme, die öffentliche Meinung ist der Ausspruch der Verständigen, der Erfahrenen, der Denkenden in allen Ständen, in allen Klassen des Volks, mit Ausnahme derjenigen wenigen, welche den Zeitgeist nicht anerkennen oder ihn für einen falschen und deshalb niederzudrückenden erklären. Bei der vorliegenden Frage hat aber der sich beschwerende Teil auch noch die Regierung auf seiner Seite. Dieselbe vereinigt in ihrem Schoß immer eine große Zahl gelehrter, erfahrener und verständiger Männer. Der gebildete Handelsstand und der sich nun auch allmählig immer mehr bildende Stand der

Gewerbtreibenden und besonders die Klasse der Gelehrten hat sein Urteil über die in Vorwurf gekommene Frage längst gefällt und das Verlangen des Bauernstandes nach Entfesslung von Grund und Boden als gerecht und billig erkannt. Würden die durch das Feudalsystem darauf gelegten Lasten durch milde Ausübung der demselben entsprechenden Rechte, [89] wie allerdings von einigen gütigen, verehrten Standes- und Gutsherrn geschieht, gemildert, so ließen sich wohl manche, ja viele Stimmen beschwichtigen (wiewohl nur als Palliativmittel!); aber leider gibt es viele Standes- und Gutsherrn, welche durch die strengste Ausübung ihrer vermeintlich wohlerworbenen Rechte, ja durch möglichste Ausdehnung derselben und sogar durch Mißbrauch ihrer Gutsherrlichkeit dem Zeitgeist, der gemeinen Meinung entgegentreten. Die Folgen sind einleuchtend. Solche harte Behandlung erzeugt Bitterkeit, Haß und Unwillen und feindselige Gesinnungen – ein allgemeines Streben, das Joch leichter zu machen. Daher denn auch die furchtbar vielen Zerwürfnisse zwischen Grundherren und Grundholden, die vielen Streitigkeiten, welche auf dem Administrativweg vor den Regierungen und gerichtlich vor den Gerichten, freilich bei beiden langsam genug behandelt werden. Die vielen Prozesse sind für die nicht in dieselben gezogenen Arten gutsherrlicher Rechte eine beständige Quelle von Reibungen, von Irrungen, und dadurch wird immer eine sehr gereizte Stimmung unterhalten. Ein nicht minder wichtiger Grund, ja der wichtigste vielleicht für die in dem Kreis gutsherrlicher Verhältnisse entstandene sichtbare Bewegung ist der seit der Juliusrevolution mächtig erwachte Sinn für die endliche Entwicklung der Verfassung und für ihre Vollziehung im Geist und in der Wahrheit. Je mehr der Landmann von demselben durchdrungen wird, je mehr und näher er die Vorteile, die sie gewährt, kennen lernt, desto begieriger wird er die Hindernisse zu beseitigen streben, welche der Verwirklichung dieser Rechte im Wege stehen. Und wer wollte nicht zugeben, daß gerade Gefälle und Abgaben aus der Leibeigenschaft, die in der Verfassungsurkunde für aufgehoben erklärt ist, daß Gebundenheit der Güter und Unmöglichkeit, Grundeigentum zu erwerben, sowie prekäre Existenz, die mit dem Fallehensystem stets verbunden ist, immer die bedeutendsten Hindernisse des Genusses der Vorteile und Rechte der Verfassung sind! [90] Wie können Menschen frei sein, wenn sie kein freies Grundeigentum haben, wenn sie aus den mannigfaltigsten Gründen, die das vielgegliederte Gutsverhältnis darbietet, von ihren guts- und gültberechtigten Herren abhängig sind? Endlich ist nicht zu übersehen, daß die Bevölkerung in den letzten drei Jahrzehnten im Verhältnis zu den älteren früheren Zeiten außerordentlich zugenommen hat und daß sie immer noch im Anwachsen ist. Dieses ist wie ein reißender Strom, dem nicht mehr Einhalt zu tun ist, und die große Masse verlangt Brot. Dieses kann nur Vervollkommnung der Kultur und Industrie geben, da eine Vermehrung des Bodens nicht möglich ist, nämlich nicht in dem Sinn, daß das Land größer werde, wohl aber in dem Sinn, daß im Land noch viel Grund und Boden angebaut und urbar gemacht werden kann.

§ 7: Aufhebung der Gebundenheit der Güter, Verwandlung der Fall- in Erblehen, Ablösungen und ein diese und die sämtlichen Verhältnisse sichernder Rechtszustand.

Die Auflösung der Gebundenheit der Güter ist daher ein unabweisliches

Erfordernis, und ebenso nötig sind Verwandlung der Fallehen in Erblehen und freie Verfügung auch über erstere in Absicht auf den Verkehr und endlich diese Haupt- und andere sie befördernde Maßregeln sichernde Verfügungen, insbesondere Ablösungen von Fronen, kleinern Gefällen, Zehnten oder doch vorerst deren Fixation, also ein fester Rechtszustand.

Ist man einmal über die Verwandlung der Fallehen in Erblehen und über das Verkaufsrecht der erstern wie der letztern im reinen, so wird die Festsetzung von Bestimmungen, welche die Sicherung jener wesentlichen Zugeständnisse und der übrigen unbestrittenen Rechte der Grundholden bezwecken, wohl keiner Schwierigkeit unterliegen. Die Notwendigkeit jener Zugeständnisse ist nun bisher aus dem Vernunftrecht, [91] aus dem Sittengesetz, aus der christlichen Moral, aus dem Gang der Geschichte und aus dem dermaligen konstitutionellen Stand, auf dem die Völker stehen, sowie aus dem daraus und aus der immer wachsenden Bevölkerung hervorgehenden moralischen und physischen Drange nachgewiesen, und es bleibt nun nur noch übrig, die Frage einer Erörterung im Hinblick auf die bestehende positive Gesetzgebung zu unterwerfen und also auch diese zu befragen, ob keine Schwierigkeiten oder gar Unmöglichkeiten sich darstellen.

§ 8: *Nachweisung des Rechtsgrundes für die vorgeschlagene Rechtsfestsetzung aus der Bundesakte.*

Artikel 14 der Bundesakte unterstellt die Sonderrechte der Standesherren gleichzeitig den Landesgesetzen und der Oberaufsicht der Regierungen und nimmt hiervon das standesherrliche Eigentum nicht ausdrücklich aus.

§ 9: *Nachweisung aus den bestehenden Gesetzen.*

Eine Änderung der gemeinen Rechte und Landesgesetze über das Eigentum widerspricht nicht „dem Geist und Buchstaben der Verfassung". Das durch die Verfassung garantierte Eigentum soll nur in seinen Formen einem Wechsel unterworfen werden, da den Berechtigten volle Entschädigung geleistet werden soll. [95] Daß hierzu die Staatsgesellschaft ermächtigt sei, kann wohl keinem Zweifel unterliegen, wenn man erwägt, daß dieselbe zwar die Pflicht, jedes Mitglied bei dem Seinigen zu schützen und zu erhalten, aber auch zugleich die Obliegenheit hat, zur Abschaffung solcher Zustände, die mit dem Glück des größern Teils des Volks im Widerspruch stehen, dasselbe hindern, die Rechte der Menschheit nicht zur vollen Entwicklung kommen lassen, den konstitutionellen Befugnissen ganz entgegen sind und vielmehr dem Staate den Untergang drohen. Wer möchte dann an der Verpflichtung des Staats zweifeln, solche Zustände, welche nach dem Zeugnis der Geschichte doch zum Teil durch Mißbrauch der Gewalt entstanden sind, hinwegzuräumen, um den Staat zu erhalten, um, was nicht minder Pflicht ist, seinen Bewohnern die Gelegenheit und Möglichkeit zur Erreichung höchstmöglicher irdischer Wohlfahrt zu verschaffen? Zu dieser Möglichkeit sind alle Staatsbürger, besonders eines konstitutionellen Staats, berechtigt. Oder soll der größere Teil zugrunde gehen oder doch in Armut, in Abhängigkeit oder in prekärer Existenz leben, nur weil der geringere Teil des Volks keine Änderung in den Formen des Mein und Dein gestatten will, wenn ihm auch solche Anerbietungen gemacht werden, daß er dem Wert nach nichts verliert, wenn sie angenommen werden?

Ein ewiges Festhalten der mittelalterlichen Rechtsverhältnisse [96] widerspräche der Vernunft und der Geschichte. Jene will ein Fortschreiten des menschlichen Geistes, und diese, die Geschichte, weist diese beständigen Fortschritte auch nach. Besonders sichtbar in der Festsetzung der Untertanen- und gutsherrlichen Verhältnisse sind sie in den letzten Jahren. Der öffentliche Geist ist nicht mehr der des Mittelalters, er ist vielmehr ein entgegengesetzter, ein solcher, der mit dem ursprünglichen der alten Deutschen übereinstimmt, [97] also aus einer Zeit, wo der natürliche Sinn, der schlichte Verstand noch nicht verdunkelt und die Liebe zur gesetzlichen Freiheit nicht unterdrückt war. Die öffentliche Meinung will nun wieder Freiheit der Person und Freiheit des Eigentums von Feudallasten. Das Feudalsystem des Mittelalters, welches die alles leitende, alles durchdringende und wirkende Idee der damaligen Zeit war, hat einem andern System Platz machen müssen. Es ist das der staatsbürgerlichen Gleichheit vor dem Gesetz, der gleichen Teilnahme an den staatsbürgerlichen Rechten, Lasten, insbesondere der der Verteidigung des Vaterlands, und daraus folgt von selbst die Unvereinbarlichkeit der Leibeigenschaft und der Grundherrlichkeit mit ihrer Unzahl von Vorrechten, die durch die Beschaffenheit der Güter die Besitzer ebenfalls von den Grundherrn abhängig machen. Dieser veränderte öffentliche Geist muß nun auch notwendig, wenn er eine geordnete Wirkung haben solle, sich in entsprechender veränderter Gesetzgebung ausdrücken. *Im Mittelalter griff die „Richtung des öffentlichen Geistes und der Gesetzgebung" „in die Freiheit der Personen wie des Grund und Bodens" ein.* Nun sich aber die allgemeine öffentliche Meinung von solcher Richtung weggewendet hat, so ist nun auch jener und also auch der neuen gesetzgeberischen Tendenz und gewiß mit größerem Recht zu huldigen, denn die Vernunft muß es immer für richtig und wahr anerkennen, daß der größere Teil einer Nation nicht wenigen dienstbar sein könne und daß diese wenigen nicht allen Grund und Boden allein eigentümlich besitzen und dem größern Teil nur Benützungsrechte und auch solche nur mit mehr oder weniger Beschränkung überlassen können.

[98] § 10: Nachweisung aus der Geschichte.

Die Geschichte der ältesten Nationen beweist, daß die Formen der Eigentumserwerbung stets fort als Gegenstand der Gesetzgebung betrachtet und behandelt worden sind, *weil das Ziel des Staates „in der höchsten Wohlfahrt seiner Angehörigen bestehe".*

[99] § 11: Irrtum des Vergleichs des Fallehensystems mit dem des Pachts.

Die Verteidiger der Vorrechte des Adels stellen stets fort die Behauptung auf, der Fallehenverband sei kein anderer als wie der Verband zwischen Verpächter und Pächter. [...] Hieraus wird dann ein ganz vollkommenes, unbeschränktes Eigentum des Fallehenherrn an das Fallehengut und nur ein solches Benutzungsrecht des Lehenmannes an das Gut gefolgert, wie es auch nur dem Pächter zusteht. Allein diese Ansicht ist irrig. *Die Fallehen sind deutsch-*

rechtlichen Ursprungs; sie waren voll in das mittelalterliche Feudalsystem einbezogen.

[101] § 12: Versuchte, aber widerrechtliche Änderung des früheren Rechtstitels der Fallehen in den bloßer Pachtgüter.

Nur erst in neuester Zeit haben manche Gutsherrschaften die alten Formulare, welche die Feudaleigenschaft unzweifelhaft nachweisen, verlassen und den Ausdrücken, welche jene beweisen, solche substituiert, die das römische Pachtverhältnis dartun. Derartige Ansprüche und Bestrebungen sind „ganz im Widerspruch mit dem Geiste des Lehenwesens, ganz gegen das Herkommen und gegen die ausdrücklichen Lehenbriefe und bestehenden positiven Gesetze" (S. 103) sowie gegen die neueste Gesetzgebung in Deutschland.

§ 13: Analogie mit den Reichslehen.

Ursprüngliche Reichslehen wurden allmählich erblich; die Staatsumwälzungen zu Beginn des Jahrhunderts haben diesen Anspruch der Leheninhaber nicht geschmälert. Das Volk kann dagegen „erwarten, daß auch gegen die ähnlichen Ansprüche der Lehenleute auf die Erblichkeit ihrer Lehen ebensowenig Zweifel erhoben werden" (S. 105).

§ 14: Unvordenkliches Herkommen für Erblichkeit der Lehen.

§ 15: Sanktion dieses Herkommens durch das II. Edikt vom 18. Nov. 1817.

§ 16: Insbesondere uraltes Bestehen dieses Herkommens in Oberschwaben.

Das Herkommen gilt in Oberschwaben nicht nur für die Deszendenten, sondern auch für die Seitenverwandten. Das 2. Edikt vom 18. 11. 1817 hat insofern den Begriff „Familie" zu eng gefaßt und erschütterte dadurch [108] den Glauben an das unzweifelhafte Bestehen dieser Observanz sowohl bei den Lehensherrn als bei den Lehensleuten.

§ 17: Aufhebung des Zwangs der Allodifikation in gutsherrlichen Bezirken.

Im Unterschied zum 2. Edikt, das nur die Allodifikation der Fallehen gestattet, sollte ausgesprochen werden, „daß in standes- und gutsherrlichen Orten die Fallehenbarkeit der Bauerngüter in Erblehenbarkeit verwandelt sei". Denn nach den bisherigen Erfahrungen ist „ein plötzlicher Übergang auf von aller Abhängigkeit freie Güter mit den nachteiligsten Folgen verbunden" (S. 109). Das allgemeine Verlangen ist nur auf Beseitigung des bei Fallehen so prekären Zustandes, auf Entfernung aller gutsherrlichen Willkür, auf gewissenhafte Belassung bei den hergebrachten Rechten und Gewohnheiten, auf Ablösung geringerer Gefälle und Gewohnheiten, auf Fixierung von Zehnten und auf Herstellung eines festen Rechtszustandes gerichtet, wodurch der ganze Komplex der gegenseitigen Rechte und Pflichten gesichert wird.

[110] § 18: Nachteile der Allodifikation nach den Erfahrungen neuerer Zeit.

Die Vorteile, welche in den allgemeinen Wünschen der Grundholden liegen, sind aber auch ungleich praktischer und sicherer als die Allodifikation, wie sie von dem Edikt vorgeschlagen wird. Warum also einem zweifelhaften

Gut nachjagen und dafür die gewissen und wohl erreichbaren Vorteile opfern? Die Erfahrungen, welche hinsichtlich allodifizierter Güter und ihrer Besitzer deren Nachbaren zu machen Gelegenheit hatten, sind durchaus nicht von der Art, daß diese Allodifikationen zu ähnlichen Versuchen einladen sollten. Man setzt darein einen so großen Wert, daß ein Gut frei von aller Abhängigkeit von einem Gutsherrn sei; allein blicke man nur auf vollkommen eigene Güter hin, so wird man finden, daß nur die Personen wechseln und daß dann andere Arten von Abhängigkeit eintreten, welche oft noch viel härter als oft die von einem Gutsherrn ist. Oder beweist nicht die tägliche Erfahrung, daß Besitzer freier Güter, sie mögen nun Selbsteigentümer oder Pächter sein, gar häufig weit schlimmer daran sind als unsere Lehenbauern? Man wird selbst zur Zeit, wo die Grundherrn noch nicht durch königliche Verordnungen und das mehrerwähnte Edikt beschränkt waren, und auch seit dieser Zeit keine oder höchstens ein paar Fälle aufweisen können, daß Lehenbauren mit ihren Familien wegen Schulden, besonders wegen aufgewachsener gutsherrlichen Abgaben von ihren Gütern vertrieben worden wären, während man eine Menge Beispiele weiß, daß Gläubiger, um zu ihrer Befriedigung zu gelangen, den Schuldnern Haus und Hof verkaufen ließen und diese nötigten, davonzuziehen. Die elende, prekäre Lage der Pächter ist bekannt genug. Man erinnere sich nur des Pachtsystems, wie es in England und besonders in dem unglücklichen Irland be[111]trieben wird, und man wird unsere Lehenbauern im Verhältnisse zu jenen Pächtern selbst bei allen Mängeln und Unsicherheiten, womit das Fallehensystem behaftet ist, glücklich preisen. England und Irland besitzt ungeheuer große und reiche Güter- oder vielmehr Ländereibesitzer, aber der wohl größte Teil der Ackerbauern ist arm, weil sie nur kleine Pächter sind, da jene Länder an sie von größern Pächtern wieder in kleinen Parzellen verpachtet sind. Davor hat nun gerade das Lehensystem, solange es nach den hergebrachten Rechten ausgeübt wurde, bewahrt und die wohltätige Wirkung hervorgebracht, daß zwar kein großer Reichtum an Geld und Land sich bei einzelnen zusammenhäufte, daß es aber dabei nicht so viele Arme gab, sondern ein verhältnismäßig gleich verbreiteter Wohlstand die so vortreffliche Folge war. Denn daß ein Land, daß ein Staat glücklicher sei, dessen sämtlichen Bewohner ihr nötiges anständiges Auskommen haben, als der, wo nur wenige Millionäre, die übrigen aber Bettler sind, das kann wohl keinem Zweifel unterliegen. Hier kann nicht vom Wohl und Glück des Staats, des Volks, sondern nur einzelner gesprochen werden. Das fühlen auch die Bewohner derjenigen Gegenden, wo das Lehensystem noch herrscht, recht gut und haben daher eher eine Abneigung als eine Begierde zu allodifizieren. Die schon vorgekommenen Fälle beweisen recht gut, daß, würde die Verwandlung der Lehen in freies Eigentum durchgeführt, auch wohl die nämlichen Übel und Drangsale sich einstellen würden, wie man sie in Irland und zum Teil in dem Vaterland selbst, nämlich im Unterland, antrifft. Das Edikt will, und mit Recht, den Lehensherrn vollständige Entschädigung für den aus ihren Rechten fließenden Ertrag zugewendet wissen. Nun würden sie dadurch ein sehr großes Kapital erlangen, dessen Verwendung zum Ankauf von Grundbesitz ihnen wohl nicht verwehrt werden könnte. Sie würden nun [112] wieder zwar vielleicht nur die Hälfte des vorigen Flächenraums erwerben, allein in dessen Benützung wären sie nun weit unbeschränkter, als sie es nun nach dem vorgeschlagenen Erblehensystem wären, und da sie Fallehen nicht mehr einführen dürften, so müßten sie zum Pachtsystem greifen; um dieses auf das Höchste zu treiben, wer könnte und wollte ihnen das übelnehmen? Sie würden so großes Land nicht selbst umtreiben können und müßten verpachten. Wohl würden sie es an wenige hingeben, aber diese würden wieder Unterpächter suchen, und so hätten wir bald das englische und irische Pachtsystem mit all seinem Druck, mit all seinen Gräueln, und wer wäre Schuld daran? Nicht die bisherigen Gutsherrn, die nur von ihren Pächtern das, was durch Verträge festgesetzt wurde, erhielten. Der übrige Teil des Flächenraums einer allodifizierten Herrschaft, welcher nicht das unbeschränkte Eigentum des vormaligen Gutsherrn wird, würde mit Schulden beladen, denn um die volle Entschädigung dem Lehensherrn für den aus seinen Rechten fließenden Ertrag geben zu können, ist notwendig, daß die Lehenleute Geld aufnehmen, um damit den Loskauf und die Entschädigung bewerkstelligen zu können. Die auf die Güter aufzunehmenden Kapitalien und daraus zu entrichtenden Zinse sind aber offenbar eine weit größere, eine weit schwerere Last als der nach dem alten milden Herkommen ausgeübte Lehensverband mit seinen Abgaben. So viel als diese letztern mögen schon die zu entrichtenden Kapitalzinsen und die mit der Verschaffung und Versicherung der Kapitalien verbundenen und eigenen Bemühungen betragen, und das Kapital mag ungefähr als die Zugabe zu den Lasten zu betrachten sein, welche vor der Allodifikation in dem Obereigentumsrechte, die Ausflüsse davon weggedacht, bestand und den Bauern nicht drückte, da jenes Recht immer unveränderlich blieb und an und für sich keine Auslagen verursachte, keiner Auf[113]kündigung unterlag und nie die Quelle zu unsäglichem Elend und Jammer ganzer Familien werden konnte. Stelle man sich aber einen Bauern vor, welcher nun zwar kein Obereigentum eines Lehenherrn anzuerkennen, aber dafür eine große Schuld auf seinem nun scheinbar freien Gut hat, so ist derselbe allen Wechselfällen ausgesetzt, denen überhaupt Schuldner preisgegeben sind. Gerät er unverschuldet in Unglück durch Hagelschlag, durch Mißwachs, durch Überschwemmungen, durch Krieg, so findet er bei seinem Gläubiger keine Hülfe, welche er wohl von einem Gutsherrn erhalten hätte, keinen Nachlaß an den Kapitalzinsen, wie er ihn an seinen Gülten und Gefällen in der Regel von dem Gutsherrn gewährt erhalten hätte. Er muß neben allen Staats- und Amtsabgaben auch noch die Zinse entrichten, und ist er es nicht imstande, so gerät er in Gant, und sein Gut wird verkauft, er mit der ganzen Familie muß es verlassen, Armut ist ihr Los, und da man sie doch nicht verhungern lassen kann, so fällt sie der Gemeinde zur Last. Um diesen traurigen Zustand zu beschleunigen, vereinigen sich noch andere Umstände. Wie es denn an Leuten nicht fehlt, welche alle Lehensverhältnisse zu benützen suchen, um die Unwissenheit, die Stupidität und Leichtgläubigkeit anderer zu benützen, um sie zu hintergehen und sich auf ihre Kosten zu bereichern, so hat auch das neu aufgekommene Allodifikationssystem eine besondere Klasse von Menschen erzeugt, welche manche unkundige und leichtgläubige Landleute zu ihren Zwecken mißbrauchen. Es ist dies die Klasse der Güterhändler und Spekulanten. Diese suchen Bauern, welche sich nur durch Allodifikation und Verkauf der Güter helfen oder welche gerne einen großen Gewinn machen zu können glauben, auf und bereden sie zu Allodifizierung ihrer Güter. Aber zu spät sehen sie ihre

Täuschungen ein und haben ihre Unvorsichtigkeit zu bereuen, die ihnen nur Unglück bereitete.

[114] Wenn Bauern sich aber auch vor solchem oft freilich selbstverschuldeten Unglück verwahren und den Allodifikationsschilling ablösen können, so ergeben sich durch den Tod eines solchen Gutsbesitzers wieder neue Verlegenheiten. Das nun freie Gut wird angeschlagen und entweder unter die vorhandene Kinder verteilt, oder wenn solches auch nicht geschieht, so erhält der das Gut übernehmende Sohn eine unverhältnismäßig große Schuldenlast, welche zu bestreiten er unvermögend ist und ihn dem gewissen Verderben zuführt. Die auf solche Weise abgefundenen Kinder verlangen ihr Geld, um sich anderwärts ansässig machen zu können, dem Gutsbesitzer bleibt zwar das Gut, aber dem Wert nach hat er doch nur einen Kindsteil, welcher aber im Grund und Boden steckt und kein Umtriebskapital ist. Ohne solches, mit verzinslichen Schulden und einer Menge anderer Lasten beladen, soll er nun das Gut umtreiben. Die Erfahrung lehrt, daß dies nicht möglich ist, daß, wenn also nicht bei der elterlichen Abteilung die nachteilige Gutszertrümmerung sogleich vorgenommen wird, solche doch in wenigen Jahren unvermeidlich ist und im Wege der Hülfsvollstreckung erfolgt. Das sehr Schädliche zu weit getriebener Gutsverteilung hat die Erfahrung schon zur Genüge erwiesen. Sie ist zum Teil mit der Grund der zu großen, d. i. unverhältnismäßigen Bevölkerung und des großen Elends von manchen Gegenden des Unterlands, und wenn dieser unbeschränkten Gutszertrümmerung nicht Einhalt getan wird, so droht auch dem Oberlande die gleiche Gefahr gänzlicher Verarmung und Vernichtung des Wohlstandes, welcher daselbst noch gefunden wird. Darüber sind alle verständigen und erfahrenen Vaterlandsfreunde einverstanden. Das gerade, daß das Eigenmachen der Lehengüter zu solcher ganz unbeschränkten Güterverteilung führt, ist der hauptsächliche Grund, warum dieses Allodifizieren selbst bei dem Volk, selbst bei den Besitzern der Lehengüter keinen Beifall, keine Zustimmung findet und vielmehr [115] nicht selten verwünscht wird, weil die schon vorgekommenen Fälle die gehegte Besorgnis leider nur zu sehr rechtfertigen, daß zu kleine Gutsbesitzer in kurzer Zeit zugrunde gehen und dann mit ihren Familien den Gemeindekassen zur Last fallen oder auf andere unerlaubte Weise sich nähren müssen. Besonders sind die Waldungen von solchen kleinen Ansiedlern bedroht, und nach Versicherung von Oberförstern haben die Holzfrevel in den Distrikten, wo solche – ich möchte sagen – Halb- oder Viertelshäusler oder Leerhäusler in eigentlicher Bedeutung sind, sehr überhandgenommen.

§ 19: Festsetzung eines bestimmten Maßes, unter welchem kein Gut als bestimmte Nahrungsquelle für eine Familie errichtet werden darf.

Das Minimum, das zu einer neuen Ansiedlung erfordert würde, wäre für landwirtschaftliche Vollbetriebe auf 12–15 Morgen zu bestimmen, während für Personen mit anderem Nahrungserwerb kein solches Maß generell auszumitteln ist.

[116] § 20: Nähere Begründung des Antrags auf gesetzliche Aufhebung der Gebundenheit der Güter.

Die Aufhebung der Gebundenheit der Güter bis zu einem gewissen, als Minimum festzusetzenden Maß wäre also auch ein Punkt, welcher künftig nicht mehr der freien Willkür des Lehnherrn anheimzugeben, sondern auf dem Wege der Gesetzgebung zu regulieren wäre. Dies erfordert vor allem die Notwendigkeit, einer wachsenden Bevölkerung Unterhaltsmöglichkeiten zu verschaffen.

§ 21: *Nähere Begründung des Antrags auf die Aufhebung der Fallehen und deren Verwandlung in Erblehen.*

Keine Bedenken nach bestehender Observanz und 2. Edikt. Die Standesherren würden durch ihre Zustimmung im allgemeinen kein Opfer bringen müssen. Hinweis auf die Verwandlung von Fallehen in Erblehen durch Untertanenverträge bei Kloster Ochsenhausen 1502, bei Kloster Rot 1456 und 1609. Dagegen erscheint der gegenwärtige Zustand der Lehenbauern in sehr vielen adeligen Bezirken ungünstig. Dieser Zustand kann nicht mehr lange unverändert fortdauern. [126] Die Staatsveränderungen seit der französischen Revolution und die organischen Gesetze der neuen Souveräne, besonders die Verfassungsurkunden haben die Leibeigenen und Hintersassen emanzipiert, sie sind Staatsbürger geworden, das wichtige Gesetz der Gleichheit der staatsbürgerlichen Rechte und Pflichten und überhaupt alle Freiheiten, welche die Verfassungsurkunde gewährt, gelten auch für diese ehemaligen Hintersassen ihrer vormaligen Landes-, jetzt Standesherrn. In der ältesten Zeit und noch unter Karl dem Großen bestand dieser Freiheitszustand der Bauern als kleiner Gutsbesitzer wie der der größern; jene wie diese standen unter den Großen als ihren königlichen Richtern und unter den Herzogen als Heerbannsdirektoren. Alle standen durch diese nur unter kaiserlicher Botmäßigkeit und waren sonst frei, also kein dazwischenstehender bevorzugter Adel, keine Landesherrn und keine Hintersassen. Jener Freiheitszustand ist nun vorbereitet und durch die bemerkten Ereignisse angebahnt. Deswegen ist die Leibeigenschaft aufgehoben und in den Edikten die Lehenbarkeit; die Verfassungsurkunde machte den Schlußstein. Aber es ist nicht möglich, daß der Staatsbürger der verfassungsmäßigen Freiheiten und Wohltaten teilhaftig werde, solange er nicht auch einen festen und gesicherten Rechtszustand in seinen bäuerlichen Verhältnissen erhält, welche gerade [127] deswegen, weil sie zunächst seine materielle Existenz berühren, die wichtigsten für ihn sind. Sie sind sein Element, in welchem er sich bewegt, in dem er webt und lebt. Sie bilden vermöge der Beschäftigungen, die sein Beruf mit sich bringt, seinen eigentlichen Wirkungskreis. Der, in welchem sich der konstitutionelle Staatsbürger als solcher mit seinen politischen Rechten, der Preßfreiheit, des Anklagerechts der Beamten usw. bewegt, ist für den Landmann schon ein entfernterer, so wie der deutsche Staatsbürger noch ein entfernterer Gesichtspunkt ist. Der Weg zur Bildung des konstitutionellen Staatsbürgers führt über den Weg, der zur Befreiung der Hintersassen von der Gutsherrlichkeit nötig ist. Auf jene erst kann die staatsbürgerliche Freiheit gegründet werden. Der Leibeigene, selbst der, der den Namen nicht mehr, aber doch die Lasten eines solchen trägt, der Fallehensmann, ganz abhängig von seinem Lehensherrn in Beziehung auf den Grundstock des Nahrungserwerbs für sich und seine Familie und durch Eid und Kautelen an ihn verpflichtet, von zahlreichen und schweren Lasten gedrückt, wird keine oder wenig Freude und Interesse an den staatsbürgerlichen Interessen nehmen und wird einer Verfassung und Verwaltung wenig Dank wissen, welche ihn nicht aus jenem Zwangsverhältnis befreit, wodurch er allein des Genusses derselben fähig wird. Das fühlen die Fallehenbauern selbst wohl und sind sich dessen klar bewußt. Die Ortsvorstände eines Herrschaftsbezirkes schrieben mir deshalb ganz richtig: „Werden diese und noch viele andere ungerechten Ansprüche der Lehensherrschaft, welche sie an die Lehenuntertanen macht und machen kann, auf dem nächsten Landtag nicht empfindsam beschnitten, so ist für uns der nächste Landtag eine Null, denn nur dann erst, wenn uns diese Lasten erleichtert sind, können wir uns noch über weitere Guttaten, die aus dem nächsten Landtage hervorgehen werden, gleich andern Staatsbürgern freuen."

[128] In einem andern Aufsatz heißt es: „Dieses ist's, was wir Ihnen vor allen andern Angelegenheiten dringendst an das Herz legen, dieses ist unser sehnlichster Wunsch, denn nur allein dieses ist für uns das Wahre, das Weitere dann, mit diesem verglichen, betrachten wir alles als beigegeben."

Ein dritter Aufsatz bezeichnet das Leibeigenschafts- und Feudalsystem als eine Geißel der menschlichen Freiheit und Betriebsamkeit, welche ausgerottet werden sollte. Der Verfasser fügt aber sogleich bei, daß dieses nicht durch gewaltsame Maßregeln, sondern nur im Wege der rechtmäßigen Gesetzgebung und gegen Entschädigung derjenigen geschehen müsse, die hierunter ihre althergebrachten Rechte zum Opfer bringen müssen.

Die Bezeichnung der Fallehenleute, welche ihnen von Seite der Erblehen- oder Zinsbauern zuteil wird, ist charakteristisch und beweist in wenigen Worten die Wahrheit und Richtigkeit des Gesagten. Jene werden nämlich von diesen als solche bezeichnet, welche mit Leib und Seele dem Gutsherrn gehören.

Endlich ist wohl nicht zu leugnen, daß wir noch immer in einer sehr bewegten Zeit leben, daß man sich irrt, wenn man glaubt, sie habe infolge der Deutschen-Bundesbeschlüsse aufgehört. Diese konnten auf die Vorgänge in fremden Ländern, namentlich in England und Frankreich, in Italien und Spanien keinen Einfluß ausüben, wenigstens keinen solchen, wie er auf Deutschland beabsichtigt ist. Die ähnlichen Kämpfe, welche in England beginnen, sind nicht ohne Einfluß auf die öffentliche Meinung, so wie die Vorgänge in Frankreich schon zur Zeit der ersten Revolution rücksichtlich der Feudalrechte von immer fortwirkendem Beispiel sind. Der öffentliche Geist ist inzwischen so stark und allgemein geworden und hat selbst auch die unteren Volksklassen so durchdrungen, daß demselben kein leerer Widerstand entgegengesetzt werden kann; nur allein Reform, gütliche [129] Vereinbarung zwischen den Beteiligten ist das einzige, aber auch rechtliche Mittel, um die von der öffentlichen Meinung gemachten Anforderungen zu befriedigen. Das haben schon viele Einsichtsvollen aus dem Adel erkannt und sind deshalb der Regierung, welche zur gleichen Erkenntnis schon vor 15 Jahren gekommen ist, bereitwillig entgegengekommen, indem sie die Änderungen und Verbesserungen in dem Gutsherrlichkeitsverhältnis vornahmen, welche der Geist der Zeit so dringend fordert. Auch der übrige hohe Adel wird bei so klaren und überwiegenden Gründen in seinem eigenen Interesse den Anforderungen der Zeit geneigtes Gehör nicht versagen.

§ 22: Sammlung der herkömmlichen Gerechtigkeiten der Bauern in eine Urkunde und Anerkennung von seiten der Gutsherrn und Grundholden.

Außer der Verwandlung der Fallehen in Erblehen ist aber auch noch erforderlich, daß die frühern, meistens auf dem Herkommen und auf Gewohnheiten beruhenden vasallischen Rechte und Verbindlichkeiten, insoweit die letztern nicht abgelöst werden, sorgfältig gesammelt und in eine Urkunde gebracht werden, welche von den betreffenden Gutsherrn unterschriftlich anerkannt, gerichtlich bestätigt und in die Gemeinderegistratur niedergelegt wird. Zur Fertigung einer solchen die gemeinschaftlichen Rechte und Verbindlichkeiten in sich fassenden Urkunde dienen besonders die alten Lager- und Salbücher und Güterbeschreibungen; jene wird aber durch diese keineswegs überflüssig, weil diese Bücher größtenteils nur in den Händen der Gutsherrn sich befinden und häufig schon einige Jahrhunderte alt sind, also die inzwischen vorgegangenen und auf neueren Verträgen und entstandenen Gewohnheiten beruhenden Rechte und Verbindlichkeiten nicht enthalten, überhaupt gewöhnlich das, was auf Observanz beruht, [130] nicht in sich aufnahmen, und weil endlich die nun neu hinzukommenden Veränderungen, welche infolge der Ablösung der Leibeigenschafts-, der Vogtei- und Zehentgefälle und durch Verwandlung der Fallehen in Erblehen vorgehen, doch eine Art wechselseitiger Vertragsurkunde notwendig machen. Dieselbe würde einen der wichtigsten Bestandteile des Lokalstatuts bilden, das eine sehr empfehlenswerte Einrichtung der neuen Preußischen Städteordnung ist, indem diese auf den allgemeinen, alle Städte angehenden Kommunverwaltungsgesetzen und auf dem Lokalstatut beruht, das alles das umfaßt, was jeder Stadt eigentümlich ist. In Mediatstädten sollen insbesondere die Rechtsverhältnisse zwischen den Gutsherrn und Grundholden aufgenommen, von erstern anerkannt und dann gerichtlich bestätigt werden. Dieses Institut ist so trefflich, daß es sich für alle gutsherrlichen Orte als deren Rechte gehörig sichernd empfiehlt. Solches Statut ist für die Gemeindebürger und Bauern das, was die Verfassungsurkunde für den Staatsbürger; wie diese die Staatsverfassungsurkunde, das Staatsgrundgesetz ist, so ist jenes Lokalstatut die Ortsverfassungsurkunde, das Lokalgrundgesetz, und sichert vor Willkür und Bedrückung der gutsherrlichen Beamten, wie die Verfassungsurkunde vor Willkür und Druck der Staatsbeamten zu sichern den Zweck und Beruf hat. Gleichwie aber diese in eines jeden Staatsbürgers Händen sein und jeder darin sich unterrichten und unterrichtet werden sollte, um seine verfassungsmäßigen Rechte und Freiheiten kennenzulernen und liebzugewinnen, so sollte auch das Lokalstatut und damit also auch der gutsherrliche Vertrag lithographiert und jedem Bauern, jedem Söldner, kurz jedem Ortsbewohner zugestellt werden, damit er und seine Kinder die Ortsrechte und -pflichten ihrem Gedächtnis recht einprägen und so Sinn für die den Ort und dessen Bewohner zunächst berührenden gemeinschaftlichen Rechte gewinnen, woraus dann auch erst der höhere kon[131]stitutionelle Sinn emporwachsen und Früchte bringen wird. Die Sammlung der bäuerlichen Rechte in ein Lokalstatut ist um so notwendiger, als ein ziemlicher Teil nur auf dem Herkommen beruht, welches ehemals von den Stiftern und von den meisten Gutsherrn schon auch um des landesherrlichen Verbands willen geachtet wurde, nun aber von manchen, besonders im Auslande lebenden Gutsherrn oder vielmehr deren oft auch daselbst befindlichen Beamten nicht mehr respektiert wird. Schon um manche vorteilhafte Observanz sind die Lehenbauern deswegen, weil der Komplex ihrer Rechte, besonders der Gewohnheiten, nicht in eine Urkunde aufgezeichnet und vom Gutsherrn anerkannt worden, gekommen, und wenn durch ein solches Dokument ihre Rechte nicht gesichert werden, so ist Gefahr vorhanden, daß die Grundholden im Laufe der Zeit noch um mehrere Rechte kommen und Beeinträchtigungen besonders in Beziehung auf die Gerechtigkeitsholzgaben leiden. In diesen namentlich sind sie schon vielfältig verkürzt worden, und noch fehlt es nicht an Versuchen, noch weitere Abzüge ihnen zu machen, ja manche gutsherrliche Beamte gehen so weit, daß sie trachten, die Holzgerechtigkeiten einzuziehen, ohne welche doch, zumal bei dem immer mehr zunehmenden Holzmangel, die Bauern gar nicht bestehen können. Wie die Geschichte beweist, ist der gänzliche Mangel an die gemeinschaftlichen Rechte umfassenden Dokumenten auch mit ein Grund, warum schon in älteren Zeiten die Gemeinden und Lehenleute um manche nutzbare Rechte gekommen sind. Um dies ferner zu verhüten und den verbesserten Rechtszustand zu sichern und unversehrt der Nachkommenschaft zu überliefern, ist schriftliche Beurkundung wesentlich notwendig. In solche ist selbst ein Formular als Vorschrift aufzunehmen, wornach die Erblehen- und Reversbriefe künftig auszufertigen wären. Die Bauern des fünfzehnten Jahrhunderts im Fürstentum Ochsenhausen sorgten schon dafür, daß ihre [132] errungenen Rechte, ihr verbesserter Rechtszustand in eine Untertanvertragsurkunde zur Sicherheit aufgenommen wurde, daß insbesondere derselben die Formulare angehängt wurden, wie in Zukunft die Erblehen- und Reversbriefe ausgefertigt werden müssen. Dies halte ich für ein um so größeres Bedürfnis, als die Erfahrung der letztern Zeit Beispiele von Lehenbriefen an die Hand gibt, welche zum Nachteil der Belehnten von den früheren Lehenbriefen abweichen und dem Edikt widersprechen. *Hinweis auf einschränkende Bestimmungen in den Lehenprotokollen der Standesherrschaften Thurn und Taxis und Sternberg-Manderscheid.*

[133] Man wende nicht ein, die Lehenleute sollten solche Lehenbriefe nicht unterzeichnen. Die Unterzeichnung allein verschafft die Belehnung mit dem Lehen und dessen ruhigen Besitz. Die Verhältnisse, was die gutsherrlichen Beamten wohl wissen, sind gewöhnlich so dringend, daß ein Aufschub der Übernahme des väterlichen Lehenguts mit den nachteiligsten Folgen für den Lehenmann verbunden ist. In der Regel sind der Vater oder Mutter wegen Alter und Krankheit außerstand, dem Hofgut ferner vorzustehen. Ein Sohn oder Tochter muß es also übernehmen und darauf heiraten. Die Eltern oder Verwandten der Brautleute begeben sich also zum Rentamt und lassen das Belehnungsprotokoll schreiben. Statt sich nun zu entschließen, ungerechte Zumutungen von sich zu weisen und einen Prozeß anzufangen, unterzeichnen sie lieber. Die Heirat gienge zurück, die Übernahme könnte nicht erfolgen, und je länger der Streit dauert, desto größer der Schaden. Daß Prozesse aber von langer Dauer sind und daß deswegen, und weil die Grundholden sich an das entfernte privilegierte Gericht der Gutsherrschaft wenden müssen, sie höchst ungern und nur im Notfalle sich zur Betretung des Rechtsweges entschließen, das alles sind bekannte Sachen. Um so notwendiger sind also im voraus verabredete Formularien von Lehenbriefen, welche nicht überschritten werden dürfen. Dessen, daß

es nicht geschehe, muß sich der Richter oder die betreffende Administrativbehörde versichern, und dies kann nur geschehen, wenn auch diese Gattung von Verträgen dem gerichtlichen Erkenntnis unterworfen wird. Schrei-[134]ben doch die Gesetze die gerichtliche Insinuation eines jeden Vertrags über ein liegendes Gut, wenn es auch noch so klein ist, vor. Es ist also dem Geiste des Gesetzes ganz angemessen, daß auch Verträge, die das Interesse ganzer Familien berühren und wodurch auch Eigentum, nämlich nutzbares, übertragen wird, der Prüfung unterworfen werden, wie dies schon Kaiser Joseph auch für Vorderösterreich in den 1790er Jahren vorschrieb. Die Bestätigung wäre nicht eher zu erteilen und die Lehenreversbriefe nicht eher auszufolgen, als bis die Behörde sich durch Vergleichung des Lehenbriefes mit dem im Lokalstatut vorgeschriebenen Formular und mit dem vorhergehenden Lehenbriefe überzeugt hätte, daß keine nachteilige Änderung vorgenommen sei.

§ 23: Vereinbarung im Wege der Güte und des Austrags in streitigen Fällen zwischen Gutsherrn und Grundholden.

Die bisher schon vorgekommenen und noch immer vorkommenden Abweichungen von den alten Lehensobservanzen und die Modifikationen, welche die künftigen Abänderungen im Lehensverhältnis herbeiführen werden, machen eine gütliche Vereinigung beider Teile notwendig, die am besten auf altdeutsche Weise in schiedsrichterlicher Weise vorgenommen wird, wozu ich auch in dem Falle raten möchte, wenn wirklich schon ein Rechtsstreit über das gutsherrliche Verhältnis beginnen sollte, weil eine Ausgleichung durch erfahrne und der Lehensobservanzen kundige Schiedsrichter viel sicherer und schneller zum Ziele führt, als durch gelehrte Richterkollegien, besonders wenn sie aus jungen, wenig erfahrenen Männern bestehen. [...]

[135] Die als einen Hauptgrund des Antrags sich geltend machende Emanzipation der Leibeigenen und Lehenbauern aus dem Gutsherrlichkeitsverhältnis führt noch zu einer andern Betrachtung, welche die Standes- und Gutsherrn zu billigen Ausgleichungen bestimmen dürfte. Die Abhängigkeit von den Gutsherrn brachte es nämlich mit sich, daß sie für die verarmten Leibeigenen und Lehensleute zu sorgen hatten. Diese Sorgen haben sie auch mehr oder weniger erfüllt, insbesondere ward diese Pflicht von den Stiften gewissenhaft beobachtet; dieser Sorge unterziehen sie sich aber jetzt nicht mehr aus einem Gefühl von Verbindlichkeit, sondern halten sie für auf den Staat oder an die betreffenden Gemeinden übergegangen.

Ausführliches Zitat aus einem Artikel des Berliner Politischen Wochenblatts über die Reorganisation des deutschen Bauernstandes.

Nr. 79 1838 Dezember 15, Wolfegg

Eingabe der Vertreter der Gemeinde Wolfegg an das Oberamt Waldsee über die Verhandlungen wegen Fron- und Leibeigenschaftsablösung

F 211, Bü 239. Ausfertigung. Unterschriften: Renz, Ott, Wild. Die am Rand notierten Beilagen fehlen.

Die Pflichtigen waren im unklaren über die Natur der bisher geforderten Abgaben. Das Oberamt stellte ihnen eine Abschrift der Ablösungsverhandlungen zu, damit sie ihre Einsprache schriftlich einreichen könnten. Bemerkungen zu den einzelnen Abgaben.

Früher wurde das benötigte Bauholz den Lehenbesitzern ohne Wald unentgeltlich abgereicht. Allein vom Jahr 1806 wurde bei jedem Veränderungsfall den neuen Lehenleuten angedeutet, daß er auf die Wohltat verzichten und das Bauholz bezahlen müsse, und so hat der Zahn der Zeit in unserer Nachbarschaft alle zur Verzichtung gebracht, so daß wir nur noch die Witwe des Anton Knecht Bäk in Than[1]) wissen, die dieser Wohltat sich zu erfreuen hat.

Weiterhin besteht Unsicherheit über einen großen Teil der geforderten Abgaben. Ehedem wurden den Lehenleuten alle ihre Schuldigkeiten in ihren Büchl, wie hier zwei zur Probe anliegen, zergliedert eingetragen, aber in neuerer Zeit nur summarisch, damit ja keiner wissen möge, ob er mehr oder weniger bezahle, indem bei Veränderungen meistens eine Steigerung in dem Kuchelgefäll vorging, auch in dem Erdschatz *(folgen zwei Beispiele)*. In dem Protokoll der Verhandlung wird von Herrn Oberamtmann selbst bemerkt, daß die Pflichtige ihre Abgaben unter dem Namen Herbstgeld bezahlen und kein einziger Pflichtiger seine Schuldigkeit mehr kenne.

Dieser Übelstand entstand erst in neuerer Zeit, und ein Beweis, wie schädlich diese Neuerungen, keinen andern Zweck haben können, als den Pflichtigen in völlige Unkenntnis zu bringen und Steigerungen zu verdecken, mag vorliegendes Büchl des Alois Theuringer von Geißhaus[2]) beurkunden. Diesem wurde im Jahr 1818 für Leibsteuer 14 kr eingeschaltet, so daß er nun statt 4 fl 16 kr darin 4 fl 30 kr bezahlt, und im Jahr 1824 wieder Kuchelgefäll 30 kr aufgerechnet, die er vor 1748 nie bezahlte, somit eine ungesetzliche Steigerung; und auf solche Art mag es manchem so ergangen sein. [...]

Nun bleibt uns noch übrig, ein Wort über Neuerungen, Steigerungen und Nutzungsentziehungen zu sagen.

Daß allgemein das Bauholz zur Reparation entzogen, ist schon von Anfang gedacht [...]. Daß seit 1806 bis heute alle vakant oder übergebenen Lehen in dem Kuchelgefäll gesteigert, auch viele in den Erdschätzen – denn vormals hatte man drei Klassen, nemlich den Roßbau gut 50 fl, mittel 45 fl, schlecht 40 fl, nun aber ohne Unterschied 50 fl –, ist schon in Erwähnung gebracht worden.

Nun bleibt noch übrig die seit 1825 eingeschlichene Verkaufskonsens der Lehen mit 10 %.

---

[1]) Alttann (Gemeinde Wolfegg).
[2]) Gaishaus (Gemeinde Wolfegg).

Bis 1825 kannte niemand in der ganzen Gegend diese Ruin bringende Abgabe, und unter der Verwaltung als Oberschultheiß weißt der Bevollmächtigte Renz nicht einen solchen Fall, obgleich während seiner Amtsführung mehrere Lehen verkauft wurden, wo außer dem Erdschatz und Todfall nichts verlangt wurde, es bestand diese Abgabe weder dem Namen noch der Wirklichkeit wegen, und keine Rentamtsrechnung wird imstande sein, einen Fall aufzuführen.

Aber seit im Jahr 1825 hat sich diese über alle Begriffe gewinnbringende Operation dergestalt ausgebildet, daß ein oder derselbe Lehenhof in einer Woche zwei- bis dreimalen mit 10 % belegt, ebensooft den Todfall und Erdschatz bezahlte und dennoch wie vorher Lehen blieb, ja nicht selten aus einem Hof zwei Lehen entstanden, somit mit Fronen, Jagd etc. belastet wurden und die verarmte Familien der Gemeinde als Last anheimfällt.

Nachfolgendes kann die Operation versinnlichen. Ein Familienvater kann seine Bürde nicht mehr ertragen, oder umgekehrt, er weißt seinen Nachbar in dieser Lage und harret auf den Augenblick, wo dieser sein Gut abtretten muß, um sich mit einer kleinern Hütte zu begnügen. Nun wird dieser Wunsch einem Hofspekulanten entdeckt, dieser hat schon ein kleineres Gut oder weiß mehrere.

Nun geht der Bedrängte zur Lehenherrschaft und bittet um die Erlaubnis zu verkaufen. Der Verkauf wird ihm gestattet, und nun wird der Hofspekulant in Kenntnis gesetzt. Dieser überlegt nun, ob die Felder einzeln, wenn viele Unbegüterte im Ort sind, angebracht werden können, und richtet darnach seinen Kauf ein.

Nun ist man einig und tragt es der Lehenherrschaft vor.

Das Gut ist wert	3000 fl;
dann zahlt der abtretende Teil an das fürstliche Rentamt 10 %	300 fl,
den Todfall für sich und seine Gattin	120 fl.
Nun wird der Hofhändler augenblicklich belehnt und bezahlt Erdschatz, Belehnungstax etc.	200 fl.
Dieser verkauft in einigen Tagen dieses Gut wieder und bezahlt 10 % mit	300 fl,
Todfall wie der vorige	120 fl.
Der Käufer oder, wenn der Hof zerstückelt wird, [die Käufer] zahlen wieder Erdschatz, Tax etc.	200 fl
	1240 fl.

Nun tritt der von diesem Hof Abtretende ein kleineres Gütchen an, zahlt wieder Erdschatz, nachdem mit diesem die nemliche Manipulation stattfand, und so geht's immer fort, bis einer kein Gütchen mehr antretten kann; dann fällt die arme Familie der Gemeinde anheim. Solche Fälle haben sich in der Schultheißerei Wolfegg und Einthürnen schon ereignet. [...] Das nemliche findet statt seit 1806 bei allen Veränderungen bei Wirtschaften, Bäken und derlei Gewerbe, da indessen nach der Anlage derlei Verleihungen, Abgaben und Auflagen außer der Befugnis der Standesherrschaft liegen.

Weitere Anmaßungen des Rentamts besonders wegen der Holzrechte. Die Lehenleute bemerken, daß nur sehr wenige Lehenholden Lehenbriefe be-

kommen, und die neue tragen mehr den Stempel eines Pachtes als eines Lehenguts, eine traurige Vorbedeutung in die Zukunft, wodurch am Ende statt Lehen Pachtgüter vorhanden und das wohltätige Gesetz von 1817 in betreff der Lehen vereitelt wird und wir die Aussicht auf Irlands Bevölkerung vor uns haben.

Gott wolle, daß dieses Ungeheuer in der Geburt erstickt werde.

Daß zahlreiche angebliche Lehenabgaben aus der vormaligen in Oberschwaben herrschenden Lokalleibeigenschaft herrühren, beweist Justizprokurator Wiest in seinem Sendschreiben an die vormaligen Leibeigenen in Oberschwaben vom 1. 7. 1837³).

Nr. 80   1845 März 30, Wurzach

Bericht der Domanialkanzlei Wurzach an den Fürsten Leopold von Waldburg-Zeil-Wurzach über das Ablösungsgesuch der Gemeinde Vollmaringen bei der Standesherrschaft Waldburg-Zeil-Trauchburg

ZAWu 2144. Ausfertigung. Unterschrift: Plicksburg. Randaufschrift: „Sehr dringend".

Durchlauchtigster Fürst, gnädigster Fürst und Herr!

Die Gemeinde Vollmaringen, Oberamts Horb, ist bei der fürstlichen Standesherrschaft Waldburg Zeil und Trauchburg um Ablösung ihrer sämtlichen Geld- und Fruchtgefälle bittlich eingekommen und hat sich dabei hauptsächlich darauf berufen, daß alle andern Vollmaringer Gültherren, neun bis zehn an der Zahl, die Gefällablosung schon zugestanden haben und daß sonst bei eingerissener großer Güterzertrümmerung eine mit großem Kostenaufwand verbundene Gefällrenovation unvermeidlich sei.

Bei der Wichtigkeit dieser Angelegenheit wünschen nun Seine Durchlaucht, der Fürst von Waldburg zu Zeil und Trauchburg, die Ansicht hierüber von den hohen agnatischen Häusern Waldburg Wurzach und Waldburg Wolfegg Waldsee zu erhalten und haben die einschlägigen Akten durch die fürstliche Domanialkanzlei Zeil der unterzeichneten Stelle zur Vorlage bei Eurer Hochfürstlichen Durchlaucht durch Eigenen zustellen lassen¹).

Die untertänigst unterzeichnete Stelle hat es schon bei verschiedenen Gelegenheiten ausgesprochen und wiederholt es auch hier, daß die Ablösung der Gefälle hauptsächlich deswegen zum größten Nachteile der Gefällberechtigten führt, weil diese in keinerlei Beziehung ein vollständiges und mit den Rechten der Gefälle versehenes Äquivalent zu erlangen vermögen.

Hinweis auf ausführliche Äußerungen des Domänendirektors Rist von Zeil vom 7. 3. 1845.

---

³) Wiest, Flugschrift, 1837, Nr. 21, S. 185 ff.
¹) Schreiben von Domänendirektor Rist vom 29. 3. 1845, Zeil. Rist selbst hatte sich in einem Gutachten gegen die Ablösung ausgesprochen, vor jedem positiven Bescheid aber auf eine Beratung mit den anderen agnatischen Häusern angetragen.

Zwar wird man einwenden, es könnte der im 2. organischen Edikt vom 18. November 1817 ausgesprochene Grundsatz der gezwungenen Ablösbarkeit der Gefälle noch ausgeführt werden und man sollte deswegen eine sich zur Ablösung im Wege der freien Übereinkunft darbietende Gelegenheit nicht unbenützt vorübergehen lassen. Allein abgesehen davon, daß in einem solch eintretenden Falle die Normen der Ablosung erst noch durch ein zu erlassendes Gesetz werden festgesetzt werden, so handelt es sich hier um Festhaltung eines Prinzips, wobei der Vorteil, welchen etwa ein einzelner Fall gewähren könnte, gänzlich in den Hintergrund treten muß, ja es sollten im Gegenteil Opfer nicht gescheut werden, wenn solche zu Erreichung des beabsichtigten Zweckes dienlich sind.

Die Festhaltung des Prinzips liegt indessen nicht nur im Interesse aller Standesherrschaften, sondern sie erscheint auch gegenüber von der Staatsregierung und insbesondere von dem Deutschen Bunde als geboten, wenn nicht die bei verschiedenen Gelegenheiten geltend gemachte Unvereinbarlichkeit der Gefällablösungen mit der den standesherrlichen Häusern durch den Artikel 14 der Deutschen Bundesakte zugesicherten Aufrechterhaltung der Eigentumsrechte illusorisch werden soll.

Welche nachteilige Stimmung würde ferner die Gestattung einzelner Gefällablösungen unter den Gefällpflichtigen in den fürstlichen Standesherrschaften Waldburg hervorbringen!

Überhaupt wird man mit ziemlicher Gewißheit annehmen dürfen, daß wenn einmal die Bahn mittelst einzelner Gefällablosungsfälle durchbrochen ist, der nachfolgende Strom nicht wohl wird in die Länge zurückgehalten werden können.

Zu diesen gewiß triftigen Gründen kommt noch, daß den übrigen Standesherrschaften durch die Gestattung der Gefällablösung ein Präjudiz bereitet wird.

Indem die unterzeichnete Stelle sich hierüber Verhaltungsbefehle erbittet, beharrt sie ehrfurchtsvollst[2]).

---

[2]) Randbemerkungen des Fürsten Leopold von Waldburg-Zeil-Wurzach zu dem Bericht, 1845 April 2, Wurzach:
„Der Hauptgrund zu der Behauptung, daß die Standesherrschaften nur zu ihrem Nachteil sich in Ablösungen freiwillig einlassen können, wäre wohl, daß hiedurch das konservative Prinzip verletzt wird, wenn überhaupt keine freiwilligen Ablösungen bei den Standesherrn im allgemeinen stattfinden würden. Dieses ist aber leider nicht der Fall, indem nicht nur Thurn und Taxis und Fürstenberg, sondern auch Pükler immer da freiwillig ablösen lassen, wo es ihnen pekuniär vorteilhaft ist, ohne den Grundsatz des Konservatismus zu berücksichtigen. Hinzu kommt noch, daß manche andere ritterschaftliche Güterbesitzer und hierunter namentlich Graf Rechberg, der sozusagen auch zu den Standesherrn zu zählen ist, es bei weiten klüger finden, die Gefälle, wo es vorteilhaft, d. h. um hohe Preise geschehen kann, ablösen zu lassen und Grundeigentum aus dem Erlöse zu erwerben, welches doch, wie sich auch geschichtlich herausstellt, bei allen Staatsumwälzungen dem Eigentümer blieb, während Gefälle oft mit einem Federstriche ohne Entschädigung für immer verlorengingen, und weil wir nicht sicher sind, wenn auch in Teutschland eine solche Umwälzung eintreten kann, die auf so vielen Seiten vorbereitet wird.
Aus diesen Gründen wäre ich nicht in der Lage, mich gegen die fragliche Ablösung zu erklären, wenn sie in einem höhern Preise geboten würde, und zwar bei Fruchtgefällen wenigstens in 27$^{1}/_{2}$fachem und bei kleineren Geldgefällen in 25fachem Betrage."
Aus den weiteren Akten in ZAWu 2144 geht hervor, daß Waldburg-Zeil-Trauchburg und Waldburg-Wolfegg-Waldsee strenger als Waldburg-Zeil-Wurzach auf dem Prinzip bestan-

Nr. 81 1846 Mai 12, Ulm

Bericht der Kreisregierung Ulm an das Ministerium des Innern über die Steigerung der Grundabgaben von Fallehen im Donaukreis

E 146, Bü 83, Q 21. Ausfertigung. Unterschrift: Schmalzigaug. Referent: Regierungsrat Schall.

Auf dem Landtag von 1845 gingen bei der Kammer der Abgeordneten 3 Petitionen von Gemeinden aus den Oberämtern Ellwangen, Neresheim und Leutkirch ein mit Beschwerden gegen die Standesherrschaften Öttingen-Wallerstein und Öttingen-Spielberg und die Häuser Waldburg-Zeil-Wurzach und Waldburg-Zeil-Trauchburg, weil sie im Widerspruch zu den Bestimmungen des 2. Edikts vom 18. 11. 1817 seit den Ablösungen nach den Gesetzen von 1836 Grundabgaben neu eingeführt oder erhöht hätten (E 146, Bü 34, Fasz. 2; KdA 1845, Beil.H. II, S. 1329 ff, 1356 ff, 1725 ff). Nach z. T. heftigen Debatten in der Zweiten Kammer leitete die Volksvertretung die Beschwerden an den Geheimen Rat weiter, dieser beauftragte Justiz- und Innenminister damit, Gutachten zu erstatten (E 33/34, G 385, Q 1; E 146, Bü 34, Q 59 a). Das Innenministerium forderte am 20. 10. 1845 die Kreisregierungen Ellwangen und Ulm zum Bericht darüber auf, „ob die durch die Ablösungsgesetze von 1836 beabsichtigte teilweise Befreiung des Bodens von Grundlasten auch durchgängig erreicht worden ist, ob nicht der Zweck des Gesetzes durch Steigerung der übriggebliebenen Grundlast in größerer Ausdehnung wieder vereitelt wird" erstens durch Erhöhung der Laudemien, zweitens durch Steigerung der jährlichen Grundabgaben, wie es bei Fallehen vorkommen solle (E 146, Bü 83, Q 15 Beilage). Nach den Berichten der Oberämter des Jagstkreises waren überzeugende Klagen über Steigerung der verbliebenen Grundabgaben nicht laut geworden (E 146, Bü 83, Q 18 mit Beilagen); doch empfanden die Pflichtigen im Oberamt Gaildorf die Geldablösung der Fronen im Zeichen der sich anbahnenden Agrarkrise lästiger als die frühere Naturalleistung, und in den Oberämtern Öhringen und Künzelsau klagten die Bauern über das Ansteigen der Laudemien, seitdem die Ablösungen infolge der Gesetze von 1836 den Wert ihrer Güter erhöht hätten, ohne daß sie die Laudemien hätten ablösen können (vgl. dazu Nr. 124 a–b und Schremmer, Bauernbefreiung, S. 118 f).

Gravierender waren auf Grund der eingezogenen Oberamtsberichte die Angaben der Kreisregierung Ulm:

---

den und keine Einzelablösungen wünschten. Die beteiligten Herrschaften waren sich darüber einig, daß der von der Gemeinde Vollmaringen angebotene 20- bzw. 25fache Ablösungspreis zu gering sei. Wie schwierig sich die Ablösungsfrage für den berechtigten Adel auch unter wirtschaftlichen Gesichtspunkten gestaltete, belegt ein Schreiben von Domänendirektor Plicksburg, Wurzach, an Domänenrat Mandry in Wolfegg vom 4. 4. 1845: Ein gleichwertiger Ersatz für die bisherigen Gefälle sei nicht zu finden. „Denn was nützen uns Pachthöfe, welche wenig ertragen oder keine annehmbare Pächter finden und zudem in Gemeinden gelegen sind, in welchen die Ortsfluren wegen der vielen Armen mit dem Gutsertrag durchaus nicht im Verhältnisse stehen; was nützen uns Gewerbeinrichtungen, welche durch besoldete Techniker betrieben werden müssen. Die Erwerbung von Waldungen würde sich noch am meisten rentieren; allein die Gelegenheiten hiezu sind selten."

Im Oberamt Biberach kommen direkte Steigerungen der Abgaben nicht vor, doch sei ein höherer Anschlag der Laudemien möglich. Oberamt Wangen berichtet von gelegentlichen Versuchen, die Lehenabgaben zu steigern bzw. die Gegenleistungen zu mindern, wenn der Lehenherr den Gutsübernehmer unter den Nachkommen des Lehenmannes auszusuchen berechtigt ist, wenn die Güter heimfallen und Dritte damit belehnt werden oder wenn die Güter durch Exekution oder aus einem Anlaß an Dritte veräußert werden. Dabei wird den Seitenverwandten trotz einer in Oberschwaben gültigen Observanz das Recht auf Belehnung von den Lehenherren abgesprochen. Die Grundherrschaften nutzen die völlige Unwissenheit der beteiligten Lehenleute in Sachen des Lehenrechts aus; sie machen diesen Schwierigkeiten bei Anweisung des Gerechtigkeitsholzes. In der Grafschaft Neutrauchburg sucht die Lehenherrschaft bei jeder Gelegenheit den Lehenleuten das dominium utile abzukaufen, den Anspruch auf Gerechtigkeitsholz aufzuheben und die Fallehen in Pachtgüter zu verwandeln. Das Oberamt schlägt vor, die förmliche gerichtliche Anerkennung der Lehensverträge durch die Gemeindebehörden verbindlich vorzuschreiben und dadurch zu verhindern, daß die Lehensabgaben gesteigert werden. Die Oberämter Münsingen, Geislingen, Ehingen und Waldsee melden keine Steigerung der Lehensabgaben infolge der Ablösungsgesetze von 1836.

Endlich wurde von dem Oberamtmann Weber in Leutkirch angezeigt, es seien allerdings seit dem Vollzug der Ablösungsgesetze mehrfache Beschwerden laut geworden, daß die Lehensherrschaften, insbesondere die Standesherrschaft Wurzach, sich zur Aufgabe machen, die abgelösten Abgaben durch die Auflegung neuer nicht nur wieder zu gewinnen, sondern sie teilweise zu vermehren.

Gewöhnlich werde bei Lehensveräußerungen oder Verpfändungen eine Erhöhung der Geld- und Naturalzinse zur Bedingung der Konsenserteilung gemacht oder werden den Lehenleuten Nutzungen an Holz, Torf etc. entzogen.

Es seien aber weder bei dem Oberamte, noch bei dem Oberamtsgericht Fälle dieser Art anhängig geworden, auch könne nicht wohl amtliche Beschwerde erhoben werden, weil die Verkäufer oder Verpfänder von Lehengütern in der Regel zum Verkauf oder zur Verpfändung durch Mißverhältnisse gedrungen sind und daher nicht zögern dürfen, die geforderten Bedingungen im Vertragswege einzugehen, an welche die Konsenserteilung geknüpft werden.

Hienach kommt die Steigerung der Lehensabgaben oder überhaupt die Erschwerung der Lehensbedingungen zunächst nur in den standesherrlichen Bezirken von Waldburg Zeil Wurzach und Waldburg Zeil Trauchburg vor; wenigstens haben nur die Oberbeamten von Leutkirch und Wangen derselben Erwähnung getan, während die übrigen Oberbeamten, in deren Bezirken außer dem ritterschaftlichen Adel die Standesherrschaften Waldburg Wolfegg Waldsee, von Fürstenberg, von Thurn und Taxis, Erbach Wartemberg Roth, Königsegg Aulendorf, Quadt Isny, Schäsberg Thannheim, Törring Gutenzell und Waldbott Bassenheim begütert sind, von einer Abgabensteigerung durch dieselbe nichts erwähnen; denn als eine Steigerung der Lehensabgabe kann es offenbar nicht angesehen werden, wenn das Laudemium, sofern es nicht in einem unveränderlichen Betrag, sondern in bestimmten Prozenten von dem Wert des Guts besteht, nach dem infolge der durch die Ablösungsgesetze eingetretenen Verminderung der Abgaben erhöhten Gutswerte angesetzt und erhoben wird.

Erst eine genaue Untersuchung infolge der bei der Kammer der Abgeordneten eingereichten Beschwerde mehrerer Ortsvorsteher aus dem Oberamt Leutkirch über die Steigerung der jährlichen Fallehensabgaben durch die Standesherrschaften Waldburg Zeil Wurzach und Waldburg Zeil Trauchburg hat Klarheit über die dort vorgekommenen Abgabensteigerungen geschaffen.

Nachdem in dem Oberamte Leutkirch die Ablösungsgesetze gegenüber von den Standesherrschaften Waldburg Zeil Wurzach und Waldburg Zeil Trauchburg mit großen Opfern von seiten des Staats und der Gefällpflichtigen vollzogen oder doch ihrer Vollziehung nahe waren, wurden namentlich von seiten der Standesherrschaft Waldburg Wurzach alle Veranlassungen benützt, um die Lehensabgaben zu steigern und die Lehensbedingungen überhaupt lästiger zu machen.

Eine Gelegenheit dazu gab

I. bei der Standesherrschaft Waldburg Zeil Wurzach

A. zur wirklichen Steigerung der Lehensabgaben
1. die Veräußerung der Lehengüter außerhalb der Familie des Lehenträgers.

Nach der vorgenommenen Untersuchung kamen bei dieser in den Jahren 1842, 1843, 1844, 1845 und 1846 in den Gemeinden Ellwangen, Hauerz, Gospolzhofen und Altmannshofen 20 Fälle von Lehensveräußerungen außerhalb der Familie des Lehenträgers vor. Unter der Familie wurden nur die Deszendenten des belehnt gewesenen Ehepaars verstanden und jeder weiteren Ausdehnung des Sukzessionsrechtes nicht stattgeben. Insbesondere wurde eine rechtsbeständige Observanz, kraft deren auch den Seitenverwandten ein Sukzessionsrecht zustehen solle, deren Dasein von dem Oberamt Wangen behauptet wurde, nicht anerkannt, da die Veräußerung der Lehen in mehreren Fällen an Geschwisterkinder erfolgte. Der Nachweis eines solchen Sukzessionsrechtes dürfte auch den Lehenleuten sehr schwerfallen, weil nur die Lehenherrschaft die Beweise dafür in Handen hat und sie dieselbe natürlich nicht herausgeben wird.

In den angegebenen zwanzig Fällen wurden die jährlichen Lehensabgaben folgendermaßen erhöht, und zwar:

die Geldgefälle: von 217 fl 25 kr 1 h auf 321 fl 46 kr 5 h,

die Fruchtgefälle: von – 6 Sri 1 Vlg Roggen auf 1 Schfl – 2 Vlg,

von 15 Schfl 6 Sri 3 Vlg Dinkel auf 24 Schfl 4 Sri 3 Vlg,

von 36 Schfl – 2 Vlg 5 Ekl Haber auf 36 Schfl 2 Sri 3 Vlg,

und es sind – abgesehen von den Fruchtgefällen – die jährlichen Geldzinse, bei welchen allein eine Verminderung infolge der Ablösungsgesetze eingetreten ist, in manchen Fällen jetzt höher als vor denselben, somit allerdings die Früchte derselben gänzlich verlorengegangen.

Wie bei den jährlichen, so ist auch bei den Laudemialgefällen häufig eine Erhöhung eingetreten, allein darüber ist die Untersuchung nicht vollständig, weil die Lehenträger häufig gar keine Notizen darüber haben.

Zugleich suchte die Lehenherrschaft den Lehensnexus auch auf die Gemeindegerechtigkeiten auszudehnen und dieses namentlich in der Gemeinde Ellwangen bei Lehensveräußerungen an Fremde zur Bedingung zu machen, weil von dieser Gemeinde die lehenbare Eigenschaft der Gemeindegüter ausdrücklich bestritten wird und darüber ein Rechtsstreit zwischen der Gemeinde und der Lehensherrschaft anhängig ist.

Neben dieser Steigerung der Lehensabgaben wurde endlich auch noch eine Konsensgebühr von 10 p.c. des Gutswerts, also eine sehr bedeutende Summe für die Erlaubnis der Veräußerung angesetzt.

2. Der Übergang der Lehengüter an Deszendenten.

Obschon in einem solchen Fall die Bedingungen und Abgaben nicht lästiger gemacht werden dürfen, als dieselbe zuletzt waren, so kam doch der Fall vor, daß bei dem Übergang des Lehenguts von Blasius Hörmann in Hohenmorgen, Gemeinde Ellwangen, auf dessen Sohn Johann Georg Hörmann der letztere die lehenbare Eigenschaft des Gemeinderechts anerkennen mußte. Ferner wurde eine Steigerung des jährlichen Geldzinses bei der im Jahr 1836 stattgefundenen Übergabe des Lehens von Anton Sigg an dessen Tochtermann Georg Prestele behauptet; allein wir halten dieses nicht für nachgewiesen [...].

Dagegen wurden die Abgaben von dem Lehen des Schultheißen Alois Butscher in Gospolzhofen, welches dieser von seiner Mutter, der Witwe des Joseph Reisinger, erhielt,

von 21 fl 23 kr 6 h Geld auf 30 fl,

von 4 Schfl 4 Sri Dinkel auf 5 Schfl,

von 4 Schfl 4 Sri Haber auf 5 Schfl

gesteigert, indem die Sukzessionsrechte des Butscher nicht anerkannt wurden. Hierüber ist jedoch zu bemerken, daß mit diesem Lehen Joseph Reisinger und dessen Ehefrau belehnt worden waren, der Schultheiß Alois Butscher aber aus der ersten Ehe der nachher verehelichten Reisinger abstammte und deshalb nicht als Deszendent der belehnten beiden Fallehenleute betrachtet wurde.

3. Die teilweise Konsolidierung des nutzbaren mit dem Obereigentum.

Ein solcher Fall wurde von Xaver Sigg von Krattenberg, Gemeinde Hauerz, angeführt, von welchem 10 Morgen Feld und 10 Morgen Wald an die Lehenherrschaft verkauft, gleichwohl aber die Lehensabgaben in ihrer früheren Größe belassen wurden.

4. Bei Erbauung weiterer Wohnungen auf dem Lehen.

Nach der Untersuchung kamen zwei Fälle vor, in welchen Pfründwohnungen, auf welchen früher keine besondere Abgaben hafteten, nach dem Tode der Pfründer an Geschwister der Lehenträger überlassen und sofort als besondere Lehen behandelt wurden, so daß sie eine jährliche Abgabe von zusammen 5 fl 30 kr und in Veränderungsfällen ein Laudemium von je 15 fl zu bezahlen hatten.

B. Zur eventuellen Steigerung der Lehensabgaben und Erschwerung der Lehensbedingungen.

Die bei den Lehenleuten sehr häufig vorkommende Notwendigkeit, zum Umtrieb ihres Guts oder aus andern dringenden Ursachen ein Passivkapital aufzunehmen, nötigt sie, die Erlaubnis des Lehenherrn zu Verpfändung des Lehens nachzusuchen, weil ihnen in der Regel keine andern Pfandobjekte zu Gebot stehen. Die vorgenommene Untersuchung lieferte in den Jahren 1840 bis 1846 26 Fälle dieser Art, und die Lehenherrschaft unterließ nicht, diese zu ihrem Vorteil zu benutzen. Nicht nur wurde für die Erlaubnis zur Verpfändung des Lehens eine Konsensgebühr angesetzt, welche 2½ bis 5 p.c. des aufzunehmenden Kapitals betrug, je nach den Verhältnissen des Schuldners oder der Zeit, für welche der Konsens in Gültigkeit blieb, indem diese für 5, 10 oder auch für 20 Jahre erteilt wurden, sondern es wurde auch schon jetzt eine Erhöhung der Lehensabgaben für den Fall zur Bedingung gemacht, wenn das Gut zugunsten des Darleihers verkauft oder aus andern Gründen ausgelöst, d. h. an einen Fremden veräußert werden sollte, in welchem Fall dann auch noch die herkömmlichen 10 p.c. von der Auslosungssumme bezahlt werden mußten.

Es ist demnach die Steigerung der Abgaben nur eventuell, und es wird eine solche in vielen Fällen ohne Zweifel gar nicht eintreten, daher auch die Angabe ihres Betrages kein Interesse hat.

II. Bei der Standesherrschaft Waldburg Zeil Trauchburg.

A. Wirkliche Steigerung der Abgaben.

Darüber kamen bei der Untersuchung überhaupt nur zwei Fälle bei Veräußerung von Lehengütern an Fremde vor, wovon in dem einen der Geldzins von 1 fl 53 kr auf 2 fl erhöht, die Fruchtgülten aber belassen und dagegen wieder die Gegenleistungen um ½ Klafter Brennholz und 1 Klafter Wasen vermindert wurden, und in dem andern Fall fand bloß eine Erhöhung des Ehrschatzes von 125 fl auf 250 fl und die Aufhebung aller Gegenleistungen an Bau-, Säg-, Brenn- und anderm Holz statt.

Diese beiden Fälle kamen in Altmannshofen vor, wo die Gemeinde keine Waldungen besitzt und die Lehenleute in Ermanglung von Privatwaldungen von der Lehenherrschaft beholzt werden.

Auch aus Veranlassung von Verpfändungen wurden bei dieser Standesherrschaft keine Steigerungen der Lehensabgaben angezeigt.

Ob jedoch die angezeigten Fälle wirklich die einzigen seien oder ob nur die Anzeige der etwa weiter vorgekommenen unterlassen worden sei, vermögen wir nicht anzugeben, doch scheint das letztere wahrscheinlicher zu sein, da das Oberamt Wangen ebenfalls von Steigerung der Lehensabgaben durch die Standesherrschaft Zeil spricht und somit allgemeine Kenntnis davon erhalten haben muß, während die angezeigten Fälle nicht aus dem Oberamtsbezirk Wangen, sondern aus dem Oberamtsbezirk Leutkirch entnommen sind.

Wenn aber bei dieser ebenso wie bei der Standesherrschaft Waldburg Wurzach die Lehensabgaben planmäßig gesteigert werden und wenn dieses Beispiel auch bei andern Nachahmungen finden sollte, so müssen die Früchte der Ablösungsgesetze, obschon mit so großen Opfern erkauft, in verhältnismäßig kurzer Zeit verschwinden, da die Lehengüter in Oberschwaben ohnehin schon mit bedeutenden Grundabgaben belastet sind und auf den Lehenleuten noch bedeutende Ablösungskapitalien haften. Daher es nur noch irgendeiner Ungunst der Zeit oder auch eines Unglücksfalls bedarf, um die Notwendigkeit der Veräußerung eines Lehens herbeizuführen oder, was dasselbe ist, den Angehörigen der Familie des Lehenträgers den Antritt des Lehens in Ermanglung der dazu erforderlichen Mittel unmöglich zu machen[1]).

---

[1]) In dem gemeinschaftlich erstatteten Bericht vor dem Geheimen Rat (9. 7. 1846; E 33/34, G 385, Q 3) betonten Justiz- und Innenminister, „daß durch diese wenigstens bei der

Nr. 82   1847 Januar 4, Wurzach

Bemerkungen des Fürsten Leopold von Waldburg-Zeil-Wurzach zu dem Antrag, die Rechtsverhältnisse der Fallehenbesitzer neu zu regeln

ZAWu 1529. Unterschrift: Leopold m. p.

Anlaß zur Erörterung der Frage, ob man die Rechtsverhältnisse der Falllehenbesitzer allgemein neu regulieren solle, waren Eingaben von Lehenleuten in Wurzach, Gospoldshofen und Ellwangen an den Fürsten (datiert vom 2. 4. 1846, doch erst im Dezember 1846 eingereicht). Daß der Ulmer Justizprokurator Wiest die Schriftsätze nicht nur verfaßt, sondern vermutlich auch angeregt hat, geht aus der inhaltlichen Übereinstimmung der Eingaben mit den Vorschlägen über „die Herstellung eines festen Rechtszustandes zwischen den Gutsherrschaften und ihren Grundholden" hervor, die Wiest auf dem zweiten Landtag von 1833 vorgetragen hatte (vgl. Nr. 78): Die Lehenleute baten darum, durch vertragliche Regelung ein mildes Lehensystem dauerhaft zu begründen, um Güterzerstückelung ebenso wie den allmählichen Übergang zum bloßen Pachtsystem zu vermeiden, gleichzeitig aber auch alle angeblich oder tatsächlich einreißenden nachteiligen Neuerungen zu verhindern, wie Begrenzung der Deszendenz, Lastensteigerung bei Übergabe an familienfremde Lehenleute, Erhebung hoher Gebühren für den Konsens zur höchstens auf 10 Jahre befristeten Hypothekenbelastung der Lehen ($^1/_2$ bis 10 %/o der Unterpfandssumme), Beschränkung von Brenn- und Bauholznutzung, Anspruch auf die Realgemeindegerechtigkeiten als Bestandteile der Lehen, Vermehrung der Heimfälle, mangelnde Berücksichtigung erheblicher Meliorationen durch den Leheninhaber. Als Grundzüge eines allgemeinen Vertrags über die Fallehen schlugen sie vor:
1. Die Gebundenheit der Güter ist anerkannt; doch soll der Inhaber das

---

Standesherrschaft Zeil-Wurzach planmäßig durchgeführte Erhöhung der Feudallasten der Wohlstand der Lehensleute geschwächt, die Zahl der unfreiwilligen Gutsabtretungen vermehrt werden und dadurch das Kapital der Landbauer in die Hände der Standesherrschaft wandern muß. Wenn auf der einen Seite große Abhängigkeit der Grundholden von ihren Grundherren die Folge sein muß, so wird andererseits ein Geist der Unzufriedenheit erzeugt werden, welcher nach Umständen zu bedenklichen Ausbrüchen führen kann. Das Verfahren dieser Standesherrschaft widerstreitet ferner direkt den Bestrebungen der württembergischen Gesetzgebung, den Grund und Boden von den auf demselben haftenden Lasten freizumachen und die landwirtschaftliche Produktion durch Wegräumung der den Landmann hemmenden Fesseln zu heben. Endlich wird noch besonders der durch die Ablösungsgesetze von 1836 mit großem Aufwand herbeigeführte Erfolg vollständig vereitelt, und die von der Staatskasse und den Pflichtigen für Fronen und Dienstgelder bezahlten Summen sind reine Geschenke an die Gutsherrschaft." Da die Lehenholden von ihrer Grundherrschaft zu sehr abhängen und nach Aussage der Ortsvorsteher des Oberamts Leutkirch „für sich allein nicht imstande seien, auf gerichtlichem oder außergerichtlichem Wege sich gegen die Anmutungen der Grundherrschaften zu verteidigen", schlugen die Ministerien vor, man solle die untergerichtlichen Behörden allgemein belehren, damit sie künftig entsprechende Bestimmungen in Verträgen über Veräußerungen oder Unterpfandsbestellungen von Fallehen als ungültig behandelten. Angesichts verschiedener rechtlicher Bedenken im Geheimen Rat und unterschiedlicher Ansichten der höchsten Gerichte und da die Regierung inzwischen bereits ein Gesetz über die Ablösung der Grundlasten und die Verhältnisse der bäuerlichen Güter für den Landtag von 1848 plante — vgl. Darstellung, S. 478 ff —, unterblieb schließlich jede weitere Maßnahme in dieser Angelegenheit (Akten E 33/34, G 385, Q 4 ff; E 146, Bü 83, Q 25 ff).

Recht haben, in Notfällen bis zu einem Viertel des Gutes als walzende, in lehenbarer Eigenschaft verbleibende Grundstücke zu veräußern.

2. Vererbung in gesetzlicher Ordnung auf alle Verwandten des Besitzers bis zum zehnten Grad und von einem Ehegatten auf den anderen, bevor ein Heimfall eintritt.

3. Abfindung der Nachgeborenen mit einer Summe, die dem dritten Teil des reinen Gutswertes gleichkommt und die auf das Gut zu versichern ist.

4. Bestimmung des Gutsnachfolgers durch den Lehenmann.

5. Unbeschränkte Nutzung des Gutes.

6. Verpfändungs- und Veräußerungsrecht des Leheninhabers, wobei

7. nur im letzten Fall ein Konsensgeld von höchstens 3 % der Verkaufssumme erhoben werden soll.

8. Keinerlei Erhöhung der Ehrschätze und jährlichen Lehenabgaben.

(Vgl. Wiest, Volksbegehren, S. 26–31; gleichlautende Petitionen der Gemeinden Diepoldshofen, Altmannshofen, Aichstetten und Seibranz an den Fürsten Konstantin von Zeil-Trauchburg in NZAZ 1647 beim Protokoll vom 28. 12. 1846).

Fürst Leopold überwies die Eingaben mit den folgenden Bemerkungen an die Domanialkanzlei zur Begutachtung. Die bei den Akten befindlichen Äußerungen verschiedener Beamter zeigen eine grundsätzlich unveränderte Haltung der Standesherren in der Lehenfrage: Solange die Rechtsverhältnisse der Mediatisierten von der Staatsgesetzgebung nicht gesichert seien, könnten diese ihre Rechte auf keine Weise beeinträchtigen lassen oder durch eigene Nachgiebigkeit gefährden. Eine ausführliche Stellungnahme der Domanialkanzlei ist vor Ausbruch der Märzrevolution nicht mehr erfolgt.

[...]

Es ist nicht zu verkennen, daß das Fortbestehen der Fallehen in der Art, wie deren Verhältnisse von den nur mit fideikommissarischen Besitzungen begüterten Lehenherrn gehandhabt werden müssen, nicht mehr in die Länge nach seinem ganzen Umfange wird gehandhabt werden können, und zwar aus folgenden Gründen:

1tens ist die württembergische Gesetzgebung demselben entgegen,

2tens ist das Fallehensystem mit den Begriffsverhältnissen der württembergischen Beamtenkaste, die alles nach dem Maßstabe der alten Lande abmißt, ganz unvereinbar,

3tens sprechen sich neuerer Zeit beinahe alle Nationalökonomen der verschiedenen Staaten immer mehr für die Entfesslung von Grund und Boden aus, und wird auch

4tens in allen Staaten von Seite der Regierungen mehr darauf hingearbeitet, obschon manche die Rechte der Gutsherrn mit Füßen zu treten bisher noch gerechten Anstand genommen haben.

5tens ist nicht zu leugnen, daß in frühern Zeiten die Rechte der Lehenherrn in manchen Beziehungen weniger streng und konsequent gegenüber den Lehenholden gehandhabt wurden, während aber auch manchmal das Gegenteil sich zeigte, z. B. beim Einzug der Lehenwaldungen etc.;

6tens ist aus diesem allem wohl vorauszusehen, daß am Ende von Seite des Bundestages selbst gesetzliche Bestimmungen erlassen werden dürften, nach denen das Fallehensistem als mit den jetzigen Grundsätzen des Gemeinwohls nicht mehr vereinbar Veränderungen unterworfen würde, welche den Lehenherrn zum großen Nachteil gereichen dürften.

Auf der andern Seite ist nicht zu leugnen, daß die Lehenherrn durch die Ablösungsgesetze, zu denen sie freilich, jedoch indirekte gezwungen, die Hand geboten haben, in bedeutend schlechtere pekuniäre Lage gekommen und den Lehenleuten namentlich durch die Fronablösungen große Erleichterungen zugegangen sind; daß auch durch die gesetzlich festgesetzte Vererbung der Fallehengüter auf die Deszendenten der Fallehenbesitzer denselben ein Recht eingeräumt worden ist, welches ihnen früher nicht allgemein und unbestritten zustand. Auch darf nicht übersehen werden, daß durch dieselbe Gesetzgebung die Lehenabgaben in keiner Beziehung von den Lehenherrn erhöhet werden dürfen, solange direkte Erben der Fallehenbesitzer die Lehennachfolger sind.

Die Lehenleute sind nun freilich durch das Festhalten der Rechte der Lehenherrn an ihren ihnen noch gebliebenen Rechten, wozu letztere, um nicht nachteiligen Konsequenzen gegen sich Raum zu geben, gezwungen sind, in der Disposition über die Substanz der fallehenbaren Objekte vielfältig und – es ist nicht zu leugnen – manchmal zu ihrem momentanen Nachteile gehemmt, während diejenigen, die freieigentümliche oder zinseigene Güter besitzen, keinen solchen Fesseln unterworfen sind. Allein viele mißkennen auch nicht, daß das Fortbestehen der Fallehengüter manche Vorteile habe und daß namentlich es das einzige Mittel sei, dem Zerbröckeln von Grund und Boden in unverhältnismäßig kleine Teile (ein Übel, das eben auch die jetzigen Nationalökonomen mit Schaudern immer weiter voranschreiten sehen, wogegen sie aber kein gesetzliches rechtliches Mittel anzugeben wissen) vorzubeugen und so den Ruin mancher Gemeinden aufzuhalten. Sie wollen daher nicht die gänzliche Aufhebung des Fallehenverbandes, sondern nur dessen Umwandlung in einen Zustand, in dem ihnen alle Vorteile, dem Fallehenherrn aber alle Nachteile desselben bleiben – ein Verlangen, was denselben wohl nicht ganz zu verübeln [ist], dem sich die Lehenherrn aber auch nicht in seinem ganzen Umfange fügen können.

Dieses mögen nun auch die Lehenleute wohl einsehen und haben daher auch sicher ihre Forderungen so hoch gespannt, damit, wenn denselben auch nur ein Teil derselben gewährt würde, ihnen noch ein großer Vorteil bliebe.

Weisung an die Domanialkanzlei, sich zu äußern, ob und inwieweit die in den Eingaben der Lehenleute gemachten Vorschläge, Verlangen und Anträge eine Berücksichtigung verdienen.

Nr. 83—84   1829/1830. Beschwerden gegen die Standesherrschaft Öttingen-Wallerstein

Vgl. Darstellung, S. 417 f. Durch eine Eingabe vom 29. 8. 1829 wandten sich die Einwohner von Dunstelkingen, Hofen und Schrezheim „als gequelte Gruntuntertanen" an den König mit der Bitte um Abhilfe gegen ungerechte Forde-

rungen vor allem von seiten der Standesherrschaft Öttingen-Wallerstein (E 146, Bü 34, Fasz. 1, Q 1). In die Untersuchungen, die das Innenministerium daraufhin durch die Kreisregierung Ellwangen anstellen ließ (ebd., Q 2 ff; E 175/176, Bü 761, Q 1 ff), wurden die Beschwerden weiterer Gemeinden einbezogen. Das Resultat entsprach der vielfach unklaren Rechtslage gerade in der Herrschaft Öttingen-Wallerstein. Nicht zu bestreiten war die Tatsache, daß seit 1824 immer mehr Pflichtige mit der Standesherrschaft in Prozesse verwickelt worden waren; umstritten blieben die Gründe. Die fürstliche Domanialkanzlei verwies auf die grund- und standesherrlichen Rechte und denunzierte Schultheiß Haas in Kirchheim und vor allem Oberamtsgerichtsaktuar Gloz von Neresheim als die Aufwiegler, die das Vertrauen der Pflichtigen in die Standesherrschaft systematisch erschütterten, Gloz selbst unter Mißbrauch der richterlichen Gewalt (E 175/176, Bü 761, Q 2 Beilage, Q 15 Beilage 2). Die staatlichen Behörden dagegen bezogen, allerdings mit erheblichen Abstufungen, Stellung zugunsten der Pflichtigen – am schärfsten und nicht mehr in den Grenzen amtlicher Neutralität Oberamtsgerichtsverweser Gloz, der in Front gegen „das alte Feudalwesen" und die „Zeiten des rohesten Barbarismus" die Standesherrschaft Öttingen-Wallerstein der Rechtsverletzungen und „planmäßiger Unterdrückung" bezichtigte und mit liberaler Argumentation viele Rechte des fürstlichen Hauses als Ausflüsse einstiger, nun nicht mehr bestehender Landeshoheit bewertete; abgemildert, wenn auch mit unverkennbarer Sympathie für die Beschwerdeführer das Oberamt Neresheim (ebd., Q 2 und 15: Berichte des Oberamts an die Kreisregierung vom 5. 10. 1829 und 27. 2. 1830; vgl. Nr. 83), sehr zurückhaltend die Kreisregierung Ellwangen (E 146, Bü 34, Q 7; vgl. Nr. 84). Der Bericht des Oberamts Neresheim vom 27. 2. 1830 mit seinen Beilagen (Nr. 83) beleuchtet die Situation und Einstellung der Pflichtigen; der Bericht der Kreisregierung Ellwangen vom 19. 5. 1830 (Nr. 84), hier nur in Zusammenfassung wiedergegeben, enthält den besten Überblick über die Streitpunkte und ihren Hintergrund.

Nr. 83

1830 Februar 27, Neresheim

Bericht des Oberamtes Neresheim an die Regierung des Jagstkreises über die Beschwerden mehrerer Gemeinden wegen Überbürdungen und Bedrückungen durch die Standesherrschaften Öttingen-Wallerstein und Thurn und Taxis

E 175/176, Bü 761, Q 15. Ausfertigung. Unterschrift: Ovelog.

Durch höchsten Befehl vom 14. 11. 1829 wurde das Oberamt beauftragt, eine genaue Untersuchung über die vorgebrachten Beschwerden anzustellen mit dem Bemerken,

daß gleichwie bei dieser Untersuchung wohlerworbene Rechte sorgfältig zu achten und zu schützen seien, mit dem nemlichen Eifer auch Überbürdungen und Bedrückungen genau und vollständig erhoben werden müßten; daß überhaupt sowohl die Gutsherrschaften als die Grundholden genugsam zu hören und sich Mühe zu geben sei, bestrittene Gegenstände wo nicht in Güte beizulegen, doch durch Tatsachen so weit aufzuklären, daß mit Sicherheit hierauf eine endliche Entschließung gebauet werden könne.

Die nächste Veranlassung zu dieser Untersuchung war wohl die unmittelbare Beschwerde der Gemeindevorsteher zu Dunstelkingen, Hofen und Schrezheim; aber nicht nur diese, sondern auch noch mehrere Gemeinden im fürstl. Rentamtsbezirke Kirchheim, namentlich Kirchheim, Kerkingen, Baldern, Röttingen und Aufhausen hatten früher schon Beschwerdeanzeigen bei dem Königlichen Oberamtsgerichte eingereicht, welche mir mit dem obengedachten hohen Befehl ebenfalls zur Untersuchung mitgeteilt wurden. [...]

Vor allem fehlte es diesen Beschwerden an einer geordneten Ausführung und nähern Begründung der Klage, was mich veranlaßte, letztere selbst protokollarisch aufzunehmen. [...]

Dieses Klageprotokoll lege ich hier untertänigst vor[1]). Aus demselben geht hervor, daß die Gemeinden im allgemeinen darüber erbittert sind, daß die Stan-

---

[1]) Protokoll betr. die Beschwerden der Gemeinden Dunstelkingen, Hofen, Schrezheim, Kirchheim, Kerkingen, Baldern, Röttingen und Aufhausen, nach dem Verhör der Gemeinderäte und Bürgerausschüsse der einzelnen Gemeinden angefertigt von Oberamtsaktuar Demus vom 22. 12. 1829–8. 1. 1830. Einige Auszüge aus dem Protokoll können die grundsätzliche Einstellung der Pflichtigen verdeutlichen:
Dunstelkingen z. B. klagt darüber, das fürstliche Rentamt nutze die Tatsache, daß die Gemeinde keine Dokumente besitze, dazu, den Pflichtigen ungerechte Auflagen aufzubürden, u. a. Auf-, Abfahrts- und Umschreibgebühren von eigenen Gütern. „Aber nun einmal fest überzeugt, daß diese Abgaben bei den jetzigen Umständen und Zeitverhältnissen ungerecht seien, daß diejenige, welche solche leisten müssen, die Wohltaten, welche den übrigen Staatsbürgern zuteil werden, nicht genießen und daß es die unerläßliche Pflicht der Ortsvorsteher sei, ihren Mitbürgern gegen solche augenscheinlichen Ungerechtigkeiten beizustehen, können sie nicht umhin, hiemit unumwunden zu erklären, daß sie so lange keine der hienach bezeichneten Abgaben mehr zu leisten gesonnen seien, bis ihnen die Rechtlichkeit derselben überzeugend und beweisend dargetan sei." (Bl. 1a/b).
Kirchheim beschwert sich darüber, daß die Standesherrschaft seit der Mediatisierung die früheren Schutzgelder, die laut der Revenüenausscheidungsinstruktion dem Souverän vorbehalten seien, unter dem Titel Herberggeld beziehe. „Da ferner die hiesigen Bürger durchaus nicht unter dem Schutze der Standesherrschaft stehen und ihre Bürgersteuer an die Gemeindekasse entrichten müssen, da vielmehr die standesherrschlichen Beamten selbst nicht nur unter dem Schutze des Staats, sondern sogar unter dem polizeilichen Schutze der Gemeindevorsteher stehen, so ist es ganz evident, daß niemand aus der hiesigen Gemeinde und deren Parzellen ein Schutz- oder, wie es jetzt zu nennen beliebt wird, Herberggeld schuldig ist." (Bl. 12 a/b). Ein Herberggeld war bisher unbekannt; die Gemeinde verlangt deshalb den Nachweis, daß es nicht einfach eine Erneuerung des früheren Schutzgeldes ist. Sie beschwert sich weiter über die Auflage neuer Grundabgaben beim Bau neuer Häuser, ohne daß die Pflichtigen sie sofort ablösen können trotz der entsprechenden Bestimmungen des 2. Edikts vom 18. 11. 1817. „Auf der einen Seite siehet man nun hieraus die Tendenz des Rentamts, das alte Abgabensystem in seinen bisherigen verderblichen Folgen der Landesgesetze ungeachtet nicht um ein Haar zu verbessern, auf der andern Seite sind aber die neuaufgelegten Abgaben so hoch, daß sie den einzelnen von der Ablösung, wenn diese auch gestattet würde, notwendig abschrecken müßten." (Bl. 14 a/b).
Baldern besorgt, die Küchengefälle könnten noch einmal im Preis gesteigert werden, „und so sind wir, wenn nicht höhere Hülfe erfolgt, der Willkür und Habsucht unserer Grundherrschaft preisgegeben, während andere Untertanen des Reichs die Wohltat der württembergischen Gesetze genießen" (Bl. 23 a/b). Beschwerde über Schutz- oder Herberggeld: „So gewiß wir wissen, daß wir nicht unter dem Schutze der Herrschaft Wallerstein stehen, was ein wahres Glück für uns ist, sondern unter dem Schutze des Staats, so gewiß wissen wir auch, daß wir nach den Gesetzen kein Schutz- oder Herberggeld schuldig sind." (Bl. 25 a). Wenn überhaupt, so gebührte diese Abgabe als ein Souveränitätsgefälle dem Staat. Beschwerde über noch ungemessene Fronen.
„Endlich drückten die Unterzeichneten noch den Wunsch aus, daß ihre Verhältnisse zur

desherrschaft Oettingen-Wallerstein noch immer hartnäckig auf den größtenteils aus den Zeiten des Barbarismus herrührenden Abgaben und Diensten beharrt, ohne einen Schritt zur subjektiven Erleichterung ihrer Grundholden zu tun, und daß sie die königl. württembergischen Gesetze, welche eine solche Erleichterung bezwecken, verwirft. Ein Beweis hievon ist der von einigen Gemeinden ausgedrückte Wunsch, daß sie der Krone Württemberg ganz angehören möchten. Nächst diesem mag der Umstand, daß durch die Mediatisierung des fürstlichen Hauses die Interessen des Souverainitäts- und Grundherrn in Beziehung auf das Finanzielle geteilt wurden und durch die veränderten Vermögensverhältnisse des letztern mancher kleine Vorteil und manche gnädige Rücksicht verlorengegangen ist, während die große Menge Abgaben und Dienste mit einer Begierde eingefordert wird, welche die Bauern früher nicht gekannt haben wollen, vielleicht zur Unzufriedenheit der letztern und somit zu den vorgebrachten Klagen mitgewirkt haben.

Ebendeswegen wäre es den Bauern zu gönnen gewesen, wenn die höhere Staatsgewalt schon früher Wege eröffnet hätte, auf denen der Bauer von dem drückenden Einfluß der Grundherrn mehr unabhängig gemacht worden wäre, hätte es auch durch Entschädigung der letztern geschehen müssen. Das alte Feudalwesen, welches in der ganzen gebildeten Welt als ein jedem Emporstreben zu höherer Kultur hinderliches Institut bekannt ist, findet in dem diesseits liegenden Teile des Fürstentums Oettingen-Wallerstein mit wenigen Ausnahmen, welche vielleicht die Not und der entschiedene Vorteil der Grundherrschaft erheischte, noch in seinem ganzen Umfange statt, und die hohe Kreisregierung wird sich aus der angeschlossenen Äußerung der fürstlichen Domanialkanzlei in Wallerstein (Beilage II) überzeugen, daß dieselbe mit Verwerfung der durch die württembergische Staatsgewalt gegebenen oder noch zu gebenden mildernden Gesetze auf dem alten beharrt, während sie doch so gefällig ist, einige Stellen aus württembergischen Gesetzen, die gerade zufällig zu ihrem Vorteil zu sprechen scheinen, herauszuheben.

Die Beschwerden der Gemeinden nehmen daher mehr einen allgemeinen Charakter an. Jene fühlen das Drückende und Demütigende ihres gezwungenen Zurückstehens gegen die unmittelbaren königlichen Gemeinden, die Unmöglichkeit einer Verbesserung ihrer Lage, solange das Abgabenwesen keine andere Form gewinnt, solange in einem und demselben Lande Gesetzesungleichheiten stattfinden und solange das Recht einer Opposition gegen die Staatsgesetze von einzelnen sogar offen behauptet wird, wie dieses in der allegierten Äußerung der fürstlichen Domanialkanzlei geschiehet.

Bericht über die einzelnen Beschwerden. Der wichtigste und von allen Gemeinden vorgebrachte Beschwerdepunkt ist die 1807 und 1813 vorgenommene Preiserhöhung für die Küchengefälle[2]*.*

Grundherrschaft durch Verhandlungen mit dem Herrn Fürsten überhaupt fester gegründet werden möchten, wenn auch ihr sehnlichster Wunsch, recht bald k. unmittelbare Untertanen zu werden, nie in Erfüllung gehen sollte." (Bl. 26 b).
[2]) Vgl. zu den Beschwerden im einzelnen Nr. 84.

Nr. 84 1830 Mai 19, Ellwangen

Bericht der Regierung des Jagstkreises an das Innenministerium über die Beschwerden mehrerer Gemeinden gegen die Standesherrschaft Öttingen-Wallerstein

E 146, Bü 34, Q 7. Ausfertigung. Unterschrift: v. Soden. Referent: Referendär Wolfer.

Rücksprache mit Oberamt und Oberamtsgericht Neresheim sowie dem Kreisgerichtshof von Ellwangen, der Rekursinstanz. Dieser betonte besonders, „daß unter vorwaltenden Umständen jedenfalls eine baldige Feststellung des Rechtszustandes in betreff der grundherrlichen Verhältnisse des fürstlichen Hauses Wallerstein auf dem Wege einer staatsrechtlichen Deklaration sehr wünschenswert erscheine". Nach den vom Oberamt Neresheim angestellten Untersuchungen über die Beschwerden haben sich die Klagepunkte „teils modifiziert, teils vermehrt", weil nun noch außer Dunstelkingen mit Hofen und Schrezheim die Gemeinden Kirchheim, Kerkingen, Baldern, Röttingen und Aufhausen klagend aufgetreten sind.

Die Beschwerden gegen die Standesherrschaft Öttingen-Wallerstein:
1. Beschwerde über Preiserhöhungen für die Küchengefälle:
Die Grundherrschaft hat das seit langer Zeit bezogene und an den einzelnen Orten verschieden hohe Geldäquivalent für die Naturalabgaben gesteigert. 1807 stellte sie die Orte mit niedrigeren Preisen (Dunstelkingen, Hofen, Schrezheim, Baldern, Röttingen und Aufhausen) den Orten gleich, die bisher höhere Preise entrichtet hatten, und erhöhte die Preisansätze 1813 „wieder bedeutend":

Abgaben	in den genannten Orten bis 1807			seit 1807 allgemein			seit 1813 allgemein		
	fl	kr	h	fl	kr	h	fl	kr	h
Gans		36			36			36	
Fastnachtshenne		12			15			24	
gewöhnliche Henne		12			15			20	
Herbsthuhn		6			7	4		14	
gewöhnliches Huhn		6			7	4		12	
100 Eier		40			50			50	
Viertel Öl		36			36			48	
Pfund Wachs	1			1			1	40	
Metze Salz	2	24		2	24		2	24	

Die Pflichtigen fordern, daß die Preise auf den ursprünglichen Betrag herabgesetzt werden, wie er lagerbüchlich oder nach vieljähriger Observanz bestimmt sei. Nach dem Bericht des Oberamts haben die Zensiten vor allem seit 1813 den Erhöhungsbetrag „nicht selten im Rückstand gelassen"; nach Aussagen der Vorsteher von Kerkingen aber sind die Zensiten bisher gezwungen worden, die erhöhten Gefälle zu bezahlen, „das Rentamt Kirchheim habe durch Drohungen mit Entziehung des bisher genossenen Laub- und Grasrechts und durch Verweigerung von Konsensen zu Verpfändungen sie einzutreiben gewußt, einige Personen haben sie aber dessen ungeachtet bis jetzt nicht entrichtet".

Die Grundherrschaft behauptet, die Zensiten hätten sich die Erhöhung stillschweigend gefallen lassen; sie müßten die Küchengefälle in natura liefern, wenn sie die geforderten Preise nicht zahlen wollten. Die Kreisregierung hat wenig Hoffnung, „daß die Gültpflichtigen bei einem entstehenden Prozesse obsiegen würden, da die Erhöhung der Taxen an sich keine Gefällvermehrung ist und die Zensiten keinen Vertrag vorweisen können, durch welchen die Preise zwischen ihnen und der Grundherrschaft unwiderruflich fixiert worden wären"; das Kerkinger Steuer- und Lagerbuch von 1791 behält der Herrschaft den Naturalbezug sogar ausdrücklich vor.

Eine „billige unwiderrufliche Übereinkunft" über die sehr bedeutenden Küchengefälle wäre wünschenswert wegen späterer Gefällablösungen und weil „diese Beschwerde eine der hauptsächlichsten ist, welche so große Unzufriedenheit erregt hat und aus naheliegenden Gründen billige Teilnahme erregt". Doch können die Regierungsstellen nicht durch Verfügung zugunsten der Grundholden eingreifen; man hat diese direkt an den Fürsten verwiesen und sie auf die Möglichkeit aufmerksam gemacht, die Küchengefälle in natura zu entrichten.

2. Beschwerde der Gemeinde Dunstelkingen, daß Holzfuhren, die zur Herrschaft Katzenstein gehörten, nun gegen eine über 100jährige Observanz zum Rentamt Neresheim geleistet werden müssen. Die Beschwerde ist nicht begründet, da sich die fronpflichtigen Bauern 1819 wegen dieser und einiger anderer Fronen mit der Herrschaft bis zum Jahr 1831 gegen ein jährliches Dienstgeld verglichen und die Beifuhr des rentamtlichen Besoldungsholzes (14 Klftr) übernommen haben.

3. u. 4. Die Gemeinde Dunstelkingen nahm Beschwerden über Fronen zum Bauhof in Katzenstein und über ungemessene Jagdfronen selbst wieder zurück.

5. Beschwerde der Gemeinden Dunstelkingen und Baldern, daß die herrschaftlichen Behörden bei Übertragung auch von eigenen Gütern Auf- und Abfahrts- sowie Umschreibgebühren erheben (je 6 kr Auf- und Abfahrtsgebühr und 4 kr Umschreibgebühr von jedem Grundstück). Die Rechtsgrundlagen für diese Abgaben sind nicht ganz klar und offenbar z. T. fraglich. Die Kreisregierung hat von der Domanialkanzlei genaueren Bericht angefordert.

6. Beschwerde, daß die Rentämter für die Erlaubnis zur Verpfändung von Lehengütern Konsenstaxen beanspruchen. Nach Ansicht der Beschwerdeführer handelt es sich um ein Hoheitsgefäll, das zudem durch das 2. Edikt vom 18. 11. 1817 ausdrücklich aufgehoben worden ist.

Die Konsenstaxe beträgt von 100 fl Wert 30 kr, ungerechnet die Kopialien- und die Insinuationsgebühr. Die Taxen übersteigen die ehemals in Württemberg bestehenden Lehentaxen nicht wesentlich, sind aber im ganzen „sehr bedeutend", zumal sie laut Oberamt „um so drückender auf den dortigen, fast immer zu Anlehen gezwungenen Bauren wirken, als er seine der württembergischen Herrschaft und dem Spital in Nördlingen lehenspflichtigen Nachbarn ganz davon befreit sehe". Nach Ansicht der Kreisregierung kann die Frage erst infolge einer staatsrechtlichen Deklaration für Öttingen-Wallerstein und infolge Bundesentscheids über die Anwendbarkeit der Edikte von 1817 auf die

Standesherren geregelt werden. Auch Hohenlohe ist die Konsenstaxe bisher in den Grenzen der ehemaligen württembergischen Lehentaxen belassen worden.

7. Beschwerde der Gemeinde Dunstelkingen über angeblich widerrechtlich bezogenen Fallhandlohn: Die Grundherrschaft „maße sich in neuerer Zeit an, bei Veränderungsfällen mit ihren Lehengütern 10 p.C. Besteh- und 10 p.C. Fallhandlohn anzurechnen, während sie nur zu dem Bezug von 10 p.C. Handlohn berechtigt sei"; freilich geben die Beschwerdeführer zu, daß keine Gleichförmigkeit im Bezug dieses Gefälls bestanden habe, da die Herrschaft z. T. auch 20 % Handlohn forderte, auf Ansuchen der Lehenleute den Ansatz aber teilweise ermäßigte. Nach dem Bericht der Domanialkanzlei läßt sich der Bezug von 20 % Laudemium bis in die 1780er Jahre nachweisen; erst damals habe der Pflegbeamte aus Unkenntnis der Verhältnisse Fall- und Bestehhandlohn miteinander verwechselt. Seit 1807 wurden wieder die Laudemien zu 20 % verlangt; Prozesse darüber endeten mit günstigem Entscheid für die Herrschaft. Die übrigen Prozeßführer baten daraufhin die Herrschaft um Ermäßigung der berechneten Handlöhne und erhielten sie auch. Dagegen berichtet das Oberamt: Vor dem 30jährigen Krieg bestand der Handlohn in einem Drittel des Kaufwerts des Lehenguts. Nach dem Krieg mußte die Herrschaft Katzenstein die Güter gegen herabgesetzte Preise und gegen nur 10 % Handlohn verkaufen, setzte aber häufig 10 % für den aufziehenden und für den abziehenden Lehenmann an; doch erhielten die Lehenleute auf Ansuchen oft Nachlässe bis über 50 %, hatten also weniger als 10 % des Gutswertes zu entrichten. Erst „gegen die 1780er Jahre hin" forderte die Herrschaft, wohl des vielen Supplizierens um Nachlässe müde, von vornherein nur das lagerbüchliche Laudemium von 10 %; 1808 hat sie diese etwa 30jährige Observanz „eigenmächtig unterbrochen". Nach Ansicht der Kreisregierung scheint sich die Herrschaft nicht im ruhigen und ungestörten Besitz zu befinden und wird ihr Recht zu diesem doppelten Bezug nur schwer nachweisen können. „Es handelt sich aber hier rein von Privatrechten, weshalb von hier aus keine inhibierende Verfügung geschehen kann, sondern den Lehensleuten überlassen werden muß, vorkommenden Falls den Rechtsweg zu betreten."

8. Die Gemeinde Dunstelkingen nahm ihre Beschwerde gegen den Anspruch der Herrschaft auf Hunds- oder Hirtenstabhaber wieder zurück.

9. Beschwerden von Dunstelkingen und Kirchheim wegen entzogenen Laub- und Grasrechts konnten nicht begründet werden. Die Grundherrschaft hat die Kläger auf den Rechtsweg verwiesen.

10. Beschwerden der Gemeinden Kirchheim, Kerkingen, Baldern, Röttingen und Aufhausen wegen des von der Herrschaft angesprochenen Schutz- oder Herberg- und Dienstgeldes: Die Abgabe wird bezogen von sog. aufgegebenen Leuten, Ausdingleuten, Hausgenossen und Schutzverwandten ohne Haus und Güter, doch mit eigenem Herd; ihr Betrag ist je nach der Zugehörigkeit der einzelnen Orte zu den früheren Herrschaftsgebieten verschieden hoch; z. T. wird nur Schutz- und kein Dienstgeld erhoben. Die Beschwerdeführer verweigern besonders das Schutz- oder Herberggeld als eigentliches Hoheitsgefälle, während die Herrschaft ihr Recht für den Bezug besonders auf die württembergischen Verordnungen vom 2./13. 12. 1810 und 9. 4. 1813 betreffend die Gebüh-

ren für das Bürger- und Beisitzrecht stützt; das Recht wurde für Öttingen-Spielberg 1828 von der Regierung ausdrücklich anerkannt.

Da aber Öttingen-Wallerstein seit Jahren die erforderlichen Mitteilungen für eine klare Revenüenausscheidung verweigert hat, hat die Kreisregierung einer Klage der Gemeinde Kerkingen wegen der geforderten Herberggelder durch Dekret vom 7. 11. 1828 bis zur Klärung der Verhältnisse stattgegeben, und die Abgabe ist seitdem nicht mehr bezahlt worden[1]).

11. Beschwerden wegen ungemessener Fronen und Dienstgelder: Zwischen der Standesherrschaft und der Stabsgemeinde Dunstelkingen besteht derzeit eine zwölfjährige Übereinkunft über ein jährlich zu leistendes Dienstgeld. Baldern und Röttingen liegen seit 1822 mit der Grundherrschaft wegen der Fronen im Prozeß. Im übrigen haben die Grundholden bisher selbst zu einer Verwandlung der ungemessenen Fronen in gemessene die Hand noch nicht geboten. Die Grundherrschaft erklärt, sie habe bei Leistung der Hand-, besonders der Jagdfronen immer auf Alter und Armut Rücksicht genommen und die Bestellung und Auswahl der Fronpflichtigen von jeher den Schultheißenämtern überlassen. Die Kreisregierung hat die Pflichtigen angewiesen, wegen der nicht bestrittenen Fronen Anträge auf Fixierung an die Grundherrschaft zu bringen.

12. Beschwerde über das Auflegen neuer Grundabgaben, z. B. eines übertrieben hohen Dienstgeldes auf neuerbaute Häuser. Die Domanialkanzlei betont das Recht der Herrschaft zum Bezug sämtlicher grundherrlicher Abgaben bei Erweiterungs- oder Neubauten in grundbaren Orten. Auf das Eigentum der Herrschaft seien bei Vergabe Grundzinsen, Küchengefälle, Dienstgelder, Auf- und Abfahrtgelder, Naturaldienste und Handlöhne gelegt worden; der Anspruch hierauf ergebe sich aus dem vollen Eigentumsrecht.

Die Kreisregierung weist dagegen auf das Verbot, neue Grundlasten aufzulegen, nach dem württembergischen Landrecht, nach der Verordnung der Oberregierung vom 4. 7. 1809 und nach dem 2. Edikt vom 18. 11. 1817 hin; diese Bestimmungen gelten auch für Mediatgebiete. Dem fürstlichen Hause sollte daher bis zur Feststellung der staatsrechtlichen Verhältnisse jede neue Grundauflage untersagt werden.

13. Beschwerde der Gemeinde Kirchheim, ihre Güter würden widerrechtlich als leibrechtig und leibfällig bezeichnet, während sie reine Erbzinsgüter seien. Nach den vorgelegten Dokumenten sind die Verhältnisse nicht ganz klar; so werden im Amt Katzenstein die Lehengüter als leibfällig bezeichnet, sind aber nach Inhalt der Reversbriefe offenbar reine Erblehen; eine Fallhandlohnbarkeit kann daraus nicht nachgewiesen werden. Die Sache eignet sich nur für den Zivilrichter.

14. Beschwerde der Gemeinde Kirchheim, daß Steuern unter der Bezeichnung „Zinse" und „beständige Bodenzinse" erhoben würden.

1803 verkaufte die Herrschaft Klostergüter an Einwohner von Kirchheim, Dirgenheim und Itzlingen, wobei sie eine beständige Steuer auf die Güter legte. Die Grundherrschaft bezieht sich zu Recht auf die bayerische Verordnung vom 19. 3. 1807 Lit. H Punkt 5, wonach alle Abgaben, die wie grundherrliche Zinse

---

[1]) Die Herberggelder wurden von der Regierung als gutsherrliche Beisitzgelder anerkannt; E 146, Bü 34, Q 10.

in einem unveränderlichen Betrag entrichtet werden, wie es bei Beden und der sog. Ordinaristeuer in einigen Herrschaften der Fall ist, den mediatisierten Fürsten und Grafen künftig als grundherrliche Abgaben bleiben sollen. Auch die ehemaligen Steuern in den übrigen Orten sind nach den Untersuchungen des Oberamts mehr grundherrlicher als steuerartiger Natur, da sie gewöhnlich auf ursprünglich eigene Grundstücke der Herrschaft aufgelegt oder bei Lehenszerschlagungen und Eigenmachung der Güter als beständige Steuer und Grundzins angesetzt worden sind[2]).

15. Beschwerde der Gemeinde Kirchheim, daß die Herrschaft bei Lehensveränderung ein Reversgeld von 5 fl 30 kr bis 6 fl erhebt, ohne daß tatsächlich ein Bestandbrief vom fürstlichen Rentamt ausgefertigt und ein Reversbrief dagegen empfangen wird. Die Kreisregierung hat deshalb verfügt, diesen Akt für die Vergangenheit nachzuholen und für die Zukunft zu befolgen.

16. Beschwerde der Gemeinde Kirchheim über den Leibzins von 4 kr 4 h, den die Grundherrschaft von jedem Hausbesitzer fordert trotz aufgehobener Leibeigenschaft. Die Natur der Abgabe ist nicht klar; sie könnte bei leibeigenschaftlicher Herkunft nur gegen Entschädigung aufgehoben werden.

Ergebnis: Von drei Beschwerdepunkten (3, 4, 8) ist die Gemeinde Dunstelkingen wieder zurückgekommen, zwei Beschwerden (2, 9) fand man nicht belegt oder derzeit unbegründet. Wegen der Beschwerden 1, 11 und 15 hat die Kreisregierung die geeigneten Weisungen erteilt, wegen der Beschwerden 7 und 13 auf den Rechtsweg verwiesen, wegen der Beschwerde 5 nähere Auskunft der Domanialkanzlei gefordert. Bei den Beschwerden 6, 10, 11, 14 und 16 glaubt die Kreisregierung auf die Revenuenausscheidung und auf die noch ausstehende Feststellung der staatsrechtlichen Verhältnisse verweisen zu müssen. Zwei Beschwerden der Gemeinde Dunstelkingen wegen Beschränkung von Laub- und Grasrecht und Weidrecht gegen die Standesherrschaft Thurn und Taxis scheinen unbegründet, zumal diese Rechte durch einen Vertrag vom 30. 12. 1824 rechtsgültig fixiert worden sind.

---

[2]) Die sog. beständige Steuer, die von ehemals eigenen Grundstücken der Herrschaft oder bei Zerschlagung von Lehen als Grundzins erhoben wurde, blieb der Herrschaft erhalten, soweit die Pflichtigen nicht den eindeutigen Steuercharakter der Abgabe nachweisen konnten (Weisung der Kreisregierung Ellwangen an das Oberamt Neresheim vom 26. 10. 1832; E 146, Bü 34, Q 27).
Umstritten blieben dagegen weiterhin die sog. Ordinari-Bodenzinse, die ursprünglich als Ordinaristeuer von der Herrschaft bezogen worden waren, bei der Mediatisierung zunächst der Grundherrschaft überlassen, nach einigen Jahren aber in Württemberg unter Vorbehalt staatlicher Entschädigung an die Grundherrschaft aufgehoben wurden. Die Pflichtigen forderten jetzt die 1810–1814 geleisteten Summen zurück; nach wiederholten Eingaben erhielten sie 1836 8612 fl aus dem Restvermögen der Staatskasse ersetzt (E 146, Bü 34, Q 51).

Nr. 85 1831 Dezember 3, Wallerstein

Weisung des Fürsten Friedrich von Öttingen-Wallerstein an die fürstliche Domanialkanzlei für ihr „Benehmen bei Entdeckung von Rechten und Gefällen, welche bisher nicht in Ausübung und Bezug waren"

FÖAW VI 12 b. 2. Ausfertigung.

Wir, Friedrich Craft Heinrich, Fürst und Herr von Oettingen-Oettingen, dann Oettingen-Wallerstein, zu Oettingen-Baldern und Sötern etc. etc. [...]
haben bei mehrern Veranlassungen wahrgenommen, daß es dem Diensteifer der Rentämter gelungen ist, mehrere herrschaftliche Rechte und Gefälle, welche bisher in Vergessenheit ruhten, zu entdecken und dadurch zur Beförderung des herrschaftlichen Interesses beizutragen. Wir können hierüber nur Unser gnädigstes Wohlgefallen zu erkennen geben und erwarten, daß Unsere fürstliche Diener auch ferner sich rühmlich bestreben werden, ruhende und außer Übung gekommene fürstlichen Rechte und Gefälle aufzufinden, wollen aber hiebei, daß Unsere Domanialkanzlei die Rentämter streng dahin anweise, daß selbe wegen solchen aufgefundenen Rechten und Gefälle nicht aus eigener Kompetenz sogleich Anforderungen an die Grundholden machen, sondern hievon zuerst Anzeige an Unsere Domanialkanzlei erstatten und sich Verhaltungsbefehle einholen sollen.

Nr. 86 1832 Juni 19, Kirchheim

Bericht des Rentamts Kirchheim an die fürstliche Domanialkanzlei zu Wallerstein über zunehmende Leistungsverweigerungen der Pflichtigen

FÖAW I 16. 17, Fasz. Kellereisteuern, Allgemeines. Ausfertigung.

Fürstliche Domänialkanzlei!
Schon äußern sich die Nachteile für gnädigste Herrschaft, welche die Erhebung und Untersuchung der Verhältnisse der sogenannten Kellereisteuer, dann der Fronen und Dienstgelder durch die württembergische Staatsbehörden verursacht hat[1]).
Bereits haben die in der Anlage verzeichnete Grundholden[2]) in Pflaumloch, welche noch keine Abgabe verweigerten, ihre auf Lichtmeß 1832 verfallene Dienstgelder, dann der erstere das Schutzgeld unter der Erklärung verweigert: Da wirklich Untersuchung angestellt ist, seien sie nicht mehr geneigt, vor erfolgter Entscheidung eine Zahlung mehr zu leisten.
Schon vernimmt man ähnliches Vorhaben von den Pflichtigen des Hundshabers in der Grafschaft Baldern, und zweifelsohne wird diesem Beispiele bald

---
[1]) Es handelt sich um die behördlichen Erhebungen über die Abgaben und Leistungen, deren Ablösung bzw. Aufhebung durch Gesetzesvorlagen für den Landtag von 1833 geplant wurden.
[2]) Das Verzeichnis befindet sich nicht bei den Akten.

eine andere Menge folgen, wenn nicht ernstlich und schleunigst dagegen gewirket wird.

[...] Eine derartige Renitenz ist Vorgriff der Gesetzgebung, sie kann nur auf verirrter Darstellung den Untertanen [gegenüber] beruhen, und wer weiß, wo die Quelle dieser Verirrung, dieser Eigenmacht zu finden ist.

Das Rentamt empfiehlt, daß hierwegen schleunigste Vorstellung an die königliche Regierung ergehe und diese gebeten werden solle,

die königliche Oberämter zur Belehrung der Untertanen anzuweisen, daß noch nirgend ausgesprochen seie, daß und welche der in Untersuchung gezogenen Gefälle zessieren, und darum jeder Grundhold zur Fortentrichtung der bisher geleisteten derartigen Gefälle so lange verpflichtet seie, bis auf dem Weg der Gesetzgebung ein anderes verfügt werden wird.

Nur so siehet man noch eine Möglichkeit, einer Menge drohender Renitenzen vorzubeugen [...].

Nr. 87   1838 Juni 28 (?), Wallerstein

Bericht der fürstlichen Domanialkanzlei zum Fronablösungsgesetz vom 28. 10. 1836

FÖAW VII 4 a. 5 c. 9. Ausfertigung.

Vielfach werden ungemessene Fronen, z. T. selbst die Jagdhanddienste von den Pflichtigen verweigert. Die Frage ist auf dem Prozeßweg begriffen. Die Pflichtigen haben die Fronablösung häufig beantragt. Frage, welche Haltung die Herrschaft einnehmen soll.

Die Domanialkanzlei beantragt die herrschaftliche Zustimmung zu dem Gesetz, da die Ablösungsbedingungen billig sind. Wir können sohin die Hoffnung hegen, daß bei einem pünktlichen Vollzug der Bestimmungen des Fronablösungsgesetzes dem fürstlichen Hause der wirkliche Wert der Fronen werde entschädigt werden. Zudem sprechen noch folgende Gründe für die Zustimmung:

1. Die Fronen werden von den Grundholden als die lästigste aller Abgaben gehalten und geben in Beziehung auf Zeit, Maß und Weise der zu leistenden Fronen immerwährend Anlaß zu Streitigkeiten zwischen den Ämtern und Grundholden. Je mehr die Ämter in Ausübung der Fronen ihre Pflicht genau zu erfüllen sich bestreben, desto gehässiger und drückender erscheint den Grundholden die Fronlast, und Treue und Anhänglichkeit der Grundholden gegen ihre Grundherrschaft schwinden immer mehr und mehr dahin.

2. Die Staatszuschüsse zu den Ablösungsgeldern kommen den Grundholden und damit indirekt auch der Herrschaft zugute.

3. Die Zinse aus den Fronablösungssummen sind als Fronsurrogate zu betrachten, und mit solchen Zinsen werden die bisher in der Fron geleisteten Arbeiten künftig nicht nur in quantitativer Hinsicht vollständig, sondern auch besser und stets zu der erforderlichen Zeit besorgt werden können. Die Nachteile,

welche sich bisher durch verspätete Fronleistung zum Bauwesen, zur Landwirtschaft, bei den Jagden etc. so häufig ergeben haben, werden dann nicht mehr vorkommen.

4. *Die allgemein verbreitete Stimmung gegen das Fronwesen wird die Ablösungsbedingungen für die Berechtigten eher ungünstiger werden lassen.*

5. *Es hat bereits eine größere Zahl der württembergischen Standesherren den Ablösungsgesetzen zugestimmt.*

6. Wenn dem Fronablösungsgeschäft keine Anwendung gestattet wird, so werden voraussichtlich die Leistung der Fronen und die Zahlung der Dienstgelder verweigert werden, und es wird eine Unzahl neuer Fronprozesse im Württembergischen begonnen und während des Laufes derselben Fronen und Dienstgelder entbehrt werden müssen.

Für die Fronen bis auf die von Hausgenossen und Schutzverwandten ist die dingliche Eigenschaft anzunehmen, da sie immer nur in Beziehung auf einen bestimmten Grundbesitz gefordert und geleistet werden. Die Frage, ob es sich um persönliche oder dingliche Fronen handelt, ist im übrigen für die Herrschaft gleichgültig, während die persönliche Eigenschaft für die Pflichtigen wegen des niedrigeren Ablösungsmaßstabes vorteilhaft ist. Die Domanialkanzlei beantragt, die Fronen deshalb als persönliche Leistung anzumelden.

Nr. 88   1838 Dezember 14, Wallerstein

Weisung des Prinzen Karl von Öttingen-Wallerstein an die fürstliche Domanialkanzlei „betreffend die Erörterung und Handhabung der grundherrlichen Rechte des fürstlichen Hauses"

FÖAW VI 22 a. 10. Ausfertigung.

Es ist ein schon lang gefühltes und oft beklagtes Übel, daß hinsichtlich der Grundbarkeitsverhältnisse des fürstlichen Hauses seit den großen politischen Umwälzungen, welche das Ende des vorigen Jahrhunderts herbeiführte, sich zum Teile die Klarheit der Erkenntnis verdunkelt und verloren, zum Teile eine Übung gebildet hat, welche den bestehenden Rechten selbst und ihrer Wiederauflebung gefährlich zu werden droht.

Manchfache Gründe vereinigten sich, um dieses Resultat herbeizuschaffen. Dahin gehören unter andern

a) die stattgehabte Kriegsunruhen und in ihren Gefolgen die Versendungen und Verpackungen der Akten, welche zum Teile gar nicht, zum Teile in höchst ungeordnetem Zustande zurückkehrten;

b) die Auflösung der alten Einteilung in Herrschafts-, Oberamts-, Pflegamts- und sonstigen Gerichts- und Verwaltungsbezirke sowie die verschiedenen Organisationen und infolge dieser Veränderungen, mit welchen die Ausscheidung der Akten ihre Vervollständigung durch Abschriften usw. nicht gleichen Schritt hielt, der Mangel an Erkenntnis- und Verteidigungsbehelfen für die neue Beamtung;

c) der ungeordnete Zustand der ältern Registraturen und die nicht zur Hälfte vollendete Bearbeitung des Archivmaterials;

d) die gewaltsamen Umgestaltungen infolge des Mediatisierungsaktes, insbesondere die willkürlichen fiskalischen Behauptungen und das despotische Voranfahren der Mittel- und Unterbehörden in der Zeit, bevor Verfassungen und die deutsche Bundes- und Schlußakte wieder einen festen Rechtszustand begründeten;

e) die Aufreizungen zur Renitenz, welche in neuester Zeit in Bayern von den Steuerkommissarien und in Württemberg durch die Substitute, Rechtskonsulenten und durch zahlreiche Agenten der Umwälzung hervorgerufen und genährt wurden;

f) die Edikte und Verfügungen, welchen zumal in Württemberg bis jetzt nur Protestationen und der Vorbehalt des Rekurses an den Bundestag entgegengesetzt werden konnten;

g) die in beiden Hoheitsstaaten noch immer schwebenden staatsrechtlichen Verhandlungen;

h) die teils schwankenden, teils dem staatsrechtlich garantierten Rechte des fürstlichen Hauses geradezu zuwiderlaufenden Grundsätze und Entscheidungen der Gerichtsstellen;

i) die vielen Gutszertrümmerungen, bei welchen leider viele Jahre hindurch mehr die Ziffer der damals flüssigen Gefälle als die Rechtsnatur des Kolonarverbandes beachtet wurde;

k) die vielen Besitzesveränderungen, welche infolge von Ansässigmachungen, Verpfändungen, Zwangsverkäufen, Täuschen, freiwilligen Veräußerungen usw. herbeigeführt werden, ohne daß bei jeder solchen Veränderung die je nach der Spezialität des Gutes zu bemessende juristische Natur des Kolonarverbandes gehörig untersucht, gewahrt und festgehalten worden wäre.

Daß es bei dem Zusammenwirken so vieler ungünstiger Elemente für das fürstliche Haus und seine Organe sehr schwierig seie, die Gerechtsamen desselben vor jeder Beeinträchtigung zu schützen, ist nicht zu mißkennen, und ebensowenig kann mißkannt werden, daß in der neueren Zeit vieles geschehen ist, um hinsichtlich der Handhabung der fürstlichen Gerechtsamen eine bessere Zeit vorzubereiten. Die Ordnung der ältern Papiere und Registraturen ist weit vorangeschritten, Rechnungen, Grund-, Lager- und Saalbücher der Vorzeit sind gesammelt, das Gewicht der juristisch-historischen Forschungen ist erkannt, die frühere Lokal- und Statutargesetzgebung und die Masse der ihr gleichzeitigen Verordnungen und Instruktionen ist geordnet, und an der Zusammenstellung ihrer praktischen Ausbeute wird gearbeitet; schätzbare Liquidationselaborate sind geliefert, und die noch abgängigen sind im Zuge, feste Prinzipien werden aufgestellt und verfolgt, und (was die Hauptsache ist) mit Eifer und Liebe wird der Handhabung und dem Vollzug derselben von den damit Beauftragten obgelegen.

Allein noch vielerlei bleibt zu tun übrig.

In Bayern droht jede zum Steuerbuche nicht vollständig und richtig geschehene Anmeldung mit dem unrettbaren Untergange des Rechtes. In Bayern wie in Württemberg, ja noch mehr in dem letztern Staate ist die Anmeldung der Eigentums- und Grundherrlichkeitsrechte des fürstlichen Hauses zu vervollständigen, wenn sie nicht großer Gefährde preisgegeben werden will. Jeder Tag gibt einer nicht dem vollen Rechtszustande entsprechenden Übung verstärkte feindliche Kraft und schärfet den tödlichen Pfeil der Verjährung.

Überdies schwindet immer mehr jene Generation, welcher das vormals Bestandene sowie die vorige Verfassung und das Verständnis der alten Urkundensprache noch aus dem eigenen Leben bekannt ist, und somit tut es auch not, rechtzeitig das große Beweismittel zu benützen, welches in dem Zeugnisse der mit der Vorzeit vertrauten Männer liegen kann.

Auch des eifrigsten und tüchtigsten Rechtskundigen Bemühung ist fruchtlos, wenn der Aktenapparat nicht schon zum voraus so geordnet und geeigenschaftet ist, daß er aus ihm die relevierenden faktischen Verhältnisse vorkommenden Falles schnell erheben und sich der Grundsätze und Behauptungen versichern kann, die er ohne Gefahr wagen und aufstellen darf. Auf der andern Seite ist auch die administrative Behandlung der Grundbarkeitsverhältnisse großen Gefahren ausgesetzt, wenn sie nicht neben dem administrativen und kameralistischen auch von dem juristischen Auge überwacht wird. Es ist nemlich nicht genug zu erforschen, ob z. B. der Handlohn in diesem oder jenem Fall wirklich in der wahren Größe geleistet werden wolle, sondern es muß auch mit Benutzung der aus den zahlreichen Prozessen gewonnenen Erfahrung die Gesamtheit der Formen und Kautelen erwogen werden, unter welchen der Übernahmskonsens mit oder ohne Ausstellung von Bestand-, Lehen- oder Reversbriefen zu erteilen ist.

Mehrere Erlasse des letzten Monats betr. Ansässigmachung auf herrschaftlichem Grundbesitz, Verpfändungskonsense, Verkauf und Tausch von grundbaren Gütern haben bereits die Erreichung vollständiger Evidenz über die grundherrlichen Rechte um einen bedeutenden Schritt näher gerückt, indem sie bei jeder Veränderung, welche mit einem grundbaren Gute oder seinem Besitze vorgeht, eine vollständige Liquidation der grundherrlichen und Kolonarrechte veranlassen und dagegen schützen, daß nicht etwa von deren Erledigung auf eine dem fürstlichen Hause präjudizierliche Weise vorangefahren werde.

Für die Zukunft stellen sich folgende Aufgaben:

Für die Besitzungen des fürstlichen Hauses in Bayern und Württemberg ist nach der alten Ämtereinteilung und nach dem Stande der Erwerbungen infolge der Mediatisierung zu untersuchen und auszuscheiden, unter welche Kategorie jeder der einzelnen Besitze oder jedes grundbare Objekt sich subsumiere. Mit dieser Untersuchung ist ein eigener Rechnungskommissär zu beauftragen; es sind für jedes Hofgut oder jede Sölde nach ihrem ursprünglichen Bestande eigene Notizenbögen anzulegen, in welche die Auszüge aus den jene Güter behandelnden Büchern und Dokumenten gesammelt werden. Auf solche Weise bilden sich eigene Grundakten jedes einzelnen Gutes, Grundakten, welche die Vornahme der noch nicht geschehenen sowie die Berichtigung der schon geschehenen Anmeldungen zu den Steuer- und Hypothekenbüchern leiten. *Gleichzeitig hat ein anderer Referent die Verhältnisse der verschiedenen Herrschaften, die an Öttingen-Wallerstein infolge der Mediatisierung gefallen sind, zu entwirren; ist einmal der status quo zur Zeit des Übergangs an das fürstliche Haus ermittelt, so kann mit Beihülfe des fürstlichen Archivs die*

Dokumentierung desselben geschehen, die Abweichung zwischen dem ursprünglichen Rechte und der gegenwärtigen Übung hervorgehoben und nach also ermitteltem Faktum die juristische Prüfung darüber angestellt werden: ob und inwieferne das, was außer Übung gekommen ist, verloren oder ob und wie noch zu retten seie? *Entsprechende Aufstellungen sind für die Klöster Kirchheim und Deggingen zu fertigen. Das fürstliche Archiv wird angewiesen, alle Notizen und Urkunden über die Natur der Bauerngüter nach Herrschaften zu sammeln, zu verzeichnen und der Domanialkanzlei das Verzeichnis mitzuteilen.*

Während alle diese Vorarbeiten im Zuge sind, muß sorgsam darauf gewacht werden, daß bei keinem sich ereignenden Besitzveränderungs- oder Konsensfalle etwas dem festzuhaltenden oder wieder herbeizuführenden Rechtszustande Frommendes unterlassen oder etwas diesen Rechtszustand der Materie oder der Form nach Gefährdendes vorgenommen werde. Deshalb ist ein enges Zusammenwirken des Rechtsreferates mit dem Dominikalreferenten unumgänglich nötig. *Es folgen entsprechende Anweisungen an die Sachbearbeiter.*

Nr. 89 1840 Februar 25, München

Weisung des Prinzen Karl von Öttingen-Wallerstein an die fürstliche Domanialkanzlei zu Wallerstein für die Behandlung von Gesuchen um Gutszertrümmerungen

FÖAW VI 22 a. 10. Ausfertigung.

In neuerer Zeit tretten wieder viele Gesuche um Gutszertrümmerungen auf, welche durch Gutachten der fürstlichen Domanialkanzlei unterstützt werden. Diese Wahrnehmung gibt Veranlassung, der fürstlichen Domanialkanzlei, wie hiemit geschieht, wiederholt auszusprechen, daß Gutszertrümmerungen den höhern Interessen des fürstlichen Hauses nicht frommen und nur in höchst seltenen, ganz besonders motivierten Ausnahmsfällen Genehmigung finden können und werden. In einer Zeit, in welcher die Staatsbehörden allem aufbieten, um die guts- und standesherrlichen Rechte zu schmälern, muß das Bestehende möglichst festgehalten werden, und es ist sehr zu beklagen, daß die ursprünglichen Lehensverhältnisse durch die häufigen Zertrümmerungen so sehr alteriert worden sind. Dieselben da, wo sie noch bestehen, sorgfältigst zu pflegen, tut Not, und es ist daher dem Andrange nach Zertrümmerungen, zumal wenn diese eine gänzliche Parzellierung des Gutes beabsichtigen, nach Kräften Einhalt zu tun.

Nr. 90-105   Ablösungsfrage und staatliche Grundherrschaft

Vgl. Darstellung, S. 420 ff. Angesichts der Bedeutung der Domäneneinkünfte und unter ihnen wiederum der verschiedenen Grundabgaben (Nr. 94–96) ist es verständlich, daß auch die staatlichen Behörden erhebliche Widerstände oder zumindest Bedenken gegen eine forcierte Ablösung der „Feudalabgaben" erhoben. Das Gesetz vom 23. 6. 1821 erweiterte die Ablösungsmöglichkeiten innerhalb der staatlichen Grundherrschaft nur in bescheidenem Ausmaß (Nr. 90 bis 91); einem umfassenderen, von der Kammer der Abgeordneten angeregten Ablösungsvorschlag des Finanzministers v. Weckherlin widersetzte sich 1827 der Geheime Rat (Nr. 92).

Finanzminister Weckherlin entwickelte 1819 in Übereinstimmung mit seinen bisherigen Ansichten (vgl. Nr. 37) einen Plan, der mehr eine Rationalisierung der Domanialverwaltung als ihren allmählichen Abbau vorsah (Nr. 97). Während die Allodifikationen und Ablösungen von Grundlasten auf Grund der bestehenden Gesetzgebung nur langsam fortschritten (Nr. 93), bemühte sich das Finanzministerium in den 1820er Jahren zunächst mit wachsendem Erfolg darum, die Weingefälle und -zehnten in fixe Geldgefälle zu verwandeln und die übrigen Fruchtzehnten langfristig zu verpachten (Nr. 98–103). Die Absicht des neuen Finanzministers v. Varnbüler, die fiskalischen Zehnten nach dem Vorbild anderer deutscher Staaten in eine ständige Grundrente zu verwandeln, scheiterte freilich an den Bedenklichkeiten der Pflichtigen wie an ihren beschränkten wirtschaftlichen Möglichkeiten vor allem in den kleinbäuerlichen Realteilungsgebieten (Nr. 104–105).

Nr. 90—91   Das Ablösungsgesetz vom 23. 6. 1821

Nr. 90   1820 Dezember 19, Stuttgart

Gutachten des Geheimen Rats „in betreff einiger Abänderungen in den bestehenden Normen für Ablösungen der Grundabgaben"

E 221, Bü 2326, Q 2 b. Ausfertigung. Unterschriften: v. d. Lühe, v. Wächter, Referent: Geheimer Rat v. Wächter. Kein Korreferent.

In seinem Jahresbericht über das Etatsjahr 1819/20 vom 16. 10. 1820 erwähnte Finanzminister v. Weckherlin auch, daß trotz Bemühungen der staatlichen Stellen die Ablösung und Verwandlung der Grundabgaben auf Grund des Zweiten Edikts vom 18. 11. 1817 nur langsame Fortschritte machten. „Dabei ist nicht zu mißkennen, daß eine Ablösungssumme, welche auf den 20- und 25fachen Betrag des Gefälls bestimmt ist, besonders bei Naturalgülten schwer auffällt, für welche außerdem noch Preise festgesetzt sind, welche weit über *dem laufenden Verkaufspreise stehen, und es dürfte daher einer nähern Würdigung nicht unwert sein, ob nicht wenigstens für die kleineren Gefälle ebenderselbe Ablösungsmaßstab des 16fachen Betrags, welcher für das Jahr 1818 verwilligt war, wieder aufzustellen, für die Naturalgülten aber der 20fache Betrag zu gestatten sein dürfte." (E 13, Bü 180, S. 62 f).*

Durch königliches Dekret vom 31. 10. 1820 zum Bericht hierüber aufgefordert, begründete Weckherlin seine Vorschläge genauer in einem Vortrag vom 23. 11. 1820 (E 33/34, G 373 I, Q 25); *sie sollten die größten Hemmnisse für einen rascheren Fortgang der Ablösungen – neben dem derzeitigen Geldmangel bei Acker- und Weinbauern vor allem der hohe Ablösungsmaßstab und die weit über den laufenden Marktpreisen liegenden Naturalanschläge der Verordnung vom 13. 9. 1818 – beseitigen und so auch dazu beitragen, die unsichere und kostspielige Naturalwirtschaft des Staates zu beschränken und zu vereinfachen.*

Zu seinen Vorschlägen im einzelnen vgl. das folgende Gutachten des Geheimen Rats.

In dem anliegenden Bericht, worüber wir zufolge eines allerhöchsten Königlichen Befehls vom 25. vor. Mts. uns gutächtlich zu äußern haben, werden von dem Finanzministerium einige Abänderungen in den durch das K. Edikt vom 18. November 1817 und die nachherige Verordnung vom 13. September 1818 festgesetzten Normen für die Grundabgabenablösungen in Vorschlag gebracht. Es wird nemlich zu Erleichterung dieser Ablösungen und zu Vereinfachung der Finanzverwaltung darauf angetragen, daß

1. bei Laudemien, Teilgebühren, Fronen und Frongeldern sowie bei dem Blutzehnten der 16fache Betrag des reinen Gefälls als Entschädigung angenommen und der Abkauf ohne Rücksicht auf die Größe des Gefälls freigegeben und

2. bei den unveränderlichen Gefällen auch die Ablösung der mehr als 1 fl 30 kr Geld- und Naturalabgaben, welche bisher nur bei nachgewiesenen erheblichen Umständen oder Bedürfnissen dispensationsweise stattgefunden, bis zu der Größe von 10 fl in dem einfachen Kapital gestattet werden sollte.

Außerdem wird

3. in Hinsicht auf die Verwendung der eingehenden Abkaufsgelder beigefügt, daß, insoferne dieselben nicht wieder zum Grundstock verwendet würden, eine besondere Übereinkunft mit den Landständen deshalb zu treffen, bis dahin aber diejenigen Summen, welche nicht auf neue Erwerbungen verwendet werden könnten, bei der Staatsschulden-Zahlungskasse verzinslich anzulegen sein möchten.

Die Vorschläge betreffen nicht Privatberechtigte, sondern ausschließlich die Finanzkammer.

Insofern also hier zunächst von der Ablösung der zum Königlichen Kammergut gehörigen Grundabgaben die Frage ist, so sind wir mit dem Finanzministerium darin einverstanden, daß sich die Erleichterung dieser Ablösung selbst in finanzieller Beziehung als vorteilhaft darstellen dürfte.

Der Einzug und die Verwaltung der Naturalgefälle ist mit so vielen Kosten und so vielfältigem Verlust verknüpft, daß der reine Ertrag derselben weit unter dem Werte steht, den das Geleistete für den Abgabenpflichtigen hatte. Überdies machen diese Naturalgefälle das Rechnungswesen der Finanzverwaltung schwierig und weitläufig und gewähren, da so manche Zufälligkeiten hier einwirken, nie einen ganz sicheren Ertrag.

Die Verwandlung dieser Gefälle in Fonds, die einen leichter zu erhebenden, sicheren und höheren Ertrag gewähren, scheint daher an und für sich schon ein Gewinn für die Finanzverwaltung zu sein. In den jetzigen Verhältnissen hat jene Verwandlung für dieselbe aber noch den eigentümlichen Wert, daß sie durch Vereinfachung der Verwaltung die Erfüllung der Anforderungen erleichtert, welche die Verfassung an die Finanzverwaltung macht.

Auch möchte wohl für die Erhaltung des Kammerguts überhaupt sicherer gesorgt sein, wenn man, statt diejenigen Gefälle beizubehalten, gegen welche sich einmal der Zeitgeist gesetzt hat und die in anderen Staaten schon ohne Ersatz verschwunden sind, dieselbe so bald als möglich in andere Ertragsquellen verwandelt.

Nicht minder empfiehlt sich aber auch die Erleichterung der Ablösung jener Grundabgaben in staatswirtschaftlicher Beziehung. Auch für die Untertanen sind dieselbe eine bedeutende Last, und daß sie von den Abgabepflichtigen selbst dafür wirklich erkannt werden, möchte sich am deutlichsten daraus ergeben, daß selbst unter den gegenwärtigen für den Landmann ungünstigen Verhältnissen Ablösungen nach dem bisherigen hohen Maßstabe nachgesucht worden sind. Je weniger Aussicht vorhanden ist, die Staatsbedürfnisse auf den Grad zu vermindern, wie sie in den Zeiten waren, wo jene Grundabgaben ihre Entstehung erhielten, desto notwendiger wird es, dem Landmann, welcher außerdem noch sich durch die neu hinzugekommenen bedeutenden Lasten gedrückt fühlt, jene Abgaben so leicht als möglich zu machen und ihm neben der Möglichkeit, den Wert und den Ertrag seiner Güter zu erhöhen, auch den Reiz zu größerer und zweckmäßigerer Betriebsamkeit zu geben.

Wir könnten indessen, so sehr wir auch aus den angeführten Gründen für rätlich halten, die Ablösung jener Grundabgaben zu erleichtern, zu dieser Maßregel doch nur unter der Voraussetzung raten, daß die Ablösungsgelder wieder zu Ergänzung des Grundstocks verwendet werden.

Wenn auch nicht die Verfassungsurkunde § 107 diese Ergänzung der Finanzbehörde zur Pflicht machte, so möchte sie schon die Fürsorge für das Königliche Haus, für dessen Bedürfnisse das Kammergut zunächst bestimmt ist, und die Rücksicht gebieten, daß der Besitz eines zeitgemäß gebildeten Kammerguts am ehesten dazu geeignet sein möchte, den Planen derjenigen einen Damm entgegenzusetzen, die durch Aufopferung des Staatsguts die Unabhängigkeit der Staatsgewalt vernichtet zu sehen wünschen.

Möchte sich nun auch die Anlegung eines 5 Prozent tragenden Kapitals bei der Staatsschulden-Zahlungskasse als das Einträglichste darstellen, so gewährt dieselbe doch nicht diejenige Sicherheit, welche mit dem Besitz von Grundabgaben oder Grundeigentum verbunden ist. Die Leichtigkeit und der Reiz, sich einer solchen Schuld zu entledigen, könnte früher oder später die gänzliche Aufopferung des Kapitals zur Folge haben. Angemessener würde es daher jedenfalls sein, die Ablösungsgelder zu Abkaufung von Lasten, die auf dem Kammergut haften, und zu Erwerbung von Grundeigentum, das einen höheren reinen Ertrag als die Grundabgaben oder dessen Besitz für die Kammer sonstige Vorteile gewährt, zu verwenden. Dazu wird sich wahrscheinlich schon in der nächsten Zukunft Gelegenheit ergeben, und wenn man auch wegen augenblicklichen Mangels einer solchen bei der Staatsschulden-Zahlungskasse das Geld anlegen wollte, so würden sich wohl in der Folge Auswege finden lassen, das Kapital auf die obenerwähnte Art zu verwenden.

Wir glauben daher, daß zunächst auf Erwerbung von einträglichem Grundeigentum oder Abkaufung von Lasten Bedacht genommen und nur etwa vorübergehend die Ablösungsgelder als Kapitalien bei der Staatsschulden-Zahlungskasse angelegt werden sollten.

Was aber die Vorschläge selbst betrifft, welche das Finanzministerium zur Erleichterung der Ablösung gemacht hat, so sind wir mit demselben einverstanden, daß

1. bei Laudemien, Teilgebühren, Fronen und Frongeldern sowie bei den Blutzehnten statt des 20fachen Betrags künftig der 16fache Betrag des reinen Gefälls als Entschädigung angenommen und der Abkauf ohne Rücksicht auf die Größe des Gefälls freigegeben werden solle, die Ablösung des Heuzehnten aber, da das Lästige desselben durch die bisher übliche und gegenwärtig allgemein einzuführende Verpachtung an die Gemeinden gegen Geld gehoben wird, nicht, wie das Oberfinanzkollegium in Antrag brachte, auf die gleiche Weise zu gestatten wäre;

2. daß bei den unveränderlichen Gefällen bis zu dem Betrage von 10 fl die Ablösung mit Erlassung der bisher vorbehaltenen besonderen Dispensation in dem einfachen Kapital stattzugeben wäre.

Werden diese Bestimmungen bloß für die Finanzkammer gegeben und nicht auf standesherrliche und ritterschaftliche Gutsherrn oder andere Privatgefällbesitzer ausgedehnt, so bedarf es dazu eines eigenen mit den Ständen zu verabschiedenden Gesetzes nicht, indem unter dieser Voraussetzung keine neue Verbindlichkeit für die Staatsangehörigen ausgesprochen, sondern nur den Finanzkammern eine Verwaltungsnorm gegeben wird. Da jedoch die Anwendung der in Frage stehenden Maßregel immerhin in die Finanzverwaltung tiefer eingreift und insbesondere es wegen der Verwendung der Ablösungsgelder sehr darauf ankommt, welche Grundsätze die Stände in Beziehung auf die durch den § 107 der Verfassungsurkunde vorgeschriebene Erhaltung des Kammerguts äußern, mit welchem zur Zeit auch noch das Kirchengut des vormaligen Herzogtums Württemberg vereinigt ist, so glauben wir, daß, bevor deshalb eine Verordnung erlassen wird, den Ständen davon bei einer anderen Veranlassung vorläufig Nachricht zu geben wäre, wozu wohl die Erörterung des Hauptfinanzetats dem Finanzministerium die schicklichste Gelegenheit darbieten dürfte[1] [2].

---

[1] Der Referent, Geheimer Rat v. Wächter, erhob in seinem Gutachten vom 13. 12. 1820 erhebliche Bedenken gegen die Anträge des Finanzministers (E 33/34, G 373 I, Q 26):
In finanzieller Hinsicht besteht keine Ursache, die Ablösungen durch weitere Herabsetzung des Loskaufschillings zu beschleunigen, solange nicht nachgewiesen werden kann, „daß sich zu jeder Zeit hinreichende Gelegenheit darbiete, um den Betrag der abgelösten Grundabgaben zu Erwerbung anderer ebenso sicherer und ebenso ergiebiger Fonds verwenden zu können", denn das Ausleihen des Geldes gegen Zins gewährt diese Sicherheit nicht. „Besonders scheint auch die Absicht, durch die Ablösung einzelner Naturalgefälle die Naturalienwirtschaft zu vermindern, hiezu keinen hinlänglichen Grund abzugeben, solange man nicht im allgemeinen über die Zuträglichkeit dieser Maßregel feste Grundsätze angenommen und die Ordnung, nach welcher solche nach und nach ohne Nachteil des Ganzen auszuführen sein möchte, genauer bestimmt hat." Der Einzug der Teilgebüh-

ren z. B. ist nicht lästiger als der Einzug der Zehnten. Die bisher geltenden Ablösungsmaßstäbe erfüllen alle Rücksichten gegenüber dem allgemeinen Wohl, den Verhältnissen der Grundbesitzer und der Förderung der Landeskultur. Die Seltenheit der bisher eingekommenen Ablösungsgesuche scheint zu zeigen, „daß die auf dem Grundeigentum liegenden Lasten für die Besitzer größtenteils nicht so fühlbar gewesen sind, um sie zu einer außergewöhnlichen Anstrengung zu veranlassen". Statt den Ablösungsmaßstab allgemein zu vermindern, wäre es besser, „sich auf einzelne Ausnahmen von der Regel zu beschränken" und notfalls den niedrigeren Preisstand in einzelnen Landesteilen zu berücksichtigen, im übrigen aber Anträge der Stände an die Regierung in dieser Frage abzuwarten.

²) Am 30. 12. 1820 genehmigte König Wilhelm in einer Weisung an das Finanzministerium die Anträge des Geheimen Rats mit der einzigen Abweichung, „daß auch die Ablösung der Heuzehenten nach dem Antrag des Oberfinanzkollegiums gestattet sein soll". Der Finanzminister machte der ständischen Finanzkommission am 4. 1. 1821 Mitteilung von den beabsichtigten neuen Ablösungsnormen. Da aber die Kammer der Abgeordneten unter Berufung auf § 107 die geplante Verordnung wegen ihres wesentlichen Einflusses auf den Bestand des Kammergutes für die Gesetzgebung reklamierte (25. 4. 1821; KdA IX, S. 840, Beil. Bd., S. 481 f), legte Weckherlin am 15. 5. einen entsprechenden Gesetzentwurf in der Zweiten Kammer vor (KdA, S. 1032, Beil.Bd., S. 576 ff). Die Deputierten unterstützten mit 54 gegen 25 Stimmen den Antrag des Abgeordneten Lang, mit Rücksicht auf die gesunkenen Marktpreise die hohen Preisanschläge der Verordnung vom 13. 9. 1818 für Naturalien um ein Fünftel zu erniedrigen (Bericht der ständischen Finanzkommission über die Vorlage, 26. 5. 1821; KdA, S. 1114 f, Beil.Bd., S. 677 ff; Kammerdebatte vom 30. 5. 1821: KdA, S. 1118–1135). Das Gesetz wurde schließlich mit 78 Stimmen gegen eine angenommen (Adresse der Kammer an den König vom 18. 6. 1821; KdA, Beil.Bd., S. 986 f). Der Finanzminister unterstützte den ständischen Wunsch nach einer Minderung der Preisansätze, um die Ablösungen zu befördern (20. 6. 1821; E 33/34, G 373 I, Q 39). Daß der Grundstock des Kammergutes dadurch nicht geschädigt werde, bewies er mit folgender Übersicht:

	Naturalienpreise:						
	nach der Verordnung vom 13. 9. 1818	ständischer Antrag		gegenwärtiger Marktpreis		Durchschnitt von 1766/86	
Schfl	fl	fl	kr	fl	kr	fl	kr
Kernen	12	9	36	6	53		
Weizen, Erbsen, Linsen, Welschkorn	10	8		4	10		
Mühlkorn	9	7	12				
Roggen, Ackerbohnen	8	6	24	5	7	6	2
Gemischtes Korn und Gerste	7	5	36	4	15	5	2
Wicken	6	4	48				
Dinkel	5	4		3	35	3	43
Einkorn und Ehmer	4	3	12	2	30		
Haber	3	2	24	3		2	43
Heu	11	8	48				
Stroh	10	8					

Die ständischen Anträge lagen also mit Ausnahme des Hafers über den gegenwärtigen Marktpreisen; ein anhaltendes Steigen der Fruchtpreise in den kommenden Jahren war aber nicht zu erwarten.

Nr. 91   1821 Juni 23, Stuttgart

Gesetz, den Ablösungsmaßstab für die Grundabgaben betreffend

RegBl 1821, S. 327 f.

Zur Entstehung des Gesetzes vgl. Nr. 90.

Wilhelm, von Gottes Gnaden König von Württemberg

Um die Ablösung der dem Grundeigentümer sowohl als der Finanzverwaltung lästigeren Grundabgabegattungen zu erleichtern, haben Wir für nötig erachtet, in dem Maßstabe, der für jene Ablösung in dem zweiten Organisationsedikt vom 18. Nov. 1817 und in der dasselbe erläuternden Verordnung vom 13. Sept. 1818 gegeben ist, in Beziehung auf die dem Staate angehörigen Gefälle einstweilen und bis zu einer allgemeinen Revision der früheren Gesetze einige Abänderungen eintreten zu lassen.

Wir verordnen und verfügen daher nach Anhörung Unseres Geheimen Rats und mit Zustimmung Unserer getreuen Stände wie folgt:

§ 1. Für die Ablösung der Laudemien und Teilgebühren, der Fronen und Frongelder, der lebendigen oder Blutzehnten sowie der Heuzehnten soll künftig statt des zwanzigfachen der sechszehenfache Betrag des Gefälls als Entschädigung angenommen werden.

§ 2. Die Abgabepflichtigen sind berechtigt, die Ablösung der Teilgefälle mit Ausnahme der Zehnten zu verlangen, es mag die Teilgebühr in einer größeren oder kleineren Quote des Ertrags bestehen.

§ 3. Bei unveränderlichen oder solchen Geld- und Naturalgefällen, welche in fest bestimmten Summen abzutragen sind, ist die Ablösung bis zu dem Betrage von zehen Gulden einschließlich durchgängig im zwanzigfachen Betrage des Gefälls gestattet.

§ 4. Bei der Ablösung der vorbenannten Gefälle sind für die Berechnung des Geldwerts der Naturalien folgende Preise zum Grunde zu legen:

1 Schfl Kernen	9 fl 36 kr
1 Schfl Weizen, Erbsen, Linsen, Welschkorn	8 fl – kr
1 Schfl Mühlkorn	7 fl 12 kr
1 Schfl Roggen, Ackerbohnen	6 fl 24 kr
1 Schfl Gerste und gemischtes Korn	5 fl 36 kr
1 Schfl Wicken	4 fl 48 kr
1 Schfl Dinkel	4 fl – kr
1 Schfl Einkorn und Emer	3 fl 12 kr
1 Schfl Haber	2 fl 24 kr
1 Wanne Heu	8 fl 48 kr
1 Fuder Stroh	8 fl – kr

Bei Wein und Holz sind die Lokalpreise nach einem angemessenen Durchschnitte zu berechnen.

§ 5. Alle Abgaben und Kosten, welche mit der gerichtlichen Insinuation der Kontrakte verbunden zu sein pflegen, sowie die Konzessionstaxen sind in Beziehung auf die Gefällablösungsverträge aufgehoben.

Unser Finanzministerium ist mit der Vollziehung des gegenwärtigen Gesetzes beauftragt.

Nr. 92   1827 September 10, Stuttgart

Bericht von Finanzminister v. Weckherlin an den König über die „Ablösbarkeit sämtlicher Grundgefälle des Staates im 20fachen Kapitalwerte"

E 33/34, G 373 I, Q 43. Ausfertigung. Unterschrift: Wekherlin.

Bei der Beratung des Finanzetats für die Periode 1826/30 beschloß die Ständeversammlung unter anderem, daß alle Grundgefälle des Staats ohne Rücksicht, ob die Güter getrennt seien oder nicht, ob die Abgaben den Betrag von 10 fl übersteigen oder nicht, jedoch bei geteilten Gütern nur, wenn das Ganze abgelöst werde, im 20fachen Betrage nach den im Gesetze vom 23. Juni 1821 festgesetzten Preisen für ablösbar erklärt werden möchten.

Das Oberfinanzkollegium äußerte entschiedene Bedenken gegen die Bitte der Stände: Die Pflichtigen seien infolge der gesunkenen Güterpreise kaum fähig, größere Grundgefälle abzulösen, zumal das abgelöste Grundstück steuerlich höher belastet werden würde; käme es aber zu einer allgemeinen Ablösung, so fehlten der Finanzverwaltung hinreichend sichere und ergiebige Anlagemöglichkeiten, während gleichzeitig der Verlust der Naturalgefälle bei den geltenden Ablösungsmaßstäben eine Minderung des Grundstocks bedeute: Die Naturalienpreise des Gesetzes vom 23. 6. 1821 seien auf längere Zeit gesehen zu niedrig. Die Mehrheit des Oberfinanzkollegiums ist daher der Ansicht, daß eine allgemeine Ablösungserlaubnis den Grundstock zu sehr gefährden würde, daß aber die Möglichkeit zur Ablösung in einzelnen Fällen nach der höchsten Bestimmung vom 29. 9. 1818[1]) auf keine Weise zu erschweren sei.

Der Finanzminister kann sich jedoch mit dieser Ansicht nicht unbedingt vereinigen, da die Gründe für die Befreiung des Grundeigentums damit nicht genügend widerlegt sind. Die Ablösung wird sich nur langsam und allmählich entwickeln, so daß die Wiederanlage der Gelder keine besonderen Schwierigkeiten machen dürfte. Die Verwaltung selbst größerer Naturalabgaben bleibt immer noch mit Beschwerlichkeit und Verlust verbunden, zumal diese beim Trägereisystem meist in sehr kleinen Raten zusammengetrieben werden müssen. Hauptsächlich dürfte aber in Erwägung kommen, daß offenbar kein genügender Grund vorhanden ist, denjenigen Teil der Grundbesitzer, deren Abgaben sich höher belaufen, von den Begünstigungen auszuschließen, welche Eure Königliche Majestät zu Erleichterung des Grundbesitzes zu verwilligen geruht

---

[1]) Hiernach hatte der Finanzminister alle Ablösungsgesuche, die Abgaben über 10 fl Jahreswert betrafen, dem König zur Genehmigung vorzulegen.

haben, und daß schon diese Rechtsungleichheit der Untertanen als ein erhebliches Motiv der ständischen Petition zu betrachten sein dürfte.

Weckherlin trägt deshalb darauf an, der 20fache Maßstab und die Preise des Gesetzes von 23. 6. 1821 sollten für alle Ablösungen bei der staatlichen Grundherrschaft gelten, dagegen sei bei der Veränderlichkeit der Verhältnisse des Grundeigentums und des Wertes des Geldes sowie der Naturalien der Finanzverwaltung die Kognition über jeden einzelnen Fall für den Zweck vorzubehalten, daß bei drohender Gefahr für den Grundstock infolge sich wandelnder Verhältnisse beizeiten auf Modifikation der gesetzlichen Normen angetragen werden könnte[2]).

---

[2]) Der Geheime Rat erstattete sein Gutachten zu dem Antrag der Ständekammer und dem Anbringen des Finanzministers am 8. 12. 1827 (E 33/34, G 373 I, Q 46 Vortrag des Referenten v. Leypold vom 3. 12. 1827; ebd. Q 47 Konzept des Gutachtens; Ausfertigung E 221, Bü 2326, Q 5 Beilage). Er vertrat aus staatswirtschaftlichen und finanziellen wie aus politischen Erwägungen die Ansicht, der ständischen Bitte keine Folge zu geben: Ziel der bisherigen Gesetzgebung war es, diejenigen Grundabgaben zu beseitigen, die den Pflichtigen „mehr beschwerlich" sind und die Finanzverwaltung besonders belasten. Der 20fache Entschädigungsmaßstab ist für höhere Gefälle zu niedrig. Zudem könnten „vielleicht weitergehende Erwartungen und Ansprüche" hervorgerufen werden, durch welche die Ablösung gerade ins Stocken geriete, während bei denjenigen, die unter weniger günstigen Bedingungen abgelöst haben, Unzufriedenheit entstünde.
1. Staatswirtschaftliche Gründe: Die Entrichtung der unveränderlichen Grundabgaben ist für den Pflichtigen nicht beschwerlicher als die Entrichtung der Grundsteuern, kein Hemmnis für Meliorationen wie z. B. Zehnten und Teilgebühren. Manchem brächte die Ablösung infolge Steuererhöhung sogar entschiedene Nachteile, einem großen Teil der anderen keinen wesentlichen Vorteil.
2. Finanzielle Gründe: Die laufende Finanzverwaltung und der Grundstock des Staatskammergutes würden infolge der niedrigen Preisansätze des Gesetzes vom 23. 6. 1821 gefährdet. In seinem Gutachten vom 19. 12. 1820 stimmte der Geheime Rat den Anträgen des Finanzministers nur zu, weil die Ablösungen nicht auf eine solche Höhe steigen würden, daß die rentable Wiederanlage der einkommenden Gelder für den Grundstock schwierig wäre; Aktivkapitalien aber bieten nicht die nötige Sicherheit für den Bestand des Kammergutes.
3. Politische Gründe: Wie in dem Gutachten vom 19. 12. 1820 weist der Geheime Rat darauf hin, „daß es für die Regierungsgewalt von nicht geringem Interesse sei, die Domanialeinnahmen, welche einer ständischen Verwilligung nicht bedürfen, ungeschmälert zu erhalten, nicht nur, um in jedem Fall für die wichtigen, auf das Kammergut gegründeten Ausgaben für das Königliche Haus, für Kirche und öffentliche Lehranstalten gedeckt zu sein, sondern auch, um die Unabhängigkeit der Regierungsgewalt zu sichern. Das natürliche Streben, den gesetzmäßigen Einwirkungen eine größere Bedeutsamkeit zu verschaffen, wird, wenn auch sonst keine andern Beweggründe hinzukommen, die Stände nicht selten zu Versuchen verleiten, der Regierung die Mittel zu entziehen, in deren Besitz dieselbe ohne ihre Verwilligung steht. Je gefährlicher aber solche Versuche für die Regierung werden können, desto dringender möchte die Aufforderung sein, sich denselben entgegenzusetzen". Antrag, nach den Ansichten des Oberfinanzkollegiums zu verfahren.
Durch Dekret vom 25. 12. 1827 erklärte sich der König mit den Hauptgrundsätzen des Geheimen Rates einverstanden (E 33/34, G 373 I, Q 48).

Nr. 93—96 Ablösungsfortschritt und Staatshaushalt

Nr. 93
Einnahmen der Grundstocksverwaltung des württembergischen Staatskammergutes aus Ablösungen 1819/20—1847/48
Jahresrechnungen der Domanialverwaltung des Staatskammergutes: E 221, 81, 8—82, 3.

In den Beträgen nicht enthalten sind die Ablösungen nach den Gesetzen von 1836; vgl. hierfür Nr. 137. Zur Wiederverwendung der anfallenden Ablösungsgelder beim Staatskammergut vgl. Darstellung, S. 521 ff.

Einnahmen der Grundstocksverwaltung des Staatskammergutes aus der Ablösung von

Etatsjahr	Lehenrechten (Allodifikationen und Laudemienablösungen)	Gülten und Zinsen	Zehnten und Teilgebühren	Bann- und Weiderechten	Forst- und Jagdrechten	Summe	% der Ablösungssumme von 1819/20—1847/48
1819/20	79 853	70 425	7 835	—	12 888	171 001	1,6
1820/21	108 274	108 656	131 800	11 402	2 404	362 536	3,4
1821/22	62 549	52 411	29 400	35 530	1 571	181 461	1,7
1822/23	61 588	45 225	77 781	2 000	934	187 528	1,8
1823/24	54 132	16 837	28 084	29 300	10 869	139 222	1,3
1824/25	56 406	9 945	35 764	43 170	3 824	149 109	1,4
1825/26	80 913	12 878	2 696	15 430	2 130	114 047	1,1
1826/27	61 390	14 343	14 275	7 369	5 481	102 858	1,0
1827/28	72 895	31 911	3 004	1 734	4 359	113 903	1,1
1828/29	77 290	31 005	10 543	5 580	2 570	126 988	1,2
1829/30	73 498	42 434	14 613	19 510	2 652	152 706	1,4
1830/31	97 559	49 656	18 710	20 001	2 632	188 557	1,8
1831/32	116 532	121 975	25 797	516	2 801	267 621	2,5
1832/33	127 643	100 967	52 132	26 756	17 164	324 662	3,0
1833/34	110 545	120 638	94 390	6 891	12 677	345 141	3,2
1834/35	97 292	71 560	21 672	51 128	7 890	249 542	2,3
1835/36	130 729	70 588	35 174	23 560	7 887	267 938	2,5
1836/37	97 444	86 226	73 854	5 335	2 500	265 360	2,5
1837/38	77 658	58 685	35 826	15	2 089	174 272	1,6
1838/39	77 228	178 981	90 755	8 475	3 015	358 454	3,4
1839/40	89 946	183 142	75 983	853	1 910	351 834	3,3
1840/41	108 146	214 467	73 538	48 299	2 578	447 027	4,2
1841/42	87 074	232 368	107 995	19 308	10 402	457 147	4,3
1842/43	148 499	446 236	61 103	10 204	10 329	676 371	6,3
1843/44	82 247	1 079 856	50 439	13 473	8 173	1 234 188	11,5
1844/45	169 101	827 241	46 437	955	4 145	1 047 879	9,8
1845/46	96 713	684 351	71 348	—	2 676	855 088	8,0
1846/47	113 803	604 112	81 462	3 525	3 315	806 216	7,5
1847/48	48 559	488 687	35 812	3 535	1 031	577 623	5,4
Summe:	2 665 506 (24,9 %)	6 055 802 (56,6 %)	1 408 222 (13,2 %)	413 854 (3,9 %)	152 896 (1,4 %)	10 696 280 (100,0 %)	100,0

Nr. 94

Entwicklung der württembergischen Staatseinnahmen aus Staatskammergut und Steuern nach fünfjährigen Durchschnitten 1823/24–1867/68

Errechnet nach WJB 1872 II, S. 73 ff.

Die Perioden sind so gewählt, daß die Auswirkung der Ablösungen seit 1848/49 voll sichtbar wird. Beim Staatskammergut werden neben den Gesamteinnahmen nur die Einnahmen aus Verwaltungen aufgeführt, welche durch die Ablösungsgesetzgebung besonders betroffen wurden: durch Ablösungen (Kameral- und Forstverwaltung) und durch Wiederanlage der Ablösungskapitalien (Forst-, vor allem aber Post- und Verkehrsverwaltung). Vgl. Darstellung, S. 521 ff.

Periode	Einnahmen des Staatskammerguts				Steuern			Gesamte Staatseinnahmen
	Gesamtertrag	aus der Kameralverwaltung	aus der Forstverwaltung	aus der Post- u. Verkehrsverwaltung	direkt	indirekt	Summe	
1823/24–1827/28								
in 1000 fl	3 986	2 183	740	70	3 110	2 233	5 343	9 649
in %	41,3	22,6	7,7	0,7	32,2	23,1	55,4	100
Indexzahl	100	100	100	–	100	100	100	100
1828/29–1832/33								
in 1000 fl	4 344	2 493	825	70	3 154	2 559	5 713	10 314
in %	42,1	24,2	8,0	0,7	30,6	24,8	55,4	100
Indexzahl	109	114,2	111,5	–	101,4	114,6	106,9	106,9
1833/34–1837/38								
in 1000 fl	4 447	2 283	1 067	70	2 816	3 405	6 222	10 738
in %	41,4	21,3	9,9	0,7	26,2	31,7	57,9	100
Indexzahl	111,6	104,6	144,2	–	90,5	152,5	116,5	111,3
1838/39–1842/43								
in 1000 fl	5 562	2 622	1 827	70	2 302	3 797	6 099	11 661
in %	47,7	22,5	15,7	0,6	19,7	32,6	52,3	100
Indexzahl	139,5	120,1	246,9	–	74	170	114,1	120,9
1843/44–1847/48								
in 1000 fl	6 051	2 933	1 900	70	2 277	4 175	6 451	12 502
in %	48,4	23,5	15,2	0,6	18,2	33,4	51,6	100
Indexzahl	151,8	134,4	256,8	–	73,2	187	120,7	129,6

Periode	Einnahmen des Staatskammerguts				Steuern			Gesamte Staatseinnahmen
	Gesamtertrag	aus der Kameralverwaltung	aus der Forstverwaltung	aus der Post- u. Verkehrsverwaltung	direkt	indirekt	Summe	
1848/49–1852/53								
in 1000 fl	4 378	1 520	1 067	641	2 948	3 850	6 793	11 590
in %	37,8	13,1	9,2	5,5	25,4	33,2	58,6	100
Indexzahl	109,3	69,6	144,2	100	94,8	172,4	127,1	120,1
1853/54–1857/58								
in 1000 fl	5 735	1 102	1 791	1 506	3 893	4 385	8 277	14 012
in %	40,9	7,9	12,8	10,7	27,8	31,3	59,1	100
Indexzahl	143,9	50,5	242	234,9	125,2	196,4	154,9	145,2
1858/59–1862/63								
in 1000 fl	8 419	865	3 186	2 641	3 711	5 286	8 997	17 415
in %	48,3	5,0	18,3	15,2	21,3	30,4	51,7	100
Indexzahl	211,2	39,6	430,5	412	119,3	236,7	168,4	180,5
1863/64–1867/68								
in 1000 fl	9 494	685	3 138	3 850	3 860	6 223	10 083	19 577
in %	48,5	3,5	16,0	19,7	19,7	31,8	51,5	100
Indexzahl	238,2	31,4	424,1	600,6	124,1	278,7	188,7	202,9

Nr. 95

Bruttoertrag des württembergischen Staatskammergutes aus Lehen- und Zinsgütern nach vier- bzw. fünfjährigen Durchschnitten 1820/21—1848/49

Jahresrechnungen der Domanialverwaltung des Staatskammergutes: E 221, 81, 8–82, 3.

Die Beträge wurden auf fl, Schfl und Eimer auf- bzw. abgerundet.

Durchschnittsperiode		1820/21–1823/24	1824/25–1828/29	1829/30–1833/34[1]	1834/35–1838/39	1839/40–1843/44	1844/45–1848/49
Geldzinse, Küchengefälle, Frucht- und Weingülten:							
Geld	(fl)		123 308	122 301	126 312	118 911	96 871
glatte Frucht	(Schfl)		21 218	21 082	20 065	18 659	13 886
Dinkel u. Einkorn	(Schfl)		54 849	54 968	55 284	51 307	37 923
Hafer	(Schfl)		63 676	64 233	63 398	58 177	43 618
Wein	(Eimer)		1 268	1 145	580	53	34
Landacht oder nach Zelg:							
Geld	(fl)		296	340	347	367	161
glatte Frucht	(Schfl)		1 330	1 278	1 220	1 100	581
Dinkel u. Einkorn	(Schfl)		4 065	3 765	3 370	2 562	1 487
Hafer	(Schfl)		4 792	4 592	4 145	3 299	1 870
Wein	(Eimer)						
Frongelder:							
Geld	(fl)		34 379	31 499	29 744	12 092	3 638
Dinkel	(Schfl)		403	337	225	–	–
Hafer	(Schfl)		231	162	137	–	–
Laudemien u. Hauptfälle:							
Geld	(fl)		50 371	58 277	42 239	34 205	16 534
glatte Frucht	(Schfl)		5	3	–	–	–
Dinkel	(Schfl)		7	15	–	1	–
Hafer	(Schfl)		5	7	1	2	1
Gesamtertrag:							
Geld	(fl)	204 422	208 354	212 417	198 642	165 575	117 204
glatte Frucht	(Schfl)	22 096	22 553	22 363	21 285	19 759	14 467
Dinkel u. Einkorn	(Schfl)	59 217	59 324	59 085	58 879	53 870	39 410
Hafer	(Schfl)	67 740	68 704	68 994	67 681	61 478	45 489
Wein	(Eimer)	1 284	1 268	1 145	580	53	34

[1] Die Rechnungsunterlagen für das Etatsjahr 1831/32 fehlen.

Nr. 96
Bruttoertrag des württembergischen Staatskammergutes aus den verschiedenen Zehntrechten nach vier- bzw. fünfjährigen Durchschnitten 1824/25—1848/49

Jahresrechnungen der Domanialverwaltung des Staatskammergutes: E 221, 81, 8–82, 3.

Die Beträge wurden auf fl, Schfl und Eimer auf- bzw. abgerundet.

Durchschnittsperiode		1824/25–1828/29	1829/30–1833/34¹)	1834/35–1838/39	1839/40–1843/44	1844/45–1848/49
Novalzehnten						
Geld	(fl)	29 030	32 942	38 575	44 643	50 874
glatte Frucht	(Schfl)	559	555	485	470	404
Dinkel u. Einkorn	(Schfl)	1 315	1 319	1 230	1 260	1 231
Hafer	(Schfl)	1 091	1 054	950	991	1 018
Wein	(Eimer)	36	8	6	1	1
Große Zehnten						
Geld	(fl)	36 472	45 070	65 615	108 001	97 214
glatte Frucht	(Schfl)	34 537	35 747	33 955	32 983	32 227
Dinkel	(Schfl)	142 007	145 185	145 164	142 438	144 665
Hafer	(Schfl)	67 962	70 590	70 070	71 442	72 404
Kleine Zehnten incl. Obstzehnten						
Geld	(fl)	62 052	66 504	73 877	111 667	133 971
glatte Frucht	(Schfl)	1 063	1 250	1 081	738	694
Dinkel	(Schfl)	177	63	74	98	99
Hafer	(Schfl)	131	49	65	155	150
Heu- u. Öhmdzehnten	(fl)	34 712	36 552	35 859	31 403	22 146
Weinzehnten	(fl)	13 821	14 028	40 002	84 027	84 147
	(Eimer)	6 118	3 613	2 653	361	245
Blutzehnten	(fl)	887	816	926	711	467
Zehntsurrogate						
Geld	(fl)	41 411	42 912	37 281	34 620	32 463
glatte Frucht	(Schfl)	3	4	3	3	2
Dinkel	(Schfl)	39	29	21	30	26
Hafer	(Schfl)	10	9	8	11	11
Gesamtertrag der Zehnten:						
Geld	(fl)	218 385	238 824	256 276	415 072	421 282
glatte Frucht	(Schfl)	36 162	37 556	35 524	34 194	33 327
Dinkel und Einkorn	(Schfl)	143 538	146 596	146 489	143 826	146 021
Hafer	(Schfl)	69 194	71 702	71 093	72 599	73 583
Wein	(Eimer)	6 154	3 621	2 661	362	246

¹) Die Rechnungsunterlagen für das Etatsjahr 1831/32 fehlen.

Nr. 97–105   Bemühungen, die Kameralverwaltung zu rationalisieren; Plan
                zur Zehntfixierung in den 1820er Jahren

Nr. 97   1819 Mai 14, Stuttgart

Bericht von Finanzminister v. Weckherlin an den König über die Vereinfachung der Kameraladministration

E 31/32, Bü 405, UFasz. 1027. Ausfertigung. Unterschrift: Wekherlin.

Die Anträge, welche der gehorsamst Unterzeichnete in Beziehung auf eine neue Bildung der Kameralbezirke und auf die Vereinigung der Forst- und Jagdverrechnung mit den Kameralämtern gemacht hat, gehen hauptsächlich von der Voraussetzung aus, daß nicht nur durch eine Vereinfachung der Geschäftsformen die Beamte für die Administration wirksamer gemacht [werden], sondern auch eine materielle Vereinfachung der Administration den Umfang der Geschäfte vermindern werde.

Plan zu einer klareren Rechnungsform, durch welche die Schreiberei vermindert und die rasche Durchführung der Geschäfte gefördert wird.

Von der zweiten jener Voraussetzungen, der materiellen Vereinfachung der Verwaltung, hängt jedoch die Beschränkung der Geschäfte vorzüglich ab.

Die Frage, ob der Staat überhaupt eine Domanialverwaltung haben soll, ist in der neueren Zeit häufig aufgeworfen worden, aber was auch eine gewisse Theorie dagegen vorbringen mag, so können ihre Gründe doch eine ruhige Prüfung nicht aushalten und werden von der Erfahrung widerlegt, welche den Domanialbesitz als die wichtigste Grundsäule des Staatskredits und die sicherste Quelle der Staatseinkünfte bewährt. Noch wichtiger ist dieser Besitz in Staaten mit repräsentativer Verfassung, wo die Entrichtung der Steuern oft durch Meinungen unterbrochen werden kann.

Die Aufgabe kann nur sein, die Ausübung und Verwaltung der Domanialrechte zeitgemäß einzurichten, und eben auf dieser zeitgemäßen Normierung derselben beruht zum größeren Teil auch die Möglichkeit einer einfacheren Verwaltung.

Der gehorsamst Unterzeichnete hat diesen Gegenstand mit der Kommission beraten, welche zur Ausbildung der Kameralbezirke niedergesetzt war, und derselben den Oberrechnungsrat Herzog beigegeben.

Als das Resultat dieser Beratung hat er folgendes ehrfurchtsvoll vorzutragen:

Die Domanialverwaltung, insoweit sie von den Kameralämtern geführt wird, ist zusammengesetzt

aus den Einnahmen von der Hoheit und Obrigkeit,
aus der Bewirtschaftung der Staatsgüter,
aus der Behandlung der Zehentrechte und
aus den Einnahmen von Lehen- und Zinsgütern.

Die Verwaltung dieser Objekte kann auf eine doppelte Weise vereinfacht werden, entweder durch Verminderung der Objekte selbst, oder durch Veränderung der Verwaltungsformen.

Die Verminderung der Objekte kann nur insoweit eintreten, als höhere staatswirtschaftliche Rücksichten sie fordern oder zulassen, und die Veränderung der Verwaltungsformen muß die Aufgabe lösen, mit Ersparnis von Arbeit den Einnahmen den höchsten Grad von Sicherheit und Vollständigkeit zu gewähren.

Beurteilung der einzelnen Einkünfte: Vereinfachung bei den Gefällen aus Hoheits- und obrigkeitlichen Rechten. Problem der Domänenwirtschaft: Das Veräußern von Grundbesitz ist nur zu empfehlen, wenn der vorhandene bürgerliche Grundbesitz für die Bevölkerung nicht ausreicht, wenn zu hohe Verwaltungskosten anfallen und das Verhältnis zwischen Aufwand und Ertrag nicht verbessert werden kann. Die Rentabilität des Domänenbesitzes soll im einzelnen genau überprüft werden.

Die Zehenten sind in der neueren Zeit als der Damm alles Eifers für den landwirtschaftlichen Betrieb und als das mächtigste Hindernis der landwirtschaftlichen Kultur geschildert worden. Man hat Scheingründe hervorgerufen, um Sätze aufzustellen, welche von der Erfahrung umgestoßen werden.

Die Kultur hat sich in vielen Gegenden unter der Ausübung des Zehentrechts auf einen Grad gehoben, der wenig mehr zu erreichen übrig läßt, und die Behauptung, daß die Zehentabgabe die Kapitale von der Landwirtschaft zurückziehe, weil der Zehentherr eine zu starke Quote des Kapitals wegnehme, ist nicht gegründet.

Die Kapitale werden so lange auf die Landwirtschaften verwendet werden, als nicht irgendein anderer Produktionszweig mehr Gewinn darbietet. Wer mit einem Kapital von 500 fl eine Ödung in fruchtbares Land umschafft, ist in demselben Falle wie derjenige, der mit 500 fl ein bereits kultiviertes Land erwirbt. Beide haben ein Kapital aufgewendet, um landwirtschaftlichen Gewinn zu ziehen.

So wenig der letztere sich durch die Zehentpflichtigkeit abhalten lassen wird, das kultivierte Land zu erwerben, wenn er nur die Rente seines Kapitals gesichert sieht, so wenig wird der erstere durch die Zehentabgabe bestimmt werden, die Ödung, die ihm den Ersatz seines Aufwands verspricht, unbenutzt zu lassen.

Man findet eben deswegen auf zehentfreien Gütern im Durchschnitt keine höhere Kultur als auf zehentpflichtigen, und Landwirte, die beede Gattungen von Gütern gemischt besitzen, behandeln beede mit gleicher Sorgfalt. Auch findet ein Vorwurf, der der Zehententrichtung gemacht wird, bei der in Württemberg eingeführten Benützungsweise gar nicht statt, der nemlich, daß durch den Zehenten das Stroh und die übrigen Abfälle von den zehentpflichtigen Gütern entfernt werden, wodurch die Mittel der Gutsverbesserung sich vermindern, weil bei den Pachtungen, wie sie hier eingeführt sind, das Stroh in der Regel immer in der Gemeinde bleibt und auf eben die Markung wieder verwendet wird, auf welcher es gesammelt worden.

Außerdem gehen die gegen die Zehenten sprechenden Meinungen gewöhnlich von der Voraussetzung aus, daß es in der Macht des Staats liege, den Zehenten ohne weitere Folgen durch ein Gesetz aufzuheben. Insoferne aber der Zehente, etwa mit Ausnahme des Novalzehenten, ein privatrechtliches Institut ist, insoferne derselbe Gegenstand privatrechtlicher Verträge ist, würde seine Aufhebung nur im Wege der Übereinkunft mit vielen einzelnen auszuführen sein, und es ist sehr möglich, daß die Surrogate, die an seine Stelle träten, drückender als die Sache selbst werden könnten.

Die Aufhebung im Wege der Übereinkunft kann erreicht werden entweder durch Verwandlung in eine fixierte Abgabe oder durch gänzlichen Aufkauf.

Neuerlich hat die Hessen-Darmstädtische Regierung die Zehenten in fixierte Naturalabgaben verwandelt[1]), aber gerade diese Verwandlung läßt bei weitem mehr Einwendungen zu als die Zehentabgabe selbst.

Je näher an der Produktion eine Abgabe erhoben wird, desto leichter und sicherer ist ihre Entrichtung; die Entrichtung eines Durchschnittsertrags kann für den Schuldner sehr drückend werden, wenn Mißwachs und Unglücksfälle den Ertrag vermindern, und noch drückender wird sie, wenn eben infolge dieser Unglücksfälle die Preise der Früchte in die Höhe gehen. Bei reichen Ernten gibt der Zehentpflichtige leicht den wahren Betrag seiner Schuld, aber wenn er den aus verschiedenen Ernten gezogenen Durchschnittsbetrag in unglücklichen Jahren reichen soll, so gibt er dem Werte nach mehr, als er schuldig ist, weil die reichen Erntejahre, in welchen die Früchte wohlfeil sind, mit eingerechnet werden und er den Durchschnittsbetrag der wohlfeilen Jahre nun in der Teurung reichen muß.

So wie eine solche Verwandlung dem Pflichtigen nachteilig wird, so stört sie auch durch Ausstände und Ausfälle die Verwaltung des Zehentherrn.

Der Zehentabkauf kann in jedem Fall nur das Produkt einer allmählichen Entwicklung des landwirtschaftlichen Wohlstandes sein, und es läßt sich nach der Natur der Dinge kein Zustand denken, wo eine solche Menge von Kapitalien in der Landwirtschaft sich vereinigte, um eine so beträchtliche Abgabe ohne Nachteil für den landwirtschaftlichen Betrieb abzulösen.

Der Zehentherr würde noch überdies schwer in einen Vertrag dieser Art einzugehen haben, weil er dadurch seinen Anteil an den Fortschritten der Kultur verlorengäbe.

Der gehorsamst Unterzeichnete begnügt sich, nur diese wenigen Bemerkungen, zu denen noch viele gefügt werden könnten, zum Vorteile der Zehenten gesprochen zu haben. Was die Verwaltung derselben betrifft, so ist solche dadurch zu vereinfachen[2]), daß

a) mehrjährige Pachtakkorde mit Gemeinden abgeschlossen werden, wo solche dazu geneigt sich finden lassen, daß diese Akkorde besonders mit kleinen Hofbesitzern, wo keine Konkurrenz zum Pacht ist, überall ausgeführt werden; daß

---

[1]) Verordnung vom 15. 8. 1816: Die dem Staat zustehenden Zehnten werden unter Abzug der Erhebungskosten nach dem Durchschnittsertrag der letzten 18 Jahre in Körnerrenten verwandelt.

[2]) Die folgenden Vorschläge zur Zehntverwaltung wurden nach Genehmigung durch den König in einem Erlaß des Finanzministeriums an die Finanzkammern über die Verpachtung der Zehntgefälle usw. vom 16. 6. 1819 näher ausgeführt (RegBl Ergänzungsband, S. 420 ff; Reyscher XVI 2, S. 350 ff). Der Pachtbetrag sollte nach längerfristigen Durchschnittsberechnungen ermittelt, in der Regel in Frucht bestimmt und in kaufmannsguter Marktware auf den Kameralkasten geliefert werden; doch war es gestattet, für die Frucht den entsprechenden Geldbetrag zu mittleren Marktpreisen zwischen Martini und Lichtmeß zu zahlen. Wegen des geringen Erfolges bot ein Erlaß vom 23. 5. 1820 Ergänzungen und z. T. Erleichterungen (Reyscher XVI 2, S. 365 ff).

b) die kleinen Zehenten und die Heuzehenten so viel möglich überall in den Pacht der Gemeinden gegeben werden; daß

c) über die teilbare Zehenten mit den Kondezimatoren Verträge abgeschlossen werden, um einen arrondierten und geschlossenen Besitz zu erhalten.

Heu- und Kleinzehnte sollten nach Möglichkeit in Surrogatgelder verwandelt werden, da bei ihnen die Vorwürfe gegen das Zehntwesen – Gefahr des Verderbs von Früchten, hohe Unkosten und Verwaltungserschwerung – eher zutreffen. Kleinzehntfrüchte werden von den Bauern besonders ungerne vermißt. Die Zehnten der Geistlichen sind bei entstehenden Dienstvakaturen möglichst durch fixe Besoldungsteile zu ersetzen, welche die Gemeinden zu übernehmen hätten.

Die Weinzehenten können in der Regel nur durch Selbstverwaltung benützt werden, weil die Abschließung eines Pachtvertrags in der Unsicherheit einer Ertrags- und noch mehr in der einer Preisschätzung die größten Anstände finden muß. Doch ist zumindest dort, wo sich nur geringe Rebflächen befinden, der Ansatz von Surrogatgeldern wünschenswert.

Jedem Zehntpflichtigen, der die Naturalverzehntung seiner Konvenienz *nicht zuträglich findet, sollte es ermöglicht werden, sich durch Frucht- oder Geldsurrogate davon zu befreien.*

Einnahmen aus Lehen und Zinsgütern: *Die Ablösung der Gefälle unter 1 fl 30 kr hat bisher noch nicht den gewünschten Erfolg gehabt. Dieses Geschäft sollte anläßlich der Katastrierung von den Steuerkommissarien energisch betrieben werden.*

Die Ablösung der Gefälle über 1 fl 30 kr kann nur mit dem steigenden Wohlstand allmählig sich entwickeln, und der Staat scheint sich vorerst darauf beschränken zu können, daß er, wie bereits geschehen, die Ablösbarkeit nach Maßgabe der gesetzlichen Normen ausspricht, die Ausführung selbst aber der nähern Würdigung der vorliegenden Umstände, der Zeit und ihren Wirkungen überläßt.

Die Herstellung freier Grundbesitzungen, d. h. die Aufhebung eines die Kultur und Bevölkerung niederhaltenden Lehensverbands bleibt unter allen Umständen eine dringende Forderung der Staatswirtschaft.

Die erheblichen Fortschritte bei den Allodifikationen seit dem 2. Edikt vom 18. 11. 1817 vereinfachen auch die Kameralverwaltung.

Die Naturalienverwaltung der Kameralämter besteht aus Früchten und Wein.

Die Verwaltung der Früchte kann verschieden angesehen werden. Sie ist vorteilhaft,

a) insoferne der Staat dadurch in den Stand gesetzt wird, seine Bedürfnisse für das Militär, die Zivilliste, seine Naturalienbesoldungen etc. selbst abzugeben, wodurch, wie die Erfahrung zeigt, das Bedürfnis nicht nur sicherer, sondern auch wohlfeiler erfüllt wird;

b) insoferne der Staat imstande ist, in außerordentlichen Fällen eine Vorratskammer zu bilden und dadurch den Fruchtverkehr nach den Bedürfnissen des Augenblicks zu leiten;

c) insoferne Naturalieneinkünfte überhaupt unter allen Umständen eine gleiche Wirkung haben, während Geldeinkünfte von bestimmten Größen nicht immer das gleiche leisten, und insoferne endlich

d) es noch für zweckmäßig angesehen werden könnte, einen Teil der Geldbesoldungen in Naturalien zu bestimmen³).

Sie ist nachteilig,

a) indem sie in ihren Details nur unvollkommen kontrolliert werden kann, indem durch nachlässige Behandlung hie und da Vorräte verdorben werden; indem

b) der Pflichtige durch eigennützige Kastenmesser oft zu einer stärkern Lieferung gehalten wird, als er schuldig wäre, und indem

c) die Verwaltung selbst große Kosten und Abgang herbeiführt.

Es ist im allgemeinen schwer zu bestimmen, welchen dieser Gründe das Übergewicht zu geben seie, aber indem man die Hauptzwecke im Auge behält, möchten etwa folgende Maßregeln die Nachteile vermindern, die Vorteile sichern:

1. Der Staat sammle in jedem Jahr nur seinen Bedarf und ein Dispositionsquantum, dessen Größe nach den jedesmaligen Verhältnissen zu bestimmen wäre;

2. dieser Bedarf werde zunächst an solchen Orten gesammelt, welche den Orten des Verbrauchs am nächsten liegen, um die Transportkosten zu vermindern, außerdem aber werden

3. besonders die Gültschuldigkeiten in Geld eingehoben, wenn die Pflichtigen den Preis, wie er zur Lieferungszeit in dem Bezirk besteht, zu bezahlen übernehmen. Hiedurch werden die Vorteile gesichert und die Nachteile vermindert, die Administration wird vereinfacht, der Staat erspart den Kastenabgang und der Gültpflichtige die Transportkosten, indem er zugleich dem Eigennutz des Kastenmessers entgeht.

Eine Weinverwaltung ist insofern nötig, als der Staat

a) manche eigene Bedürfnisse an die Zivilliste, an Besoldungen und lagerbüchlichen Schuldigkeiten zu befriedigen hat und als

b) der Verkauf unter der Kelter oft zum Vorteil der Untertanen, um die Konkurrenz des verkäuflichen Quantums nicht zu erhöhen, unterlassen werden muß.

Zwecks Vereinfachung soll die Weinverwaltung aber auf wenige Kameralämter mit vorzüglichen Kellereinrichtungen und günstigen Absatzmöglichkeiten konzentriert werden, während in den übrigen Gebieten Surrogate angesetzt und die vielfach unrentablen Keltern den Gemeinden überlassen werden⁴).

Eine Ausgleichung der Gefälle mit den Nachbarstaaten, besonders mit Baden und Hohenzollern, ist möglichst bald einzuleiten, da auch hierdurch die Verwaltung erheblich entlastet werden kann.

Den Schluß dieses Vortrags muß die Frage bilden, wie die Kapitale, welche aus einer Verminderung der Objekte hervorgehen, wieder verwendet werden

---

³) Zu entsprechenden Vorschlägen der Regierung vgl. Darstellung, Kap. 3, Anm. 351.
⁴) Vgl. die Verordnung betreffend die Organisation der Kameralämter vom 4. 6. 1819, RegBl 1819, S. 293 ff, speziell § 5; danach sollten nur noch bei sieben namentlich genannten Kameralämtern die nötigen Vorrichtungen für die Aufnahme größerer Weinvorräte unterhalten werden.

sollen, ohne mit Ergänzung des Staatsguts die Administration aufs neue zu beschweren?

Hiezu zeigen sich folgende Mittel:

a) Die Konsolidierung des Eigentums bei gemeinschaftlichen Besitzungen, wohin zu rechnen wären die allmählig vollständige Erwerbung der Limpurgischen Landesteile, die Zehentgefälle, welche Privatpersonen in den Oberämtern Heilbronn und Brackenheim von Hessen-Darmstadt acquiriert haben, überhaupt die Vereinigung solcher Besitzungen, welche schon teilweise verwaltet werden, deren gänzliche Erwerbung also die Verwaltungskosten nicht vermehren, sondern hie und da noch vermindern würde,

b) die Erwerbung der Grundbesitzungen des Adels, insoferne sie zum Verkauf kommen, weil der Staat erst dadurch in den Stand gesetzt wird, durchgreifende Maßregeln in den Feudalverhältnissen zu treffen, wenn die Zahl der Grundbesitzer vermindert wird,

c) die Ablösung aller auf dem Staatseigentum haftenden Grundabgaben und Renten,

d) die Erwerbung von Waldungen, besonders in solchen Gegenden, wo das Holz in der Folge gesuchter werden dürfte, wie dieses z. B. in dem Limpurgischen der Fall sein wird.

Der gehorsamst Unterzeichnete wird, sobald die höchste Entscheidung über diese Anträge ausgesprochen ist, die weiteren Ausführungen teils in die schon vorbereitete Instruktion für die Finanzkammern aufnehmen, teils für die allgemeine Bekanntmachung der hiezu geeigneten Bestimmungen den Entwurf eines Edikts vorlegen[5]).

Nr. 98   1820 März 24, Ludwigsburg

Bericht der Finanzkammer des Neckarkreises an das Finanzministerium über die Vor- und Nachteile der Selbstverwaltung bei den herrschaftlichen Keltern

E 221, Bü 2626, Q 8. Ausfertigung. Unterschrift: v. Wullen. Referent: Finanzrat Bardili.

Der Reinertrag bei den 225 Keltern der Kameralverwaltung im Neckarkreis kann keineswegs als Ersatz für den Zins aus dem Kapitalwert der Keltern betrachtet werden[1]).

Überhaupt wird in der Regel angenommen werden dörfen, daß eine Selbstverwaltung wie die der Keltern, welche meist durch gedungene Leute ohne zuverlässige Aufsicht betrieben werden muß, bei welcher außerordentlich viele Gelegenheit zur Veruntreuung sich darbietet und welche die Unterhaltung von

---

[5]) Durch Dekret vom 25. 5. 1819 genehmigte der König die Vorschläge des Finanzministers, hielt aber ein besonderes Edikt hierüber nicht für nötig. Wegen Verwandlung der Zehnten von Geistlichen in fixe Besoldungsteile sollte man die Äußerungen der nächsten Ständeversammlung abwarten (E 31/32, Bü 405, UFasz. 1027). Zu den vorangehenden Bemühungen in dieser Richtung vgl. Reyscher IX, S. 136 (16. 8. 1808), S. 424 f (10. 6. 1818), und Reyscher X, S. 615 (13. 7. 1818).

[1]) Vgl. die Zahlenangaben in Nr. 99, Anm. 2.

Hochgebäuden und laufenden Werken erfordert, nie mit Vorteil für die Herrschaft verbunden sein könne.

Wenn sich die allgemeine Meinung noch weiter dahin äußert, daß die herrschaftliche Keltern auch der Weinkultur nicht zuträglich seien, so findet sie ihre Bestättigung zunächst in dem bei dem Keltern des Weins in Württemberg eingeführten Zwang.

Indes nemlich in den angrenzenden wie in den entlegenern fremden Staaten die Freiheit besteht, daß jeder Weinbergbesitzer seinen Wein selbst keltert, weil angenommen wird, daß hierdurch der Wein zweckmäßiger behandelt und besonders so schnell gekeltert werden kann, daß er noch süß in Keller gebracht wird, so ist der in eine herrschaftliche Kelter gebannte württembergische Weingärtner besonders bei ergiebigen Herbsten von dem Umstand abhängig, ob er seinen Wein zu rechter Zeit keltern und absetzen kann oder ob ihn die Reihe des Kelterns so spat trifft, daß sein Weinerzeugnis zuvor in Gärung übergegangen und vielleicht sogar sauer geworden ist, was besonders bei eintretender schöner, warmer Witterung, in welcher die Gärung an den Tröstern weit schneller vorübergeht, häufig zum Schaden manchen Weinbergbesitzers vorkommt; oder wenn während des Kelterns Regenwetter einfällt, so werden die im Freien um die Keltern herumstehende Kufen trotz aller bestehenden Verordnungen nicht mit Deckeln verwahrt und dem Weinerzeugnis also eine Menge Wassers beigemischt, da die Kufen oft 6, 8 und mehrere Tage, wie dies erst im letztverflossenen Herbst der Fall war, dem Regen ausgesetzt bleiben.

Nach der Ansicht der gehorsamst unterzeichneten Stelle ist jedoch der niedere Rang, welchen die württembergischen Weine unter den der benachbarten Länder, selbst unter den nahen würzburgischen und badischen Weinen einnehmen, dem Kelternzwang nicht allein und ausschließlich zuzuschreiben. Die trotz aller Aufmunterungen und Aufforderungen von seiten der Staatsbehörden und trotz der einzelnen bessern Beispiele noch immer von dem größern Teil unserer Weingärtner fortgesetzte schlechte Bauart der Weinberge und Reben, wohin vorzüglich ein widernatürliches Gemisch der verschiedenartigsten früher und später reifenden Rebsorten und der trotz aller Verbotte immer noch stattfindende, den Boden entkräftende Einbau von Bohnen, Welschkorn, Rüben und dergleichen in den Weinbergen gehören, ferner die häufig in Ebenen und in andern ungünstigen Lagen und Böden angelegten Weinberge können nichts anders als ein höchst mittelmäßiges, öfters ganz schlechtes Produkt liefern.

Erwägt man aber, daß die Mehrzahl unserer großenteils tief verschuldeten Weingärtner oft von dem Ertrag eines Weinbergs, der vielleicht 1½ bis 2 Viertel, höchstens 1 Morgen im Umfang hat, sich und eine zahlreiche Familie zu ernähren und Steuren und Abgaben zu entrichten hat, so muß auch alle Hoffnung schwinden, solche Weinbergsbesitzer in ihrer gegenwärtigen Lage zu einer zweckmäßigen, den Regeln der Weinbaukunde entsprechenden Behandlungsart ihrer Weinberge und Reben zu vermögen.

Und hierin dürfte auch zunächst das wichtigste Hindernis liegen, die Herrschaft von der Last der Unterhaltung der Keltern zu befreien und den nachteiligen Einfluß des Kelternzwangs auf die Weinkultur zu entfernen, was bei günstigern Vermögensverhältnissen unserer Weingärtner wie allgemein im Ausland durch das einfache Mittel, dem Weinbergbesitzer die Behandlung seines Weinerzeugnisses freizugeben, so leicht zu erreichen sein würde.

Allein ehe eine solche Einrichtung eingeführt werden könnte, müßte zuvor wegen der auf den Weinbergen haftenden herrschaftlichen Abgaben an Zehent- und Teilwein, deren man nur bei der jetzt bestehenden Kelterneinrichtung sicher ist, eine veränderte, die Erhebung gleich sichernde Einrichtung getroffen werden.

Gefahr, daß die Weingärtner bei fehlender Kontrolle den Wein mit Obstmost oder Wasser verfälschen. Den Weinbauern fehlen die erforderlichen Lagereinrichtungen. Durch strenges Handhaben der längst bestehenden Verordnungen sollte man die Zahl der schlechten Weinberge verringern. Die allgemeine Verwandlung der Weinzehnten in ständige Geldabgaben ist bei dem starken Eigenbedarf der Oberfinanzkammer für Besoldungen und bei der Unvermöglichkeit der Weingärtner in Fehljahren nicht ratsam, der Ansatz eines mäßigen Geldsurrogats ist daher nur für ebene Lagen zu empfehlen. Eine Veräußerung der herrschaftlichen Keltern an Private ist nicht rätlich, da diese nur auf den eigenen Vorteil spekulieren würden. Der größere Teil der Gemeinden aber hat sich aus Mittellosigkeit oder aus Furcht, eine Passivbesitzung zu erwerben, gegen die Übernahme der Keltern erklärt.

Weitere Vorschläge, die Finanzverwaltung in dieser Hinsicht zu vereinfachen und zugleich den Vorteil der Pflichtigen zu befördern.

Nr. 99   1820 Mai 15, Stuttgart

Vortrag von Oberfinanzrat Frisch im Oberfinanzkollegium über die Selbstadministration von Weinzehnten und Weingefällen bei der Kameralverwaltung

E 221, Bü 2626, Q 10.

Vortrag

Da die öffentliche Meinung sich weit mehr gegen als für den Kelternzwang ausspricht, so nahm hievon das Finanzministerium Anlaß, unterm 30. November 1818 die vier Kreisfinanzkammern um gutächtlichen Bericht aufzufordern, welchen Einfluß das Kelternwesen auf Zubereitung und Güte des Weins habe und wie die etwaigen Nachteile des bisherigen Verfahrens entfernt werden könnten? In besonderer Beziehung auf die herrschaftlichen Keltern wurden Verzeichnisse verlangt über die Zahl derselben und ihren Ertrag und Aufwand in dem 10jährigen Zeitraum von 1809 bis 1818, über den Wert derselben und der damit verbundenen Rechten und Gerechtigkeiten nach Abzug der Gegenverbindlichkeiten, endlich auf welche Art sie veräußert werden könnten.

Die Berichte der Finanzkammern sind nunmehr eingekommen[1]. Sie geben und zwar

---

[1] E 221, Bü 2626, Q 2 (Jagstkreis, 27. 7. 1819), Q 3 (Schwarzwaldkreis, 30. 7. 1819), Q 4 (Donaukreis, 17. 8. 1819), Q 8 (Neckarkreis, 24. 3. 1820; vgl. Nr. 98).

I. über die allgemein gestellte Frage: welche Wirkung das Pressen der Trauben in Keltern, die den Weinbergbesitzern zum Gebrauch angewiesen sind, auf die Qualität des Weins habe, folgende Aufschlüsse:

Die Anstalt, daß die Trauben unter die Keltern, welche größtenteils herrschaftliches, z. T. aber auch Eigentum der Gemeinden, seltener von Privaten seien, gebracht und hier der Most bereitet werden müsse, habe nach dem Urteil der Kammern auf die Güte des Produkts immerhin einigen nachteiligen Einfluß, der bisweilen sehr bedeutend werde. Als die wichtigsten Ursachen sind angeführt:

1. Daß keine Ausscheidung der frühe reifenden, gewöhnlich edlen Traubensorten möglich sei. Diese trocknen teils ein, bis die späteren Sorten nachreifen, teils werden sie die Beute von Tieren und Insekten.

2. Daß die in mehreren Tagen geernteten Trauben aller Art in eine Kufe geschüttet werden. Wenn nun bei den zuerst gesammelten Trauben die Gärung bereits begonnen habe, so kommen in den folgenden Tagen der Weinlese immer wieder frische Trauben hinzu, wodurch die wichtige Gleichheit bei der Gärung gestört werde.

3. Daß das Ablassen des Mosts von der Kufe und das Auspressen des zurückgebliebenen Safts wegen des Zusammenflusses der Ansprüche vieler Beteiligten auf die ihnen angewiesene Kelter wenigstens bei der Mehrzahl nicht in dem Augenblick geschehen könne, wo es dringendes Bedürfnis sei. Bei warmer Herbstwitterung gehe daher in vielen Kufen der Most schon in völlige Gärung über, ehe er abgelassen werde, wodurch er an Kraft und Süßigkeit verliere, auch gewöhnlich nicht hell gemacht werden könne.

Diese Nachteile öffentlicher Keltern seien jedoch unvermeidlich, solange nicht

a) die Abgabe des Zehenten vom Weinmost abgeschafft oder verändert und

b) der so sehr geteilte Besitz der Weinberge konzentriert werde.

Nur dem durch Aufhebung der Zehentabgabe von gekelterten Trauben in der Benützung seines Eigentums unbeschränkten Besitzer würde es möglich sein, seine Trauben von gleicher Reife zu sammeln, sie bei einerlei Temperatur in mäßigen und wohlverschlossenen Gefäßen in Gärung zu setzen, und wenn diese den gehörigen Grad erreicht, den Most zu bereiten und noch süß in den Keller zu bringen.

Die Beobachtung dieser wesentlichen Sorgfalt lassen die bestehenden Herbst- und Kelterneinrichtungen nicht zu.

Wenn aber auch das erste jener Hindernisse einer angemessenen Weinmostbereitung durch Zehentsurrogatgelder oder ständige Weinabgaben beseitigt würde, so sei doch nie zu erwarten, daß das zweite, ebenso wichtige Hindernis in Veredlung des Weins gehoben werde, nämlich der allzu sehr geteilte Besitz der Weinberge. Bleibe nun das Eigentum so sehr zersplittert wie bisher und bleiben die Weinberge größtenteils im Besitz unbemittelter Untertanen, welche weder eigene Keller noch Fässer haben und die eben deswegen den Weinmost nicht selbst einlegen können, sondern ihn im Herbst verkaufen und, bis sich dazu Käufer einstellen, das Keltern aufschieben müssen, so lasse sich auch nicht erwarten, daß beim Bereiten des Weins das Produkt selbst bedeutend gewinne. Hemme doch die bis auf wenige Quadratruten getriebene Zerstückelung der Weinberge und der Umstand, daß die meisten Besitzer derselben arm seien und deswegen Schonung verdienen, die Ausführung weit wichtigerer Maßregeln und sogar gesetzlicher Vorschriften für Verbesserung des Weinbaues, z. B. Ausrottung schlechter, wenigstens dem vaterländischen Boden und Klima nicht entsprechender Traubensorten, Entfernung aller den Boden entkräftenden Einpflanzungen etc.

So lästig übrigens der Kelternzwang an sich und so nachteilig er der Güte des Weins sein möge, so sei doch auf der andern Seite nicht zu verkennen, daß derselbe wenigstens solange, als der Besitz der Weinberge nicht mehr zusammengezogen und das Eigentum auf wohlhabende Staatsbürger übergegangen sei, einen negativen Vorteil für die Qualität des Weins gewähre, insofern nämlich der Weinmost in größern, gut eingerichteten und unterhaltenen, auch unter Aufsicht verpflichteter Diener stehenden Keltern unstreitig mit Vorteil für den Eigentümer und reinlicher und unverfälscht für den Käufer bereitet werde, als wenn jedem Weinbauer überlassen wäre, seine Trauben zu pressen, wann, wo und wie es ihm gefiele.

Diese Rücksichten machen es auch nach dem Urteil der Finanzkammern wünschenswert, daß die herrschaftlichen Keltern womöglich nur an Gemeinden überlassen werden möchten, weil von Privateigentümern weit weniger zu erwarten sei, daß sie die Keltern gut einrichten und unterhalten, auch die gehörige Aufsicht tragen, daß dem Weinmost kein Obstmost oder gar Wasser beigemischt werde.

II. *Angaben über Zahl, Ertrag und Aufwand der Keltern des Staatskammergutes*[2]). Auf die 291 Keltern in Neckar- und Jagstkreis entfällt ein durchschnittlicher jährlicher Reinertrag von 42 fl 20 kr, was als Zins aus dem Wert der Gebäude und des Inventars zu betrachten ist. Die 75 Keltern im Schwarzwald-

---

[2]) Den Berichten der Kreisfinanzkammern liegen umfangreiche Tabellen bei mit Angaben über die einzelnen Keltern, die Bemessung von Kelter-, Baum- oder Herrenwein und die Verbindlichkeiten des Kelterbesitzers. Auf ihnen beruht die folgende Zusammenstellung über Zahl, Ertrag und Aufwand der Keltern des Staatskammergutes 1809–1818 (ebd., Q 9):

	I. Neckarkreis	II. Schwarzwaldkreis	III. Jagstkreis	IV. Donaukreis	Summe
Zahl der Beamtungen	23	8	7	4	42
Zahl der Keltern	225	58	66	17	366
Keltern-Ertrag in fl	320 488	17 354	60 560	17 679	416 081
Keltern-Aufwand in fl	218 236	21 679	39 634	24 710	304 258
Mehr-Ertrag bei einzelnen Keltern	121 091	2 709	22 746	296	146 842
Minder-Ertrag bei einzelnen Keltern	18 839	7 033	1 820	7 327	35 019
Mithin im ganzen Nutzen	102 252	–	20 926	–	123 178
Mithin im ganzen Schaden	–	4 324	–	7 031	11 355
Gesamtnutzen					111 823

[3]) Auf Grund dieser Vorschläge ergingen am 29. 5. 1820 Weisungen an die Kreisfinanzkammern vor allem wegen des Verkaufs der Keltern mit Gefällen, Rechten und Verbindlichkeiten an die Gemeinden (E 221, Bü 2626, Q 11).

und Donaukreis weisen ein durchschnittliches jährliches Defizit von 15 fl auf; berechnet man 5 % Zins für den auf 67 324 fl geschätzten Kapitalwert von Gebäuden und Inventar, so erhöht sich das durchschnittliche Defizit auf 59 fl 50 kr. Die Zahl der Keltern ist in Schwarzwald- und Donaukreis im Verhältnis zur Morgenzahl der Weinberge ungewöhnlich groß.

Votum:

Da jede Selbstverwaltung eines Vermögens oder Vermögensteils demjenigen Eigentümer Nachteile bringt, welcher sich damit nicht selbst befassen kann, und dies in desto höherem Grade, je weiter der Eigentümer von der Sache entfernt und je mehr dabei Gelegenheit ist, daß Angestellte durch Unfleiß oder gar Untreue schaden können, bei der Selbstverwaltung der der Oberfinanzkammer eigentümlichen Keltern aber alles dies zusammentrifft, so scheint es unbedingte Aufgabe der Finanzadministration zu sein, zu trachten, sich aller herrschaftlichen Keltern und der damit verbundenen Rechte und Lasten, zunächst aber derjenigen Keltern zu entledigen, bei welchen sogar in gewöhnlichen Jahren der Aufwand höher kommt als der Ertrag.

Durch ein solches Mißverhältnis zeichnen sich nun nach den in dem Vortrag enthaltenen Vergleichungen bei weitem die meisten Keltern in den beiden Kreisen Schwarzwald und Donau vor denen des Unterlandes aus. Es wäre daher deren Veräußerung, selbst wenn es, wie vorauszusehen ist, unter dem Schätzungs- und Ertragswert und sogar auf den Abbruch geschehen müßte, zu beschließen, übrigens den Finanzkammern zu empfehlen, die Keltern zuvörderst den Gemeinden anzubieten. Vielleicht gelänge es, neben dem besondern finanziellen Zwecke dabei auch noch andere staatswirtschaftliche Absichten zu erreichen. Unter diese dürfte zu zählen sein,

1. daß in solchen Gegenden, welche die Natur durch Klima, Boden und Umgebungen offenbar nicht für den Weinbau bestimmt hat, große oder kleine Flächen, die hiezu verwendet werden, der angemessenen Pflanzung von Getreide, Futterkräutern, Knollen- und Wurzelgewächsen, Obst etc. zurückgegeben würden. Dadurch würde

2. die Kultur des Weins im Unterlande offenbar gewinnen und das edlere Produkt dieser Gegenden auf einen höheren, der Anstrengung und dem Aufwand der Weinbergbesitzer mehr entsprechenden Wert gesetzt, hiedurch aber die Eigentümer einer Veredlung des Weinbaues geneigter gemacht werden. Endlich dürfte

3. in den Gegenden des Schwarzwaldes und der Alb der Anfang gemacht werden, die Abgabe des Zehenten, Teil- und Bodenweins entweder ganz abzulösen oder in Geldgefälle zu verwandeln und von hier aus diese Maßregel sodann im Unterlande zu verbreiten.

Nr. 100 1820 Oktober 31, Stuttgart

Auszug aus dem Dekret des Königs zum Jahresbericht des Finanzministers v. Weckherlin für das Etatsjahr 1819/20

E 221, Bü 2626, Q 12. Abschrift.

1. Der Einleitung, die Weinzehenten in angemessene Geldabgaben auf die Dauer von wenigstens 20 Jahren zu verwandeln sowie die Bodenweine, im Fall daß ihre Ablösung nicht sollte stattfinden können, in festzusetzenden Durchschnittspreisen entrichten zu lassen, gebe Ich Meinen vollkommenen Beifall, weil Ich darin auch eine große Erleichterung für die ohnehin so vielen Zufälligkeiten in ihrem Gewerbe ausgesetzten Weingärtner finde und aus diesem Grunde auch außer den angeführten Vorteilen für die Finanzverwaltung noch denjenigen erwarte, daß diese Klasse von Staatsangehörigen in den Stand kommt, die übrigen Abgaben pünktlicher zu leisten. Ich wünsche daher, daß das Königliche Finanzministerium diesem Gegenstand besondere Aufmerksamkeit wiedme, und erwarte nach einiger Zeit den Bericht desselben über den Erfolg jener Einleitung.

Nr. 101 1821 Januar 25, Stuttgart

Bericht von Finanzminister v. Weckherlin an den König „über die Einführung von Geldabgaben für den Weinzehenten und Bodenwein"

E 13, Bü 161, UFasz. d. Ausfertigung. Unterschrift: Wekherlin.

Verhandlungen mit den Pflichtigen aufgrund des Dekrets vom 31. 10. 1820[1]*). Die Berichte der Kreisfinanzkammern über das Ergebnis liegen vor*[2]*).*

Der größere Teil der Weinbergbesitzer schien bei der ersten Nachricht von den erwähnten Vergünstigungen sehr bereitwillig davon Gebrauch machen zu wollen. Als aber den Gemeinden die Berechnungen von dem Durchschnittsertrag und Wert der Weinzehenten von den verflossenen 20 Jahren mitgeteilt wurden, welche wegen der häufigen Fehljahre in dieser Periode mäßig ausgefallen sind, so waren durch die bekannten, dem Weinstock sehr nachteiligen Witterungsereignisse im vorigen Sommer die anfänglichen Hoffnungen auf einen ergiebigen Herbstsegen schon ziemlich verschwunden. Je mehr sich diese Vermutung bestätigte, desto tiefer sank der Mut der Besitzer zehentpflichtiger Weinberge zu einem Unternehmen, das zwar nicht allein in reichlichen, sondern auch noch in mittelmäßigen Herbsten als vorteilhaft für die Zehentpflichtigen sich darstellt, bei Fehljahren hingegen einen Nachtrag der früher ersparten Geldabgabe erfordert. Da nun in denjenigen Orten, wo der Weinbau den Haupterwerbszweig ausmacht, die Mehrzahl der Weinbergbesitzer so sehr ver-

---
[1]) Nr. 100.
[2]) Berichte der vier Kreisfinanzkammern vom Dezember 1820; E 221, Bü 2626, Q 13–16.

armt ist, daß keiner, selbst nicht in guten Jahren, nach bezahlten Steuern und Amts- und Kommunanlagen, Kapitalzinsen und Brotschulden etwas zurücklegen kann und gerade dann auch am wenigsten Kredit findet, so wurden die Gemeinden durch die Besorgnis, daß sie in Fehljahren außerstande sein dürften, auch nur eine mäßige Geldabgabe für den nicht geernteten Zehenten aufzubringen, schüchtern gemacht und abgehalten, sich hierauf einzulassen.

Nur in einzelnen Orten des Neckar- und Jaxtkreises, und zwar in solchen, wo der Weinbau mehr Nebensache ist und die Untertanen eigentlich vom Ackerbau und der Viehzucht ihre Lebensbedürfnisse, auch nicht selten noch einigen Überschuß gewinnen, welchen sie verkaufen können, wurden Akkorde über Geldabgaben teils für den Weinzehnten, teils für den Bodenwein geschlossen[3]). Auch ergab sich, daß in einigen Orten, wo die Morgenzahl der Weinberge gering ist, die Einrichtung schon seit längerer Zeit besteht, den Weinzehnten nicht in Natur, sondern durch Schätzung und nach den Herbstpreisen in Geld bezahlen zu lassen.

Endlich haben im Schwarzwaldkreise die Ablösungen von Boden- und Teilweingefällen, auch Weinzehentsurrogatgeldern im verflossenen Jahr einen guten Fortgang gehabt, und es verdient ausgehoben zu werden, daß für dergleichen Abgaben in dem Kameralbezirke Urach 17 925 fl Abkaufschillinge erzielt worden sind. Dergleichen Ablösungen werden überhaupt künftig weit allgemeiner werden, nachdem kürzlich der Abkauf der Teilgebühren ohne Rücksicht auf deren Größe im 16fachen Betrag und der ständigen Abgaben bis auf 10 fl statt des 25fachen in 20fachem Betrag freigegeben worden ist[4]).

Wenn daher nach dem Vorausgeschickten die Absicht, für den Weinzehenten und Bodenwein Geldabgaben einzuführen, durch den ungünstigen Zufall, daß gerade in diesem Jahr der Wein beinahe gänzlich fehlgeschlagen hat, nur unvollkommen erreicht werden konnte, so zweifle ich doch nach dem Eifer, welchen die Finanzkammern und Kameralbeamten in dieser Angelegenheit gezeigt haben, an einem günstigeren Erfolg nicht, sobald durch Aussichten auf einen ergiebigen Herbstsegen im künftigen Jahr der Mut der Weinbergbesitzer wieder neu belebt werden wird, der glücklicherweise in dieser Klasse von Untertanen nie ganz erlischt und sich schnell wieder erhebt.

Auch werde ich nicht ermangeln, durch die Kreisstellen die Beamten erinnern zu lassen, sich der Beförderung einer Maßregel ferner mit allem Eifer zu widmen, welche Eure Königliche Majestät Höchstihres Beifalls gewürdigt haben, auch werde ich noch die besondere Erinnerung hinzufügen, daß es hiebei keineswegs auf einen Gewinn, sondern vielmehr auf Vereinfachung und Ordnung in der Kameralverwaltung und auf Erleichterung der in ihrem Gewerbe ohnehin so vielen Zufälligkeiten ausgesetzten Weingärtner abgesehen, mithin vom rohen Ertrag der Zehenten alle Erhebungskosten und der gewöhnliche Verlust bei den Lieferungen etc. in Abzug zu bringen und demnach der Geldansatz mit aller Mäßigung zu bestimmen sei[5]).

---

[3]) Im Neckarkreis zeigten sich nur zwei Gemeinden zu der Verwandlung in ein Geldsurrogat bereit (E 221, Bü 2626, Q 13); im Jagstkreis wurden für insgesamt 208 Mg Weinberg Geldsurrogate angesetzt (ebd., Q 15).
[4]) Vgl. Nr. 91, § 3.
[5]) Durch Dekret vom 27. 1. 1821 genehmigte der König die Anträge des Finanzministers und empfahl diesem besonders, „den Bedacht darauf zu nehmen und alle derartigen Anord-

Nr. 102 1825 November 29, Ludwigsburg

Bericht der Finanzkammer des Neckarkreises an das Finanzministerium „die Beförderung der Verwandlung der Weingefälle in Geld betreffend"

E 221, Bü 2627, Q 84. Ausfertigung. Unterschrift: Dieterich. Referent: Finanzrat Bardili.

König Wilhelm, der die Verwandlung der Weingefälle in Geld und die Kelterveräußerung besonders im Neckarkreis begünstigt wissen wollte (Dekret an das Finanzministerium vom 15. 5. 1824 (E 221, Bü 2627, Q 74), stellte am 8. 9. 1825 zu dem geringen Fortschritt der Pachtungen in den Kameralämtern Großbottwar, Cannstatt und Waiblingen fest, der Hauptgrund dafür scheine in den überhöhten Pachtschillingen zu liegen; berücksichtige man die allgemeinen Vorteile der Finanzverwaltung, so seien billigere Ansätze möglich (Dekret an das Finanzministerium; ebd., Q 82). Daraufhin forderte das Finanzministerium die Kreisfinanzkammer Ludwigsburg zum Bericht darüber auf, wie die Verwandlung der Weingefälle in Geld befördert werden könne (26. 9. 1825, ebd., Q 83).

Die bestehenden Hindernisse:
Als ein Haupthindernis ist anzuführen
I. der Mangel an Barmitteln unter der Klasse der Weingärtner und die daraus entspringende Schwierigkeit für den größten Teil derselben, auch in Weinfehljahren das Zehentsurrogatgeld zu entrichten. Denn daß die Mehrzahl der Weingärtner gänzlich verarmt, tief verschuldet und deswegen alles Kredits beraubt ist, ist unbestrittene Tatsache[1]. Mit Recht scheut sich daher der mittellose Weingärtner, die Verpflichtung zu einer Geldleistung auf sich zu nehmen, die ihn in Weinfehljahren der größten Verlegenheit aussetzt.
II. scheitern die Unterhandlungen mit den Gemeinden wegen Verwandlung der Weingefälle sehr häufig an der vorgeschriebenen Bedingung, daß sie die Verabreichung der Weinbesoldung ihrer Ortsgeistlichen in Weinjahren übernehmen müssen, da sie fürchten, wegen der Qualität des abzureichenden Weins mit ihren Geistlichen in Mißhelligkeiten zu geraten[2].

---

nungen zu treffen, daß die Geldansätze so billig als möglich bestimmt werden" (E 221, Bü 2626, Q 18). Trotzdem blieben die Erfolge der Kameralämter auch in den folgenden Jahren gering (ebd., Q 19 ff). Um das immer wieder feststellbare Mißtrauen der Pflichtigen in die Absichten der Finanzverwaltung abzubauen, empfahl die Kreisfinanzkammer Ellwangen sogar, die Regierung solle die Stände zu einer Erklärung veranlassen, daß die Kameralämter mit ihren Maßnahmen vor allem auch die Lage der Weingärtner zu erleichtern suchten (27. 3. 1821, ebd., Q 19). Tatsächlich verhinderten die Kameralbeamten einen schnelleren Fortgang langfristiger Verpachtungen bzw. dauerhafter Verwandlung in eine Geldrente, indem sie die geringerwertigen Gefällweine in den ortsüblichen Handelspreisen anschlugen (Vortrag Frisch 18. 4. 1822; ebd., Q 29). Vgl. Nr. 102.

[1] Die Situation der Weingärtner, die durch eine Reihe schlechter Weinjahre weiter verschlechtert wurde, beleuchtet ein Bericht der Hofdomänenkammer an den König vom 5. 1. 1824 (E 14/16, Bü 279, Fasz. 1, Q 16): Bei dem niedrigen Preis des diesjährigen sehr mäßigen Weinerzeugnisses verminderte sich der Ertrag der Pflichtigen derart, daß er kaum genügte, die Zehnt- und Gültpachtreste des Vorjahres und die mit großer Strenge eingetriebenen Steuerrückstände zu begleichen.

[2] Da Evangelisches Konsistorium und Katholischer Kirchenrat gegen die Verwandlung der Weinzehnten und -gefälle das Bedenken erhoben hatten, dadurch könnte die Weinbesoldung der Geistlichen in Weingegenden gefährdet werden, hatte das Finanzministerium den Gemeinden ausdrücklich anbedungen, den Besoldungswein zu übernehmen und nicht

III. werden viele Gemeinden durch die Pachtschillinge, welche man für den Weinzehenten auf den Grund der vorgeschriebenen Ertragsbilanzen fordert, abgeschreckt, indem sie die Ansicht haben, daß die in den Ertragsberechnungen von den letzten 20 Jahren aufgeführten Weinpreise als Grundlage des Pachtschillings für die nächsten 20 Jahre zu hoch seien.

IV. Ungünstige Aussichten auf einen Herbst benehmen den Gemeinden den Mut zu Pachtungen der Weinzehenten, indes die sichere Hoffnung auf einen guten und reichlichen Herbstertrag dieselbe zu einem solchen Unternehmen ermutigt, wie dies die Erfahrung seit 1820 lehrt, nach welcher in den Weinfehljahren 1820 und 1821 nur ganz wenige, hingegen in dem guten und reichlichen Weinjahr 1822 ziemlich viele Pachtungen zustand kamen, indes der Fortgang derselben durch die mißlichen Aussichten in den Weinjahren 1823, 1824 und 1825 wieder gehemmt wurde.

V. ist zu vermuten, daß hin und wieder auch Privatinteresse einem günstigen Erfolg der Weingefällverwandlung entgegentritt. Denn gewöhnlich wird der herrschaftliche Dienst in den Keltern von dem Ortsvorstand und von Gliedern des Gemeinderats und Bürgerausschusses versehen, ein Dienst, welcher in ergiebigen Herbsten eine nicht unbedeutende Einnahmsquelle für die Dienstleistenden eröffnet.

Diese Verrichtungen, insoweit sie die Erhebung der Zehent-, Boden- und Teilweingefälle betreffen, und somit auch, der Verdienst für die bisher damit Beschäftigte hören durch die Weingefällverwandlung auf. Wegen dieses Verlusts an Einkommen mögen nun hin und wieder Gemeindevorsteher die Verwandlung der Weingefälle in Geld in ihren Orten nicht nur nicht begünstigen, sondern derselben sogar entgegenwirken. Mitunter dörften auch einzelne Ortsvorsteher die Mühe und Schwierigkeiten scheuen, die sie bei dem Einzug des Weinzehent- und Bodenweinsurrogatgelds von den einzelnen Weinbergbesitzern in Weinfehljahren erwartet, und jene deshalb ihren Gemeinden eher ab- als zuraten, einen Weinzehent- und Bodenweinpacht einzugehen.

Wenn nun bei solchen Gesinnungen der Ortsvorsteher ein Kameralbeamter nicht auf die Gemeinde unmittelbar einzuwirken und diese durch eine klare und faßliche Darstellung der mit der Weingefällverwandlung für die Weinbergbesitzer verbundenen Vorteile für die Sache zu gewinnen versteht, so wird in solchen Orten der Zweck der Weingefällverwandlung vor jetzt wenigstens nicht erreicht werden.

Mögliche Maßnahmen, um die Verwandlung der Weingefälle zu befördern:

I. Man muß den Gemeinden die Bezahlung des Pachtgeldes in Fehljahren erleichtern, indem man in ergiebigen Jahren über das laufende Pachtgeld hinaus einen Vorschuß auf künftige Fehljahre einzieht. Eine entsprechende Maßnahme kann aber nur von den Ortsvorstehern ausgehen[3]).

---

in mittleren Herbstpreisen zu bezahlen (Weisung an die Finanzkammern, 13. 6. 1822; E 221, Bü 2626, Q 33; vgl. ebd., Q 34 ff über die Widerstände der Gemeinden).

[3]) Das Finanzministerium erbat zu diesem Vorschlag die Stellungnahme des Innenministeriums, da die Ortsvorsteher die Vorschüsse für Rechnung der Gemeindekassen erheben müßten (14. 1. 1826; E 221, Bü 2627, Q 85). Das Innenministerium wandte sich aber gegen die Tendenz, die Finanzverwaltung auf Kosten der Gemeindeverwaltung zu vereinfachen, zumal die Zehntpachten die Gemeinden bereits vielfach in Schwierigkeiten gebracht hätten; das komplizierter werdende Rechnungswesen mache gewöhnlich einen Hilfsbeam-

II. Eine Verwandlung der Weinbesoldungen der Geistlichen würde die Verwandlung der Weingefälle in Geld wesentlich erleichtern.

III. Die Bedenken der Weinbergbesitzer gegen die zu hohen Preisanschläge in den Durchschnittsertragsberechnungen für die nächsten 20 Jahre sind nach den bisherigen Erfahrungen nicht ganz ungegründet. Die Konkurrenz von Bier, Obstmost sowie überrheinischen und badischen Weinen hat die Preise für inländischen Wein stark zurückgehen und den Export fast gänzlich stocken lassen. Um einen erfreulichen Fortgang der Verwandlung der Weingefälle herbeizuführen, dörfte der sich auswerfende Durchschnittspreis des Weingefälls von den letzten 20 Jahren jedesmal auf die Hälfte herabzusetzen sein.

Kein Aufmunterungsmittel, den so sehr vernachlässigten vaterländischen Weinbau wieder emporzubringen, kann kräftiger auf die Erreichung des Zwecks einwirken als die Aufhebung des Naturalbezugs des Weinzehentens und mit diesem des Zwangs der Zehentverhältnisse, ein Zwang, der vorzüglich auf die Weinkultur den nachteiligsten Einfluß äußert. Soll aber der mutlose Weingärtner für das Bessere empfänglich gemacht werden, so kann dieses nur durch Einräumung von Vorteilen und Erleichterungen geschehen, die für ihn klar und anschaulich sind. Zu diesem gehört nach der Überzeugung der gehorsamst unterzeichneten Stelle vorzüglich eine den jetzigen Zeitverhältnissen angemessene Bestimmung der Pachtschillinge für den Zehenten.

Für die Finanzverwaltung dörfte hieraus um so weniger ein Nachteil erwachsen, als mit der Verpachtung der Zehenten auch die so wünschenswerte Veräußerung der herrschaftlichen Keltern verbunden ist, deren Erhaltungs- und Betriebskosten in der Regel immer höher stehen als der Ertrag aus denselben.

IV. und V. Bei Aussichten auf einen günstigen Herbstertrag soll man die Unterhandlungen wegen Verwandlung der Weingefälle in Geld zeitig wiederaufnehmen; die Kameralbeamten sollen hierbei den Gemeinden die Vorteile klar und umfassend darstellen und das Verhalten der Ortsvorsteher und der anderen interessierten Personen kontrollieren.

---

ten nötig, und dadurch werde die Autonomie der Gemeinden beschränkt. Auch lägen auf dem Weingärtner gerade bei guten Ernten besonders große Zahlungsverpflichtungen (12. 3. 1827; ebd., Q 94). Da bei mehrjährigen Pachtverträgen die nach Durchschnittswerten errechneten Pachtgelder nur in guten Jahren einkamen, in schlechten dagegen wegen Mittellosigkeit der Pflichtigen Nachlässe eingeräumt werden mußten, erwog das Finanzministerium nun, zu einjährigen Pachten überzugehen (Weisung an die Finanzkammer Ludwigsburg, 11. 6. 1827; ebd., Q 95). Die Finanzkammer wies demgegenüber auf unvermeidlich steigende Kosten und auf die Schwierigkeit hin, in diesem Fall die meist unrentablen Keltern zu verpachten oder zu veräußern, und empfahl stattdessen, die Gefälle jährlich vor dem Herbst in ein Geldsurrogat zu verwandeln (Bericht der Kreisfinanzkammer Ludwigsburg vom 3. 8. 1827; ebd., Q 96).

Nr. 103   1827 Februar 20, Stuttgart

Dekret des Königs an den Finanzminister wegen Förderung der Weinzehntverpachtungen

E 221, Bü 2627, Q 92. Abschrift, Auszug aus dem Dekret zu dem Bericht des Finanzministers vom 17. 2. 1827 über die Ergebnisse der Kameralamtsvisitationen.

Eine Bemerkung betrifft die bei den Kameralämtern Eßlingen und Vaihingen erwähnte, überhaupt immer noch ziemlich allgemein vorwaltende Schwierigkeit, die Weinzehenten zu verpachten. Diese Schwierigkeit beruht, wie Mir scheint, weniger in dem Widerwillen der Zehentpflichtigen, welche im Gegenteil sehr geneigt sein sollen, auf solche Pachtungen unter billigen Bedingungen einzugehen, als in einem übelverstandenen Eifer, womit die Kameralämter und Finanzkammern bei dergleichen Verträgen ihre Forderungen zu sehr in dem einseitig berechneten Interesse der Finanzverwaltung stellen, ohne die Vorteile, die dabei für letztere selbst in anderen Beziehungen gewonnen werden, gehörig ins Auge zu fassen und vornehmlich auch ohne den Erleichterungen, welche unter den neueren Verhältnissen der Landwirtschaft für die Zehentpflichtigen so wünschenswert sind und ihnen durch eine wirklich billige Behandlung auch gewährt werden können, die gebührende Rücksicht zu schenken. Wenn in letzterem Sinne von Seite des Ministers die Tätigkeit der Finanzbehörden geregelt und geleitet wird, so zweifle Ich nicht, daß auch die Weinzehentpachtungen in kurzer Zeit mehr Eingang finden werden.

Nr. 104   1828 Juni 25, Stuttgart

Vortrag von Oberfinanzrat Geßner im Oberfinanzkollegium über die geplante Verwandlung oder Fixierung der Fruchtzehnten des Staatskammergutes

E 221, 46, 7, neue Zählung Q 10.

Wegen des bevorstehenden Endes mehrerer auf längere Zeit abgeschlossenen Zehntpachtverträge wurde durch einen Erlaß des K. Finanzministeriums an die Kreisfinanzkammern ein Versuch angeordnet, ob nicht diejenigen Gemeinden, deren mehrjährige Zehntpachtverträge zu Ende gehen, geneigt wären, die dem Staate gehörigen Frucht- und Weinzehnten sowie die Teilgebühren ihrer ganzen Markung in unveränderliche jährliche Gülten und Geldabgaben zu verwandeln und zwar in der Art, daß

    1. die Gülte in Getreide auf den Grund einer achtzehnjährigen Durchschnittsberechnung ausgemittelt werde, von derselben aber der bisherige Elementaraufwand auf die Zehntverwaltung in Abzug komme,

    2. die Fruchtgülte alljährlich in Geld nach den mittlern Marktpreisen der Monate November, Dezember und Januar bezahlt und

3. die Weingülte nur in Weinjahren entrichtet, bei Fehlherbsten aber in Ausstand geschrieben werde[1]).

Nach Ansicht der Finanzkammer des Jagstkreises fehlt es noch besonders in Neuwürttemberg an einer zuverlässigen Kenntnis von der Größe der zehntbaren Flächen. Die Finanzkammer befürchtet daher, die geplante Zehntverwandlung könnte nur bei einzelnen Gemeinden Eingang finden, bei denen der Durchschnittsertrag unverhältnismäßig gering ist, und die auf solche Art abgeschlossenen Verträge möchten die Durchführung der Zehntverwandlung hindern, weil andre Gemeinden zwischen den bereits abgeschlossenen Verträgen und den an sie gemachten Forderungen Vergleichungen anstellen, hiedurch auf Mißverhältnisse kommen und zum Scheitern des ganzen Plans Anlaß geben könnten, wenn man bei ihnen nicht gleichfalls in der Forderung unverhältnismäßig herabgehen wollte. *Die Finanzkammer möchte daher vor einer Zehntfixierung das Ergebnis der Landesvermessung abwarten.*

Die Finanzkammer des Neckarkreises hingegen hat bereits in den drei Kameralbezirken Bietigheim, Maulbrunn (!) und Kantstadt (!) Versuche zur Zehntverwandlung anstellen lassen, welche aber in den letztgenannten zwei Bezirken von ganz keinem Erfolge waren. Die Abgeneigtheit, sich in eine Zehntverwandlung einzulassen, hat sich noch ferner ausgesprochen in den Kameralbezirken Eßlingen, Stuttgart, Güglingen, Brackenheim, Marbach, Wiernsheim, Ludwigsburg, Gundelsheim, Leonberg, Nellingen. Wenn auch einzelne wenige Gemeinden ihre Geneigtheit erklärten, so machten sie doch so niedrige Offerte, daß sie nicht angenommen werden konnten.

Die Einwürfe, welche gemacht wurden, bestehen hauptsächlich in folgendem:

1. Die Naturalabgabe könne von den meisten Zehntpflichtigen leichter geleistet werden als die Geldabgabe.

2. Meistens seien die Zehntpflichtigen unbemittelte Leute, die entweder ihren Gutsertrag für ihre Haushaltung nötig haben, die aber, wenn der Zehnte in Natur entrichtet werde, mit dem übrigen auch auskommen, oder seien sie, wenn sie auch einen Überschuß an Früchten haben, genötigt, denselben sogleich nach der Ernte in wohlfeilem Preise zu verkaufen, wogegen sie den Zehnten späterhin in höhern Preisen bezahlen müßten.

3. Bei der Zehntreichung dürfe doch nur dann etwas gegeben werden, wenn etwas vorhanden sei. Bei der Zehntverwandlung müsse der Zehntpflichtige in Mißjahren das Mangelnde vorschießen und erhalte dafür erst in bessern Jahren Ersatz. Dabei sei er im Verlust, weil die Naturalien in Mißjahren teurer seien.

4. Den Gemeindevorstehern stehet nicht zu, in dieser privatrechtlichen Sache über den Beutel der Güterbesitzer zu verfügen.

5. Die Mehrheit der Güterbesitzer sei zur Zehntverwandlung nicht geneigt, und wenn auch einzelne Weinbergebesitzer den Weinzehnten in einen unver-

---

[1]) Weisung an die Kreisfinanzkammern vom 12. 3. 1828; E 221, Fach 46, Fasz. 7, neue Zählung, Q 1; die Berichte der im folgenden erwähnten Berichte der Kreisfinanzkammern ebd., Q 2 (Jagstkreis, 11. 4. 1828), Q 4–6 (Neckarkreis, 6., 13. und 16. 5. 1828), Q 7 (Schwarzwaldkreis, 23. 5. 1828).

änderlichen Geldkanon verwandeln lassen wollen, so finde doch die Gemeinde keinen Grund zu interzedieren.

Mehrere Gemeinden scheinen übrigens nicht sowohl gegen die Zehntverwandlung selbst, als vielmehr gegen die Bedingung eingenommen zu sein, welche jede Naturalentrichtung ausschließt. [...]

Von der Finanzkammer des Schwarzwaldkreises wird die Anfrage gemacht, ob die Zehnten auch in unveränderliche Geldabgaben verwandelt werden dürfen und ob etwa die für die Gefällablosung bestimmten Preise dabei in Anwendung zu bringen seien. Zu dieser Anfrage sieht sie sich deswegen veranlaßt, weil einzelne Gemeinden sich zur Zehntfixierung nur dann verstehen wollen, wenn das Natural in eine unveränderliche Geldabgabe verwandelt werde, um einer jährlich wiederkehrenden Repartition zu begegnen. [...]

Aus dem Vorgetragenen dürfte sich die Notwendigkeit ergeben, zuvörderst für die gleichförmige Behandlung des Zehntverwandlungsgeschäfts feste Normen aufzustellen. Neben diesem wird in sehr vielen Fällen die Benutzung der Arbeiten der Landesvermessung zu Ausmittlung des Flächeninhalts der zehntbaren Felder nicht zu umgehen sein, um hienach den bisherigen Zehntertrag näher würdigen zu können. Einen Beweis, daß eine solche Vorsicht nicht überflüssig sei, dürfte der bekannte Vorgang mit den zwiefaltischen Teilgebühren geben[2]).

Bei der Ausführung dieser Maßregel dürfte besonders auch folgendes in Betracht kommen:

1. Die kleinen Zehnten, in deren Besitze sich meistens die Pfarreien befinden, können nach Verwandlung der großen Zehnten durch den Einbau der Kleinzehntgattungen in die für die Großzehntfrüchte bestimmten Felder nicht wenig geschmälert werden. Daher würden dieselben entweder zugleich mit den Fruchtzehnten in eine ständige Abgabe, soviel möglich in Naturalien, zu verwandeln oder durch besondere Bestimmungen in dem Zehntverwandlungsvertrage vor Schmälerungen zu sichern sein.

2. *Bei Verwandlung derjenigen Zehnten, welche der Staat mit andern Zehntherrschaften gemeinschaftlich bezieht, ergibt sich als bestes Auskunftsmittel, daß die Mitzehntherrschaften an der Verwandlung teilnehmen.*

3. Bei den Verträgen wird darauf Rücksicht zu nehmen sein, daß der Naturalbedarf für Staatsanstalten, besonders auch die Frucht- und Weinbesoldungen der Geistlichen, gesichert bleiben.

4. Insoferne bei der Zehntverwandlung nicht bloß die Gemeinden als solche, sondern auch und vorzüglich die einzelnen Zehntpflichtigen beteiligt sind, denen die freie Wahl nicht wird abgesprochen werden können, ob sie den Zehnten oder eine ständige Gülte dafür reichen wollen, dürfte die Zustimmung der letztern wesentlich nötig sein. Denn die Gemeinden werden nicht geneigt sein, nach der Zehntverwandlung den Naturaleinzug des Zehnten fortzusetzen und von dem Ertrage die festgesetzte Gülte abzuliefern, was auch dem staatswirt-

---

[2]) Kloster Zwiefalten hatte von seinen Lehengütern gewöhnlich eine Teilgebühr in Höhe von $1/4$ bis $1/8$ des Fruchtertrags gefordert. Durch Verträge von 1824 wurden diese Landgarben in eine ständige Gült verwandelt, doch legte die Finanzverwaltung dabei, wie sich später herausstellte, zu geringe Flächen zugrunde.

schaftlichen Zweck dieser Maßregel ganz entgegen wäre. Nicht leicht wird aber die Gesamtheit der Güterbesitzer sich zur Zehntverwandlung vereinigen. Immer werden wenigstens einzelne, sei es auch nur aus Vorurteil, sich widersetzen. Daher wird (wie bei der Zehntverwandlung im Großherzogtum Hessen)[3]) eine gesetzliche Bestimmung notwendig sein, nach welcher in Fällen, wo innerhalb einer Markung die Besitzer des größern Teils der zehntbaren Felder die Zehntverwandlung verlangen, auch die übrigen Güterbesitzer sich dieselbe gefallen lassen müssen.

5. Beinahe von allen Gemeinden, denen bis jetzt Anträge gemacht worden sind, wurde die Einwendung vorgebracht, daß die Entrichtung der Gülte in Geld untunlich oder für die Zehntpflichtigen nachteilig sei. Daher dürfte auf dieser Bedingung nicht zu bestehen, sondern die Bezahlung in Geld entweder von der Wahl der Pflichtigen abhängig zu machen oder wie in der k. bayerischen Verordnung[4]) auf beiderseitige Zustimmung auszusetzen sein. Letztere Bestimmung scheint insoferne angemessener, als dadurch zugleich der Naturalbedarf für Staatszwecke gesichert wird.

6. *Ein Nachlaß ist von der Finanzverwaltung zu gewähren, wenn durch Hagelschaden oder einen anderen Zufall nicht mehr als die Hälfte des ausgemittelten Durchschnittsertrages geerntet wird.*

7. Der Neubruchzehnte von künftig zur landwirtschaftlichen Kultur kommenden öden Feldern, Waldungen etc. wird vorzubehalten sein, übrigens mit der Bestimmung, denselben gleichfalls in eine Gülte zu verwandeln.

8. *Die allgemeinen Grundsätze über die Zehntverwandlung sind mit dem Innenministerium auszuarbeiten.*

Man soll die Kreisfinanzkammern zu ausführlichem Gutachten über die geplanten allgemeinen Bestimmungen auffordern, bevor man Vortrag an den König erstattet und darauf anträgt, daß der Geheime Rat zu gutächtlicher Äußerung veranlaßt wird[5]).

---

[3]) Vgl. *Goldmann* I, S. 61 ff.
[4]) Verordnung vom 8. 2. 1825; vgl. *Damianoff*, S. 26 ff.
[5]) Noch am gleichen Tag teilte ein Dekret des Finanzministeriums den vier Finanzkammern nähere Normen für eine mögliche künftige Verwandlung mit und wies sie an, über die Durchführbarkeit der geplanten Maßnahmen „wohlerwogenes Gutachten" zu erstatten (E 221, 46, 7, neue Zählung Q 11):
1. Zehntverwandlungsverträge können nach neun Jahren wieder gekündigt werden.
2. Die bestimmte Getreidegült kann nach Wahl der Pflichtigen in Geld nach mittleren Schrannenpreisen zur Zeit des Verfalltermins unter Rücksichtnahme auf die Entfernung der Schrannen usw. oder in Naturalien geliefert werden.
3. Bei Hagelschlag und sonstigem Schaden, für den die Zehntordnung Nachlässe vorsieht, wird ein Nachlaß gewährt, falls nicht mehr als 3/4 des Durchschnittsertrags geerntet werden.
4. Besondere Erhebungskosten, die durch die Zehntverwandlung eingespart werden, werden von dem Durchschnittsertrag abgezogen, nicht aber der Aufwand für die Unterhaltung der Fruchtkästen, das Wenden und Stürzen der Frucht, die Belohnung der Kastenknechte und der Kastenabgang.
5. Die Gült wird auf die einzelnen zehntbaren Felder umgelegt; die Gemeinde haftet für die ganze Gült und liefert sie kosten- und abgangsfrei an das Kameralamt ab.
6. Kleine Zehnten in der Hand des Staates werden gleichfalls in eine ständige Getreidegült verwandelt.
7. Bei gemeinsamem Zehntbezug mit anderen Zehntherrschaften ist eine gütliche Übereinkunft mit diesen zu versuchen durch käufliche Übernahme an den Staat oder Abgrenzung der Zehntbezirke.

Nr. 105 1829 April 28, Ludwigsburg

Bericht der Finanzkammer des Neckarkreises an das Finanzministerium über die Fixierung der Zehnten und Teilgebühren

E 221, 46, 7, neue Zählung Q 29. Ausfertigung. Unterschrift: Seutter. Referent: Oberfinanzrat Hartmann.

Bericht auf den Erlaß des Finanzministeriums vom 25. 6. 1828:
Die gehorsamst unterzeichnete Stelle, *von den Nachteilen der Naturalverzehntung überzeugt*, hat sich bei jeder Veranlassung bemüht, alle und jede Vorschläge und Maßregeln zu unterstützen, welche den Zweck hatten, die Verwandlung der Zehent- und Teilgefälle in jährliche Renten herbeizuführen, und sie hat in ihren an ein Hohes Finanzministerium bei verschiedenen Veranlassungen gemachten Vorträgen ihre Anträge auf die billigsten Grundsätze und besonders dahin gestellt, daß bei den zugrund zu legenden Durchschnittsertragsberechnungen leidenschaftliche Aufstreiche unberücksichtigt bleiben und den jährlichen Anschlägen der Beamten und sachverständiger Schätzer nach Umständen etwa nur 6–8 Aufstreiche zugerechnet, auch daß gewisse Teile des Aufwandes für die Zehenterhebung und -verwaltung von dem Zehentpachte in Abzug gebracht werden sollen.

Die Erfahrung hat aber gezeigt, daß alle zu Erreichung eines wohltätigen Zweckes ergriffene Maßregeln in ihren Folgen größtenteils unter der Erwartung geblieben sind, und die Finanzkammer ist sowohl durch die von den Kameralämtern in Zehentverpachtungssachen hieher erstatteten Berichte, als durch den ihr teilweise zur Kenntnis gekommenen Inhalt vieler von den Oberämtern des Neckarkreises an die hiesige Kreisregierung gekommenen Berichte (in betreff der Revision der Agrikulturgesetze)¹) zu der Überzeugung gekommen, daß der Bewerkstelligung einer Verwandlung der Zehent- und Teilgefälle in eine jährliche Rente, welche der Anwendung der Fruchtwechselwirtschaft oder der sogenannten rationellen Landwirtschaft vorangehen sollte, die Hauptschwierigkeit im Wege steht, eine ständige Geld- oder Naturalabgabe von der mittleren und der ärmeren Volksklasse, aus welchen der größere Teil der Feld- und Ackerbauer besteht, zum Einzuge zu bringen.

Bei der großen Bevölkerung Württembergs ist das Grundeigentum, welches in älteren Zeiten geschlossen war (wohin besonders Lehengüter und örtliche Höfe gehörten), bedeutend verteilt worden. Nachdem aber die beschränkten Eigentumsverhältnisse durch die neuere Gesetzgebung in freie Eigentumsrechte übergegangen sind, so hat die Zerstückelung der Güter im Neckarkreise auf eine überraschende Weise überhand genommen, und hierdurch hat sich die Klasse der geringeren Güterbesitzer bedeutend vermehrt. Die überwiegende

---

8. Der Novalzehnte von künftigen Neubrüchen ist vorzubehalten, doch soll er gleichfalls in eine ständige Rente verwandelt werden.
9. Zeigen sich nur einzelne größere Güterbesitzer innerhalb der Gemeinde zur Verwandlung bereit, so kann man sich mit ihnen bei der nötigen Sicherheit unter den gleichen Bedingungen auf eine Verwandlung einlassen.
Zur weiteren Entwicklung vgl. Nr. 105.
¹) Vgl. Darstellung, Kap. 4, Anm. 234.

Mehrzahl der Feldbauer besteht aus solchen, welche 4 bis 12 Morgen Feldes besitzen, wovon diejenige Eigentümer, welchen geringe Mittel zu Gebote stehen, genötigt sind, ihre häusliche Einrichtung und ihre ganze Wirtschaft hauptsächlich auf die Erzeugung des Bedarfes an Brodfrüchten, an Früchten, welche zu Berichtigung der Feudalabgaben erforderlich sind, und an Futter für ihr Vieh zu beschränken. Diese Umstände, welche schon an sich der Einführung einer Fruchtwechselwirtschaft, die nur bei einem größeren Güterverbande statthaben kann, ein natürliches Hindernis in den Weg legen, nötigen den größten Teil der Produzenten, bei der Dreifelderwirtschaft stehen zu bleiben.

Zwar bestehet in dem größeren Teile des Neckarkreises eine veredelte Dreifelderwirtschaft, die besonders in den Tälern des Neckars, der Rems, der Enz und der Jaxt, in welchen das Brachfeld größerenteiles mit Ölgewächsen, Flachs, Hanf, Rüben, Kraut, Klee und gemischtem Futter bebaut wird, mit einer Gartenwirtschaft verglichen werden kann, welche z. T. den anderwärts eingeführten rationellen Fruchtwechsel ersetzt und einen Ertrag gewährt, der den Ertrag der Bewirtschaftung anderer Länder wo nicht übertrifft, doch demselben nicht nachstehen dürfte; da aber zwischen der Bevölkerung und dem Flächeninhalte des zur Produktion geeigneten Bodens in dem Neckarkreise bereits ein starkes Mißverhältnis statthat, was aus vorliegenden statistischen Notizen erwiesen werden kann, so ist leicht zu ermessen, daß der größere Teil der Grundbesitzer dieses Kreises zufrieden sein muß, wenn er durch seine Betriebsamkeit so viel hervorbringt, als zu seiner und der Seinigen Erhaltung und zu Berichtigung der nicht unbedeutenden Grundlasten und der Grund- und Erwerbssteuer erforderlich ist. Wenn nun ein Mißjahr eintritt oder andere ungünstige Umstände auf die Häuslichkeit des einzelnen minder begüterten Grundbesitzers einwirken, so muß er es zunächst an der Entrichtung derjenigen öffentlichen Abgaben fehlen lassen, welche nicht zu den dringendsten gehören, und hiedurch werden die Ortsvorsteher, welche im Namen einer Gemeinde Zehentpachte eingegangen haben, genötigt, vermöglichere Güterbesitzer oder die öffentlichen Kassen für die einstweilige Deckung des Fehlenden in Anspruch zu nehmen, wodurch Ungleichheiten in dem Abgabenverhältnis entstehen, die zu großen Beschwerden Veranlassung geben und nach vielen vorliegenden Eingaben einzelner Gemeinden nicht nur die Auflösung bereits bestehender Zehentpachtungen zum Gegenstand allgemeiner Wünsche gemacht, sondern auch eine Abneigung gegen derlei Pachtungen und viele Bitten veranlaßt haben, zu Vermeidung großer Weitläufigkeiten und einer beschwerlichen und kostspieligen Administration, welche die Zehentumlagen der Gemeinden verursachen, den Naturalzehenteinzug, welcher auf den mittleren und ärmeren Landmann am wenigsten lästig einwirkt, wieder einzuführen.

Unter diesen Umständen glaubt die unterzeichnete Stelle, daß der Zehentzwang nur im Wege der Gesetzgebung durch ein Opfer der Finanzverwaltung zu beseitigen sein dürfte, und sie muß bekennen, daß sie außer diesem keine weiteren Mittel zu Erreichung des Zweckes in Vorschlag zu bringen vermöge[2]).

---

[2]) Auf Grund der Kreisfinanzkammerberichte bearbeitete Oberfinanzrat Geßner Grundzüge für eine Verwandlung der fiskalischen Zehnten in eine ständige Grundrente, um über den Teilerfolg der langfristigen Zehntverpachtungen hinaus im Interesse des Fiskus wie der Pflichtigen eine dauerhafte Verwaltungsrationalisierung zu erreichen; „denn manche

Nr. 106-138   Die Ablösungsgesetze von 1836.
              Entstehung - Durchführung - Ergebnisse

Nr. 106-116   Ablösungsgesetze und Adelsfrage 1833-1836

Vgl. Darstellung, S. 437 ff. Die Ablösungspläne der Regierung für den Landtag von 1833 (vgl. Darstellung, S. 439 f) verlangten eine Klärung der Frage, ob und inwieweit Art. 14 der Bundesakte die Eigentumsrechte des Adels von entsprechenden Landesgesetzen ausnahm. Erwägungen politischer und rechtlicher Natur (Nr. 106) veranlaßten die Stuttgarter Regierung, mit Vertretern des niederen Adels auf dem Landtag selbst Kontakte aufzunehmen und während der nächsten Jahre in Unterhandlungen zunächst mit der Ritterschaft (Nr. 111-114), dann mit den Standesherren (Nr. 115) wenigstens für einen Teil der 1833 geplanten Vorlagen auf dem Landtag von 1836 die Zustimmung der Mediatisierten als notwendige Voraussetzung für das Zustandekommen der Gesetze zu gewinnen. Die Kritik des Adels an den Regierungsentwürfen (Nr. 107 ff) bezeichnet ähnlich wie 1817/18 seine grundsätzlichen, politisch wie ökonomisch motivierten Bedenken, das überkommene Abgaben- und Eigentumssystem schrittweise aufzulösen. Daß auch bei den Standesherren der Wunsch, an Restbeständen einstiger Herrschaft festzuhalten, zunehmend von der Ein-

---

Gemeinden haben sich entweder gar nicht in einen solchen Zehntpacht eingelassen oder nach eingegangenem Pacht den Zehnten in Unterpacht gegeben, wobei die Naturalverzehntung fortdauerte. Die Scheue vor den Schwierigkeiten und Kosten einer jährlichen Umlage auf die angeblumten Zehntfelder hatte hieran besonders großen Anteil." Das Finanzministerium schlug folgende Normen vor (E 221, 46, 7, Q 31: Entwurf einer Note an das Innenministerium):
1. Verwandlung nur nach ganzen Markungen — Finanzminister v. Varnbüler wollte laut Randnotiz auch zulassen, daß einzelne Pflichtige ein Geldsurrogat leisteten.
2. Die Bestimmung der jährlichen Rente soll auf einer 18jährigen Durchschnittsertragsberechnung basieren, wobei alle Einsparungen infolge der Zehntverwandlung von dem Durchschnittsertrag abgezogen werden.
3. Für Fruchtzehnten wird eine Getreiderente, für die übrigen Zehnten eine Geldrente festgesetzt.
4. Die Gemeinde haftet für die Rente, legt sie um und liefert sie aus einer Hand.
5. Der Gemeinde bleibt jedes Jahr die Wahl, ob sie die Rente in Geld oder Getreide liefern will.
6. Bei militärischer Fouragierung und bei Hagelschlag wird ein angemessener Nachlaß gewährt, während bei Weinzehnten die Gült in Fehljahren ausgesetzt und auf gute Jahre umgelegt werden soll.
Laut Randaufschrift von Finanzminister v. Varnbüler vom 13. 7. 1829 wurde der Plan zunächst ad acta gelegt:
Ein Gesetzentwurf, der wegen des Verzichts auf künftige Ertragssteigerungen aus den Zehnten für das Kammergut notwendig war, konnte bis zu dem kurz bevorstehenden Landtag nicht mehr ausgearbeitet werden. „Es ist daher genügend, wenn man mit den Materialien vorbereitet ist, im Falle die Stände um ein Gesetz bitten."
Als auf dem Landtag von 1830 mehrere Abgeordnete den Wunsch nach Fixierung der Zehnten äußerten, wies v. Varnbüler auf das mangelnde Interesse der Pflichtigen gegenüber den bisherigen Angeboten der Finanzverwaltung und auf die Notwendigkeit einer gesetzlichen Regelung hin, „weil die Fixierung insofern eine Deterioration des Kammerguts in sich fasse, als dadurch die Vorteile einer Amelioration für den Zehntherrn verloren gehen" (KdA 1830, Bd. 3, S. 753 f; 9. 3. 1830). Doch stellte die Abgeordnetenkammer keine entsprechenden Anträge.

sicht in die Unvermeidlichkeit der Entwicklung verdrängt wurde und das Bedürfnis nach möglichst hoher Entschädigung für ihre Rechte an die erste Stelle trat – wenn auch immer mit dem Ziel, hierdurch die feste Basis für die Fortdauer der bisherigen politischen und sozialen Vorrangstellung zu sichern –, bedeutete doch zugleich das Aufgeben von bisher verteidigten Grundsatzpositionen.

Nr. 106   1833 Januar 3, Stuttgart

„Gutachten der allergnädigst verordneten Kommission in betreff verschiedener Fragen über die aus der Bestimmung des Art. 14 der Bundesakte etwa abzuleitenden Beschränkungen der Landesgesetzgebung"

E 65/68, Verz. 57, Bü 68, UFasz. 1, Q 2. Ausfertigung. Unterschriften: Maucler, Beroldingen, Gros, Harttmann.

Schon in einem Anbringen an den König vom 7. 5. 1832 erklärte der damalige Innenminister v. Weishaar unter Hinweis auf „die Entwicklung des Geists der Zeit, welcher über die Unzulässigkeit von privatrechtlichen Verhältnissen, die als unauflösbar anzusehen sein sollen, ein täglich mehr entschiedenes ungünstiges Urteil fällt", es erscheine dringend nötig, „ein dem allgemeinen Interesse günstiges Urteil" des Deutschen Bundes in der Frage herbeizuführen, inwieweit die gezwungene Ablösbarkeit standesherrlicher Rechte auf Grund der einzelstaatlichen Gesetzgebung mit den Bestimmungen des Art. 14 der Bundesakte vereinbar sei; sonst könnte das Gefühl der bestehenden Rechtsungleichheit zwischen den Grundholden des Staates und denen der Standesherrschaften „sich zu einer Höhe steigern, welche zumal in unsern aufgeregten Zeiten mehr als unerwünscht sein müßte". Die preußische Mediatisiertenpolitik der letzten Jahre und die Auflockerung der „Feudalität" in Norddeutschland ließ ihn einen Erfolg für die württembergische Regierung auf Bundesebene erhoffen (E 65/68, Verz. 57, Bü 57, Q 129). König Wilhelm erteilte daraufhin Außenminister v. Beroldingen die Weisung, zunächst durch die Bundesgesandtschaft Nachrichten über die Ansichten der übrigen Bundesregierungen zu dem noch ausstehenden Bundeskompromiß einzuziehen, um festzustellen, welches Urteil Württemberg zu erwarten habe, wenn es die endgültige Entscheidung des Bundes betreibe. Die Regierung sei entschlossen, „den unstatthaften und mit den monarchischen Grundsätzen unvereinbaren Anmutungen der Revolutionspartei" entgegenzutreten, müsse aber „gegründeten Bedürfnissen und Anforderungen der Zeit und den materiellen Interessen ihrer Untertanen" entgegenkommen. Der württembergische Geschäftsträger in Berlin sollte das dortige Ministerium dafür zu gewinnen suchen, daß Preußen am Bundestag auf eine entsprechende Lösung in Frankfurt hinarbeitete (Staatssekretariatsnote vom 10. 5. 1832; ebd.). Der Außenminister, der trotz der recht günstigen Berichte aus Berlin, Wien und Frankfurt (vgl. diese Nr. und Anm. 1–3) an dem schnellen Erfolg einer württembergischen Anfrage am Bundestage zweifelte, stellte in einer Note an das Innenministerium vom 19. 6. 1832 anheim, ob nicht von direkten Verhandlungen mit den Standesherren durch billige Entschädigungsvorschläge ein schnelleres Resultat zu erhoffen sei (E 146, Bü 22, Q 126). Das Innenministerium aber besorgte, in diesem Falle werde der Widerstand der Mediatisierten durch die Hoffnung auf sicheren Rückhalt am Bund eher verstärkt werden; auch schien ihm ein allgemeiner Beitritt der Standesherren zu gleichen Ablösungsbedingungen unwahrscheinlich. Dagegen sei es den Bundesregierungen im Unterschied zu 1819 nicht möglich, „in einem Augenblick, wo die höchsten gesellschaftlichen Interessen bedroht sind, durch die Unterstützung eines selbstsüchtigen Widerstandes gegen die allseitig anerkannten Forderungen der Zeit den Feinden der gesellschaftlichen Ordnung die gefährlichsten Waffen in die Hände zu geben" (ebd., Konzeptaufschrift). Doch hat die Regierung während der folgenden Monate in dieser Frage keine weiteren Schritte unternommen. Erst Anfang Dezember gab der König die Anweisung, ein Gutachten über das Mediatisiertenproblem hinsichtlich der geplanten Ablösungsgesetze in rechtlicher wie in politischer Hinsicht zu erstatten.

Euer Königliche Majestät haben durch Allerhöchstes Dekret vom 4. vor. Mts. in Beziehung auf verschiedene „zu Erleichterung der landwirtschaftlichen Gewerbe" beabsichtigte Gesetzesentwürfe uns die Erstattung eines Gutachtens über einige die Begrenzung der Landesgesetzgebung durch die Bestimmungen des 14. Art. der Bundesakte betreffende Fragen aufzugeben geruht, deren Reihenfolge auch die Ordnung unseres darüber zu erstattenden Vortrags bestimmt.

Die erste Frage veranlaßt eine Darlegung allgemeiner Gesichtspunkte darüber,

I. inwiefern die zugunsten der vormals reichsunmittelbaren Fürsten, Grafen und Ritter in dem Art. 14 der Deutschen Bundesakte enthaltenen Bestimmungen für die Landesgesetzgebung maßgebend sind?

In den Garantien über die Rechte des Adels sind allgemeine Eigentumsrechte nicht erwähnt, da sie wie jeder Staatsbürger Schutz des Eigentums genießen. Die Bundesakte unterscheidet allgemeine Eigentumsrechte und besondere persönliche und dingliche Vorrechte (Art. 53 und 63 der Wiener Schlußakte). Daraus geht hervor, daß nur die dem mediatisierten Adel zugesicherten besonderen Rechte, namentlich nur diejenigen, welche staatsrechtliche Verhältnisse desselben begründen, Gegenstand der vom Bund garantierten unverrückten Aufrechterhaltung sein sollen. Die Standesherrn wie der vormalige Reichsadel sind Untertanen im vollen Sinne des Worts und dementsprechend mit ihrem Eigentum der Landesgesetzgebung und dem jus eminens des Staates unterworfen.

Werden die hier angedeuteten Voraussetzungen im einzelnen geprüft, so wird

a) kein Zweifel darüber entstehen können, daß im Gebiet der Gesetzgebung die Staatsregierung in Übereinstimmung mit der Mehrheit der beiden Kammern über die Notwendigkeit eines dem öffentlichen Wohl zu bringenden Opfers des Privateigentums entscheiden könne. Denn so abweichend die Ansichten der Staatsrechtslehrer darüber sind, ob auch zu Beförderung des allgemeinen Wohls oder nur bei evidenter und dringender Not des Staats zu Erhaltung des Ganzen die Aufopferung einer Privatbefugnis oder eines Privateigentums von der Staatsgewalt in Anspruch genommen werden könne, so liegt doch auch die Beförderung des allgemeinen Wohls im Zweck des Staats, und eine von beiden Kammern in Übereinstimmung mit der Staatsregierung ausgesprochene Anerkenntnis, daß ein wesentlicher Gewinn für das Ganze ein solches Opfer notwendig erfordere, repräsentiert verfassungsmäßig den allgemeinen Willen, und die vorhergehende Vernehmung des Königlichen Geheimen Rats entspricht zugleich dem für vorkommende einzelne Fälle in § 30 der Verfassungsurkunde vorgeschriebenen Erfordernis.

b) *Die gesetzgebende Gewalt kann allgemeine Entschädigungsnormen bestimmen, nach denen im Einzelfall die richterliche Entscheidung sich zu richten hat;*

c) *einer besonderen Zustimmung der einzelnen Mediatisierten hierzu bedarf es nicht, sonst würde sich ein Staat im Staate bilden.*

d) *Ein Rekurs der Mediatisierten an die Bundesversammlung gegen ein verfassungsmäßig entstandenes Landesgesetz, das gewöhnliche Eigentumsrechte aus Gründen des öffentlichen Wohls in Anspruch nimmt, ist in Art. 53 und 63 der Wiener Schlußakte nicht begründet, zumal ohne Mitwirkung des Adels entsprechende Landesgesetze gar nicht zustande kommen können.*

Nicht unbedeutende Modifikationen dürften jedoch diese Ansichten bei Beantwortung der zweiten Frage erhalten:

II. Ob und inwiefern der genommene Gesichtspunkt durch die von Euer Königlichen Majestät erteilten Deklarationen der staatsrechtlichen Verhältnisse einzelner Standesherrn und der großen Mehrzahl der vormaligen Reichsritterschaft etwa verrückt worden?

Die Standesherren, deren staatsrechtliche Verhältnisse durch königliche Deklarationen festgesetzt sind, erhielten mit Ausnahme der gräflichen Häuser von Ysenburg, v. Waldeck, von Pückler, von Neipperg und von Rechberg die Zusicherung, daß die Vereinbarkeit des Grundsatzes der gezwungenen Ablösbarkeit gutsherrlicher Rechte und Gefälle und Fallehen mit dem Art. 14 der Bundesakte der Beurteilung des Deutschen Bundes überlassen werden soll; in den für die hohenloheschen Häuser seit 1823 erschienenen Deklarationen ist die Bundesentscheidung ausdrücklich auch auf die Aufhebung der Erb- und Fallehen ausgedehnt worden. Die Fürsten von Hohenlohe-Neuenstein erhielten überdies in einem Separatprotokoll noch die besondere Zusage: „Sollte die Erklärung der Deutschen Bundesversammlung auf die in diesem § (57) aufgestellte Frage für die gezwungene Ablösbarkeit erfolgen, so wird gleichwohl von Seite der Staatsregierung kein anderer Maßstab der Ablösung der Gefälle als der des zwanzigfachen Betrags bei der Ständeversammlung in Proposition gebracht werden." Zudem enthalten die Deklarationen für die hohenloheschen Häuser schon im Eingang den ausdrücklichen Beisatz, daß die nachfolgenden Bestimmungen den bleibenden Rechtszustand der Fürsten bilden sollen. Bei den betreffenden Standesherrn tritt daher die Modifikation ein, daß die in den Edikten von 1817 benannten gutsherrlichen Rechte und Gefälle nicht ohne vorhergegangene Entscheidung des Deutschen Bundes oder nicht ohne besondere Zustimmung der Beteiligten einer Ablösung gesetzlich unterworfen werden können. Das gilt nicht für die als Ausnahmen genannten fünf standesherrlichen Häuser und nicht für den vormals reichsunmittelbaren Adel auf Grund der De-

klaration vom 8. 12. 1821, da hier die Übereinstimmung mit den grundgesetzlichen Bestimmungen vorbehalten worden ist.

III. Betreffend die dritte Frage, welchen Erfolg eine von Seite der Beteiligten etwa entgegenstehende Ansicht auf den Gang der ständischen Verhandlungen äußern dürfte, kann man mit dem Widerstand zumindest der 1. Kammer rechnen; auf alle Fälle würden die nicht zufriedengestellten Mitglieder des hohen und niederen Adels nach dem Vorgang ihrer badischen Standesgenossen versuchen, sich beschwerend an die Bundesversammlung zu wenden.

IV. Frage, welche Stellung in diesem Fall die Bundesversammlung voraussichtlich einnehmen wird.

1. Es ist anzunehmen, daß die Mehrheit der Bundesversammlung ihre Kompetenz zu einer Behandlung der Beschwerde behaupten wird, wie sie es 1819 und wieder bei den Beschwerden des badischen Adels getan hat unter Berufung auf Art. 14 der Bundesakte und auf Art. 63 der Wiener Schlußakte.

2. Nicht viel günstiger dürfte ihre Entscheidung in der Sache selbst ausfallen, wie das Kommissionsgutachten vom 24. 5. 1819 über die Beschwerden von Thurn und Taxis beweist.

Überblick über die derzeitige Lage am Bundestag:

Das österreichische Kabinett hat zwar bisher die Ansicht genommen, daß nur durch freiwillige Übereinkunft eine Veränderung des Besitzstandes der Standesherrschaften eintreten könne, erkennt jedoch an, daß die diesseitigen Ablösungsgesetze auf billigen Grundsätzen beruhen und deren Annahme im eigenen Interesse der Mediatisierten läge, daher auch Österreich letztern hiezu raten und bei Erörterung der Frage am Bundestag den günstigern Ansichten anderer Staatsregierungen nicht entgegenwirken würde[1]).

Preußen gibt hingegen Aussicht auf seine volle Unterstützung zu Herbeiführung einer günstigen Entscheidung der Bundesversammlung, indem es auch in seinen Staaten durchweg den Grundsatz der gezwungenen Ablösbarkeit der Feudallasten behaupte. Indessen wurde es als zweckmäßig empfohlen, mit dem

---

[1]) Am 14. 6. 1832 berichtete Freiherr v. Blomberg über seine Besprechung mit Staatskanzler Metternich und dem Frankfurter Präsidialgesandten Münch (E 65/68, Verz. 57, Bü 57, Q 134). Danach befürchtete Österreich, bei der Entscheidung der vorgelegten Frage mit früheren Äußerungen in Widerspruch zu geraten, denn bisher hatte es immer dafür gestimmt, daß die Eigentumsrechte der Standesherren nur durch freiwillige Übereinkunft verändert werden könnten. „Dagegen erkennt der hiesige Hof an, daß die K. Württembergische Gesetzgebung wegen der Ablösung auf durchaus billigen Grundsätzen gebaut sei und es in dem eigenen wohlverstandenen Interesse der Mediatisierten liegen würde, die Ablösung auf dieser Basis anzunehmen, weshalb mich auch Fürst Metternich versicherte, daß, wenn er noch im Besitze seiner Standesherrschaft in Württemberg wäre, er das Beispiel der Unterwerfung unter die Edikte geben würde. Der Kaiserliche Hof wird daher den Standesherren eintretenden Falles zureden, freiwillig die Edikte anzunehmen, und wenn er sich auch nicht voranstellen zu können glaubt, die zu provozierende Entscheidung unbedingt zugunsten der Regierung zu geben, so wird er keineswegs sich entgegenstellen und den günstigeren Ansichten anderer Regierungen entgegenzuwirken suchen; er wird vielmehr eine neutrale Rolle in der Sache spielen." Nach Ansicht des Gesandten war daher eine große Mehrheit für die württembergische Regierung gewiß, da Preußen bei sich bereits die gleichen Grundsätze angewandt habe und alle Staaten mit Mediatisiertenbesitz im eigenen Gebiet die gleichen Interessen wie Württemberg hätten. Blomberg empfahl besonders eine vertrauliche Verständigung mit Hannover.

diesseitigen Vortrag in der Bundesversammlung eine die Standesherrn über Billigkeit der Ablösungsnormen beruhigende Tendenz auszusprechen[2]).

Hannover und Baden gehen im wesentlichen übereinstimmend mit den oben zur ersten Frage ausgeführten Gesichtspunkten davon aus, daß der gesetzgebenden Gewalt im Staate die Befugnis zustehe, in Anwendung des juris eminentis, dessen Begründung sie allein zu beurteilen habe, die gezwungene Ablösbarkeit oder Veränderung der Eigentumsverhältnisse auszusprechen und selbst auch die Entschädigungsnorm zu bestimmen.

Oldenburg gibt vorläufig, und ohne der künftigen Abstimmung präjudizieren zu wollen, eine gesetzliche Anordnung der Ablösbarkeit gutsherrlicher Rechte und Gefälle etc. auch aus Rücksichten einer wohlverstandenen Staatswirtschaft, jedoch nur gegen genügende und völlig angemessene Entschädigung zu, ohne darauf einzugehen, ob auch das Maß der letztern von der Gesetzgebung bestimmt werden könne, findet übrigens jedenfalls die Kompetenz der Bundesversammlung begründet, in jedem einzelnen Kontestationsfall zwischen der Staatsgewalt und dem Standesherrn als Garant entscheidend einzutreten.

Luxemburg gibt zwar zu, daß wenn dringende Notwendigkeit und Kollision des Gemeinwohls mit dem Privatwohl, nicht bloß staatswirtschaftliche Vorteile es erfordern, den Standesherrn im Weg der Gesetzgebung auch Eigentumsrechte gegen volle Entschädigung entzogen werden können, über deren Zulänglichkeit und Sicherstellung die Bundesversammlung zu erkennen habe. Die württembergischen Ablösungsedikte wollen jedoch nur insoweit gerechtfertigt funden werden, als solche die Aufhebung der Leibeigenschaft gegen Ersatz der dadurch verletzt werdenden standesherrlichen Rechte, ein Verbot der Errichtung neuer Fall- und Erblehen und ein Verbot oder die richterliche Fixierung ungemessener Dienste betreffen.

Nassau erachtet gesetzliche Vorschriften über Ablösung der Realabgaben (welchen ein durch die Erwerbungsart geteiltes Eigentum zugrund liege) nicht für rätlich und in der Regel nur freiwillige Übereinkunft der Beteiligten für zulässig, faßt übrigens vorzugsweise nur seine eigene Stellung ins Auge, wonach die persönlichen und aus der Leibeigenschaft herrührenden Abgaben und Leistungen mit Einschluß der Frondienste und des Blutzehentens bereits vor Abschluß der Bundesakte gegen billige Entschädigung nach dem Maß des wirklichen Verlusts aufgehoben wurden, dagegen alle auf Eigentumsverhältnissen beruhenden Abgaben wie Zehenten, Zinsen, fortbestehen.

---

[2]) 1832 Juni 3, Berlin: Freiherr v. Linden berichtet, daß „eine Verschiedenheit der Ansichten des K. Preußischen Ministeriums mit den diesseitigen Ansichten in keinerlei Weise stattfinde". Eichhorn, der langjährige Referent der deutschen Angelegenheiten im Berliner Kabinett, gab „die bündigste Versicherung, daß wenn der fragliche Gegenstand in der angeführten Weise bei der Bundesversammlung in Anregung gebracht werde, Preußen seine volle Unterstützung zu Herbeiführung einer günstigen Entscheidung zusage"; er hoffe auch auf die Zustimmung Österreichs und der übrigen deutschen Bundesstaaten. In Preußen bestehe durchweg der Grundsatz der gezwungenen Ablösbarkeit; „seit dem Jahre 1819 habe sich übrigens die Stellung der Standesherrn in ihren Beziehungen zu der Landesregierung überall sehr verändert, nur die Besorgnis haben die Mediatisierten noch, daß die Ablösung in einer Norm stattfinde, welche eine unverhältnismäßige geringe Entschädigung ihnen zuweise". Württemberg solle daher zweckmäßigerweise in seinem Vortrag bei der Bundesversammlung eine beruhigende Äußerung über die Billigkeit der Ablösungsnormen geben (E 65/68, Verz. 57, Bü 57, Q 131).

Von den übrigen Bundestagsgesandtschaften waren noch keine Äußerungen zu erhalten und schienen solche umgangen werden zu wollen, ehe die Fragen selbst am Bundestag zur Beurteilung vorliegen[3]).

Eine Vergleichung dieser verschiedenen Äußerungen legt von selbst dar, daß zwar dermalen in der Bundesversammlung sich eine etwas günstigere Beurteilung der Ablösungsgesetze von 1817 bilden dürfte, als das Kommissionsgutachten von 1819 erwarten ließ, daß jedoch eine etwas bestimmte Aussicht hierauf nur von 4 Staatsregierungen gegeben ist und daß, wenn auch außer diesen noch 5 weitere (wie etwa Bayern, Sachsen, beide Hessen und Dänemark oder die sächsischen Häuser) beitreten und die Mehrheit herstellen sollten, dennoch in diesem günstigsten Fall zu erwarten wäre, daß die Mehrheit sich für die Kompetenz der Bundesversammlung zur Entscheidung über die Zulänglichkeit der Entschädigung in Kontestationsfällen zu erklären geneigt sein dürfte.

In dieser Sachlage wird die Erörterung der fünften Frage um so wichtiger, nemlich

V. ob nicht rätlich erscheine, der Übereinstimmung der beteiligten Mediatisierten mit den beabsichtigten Gesetzesvorschlägen sich im voraus zu vergewissern, und in welcher Art und Weise dieser Zweck zu erreichen sein möchte?

1. Für die Rätlichkeit einer solchen vorgängigen Verständigung scheinen uns sowohl rechtliche als politische Gründe zu sprechen.

a) Von rechtlichen Gründen dürften hauptsächlich folgende zu berücksichtigen sein: Sooft die Untertanen gegen den Staat, welcher die Gesamtheit zu vertreten und jeden bei seinen Rechten zu schützen hat, sich auf ein Recht berufen können, steht die gesetzgebende Gewalt eigentlich an ihrer Grenze. Wenn nun gleich Notfälle, wo das Wohl des Ganzen mit den Rechten der einzelnen in Kollision kommt, eine Ausnahme dieses Grundsatzes unvermeidlich machen, so bleibt doch der Staat vermöge des Grundsatzes der rechtlichen Gleichheit verpflichtet, darauf zu sehen, daß dieses zur Notwendigkeit gewordene Unrecht eines Eingriffs in die Eigentumsrechte einzelner durch volle Entschädigung wieder gutgemacht werde. Die Vollständigkeit der Entschädigung läßt sich aber, auch insoweit Geldforderungen zu ersetzen sind, zunächst nur durch vorgängiges Einvernehmen mit den Beteiligten richtig ermessen, deren Interesse nicht nur die Summe der Entschädigung, sondern auch die Art und Weise, in welcher, und die Personen, von welchen sie geleistet werden soll, betreffen kann. *Auch kann der Zweck der geplanten Gesetze nicht als entschiedener Notfall beurteilt werden, in dem der Staatszweck nur durch Einschränkung oder Aufhebung von Privatrechten erreicht werden kann. Zudem wurde einer großen Zahl von Mediatisierten in staatsrechtlichen Deklarationen zugesichert, daß eine gezwungene Ablösung ihrer gutsherrlichen Rechte und Gefälle von einer entsprechenden Entscheidung der Bundesversammlung abhängig bleiben soll.*

b) *Politische Gründe: Es liegt im Interesse der Regierung, jede Beschwerde des Adels bei der Bundesversammlung zu vermeiden; denn der Adel könnte wenigstens wegen Vollständigkeit der Entschädigung auf Bundesunterstützung hoffen. In diesem Fall dürften auch die übrigen Berechtigten Anspruch auf den gleichen Entschädigungsmaßstab erheben.*

---

[3]) Nach den Berichten des württembergischen Bundestagsgesandten v. Trott vom 26. 6. und 4. 12. 1832; E 65/68, Verz. 57, Bü 57, Q 138 und 146.

Endlich dürfte es auch überhaupt im Interesse der Staatsregierung gefunden werden, alles zu vermeiden, was einen gegründeten Anlaß zur Unzufriedenheit des begüterten Adels geben und der Staatsregierung die Vorteile des Einflusses entziehen könnte, welche die einmal bestehende Verfassung demselben auf die Landesangelegenheiten eingeräumt hat.

In besonderer Beziehung auf die Verhandlungen des bevorstehenden Landtags im allgemeinen wird von Seite der Staatsregierung die Verlegenheit nicht ganz außer Berechnung bleiben dürfen, welche daraus entstehen könnte, wenn die Mehrzahl der standesherrlichen Mitglieder der 1. Kammer in den in Frage stehenden Gesetzesvorschlägen sollte eine Nichtbeachtung ihrer Eigentumsrechte und darin Anlaß finden können, keinen weitern Anteil an den übrigen ständischen Beratungen zu nehmen und durch ihre Entfernung eine im gegenwärtigen Zeitpunkt weniger als jemals zu wünschende Auflösung der 1. Kammer herbeizuführen.

2. Ein günstiges Ergebnis der geplanten Verhandlung ist am besten zu erreichen, wenn man einige der angesehenen Standesherrn anläßlich der bevorstehenden Ständeeröffnung vertraulich von den Absichten der Regierung unterrichtet und bewirkt, daß zwecks vorläufiger Vereinbarung zwei Standesherren von ihren Standesgenossen beauftragt werden, mit einem Bevollmächtigten der Regierung Rücksprache zu nehmen. Die Regierung muß dabei den Gesichtspunkt voranstellen, daß sie hierzu nur durch die besonderen Zusicherungen in den Deklarationen für vierzehn standesherrliche Häuser veranlaßt wird.

Bei den Verhandlungen sollte dem Regierungsbevollmächtigten ein Komitee beigegeben werden, um die Einwände und Anträge von standesherrlicher Seite zu begutachten. Der Bevollmächtigte könnte bei Genehmigung durch den König die Ansichten des vorliegenden Gutachtens als allgemeine Richtlinien erhalten.

Sie lassen sich im wesentlichen darauf zurückführen,

daß der vormals reichsunmittelbare hohe und niedere Adel hinsichtlich der ihm gleich andern Staatsgenossen zukommenden Privateigentumsrechte gegenüber vom Staat dieselbe Gewährleistung, welche dem Privateigentum aller Staatsgenossen zukommt, anzusprechen, dagegen aber auch dieselbe Verpflichtungen gegen den Staat anzuerkennen hat; daß derselbe daher auch Beschränkungen oder Aufopferungen seiner Privateigentumsrechte, sobald solche aus Gründen des öffentlichen Wohls auf verfassungsmäßigem Weg nötig erkannt worden sind, sich nicht entziehen kann, dafür jedoch, sobald solche Opfer nicht alle Staatsgenossen im gleichen Maß treffen, volle Entschädigung anzusprechen hat;

daß diese Verpflichtung als Folge des staatsbürgerlichen Verhältnisses ebensowenig als irgendeine die innere Staatseinrichtung und Staatsverwaltung betreffende Angelegenheit Gegenstand eines Rekurses an die Bundesversammlung sein kann;

daß jedoch die Staatsregierung eine Ausnahme hievon in Beziehung auf die besondere, einigen standesherrlichen Häusern in erlassenen Deklarationen erteilte Zusicherung insolange anerkennt, als nicht die darin in Aussicht gestellte Entscheidung des Deutschen Bundes erfolgt ist, und zu dem Ende ein vorgängiges Einvernehmen mit den Beteiligten einzuleiten sich bewogen findet;

daß übrigens die Absicht der Staatsregierung überhaupt hiebei darauf gerichtet ist, für die von dem gutsherrlichen Adel wie von andern in gleicher Weise beteiligten Staatsgenossen bei den in Frage stehenden Gesetzen dem öffentlichen Wohl zu bringenden Opfer einen ebenso gerechten als allgemein ausführbaren Maßstab voller Entschädigung festzusetzen;

daß daher die Staatsregierung, indem sie in dem Zeitpunkt, wo ihre Ansichten über die nach den Vorgängen anderer teutschen Staaten in Vorschlag zu bringenden Gesetze vorläufig festgestellt sind, diese vorgängigen Rücksprachen einleitet, ohne eine voraussichtlich nicht ungünstig ausfallende vorherige Entscheidung des Bundes über die oben angedeutete besondere Frage zu veranlassen, sich auch einer die Zeitverhältnisse berücksichtigenden entsprechenden Erwiderung versehen zu dürfen glaubt, wofür das eigene Interesse der Beteiligten noch einen besondern Grund in der Erwägung finden dürfte, daß eine mit Ausnahme der standesherrlichen Grundholden ausgeführte zeitgemäße Reform der gutsherrlichen und bäuerlichen Verhältnisse die Berechtigten leicht in nicht entfernter Zeit in eine Lage setzen könnte, in welcher sie unter minder günstigen Verhältnissen zu gleichen Zugeständnissen sich veranlaßt finden möchten.

Endlich dürften Euer Königliche Majestät angemessen finden, sofern diese Ansichten die Allerhöchste Genehmigung erhalten, mit einer in die Thronrede etwa aufgenommen werdenden Erwähnung der in Frage stehenden Gesetzesvorschläge eine allgemeine Andeutung über zugleich beabsichtigte besondere Berücksichtigung der Berechtigten zu verbinden, um dadurch einer sonst in der Adresse etwa zu erwartenden Verwahrung zuvorzukommen.

Übrigens würde die einzuleitende Verhandlung mit standesherrlichen Bevollmächtigten nicht im Weg stehen, jene Gesetzentwürfe, sobald sie vorbereitet sind, in der Zweiten Kammer einzubringen, und nur gleichzeitig den beteiligten Mitgliedern der I. Kammer die Aussicht zu geben sein, daß während der Beratungen der Zweiten Kammer die beabsichtigten Rücksprachen mit ihnen eintreten werden.

Nr. 107   1833 März 13, Stuttgart

Bemerkungen von Domänenrat Mangoldt, Hohenlohe-Öhringen, „über die Entwürfe der Ablösungsgesetze der standesherrlichen Gefälle im Königreich Württemberg"

K II W 259. Abschrift.

So wie in den meisten süddeutschen Staaten, so auch in Württemberg sind die mancherlei Verpflichtungen des Landeigentümers zu jährlichen Abgaben und Leistungen an den Staat und andere Privatberechtigte als mit den durch Kultur und Bedürfnis hervorgerufenen Besteuerungsnormen nicht mehr vereinbar und als der vorzugsweise Grund der immer mehr erkennbaren Verarmung des Landmanns erklärt worden.

Daß die württembergische Regierung hierauf einging, ohne die Richtigkeit der vom geschmeichelten Eigennutz mit Begierde aufgefaßten Motive von allen Seiten zu würdigen, ja daß sie an die Entwicklung der Entstehung jener Abgaben eine Zweifel erregende historische Einleitung knüpfte und – die Mehrheit des Volks im Auge – den festen Boden des strengen, durch Besitz und Verjährung geschützten Rechts verließ und diese im § 30 der Verfassung sanktionierte Grundlage mit dem Felde einer willkürlichen, sich nach augenblicklichen Bedürfnissen richtenden vermeintlichen Billigkeit vertauscht, läßt den ruhigen Beobachter des Ganges der innern Angelegenheiten Württembergs ahnen, daß das Gouvernement, der ritterlichen Festigkeit des Staatsoberhauptes ohngeachtet, sich mehr der Partei der Bewegung als des erhaltenden Prinzips nähern und versucht sein dürfte, im Drange der Umstände der bedenklichen Stimmung der teilweise provozierten Unzufriedenheit und fühlbaren Unbehaglichkeit einzelne Berechtigungen des hohen und niedern Adels zu opfern.

Denn vorzugsweise die Prärogative und Rechte des letztern Standes werden in neuerer Zeit als das Hindernis der Entwicklung einer bessern Lage der produzierenden Staatsbürgerklasse herausgerufen, und man darf sich nicht verhehlen, daß, wenngleich jene Gesetzesentwürfe in der Ausführung sich auch auf den Staat und Korporationen ausdehnen, doch hauptsächlich der hohe und niedere Adel hiedurch gekränkt wird, weil

a) eine Verringerung der Staatseinnahme bei den Kameralgefällen durch die subsidiäre Tenenz der Deckung des hierdurch veranlaßten Ausfalls mittelst einer erhöhten, auch die frühern Exemten treffenden Steuerumlage wieder zu ersetzen ist und

b) die Zwecke der Korporationen mit wenigen Ausnahmen sich mit der Wohlfahrt des Abgabenpflichtigen beschäftigen, der jenen Verband in demselben Verhältnis geringer in Anspruch zu nehmen braucht, in welchem er durch die Verminderung des Korporationsvermögens Erleichterung gefunden hat, während

c) die aus jenen Gesetzesentwürfen hervorgehende Schmälerung der Rechte des Adels dessen ohnedies häufig durch Lasten für öffentliche Zwecke sehr gedrückten Etat bedeutend vermindert, ohne hiefür einen Ersatz zu leisten.

Wenn man auch mit den Bekennern zu der richtigen Mitte annehmen will, daß ein Teil jener grundherrlichen Gefälle, weil sie unter den nach der Verfassung gleichgestellten Staatsgenossen ein unter den Staatsbürgern nicht zulässiges Abhängigkeitsverhältnis begründen, eine gleiche Besteuerung hindern, die freie Entwicklung der Kultur und mit derselben die Liebe zum Vaterlande unterdrücken etc. etc., so gibt dies dem Staate sowenig ein Recht, den Belasteten die Ablösung jener Abgaben auf Kosten der Berechtigten zu erleichtern, sowenig die Gesetzgebung ein anderes Eigentum kränken darf.

Überdies steht das mit der Grundherrlichkeit des hohen Adels in Württemberg verbundene Vermögen außer dem Bereich der legislativen Gewalt des Gouvernements und der Stände, vielmehr ist solches durch die Deutsche Bundesakte gewährt, so daß in dem Gefällwesen des hohen Adels in Württemberg nur auf dem Wege einer freien Übereinkunft eine Veränderung, ohne dem Rechte Zwang anzutun, stattfinden kann, wie dies der württembergischen Regierung in einem besondern, bei Gelegenheit der beabsichtigten Gefällabtretung im September 1832 übergebenen Promemoria nachgewiesen wurde, worauf auch die in den Motiven zu jenen Gesetzesentwürfen berührte Notwendigkeit besonderer Unterhandlungen mit den Standesherrn hinzudeuten scheint. Um so mehr wäre daher zu wünschen gewesen, daß die Regierung die namentlich von dem fürstlichen Gesamthaus Hohenlohe erklärte Bereitwilligkeit zur Abtretung eines Teils der Gefälle gegen vollständige Entschädigung entgegenkommender aufgenommen und noch vor der Einbringung eines diesfallsigen Gesetzesentwurfs sich den Weg zu einer allgemeinen Übereinkunft mit den württembergischen Standesherrn gebahnt und so den Verdacht entfernt hätte, daß das Gouvernement durch freisinnige, für sie (!) mit keinem Opfer verbundene Gesetzesvorschläge sich populär machen, dagegen die Rechte und Interessen des Adels denen des Volks gegenüberstellen, den erstern mit dem letzteren somit in feindliche Berührung bringen und hiedurch in der Anwendung und Erhebung jener Befugnisse und Gefälle Schwierigkeiten erzeugen wolle, welche bestimmt scheinen, für spätere Zeiten eine den Verpflichteten vorteilhafte Ablösung vorzubereiten. Besteht jetzt schon unter demjenigen Teil der Neuwürttemberger, welche in einem gewissen Territorialnexus zu ihren ehemaligen Landes- und Grundherrn blieben, die Meinung, daß sie im Hinblick auf die übrigen Staatsgenossen, die sogenannten Altwürttemberger, als Stiefkinder behandelt würden und – wie sie sich oft ausdrücken – zwei Herren hätten, welche Stimmung wird unter jenen hervorgerufen, wenn sie die den Kron-Grundholden gegebene Möglichkeit der Erleichterung der Grundlasten mit der Verweigerung ihrer Fürsten, Grafen und Edelleute, ihnen dieselben Vorteile zu gestatten, vergleichen, wenn sie sich sagen müssen: Unsere Verpflichtungen sind unauflösbar, dagegen die unserer Nachbarn nicht, ja wir haben unter der erhöhten Staatssteuer noch zu unsern grundherrlichen Leistungen eine weitere Last und zwar nur deshalb zu übernehmen, weil wir Mediatuntertanen sind.

Da wir die Menschen nur als solche betrachten dürfen, so wird die notwendige Folge hievon sein, daß sich die frühere und schon bei der zweiten Generation verminderte Anhänglichkeit an die ehemaligen, nun zu Territorialherren herabgestimmten Landesherrn vollends ganz verliert, in einigen Dezennien in Haß verwandelt, der, gepflegt vom Geiste der Zeit und aufgemuntert durch die von der Regierung ausgesprochene Absichten, später in offene Opposition gegen das ganze Gefällwesen tritt und im Bunde mit den legislativen Staatsgewalten hieran so lange zerrt, bis das stützende Rechtsgebäude selbst schwankend gemacht und die indessen sichernde Bundesversammlung veranlaßt ist, zur Beruhigung der aufgeregten Volksstämme süddeutscher Staaten ebenso das Rechtsprinzip zu verlassen und die Interessen des Adels zum Opfer zu bringen, wie dies dessen Mediatisierung, ein Akt der willkürlichsten Gewalt, beurkundet.

Damals standen der Verstärkung der Staaten dritten Ranges die landesherrlichen Rechte der kleinern Gebiete und ihrer angebornen Fürsten etc. entgegen; sowenig damals deren Unterdrückung der Schutz des positiven, immerhin Veränderungen unterworfenen Rechts verhindern konnte, sowenig Garantien bestehen jetzt, daß nach und nach unter den manchfachsten Titeln auch der zweite Teil der Rechte der Mediatisierten der sogenannten Sorge für das öffentliche Wohl untergeordnet werde, wie dies im Hinblick auf die Zusammensetzung der Bundesversammlung, und daß eine solche Schmälerung selbst im In-

339

teresse des monarchischen Prinzips liegen könne, schon früher im Juli 1832 bei einer andern Gelegenheit ausgeführt worden ist[1]).

So unbestritten das strenge Recht die Gefällberechtigten im Besitz dieser Vermögensteile zu schützen hat und so wenig die Staatsgewalt sich hievon eine Abweichung, ohne die gefährlichsten Konsequenzen befürchten zu müssen, erlauben darf, so möchten doch obige Gründe eine Veränderung in dem Gefällwesen dann als rätlich und für die Gefällbesitzer als angemessen erscheinen lassen, wenn

a) volle Entschädigung gewährt und

b) Gelegenheit gegeben wird, die Ablösungssummen wieder in Grundbesitz, der Grundlage des hohen Adels und der künftigen würdigen Existenz seiner kommenden Generationen, anzulegen.

Inwiefern nun die bei dem württembergischen Landtag anno 1833 eingebrachten Gesetzesentwürfe die Erreichung dieser Vorbedingungen erwarten lassen, soll hienach untersucht werden.

Ausführliche Einzelkritik an den vorliegenden Gesetzentwürfen.

Nr. 108   1833 (März–Mai)

Langenburgische Bemerkungen über die Entwürfe der Ablösungsgesetze

K II W 309, Q 30. Abschrift. Ohne Datum und Unterschrift, vermutlich etwa März–Mai 1833 verfaßt (vgl. Nr. 107 und 109).

Über dreierlei Gesichtspunkte hat man sich bei den Betrachtungen über fragliche Gesetzesentwürfe zu verbreiten, nämlich

1. über die Folgen, welche durch diese Gesetze für den Rechtszustand der standesherrlichen Häuser, für ihr Finanzwesen und für ihre persönliche Stellung in der Gesellschaft herbeigeführt werden,

2. über die Zuständigkeit der Gesetzgebungsgewalt Württembergs zur Erlassung jener Gesetze, soferne diese auch die standesherrlichen Gerechtsame berühren sollen, und endlich

3. wie, wenn den Umständen nachgegeben werden muß, die fraglichen Gesetze ohne geringstmöglichste Verletzung der Etats der standesherrlichen Häuser ins Leben treten könnten.

Was 1. die Folgen

a) für den Rechtszustand der standesherrlichen Häuser betrifft, so möchte es keinem Zweifel unterliegen, daß, wenn die berührten Gesetzesentwürfe ohne weiteres durchgingen, die den hohen Häusern für ihre so großen Verluste noch vergönnten besonderen Rechte jede Garantie verlieren und dem Spiele einer rücksichtslosen, jeden positiven Rechtszustand verhöhnenden Propaganda bloßgegeben würden. Oder liegt es nicht in der Erfahrung, daß bald ein ganzes Verhältnis umgestoßen wird, wenn einmal auch der kleinste Punkt desselben auf eine seine Existenz verletzende Weise berührt ist? Und ist es im vorliegenden

---

[1]) Vermutlich ist der Aufsatz vom 19. 7. 1831 (Nr. 71) gemeint.

Falle anders? Der Deutsche Bund hat die Verhältnisse der standesherrlichen Häuser unter seine legislative Gewalt gezogen und den persönlichen und grundherrlichen Rechten der Standesherren seine Garantie verheißen.

Diese Stellung der Standesherrn mißkennen aber die fraglichen Entwürfe ganz, ja nicht bloß dieses, sie scheinen jene besonderen Verhältnisse als gar nicht existierend anzunehmen. Wird aber die Auctorität des Bundes nicht mehr geachtet, so ist für die standesherrlichen Gerechtsame der höhere Schutz dahin, und um so rascher und lauter werden die Stimmen nach völliger Gleichheit erschallen, je leichter der erste Versuch hiezu gelang.

Die Rechte, welche die vorliegenden Gesetzesentwürfe berühren, haben wenigstens zum großen Teile privatrechtlichen Grund und Boden und verdienten schon darum, abgesehen von der Garantie des Bundes, eine größere Achtung; erfahren diese eine solche nicht, was ist dann für das bevorzugte Besteuerungsrecht der Standesherren, was für ihre persönlichen Vorrechte, was für ihre Patrimonialrechte zu befürchten?

b) Das Finanzwesen der Fürsten sodann erfährt durch die fraglichen Gesetze einen dreifachen Schlag:

Einmal werden, wer möchte es mißkennen, ihre wirklichen Revenüen geschmälert, denn eine volle Entschädigung läßt sich schwer ermitteln, und noch schwerer dürfte die Verfolgung einer solchen sein; dann müssen die Standesherren in ihrem Steuerbeitrage selbst eine, und wohl nicht die unbedeutendste, Quote zur Verwandlung und Ablösung ihrer Gerechtsame an die Pflichtigen abreichen, wenn der Staat, wie beantragt ist, einen Teil der Summen übernimmt, und endlich werden sie durch die Ausfälle, welche sich bei der Staatsverwaltung an dem Ertrage des Staatsgutes durch die Verwandlung und Ablösung der fraglichen Gefälle ergeben, immer wieder in Anspruch genommen werden und zwar je mehr, in je geringerem Maßstabe von der Staatsverwaltung ohne Zweifel die Ablösung zugelassen werden wird.

Aus den Folgen der mehrerwähnten Gesetze für den Rechtszustand der fürstlichen Häuser endlich läßt sich zum Teil schon auf die Folgen derselben

c) für die politische Stellung der Standesherren schließen. Allein nicht bloß, daß mit dem Aufhören jenes besonderen Rechtszustandes ein Erlöschen der höheren Stellung der Standesherren eintritt, hat eine Änderung im seitherigen Zustande des Gefällwesens für sich schon nachteiligen Einfluß auf das Verhältnis zwischen den standesherrlichen Häusern und ihren Grundholden. Nach dem Verluste der Oberhoheit blieb den Territorialherren auf ihre Angehörigen kein weiterer Einfluß und keine weitere Einwirkung mehr übrig als die, welche sich aus dem wechselseitigen Leisten und Geben gestaltete; dieses allein erhält jetzt noch das Andenken an das frühere Verhältnis und pflanzt eine Anhänglichkeit fort, die sich notwendig verlieren muß, wenn der Grund derselben erloschen ist; und bald werden dann die Standesherren in der Meinung ihrer früheren Vasallen sowohl als anderer nur bloß als große Gutsbesitzer erscheinen und als solche behandelt und geachtet werden.

Betrachtet man nun diese Umstände, hat man dabei die feste Überzeugung, daß, was den zweiten Gesichtspunkt betrifft, den über die Zuständigkeit der Gesetzgebungsgewalt Württembergs zur Erlassung fraglicher Gesetze, soweit sie die Standesherren berühren, diese Zuständigkeit mit den Gesetzen des Deutschen Bundes sich durchaus nicht vereinbaren lasse, [...] und überlegt man dann endlich weiter, daß keineswegs der schlichte Landmann es ist, der eine Änderung in der Lage der Dinge so sehnlich wünscht, sondern nur einzelne eingebildete Philantropen (!) und aufgereizte Gemüter ihre Stimmen für die des Landmanns erschallen lassen, so kann man nicht umhin, für eine kräftige, aber dabei kluge und die Gemüter nicht reizende Opposition bei den Verhandlungen über die Gesetzesentwürfe und selbst für eine Berufung an die Deutsche Bundesversammlung sich auszusprechen. Möchte man sich indes hievon einen großen Erfolg nicht versprechen können, so dürfte bei den Verhandlungen unter Geltendmachung der besondern Verhältnisse der standesherrlichen Häuser dahin zu wirken sein, daß die Ablösung der Gefälle in den standesherrlichen Besitzungen der freien Übereinkunft der Interessenten überlassen werde.

Und als letztes, wenn alle andern Versuche scheitern, stellt sich der noch dar,

3. den fraglichen Gesetzen in ihren einzelnen Teilen eine solche Richtung zu geben, daß die finanziellen Verhältnisse der standesherrlichen Häuser möglichst wenig gefährdet werden.

Bemerkungen zu den einzelnen Gesetzentwürfen.

Nr. 109   1833 Mai 20, Kirchberg

Bemerkungen von Amtmann Fromm, Hohenlohe-Kirchberg, zu den Entwürfen der Ablösungsgesetze

K II W 309, Q 29. Abschrift.

A) Im Allgemeinen.

1.) Daß die beantragten Verwandlungen und Ablösungen das herrschaftliche Interesse nicht nur hinsichtlich der Größe und dauernden Sicherstellung der Einkünfte gefährden, sondern auch, wenn sie zum Vollzug kommen, den Standpunkt des fürstlichen Hauses zu dessen Grundholden sehr verändern, bedarf keiner Auseinandersetzung: Es liegt dies auf glatter Hand.

Aus diesem Gesichtspunkt betrachtet kann daher die Durchführung dieser Gesetzesanträge keineswegs rätlich erscheinen.

Berücksichtigt man aber auf der anderen Seite den im Volke längst bestehenden, durch die Ereignisse der neuern Zeit noch lebendiger gewordenen Wunsch nach gänzlicher Aufhebung der bestehenden Ungleichheit in der Besteuerung und Belastung des Grund und Bodens, den ernsten Willen der Regierung, diesem Wunsche möglichst zu entsprechen, und die Vorgänge in andern Staaten, und betrachtet man weiter, daß bei diesem sich – wie zu fürchten ist – für die Grundherrn fortschreitend verschlimmernden Zustand der Dinge das solchen zur Seite stehende wohlerworbene Recht gegenwärtig eher noch Anerkennung findet als vielleicht später, so dürfte es für die Standesherrn am zweckmäßigsten sein, sich für den Preis vollständiger Entschädigung zur Anerkennung der projektierten Gesetze bereit zu erklären. [...]

Kritik der Entwürfe im einzelnen.

Nr. 110   1833 Juni/Juli, (Stuttgart)

Bemerkungen des Fürsten Georg Ludwig von Hohenlohe-Kirchberg zur Haltung des Adels gegenüber den geplanten Ablösungsgesetzen

K II W 311, Q 1. Konzept.

Der „Vortrag" wurde laut Aufschrift „gehalten in dem Zusammentritt und Beratung der ritterschaftlichen Herren Deputierten mit den anwesenden Standesherren im Juni oder Juli 1833".

Die auf dem vorigen Landtag von den Ministern eingebrachten Gesetzesentwürfe auf Verwandlung der Zehnten und Ablösung der Fronden, Leibeigenschaftsgefälle, Beeten und Kellereisteuern bedrohen den gesamten Adel sowie die Korporationen, Stiftungen und meisten geistlichen Stellen mit einer äußerst fühlbaren Schmälerung und Erschütterung, zum Teil sogar mit Vernichtung ihrer nutzbaren Eigentumsrechte.

Die allen diesen Gesetzesentwürfen vorangestellte Bestimmung, daß es den Pflichtigen freistehen solle, von den Ablösungen oder Verwandlungen Gebrauch zu machen, während die Berechtigten unbedingt verbunden sein sollen, auf solche einzugehen, ist als eine Verletzung des Rechts allerorten anerkannt worden und wird als eine solche bei den Verhandlungen in den Kammern von den Beteiligten besser, als von mir geschehen kann, geltend gemacht werden. Ebenso hat ein verehrliches Mitglied der 1. Kammer schon das Unrecht, das Unzweckmäßige und Unausführbare des Zehentverwandlungsgesetzes sehr folgerecht und umfassend ausgeführt. Der rechtlichen wie der rechtsgeschichtlichen Kenntnisse ermangelnd, welche zur Widerlegung der vorgetragen werdenden Motive der Minister bei diesen Gesetzesentwürfen nötig sind, kann ich mich bloß darauf beschränken, Vorschläge zu machen, auf welche Weise die Standesherrn und Ritterschaft zu den Gesetzen über die Ablösung der Fronden, Beeten etc. ihre Zustimmung zu geben vermögend sein dürften, indem ich dabei voraussetze, daß das ohnehin nur pure zu verwerfende Gesetz wegen Verwandlung der Zehnten gar nicht mehr zur Sprache kommen werde, wofür übrigens die bloße Versicherung der Minister mir keine hinreichende Bürgschaft ist.

Eine Vertauschung der Frongerechtsame, Beeten, Leibeigenschafts- und Kellereigefälle an den Staat wäre das einzige Mittel, zu welchem der Adel sich verstehen könnte, um zu der von der Regierung beabsichtigten Ablösung und Erlaß dieser Leistungen gegenüber den Pflichtigen mitzuwürken. Nur eine Vertauschung derselben gegen einen gleich großen Reinertrag aus Grundeigentum nehmlich kann dem Adel die Sicherheit für seine künftige Erhaltung gewähren, die jener Stütze des Throns und monarchischen Prinzips doch so nötig ist und welche durch Entschädigungen mit Kapitalien und Renten einmal wegen des so schwankenden und unverbürgbaren Wertes dieser Eigentumsarten und andernteils wegen des bedeutend geringern Maßstabs, der in den Gesetzesentwürfen für Entschädigung für die Berechtigten angenommen und der, wie schon vielfältige Beleuchtungen derselben dartun, ganz ungenügend ist, selbst durch unabsehbare Unterhandlungen nicht erhöht werden dürfte und sonach die Berechtigten mit dem Verlust eines Fünftels, ja sogar eines Viertels des ganzen Ertrags dieser zum Teil sehr beträchtlichen Gerechtsame bedroht. Nur Entschädigung mittelst eines gleich großen Reinertrags aus Grundeigentum kann hier helfen und beide Teile zur Vereinigung führen.

Grundeigentum ist so gut wie unzerstörbar, es kann nicht ohne Umgehung hausgesetzlicher oder vasallitischer Obliegenheiten zerstückelt und veräußert werden, während Kapitalien schon dadurch, daß sie ausgelehnt werden müssen, um Zinse zu tragen, mehrerer oder minderer Gefahr ausgesetzt und Renten, auf der Staatskasse haftend, keiner Erhöhung oder Ertragsvermehrung fähig, bei jeder Verlegenheit des Staats aber der Gefahr ausgesetzt sind, von dem Staate nicht mehr ausbezahlt zu werden, also ihre Besitzer gerade in der Zeit der Not im Stich lassen.

Nur ein großer Grundbesitz, wenn die Gefälle durchaus nicht mehr bestehen sollen, kann den Adel wohlhabend und in dem Fall erhalten, Einfluß auf seine Mitbürger zu erhalten und durch diesen Stütze des Throns zu bleiben.

Wird aus diesem Gesichtspunkt von der Regierung die Entschädigung des Adels für die aufgehoben werden wollenden Berechtigungen betrachtet, erkennt dieselbe die Verpflichtung, welche sie hat, an, jedem, dem sie zu höhern Staatszwecken von seinem Eigentum einen Teil abzutreten ansinnt, auch vollständige Entschädigung zu leisten – eine Verpflichtung, welche selbst die Verfassung des Landes ausspricht –, so wird sie nicht Anstand nehmen, diesen höhern Zwecken und den Anforderungen ihrer Pflicht zumal eine sonst löbliche und festzuhaltende Bestimmung, daß der Grundstock des Staatsvermögens nicht vermindert werden dürfe, ausnahmsweise und soviel, als nötig ist, zum Opfer zu bringen.

Ist es doch unumgänglich, auch die Mittel zu wollen, wenn man den Zweck will, und wenn unrechtliche Mittel anzuwenden stets verwerflich ist, so erscheinen sie doppelt verwerflich da, wo solche vorhanden sind, die mit Zweck und Recht gleich vereinbar sind.

Daß dieses hier der Fall sei, wird nicht wohl bestritten werden können, denn der Staat besitzt überall an und zwischen den Besitzungen des standesherrlichen und ritterschaftlichen Adels Waldungen und Hofgüter, die zu dessen Entschädigung verwendet werden können und welche auch zum größern Teil hinreichen werden, da nicht überall die Entschädigungssummen sich hoch belaufen werden und gerade da, wo die standesherrlichen und ritterschaftlichen Besitzungen anstoßen, der Staat keine Gewerbe hat, die für ihn den Waldbesitz gerade in dieser Gegend unentbehrlich machen.

Als Beispiel führe ich an:

Die Domänen des Klosters Schöntal an Wald- und Hofgütern als Entschädigung des fürstlichen Hauses Hohenlohe-Öhringen und der freiherrlichen Familien von Berlichingen, von Ellrichshausen, des Grafen von Zeppelin;

desgleichen Besitzungen des vormaligen Deutschen Ordens für die Fürsten zu Hohenlohe-Langenburg, Hohenlohe-Bartenstein und Jagstberg, die Freiherrn von Adelsheim;

vormals Krautheimische Besitzungen für die Fürsten von Hohenlohe-Öhringen, die Freiherrn v. Eyb und v. Palm;

vormals brandenburgische und Reichsstadt hallische Besitzungen für Hohenlohe-Kirchberg und teilweise auch Hohenlohe-Waldenburg, Bartenstein, für die Freiherrn von Crailsheim;

die von der Grafschaft Limpurg an die Krone gekommenen Teile für die Besitzer dieser Grafschaft.

Die Acquisitionen, welche die Krone an Domänen bei Ochsenhausen und Schussenried gemacht hat, zur Entschädigung der oberschwäbischen Standesherrn, für welche auch die Domänen gleich 1803 ihr zugefallener Klöster, der Kommende Altshausen und der vorderösterreichischen Herrschaften zu verwenden wären etc.

Sind nun die Entschädigungsobjekte ausgemittelt und hat die Regierung ausgesprochen, mittelst derselben die Berechtigten in der Maße entschädigen zu wollen, daß

1. der Reinertrag der abzutretenden Berechtigungen genau ermittelt,

2. sie mit einem ebensogenau ermittelten und förmlich garantierten nachhaltigen Reinertrag aus Domänen entschädigt werden sollen, so würden diese unbedenklich auf den Tausch eingehen können, wenn

3. dann die Naturalfronen den Pflichtigen sofort erlassen und diese sowie alle die, welche unter der Kategorie der Vertauschung und Ablösung enthaltene Gefälle zu geben schuldig sind, unverweilt und nach demselben Maßstab abzulösen zugelassen werden wie die Gefällpflichtigen, welche es unmittelbar mit der Krone zu tun haben, und

4. zur Konstatierung des Betrags der abzutretenden Gefälle und Gerechtsame von den Standesherren und dem Adel nur die Nachweisung des ungestörten und auf die Lager- und Jurisdiktionalienbücher beruhenden Besitzes verlangt und derselbe nur auf solche Weise ermittelt werde, welche jede nur Streit erregende Weitläufigkeit und parteiische Schätzung, daher insbesondere die Kommissionen von Oberamt und Gemeinderäten ausschließt[1]).

---

[1]) Über das Resultat von Beratungen, die im Juli 1833 zwischen den ritterschaftlichen Bevollmächtigten, den Freiherren v. Hornstein und v. Berlichingen, und den Fürsten von Hohenlohe-Langenburg, Hohenlohe-Kirchberg, Löwenstein und dem Grafen Schaesberg stattfanden, informieren Aufzeichnungen des Fürsten von Hohenlohe-Kirchberg (K II W 311, Q 2):

„Wenn die Grundherrschaften mit den Fronpflichtigen sich wegen Ablösung der Verbindlichkeiten der letztern freiwillig vereinigt haben, so hat die Grundherrschaft den rechtlichen Anspruch an den Staat, daß derselbe die Vertrettung der Pflichtigen in der Art übernimmt, daß er dem Berechtigten den vollen Betrag bar aus der Staatskasse oder durch Grundstücke zu berichtigen und dagegen die Ablösungsquote nach denen im Gesetz enthaltenen Bestimmungen von den Pflichtigen zu erheben hat.

Gegenüber den Berechtigten soll in Absicht auf die Entschädigung der Unterschied zwischen Real- und Personalfronen wegfallen und der nach Rechnungen, Lagerbüchern und jüngstem Besitzstand aus 20jährigen Durchschnittsberechnungen herausgefundene Wert im 25fachen Betrag zu Kapital erhoben und als Entschädigungssumme angenommen werden.

Die Frongegenleistungen werden auf gleiche Weise von der Entschädigung abgezogen. Andere Abzüge finden nicht statt."

Nr. 111   1834 Oktober 25, Kirchberg

Schreiben des Fürsten Georg Ludwig von Hohenlohe-Kirchberg an Freiherrn Gustav v. Berlichingen zu den Verhandlungen mit der Regierung wegen der Ablösungsgesetze

K II W 311, Q 18. Abschrift.

Dank für die neuen Mitteilungen über die Unterhandlungen der ritterschaftlichen Abgeordneten mit den königlichen Kommissarien wegen der Ablösungsgesetze[1]). Bemerkungen dazu zugeschickt.

Was sich wohl mündlich oder in einem vertraulichen Schreiben, nicht aber in einem das Gepräge eines Gutachtens tragenden Aufsatze sagen läßt, erlaube ich mir, hier zu bemerken: Ich glaube, die Übereinkunft, wie solche von den ritterschaftlichen Herrn Bevollmächtigten und derselben Kommittenten in redlicher Meinung beabsichtigt wird und wie auch wir solche beabsichtigen könnten, wird nicht zustande kommen.

Die Minister haben in ihren heillosen Gesetzesentwürfen einmal zu viel versprochen und zu wenig guten Willen, das Versprochene, das sie auf Kosten und mit dem Ruin des Adels zu verwirklichen die saubere Absicht hatten, auf eine andere, redlichere und unsere Rechte beachtende Weise zu erfüllen, als daß solche wirklich bona fide auf die ritterschaftlichen und standesherrlichen Anträge eingehen sollten. Die Untertanen haben nicht Geld genug, ohne das ihnen alle die verheißenen Vorteile gemacht werden, die Fronen, Beeten und dergleichen Abgaben und Lasten abzulösen; ein großer Teil derselben wird an sich auch gegen die Ablösungen mißtrauisch sein und im Hintergrund neue Steuerlasten erblicken; er nähme gerne unentgeltliche Befreiung von diesen Lasten an, aber wird solcher kein Opfer bringen wollen, und der Staat ist am Ende zu arm, um auch nur einen Teil der Entschädigung der Berechtigten mit Grundeigentum abtragen zu können, was er wohl gekonnt hätte, wenn nicht seit dem Bestehen der Verfassung so viele Objekte, welche hierzu geeignet gewesen wären, ohne den dagegen durch Erwerbung ganzer Herrschaften vergrößerten Grundstock anzugreifen, wären an Gemeinden, Privaten und neugemachte Edelleute, die man begünstigt, während man den alten, eingebornen und längst ansässigen Adel zu ruinieren strebt, verschleudert und veräußert worden, wovon die exempla odiosa jedem bekannt sind, der einen Blick in die Grundstockverwaltung getan hat. Es wird sonach jede gegenseitig treu und redlich gemeinte Übereinkunft an den schon einmal vage gemachten Hoffnungen der Gemeinden und einzelnen Pflichtigen, an den nicht ausreichenden Entschädigungsmitteln, die dem Staat zu Gebot stehen, und an der punica fides der Minister und der Finanzleute insbesondere scheitern.

---

[1]) Der Schriftwechsel des Fürsten von Hohenlohe-Kirchberg mit Freiherrn v. Berlichingen begann im Juli 1834; K II W 311, Q 4 ff. Während Berlichingen den Fürsten über den Stand der Unterhandlungen mit den Regierungsvertretern unterrichtete, versorgte dieser ihn mit „Bemerkungen und Erinnerungen" aus der Sicht der Standesherren nach Rücksprache mit dem Fürsten von Hohenlohe-Langenburg.

Kommt nun eine solche nicht zustande, dann werden diese den Kopf aus der Schlinge ziehen und alle Schuld wieder auf den Adel wälzen wollen und auch diese Gelegenheit ergreifen – das, was sie immer zu tun beflissen sind –, uns bei den Untertanen verhaßt zu machen suchen; uns aber wird nichts übrig bleiben, als die Gesetze, welche sie doch wieder reproduzieren werden, zu verwerfen.

Dabei bleiben aber die gegenwärtigen Unterhandlungen Euer Hochwohlgeboren immer von großem Wert, indem die von Ihnen gegenüber den königlichen Kommissarien getanen Äußerungen immer von der großen Mäßigung und redlichen Bereitwilligkeit der Berechtigten zeugen, die als so heilsam von den Ministern angepriesene Ablösungen zustande zu bringen, und bei dem voraussichtlichen Scheitern der Unterhandlungen verdienen, zur Rechtfertigung von Vollmachtgebern und Bevollmächtigten der Öffentlichkeit übergeben zu werden.

Entschuldigen Sie, verehrter Baron, diesen Erguß meiner individuellen Meinung, der mehr das Wesen des ganzen Ablösungsplans als die Form und Geschäftsbehandlung seiner Ausführung, über welche ich meine Ansichten mit denen meines Vetters vereinigt zusammengetragen habe, umfaßt. Wes das Herz voll ist, des gehen Mund und Feder über. Indem ich Denenselben noch die angelegentlichsten Empfehlungen des Fürsten von Langenburg ausspreche, verharre ich mit aufrichtiger Verehrung und Ergebenheit

Euer Hochwohlgeboren gehorsamer Diener
Georg Ludwig Fürst zu Hohenlohe.

Nr. 112 1834 November 27, Ludwigsburg

Schreiben des Freiherrn Gustav v. Berlichingen an Fürst Georg Ludwig von Hohenlohe-Kirchberg zu den Verhandlungen mit der Regierung über die Ablösungsgesetze

K II W 311, Q 19 a.

Euer Durchlaucht gnädiges Schreiben vom 25. et praes. 27. v. M.[1]) würde ich schon früher zu beantworten die Ehre gehabt haben, hätte ich nicht die mir mit demselben übersendeten Erinnerungen zu unserer letzten Antwort an die königl. Kommissarien sowie meine Gegenbemerkungen darauf vorerst dem Freiherrn v. Hornstein mitteilen wollen, dessen zustimmende Ansicht ich erst vor einigen Tagen erhielt.

Euer Durchlaucht erlaube ich mir nun diese in der Anlage zu übersenden und um deren nachsichtige Beurteilung zu bitten, da mir bei der Menge von Geschäften, die in Ermanglung irgendeines benutzbaren Beamten allein auf mir lasten, eine bessere Ausführung aus Mangel an Zeit nicht möglich war. Euer Durchlaucht werden sich daraus überzeugen, mit wie manchen Schwierigkeiten

---

[1]) Nr. 111.

der Baron Hornstein und ich zu kämpfen haben, wie der Umstand, daß die Gesetzesentwürfe bereits vorliegen, die Verschiedenheit der Ansichten unter unseren Standesgenossen selbst und unsere Stellung gegenüber von den königl. Kommissarien, wo wir immer mit der möglichsten Vorsicht zu Werke gehen müssen, unsere Unterhandlungen verzögern und erschweren²). Ich war derjenige, der den Wunsch einer Unterhandlung zuerst bei der Regierung in Anregung brachte, ich war mir sowohl wie mein Freund Hornstein bewußt, daß ich damit ein schwieriges und wahrscheinlich auch undankbares Werk übernehme, das an dem wenigen guten Willen der Regierung leicht scheitern könne. Dennoch glaubten wir beide, das Opfer unserem Stande bringen zu müssen. Hätten wir gewußt, was wir leider inzwischen erfahren mußten, wie wenig Einigkeit unter der Ritterschaft selbst herrscht, wie man, wenn man selbst mit Aufopferung von Zeit und Geld nur das Wohl seines Standes besorgen will, nur auf Hindernisse und Schwierigkeiten stößt, so hätten wir es vielleicht unterlassen. Wenn die Ritterschaft bei uns zu Grabe geht, so trägt sie selbst daran die größte Schuld; wo keine Einigkeit herrscht, wo nicht jeder sein eigenes Interesse vergißt, wenn es das Interesse des ganzen Standes gilt, da ist nichts Ersprießliches zu wirken.

Indessen haben wir einmal das Geschäft übernommen und wollen es mit Offenheit und redlichem Streben zu irgendeinem Ziele führen. Unsere schriftlichen Verhandlungen, die wir unseren Herren Kommittenten vorlegen wollen, werden uns, hoffe ich, rechtfertigen.

Es ist jedoch neuerer Zeit ein Umstand eingetreten, der meine bereits sehr gesunkenen Hoffnungen wieder etwas aufgerichtet hat. Es ist mir nehmlich ehegestern nach mehreren vergeblichen Versuchen gelungen, den Freiherrn v. Maucler zu treffen, um mich nach dem Stande unserer Verhandlungen zu erkundigen, und dieser sagte mir, daß es nun keinem Anstande mehr unterliege, daß die Finanzverwaltung auch die unständigen Gefälle im 20fachen Betrage übernehme und daß er hoffe, daß hiemit die Bahn zu einer gütlichen Übereinkunft gebrochen seie.

---

²) Die Fürsten von Hohenlohe-Langenburg und Hohenlohe-Kirchberg hatten Freiherrn v. Berlichingen unter dem 22. 10. 1834 kritische Bemerkungen zu den Gesetzesentwürfen der Regierung zugestellt — vgl. Nr. 111; zu den weitergehenden Forderungen der Standesherren im einzelnen vgl. Nr. 110, Anm. 1. In den mit vorliegendem Schreiben übersandten Gegenbemerkungen (K II W 311, Q 19 b) ging Berlichingen auch näher auf die Meinungsverschiedenheiten innerhalb der Ritterschaft selbst ein. Einer der wichtigsten Differenzpunkte gegenüber den Vertretern der Regierung war die Höhe des Entschädigungsmaßstabs, wobei Berlichingen beim Abfassen der Gegenbemerkungen noch nicht mit der Bereitschaft der Regierung rechnete, auch für die unständigen Gefälle den 20fachen Ablösungsmaßstab zuzugestehen: Die Lage der ritterschaftlichen Bevollmächtigten sei in dieser Frage sehr schwierig. „Manche ihrer Herren Standesgenossen wollen derartige Gefälle durchaus los sein und sich auch mit einem geringeren als dem 20fachen Betrage begnügen. Von seiten dieser würden sich nun die ritterschaftlichen Kommissarien große Vorwürfe zuziehen, wenn sie Anerbietungen der Finanzverwaltung wie die, im 18fachen Betrage die unständigen Gefälle zu übernehmen, [...] ganz zurückweisen wollten. [...] Was die Entschädigung durch eine Staatsrente betrifft, so ist das gerade ein Wunsch vieler ihrer Herren Standesgenossen und namentlich solcher gewesen, die nicht viel entbehren können und die auf diese Weise ihre bisherige Revenüen (und zwar auf eine angenehmere Weise, als indem sie dieselbe bei einzelnen Grundholden einziehen müssen) gesichert haben, während sie selbst bei einer Entschädigung in 20fachem Betrage verlieren, wenn sie das Kapital nicht gleich auf eine vorteilhafte Weise wieder plazieren können".

Ich dankte natürlich sehr für diese Zusage, wodurch ein großer Stein des Anstoßes gehoben seie, brachte jedoch sogleich den von Eurer Durchlauchten herausgehobenen Anstand (natürlich ohne Nennung eines Namens) vor, daß wir nur dann unsere Gefälle loswürden, wenn sich vorher die Pflichtigen zur Wiederablösung gegenüber von der Finanzverwaltung erklärt hätten, und daß dies manchen Anstand bei unseren Herrn Standesgenossen gefunden hätte. Er erwiderte mir dasselbe, was er und Herr v. Herdegen schon bei den früheren Besprechungen hervorgehoben hatten: Es würde für die Finanzverwaltung zu beschwerlich sein, in so vielen standes- und grundherrlichen Orten, wo der Staat sonst nichts besitze, in manchem vielleicht nur ein paar Gulden solcher Gefälle erheben lassen zu müssen, eine Ungerechtigkeit könne man es gewiß nicht nennen, wenn wir das behielten, was wir bisher bezogen hätten, und einen Zwang könne er da nirgends finden, wo man sich über etwas im Weg der Unterhandlung vereinige.

Leider wurden wir hier durch die Ankunft des Herrn Geh. Rats v. Schlayer unterbrochen, und ich konnte dem Herrn v. Maucler nur noch das Versprechen abdringen, uns recht bald eine schriftliche Antwort zukommen zu lassen, die ich Euer Durchlaut sogleich zu übersenden nicht ermangeln werde.

Im Weggehen sagte mir Herr v. Maucler noch: „Die Zustimmung der Herrn Standesherrn müssen wir Ihnen zu bewirken überlassen. Wenn dieselben auch die vorliegenden Propositionen nicht für sich annehmen wollten, so wäre wenigstens zu wünschen, daß sie in Beziehung auf die übrigen Berechtigten in der Kammer nicht entgegen wären!" Mir lautet der Nachsatz etwas verfänglich, doch enthalte ich mich einer Äußerung, da ich eine Erläuterung nicht mehr verlangen konnte. [...]

Nr. 113   1835 Januar 14, Stuttgart

Note der Ministerien des Innern und der Finanzen an die Kommission der Zweiten Kammer zur Vorberatung der Ablösungsgesetze

Bericht der ständischen Kommission der Kammer der Abgeordneten über den Gesetzentwurf betr. die Ablösung der Fronen, KdA 1835, Bd. 4, S. 51–54.

Laut Bericht der ständischen Kommission (ebd., S. 50) erfolgte die Note auf ihr Ersuchen, über die Unterhandlungen der Ministerien mit den Bevollmächtigten der Ritterschaft informiert zu werden. Die Regierung nutzte die Gelegenheit, um die Verhandlungen mit der Ritterschaft abzuschließen, indem der König die Note schon vor ihrer Mitteilung an die ritterschaftlichen Bevollmächtigten genehmigte, so daß eine Abänderung der hier bezeichneten Grundsätze nicht mehr möglich erschien. Den Bevollmächtigten blieb nichts übrig, als die Note unter Verwahrung gegen die von den Ministerien gewählte Form zu akzeptieren. Vgl. Nr. 114.

Bei der Einbringung der bezeichneten Gesetzesentwürfe ging die Staatsregierung von der Ansicht aus, daß die darin vorgeschlagenen Maßnahmen durch die Verhältnisse der Zeit geboten, eben darum in dem wohlverstandenen Interesse aller bei deren Ausführung Beteiligten gelegen sei. Indessen ließen bald nach deren Bekanntwerdung von verschiedenen Seiten Bedenklichkeiten über den Inhalt derselben sich vernehmen. Namentlich wurde von seiten der Berechtigten dafür gehalten, daß die ihnen zustehenden Ansprüche durch die Gesetzesentwürfe nicht genügend beachtet worden seien.

Je weniger die Staatsregierung gemeint sein konnte, diese Ansprüche, inwiefern sie als begründet sich darstellten, verkennen zu wollen, um so erwünschter mußte es für sie sein, die vorliegenden Zweifel in ihrem ganzen Umfange kennenzulernen, um sie zur Erörterung zu bringen, stattgefundene Mißverständnisse zu beseitigen, ja selbst Anforderungen zu berücksichtigen, die, wenn auch nicht durch Gründe des strengen Rechts, doch durch Gründe der Billigkeit unterstützt wurden, soweit hiedurch der Erfolg der beabsichtigten Maßregeln bedingt war.

Es wurden darum die auf dem 2. Landtage von 1833 erschienenen Abgeordneten der Ritterschaft eingeladen, einige aus ihrer Mitte zu beauftragen, zu dem bezeichneten Zwecke mit Beamten der Regierung zusammenzutreten und weitere Rücksprache mit ihnen zu pflegen.

Als Ergebnis der diesfälligen vertraulichen Verhandlungen erscheinen einige Grundsätze, bei welchen erklärt wurde

a) von seiten der ritterschaftlichen Abgeordneten, daß bei Annahme derselben sie sich für befriedigt erachten würden,

b) von seiten der Vertreter der Staatsregierung, daß letztere geneigt sei, auf solche einzugehen, wenn sie bei der Beratung der fraglichen Gesetzesentwürfe in den ständischen Kammern in der Form von Amendements in Vorschlag gebracht würden.

Die vorerwähnten Grundsätze stellen sich in nachfolgenden Bestimmungen dar:

1. Um den Gang der Ablösungen zu sichern, soll zum Behuf einer gütlichen Auseinandersetzung zwischen Berechtigten und Pflichtigen sowie zum Behuf der Fixierung der Gefälle ein Zeitraum von drei Jahren, der mit der Verkündigung der Gesetze beginnt, unter dem nachfolgenden Rechtsnachteile festgesetzt werden: Melden nämlich innerhalb dieser Frist die Pflichtigen ihren Wunsch abzulösen nicht an, so gehen sie der Vorteile verlustig, welche die Gesetzesentwürfe durch teilweise Vertretung von seiten der Staatskasse für sie in Aussicht stellen.

2. Wenn wegen anhängiger Rechtsstreitigkeiten der Auseinandersetzung zwischen Berechtigten und Pflichtigen Aufschub gegeben werden muß, so wird die Zeit, während welcher jenes Hindernis vorwaltete, bei der im vorangegangenen Punkte bestimmten Frist nicht in Berechnung genommen.

3. Nach erfolgter rechtsgenügender Erklärung der Pflichtigen, daß sie abzulösen willens seien, tritt die Staatsfinanzverwaltung zwischen Berechtigten und Pflichtigen in der Art vermittelnd ein, daß sie die Leitung der Verhandlungen übernimmt und bei endlicher Erledigung derselben den Berechtigten die Ablösungsgebühr in Einer Summe ausbezahlt oder allenfalls auch im Wege freiwilliger Übereinkunft ihnen die der Ablösungssumme entsprechende Rente gewährt

und in dem einen wie in dem andern Falle von den Pflichtigen den sie treffenden Anteil an kaum gedachter Gebühr einzieht.

4. Als Entschädigung für die Ablösung der in den Gesetzesentwürfen bezeichneten Gefälle wird für ständige wie für unständige das Zwanzigfache des ermittelten jährlichen Ertrags festgesetzt.

5. Dieses erhöhten Maßstabes ungeachtet haben die Pflichtigen keinen größeren Anteil an der Entschädigung auf sich zu übernehmen, als solcher durch die Gesetzesentwürfe bestimmt worden ist.

6. Rechtlich begründete Gegenleistungen der Berechtigten an die Pflichtigen kommen gleichfalls im zwanzigfachen Betrage in Abrechnung. Anderweitige Abzüge sollen den Berechtigten nicht gemacht werden.

7. Forderungen der Berechtigten, welche zur Zeit der zustande gekommenen Ablösung von seiten der Pflichtigen im Rückstande geblieben waren, bleiben jenen ausdrücklich vorbehalten und sind von diesen zu leisten.

Nr. 114   1835 März 16, Ludwigsburg

Schreiben des Freiherrn Gustav v. Berlichingen an Fürst Georg Ludwig von Hohenlohe-Kirchberg zum Abschluß der Verhandlungen zwischen ritterschaftlichen Bevollmächtigten und Regierungsvertretern über die Entwürfe der Ablösungsgesetze

K II W 311, Q 24.

Entschuldigung für die verspätete Antwort auf Schreiben des Fürsten vom 29. Januar und 7. Februar. Die ritterschaftlichen Bevollmächtigten konnten von den Bemerkungen der Fürsten von Hohenlohe-Langenburg und Kirchberg keinen Gebrauch mehr machen, da uns, wie ich wohl voraussah, die königl. Kommissarien erwiderten, daß, nachdem die Note vom 16. Januar 1835[1]) bereits von Seiner Majestät dem Könige genehmiget seie, eine Abänderung derselben nicht mehr zu erzielen seie.

Ohne Zweifel haben die Herren Kommissarien diese Genehmigung mit gutem Vorbedacht vor der Mitteilung der Note an uns eingeholt, um dieselbe als Ultimatum prädizieren zu können; auch ist sie, wie ich weiß, bereits unter der Hand der von der 2. Kammer gewählten Kommission zu Begutachtung dieser Gesetzesentwürfe mitgeteilt.

Unter diesen Umständen blieb uns nichts übrig, als zu unserer Sicherstellung als ritterschaftliche Kommissarien diejenige Verwahrung einzulegen, welche ich Euer Durchlaucht in der Anlage abschriftlich mitzuteilen die Ehre habe, und die ganzen Unterhandlungen unseren Herren Standesgenossen, welche sich deren Genehmigung in ihren Vollmachten vorbehalten haben, vorzulegen und ihnen deren Annahme oder Verwerfung anheimzustellen. [...]

---

[1]) Gemeint ist die Note vom 14. 1. 1835; Nr. 113.

Vielleicht wird es Euer Durchlaucht und ihren hochverehrten Herrn Standesgenossen noch möglich, ihre sehr erleuchteten und zweckmäßigen Ansichten noch selbst geltend zu machen, was für uns von hohem Werte wäre. Wenigstens hat der Herr Staatsrat von Harttmann gegen den Baron Hornstein gleichwie Graf Beroldingen früher gegen mich geäußert, daß sie beauftragt werden würden, mit den hohen Standesherrschaften zu unterhandeln. Möchten diese Herrn sich ihres Auftrags diesmal früher und besser entledigen als bei dem letzten Landtage.

Sehr leicht möglich ist es, daß auch die Kommission der 2. Kammer sich nicht auf die Grundsätze, die wir bei unseren Unterhandlungen aufstellten, einläßt, weil sie ihr zu günstig für den Adel erscheinen. Wenigstens habe ich solche Stimmen gehört. Nun, dann werden um so gewisser die Gesetzesentwürfe in der 1. Kammer verworfen, und dann stehen wir eigentlich erst auf der gerechten Basis zum Unterhandeln. Außerdem haben wir den Vorteil, unseren guten Willen gezeigt zu haben.

Nr. 115   1836 März 3, Stuttgart

Bericht der Ministerien des Innern und der Finanzen an den König über die Verhandlungen mit den Bevollmächtigten der Standesherren wegen der Ablösungsgesetze

E 13, Bü 159, Q 41. Ausfertigung. Unterschriften: Schlayer, Herdegen.

Durch Schreiben vom 30. 7. 1835 teilte Staatsrat v. Harttmann den Fürsten von Hohenlohe-Langenburg und von Waldburg-Wurzach offiziell die Ergebnisse der Besprechungen mit den Vertretern der Ritterschaft mit und drückte die Hoffnung aus, daß mit den hier gemachten Zugeständnissen der Regierung auch die Einwände der Standesherren beseitigt seien (K II W 310, Q 7). Auf dieses indirekte Verhandlungsangebot antworteten die beiden Fürsten durch Schreiben vom 3./10. 11. 1835, nachdem sich die hohenloheschen und waldburgischen Häuser und die Grafen von Königsegg-Aulendorf und von Quadt-Wykrad-Isny über die Grundsätze künftiger Verhandlungen mit der Regierung geeinigt hatten (K II W 310; ZAWu 2144; NZAZ 1196). Sie wiesen darauf hin, daß „das mit der Grundherrlichkeit des hohen Adels in Württemberg verbundene Vermögen außer dem Bereiche der legislativen Gewalt der Königlichen Regierung und der Stände steht" und daher „die freie Zustimmung des hohen Adels" zu den drei Ablösungsgesetzen notwendig sei, und verlangten vorläufig einen höheren Entschädigungsmaßstab, Richtigstellungen über die Rechtsnatur von einigen Gefällen, allgemeine Ablösung der von den Gesetzen betroffenen Gefälle, dreißigjährigen ruhigen Besitz bis zum 18. 11. 1817 als hinlänglichen Beweis für die Gefälle und ein Vollziehungsverfahren, das die Ansprüche der Berechtigten besser absicherte (E 65/68, Verz. 57, Bü 68, Fasz. 1, Q 18). Das Antwortschreiben vom 7. 12. 1835 stellte es den Standesherren anheim, Besprechungen über die Entwürfe durch Bevollmächtigte in Stuttgart zu führen.

Überblick über die Entwicklung der Ablösungsangelegenheit seit 1833; die Kontakte mit den Standesherren.

Infolge weiterer Besprechungen wurde sich hierauf über Aufstellung standesherrlicher Bevollmächtigten verständigt, und es fanden sich in den ersten Tagen des laufenden Jahres vier Bevollmächtigte der Fürsten von Hohenlohe Öhringen, Hohenlohe Kirchberg, Hohenlohe Langenburg, Hohenlohe Waldburg Schillingsfürst, Hohenlohe Waldburg Jaxtberg, Hohenlohe Waldburg Bartenstein, Waldburg Zeil Trauchburg, Waldburg Wolfegg Waldsee, sodann des Grafen von Königsegg Aulendorf, von Quadt Isny und des Grafen Rechberg (welcher übrigens rücksichtlich seiner Besitzungen nicht zu den Standesherrn gehört) in Stuttgart ein.

In mehreren Konferenzen, welche zwischen diesen Bevollmächtigten und den diesseits beauftragten drei Kommissarien der Ministerien der auswärtigen Angelegenheiten, des Innern und der Finanzen stattfanden, übergaben die ersteren ausführlich entworfene Anträge über Abänderung der eingebrachten Gesetzesentwürfe, welche sofort der Gegenstand weiterer Besprechungen waren.

Über das Ergebnis dieser Verhandlungen haben die Kommissarien der Regierung, welche nach der Lage der Sache zu einer Übereinkunft nicht ermächtigt werden konnten, Bericht erstattet und um Weisung über die den standesherrlichen Bevollmächtigten abzugebende definitive Erklärung gebeten.

Nachdem die Verabschiedung der befragten Gesetzesentwürfe in der Kammer der Abgeordneten bereits bedeutend vorgeschritten ist, glauben wir nicht säumen zu dürfen, uns über diesen Gegenstand die höchste Entschließung in Untertänigkeit zu erbitten.

Die Ausstellungen, welche die standesherrlichen Bevollmächtigten gegen die Gesetzesentwürfe vorgebracht haben und welche eine Kritik fast jeden einzelnen Artikels derselben enthalten, dürften nach unserer Ansicht in drei Klassen zerfallen, nämlich

I. in solche, welchen bereits durch die Beschlüsse der Abgeordneten über die Wünsche der Ritterschaft ganz oder teilweise entsprochen worden ist,

II. in solche Anträge, hinsichtlich welcher etwa noch weitere Zugeständnisse gemacht werden könnten, und

III. endlich in solche, welche ganz abzulehnen sein dürften. Wir erlauben uns, die sämtlichen Anträge in derselben Ordnung aufzuführen, in welcher sie von den Bevollmächtigten unter Beziehung auf die Gesetzesentwürfe vorgebracht worden sind.

1) In Beziehung auf die Form der Gesetzesentwürfe haben sich die standesherrlichen Bevollmächtigten gegen die Fassung derselben verwahrt, insofern in denselben auf die Edikte vom Jahre 1817 sich bezogen werde, welche auf die Standesherrn keine Anwendung finden können, und die Zusicherung der Regierung verlangt, *daß gemäß den staatsrechtlichen Deklarationen der Grundsatz gezwungener Ablösbarkeit für die standesherrlichen Rechte und Gefälle nicht gilt, solange die authentische Interpretation von Art. 14 der Bundesakte noch nicht erfolgt ist. Dieser Vorbehalt gilt allerdings nicht für die Aufhebung der leibeigenschaftlichen Leistungen. Nach Ansicht der Minister dürfte in den Gesetzen über die Ablösung der Fronen und Beden ein entsprechender Artikel,*

daß die Gesetze nur mit Zustimmung der Standesherren in ihren Besitzungen durchgeführt werden können, keinem erheblichen Bedenken unterliegen, und es dürfte daher, wenn ein solcher Zusatz in der Kammer der Standesherrn in der Form eines Amendements in Vorschlag gebracht werden wird, von seiten der Regierung eine Einwendung dagegen nicht vorzubringen, vielmehr derselbe auch in der Kammer der Abgeordneten, wenn die Entwürfe, wie vorauszusehen, an dieselbe zurückgekommen sein werden, zu unterstützen sein.

Nach den vorläufigen Äußerungen der Bevollmächtigten dürfte zu erwarten sein, daß sich ihre Mandanten mit einem solchen Zusatze beruhigen und daß hiedurch die gegen die Form der Gesetzesentwürfe erhobenen Anstände werden beseitigt werden.

In Beziehung auf den materiellen Inhalt der drei Gesetzesentwürfe stellt sich dagegen als der hauptsächlichste Gegenstand der Einwendungen der Standesherrn

2) die Art und das Maß der denselben für die abzulösenden Gefälle festzusetzenden Entschädigungen dar.

Der ursprünglich in den Gesetzesentwürfen vorgesehene 16- bis 18fache Ablösungsmaßstab wurde infolge der Verhandlungen mit der Ritterschaft zu Lasten der Staatskasse allgemein auf den 20fachen Betrag des Jahreswertes der abzulösenden Leistungen erhöht. Die Kammer der Abgeordneten hat dem für Fronen und Beden bereits zugestimmt.

Die Bevollmächtigten der Standesherrn glaubten jedoch auch diese Ersatzleistung für ungenügend erklären zu müssen. Unter Berufung auf die Lehens- und Stammgutseigenschaft ihrer Besitzungen, welche den Chefs der standesherrlichen Häuser die unverringerte Erhaltung derselben zur Pflicht machen, auf den gegenwärtigen, nur zu 4 % anzunehmenden Zinsfuß der Kapitalien, welchem nur eine in dem 25fachen Betrage berechnete Entschädigung für die aufzuhebende Gefälle entsprechen könne, auf den hohen Betrag der bereits in jährliche Dienstgelder oder Fronsurrogate verwandelten Fronleistungen, welche jährlich fast ohne allen Abgang zum Einzug gebracht werden und auf welche daher die Voraussetzung eines geringeren Wertes als des einer Grundrente nicht anwendbar sei, endlich auf die Schwierigkeit, die bedeutenden Entschädigungssummen auf eine sichere Weise nutzbringend wieder anzulegen, erklärten die Bevollmächtigten, daß sie sich nur mit einer auf den 25fachen Betrag berechneten Entschädigung für befriedigt halten können und daß sie auf Übernahme einer dem ausgemittelten Werte der aufzuhebenden Leistungen gleichkommenden Rente auf die Staatskasse antragen müssen, deren vierteljährige Aufkündigung ihnen zwar freistehen, welche dagegen von seiten des Staats 25 Jahre lang unaufkündbar fortentrichtet, bei der Aufkündigung aber nach dem zur Zeit der Heimbezahlung bei der Schuldenzahlungskasse bestehenden Zinsfuß abgelöst werden sollte.

Daneben stellten sie den weitern alternativen Antrag, daß von seiten des Staats für die ausgemittelten Entschädigungsrenten ihnen fortdauernde Leistungen für öffentliche Zwecke, namentlich für Kirchen und Schulen, welche auf ihrem Grundeigentum ruhen, abgenommen werden möchten.

Endlich erklärten die Bevollmächtigten der fürstlichen Häuser Hohenlohe-Öhringen, Kirchberg und Langenburg, daß sie gewisse, näher bezeichnete Waldbezirke statt eines Teiles der zu erwartenden Entschädigungen zu übernehmen geneigt wären[1]).

Wenn wir uns über diese Ansprüche der Standesherrn zu äußern haben, so können wir dieselbe auch jetzt noch nicht für so begründet halten, um auf Zugeständnisse anzutragen, welche die bereits den ritterschaftlichen Gutsbesitzern bewilligten Vorteile im wesentlichen noch übersteigen würden.

Eine Abtretung von Waldbezirken würde, auch abgesehen von andern Rücksichten, mit den Bestimmungen der Verfassungsurkunde, nach welchen das Kammergut im wesentlichen Stande zu erhalten ist, nicht in Einklang zu bringen sein. Ebensowenig könnten wir die Übernahme von Lasten, welche auf den Gefällen Dritter ruhen, die nicht zugleich auf den Staat übergehen würden, für zulässig erachten, weil – abgesehen von der schwierigen Ausmittlung des Werts solcher Leistungen wie die Baulast an Kirchen und Schulen – hiedurch das Staatsvermögen auf ewige Zeiten auf eine Weise beschwert werden würde, welche nach allgemeinen staatswirtschaftlichen Grundsätzen nicht zu rechtfertigen wäre und mit der Absicht der Regierung bei Einbringung der vorliegenden Gesetze in Widerspruch stehen würde.

Aber auch die Belastung der Staatskasse mit Renten unter den von den standesherrlichen Bevollmächtigten vorgeschlagenen drückenden Bedingungen können wir nicht für zulässig und mit dem Werte der durch dieselbe auszugleichenden Leistungen im Verhältnis stehend erachten. Wir vermögen uns nicht zu überzeugen, daß der ausgemittelte Betrag der in Frage stehenden Gefälle der Standesherrn dem Werte einer sicheren und in höhern Raten zu beziehenden Grundrente und insbesondere einer auf die Staatskasse zu fundierenden Rente gleichkomme und daß die Last, welche durch Gewährung dieses Anspruches dem Staatsvermögen aufgebürdet würde, gerechtfertigt werden könnte. Würde nämlich diesem Verlangen entsprochen, so müßte für die ganze Summe der Entschädigungsforderungen der Standesherrn und wohl auch der Rittergutsbesitzer und übrigen Berechtigten, welchen doch nachteiligere Bedingungen nicht gemacht werden könnten, Renten auf die Staatskasse gelegt werden. Diese Renten würden sich nach vorläufiger Schätzung wohl auf einige 100 000 fl belaufen, während es bei Einbringung der Gesetzesentwürfe die Absicht der Regierung war, die Berechtigten teils durch die größtenteils schon bereitliegenden Überschüsse der Staatseinkünfte, insoweit die Entschädigung auf die Staatskasse fällt, teils durch die zu gleicher Zeit eingehenden Ablösungsschillinge der Abgabepflichtigen, mithin ohne einen so bedeutenden Angriff des übrigen Staatsvermögens zu entschädigen.

Während daher die Staatskasse sogleich mit jener hohen Rentensumme belastet würde, wäre dieselbe in die Lage gesetzt, den bereits der Ritterschaft gemachten Zugeständnissen gemäß die Abkaufschillinge von den Pflichtigen allmählich und im einzelnen unter Vertretung der Berechtigten bei den vorauszusehenden vielen Streitigkeiten über die Ablösung einzuziehen, ohne daß der Finanzverwaltung Gelegenheit gegeben wäre, die eingehenden Gelder auf eine nutzbringende Weise zu verwenden.

---

[1]) Nach E 65/68, Verz. 57, Bü 68, Fasz. 1, Q 34 und 41 Beilage und E 143, Bü 22, Q 16 handelte es sich um eine Fläche von rund 1350 Mg.

Bei solchen Nachteilen kann es sich daher allein fragen, ob in rechtlicher Beziehung Gründe für ein so bedeutendes weiteres Opfer vorliegen können?

Wenn jedoch in Erwägung gezogen wird, daß

a) sämtliche Lasten, deren Ablösung durch die Gesetzesentwürfe bewirkt werden soll, in Leistungen bestehen, mit welchen die Zeitbegriffe je länger je mehr sich in Widerspruch stellen, welche mühsam mit besonderem Amtsaufwand und unter mancherlei Verlusten in einer Menge kleiner Raten zusammengetrieben werden und wegen welcher in neuerer Zeit immer mehr Prozesse geführt werden müssen;

b) daß die Mehrzahl dieser Gefälle in Fronen besteht, bei deren Wertsermittlung für die Berechtigten, wie wir später untertänigst zeigen werden, so günstige Bestimmungen zugestanden sind, daß der ausgemittelte Betrag derselben unbezweifelt den Wert, welchen ein großer Teil dieser Leistungen für die Berechtigten bisher gehabt und in welchem auch schon Ablösungen der Grundherrschaften stattgefunden haben, übersteigen wird, daß daher

c) eine Entschädigungssumme, welche auch nur unter Annahme eines Zinsfußes von 5 % zu Kapital erhoben wird, den Wert der aufzugebenden Gefälle wo nicht übersteigen, doch gewiß demselben gleichkommen wird und daß eben deswegen

d) auch die ritterschaftlichen Gutsbesitzer sich mit einer solchen Entschädigung für befriedigt erklärt haben, so wird mit Grund nicht behauptet werden können, daß die Standesherrn durch das ihnen angebotene Maß der Entschädigung bedrückt seien; es wird vielmehr als unbezweifelt anzunehmen sein, daß durch Überweisung von Renten auf die Staatskasse oder einer im 25fachen Betrage berechneten Entschädigung denselben ein bedeutend höherer Wert, als den aufzuhebenden Leistungen beigemessen werden kann, gewährt werden würde.

Um übrigens der Einwendung der Bevollmächtigten zu begegnen, daß es den Standesherrn an Gelegenheit fehle, die bedeutenden Entschädigungssummen nach der Bestimmung ihrer Hausgesetze wieder nutzbringend anzulegen, glaubten wir, unter Voraussetzung der höchsten Genehmigung denselben vorläufig den Antrag machen zu dürfen,

den ermittelten und 20fach in das Kapital erhobenen Betrag der abzulösenden Gefälle in der Art auf die Staatskasse anzuweisen, daß ein Dritteil desselben nach beendigtem Ablösungsgeschäft bar entrichtet, das zweite Dritteil nach 6 und das letzte Dritteil nach 12 Jahren heimbezahlt, aus den beeden letztern zwei Dritteilen aber bis zur Ablösung 5 % Zinsen entrichtet werden würden.

Nach Berechnung der Bevollmächtigten entspricht dies nicht einmal ganz einer 21fachen Kapitalisierung. Die Minister sind gegen weitere Zugeständnisse, da die Berechtigten nicht für den Bruttowert zu entschädigen sind und sie zudem den Vorteil freier Verfügung über ein größeres Kapital erhalten; auch wäre eine weitere Erhöhung des Ablösungsmaßstabes in der Kammer der Abgeordneten nicht durchzusetzen. Die Minister tragen darauf an, den Standesherren die längerfristige Auszahlung der Ablösungsgelder auf dem Wege des Amendements zuzugestehen, dagegen die Übernahme von Grundlasten durch den

Staat, die Abtretung von Waldbezirken oder die Zusicherung einer Rente auf die Staatskasse abzulehnen.

(Es folgen weitere 25 Anträge der standesherrlichen Bevollmächtigten zur Erweiterung, Präzisierung oder Modifikation der Gesetzesvorlagen und die Bemerkungen der Minister dazu. Im folgenden werden nur die wichtigeren Punkte wiedergegeben.)

Bereits erledigt sind:

Punkt 3: Die standesherrlichen Bevollmächtigten erklären sich mit dem 20fachen Ablösungsmaßstab für sämtliche – persönliche wie dingliche – Fronen einverstanden.

Punkt 6: Die Zweite Kammer hat bereits zugestimmt, daß die Unterstützung des Staates für die Pflichtigen auf eine 3jährige Ablösungsfrist beschränkt wird.

Die Minister legen keinen Einspruch gegen Amendements der Kammer der Standesherren in folgenden Punkten ein:

Punkt 4: Bei der Berechnung des Gefällbetrags entscheidet der neueste Besitz, und wo dieser nicht genügt, der 30jährige Besitzstand; dadurch soll verhindert werden, daß sich die Bezüge der Standesherren infolge der Bestimmungen des 2. Edikts vom 18. 11. 1817 vermindern.

Punkt 7: Die Fronen sollen von einem Ort oder einer Markung nur insgesamt abgelöst werden können, wobei die Zustimmung der Fronpflichtigen genügt, die mehr als die Hälfte des Fronwertes zu leisten haben.

Punkt 8: Vor der Ablösung müssen die rückständigen Leistungen erfüllt werden.

Punkt 14: Die Alternative, daß die Naturalfronen in Surrogatgelder verwandelt oder dauerhaft abgelöst werden, soll entfallen und nur die Ablösung zulässig sein.

Punkt 17: Beim Bedengesetz sollen bereits die Pflichtigen, die über 50 % der betreffenden Abgaben leisten, für die Ablösung entscheiden können, nicht erst die Schuldner von zwei Drittel, wie es der Gesetzesentwurf vorsieht.

Punkt 23: Die Pflichtigen haben die leibeigenschaftliche Natur bei Mortuarien und ähnlichen Abgaben zu beweisen.

Punkt 25: Sporteln, Taxen, Schreibgebühren u. ä. sollen bei der Entschädigung für leibeigenschaftliche Leistungen einbezogen werden.

Die Minister beantragen, Amendements der Ersten Kammer in folgenden Punkten durch die Regierungsvertreter in der Kammer der Abgeordneten zu unterstützen:

Punkt 1 und 2 (s. o.).

Punkt 5: Geringere Abzüge bei der Wertberechnung der Naturalfronen: Bei Fronen, die in bestimmten Arbeitsaufgaben bestehen, kein Abzug, bei den übrigen Fronen ein Abzug von 10 % bei Spanndiensten, von 20 % bei Handdiensten. Die Minister schlagen als ein mögliches Zugeständnis vor, den vorgesehenen Abzug von 40 % bei Handfronen mit bestimmten Arbeitsaufgaben auf 25 % zu vermindern.

Punkt 27: Bei der Wertberechnung der Leibeigenschaftsgefälle sollen der Abzug von 25 % für Verwaltungsaufwand und der Abzug für Nachlässe beseitigt werden, da sie bereits in dem niedrigen Ablösungsmaßstab berücksichtigt worden sind. Die Minister unterstützen es, daß die Abzüge für Nachlässe entfallen.

Nach Ansicht der Minister sind folgende Anträge abzulehnen:

Punkt 10: Vom Bedengesetz sollen Abgaben grundherrlicher Natur mit einer im Gesetz enthaltenen Bezeichnung nicht betroffen sein, aber auch im Gesetz nicht namentlich genannte bedenartige Leistungen sollen nicht abgelöst werden können.

Punkt 11: Steuerfreiheit der Ablösungsrenten für persönliche Fronen, Beden und leibeigenschaftliche Gefälle wenigstens auf 15 Jahre wie im Großherzogtum Baden.

Punkt 16: Zusatz, daß alle Fronen, die bei den Revenüenausscheidungen nicht als landesherrliche Fronen anerkannt und aufgehoben wurden, von den Pflichtigen entschädigt werden.

Punkt 20: Preiserhöhung für den Hafer auf 3 fl pro Schfl und Verzicht auf den Abzug von einem Viertel der bürgerlichen Herbstpreise bei Gefällweinen.

Punkt 21: Entschädigung auch für die leibeigenschaftlichen Gefälle in den ehemals bayerischen Gebieten, wo sie nach der Verordnung vom 31. 8. 1808 bereits entschädigungslos aufgehoben worden waren.

Punkt 24: Entschädigung für sämtliche Manumissionsgelder, auch für die, die beim Abzug aus dem Staatsgebiet zu entrichten waren. Dieser Antrag steht in Widerspruch zu dem Gesetz vom 15. 8. 1817 über die Auswanderungsfreiheit und zu dem Bundesbeschluß vom 23. 6. 1821, daß jeder Auswandernde unentgeltlich von der Leibeigenschaft befreit ist[2]).

---

[2]) Durch Dekret vom 5. 4. 1836 (E 221, 38, 6, Q 21) erklärte sich König Wilhelm im wesentlichen mit den Anträgen der Minister einverstanden, zeigte sich aber in einigen Punkten zu weiteren Zugeständnissen bereit, um die unabweislichen Gesetzesentwürfe „durch allseitiges Einverständnis zustande kommen zu sehen", so wegen des Ablösungsmaßstabes (Punkt 2): „Wenn nämlich unter den abzulösenden Gefällen die unwiderruflich fixierten Frondienstgelder als die sicherste Einnahme erscheinen, so könnte Ich Mich dazu verstehen, die Ablösung derselben im 22^1/$_2$fachen Betrage bei den ständischen Beratungen unterstützen zu lassen, wenn die Standesherren die Forderung hinsichtlich der Entschädigungsmaßstabs hierauf zu beschränken sich entschließen könnten. Damit wird aber wohl alles erschöpft sein, was unter den vorliegenden Verhältnissen durch das Zusammenwirken der Regierung und der Ständeversammlung erreicht zu werden vermag."
Zu Punkt 5 war der König bereit, geringere Wertabzüge bei den Fronen über das von den Ministern beantragte Zugeständnis hinaus zu unterstützen (vgl. Nr. 116).
In Punkt 11 war der König bereit zuzugestehen, daß „die Steuerbefreiung, die gewissen jetzt abzulösenden Gefällen zustand, während eines Zeitraums von 15 Jahren auf die denselben substituierten Gegenstände übertragen" wurde.
Zu Punkt 20: „Einem Antrage auf Erhöhung der Haberpreise auf 3 fl für den Scheffel sichere Ich Meine Unterstützung zu."
Die standesherrlichen Bevollmächtigten sollten entsprechend informiert, den Fürsten von Hohenlohe-Langenburg und von Waldburg-Wurzach sollte das Dekret mit der Aufforderung mitgeteilt werden, „sich darüber zu erklären, ob sie durch den Inhalt desselben sich für befriedigt erachten".
Als Innen- und Finanzminister in einem Vortrag vom 8. 4. 1836 ihre ernsten Bedenken vor allem zu den Zugeständnissen des Königs in den Punkten 2 und 11 äußerten (E 13, Bü 159, Q 44), erwiderte der König in einem Dekret vom 10. 4. 1836 (E 221, 38, 6, Q 23): Die Mitteilung des königlichen Dekrets an die Standesherren ist nicht mehr rückgängig zu machen. Auch hat die Regierung den Standesherren nur zugesichert, die ihnen gemachten Zugeständnisse in der Zweiten Kammer unterstützen zu lassen, „weil diese Zusicherung als das einzige Mittel erschien, die Durchführung der Ablösungsgesetze und deren Annahme von seiten der Standesherren möglich zu machen", und es bleibt abzuwarten, ob die Zweite Kammer die entsprechenden Zugeständnisse auch wirklich annimmt; "über-

Nr. 116   1836 Juli 11, Stuttgart

Bericht der Departementchefs des Innern und der Finanzen an den König „über das Zustandekommen der Feudalablösungsgesetze"

E 13, Bü 159, Q 53. Ausfertigung. Unterschriften: Schlayer, Herdegen.

Das Schicksal der Feudalablösungsgesetze hat zum Schlusse der darüber sowohl in als außer den Kammern gepflogenen vielfältigen Verhandlungen bei dem endlichen, früher weniger erwarteten Entgegenkommen der Standesherrn noch eine den Absichten Euer Königlichen Majestät entsprechende Wendung genommen, ohne daß es nötig wurde, den für den Fall des Mißlingens der eingebrachten Gesetzesentwürfe in Aussicht gestellten Weg der Finanzverabschiedung[1]) wirklich zu betreten.

Nach den vorangegangenen vertraulichen Verhandlungen mit den Standesherrn sollten denselben vermöge Höchsten Dekrets Eurer Königlichen Majestät vom 5. April d. J. zugestanden werden:

der 22½fache Ablösungsmaßstab für alle fixierte Fron- und Dienstgelder;

die Ermäßigung der Abzüge, welche bei Schätzung des Werts der Fronen im Verhältnis zu den Lohnarbeiten von dem Wert der letztern stattfinden soll,

bei Handdiensten von ⅖ auf ¼,

bei Spanndiensten von ⅕ auf ⅙,

sodann bei Jagdfronen und dergleichen von der Hälfte auf ⅓;

die Übertragung der Steuerbefreiung, welche gewissen abzulösenden Gefällen zustand, während eines Zeitraums von 15 Jahren auf die denselben substituierten Gegenstände;

die Aufnahme von Taxen, Sporteln, Schreibgebühren und ähnlichen Abgaben, welche bei der Leibeigenschaft als Belohnung für amtliche Bemühungen bezogen wurden, unter die zu vergütenden Gefälle; sodann

die Entfernung des 25prozentigen Abzugs, welcher für Verwaltungskosten und Ausfälle an den bezogenen Leibeigenschaftsgefällen gemacht werden soll.

Die Standesherrn fanden jedoch damals diese Bewilligungen nicht genügend, sondern machten in einer unterm 23. April eingegebenen Erklärung noch

---

haupt aber steht Meine Überzeugung fest, daß die Standesherren mit den ihnen gemachten weiteren Zugeständnissen noch nicht zufrieden sein und daher bei denselben sich nicht beruhigen werden, woraus die doppelte Folge sich ergeben würde, daß ihr Unrecht nur um so deutlicher hervortritt, die Regierung aber ihrerseits den Beweis gegeben hat, daß sie alles erschöpfen wollte, um die Verabschiedung der Ablösungsgesetze durchzuführen".

Tatsächlich forderten die standesherrlichen Bevollmächtigten in ihrem Antwortschreiben vom 23. 4. 1836 mehrere Ergänzungen der königlichen Resolution vom 5. 4.; vor allem sollte der 22½fache Ablösungsmaßstab auch auf die steuerartigen und leibeigenschaftlichen Gefälle ausgedehnt, der Wert der Naturalfronen noch stärker dem der entsprechenden Lohnarbeit angeglichen werden (E 65/78, Verz. 57, Bü 68, Fasz. I, Q 41). Innen- und Finanzminister stellten daher in einem Bericht vom 3. 5. 1836 den Antrag, die direkten Verhandlungen mit den Standesherren abzubrechen und das Ergebnis der Kammerverhandlungen abzuwarten (E 221, 38, 6, Q 26). Der König genehmigte den Antrag am 6. 5. 1836 (ebd., Q 27).

Zu der Absicht des Königs, die Ablösungen notfalls über die Finanzgesetzgebung voranzutreiben, vgl. Darstellung, Kap. 3, Anm. 418.

[1]) Vgl. Darstellung, Kap. 3, Anm. 418.

mehrere weitergehende Ansprüche, was das Abbrechen der Verhandlungen mit denselben zur Folge hatte.

Sei es nun, daß eigene billige Einsicht oder der in Aussicht gestellte Finanzgesetzgebungsweg oder auch die öffentliche Meinung hierauf einwirkten, so kam nach demjenigen, was vorausgegangen war, jedenfalls die Nachgiebigkeit unerwartet, welche auf die wiederholte Beratung der Gesetzesentwürfe in der Zweiten Kammer von der Kammer der Standesherrn erfolgte, indem die letzteren ihre endlichen Ansprüche weit unter die vorgedachten Anerbietungen ermäßigten. Sie beschränkten nämlich ihre Forderung im wesentlichen auf die Zugestehung des 22^1/$_2$fachen Ablösungsmaßstabs für fixierte Fron- und Dienstgelder von 3 fl und für Beden von 5 fl und darüber, indem sie alle weiteren vorgedachten Ansprüche, insbesondere auch die Ermäßigung des Fronabschätzungsmaßstabs aufgaben und bei den Leibeigenschaftsgefällen den von der Zweiten Kammer auf 8 % ermäßigten Abzug für Verwaltungskosten etc. sich gefallen ließen.

Nach der Ansicht der gehorsamst unterzeichneten Departementschefs würde den beiden letztgedachten Ansprüchen der Standesherren auf Verminderung des Abzugs bei den Fronen und auf gänzliche Weglassung des Abzugs an den Leibeigenschaftsgefällen in der Zweiten Kammer noch Eingang zu verschaffen und auch der Erhöhung des Ablösungsmaßstabs auf das 22^1/$_2$fache in der Beschränkung auf Geldgefälle von 5 fl und darüber noch nachzugeben gewesen sein. Wenn nun einesteils jene von den Standesherrn nicht weiter verfolgten Forderungen in Ansehung der Schätzung der Naturalfronen und der Berechnung der Leibeigenschaftsgefälle ein Opfer von beziehungsweise 36 000 fl und 24 000 fl gekostet haben dürften, wobei nur in ersterer Beziehung die Pflichtigen mitbeteiligt gewesen wären, während anderenteils die Ausdehnung des 22^1/$_2$fachen Ablösungsmaßstabs auch auf geringere Gefälle von 3 fl statt auf 5 fl und darüber der Staatskasse nur einen Mehraufwand von etwa 50 000 fl verursachen wird, so konnten die gehorsamst Unterzeichneten zumal bei der großen politischen Wichtigkeit, welche auf das Zustandekommen der Ablösungsgesetze überhaupt zu legen ist, nicht länger Bedenken tragen, ihren Einfluß bei der Zweiten Kammer für die Zugestehung der so ermäßigten standesherrlichen Ansprüche zu verwenden. Sie erklärten sich daher in diesem Sinne nicht nur bei einer Konferenz mit der Kommission der Abgeordnetenkammer, zu welcher sie auf den 9. dieses Monats eingeladen worden waren, sondern auch in der Zweiten Kammer selbst, als am 11. die endliche Beratung über die fraglichen Gesetzesentwürfe statthatte.

Nachdem nun die Kommission der Zweiten Kammer mit einer Mehrheit von 7 gegen 4 Stimmen (letztere: Schmid, Camerer, Dörtenbach, Duvernoy; Wiest war bei der Mehrheit) sich für die Annahme der letzten Vorschläge der Ersten Kammer ausgesprochen hatte, wurden bei der heutigen Beratung in der öffentlichen Kammersitzung diese Kommissionsanträge bei dem Fronablösungsgesetz mit 59 gegen 32 und bei dem Bedengesetz mit 59 gegen 29 Stimmen angenommen.

Es sind demnach, da rücksichtlich des Leibeigenschaftsgesetzes die Erste Kammer der Zweiten bereits nachgegeben hatte, die vorgelegten drei Gesetzesentwürfe nunmehr von beiden Kammern angenommen.

Gegen die Verabschiedung der Gesetze auf dem Wege des Etats waren in den letzten Tagen besonders von mehreren oberschwäbischen Abgeordneten darüber, daß die Grundholden der Standesherrn, insofern letztere nicht ablösen lassen würden, zu kurz kommen könnten, Bedenken laut geworden, welche ihnen von andern Abgeordneten eingeflößt zu sein scheinen, die (wie Rummel, Rauter etc.) die Zugestehung des höheren Maßstabs von 22$^1/_2$ auch für geringere Gefälle von 3 fl gar eifrig zu betreiben sich berufen fanden. Es mußte daher auch die hienach zu besorgen gewesene Spaltung der ministeriell gesinnten Partie die gehorsamst Unterzeichneten für die Beendigung der Sache auf dem einmal betretenen gewöhnlichen Gesetzgebungswege bestimmen.

Übrigens hat nun nach dem Endergebnisse die Staatskasse ungefähr dieselben finanziellen Opfer zu bringen, welche die gehorsamst Unterzeichneten nach ihren früheren an Euer Königliche Majestät erstatteten untertänigsten Berichten für zulässig gehalten hatten; nur würden nach ihrer Meinung auch die Naturalfronberechtigten und die vormaligen Leibherrn zur Teilnahme zuzulassen gewesen sein, während jetzt infolge der standesherrlichen Anträge die Besitzer von Fron- und Dienstgeldern (namentlich die Fürsten von Hohenlohe) von dem weiteren Zugeständnis allein Nutzen ziehen.

Nr. 117–123   Die Ablösungsgesetze vom 27./29. 10. 1836

Vgl. Darstellung, S. 442 ff. Außer den Gesetzestexten (Nr. 118, 119, 123) werden Aktenstücke wiedergegeben, in denen die Entstehungsgeschichte der einzelnen Gesetze in wesentlichen Zügen faßbar wird. Die Diskussion innerhalb der Regierung, der entscheidenden Instanz bei der Gesetzesvorbereitung, ist hierfür besonders aufschlußreich.

Nr. 117–118   Das Gesetz in betreff der Beden und ähnlicher älterer Abgaben

Vgl. Darstellung, S. 452 ff.

Nr. 117   1832 Juni 2, Stuttgart

Bericht des Finanzministeriums betr. die Petition der Kammer der Abgeordneten wegen Untersuchung der Kellereisteuern und des deshalb zu bearbeitenden Gesetzentwurfs

E 33/34, G 381, Q 7. Ausfertigung. Unterschrift: Herzog.

Eure Königliche Majestät haben durch höchstes Dekret vom 7. April 1830 dem Finanzministerium eine Eingabe der Kammer der Abgeordneten[1], worin dieselbe um die Allerhöchste Anordnung bittet,

---
[1] Eingabe vom 5. 4. 1830, E 33/34, G 381, Q 1; vgl. KdA 1830, Heft 3, S. 756. Bereits auf der

daß alle in die Kategorie der sogenannten Kellereisteuern gehörigen Abgaben ohne Unterschied, an wen sie zu entrichten seien, genau untersucht und das Resultat dieser Untersuchung der nächsten Ständeversammlung zu weiterer Beratung der Frage über das künftige Fortbestehen dieser Steuern und ob und inwieweit dieselben als wirkliche Steuern zu betrachten seien, nebst dem entsprechenden Gesetzesentwurfe vorgelegt werde,

zur Berichterstattung zugehen zu lassen gnädigst geruht.

Schon unterm 10. Dezember 1828 fand sich das Finanzministerium veranlaßt, von den sämtlichen Kreisfinanzkammern über die sogenannten Kellereisteuern, Bedeabgaben, Vogtrechte etc. umfassende Notizen einzufordern, insoweit diese Abgaben gegenwärtig noch von den Kamerälämtern erhoben werden. Da jedoch die kaum angeführte Petition der Kammer der Abgeordneten allgemein gestellt ist und daher solche nicht allein die bezugsberechtigte Staatsfinanzverwaltung, sondern auch die Standes- und Grundherren mit ihren derartigen Gefällbezügen im Auge hatte, so wurde in letzterer Beziehung unterm 1. Mai 1830 das Ministerium des Innern ersucht, über die Größe und die rechtliche Natur der an die Standes- und Grundherren zu entrichtenden steuerartigen Abgaben gleichfalls entsprechende Notizen einziehen zu lassen.

Unterm 12. November 1831 hat nun das Ministerium des Innern die Berichte der Kreisregierungen mit den Akten und Übersichten der Oberämter über die befragten Gefällbezüge der Standes- und Grundherren sowie der Hofdomänenkammer mitgeteilt; da jedoch in diesen Übersichten diejenigen in die Kategorie der Kellereisteuern gehörigen Abgaben, welche auf einzelnen Gütern haften oder von einzelnen Personen entrichtet werden, nicht enthalten, sondern nur diejenigen Posten, welche auf ganzen Gemeinden ruhen, aufgenommen waren, so mußten die Akten dem Ministerium des Innern unterm 14. Dezember 1831 zurückgegeben werden, um nach den angegebenen Beziehungen die erforderlichen Ergänzungen durch die Oberämter besorgen lassen zu können.

Mit der Untersuchung dieser Abgaben, insoweit solche für die Finanzverwaltung erhoben werden, war bei dem Finanzministerium der Oberfinanzrat Werner beauftragt. Derselbe unterwarf die von den Kreisfinanzkammern hierüber eingeforderten kameralamtlichen Verzeichnisse einer genauen Prüfung, bei welcher diese in der Regel höchst unvollständig erfunden wurden. Es mußten daher weitläufige Instruktorien an die Finanzkammern für die Ergänzung der Verzeichnisse erlassen werden. Soweit die Akten der Ämter die erforderlichen Notizen darboten, sind die Verzeichnisse nunmehr vervollständigt.

Neben diesen speziellen Arbeiten bemühte sich der Referent, den historischen Ursprung der fraglichen Abgaben im allgemeinen zu erforschen, um hienach ihren rechtlichen Charakter beurteilen und daraufhin seine Anträge gründen zu können.

Das Ergebnis dieser historischen Forschungen hat der Referent in dem angeschlossenen Berichte vom 5. Dezember 1831[2]) dargelegt, welcher die Entstehung folgender Abgaben näher beleuchtet:

Ständeversammlung von 1826/27 wurde in der Zweiten Kammer angeregt, die Kellereisteuern und ähnliche ältere Abgaben auf ihre Rechtsgrundlage zu überprüfen (KdA 1826/27, Heft 7, S. 1740 ff), doch wurde ein förmlicher Antrag deshalb nicht gestellt. Zum folgenden vgl. Darstellung, S. 452 f.

[2]) Nicht bei den Akten.

A) Steuern.

a) Die alten Steuern (Kellereisteuern) und Beden.

Diese Abgaben, sie mögen auf dem Gesamtverbande einzelner Gemeinden oder nur auf bestimmten einzelnen Gütern haften, entwickelt der Berichterstatter aus den Heerbannssteuern und erkennt daher dieselben nach ihrer geschichtlichen Entstehung als in dem öffentlichen Rechte begründet.

b) Steuern, welche bei Güterverkäufen anbedungen wurden.

Diese bildeten sich dadurch, daß beim Verkaufe von Kameralgütern den Käufern anbedungen wurde, aus den erkauften Güterstücken eine bestimmte jährliche Steuer in die Kameralkassen zu bezahlen.

Der Berichterstatter glaubt, daß auch diese jetzt unter die öffentlichen Abgaben gehören, wenngleich sie auf einer Vertragsbedingung beruhen.

c) Abgaben von Gebäuden.

Nach dem Berichte § 18 bestehen diese unter dem Namen: Rauchgeld, Rauchhaber, Rauchhühner, Pfingstkäse, Herd- oder Rauchpfund, Herdgeld, Feuersteuer, Feuerschilling; sie sollen erst vom 15. Jahrhundert an in den Lagerbüchern vorkommen, und nur wer Territorialherr war oder das Recht der Vogtei hatte, habe seine in dem Hoheits- oder Vogteibezirke wohnenden Insassen damit belasten können.

Die Abgaben Rauchgeld, Rauchhaber, Rauchhühner, Pfingstkäse haften in der Regel nicht auf der Grundfläche des Hauses, sondern werden aus dem bewohnten Hause bezahlt. Gewöhnlich richten sie sich nach der Zahl der Räuche; sie hören auf, wenn das Haus unbewohnt ist oder kein Rauch mehr darin gehalten wird.

Es kommen aber auch Ausnahmen vor, wo sich die Abgabe nicht nach der Zahl der Räuche richtet, sondern auf jedem Hause haftet, mit dem Abbruch eines Hauses aber aufhört. Es kommen ferner Fälle vor, wo die Rauchabgabe fortentrichtet werden muß, wenn auch das Haus abgebrochen wird.

Wo ganze Gemeinden oder vielmehr alle Wohnhäuser in einem Orte der Rauchabgabe unterliegen, sind in der Regel von deren Entrichtung befreit der Pfarrer, Schultheiß, die zwölf Richter, der Schulmeister, der Messner, der Schütz, der Hirte, die Hebamme, die Weiber, welche zur Zeit des Einzugs im Kindbett liegen, und die bettelarmen Familien.

Nach der Ansicht des Berichterstatters erscheinen die Rauchabgaben, insofern sie nicht auf einem grund- oder lehensherrlichen Verhältnisse ruhen oder nicht mit Gegenleistungen, z. B. Holzberechtigungen, in Verbindung stehen, als Häusersteuern und gehören somit dem öffentlichen Rechte an, wofür eine weitere Vermutung in den obenangeführten einzelnen persönlichen Befreiungen gefunden werde.

d) Gewerbsrekognitionsgelder.

Den Rechtsgrund der bestehenden Rekognitionsgelder auf Feuerwerkstätten und Ziegelhütten glaubt der Berichterstatter bloß in der Staatspolizeigewalt und dem damit verbundenen Konzessionsrechte suchen zu können, und darum glaubt er auch, diese für unvereinbar mit dem allgemeinen Steuersysteme erklären zu müssen.

B) Vogteiliche Abgaben.

Indem der Berichterstatter die Entstehung der sämtlichen unter dem

Namen Vogtrecht, Vogtgeld, Vogtspfennig, Vogtsfrucht, Vogtswein, Schutz- und Schirmgeld, Schirmfrucht, Schirmwein, Vogthühner, Schirmhühner, Vogtsatzung, Pferdsfütterung etc. vorkommenden Abgaben aus der früheren Schutz-, Schirm- und Gerichtsherrlichkeit herleitet, stellt er sie unbedingt in das Gebiet des öffentlichen Rechts, die Abgaben mögen auf ganzen Gemeinden oder auf einzelnen Gütern haften.

Eine Ausnahme glaubt jedoch der Berichterstatter bei denjenigen Vogtrechten, welche Geistliche von ihrem Pfarreinkommen zu entrichten haben, machen zu müssen, indem er bemerkt, daß solche auf einem zwischen dem Patron und der Pfarrei geschlossenen Vertrage beruhe, aus welchem der Angestellte kein Recht auf die darin bedungene Abgabe ableiten könne, weil er nicht Eigentümer, sondern nur Nutznießer der Pfründe sei.

Sodann kommen

C) Abgaben, welche nach der Ansicht des Berichterstatters durch die Ausdehnung des Subjektivverhältnisses überhaupt entstanden, in dem Berichte § 25 vor, deren nähere Ausscheidung nach ihrer geschichtlichen Entstehung und rechtlichen Natur sich noch vorbehalten worden ist.

Indem nun der Berichterstatter die aufgezählten Abgabengattungen nach ihrer Entstehung im öffentlichen Recht begründet findet, hält er den Fortbezug derselben mit dem § 21 der Verfassungsurkunde nicht vereinbarlich, welche sagt:

„Alle Württemberger haben gleiche staatsbürgerliche Rechte, und ebenso sind sie zu gleichen staatsbürgerlichen Pflichten und gleicher Teilnahme an den Staatslasten verbunden, soweit nicht die Verfassung eine ausdrückliche Ausnahme enthält etc."

Diese gesetzliche Bestimmung fordere unabweislich die Ausgleichung derjenigen Abgaben unter sämtlichen Staatsbürgern, welche ihren Rechtsgrund in den früheren staatsrechtlichen Verhältnissen der Abgabepflichtigen hatten, insoferne nunmehr ein allgemein verpflichtendes Steuersystem bestehe.

Das Moment der Aufhebung dieser alten Steuern liege also in der jetzigen Gesetzgebung, geboten durch das in der Verfassungsurkunde ausgesprochene Prinzip der Abgabengleichheit, von welcher nur insoweit eine Ausnahme stattfinden soll, als die Verfassungsurkunde selbst eine solche ausdrücklich bestimme, was jedoch im vorliegenden Fall nicht vorhanden sei, insofern dieselbe nirgends sage, daß die aus dem früheren Abgabensysteme hervorgegangenen staatsrechtlichen Leistungen fortbestehen sollen neben den allgemeinen Staatsabgaben, welche die jetzigen Steuergesetze anordnen.

Hienach geht der Berichterstatter auf den Antrag auf unentgeldliche Aufhebung der fraglichen Abgaben über und bringt zur Ausführung folgende Grundsätze in Vorschlag:

I. Als öffentliche Abgaben sowohl an Geld als Naturalien, insofern sie für sich unter eigenen Summen vorkommen, also nicht mit privatrechtlichen vermischt sind, seien zu betrachten und zwar ohne Unterschied, ob dieselben auf ganzen Gemeinden (Markungen) oder auf einzelnen (eigentümlichen oder Lehen-) Gütern haften:

a) alle ältern Steuern und Beden, welche teils nach ihrem Entrichtungstermin, teils nach andern Namen als Stadtsteuer, Kammersteuer, Kammerschatzung, Weinsteuer, Türkensteuer, Bergsteuer, Ablosungshülfe etc. benannt seien, ferner

b) Steuern, welche bei Verkäufen steuerfreier Güter anbedungen worden,

c) alle persönlichen Abgaben, welche entweder nach der Zahl der Bürger oder der Räuche oder der Häuser erhoben werden und nicht auf der Grundfläche der letztern ruhen,

d) die Abgaben, welche den Charakter der Gewerbsrekognitionszinse haben,

e) die sogenannten Vogtrechte und die Abgaben für den Schutz und Schirm, als: Vogtgeld, Vogtfrüchte, Vogt- oder Schirmwein, Vogthühner, Vogtmahlgeld, Atzung, Speisung, Fastnachthühner etc.,

f) die in der Abteilung C oben unter die öffentlichen fallenden Abgaben.

II. Wo diese Abgaben mit privatrechtlichen unter einem Betrag vorkommen, finde nur eine teilweise Aufhebung statt.

Eine Vermischung sei vorhanden, wenn diese in den Lagerbüchern oder andern öffentlichen Urkunden wirklich ausgedrückt sei, wenn also die Abgabe zugleich den Charakter einer Fronredemption, eines Grundzinses, eines Zehntsurrogatgelds oder einer andern privatrechtlichen Leistung habe. *Mögliche Kriterien für ihre Trennung.*

III. Ganz als privatrechtlich werden behandelt

a) alle Abgaben, welche als Gegenleistungen für Nutzungen, welche der Abgabenpflichtige von dem Gefällberechtigten bezieht, erklärt sind,

b) die Abgaben von den Häusern, welche entweder auf der Grundfläche, auch wenn sie nicht mehr überbaut ist, fortdauern, sofern sie nicht unzweifelhaft als vogteiliche erscheinen, oder welche in dem Lehens- oder Eigentumsverhältnisse ihren Grund haben,

c) die Vogtrechtsabgaben, welche die Kirchenpatrone aus den Kirchenpfründen beziehen.

IV. Diejenigen Abgaben, welche zweifelhaft bleiben, wären zur speziellen Beratung vorzubereiten.

Endlich ist der Berichterstatter der Ansicht, daß zwar eine Verpflichtung zur Zurückzahlung der bisher erhobenen jährlichen Beträge nicht bestehe, daß dagegen eine Zurückgabe der seit Erscheinung des II. Edikts vom 18. November 1817 in die Grundstocksverwaltung geflossenen Kapitalien für abgelöste derartige Steuern, Beden, Vogtrechte, Rauchabgaben etc. begründet sein dürfte.

Bei der Wichtigkeit des Gegenstandes wurde der Bericht mit vorstehenden Anträgen, ehe derselbe zur Beratung im Oberfinanzkollegium gebracht wurde, den einzelnen Kollegialmitgliedern zur vorläufigen schriftlichen Äußerung zugestellt[3]).

---

[3]) Die Meinungsäußerungen in E 221, Bü 2344, Q 28, Beilagen a—e zu Beilage B. Die folgende Zusammenfassung gibt den Tenor der Gutachten richtig wieder. Allerdings sprachen sich auch alle Berichte dafür aus, die Ablösung der fraglichen Abgaben zu erleichtern, indem der Staat zu der zehnfachen Abkaufsumme der Pflichtigen den sechsfachen Jahresbetrag zuschösse. Nur in sehr beschränktem Umfang waren die Mitglieder des Oberfinanzkollegiums bereit, entschädigungsloser Aufhebung zuzustimmen, z. B. bei rein persönlichen Abgaben.

Hierbei fanden die Anträge des Berichtserstatters im allgemeinen keinen Anklang, während die Motive derselben manchfachen Anfechtungen ausgesetzt waren. Hauptsächlich aber wurde eingewendet:

1. Der vorliegende Bericht überschreite die Grenzen der in der ständischen Petition liegenden Aufgabe, indem er sich in das unsichere Gebiet einer historischen Erörterung des Entstehens der alten Abgaben einlasse und die auf der Grund- und Gerichtsherrlichkeit beruhenden Abgaben den eigentlichen Landessteuern gleichstelle und ihre Aufhebung zugleich mit den Kellereisteuern und Beden nachweisen wolle, ohne jedoch den eigentlichen Entstehungsgrund weder bei den Kellereisteuern und Beden, noch bei den vogt- und gerichtsherrlichen Abgaben im einzelnen erforscht zu haben.

2. Eine Untersuchung der alten Abgaben auf dem Standpunkte des Geschichtsforschers, ob nemlich dieselben dem öffentlichen oder Privatrecht angehören, erscheine überhaupt für gefährlich und unfruchtbar; für gefährlich, weil es an Geschichtsforschern nicht fehlen dürfte, welche in ihrer Art sich zu dem Beweis erbieten würden, daß auch die Zehnten und Gülten und andere jetzt unzweifelhaft für privatrechtlich erkannte Einkünfte aus dem Subjektionsverbande entstanden seien, also dem öffentlichen Rechte angehören und neben der jetzigen Steuer nicht mehr bestehen können.

Insbesondere würde dies bei den Zehnten von gefährlicher Konsequenz sein, da der staatsrechtliche Ursprung der Zehnten im allgemeinen nicht widersprochen werden könne, indem sie aus einem einfachen Prinzip des kanonischen Rechts erwachsen seien, gleichwohl aber ihre privatrechtliche Eigenschaft durch den allgemein anerkannten jetzigen Rechtszustand und die unbestrittensten Prinzipien außer Zweifel gesetzt sei.

Für unfruchtbar, weil die Trennung der eigentlichen Staatsgewalt von den grundherrlichen Rechten im Mittelalter gar nicht durchgeführt, vielmehr beiderlei ineinander verschmolzen, wenigstens so gemischt gewesen seien, daß ein durchgreifender unterscheidender Charakter nicht nachgewiesen werden könne.

3. Mögen auch die fraglichen alten Abgaben ursprünglich die Eigenschaft von Steuern gehabt haben, so stehe die Tatsache fest, daß sie im Laufe der Zeiten diese Eigenschaft verloren und im Wege des Verkehrs die Natur privatrechtlich ständiger Leistungen angenommen haben, was namentlich bei den auf bestimmten einzelnen Grundstücken haftenden Abgaben ohne allen Zweifel der Fall seie. Es seie Tatsache, daß die Beden und andern dergleichen Abgaben, als im 15. Jahrhunderte die allgemeine Landessteuern aufkamen, neben diesen fortentrichtet wurden. Sie flossen inzwischen mit andern Domanialeinkünften in eine Kasse, während für die allgemeine Landessteuern eine besondere landschaftliche Steuerkasse errichtet wurde. Schon in dem Landtagsabschied vom 9. Februar 1642 seien die Beden als ein uraltes fürstliches Kammergefäll genannt.

Bei den Steuerrektifikationen von 1652 und 1713/41 wurden die Kellereisteuern und Beden wie andere Grundabgaben behandelt und von dem Steueranschlage der einzelnen Güter oder der ganzen Markungen, worauf sie haften, abgezogen; es seien die so belasteten Grundstücke seit dieser Zeit ohne Rücksicht, ob sie Beden etc. reichen oder nicht, mit der allgemeinen Grundsteuer belegt worden. Seit Jahrhunderten haben die Pflichtigen ihre Güter mit diesen Lasten erworben, und die dermaligen Besitzer bedepflichtiger Grundstücke seien der Natur der Sache nach durch niedrigeren Kaufspreis ihrer Güter für diese Grundlasten längst entschädigt und würden also durch unentgeldlichen Nachlaß ein Geschenk auf Kosten der Gesamtheit erhalten.

Überdies aber

4. ersetze die Wirkung des unvordenklichen Herkommens und der Verjährung hinsichtlich des rechtmäßigen Bezugs der fraglichen alten Abgaben jeden privatrechtlichen Titel, sie bilde daher selbst einen solchen und befreie den Besitzer von jedem Beweise der vertragsmäßigen und privatrechtlichen Eigenschaft seines Rechtes; sie verwandle daher auch eine ursprünglich staatsrechtliche Abgabe in eine privatrechtliche, sobald der Beweis einer früheren staatsrechtlichen Eigenschaft nicht mehr möglich ist. Dieser Grundsatz der Doktrine könne so wenig aus derselben verbannt werden, als durch Berufung auf den bloßen Ausdruck „Steuer und Bed" der Beweis der staatsrechtlichen Eigenschaft hergestellt werden könne, wenn alle andern Verhältnisse die privatrechtliche Natur des Gegenstandes an den Tag legen.

5. Dieser privatrechtliche Besitzstand seie inzwischen unangetastet geblieben, und namentlich spreche auch hiefür die Bestimmung des § 25 der Instruktion über die Absonderung der staats- und grundherrlichen Einkünfte in den standesherrlichen Besitzungen vom 2. Oktober 1807, welche sagt:

„Alle Abgaben, welche den Charakter grundherrlicher Zinse und Gefälle haben und in einem unveränderlichen Quantum entrichtet werden, also alle ständigen Kammergefälle, welche zwar den Namen Steuer, Bed, Schatzung, Corpus etc. haben, ihrer Natur nach aber keine wahre Steuern sind, bleiben dem Grundherrn und sind künftig als grundherrliche Gefälle in den Rechnungen zu praedicieren. Hingegen fallen alle wahren Steuern, welche nach gewissen Gegenständen, auf die sie gelegt werden, steigen und fallen und nicht nur einzelne Güterbesitzer oder Gemeinden aus besondern Privatverhältnissen, sondern den ganzen Landesbezirk aus allgemeinen Untertanenverhältnissen betreffen, mithin auch alle wahre Kammersteuern oder Steuerbeiträge etc. dem Souverain zu."

Wollte oder könnte man aber auch

6. die wirkliche Steuernatur der in Frage begriffenen ältern Abgaben zugeben, so würde doch in der Bestimmung des § 21 der Verfassungsurkunde noch keineswegs der Verpflichtungsgrund liegen, dieselben unentgeldlich aufzuheben, indem die diesfälligen Worte, „daß alle Württemberger zu gleicher Teilnahme an den Staatslasten verbunden seien, soweit nicht die Verfassung eine Ausnahme enthalte", nur soviel aussprechen, daß allgemeine Abgabengesetze gleichheitlich auf die Staatsangehörigen angewendet werden sollen.

Überdies

7. erkläre aber die Verfassungsurkunde in dem § 102 neben andern Gegenständen auch die nutzbaren Rechte als Teile des Kammerguts (welches in seinem Bestand erhalten werden solle), und zu diesen gehören die sogenannten Kellereisteuern, Beden, vogteiliche Rechte und Gefälle, welche Jahrhunderte lang unter privatrechtlichen Formen von der Kammer bezogen worden seien. Die Verfassung habe hiemit den Bestand des Kammerguts, wie er im Jahr 1819 war, anerkannt, und wenn sie als eine Folge des § 21 demselben so bedeutende Gefälle hätte entziehen wollen, so hätte die Ausscheidung in der Verfassung

selbst notwendig ausgesprochen werden müssen, wie dieses z. B. bei den Kirchengütern, bei den Schulden der neuen Lande etc. angeordnet worden sei.

Nach allem diesem könne daher

8. weder die ursprüngliche Natur der fraglichen Abgaben anerkannt, noch deren unentgeldliche Aufhebung aus der Verfassungsurkunde hergeleitet werden, und ebensowenig könne

9. von einer Zurückzahlung der für die Ablösung [von] derlei Abgaben bisher erhobenen Kapitalien die Rede sein, indem die Finanzverwaltung im rechtmäßigen Besitz dieser Bezüge sei und dieselbe auch bei der Verabschiedung eines durchgreifenden, auf den Grundsatz der Allgemeinheit ruhenden Steuergesetzes nicht angefochten, vielmehr durch die mit den Ständen verabschiedeten Finanzetats anerkannt worden und somit im gesetzlichen Wege stattgefunden haben.

Da hienach die Anträge des Berichterstatters im allgemeinen keine Zustimmung erhielten, so wurde unterm 18. April d. J. in dem Oberfinanzkollegium die Frage einer weiteren Beratung unterworfen, auf welche Weise der ständischen Petition ein Genüge zu leisten sein dürfte, um sofort die Grundsätze feststellen zu können, nach welchen ein Gesetzesentwurf zu bearbeiten sein würde.

Bei dieser Beratung nahm der Berichterstatter, Oberfinanzrat Werner, zuerst das Wort, indem er den anliegenden weiteren schriftlichen Vortrag zu den Akten gab[4]), worin er im allgemeinen auf den Grund seiner geschichtlichen Forschungen die Überzeugung ausspricht,

a) daß die fraglichen alten Abgaben nach ihrer geschichtlichen Entstehung dem öffentlichen Rechte angehören,

b) daß dieselben durch den Verkehr an sich nicht privatrechtlich geworden seien und nur durch eine wirkliche Umwandlung der ursprüngliche Charakter hätte verändert werden können; hiezu hätte als wesentliches Erfordernis die Abänderung des Grundes der Verbindlichkeit oder der animus novandi gehört, von beidem aber sei nichts geschehen.

Er will jedoch, abweichend von seinen früheren Anträgen, dahingestellt sein lassen, ob nicht bei denjenigen derlei Abgaben, welche seit Jahrhunderten oder ursprünglich auf bestimmten einzelnen Grundstücken ruhen, eine billige Ablösungssumme gerechtfertigt wäre, um für die den Standes- und Grundherrschaften für die gänzliche oder teilweise Aufhebung solcher ihnen bei den Revenuenausscheidungen als gutsherrliche Gefälle überlassenen alten Abgaben zu gewährenden Entschädigungen einen Fond zu erhalten.

c) Da die allgemeine Steuerpflicht in der Verfassungsurkunde § 21 ausgesprochen sei, so würde er diese Bestimmung nicht für vollzogen halten, wenn man die fraglichen alten Abgaben neben den laufenden Steuern von Rechts wegen noch fortbeziehen wollte.

d) Die Regierung habe durch Aufhebung der Kellereisteuern im Hohenloheschen etc. anerkannt, daß solche mit dem jetzigen Steuersystem nicht vereinbarlich gewesen seien, und würde daher mit sich selbst in Widerspruch geraten, wenn sie jetzt andere Ansichten aufstellen wollte.

---

[4]) Offensichtlich E 221, Bü 2344, Q 28, Beilage A, datiert vom 23. 5. 1832, ohne Unterschrift.

Aber auch dieser erneuerte Vortrag konnte bei den übrigen Mitgliedern des Oberfinanzkollegium keine mit dem Referenten übereinstimmende Ansichten hervorbringen, vielmehr sprach sich deren feste Überzeugung einstimmig dahin aus, daß wenn auch die geschichtlichen Forschungen des Berichterstatters ein entschiedeneres Resultat geliefert hätten, dennoch die vorliegenden Abgaben im Wege des Verkehrs und jedenfalls durch den verjährten Besitzstand in einen privatrechtlichen Bezug verwandelt worden seien, welcher als rechtlich bestehend anerkannt und geachtet werden müsse, wenn nicht der ganze privatrechtliche Besitz erschüttert werden solle. Das Oberfinanzkollegium ist daher der Ansicht, daß die von dem Berichtserstatter angeführte Bestimmung der Verfassungsurkunde § 21 für die weitere Behandlung des vorliegenden Gegenstandes um so weniger die Grundlage bilden könne, als dieselbe nur eine gleiche Verteilung der allgemeinen Staatslasten nach den gesetzlichen Normen der jetzigen Steuergesetzgebung im Auge habe, nicht aber eine Ausscheidung und Ausgleichung der unter verschiedenen Titeln dem Staatsgut anfallenden Bezüge, und daß eben deswegen eine historische Prüfung des Ursprungs der alten Abgaben und deren Abstammung aus dem öffentlichen oder Privatrecht zu umgehen sein dürfte, vielmehr der unvordenkliche Besitz als privatrechtlicher Titel festgehalten und somit die Aufhebung der fraglichen Abgaben aus Gründen des öffentlichen Rechts ganz verneint werden müsse.

Was die von dem Berichtserstatter angeführte Aufhebung der Kammersteuern im Hohenloheschen betrifft, so dürfte derselbe nur durch eine unrichtige Ansicht der diesfälligen Verhältnisse zu der angestellten Vergleichung mit den Kellereisteuern gekommen sein, indem jene von diesen, wie sich aus den darüber stattgehabten Untersuchungen und Verhandlungen ergibt, durchaus verschieden sind.

In Betracht jedoch, daß die eigentlichen Kellereisteuern und Beden für manche Gemeinde des Landes unter den jetzigen Verhältnissen drückend sein mögen, zumal da sie, wenn sie auf der Gesamtheit eines Gemeindeverbandes radiziert sind, von dem jetzigen Grundsteuerkataster gesetzlich nicht in Abzug kommen konnten, hält das Oberfinanzkollegium dafür, daß aus Rücksichten der unverhältnismäßigen Belastung einzelner Gemeinden gegenüber von anderen und der dadurch wohlbegründeten Schonung der Steuerpflichtigen eine milde Behandlung für die Entfernung derlei Abgaben allerdings an der Zeit wäre, und hiezu glaubt das Oberfinanzkollegium nach Erwägung aller Verhältnisse das Mittel in der Anwendung eines milderen Ablösungsmaßstabs zu finden. Um jedoch die Wohltat eines solchen milderen Ablösungsmaßstabes allen Staatsbürgern, welche mit den fraglichen Abgaben belastet sind, zufließen zu lassen, wäre die Anwendung desselben nicht allein bei den im Bezuge der Staatsfinanzverwaltung laufenden, sondern bei allen derartigen Abgaben, welche die Standes- und Grundherrschaften, Korporationen und Privaten noch beziehen, anzuordnen.

Es scheint dies um so unerläßlicher zu sein, als eine auffallende Rechtsungleichheit entstünde, wenn durch eine mildere Behandlung in den unmittelbaren Bezirken ein Ausfall in den Kammereinkünften und mithin eine Vermehrung in den Steuern entstünde, an welcher die standes- und gutsherrlichen Orte teilnehmen müßten, währenddem sie zugleich die ihren Mitbürgern abgenommene

Last fortzutragen hätten. Hiebei wird es vor allem darauf ankommen, inwieweit die Gesetzgebung durch die Deklarationen einzelner Standesherrschaften gehindert ist, überall die gleiche Anwendung fordern zu können, und ob die in dieser Beziehung vorbehaltene Entscheidung des Deutschen Bundes in kurzem in befriedigender Art bewirkt werden kann.

Würden sich hier Schwierigkeiten von größerer Bedeutung zeigen, so ist das Oberfinanzkollegium der Ansicht, daß der ganzen Maßregel noch Aufschub zu geben wäre, bis man imstande wäre, sie mit völliger Rechtsgleichheit für alle Staatsangehörige durchzuführen. Indessen sollte das wohlverstandene Interesse der Standes- und Gutsherrschaften sie selbst geneigt machen, zu einer billigen Ablösung die Hand zu bieten, da doch manche der alten Abgaben nach den gegenwärtigen Zeitverhältnissen in ihrem ferneren Bezug vielfachen Anfechtungen unterliegen und hie und da Ausfälle erleiden, während auf der anderen Seite durch die Ablösung die Verwaltungseinrichtungen vereinfacht werden und den Berechtigten in den Ablösungskapitalien sichere Revenüen erwachsen.

Wenn nun, wie das Oberfinanzkollegium der Ansicht ist, der Ablösungsmaßstab für die sog. Kellereisteuern und Beden und andere in diese Kategorie gehörige Gefälle, welche nicht auf einzelnen Gütern, sondern auf der Gesamtheit der Gemeinden haften und in einer Summe aus den Gemeindekassen entrichtet werden, auf etwa den 10fachen Betrag gestellt werden dürfte und dieser Maßstab auch in den Bezirken der Standesherren angewendet werden wollte, so würden letzteren allerdings zu große Opfer angesonnen, und es dürfte daher die Billigkeit erheischen, daß die Staatskasse für denjenigen Betrag eintrete, welcher zur Ergänzung der Entschädigung dem von den Pflichtigen zu entrichtenden Ablösungskapital zuzulegen ist. Das Oberfinanzkollegium ist hiernach der Ansicht, daß die Standes- und Grundherrschaften, wenn die Ablösungen der fraglichen Gefälle auch in ihren Bezirken nach dem Maßstabe des 10fachen Betrags durchgeführt werden, aus der Staatskasse noch mit einem weiteren sechsfachen Betrage zu entschädigen wären; dieselben würden somit für ihre Gefälle den 16fachen Betrag erhalten.

Wenn hienach die Ablösungen sowohl bei der Staatsfinanzverwaltung als in den Bezirken der Standes- und Grundherren in Beziehung auf die genannten, auf ganzen Gemeinden haftenden Abgaben sowohl an Geld als Naturalien durchgeführt werden können, so dürfte, um den Zweck der Maßregel in vollem Umfange zu erreichen, eine gezwungene Ablösbarkeit, jedoch mit der Modifikation zu bestimmen sein, daß es den Pflichtigen freistehe, den 10fachen Betrag des Ablösungskapitals entweder bar oder in einigen (5 bis 6) verzinslichen Jahreszielern zu bezahlen oder aber den jährlichen Betrag der Abgabe noch eine dem Abfindungskapital entsprechenden Anzahl von Jahren fortzureichen.

Soweit aus den vorliegenden Verzeichnissen erhoben werden konnte, werden die fraglichen, auf ganzen Gemeinden haftenden Abgaben, welche von der Staatsfinanzverwaltung noch jährlich erhoben werden, betragen

im Neckarkreis	13072 fl	57 kr
im Schwarzwaldkreis	10708 fl	13 kr
im Jaxtkreis	3772 fl	23 kr
im Donaukreis	4029 fl	41 kr
Zusammen	31583 fl	14 kr.

Das Innenministerium wurde ersucht, möglichst bald den ungefähren Jahreswert entsprechender Abgaben an Standes- und Grundherren zu berechnen.

Indem das Oberfinanzkollegium seinen Antrag auf die Ablösung im milderen Maßstabe des 10fachen Betrags der unter dem Namen Steuer, Bed, Vogtrecht, Schatzung etc. vorkommenden, auf ganzen Gemeinden ruhenden Abgaben beschränkt, glaubt es alle diejenigen Abgaben, unter welchem Titel solche auch vorkommen, welche auf bestimmten einzelnen Gütern, seien diese eigentümliche oder Lehengüter, haften und welchen ursprünglichen Charakter sie auch gehabt haben mögen, als Grundabgaben behandeln zu müssen, als welche sie auch bei der Aufnahme des neuen Grundsteuerkatasters von dem Reinertrag als Reallasten in Abzug gebracht worden sind. Auf diese Gefälle würde daher der mildere Ablösungsmaßstab keine Anwendung finden, dieselben würden vielmehr wie alle übrigen grundherrlichen Gefälle nach den bereits bestehenden oder künftig zu erlassenden allgemeinen Ablösungsnormen zu behandeln sein.

Die beim Verkauf herrschaftlicher Güter anbedungenen Steuern wurden schon 1808 aufgehoben. Die Anträge des Referenten wegen der Abgaben von Gebäuden sind abzulehnen, weil die Abgaben selbst zu verschiedener Natur sind.

Aus allem, was der vorliegende Bericht in den § 18 und 19 hierüber enthält, gehet hervor, daß die fraglichen Abgaben unter sehr verschiedenen Verhältnissen entstanden sind, daß es nicht wohl möglich wäre, die von dem Berichtserstatter für eine Ausscheidung und beziehungsweise Aufhebung der fraglichen Abgaben aufgestellten Kriterien in der Anwendung durchzuführen. Es liegt aber hiezu auch die Notwendigkeit nicht vor, insofern die in Frage begriffenen, auf Häusern (seien nun diese bewohnt oder nicht) ruhenden Abgaben längst die Eigenschaft der privatrechtlichen Abgaben angenommen haben und namentlich die Rauchabgaben nicht selten mit Gegennutzungen verbunden sind, worüber ohne Zweifel noch nähere Untersuchungen helleres Licht verbreiten dürften, überdies aber dieselben bei der Steuereinschätzung in der Annahme niedriger Wertsanschläge berücksichtigt worden sind.

Damit soll jedoch nicht ausgeschlossen sein, daß auch hier, wenngleich nicht in demselben Verhältnis wie bei den Beden, ein milder Ablösungsmaßstab zur Anwendung komme.

Das Oberfinanzkollegium ist der Ansicht, daß die fraglichen Rauchabgaben durchgängig im 16fachen Betrage ablösen zu lassen sein möchten, in welchem Falle die damit in Verbindung stehenden Gegennutzungen im nemlichen Maßstabe zur Ausgleichung zu bringen wären. Wenn durch diese Maßregel für die Erleichterung der fraglichen Abgaben allen billigen Anforderungen eine Genüge geleistet werden dürfte, so möchte damit noch die weitere gesetzliche Bestimmung zu verbinden sein, daß alle und jede Auflagen auf neue Gebäude künftig nicht mehr stattfinden, auf welchen Rechtstitel auch eine solche Auflage gegründet werden könnte.

Das Finanzministerium hat auch bereits durch Verfügung vom 28. April 1829[5]) die Anordnung getroffen, daß künftig von allen solchen Auflagen in

---
[5]) Ergänzungsband zum Regierungsblatt für das Königreich Württemberg, Stuttgart 1838, S. 426 f.

Gebietsteilen, in welchen der Krone die Grundherrlichkeit nicht zukommt, abzustehen, auch diejenigen Grundzinse solcher Art, welche bisher noch jährlich bezogen worden, ferner nicht mehr zu beziehen seien, und es würde die weitere Anordnung, daß überhaupt keine Gefällauflagen auf Gebäude, mithin auch in mittelbaren Orten [nicht] mehr stattfinden sollen, in der Tat nur als eine Vollziehung der Bestimmung des Ediktes vom 18. November 1817 hinsichtlich des Verbots der Auflegung neuer Grundabgaben anzusehen sein.

Das Finanzministerium hat sich bereits 1829 über rechtlichen Charakter und Betrag der Gewerberekognitionszinse informiert, die von den Kameralämtern verrechnet wurden, und unter dem 29. 9. 1829 diejenigen Abgaben aufgehoben[6]*, die mit der neuen Gewerbegesetzgebung von 1828 unvereinbar erscheinen.*

Auf gleiche Weise wurden einige weitere von den Finanzkammern nachträglich vorgelegte Fälle erledigt, und ebenso werden auch etwa noch ferner vorkommende Gesuche um Aufhebung solcher Zinse, wenn erwiesen wird, daß sie den Charakter der Gewerbsrekognitionsgelder tragen, behandelt werden. Das Oberfinanzkollegium ist sonach der Ansicht, daß da auf diese Weise hinsichtlich der fraglichen in der Verrechnung der Kameralämter laufenden Abgaben deren Aufhebung teils schon verfügt, teils eingeleitet ist, für die Gesetzgebung in dieser Beziehung nichts mehr übrig bleibe; auch kann es nicht wohl zweifelhaft sein, daß solche in der allgemeinen Staatspolizeigewalt begründeten Abgaben auch in den standes- und gutsherrlichen Bezirken seit dem Eintritt der Mediatisierung von den Mediatisierten nicht mehr rechtmäßig bezogen werden konnten und daher die nachträgliche Abstellung derselben, wo sie in solcher Eigenschaft und nicht als gutsherrliche Leistungen erscheinen, jederzeit gefordert werden kann.

Nach den angeführten, in dem Oberfinanzkollegium entwickelten Ansichten würden sich nun für den zu bearbeitenden Gesetzesentwurf folgende Hauptgrundzüge bilden:

I. Alle unter dem Namen Steuer, Bed, Schatzung, Vogtrecht und andern Titeln bestehenden Abgaben an Geld und Naturalien, welche auf der Gesamtheit eines Gemeindeverbandes und nicht auf einem bestimmten einzelnen Objekte haften, sind im 10fachen Betrage abzulösen.

II. Im Maßstab des 16fachen Betrags sind die Abgaben von Gebäuden an Rauchhennen, Rauchhaber, Rauchkäse etc. zur Ablösung zu bringen.

III. Der Ablösung wird

a) bei den ständigen Abgaben der Betrag, wie er gegenwärtig noch erhoben wird, und

b) bei den veränderlichen Abgaben der Durchschnittsbetrag von den letzten zehn Jahren (1821/31) zugrunde gelegt, und die Preise der Naturalien werden nach dem Gesetz vom 13. Juni 1821 in Berechnung genommen.

IV. Den Ablösenden ist gestattet, die Ablösungssumme entweder ganz oder in 5 bis 6 zu 4 % verzinslichen Jahreszielern zu entrichten oder aber den jährlichen Betrag der Abgabe noch eine dem Abfindungskapital entsprechende Anzahl von Jahren fortzureichen.

---

[6] Ebd., S. 427 f.

V. Wenn mit den unter I. und II. fallenden Abgaben Gegennutzungen verbunden sind, so unterliegen solche gleichen Ablösungsnormen wie die Lasten, denen sie entsprechen.

VI. Alle unter dem Namen Steuer, Bed, Schatzung, Vogtrecht und andern Titeln bestehenden Abgaben, welche auf bestimmten einzelnen Objekten haften, sind von der Ablösung im herabgesetzten Maßstabe ausgeschlossen und unterliegen daher den bestehenden oder noch zu erlassenden Ablösungsnormen für die Grund- und Lehensgefälle überhaupt.

VII. Gefällauflagen auf neue Gebäude können unter keinen Umständen mehr stattfinden.

VIII. Die Standes- und Grundherren erhalten für die bisher bezogenen, unter den Art. I fallenden Abgaben neben der von den Pflichtigen zu bezahlenden Ablösungssumme aus der Staatskasse noch eine weitere Entschädigung des sechsfachen Betrags der bisherigen Abgabe.

IX. Für die Ausscheidung und Liquidation der unter Artikel I und II fallenden Abgaben und für den Vollzug des Gesetzes überhaupt wird eine Zentralkommission aus Mitgliedern der Ministerien der Justiz, des Innern und der Finanzen niedergesetzt werden, von deren Verfügungen den Beteiligten der Rekurs an den Geheimen Rat offensteht.

Indem ich nun diese aus der Beratung des Oberfinanzkollegium mit meiner völligen Übereinstimmung hervorgegangenen Anträge zur höchsten Beurteilung untertänigst vorlege, glaube ich, daß es vor allem nötig sei, eine Entscheidung zu erhalten, ob der Gegenstand in dieser oder in welch anderer Richtung zur Vorlegung an die Stände bearbeitet werden soll.

Ich habe ebendeswegen die historischen Untersuchungen über den Ursprung dieser älteren Abgaben, welche, soweit sie bis jetzt stattgefunden haben, ohnehin zu keinen entscheidenden Resultaten geführt haben, eingestellt, um so mehr, als die gleiche Untersuchung bei den im Besitze von Standes- und Gutsherrschaften, Korporationen und Privaten befindlichen Abgaben ohnehin auf ganz besondere Schwierigkeiten stößt.

Es wird durch jene Entscheidung erst die Bahn sich näher bestimmen, auf welcher der Gegenstand weiter bearbeitet werden soll, und indem ich dieser entgegensehe, habe ich den gegenwärtigen Vortrag an die Ministerien der Justiz und des Innern abgegeben, um denselben mit ihren Bemerkungen an den K. Geheimen Rat zu begleiten[7]).

---

[7]) Nach Ansicht des Justizministeriums war an der Richtigkeit der vom Finanzministerium aufgestellten Grundidee über den rechtlichen Charakter der Abgaben „wohl nicht zu zweifeln": Diese seien „im Laufe der Zeit in das Gebiet des Privatrechts übergegangen". Doch sprächen politische und nationalökonomische Rücksichten dafür, die Ablösung „dieser vielleicht nur durch ihr Alter geheiligten Leistungen" zu erleichtern. Die Standesherren dürften angesichts der Zeitereignisse an einem billigen Ausgleich interessiert sein. Man sollte sehen, ob der Entschädigungsmaßstab besonders beim Staat nicht noch weiter vermindert werden könne (Note an das Innenministerium vom 15. 6. 1832, E 33/34, G 381, Q 6. Unterschrift: Schwab).
Das Innenministerium übersandte den Gesetzesentwurf am 28. 6. 1832 mit einem eigenen Gutachten an den Geheimen Rat (E 33/34, G 381, Q 5). Nach Ansicht des Innenministers mußte man auch in Württemberg anerkennen, daß sich unter dem sog. Domänenertrag noch Reste älterer Staatsauflagen befanden, die nun ausgeschieden werden sollten:
„Der Unterzeichnete betrachtet das vorliegende Problem als einen Teil der allgemeinen Aufgabe, das System unserer öffentlichen Auflagen dem von dem § 21 der Verfassungs-

urkunde vorgezeichneten Grundsatz der gleichen Verteilung der Staatslasten je mehr und mehr näherzubringen. Als vorzugsweise dringend erscheint die Erledigung dieses Teils der allgemeinen Aufgabe darum, weil einmal die Ungleichheit der Verteilung der Staatslasten in den hier in Frage stehenden, auf Örtlichkeiten beschränkten Steuergefällen greller als anderswo hervortritt und mit der neuerlich der direkten Staatssteuer gegebenen Einrichtung einen Widerspruch bildet und weil die bemerkten Steuergefälle in ihrer Vermischung mit den wahren Domanialeinkünften dem ständischen Steuerverwilligungsrecht sich entziehen.

Wenn eine öffentliche Abgabe als in das bestehende System der Staatsauflagen nicht mehr passend oder als ungerecht erkannt wird, so kann nur ihre Aufhebung, nicht aber ihre Ablösung in irgendeinem Kapital, welche in der Idee der Fortdauer der Abgabe gleichkommt, die Folge hievon sein. Dem Unterzeichneten scheint ein Widerspruch darin zu liegen, wenn man, wie die Ministerien der Justiz und der Finanzen begutachten, eine Gefällberechtigung einerseits für privatrechtlich erklärt und andererseits doch ihrer Ablösung in einem so niederen Maßstab stattgeben will, daß darin bei weitem keine Entschädigung für den Wert des Gefälls liegt, in einem Maßstab, der bei andern grundherrlichen, an sich vielleicht viel drückenderen, der landwirtschaftlichen Kultur viel nachteiligeren Gefällen voraussichtlich niemals zugestanden werden wird."

Die einzige Schwierigkeit, die als entschieden steuerartig erkannten Kammergefälle aufzuheben, bereitet die Frage, ob die mediatisierten Gutsherrschaften dafür zu entschädigen sind. Nach Ansicht des Innenministers verpflichtet die Revenüenabteilung den Staat nicht dazu, den Gutsherrschaften auch ursprünglich staatsrechtliche Abgaben zu garantieren; in derartigen Fällen müßte nur die Schuldenabteilung entsprechend revidiert werden. Im Entschädigungsfall scheint es angemessen, die erforderlichen Gelder auf die Staatskasse zu übernehmen. Bei erheblichen Bedenken gegen diese Lösung sollten sämtliche bisher gefällpflichtigen Güterbesitzer herangezogen werden, das Entschädigungskapital für die Mediatisierten aufzubringen. Der 16fache Entschädigungsmaßstab ist vollauf genug.

In einem umfangreichen Gutachten über die vorliegenden Ansichten nahm der Geheime Rat am 1./15. 9. 1832 dazu Stellung, „inwiefern die Aufhebung oder Milderung der in Frage kommenden Gefälle rechtlich notwendig oder politisch rätlich und ob die Maßregel auch auf andere als die dem Staate zukommenden Gefälle zu erstrecken sei?" (Ausfertigung: E 221, Bü 2344, Q ad 32; Referent: Staatsrat v. Herdegen).

I. Rechtlich notwendig:

Unter Hinweis darauf, wie problematisch die Trennung von Abgaben staats- und privatrechtlicher Natur im Mittelalter sei, vertrat der Geheime Rat die Ansicht, nicht alle ursprünglich öffentlichen Abgaben seien von dem nun bestehenden Steuersystem absorbiert worden; der Grundsatz steuerlicher Lastengleichheit fordere aber nur dann die unentgeltliche Aufhebung älterer öffentlicher Leistungen, wenn die gleiche Abgabe zweimal erhoben würde. Nach Meinung des Geheimen Rats war dies weitgehend nicht der Fall.

II. Politisch rätlich:

Nach einem Überblick über die entsprechende Gesetzgebung von Bayern, Hessen-Darmstadt und Baden äußerte der Geheime Rat „erhebliche Bedenken, dem Beispiele Badens zu folgen, dessen Wahlkammer in der neuesten Zeit unter Mißachtung erworbener Rechte sogar zu Aufhebung des Zehenten zu schreiten versuchte. Sicherheit des Eigentums bleibt einer der ersten Staatszwecke, und auch die Gesetzgebung darf dasselbe zum allgemeinen Besten nur gegen Entschädigung entziehen. Es ist daher, wenn nicht Willkür an die Stelle des Rechts treten soll, unerläßlich, im Fall der Abschaffung von Rechten und Gefällen, welche, obgleich früher vielleicht aus dem Staatsrechte entsprungen, unter den jetzigen Verhältnissen Gegenstand des Privateigentums sind, die Berechtigten für den Verlust schadlos zu halten; und der Einwurf, daß die Rechte entweder einst nicht gebührend erworben worden oder nach den Begriffen des Vernunftrechts überhaupt nicht zum Privatbesitz geeignet gewesen wären, kann die Rechtsverbindlichkeit zur Entschädigung des Eigentümers nicht aufheben. Wollte man, wie auch das Justizministerium bemerkt, nur das am historischen Prüfstein Bewährte als Eigentum gelten lassen, so würden alle Grundlagen des letztern erschüttert. Wenn es unmöglich ist, was wohl auch nicht zu wünschen wäre, die Staatsgesellschaft in den älteren Zustand überhaupt zurückzuversetzen, so darf dieses auch in einzelnen Beziehungen nicht geschehen: Die Gesetzgebung hat die Verhältnisse in ihrem Zusammenhange zu nehmen, wie sie wirklich sind, nicht, wie sie ehemals waren oder etwa noch sein könnten; die Zukunft ist nur der Gegenwart anzureihen." Die unentgeltliche Aufhebung von Abgaben für die Pflichtigen fällt auf die Gesamtheit der Steuerzahler zurück. Die Abschaffung älterer Grundlasten bringt dem Grundeigentümer nur in beschränktem Umfang eine Abgabenerleichterung, „da dieser nach der bestehenden Steuereinrichtung zu den nächsten Kontribuenten gehört, welche entweder den Einnahmeersatz zu leisten oder die Erleichterung durch verminderte Ausgaben zu entbehren

Nr. 118   1836 Oktober 27, Stuttgart

Gesetz in betreff der Beden und ähnlicher älterer Abgaben

RegBl 1836, S. 545–555.
Textausgaben und Kommentare: Rauter; Wiest, Bedengesetz.

       Vgl. Darstellung, S. 453 f. Anhand der Anträge des Geheimen Rates bearbeitete das Finanzministerium gemeinsam mit dem Innenministerium den Gesetzentwurf (vgl. Nr. 117, Anm. 7; E 33/34, G 381, Q 17 ff; E 221, 38, 10, Q 33 ff; E 146, Bü 4, Q 49 ff). Finanzminister v. Herdegen brachte ihn auf dem 1. Landtag von 1833 in der Kammer der Abgeordneten ein (40. Sitzung (13. 3. 1833), S. 11; ebd. S. 62–71 Gesetzentwurf; ebd. S. 71–90 Motive), erneut auf dem 2. Landtag von 1833 (3. Sitzung (23. 5.), S. 6). In der Kommission der Zweiten Kammer, für die der Abgeordnete Rauter den Bericht erstattete (KdA 1835, Bd. 4, S. 97–144, 145–228), wiederholen sich wie später in der Kammer der Abgeordneten selbst teilweise die Meinungsdifferenzen, die vorher im Finanzministerium aufgebrochen waren: Eine Majorität argumentierte, die älteren Abgaben seien mit der neuen Staatsverfassung nicht mehr vereinbar, „weil alle Funktionen, wegen welcher sie geleistet werden mußten, von Staats- oder Gemeindewegen ausgeübt werden und die Pflichtigen zu dem dadurch entstehenden Aufwand in ihren öffentlichen Abgaben bereits die sie betreffenden Beiträge leisten" (a.a.O., S. 105), und müßten daher, zumindest soweit sie auf ganzen Gemeinden ruhten,

---

    haben". Andererseits kommt man durch die allmähliche Beseitigung solcher besonderen Abgaben der gleichen Verteilung der Staatslasten näher und fördert durch „die möglichst freie Benützung des Grundeigentums den Nationalwohlstand".
    Für erleichterte Ablösung der Abgaben von ganzen Gemeinden spricht der Umstand, daß sie bisher nicht als steuerfreier Betrag im Kataster berücksichtigt sind, für die erleichterte Ablösung der Gebäudeabgaben sprechen die verschiedenartigen Entstehungsursachen und die Höhe der derzeitigen Verwaltungskosten.
    III. Geltungsbereich der beantragten Maßregeln:
    Die beabsichtigten Abgabenerleichterungen müssen auf die verschiedenen Pflichtigen gleichmäßig angewandt werden, um nicht wie bei der Aufhebung der Leibeigenschaft durch das 2. Edikt vom 18. 11. 1817 eine „die Mißgunst erregende und leicht zur Unzufriedenheit führende Maßregel" zu wiederholen, zumal alle Steuerpflichtigen den entstehenden Ausfall in der Staatskasse tragen müssen.
    Die Bundesgarantie für die Mediatisierten: Der Bundesentscheid ist bis zum nächsten Landtag nicht zu erwirken. Die Meinung des Innenministers in dieser Frage ist kaum haltbar. Der Geheime Rat ist nicht der Meinung, „daß das standesherrliche Patrimonial- und Privateigentum der Gesetzgebung gegenüber etwas Superlatives sei", doch muß gesorgt werden, „daß dafür genügende Entschädigung geleistet werde, somit keine Entziehung, sondern nur eine Umwandlung des Eigentums stattfinde". Die Gefahr, daß sich manche Standes- und Grundherren schon aus Prinzip gegen die beabsichtigten Gefällablösungen wenden, darf die Regierung nicht von der Gesetzesvorlage auf dem kommenden Landtag abhalten, zumal zu hoffen ist, daß der Bundesentscheid das Eigentum der Standesherren nicht für so privilegiert erklärt, „daß es jeder Einwirkung der gesetzgebenden Gewalt und namentlich einer durch genügende Entschädigungsleistung bedingten Umwandlung entzogen würde". Als Entschädigungsmaßstab ist bei dem derzeitigen 5%igen Zinsfuß der 20fache Jahresbetrag anzunehmen, so daß bei Kammersteuern und Beden nach Abzug eines 10%igen Verwaltungsaufwandes der 18fache Jahresbetrag, bei den Rauchgefällen nach Abzug eines 20%igen Verwaltungsaufwandes der 16fache Jahresbetrag eine angemessene Entschädigung für die Berechtigten darstellt. — Es folgt weitere Einzelkritik an den Anträgen des Finanzministeriums für den Gesetzentwurf.
    Zur weiteren Entwicklung vgl. Nr. 118, Einleitung.

als Abgaben öffentlicher Natur angesehen und wie sonstige Leistungen aus vogteilichen und schutzherrlichen Verhältnissen für die Pflichtigen unentgeltlich aufgehoben werden. Die Minorität dagegen lehnte derartige Geschenke an die Pflichtigen auf Kosten der zum Teil schwerer belasteten übrigen Steuerpflichtigen ab, wenn sie auch die Ablösung erleichtern wollte. Um die Zustimmung des Adels zu erreichen, akzeptierte die Kommissionsmehrheit den 20fachen Entschädigungsmaßstab für die Berechtigten. Die Kammer der Abgeordneten beriet den Entwurf in ihren Sitzungen vom 22.–29. 2. und nahm ihn am 17. 3. 1836 mit 76 gegen 12 Stimmen in modifizierter Form an; 10 Abgeordnete der Opposition lehnten ihn wegen zu ungünstiger Bestimmungen für die Pflichtigen ab. Die Kammer der Standesherren dagegen forderte vor allem Beachtung der bestehenden Rechte und vollständige Entschädigung (22^1/$_2$fachen Ablösungsmaßstab), verwahrte sich gegen den Grundsatz der Zwangsablösung und wünschte, die gesetzlich betroffenen Abgaben möglichst genau zu bestimmen und zu verhindern, daß auch als grundherrlich angesehene Abgaben in die Ablösungen einbezogen wurden (Kommissionsbericht des Fürsten von Waldburg-Wolfegg-Waldsee, vorgetragen in der 49. Sitzung vom 11. 6. 1836; KdS 1836, S. 1552–1577). In dem langwierigen Wechsel von je vier Beschlußfassungen beider Kammern ging es vor allem um den Entschädigungsmaßstab. Am 11. 7. akzeptierte die Kammer der Abgeordneten schließlich mit 59 gegen 29 Stimmen die von den Standesherren geforderte Erhöhung des Ablösungsmaßstabs.

Die wichtigsten Veränderungen der Regierungsvorlage waren: Eine Reihe von Abgaben (Artikel 4, 6), die ursprünglich 16fach abgelöst werden sollten, wurde unentgeltlich aufgehoben, bei einigen anderen Abgaben wurde der Ablösungsmaßstab für die Pflichtigen auf den 10fachen statt auf den ursprünglich vorgesehenen 16fachen Jahresbetrag festgesetzt. Künftige Auflagen auf neue Gebäude waren von den Pflichtigen im 20fachen und nicht, wie im Entwurf vorgesehen, im 16fachen Jahresbetrag abzulösen. Der im Entwurf bestimmte 16- bis 18fache Ablösungsmaßstab wurde, abgesehen vom Staatskammergut, für die Berechtigten allgemein auf den 20fachen, bei Abgaben über 5 fl aus einer Hand auf den 22^1/$_2$fachen Jahresbetrag aufgestockt, wobei der vorgesehene Anteil der Pflichtigen (10- bzw. 16facher Jahresbetrag) beibehalten blieb, dagegen der Staatszuschuß für die Berechtigten sich erhöhte. Die Staatskasse übernahm nun auch noch allgemein die Vermittlung zwischen den Pflichtigen und Berechtigten, indem sie die Entschädigung für die Berechtigten geschlossen auszahlte und die Ablösungsschillinge der Pflichtigen einzog. Beim Ablösungsverfahren wurde vor die geplanten zwei Instanzen noch die Kreisregierung als unterste Instanz in Streitfällen eingeschaltet. Auf die standesherrlichen Gebiete konnte das Gesetz nur mit ausdrücklicher Zustimmung der jeweiligen Standesherren angewandt werden.

Inhaltsübersicht:

I. Kameralabgaben, die mit heutigen Steuern mehr oder weniger zusammentreffen: Art. 1–3. – II. Abgaben aus Gerichtsbarkeit und Polizeigewalt: Art. 4–7. – III. Bestimmungen zu beiderlei Abgaben: Art. 8–13. – IV. Bestimmungen über das Ablösungsverfahren: Art. 14–21.

Wilhelm, von Gottes Gnaden König von Württemberg

Um hinsichtlich der Beden und ähnlicher älterer Abgaben, welche teils mit den gegenwärtigen Besteuerungsgrundsätzen weniger vereinbar, teils wegen gänzlicher Veränderung der Verhältnisse, unter welchen sie entstanden, lästiger geworden sind, den Abgabepflichtigen Erleichterung zu gewähren, haben Wir nach Anhörung Unseres Geheimen Rats und unter Zustimmung Unserer getreuen Stände beschlossen und verordnen wie folgt:

Erster Abschnitt

Von den verschiedenen mit den heutigen Steuern mehr oder weniger zusammentreffenden Kameralabgaben

Art. 1. Wenn auf vormaligen landesherrlichen Domänen oder Kammergütern, welche bei ihrer Veräußerung unter den vor dem Jahre 1808 bestandenen Abgabeverhältnissen statt der landesüblichen Besteuerung mit Kammersteuern unter dem Namen Kammerschatzung, Kammerkanon und dergleichen belegt worden, diese Abgaben noch haften, so sind dieselben von dem Zeitpunkte an aufzuheben, in welchem das damit belegte Gut der allgemeinen Staatssteuer unterworfen worden ist oder unterworfen werden wird; was sofort zu vollziehen ist.

Art. 2. Die auf ganzen Bezirken, Orten oder Markungen unter dem Namen: Beden, Lichtmeßsteuer, Georgiisteuer, Maisteuer, Martinisteuer, Karrensteuer, Weinsteuer, Waidsteuer, Steuerkorn, Steuergült, Bedfrucht, Bedwein, Bedgeld, Schatzung, Aufwechsel, Landsteuer, Türkensteuer, Königssteuer, Silbergeld, Mannssteuer, Vogtgeld, Vogtgulden, Vogtfrüchte, Vogtstroh, Vogtwein, Vogtrecht, Schutz- und Schirmgeld, Schirmfrucht, Schirmwein unverteilt haftenden ständigen Geld- und Naturalabgaben, welche schon unter den vor dem Jahre 1808 bestandenen Steuerverfassungen neben den allgemeinen Landessteuern erhoben worden und bei der jetzigen Katastrierung als gemeinschaftliche Leistung von dem Steueranschlag nicht abzuziehen waren, können von seiten der Pflichtigen im zehnfachen Betrage der jährlichen Leistung abgelöst werden.

Art. 3. Wenn Abgaben von der vorgedachten Art oder Benennung (Art. 2) auf keiner Gemeinschaft, sondern auf einzelnen bestimmten Besitzungen gegründet sind und daher als Reallasten vom Steueranschlag abzuziehen waren, so bleiben diese von der im Art. 2 bestimmten mildern Ablösung ausgeschlossen und unterliegen den allgemeinen Ablösungsbestimmungen für Grundlasten.

Zweiter Abschnitt

Von anderen, wahrscheinlich aus der Gerichtsbarkeit und Polizeigewalt herfließenden Abgaben

Art. 4. Von dem der Erscheinung dieses Gesetzes vorangegangenen jüngsten Verfalltermin an werden aufgehoben:
1) die mit dem Betriebe gewisser Gewerbe neben der Steuer und anderen allgemein gesetzlichen Abgaben hin und wieder noch verbundenen Rekognitionsgelder und Gewerbszinse, namentlich von Wirten, Bäckern, Metzgern, Krämern, Huf- und Nagelschmieden, Hafnern, Müllern, Zieglern und Bleichern, wenn diese Abgaben nicht auf dem Gebäude oder Grundstück, mittelst dessen das Gewerbe betrieben wird, namentlich auf Feuerwerkstätten, Ziegelhütten, Bleichen usw. als Grundzinse haften oder wenn dieselben nicht als Ersatz für

irgendeine Nutzung von grundherrlichen Rechten oder von Regalien zu leisten sind;

2) die in manchen Bezirken noch zu leistenden Abgaben für gewisse Gemeindeämter, als für das Unterkaufsamt, für das Weinlad- oder Einlegeamt, Eichgeld, für den Hirtenstab, Hut- und Hirtenfrucht, Amts- und Bittelfrüchte, für das Fluramt, für das Schützenamt oder Bannwartgeld, für das Nachrichter- und Wasenmeisteramt;

3) die Abgaben von der Fronwage, von der Fischbank, für das Ruggericht, Marschallenpfund, Marktzoll, Brod- und Bäckerzoll, Metzgerbankgeld, Bäckensackgeld, Bäckenschuß, Lammsbäuche, Kalbsviertel;

4) die sogenannten Bannweingelder, auch Trockenbodengeld genannt, desgleichen Kaufhabergeld, Herrenweinkauf, Weinsteuer, Flachsverkauf;

5) die auf den Viehbesitz sich beziehenden Abgaben, als: Schmalzgült, Schmalzkanon, Vogtmist, Rindergeld, Rindfleischgeld, Fleischsteuer, Stiergeld;

6) die auf ganzen Gemeinden oder Einwohnern gewisser Gemeinden noch lastenden, nicht auf bestimmte Grundstücke gelegten, aus der Gerichtsherrlichkeit fließenden jährlichen Leistungen unter dem Namen Atzung, Speisung, Futterhaber, Futterhühner, Jurisdiktionshühner.

Art. 5. Von der Gesamtheit der Pflichtigen eines Orts können abgelöst werden:

1) im zehnfachen Betrage:
die ganzen Gemeinden oder den Einwohnern gewisser Gemeinden noch obliegenden, nicht auf bestimmte Grundstücke gelegten jährlichen Leistungen unter dem Namen: Muthaber, Vogthaber, Pflugrecht, Pflugkorn, Pflugfrüchte, Baukorn, Erntekorn, Roßhaber, Küchenhaber, Waiderente, Mädergeld, Pürschhaber, Waiderecht, Waidgeld, Markrecht, Kühemiete, Hausgenossengeld, Söldnergeld, Wachgeld, Eheroggen, Vogt- und Sitzgeld;

2) im sechzehnfachen Betrage:
die auf Gebäude unter dem Namen: Baukanones, Baukonzessionszinse, Rauchgeld, Rauchzinse, Rauchbatzen, Küchengeld, Rauchkäse, Rauchhaber, Rauchhühner, Bürgerhühner, Fasnachthühner, Maienhühner, Vogthühner, Steuerhühner, Herbsthühner, Herd- oder Rauchpfund, Herdgeld, Herdsteuer, Herdzoll, Steuergült, Feuersteuer, Feuerschilling, Feuerhaber, Hofstattzinse, Hofstatthaber, Zolldinkel, Zollhaber, Pfingstkäse, Überreuterkorn, Baukorn, Kirchenkorn, Mäderheller gelegten jährlichen Abgaben.

Bei Ausmittlung des Ablösungskapitals wird derjenige Betrag der Abgabe zugrunde gelegt, welcher in dem letztverflossenen Jahre von den Abgabepflichtigen zu leisten war. Ist die Abgabe der einzelnen Pflichtigen veränderlich, so wird der Durchschnittsertrag der der Ablösung zunächst vorangegangenen zehn Jahre zugrund gelegt.

Art. 6. Wenn verschiedene Arten der im Art. 5 unter 1) und 2) genannten Abgaben in einem Orte vorkommen, so kann jede Art für sich abgesondert abgelöst werden.

Haben die Schuldner von zwei Dritteilen der betreffenden Abgaben sich zur Ablösung entschlossen, so sind die übrigen Pflichtigen gleichfalls zu derselben verbunden.

Die Gemeindebehörde hat, wenn für die Ablösung entschieden ist, sofort die Sorge für Bewirkung derselben zu übernehmen.

Art. 7. Nach erfolgter Ablösung von Seite der Gesamtheit der Pflichtigen eines Orts findet künftig die herkömmliche oder lagerbuchmäßige Auflegung von Abgaben auf neue Gebäude nur noch statt, wenn und soweit dieselben als Ersatz für eine Abtretung oder Leistung von der berechtigten Grundherrschaft gegen den Bauenden anzusehen sind. Die Abgaben werden sogleich nach dem zwanzigfachen Jahresbetrage in ein von dem Gebäudeeigentümer zu bezahlendes Ablösungskapital verwandelt.

Dritter Abschnitt
Bestimmungen, welche auf beiderlei Abgaben sich beziehen

Art. 8. Finden sich außer den in den Art. 1, 2, 4 und 5 genannten Abgaben noch andere unter verschiedener Benennung, welche nach den obwaltenden Verhältnissen und nach ihrer Eigenschaft einer der aufgeführten Gattungen angehören, oder findet sich, daß unter einer Gattung genannte Abgaben in einzelnen Fällen einer andern Gattung angehören, so sind diese Leistungen auf gleiche Weise der Aufhebung beziehungsweise Ablösung unterworfen.

Abgaben von einer Benennung, wie sie im Art. 1, 2, 4 und 5 Ziffer 1) aufgeführt sind, unterliegen den Bestimmungen dieses Gesetzes nicht, wenn deren rein grundherrliche Eigenschaft von dem Berechtigten erweislich ist. Ebenso haben aber auch die Pflichtigen den Beweis zu übernehmen, wenn sie Abgaben von einer nicht besonders aufgeführten Bezeichnung als unter die Kategorie der nach diesem Gesetz abzulösenden Gefälle gehörig behaupten.

Art. 9. Wenn einzelne der in den Art. 1, 2, 4 und 5 aufgeführten Abgaben mit anderen rein privatrechtlichen Grundlasten als Surrogate oder Abfindungen für gutsherrliche Rechte, Zehnten, Fronen, Weiden oder mit eigentlichen Grundzinsen vermischt sich zeigen, so sind letztere nach den im einzelnen Falle sich ergebenden Verhältnissen und insbesondere nach dem Maße der bei anderen Grundstücken gleicher Art und von derselben Markung oder Gegend bestehenden Grundlasten auszuscheiden. Die ausgeschiedenen Grundabgaben unterliegen den für die zutreffende Gefällgattung bestehenden Gesetzen.

Art. 10. Sind mit den aufzuhebenden oder abzulösenden Abgaben Gegenleistungen von seiten der Gefällberechtigten verbunden, so daß die eine Leistung nur infolge der andern geschieht, so wird bei Aufhebung oder Ablösung der Abgabe der Wert der Gegenleistung von dem Werte der Abgabe nach gleichem Maßstab in Abzug gebracht. Ist aber die Gegenleistung größer als die Abgabe, so kann der Gefällberechtigte den Mehrwert der ihm obliegenden Gegenleistung und zwar im zwanzigfachen beziehungsweise zweiundzwanzigundeinhalbfachen Betrage (Art. 11) ablösen.

Bei gemischten Gefällen (Art. 9) werden dergleichen Gegenleistungen nach dem Verhältnis der auszuscheidenden Gefällbeträge auf beiderlei Gefälle verteilt, und nur der auf den aufzuhebenden oder abzulösenden Teil der Abgabe fallende Betrag der Gegenleistung wird nach der hier gegebenen Bestimmung behandelt.

Art. 11. Zum Behuf der Entschädigung der Gefällberechtigten, mit Ausnahme der Staats-Domanialverwaltung, wird der Jahresbetrag der Abgaben, wenn diese aus einer Hand nicht fünf Gulden betragen, zwanzigfach, wenn sie aber aus einer Hand fünf Gulden und darüber betragen, zweiundzwanzigundeinhalbfach zu Kapital erhoben. Dieses Kapital erhalten die Gefällberechtigten nach Abzug des Kapitalwerts der Gegenleistungen (Art. 10) sowohl für die unentgeldlich aufzuhebenden, als für die von den Gefällpflichtigen abzulösenden Abgaben aus Staatsmitteln.

Wenn die Pflichtigen das Verlangen erklärt haben, die im Art. 2 und 5 genannten Abgaben abzulösen, dann tritt die Staatsverwaltung zwischen Berechtigte und Pflichtige beziehungsweise die Gemeindebehörden der letzteren (Art. 2 und 6) und zieht bei endlicher Erledigung der Verhandlungen von den Pflichtigen den Ablösungsbetrag ein, wogegen sie den Berechtigten das Ablösungskapital bezahlt.

Dem Grundstock Unseres (Staats-)Kammerguts ist nur in Ansehung der im Art. 2 aufgeführten Gefälle der achtfache und in Hinsicht der im Art. 5, Nr. 1 erwähnten jährlichen Leistungen der sechsfache Betrag als Entschädigungsergänzung aus Staatsmitteln über die von den Gefällpflichtigen selbst zu bezahlenden Ablösungsschillinge [hinaus] zu vergüten.

Art. 12. Die unter den aufzuhebenden oder abzulösenden Gefällen und Gegenleistungen begriffenen Naturalien sind nach folgenden Preisen in Geld zu verwandeln:

1 Scheffel Kernen	9 fl	36 kr
1 Scheffel Weizen, Erbsen, Linsen, Welschkorn	8 fl	
1 Scheffel Mühlfrucht	7 fl	12 kr
1 Scheffel Roggen, Ackerbohnen	6 fl	24 kr
1 Scheffel Gerste und gemischtes Korn	5 fl	36 kr
1 Scheffel Wicken	4 fl	48 kr
1 Scheffel Dinkel	4 fl	
1 Scheffel Einkorn und Ehmer	3 fl	12 kr
1 Scheffel Haber	2 fl	40 kr
1 Wanne Heu	8 fl	48 kr
1 Fuder Stroh	8 fl	[1])
1 Pfund Käse		4 kr
1 altes Huhn		10 kr
1 junges Huhn		5 kr
100 Eier		50 kr

Wein nach einem zehnjährigen Durchschnitt der Herbstpreise des Orts. Sind Gefällweine verkauft worden, so werden die hiefür erlösten Preise unverkürzt, andernfalls aber drei Vierteile der mittleren bürgerlichen Herbstpreise in Berechnung genommen.

Holz nach einem dreijährigen Durchschnitt der Orts- oder Revierpreise.

In beiden Beziehungen werden den Durchschnittsberechnungen die der Aufhebung oder Ablösung der Gefälle nächstvorangegangenen Jahre zugrund gelegt.

---

[1]) Diese Preise entsprechen bis auf den für Hafer den niedrigen Ansätzen des Gesetzes vom 23. 6. 1821 (Nr. 91), § 4.

Ist die Naturalleistung schon in einen unveränderlichen Geldbetrag verwandelt, so wird dieser in Berechnung genommen.

Art. 13. Die Ablösungs- und Entschädigungssummen sind auf den letzten Verfalltermin der aufzuhebenden oder abzulösenden Abgabe zu berechnen.

Die von den Pflichtigen zu bezahlenden Ablösungskapitalien sind von dem gedachten Termin an von jenen mit jährlichen Vier vom Hundert zu verzinsen und werden auf Verlangen der die Pflichtigen vertretenden Gemeindebehörden bei der Staatskasse in mehrere auf gleiche Weise verzinsliche Jahreszieler zerschlagen, die nicht unter 40 fl und nicht über zehn Jahre zu erstrecken sind.

Die Berechtigten erhalten nach vollzogenem Aufhebungs- und Ablösungsakte das Ablösungskapital aus der Staatskasse mit Zinsen vom letzten Verfalltermin der Abgabe an gerechnet. Als Zinsfuß wird hiebei der für die Staatsschuld bestehende angenommen.

Vierter Abschnitt
Bestimmungen über das Verfahren

Art. 14. Binnen sechs Monaten nach Erscheinung des Gesetzes werden über die durch dasselbe für aufgehoben oder für ablösbar erklärten Abgaben von den Oberämtern unter Vernehmung der Beteiligten über ihre etwaigen Bemerkungen und Einwendungen Verzeichnisse hergestellt.

Sind die Beteiligten über die Anwendung des Gesetzes nicht einig, so haben die Oberämter eine Vereinigung zu versuchen; kommt diese nicht zustande, so sind die Akten mit Bericht an die Kreisregierung einzusenden.

Art. 15. Die Kreisregierung hat

1) die Verzeichnisse über die als aufgehoben oder als ablösbar zu betrachtenden Gefälle (Art. 14) zu prüfen und richtigzustellen,

2) über alle zwischen den Berechtigten und Pflichtigen wegen der Anwendung der verschiedenen Bestimmungen des Gesetzes entstehenden Streitigkeiten zu entscheiden,

3) im Anstandsfalle die den Berechtigten aus Staatsmitteln zu leistenden Entschädigungen festzusetzen. Die Entscheidung von Streitigkeiten, welche über das Recht zu einer der Aufhebung oder Ablösung unterliegenden Abgabe selbst, über das Maß der letzteren etc. zwischen den Beteiligten entstehen, bleibt der zuständigen ordentlichen Gerichtsbehörde vorbehalten.

Art. 16. Gegen das Erkenntnis der Kreisregierung steht jedem Teile der Rekurs an eine aus fünf Mitgliedern bestehende Zentralkommission offen, welche aus drei ein Richteramt bekleidenden Kollegialmitgliedern des Departements der Justiz und zwei aus den Departements des Innern und der Finanzen gebildet wird. Ein zweiter und letzter Rekurs findet an den Geheimen Rat, jedoch nur in dem Falle statt, wenn durch das Erkenntnis der Zentralkommission die Entscheidung der ersten Instanz ganz oder teilweise abgeändert worden ist. In einem solchen Falle sind in dem Geheimen Rat die Vorstände des Königlichen Obertribunals oder bei ihrer Verhinderung die gesetzlichen Stellvertreter derselben beizuziehen. Jedes rechtskräftige Erkenntnis ist für beide Teile verbindlich. Nur im Fall einer Nichtigkeit ist ein weiteres Verfahren zuzulassen. Über den Kostenpunkt an sich findet kein Rekurs statt.

Art. 17. Die von der Eröffnung des Erkenntnisses an laufende Frist zur Übergabe der Beschwerdeausführung ist für jede Instanz auf fünfundvierzig Tage bestimmt. Die Beschwerde muß der Behörde, welche das Erkenntnis eröffnet hat, eingereicht werden. Die Umgehung der letztern sowie die Versäumung der Rekursfrist zieht den Verlust des Rekursrechts nach sich, worüber die Beteiligten bei Eröffnung des Bescheids ausdrücklich zu belehren sind.

Eine Wiedereinsetzung in den vorigen Stand ist nur im Falle unverschuldeter Verhinderung zulässig.

Art. 18. Sowohl den Abgabeberechtigten als den Abgabepflichtigen steht binnen einer unerstrecklichen Frist von drei Jahren von Erscheinung des Gesetzes an das Recht zu, in Absicht auf Leistungen, welche nach ihrer Meinung unter die Bestimmungen dieses Gesetzes fallen sollten, von den Bezirksämtern aber in die von Amtswegen gefertigten Verzeichnisse nicht aufgenommen wurden, die Anwendbarkeit des Gesetzes auf dieselben besonders auszuführen. Diese Ausführungen sind dem zuständigen Oberamte (Art. 14) zu übergeben und auf gleiche Weise wie die amtlichen Verzeichnisse zur Erledigung zu bringen.

Art. 19. Nach dem Erscheinen dieses Gesetzes sind in allen anhängigen Rechtssachen, deren Objekte sich unter dasselbe subsumieren lassen, von den kompetenten Gerichten Verhandlungen anzuberaumen und bei denselben die durch dieses Gesetz erleichterte gütliche Beilegung derselben zu versuchen. Gelingt dieses, so soll der Ansatz von Gerichtssporteln wegfallen; findet aber eine Auseinandersetzung auf diesem Wege nicht statt und der Streit muß durch richterlichen Spruch erledigt werden, so wird die Zeit, während welcher jenes Hindernis der Ablösung vorwaltete, bei der erwähnten Frist von drei Jahren nicht in Berechnung genommen, den Berechtigten aber werden ihre Rechte wegen der inzwischen aufgelaufenen Rückstände ausdrücklich vorbehalten.

Art. 20. Über jede Ablösung einer in diesem Gesetze aufgeführten Abgabe ist auf Kosten der Pflichtigen eine Urkunde aufzunehmen und der zuständigen Behörde behufs der Vormerkung in den betreffenden Büchern davon Anzeige zu machen. Die diesfallsigen Handlungen des Gerichts geschehen unentgeldlich und abgabenfrei.

Art. 21. Zum Rechtsbestande derjenigen Handlungen, welche der Berechtigte über die Ablösung der in diesem Gesetze aufgeführten Abgaben vornimmt, und bei allen Verhandlungen, welche auf das Ablösungsgeschäft Bezug haben, ist der Konsens der Fideikommiß- oder Lehensagnaten und des Lehensherrn zwar nicht erforderlich, aber die Besitzer der zur Ablösung kommenden fideikommissarischen Rechte oder einzelner Bestandteile von Privatlehen im Gegensatze von Staatslehen, in Ansehung welcher Wir Uns die weitere oberlehensherrliche Anordnung vorbehalten, sind verpflichtet, durch die Nachweisung der anderwärtigen Anlegung der für jene erhaltenen Surrogate im Interesse des Lehens oder Fideikommisses gegen ihre Agnaten und Lehensherren das Herkommen sowie die vorhandenen hausgesetzlichen Bestimmungen aufrechtzuerhalten und zu erfüllen.

Unsere Ministerien des Innern und der Finanzen sind mit der Vollziehung dieses Gesetzes beauftragt.

Hinsichtlich dieser Vollziehung fügen Wir noch an, daß es, wie Wir auch Unseren getreuen Ständen bereits eröffnet, bei der in den ergangenen Deklarationen der staatsrechtlichen Verhältnisse standesherrlicher Häuser erteilten Zusicherung, die Frage von der Anwendbarkeit des in den Edikten vom 18. November 1817 ausgesprochenen Grundsatzes der gezwungenen Ablösbarkeit auf die den Standesherren zustehenden gutsherrlichen Rechte und Gefälle, Erb- und Fallehen betreffend, sein Verbleiben habe und demnach zur Zeit, und bis eine Entscheidung der Bundesversammlung über jene Frage erfolgt, das gegenwärtige Gesetz auf die gedachten standesherrlichen Häuser nur mit ihrer Zustimmung angewendet werden könne[2]).

Nr. 119   1836 Oktober 28, Stuttgart

Gesetz in betreff der Ablösung der Fronen

RegBl 1836, S. 555–570.
Textausgabe und Kommentar: Wiest, Fronablösungsgesetz.

Vgl. Darstellung, S. 454 ff. Die Innenministerialakten, die genaueren Aufschluß über die Entstehung des Regierungsentwurfs geben könnten, waren nicht auffindbar. Aus den Akten des Geheimen Rates (E 33/34, G 379) und des Finanzministeriums (E 221, 45, 12) geht jedoch hervor, daß hier Meinungsverschiedenheiten wie bei den Gesetzen über die Entschädigung für leibeigenschaftliche Leistungen und über Beseitigung der Beden und ähnlicher älterer Abgaben nicht bestanden. Staatsrat v. Schlayer legte den Entwurf am 7. 3. 1833 in der Kammer der Abgeordneten vor und brachte ihn erneut auf dem zweiten Landtag am 23. 5. 1833 ein (KdA 1833 I, 37; KdA 1833 II, 3, S. 6; Gesetzentwurf: KdA 1833 I, 37, S. 46–58; Begleitungsvortrag: Ebd., S. 58–69; Motive: Ebd., S. 69–77). Ziel des Gesetzes war es, die gültige staatliche Gesetzgebung (2. Edikt vom 18. 11. 1817, Gesetz vom 23. 6. 1821) zu ergänzen und für das Königreich zu verallgemeinern. Schlayer betonte in seinem Begleitungsvortrag, es gebe unter den aus älterer Zeit stammenden Lasten „wohl keine, mit der die in den staatsrechtlichen und volkswirtschaftlichen Verhältnissen wie in den Rechtsbegriffen vorangegangenen Veränderungen sich mehr in Streit gestellt haben, als mit der auf das Verhältnis der Gutsherrlichkeit gegründeten Fronpflicht" (S. 58 f), und hob darauf ab, „daß die Fronen in ihrer Entstehung gemeinhin durch einen öffentlich-rechtlichen Zustand bedingt waren, der im Laufe der Zeit wesentliche Änderungen erfahren hat, so daß dasjenige, was in jenem früheren Zustand als das eigentliche Entgeld der Fronpflicht zu betrachten war, diesen Charakter größtenteils verloren hat" (S. 60 f). In die gleiche Richtung weise die immer fragwürdigere wirtschaftliche Bedeutung der Fronen, da „die steigende Konkurrenz von Arbeitsuchenden dem Fronherrn die Mittel reichlich gewährt, sich die gezwungenen und eben deshalb mangelhaften Dienste der

---

[2]) Nähere Vollziehungsvorschriften zu den Gesetzen vom 27.–29. 10. 1836 in der Hauptinstruktion vom 20. 7. 1837 (RegBl 1837, S. 321 ff).

Fronpflichtigen durch freiwillige Arbeiter ersetzen zu lassen", während „die Fronpflicht dem Schuldner in demselben Grade lästiger" werde (S. 62). Mit diesen politischen und ökonomischen Argumenten wurde vor allem bei den persönlichen Fronen der niedrige Ablösungsmaßstab für die Pflichtigen (10facher reiner Jahreswert) begründet, während man bei dinglichen, auf Grund und Boden radizierten Fronen den 16fachen Jahreswert als Ablösungsbetrag ansetzte, auch weil sie bei der Steuerkatastrierung berücksichtigt worden waren und durch die Ablösung die Güter im Wert stiegen. Erst in den Verhandlungen mit Vertretern der Ritterschaft gestand die Regierung Anfang 1835 allgemein den 20fachen Entschädigungsmaßstab zu (vgl. Nr. 113). Die Kommission der Zweiten Kammer, die den Gesetzentwurf zu begutachten hatte (Kommissionsbericht des Abgeordneten Wiest vom April 1835; KdA 1835, Bd. 4, S. 32–97), lehnte nach interner Diskussion jeden Ablösungszwang gegen die Pflichtigen ab und war höchstens bereit, den Staatszuschuß zugunsten der Berechtigten auf den 20fachen Betrag zu erhöhen. Die Kammer der Abgeordneten diskutierte den Entwurf vom 8.–20. 2. 1836 und nahm ihn mit Änderungsvorschlägen in der Hauptabstimmung am 1. 3. 1836 mit 72 gegen 14 Stimmen an; außer 8 Vertretern der Ritterschaft, welche die Rechte des Adels nicht hinreichend berücksichtigt fanden, verwarfen 6 Mitglieder des liberalen Flügels (Uhland, Pfizer, Klett, Römer, Murschel, Menzel) das Gesetz vor allem wegen des als zu hoch betrachteten Ablösungsmaßstabs. In der letzten Abstimmung über die Amendements der Ersten Kammer erreichte die besonders hart umstrittene Forderung, den Ablösungsmaßstab noch weiter zu erhöhen, in der Zweiten Kammer am 11. 7. 1836 nur eine Mehrheit von 59 gegen 32 Stimmen.

Die wichtigsten Veränderungen des Entwurfs, die nach den vorangegangenen Verhandlungen zwischen Regierung und Adel in je dreifacher Beschlußfassung beider Kammern zustande kamen, waren:

1. Fronen und Fronsurrogate konnten nur abgelöst werden; die im Entwurf vorgesehene Wahl zwischen Ablösung und Verwandlung in ein Geldsurrogat (bei Naturalfronen) war entfallen.

2. Die Abzüge zur Ermittlung des wahren Fronwerts wurden je nach Art der Leistung abgestuft und verminderten sich insgesamt.

3. Im Entwurf war für dingliche Leistungen der 16fache, für persönliche Leistungen der 15fache Jahresbetrag bestimmt; jetzt sollte unter Aufhebung dieses Unterschiedes bezahlt werden:

a) Für alle Naturalfronen und Geldgefälle aus einer Hand unter 3 fl der 20fache Jahresbetrag,

b) für Geldgefälle aus einer Hand über 3 fl der 22½fache Jahresbetrag.

4. Die Staatskasse sollte ursprünglich nur bei persönlichen Fronen ein Drittel des 15fachen Jahresbetrags übernehmen; jetzt hatten die Pflichtigen bei dinglichen Fronen den 16fachen, bei persönlichen Fronen den 10fachen Betrag zu bezahlen, während der Rest auf die Staatskasse entfiel.

5. Das Staatskammergut erhielt für seine dinglichen und persönlichen Gefälle nur den 16fachen Jahresbetrag, so daß die Staatskasse ihm gegenüber nur bei persönlichen Fronen den sechsfachen Jahresbetrag zuschießen mußte.

6. Die Staatskasse, die nach dem Regierungsentwurf nur für die Beiträge zum Staatskammergut zu sorgen gehabt hätte, trat nun den Berechtigten gegen-

über für das gesamte Ablösungskapital ein; die Pflichtigen entrichteten ihre Schuldigkeit an die Staatskasse.

7. Wer seinen Wunsch abzulösen nicht in einer Frist von 3 Jahren anmeldete, erhielt keine Unterstützung mehr aus Staatsmitteln.

8. Bei den Verfahrensbestimmungen wurde die Möglichkeit eines zweiten Schätzungsverfahrens eingeschaltet.

9. Ein eigener Artikel, wie ihn die Kammer der Standesherren zur Wahrung der besonderen standesherrlichen Rechte verlangt hatte, war beseitigt; doch wurde diesem Gesetz wie den beiden anderen Gesetzen eine entsprechende Zusicherung seitens der Regierung angefügt (letzter Absatz des Gesetzes).

Inhaltsübersicht:
I. Allgemeine Bestimmungen: Art. 1–3. – II. Bestimmung der Eigenschaft und des Jahreswerts der Fron: Art. 4–13. – III. Vollziehung der Ablösung: Art. 14–28. – IV. Bemessung ungemessener Fronen: Art. 29. – V. Bestimmungen über das Verfahren: Art. 30–45.

Wilhelm, von Gottes Gnaden König von Württemberg

Zur Vervollständigung der in Hinsicht auf Ablösung des Fronverhältnisses in Unserem Edikte vom 18. November 1817, in der Verordnung vom 13. September 1818 und in dem Gesetze vom 23. Juni 1821 getroffenen Bestimmungen verordnen und verfügen Wir nach Anhörung Unseres Geheimen Rats und unter Zustimmung Unserer getreuen Stände wie folgt:

I. Allgemeine Bestimmungen

Art. 1. Alle Fronen und Fronsurrogate, welche nicht für Staats-, Kirchen-, Schul-, Gemeinde- oder andere Körperschaftszwecke von den Staats- oder Körperschaftsgenossen zu leisten sind, können auf Verlangen der Pflichtigen der Ablösung unterworfen werden.

Für die als reine Überbleibsel der Leibeigenschaft bestandenen Fronen und Fronsurrogate ist durch Unser Gesetz vom 29. Oktober d. J. Vorsehung getroffen.

Art. 2. Nach erfolgter Ablösung der Fronberechtigung können neue Fronen oder statt derselben Dienstgelder unter keinem Rechtstitel mehr eingeführt oder aufgelegt werden.

Auch außer dem Falle der Ablösung einer Fronberechtigung ist die Einführung oder Auferlegung von neuen Fronen oder statt derselben von Dienstgeldern im Wege der Übereinkunft unzulässig.

Art. 3. Sowohl bei Ablösung der Fronen als der Fronsurrogate kommen, sofern die Beteiligten sich nicht in anderer Weise gütlich vereinigen, die nachfolgenden Bestimmungen zur Anwendung.

II. Bestimmung der Eigenschaft und des Jahrswerts der Fron

Art. 4. Insoweit nicht dargetan ist, daß eine Fron oder ein Fronsurrogat die dingliche Eigenschaft hat, mithin als Last auf bestimmten Grundstücken oder Gebäuden oder auf Realgefällen ruht, mit deren Besitz sie ohne Rücksicht auf die persönlichen Verhältnisse des Besitzers erwächst und aufhört, wird die persönliche Eigenschaft der Leistung vermutet.

Art. 5. Die vorstehende Bestimmung (Art. 4) findet zur Beförderung der Ablösung und zur Erleichterung der Pflichtigen selbst alsdann statt, wenn die Bürger und Beisitzer einer Gemeinde, welchen eine Fronverbindlichkeit obliegt, an der Leistung derselben nicht nach gleichen Teilen, sondern nach dem Umfange ihres Grund- oder sonstigen Besitzes teilzunehmen haben.

Art. 6. Wenn von dem Berechtigten ein bestimmtes Maß seiner Berechtigung nachgewiesen wird oder ohne besonderen Nachweis von den Pflichtigen längst zugestanden ist, so dient dieses Maß zur Grundlage für die Berechnung des Jahrswerts des Fronrechts.

Ergibt sich jedoch, daß die Berechtigung seit dreißig Jahren in einem geringeren als dem bestimmten Maße ausgeübt worden ist und daß diese verminderte Ausübung in einem bleibend verminderten Bedarf des Berechtigten ihren Grund gehabt hat, so ist der nutzbare Betrag nach der wirklichen Leistung anzuschlagen.

Wenn außerdem die Berechtigung überhaupt seit mindestens dreißig Jahren in einem geringeren als dem bestimmten Maße ausgeübt worden ist, so wird der Durchschnittsbetrag der im Laufe der dreißig Jahre vorgekommenen Leistungen als nutzbarer Betrag der Berechtigung angenommen.

Art. 7. Läßt sich ein bestimmtes Maß der von den Einwohnern eines Orts oder von dem Besitzer eines Guts zu leistenden Fronen oder Fronsurrogate nicht nachweisen, so wird der Jahresbetrag des Gefälls durch eine Durchschnittsberechnung der stattgehabten Leistungen erhoben.

Bei Fronen, die jedes Jahr oder nach zwei oder drei Jahren wiederkehren, begreift der Durchschnitt die Leistungen der letzten dreißig Jahre.

Bei Leistungen, die in größeren Perioden, doch innerhalb dreißig Jahren wiederkehren, wird die Summe der drei letzten Fälle berechnet und, um den Durchschnitt zu ermitteln, mit der Zahl der Jahre dividiert, in welcher die Fälle vorkamen.

Beträgt die Periode der Wiederkehr mehr als dreißig Jahre, so wird der Jahresbetrag der Leistung in einer jährlichen Rente ausgemittelt, welche mit Hinzurechnung der einfachen Zinse bis zur nächsten Wiederkehr sowie in jeder folgenden Wiederkehrsperiode zu einer dem Werte der Leistung gleichkommenden Summe sich erhebt.

Die Größe der Leistung an sich wird aus dem Durchschnitt der drei letzten Fälle oder, wo dieser nicht gezogen werden kann, durch Abschätzung erhoben. Mittelst des gleichen Verfahrens wird übrigens auch eine unveränderlich bestimmte Leistung (Art. 6), die in größeren Perioden wiederkehrt, auf einen Jahresbetrag zurückgeführt.

Art. 8. Fand in dem nach Art. 7 in die Durchschnittsberechnung zu ziehenden Zeitraum ein Rechtsstreit über die Fronberechtigung statt, während dessen die Leistung ganz oder teilweise unterbrochen war, dessen Ausgang aber den Bestand der Berechtigung nicht veränderte, so wird die Streitperiode übergangen und der Zeitraum durch die nächstvorangegangenen Jahre, in welcher die Berechtigung unbestritten war, ergänzt.

Art. 9. Ist die oben bezeichnete Durchschnittsberechnung wegen mangelnden Nachweises über die bisherigen Fronleistungen oder wegen einer im Laufe der letzten dreißig Jahre im Bestand der Fronberechtigung vorgegangenen

Veränderung nicht anwendbar, so wird der Jahrsbetrag der Fronen durch Abschätzung ausgemittelt.

Art. 10. Ein im Verhältnis zu dem Zweck der Berechtigung oder zu den Kräften der Pflichtigen eingetretenes Übermaß der Leistung ist bei der Ermittlung des Jahrsbetrags auf das richtige Maß zurückzuführen.

Namentlich können Jagdfronen nicht höher als mit demjenigen Betrage in Berechnung genommen werden, wie sich solche aus Durchschnitten der letzten fünfzehn Jahre ergeben. Auch ist auf eingetretene Veränderungen in dem Bestande der Objekte, auf welche die Fronpflicht sich bezieht, gebührende Rücksicht zu nehmen.

Art. 11. Der Geldwert einer Naturalfron wird, wofern nicht ein im Falle der unterbleibenden Naturalleistung zu entrichtender Anschlag derselben bereits herkömmlich oder vertragsmäßig festgesetzt ist, auf folgende Weise bestimmt:

1) Bei Fronen, welche in einer dem Gegenstande nach bestimmten Arbeitsaufgabe bestehen, wird der Aufwand, welchen die Erledigung dieser Aufgabe im Wege der Verdingung erfordert, nach den ortsüblichen Preisen der Tag- und Fuhrlöhne, Akkorde etc. erhoben und von der gefundenen Summe in dem Falle, wo der Erfolg von der Art der Leistung der Fron abhängt,

a) bei Spanndiensten ein Fünfteil,

b) bei Handdiensten zwei Fünfteile

abgezogen; in dem Falle aber, wo der Erfolg von der Art der Leistung der Fron unabhängig ist, wohin Holzfuhr- und Holzhaufronen nach einer bestimmten Klafterzahl, Wein-, Bretter-, Zehnt-Fuhrfronen gehören, findet kein Abzug von der gefundenen Summe statt.

2) Ist dagegen der Betrag der Fron in Arbeitsstunden und Tagen oder in einer Zahl von Fuhren ausgedrückt, so wird der Aufwand, welchen die Erledigung der Leistung im Wege der Verdingung erfordert, nach den örtlichen Preisen der Tag- und Fuhrlöhne erhoben und der sich ergebende Geldwert

a) bei Spanndiensten um ein Fünfteil,

b) bei Handdiensten um die Hälfte

vermindert.

Zu den letztern gehören namentlich auch die Jagdfronen. Ein vorübergehender ungewöhnlich hoher oder tiefer Stand der örtlichen Preise bleibt außer Berechnung.

In Fällen, wo bisher in Anerkennung (in recognitionem) des Fronrechts eine Geldabgabe anstatt der Naturalfron geleistet wurde, kann diese dem Rechte auf Naturalfron selbst nicht entgegenstehen.

Art. 12. Die als Fronsurrogate oder Gegenleistungen vorkommenden Naturalien werden auf folgende Weise angeschlagen: *Folgen Ablösungspreise und Text wie Art. 12 Bedengesetz (Nr. 118). Dazu ergänzend:*

Liegt zwar eine solche Verwandlung nicht vor, sind aber gleichwohl in den der Ablösung vorangegangenen zehn Jahren die Naturalien ununterbrochen mit Geld bezahlt worden, so bildet der Durchschnitt dieser Zahlungen den Vergütungspreis.

Der Wert der hier nicht namentlich aufgeführten Gegenstände wird nach dem Durchschnitte der Ortspreise von den letzten zwölf Jahren berechnet.

Art. 13. Von dem jährlichen Geldwert (Bruttowert) des Fronbetrags kommt der gleichfalls nach vorstehenden Bestimmungen (Art. 6–9 und Art. 11) auszumittelnde Jahrswert der Gegenleistung (Frongebühr) in Abzug.

III. Vollziehung der Ablösung

Art. 14. Das für Ablösung der Naturalfronberechtigung zu entrichtende Kapital ist den Privatberechtigten gegenüber auf folgende Weise zu berechnen:

a) Bei persönlichen Leistungen entrichten die Pflichtigen den zehnfachen Betrag des auf vorstehende Weise gefundenen Jahrswerts der Fron, und die Staatskasse bezahlt ebenfalls den zehnfachen Betrag als Beitrag zur Entschädigung;

b) bei dinglichen Leistungen zahlen die Pflichtigen den sechzehnfachen Betrag des auf vorstehende Weise gefundenen Jahrswerts der Fron, und die Staatskasse übernimmt den vierfachen Betrag als Beitrag zur Entschädigung.

Art. 15. Dagegen erhalten die Privatberechtigten für alle in dem Gesetze zur Ablösung bestimmten Geldgefälle, welche im Betrage von 3 fl und mehr aus einer Hand gereicht werden, den $22^1/_2$fachen, für Posten unter dieser Summe aber nur den 20fachen Betrag.

Die Staatskasse leistet bei den Fronsurrogaten von 3 fl und aufwärts den $12^1/_2$fachen bei den persönlichen, bei den dinglichen aber den $6^1/_2$fachen, bei Fronsurrogaten unter 3 fl den 10fachen bei den persönlichen und den 4fachen Betrag bei den dinglichen als Beitrag in der Art, daß die Berechtigten den ganzen Betrag aus der Staatskasse erhalten und die Verpflichteten den nach Abzug des Beitrags der Staatskasse übrigbleibenden Anteil des Ablösungskapitals in diese einzuzahlen haben.

Art. 16. Das Staatskammergut erhält als Ablösungskapital für Fronen und Fronsurrogate den 16fachen Betrag des Jahreswerts der Fron, welcher bei dinglichen Leistungen von den Pflichtigen ganz, bei persönlichen zu zehn Sechzehnteilen von den Pflichtigen und zu sechs solchen Teilen von der Staatskasse entweder aus dem Restvermögen des Staats oder aus der laufenden Verwaltung zu entrichten ist.

Art. 17. Bei Ablösung persönlicher Dienste oder Dienstsurrogate, welche eine Gegenleistung für nutzbare, dem Fronpflichtigen eingeräumte Rechte bilden, tritt eine Ausgleichung der Leistungen in der Art ein, daß die Fronpflichtigen den Mehrwert der Fron sowie die Berechtigten den Mehrwert der gleichfalls nach den Bestimmungen des gegenwärtigen Gesetzes zu berechnenden nutzbaren Rechte mit demselben Betrage ablösen können, in welchem ihnen ihre Entschädigung zuteil wird.

Art. 18. Diejenigen, welche innerhalb der von dem Tage der Verkündigung des Gesetzes an zu berechnenden Frist von drei Jahren ihren Wunsch abzulösen nicht anmelden, gehen der Vorteile verlustig, die ihnen dieses Gesetz hinsichtlich teilweiser Vertretung von Seite der Staatskasse darbietet.

Art. 19. Wenn wegen anhängiger Rechtsstreitigkeiten der Auseinandersetzung zwischen Berechtigten und Pflichtigen Aufschub gegeben werden muß, so wird die Zeit, während welcher jenes Hindernis vorwaltete, bei der erwähnten Frist von drei Jahren nicht in Berechnung genommen.

Art. 20. Bei persönlichen Fronen kann die Ablösung nur nach ganzen Gemeinden oder Gemeindeparzellen angesprochen werden.

Über die Vornahme der Ablösung haben die Fronpflichtigen im Durchgange vor der Gemeindebehörde ihre Stimmen abzugeben.

Der Beschluß wird durch einfache Stimmenmehrheit gefaßt, nachdem mindestens zwei Dritteile der Pflichtigen abgestimmt haben.

Die Gemeindebehörde hat, wenn für die Ablösung entschieden ist, sofort die Sorge für Bewirkung derselben zu übernehmen.

Art. 21. Die Ablösung dinglicher Fronen einer Gattung kann nur von der Gesamtheit der Pflichtigen einer Gemeinde verlangt werden. Liegt indessen eine dingliche Fron mehreren Gutsbesitzern in ungeteilter Gemeinschaft ob, so ist der Berechtigte schuldig, der Ablösung stattzugeben, sobald sie für sämtliche bei der Gemeinschaft beteiligte Gutsbesitzer einer Markung verlangt wird.

Die Ablösung kann durch die Vereinigung der zu zwei Dritteilen der Leistung Verpflichteten beschlossen werden.

Dem Inhaber eines Fallehens ist die Ablösung einer dinglichen Fron auch ohne die gleichzeitige Eigenmachung des Lehens mit Aufhebung der entgegengesetzten Bestimmung des § 5 der Verordnung vom 13. September 1818 gestattet.

Art. 22. Wird an einer mehrere Gemeinden oder Markungen in ungeteilter Gemeinschaft umfassenden Fronpflicht der Anteil einer Gemeinde oder Gemeindeparzelle (Art. 20) oder der Grundbesitzer einer Markung (Art. 21) abgelöst, so ist der auf den übrigen Pflichtigen zurückbleibende Anteil nach seinem fortdauernden Betrage urkundlich festzusetzen.

Art. 23. Die Berechtigten erhalten das Ablösungskapital bar aus der Staatskasse mit dem Anfang des Jahrs, in welchem die Fronleistung erstmals nicht mehr statthat.

Fällt der Staatskasse hiebei ein Verzug zur Last, so hat sie nach dem für die Staatsschuld gesetzlich bestehenden Zinsfuß Zinse zu entrichten.

Die Zahlung geschieht bei der dem Wohnsitze des Berechtigten zunächstliegenden Königlichen Kasse.

Art. 24. Die Pflichtigen haben der Staatskasse den sie treffenden Teil der geleisteten Entschädigung nach Belieben entweder in einer Summe oder in höchstens zehn Jahreszielern zu ersetzen. Die Jahreszieler dürfen jedoch

a) bei dinglichen Leistungen nicht unter 20 fl,

b) bei persönlichen Leistungen nicht unter 40 fl

betragen.

Das erste Ziel verfällt mit dem Anfange des Jahrs, in welchem die Fronleistung erstmals nicht mehr statthat. Von demselben Zeitpunkt an sind die ausstehenden Zieler zu vier Prozent zu verzinsen.

Art. 25. Bei persönlichen Fronen hat die Gemeinde oder Gemeindeparzelle, welcher die Fronpflichtigen angehören, das Ablösungskapital und die Zinse zu vier Prozent aus demselben an die Staatskasse zu entrichten. Zur Deckung dieser Ausgabe wird, sofern nicht ein gesetzmäßiger Beschluß der Gemeindebehörden oder eine Vereinbarung der Pflichtigen über eine andere Behandlungsweise zustande kommt, der angeschlagene Jahreswert der abgelösten Fron noch fernerhin insolange, als es zu dem bemerkten Zwecke nötig ist, nach demselben

Maßstab auf die Pflichtigen umgelegt, nach welchem sie bisher zu der abgelösten Leistung beizutragen hatten.

Art. 26. Die Zinse aus dem Ablösungskapital einer dinglichen Fron ruhen auf dem dienenden Gute.

Art. 27. Ansprüche Dritter an die Fronen und Fronsurrogate gehen nach ihrem ganzen Umfange auf die Entschädigungsobjekte über, die an die Stelle von jenen getreten sind.

Art. 28. Durch die Verpachtung einer Fronberechtigung können die Pflichtigen an deren Ablösung nicht gehindert werden. Der Pächter hat eintretendenfalls den Bezug des Interesses zu vier Prozent aus dem Ablösungskapital von dem Verpächter auf die übrige Dauer der Pachtzeit anzusprechen.

IV. Bemessung ungemessener Fronen

Art. 29. Ungemessene Fronen können, als schon durch das Edikt vom 18. November 1817 (Abschnitt III § 17) für ungesetzlich erklärt, vor ihrer Verwandlung in gemessene Dienste nicht angefordert werden.

Zum Behufe dieser Verwandlung haben die Berechtigten ihre noch ungemessene Fronberechtigung bei den vorgesetzten Bezirkspolizeiämtern der Fronpflichtigen zur Anzeige zu bringen.

Die Verwandlung in gemessene Dienste richtet sich nach den in den voranstehenden Art. 7–10 enthaltenen Bestimmungen über die Ausmittlung des Jahresbetrags einer veränderlichen Fronleistung.

V. Bestimmungen über das Verfahren

Art. 30. Nach dem Erscheinen dieses Gesetzes sind in allen anhängigen Rechtssachen, deren Objekte sich unter dasselbe subsumieren lassen, von den kompetenten Gerichtsstellen Verhandlungen anzuberaumen und bei denselben die durch dieses Gesetz erleichterte gütliche Beilegung zu versuchen. Gelingt diese, so soll der Ansatz von Gerichtssporteln wegfallen. Insoweit die Fronberechtigung selbst oder der für dieselbe rechtlich bestehende Maßstab im Streit liegt, bleibt bis zur gerichtlichen oder gütlichen Erledigung des letzteren das Verfahren zur Ablösung der betreffenden Fron erforderlichenfalls ausgesetzt.

Art. 31. Auf Anrufen der Beteiligten haben die Bezirkspolizeiämter die Verhandlungen über die Ablösung oder Bemessung der Fronen zu leiten.

In Fällen, wo die standesherrlichen Polizeibeamten zugleich Rentbeamten sind, tritt, wenn es sich nicht um Rechte Dritter handelt, für sie das K. Oberamt ein.

Art. 32. Über die dingliche oder persönliche Eigenschaft, die Art und den Betrag der abzulösenden Fronleistung hat der Berechtigte die in seinem Besitze befindlichen Nachweise binnen neunzig Tagen nach dem Empfang der diesfallsigen Aufforderung des Bezirksamts letzterem vorzulegen.

Diese Frist kann, jedoch nur aus erheblichen Gründen, durch das Bezirkspolizeiamt, von dessen Erkenntnis hierüber kein Rekurs stattfindet, noch um höchstens fünfundvierzig Tage verlängert werden. Im Ungehorsamsfalle tritt die betreffende Fronberechtigung bis zu geschehener Folgeleistung außer Wirkung.

Art. 33. Bei Verwandlung ungemessener Fronen in gemessene sind die Angaben des Berechtigten dem Pflichtigen zu seiner Erklärung binnen einer

Frist von neunzig Tagen mitzuteilen. Läßt der Pflichtige diese Frist, welche, jedoch nur aus erheblichen Gründen, durch das Bezirkspolizeiamt, von dessen Erkenntnis hierüber kein Rekurs stattfindet, höchstens noch um fünfundvierzig Tage verlängert werden kann, fruchtlos verstreichen, so wird er mit seinen etwaigen Einwendungen, sofern diese gegen die Richtigkeit der Angaben des Berechtigten gehen, nicht mehr gehört und darf solche auch bei einem Rekurse, der ihm in anderen Beziehungen offenbleibt, nicht mehr vorbringen.

Art. 34. Die Finanzstelle ist jedesmal zu den Verhandlungen über die Fronablösung beizuziehen, auch kann von dieser Stelle die Einschreitung des Bezirkspolizeiamts und die Entscheidung der zuständigen Behörde im Interesse der Staatskasse selbst alsdann angerufen werden, wenn der Fronberechtigte und die Pflichtigen über die Ablösungsbestimmungen einverstanden sind.

Art. 35. Bei Streitigkeiten, die sich über die Anwendung der Bestimmungen des gegenwärtigen Gesetzes, insbesondere über die persönliche oder dingliche Eigenschaft einer abzulösenden Fron, über die Festsetzung ihres richtigen Maßes, über die Bestimmung, ob sie zu den Fronen, wobei es auf die Art und Weise ihrer Leistung ankommt, oder zu denen gehört, wobei es hierauf nicht ankommt, sowie über die Bemessung ungemessener Fronen ergeben, haben die Bezirkspolizeiämter zuerst einen Versuch zur Sühne zu machen und, wenn dieser mißlingt, den Beteiligten die Unterwerfung unter einen einzuholenden schiedsrichterlichen Spruch vorzuschlagen.

Gehen dieselben auch auf diesen Vorschlag nicht ein, so sind auf Verlangen der Fronpflichtigen die streitig gebliebenen Punkte durch das Bezirkspolizeiamt mittelst Berichts zu höherer Entscheidung vorzulegen. Dieselbe kommt in erster Instanz der Kreisregierung zu.

Gegen das Erkenntnis der letztern steht jedem Teil der Rekurs an eine aus fünf Mitgliedern bestehende Zentralkommission offen, welche aus drei ein Richteramt bekleidenden Kollegialmitgliedern des Departements der Justiz und zwei aus den Departements des Innern und der Finanzen gebildet wird. Ein zweiter und letzter Rekurs findet an den Königlichen Geheimen Rat, jedoch nur in dem Falle statt, wenn durch das Erkenntnis der Zentralkommission die Entscheidung der ersten Instanz ganz oder teilweise abgeändert worden ist.

In einem solchen Fall sind in dem Geheimen Rat die Vorstände des Königlichen Obertribunals oder bei ihrer Verhinderung die gesetzlichen Stellvertreter derselben beizuziehen.

Jedes rechtskräftige Erkenntnis ist für beide Teile verbindlich. Nur im Fall einer Nichtigkeit ist ein weiteres Verfahren zugelassen. Über den Kostenpunkt an sich findet kein Rekurs statt.

Art. 36. Die von der Eröffnung des Erkenntnisses an laufende Frist zur Übergabe der Beschwerdeausführung ist für jede Instanz auf dreißig Tage bestimmt.

Die Beschwerde muß der Behörde, welche das Erkenntnis eröffnet hat, eingereicht werden. Die Umgehung der letzteren sowie die Versäumnis der Rekursfrist zieht den Verlust des Rekursrechts nach sich, worüber die Beteiligten bei Eröffnung des Bescheides ausdrücklich zu belehren sind.

Eine Wiedereinsetzung in den vorigen Stand ist nur im Falle unverschuldeter Verhinderung zulässig.

Art. 37. Ist die Fronpflicht durch die Vereinigung der Beteiligten oder durch rechtskräftiges Erkenntnis festgestellt, so tritt erforderlichenfalls (Art. 9) das Verfahren über die Wertsermittlung ein. Es wird nämlich für die erforderlichen Wertermittlungen eine Kommission bestellt, welche aus fünf sachverständigen unbescholtenen Männern des Landes besteht, die bei dem Geschäfte in dem vorliegenden Falle nicht selbst beteiligt sind, jedoch auch aus der Klasse der Staats-, Korporations- oder standes- und grundherrlichen Diener gewählt werden können.

Es haben die Pflichtigen und die Finanzstelle je ein Mitglied, der Berechtigte aber zwei Mitglieder zu ernennen. Das fünfte Mitglied wird von dem Bezirkspolizeiamt bezeichnet.

Sofern der eine oder andere Teil dreißig Tage nach der hiezu erhaltenen amtlichen Aufforderung seine Wahl dem Bezirkspolizeiamt noch nicht angezeigt hat, geht sein Ernennungsrecht auf letzteres über.

Das Amt hat gleichzeitig mit der von ihm abhängenden Ernennung jedem der interessierten Teile die von den andern Teilen ernannten Mitglieder der Kommission bekanntzumachen. Einwendungen können nur hinsichtlich der gesetzlichen Erfordernisse der Ernannten und nur innerhalb einer Frist von dreißig Tagen vorgebracht werden; über die Einwendungen erkennt das Bezirkspolizeiamt.

Ist nach dessen Ausspruch ganz oder teilweise eine neue Wahl nötig, so muß solche in dreißig Tagen vorgenommen werden.

Bei dieser zweiten Wahl hat das Bezirkspolizeiamt in das Wahlrecht der Parteien einzutreten, falls und soweit diese entweder gar nicht oder wieder unbefähigte Schätzer gewählt haben.

Die Mitglieder der Wertsermittlungskommission sind zu redlicher, von aller Befangenheit freier Behandlung des ungesäumt vorzunehmenden Geschäfts auf ausdrückliches Verlangen einer Partei durch einen körperlichen Eid zu verpflichten.

Art. 38. Erklären die Beteiligten ausdrücklich ihre Zufriedenheit mit der Wertsermittlung oder machen sie nicht innerhalb der unerstrecklichen Frist von dreißig Tagen, von dem Tage der Eröffnung des Ergebnisses derselben an gerechnet, dem Bezirkspolizeiamt die Anzeige, daß sie mit der Wertsermittlung nicht zufrieden seien, so wird sie rechtskräftig.

Die Beteiligten sind hierüber bei Eröffnung des Ergebnisses derselben gehörig zu belehren.

Art. 39. Auf die Anmeldung eines Beteiligten, daß er mit der Wertsermittlung nicht zufrieden sei, findet eine neue Wertsermittlung statt. Zu diesem Behufe hat das Bezirkspolizeiamt eine Verstärkung der Wertsermittlungskommission in der Art einzuleiten, daß die Pflichtigen und die Finanzstelle je ein weiteres Mitglied, der Berechtigte aber zwei weitere Mitglieder zu derselben erwählen.

Hiebei dient das im Art. 37 bezeichnete Verfahren zur Richtschnur.

Art. 40. Gegen den Ausspruch der verstärkten Wertsermittlungskommission findet keine weitere Berufung statt.

Art. 41. Ist die erste Wertsermittlungskommission konstituiert, so können die Pflichtigen von der Ablösung nicht mehr zurücktreten.

Art. 42. Diese Kommission wird zur Vollziehung ihres Auftrags mit einer näheren Anleitung versehen. Bei Wertsermittlungsfragen bildet der Durchschnitt der Anschläge der einzelnen Mitglieder den Ausspruch der Kommission; andere Beschlüsse werden durch absolute Stimmenmehrheit gefaßt. Die Ergebnisse der Wertsermittlung werden in eine Akte aufgenommen, von welcher jeder Partei eine Ausfertigung zuzustellen ist.

Art. 43. Die durch die Wertsermittlung veranlaßten Kosten sind von den Fronpflichtigen zu bestreiten, jedoch, was die Anrechnung für die Kommissionsmitglieder der Berechtigten betrifft, nur bis zu dem Betrage, der einem im Umkreise von drei Stunden wohnenden Ortsvorsteher zu bezahlen wäre.

Den Mehrbetrag haben die Berechtigten zu übernehmen. Sind die letzteren und die Pflichtigen über die Ablösungsbestimmungen einverstanden, die Finanzverwaltung verlangt aber noch eine Wertsermittlung, so hat dieselbe auch die Kosten allein zu tragen.

Die Kosten der zweiten Wertsermittlung trägt in jedem Fall derjenige, der sie verlangt.

Art. 44. Über die Ablösung oder Bemessung der Fronen ist auf Kosten der Pflichtigen eine Urkunde aufzunehmen, welche, wenn eine Gemeinde über Ablösung persönlicher Fronen eine Übereinkunft geschlossen hat, der Kreisregierung vorzulegen ist. Von jeder Ablösung oder Bemessung ist der zuständigen Gerichtsbehörde behufs der Vormerkung in den betreffenden Büchern Anzeige zu machen.

Die diesfallsigen Handlungen des Gerichts geschehen unentgeldlich und abgabenfrei.

Art. 45. Zum Rechtsbestande der Vergleiche, welche der Berechtigte über die Ablösung der Fronen eingeht, und bei allen Verhandlungen, welche auf das Ablösungsgeschäft Bezug haben, ist der Konsens der Fideikommiß- oder Lehensagnaten und des Lehensherrn zwar nicht erforderlich, aber die Besitzer der zur Ablösung kommenden fideikommissarischen Rechte oder einzelner Bestandteile von Privatlehen im Gegensatz von Staatslehen, in Ansehung welcher Wir Uns die weitere oberlehensherrliche Anordnung vorbehalten, sind verpflichtet, durch die Nachweisung der anderweitigen Anlegung der für jene erhaltenen Surrogate im Interesse des Lehens oder Fideikommisses gegen die Agnaten und Lehensherrn das Herkommen sowie die vorhandenen hausgesetzlichen Bestimmungen aufrechtzuerhalten und zu erfüllen.

Unsere Ministerien des Innern und der Finanzen sind mit Vollziehung des gegenwärtigen Gesetzes beauftragt.

Hinsichtlich dieser Vollziehung fügen Wir noch an, daß es, wie Wir auch Unsern getreuen Ständen bereits eröffnet haben, bei der in den ergangenen Deklarationen der staatsrechtlichen Verhältnisse standesherrlicher Häuser erteilten Zusicherung, die Frage von der Anwendbarkeit des in den Edikten vom 18. November 1817 ausgesprochenen Grundsatzes der gezwungenen Ablösbarkeit auf die den Standesherren zustehenden gutsherrlichen Rechte und Gefälle, Erb- und Fallehen betreffend, sein Verbleiben habe und demnach zur Zeit, und bis eine Entscheidung der Bundesversammlung über jene Frage erfolgt, das gegenwärtige Gesetz auf die gedachten standesherrlichen Häuser nur mit ihrer Zustimmung angewendet werden könne[1]).

Nr. 120—123 Das Gesetz in betreff der Entschädigung der berechtigten Gutsherrschaften für die Aufhebung der leibeigenschaftlichen Leistungen vom 29. 10. 1836

Vgl. Darstellung, S. 449 ff.

Nr. 120   1822 Mai 29, Stuttgart
Gutachten des Geheimen Rats zu einem Vortrag des Innenministeriums wegen Entschädigung der Grundherrschaften für die aufgehobenen Leibeigenschaftsgefälle

E 146, Bü 2, Q 10 Beilage. Ausfertigung. Unterschrift: v. Otto. Referent: Staatsrat v. Schmidlin, provisorischer Chef des Departements des Inneren. Kein Korreferent.

Durch die Bitte der Gräflich Degenfeld-Schomburgschen Gemeinden Dürnau und Gammelshausen, Oberamts Göppingen, sie der Wohltat, welche die Aufhebung der Leibeigenschaft für sie haben soll, dadurch teilhaftig zu machen, daß die Entschädigung, welche ihre Grundherrschaft zu fordern habe, nicht den Leibeigenen aufgelegt, sondern auf die Staatskasse übernommen werde, hat das Ministerium des Innern Veranlassung erhalten, diesen Gegenstand in der Oberregierung zur Beratung zu bringen und hierüber dem Geheimen Rat den anliegenden Vortrag zu weiterer Einleitung zu übergeben[1]).

Die Generalverordnung vom 13. 9. 1818[2]) *hat eine einjährige Frist anberaumt, in der sich Berechtigte und Pflichtige über eine Entschädigung gütlich einigen konnten.*

---

[1]) Nähere Vollziehungsvorschriften zu den Gesetzen vom 27.–29. 10. 1836 in der Hauptinstruktion vom 20. 7. 1837 (RegBl 1837, S. 321 ff).
[1]) Wiederholtes Bittgesuch der Gemeinden Dürnau und Gammelshausen, Oberamt Göppingen, vom 12. 10. 1820, 1. 5. und 1. 10. 1821, 18. 3., 1. 6., 22. 9. und 27. 12. 1822, sie „der Wohltat der Leibeigenschaftsaufhebung, in der ihre mit gleicher Last behaftet geweste Staatsbrüder bereits stehen, ebenfalls wirklich teilhaftig" zu machen (12. 10. 1820; E 146, Bü 2, Q 7) und ihre Leibherrschaft, den Grafen v. Degenfeld-Schomburg, aus Staatsmitteln zu entschädigen (E 146, Bü 2, Q 3–5, 7, 14, 15; E 33/34, G 374, Q 7). Verfasser der Eingaben und zugleich Sachwalter der Herrschaft Degenfeld-Schomburg war Stadtschreiber Keller von Göppingen – ein Zeichen für das Interesse der Herrschaft, die umstrittenen Leibeigenschaftsgefälle abzulösen, denn die Gerichte wiesen ihre Klagen wegen verweigerter Abgabenleistung seitens der Pflichtigen zurück, da es an verbindlichen Rechtsnormen zu Entscheidungen hierüber fehle (E 301, Bü 70, Q 1). Der Geheime Rat stellte es am 23. 3. 1822 dem Innenministerium anheim, „einen Gesetzesentwurf nach der Bitte dieser Kommunen dem Könige vorzulegen" (E 146, Bü 2, Q 7). Staatsrat v. Schmidlin erstattete am 20. 5. 1822 Vortrag (E 33/34, G 374, Q 4).
[2]) Nr. 55.

Ungeachtet diese Frist schon mit dem 1. Juli 1819 abgelaufen, so ist über den Erfolg jener Ablösungsunterhandlungen bis jetzt nur von der Regierung des Donaukreises der erforderte Bericht und zwar des Inhalts eingekommen, daß überall, wo die Grundherrschaften vor dem Erscheinen des erwähnten Ediktes im Besitze der Leibeigenschaftsgefälle gewesen, diese gegenwärtig noch erhoben werden und auch nicht eine Grundherrschaft dieses Kreises bis jetzt mit ihren vormaligen Leibeigenen eine gütliche Übereinkunft getroffen habe, indem teils die Leibeigenen keine Anträge über die von ihnen zu leistende Entschädigung gemacht oder die Anträge der Gutsherrschaften nicht angenommen hätten, teils die Entschädigungsforderungen dieser zu hoch gefunden, teils auch von einzelnen Gutsherrschaften erklärt worden sei, vor Feststellung ihrer staatsrechtlichen Verhältnisse überhaupt in gütliche Unterhandlungen mit ihren Leibeigenen sich nicht einlassen zu können, und nicht ohne Grund wird von dem Ministerium des Innern die Vermutung geäußert, daß so, wie sich im Donaukreise der Stand der Angelegenheit verhalte, dies auch in den übrigen drei Kreisen, wenigstens zum größten Teile, der Fall sein dürfte[3]).

Der Ministerialvortrag verbreitet sich daher

1. über die Frage: ob es wohl den Verhältnissen angemessen sei, nunmehr das in der Generalverordnung vom 13. September 1818 angekündigte Regulativ der Regierung in der Maße zu erteilen, daß die Leibherrn mit der darin zu gebenden Entschädigungsberechnung sich zu begnügen und keine Einwendung dagegen von ihrer Seite stattzufinden hätte?

Wir erlauben uns, in Rücksicht dieses Punkts auf die im Vortrag enthaltene umständliche Ausführung der Gründe uns beziehen zu dürfen, wonach zufolge der Ansicht des Ministeriums des Innern es nicht an der Zeit sein möchte, jetzt erst das durch die erwähnte Generalverordnung mehr angedrohte als verheißene Regulativ über die Entschädigung der Gutsherrn für ihre Leibeigenschaftsgefälle zu erlassen oder in Form eines Gesetzesentwurfs an die Stände zu bringen[4]).

Mit der hier entwickelten Ansicht des Ministeriums sind wir vollkommen einverstanden.

Einer genauen Erörterung wird hiernächst in dem Vortrage

---

[3]) In ihrem Bericht vom 13. 3. 1820 (E 146, Bü 2, Q 1) nannte die Kreisregierung Ulm als die wichtigsten Ursachen der bisher unterbliebenen Ablösung,
„a) daß sich die Abgabepflichtigen selbst entweder aus Mangel des Muts gegen ihre Gutsherrschaften oder aber aus Abneigung darum nicht gemeldet haben,
b) daß ein diesfallsiges Regulativ nicht gegeben seie und
c) hauptsächlich, daß bis jetzt die staatsrechtlichen Verhältnisse sowohl der hohen Mediatisierten als der vormaligen reichsritterschaftlichen Adels nicht festgestellt seien".
Einige der Grundherrschaften hatten mit ihren Pflichtigen Verhandlungen begonnen, so Baron v. Rehling, die Standesherrschaft Sternberg-Manderscheid und Graf v. Degenfeld-Schomburg; die Standesherrschaft Wolfegg-Waldsee berichtete von Abneigung der Pflichtigen; die Standesherrschaft Königsegg-Aulendorf war zu Unterhandlungen bereit, doch lagen keine Anträge der Pflichtigen vor; Graf Rechberg hatte seit 12 Jahren auf die Leibeigenschaftsabgaben freiwillig verzichtet und auch von einer Entschädigung hierfür abgesehen.

[4]) Nach Ansicht des Innenministeriums standen vor allem die Zusagen der Regierung in den Deklarationen über die staatsrechtlichen Verhältnisse für das Haus Thurn und Taxis vom 8. 8. 1819 und für den übrigen vormals reichsständischen Adel vom 22. 9. 1819 einem Regulativ entgegen, da sie dem Adel die Zustimmung zu den Entschädigungsmodalitäten vorbehielten. Ein besonderer Gesetzesentwurf in dieser Sache aber würde die Zustimmung der Ersten Kammer nicht erhalten.

2. die Frage unterworfen: ob nicht mit Aufhebung der gesetzlichen Bestimmung vom 18. November 1817, nach welcher die Leibeigenen der Grundherrschaften den letztern Entschädigung zu leisten schuldig sind, diese Entschädigungen auf die Staatskasse zu übernehmen sein möchten?

Für die Bejahung dieser Frage sprechen nach dem Dafürhalten des Ministeriums des Innern folgende Gründe:

a) Der durch die unentgeltliche Aufhebung der Leibeigenschaftsgefälle bei der Königlichen Finanzkammer entstandene jährliche Ausfall in den Einnahmen der Staatskasse von ungefähr 28 500 fl habe gleichviel, durch welche Gattung von Steuern er gedeckt werde, eine Erhöhung des Steuerbedarfs überhaupt zur Folge, und da hieran alle Staatsbürger, mithin auch die bisherigen Leibeigenen der Grundherrschaften nach gleichem Maßstabe beizutragen haben, so scheine die Gerechtigkeit zu erfordern, auch diejenigen, welche gegenwärtig Leibeigenschaftsgefälle an Grundherrschaften bezahlen, von dieser Last zu befreien und letztere (die Leibherrn) für ihren Verlust vom Gesamtstaat zu entschädigen.

Hier wird zugleich von dem Ministerium des Innern bemerkt, daß dieses im Großherzogtum Baden bereits geschehen sei[5]).

b) Nur auf solche Weise möchte es möglich werden, die Leibeigenschaft in den grundherrlichen Besitzungen völlig aufzuheben, ohne weder dem Eigentumsrechte der Leibherrn zu nahe zu treten, noch eine auffallende Ungleichheit zwischen den Lasten der Hintersassen von Grundherrschaften und der übrigen Staatsangehörigen fortdauern zu lassen.

c) Auch die Verhandlungen mit den Grundherrschaften selbst würden sehr erleichtert werden, weil man von jeder derselben nur den bisherigen Gesamtertrag ihrer Leibeigenschaftsgefälle zu erheben nötig hätte, während bei einer den Leibeigenen obliegenden Entschädigungsleistung die ausgemittelte Entschädigungssumme auf jeden einzelnen Pflichtigen verteilt werden müßte – eine Schwierigkeit, welche um so größer erscheine, als die Personalleibeigenschaft sich gewöhnlich nur durch das weibliche Geschlecht forterbe und der größere Teil der Gefälle nach dem Vermögen des Leibeigenen sich richte.

Aus diesen Gründen wird von dem Ministerium des Innern darauf angetragen, daß Euer Königliche Majestät das Finanzministerium mit der Bearbeitung eines Gesetzentwurfs zu Übernahme der Entschädigung der Grundherrn für die ihnen entgehenden Leibeigenschaftsgefälle auf die Staatskasse und mit der Aufnahme der hierzu erforderlichen Berechnungen zu beauftragen geruhen möchten.

Auch wir erkennen es, um die gesetzlich ausgesprochene Aufhebung der Leibeigenschaft allgemein durchzuführen, wo nicht für den einzigen, doch für den sichersten und leichtesten und zugleich den Grundsätzen des Rechts und der Billigkeit entsprechenden Weg, wenn der Gesamtstaat die den Grundherrschaften zu leistende Entschädigung übernimmt. Ehe wir jedoch ein zuverlässiges Urteil über die Rätlichkeit, ein nach den angegebenen Grundsätzen entworfenes, die gegenwärtig bestehenden Normen aufhebendes Gesetz an die Stände zu bringen, uns erlauben, scheint uns eine Ausmittlung der Größe der Summe

---

[5]) Gesetz vom 5. 10. 1820. Danach wurden sogar Korporationen für ihnen entgehende leibeigenschaftliche Gefälle vom Staat entschädigt.

vorangehen zu müssen, womit durch die Übernahme dieser Entschädigungen die Staatskasse belastet werden würde.

Es dürfte zunächst genügen, daß das Innenministerium unter Rücksprache mit dem Finanzministerium die erforderlichen Notizen über die betreffenden Ansprüche der berechtigten Grundherrschaften einziehen läßt[6]).

Nr. 121   1827 Mai 5, Stuttgart

Gutachten des Geheimen Rats zu einem Vortrag des Innenministeriums wegen Entschädigung der adeligen Gutsherrschaften für die aufgehobenen Leibeigenschaftsgefälle

E 146, Bü 3, Q 73 Beilage. Abschrift. Unterschrift: v. Otto. Referent: Staatsrat v. Leypold. Kein Korreferent.

Entwicklung des Problems seit dem 2. Edikt vom 18. 11. 1817. Während das Finanzministerium sich gegen die Übernahme der Entschädigung auf die Staatskasse erklärt, legt das Innenministerium das unrevidierte Ergebnis der eingekommenen Berichte und Berechnungen vor mit dem Antrag, daß die Entschädigung der Privatgutsherrschaften für aufgehobene Leibeigenschaftsgefälle auf den Staat zu übernehmen und mit der Bearbeitung eines deshalb an die Stände zu bringenden Gesetzesentwurfs die Ministerien des Innern und der Finanzen zu beauftragen sein möchten. Hiebei werde die einzelnen Standesherren vor-

---

[6]) Der König genehmigte die Anträge des Geheimen Rates am 1. 6. 1822 (E 33/34, G 374, Q 6). Erst am 12. 8. 1824 forderte das Innenministerium die vier Kreisregierungen auf, die nötigen Notizen für eine vollständige Übersicht der Gefälle zu sammeln, welche die Grundherrschaften aus Lokal- und Personalleibeigenschaft nach einem Durchschnitt von 1793–1817 zu beziehen hatten (E 146, Bü 2, Q 26). Als letzter Bericht ging eine umfangreiche Zusammenstellung der Kreisregierung Ulm ein, die wegen der in Oberschwaben weit verbreiteten sog. „Realleibeigenschaft" und der zahlreichen adligen Grundherrschaften bei ihren Untersuchungen auf besonders große Schwierigkeiten gestoßen war (Bericht vom 4. 4. 1826; E 146, Bü 2, Q 61). Die ganze Erhebung hatte angesichts vielfacher Fehler, Lücken und Widersprüche in den Ansichten über die einzelnen Leistungen und Abgaben beschränkten Wert und konnte nur Anhaltspunkte für die Höhe der notwendigen Entschädigungssummen liefern. Nach einer Zusammenstellung aus dem März 1827 betrug der jährliche Gefällwert im gesamten Königreich nach Abzug von Gegenleistungen und Verwaltungsaufwand rund 12450 fl; von dieser Summe entfielen auf den Neckarkreis rund 782 fl, auf den Schwarzwaldkreis 4942 fl, auf den Jagstkreis 257 fl und auf den Donaukreis 6472 fl. Dabei waren in die Berechnung viele Abgaben und Leistungen einbezogen, deren Rechtsnatur umstritten war, vor allem Fronen (E 146, Bü 2, Q 68 und Beilage). Acht Gemeinden hatten ihre Leibeigenschaftsgefälle bzw. für leibeigenschaftlich gehaltene Leistungen, in erster Linie Fronen, seit dem 18. 11. 1817 durch besondere Übereinkunft mit ihren Herrschaften abgekauft; einige Grundherrschaften hatten seitdem den Bezug von Leibeigenschaftsgefällen ganz oder teilweise sistiert oder auf ihn verzichtet (E 146, Bü 2, Q 46, 49, 60, 61, 68).
In einer Note an das Innenministerium vom 6. 12. 1826 (E 146, Bü 2, Q 65) erklärte sich das Finanzministerium dagegen, die Entschädigung der adligen Grundherrschaften für leibeigenschaftliche Gefälle auf den Staat zu übernehmen; das Innenministerium dagegen setzte sich in seinem Vortrag vor dem Geheimen Rat vom 21. 4. 1827 erneut für diese Lösung der umstrittenen Frage ein (E 33/34, G 374, Q 11). Der Geheime Rat erstattete sein Gutachten am 5. 5. 1827; vgl. Nr. 121.

behaltene Zustimmung zu den Entschädigungsmodalitäten erfordern, daß denselben der bearbeitete Gesetzesentwurf in der Form eines von den beiden Ministerien beschlossenen Antrags an Euer Königliche Majestät zu ihrer Erklärung mitgeteilt werde[1]).

Die Übernahme der Entschädigung auf den Staat bedeutet die Abänderung eines bestehenden Gesetzes. Die in runder Summe zu 12 500 fl jährlich vorläufig berechnete Summe wäre vom 1. Jänner 1818 an, mithin bis ult. Junii 1827 auf 9¹/₂ Jahr rückwärts mit 119 000 fl, sodann jährlich zu bezahlen.

Es wurde dieser neuen Last bisher bei den Finanzverhandlungen weder überhaupt, noch auch bei denen über den beschränkten Etat für das Jahr 1829/30 erwähnt. Der Antrag erscheint daher in unserer gegenwärtigen finanziellen Lage weniger zeitgemäß, als er vielleicht zu einer andern Zeit gewesen sein könnte, und es ist um so mehr genau zu untersuchen, ob denn die Übernahme auf den Staat notwendig ist.

Als Gründe dafür werden von dem Ministerium des Innern außer einem Vorgange von Baden

1. die Forderung der Gerechtigkeit, weil die nicht den Grundherrn, sondern den K. Kammern, Körperschaften, Stiftungen und öffentlichen Administrationen gehörigen Leibeigenschaftsabgaben unentgeltlich aufgehoben worden seien, und

2. die Schwierigkeit einer andern Entschädigungsweise angeführt.

Nur auf diese Weise, wenn der Staat die Entschädigung übernehme (wird in dem Ministerialberichte vom 20. Mai 1822 bemerkt), möchte es möglich sein, die Leibeigenschaft in den grundherrlichen Besitzungen aufzuheben, ohne weder dem Eigentumsrechte der Grundherrschaften zu nahe zu treten, noch eine mehr dem Wesen als der Summe nach auffallende Ungleichheit in den Lasten ihrer Hintersassen und der übrigen Staatsangehörigen fortdauern zu lassen. Auch die Unterhandlungen mit den Grundherrschaften würden dadurch erleichtert.

Doch entstehen hier die Schwierigkeiten, ein wirksames Regulativ festzusetzen. Das Finanzministerium bemerkt dazu in seiner Note vom 6. 12. 1826[2]):

Eine Erleichterung bei der Ablösung der befragten Leibeigenschaftsgefälle kann durch Übernahme der Entschädigung der Grundherrschaften auf die Staatskasse so wenig bewirkt werden, daß vielmehr dieselbe, wie es sich nunmehr nach Einziehung der Notizen noch deutlicher zeigen dürfte, hiedurch gerade noch schwieriger werden würde. Während, wie die gesammelten Notizen zeigen, der Gefällpflichtige bei der Geringfügigkeit der den einzelnen treffenden Abgabe sich durch Bezahlung eines Ablösungskapitals von wenigen Gulden, zu dessen Entrichtung ihm noch mehrjährige Fristen gestattet werden könnten, befreien kann, würde im andern Falle auf die Staatskasse eine jedenfalls sehr bedeutende jährliche Rente fallen, zu deren Bestreitung der Finanzverwaltung keine Mittel gegeben sind.

Während ferner die Frage über den Ursprung oder die Eigenschaft eines Gefälles, welche nach den vorliegenden Notizen bei der Mehrzahl der befrag-

---

[1]) Vgl. Nr. 120, Anm. 6.
[2]) E 146, Bü 2, Q 65; vgl. Nr. 120, Anm. 6.

ten Abgaben entstehen wird, deshalb unter obiger Voraussetzung von geringem Interesse sein würde, weil der Gefällpflichtige nicht unentgeltlich von seiner Leistung befreit wird, vielmehr das unbezweifelt aus der Leibeigenschaft entsprungene Gefäll ebenso als dasjenige, dessen Ursprung zweifelhaft ist, nach dem vorgeschriebenen Maßstabe abkaufen muß, so würde dagegen bei Übergabe der Entschädigung auf den Staat diese Frage sehr wichtig sein, weil davon die unentgeltliche Befreiung der Abgabepflichtigen abhängen würde, und die Auflösung derselben würde bei der Ungewißheit der Verhältnisse und der Verschiedenheit der Fälle als sehr schwierig und z. T. unmöglich sich darstellen.

Wir können nicht umhin, diesen Bemerkungen des Finanzministeriums beizustimmen. Nur darin kann, wenn der Staat die Entschädigung übernimmt, eine Erleichterung in der Ausführung stattfinden, daß derselbe für die einzelnen Leibeigenen eines Berechtigten mit diesem im ganzen per aversum handeln kann und daß die Berechtigten der Zahlung mehr gewiß sind.

Aber eben deswegen werden sie auch, weil der Staat zahlen muß, ihre Forderungen steigern und vervielfältigen, und mit dieser Tendenz – viel auf den Staat oder zunächst so viel möglich von sich abzuwälzen – stimmen dann die Gutsherrn und Leibeigene überein, weil für jene der Staat ein guter, sicherer Zahler ist und diese das größte Interesse haben, ihrer gutsherrlichen Abgaben unentgeltlich entledigt zu werden. Der Staat, wenn er die Entschädigung der Gutsherrn übernimmt, wird also von beiden Seiten, der der Gutsherrn und der der Pflichtigen, in Anspruch genommen, und insoweit vergrößern sich die Schwierigkeiten. Die unentgeltliche Aufhebung der Staats- und Körperschafts-Leibeigenschaftsgefälle hat weniger Schwierigkeiten nicht nur, weil nicht das Maß der Entschädigung, nur die aufgehobene Abgabe auszumitteln war, sondern auch, weil der Staat für sich selbst der Berechtigte und auch die Körperschaften mit ihren Leibeigenen in näheren Verhältnissen waren, welche eine Willfährigkeit von Seite derselben herbeiführten.

Die Zustimmung der Standesherrschaften zu den Entschädigungsmodalitäten ist in jedem Fall notwendig, soweit ihnen deshalb in den Deklarationen besondere Zusicherungen gemacht wurden, wobei billige Standesherrn willfähriger und milder sein werden, wo es sich vom Interesse ihrer Gutspflichtigen als da, wo es sich von dem der Staatskasse handelt. Dem Antrag, den Standesherren den Gesetzentwurf zu ihrer Erklärung mitzuteilen, ist wegen der bestehenden Zusicherungen nichts entgegenzusetzen.

Der auf die Schwierigkeit eines Regulativs und der Entschädigung sich beziehende Grund ist also unseres Erachtens kein entscheidender für die Staatsübernahme. [...]

Der zweite von dem Ministerium des Innern angeführte Hauptgrund ist aber der der Gerechtigkeit, nämlich die Rücksicht, daß die Staats- und Körperschafts-Leibeigenen vor den grundherrschaftlichen einen pekuniären Vorzug haben würden, wenn diese die Aufhebung der persönlichen Leibeigenschaftsabgaben abkaufen müßten, während jene nichts bezahlen dürften; ein Vorzug, der den letztern dadurch lästig werde, weil durch die unentgeltliche Aufhebung der Finanzkammer-Personalleibeigenschaftsgefälle das Kammergut vermindert worden, mithin ein um so größerer Zuschuß von den Steuern zu dem Staatsaufwande nötig sei.

Das Finanzministerium äußerte sich in seiner Note vom 6. Dezember v. J. hierüber dahin: Abgesehen davon, daß

a) ein sehr bedeutender Teil des durch die unentgeltliche Aufhebung der Leibeigenschaftsgefälle der Finanzverwaltung entstandenen Ausfalls in der Einnahme der Staatskasse von angegebenen 28 500 fl als ein solcher nicht angesehen werden kann, weil die Art der Erhebung dieser Gefälle sehr kostspielig war und überdies immer bedeutende Nachlässe an denselben stattgefunden haben, daß ferner

b) ein großer Teil der in Frage stehenden Gefälle, nämlich die Fronen und deren Surrogate als Reallasten ohne Zweifel bei der Katastrierung in Berücksichtigung genommen und somit eine Gleichstellung hinsichtlich der Besteurung derselben bereits bewirkt worden, daß ferner

c) überhaupt der Grundsatz nicht richtig scheine, daß weil einem Gefällpflichtigen ein unentgeltlicher Nachlaß bewilligt worden sei, deshalb auch ein anderer, wenngleich unter ähnlichen Verhältnissen, auf ein gleiches Geschenk Anspruch zu machen rechtlich befugt sei, so würde

d) durch die gezogene Schlußfolge der Notwendigkeit einer Peräquation solcher Art offenbar zu viel bewiesen werden.

Dasselbe Recht, welches dem vormaligen Leibeigenen der Grundherrschaften nach dieser Voraussetzung zustehen würde, seine Abgaben auf Kosten des Staats aufgehoben zu sehen, würden auch sämtliche Lehensbesitzer und Hintersassen der Gutsherrschaften hinsichtlich des ohne Zweifel weit höheren Wertes ihrer grundherrlichen und lehensherrlichen Abgaben und Verbindlichkeiten nach dem Verhältnisse in Anspruch nehmen können, nach welchem die Lehensbesitzer und Hintersassen der Krone durch die Gestattung der unentgeltlichen Aufhebung des Lehensverbandes und durch die Erlaubnis zu Ablösung ihrer Laudemien, Teilgebühren, Zehenten und Fronleistungen in einem begünstigten, den Grundstock des Staats so bedeutend vermindernden Maßstabe erleichtert worden, ja sämtliche Güterbesitzer des Landes, welche mit solchen Grundbeschwerden, bei welchen gesetzlich eine Milderung nicht eingetreten und welche sehr häufig drückender als die Leibeigenschafts- und Lehenabgaben erscheinen, belastet seien, würden aus demselben Grunde berechtigt sein, wegen derjenigen Summe, welche durch Nachlaß und Milderung von Lehens- und Leibeigenschaftsabgaben durch die vielen in neuerer Zeit bewilligten besonderen Nachlässe an Grundabgaben und selbst an Steuern sich als einen durch allgemeine Abgaben zu deckenden Ausfall darstelle, um teilweise Entbindung ihrer Leistungen gegen Entschädigung der Gefällberechtigten auf Kosten des Gesamtstaates nachzusuchen – eine Entschädigung, welche dieser offenbar nicht anders als durch eine noch schwerere Bedrückung der übrigen steuerbaren Staatsbürger, welchen durch die gedachten Nachlässe auch der geringste Vorteil nicht zugegangen, bewerkstelligen könnte.

Von dem Ministerium des Innern wurde hierauf erwidert, daß das Gesetz, welches die Leibeigenschaft als etwas Unzulässiges aufgehoben habe, mit sich selbst im Widerspruch stehen würde, wenn der Leibeigene sich selbst loskaufen müßte, und daß eine Analogie der Nachlässe und der billigen Bedingungen der

Ablösung von Abgaben, die der Staat seinen Grundholden und Steuerkontribuenten zugestehe, mit der gegenwärtigen Maßregel nicht gegründet erscheine³).

Nach Ansicht des Geheimen Rats aber ist die Analogie nicht unzutreffend und führt die von dem Ministerium des Innern ausgehobene Rücksicht der vermeinten Gerechtigkeit, in der Strenge und Allgemeinheit aufgefaßt, offenbar zu weit; sie würde jeder Veränderung im Abgabensystem und in den Abgaben selbst im Wege stehen, denn jede solche Veränderung bewirkt die Erleichterung des einen auf Kosten des andern. Selbst wenn eine Abgabe ganz abgeschafft und keine dagegen neu eingeführt oder erhöht werden sollte, so ändert sich doch das Abgabenverhältnis der Pflichtigen unter sich. Der, welcher die aufgehobene Abgabe zu entrichten hatte, darf nun doch im ganzen verhältnismäßig weniger zahlen als der andere. Allerdings ist auch bei Veränderungen im Abgabenwesen auf diesen Umstand große Rücksicht zu nehmen, aber nicht unbedingt und ausschließend. Hier muß das Gemeinwohl und Gemeinbedürfnis entscheiden.

Was insbesondere die Staatsentschädigung für die Aufhebung der Personalleibeigenschaftsgefälle betrifft, so kann man sie aus eben dem Grunde, die das Ministerium des Innern für die Gerechtigkeit derselben geltend machen will, für ungerecht ansehen, denn die Entschädigung müßte zum größten Teile von den Freien, d. h. denen, die nicht leibeigen waren, die also von der aufgehobenen Leibeigenschaft anderer gar keinen Vorteil ziehen, und unter diesen von den entschädigten Gutsherrn selbst geleistet werden. Um also einer vermeinten Ungerechtigkeit zu entgehen, würde man in dem nämlichen Systeme zu einer neuen Ungerechtigkeit schreiten. [...]

Leicht könnte, wenn der Grundsatz der Staatsentschädigung angenommen wird, der Fall eintreten, daß auch die Körperschaften, deren Leibeigenschaftsgefälle unentgeltlich aufgehoben wurden, Entschädigungsansprüche machen, ja selbst vormalige Staatsleibeigene, wenn etwa die Abscheidungsgrundsätze in Ansehung der verschiedenen Arten der Leibeigenschaftsgefälle in dem neuen Gesetze oder dessen Ausführung noch mehr zum Vorteil der Leibeigenen sein sollten als die früheren Finanzkammergrundsätze, mit neuen Forderungen auftreten würden.

In allen Fällen aber scheint die gegenwärtige Finanzlage nicht von der Art zu sein, daß wir uns nach sorgfältiger Erwägung der vervollständigten rechtlichen und faktischen Verhältnisse veranlaßt finden könnten, dem Antrage des Ministerium des Innern auf die Vorlegung eines Gesetzes, die Entschädigung der Gutsherrn auf die Staatskasse zu übernehmen, beizustimmen.

---

³) In seinem Vortrag vor dem Geheimen Rat (E 33/34, G 374, Q 11) hob das Innenministerium dabei besonders auf den staatsrechtlichen Gesichtspunkt ab: „Indem nun aber das Gesetz die Leibeigenschaft aufhob, nicht bloß ablösbar machte, erklärte es dieselbe für etwas an sich Unzulässiges, mit den jetzigen Staatseinrichtungen Unvereinbares. Damit stünde in geradem Widerspruche, wenn der Leibeigne sich selbst loskaufen müßte; in dem Befehl an die Leibeignen, sich loszukaufen, läge die Bekräftigung, nicht die Lösung ihrer Servitut, [...] ja mehr als eine Bekräftigung, eine Erschwerung der Servitut läge in einem solchen Befehl, denn die früheren Grundsätze ließen dem Leibeignen eine Wahl zwischen der Fortentrichtung der Hörigkeitsleistungen oder Loskaufung, die er jetzt verlöre."

Wäre nicht ein Regulativ für die Entschädigung der Leibherren im Edikt vom 13. 9. 1818[4]*) ausdrücklich verheißen und die Entschädigung in Streitfällen von den Gerichten auf dieses Regulativ ausgesetzt worden, so könnte man möglicherweise ohne eine weitere Einschreitung von Seite der Gesetzgebung die Ausmittlung der Entschädigung in den einzelnen Streitfällen ex aequo et bono wie für die aufgehobenen ungemessenen Fronen den Gerichten überlassen.*

Da es sich nicht mehr von einer Staatsentschädigung, sondern von Regulierung der rechtlichen Entschädigungsverhältnisse zwischen den vormaligen Leibherren und Leibpflichtigen handelt, *sollte nach Ansicht des Geheimen Rats das Justizministerium unter Rücksprache mit den Ministerien des Innern und der Finanzen ein derartiges Regulativ entwerfen und die endgültige Erledigung der Sache vorbereiten*[5]).

---

[4]) Nr. 55.
[5]) Mit dem vom König am 15. 5. 1827 genehmigten Antrag des Geheimen Rats waren dem Justizministerium bei der Bearbeitung des Gesetzesentwurfs enge Grenzen gesetzt. In den Diskussionen zwischen den Ministerien über die Ablösungsgrundsätze hielt das Finanzministerium an seinen bisherigen Ansichten fest; es interpretierte die Bestimmungen des 2. Edikts vom 18. 11. 1817 möglichst einschränkend, wollte nur Abgaben, die unzweifelhaft der persönlichen Leibeigenschaft entstammten, zur Ablösung freigeben und empfahl angesichts der mangelnden Ablösungsbereitschaft der Pflichtigen, die bisherigen Leibeigenschaftsgefälle unter anderem Namen auf den Grundbesitz zu radizieren (Note an das Innenministerium vom 30. 9. 1828; E 146, Bü 3, Q 80). Dagegen wandte sich das Innenministerium entschieden in einer Note an das Justizministerium vom 22. 7. 1829 (E 146, Bü 3, Q 87): Die Gesetzgebung hat die Leibeigenschaftsgefälle unbedingt aufgehoben, der Vorschlag des Finanzministers würde den Unterschied zwischen den Grundholden des Staats und der Körperschaften und denen des gutsherrlichen Adels weiter vergrößern. „Aber es kommt hauptsächlich noch in Betracht, daß die Maßregel, welche den Entschädigungsanspruch begründet, vorzugsweise im Interesse der Staatsgesellschaft überhaupt, nicht in dem der Leibeignen getroffen ist. Die Staatsgesellschaft sollte von den Resten eines die Menschheit entehrenden Verhältnisses gereinigt, der bürgerliche Zustand sollte mit geläuterten Rechtsbegriffen in Übereinstimmung gesetzt werden, darum wurde die Leibeigenschaft [...] nicht für ablösbar erklärt, sondern unmittelbar aufgehoben."
Justizminister v. Maucler legte am 5. 1. 1830 den Regulativentwurf im Geheimen Rat vor, schloß sich jedoch in seinem Begleitvortrag voll der Argumentation des Innenministeriums an, indem er die Leibeigenschaft für unbedingt aufgehoben, das Fortentrichten entsprechender Leistungen für ungesetzlich erklärte und die Zwangsablösung mittels Entschädigung durch den Staat als verfassungsmäßig richtigen und einfachsten Weg forderte, alternativ aber Ablösungszwang gegen die Pflichtigen vorschlug (E 33/34, G 374, Q 20). Der Geheime Rat führte in seinem erst zwei Jahre später erstatteten Gutachten mit juristisch zugespitzter Argumentation aus, nur die persönliche Leibeigenschaft sei unbedingt, die leibeigenschaftlichen Leistungen selbst seien nur bedingt gegen vorherige Entschädigung durch die Pflichtigen aufgehoben (Gutachten des Referenten v. Leypold vom 3./4. 7. 1831 und Gutachten des Geheimen Rats vom 10./31. 12. 1831; E 33/34, G 374, Q 40 und 41). Auf diese Weise wollte der Geheime Rat Staatsentschädigung wie Zwang gegen die Pflichtigen vermeiden. Als er in diesem Sinne auch an ihn gelangende Beschwerden entschied, wandten sich Justiz-, Innen- und Finanzministerium in einer gemeinsamen Immediateingabe an den König, um eine endgültige Klärung über die umstrittene Rechtsgrundlage für die künftige Gesetzgebung zu erlangen; vgl. Nr. 122.

Nr. 122   1832 März 26, Stuttgart

Anbringen der Ministerien der Justiz, des Innern und der Finanzen an den König „in betreff der Entschädigung der vormaligen Privatleibherrschaften für die aufgehobenen Leibeigenschaftsgefälle und -leistungen"

E 13, Bü 159, Q 17 b. Ausfertigung. Unterschriften: Schwab, Kapff, für den Finanzminister: Herzog.

Behandlung der Frage seit 1817. Der Vortrag des Justizministeriums vom 5. 1. 1830[1]).

Hiebei ging das Justizministerium von dem bisher anerkannten Hauptgesichtspunkte aus, daß in dem einen wie in dem andern Falle (der Entschädigung von Seite der vormals Leibpflichtigen oder von Seite des Staates) die Personalleibeigenschaft als unbedingt aufgehoben, die Fortleistung und Fortreichung der aus derselben fließenden Dienste und Gefälle als ungesetzlich zu betrachten und daher die Entschädigung von dem freien Willen keines der Beteiligten abhängig, solche vielmehr zwangsweise zu vollstrecken sei.

Indessen fanden bei den am Schlusse des verflossenen Jahres im Geheimen Rate gehaltenen Beratungen die Ansichten des Justizministerium sowohl in Beziehung auf die Frage von der Staatsentschädigung als hinsichtlich des eben berührten Hauptgesichtspunktes keinen Eingang; vielmehr erhielt nun die Meinung das Übergewicht, daß die Aufhebung der persönlichen Leibeigenschaft nur bedingt, nämlich unter der Voraussetzung vorgängiger Entschädigung von Seite der Leibpflichtigen, erfolgt, daß hiernach die Ablösung der ihnen obliegenden Leistungen ganz in die Willkür der letzteren gestellt und daß, bis die Entschädigung wirklich geleistet worden sei, die frühere Leistungsverbindlichkeit fortdaure. Es wurde somit dem gedachten Ministerium anheimgegeben, einen nach diesem ganz veränderten Prinzip abgefaßten neuen Entwurf vorzulegen. Zu derselben Zeit kam dem Ministerium des Innern eine auf den gleichen Grundsätzen beruhende Entscheidung jener höchsten Landesbehörde über eine im Rekurswege an sie gelangte besondere Beschwerde zu; was dann dem genannten Ministerium Veranlassung gab, mit dem Ministerium der Justiz und der Finanzen Rücksprache zu nehmen und in der beifolgenden Note vom 3. Februar d. J. die Bedenken, welche nach seinem Erachten der von dem Geheimen Rate ausgesprochenen Grundansicht im Wege stehen, näher auseinanderzusetzen[2]).

---

[1]) Hierzu und zum folgenden vgl. Nr. 121, Anm. 5.
[2]) In Eingaben an den König vom 24. 1., 29. 3. und 1. 6. 1831 beschwerte sich die Gemeinde Mühlhausen über die Fortdauer leibeigenschaftlicher Leistungen an die Grundherrschaft v. Palm (E 146, Bü 3, Q 92 Beilage, 95 Beilage und 97). Zu den betreffenden Abgaben zählte die Gemeinde außer Leibhühnern und Hauptrecht auch die Fronsurrogatgelder. Das Innenministerium vertrat die Ansicht, die Leibeigenschaft und alle aus ihr fließenden Abgaben und Leistungen seien durch das 2. Edikt vom 18. 11. 1817 auch bei den Privatgrundherrschaften aufgehoben worden und nur die Entschädigung dafür könne Gegenstand einer künftigen Gesetzgebung sein. Es untersagte daher dem Freiherrn v. Palm, das ihm zustehende Exekutionsrecht zur Beitreibung illiquider Gefälle auch auf die leibeigenschaftlichen Leistungen auszudehnen. Der Geheime Rat aber hob diese Ministerialverfügung vom 1. 6. 1831 infolge der Rekursbeschwerde des Freiherrn v. Palm am 25. 1. 1832

Das Ministerium des Innern versuchte in seiner Ausführung zur Widerlegung der ebenbemerkten Ansicht, nach welcher das Institut der persönlichen Leibeigenschaft der Wirkung nach noch in voller Kraft bestände und noch täglich Pflichtige dieser Art in Württemberg geboren würden, einesteils nachzuweisen, daß, wenngleich den Grundherren eine Entschädigung zugesichert worden, doch die wirkliche Aufhebung jenes Verhältnisses durch die Leistung derselben nicht bedingt gewesen, sondern dasselbe nach der bestimmten Richtung des II. Edikts vom 18. Novbr. 1817, der Verordnung vom 1. Januar 1818[2a]) und der Verfassungsurkunde, welche § 25 klar ausspreche, „die Leibeigenschaft bleibt für immer aufgehoben", sowie der bisher erschienenen Deklarationen der staatsrechtlichen Verhältnisse der Standesherren, endlich nach der übereinstimmenden seitherigen Auslegung der Verwaltungs- und Gerichtsstellen unbedingt aufgehoben worden sei. Andernteils bemühte es sich darzutun, wie – den bestimmten Willen des Gesetzgebers, daß im ganzen Umfange des Königreichs die Entrichtung von Leibeigenschaftsabgaben aufhören solle, vorausgesetzt – kein Zweifel darüber bestehen könne, daß dieser Wille des Gesetzgebers nicht einesteils auf Kosten des Staats, mithin der Gesamtheit der Steuerkontribuenten, und andernteils auf Kosten der einzelnen vormaligen Leibeigenen zur Ausführung gebracht werden dürfe, daß man ohne entschiedene Ungerechtigkeit die Leibeigenen der Gutsherren nicht an der Befreiung der Leibeigenen des Staats und der Körperschaften mittragen lassen und dann sie selbst anhalten könne, zu ihrer eigenen, vom Staate angeordneten Befreiung ein Ablösungskapital zu entrichten, das ihnen weit lästiger fallen müßte als die Fortentrichtung der Kapitalrente. Das Ministerium des Innern fand deshalb einzig in der Übernahme der Entschädigung auf den Staat einen Ausweg, den man auch in Nachbarstaaten, namentlich in dem Großherzogtume Baden betreten habe, während in Bayern die Leibeigenschaft sogar ohne alle Entschädigung aufgehoben worden sei. Dagegen sei in Hessen-Darmstadt zwar auch der Grundsatz der Entschädigung durch die Leibpflichtigen selbst, wiewohl auf gleiche Weise hinsichtlich der Leibeigenen des Staats und der Privaten ausgesprochen worden, da er sich aber bei der Vollziehung als unausführbar gezeigt, so habe auch hier bei weitem der größere Teil jener Entschädigung auf die Staatskasse übernommen werden müssen.

Während das Justizministerium den kaum entwickelten Ansichten in beiderlei Beziehung beipflichten zu müssen glaubte,[2b]), neigte sich das Ministerium der Finanzen in der gleichfalls ehrerbietigst angeschlossenen Note vom

---

wieder auf, da der Streitfall das Privatverhältnis zwischen vormaligen Leibherren und Pflichtigen betreffe und daher vor die ordentlichen Gerichte gehöre (E 146, Bü 3, Q 96, 100, 104). Nach der Note des Innenministeriums an das Justizministerium vom 3. 2. 1832 stand der Geheime Rat mit seiner Meinung in Widerspruch mit der Auslegung des 2. Edikts vom 18. 11. 1817 durch Verwaltungs- und Gerichtsbehörden; ein Rückschritt hinter die bisherigen Bestimmungen sei aber im Jahre 1832 „nach den bedeutenden Fortschritten, welche unsere deutschen Nachbarstaaten neuerlich in der Lösung feudalistischer Verhältnisse gemacht haben", nicht mehr möglich. Das Innenministerium schlug deshalb einen gemeinsamen Immediatbericht an den König vor (E 146, Bü 3, Q 106).

[2a]) Gemeint ist wohl die Bestimmung des 2. Edikts vom 18. 11. 1817, Abschnitt I, die persönliche Leibeigenschaft solle vom 1. 1. 1818 mit allen ihren Wirkungen aufgehoben sein; vgl. Nr. 44.

[2b]) E 221, 39, 7, Q 23.

6. d. M.²ᶜ) zwar in betreff der Frage von bloß bedingter Aufhebung der Leibeigenschaft mehr zu der von dem K. Geheimen Rate geäußerten Meinung hin; gleichwohl sprach es sich nunmehr gleichfalls ganz entschieden für die Übernahme der Entschädigungssumme auf die Staatskasse aus, indem nicht nur der früher aus der damaligen minder günstigen Finanzlage entnommene Grund jetzt wegfalle, zudem der Entschädigungsbetrag als weit geringer sich darstelle, sondern auch vorauszusehen sei, daß ohne Zwang die Ablösung niemals zustande käme, durch diesen aber den Abgabepflichtigen statt einer Wohltat eine Last auferlegt würde, welche vorzüglich die neuen Landesteile träfe, und daß eine solche Erledigungsweise bei den Beteiligten gehässige Gefühle, in der Kammer der Abgeordneten aber unangenehme Erörterungen erregen, jedenfalls wegen der Rechtsungleichheit dem Gesetzesentwurfe ein höchst ungünstiges Los verheißen müßte.

Da somit über die Unausführbarkeit des von dem Geheimen Rat vorgezeichneten Weges sowie über den der Maßregel der Staatsentschädigung einzuräumenden Vorzug die drei erwähnten Ministerien aus den angeführten [...] Gründen ganz einstimmiger Ansicht sind, so erlauben wir uns, Euer Königlichen Majestät den untertänigsten Antrag zu machen, daß Allerhöchstdieselben den Grundsatz der Entschädigung der Leibherrschaften aus Staatsmitteln zu genehmigen gnädigst geruhen möchten. Wir stellen diesen Antrag mit um so größerem Vertrauen, als wir überzeugt sind, daß der Staatskasse hiedurch eine nicht sehr bedeutende Last zuwachsen würde. Es könnte nämlich unter Zugrundelegung der früher eingeforderten Fassionen die Entschädigungssumme auf eine jährliche Rente von 12–13 000 fl definitiv beschränkt werden, mit welcher sich die Gefällberechtigten in Erwägung der Sicherheit, die sie für diese von Tag zu Tage zweifelhaftere Einkommensquelle erlangen, sich zu begnügen alle Ursache haben möchten. Auch dürften die bisher aufgelaufenen Rückstände an solchen Abgaben ohne Anstand denjenigen wenigen Staatsangehörigen, welche sie bisher, ohne die Entschädigung geleistet zu haben, nicht mehr bezahlten, zuzuscheiden sein. Denn sind die letzteren auch gleich, nach der vorstehenden Ausführung, durch das Gesetz selbst von der Leistung befreit worden, so können sie sich doch über Unbilligkeit nicht beschweren, wenn ihnen dafür, daß sie für die ganze Zukunft und zwar ohne alle Entschädigung für befreit erklärt werden, Schadloshaltung wenigstens für das Vergangene angemutet wird³).

Sollten Euer Königliche Majestät dieser Ansicht die höchste Billigung nicht versagen, so dürfte eine Gelegenheit zu ihrer Ausführung bei dem bereits eingeleiteten, für den Gesetzgebungsweg vorbereiteten Geschäfte der Ablösung oder Verwandlung der sogenannten Feudalabgaben überhaupt sich am schicklichsten darbieten. Wir bitten daher Euer Königliche Majestät um die Ermächtigung, die Erledigung des vorliegenden besonderen Gegenstandes in Verbindung mit der uns aufgetragenen Bearbeitung von Gesetzesentwürfen über Be-

---

²ᶜ) Ebd., Q 26.
³) Dies hatte schon Justizminister v. Maucler in seinem Vortrag vor dem Geheimen Rat vom 5. 1. 1830 als Ausweg vorgeschlagen (E 33/34, G 374, Q 20).

seitigung der mittelalterlichen Lasten überhaupt, mit welchen er in dem engsten Zusammenhange steht, vorbereiten zu dürfen[4]).

---

[4]) Durch Entschließung vom 13. 4. 1832 genehmigte König Wilhelm die Anträge der Ministerien (E 146, Bü 3, Q 21 Beilage). Der Entwurf des Justizministeriums wurde nach dem Grundsatz der Staatsentschädigung umgearbeitet, in der Kommission zur Vorbereitung der Gesetzgebung über Ablösung oder Umwandlung der sog. Feudallasten beraten und am 14. 12. 1832 dem Geheimen Rat vorgelegt (E 33/34, G 374, Q 62).
Der Geheime Rat beschränkte sich in seinem Gutachten vom 23./25. 1. 1833 (ebd., Q 66) im wesentlichen auf Einzelausstellungen am Entwurf, obwohl offenbar die Mehrheit seiner Mitglieder an der Ansicht festhielt, die Staatsentschädigung sei nur eine Frage der Zweckmäßigkeit und nicht verfassungsrechtlich oder politisch geboten (Vortrag des Referenten, Staatsrat v. Leypold, vom 1. 1. 1833; ebd., Q 64).
Am schärfsten formulierte das in Frontstellung gegen den „Zeitgeist" der Korreferent, Staatsrat v. Fischer, in seinen Bemerkungen zum Entwurf (ebd., Q 65). Nach seiner Überzeugung war „die deutsche Leibeigenschaft ein — höchstens nur mit Ausnahme der Erblichkeit — völlig freies, auch mit der Erblichkeit dem Staatsbürgertum nicht derogierendes Rechtsverhältnis, daher dessen Verbot nicht Herstellung, vielmehr Schmälerung der natürlichen Freiheit". Der Leibeigene war „von seinem Leibherrn nicht abhängiger als von jedem andern persönlichen Gläubiger; und die Lokalleibeigenschaft, womit manche Gemeinde vermöge eines Mühlbanns oder Bierzwangs von dem Müller oder Brauer abhängt, wird für sie noch lange Zeit lästiger bleiben, als es die gutsherrliche bisher gewesen ist. Indessen ist allerdings die so oft unvernünftige Foderung staatsbürgerlicher Gleichheit, verstärkt durch den ebenfalls kaum halbbegründeten staatswirtschaftlichen Haß gegen Feudallasten, dann durch das Prinzip der Vereinfachung der Staatsmaschine und endlich durch den Humanitätseifer der neueren Zeit so mächtig geworden, daß die deutschen Regierungen es wo nicht als Sache der Gerechtigkeit, doch der Wohlanständigkeit und der Achtung für die öffentliche Meinung ansehen mußten, auf die Abschaffung der Leibeigenschaft zu denken. Indem durch das IIte Edikt vom 18. November 1817 die leibeigenschaftlichen Leistungen, soweit die Finanzkammer und alle andern öffentlichen Körperschaften sie zu fodern hatten, unentgeltlich aufgehoben, diese daher in baren Vermögensverlust versetzt wurden, der dem Vermögen der Bauren zuwuchs, hat unsere Gesetzgebung dem Zeitgeist eine tiefere Verbeugung gemacht, als meines Erachtens nötig war." Um so weniger scheint es rechtlich und politisch begründet, das Leibeigenschaftsverhältnis zwischen den Gutsherrschaften und ihren Leibeigenen wieder auf Kosten des Staates, „d. h. der übrigen Bürgerklassen", aufzulösen. Die Gesetzgebung konnte den Namen Leibeigenschaft aufheben wollen „als nicht mehr passende Bezeichnung eines vormaligen unwürdigen Dienstverhältnisses, zweitens die unbedingt unauflösbare persönliche Abhängigkeit eines Staatsbürgers von einem einseitigen Privatwillen und drittens die Obliegenheit der Staatsbehörden, sich gesetzgebend, richtend oder verwaltend mit diesem veralteten Rechtsverhältnis zu befassen. Indem unsere Gesetzgebung dieses Verhältnis aufhob, erkannte sie die daraus entsprungenen Leistungen als rechtsbeständig [...]." Die Zahlung eines Kapitals oder der Zinsen hiervon aber ist nicht als Fortdauer der Leibeigenschaft zu werten. Die Staatsentschädigung kann nicht mit dem Gleichheitsgrundsatz gerechtfertigt werden; dann müßte der Staat auch die Entschädigung seit 1818 übernehmen.
Fischer sprach sich deshalb dafür aus, nur bei einer entsprechenden Petition der Stände die Entschädigung auf den Staat zu übernehmen, dann aber auch die seit 1818 im Rückstand gebliebenen Gelder einzubeziehen, weil die Regierung durch ihr schwankendes Benehmen die Säumigkeit der Pflichtigen verursacht habe.
König Wilhelm genehmigte am 13. 2. 1833 sämtliche Abänderungsvorschläge des Geheimen Rats (E 33/34, G 374, Q 67). Zur weiteren Entwicklung vgl. Nr. 123, Einleitung.

Nr. 123 1836 Oktober 29, Stuttgart

Gesetz in betreff der Entschädigung der berechtigten Gutsherrschaften für die Aufhebung der leibeigenschaftlichen Leistungen

RegBl 1836, S. 570–580.
Textausgabe und Kommentar: Wiest, Leibeigenschaftsgesetz.

Vgl. Darstellung S. 451 f. Am 11. 3. 1833 legte Staatsrat v. Schlayer den Gesetzentwurf in der Kammer der Abgeordneten vor (KdA 1833 I, 39, S. 1; 102 ff; Begleitvortrag und Motive zum Gesetzentwurf ebd., S. 94 ff, 109 ff). Der Entwurf wurde auf dem zweiten Landtag von 1833 erneut eingebracht (KdA 1833 II, 3, S. 6). Die Kammer der Abgeordneten stimmte der Regierungsvorlage in den wesentlichen Punkten fast durchweg zu (Kommissionsgutachten vom Mai 1835, erstattet vom Abgeordneten Duvernoy, KdA 1835, Bd. 4, S. 641–707, und die daran anknüpfenden Diskussionen auf dem Landtag vom 1. bis 5. 3. 1836). In der Hauptabstimmung vom 17. 3. trat die Zweite Kammer mit 74 gegen 14 Stimmen für die Annahme des Gesetzentwurfs ein; 10 Vertreter der Ritterschaft fanden den Rechtsstandpunkt des Adels nicht hinreichend gewahrt und wandten sich vor allem gegen die als zu hoch empfundenen Abzüge vom Rohertrag der abzulösenden Leistungen; vier liberale Abgeordnete (Uhland, Römer, Murschel und Menzel) verwarfen dagegen den Entwurf wegen zu weitgehender Zugeständnisse an den Adel. Wie bei den beiden anderen Gesetzen minderten sich die Stimmen in der Zweiten Kammer für die Annahme der Vorlage nach weiteren Konzessionen an die Standesherren erheblich: Am 1. 7. fand das Amendement, nur 8 % vom Rohertrag der leibeigenschaftlichen Leistungen abzuziehen, um den Reinertrag zu ermitteln, nur die knappe Mehrheit von 46 gegen 41 Stimmen. Die Standesherren wollten dagegen anfangs allein 2½ % des Rohertrags als Unkostenaufwand gelten lassen – Regierung und Zweite Kammer hatten Abzüge von 25 % bzw. 15 % für angemessen gehalten –, verlangten als volle Entschädigung den 22½fachen Betrag der bisherigen Jahresleistung und wünschten, daß die Berechtigten nach eigener Wahl das Ablösungskapital in vier Raten binnen der nächsten neun Jahre ausgezahlt erhielten oder von der Staatskasse eine Rente bezogen, die sich auf 90 % des bisherigen Rohertrags belief und die auf beiderseitiges Verlangen mit einjähriger Frist gekündigt werden konnte (Kommissionsbericht des Fürsten von Waldburg-Wurzach und zustimmende Diskussion der Kammer der Standesherren am 18. 6. 1836; KdS 1836, S. 1727 ff, 1688 ff).

Die wichtigsten Änderungen des Entwurfs, die aus je zweifacher Beschlußfassung beider Kammern hervorgingen, waren: Der Abzug vom Rohertrag minderte sich auf 8 % (Art. 17); bei Sterbfallsabgaben vermutete das Gesetz nicht mehr generell, sondern nur noch bei bestehender Lokal- oder Personalleibeigenschaft die leibeigenschaftliche Herkunft der Verpflichtung (Art. 3); die Zweite Kammer beantragte mit Erfolg, daß in strittigen Fällen die Schätzung des Abgabenwertes wiederholt werden konnte (Art. 12–16) und daß die Rekursmöglichkeit um eine Instanz erweitert wurde (Art. 25–26).

Inhaltsübersicht:
I. Hauptgrundsatz für die Entschädigung: Art. 1 – II. Gegenstand der Entschädigung: Art. 2 – III. Ausscheidung der Entschädigungsobjekte: Art. 3 – IV. Berechnung der Entschädigungssumme: Art. 4–18 (Im allgemeinen: Art. 4 – Im besonderen: 1. Ausmittlung des jährlichen Durchschnittsertrags der aufgehobenen Leibeigenschaftsgefälle a) durch Ertragsnachweisung: Art. 5–10 – b) durch Schätzung: Art. 11–17 – 2. Kapitalisierung des jährlichen Durchschnittsertrags: Art. 18) – V. Leistung der Entschädigung: Art. 19–21 (1. Zeitpunkt derselben: Art. 19 – 2. Entschädigung für früher entgangene Nutzungen: Art. 20 – 3. Eintritt des Staats in bereits abgeschlossene Entschädigungsverträge: Art. 21) – VI. Vollziehungsbehörden und Verfahren: Art. 22–34 (1. Anmeldungen von seiten der Berechtigten und Verpflichteten: Art. 22 – 2. Verhandlung über die angemeldeten Forderungen: Art. 23 – 3. Erkennende Behörde: Art. 24 – 4. Rekurs: Art. 25–28 – 5. Frist für Geltendmachung von Rechten und Einreden aus der Leibeigenschaft und ihrer Aufhebung: Art. 29–31 – 6. Verurkundung: Art. 32 – 7. Wahrung des Lehens- und Fideikommißverbandes: Art. 33 – 8. Betretung des Rechtswegs: Art. 34).

Wilhelm, von Gottes Gnaden König von Württemberg

Zu Vollziehung und näherer Entwicklung Unseres organischen Edikts Nr. II vom 18. November 1817 in betreff der Aufhebung der Leibeigenschaft und der deshalb den berechtigten Gutsherrschaften zu gewährenden Entschädigung verordnen und verfügen Wir nach Anhörung Unseres Geheimen Rats und unter Zustimmung Unserer getreuen Stände wie folgt:

I. Hauptgrundsatz für die Entschädigung

Art. 1. Die in dem II. Edikte vom 18. November 1817 den Gutsherrschaften vorbehaltene Entschädigung für die ihnen durch die Aufhebung der Personal- und Lokalleibeigenschaft entzogenen Nutzungen wird unter den nachstehenden Bestimmungen aus Staatsmitteln geleistet.

II. Gegenstand der Entschädigung

Art. 2. Die Entschädigung kann gefordert werden für alle am 1. Januar 1818 bestandene, auf der Person ohne Rücksicht auf Güterbesitz haftende leibeigenschaftliche Leistungen, soweit sie nicht seither unentgeldlich aufgehoben oder verzichtet worden sind.

Daher dürfen alle etwa als leibeigenschaftlich angesehene Leistungen, sofern sie seitdem fortentrichtet worden, nicht unter die unentgeldlich aufgehobenen oder verzichteten gezählt werden.

III. Ausscheidung der Entschädigungsobjekte

Art. 3. Bei der Ausmittlung des Gegenstandes der Entschädigung sind im Zweifel als Ausflüsse der Leibeigenschaft anzusehen:

1) diejenigen Leistungen, welche schon durch ihre Benennung auf das obenerwähnte Verhältnis hindeuten (II. Edikt vom 18. November 1817, I 3 a),

2) diejenigen, welche im Falle der Verheiratung zu entrichten sind (II. Edikt I 3 b),

3) die bei dem Absterben zu entrichtenden Abgaben an Hauptrecht oder Besthaupt, an kleinem oder großem Fall, an Sterbfall, Mortuarium, Herdrecht

oder Gürtelgewand etc., wenn der Verstorbene Lokal- oder Personalleibeigener war (II. Edikt I 3 c).

Bei allen übrigen Leistungen, namentlich den im II. Edikte vom 18. November 1817 III § 15 aufgeführten, wird nicht für die Leibeigenschaft vermutet[1]).

IV. Berechnung der Entschädigungssumme
A. Im allgemeinen

Art. 4. Die Summe der Entschädigung ist nach Maßgabe des Ertrags, welchen die aufgehobenen Leibeigenschaftsgefälle und Dienste den Berechtigten im Durchschnitt gewährt haben, unter Beachtung der nachstehenden Vorschriften festzusetzen.

B. Im besonderen

1) Ausmittlung des jährlichen Durchschnittsertrags der aufgehobenen Leibeigenschaftsgefälle

a) Durch Ertragsnachweisung

Art. 5. Zu Ausmittlung des jährlichen Durchschnittsertrags ist aus den Rechnungsakten des Berechtigten zu erheben:

a) bei der Personalleibeigenschaft:

aa) wie hoch die angefallenen ständigen und unständigen Gefälle und Leistungen mit Ausschluß der Manumissionsgelder, und zwar die in Art. 3 unter Ziff. 1 und 2 genannten sowie die leibeigenschaftlichen Naturalfronen und Frongelder in jedem der dem Jahre 1818 zunächst vorangegangenen zwölf Jahre, und die in Art. 3 unter Ziff. 3 (Satz 1) aufgezählten in jedem der dem Jahre 1818 unmittelbar vorangegangenen fünfundzwanzig Jahre sich belaufen und

bb) wie groß die Zahl der selbstständig ansässigen Leibeigenen in jedem dieser Jahre gewesen sei.

Der auf den einzelnen Leibeigenen binnen dieses Zeitraums fallende jährliche Durchschnittsertrag ist als die Grundlage der Entschädigungssumme anzusehen, welche nach Verhältnis der Zahl der am 1. Januar 1818 vorhandenen selbstständig ansässigen Leibeigenen auszumitteln ist.

Art. 6. b) Bei der Lokalleibeigenschaft wird aus den gedachten Urkunden der Ertrag von den in Art. 3, Ziff. 1 und 2 genannten Gefällen und Leistungen im ganzen mit Einschluß der Manumissionsgelder, soweit solche nicht bei Auswanderungen aus dem Staatsgebiet entrichtet wurden, sowie von den leibeigenschaftlichen Naturalfronen und Frongeldern binnen der obenerwähnten zwölfjährigen Periode und der Ertrag aus den im Art. 3, Ziff. 3 (Satz 1) aufgezählten Gefällen und Leistungen binnen eines Zeitraums von fünfundzwanzig Jahren (Art. 5) in jedem Gefällorte erhoben.

Art. 7. Auf gleiche Weise sind bei der einen wie bei der andern Art der Leibeigenschaft die von den Leibherren den Leibeigenen in Geld und Naturalien gereichten Gegenleistungen zu berechnen.

Art. 8. Dasselbe findet statt hinsichtlich der den Beamten des Leibherrn entrichteten, rein aus der Leibeigenschaft fließenden Leistungen oder von diesen getragenen Gegenleistungen. Hingegen sind Sporteln, Taxen, Schreibgebühren und ähnliche Abgaben, welche aus Anlaß leibeigenschaftlicher Leistungen zu entrichten gewesen, aus der Ertragsnachweisung wegzulassen.

---

[1]) Von dieser Regelung waren vor allem die Fronen betroffen.

Art. 9. Soweit im Laufe des vorbemerkten Zeitraums Leistungen oder Gegenleistungen bleibend vermindert worden sind, ist die Ertragsnachweisung auf die seit der eingetretenen Minderung verflossenen Jahre zu beschränken. Wo dieser Zeitraum nicht wenigstens zehn Jahre beträgt, tritt Schätzung ein (Art. 11).

Ertragsberechnung zu Geld

Art. 10. Leistungen und Gegenleistungen, welche nicht in Geld bestanden, sind nach folgendem Maßstab zu Geld zu berechnen:

a) bei Leibhahnen, Leibhennen usw. ist das observanzmäßige Geldsurrogat,

b) bei Mortuarien (Sterbfällen), Art. 3, welche in besonderen Gegenständen gereicht wurden, ist der aus den Rechnungs- und Teilungsakten zu erhebende Schätzungswert,

c) bei sonstigen Naturalgefällen sind die in dem Gesetze vom 27. Oktober d. J. über die Ablösung der Beden festgesetzten Preise und

d) bei Frondiensten und häuslichen Diensten die in dem Gesetze vom 28. Oktober d. J. über die Fronablösungen erteilten Bestimmungen zugrunde zu legen[2]).

b) Durch Schätzung

Art. 11. In Ermanglung glaubwürdiger Rechnungsakten oder anderer zuverlässiger Wertserhebungsmittel sowie im Falle des Art. 9 ist, wenn die Parteien sich nicht vergleichen, der Durchschnitt des jährlichen Rohertrags während der im Art. 5 bestimmten zwölf beziehungsweise fünfundzwanzig Jahre unter Zugrundlegung der in den obenangezogenen Gesetzen (Art. 10) festgesetzten Naturalienpreise durch drei verpflichtete Schätzer zu bestimmen, welche auf ausdrückliches Verlangen einer Partei selbst einen körperlichen Eid ablegen müssen. Zu dieser Schätzungskommission ernennt der Gutsherr den einen, das Kameralamt des Bezirks den andern und, wenn nicht diese beiden sich über die Wahl eines dritten Schätzers vereinigen, das Bezirkspolizeiamt den dritten Schätzer. Fallen die Schätzungen dieser Sachverständigen verschieden aus, so ist der Ertrag nach dem Durchschnitte der Schätzungssummen in Berechnung zu nehmen.

Art. 12. Erklären die Beteiligten ausdrücklich ihre Zufriedenheit mit der Schätzung oder machen sie nicht innerhalb der unerstrecklichen Frist von dreißig Tagen, von dem Tage der Eröffnung des Schätzungsergebnisses an gerechnet, dem Bezirkspolizeiamte die Anzeige, daß sie mit der Schätzung nicht zufrieden seien, so wird diese rechtskräftig.

Die Beteiligten sind hierüber bei Eröffnung des Ergebnisses der Schätzung gehörig zu belehren.

Art. 13. Auf die Anmeldung eines Beteiligten, daß er mit der Schätzung nicht zufrieden sei, findet eine neue Schätzung statt. Zu diesem Zwecke hat das Bezirkspolizeiamt eine Verstärkung der Schätzungskommission in der Art einzuleiten, daß der Berechtigte und das Kameralamt je einen weiteren Schätzer erwählen, worauf durch die aus fünf Mitgliedern bestehende Kommission die neue Schätzung vorgenommen wird.

---

[2]) Nr. 118, Art. 12, und Nr. 119, Art. 11–13.

Art. 14. Zu der Ernennung der Mitglieder der neuen Schätzungskommission hat das Bezirkspolizeiamt eine Frist von dreißig Tagen den Beteiligten anzuberaumen.

Versäumt derjenige Teil, welcher sich für beschwert erachtet, die Frist, so wird dies für einen Verzicht auf eine neue Schätzung angesehen, und die schon vorliegende wird rechtskräftig.

Versäumt aber der andere Teil die genannte Frist, so geht sein Ernennungsrecht auf das Bezirkspolizeiamt über.

Art. 15. Gegen den Ausspruch der verstärkten Schätzungskommission findet keine weitere Berufung statt.

Art. 16. Die Kosten der ersten Schätzung werden von der Staatskasse getragen. Die Kosten der zweiten Schätzung trägt derjenige, der sie verlangt.

Abzüge vom Rohertrag

Art. 17. Von dem in Geld berechneten Gesamtertrage der Leistungen sind in Abzug zu bringen:

a) der gleichfalls zu Geld berechnete Gesamtbelauf der Gegenleistungen und

b) für Nachlässe wegen Uneinbringlichkeit und für den Verwaltungsaufwand acht Prozent des Rohertrags,

wonächst der jährliche reine Durchschnittsertrag zu berechnen ist.

2) Kapitalisierung des jährlichen Durchschnittsertrags

Art. 18. Der jährliche Reinertrag der Leistungen (Art. 5–16) ist zwanzigfach zu Kapital zu erheben, welcher Kapitalbetrag die dem Berechtigten zu gewährende Entschädigungssumme bildet.

V. Leistung der Entschädigung

1) Zeitpunkt derselben

Art. 19. Das Entschädigungskapital wird mit dem 1. Juli 1836 auf die Staatskasse übernommen und, wenn dasselbe nicht sogleich abgelöst wird, von diesem Tage an unter Vorbehalt gegenseitiger vierteljähriger Aufkündigung nach dem für die Staatsschuld gesetzlich bestehenden Zinsfuße verzinst.

2) Entschädigung für früher entgangene Nutzungen

Art. 20. Für die den Berechtigten vom 1. Januar 1818 bis zum 1. Juli 1836 entgangenen Nutzungen bleibt denselben der Anspruch gegen die vormaligen Leibeigenen vorbehalten.

3) Eintritt des Staats in bereits abgeschlossene Entschädigungsverträge

Art. 21. In denjenigen Fällen, in welchen zufolge der Verordnung vom 13. September 1818 eine Übereinkunft zwischen dem Gutsherrn und den vormaligen Leibpflichtigen wegen Entschädigung des ersteren vor dem 1. Januar 1833 getroffen worden, tritt die Staatskasse vom 1. Juli 1836 an in die Entschädigungsverbindlichkeit der Pflichtigen ein, ohne Unterschied, ob diese bereits erfüllt worden oder noch zu erfüllen ist, insoweit darunter nicht die den Berechtigten vom 1. Januar 1818 bis zum 1. Juli 1836 entgangenen leibeigenschaftlichen Nutzungen begriffen sind (Art. 20).

Umfaßt eine solche Übereinkunft auch andere Gefälle, so findet die Entschädigung für die persönlichen Leibeigenschaftsgebühren nach Maßgabe des gegenwärtigen Gesetzes statt.

VI. Vollziehungsbehörden und Verfahren
1) Anmeldungen von seiten der Berechtigten und Verpflichteten

Art. 22. Innerhalb neunzig Tagen nach der Verkündigung dieses Gesetzes haben alle diejenigen, welchen zufolge desselben Ansprüche auf Entschädigung zustehen, desgleichen diejenigen, welche von der Verbindlichkeit zur Entschädigung für leibeigenschaftliche Leistungen oder von bisherigen Leistungen leibeigenschaftlicher Natur befreit zu werden begehren, bei den Bezirkspolizeiämtern, in deren Bezirken die Leibpflichtigen wohnen, ihre Forderungen anzumelden.

Für das standesherrliche Bezirkspolizeiamt tritt bei diesen Anmeldungen wie überhaupt bei der Vollziehung des gegenwärtigen Gesetzes in Fällen, wo dasselbe zugleich als Rentamt beteiligt ist, das betreffende K. Oberamt ein.

2) Verhandlung über die angemeldeten Forderungen

Art. 23. Nach Ablauf jener (neunzigtägigen) Frist hat das Bezirkspolizeiamt die Beteiligten mit Einschluß des Kameralamts auf einen Termin vorzuladen und an demselben über ihre Ansprüche eine Liquidationsverhandlung vorzunehmen, sofort auch nötigenfalls die Wertsermittlung (Art. 11-16) anzuordnen.

3) Erkennende Behörde

Art. 24. Sollte bei dieser Verhandlung eine gütliche Übereinkunft der sämtlichen Beteiligten nicht zustande kommen, so sind von dem Bezirkspolizeiamte die Akten mit den Anträgen der Kreisregierung vorzulegen, welche über den Anspruch auf Entschädigung und deren Betrag, nötigenfalls nach vorgängiger weiteren Instruierung und Ergänzung, zu erkennen hat.

4) Rekurs

Art. 25. Gegen die Entscheidung der Kreisregierung steht jedem Beteiligten der Rekurs an eine aus fünf Mitgliedern bestehende Zentralkommission offen, welche aus drei ein Richteramt bekleidenden Kollegialmitgliedern des Departements der Justiz und zwei Kollegialmitgliedern aus den Departements des Innern und der Finanzen gebildet wird.

Art. 26. Ein zweiter und letzter Rekurs findet an den K. Geheimen Rat, jedoch nur in dem Falle statt, wenn durch das Erkenntnis der Zentralkommission die Entscheidung der ersten Instanz ganz oder teilweise abgeändert wurde. In einem solchen Falle sind in dem K. Geheimen Rat die Vorstände des K. Obertribunals oder bei ihrer Verhinderung die gesetzlichen Stellvertreter derselben beizuziehen.

Art. 27. Jedes rechtskräftige Erkenntnis ist für beide Teile verbindlich. Nur im Falle einer Nichtigkeit ist ein weiteres Verfahren zugelassen. Über den Kostenpunkt an sich findet kein Rekurs statt.

Art. 28. Die von der Eröffnung des Erkenntnisses an laufende Frist zur Übergabe der Beschwerdeausführung ist für jede Instanz auf dreißig Tage bestimmt.

Der Rekurrent hat seine Beschwerde bei dem Bezirkspolizeiamte, welches ihm die Entscheidung eröffnet, schriftlich einzureichen oder mündlich zu Protokoll zu geben.

Von der genannten Stelle ist dieselbe ohne Verzug an die Zentralkommission beziehungsweise an den K. Geheimen Rat einzusenden.

Die Versäumnis der Rekursfrist sowie die Umgehung der die Entscheidung eröffnenden Behörde zieht den Verlust des Rekursrechts nach sich, worüber die Beteiligten bei der Eröffnung des Bescheids ausdrücklich zu belehren sind.

Eine Wiedereinsetzung in den vorigen Stand ist nur im Falle unverschuldeter Verhinderung zulässig.

5) Frist für Geltendmachung von Rechten und Einreden aus der Leibeigenschaft und ihrer Aufhebung

Art. 29. Sowohl den Berechtigten als den Pflichtigen steht binnen einer unerstrecklichen Frist von drei Jahren, von der Verkündigung dieses Gesetzes an gerechnet, das Recht zu, in Absicht auf Leistungen, welche nach ihrer Meinung unter die oben angegebenen Bestimmungen (Art. 3) fallen sollten, den Bezirkspolizeiämtern Anzeige zu machen und den Beweis für die Anwendbarkeit des Gesetzes auf dieselben zu führen.

Art. 30. Wer jene Frist von drei Jahren (Art. 29) versäumt hat, kann später aus dem Grunde der Leibeigenschaft weder als Berechtigter eine auf der Person ruhende Abgabe fordern, noch als Verpflichteter eine Abgabe unter der Einrede ihrer leibeigenschaftlichen Natur verweigern.

Gegen die Versäumnis dieser Frist findet eine Wiedereinsetzung in den vorigen Stand nicht statt.

Art. 31. Nach dem Erscheinen dieses Gesetzes sind in allen anhängigen Rechtssachen, deren Objekte sich unter dasselbe subsumieren lassen, von den kompetenten Gerichtsstellen Verhandlungen anzuberaumen und bei denselben die durch dieses Gesetz erleichterte gütliche Beilegung zu versuchen.

Gelingt dieses, so soll der Ansatz von Gerichtssporteln wegfallen; findet aber eine Auseinandersetzung auf diesem Wege nicht statt und der Streit muß durch richterlichen Spruch erledigt werden, so wird die Zeit, während welcher jenes Hindernis des Entschädigungsgeschäfts vorwaltete, bei der erwähnten Frist von drei Jahren (Art. 29) nicht in Berechnung genommen, dagegen den Berechtigten ihre Rechte wegen der inzwischen aufgelaufenen Rückstände ausdrücklich vorbehalten.

6) Verurkundung

Art. 32. Über jedes Entschädigungsgeschäft ist eine Urkunde aufzunehmen und der zuständigen Behörde behufs der Vormerkung in den betreffenden Büchern davon Anzeige zu machen. Die diesfallsigen Handlungen des Gerichts geschehen unentgeldlich und abgabenfrei.

7) Wahrung des Lehens- und Fideikommißverbandes

Art. 33. Zum Rechtsbestande derjenigen Handlungen, welche der Berechtigte bei dem Entschädigungsgeschäfte vornimmt, und bei allen Verhandlungen, welche auf dasselbe Bezug haben, ist der Konsens der Fideikommiß- oder Lehensagnaten und des Lehensherrn zwar nicht erforderlich, aber die Besitzer der zur Ablösung kommenden fideikommissarischen Rechte oder einzelner Bestandteile von Privatlehen im Gegensatz von Staatslehen, in Ansehung welcher Wir Uns die weitere oberlehensherrliche Anordnung vorbehalten, sind verpflichtet, durch die Nachweisung der anderweitigen Anlegung der für jene erhaltenen Surrogate im Interesse des Lehens oder Fideikommisses gegen ihre Agnaten und Lehensherren das Herkommen sowie die vorhandenen hausgesetzlichen Bestimmungen aufrechtzuerhalten und zu erfüllen.

8) Betretung des Rechtswegs

Art. 34. Die Betretung des ordentlichen Rechtswegs findet dann statt, wenn das Recht selbst auf die zur Entschädigung bestimmte leibeigenschaftliche Leistung, ferner wenn die Gültigkeit und der Umfang der erfolgten Aufhebung desselben oder des ausgesprochenen Verzichts oder wenn die Eigenschaft der Leistung, ob sie nämlich Ausfluß der Personal- oder Lokalleibeigenschaft sei, streitig ist sowie wenn es sich von der Entschädigung für die entbehrten Nutzungen vor dem 1. Juli 1836 (Art. 20) handelt.

Unsere Ministerien des Innern und der Finanzen sind mit der Vollziehung des gegenwärtigen Gesetzes beauftragt.

Hinsichtlich der Vollziehung fügen Wir noch an, daß, wie Wir auch Unsern getreuen Ständen bereits eröffnet haben, das gegenwärtige Gesetz vermöge der in den ergangenen Deklarationen der staatsrechtlichen Verhältnisse standesherrlicher Häuser in Absicht auf die Entschädigung für Gefälle der Leibeigenschaft erteilten Zusicherungen auf die betreffenden standesherrlichen Häuser nur mit ihrer Zustimmung angewendet werden kann[3]).

Nr. 124–138 Durchführung der Ablösungsgesetze vom 27./29. 10. 1836

Vgl. *Darstellung*, S. 456 ff. Aus den umfangreichen Ablösungsakten wurden einige Stücke als Beispiele ausgewählt, um häufig auftauchende Probleme und Verhaltensweisen der Beteiligten zu verdeutlichen.

Nicht sehr ergiebig ist das von den Behörden gesammelte Zahlenmaterial über den Ablösungsvollzug. Vgl. *Darstellung*, S. 462. Die Verrechnung der Ablösungsgelder durch die Hauptstaatskasse bietet die zuverlässigsten Anhaltspunkte für den zeitlichen Ablauf (Nr. 137). Neben der Aufschlüsselung der Entschädigungssummen auf die verschiedenen Gruppen der Berechtigten (Nr. 138) existiert keine differenziertere Aufstellung nach regionalen Gesichtspunkten; vgl. jedoch *Darstellung*, Kapitel 3, Anm. 467.

Die Verfahrensnormen für die Behörden enthielten die Verfügungen des Ministeriums des Innern vom 30. 10. 1836 und des Ministeriums der Finanzen vom 31. 10. 1836 über die Einleitung des Gesetzesvollzugs und die Hauptinstruktion vom 20. 7. 1837 (RegBl 1836, S. 580 ff und 588 ff; RegBl 1837, S. 321 ff).

---

[3]) Nähere Vollziehungsvorschriften zu den Gesetzen vom 27.–29. 10. 1836 in der Hauptinstruktion vom 20. 7. 1837 (RegBl 1837, S. 321 ff).

Nr. 124 a—b   1837 April—Mai. Ablösungshemmungen im Oberamt Gerabronn

Nr. 124 a   1837 April 3, Gerabronn

Eingabe mehrerer Gemeinden des Oberamts Gerabronn an den König wegen der Ablösungsgesetze vom 27./29. 10. 1836

E 146, Bü 82, Q 70 a. Ausfertigung.

Beteiligt an der Eingabe waren die Gemeinden Amlishagen, Bächlingen, Dünsbach, Hengstfeld, Herrentierbach, Lindlein, Niederstetten, Raboldshausen, Riedbach, Rot a. S., Schmalfelden, Schrozberg und vom Gemeindeverband Gerabronn die Parzellen Rechenhausen und Rückershagen. Die Eingabe wurde in einer Versammlung der Pflichtigen nach deren Angaben von einem Teil der Pflichtigen selbst verfaßt und von Stadtschultheiß Egelhaaf in Gerabronn niedergeschrieben.

Ungewißheit, ob es ratsam ist, von der Ablösungsmöglichkeit Gebrauch zu machen. Bei der Revenüenausscheidung sollen steuerartige Gefälle z. T. in grundherrliche Gefälle verwandelt worden sein; diese fielen dann nicht unter das Bedengesetz, und dadurch würden die mittelbaren Untertanen gegen die unmittelbaren offenbar verkürzt. Die Gemeinden bitten daher um eine auch für den schlichten Landmann faßliche Belehrung über die Wirkungen der Revenüenausscheidung der Standes- und Grundherrschaften auf die Bestimmungen des obenerwähnten Gesetzes, vorher wollen sie sich nicht über die Ablösung erklären.

In Hohenlohe, Ansbach und den ritterschaftlichen Besitzungen dieser Gegend waren die Lagerbücher stets nur in den Händen der Rentbeamten, so daß die Pflichtigen selbst ihre Leistungen und deren richtigen Ursprung fast nie kennen. Dieser Umstand ist allerdings geeignet, Mißtrauen gegen die Grundherrschaften zu nähren, besonders weil es allgemein bekannt ist, daß die Leistungen seit 1806 nicht selten anders benannt werden als vor 1806 und daß mancher willkürlich aufgelegten Abgabe eine lagerbüchliche Bestimmung oder irgendein Grunddokument ganz mangelt.

Teils unsere Liebe zu den Standes- und Grundherrn, teils so manche Gewerbs- und andere Verhältnisse müssen uns bestimmen, Streitigkeiten mit unsern Standes- und Grundherrschaften und Anforderungen des Nachweises des Ursprungs unserer Leistung wo immer möglich zu vermeiden; der einzelne würde dabei überhaupt einen schweren Stand haben, alle Pflichtigen sind bei solchen Prozessen nicht unter einen Hut zu bringen; es gibt so viele, die lieber gegen die Ablösung stimmen als sich einem Streit der Art anschließen, weil bei den meisten gemeinen Leuten die Meinung feststeht, man könne gegen die Standes- und Grundherrschaften doch nichts richten, und wenn man gegen sie gewinne, sei der Sieg wenigstens mit unverhältnismäßig großen Kosten verknüpft. Deshalb bitten die Gemeinden, die Revenüenausscheidungen von Staats wegen durch eine Kommission aus rechtskundigen und rechnungsverständigen Männern unter Heranziehung der grundherrschaftlichen Dokumente revidieren zu lassen, um alle Zweifel über die Rechtmäßigkeit der bestehenden Leistungen zu beseitigen. Denn den Advokaten will man möglichst nicht in die Hände fallen.

Auch hinsichtlich des Gesetzes über Ablösung der Fronen zweifeln die Pflichtigen an der Richtigkeit der Revenüenausscheidung. Ferner besorgt man, daß der Wert der handlohnbaren und sterbfälligen Güter infolge der geplanten Ablösungen gesteigert wird, und deshalb können die Grundholden von dem Fronablösungsgesetz nur dann Gebrauch machen, wenn auf der einen Seite für die Ablösung ein ganz billiger Maßstab gemacht, auf der andern Seite aber dafür gesorgt würde, daß ein Gesetz, welches die Ablösung der Handlöhne und Sterbfälle zuläßt, nicht ausbleibe und daß bei den künftigen Handlohns- und Sterbfallsansätzen vom Wert des Guts diejenige Summe abgerechnet werde, welche als Ablösungskapital für steuerartige Gefälle aus dem Gute hat bezahlt werden müssen. Da die Gemeinden die Zahl der geleisteten ungemessenen Dienste nie notiert haben und daher nicht einmal sagen können, wieviel Dienste sie jährlich ungefähr geleistet haben, und im Oberamt Gerabronn noch nie Frontaxen reguliert oder Akkorde abgeschlossen wurden, haben die Grundherrschaften den Wert der Fronen außerordentlich hoch angeschlagen; für den Ablösungsfall ist eine Minderung dieser Anschläge nötig. Als Beispiel führen wir an, daß die Standesherrschaften für 1 Meß hohenloh. oder $3/4$ Meß württemberg. Brennholz herbeizuführen 2 fl Wert der Fron bestimmt haben, während dergleichen Fuhren mit 48 kr bezahlt werden, und daß für das Holzlesen in Langenburg 22 kr für die Person angesetzt werden, während nach altem Herkommen derjenige, welcher diesen Dienst nicht selbst leisten will, 4 kr an die fürstliche Kammer sendet, somit nun mehr als der 5fache Betrag gefordert werden will. Die Petenten bezweifeln die dingliche Natur mehrerer Abgaben: Die Dienstgelder müssen von den Hausbesitzern, nicht von den Häusern gezahlt werden, die Hausgenossengelder und Fronsurrogatgelder zahlen Leute, die kein Grundeigentum besitzen. Die Petenten bitten daher um eine Überprüfung der Verhältnisse und um eine gnädigste Entscheidung über die rechtliche Eigenschaft dieser Gefälle. Durch die Schrift von Zachariä über die standesherrlichen Rechte des fürstlichen Gesamthauses Hohenlohe und andere Schriften sind bei vielen Pflichtigen Zweifel darüber entstanden, ob die Sterbfälle trotz ihrer dinglichen Eigenschaft nicht doch als leibeigenschaftliche Leistung zu betrachten seien; sie werden sich erst beruhigen, wenn die Zentralkommission eine Entscheidung in dieser Sache gefällt hat.

Die Pflichtigen wünschen vor allem ein Gesetz über die Ablösung von Sterbfall und Handlohn; andernfalls befürchten sie, infolge der Ablösung von Beden und Fronen würden dem gesteigerten Gutswert entsprechend diese Laudemialabgaben anwachsen; sie können sich daher zum größten Teil noch nicht zur Ablösung der steuerartigen Gefälle und Fronen entschließen. Besonders das Gesetz über die Fronablösung will wider Erwarten keinen Eingang finden, teils weil die Leute ihrer Fronpflicht Genüge leisten können, ohne daß sie nötig hätten, ihre eigene Arbeiten zu vernachlässigen oder namhafte bare Auslagen aufzuwenden, teils weil sie sich keine Hoffnung machen, mit den Standes- und

Grundherrschaften auf billige Weise abkommen zu können, teils weil das Publikum überhaupt die Ablösung mit Handlöhnen und Sterbfall begonnen gewünscht hätte und nun, da es diesen Wunsch nicht befriedigt sieht, gegen andere Ablösungen eingenommen ist.

Auf Weisung des Innenministeriums vom 10. 4. 1837 erstattete das Oberamt unter dem 7. 5. 1837 Bericht zu der Eingabe der Pflichtigen:

Nr. 124 b   1837 Mai 7, Gerabronn

Bericht des Oberamts Gerabronn an das Innenministerium über Schwierigkeiten beim Vollzug der Ablösungsgesetze vom 27./29. 10. 1836

E 146, Bü 82, Q 89. Ausfertigung. Unterschrift: Magenau.

Nachdem die Nummer 55 des Regierungsblatts von 1836, enthaltend die Ablösungsgesetze vom 27./29. Okt. 1836 hier angekommen war, verfügte das Oberamt ohne Verzug und zwar unterm 20. Nov. 1836 die Publikation dieser Ablösungsgesetze, mußte sich aber bald überzeugen, daß nur einige wenige Ortsvorsteher imstande waren, diese Gesetze richtig aufzufassen und den Bürgerschaften und Pflichtigen diese Gesetze verständlich zu machen.

Die eingekommenen Protokolle über die Publikation dieser Gesetze waren fast ohne Ausnahme nicht zu brauchen, schriftliche Belehrungen des Oberamts ohne Zahl wurden nicht verstanden oder mißverstanden, es wurden mündliche Belehrungen der Ortsvorsteher und Pflichtigen nötig, und so kam der Februar herbei, bis das Oberamt endlich in den Besitz vollständiger und brauchbarer Publikationsprotokolle von allen Gemeinden gekommen war.

Aus den auf höhere Weisung im Jahr 1832 gesammelten Notizen und angelegten Verzeichnissen über steuerartige Gefälle, Naturalfronen, Fronsurrogate und leibeigenschaftliche Gefälle, welche die Gutsherrschaften erheben, wurden sogleich nach dem Erscheinen der Ablösungsgesetze vollständige Auszüge für jeden Gemeindebezirk gefertigt, und es wurden diese Auszüge vom 11. Dez. 1836 den Gemeinderäten zugestellt, um sie in Absicht auf Richtigkeit und Vollständigkeit zu prüfen.

Zeigte sich schon bei der Publikation dieser Gesetze, daß Vorsteher und Pflichtige nicht imstande seien, dieselben richtig aufzufassen, so stellte sich dieses in den Äußerungen der Vorsteher und Pflichtigen über das Ergebnis der Prüfung dieser Verzeichnisse nur noch mehr heraus, denn fast ohne Ausnahme ließ man sich nicht auf eine Untersuchung der Natur und Eigenschaft der Gefälle und Leistungen ein, sondern erklärte kurzweg, daß, obwohl man eine Personal- oder Lokalleibeigenschaft nicht mehr nachzuweisen vermöge, man dennoch des Dafürhaltens seie, daß alle in den vom Oberamt mitgeteilten Verzeichnissen vorkommenden steuerartigen Gefälle, Naturalfronen, Fronsurrogate etc., auf Personen oder Gütern haftend, in vormaliger Leibeigenschaft ihren Ursprung haben könnten.

Bei Gelegenheit des Rekrutierungsgeschäfts, wo alle Ortsvorsteher im Oberamtssitz anwesend waren, bei den seit dem Monat November stattgehabten Ruggerichten und Rechnungsabhören und andern Anlässen gab sich das Oberamt alle erdenkliche Mühe, den Ortsvorstehern und beziehungsweise Pflichtigen die Ablosungsgesetze mündlich zu erläutern, allein auch hiebei zeigte es sich, daß der bei weitem größte Teil der Pflichtigen es sich nicht nehmen läßt, daß nicht sie die leibeigenschaftliche Natur der Gefälle und Leistungen nachzuweisen haben, daß gegen die Vorsteher, welche nicht selten grundherrliche Lehens-Schultheißen sind, Mißtrauen von seiten der Pflichtigen herrscht und hauptsächlich, daß die Pflichtigen in der Regel ihre Leistungen der Natur und dem Namen nach nicht einmal kennen.

Die Pflichtigen haben von alters her keine Hof- oder Lehenbriefe, Ortslagerbücher existierten nie, die Lagerbücher befanden sich immer und befinden sich noch nur in den Händen der Gefällberechtigten, und alles, was die Pflichtigen besitzen, besteht in ihren sogenannten Gültbüchlen. Solche Gültbüchlen enthalten aber nichts als die Bescheinigung ihrer Zahlungen; in solchen sind Gefälle oder Leistungen nicht spezifiziert, und es sind letzteren andere Namen gegeben als die, unter welchen sie in den angelegten Verzeichnissen über steuerartige Gefälle, Naturalfronen, Fronsurrogate etc. vorkommen.

Ebengenannte Verzeichnisse enthalten aber auch die Namen der einzelnen Pflichtigen und die Leistungen der einzelnen häufig nicht, so daß die Ortsvorsteher und Pflichtigen selbst – zumal bei der oben geschilderten Beschaffenheit der Gültbüchlen – die Richtigkeit der nicht spezifizierten Verzeichnisse nicht zu prüfen vermochten.

Am 11. Februar d. J. ersuchte daher das Oberamt die sämtlichen Grundherrschaften um genau spezifizierte Verzeichnisse aller ihrer Gefälle etc. und bemerkte dabei, daß die früheren Verzeichnisse als zu summarisch nicht dienen könnten, erhielt dann auch Ende März und Mitte April bereits einen großen Teil dieser spezifizierten Verzeichnisse, die über Beden etc. nach dem Formular in der Verfügung vom 19. Dez. 1836, und gab dann am 20. März, 12. und 19. April d. J. die eingekommenen Verzeichnisse sogleich den Gemeinderäten zur Prüfung hinaus. Bis jetzt hat das Oberamt noch keines wieder zurückerhalten. [...]

Der Stadt-Schultheiß Egelhaaf in Gerabronn als Verfasser der zurückgehenden unmittelbaren Eingabe vom 3. April 1837 wurde vom Oberamt zum Bericht darüber aufgefordert, wie diese Eingabe und das Mandat der in solcher unterzeichneten Bevollmächtigten zustande gekommen sei, und es wird dessen Bericht mit Beilage hier angeschlossen[1]).

Das Oberamt glaubt, über den Inhalt der Eingabe folgende Bemerkungen machen zu dürfen:

Zu A) das Gesetz in betreff der Beden und ähnlicher älterer Abgaben betreffend:

---

[1]) Nach dem beiliegenden Bericht hatten sich Deputationen der Pflichtigen des Oberamts am 28. 3. 1837 in Blaufelden zu gemeinsamen Beratungen getroffen und dabei die Eingabe beschlossen und niedergeschrieben; sie sollte den einzelnen Gemeinden vorgelegt und wenigstens von einigen Bevollmächtigten unterzeichnet werden. Vollmachten, von Schultheiß, Gemeinderat und Bürgerdeputierten ausgestellt, liegen bei.

Wie oben bemerkt, kennen die wenigsten Pflichtigen die Natur und den Ursprung ihrer Abgaben und Leistungen an die Grundherrschaften, zum erstenmal erfahren sie solche aus den angelegten Verzeichnissen, nicht selten hat das Gefäll nach letztern einen bisher unbekannten Namen, nicht selten sind Verwandlungen mit solchen Gefällen vorgegangen, und die derzeit lebenden Pflichtigen entbehren der genauen Kenntnis der früheren Steuerverfassungen vor 1806.

Viele fürchten, bei den Grundherrschaften und ihren Dienern anzustoßen, wenn sie ein wirklich rein grundherrliches Gefäll als ein steuerartiges ansehen und anmelden würden, und doch haben sie keine Überzeugung von dem einen oder dem andern; den Vorstehern gehen alle andern Notizen als die, [welche] die Gefällberechtigten selbst geben, ab, sie können daher die Pflichtigen nicht beraten, gegen die Angaben der Grundherrschaften hat das Publikum einmal Mißtrauen, und doch wollen die Leute sich nicht in die Hände der Advokaten begeben, vielmehr ist es der allgemeine Wunsch, auf dem friedlichsten Wege mit den Grundherrschaften auszukommen.

Vorsteher und Pflichtige fürchten die unendlich große Zeitversäumnis, die ihnen dadurch zugehen müßte, daß sie alle Leistungen, über deren Natur und Ursprung sie im Zweifel sich befinden, entweder als steuerartige Abgaben oder aus der Leibeigenschaft herstammend anmelden würden, bei dem Mangel aller Dokumente fürchten sie den rechten Grund nicht zu finden, auf welchen sie eine solche Anmeldung bauen könnten, sie gestehen offen, daß es ihnen an Kenntnissen und Gewandtheit fehle, wie sie sich ausdrücken, „so etwas auszufechten", und allgemein heißt es, es wäre zu wünschen gewesen, daß sachverständige Kommissäre aufgestellt worden wären, welche vor allem aus den Originaldokumenten der Grundherrschaften den Ursprung und die Natur der Gefälle und Leistungen erhoben, über den Erfund auf unparteiische Weise die Pflichtigen belehrt und verständigt und dadurch alles Mißtrauen auf kürzestem Wege entfernt, aber auch denen Pflichtigen, die nicht gerne streiten, aktenmäßige Auskunft gegeben hätten, bei welcher sich die Pflichtigen beruhigen könnten.

Die Pflichtigen, meist schlichte Landleute, sehen jede Anmeldung eines Gefälls oder einer Leistung, die das Gesetz nicht aufhebt oder als ablösbar erklärt, zur Aufhebung oder Ablösung als einen Prozeß mit dem Grundherrn an. Es ist ein schöner Zug von ihnen, daß sie noch mit solcher Liebe an den Grundherren hängen, daß sie Prozesse mit denselben auf alle mögliche Weise zu umgehen wünschen, doch möchten sie sich gerne ihres Rechtes wehren, ohne in eigener Person auftreten zu dürfen, und daher der Wunsch, daß der Staat eigene Kommissäre aufgestellt haben möchte. Über die Revenüenausscheidung zwischen dem Staat und den Standes- und Grundherrschaften besitzt das Oberamt lediglich keine Akten, und da auch noch keine Protokolle der Gemeinderäte über die Prüfung der ihnen mitgeteilten Verzeichnisse über Boden und steuerartige Gefälle beim Oberamt eingekommen sind, so vermag das Oberamt auch nicht anzugeben, bei welcher Art von Gefällen die Pflichtigen im Ungewissen sich befinden.

Im diesseitigen Oberamtsbezirk ist fast aller Grund und Boden dem Kameralamt, den Standes- und Grundherrschaften handlohn- und sterbfallpflichtig. Die Pflichtigen bedauern unendlich, daß ein Gesetz, welches die Ablösung der Handlohn- und Sterbfallpflichtigkeit bei den Standes- und Grundherrschaften für tunlich erklärt, nicht vor oder zugleich mit dem Gesetz in betreff der Ablosung steuerartiger Gefälle und Fronen erschienen sei, weil sie berechnen können, daß die Ablösung dieser letztern den Wert der handlohnbaren Güter und somit auch die Handlohnsabgabe und den Sterbfall erhöhen würde. Deshalb tragen die Leute Bedenken, in die Ablosung der steuerartigen Gefälle und der Fronen einzugehen, und es scheint fast, als ob in diesseitiger Gegend nur wenige Ablosungen zustande kommen dürften.

Zu B) das Gesetz in betreff der Fronen anlangend.

Das eben Gesagte gilt auch hieher. Wie oben angeführt ist, so hat man sich veranlaßt sehen müssen, am 11. Febr. d. J. die Standes- und Grundherrschaften um näher spezifizierte Verzeichnisse über Fronen und Fronsurrogate anzugehen, man hat aber erst nach dem 3. April [...] von den Grundherrschaften von Crailsheim, von Horlacher, von Seckendorf solche Verzeichnisse erhalten, von allen übrigen Grundherrschaften aber, namentlich den fürstlichen Standesherrschaften, stehen sie noch aus. [...]

Leider ist es richtig, daß in den Gemeinden lediglich keine Notizen über die seither geleisteten ungemessenen Fronen sich befinden, daß Frontaxen noch nie bestanden haben und daß es auch schwer werden wird, andere sichere Anhaltspunkte für Berechnung des Werts der Fronen in einem Maße, welches den Pflichtigen die Ablosung möglich oder tunlich macht, zu finden. [...]

Zu C) des Gesetzes (!) in betreff der leibeigenschaftlichen Leistungen.

Obwohl außer der Gemeinde Niederstetten sämtliche Gemeinden zugeben mußten, daß man keine Leibeigenschaft nachzuweisen wisse, obwohl weder Pflichtige noch Berechtigte eine leibeigenschaftliche Leistung oder Forderung angemeldet haben und obwohl sich das Oberamt schon alle Mühe gegeben hat, den Ortsvorstehern und Gemeinderäten begreiflich zu machen, daß das Oberamt seither keine Leistungen habe finden können, bei welchen für die Leibeigenschaft vermutet werden könnte, so ist es doch vorzüglich die Schrift von Dr. Zachariae, Über die Souveränitätsrechte der Krone Württemberg in ihrem Verhältnis zu den standesherrlichen Eigentumsrechten des fürstlichen Gesamthauses Hohenlohe, Heidelberg 1836[2]), und deren Inhalt S. 22 und folgende, welche im Publikum viel gelesen, diesem Zweifel darüber übrig läßt, ob nicht namentlich unter den Fronen, Dienst- und Hausgenossengeldern sich nicht noch solche befinden dürften, welche vor gänzlich erloschener Leibeigenschaft als eine leibeigenschaftliche Abgabe entstanden sein möchten, und welchen Zweifel sich Vorsteher und Bürger bei dem Mangel an allen Dokumenten nicht lösen können.

Zu D) daß da, wo der Staat Grundherr ist, Handlöhne und Sterbfälle seit 1817 ablösbar sind, und zwar mit einer allgemein als höchst billig anerkannten Ablosungssumme, dies machte die mittelbaren Untertanen seither um so eifersüchtiger, als gerade die Hohenloh'schen Orte zu den vermöglicheren der Gegend gehören.

---

[2]) Die Schrift war von den Hohenloher Fürsten selbst in Auftrag gegeben worden, um die öffentliche Meinung noch vor dem Landtag von 1836 zugunsten der Standesherren zu beeinflussen; K II 312. In dem hier erwähnten Abschnitt der Broschüre betonte Zachariä gerade die geringe Bedeutung der Leibeigenschaft in Hohenlohe.

Seit 1831 hauptsächlich, wo wegen der Befreiung des Grund und Bodens durch Ablosung der verschiedenartigen Beschwerden viel gesprochen, geschrieben und verhandelt wurde, glaubten die standesherrlichen Grundholden nicht anders, als der nächste Landtag werde ihnen die Möglichkeit, ihre Lehen zu allodifizieren und Bestehhandlohn und Sterbfall abzulösen, bringen; die einen ordneten ihre ökonomischen Verhältnisse schon darauf hin, die andern sahen sich um die Mittel zu Bestreitung der Allodifikationssummen um, wieder andere verzögerten die Gutsübergabe an Kinder deshalb, und fast alle standen in gespannter Erwartung, Bestehhandlöhne und Sterbfälle als eine Abgabe ablösen zu können, welche sie für die drückendste halten, da sie gewöhnlich auf ein trauriges Familienereignis folgt.

Nachdem nun diese ihre Erwartung nicht in Erfüllung gegangen ist, nehmen sie die Ablosungsgesetze vom 27./29. Oktober 1836 nicht mit der denselben gewiß gebührenden Freude auf, und da diese Ablosungsgesetze Summen erfordern, durch diese aber die Abgaben an Handlohn und Sterbfall bei künftigen Veränderungen gesteigert werden, so läßt sich fast voraussehen, daß in nächster Zeit nur recht vermögliche Leute ältere Abgaben, Naturalfronen und Fronsurrogate ablösen werden[3]).

---

[3]) Nach einem Notenwechsel zwischen den Ministerien des Innern, der Finanzen und der Justiz über die Gerabronner Eingabe erstatteten Innen- und Finanzministerium am 19. 9. 1837 Bericht an den König; der Geheime Rat gab dazu sein Gutachten unter dem 1. 2. 1838 ab (Akten E 146, Bü 82, Q 90 ff; E 33/34, G 383, Q 49 ff). Die genannten Stellen waren einhellig der Ansicht, daß die Bitten wegen Überprüfung der Revenüenausscheidung und wegen einer Erklärung der Zentralkommission über mögliche leibeigenschaftliche Leistungen teils unstatthaft, teils durch die Bestimmungen der Gesetze selbst erledigt und daher abzulehnen seien. Ebenso einhellig stimmten sie aber darin überein, daß eine Steigerung der Laudemien infolge der Boden- und Fronablösung der Absicht des Gesetzgebers widerspräche und daß deshalb die abgelösten Lasten auch künftig von dem taxierten Gutswert abgezogen werden müßten. Das Justizministerium wünschte diese Lücke in der Ablösungsgesetzgebung zu schließen, da es bei gerichtlichen Auseinandersetzungen eine für die Pflichtigen ungünstige Entscheidung besorgte, und empfahl daher die Vorlage eines Gesetzesentwurfs über die Ablösung der Laudemien oder wenigstens einen entsprechenden Nachtrag zu den Ablösungsgesetzen von 1836. Da der König bereits 1836 ein geplantes Gesetz über die Eigenmachung der von Privaten abhängigen Fallehen und die Ablösung verschiedener ständiger und unständiger Abgaben bis auf die schiedsrichterliche Entscheidung des Bundestages über das Edikt II vom 18. 11. 1817 ausgesetzt hatte, kam nur der zweite Weg in Betracht. Ihm stimmte das Innenministerium zu, während das Finanzministerium wegen der beschränkten Bedeutung der Frage eine gesetzliche Maßregel vorerst nicht für erforderlich und — mit Rücksicht auf die Erste Kammer — nicht für rätlich hielt, sondern abwarten sollte, ob die strittige Frage die Ablösungen wirklich hemmen würde. Im Geheimen Rat obsiegte die Meinung des Finanzministeriums mit einer Stimme Mehrheit: Von den Standesherren sei zumindest ein Vorbehalt gegen die Anwendung eines entsprechenden Gesetzes bei ihren Besitzungen zu erwarten; lehnten sie den Gesetzentwurf aber ab, so würde sich die Lage der Pflichtigen bei gerichtlichen Auseinandersetzungen nur verschlechtern. Der König stimmte am 7. 3. 1838 dem Majoritätsgutachten des Geheimen Rates zu.

Nr. 125   1837 Juli 7, Neuenbürg

Bericht des Oberamts Neuenbürg an die Regierung des Schwarzwaldkreises über den Vollzug des Bedengesetzes vom 27. 10. 1836

E 184, Bü 3, Fasz. 4, Q 129. Ausfertigung. Unterschrift: Schöpfer.

[...] Die Durchführung des Gesetzes ist äußerst mühselig nicht nur wegen der Schwierigkeit, die Leute von der Natur der hieher gehörigen Abgaben richtig zu unterweisen, weil dabei ganz ungewohnte Begriffe zum Vorschein kommen, sondern auch wegen der eigentümlichen widerstreitenden Verhältnisse, in denen gegenwärtig der Schwarzwald lebt. Beispiele von Ablösungen werden daher erst nach und nach ein richtiges Verständnis in die Sache bringen. Die eigentümlichen Verhältnisse aber, welche der Ablösung entgegenstehen, sind neben der weithin verbreiteten Armut die Neuerungen in der Holzwirtschaft und die Beschränkungen in Weide und Sträue durch die Forstbehörden, die allein schon den ganzen gesellschaftlichen Zustand des Schwarzwaldes erschüttern, der (!) große Besitztum des Staates und seine Freiheit von allen Gemeinde- und Körperschaftslasten, die sehr bedeutend sind, namentlich auch um der Straßen willen, ein drei- bis vierjähriger Mißwachs und der Vollzug des für ärmere Gemeinden äußerst lästigen neuen Schulgesetzes[1]).

Gleichwohl vermochte ich diese Schwierigkeiten zu besiegen und bereits den Beschluß zur Ablösung der Beden etc. herbeizuführen bei *25 namentlich angeführten Gemeinden*.

Hingegen bei *13 namentlich angeführten Gemeinden* konnte ich ungeachtet der augenscheinlichen großen Vorteile der Ablösung und z. T. ungeachtet der eindringlichsten Vorstellungen von meiner Seite die Ablösung bis jetzt nicht herbeiführen. Ich hoffe aber, späterhin und nach und nach namentlich auch alsdann dennoch zum beabsichtigten Zweck zu gelangen, wenn es etwa der Königlichen Kreisregierung belieben sollte, die Gemeinden selbst [...] zur Ablösung aufzufordern, was wahrscheinlich die beabsichtigte Wirkung nicht versagen wird. [...]

Nr. 126   1838 Januar 11, Ulm

Bericht von Oberamtsverweser Löchner an die Regierung des Donaukreises über die Ablösung der Beden und Fronen in den Besitzungen des Grafen von Maldeghem in Niederstotzingen, Oberstotzingen und Stetten

E 146, Bü 15, Q 201 Beilage. Ausfertigung.

[...] In Gemäßheit der Gesetze über Ablösung der Beden, Fronen und Leibeigenschaften wurden nach allgemeiner Vorschrift gleich den andern Or-

---

[1]) Das Gesetz betr. die Volksschulen vom 29. 9. 1836 (RegBl 1836, S. 491 ff) erhöhte durch seine Anforderungen den finanziellen Aufwand der Gemeinden, da Herkommen und andere Rechtstitel zu Lasten Dritter durch das Gesetz „keine Ausdehnung erhalten" sollten (Art. 18; ebd., S. 497).

ten des Bezirks auch die der gräflich von Maldeghemschen Gutsherrschaft pflichtigen Gemeinden Niederstozingen, Oberstozingen und Stetten zur Erklärung über ihre Bereitwilligkeit der Ablosung aufgefordert.

Obwohl diese Erklärungen damals verneinend ausfielen, so haben doch später diese Gemeinden in Übereinstimmung mit der Gutsherrschaft [...] gegen das Oberamt den Wunsch schriftlich ausgedrückt, daß der Oberbeamte im Orte persönliche Verhandlungen diesfalls pflegen und eine Beschlußnahme herbeiführen möge.

Diesem Wunsche hat der Oberamtmann, Regierungsrat Haas, entsprochen, er hat vor allen Dingen mit dem versammelten Gemeinderats- und Bürgerausschußkollegium den Inhalt, die Wichtigkeit und die Folge der Ablösungsgesetze an Ort und Stelle besprochen, und da es sich jedesmal ergab, daß viele Stimmen in der Gemeinde für die Ablösung sich aussprachen, so hat er hierauf für zweckmäßig erachtet, die ganze Gemeinde in Pleno versammeln zu lassen.

In dieser Versammlung erklärte der Oberbeamte jedesmal abermals den Inhalt der Ablösungsgesetze vollständig und ausführlich, suchte Mißtrauen und Zweifel gegen die Wohltaten des Gesetzes zu beseitigen, machte besonders die pekuniären Vorteile für die Pflichtigen deutlich, forderte die einzelnen, welche besondere Anstände hätten, auf, sich hierüber behufs der Belehrung offen auszusprechen, und suchte überhaupt dem Gesetze denjenigen Eingang zu verschaffen, der ihm nach den wohlwollenden Absichten der Regierung gebührt.

Dies erforderte allerdings eine mehrstündige Besprechung, und erst hierauf wurde der vorgeschriebene Durchgang mit den Pflichtigen gehalten, und sofort hatte dies dann den Erfolg, daß von seiten der betreffenden Gemeinde der Beschluß gefaßt wurde, den Ablosungen der in der Gemeinde vorhandenen steuerartigen Gefälle und Fronen nach den Bestimmungen des Gesetzes stattzugeben.

Auf den Grund dieser Erklärungen konnte dann erst zur weitern Verhandlung, nämlich zur förmlichen Anmeldung der bestehenden gutsherrschaftlichen Abgaben und Leistungen, welche unter das Ablösungsgesetz fallen, zur Vernehmung und Erklärung der Pflichtigen darüber und zur Wertermittlung geschritten werden. Hiernach erfolgte die Berechnung des Ablösungskapitals für die Gutsherrschaft, die Ausscheidung des Ablösungskapitals zwischen den Pflichtigen und der Staatskasse, und auf diese Weise kam das Ablösungsgeschäft [...] wirklich zustande.

Die Ablösungssumme, die nach den einzelnen Orten näher spezifiziert wird, beträgt in den drei Orten zusammen 34 427 fl 48 kr. Davon entfallen auf die Pflichtigen 22 875 fl 31 kr, auf die Staatskasse 11 552 fl 17 kr.

Bisher hatten die Pflichtigen zu Niederstotzingen zu leisten

Beden	*28 fl 15 kr*
Frongelder über 3 fl	*638 fl 21 kr*
Frongelder unter 3 fl	*91 fl 55 kr*
Naturalfronen	*130 fl 50 kr*
	889 fl 21 kr.

Jetzt trifft die Pflichtigen eine Ablösungssumme von 14 229 fl 42 kr; diese wird zu 3½ % verzinst, so daß die Pflichtigen jährlich nur noch 498 fl zahlen müssen.

Nr. 127 1838 Februar 13, Saulgau

Bericht des Oberamts Saulgau an die Regierung des Donaukreises über den Fortgang der Fronablösungen

E 184, Bu 5, Fasz. 24, Q 105. Ausfertigung. Unterschrift: Schüllermann.

Im unmittelbaren Bezirk des Oberamts haben sich 9 Gemeinden für die vollständige Ablösung der Fronen entschieden, Eichstegen nur für die Ablösung der dinglichen Fronen; in Saulgau entschlossen sich nur einzelne Besitzer zur Fronablösung. Gegen jede Fronablösung erklärten sich Allmannsweiler, Bierstetten, Boms, Bondorf, Hochberg. Die [...] bemerkten Gemeinden konnten ungeachtet der erlassenen Belehrungen, daß sie bei Versäumung der dreijährigen Ablösungsfrist der bedeutenden Vorteile verlustig werden, welche ihnen jetzt die teilweise Vertretung der Staatskasse darbietet, nicht zu einem andern Entschluß bewogen werden.

Die Gründe, welche sie in ihrem Entschlusse bestärken, sind hauptsächlich, daß in Beziehung auf die persönlichen Fronen, welche nur in Jagddiensten bestehen, die Naturalleistung um so weniger drückend sei, als sie jährlich nur in ein paar Tagen und zu einer Jahreszeit vorkomme, wo niemand durch seine Geschäfte verhindert sei, auch daß die Leistung in der Regel nur von Knaben in einem Alter von 12–15 Jahren versehen werde, welche sich durch die verhältnismäßig nicht unbedeutende Gegenleistung für ihre Dienste hinlänglich belohnt finden; überdies liege sie schon darum im Nutzen der Gutsbesitzer, daß dadurch die Ausrottung des Wildes und somit auch die Sicherstellung des Feldertrags vor Wildschaden bezweckt werde.

Was dagegen die dinglichen Fronen betreffe, so würde auch selbst bei der teilweisen Entschädigungsübernahme durch die Staatskasse dem einzelnen Pflichtigen immerhin noch eine solch große Summe übrig bleiben, deren zielerweise Abtragung ihm unerschwinglich erscheine, und wenn er sie auf einmal abführen wolle, ihn zu der Aufnahme eines Kapitals nötigen würde, wofür er bei dem beschränkenden Lehensysteme nicht einmal Unterpfänder zu bestellen wüßte.

Ganz besonders trete dieser Fall bei den Naturalfronen ein, wo der Pflichtige entweder in eigener Person oder mit eigenem Zugvieh, ohne deshalb in seinen Geschäften gehemmt zu werden und ohne weiteren Aufwand seine Schuldigkeit selbst abverdienen könne.

Diese Gründe dürften um so mehr als entscheidend auf die Frage über Fronablösung einwirken, je mehr sie sich auf die eigentümlichen ökonomischen Verhältnisse der Pflichtigen stützen, weil denselben wohl am besten darüber eine Beurteilung zuzutrauen sein dürfte, was in Erwägung ihrer mit den Einwohnern anderer Gemeinden vielleicht ganz verschiedenen Lage für sie von Vorteil sei oder nicht.

In den standesherrlichen Gebieten haben sich Friedberg, Günzkofen, Herbertingen, Völlkofen, Wolfartsweiler mit den gleichen Gründen gegen jede Fronablösung erklärt. Von insgesamt 45 Gemeinden sind also 2 für nur teilweise Ablösung, 10 gegen jede Ablösung der Fronen.

Nr. 128   1838 Mai 15, Saulgau

Bericht des Oberamts Saulgau an die Regierung des Donaukreises über den Vollzug des Bedengesetzes vom 27. 10. 1836

E 184, Bu 5, Fasz. 25, Q 140. Ausfertigung. Unterschrift: Schüllermann.

Es erweist sich als wesentliches Hindernis, daß der bedeutendste Gefällberechtigte des Bezirks, Fürst von Thurn und Taxis, seine Zustimmung zu den Ablösungsgesetzen noch nicht ausgesprochen hat. Doch leitete das Oberamt wenigstens bei den Abgaben, über welche die Berechtigten ihre Fassionen eingereicht haben, die Anerkenntnis durch die Pflichtigen ein und suchte „durch sachgemäße Belehrung" die noch zögernden Pflichtigen für die Ablösung zu gewinnen.
Von 64 Posten ist die Verhandlung über 50 Posten im Gang. Die zwei nur teilweise und die zwölf gar nicht angemeldeten Posten bestehen hauptsächlich in Abgaben, welche entweder
   a) wie Baukanon, Baukonzessionszinse etc. auf Gebäuden ruhen und nur im höhern, 16fachen Betrage von den Pflichtigen abgelöst werden können oder
   b) die wie Schirm- und Vogtgelder auf einzelne Personen gelegt werden und mit ihrem Tode oder mit der Erreichung eines gewissen Alters aufhören.
Was die erstern betrifft, so fällt es den einzelnen Pflichtigen leichter, eine jährliche geringe Abgabe zu reichen als eine Kapitalsumme auf einmal abzuführen — denn eine zielerweise Abtragung kann nicht Platz greifen, weil das Ablösungskapital bei diesen Posten in der Regel unter 40 fl beträgt[1]) —; und die Schirmgelder etc. abzulösen finden sich die Pflichtigen um so weniger bereitwillig, als die Abgabe von ihnen mit dem Tode oder mit Erreichung eines gewissen Alters ohnehin wegfällt und auf ganz andere, mit ihnen in keinem Verhältnisse stehenden Personen übergeht und also die Ablösung nicht den gegenwärtigen Pflichtigen, welche doch das Ablösungskapital zu bestreiten hätten, zugut kommen würde.
Solange daher nicht in beiderlei Beziehungen die betreffenden Gemeindekassen ins Mittel treten, wird wohl eine Ablösung nicht zustande kommen können. Die Gemeindekassen dürften sich hiezu auch um so mehr aufgefordert finden, als durch die Ablösung ein Vorteil nicht nur den gegenwärtigen Pflichtigen, sondern hauptsächlich allen Einwohnern dadurch zugeht, daß nach erfolgter Ablösung niemanden eine solche Last mehr aufgelegt werden darf und also die Ablösung im Interesse aller Einwohner geschieht.
Das Oberamt wird sich Mühe geben, bei den Gemeindevorstehern den Entschluß zu einer solchen Vermittlung ins Leben zu rufen, wobei den Gemeindepflegen zu ihrer Schadloshaltung der Einzug des Gefälls insolange sowohl von den bisherigen als den künftigen Pflichtigen gestattet werden könnte, bis das von der Gemeinde bestrittene Ablösungskapital samt Zinsen getilgt sein wird.

---

[1]) Laut Art. 13 des Bedengesetzes konnten Zieler nicht unter 40 fl betragen.

Nr. 129 1838 Juni 4, Blaubeuren

Bericht des Oberamts Blaubeuren an die Regierung des Donaukreises über den Fortgang der Ablösungen von Beden und Fronen

E 184, Bu 5, Fasz. 25, Q 156. Ausfertigung. Unterschrift: Amtsverweser Prümmer.

I. *Beden:* Die Pflichtigen haben manche Abgaben angemeldet, deren rechtliche Natur die Aufnahme in die Verzeichnisse bis jetzt zweifelhaft macht und deren weitere Erörterung den Abschluß derselben und ihre Vorlegung bisher verzögert hat. [...]
II. *Fronen.*

Die als ablösbar erkannten Fronen betragen	1 368 fl 14 kr.
Hiervon sind bereits abgelöst	142 fl 55 kr
und noch zur Ablösung angemeldet	689 fl 13 kr
zusammen	832 fl 8 kr.
Zur Ablösung noch nicht angemeldet sind	536 fl 6 kr.

Man sollte glauben, daß die Gesamtheit aller Pflichtigen von den Vorteilen, welche die Ablösungsgesetze gewähren, begierigen und raschen Gebrauch machen würden, und es ist daher auffallend, daß noch eine verhältnismäßig so bedeutende Summe nicht zur Ablösung angemeldet erscheint. Der Grund hievon liegt zwar bei einzelnen Gemeinden, z. B. Klingenstein, in äußerster Armut und in der Unvermögenheit der Pflichtigen, die Zieler des Ablösungskapitals beizuschaffen in dem Verhältnisse, wie das Gesetz es vorschreibt. Diesen Leuten, die ohnehin mit noch vielen andern Beschwerden von seiten der Grundherrschaft belastet sind[1]), wären aber die wohltätigen Folgen der Ablösung vor allen zu gönnen und dürfte daher bei hohem Ministerium des Innern vielleicht der Antrag motiviert werden, daß im Wege höchster Verordnung statt zehnjähriger Zieler in solchen Fällen die Finanzverwaltung 20-, ja 30jährige Zieler feststellen darf. Übrigens aber stockt die Ablösung oft auch durch das Vorurteil der Pflichtigen, die, den Geist der Zeit und Staatsverwaltung auf keine Weise erkennend, glauben, daß später wieder Fronen eingeführt oder andere Lasten auferlegt werden könnten. Es wird übrigens das K. Oberamt sich alle Mühe geben, derlei Vorurteile bei jeder Gelegenheit zu zerstören zu suchen, was zuverlässig nicht ohne guten Erfolg bleiben wird. [...]

Nr. 130 1838 November 15, Tettnang

Bericht des Oberamts Tettnang an die Regierung des Donaukreises über den Vollzug des Bedengesetzes vom 27. 10. 1836

E 184, Bu 5, Fasz. 27, Q 230. Ausfertigung. Unterschrift: Walther.

Das Oberamt macht folgende allgemeine Bemerkungen:
Die geringe Geneigtheit zu Ablösung der in Frage stehenden Abgaben, welche im diesseitigen Bezirke bemerklich ist, erklärt sich zum großen Teile,

---

[1]) Grundherrschaft v. Bernhausen.

wie solches von mehreren Gemeinderäten ausdrücklich bemerkt ist, dadurch, daß die Abgaben für den einzelnen in der Regel wenig betragen und daß er neben diesen noch weitere Abgaben als: Lehengefälle, Zehnten usw. zu entrichten hat, welche stets beträchtlicher sind; jeder meint daher, durch Ablösung der geringen und darum, weil die Abgabe zugleich mit andern entrichtet wird, wenig lästigen Schuldigkeit nichts oder nicht viel zu gewinnen.

Außerdem sollen auch hin und wieder Äußerungen des Mißtrauens, als ob nach Entfernung einer der in Frage stehenden Abgaben Gefahr vorhanden wäre, dafür andere Auflagen zu erhalten, gehört worden sein, jedoch dürfte dies nicht als wirkliche Stimmung des Pflichtigen anzusehen sein, sondern vielmehr als ein Mittel, dessen sich diejenigen bedienen, welche sich zur Aufgabe machen, dem ausgesprochenen Wunsche der Behörden entgegenzuwirken. Nur finden solche Bemerkungen eben zu leicht Eingang, und es konnte daher nicht unbemerkt gelassen werden.

Inzwischen haben sich doch an vielen Orten die Pflichtigen ausdrücklich nur eine Bedenkzeit vorbehalten, um sich noch für die Ablösung zu erklären [...]. Sie haben sich selbst den Termin, Jacobi [25. Juli] 1839, gesetzt, bis auf welchen sie ihre nochmalige Erklärung abgeben wollen.

Die unterzeichnete Stelle hat nicht versäumt, die Ortsvorsteher mehrmals anzuweisen, die Pflichtigen über die Vorteile aufzuklären und sie namentlich auf den Termin aufmerksam zu machen, und sie wird auch nicht verfehlen, jede Gelegenheit zu benützen, auf die Pflichtigen unmittelbar einzuwirken.

Einzelbemerkungen zum Ablösungsstand.

Nr. 131   **1838 Dezember 7, Ellwangen**
Bericht der Regierung des Jagstkreises an das Innenministerium über den Fortgang der Fronablösungen

E 146, Bü 15, Q 218. Ausfertigung. Unterschrift: Mosthaf. Referent: Kanzleiassistent Fleischhauer.

Der Fortgang in Vollziehung des Gesetzes vom 28. Oktober 1836 in betreff der Ablösung der Fronen stellt sich in den einzelnen Amtsbezirken außerordentlich verschieden dar. Es ist unstreitig, daß die Art, wie die aus dem Gesetze fließenden Vorteile von den Beamten den Pflichtigen vorgestellt werden, auf deren Entschluß, von der Ablösungsbefugnis Gebrauch zu machen, den größten Einfluß hat. Dagegen ist aber auch nicht zu verkennen, daß in einzelnen Bezirken, namentlich wo die Wohlhabenheit unter den Bewohnern seltener ist, die Pflichtigen in keiner Weise zur Ablösung zu bewegen sind und die Leistung der beschwerlichsten Dienste geringer anschlagen als die Aufbringung der Ablösungsschillinge. Allgemein ist nur die Abneigung gegen die Ablösung der Jagdfronen, weil diese den Pflichtigen die am wenigsten lästigen sind und überall die Ansicht besteht, daß die Leistung dieser Dienste der Verminderung des Wildstandes wegen im Interesse der Pflichtigen liege.

Ablösungsstand in den einzelnen Bezirken:

1. Oberamt Aalen:

In der Mehrzahl der Gemeinden des Bezirks sind die Pflichtigen immer noch nicht zur Ablösung geneigt. Das Oberamt bemerkt, daß es ihm, da die Pflichtigen zur Angabe eines Grundes ihrer Abneigung gegen die Ablösung nicht gezwungen werden können, auch nicht möglich gewesen sei, den wahren Grund dieser auffallenden Erscheinung zu erfahren.

Wir haben nun das Oberamt beauftragt, nach den Hindernissen, welche der Ablösung entgegenstehen, ernstlich zu forschen und auf deren Beseitigung nach Möglichkeit hinzuwirken, insbesondere aber da, wo den Pflichtigen die Aufbringung der Ablösungsschillinge schwerfalle, die Gemeinde zu einer Vertretung der Pflichtigen zu veranlassen. [...]

2. Oberamt Crailsheim:

Nur eine Gemeinde hat bisher ihre Fronen zur Ablösung angemeldet. Wir haben zwar das Oberamt ausführlich instruiert, wie es die Pflichtigen über die ihnen durch das Gesetz angebotenen Wohltaten belehren soll [...], allein all dies hat gar keinen Erfolg gehabt. Nach der Äußerung des Oberamts wollen die Pflichtigen zunächst den Erfolg der Fronablösung in dem benachbarten Oberamtsbezirke Gerabronn abwarten, wo viele Fronpflichten, welche denen im Oberamt Crailsheim vorkommenden und von diesem Oberamt schon zum voraus für dinglich erklärten ganz ähnlich seien, als persönlich angemeldet wurden. [...]

Wir haben dem Oberamt schon wiederholt die Weisung erteilt, den Pflichtigen begreiflich zu machen, daß sie ihre Fronschuldigkeiten unter der Bedingung, daß solche als persönlich werden anerkannt werden, anmelden und, wenn die Bedingung nicht in Erfüllung gehe, von der Anmeldung wieder zurücktreten können. [...]

3. Oberamt Ellwangen:

Die dem Oberamt und den Gemeinderäten obgelegenen Vorbereitungsarbeiten sind nun [...] vollendet, die Pflichtigen haben sich aber zum größeren Teil gegen die Ablösung ausgesprochen. Als Ursachen dafür sind bezeichnet:

a) die Schwierigkeit der Aufbringung des Ablösungskapitals,

b) die Meinung, daß nach der Ablösung eine höhere Besteuerung eintreten würde,

c) die Ansicht, daß Jagddienste, auch wenn sie abgelöst würden, doch geleistet werden müßten, damit der Wildstand nicht zu groß würde, und

d) die hohen Ansätze, welche von den Berechtigten für Naturalfronen, namentlich für Fuhrdienste gemacht werden.

Wir haben dem Oberamt ausführliche Anweisung erteilt, wie es diesen der Ablösung im Wege liegenden Hindernissen entgegenzuwirken habe.

Beinahe in allen Gemeinden des Oberamtsbezirks kommen noch ungemessene Fronen vor, wegen deren Verwandlung in gemessene noch nichts geschehen ist, daher wir das Oberamt dringend aufgefordert haben, ohne Verzug die hiezu erforderlichen Einleitungen zu treffen. *Erst ein Drittel der Fronen ist zur Ablösung angemeldet.*

4. Oberamt Gaildorf:

Der Oberamtmann ist ohne außerordentliche Hilfe nicht in der Lage, die umfangreichen und schwierigen Ablösungsgeschäfte neben seinen laufenden Aufgaben durchzuführen, da der Umfang der in diesem Bezirk bestehenden Fronen ziemlich bedeutend, die Behandlung der Ablösung aber wegen der verwickelten grundherrlichen Verhältnisse schwieriger als in irgendeinem andern Bezirke sei [...].

Auch glauben wir nicht unbemerkt lassen zu dürfen, daß bei dem kleinen Teil, welcher von der zur Anmeldung der Ablösung bestimmten dreijährigen Frist noch übrig ist, die bei der Verwicklung der Verhältnisse allerdings mühseligen Vorarbeiten bald begonnen werden müssen, wenn die Pflichtigen nicht in Gefahr kommen sollen, von den Wohltaten des Gesetzes keinen Gebrauch mehr machen zu können.

5. Oberamt Gerabronn:
Das Fronablösungsgeschäft ist relativ weit fortgeschritten.
6. Oberamt Gmünd:
Die Ablösungslust ist bei den Pflichtigen noch nicht erwacht. Obgleich die in diesem Bezirk vorkommenden Fronen nicht von bedeutendem Umfang sind, so ist doch nicht mehr als etwa der zehente Teil zur Ablösung angemeldet worden. [...]
Als Gründe für die geringen Erfolge führt das Oberamt an:
a) die Größe des Ablösungsschillings für die meistens in dinglicher Eigenschaft vorkommenden Fronen,
b) die unter den Pflichtigen verbreitete Meinung, daß infolge der Ablösung die Steuern erhöht werden würden, und
c) die erst vor zwei Jahren stattgehabte Auflösung der Alt-Gmündischen Schuldenzahlungskasse, in deren Folge viele neue Schulden auf die Gemeinden und von letzteren auf die einzelnen Bürger überwiesen worden seien, woran diese noch längere Zeit zu zahlen haben.

Dabei führt das Oberamt weiter an, daß viele reiche Hofbauern wohl in der Lage wären, ablösen zu können, aus bloßem Eigensinn aber von den Wohltaten des Gesetzes keinen Gebrauch machen wollen.

Da die Abstimmungen und Aufforderungen der Pflichtigen zur Ablösung schon öfters und erst kürzlich erfolglos wiederholt wurden, so können wir vorerst nichts weiter tun, als das Oberamt anweisen, die Pflichtigen bei jeder schicklichen Gelegenheit, namentlich bei der Anwesenheit des Beamten in den Amtsorten über ihre unrichtigen Ansichten aufzuklären und in dieser Weise auf eine Änderung ihres Entschlusses hinzuwirken.
7. Oberamt Hall:
Zur Ablösung der Jagdfronen haben sich die Pflichtigen [...] noch nicht verstanden, hingegen sind die übrigen zur Zeit der Erstattung des letzten Berichtes noch nicht angemeldet gewesenen Fronen nun fast durchaus angemeldet. [...]
8. Oberamt Heidenheim:
Zu den schon länger unter oberamtlicher Leitung in Verhandlung stehenden Fronen sind in neuerer Zeit noch einige weitere Fälle angemeldet worden, und es beläuft sich nun die Zahl der vom Oberamt zu leitenden Ablösungsprozesse auf 42.

In Beziehung auf die übrigen Fronen, welche großenteils in Jagddiensten

bestehen, konnte eine Anmeldung zur Ablösung auch durch eindringliche Belehrungen von Seite des Oberamts und wiederholte Abstimmungen der Pflichtigen nicht zustande gebracht werden. [...]
9. Oberamt Künzelsau:

Seit der letzten Berichterstattung ist vollends der größere Teil der noch nicht angemeldet gewesenen Fronen zur Ablösung angemeldet worden. Die gegenwärtig noch nicht angemeldeten Fronen sind im ganzen höchst unbedeutend und bestehen meistens in Jagddiensten, deren Leistung von den Pflichtigen nicht hoch angeschlagen wird.

In Beziehung auf die große Zahl der angemeldeten Fronfälle hat das Oberamt in den letzten sechs Monaten eine ausgezeichnete Tätigkeit entwickelt.

Nur bei zwölf Fällen stehen die Nachweise der Berechtigten noch aus, und es mußten, da die zu deren Lieferung erteilten Termine abgelaufen sind, die Fronen außer Wirkung gesetzt werden.

Auf weiteren Erklärungen der Berechtigten und Pflichtigen beruhen sechs Fälle.

Bei allen übrigen Ablösungsfällen sind die Erklärungen der Berechtigten und Pflichtigen vollständig eingekommen, und es hat das Oberamt bei den meisten Fällen eine gütliche Vereinigung beider Teile herbeigeführt und sofort die Akten der Finanzbehörde zur Prüfung übergeben. Diese Prüfung ist bei einer nicht unbedeutenden Zahl bereits erfolgt, und es hat hierauf das Oberamt die erforderlichen weiteren Verhandlungen eingeleitet, in deren Folge die Verurkundung in einer Gemeinde bereits zustande gekommen ist, in sechs weiteren aber, welche zu den am schwersten belasteten gehören, gegenwärtig besorgt wird. [...]
10. Oberamt Mergentheim:

Mit Ausnahme einiger Jagddienste, deren unentgeltliche Aufhebung durch die Königliche Finanzverwaltung aus besonderen Gründen erwartet wird, ist in diesem Bezirke alles zur Ablösung angemeldet, und es sind die Verhandlungen in erfreulicher Weise vorangeschritten. [...]
11. Oberamt Neresheim:

[...] Ein großer Teil der vorhandenen Fronen wird von den Pflichtigen bestritten und deswegen nicht angemeldet. Von den angemeldeten Fronen können diejenigen, welche die Standesherrschaften Öttingen Wallerstein und Spielberg zu fordern haben, nicht abgelöst werden, weil diese Berechtigten das Gesetz auf ihre Besitzungen noch nicht anwenden lassen und von ihren Beamten keine weitere Auskunft zu erlangen ist, als daß ihre Herrschaften noch keine Entschließung gefaßt haben.

In Beziehung auf die übrigen angemeldeten Fronen, welche vornehmlich der Spital in Nördlingen und die Staatsfinanzverwaltung zu fordern haben, sind zwar Aufforderungen an die Berechtigten zur Vorlegung der Nachweise erlassen worden, die Nachweise wurden aber teils gar nicht, teils mangelhaft geliefert, weswegen das Oberamt noch weiter instruiert hat, ohne jedoch, wie sich gebührt hätte, die Berechtigung außer Wirkung zu setzen. [...]
12. Oberamt Öhringen:

[...] Außer einigen bestrittenen Fronen, welche im Prozesse liegen, ist alles zur Ablösung angemeldet. Mit Ausnahme der Fronen in sechs Gemeinden, worüber die Nachweise erst in der neuesten Zeit eingelaufen sind, haben sich die Berechtigten und Pflichtigen gütlich vereinigt, und es sind diese Übereinkünfte zum größern Teil bereits der Finanzbehörde zur Anerkennung vorgelegt, von letzterer aber noch nicht zurückgegeben worden.

Werden diese Übereinkünfte von der Finanzbehörde nicht beanstandet, so ist die gänzliche Durchführung der Ablösung der Fronen in diesem Bezirk in der nächsten Zeit zu erwarten.

13. Oberamt Schorndorf:

Die Beschlüsse der Pflichtigen sind durchaus gegen die Ablösung ausgefallen, weil die Pflichtigen den Umfang der abzulösenden Fronen, zu welchen die Staatsfinanzverwaltung allein berechtigt ist, nicht kennen. Erst wenn Kameral- und Forstamt die nötigen Unterlagen über die Höhe der Ablösungsschillinge geliefert haben, kann eine Abstimmung der Pflichtigen mit der Hoffnung auf Erfolg wiederholt werden.

14. Oberamt Welzheim:

Unter den in diesem Bezirke sich befindenden Pflichtigen besteht noch immer die gleiche Abneigung gegen die Ablösung wie früher; das Oberamt versichert, daß die Pflichtigen aus den schon früher berichteten Gründen nicht zur Ablösung zu bewegen seien und daß eine Wiederholung der Abstimmungen ganz zwecklos wäre.

Obgleich die Fronen in diesem Bezirke keinen großen Umfang haben, so kommen doch fast in allen Gemeinden und Gemeindeparzellen persönliche Jagddienste und dingliche Holzfuhren vor. [...]

Insgesamt gute Fortschritte der Fronablösungen in den fürstlichen Ämtern Kirchberg, Künzelsau und Langenburg. Soweit sich Berechtigte und Pflichtige nicht auf Grund der gelieferten Nachweise schon gütlich geeinigt haben, suchen die Ämter die bestehenden Differenzen im Wege gütlicher Übereinkunft zu beseitigen.

Nr. 132   1839 Juli 30, Wiblingen

Bericht des Oberamtsgerichts Wiblingen an den Zivilsenat des Königlichen Gerichtshofs für den Donaukreis zu Ulm über die Streitigkeiten wegen Verweigerung von Grundgefällen in seinem Bezirk

E 301, Bü 1, UFasz. 3, Q 5 Beilage 18. Ausfertigung. Unterschrift: von Hirrlinger.

Zu dem Anlaß für den vorliegenden Bericht vgl. Nr. 135, Anm. 1.

[...] Eine durchgreifende Verweigerung ganzer Klassen von Grundabgaben kommt in diesseitigem Bezirke vor in dem Gemeindebezirk Laupheim[1]). In dieser Gemeinde haben schon vor Erlassung der Ablösungsgesetze vom Jahr 1836 und seit 1818 und der Einrichtung des Oberamtsgerichts beständig einzelne Prozesse über Auflegung der Abgaben, welche die Grundherrschaft von

---

[1]) Die Herrschaft über die Gemeinde Laupheim (Groß- und Kleinlaupheim) befand sich seit 1582 im Besitz der Freiherren v. Welden. Der Staat erwarb die Herrschaft 1840.

den meisten älteren Gebäuden bezieht und auf die indessen neu entstandenen auflegen wollte, bestanden; dieselben betrafen teils das Maß dieser unter dem Namen Baukonzessionsgeld, Grundzins und Küchengefäll zu verschiedenen Zwecken, unter verschiedener rechtlicher Begründung, aber immer im auffallend großen Betrag verlangten Abgaben, teils das Recht zu dem Bezug, indem schon seitdem oft die leibeigenschaftliche Natur aller Abgaben der Art, nicht nur der Fronen, welche durch eine Reihe von Fronsurrogierungsverträgen in Laupheim statt von den Personen nach den Häusern eingezogen werden und auch deshalb von jedem einzelnen neuen Haus verlangt wurden, sondern auch der eigentlichen Grundzinse angesprochen wurde.

Auch wegen ältern Abgaben kommen Prozesse vor. Im Jahr 1826 erkannte namentlich, als bei Errichtung eines neuen Fronsurrogierungsvertrags viele der Klein-Laupheimer Fronpflichtigen sich darauf einzugehen weigerten, das Oberamtsgericht die Pflichtigen für schuldig zur Fortentrichtung. Und im Jahr 1834 wurde gegen eine ganze Reihe von Groß-Laupheimer Grundholden in einem Besitzstreite gegen die erhobene Einwendung, daß die Grundzinse und Fronen leibeigenschaftlicher Natur seien, die Grundherrschaft im Besitze des Rechtes erhalten [...]. Im Jahr 1836 wurde von dem Königlichen Gerichtshofe in der Ationsinstanz[2]) in der Rechtssache der Grundherrschaft Groß-Laupheim gegen Nagelschmied Schlichthärle auf 2 fl Grundzins und 2 fl 12 kr Fronsurrogat als jährliche Abgabe eines im Jahr 1811 gebauten und lange frei gebliebenen Hauses das Erkenntnis des Oberamtsgerichts, welches den Beklagten wie bisher fast in allen anhängig gewesenen einzelnen Sachen verurteilt hatte, aufgehoben und Kläger in beiden Beziehungen abgewiesen. Dieses Erkenntnis publizierte Oberjustizprokurator Wiest in Nro 36 seiner Flugschrift von 1836 nebst Rechtsausführung. Schlichthärle selbst und einige andere Laupheimer Bürger, namentlich dem Vernehmen nach der indessen in Gant[3]) geratene Sekler Fik, taten alles mögliche, dasselbe zu verbreiten, und so veranlaßten diese die allgemeine Aufregung, welche am Ende auf die jetzige Abgabenverweigerung führte. Das angebliche Erkenntnis hatte nämlich

1. wie indessen auch ein anderes, einen Bürger des Klein-Laupheimer Bezirks betreffendes wegen der Fron unbedingt deren Natur als Ausfluß der früheren Lokalleibeigenschaft anerkannt,

2. aber infolge einer eigentümlichen Richtung, welche das Beweisverfahren genommen zu haben scheint, das Recht zu Auflegung neuer Grundabgaben unbedingt abgesprochen. In erster Beziehung kann auch namentlich nach allen frühern Erklärungen der Herrschaft, und nachdem der auf die Gesetze von 1817 und 1818 gefolgte provisorische unsichere rechtliche Zustand durch das Gesetz von 1836 geordnet ist, kein gegründeter Zweifel obwalten, daß die Gerichte überall und immer so erkennen werden, wie die angeführte Erkenntnisse taten, daß auch demnach die älteren Fronen werden aufhören müssen. Die Leute, unmittelbar wenigstens von den ungelehrten müßigen und sich überall eindrängenden Auslegern der neuen Gesetzgebung auch zu diesem Mißverständnisse veranlaßt, wußten aber nicht zu unterscheiden, und es heißt eben: Der Gerichts-

---

[2]) Berufungsinstanz.
[3]) Konkurs.

hof hat gesprochen, daß alles Leibeigenschaft sei. Alle die Abhandlungen der Flugschriften des Oberjustizprokurators Wiest, welche sich mit besonderer Vorliebe mit Ausfindigmachung der Beweisgründe für leibeigenschaftliche Natur einer Abgabe stets beschäftigt haben, kamen noch dazu unter die Laupheimer, diese lasen sie und fanden, daß das alles auf die Abgaben von ihren Häusern ohne Ausnahme, nicht nur auf das Frongeld, sondern auch die Grundzinse passe. Es scheint ziemlich lange angestanden zu haben, bis den Wortführern, welche Beiträge zu Führung der gemeinsamen Sache sammelten, um solcher allein sich zu widmen, gelang, alle Laupheimer Einwohner auf diese Art zu veranlassen, die Abgaben zu verweigern.

Wenn die Grundholden alles verweigern, so bestehen auf der andern Seite die Grundherrschaften, soviel wenigstens diesseits aus den außergerichtlich vorgenommenen Verhandlungen zu Ausscheidung der liquiden und illiquiden Ausstände der Herrschaft bekannt ist, auf vollständiger Fortentrichtung aller Abgaben bis auf einige als Ausflüsse der Lokalleibeigenschaft anerkannte Kleinigkeiten. Namentlich bestehen sie auch auf Bezahlung der Frongelder und machen dabei für entschiedene Art derselben, und solange die Teilung in Groß-Laupheimer und Klein-Laupheimer Herrschaft bestand, auch für die verschiedene Lokalitäten verschiedene Begründungen der Fronen und deren teilweisen Realität geltend, und hierin leuchtet den Leuten allen zu größerer Verwirrung der Sache ein, daß das nicht möglich ist. Es stützt sich dabei die Grundherrschaft auf die unter schwankender Auslegung der Gesetzgebung von 1818 bisher und vor den Gesetzen von 1836 erlassene ihr günstigere Erkenntnisse des Oberamtsgerichts. Übrigens ist trotzdem, daß dieser Zustand jetzt $1^{1}/_{4}$ Jahr dauert, bis jetzt nichts hieher Gehöriges als Prozeß anhängig gemacht außer einigen neuen in einer zusammengezogenen Klagen wegen Abgaben, die neuen Häusern aufzulegen sind und wo fürs erste bloß einmal die Auflegung der Grundzinse verlangt, dagegen die von Frongeldern reserviert wird [...].

Zu diesen Gründen kommt, daß – nach der Klage der jetzigen Grundherrn über Nachlässigkeiten der früheren Beamten und der Behauptung der Beklagten in allen bisherigen Verhandlungen wegen Neubauten zu schließen – man früher seitens der Grundherrschaften gar nicht so streng jede Kleinigkeit zu Erhöhung der grundherrlichen Einkünfte benützte, wie dieses jetzt geschieht, und daß namentlich Beispiele bekannt sind, wie in ganzen Perioden früher seitens der Grundherrschaft um geringes Entgelt Abkaufung fast aller Abgaben gestattet wurde, wo jetzt die größte Strenge alles der Art verweigert. Überhaupt finden sich, wie jetzt noch Grundherrschaft und Gemeinde Laupheim über alle Berührungspunkte streiten, welche auch noch so weit von dem Gegenstand, der hier zunächst zu bearbeiten ist, abstehen, aus allen Zeiten Notizen vor, daß solche immer mehr als irgendwo anders sich gestritten haben, und das mag auch hier Einfluß haben. Ausflüsse solcher allgemeiner Streitlust zeigen sich in dem Streit über die Weide der Markung, über Marktabgabenerhebung, über Benützung des Gemeindeeigentums durch die Herrschaft, selbst über das Recht auf Benützung von Kirchenstühlen, über den Bierbann der Herrschaft in der Gemeinde etc. etc., welche alle in der letzten Zeit vor allen Justiz- und Administrativbehörden anhängig waren und sind und immer mit äußerster Hartnäckigkeit bis zu den letzten Instanzen verfolgt wurden.

Zu dieser Ausführung über Umfang und Gründe des Übels in Laupheim habe ich zu bemerken, daß von dort aus auch einzelne Grundholden anderer Herrschaften angesteckt wurden. [...]

Betreffend die Heilmittel des Übels, so gibt es wohl jeder Praktiker zu, daß gegen Querulanten, namentlich gegen solche, die es aus falschen Rechtsansichten sind, nichts hilft als rechtskräftige Erkenntnisse. So ist auch in Laupheim wohl den Grundholden, denen das Gericht schon alle Arten von Vorstellungen machte, gegenüber nichts anderes übrig, als den Grundherrschaften baldige umsichtige Anhängigmachung ihrer Klagen gegen die Streitenden anzuempfehlen, dieselbe auch, falls sie, wie es bisher nicht der Fall zu sein scheint, nicht bei Anhängigmachung der Prozesse um ihre Grundzinse die leibeigenschaftliche Natur der Fronen unbedingt anerkennen wollen, zu veranlassen, solche gleichzeitig miteinzuklagen. Die Einleitung der Klage gegen einzelne, nach denen dann die Verhältnisse der andern sich ordnen, wird dann das Gericht dem Kläger selbst besorgen helfen.

Bessere Aussicht zu einer vielleicht zu erzielenden Vergleichung der Sache hat sich auf Seite der Beklagten dem Gerichte in neuerer Zeit in der Versicherung des Oberjustizprokurators Wiest gezeigt, daß er den Laupheimern, die sich an ihn wendeten, geraten habe, alle ältere Grundzinse ohne Widerrede zu zahlen; doch ist bei der gegenseitigen Stimmung der Partien sehr an dem Erfolg von Bemühungen in dieser Richtung zu zweifeln.

Von Vorbeugungsmitteln kann wohl, da sich das Übel in Laupheim schon ganz entwickelt hat, kaum mehr die Rede sein; die Bewahrung anderer Orte vor Verbreitung der falschen Ansichten möchte eine schwere Aufgabe sein.

Nr. 133   1839 August 9, Ellwangen

Bericht des Zivilsenats des Königlichen Gerichtshofs für den Jagstkreis an das Justizministerium „betreffend die Ursachen der Zunahme der Prozesse über Beden und ähnliche ältere Abgaben, über Fronberechtigungen und über leibeigenschaftliche Gefälle"

E 301, Bü 1, UFasz. 3, Q 4. Ausfertigung. Unterschrift: Frik. Referent: OJ. Assessor Hölder.

Zu dem Anlaß für den vorliegenden Bericht vgl. Nr. 135, Anm. 1.

Auf den Erlaß vom 9. 7. 1839.

1. Der Oberamtsrichter Stockmayer in Öhringen zeigt in seinem Bericht an, daß vom Juli 1836 an die vielfältigen bei dem Oberamtsgericht anhängig gewesenen Prozesse über Abgaben der nebenbezeichneten Art längst durch das Anerkenntnis der Pflichtigen, daß solche im 10- oder 16fachen Betrage abzulösen seien, erledigt worden und daß zur Zeit nur Eine Klage gegen einen Pflichtigen wegen Entrichtung des Frongelds anhängig sei [...].

2. *Beim Oberamtsgericht Ellwangen ist kein einziger Prozeß infolge der Ablösungsgesetze anhängig.*

3. Der Oberamtsrichter Kiderlen in Neresheim spricht sich dahin aus, daß bei dem dortigen Oberamtsgerichte wegen Fronberechtigungen eine große Zahl von Rechtsstreitigkeiten anhängig sei, von welchen die größere Zahl die Verwandlung ungemessener Fronen in gemessene betreffe, der übrige Teil sich aber auf die Entrichtung von Dienstgeldern beziehe.

In beiderlei Arten von Prozessen sei hauptsächlich die Fronberechtigung selbst im Streit, indem von den Pflichtigen oder vielmehr von ihrem Bevollmächtigten, dem Rechtskonsulenten Gloz[1]) in Neresheim, dessen Bestreben, den Begriff der Vogtei mit dem der Landeshoheit und Leibherrlichkeit zu identifizieren, in allen seinen Schriftsätzen nicht zu verkennen sei, behauptet werde, die früher bestandene Fronberechtigung beruhe auf der Landeshoheit und beziehungsweise der persönlichen Leibeigenschaft. Nicht minder nachteilig als der Einfluß des Rechtskonsulenten Gloz möge teilweise auch der Schultheiß Haas von Kirchheim eingewirkt haben, *der schon 1834 wegen ehrenrühriger Anwürfe gegen das Rentamt Kirchheim mit 12 Reichstalern Geldbuße bestraft wurde.*

Der Oberamtsrichter äußert sodann weiter, daß Vorstellungen bei den Pflichtigen selbst in der Regel nicht viel helfen, weshalb er bei den Vergleichsversuchen hauptsächlich darauf zu wirken gesucht habe, daß da, wo mehrere Prozesse gleicher Art gegen Einwohner von verschiedenen Gemeinden anhängig gewesen, bloß Ein Prozeß dieser Art durchgeführt werde, während die übrigen bis zu Ausgang des erstern beruhen gelassen werden, wodurch es auch gelungen sei, die Zahl der Prozesse von der in Frage stehenden Art einigermaßen zu verringern. Ein anderes und wirksameres Mittel, äußert der Oberamtsrichter weiter, habe er bisher um so weniger ausfindig machen können, als auf seiten der Beklagten gegen die fürstliche Standesherrschaft teilweise Erbitterung vorherrsche, weil ihnen in neuester Zeit die Abholung von Laub und Gras aus den fürstlichen Waldungen erschwert werde, während ein Teil der Beklagten diese von ihnen früher genossene Wohltat als eine Art Gegenleistung für die Fronen betrachtet.

Der Zivilsenat bestätigt die Erklärungen des Oberamtsgerichts Neresheim, daß der Rechtskonsulent Gloz seinen Einfluß bei den Pflichtigen keineswegs dazu, um sie von frivolen Prozessen abzuhalten, angewendet, sondern im Gegenteil diesen Einfluß stets zum Nachteil der Standesherrschaft ausgeübt hat. Es scheint, daß seine Streitlust sowohl im allgemeinen als in ihrer speziellen Richtung gegenüber von der fürstlichen Standesherrschaft immer mehr zunehme.

Auf der andern Seite können wir aber auch nicht unerwähnt lassen, daß das Benehmen der Fürstlichen Domanialkanzlei in Beziehung auf ihre Rechte und Verbindlichkeiten keineswegs geeignet ist, den Pflichtigen Vertrauen einzuflößen und dieselben vom Prozessieren abzuhalten. Denn nicht nur haben sich die letzteren im allgemeinen keiner humanen Behandlungsweise zu erfreuen [...], sondern es kommt auch häufig vor, daß von der Domanialkanzlei ganz offenbare Verbindlichkeiten bestritten und auf den Prozeßweg gebracht werden, wie denn die Fürstliche Domanialkanzlei wegen mutwilliger Streitsucht schon öfters

---

[1]) Zu Gloz' früherer Tätigkeit als Oberamtsgerichtsaktuar und Oberamtsgerichtsverweser vgl. Nr. 83–84.

sowohl von dem diesseitigen Senate als von dem Zivilsenate des Königlichen Obertribunals mit Ordnungsstrafen belegt worden ist. Auch sind seither von der fürstlichen Standesherrschaft selbst keine Schritte geschehen, woraus ihre Absicht entnommen werden könnte, von den Ablösungsgesetzen Gebrauch zu machen. *Wirksame Mittel gegen das Übel der Prozesse können nicht angegeben werden.*

Nr. 134 1839 August 16, Reutlingen

Bericht der Regierung des Schwarzwaldkreises an das Innenministerium über den Vollzug der Ablösungsgesetze vom 27./29. 10. 1836

E 146, Bü 16, Q 288. Ausfertigung. Unterschrift: Rummel. Referent: Regierungssekretär Bürger.

A. Vollzug des Bedengesetzes: Von 1666 ablösbaren Objekten sind 1439 angemeldet worden; 757 sind bereits verurkundet, 11 befinden sich im Rechtsstreit.

Von 227 Objekten dagegen ist die Ablösung nicht angemeldet worden, was zum großen Teil in der Beschränktheit der Mittel der Pflichtigen seinen Grund hat. Es sind diese Objekte fast durchgängig solche, welche auf Häusern oder einzelnen Bürgern ruhen und nach Art. 5, 2 des Gesetzes nur im 16fachen Betrage abgelöst werden können.

Haften nun (was häufig vorkommt) auf einem Hause drei bis vier Rauchhühner, 1 Simri Rauchhaber usw., so macht die Ablösungssumme schon einen solchen Betrag aus, welchen aufzubringen schon einem minderbemittelten Manne schwerfällt und einem Armen beinahe unmöglich wird. Gerade in den verarmtesten, namentlich in gutsherrlichen Gemeinden kommen aber diese Abgaben am häufigsten vor, und in der Regel ist dann die Gemeindekorporation selbst ebenfalls unbemittelt, so daß sie sich nicht in der Lage befindet, die Ablösung auf ihre Kosten aus eigenen Mitteln oder vorschußweise zu besorgen und das Gefäll so lange fortzuerheben, bis sie um ihre Auslage entschädigt ist.

Wir würden es daher für zweckmäßig halten, wenn die Oberämter darauf hingewiesen würden, in solchen Fällen, wo sich die Pflichtigen gegen die Ablösung erklärt haben, ernstlich darauf hinzuwirken, daß sich die Gemeinden erforderlichenfalls mit Kapitalaufnahme ins Mittel schlagen, damit den einzelnen die Vorteile des Gesetzes nicht entgehen [...]. *Einzelangaben.*

B. Die Fronablösungen sind im Verhältnis zu der Ablösung der Beden weniger rasch fortgeschritten[1]. Die Gründe dieses Zurückbleibens sind dieselben, welche wir in unserem letzten Berichte angegeben haben[2]. Sie werden es

---

[1]) Nach der beiliegenden Tabelle bestanden in 426 Gemeinden 683 persönliche, 78 dinglich gemeinschaftliche und 21 dinglich einzelne Fronen; davon waren 472 persönliche, 50 dinglich gemeinschaftliche und 11 dinglich einzelne Fronen angemeldet, 209 bzw. 20 bzw. 6 verurkundet.

[2]) E 146, Bü 16, Q 247: Nur wenn die Gemeinden sich zur Ablösung ohne Wiederersatz durch die Pflichtigen entschließen, kommen Ablösungen zustande; sonst wirken sich die Fronbefreiungen wegen Berufs und Alters ungünstig auf die Abstimmungen aus.

auch bleiben, wenn sich nicht die Gemeindevorsteher entschließen, die Fronen auf Kosten der Gemeindekasse abzulösen, in welcher Beziehung wir es ebenfalls für angemessen halten, wenn die Oberämter darauf hingewiesen würden, entsprechende Entschließungen der Gemeindevorsteher herbeizuführen, wo sich von den einzelnen Fronpflichtigen eine Erklärung für die Ablösung nicht erwirken läßt. *Einzelangaben.*

Im Oberamt Herrenberg haben sich auch die Pflichtigen mehrerer Gemeinden gegen die Ablösung, namentlich der Gült- und Zehentfronen und teilweise auch der Jagdfronen ausgesprochen und erklärt, daß ihnen die Naturalleistung nicht beschwerlich falle.

Im Oberamtsbezirke Urach soll ebenfalls eine allgemeine Abneigung gegen die Ablösung der Fronen vorwalten und die Pflichtigen von dem Gesichtspunkt ausgehen, daß die Jagdfronen bei dem sich stets vermindernden Wildstand immer weniger werden, auch da sie gemessen sind, leichter zu leisten seien. [...]

C. Das Gesetz über die Entschädigung für aufgehobene leibeigenschaftliche Gefälle:

Die Vollziehung dieses Gesetzes schreitet im Verhältnis am langsamsten ihrem Ziel entgegen[3]), indessen ist nicht zu mißkennen, daß dieselbe auch die meisten Schwierigkeiten darbietet und der Geschäftsgang wegen der vielfältigen Kommunikationen mit den Berechtigten, dem Kameralamt und dem Königlichen Finanzministerium nicht der rascheste sein kann.

Einzelangaben. Urteil über die Leistung der einzelnen Oberämter.

Nr. 135 1839 September 7, Stuttgart

Bericht von Finanzminister v. Herdegen an den König über den Stand der Ablösungen nach den Gesetzen vom 27./29. 10. 1836

E 221, 38, 6, Q 179. Konzept.

Die Teilnahme der Finanzbehörden an dem Ablösungsgeschäft.

So wenig beim Beginn des Ablösungsgeschäfts die fraglichen Gesetze bei Pflichtigen und Privatberechtigten Anklang finden zu wollen schienen, so zeigen doch die seit einem Jahre zustande gekommenen Ablösungen und die allenthalben stattfindenden Verhandlungen, daß beide Teile nunmehr die ihnen durch die Gesetze dargebotenen bedeutenden Vorteile erkannt haben, und nach der Menge der täglich bei dem Finanzministerium einkommenden Ablösungsverhandlungen ist, zumal nachdem die Anmeldungsfrist auf ein weiteres Jahr erstreckt worden, nicht zu zweifeln, daß die Gesetze die beabsichtete wohltätige Wirkung haben werden.

Zahlenmäßige Übersicht über die bisher erfolgten Ablösungen. Eine Jahresleistung von 64 676 fl ist bisher aufgehoben oder abgelöst; die Pflichtigen ha-

---

[3]) Nach der beiliegenden Tabelle kamen in 40 beteiligten Gemeinden 146 Entschädigungsobjekte vor; bei 17 war die Entschädigung festgestellt.

ben durchschnittlich den 10³/₄fachen Betrag mit 696 100 fl ratenweise zu entrichten, der Ablösungsfonds trägt im Durchschnitt gut den siebenfachen Betrag mit 468 480 fl bei.

Über die bisherigen Beobachtungen bei dem Gang der Ablösungsgeschäfte habe ich folgendes untertänigst zu bemerken:

Den Kameralbeamten ist gleich von Anfang ausdrücklich empfohlen worden, mit Umsicht und Gewissenhaftigkeit das Interesse der Staatsfinanzverwaltung zu wahren, ebenso aber auch bereitwillig zur Aufklärung zweifelhafter Punkte ohne einseitige Befangenheit für die ihnen anvertrauten Interessen mitzuwirken, ungegründete Bedenken der Pflichtigen durch genaue Darstellung der Verhältnisse zu beseitigen und überhaupt, so viel möglich, auf die gütliche Erledigung der Streitpunkte Bedacht zu nehmen, sowie auch von hier aus bei jeder Gelegenheit selbst da, wo zunächst nur zwischen Pflichtigen und Privatberechtigten Streit obwaltet, so viel tunlich auf gütliche Erledigung hingewirkt wird. Es kommt jedoch häufig vor, daß die fraglichen Gesetze auf Abgaben und Leistungen angewendet werden wollen, welche unzweifelhaft nicht darunter fallen; der Grund hievon liegt häufig in der Unbekanntschaft der Beteiligten mit dem Sinne der Gesetze, hauptsächlich aber in dem ganz natürlichen Wunsche der Pflichtigen, womöglich aller ihrer Leistungen unentgeltlich oder wenigstens mit geringen Opfern loszuwerden, wozu in vielen Fällen das gleich starke Interesse der Berechtigten kommt, für ihre zum Teil zweifelhafte Gefälle aus der Staatskasse ein bares Entschädigungskapital zu bekommen, wie es von den Pflichtigen selbst wohl nie zu erlangen wäre.

Eine Verzögerung der Ablösungsgeschäfte trat bisher häufig und namentlich in Oberschwaben, wo die Standesherrn über langsamen Gang der Ablösungsverhandlungen geklagt haben[1]), nicht sowohl durch Untätigkeit der Be-

---

[1]) Auf dem Landtag von 1839 brachten die Standesherren aus dem Donaukreis unmittelbar an den König eine Beschwerde ein, daß die Ablösungsgeschäfte in Oberschwaben durch Zeitmangel der Beamten und sich häufende Rechtsstreitigkeiten verzögert würden, während viele Pflichtige das Fortreichen ihrer Leistungen mit der Erklärung verweigerten, sie seien leibeigenschaftlicher Natur. König Wilhelm wies darauf am 30. 6. 1839 die Ministerien der Justiz, des Innern und der Finanzen an, sich über Abhilfsmittel zu beraten und entsprechende Vorschläge zu unterbreiten. Nach den Erkundigungen, welche die Ministerien einzogen — zu den einkommenden Berichten gehören auch die Nrr. 132 und 133 —, stellten sich die standesherrlichen Beschwerden als sehr übertrieben heraus (Bericht der drei Ministerien an den König vom 6. 12. 1839; E 13, Bü 160, Q 126). Eine häufige Ursache für die Verzögerungen war der Umstand, daß die Berechtigten oft schon seit langem die jährlichen Geldabgaben der Grundholden unter dem Einheitstitel „Herbstgeld" zusammengezogen hatten und die Rechtsnatur der einzelnen Teile meist nur mangelhaft nachweisen konnten. Ähnliche Unklarheit herrschte vielfach zunächst über den Rechtsgrund der Fronen; doch waren die Pflichtigen meist bald wieder davon abgekommen, sämtliche Fronen seien leibeigenschaftlicher Herkunft, und suchten nur noch zu erreichen, daß die persönliche Eigenschaft dieser Verpflichtungen anerkannt wurde. Nach dem Bericht der Ministerien waren ferner im Donaukreis „die Leibeigenschaftsgefälle in sehr erheblicher Gegenstand, wobei die Frage, ob und inwieweit die Todfälle oder Mortuarien rein auf der Person ohne Rücksicht auf Güterbesitz haftende leibeigenschaftliche Leistungen und deshalb nach dem Gesetze vom 29. Oktober 1836 gegen Entschädigung der Berechtigten aus der Staatskasse aufzuheben seien, die schwierigsten Erörterungen veranlaßt. So wünschenswert es für die Pflichtigen erschienen, von dieser Abgabe unentgeltlich befreit zu werden, und so sehr es in neuerer Zeit auch die Berechtigten in ihrem Interesse finden, bezüglich dieser Frage den Pflichtigen beizustimmen, soferne sie im Falle der für letztere günstigen Entscheidung ihre Entschädigung bar aus der Staatskasse anzusprechen haben und hierdurch mannigfachen mit Kosten verbundenen Streitigkeiten

hörden als durch Mangelhaftigkeit der von den Berechtigten gelieferten Nachweise über die Art und den Betrag der angemeldeten Gefälle ein, so daß ich mich schon hie und da veranlaßt sah, zur Förderung des Geschäfts die erforderlichen Notizen durch die Kameralbeamten am Sitze der Verwaltungsstellen der Berechtigten erheben zu lassen.

Bei den Fronen ist es hauptsächlich die rechtliche Eigenschaft, welche häufig nähere Erörterung veranlaßt. Für die persönlichen Fronen haben nämlich die Pflichtigen nur den 10fachen, für die dinglichen aber den 16fachen Betrag des Jahreswerts als Ablösungsschilling zu entrichten, während der Maßstab für die Entschädigung der Privatberechtigten bei beiderlei Leistungen der gleiche ist, nämlich der 20-, bei bedeutenderen Gefällen der $22^1/_2$fache, so daß aus den Mitteln der Staatskasse bei den persönlichen Leistungen der 10-, bzw. $12^1/_2$fache, bei dinglichen der 4- bzw. $6^1/_2$fache Betrag beizutragen ist. Es kommt daher nicht selten vor, daß Berechtigte, welche früher bei jeder Gelegenheit die dingliche Natur ihrer Fronrechte zu behaupten gesucht haben, bei jenen Erörterungen auf die Seite der Pflichtigen traten, für welche es von großem Interesse ist, die persönliche Eigenschaft ihrer Fronleistungen anerkannt zu sehen, während die Fronberechtigten das Zustandekommen der Ablösung in ihrem Interesse finden müssen. Daß übrigens von seiten des Finanzministeriums in diesem Punkt nicht nur keine ungegründete Schwierigkeiten gemacht, sondern der Absicht des Gesetzes gemäß soviel möglich auf Erleichterung der Pflichtigen Bedacht genommen wird, dafür kann ich in Untertänigkeit anführen, daß bis jetzt in sämtlichen Bezirken der Standesherrschaften Hohenlohe Langenburg, Jagstberg, Öhringen, Bartenstein und neuerdings auch Waldenburg die Ablösung der sehr bedeutenden Fronlasten mit wenigen Ausnahmen in persönlicher Eigenschaft zugestanden wurde, ungeachtet manche Gründe gegen diese Eigenschaft hätten geltend gemacht werden können, daß ferner in neuerer Zeit auch in Oberschwaben bedeutende Ablösungen von Fronen bei der Zweifelhaftigkeit ihrer Eigenschaft im Wege des Vergleichs zustande gebracht wurden und zu hoffen ist, es werde auf diese Weise auch dort das Ablösungsgeschäft einen erfreulichen Fortgang nehmen.

Beamten, die für den vermehrten Arbeitsaufwand zusätzliche Hilfskräfte benötigten, ist eine angemessene Gratifikation zu gewähren. Antrag, einige besonders tüchtige Kameralbeamte zur Beförderung der Ablösungsgeschäfte und zur Aneiferung der bisher minder tätigen Beamten durch eine öffentliche Anerkennung auszuzeichnen.

---

mit ihren Grundholden enthoben werden, so bedeutend ist andererseits die Frage für die Staatsfinanzverwaltung, welche bei diesen Abgaben allein einzustehen hat, zumal da dieselben in allen Gutsherrschaften Oberschwabens vorkommen und die Entschädigung dafür im ganzen ein Kapital von wenigstens 300 000 fl in Anspruch nehmen wird. Auch hat das Nachgeben gegenüber den Pflichtigen der Privatgutsherrschaften gleiche Ansprüche der Pflichtigen des Staatskammerguts und der K. Hofdomänenkammer zur unausbleiblichen Folge, welche sich überdies auf Reklamationen bis zum Jahr 1817 zurückerstreckt."
Nach Untersuchungen in den Dokumenten der Rentämter von Waldburg und Königsegg hatte „sich überall mehr oder weniger eine unverkennbare Beziehung der Abgaben zum Besitze bestimmter Fallengüter kundgegeben"; andererseits hatten neuere Verhandlungen im Kameralamt Wangen dazu geführt, daß die Mortuarien als leibeigenschaftliche Verpflichtungen anerkannt wurden; soweit „gleich starke Gründe" dies rechtfertigten, wollte man daher auch künftige Verhandlungen über die Todfälle „zur Zufriedenheit der Beteiligten" erledigen. Weitere Akten E 221, 38, 6, Q 151 ff; E 301, Bü 1.

Nr. 136   1839 Dezember 12, Aulendorf

Bericht des Bezirksamts Aulendorf an die Regierung des Donaukreises über den Ablösungsfortgang in der Standesherrschaft Königsegg-Aulendorf

E 184, Bu 5, Fasz. 29, Q 426. Ausfertigung. Unterschrift: Grüzmann.

Die Ablösungen sind bald durchgeführt.

Als ich das hiesige Amt am 28. Dezember 1837 übernahm, war in den Ablösungsgeschäften außer der Sammlung der Anmeldungsprotokolle nichts geschehen. [...] Die erste bedauerliche Bemerkung, die ich zu machen hatte, war das vollkommene, auf einen hohen Grad gegenseitigen Mißtrauens und der unfreundlichsten Stimmung gestiegene Mißverhältnis zwischen den Vertretern der berechtigten Standesherrschaft und den Pflichtigen. Die letztern hatten sich bereits ganz in die Arme eines in Lehensachen und bäuerlichen Gutsverhältnissen bekannt gewordenen Advokaten, des Prokurators Wiest in Ulm geworfen und brachten mehr als zwanzig voluminöse, kostbare Eingaben, förmliche Rechtsausführungen zu den Akten, in welchen sie alle ihre Leistungen an die Standesherrschaft und insbesondere auch die sämtlichen Fronen für Ausflüsse der Leibeigenschaft erklärten und die unentgeltliche Befreiung von diesen Lasten ansprachen. Auf der andern Seite waren die Fronen von den standesherrlichen Rentämtern ohne guten Grund für dingliche deklariert und auch von den übrigen Leistungen, welche nach der wohltätigen Absicht der Gesetze zur Erleichterung der Pflichtigen wegfallen sollten, die reale Eigenschaft behauptet worden. Diese augenscheinlich extremen Richtungen zu vergleichen, machte ich mir zur nächsten Aufgabe. Sie war nicht leicht zu lösen. Das erwiesene Verhältnis, daß in der ganzen Standesherrschaft Aulendorf und Königseggwald die Lokalleibeigenschaft in vollster seltener Ausdehnung geherrscht hatte, legte mir zunächst die meisten Schwierigkeiten in den Weg. Es lag zur Evidenz, daß die Pflichtigen mit ihren exorbitanten Ansprüchen auf die leibeigenschaftliche Natur aller Leistungen den heftigsten Widerstand an den Vertretern der Königl. Staatsfinanzverwaltung wie dem entschieden nicht zu brechenden Widerspruch der Standesherrschaft finden würden, und doch war ein klares Verhältnis so schwer zu ermitteln. Ich forschte mit vielem Zeitverluste in den Dokumenten des hiesigen und des Königseggwalder Archives bis auf die ältesten Zeiten, das 13te und 14te Jahrhundert zurück. Am meisten Aufschluß gaben die wohlgeordneten gründlichen Urbarien des 16ten Jahrhunderts, zumal diejenigen von 1564, 1559 und 1598, welche ich im Aulendorfer Archive fand und die bisher, aus welchem Grunde ist mir unbekannt, nicht produziert worden waren. Auch die Kontraktenbücher, Lehenprotokolle und Oberamtsverhörprotokolle von demselben Zeitraume, hier und in Königseggwald, gaben mir bemerkenswerte und bedeutungsvolle Notizen an die Hand. Es wurde aus diesen alten Urkunden meine Überzeugung gefestigt, daß der ungleich größere Teil der Fronen nicht in unmittelbarem Zusammenhange mit dem Gutsbesitze stehe, nicht dem Lehenherrn, aber auch nicht dem Leibherren geleistet wurde, sondern aus dem ehemaligen Obrigkeits- und Jurisdiktions- bzw. Subjektionsverhältnisse stamme und somit persönlicher Natur seie. Hinsichtlich einzelner Gattungen von Fronen, z. B. der Seefahrten, der Fuhrgelder und der Holzmacherfronen, war die dingliche Eigenschaft in den Urbarien und andern alten Dokumenten nahe angedeutet; über die Mortuarien glaubte ich manche Notiz zu finden und manches Stillschweigen der alten Urkunden an Stellen, wo dieses Rechtsverhältnis hätte zur Sprache kommen müssen, welche die leibeigenschaftliche Natur dieser Abgaben bescheinigen sollte. Um nicht von einseitiger Ansicht eingenommen zu werden, setzte ich mich mit einsichtsvollen Kameralbeamten, von denen mir bekannt war, daß sie denselben Gegenstand mit besonderer Sachkenntnis und besonderem Interesse behandelten, ins Benehmen [...]. [...]

Meine Aufgabe schien mir, auf dem für die leibeigenschaftliche Natur aus den Archivdokumenten gefundenen Grunde zum großen Vorteile meiner Bezirksangehörigen fortzubauen. [...]

Zuerst versicherte ich die sämtlichen Pflichtigen schriftlich durch besondere Ausschreiben in alle Gemeinden und bei jeder Gelegenheit mündlich, daß ich allem aufbieten werde, bei der Standesherrschaft günstigere Erklärungen in Beziehung auf das Ablösungsgeschäft zu bewirken. Ich ermahnte sie, wenigstens den Erfolg meiner diesfallsigen Bestrebungen abzuwarten, ehe sie weitere Schritte durch ihren Rechtsfreund Wiest tun ließen, die mit so großen Kosten für sie verbunden wären. Die Pflichtigen hörten auf diese Ermahnung, und ich erhielt bis heute keine Wiest'sche Eingabe mehr.

Nach mehrfacher Rücksprache mit der Domanialkanzlei und dem Grafen erreichte ich es, daß die Herrschaft die persönliche Natur der Fronen und die leibeigenschaftliche Natur der Sterbfälle anerkannte. Dadurch wurde die Stimmung der Pflichtigen umgewandelt. Sie zogen, ohne den Prokurator Wiest weiter zu konsultieren, bereitwillig ihre Ansprüche auf Leibeigenschaftlichkeit der Fronen und mehrere andere unerweisliche Behauptungen, die ich ihnen namhaft machte, zurück und gaben mir die bündigsten Zusicherungen, daß sie zu friedlichem Gange und Ende der Ablösungsverhandlungen gern mitwirken wollen. Jetzt konnte ich die Verhandlungen mit guter Hoffnung auf den gewünschten Erfolg beginnen. Hatten die kaum beschriebenen Vorbereitungen viele Zeit gekostet, so nahm der nun begonnene schriftliche Verkehr mit den Königlichen Kameralämtern, die je wieder Bescheid des Königlichen Finanzministeriums einzuholen hatten, einen großen Zeitaufwand in Anspruch.

Sämtliche Fronen bis auf Seefahrten, Holzhau- und Fuhrgeld wurden als persönliche Leistungen angemeldet, wobei man sich meist auf niedrigere Ablösungssätze einigte, als sie die Standesherrschaft anfangs gefordert hatte. Einzelangaben. Bei der Anmeldung der unbemessenen Bauhoffronen der Gemeinden Hoßkirch und Hüttenreute auf dem Kameralhof Watt gelang es, die Forderung des Rentamts Königseggwald von 711 fl 39 kr auf 260 fl zu mindern. Die Pflichtigen dankten lebhaft für dieses überraschende Ergebnis, und den standesherrlichen Bevollmächtigten entwarf ich eine auf die Grundsätze rationeller Wirtschaftlichkeit basierte Berechnung, nach welcher das Rentamt aus den Zinsen des Ablösungskapitals in Zukunft mit ungleich wenigern, aber fleißigen Arbeitern im Gegensatz von Frönern dieselben Erntearbeiten im Wege öffentlicher Abstreichsverakkordierung voraussichtlich bestreiten kann. So waren auch hier beide Partien zufrieden. [...]

Nr. 137
Verrechnung der Ablösungsschillinge der Pflichtigen und der staatlichen Zuschüsse aus dem Ablösungsfonds an Staatskammergut und Privatberechtigte auf Grund der Gesetze vom 27./29. Oktober 1836, 1836/37—1848/49

Aufstellung der Staatshauptkasse vom 17. 3. 1854; E 221, Bü 2340, Q 160 Einlage.

Etatsjahr	Staatskammergut							Von der Staatskasse eingezogene und verrechnete Privatablösungsschillinge	Angewiesene Entschädigungskapitalien an Privatberechtigte
	Eingewiesene Ablösungsschillinge der Pflichtigen			Entschädigungsergänzungen an den Grundstock aus dem Ablösungsfonds			Gesamtentschädigung		
	für Beden	für Fronen	Summe	für Beden	für Fronen	Summe			
1.	2.	3.	4.	5.	6.	7.	8.	9.	10.
	fl	fl	fl	fl	fl	fl	fl	fl	
1836/37	—	—	—	—	35	35	35	—	bis zum 30. 6. 1853 für
1837/38	35 863	10 807	46 670	17 682	4 934	22 616	69 286	2 377	A. Beden 600 755 fl
1838/39	293 196	101 069	394 265	136 226	50 021	186 247	580 512	151 020	B. Fronen 3 428 979 fl
1839/40	214 259	152 429	366 687	64 813	36 169	100 982	467 669	685 610	C. Aufgehobene leibeigenschaftl. Leistungen 348 377 fl
1840/41	76 733	62 130	138 863	25 231	19 701	44 933	183 796	745 007	
1841/42	14 640	89 212	103 853	3 138	14 403	17 541	121 394	336 568	
1842/43	3 239	40 821	44 059	387	11 077	11 464	55 523	134 737	4 378 111 fl
1843/44	12 085	34 064	46 150	7 036	9 976	17 012	63 161	39 064	davon Zuschüsse aus dem Ablösungsfonds 2 154 845 fl
1844/45	271	8 443	8 714	8	2 383	2 391	11 105	41 481	
1845/46	—	15 032	15 032	36	8 270	8 306	23 338	25 884	
1846/47	62	1 372	1 435	32	84	116	1 550	9 943	
1847/48	700	621	1 321	4	—	4	1 325	51 046	
1848/49	—	420	420	—	679	679	1 099	529	
	651 048	516 420	1 167 469	254 594	157 732	412 326	1 579 794	2 223 266	
							4 378 111		(Entschädigung an Privatberechtigte; vgl. Spalte 10)
							5 957 905		(Gesamtentschädigung)

Nr. 138

Hauptübersicht über die Entschädigungssummen, die den Berechtigten auf Grund der Ablösungen nach den Gesetzen vom 27./29. Oktober 1836 zuflossen

Zusammengestellt nach E 143, Bü 25, Q 6–8.

Die Übersicht über die Entschädigungssummen, gegliedert nach Gruppen der verschiedenen Berechtigten, erarbeitete das Innenministerium 1854 aus den Rechnungen der Staatshauptkasse (Stand Juni 1853), um die finanzielle Auswirkung der württembergischen Ablösungsgesetzgebung für die Berechtigten mit anderen deutschen Staaten vergleichen zu können und dadurch einen Anhaltspunkt für die Verhandlungen mit den württembergischen Standesherren über eine Nachtragsentschädigung zu den Ablösungsgesetzen von 1848/49 zu gewinnen (E 143, Bü 25, Q 1–4; vgl. Darstellung, S. 507 f). Die Summendifferenz gegenüber der Aufstellung der Staatshauptkasse (vgl. Nr. 137) erklärt sich daraus, daß die Detailverzeichnisse nur bis 1848 geführt worden waren, spätere Zahlungen, die wohl durchgehend an Standesherren entrichtet wurden, also nicht mehr erfaßt wurden (E 143, Bü 25, Q 11).

Berechtigte	Entschädigungssummen aus der Ablösung von								Gesamt-betrag fl
	Beden u. ähnlichen älteren Abgaben fl	% des Gesamt-betrags	persönlich fl	Fronen dinglich fl	Summe fl	% des Gesamt-betrags	leibeigen-schaftlichen Leistungen fl	% des Gesamt-betrags	
A. Hofdomänenkammer	130 212	63,7	30 908	40 688	71 596	35,0	2 489	1,2	204 297
B. Standesherren									
I. Fürsten									
1. Fürstenberg	9 568	35,2	4 442	4 944	9 385	34,5	8 234	30,3	27 187
2. Hohenlohe-Kirchberg	9 833	5,7	160 808	2 893	163 701	94,3	–	–	173 534
3. Hohenlohe-Langenburg	12 579	6,2	188 126	2 575	190 701	93,8	–	–	203 280
4. Hohenlohe-Öhringen	55 256	11,7	403 302	14 435	417 737	88,3	–	–	472 993
5. Hohenlohe-Waldenburg-Schillingsfürst	661	0,3	245 660	62	245 722	99,7	–	–	246 383
6. Hohenlohe-Bartenstein	16 998	7,7	193 602	11 055	204 657	92,3	–	–	221 655
7. Hohenlohe-Jagstberg	7 642	6,2	84 252	28 051	112 303	91,8	2 336	1,9	122 281
7a. Hohenlohesche Lehenskasse	–	–	79	542	621	100	–	–	621
8. Löwensteinische Standesherrschaft	–	–	4 069	1 014	5 083	100	–	–	5 083
9. Löwenstein-Wertheim-Rosenberg	431	14	2 610	34	2 644	86	–	–	3 075
10. Löwenstein-Wertheim-Freudenberg	3 319	7,4	40 654	608	41 262	92,3	112	0,3	44 693
11. Solms-Braunfels	–	–	–	13 788	13 788	100	–	–	13 788
12. Thurn u. Taxis	36 560	14,5	125 618	69 088	194 706	77,4	20 232	8,0	251 498
13. Waldburg-Wolfegg-Waldsee	9 172	3,4	151 295	62 164	213 459	78,6	49 004	18,0	271 635
14. Waldburg-Zeil-Trauchburg	23 731	15,4	45 527	49 670	95 197	61,7	35 291	22,9	154 219
15. Waldburg-Zeil-Wurzach	10 414	7,5	67 707	33 530	101 237	73,2	26 578	19,2	138 229
16. Windischgrätz	471	5,1	4 521	2 535	7 056	77,8	1 545	17,0	9 072

Berechtigte	Entschädigungssummen aus der Ablösung von									Gesamt-betrag
	Beden u. ähnlichen älteren Abgaben fl	% des Gesamtbetrags	persönlich fl	Fronen dinglich fl	Summe fl	% des Gesamtbetrags	leibeigenschaftlichen Leistungen fl	% des Gesamtbetrags		fl

Berechtigte	Beden fl	%	persönlich fl	Fronen dinglich fl	Summe fl	%	leibeigen. fl	%	Gesamtbetrag fl
II. Grafen									
17. Königsegg-Aulendorf	881	0,9	81 389	10 410	91 799	88,7	10 930	10,5	103 610
18. Plettenberg-Mietingen	798	5,6	8 173	–	8 173	57,2	5 329	37,3	14 300
19. Pückler-Limpurg	347	3,0	540	10 524	11 064	97,0	–	–	11 411
20. Quadt-Isny	48	0,1	780	9 522	10 302	30,7	23 153	69,1	33 503
21. Schäsberg-Tannheim	60	0,3	–	20 310	20 310	86,2	3 196	13,6	23 566
22. Törring-Gutenzell	216	1,2	2 023	11 719	13 743	75,4	4 263	23,4	18 222
23. Waldbott-Bassenheim	–	–	5 761	756	6 517	60,9	4 190	39,1	10 707
24. Waldeck-Pyrmont	–	–	–	27 428	27 428	100,0	–	–	27 428
25. Ysenburg-Büdingen-Meerholz	–	–	–	8 677	8 677	100,0	–	–	8 677
26. Neipperg	11 610	54,2	9 807	–	9 807	45,8	–	–	21 417
27. Rechberg	17 586	20,6	25 070	42 833	67 903	79,4	–	–	85 489
28. Fugger-Kirchberg-Weißenhorn	2 381	11,9	5 020	12 533	17 553	88,1	–	–	19 934
29. Stadion-Tannhausen	519	1,4	–	32 494	32 494	88,0	3 919	10,6	36 932
30. Erbach-Wartemberg-Rot	–	–	1 608	17 470	19 078	61,9	11 735	38,1	30 813
31. Fürst v. Schwarzenberg	617	100,0	–	–	–	–	–	–	617
32. Salm-Reifferscheid-Krautheim	–	–	–	–	–	–	13 640	100,0	13 640
Summe zu B.	231 698	8,2	1 862 443	501 664	2 364 107	83,8	223 687	7,9	2 819 492

Entschädigungssummen aus der Ablösung von

Berechtigte	Beden u. ähnlichen älteren Abgaben fl	% des Gesamtbetrags	Fronen persönlich fl	dinglich fl	Summe fl	% des Gesamtbetrags	leibeigenschaftlichen Leistungen fl	% des Gesamtbetrags	Gesamtbetrag fl
C. Ritterschaftlicher Adel	151 464	15,3	398 506	334 239	732 744	74,2	103 134	10,4	987 342
D. Hospitäler u. Stiftungen	40 256	40,4	679	58 667	59 346	59,6	–	–	99 602
E. Gemeinden	32 613	27,8	34 453	49 820	84 272	71,8	419	0,4	117 304
F. Pfarreien	3 053	26,0	3 647	5 024	8 671	74,0	–	–	11 724
G. Sonstige Berechtigte	9 143	9,8	18 262	64 692	82 954	89,1	1 016	1,1	93 113
H. Ausländer	5 367	20,2	17 787	3 325	21 112	79,6	28	0,1	26 507
Summe A–H:	603 802	13,9	2 366 684	1 058 118	3 424 801	78,6	330 774	7,6	4 359 378
Dazu Staatskammergut	905 642	57,3			674 152	42,7	–	–	1 579 794
Gesamtbetrag	1 509 444	25,4			4 098 953	69,0	330 774	5,6	5 939 172

Nr. 139-146 Fortgang der Ablösungsdiskussion in
Württemberg bis 1848
Zehntfrage und Mediatisiertenproblem

Nr. 139–143   Die Zehntfrage 1832–1848

Vgl. Darstellung, S. 439, 441 f, 464 ff.

Nr. 139 1832 November 7/21, Stuttgart

Gutachten des Geheimen Rats zu dem Gesetzentwurf über Verwandlung der Zehnten und Teilgebühren in ständige Renten

E 221, Bü 2619, Q 35 Beilage. Ausfertigung. Unterschrift: Maucler. Referent: Staatsrat v. Gärttner (E 33/34, G 376 I, Q 2); Korreferent: Geheimer Rat v. Leypold (ebd., Q 3).

Am 17. 8. 1832 legte die Kommission, die im Auftrag von Justiz-, Innen- und Finanzministerium die Gesetzentwürfe über Ablösung und Verwandlung der sogenannten Feudalabgaben für den Landtag von 1833 bearbeitete, den Entwurf über die Verwandlung der Zehnten und Teilgebühren in ständige Renten vor (E 33/34, G 376 I, Q 1 a Beilage; Unterschriften: Wächter, Wächter, Geßner, Köstlin, Abel, Werner). Die Grundsätze, auf denen der Entwurf basierte, stimmten weitgehend mit dem Plan des Finanzministeriums zur Zehntfixierung von 1829 überein (vgl. Nr. 105, Anm. 2). Der Geheime Rat beriet den Entwurf in sechs Sitzungen vom 7. bis 21. 11. 1832.

Allgemein bekannte große Nachteile der bisherigen Einrichtung des Zehntwesens. Die Mittel zur Abhilfe: Ablösung des Zehnten oder veränderte Erhebungsweise.
Stand der Gesetzgebung in anderen deutschen Staaten: Bayern, Großherzogtum Hessen, Kurhessen, Königreich Sachsen. In Württemberg blieb die Gesetzgebung bei der Ablösbarkeit von Blut- und Heuzehnten im staatlichen Einflußbereich stehen; die mehrjährigen Verpachtungen der fiskalischen Zehnten haben in gewisser Art die Verwandlung in eine ständige Rente vorbereitet.
Die Kommission für den vorliegenden Entwurf, mit welcher sich die Ministerien der Justiz, des Innern und der Finanzen einverstanden erklärt haben, ist von der Ansicht ausgegangen, daß der Weg der Ablösung dermalen nicht mit günstigem Erfolge weiter versucht werden könnte, weil die dazu nötigen Kapitalien sich entweder nicht oder wenigstens nur selten in den Händen der Zehentpflichtigen befinden, weil die Nachfrage nach jenen einerseits eine Erhöhung des Zinsfußes, anderseits ein Sinken der Güterpreise zur Folge haben und so eine Maßregel, die in einer Beziehung als eine Wohltat erscheinen soll,

in anderer überwiegenden Schaden bringen könnte, weil die etwaige teilweise Übernahme des Ablösungskapitals auf die Staatskasse eine kaum zu rechtfertigende Begünstigung der Zehentpflichtigen auf Kosten der übrigen Steuerkontribuenten wäre etc. Einverstanden mit der Ansicht der Kommission, glauben wir dafür die weiteren Betrachtungen anführen zu müssen, daß, da den Grundbesitzern schon durch die Ablösungsgesetze vom 18. November 1817[1]) und 23. Juni 1821[2]) so vielfache und seither verhältnismäßig wenig benützte Gelegenheit zu Benützung ihrer disponibeln Kapitalien für Erleichterung ihrer Grundabgaben gegeben ist, eine ähnliche Maßregel wegen des Zehenten gegenwärtig noch weniger dringend erscheint, hauptsächlich aber, daß die Annahme derselben von Seite der Ersten Kammer höchst zweifelhaft wäre, da die Standesherrn sich bis jetzt nicht einmal den obenerwähnten Ablösungsgesetzen unterworfen haben und die Frage von ihrer Verbindlichkeit hiezu auf eine Entscheidung der Bundesversammlung ausgesetzt ist, endlich daß, wollte die Regierung auch nur, wie anderwärts geschehen, Verwandlung oder Ablösung des Zehenten in einem Gesetzesentwurfe vorschlagen, schon hierdurch wieder das Schicksal des Entwurfes gefährdet sein und leicht, bei Verwerfung des ganzen Gesetzes, auch die Vorteile der Verwandlung für die Pflichtigen verlorengehen könnten. In jeder Rücksicht scheint es also am angemessensten zu sein, dermalen mit Umgehung der Ablösung nur eine veränderte Erhebungsweise in Vorschlag zu bringen.

Der Gesetzesentwurf ist auf eine Verwandlung aller Zehenten von Bodenerzeugnissen sowie der nach dem Gesetze vom 23. Juni 1821[2]) mit dem 16fachen Betrag ablösbaren Teilgebühren (des Staats, der Hofdomänenkammer, der unter der Oberaufsicht der Regierung stehenden Korporationen, Pfarreien etc. und der Privaten) in eine jährliche Rente gerichtet. Derselbe begreift namentlich auch die bereits angefallenen Novalzehnten, wogegen wegen Aufhebung des Rechtes zum Zehentbezug aus künftigen Neubrüchen ein eigenes Gesetz zugleich mit dem vorliegenden Entwurfe an die nächste Ständeversammlung gebracht werden soll. Auf die ohnedies nach einem billigen Maßstabe ablösbaren Blutzehenten kann die Verwandlung nicht ausgedehnt werden, weil es an einem Objekte fehlt, auf welches die Rente gegründet werden könnte.

Folgendes sind die Hauptzüge des Entwurfes:

a) Die Verwandlung ist auf Seite der Pflichtigen freiwillig, auf Seite der Berechtigten unfreiwillig.

b) Sie kann nur für eine ganze Markung zumal oder wenigstens für alle Weinzehentgefälle einer Markung verlangt werden.

c) Die jährliche Rente, nach deren Festsetzung alle Naturalverzehntung für immer aufhört, muß den ganzen bisherigen Reinertrag des Zehenten darstellen, welcher Reinertrag entweder aus Berechnungen oder durch Schätzung erhoben wird.

d) Die Rente muß je von einer Markung aus einer Hand gereicht werden und zwar bei geteilten Markungen durch die Gemeinde, welche den Einzug besorgt und für das ganze Gefäll haftet.

---

[1]) Nr. 44.
[2]) Nr. 91.

Während wir ad b) uns erlauben werden, bei Abhandlung der einzelnen Artikel eine Abänderung vorzuschlagen³), sind wir im übrigen mit diesen Hauptgrundsätzen einverstanden. Daß die Verwandlung in die Willkür der Pflichtigen gestellt bleiben muß, folgt aus der Richtung des ganzen Gesetzes, das nichts anderes beabsichtigt, als denselben eine Erleichterung, eine Wohltat zu gewähren. Unerläßlich ist dagegen die Nötigung auf Seite der Berechtigten, wenn die Erreichung des erwähnten Zweckes gesichert werden soll. Anders jedoch als gegen volle Vergütung des seitherigen Reinertrags können die Berechtigten ohne Verletzung aller Billigkeit nicht angehalten werden, die Verwandlung anzunehmen, ebensowenig als ihnen zugemutet werden kann, sich letztere rücksichtlich einzelner kleinerer Teile ihres Zehentrechts auf einer Markung gefallen zu lassen und dadurch eine Zersplitterung ihrer Verwaltung zu erleiden. Die Gewährung der Rente aus einer Hand, ferner bei geteilten Markungen die Verwaltung jener durch die Gemeinde und die Haftung von Seite der letzteren sind wesentliche Bestimmungen, die zum Gelingen der ganzen Maßregel wirksam beitragen werden.

Abänderungsvorschläge des Geheimen Rats zu den einzelnen Artikeln des Entwurfs. U. a. scheint die vorgesehene Geldrente für alle Produkte außer Halm- und Hülsenfrüchten angesichts des schwankenden Geldwertes kein angemessenes Surrogat zu sein; der Geheime Rat empfiehlt daher bei Weinzehnten die Verwandlung in eine feste Naturalrente, die jeweils in 20jährigen Durchschnittspreisen zu ³/₄ der bürgerlichen Weinpreise gezahlt wird; die übrigen Kleinzehntfrüchte sollen in eine Getreiderente verwandelt werden. Ebenso wendet sich der Geheime Rat gegen das im Entwurf vorgesehene „Nachlaßsystem" – bei Beschädigung durch Hagel oder Feindesgewalt, aber auch wenn die Ernte durch Mißwachs um mehr als 50 % des durchschnittlichen Rohertrags vermindert worden ist, sollte nach dem Entwurf die Rente nach Verhältnis des Schadens herabgesetzt werden –: Dies widerspreche der Verwandlung in eine dauerhafte Grundrente und dem Interesse des Zehntberechtigten, der auf künftige höhere Erträge verzichte und dafür wenigstens durch den Vorteil der einfacheren Verwaltung entschädigt werden müsse.

Die Motive zu dem von uns neu redigierten Gesetzesentwurf werden demnächst durch die Ministerien des Innern und der Finanzen [...] einer durchgreifenden Umarbeitung zu unterwerfen sein, wobei unseres Erachtens mit besonderer Sorgfalt darauf zu sehen wäre, daß aus der Fassung derselben alles entfernt bleibe, was bei einer oder der anderen Kammer einen vielleicht dem Gesetze selbst nachteiligen Eindruck hervorbringen könnte. [...]⁴)

---

³) Der Geheime Rat schlug neben der Verwandlung der Zehnten oder wenigstens der Weinzehnten von einer Markung als weitere Alternative vor: Verwandlung aller Zehnten außer dem Weinzehnten, wobei für die Flächen, für die die Verwandlung geschieht, alle Zehntrechte für immer aufhören sollen.

⁴) Das Ministerium brachte den revidierten Gesetzesentwurf über Verwandlung der Zehenten und Teilgebühren in ständige Renten am 13. 2. 1833 in der Zweiten Kammer ein (KdA 1833 I, 22, S. 50–60, Motive dazu ebd., S. 60–78). Der Entwurf wurde auf dem zweiten Landtag 1833 nicht mehr vorgelegt. Vgl. Darstellung, S. 441 f.
Als die Kammer der Abgeordneten in einer Petition vom 18. 9. 1833 darum ersuchte, „einen Gesetzesentwurf in betreff der Befreiung des Grund und Bodens von dem Zehenten gegen Entschädigung in möglichster Bälde gnädigst einbringen zu lassen", also offensichtlich die Ablösung wünschte (E 33/34, G 376 I, Q 10; KdA 1833 II, 60, S. 51 ff), wurden

Nr. 140   1840 Mai 13, Stuttgart

Gutachten des Geheimen Rats zu einem Bericht des Finanzministeriums über die Zehntfrage

E 221, Bü 2620, Q 70 Beilage. Ausfertigung. Unterschrift: Maucler. Referent: Staatsrat v. Gärttner; Korreferent: Geheimer Rat v. Leypold. Vgl. Anm. 8 und 9.

In der in so manchfacher Hinsicht wichtigen, aber auch schwierigen Angelegenheit der Verwandlung oder Ablösung der Zehnten ist seit der Einbringung eines Gesetzesentwurfs auf dem ersten (vergeblichen) Landtage von 1833 von der Regierung den Ständen gegenüber nichts Weiteres geschehen[1]).

Auf dem zweiten Landtage von 1833 (18. September) bat die Kammer der Abgeordneten, in möglichster Bälde einen Gesetzesentwurf in betreff der Be-

---

Innen- und Finanzministerium auf Gutachten des Geheimen Rates beauftragt, Bericht über die Petition zu erstatten (Anbringen des Geheimen Rates vom 5. 10. 1833; E 33/34, G 376 I, Q 12). In dem Schriftwechsel der beiden Ministerien zu dieser Angelegenheit zeigten sich zum erstenmal deutlicher Meinungsverschiedenheiten zwischen beiden Ressorts und den beiden Departementchefs Schlayer und Herdegen in der Zehntfrage: Während das Innenministerium die Zehntverwandlung nur aus Rücksicht auf den zu erwartenden Widerstand der Ersten Kammer bejahte und es im übrigen als das System der Regierung bezeichnete, „daß keine Privatschuld unablösbar binden kann" (Note an das Finanzministerium vom 14. 4. 1834; E 221, Bü 2619, Q 49), bemerkte das Finanzministerium in seiner Note vom 23. 5. 1834, „daß der Grundsatz der Ablösbarkeit aller Grundlasten von Seite der diesseitigen Staatsregierung noch nirgends ausgesprochen worden, daß selbst wenn alle vorbereiteten Gesetzesentwürfe Gesetzeskraft erhalten, noch viele auf Grund und Boden haftenden Leistungen vor der Hand unablösbar bleiben und die Gefällablösung kein so tief gefühltes Bedürfnis zu sein scheint" (E 146, Bü 80, Q 19).
In dem gemeinsamen Vortrag vom 23. 5. 1834 traten die Minister dafür ein, den Gesetzentwurf über Verwandlung der Zehnten nach Wiedereröffnung des Landtags erneut vorzulegen und damit auch den Weg für die künftige Ablösung zu bahnen (E 33/34, G 376 I, Q 14). In seinem Anbringen hierzu vom 18. 6. 1834 glaubte der Geheime Rat „ein Gesetz über die gänzliche Ablösung der Zehenten noch nicht als nahes, dringendes Bedürfnis ansehen zu müssen", befürwortete es aber, den vorliegenden Gesetzentwurf wieder einzubringen, „da überhaupt eine zeitgemäße Reform des Zehentwesens auch in anderen Ländern mehr und mehr als unabweisliche Forderung der wichtigen Interessen der Landwirtschaft erkannt wird" und da gegen den Grundsatz der Zehntverwandlung auch von seiten des Deutschen Bundes und der Standesherren weniger staatsrechtliche Bedenken vorgebracht werden könnten (E 33/34, G 376 I, Q 15 f). Durch Dekret vom 10. 9. 1834 entschied König Wilhelm jedoch, man solle vorerst den Erfolg der ständischen Beratungen über die bereits eingebrachten Ablösungsgesetzentwürfe abwarten (ebd., Q 18). Als die Kammer der Abgeordneten am 1. 6. 1836 an ihre Petition vom 18. 9. 1833 erinnerte (ebd., Q 19; KdA 1836, 66, S. 2), sprach sich der Geheime Rat aus politischen wie aus Zeitgründen dagegen aus, den Gesetzentwurf noch auf diesem Landtag wiedereinzubringen: Über das Schicksal der vorliegenden Ablösungsgesetzentwürfe in den Beratungen der beiden Kammern war noch nicht endgültig entschieden; auch mußte der Zehntgesetzentwurf zunächst noch einmal überprüft werden (Anbringen vom 11. 6. 1836; E 221, Bü 2619, Q 57; E 33/34, G 376 I, Q 20; Korreferent v. Leypold, der schon 1834 mit Hinweis auf die Fortschritte in anderen deutschen Staaten die Ablösung und gänzliche Aufhebung des Zehntverbandes für wünschenswert erklärt und nur wegen des Widerstandes der Mediatisierten die Zehntverwandlung als den praktikabelsten Ausweg befürwortet hatte (ebd., Q 16), hielt auch jetzt eine Veränderung im Zehntwesen für weit dringlicher als die Ablösung der Fronen, empfahl jedoch angesichts der geringen Erfolgsaussichten, jede Regierungsinitiative in dieser Frage einstweilen zu unterlassen; ebd., Q 21). Der König genehmigte das Anbringen am 15. 6. 1836 (ebd., Q 22). Zur weiteren Entwicklung der Zehntfrage vgl. Nr. 140.
[1]) Vgl. zur Entwicklung der Zehntfrage seit dem 1. Landtag von 1833 Nr. 139, Anm. 4.

freiung des Grund und Bodens gegen Entschädigung einbringen zu lassen. Die Kammer der Standesherrn hatte die Teilnahme an dieser Bitte abgelehnt.

Am 1. Juni 1836 brachte die Zweite Kammer jenes untertänigste Gesuch in Erinnerung, und vom 3. Juli 1839 liegt eine neue Bitte derselben vor, welche dahin lautet:

es möchte ein Gesetzesentwurf, der die Bestimmungen des II. Edikts vom 18. November 1817 und des Gesetzes vom 23. Juni 1821 zum Zwecke der Ablösung der auf dem Grundeigentum haftenden Zehnten oder Verwandlung derselben in ständige Renten näher entwickle und ausführe, vorgelegt werden; und es möchte die Regierung zunächst dahin wirken, daß da, wo der Staat selbst zehntberechtigt ist, vorerst die Ablösung oder Verwandlung durchgeführt werde[2]).

Auch zu diesem Gesuche hatte die Kammer der Standesherrn ihren Beitritt verweigert.

Auf die obenerwähnte erste Bitte vom 18. September 1833 wollten Eure Königliche Majestät nach höchstem Dekret vom 10. September 1834 vorerst den Erfolg der ständischen Beratungen über die sonstigen Ablösungs- etc. -gesetze abwarten, um in betreff des Zehntwesens Höchstihre endliche Entschließung zu fassen; und auf die Eingabe vom 1. Juni 1836 erklärten Eure Majestät Sich mit den Ansichten des Geheimen Rates einverstanden, daß ein Gesetzesentwurf über die fragliche Materie auf dem Landtage von 1836 nicht mehr einzubringen, auch jedenfalls der ältere Entwurf einer nochmaligen Durchsicht zu unterwerfen wäre.

Ein Anbringen des Finanzministerium in betreff der mehrjährigen Fruchtzehntverpachtungen gab Höchstdenselben Veranlassung, am 27. Februar 1838 Gutachten von jenem zu fordern, ob nicht über die Ablösung der Kleinzehnten, Heuzehnten, Weinzehnten etc. der Finanzverwaltung, der Gemeinden und Stiftungen ein Gesetzesentwurf einzubringen sein möchte. Der von dem Finanzministerium hierauf erstattete Bericht äußerte sich gegen die Ablösung im allgemeinen wie hinsichtlich einzelner Zehntgattungen oder Klassen von Berechtigten und für die Wiederaufnahme des Entwurfes zur Verwandlung vom Jahre 1833. Eure Königliche Majestät aber erklärten Sich nach höchstem Dekrete vom 29. März 1838 der Verwandlung nur für die großen Fruchtzehnten geneigt und beauftragten das Finanzministerium, die Ablösung der Weinzehnten und Kleinzehnten des Staatskammergutes, der Gemeinden und Stiftungen durch einen eigenen Gesetzesentwurf in Gemeinschaft mit dem Ministerium des Innern vorzubereiten[3]).

---

[2]) KdA 1839, Beil.H. 3, S. 638 f. Innen- und Finanzministerium wurden durch Staatssekretariatsnote vom 5. 9. 1839 zum Bericht aufgefordert, „ob und was etwa nach der gegenwärtigen Lage der Umstände auf die dasfällige Bitte der Kammer der Abgeordneten zu tun sein möchte". In ihrem Bericht vom 12. 1. 1841 (E 33/34, G 373 I, Q 55) konnten die Minister sich weitgehend auf das vorliegende Gutachten des Geheimen Rats vom 13. 5. 1840 beziehen.

[3]) E 221, Bü 2619, Q 57 ff. In seinem Bericht vom 23. 3. 1838 (ebd., Q 59) erneuerte der Finanzminister die früheren Bedenken gegen die Ablösbarkeit der Zehnten: Auch Ablösungsbestimmungen, die auf Staatskammergut, Gemeinden und Stiftungen beschränkt sind, würden auf den Widerstand der 1. Kammer stoßen und zudem eine Rechtsungleichheit unter den Staatsbürgern und damit einen weiteren Grund zur Unzufriedenheit schaffen. Bei umfangreichen Ablösungen entsteht für die Berechtigten die Schwierigkeit, die ein-

Auf eine Mitteilung des Finanzministerium in der Sache gab das Ministerium des Innern gegen jenes seine Ansicht im wesentlichen dahin ab:

a) Zwischen Groß- und Kleinzehnten wäre in Hinsicht auf Ablösung oder Verwandlung nicht zu unterscheiden.

b) Überwiegende Gründe sprächen für die Ablösung, mit der jedoch zugleich die Befugnis zur Verwandlung in eine ständige Rente zu verbinden wäre. Indessen biete die Württemberg eigentümliche Beschaffenheit des Weges der Gesetzgebung ein besonderes Motiv dar, nur Schritt für Schritt zu gehen und mit Einzelnem anzufangen. Werde Bedenken genommen, die allgemeine Ablösbarkeit der Zehnten schon jetzt vorzuschlagen, so liege doch

c) kein hinreichender Grund vor, die Beschränkung der beabsichtigten legislativen Maßregel auf die Verwandlung in Antrag zu bringen. Vielmehr werde der Weinzehnte zu beliebiger Ablösung oder Verwandlung zu bestimmen und nur eine von der gleichzeitigen Verwandlung oder Ablösung des Großzehnten getrennte Ablösbarkeit des Kleinzehnten zu vermeiden sein.

d) Hauptsächlich in Rücksicht auf die partikulären Verhältnisse, die wegen der Standesherrn vorwalten, wäre zwischen Privaten und öffentlichen Verwaltungen zu unterscheiden, so daß das in Frage stehende Gesetz sich nur auf die Zehntgefälle des Staates und der Körperschaften mit Inbegriff der Kirchenpfründen bezöge[4]).

---

kommenden Gelder wieder nutzbringend für den Grundstock zu verwenden. Derzeit bieten die Gesetze von 1836 den Pflichtigen noch hinreichende Ablösungsmöglichkeiten. Groß- und Kleinzehnten kann man sinnvoll nur zusammen ablösen, da sie von dem gleichen Feld erhoben werden. So erscheint die Wiederaufnahme des Gesetzentwurfs von 1833 über die Verwandlung der Zehnten ratsam.
König Wilhelm erließ daraufhin am 29. 3. 1838 an das Finanzministerium folgendes Dekret (E 221, Bü 2619, Q 60): „Ich habe dessen Bericht vom 23. dieses Monats, die Ablösung oder Verwandlung der Zehnten betreffend, eingesehen.
Da Ich aber die Überzeugung gewonnen habe, daß die Erhebung der Zehnten als einer lästigen und den Fortschritten der Landwirtschaft im Wege stehenden Abgabe in die Länge sich nicht mehr wird halten können und daß daher früher oder später nach den Vorgängen in den benachbarten Großherzogtümern Baden und Hessen auf völlige Befreiung des Bodens von dieser Abgabe mittelst Ablösung derselben der Bedacht wird genommen werden müssen, so weiß Ich den von dem Finanzministerium gestellten Antrag auf Wiederaufnahme und Revision des auf die Verwandlung der Zehnten und Teilgebühren in ständige Renten gerichteten Gesetzesentwurfs vom Jahre 1833 nicht in seiner Allgemeinheit, sondern nur mit Beschränkung auf die großen Fruchtzehnten zu genehmigen.
Was dagegen die Weinzehnten und Kleinzehnten anbelangt, so ist wegen Ablösung derselben im 20fachen Maßstab in der dem Finanzministerium schon früher bezeichneten Ausdehnung (nämlich insoweit diese Zehentgefälle von der Finanzverwaltung sowie von den Gemeinden und Stiftungen bezogen werden) schon jetzt ein Gesetzesentwurf vorzubereiten und in der Art zu beschleunigen, daß solcher auf dem nächsten ordentlichen Landtag eingebracht werden kann.
Das Finanzministerium hat hiernach gemeinschaftlich mit dem Ministerium des Innern das Weitere zu besorgen."

[4]) In seiner Note an das Finanzministerium vom 3. 5. 1838 (E 221, Bü 2619, Q 62) beurteilte der Innenminister ebenfalls partielle Zehntverwandlungen oder Ablösungen als unzweckmäßig, betonte aber erneut unter Hinweis auf die Gesetzgebung von Hessen-Darmstadt und Baden, der natürliche Gang der Gesetzgebung führe auf die allgemeine Ablösbarkeit der Zehnten hin. Auch werde der Widerstand gegen die Ablösbarkeit der Zehnten kaum sehr viel größer sein als gegen ihre Verwandlung, „so daß man in dieser Beziehung nur die Wahl hat, mit der Opposition in mehreren einzelnen Gefechten oder in einem einzigen Hauptkampfe sich zu versuchen". Bei den württembergischen Verhältnissen hielt es der Innenminister für besser, nur schrittweise voranzugehen, er wollte aber bei allen künftigen Ablösungsgesetzen das standesherrliche Eigentum ausnehmen und so die Wiederkehr

Nach Empfang dieser Mitteilung des Ministerium des Innern erstattet nun das Finanzministerium über den Gegenstand den anliegenden weiteren untertänigsten Bericht [...]⁵). [...]

Die Meinung des Ministerium des Innern ist in zwei Punkten unzweifelhaft: im ersten, daß, solange das der Mehrzahl der Standesherrn zugestandene Kompromiß auf die Bundesversammlung nicht zugunsten der Rechte der Krone erledigt ist, von allen künftigen legislativen Maßregeln, welche die gezwungene Ablösung oder Umwandlung gutsherrlicher Rechte betreffen, das standesherrliche Eigentum immer ausdrücklich auszunehmen und aus diesem Grunde ein Gesetz wegen der Zehnten überhaupt nicht auf die den Privaten zuständigen auszudehnen sei; im zweiten Punkt, daß der Weinzehnte zur Ablösung oder Verwandlung freizugeben wäre. Minder entschieden hat sich das Ministerium des Innern wegen der großen und kleinen Zehnten ausgesprochen, wie wir oben näher ausgeführt haben; indessen scheint dasselbe hier einer Verwandlung oder Ablösung nach der Wahl der Pflichtigen geneigter zu sein als der bloßen Verwandlung.

Das Finanzministerium bleibt bei seiner einer derzeitigen Ablösung überhaupt nicht günstigen Ansicht. Eine allgemeine Reform in Ansehung der Grundlasten, sagt dasselbe, sei eine so tief eingreifende Maßregel, daß sie nur allmählich ausgeführt werden könne. Sie finde überall Widerspruch von Seite des ritterschaftlichen Adels und der Standesherrn; daher auch das Ablösungsgesetz vom 23. Juni 1821 auf die Gefälle des Staates beschränkt worden sei. Die durch frühere Gesetze den Pflichtigen eröffnete Gelegenheit, sich in ihren Grundabgaben zu erleichtern, sei noch lange nicht erschöpft; sie sei durch die Ablösungsgesetze von 1836 bedeutend erweitert worden. In dem Entwurfe von 1833 wegen der Zehnten sei man mit reifem Bedacht bei der Verwandlung stehengeblieben: weil diese noch leichter und schneller als die Ablösung die Nachteile des Naturalzehnten aufhebe; weil für die Ablösung eine unverhältnismäßig starke Nachfrage nach den nötigen Kapitalien, eben damit ein Steigen des Zinsfußes und infolge hiervon ein den Grundbesitzern selbst wieder nachteiliges Sinken der Güterpreise eintreten würde; weil auf der andern Seite die Verlegenheit der Berechtigten, die Ablösungskapitale wieder anzulegen, alle Rücksicht verdiene; weil endlich in der Ersten Kammer für die Verwandlung allein sich eine Mehrheit eher hoffen lasse.

Auch einer auf die Wein- und kleinen Zehnten des Staats, der Körperschaften und Kirchenpfründen beschränkten Ablösung werden die Standesherrn,

---

des 1836 eingetretenen, „mit dem Untertanenverhältnisse und dem Begriffe der Staatsgewalt im grellsten Widerspruch stehenden" Falles vermeiden, „daß die Anwendung eines allgemeinen Gesetzes für abhängig von dem guten Willen eines unter seinen Bestimmungen mitbegriffenen Beteiligten erklärt werden muß"; zugleich würden dadurch der Opposition in der Ersten Kammer die Hauptargumente entzogen. Der Minister trug daher darauf an, die Verwandlung aller Arten von Zehnten und Teilgebühren in ständige Renten gesetzlich zu ermöglichen, bei den Zehntgefällen von Staat, Körperschaften und Kirchenpfründen darüberhinaus die Ablösung der Weinzehnten zu gestatten und bei gleichzeitiger Verwandlung der großen Zehnten auch die kleinen Zehnten für ablösbar zu erklären; er erwog ferner, ob der Staat nicht durch niedrig verzinsliche Vorschüsse die Ablösung nach dem Vorbild anderer deutscher Staaten, vor allem Hessen-Darmstadts, begünstigen solle.

⁵) Bericht vom 22. 5. 1838; E 33/34, G 376 I, Q 23.

vielleicht die Mitglieder der Ersten Kammer in der Mehrzahl, sich entgegensetzen aus Gründen, die der Bericht näher anführt, die wir jedoch kaum zu wiederholen brauchen werden; die Staatskasse sei jetzt schon manchmal in Verlegenheit mit Wiederanlegung von Ablösungskapitalien für den Grundstock. Es sei unangemessen, ein Gesetz zu erteilen, welches nur für gewisse Klassen von Beteiligten verbindlich wäre, somit eine Rechtsungleichheit einführte. Die Ablösung der kleinen Zehnten ohne gleichzeitige Verwandlung oder Ablösung der großen würde überdies zu großer Verwirrung im Zehntwesen und unabsehbaren Streitigkeiten führen.

Der Schlußantrag des Finanzministerium ist auf Wiedereinbringung des Verwandlungsentwurfes vom Jahre 1833 nach nochmaliger Durchsicht und in dem Zeitpunkte, wo die Vollziehung der bereits gestatteten Gefällablösungen ihrem Ziele nahegerückt wäre, gerichtet.

Wie sich aus der Note des Ministerium des Innern nicht entnehmen läßt, daß dasselbe den vorliegenden Gegenstand zu den dringenderen zählte, so ist aus dem Schlußantrage des Finanzministerium zu erkennen, daß dieses, indem es den Vollzug der Ablösungsgesetze von 1817, von 1821, von 1836 erst nahe zum Ziele kommen lassen will, eine Maßregel wegen des Zehnten noch in ziemliche Ferne stellt.

Seit der kurzen Zusammenstellung, welche wir in unserem Gutachten vom 21. November 1832[5a]) über den Verwandlungsentwurf von den legislativen Maßregeln anderer deutscher Regierungen behufs der Verwandlung oder Ablösung der Zehnten gegeben haben, ist unseres Wissens nur in dem Großherzogtum Baden ein weiterer und zwar durchgreifender Schritt durch Verkündung des Zehntablösungsgesetzes vom 15. November 1833 geschehen.

Dieses Gesetz, wenn es gleich in seiner Ausführung dem Vernehmen nach manchfachen Schwierigkeiten begegnet, schreitet doch in seinem Vollzuge vorwärts, und es ist bei den vielen nachbarlichen Berührungen Württembergs mit Baden nichts natürlicher, als daß schon aus diesem Grunde auch bei uns das Verlangen nach Entfernung der Zehntlast sich immer wieder äußert.

Auf einer Seite sind es die Ansprüche der zu dieser Abgabe Pflichtigen auf eine zeitgemäße Erleichterung, auf Eröffnung eines gesetzlichen Weges, sich von derselben zu befreien; es sind die in Württemberg, einem eigentlichen Agrikulturstaate, besonders wichtigen Interessen der Landwirtschaft, die sich durch den Zehnten in ihrem sonst so erfreulichen Vorschreiten vielfach gehemmt sieht; es sind also sehr bedeutende staats- und privatwirtschaftliche Rücksichten, welche das Begehren nach einer Zehntreform rechtfertigen.

Auf der andern Seite sind es die nicht minder gerechten Ansprüche der großen Zahl von Berechtigten auf Schutz in ihrem durch den längsten Besitz geheiligten Eigentume; es sind ungewöhnlich gewichtige Interessen der nach der Verfassungsurkunde in ihrem wesentlichen Bestande zu erhaltenden Kammergüter, vieler Gemeinden, Stiftungen, Pfarreien, der standesherrlichen und ritterschaftlichen Familien etc., welchen bei einer solchen Reform alle Beachtung und Schonung zu gewähren ist und die, weil sie so viele allgemeinere und Privatvermögensverhältnisse wesentlich berühren, selbst vom staatswirt-

---

[5a]) Nr. 139.

schaftlichen Standpunkte aus wieder eine besondere Aufmerksamkeit verdienen.

Um zu ermessen, von welch großer Bedeutung die vorliegende Frage ist und in welchem Grade eine Reform, je nachdem sie einträte, auf das Staatsvermögen im engeren Sinne und auf die ökonomischen Verhältnisse der übrigen obengenannten Berechtigten einwirken würde, genügt es zu wissen, daß nach einer zwar ungefähren, jedoch eher zu niedrigen als zu hohen Schätzung der Wert sämtlicher Zehntrenten in Württemberg, wenn man den reinen Jahresertrag 20fach nimmt, 60 Millionen, 25fach 75 Millionen Kapital darstellt, wovon dem Staatskammergute allein etwa 25 oder 31 Millionen zukommen.

Wenn, wie das Finanzministerium sagt, schon bisher rücksichtlich der Wiederanlegung von Ablösungskapitalien für den Grundstock Verlegenheit eingetreten ist, wie sollte die nützliche und sichere Wiederverwandlung einer Summe bewerkstelligt werden, die mehr als die gesamte Staatsschuld beträgt?

Übergehend zu der Erwägung, ob und welche Schritte von Seite der Regierung weiter in der Materie zu tun sein möchten, glauben wir

1. voranstellen zu dürfen, daß uns eine besondere, der Hauptreform vorgängige Behandlung des Weinzehnten wie der Kleinzehnten nicht geraten und überdies, was die letzteren betrifft, kaum tunlich erscheinen würde. Diese Untunlichkeit beruht teils auf dem engen Zusammenhange, der zwischen den großen und den kleinen Zehntsorten stattfindet, teils auf der sehr häufigen Verschiedenheit der Berechtigten zu dem einen und dem andern Zehnten, zwischen denen obenein manchmal die Frage, was zum großen und was zum kleinen Zehnten gehöre, hinsichtlich einzelner Sorten im Streite liegt; sodann auch auf den Nachteilen, mit welchen nach Verwandlung oder Ablösung des kleinen Zehnten der Inhaber des großen durch das Streben des Feldbauers bedroht wäre, die Kultur der kleinen Zehntfrüchte auszudehnen. Endlich würde es an sich ein unpassendes Verhältnis sein, wenn ein und dasselbe Grundstück je nach seinem Einbaue das eine Jahr den Zehnten zu reichen hätte, im andern davon befreit wäre. Daher ist auch das Ministerium des Innern darin, daß eine von gleichzeitiger Verwandlung oder Ablösung des Großzehnten getrennte Ablösbarkeit des Kleinzehnten nicht anginge, mit dem Finanzministerium einverstanden. Selbst ein besonderes Vorgehen bezüglich des Weinzehnten böte einen Teil der ebenerwähnten Bedenken dar. Die Rebfelder sind gar nicht selten z. B. wegen des Obstes zugleich dem Kleinzehntherrn pflichtig, was sie dann bei bloßer Verwandlung oder Ablösung des Weinzehnten noch bleiben würden. Angenommen, es träte heute eine Maßregel zu Beseitigung des Weinzehnten von einer ganzen Markung ein, so würde es doch bei dem Wechsel, der auch in der Wahl der Grundstücke zum Weinbaue stattfindet, in nicht ferner Zeit wieder einzelne Rebfelder geben, die, weil sie zur Zeit des Eintretens jener Maßregel einer anderen Bestimmung dienten und eben darum von derselben nicht ergriffen wurden, noch der Zehntpflichtigkeit unterliegen. Nächstdem aber scheint in der Tat kein zureichender Grund vorzuwalten, warum die Verwandlung oder Ablösung dem Weinbauer gewährt werden, dem Ackerbauer hingegen versagt bleiben sollte. Wollte man eine Reform in Ansehung des Weinzehnten auf alle Berechtigten ausdehnen, so ist leicht vorauszusehen, welches Schicksal einen solchen Entwurf in der Ersten Kammer treffen würde.

Wollte man bei den Zehnten des Staates, der Gemeinden und Stiftungen stehenbleiben, so würde selbst diese Proposition als ein Anfang zu der allgemeineren Reform angesehen und an dem erwähnten Orte lebhaft bekämpft werden. Eine solche Beschränkung müßte überdies nur Unzufriedenheit da erregen, wo der Weinzehnte anderen als den genannten Berechtigten zusteht. Wo zu allem endlich noch der wichtige Umstand kommt, daß der Weinzehnte, soweit er dem Staate gehört, also, wie man etwa annehmen kann, zu zwei Dritteilen des Ganzen[6]), fast durchgängig nicht mehr in Natur erhoben wird, sondern durch lange Akkorde mit den Pflichtigen eine Verwandlung bereits erfahren hat, bei der es wohl auch in der Zukunft bleiben wird.

2. Die allgemeine Reform würde das Finanzministerium in späterer Wiederaufnahme des Verwandlungsentwurfes vom Jahre 1833, der dann für alle Berechtigten Gesetz werden soll, das Ministerium des Innern in der in die Willkür der Pflichtigen zu stellenden Verwandlung oder Ablösung mit ausdrücklicher Ausnahme der in Privathänden befindlichen Zehnten finden.

In einem Vortrag vom 23. Mai 1834 äußerten sich noch beide Ministerien übereinstimmend für die Verwandlung und den früheren Gesetzesentwurf, und der Geheime Rat stimmte in seinem Anbringen vom 18. Juni 1834 zu[7]). Doch waren wegen der Zehntverwandlung 1833 vorgängige Verhandlungen der Regierung mit den standesherrlichen Häusern geplant. Es entsteht nun die Frage, ob auch diesmal vor Einbringung eines Gesetzes mit den Standesherrn und der Ritterschaft verhandelt werden soll.

Eine solche Vorbereitung würde wohl dann zu unterlassen sein, wenn nach dem Vorschlag des Ministerium des Innern ein neuer Gesetzesentwurf nur den Zehntrechten des Staates, der Körperschaften und der Kirchenpfründen gälte. So beschränkt, würde der Entwurf zwar in der Kammer der Abgeordneten durchzubringen sein, obschon weder die Abgeordneten des ritterschaftlichen Adels, noch die Repräsentanten der katholischen Kirche für denselben stimmen würden; allein in der Kammer der Standesherrn wäre sein Schicksal mindestens sehr zweifelhaft.

Zu der letzteren Rücksicht kommen aber noch andere Betrachtungen, die, wie uns vorläufig scheint, gegen eine so empfindliche Trennung der Pflichtigen in zwei Klassen angeführt werden können, deren eine zu Verwandlung oder Ablösung, je nachdem das Gesetz gestellt würde, berechtigt (privilegiert) wäre, während die andere von diesem Vorteil ausgeschlossen bliebe. Wenngleich die Bitte der Zweiten Kammer vom 3. Juli 1839 neben dem Verlangen einer allgemeinen Maßregel darauf gerichtet ist, daß zunächst in den Zehntbezirken des Staates die Ablösung oder Verwandlung durchgeführt werde, während übrigens gerade von diesen Bezirken gesagt werden kann, daß die Verwandlung zum bei weitem größeren Teile mittelst der langjährigen Verträge, die mit den Gemeinden geschlossen sind, bereits bewirkt ist, so hat es doch mancherlei Bedenken, die Württemberger in Ablösungssachen, und hauptsächlich nur in diesen, aufs neue gleichsam in zwei Hälften zu scheiden.

---

[6]) Vgl. Darstellung, Kap. 3, Anm. 370.
[7]) Vgl. Nr. 139, Anm. 4.

Von den drei Ablösungsgesetzen von 1836 sind die zwei ersten (Beden, Fronen) allen Pflichtigen gleich zugut gekommen; das dritte (Leibeigenschaft) hat die Ungleichheit, die zwischen denselben eine Reihe von Jahren hindurch noch bestanden, vollends gehoben. Gewiß sind diese Gesetze in den sogenannten mittelbaren Bezirken mit großem Danke aufgenommen worden; wie denn jede Einrichtung, durch welche dieselben den unmittelbaren Untertanen gleichgestellt werden, in der Regel nur günstig für die Regierung wirken kann, welche nebenbei den Vorteil erreicht, daß sich die besondere Angehörigkeit der Grundholden zu ihrem Grundherrn mehr und mehr auflöst. Ohne Zweifel ist es diese größere politische Rücksicht, die auch andere Regierungen abgehalten hat – wenigstens nach den uns bekannten Ablösungsgesetzen –, von den durch diese bereiteten Erleichterungen eine Ausnahme zum Nachteile der Bewohner von Bezirken oder Orten der Standesherrn und des Adels zu machen. In Württemberg aber würde es, nachdem die Regierung ernstlicher angefangen hat, in der fraglichen Beziehung für alle Pflichtigen gleich zu sorgen, und nachdem die standesherrlichen und ritterschaftlichen Grundholden kaum begonnen haben, dieser Gleichheit sich zu freuen, einen doppelt widrigen Eindruck machen, wenn die Regierung, die betretene Bahn schon wieder verlassend, nochmals zur Stiefmutter der ebengenannten Bezirke würde. Wenn wir daher für die von dem Ministerium des Innern vorgeschlagene besondere Behandlung der Zehntrechte des Staates, der Körperschaften und Kirchenpfründen uns vorerst nicht zu erklären vermöchten – und zwar um so weniger, als selbst bei einem solchen Entwurfe der Erfolg in der Ersten Kammer eher gegen als für die Regierung ausfallen möchte –, so mißkennen wir auf der andern Seite die eigentümlichen Schwierigkeiten nicht, welche das Durchführen einer allgemeinen Maßregel hat.

Die Hauptschwierigkeit dabei ist der immer noch nicht gelöste Zweifel über die Anwendbarkeit der Ablösungsgesetze auf die Besitzungen der Standesherrn. Ehe dieser Anstand [nicht] beseitigt ist, kann über die von uns unter Ziffer 2 berührten Fragen mit gehöriger Sicherheit nicht entschieden werden.

Zu den dringendsten Aufgaben der Gesetzgebung zählen wir den vorliegenden Gegenstand nicht; keinenfalls wäre unseres Erachtens schon auf dem nächsten Landtage eine Proposition von Seite der Regierung zu machen. Wird von ihr die Materie später wiederaufgenommen, so sollte es nur mit der Aussicht eines sicheren Erfolges auch in der Ersten Kammer geschehen, damit nicht die so viele Interessen berührende Zehntfrage eine allgemeine Aufregung hervorbringe, ohne am Ende zu einer befriedigenden Lösung zu gelangen.

Wir glauben daher, daß, ehe etwas weiteres geschieht, vorerst die schiedsrichterliche Erklärung der Bundesversammlung wegen des standesherrlichen Eigentums, solange Hoffnung zu derselben vorhanden ist, abzuwarten und bis dahin das Ganze auszusetzen wäre. Fiele diese Erklärung zugunsten der Krone aus, so befände sich die Regierung, namentlich in Ansehung einer Zehntreform, in ungleich günstigerer Lage. Auf der andern Seite würde, wenn der Ausspruch für die Standesherrn erfolgte, entweder ein Vorgehen hinsichtlich der übrigen Berechtigten allein mehr gerechtfertigt oder nach Umständen auch eine vorläufig gütliche Vereinigung mit den Standesherrn und der vormaligen Ritterschaft noch in stärkerem Grade motiviert erscheinen.

Läge ein Ausspruch der Bundesversammlung vor, so dürften sodann, je nach der Lage, in der sich der Gegenstand befände, erst die Hauptfragen in definitive Erwägung zu ziehen sein, als:

a) ob das Gesetz alle Berechtigten oder nur die Zehntrechte des Staats, der Körperschaften und Kirchenpfründen treffen soll;

b) ob in demselben beides, Ablösung und Verwandlung der Zehnten, zusammenzufassen oder ob letztere allein zum Ziele zu nehmen sei; endlich

c) ob es vielleicht rätlich sein dürfte, über die wesentlicheren Bestimmungen des neuen Gesetzes eine vorgängige Verständigung mit den Standesherrn und dem Adel zu versuchen und erst, je nachdem dieser Versuch ausfiele, über die weitere Behandlung der Sache zu entscheiden[8]).

Würden Eure Königliche Majestät unsern untertänigsten Antrag auf Aussetzung der Sache bis zur Erklärung des Bundestags über das in Frage stehende Prinzip genehmigen und hiernach den Ministerien des Innern und der Finanzen Weisung erteilen, so möchte, da das baldige Erlangen jener Erklärung jedenfalls wünschenswert ist, auch dem Ministerium der auswärtigen Angelegenheiten der Auftrag zu geben sein, durch die diesseitige Bundestagsgesandtschaft den Gegenstand fortdauernd bei der Bundesversammlung in Erinnerung zu halten[9]) [10]).

---

[8]) In seinem Referat, das dem Gutachten fast durchweg zugrunde liegt, trat v. Gärttner dafür ein, bei zu langer Verzögerung des Bundesbeschlusses solle man versuchen, sich mit dem Adel über die wesentlichen Bestimmungen eines Gesetzentwurfs zu verständigen. Dabei müsse man Ablösung und Verwandlung als Alternativmöglichkeiten anstreben, da die bloße Zehntverwandlung gegenüber der Gesetzgebung anderer Staaten nur eine halbe Maßregel darstelle (30. 4. 1840; E 33/34, G 376 I, Q 24).

[9]) Korreferent v. Leypold dagegen wünschte durch ein allgemeingültiges Gesetz die Zehnten in ständige Grundrenten zu verwandeln, da hierdurch die Nachteile des Zehntwesens weitgehend beseitigt würden und nicht die rechtlichen und politischen Bedenken wie bei einer Zwangsablösung bestünden — ohne vorausgehende Verhandlungen mit den Standesherren und unabhängig von dem noch nicht erfolgten Bundesentscheid. Allerdings hielt auch er ein derartiges Gesetz nicht für sehr dringend (10. 5. 1840; E 33/34, G 376 I, Q 25).

[10]) Durch Dekret vom 23. 5. 1840 an Außen-, Innen- und Finanzministerium erklärte sich der König mit den Anträgen des Geheimen Rates einverstanden (E 221, Bü 2620, Q 70).
Die Kammer der Abgeordneten bat in einer neuen Petition vom 18. 6. 1842 um Gesetzesvorlagen zur Verwandlung der Staatszehnten in ständige und jederzeit ablösbare Renten und zur Ausdehnung der Ablösungsmöglichkeiten bei dem Staatskammergut auf die unter staatlicher Aufsicht stehenden Körperschaften (E 33/34, G 373 I, Q 57; KdA 1841/42, 118, S. 39). Der Geheime Rat hielt demgegenüber an seiner Ansicht von 1840 fest (Gutachten vom 21. 12. 1842: E 221, Bü 2620, Q 81 Beilage; E 33/34, G 373 I, Q 58 und 59): Seitdem seien „keine besonders gewichtigen Gründe zu einem mehr beschleunigten Gange" in der Zehntfrage eingetreten. Da die meisten staatlichen Zehntrechte auf 18 bis 27 Jahre verpachtet seien, scheine die gesetzliche Fixierung der Zehnten „nichts weniger als dringend". Wollte man dagegen gleichzeitig die Ablösbarkeit der Staatszehnten aussprechen, so würde sich zu den übrigen Bedenken „das weitere erheben, daß voraussichtlich auch nach den Vorgängen anderer Staaten von Hülfskassen, von Unterstützung aus Staatsmitteln zur Ablösung zu einer Zeit die Rede werden würde, wo die letzteren ohnedies zu dem Bau von Eisenbahnen in einem Grade in Anspruch genommen werden sollen, mit dem sich eine andere große Unternehmung, wie die Ablösung der Zehnten wäre, nicht würde vereinigen lassen". Erweiterte Ablösungsmöglichkeiten bei den Körperschaften waren nach Äußerungen der Kammer der Standesherren nicht zu erreichen. Der Geheime Rat trug deshalb an, die Petition wie die früheren „für jetzt" unbeantwortet zu lassen, jedoch in Frankfurt an den noch ausstehenden Bundesentscheid zu erinnern. Der König stimmte dem Antrag unter dem 30. 12. 1842 zu.

Nr. 141   1842 März 9, Stuttgart

Note des Innenministers v. Schlayer an das Finanzministerium „in betreff der Bitte mehrerer landwirtschaftlicher Bezirksvereine um Fixierung der Zehenten"

E 221, Bü 2620, Q 75. Ausfertigung. Unterschrift: Schlayer.

Mittelst des beifolgenden Berichts der Regierung des Donaukreises vom 28. Januar l. J. und der gleichfalls angeschlossenen Note der Zentralstelle des landwirtschaftlichen Vereins vom 25. v. Mts. sind dem Unterzeichneten die Bitten mehrerer landwirtschaftlicher Bezirksvereine um Befreiung der Grundbesitzer von der Last der Naturalverzehentung mitgeteilt worden[1]. Ein sehr kleiner Teil der Bittenden trägt auf Ablösbarkeit des Zehenten an, der bei weitem größte Teil sucht den obigen Zweck im Weg der Verwandlung des Naturalzehenten in eine fixierte Abgabe zu erreichen. Von dieser Mehrzahl bittet ein Teil um Einleitung im Wege der Gesetzgebung, während ein andrer Teil seine Wünsche vorerst darauf beschränkt, daß die Finanzverwaltung mit der verbleibenden Fixation ihrer Zehenten vorangehe, indem er hofft, daß die Macht dieses Beispiels auf die Nachfolge der übrigen Zehentberechtigten wirken werde. Zu diesem letztern Teil der Bittenden gehört insbesondere der landwirtschaftliche Verein von Ulm, der sich hiebei wie noch andere Vereine auf den Vorgang beruft, den die fürstlichen Standesherrschaften Thurn und Taxis und Fürstenberg mit der Verwandlung der ihnen zustehenden Zehenten in ständige Renten gegeben haben[2].

Bekanntlich ist in betreff des auf dem 1. Landtag vom Jahr 1833 eingebracht gewesenen Gesetzesentwurfs über Umwandlung der Zehenten in ständige Renten durch höchste Entschließung vom 23. Mai 1840 bestimmt worden, daß derselbe bis zur Erklärung der Bundesversammlung über die Anwendbarkeit der Ablösungsgesetze auf die standesherrlichen Besitzungen ruhen solle[3]. Die Gründe dieser Entschließung aber würden auf eine Maßregel keine Anwen-

---
[1] E 146, Bü 80, Q 36 mit Beilagen, Q 37. Die Welle von Bittschriften wurde ausgelöst durch einen Vortrag, den Schultheiß Walser von Erbach in der Plenarversammlung des landwirtschaftlichen Bezirksvereins zu Ehingen am 20. Oktober 1840 über die Aufhebung des Novalzehnten und die Umwandlung des Naturalzehnten möglichst in eine fixierte Geldabgabe hielt. Die Versammlung beschloß, eine entsprechende Bitte an die Zentralstelle des landwirtschaftlichen Vereins einzureichen, den Vortrag selbst aber drucken zu lassen und den übrigen Vereinen des Landes zur Kenntnisnahme und zur weiteren Mitwirkung mitzuteilen (nach Akten E 221, 46, 7, Q 90 Beilagen). Bis zum Februar 1842 waren 13 weitere Eingaben von landwirtschaftlichen Bezirksvereinen bei der Zentralstelle eingelaufen. Zahlreiche weitere Eingaben folgten von 1842 bis 1847 (E 221, 46, 7, Q 82 ff; E 146, Bü 80, Q 39, Beilagen zu Q 62 und 63). Sie blieben zunächst fast durchweg bei dem Wunsch nach Fixierung der Zehnten in eine Geld- oder Naturalrente stehen; erst langsam wurde der Wunsch nach gleichzeitiger Ablösungsmöglichkeit häufiger geäußert. Die anfänglichen Bedenken gegen eine gänzliche Zehntablösung werden sehr deutlich in der Eingabe des landwirtschaftlichen Bezirksvereins Mergentheim vom 29. 11. 1840: Die Gemeinden würden dann mit enormen Schulden und oft mit bedeutenden Verbindlichkeiten für Kirchenbau sowie Besoldungen für Kirchen- und Schuldiener beschwert, so daß es fraglich sei, ob das erstrebte Ziel einer Erleichterung wirklich erreicht werde. Eine ständige Geldrente schädige auf die Dauer entweder den Schuldner oder den Gläubiger. Am besten sei daher die Verwandlung der Zehnten in eine ständige Naturalgült (E 146, Bü 80, Q 36 Beilage).
[2] Vgl. Darstellung, S. 472.
[3] Vgl. Nr. 140, Anm. 10.

dung finden, welche die Finanzverwaltung hinsichtlich ihrer Zehentrechte ergriffe und zu welcher sie den Weg der Gesetzgebung nicht nötig hätte, da die Verwandlung der Zehenten in fixe Renten nicht als eine Verminderung des Kammerguts zu betrachten wäre. Auch im Königreich Bayern ist die Fixation der zum Staatsgut gehörigen Zehenten ungeachtet der Bestimmungen des III. Abschnitts der baierischen Verfassungsurkunde in betreff der Unveräußerlichkeit des Staatsguts als ein Gegenstand der Vollziehung behandelt, und die württembergischen Standesherrn, welche ihre Zehnten in fixe Grundrenten verwandeln, werden dieselbe gewiß nicht als eine Verminderung des Bestandes ihrer Stammgüter gelten lassen. Das Bedenken aber, welches man in der Gesetzgebung gegen die Unterscheidung der Grundpflichtigen des Staats und der Gutsherrschaften nimmt und zu nehmen hat, findet auf Verwaltungsmaßregeln keine Anwendung, in welchen eine vielfache Verschiedenheit zwischen der Finanzverwaltung und den gutsherrlichen Administrationen und wenn auch in den meisten Fällen, so doch nicht immer zum Vorteil der Gefällpflichtigen der ersteren stattfindet.

Ob die erwartete Erklärung der Bundesversammlung, zu welcher von dieser – soviel diesseits bekannt – bis jetzt noch nicht einmal ernstliche Einleitung getroffen wurde, jemals erfolgen werde, dies ist höchst ungewiß. Die Fixierung der Zehnten aber ist von der Regierung vor neun Jahren schon durch die Einbringung eines Gesetzesvorwurfs als eine höchst zeitgemäße Maßregel feierlich anerkannt worden, und das Verlangen nach derselben wird unter den Zehentpflichtigen mit der steigenden Intelligenz, zu welcher die landwirtschaftlichen Bezirksvereine beitragen, und durch den Anblick dessen, was in den Nachbarstaaten und was selbst von einzelnen württembergischen Gutsherrn geschieht, nur immer lebhafter angeregt werden. Für die Fortschritte der landwirtschaftlichen Kultur aber, auf welche die Staatsregierung in anderer Beziehung so angelegentlich einwirkt und hinsichtlich welcher ein eifriges, auf Einsicht gegründetes Streben neuerlich den Stand der württembergischen Landwirte bis auf seine untersten Stufen zu durchdringen angefangen hat, bildet die Fortdauer der Naturalzehentpflicht, wenn auch die aus ihr fließenden Leistungen auf kürzere oder längere, jedoch immer begrenzte Zeiträume durch Verträge fixiert werden, eine hemmende Schranke.

Dem Unterzeichneten scheint es hienach der ernstlichsten Erwägung wert zu sein, ob nicht mit der bleibenden Verwandlung der Zehenten in fixe Grundabgaben einstweilen im Weg der Verordnung bei den Zehentrechten der Finanzverwaltung der Anfang gemacht werden sollte, und indem er dem K. Finanzministerium diese Erwägung empfiehlt, sieht er einer gefälligen Rückäußerung entgegen[4]).

---

[4]) In seiner Antwortnote vom 30. 4. 1842 knüpfte das Finanzministerium an seine Ansicht von 1838 an (vgl. Nr. 140, Anm. 3): Die Verwandlung der staatlichen Zehnten in ständige Grundrenten verstärkt die Rechtsungleichheit zwischen den Staatsbürgern mit allen bedenklichen Auswirkungen; auch müßten die Kleinzehnten gleichzeitig verwandelt oder abgelöst werden, damit der Kleinzehntberechtigte nicht geschädigt wird. Dagegen beseitigen langjährige Zehntverpachtungen die eigentlichen Nachteile des Zehntwesens. Der Wunsch einiger landwirtschaftlicher Vereine Oberschwabens, die Zehnten und Naturalgülten in eine Geldrente zu verwandeln, ist wegen des schwankenden Geldwerts und des Früchtebedarfs der Finanzverwaltung für Staatsanstalten, Besoldungen und dergleichen untun-

Nr. 142   1845 Oktober 3, Stuttgart

Note des Staatssekretariats an die Ministerien des Innern und der Finanzen zu Petitionen der Zweiten Kammer um weitere Ablösungsgesetze

E 221, Bü 2620, Q 93 a. Ausfertigung. Unterschrift: Goes.

Der Unterzeichnete hat die Ehre, den K. Ministerien des Innern und der Finanzen in betreff der Petitionen der Kammer der Abgeordneten wegen Ablösung der Bannrechte, der Zehenten und übrigen Reallasten[1]) höchstem Befehle gemäß zu eröffnen, daß Seine Königliche Majestät denselben den Auftrag erteilen lassen, vordersamst, jedoch ohne dadurch irgend Aufsehen zu erregen, vorbereitende Einleitungen dahin zu treffen, daß sämtliche sowohl dem Staate als auch den Gemeinden und Privaten zustehenden Bannrechte, Zehenten und übrigen Reallasten erhoben und Berechnungen über den Kapitalbetrag dieser Berechtigungen vorgenommen werden.

Das Ergebnis dieser Untersuchungen und Berechnungen möchten sodann die K. Ministerien des Innern und der Finanzen seinerzeit Seiner Königl. Majestät mit gutächtlicher Äußerung darüber vorlegen, welcher Aufwand von Seite der Staatskasse zu Bewilligung der Ablösung jener Rechte und Lasten etwa erforderlich sein möchte, um hiedurch in den Stand gesetzt zu werden, der nächsten Ständeversammlung wenigstens annähernd darlegen zu können, wie hoch sich das zu Ablösung jener Rechte nötige Kapital überhaupt und insbesondere das Opfer belaufen würde, welches der Staat für die Erreichung des fraglichen Zwecks zu bringen hätte.

---

lich; zumindest wäre für ein festgesetztes Fruchtquantum der Geldwert in laufenden Marktpreisen zu erheben (E 146, Bü 80, Q 42). Demgegenüber betonte das Innenministerium in einer Note vom 22. 10. 1844, mit der es weitere Eingaben von landwirtschaftlichen Vereinen und Berichte über die Zehentfixierung bei den Standesherrschaften Thurn und Taxis und Fürstenberg mitteilte, „daß es etwas sehr Verschiedenes ist, ob in gesetzlichen Rechten nach der zufälligen Verschiedenheit der Zehentherren eine Ungleichheit statuiert wird oder ob die Finanzverwaltung innerhalb der Schranken ihrer Befugnis eine möglichst günstige Behandlung ihrer Pflichtigen sich zum Grundsatze macht, [...] und daß hier nur derselbe Unterschied zwischen unmittelbaren und gutsherrlichen Orten sich zeigen werde, wie er in so vielen andern Beziehungen besteht und als etwas Gegebenes und Unabänderliches angesehen wird". Nach den Erfahrungen bei den Standesherrschaften Thurn und Taxis und Fürstenberg bereitete die Zehentfixierung auch kaum besonderen Schwierigkeiten, wenn Groß- und Kleinzehnt verschiedenen Berechtigten zustanden (E 221, Bü 2620, Q 90).
Erst die Petition der Zweiten Kammer vom 5. 8. 1845 (E 33/34, G 376 I, Q 28; KdA 1845, Beil.H. II, S. 2138 ff) brachte die Diskussion über Verwandlung oder Ablösung der Zehnten innerhalb der Regierung wieder intensiver in Gang; vgl. Nr. 142 und 143.
[1]) Wegen der Petition in der Zehntfrage vgl. Nr. 143, Anm. 1. Die Petition der Kammer der Abgeordneten wegen Ablösung der Bannrechte vom 26. 7. 1845: KdA 1845, Beil.H. 2, S. 1723 f. Die beiden Ministerien erstatteten ihren Bericht hierzu erst am 5. 4./26. 5. 1847 (E 146, Bü 1995, Q 104); sie betonten den Widerspruch der Bannrechte zu den allgemeinen volkswirtschaftlichen und naturrechtlichen Grundsätzen sowie zum dermaligen Stand der Gewerbegesetzgebung; der von ihnen vorgelegte Entwurf, der eine angemessene Entschädigung der bisherigen Berechtigten vorsah, sollte auf dem Landtag von 1848 eingebracht werden (Akten a.a.O.).

Nr. 143   1846 Juni 13, Stuttgart

Note des Innenministers v. Schlayer an das Finanzministerium „betreffend die Frage von der Fixierung und Ablösung der Zehenten und der Aufhebung des Novalzehentrechts"

E 221, Bü 2620, Q 95. Ausfertigung. Unterschrift: Schlayer.

[...] 1. Nach dem angeschlossenen Geheimenrats-Anbringen vom 1. Dezember v. J. und der demselben beigesetzten Signatur des Staatssekretariats vom 11. dess. Mts. sind die Ministerien des Innern und der Finanzen zur Berichterstattung über eine Eingabe der Kammer der Abgeordneten vom 5. August 1845 aufgefordert, worin die Bitten gestellt werden, daß

a) die Staatszehenten auf dem Wege der Verwaltung, zu welcher Behandlungsweise die Kammer die Staatsregierung für befugt erachtet, in ständige Renten verwandelt und für die Ablösung dieser Renten, welche zu jeder Zeit gestattet sein sollte, die näheren Bestimmungen auf dem Gesetzgebungsweg festgesetzt,

b) ein Gesetzesentwurf über die Verwandlung der übrigen Zehenten und Teilgebühren in ständige Renten eingebracht,

c) der Novalzehente, soweit nicht besondere Privatrechte entgegenstehen, unentgeltlich aufgehoben werden möchte[1]).

2. Eine an das K. Finanzministerium gerichtete Staatssekretariatsnote vom 29. Oktober 1845 macht auf höchsten Befehl darauf aufmerksam, daß es an der Zeit sein dürfte, einen Gesetzesentwurf wegen Aufhebung des Novalzehentens vorzubereiten[2]).

3. Endlich wurde durch eine dem K. Finanzministerium im Original vorliegende Staatssekretärsnote vom 3. Oktober 1845 den Ministerien des Innern und der Finanzen der höchste Auftrag eröffnet, sämtliche sowohl dem Staat als den Gemeinden und Privaten zustehenden Bannrechte, Zehenten und übrige Reallasten zu erheben und ihren Kapitalwert zu berechnen[3]).

Was nun die zu 1) erwähnten Petitionen der Kammer der Abgeordneten betrifft, so bestanden die Hauptgründe, aus welchen den frühern gleichen Bitten derselben Kammer vermöge der höchsten Entschließungen vom 23. Mai 1840 und 30. Dezember 1842 vorerst keine Folge gegeben wurde[4]), darin, daß

---

[1]) In ihrer Petition vom 5. 8. 1845 hatte die Kammer der Abgeordneten diesmal nur um ein Gesetz wegen Verwandlung der nicht dem Staate gehörigen Zehnten und Teilgebühren in ständige Renten gebeten, während die Staatszehnten auf dem Verwaltungsweg in ständige Renten verwandelt werden und jederzeit ablösbar sein sollten; ferner wünschte die Kammer ein Gesetz wegen Aufhebung des Novalzehntrechts, soweit nicht besondere Rechte dem entgegenstünden (E 33/34, G 376 I, Q 28; KdA 1845, Beil.H. II, S. 2138–2140). Die Standesherren hatten sich der Petition nicht angeschlossen.
[2]) E 221, Bü 2620, Q 93 b: Anläßlich einer Beschwerde gegen die Auflage von Novalzehnten äußerte der König, „daß Höchstdieselben mit dem Fortbezug des Novalzehnten nicht übereinstimmen, vielmehr der Ansicht seien, es möchte an der Zeit sein, einen bei der nächsten Ständeversammlung einzubringenden Gesetzesentwurf wegen Aufhebung des Novalzehnten, soweit solcher die Finanzverwaltung berühre, vorzubereiten". Das Finanzministerium sollte sich in seinem Bericht hierzu gleichzeitig darüber äußern, ob nicht die weitere Erhebung der Novalzehnten vorerst auszusetzen sei.
[3]) Nr. 142.
[4]) Vgl. Nr. 140, Anm. 10.

a) die Vollziehung der Ablösungsgesetze vom Jahre 1836 einstweilen die Kräfte der bäuerlichen Grundbesitzer in vollem Maße in Anspruch nehme und

b) von seiten des gutsherrlichen Adels und insbesondere der Kammer der Standesherrn ein Widerstand gegen Gesetzesvorschläge in dem beantragten Sinne zu erwarten sei, der, wenn er auch in den Verhandlungen mit den Kammern überwunden und ein Gesetz zustand gebracht werde, von den einzelnen Standesherrn insolange noch fortgesetzt werden könne, als das demselben zugestandene Kompromiß auf die Entscheidung der Bundesversammlung über die Vereinbarkeit eines gesetzlichen Ablösungszwangs mit ihrem durch die Bundesakte verbürgten Rechtsstande in Wirksamkeit sei.

Von diesen Gründen hat der zu a) erwähnte gegenüber der Verwandlung des Zehentens in ständige Renten niemals eine Bedeutung gehabt. Aber auch gegen die Erweiterung der Ablösungsbefugnisse der Grundpflichtigen hat er seine Geltung verloren, nachdem die Ablösungsgesetze vom Jahr 1836 zur Vollziehung gebracht sind. Ohnehin hing auch in dieser letzteren Beziehung vom Anfang an seine Geltung davon ab, ob durch weitere Gesetze einfach die Ablösungsbefugnis erweitert oder aber zugleich auf einen beschleunigten Gebrauch dieser Befugnis durch Prämien, Präjudize u. s. f. hingearbeitet werden würde.

Zu b) bemerkt der Innenminister: *Der Termin für den nun seit einem Jahrzehnt erwarteten Bundestagsbeschluß ist ungewiß. Nach den Abstimmungen von Österreich und Preußen wird der künftige Bundesentscheid zudem der gegenwärtigen Ungewißheit nur wenig abhelfen*[5]). Die Entscheidung wird die Verpflichtung der Standesherrn, sich einem gesetzlichen Ablösungszwang zu unterwerfen, unter Voraussetzungen bejahen, über deren Vorhandensein ebensowohl und noch mehr gestritten werden kann wie über die Verpflichtung selbst, und sie wird die Herbeiführung einer Entscheidung der über diese Voraussetzungen entstehenden Streitigkeiten für einen Gegenstand der Zuständigkeit der Bundesversammlung erklären.

Andererseits kann die Weiterbildung der bestehenden Gesetzgebung über die Lösung der Grundlasten nicht ins Unbestimmte verschoben werden. Wenn auch Württemberg damit nicht hinter den meisten andern Bundesstaaten zurückbliebe, so bringt schon das, was seine Gesetzgebung in dieser Materie bereits geleistet hat, die Notwendigkeit des Weiterschreitens mit sich. Die in Beziehung auf gewisse Arten von Grundlasten bereits gesetzlich ausgesprochene Aufhebung oder Ablösbarkeit läßt sich nicht genügend rechtfertigen, wenn nicht auch bei andern Lasten, welche auf die landwirtschaftliche Industrie mindestens ebenso nachteilig als jene einwirken und wohin insbesondere die Zehentabgabe zu rechnen ist, ähnliche Reformen eintreten. Für die Entwicklung unserer landwirtschaftlichen Industrie selbst aber wird das in diesen Lasten liegende Hemmnis immer fühlbarer, je größere Fortschritte die Befreiung des Bodens von solchen Fesseln in anderen Staaten und darunter in den uns benachbarten macht und je mehr der Entwicklungsgang der wirtschaftlichen Verhältnisse des zivilisierten Europas überhaupt eine Richtung verfolgt, bei welcher nur eine freiwirkende intelligente Tätigkeit den großen Wettkampf der Kräfte

---

[5]) Vgl. Darstellung, S. 473 f.

mit Erfolg bestehen kann. Hinzu kommt, daß auf dem vorigen Landtag in der Zweiten Kammer in der fraglichen Beziehung eine Stimmung sich kundgab, welche im Fall einer längeren Fortsetzung des bisherigen Temporisierens sehr widrige Folgen auf dem nächsten Landtag besorgen läßt und welche auch hievon abgesehen schon darum alle Beachtung verdienen dürfte, weil sie die oben angedeuteten Sachgründe für sich hat[6]). Hinsichtlich der Frage, was geschehen soll, kann wohl kein Zweifel darüber obwalten, daß die im Jahr 1833 schon bis zur Einbringung von Gesetzesentwürfen gediehenen Plane der Verwandlung der Zehnten in ständige Renten und der Aufhebung des Novalzehntrechts wieder aufzunehmen wären. Als Gegenstände einer weiteren Erwägung aber stellen sich die Fragen auf:

1. Soll bei der fakultativen Umwandlung der Zehnten in ständige Renten vorerst stehengeblieben oder den Pflichtigen zugleich auch das Recht der Ablösung der an die Stelle des Zehntens tretenden Rente eingeräumt,

2. sollen die vorzuschlagenden Gesetzesbestimmungen auf alle Besitzer von Rechten der betreffenden Art erstreckt oder gewisse Klassen von Besitzern ausgenommen,

3. soll mit der Verwandlung der Zehnten in ständige Renten von der Staatsfinanzverwaltung im Wege einer Verwaltungsmaßregel vorangegangen werden?

Zu der ersten Frage bemerkt der Unterzeichnete zuvörderst, daß ihm eine Konkurrenz der Staatskasse zur Erleichterung der Pflichtigen in der Entrichtung des Ablösungskapitals bei den Zehenten nicht in gleicher Weise wie bei den Fronen und steuerartigen Abgaben begründet zu sein scheint. Von der Persönlichkeit der Leistungspflicht, welche bei einem Teil der Beden und Fronen eine sehr bedeutende Konkurrenz der Staatskasse zu den Ablösungskosten veranlaßte, ist bei den Zehnten keine Rede, und wenn ein Teil der letztern ebenso wie der größere Teil der Fronen seinen Ursprung aus dem öffentlichen Recht ableitet, so ist dagegen die Zehntpflichtigkeit der Güter seit vielen Jahrhunderten in das Gebiet des Privatrechts übergegangen, und die jetzigen Besitzer dieser Güter haben dieselben wie ihre Vorfahren auf viele Jahrhunderte zurück mit der Zehntlast und in dem Werte, welcher ihnen bei dieser Belastung zukommt, erworben. Ein Beitrag der Staatskasse zu den Kosten der Ablösung dieser Last hätte daher den Charakter eines reinen Geschenkes. Ob ein solches der Gesamtheit der Zehntpflichtigen auf Staatskosten zu machendes Geschenk in staatswirtschaftlichen Interessen genügend begründet sei, dies scheint dem Unterzeichneten höchst zweifelhaft zu sein. Die Aufhebung der Zehntlast soll eine Beschränkung des Eigentümers in der zweckmäßigsten Art der Bewirtschaftung seines Gutes wegräumen, sie soll ihm die Aufwendung von Verbesserungskosten möglich machen, ohne daß er genötigt ist, die Frucht der Verbesserung und zwar nach dem seine Verbesserungskosten in sich begreifenden Bruttoertrag mit dem Zehntherrn zu teilen. Aber das Ablösungskapital wird ihm ja nicht nach den Vorteilen, welche er aus der Zehntfreiheit des Gutes ernten kann, sondern lediglich nach dem Ertrag, welchen dasselbe in seinem bisherigen Zustand dem Zehntherrn gewährt hat, berechnet, dieses Kapital repräsen-

---

[6]) Vgl. Darstellung, Kapitel 3, Anm. 525a.

tiert rein nur die bisher getragene Last und begreift von den für die Verbesserung des Bodens und seiner Kultur erforderlichen Mitteln nichts in sich, vielmehr werden diese Mittel den Gutseigentümern von der Ablösung ungeschmälert belassen. Man kann deshalb nicht behaupten, daß der Zweck der Zehntablösung, die Verbesserung der Landwirtschaft, eine Konkurrenz der Staatskasse zu den Ablösungskosten bedinge. *Ein Rechtfertigungsgrund für einen Beitrag der Staatskasse zu den Zehntablösungskosten wäre nur in dem besonderen Fall gerechtfertigt, wenn den Pflichtigen einzelner Klassen von Zehntherren aus Rücksicht auf diese ein höherer als der allgemeine Ablösungsmaßstab vorgeschrieben würde; hier wäre die Differenz von der Staatskasse auszugleichen.* Wird nun die Staatskasse mit Beiträgen zu den Zehntablösungskosten nicht in Anspruch genommen, so liegt in ihren dermaligen Verhältnissen kein Grund vor, die Ablösbarmachung der Zehnten des Staats zu verschieben. Unter der gleichen Voraussetzung aber und wenn namentlich weder eine Prämie für die Beschleunigung, noch ein Nachteil wegen der Verzögerung der Zehentablösung in das Gesetz aufgenommen wird, wenn ferner, wie es sich wohl von selbst versteht, hinsichtlich der Gleichzeitigkeit der Zehentablösung von ganzen Markungen dieselben Bestimmungen gegeben werden, wie sie der Gesetzesentwurf von 1833 für die Umwandlung festsetzt, ist durchaus nicht zu besorgen, daß durch einen allzu raschen Fortschritt der Ablösung Verlegenheiten für die Berechtigten oder ein nachteiliger Einfluß auf den Zinsfuß und die Güterpreise herbeigeführt werden möchten.

Als Ablösungsmaßstab für die an die Stelle des Zehnten tretende ständige Rente empfiehlt der Innenminister entsprechend dem Zinsfuß, zu welchem der Berechtigte das Ablösungskapital auf Dauer wieder anlegen kann, den 22½fachen Betrag, soweit nicht schon früher für die Pflichtigen günstigere Maßstäbe festgesetzt worden sind.

Der Unterzeichnete glaubt sich dafür erklären zu sollen, daß wenigstens bei den Zehenten des Staats ein Schritt weiter gemacht und neben der Befugnis zur Umwandlung des Zehenten auch die zur Ablösung desselben oder vielmehr der Rente, in welche er verwandelt werden soll, in den Gesetzesentwurf aufgenommen werde, indem er hiebei auf die aus dem Gesetzesentwurf von 1833 selbst erhellenden, mit der bloßen Zehentfixation verbundenen Schwierigkeiten und Unvollkommenheiten, für welche in der Ablösung allein das radikale Heilmittel gegeben ist, namentlich auf die Aufbringung der Rente in Fehljahren, welche der Gesetzesentwurf nur durch sehr umständliche, kostbare und den Segen der guten Jahre für den Landbebauer schmälernde Maßregeln zu sichern weiß (Artikel 25), und auf die Kosten der Umlage, Einziehung und Ablieferung der Rente (Artikel 22, 23), welche durch die Ablösung rein erspart werden, hinweist[7]). Auch politische Gründe scheinen ihm für diesen

---

[7]) Gesetzentwurf über Verwandlung der Zehenten und Teilgebühren in ständige Renten, KdA 1833 I, 22 (13. 2. 1833), S. 58–60:
Art. 22: Tritt die Gemeinde als Trägerin der Zehntfixierung ein, so haben die Gemeindebehörden die Renten auf die Güter nach deren Ertragsfähigkeit auf Grund der Steuereinschätzung umzulegen. Die Umlage geschieht ein für allemal; das Bezirksamt hat sie zu überprüfen.
Art. 23: Außer der Rente hat die Gemeinde einen Zuschlag nach demselben Maßstab zur

weiteren Schritt zu sprechen. Wenn man mit dem Vorschlag der Ablösbarmachung den in dieser Beziehung noch nicht angeregten oder wenigstens nicht hochgespannten Erwartungen der Pflichtigen zuvorkommt, so wird man weniger mit Ansprüchen auf Beihülfe der Staatskasse zu kämpfen haben, als wenn erst durch lange öffentliche Diskussionen über die Ablösungsfrage die Begehrlichkeit mehr angeregt wird.

Auf die bei der Ablösung des Zehntens erforderlichen Bestimmungen über Fundierung der auf Zehnten ruhenden öffentlichen Lasten und ähnliche Gegenstände einzugehen, dürfte für jetzt noch nicht an der Zeit sein. Diese Materien sind ohnehin in den Gesetzgebungen unserer Nachbarstaaten bereits bearbeitet.

In der zweiten Frage möchte der Innenminister nicht über die ständischen Anträge hinausgehen, da durch die Fixierung die Hauptnachteile der Zehnten und Teilgebühren entfernt werden und auch in staatswirtschaftlicher Beziehung die Fixierung viel besser begründet werden kann als die gänzliche Ablösung. Zudem ist zu hoffen daß nach dem Vorgang des Staates auch andere Zehntberechtigte sich mit ihren Pflichtigen über die Ablösung von Zehentrenten im Wege des freien Vertrags immer mehr herbeilassen werden. [...]

Bei dem Gesetzesentwurfe über die Aufhebung des Novalzehenten könnten entweder

a) die standesherrlichen Zehentberechtigungen von der Anwendung der Bestimmungen ausgenommen oder

b) in die Vollziehungsklausel nach dem Vorgang der Ablösungsgesetze von 1836 ein Vorbehalt zugunsten der betreffenden Standesherrn aufgenommen werden, wonach die bemerkten Bestimmungen auf ihre Besitzungen vor der Entscheidung des Kompromisses nur mit ihrer Zustimmung Anwendung zu finden hätten.

Der erste Ausweg würde vielleicht die Gewinnung des Votums der standesherrlichen Kammer für die Gesetzesentwürfe erleichtern. Aber er wirft auf die Regierung den gehässigen Schein einer Hintansetzung oder Preisgebung der standesherrlichen Grundholden und stellt das Widerstreben der Standesherrn gegen die Verbesserung der Verhältnisse ihrer Grundholden unter die Ägide des Gesetzes. Der bei dem zweiten Ausweg in die Vollziehungsklausel aufgenommene Vorbehalt drückt nur ein zeitliches Hindernis der Anwendung des Gesetzes aus, dessen Beseitigung nicht in der Macht der Regierung liegt, das Gesetz an sich gilt auch für den Standesherrn, und die Suspension seiner Anwendung ist lediglich der Ausfluß der individuellen Willkür des Standesherrn, auf welchen daher alles Gehässige derselben fällt. Die Besorgnis der Verwerfung des Gesetzesentwurfs durch die Kammer der Standesherren darf jeden-

---

Deckung der Kosten und des Abganges einzuziehen. Der Zuschlag darf ohne besondere Genehmigung des Bezirksamts 4 % der Rente nicht übersteigen.

Art. 25: Die Vorschriften für die Kontrolle und Beaufsichtigung des Gemeindehaushalts sind auch auf die Verwaltung der Zehntrenten anzuwenden. „Zur Vorsorge für Unglücksfälle hat der Gemeinderat in Jahren von gutem, mittlerem oder vollem Ertrage nach seinem pflichtmäßigen Ermessen anzuordnen" und zwar beim Weinzehnten von der Hälfte bis zum Doppelten, bei den übrigen Zehntrenten vom Viertel bis zum Ganzen eines Jahresbetrages. Noch größere Vorauserhebungen muß das Bezirksamt genehmigen.

falls nach der Ansicht des Unterzeichneten die Regierung nicht abhalten, die von den Zeitumständen dringend geforderten Gesetzesentwürfe einzubringen und sich dadurch außer Verantwortung zu stellen. Indes will der Unterzeichnete, indem er den zweiten Ausweg für rätlicher hält, damit die Wahl des ersteren nicht ausschließen. Auf die Verwandlung der Zehenten in fixe Renten findet das Kompromiß, wie schon bemerkt, keine Anwendung, und die Anwendung dieses Teils der beabsichtigten legislativen Bestimmungen auf die standesherrlichen Zehnten könnte daher durch einen bloßen Vorbehalt in der Vollziehungsklausel nicht ausgeschlossen werden, dürfte aber auch darum weniger Bedenken haben, weil zu hoffen ist, daß die Standesherrn auch ohne gesetzliche Nötigung nach dem Vorgang zweier ihrer Standesgenossen und durch die allen übrigen Zehentpflichtigen zuteil werdende Erleichterung sich bestimmen lassen werden, ihren Grundholden das gleiche Zugeständnis zu machen.

Von der unentgeltlichen Aufhebung des Novalzehentrechts wird jedenfalls in Übereinstimmung mit dem in der Petition der Abgeordnetenkammer gestellten Antrage die in dem Artikel 3 des Gesetzesentwurfs von 1833 gemachte Ausnahme beizubehalten sein.

Zur dritten Frage verweist der Innenminister auf seine beiden Noten an das Finanzministerium vom 9. März 1842 und 22. Oktober 1844[8]), in denen er bereits für das Vorgehen des Staates auf dem Verwaltungswege eingetreten war. Er empfiehlt diesen Weg auch jetzt wegen der gänzlichen Ungewißheit, ob und wann ein Gesetz über Zehntfixierung überhaupt zustande kommen wird, und weil das entschiedene Vorangehen des Staates einem künftigen Gesetzesentwurf über die Fixierung aller übrigen Zehnten und Teilgebühren die Bahn bricht[9]).

---

[8]) Vgl. Nr. 141 und 141, Anm. 4.
[9]) Finanzminister v. Gärttner erstattete am 3. 2. 1847 Bericht vor dem Geheimen Rat (E 33/34, G 376 I, Q 33). Er beschränkte sein Gutachten auf den ständischen Wunsch, die Staatszehnten auf dem Verwaltungsweg zu fixieren, da ein weiterführendes Gesetz nach dem wenig günstigen Bundesentscheid vom 17. 9. 1846 (vgl. Nr. 144 und 145) auf ähnliche Schwierigkeiten wie bisher stoßen würde. Im Gegensatz zu den bisherigen Äußerungen des Finanzministeriums schloß sich jedoch Gärttner nun der Ansicht des Innenministeriums an und sprach sich für die Zehntfixierung auf dem Verwaltungsweg als zweckmäßig und rechtlich zulässig aus unter Hinweis auf die Zehntfixierung der Standesherrschaften Thurn und Taxis und Fürstenberg sowie die Fixierung der staatlichen Zehnten in Bayern, die bis Ende 1845 fast vollständig durchgeführt worden war. Der Geheime Rat stimmte den Vorschlägen des Finanzministers durchweg zu (E 33/34, G 376 I, 34—36; E 221, Bü 2620, Q 99 Beilage). Die Ablösbarkeit der Zehnten wurde dabei als ein Gegenstand eines künftigen Gesetzes vorerst beiseitegelassen. Durch Dekret vom 3. 10. 1847 erhielt der Finanzminister den Auftrag, über die nötigen Vorschriften zur Zehntverwandlung weiteren Bericht zu erstatten (ebd., Q 99). Die Märzereignisse von 1848 machten die ganze Planung hinfällig.

Nr. 144—146   Der Beschluß der Bundesversammlung vom 17. 9. 1846 und der Beginn neuer Verhandlungen zwischen Regierung und Standesherren

Vgl. Darstellung, S. 473 ff.

Nr. 144 1846 September 17, Frankfurt

Auszug aus dem Bericht der württembergischen Bundestagsgesandtschaft an das Außenministerium über die 28. Sitzung der Bundesversammlung

E 65/68, Verz. 57, Bü 68, UFasz. 2, Q 74 b.

4. Bayern gibt wegen der Interpretation des Art. 14 der Bundesakte eine Erklärung ab, welche ganz unerwarteterweise der österreichischen und preußischen Abstimmung sich anschließt und die Ablösungen nur ausnahmsweise im Falle unabweisbarer Notwendigkeit zuläßt.

Präsidium schlägt einen Beschluß vor, welcher zwar erklärt, daß eine authentische Interpretation des Art. 14 nicht zu erreichen gewesen, aber besagt, daß solche auch nicht notwendig sei, da die Krone Bayern den Sinn ihrer als Norm adoptierten Deklaration in der nemlichen Art gedeutet, wie solcher auch von der Mehrzahl der Bundesglieder interpretiert werde.

Österreich und Preußen treten diesem Vorschlage bei. Königreich Sachsen stimmt einem solchen Beschlusse nicht bei. Hannover, Württemberg, Baden, beide Hessen, die großherzoglich und herzoglich sächsischen Häuser berufen sich vergebens darauf, daß dieses eine authentische Interpretation des Bundes involvieren würde und eine solche nur mit Stimmeneinhelligkeit gegeben werden könne. Präsidium bezieht sich auf den Artikel der Schlußakte[1]), daß die Bundesversammlung berufen sei, den wahren Sinn der Grundgesetze des Bundes aufrechtzuerhalten, es sich hier nur von einer logischen Interpretation des Art. 14 der Bundesakte handle, und zieht hiernach einen Majoritätsbeschluß.

Es bleibt den betreffenden Gesandtschaften daher nichts anderes übrig, als sich gegen Form und Inhalt dieses Beschlusses zu verwahren und solchem die Anerkennung zu versagen.

---

[1]) Art. 17 der Wiener Schlußakte.

Nr. 145 1846 September 22, Frankfurt

Bericht der württembergischen Bundestagsgesandtschaft an das Außenministerium „die Auslegung des Art. 14 der Bundesakte betreffend"

E 65/68, Verz. 57, Bü 68, UFasz. 2, Q 77. Ausfertigung. Unterschrift: Blomberg.

Auseinandersetzungen mit dem österreichischen Präsidialgesandten Grafen Münch.
Der von mir ins Protokoll gelegte Eintrag sowie diejenigen des Kgl. hannöverschen und des ghzgl. badischen Gesandten, welcher besonders ausgeführt hatte, daß eine sogenannte doktrinelle Interpretation des Art. 14 der Bundesakte in der Tat eine authentische sein würde und deshalb jedenfalls Stimmeneinhelligkeit erfordere, haben den Grafen Münch zur Nachgiebigkeit gestimmt.
Münch erklärte sich schließlich bereit, die Vorschrift, daß die Ablösung stattfinden dürfe bei einer „unausweichbaren Notwendigkeit", dahin zu ändern, daß sie statthaben könne bei „erweislichem Landesbedürfnisse" und gegen eine in jeder Hinsicht vollständige Entschädigung.
Da aber auch hierin noch immer eine präzeptive Interpretation lag, nahmen wir diese Fassung nicht an, worauf er dann gestern die von ihm vorgeschlagene hier anliegende Fassung mitteilte, welche mit andern Worten nichts anderes besagt, als daß eine authentische Interpretation nicht stattfinden könne.
Hinsichtlich der gutächtlichen Äußerung, die Württemberg begehrt hatte, läßt sich höchstens aus dieser Fassung folgern, daß diejenigen obwaltenden besonderen Verhältnisse, aus welchen die Notwendigkeit der Ablösungen im Jahr 1836 gefolgert worden war, noch nicht als hinreichend angesehen werden; dagegen sich ebenso folgern läßt, daß die Bundesversammlung späteren, noch verstärkten Gründen, welche seitdem unzweifelhaft eingetreten sein dürften, in ihrer Mehrheit weichen werde.
Da der Kgl. hannöversche Gesandte diese Fassung annehmen zu können erklärte und seine Verwahrung zurücknahm, auch Herr v. Blittersdorff[1]) die seinige aufgab, so zog auch ich meinen Protokolleintrag zurück, da ja auch ohne einen solchen es meiner allerhöchsten Regierung jederzeit freisteht, sich über den gezogenen Bundesbeschluß zu erklären, wenn sie es für nötig erachtet.

---

[1]) Badischer Bundestagsgesandter.

Nr. 146   1847 November 18/19, Donauwörth

Protokoll der standesherrlichen Konferenzen über die Ablösungsfrage

Archiv Neuenstein, Wa V 63, Fasz. VIII. Abschrift.

Nach dem Bundesbeschluß vom 17. 9. 1846 standen Regierung und Standesherren vor der Frage, wie sie in der Ablösungsangelegenheit weiterverfahren sollten. Auf königliche Entschließung vom 3. 10. 1846 erstatteten die Ministerien des Äußeren, der Justiz, des Innern und der Finanzen unter dem 5. 2. 1847 hierzu Bericht. Sie kamen zu dem Ergebnis, „daß die bisherige Ansicht der württembergischen Regierung, wornach das Grundeigentum und die Gefälle der Standesherren der Landesgesetzgebung unterliegen, festzuhalten ist, ohne sich durch den von der Bundesversammlung für zulässig erkannten Rekurs derselben an die Bundesversammlung hierin beirren zu lassen", und „daß durch die Ablehnung der von der Bundesversammlung erbetenen authentischen Interpretation der Grund und die Dauer der Suspension des II. Edikts von 1817 und der Königlichen Verordnung vom 13. September 1818 beseitigt ist und nunmehr die Verpflichtung der betreffenden Minister in Wirksamkeit tritt, die Anwendung jener allgemeinen Landesgesetze auf die Standesherren nicht zu hindern". Sie empfahlen, diesen Beschluß auf dem Verordnungsweg möglichst schnell zu vollziehen und durch einen Gesetzentwurf über die Allodifikation der Fall- und Erblehen von Privaten zu vervollständigen. Sämtliche Standesherren, denen in Deklarationen die Suspension des Edikts bis zum Bundesentscheid zugesagt war, sollten durch Ministerialschreiben von dem Bundesbeschluß und von den geplanten Regierungsmaßnahmen benachrichtigt werden. „Durch diese Eröffnung wäre den Standesherren Gelegenheit gegeben, ihre Wünsche in Beziehung auf die eines weiteren Gesetzes bedürfenden Gegenstände der Regierung vorzutragen und etwa auch um Einleitung von Verhandlungen zu bitten, was ihnen nicht zu versagen wäre, wenn auch ein Erfolg nicht sehr wahrscheinlich ist. Jedenfalls dürfte dadurch die Vorbereitung des Gesetzesentwurfs für den nächsten Landtag nicht aufgehalten werden" (E 33/34, G 197 II, Q 46). Demgegenüber empfahl der Geheime Rat es als politisch klüger, das 2. Edikt in den Adelsgebieten von vornherein nur auf dem Gesetzesweg durchzuführen und deswegen vorher mit den Mediatisierten Kontakt aufzunehmen, um ihnen von vornherein jeden Anlaß zu verstärktem Widerstand zu entziehen (15./17. 5. 1847; E 33/34, G 197 II, Q 58–60). Zu den Verhandlungen der Regierung mit den Standesherren vgl. das folgende Protokoll (Akten: Wa V 63; NZAZ 1238).

Actum Donauwörth im Gasthof Zum Krebs, den 18ten November 1847, vormittags 10 Uhr.

Anwesend: Die Fürsten von Hohenlohe-Langenburg für sich und Hohenlohe-Kirchberg, Hohenlohe-Waldenburg für sich und Hohenlohe-Bartenstein, Waldburg-Wurzach, Waldburg-Wolfegg für sich und den Grafen Königsegg, Waldburg-Zeil, Öttingen-Spielberg; die Prinzen Karl von Öttingen-Wallerstein und von Hohenlohe-Öhringen; die Grafen von Quadt-Isny, Schaesberg, Rechberg und Neipperg; Kammerdirektor Lichtenberger mit Spezialvollmacht des Fürsten Löwenstein-Wertheim, ferner Domänendirektor Plicksburg, die Hofräte

Geßler und Krauß, die Domänenräte Albrecht, Schuster, Eitzenberger und Domänenassessor Dr. Schlund als Protokollführer.

Entschuldigt: Die Fürsten von Fürstenberg, Thurn und Taxis, Solms-Braunfels, Hohenlohe-Kirchberg, Löwenstein-Wertheim und Hohenlohe-Bartenstein; die Grafen Törring, Waldbott-Bassenheim, Königsegg und Pückler-Limpurg.

Fürst von Hohenlohe-Langenburg eröffnet die Konferenz mit dem Bemerken, daß diese als geheime Sitzung zu betrachten sei. Beratungsgegenstand: Die von der Regierung zu erwartenden neuen Ablösungsgesetze.

Präsidium konzentriert die Beratung in die zwei Hauptfragen:

I. Ist es ratsam, überhaupt auf Ablösung einzugehen? Und

II. wenn diese Frage bejaht wird, unter welchen Bedingungen soll darauf eingegangen werden?

Fürst Präsident trägt über den bisherigen Gang der Verhandlung, ausgehend von dem Bundesbeschluß vom 17. September 1846, folgendes vor:

Als die Königl. Regierung die Publikation des Bundesbeschlusses lange Zeit nicht vornahm, wandten sich die hohenloheschen Häuser im Januar ds. Jrs. in einer bereits bekannten Eingabe an den König mit der Bitte um Publikation des Bundesbeschlusses und verhandelten außerdem auch mündlich mit dem Geheimen Rats-Präsidenten, Freiherrn von Maucler, durch den Fürsten Hohenlohe-Waldenburg. Hierauf erfolgte die Antwort des Königs unter dem 7. Juni 1847 dahin, daß nunmehr im Gesetzgebungswege werde vorangefahren werden und daß Seine Majestät etwaige „Wünsche" der Fürsten berücksichtigen würde.

Alsbald folgte die offizielle Publikation des Bundesbeschlusses durch das Ministerium des Innern am 24. Juni l. Jahres mit gleicher Andeutung des Gesetzgebungsweges. (Werden beide Aktenstücke abgelesen.)

Die Fürsten von Hohenlohe entsprachen der königl. Aufforderung durch eine Eingabe vom 27. Juli l. Jrs., verwahrten sich in derselben dagegen, als ob standesherrliche Gefälle und Rechte im Wege der Landesgesetzgebung einseitig aufgehoben werden könnten, und baten, die Grundzüge der Regierung über ein neues Gesetz noch vor Ausarbeitung eines Entwurfs zum Behufe gemeinsamer Beratung ihnen mitzuteilen.

Auf diese Eingabe folgte keine Antwort, wohl aber auf eine Anfrage des Fürsten Präsidenten an Herrn von Maucler, ob Antwort erfolge oder nicht, von letzterm die Einladung zu vertraulicher Besprechung mit dem Beifügen, daß solche auch der König wünsche.

Der Fürst Präsident begab sich infolgedessen im Oktober l. Jrs. nach Stuttgart und erhielt von v. Maucler die Eröffnung, wie der Regierung drei Wege offen stünden, indem sie, den Bundesbeschluß als zu ihren Gunsten ausgefallen annehmend,

1. entweder, da die Landesgesetzgebung freien Lauf habe, die Edikte zurücknehmen könne oder

2. die Edikte vollziehe oder

3. neue Gesetze über Ablösungen gebe; sie wähle den letztern und habe bereits eine Kommission zu Ausarbeitung der Entwürfe in den Personen des Obertribunalrats v. Plessen, Finanzrates Elben und Oberregierungsrates Cammerer niedergesetzt. Die Entwürfe würden den Standesherren mitgeteilt wer-

den, und die Regierung wünsche die Grundsätze der Standesherren zu vernehmen.

Der Fürst Präsident erklärte hierauf, daß die Standesherrn erst die Grundsätze der Regierung kennen müßten, ehe sie Erklärung abgeben könnten. Auf dringendes Ansuchen Mauclers gab dann der Fürst seine Ansicht über die Hauptpunkte, die einschlagen, mit dem Bemerken ab, daß Se. Durchlaucht die Ansicht der Standesgenossen noch nicht kenne, daher dies nur seine Privatansicht sei, er sich weitere Punkte vorbehalte und nicht einer bloßen Privatäußerung, sondern amtlicher Erklärung hierauf entgegensehe.

Herr von Maucler brachte infolgedessen, von ihm verfaßt,

a) die Anträge desselben,

b) die fürstliche Erklärung bei Sr. Majestät dem Könige unmittelbar zur Vorlage, und die Resolution auf dieselbe ist in zweien königl. Handschreiben vom 21. Oktober und 3. November l. Jrs. enthalten, welche Herr von Maucler dem Fürsten mit dem Beifügen eröffnete, daß die Mitteilung der Gesetzesentwürfe bis zum 15. lfd. Mts. nachfolgen werde[1]). [...]

Der Fürst Präsident setzte hienach den 18. lfd. Mts. als den Tag des Zusammentritts seiner Standesgenossen zur Beratung über die Gesetzesentwürfe fest, erhielt aber inzwischen vom Herrn von Maucler in zweien weiteren Schreiben die Nachricht, daß die Gesetzesentwürfe erst bis Ende Novembers könnten mitgeteilt werden und daß etwaige Mitteilungen für die Konferenz dem Fürsten Zeil zukommen würden.

Kurze Mitteilungen vom Fürsten Zeil. Fürst Waldenburg informiert über die Verhandlungen, die er mit Maucler führte. Prinz Karl von Oettingen-Wallerstein macht Mitteilung über den Stand seiner Auseinandersetzung mit der Regierung wegen der Ablösungsgesetze von 1836: Er habe über die Anwendung der Edikte von 1817, über die Auslegung des Bundesbeschlusses und über die zwangsweise Durchführung der Ablösungsgesetze Rekurs beim Geheimen Rat anhängig gemacht und werde je nach dessen Entscheidung den bereits angekündigten Rekurs an den Bund ergreifen.

Fürst Präsident: Es ist daher allerdings wichtig, daß man, wenn man über Ablösung verhandelt, vorsorgt, daß es nicht scheine, als ob man sich der Landesgesetzgebung pure unterwerfe und die Suspension für weggefallen erachte.

Fürst Präsident proponiert die Abstimmung über die quaestio und bemerkt, daß es ihm schmerzlich falle, auf Ablösungen eingehen zu sollen, denn es ist eine zweite Mediatisierung; aber der Moment ist so beschaffen, daß man sie nicht ganz zurückweisen kann. Keinenfalls dürfen wir ablösen ohne Sicherung unserer Rechte und ohne vollständige Entschädigung, was auch der Bundesbeschluß zusichert.

Graf Schaesberg: Die Ablösung ist gar nicht mehr zu umgehen, und ich habe der Regierung meine Bereitwilligkeit bereits erklärt, den Gesetzesentwurf gewissenhaft zu beraten.

Graf Quadt Isny wünscht korporatives Zusammenhalten.

Fürst Wurzach erkennt, daß man den Ablösungen schwer entgegentreten werden kann, was die bisherigen Ereignisse hinlänglich dartun.

---

[1]) Zu den wichtigsten Forderungen, die Hohenlohe-Langenburg für die württembergischen Standesherren vorbrachte, vgl. Darstellung, S. 478.

Fürst Waldenburg stimmt für Ablösung, will sich aber auf kein Gesetz einlassen, ehe die Regierung mit den Standesherrn unterhandelt.

Prinz v. Oettingen-Wallerstein sieht mit Schrecken das Zunehmen des Verlangens und der Befürchtung der Ablösung und findet die Befürchtung nur bis zu einer gewissen Grenze begründet. Dem Kommunismus setzt auch die Ablösung keine Schranke und keinen Damm, und absolute Sicherheit ist auch für die Surrogate nicht gegeben, wenn die Staatsmoral fehlt. Erklärt man unsere Rechte für unhaltbar, so bildet kein Gesetz mehr eine Rechtsschranke, und es gibt keine Sicherheit. Dennoch können wir unter Wahrung des Rechtes erklären, daß wir der Ablösung nicht entgegen sind.

Fürst Zeil bejaht, unter Vorbehalt seiner Stimme über die Modalitäten der Ablösung, die Frage und findet in der heutigen Abstimmung eine traurige Satisfaktion für seine bereits vor zwölf Jahren in dieser Sache geäußerte Ansicht.

Fürst v. Oettingen-Spielberg stimmt wie Prinz Wallerstein.

Fürst Wolfegg mit Fürst Wurzach,

Prinz v. Hohenlohe-Oehringen mit: Ja,

Graf Rechberg mit Fürst Zeil,

Graf Neipperg, ebenso Löwenstein: Ja.

Conclusum per unanimia: Es sei die von dem Praesidio gestellte erste Frage zu bejahen vorbehältlich der Modalitäten, welche sich bei der Beratung ergeben.

Fürst Präsident bezeichnet hierauf 3 Wege, welche nun gegenüber der Regierung eingeschlagen werden könnten:

a) Offizielle Unterhandlung,

b) Beantwortung der von Herrn von Maucler gemachten Eröffnungen mit Angabe der Bedingungen sine qua non, unter welchen auf Ablösung eingegangen wird,

c) Beratung auf dem Landtage mit vorgängiger Verwahrung.

Fürst Waldenburg stellt den Antrag, daß sich nur im Unterhandlungswege mit der Regierung eingelassen werden solle, wogegen der Fürst Präsident und Fürst Wurzach bemerken, daß dies die Sache auf die Spitze treibe und einer Verwerfung der Gesetze gleichlaute.

Prinz v. Oehringen macht bemerklich, daß das Verlangen offizieller Unterhandlung, wenn es von der Regierung zurückgewiesen werde, dem Bunde gegenüber mehr Kraft gebe, indem man bei konfidentiellen Verhandlungen nichts in Händen hat, um sich auszuweisen.

Fürst Präsident bemerkt, daß bereits offizielle Äußerungen, königliche Resolutionen, vorliegen, auf welche geantwortet werden muß.

Graf Quadt beantragt, es möge sich zu Protokoll verwahrt werden, daß kein Standesgenosse einzeln und für sich allein zusage und verhandle oder abschließe.

Graf Schaesberg kann sich hierauf nicht einlassen, da er der Regierung bereits sich bereit erklärt hat, in die Beratung der Gesetzentwürfe einzugehen.

Fürst Zeil bemerkt, daß die Sache jetzt ohnehin Gemeingut ist.

Fürst Präsident proponiert hierauf, den Entwurf eines Antwortschreibens an Herrn von Maucler in Beratung zu nehmen, und es wird der Antrag, Antwort zu geben, einstimmig bejaht.

Nähere Erörterungen über die Abfassung des Schreibens.

Fortsetzung der Konferenz am 19. November 1847, vormittags, 10 Uhr.

Die vom Prinzen Karl von Oettingen-Wallerstein entworfene Antwort wird nach Beratung angenommen. Präsidium schlägt vor, die Kardinalpunkte eines Ablösungsgesetzes, soweit sie jetzt schon als solche erscheinen, zu erörtern.

Der Fürst Präsident hebt hervor

1. *die Lasten, welche auf den abzulösenden Gefällen ruhen, und erinnert, daß nicht bloß diese ganz, sondern auch andere Lasten wie z. B. die von Kirchen und Schulen wenigstens teilweise abgenommen werden müssen, was allseitig als richtig anerkannt wurde.*

2. *Einig wurde man darüber, daß der Maßstab der Entschädigung zur Zeit noch nicht festgesetzt werden solle, jedenfalls aber kein Standesherr ohne die andern über den Maßstab sich erkläre.*

3. *Als besonders wichtig und beachtenswert bezeichnet der Fürst Präsident die Berechnung des Wertes der abzulösenden Gefälle. Die Durchschnittsberechnung nach den letzten drei Veränderungsfällen wirkt sich ungünstig aus. Diskussion über diesen Punkt; mehrere Berechnungen sollen angestellt werden.*

4. *Fürst Wurzach hebt als besonders beachtenswerte Gegenstände hervor: Ausmittlung eines entsprechenden Anschlages für die Fruchtgülten, Entschädigung für das Heimfallrecht, für das Recht, bei Veräußerung und Verpfändung Konsensgebühren zu erheben, und für das Obereigentum.*

5. *Prinz Karl von Oettingen-Wallerstein betont die Notwendigkeit, daß die Edikte bis zum Ende der Verhandlungen suspendiert bleiben.*

6. *Der wiederholte Antrag des Fürsten Waldenburg, in der Ablösungsfrage stets gemeinsame Sache zu machen, wird allgemein angenommen. Weitere Einzelbemerkungen.*

Die anwesenden Standesherrn beschlossen, sich wieder zu einer Konferenz zu vereinigen, sobald sie von dem Fürsten Präsidenten eine Einladung hiezu erhalten.

Ein Antrag, eine verwahrende Erklärung an den Bund einzureichen, wurde von der Majorität der hohen Standesherrn als zur Zeit nicht notwendig, unbeschadet der Eingaben, welche einzelne einzugeben etwa veranlaßt sind, ausgesetzt.

Unterzeichnung des Protokolls.

Nr. 147-187   Revolution und Ablösungsgesetzgebung 1848/49

Nr. 147–167   Die bäuerlichen Unruhen im Frühjahr 1848.
Berichte und Petitionen

Vgl. Darstellung, S. 485 ff. Eine Auswahl aus den amtlichen Berichten (Nr. 147 bis 155) und aus den zahlreichen Petitionen, die im März–April 1848 die Beseitigung der Feudallasten forderten (Nr. 156–164), vermittelt einen Eindruck von Verlauf und Motivationen der bäuerlichen Unruhen jener Monate. Der Adel, gegen den sich die Bewegung fast ausschließlich richtete, war an einer schnellen gesetzlichen Lösung des Konflikts interessiert. Dagegen sahen sich andere Gefäll- und Zehntberechtigte, vor allem Privatpersonen und Stiftungen, durch das Ablösungsgesetz und die von ihm gesetzten Normen für die künftige Gesetzgebung in ungerechtfertigtem Ausmaß geschädigt. Ihre Beurteilung der Situation, in der wegen der Ablösungsfrage divergierende Interessen zwischen Stadt und flachem Land sichtbar werden, legten sie ebenfalls in Petitionen dar (Nr. 165–167); vgl. Darstellung, S. 483.

Nr. 147   1848 März 5, Künzelsau

Schreiben von Oberamtmann Schöpfer an Innenminister v. Schlayer über die Stimmung in seinem Oberamt

E 146, Bü 1932 a. S., UFasz. Künzelsau. Ausfertigung.

Aufregung seit der Revolution in Frankreich. Man kritisiert heftig die deutschen Regierungen und den Bundestag.
Die Hohenloher drückt besonders: 1. der Handlohn und Sterbfall, 2. der Wildschaden und 3. die mangelhafte Instandhaltung der Straße von Öhringen nach Künzelsau, Hohebach und Rothenburg ob der Tauber. Der Oberamtmann glaubt, daß die Aufregung sich bereits in den gesetzlichen Wegen wie Petitionen etc. verliert, die ich hier möglichst zu befördern suchte als das einzige Mittel, in die Sache Aufschub und damit mehr Ruhe und Besonnenheit zu bringen, was auch gelang, insoferne die hiesige Stadt, die in der Gegend immer an der Spitze der Bewegung stehen wird, bereits eine solche Eingabe überreicht hat. Es ist aber meine innigste Überzeugung, daß, wenn den unter Punkt 1 und 2 angedeuteten Beschwerden nicht schleunigst abgeholfen wird, es noch zu förmlichen Aufständen gegen die Fürsten von Hohenlohe kommt. Die Sache ist reif; willigen die Fürsten nicht in eine billige, sehr billige Ablösung ein, wie etwa bei dem Staate, so gibt ihnen das Volk nichts mehr. Sodann wird es unerläßlich sein, gegen die Zeitbewegungen einen sichern Damm durch einen glücklichen und zufriedenen Stand von Landwirten aufzuführen; ich sehe darin

475

vorzugsweise ein Mittel gegen die immer wiederkehrenden Erregungen der unruhigen Städter.

Bei dem Punkte 3 steht aber die ganze Popularität der Regierung auf dem Spiele. Jedenfalls müssen die Bedürfnisse des Volkes befriedigt werden; es läßt sich dieses schon aus ökonomischen Gründen nicht länger verschieben. [...][1])

Nr. 148 a—b   1848 März 7 und 11

Berichte von Oberamtmann Hoyer an das Innenministerium über die bäuerlichen Unruhen im Oberamt Gerabronn

E 146, Bü 1931 a. S., UFasz. Gerabronn. Ausfertigung.

Nr. 148 a   1848 März 7, Niederstetten

Definitive Anzeige, daß die fürstliche Domänenkanzlei in der Nacht vom 5. auf den 6. März durch eine verbrecherische Rotte – ohnzweifelhaft von Ortsangehörigen niedergebrannt worden ist. Eigentliches Ziel dieses Verbrechens war die Vernichtung aller Lagerbücher und Rechnungen des Fürstentums Hohenlohe-Jagstberg; vorangingen Insultationen des fürstlichen Gesamthauses und tätliche Angriffe auf zwei fürstliche Diener: Ihre Wohnungen wurden erstürmt. Ausrufe, Reden und Handlungen politischer Natur und in Beziehung auf den Staat wurden nicht wahrgenommen, vielmehr mit den „Pereat's Hohenlohe" zuweilen „Vivat's König Wilhelm" gehört.

Der Verlust jener Urkunden und Akten ist unersetzlich, da Güterbücher noch nirgends aufgerichtet sind. Die gerichtlichen Untersuchungen haben bereits begonnen, doch zeigte sich dabei offener Ungehorsam; eine große Volksmasse wollte notfalls mit Gewalt die Verhaftung zweier Niederstettener verhindern, die der Urheberschaft an dem Brand verdächtigt sind. Eine Gewähr für die Ruhe in Niederstetten ist nicht gegeben als in einer Gemeinde, die auf der Brandstätte von der Kanzlei ihres Grundherrn teils gar nicht erschienen, teils längere Zeit müßiger Zuschauer geblieben war, und einer Bürgerschaft, deren eine

---

[1]) Nach Bericht des Oberamtmanns Schöpfer vom 12. 3. 1848 ertrotzte am 10. 3. 1848 ein Haufen von Pflichtigen unter Leitung des Apothekers Frech von Ingelfingen die Versiegelung der Lagerbücher und ähnlicher Dokumente bei dem dortigen fürstlich hohenloheschen Rentamt Ingelfingen. Beim Rentamt Künzelsau erboten sich die Rentbeamten selbst dazu, die Lagerbücher zu versiegeln und bei einer obrigkeitlichen Stelle zu hinterlegen. Grobe Exzesse kamen sonst nicht vor. „Diese Versiegelung der Lagerbücher, die ohnehin gemeinschaftliches Eigentum sein sollen, war – einmal in Kocherstetten begonnen – bei dem Vorgang in Niederstetten das einzige Mittel zu Abwendung jeder größern Gefahr; sie ist von den Rentämtern verschuldet, insoferne sie bisher die Einsichtnahme davon entweder geradezu verweigerten oder doch sehr erschwerten." Es ist zu hoffen, daß sich die Aufregung, abgesehen von möglichen vereinzelten rohen und drohenden Ausbrüchen, allmählich wieder legen wird (E 146, Bü 1932 a. S., UFasz. Künzelsau).

Hälfte von blindem Haß gegen ihren Grundherrn und die andere Hälfte von feiger Furcht vor diesen Ausbrüchen dieses Hasses beherrscht wird[1]). *Durch entschiedenes Auftreten des Stadtschultheißen gegen die Anfänge der Ausschreitungen hätten diese ohne Zweifel größtenteils abgewendet oder gemindert werden können. Doch zeigten er und der Landjäger sich tat- und mutlos*[2]).

Nr. 148 b   1848 März 11, Gerabronn

Den am 6. und 7. dieses berichteten Niederstetter verbrecherischen Ereignissen folgten zwar seitdem keine solche, aber in gleicher auf die Standes- und Grundherren gehender Hauptrichtung solche öffentliche Volksdemonstrationen, wo bald größere, bald kleinere, meistens nach den Grundherrschaften gruppierte Volksmassen verschiedener Gemeinden und Bezirke
1. in die Sitze der grundherrlichen Verwaltung zogen,
2. vor den Wohnungen der grundherrlichen Beamten sich scharten,
3. diesen letztern durch Abgeordnete ihre Erbitterung über Vergangenheit und Gegenwart und ihre Forderungen an die Zukunft nachdrücklich aussprachen,
4. von den Beamten Zusicherungen der Erfüllung ihrer Ansprüche mit speziellster Bescheidung ihres Inhalts erhielten und alsdann
5. wieder abzogen, ohne weder Insultationen noch Beschädigungen begangen zu haben!

Daß auch Drohungen und insultierende Formen im Ausdruck des Verlangens der Massen mit unterliefen, ist wahrscheinlich, aber diesseits nichts bekannt, zumal von keiner dieser Herrschaften noch von den Ortsobrigkeiten Anzeigen und Berichte einliefen.

Solche Antizipation des verheißenen Gesetzes über das Volksrecht zu Versammlungen, welcher Antizipation zu widerstehen den Orts- und Bezirksbehörden ebenso mißrätlich als unmöglich war, ging namentlich in diesen Tagen vonstatten:

A) am 7. zu Bartenstein, wo einige Hundert Hohenlohe-Bartensteiner Grundholden durch Deputierte mit fürstlichen Beamten auf gewisse Lizenzen, Erlasse und Zusagen verhandelten und am Ende sich vereinbarten;

B) am 6. zu Amlishagen, wo die dortige um sein Haus gescharte Bürgerschaft durch Deputierte dem Rentbeamten des bürgerlichen Herrschaftsbesitzers Horlacher[1]) spezielle (nachher schriftlich erneuerte) Zusagen abgewann;

---

[1]) Einige Hinweise für die wirtschaftliche Situation der Stadt Niederstetten enthält OAB Gerabronn (1847), S. 171 ff: Den Zehnten „und den bedeutenden jährlichen Umlagen an Oberamts-, Gemeinde- und Fronkosten wird hauptsächlich die sich neuerlich bemerkbar machende Verarmung eines Teils der Bevölkerung bei Abnahme des Wohlstandes auch des übrigen Teils zugeschrieben" (S. 174). Dazu trägt noch bei, daß der recht umfangreiche Weinbau (462 Mg) oft ganz ausfällt und nur selten gute Ernten bringt.

[2]) Ein gerichtliches Verfahren gegen die Brandstifter — insgesamt waren etwa 40 bis 50 Personen an den Ausschreitungen beteiligt — wurde nach längeren Untersuchungen, bei denen die Gemeinde eng zusammenhielt, auf königliche Weisung vom 3. 8. 1848 niedergeschlagen; E 301, Bü 240, UFasz. 15.

[1]) Der preußische General-Divisionsarzt v. Horlacher kaufte das Rittergut Amlishagen 1821/30; nähere Angaben hierzu in OAB Gerabronn (1847), S. 107 ff.

C) den 9. zu Schrozberg, wo mehrere, vielleicht sieben- bis achthundert aus allen Teilen des Bezirks teils eine vom dortigen Verwaltungsaktuar Bumiller, teils eine vom landständischen Abgeordneten Egelhaaf proponierte Adresse an Seine Königliche Majestät unter freiem Himmel votierten und unterschrieben;

D) am 10. zu Rot a. S., wo eine vom landständischen Abgeordneten eingeladene Volksversammlung aus allen Bezirksgemeinden die ad C) besagte Adresse gleichfalls unter freiem Himmel votierte und im ganzen mit 463 Unterschriften bedeckt auch sogleich der Post aufgab;

und waren beide Adressen neben den bekannten allgemeinen auf die besonderen Wünsche der billigen Feudallastenablösung, der Steuerperäquation, der Wildschadenabwendung gestellt;

E) am 10. abermal zu Amlishagen, wo etwa 200 Bauern des Amlishager Herrschaftsprengels die ad B) besagten Ort Amlishagen Szenen erneuerten;

F) am nämlichen 10. zu Lendsiedel, von wo die Mehrzahl Hohenlohe-Kirchberg'scher Grundholden nach Kirchberg, den Sitz des Fürsten der Verwaltung zog und vom Herrn Fürsten persönlich, der ihre Deputierte zu sich einlud, Worte der Erfüllung ihrer Wünsche empfing;

G) am heutigen 11. zu Riedbach, wo noch einmal Fürstentum Bartensteiner Grundholden mit fürstlichen Delegierten, von diesen selbst berufen, in Unterhandlungen bisher noch unbekannten Erfolgs getretten sind.

Wie der Herr Fürst zu Hohenlohe Waldenburg, Präsident der I. Kammer, alle hohenloheschen Grundholden durch Versicherung seiner und seiner Vettern Ablösung-Geneigtheit und wie der landständische Abgeordnete das Bezirksvolk zu beruhigen sucht durch Hinweisung auf das neue volksfreundliche Ministerium und wie oberamtlich an alle Gemeinden der Aufruf zu Bildung von Sicherheitswachen erlassen wurde, dies geruhe aus den Anlagen entnommen zu werden[2]).

Alle andere nach den Niederstetter Ereignissen gefolgten Auftritte übertrifft übrigens, jenen durch ihre Tendenz nächstkommend, an Frechheit und verwegener Auflehnung gegen alle gesetzliche Ordnung die Niederstetter Gemeindedeputation an den Herrn Fürsten zu Bartenstein vom 8. dieses, welche diesen Standesherrn dem Vernehmen nach durch Hinweisung auf die Gefahr der Niederbrennung seiner Schlösser den Antrag auf Niederschlagung der gerichtlichen Untersuchung gegen die Brandstifter vom 5. März machte und seiner Schwäche abdrang, dem Vernehmen nach durch die Vorstellung, „daß sonst keine Ruhe sei" (solang die Brandstifter bedroht seien, von der Schärfe des Gesetzes erreicht zu werden).

---

[2]) 3 gedruckte Erklärungen:
 a) 1848 März 9, Langenburg: Ernst Fürst zu Hohenlohe-Langenburg erklärt sich gegen das Gerücht, er versuche die Gefällablösung zu verhindern, und sichert zu, seine „privativen Ansichten hierüber diesen allgemeinen Wünschen unterzuordnen"; er habe gegenüber der Regierung „die Bereitwilligkeit zu einer auf Grundsätze der Billigkeit basierten Ablösung schon vor mehreren Monaten ausgesprochen".
 b) 1848 März 11, Gerabronn: Erklärung des Abgeordneten Egelhaaf mit der Ermahnung, alle „Ruhestörungen und Handlungen der Gewalt und Selbsthülfe" als Hindernisse für die Erfüllung der Wünsche und Hoffnungen des Volkes zu unterlassen.
 c) 1848 März 10, Gerabronn: Dringende Einladung des Oberamts an die Gemeinderäte, bürgerliche Sicherheitswachen zu bilden.

Diese (natürlich folgenlose) Handlung drückt am stärksten denjenigen im Bericht vom 7. vermeldeten Zustand der Niederstetter Gemeinde aus, bei welchem die Hälfte gegen den Grundherrn bis zum tiefsten Haß erbittert und die andere von der feigsten Furcht vor den Ausbrüchen dieses Hasses beherrscht ist[3]).

Nr. 149   1848 März 11, Kirchberg

Bericht von Bezirksamtmann Fromm an das Innenministerium über eine Volksdemonstration gegen die Standesherrschaft Hohenlohe-Kirchberg am 10. 3. 1848

E 146, Bü 1931 a.S., UFasz. Gerabronn. Ausfertigung.

300–400 Einwohner des Amtes versammelten sich in Lendsiedel, um ihre Wünsche und Forderungen gegenüber der Grundherrschaft zu besprechen. Anschließend begaben sich ungefähr 300 Männer in geordnetem Zug vor die Wohnung des Amtmannes und ließen ihr Begehren durch einen Ausschuß in der Kanzlei vortragen: Der Fürst müsse wegen der seit 1817 unerfüllt gebliebenen Wünsche nach Befreiung von den Grundlasten befriedigende Zusicherungen machen, der Amtmann (zugleich Rentbeamter), der die starke Belastung durch Sterbfall und Handlohn nach Möglichkeit gemildert hat, solle bei dem Fürsten vermitteln. Die einzelnen Forderungen waren:
1. Einsichtnahme in die älteren und neueren rentamtlichen Grundbücher,
2. nur billige Forderungen für die Aufhebung von Handlohn und Sterbfall, indem ein großer Teil der Bauern ganz ohne Entschädigung dieser Belastung befreit zu werden hoffe,
3. alsbaldige Aufhebung aller Gefälle, die sich als keine wahren Grundlasten herausstellen,
4. sofortiger Befehl an den fürstlichen Forstverwalter, den Rehstand so zu vermindern, daß die Felderbesitzer keine Beschädigung ihrer Saaten mehr erleiden.
Nachdem der Fürst die Deputation selbst vorgelassen, die Punkte 1 und 4 zugestanden und hinsichtlich der Punkte 2 und 3 seine persönliche Geneigtheit zu einem billigen Übereinkommen ausgesprochen hatte, entfernte sich die Menge wieder, ohne irgendeinen Exzeß begangen zu haben.

---

[3]) In einem weiteren Bericht vom 17. 3. 1848 meldete Oberamtmann Hoyer: Die gerichtlichen Untersuchungen wegen der Niederstetter Vorfälle mußten angesichts der drohenden Haltung der Bürgerschaft von Langenburg, welche die Freilassung eines Untersuchungsgefangenen erzwingen wollte, durch herbeigerufenes Militär geschützt werden. Der Grimm des Volkes ist dadurch noch weiter entflammt worden von dem gegen den Standesherrn erbitterten proletarischen Pöbel.
Seitdem konnten vier Niederstetter Tatverdächtige ohne weitere Folgen inhaftiert werden. In der Nacht vom 12./13. 3. machten meist ledige Burschen in Schrozberg einen Straßentumult; dem Ortsgeistlichen und dem Rentbeamten wurden mehrere Fenster eingeworfen, der Rentbeamte floh daraufhin nach Öhringen. Der Fürst rief die Macht des Staates zur Hilfe, und es rückten 20 Mann an, nach Meinung des Oberamtmannes eine unkluge Reaktion auf die Vorfälle. Die Volksaufregung richtet sich jetzt auch gegen unbeliebte Ortsvorsteher und Magistrate.

Vom wohltätigsten Einfluß war dabei die uns eben erst durch die Zeitungen gewordene und von mir ihnen mit angemessener Belehrung mitgeteilte Kunde von der stattgefundenen Ministerveränderung. Es gab sich nicht nur lebhafter Dank für des Königs Majestät, sondern, was die Minister betrifft, auch das volle Vertrauen kund, es könne nun mit Ruhe auf Verwirklichung ihrer Wünsche gewartet werden, es seien nun weitere Schritte von seiten des Volks selbst nicht mehr nötig.

Es war dieser Wendepunkt aber auch, so wie die Dinge in hiesiger Gegend stehen, höchst nötig und werden nun die Bewegungen, welche unschädliches Maß bereits da und dort überschritten, wahrscheinlich ein Ende nehmen, wenigstens nicht mehr von Exzessen begleitet sein. *Sonst sollte die Regierung das hohenlohesche Land durch Aufstellung bewaffneter Macht an einigen Punkten zur Ordnung bringen.*

Nr. 150   **1848 März 13, Weinsberg**

Bericht von Oberamtmann Zais an den Minister des Innern über die Unruhen im Oberamt Weinsberg

E 146, Bü 1933, UFasz. Weinsberg, Ausfertigung.

Bemühungen des Oberamtmanns, die Unruhen vornehmlich der Gemeinde Neuhütten[1] zu dämpfen und weitere Ausschreitungen zu verhindern. Die Aufrührer hatten nach dem Verbrennen der Akten in Weiler auch die Akten auf Schloß Maienfels und auf dem Forstamt in der Parzelle Kreuzle vernichtet. Der Oberamtmann konnte mit Hilfe von Militär den Zug der Aufständischen von Neuhütten nach Wüstenrot und von dort nach Löwenstein verhindern, wo die Rotte das Schloß zu Löwenstein erstürmen oder in Brand stecken und den Rentamtmann angeblich hängen wollte. Militärische Besetzung von Neuhütten. In der Nähe von Maienfels begegnet der Oberamtmann erneut einem Haufen mit Prügeln bewaffneter Männer, die erklären, daß sie mit den Einwohnern von Neuhütten eine Adresse an den König machen lassen wollten um Aufhebung der Feudalabgaben. Diesen Druck können sie nun und nimmermehr ertragen, lieber wollten sie sterben als leben wie die Hunde; sie wollen Menschen sein

---

[1] Die Gemeinde Neuhütten war zwischen den Freiherren von Gemmingen-Bürg und von Weiler im Verhältnis $^2/_3$ zu $^1/_3$ geteilt (OAB Weinsberg (1861), S. 85 f), ebenso die Gemeinde Maienfels mit Parzellen; zusammen bildeten sie den sog. „Burgfrieden", dessen Bewohner, die „Burgfriedler", sich durch kräftige Statur (ebd., S. 45 f) von der Nachbarschaft unterschieden, vielfach ohne eigenen Grundbesitz, von Holzarbeiten, Hausgewerbe und Hausierhandel lebten (ebd., S. 52, 285, 308). Da „der bessere Kern der Wohlhabenderen und Ordnungsliebenden" gegenüber „diesem Proletariat" sich nicht durchsetzen konnte, wurde Neuhütten zusammen mit Maienfels und einigen anderen Gemeinden 1856 unter direkte Staatsaufsicht gestellt, nicht zuletzt „zu Hebung der sittlichen und kirchlichen sowie Schulzustände" (ebd., S. 52).
Zu den von Neuhütten ausgehenden Unruhen vgl. das ausführliche Aktenreferat bei *Mohrdiek*, S. 99 ff; dazu differenzierend mit näheren Angaben zu den Hauptbeteiligten, vor allem reisenden Händlern, Peter *Müller*, Württemberg und die badischen Erhebungen, S. 59 ff anhand der Untersuchungsakten des Justizministeriums.

wie andere auch, sie wollen königlich sein, württembergisch, nicht aber edelmännisch und württembergisch zugleich. Zwei Blutegel saugen an ihnen, die Herrschaft Gemmingen und die Herrschaft Weiler, und obendrein komme noch der Staat; so können sie es nun und nimmermehr prästieren, es werde nimmer bälder Frieden, als bis sie ihrer sie zu Boden drückenden Lasten enthoben seien.

Oberamtmann Zais versicherte ihnen hierauf, daß es das ernsteste Bestreben des neu eingesetzten Ministeriums seie, ihren Beschwerden auf das gründlichste abzuhelfen, worauf sie mir erwiderten, solche Versicherungen werden ihnen schon seit zwanzig Jahren erteilt, und keine gehe in Erfüllung; kein Prozeß gehe aus, und sie machen fort und ruhen nimmer. Alle seien eines Sinnes.

Ich erwiderte ihnen hierauf: „Sehet, hier stehe ich in der Uniform des Königs, und wenn euren Beschwerden nicht innerhalb sechs Monaten abgeholfen ist, so ziehe ich diese Uniform aus und gebe sie in die Hände des Königs zurück." Hierauf erklärten sie, sie wollen meiner Versicherung glauben und sich noch einmal zur Ruhe begeben, wenn aber wieder nicht geholfen würde, so bleibe ihnen doch nichts übrig als ein abermaliger und noch viel ärgerer Aufruhr als jetzt; denn es sei ihnen ganz gleichgültig, ob man sie totschieße oder nicht. Ich beschwichtigte sie so viel als möglich mit sanften und freundlichen Worten und bewirkte ihre Rückkehr in ihre Wohnungen. Bald darauf traf eine zweite Kompagnie des 7. Regiments ein, welche ich auf das Schloß Maienfels dislocierte, von wo aus die Gemeinden Oberhambach²), Brettach und Maienfels mit Leichtigkeit beherrscht werden.

Oberamtmann Zais begab sich anschließend nach Löwenstein, da nach sicherer Anzeige die Bewohner des Schmidhauser Tales eine nächtliche Überrumpelung des fürstlichen Schlosses zu Löwenstein und die Verbrennung aller Akten beabsichtigen. Eine Anzahl von Bürgern der Stadt hatte bereits die Lagerbücher der Standesherrschaft sichergestellt. In Löwenstein herrscht eine schlimme Stimmung gegen die Standesherrschaft und deren Rentbeamte vor.

Auf dringendes Ersuchen wurden 16 Reiter nach Eschenau zum Schutz des Freiherrn v. Hügel abgeordnet.

Nr. 151   1848 März 15, Weinsberg

Bericht des Oberamts Weinsberg an das Innenministerium über die Unruhen im Bezirk, vor allem in Neuhütten

E 146, Bü 1933 a. S., UFasz. Weinsberg. Ausfertigung. Unterschrift: Zais

Gestern, am 14. l. Mts., kamen nach den eingegangenen Nachrichten folgende Exzesse vor:
1. in Mainhardt: Die Bürger erschienen vor dem Rathaus und verlangten von dem fürstlich Bartenstein'schen Renovationskommissär Schwarz die in

---

²) Oberhambach = Oberheimbach (OAB Weinsberg (1861), S. 290).

Beziehung auf fürstliche Gefälle in seinen Händen befindlichen Akten. Letzterer entsprach dem Begehren der Bürger sogleich; die Akten wurden unter Siegel gebracht und einem sonst ganz rechtschaffenen Bürger namens Traub übergeben, worauf sich die Masse ganz ruhig nach Haus begab.

2. In Ammertsweiler erschien die Bürgerschaft gleichfalls vor dem Rathaus, ursprünglich in der Absicht, die in Händen ihres Schultheißen, der zugleich fürstlicher Renovationskommissär ist, befindlichen Gefällakten den Flammen zu übergeben; es gelang jedoch dem Schultheißen, die sonst in jeder Beziehung geordnete und ruhige Bürgerschaft von diesem Vorhaben, wenigstens dessen alsbaldiger Ausführung abzubringen. Glücklicherweise lief während der Versammlung eine Botschaft von seiten des Fürsten von Bartenstein ein, in welcher er wegen Nachlaß und Ablösung der Gefälle beruhigende Zusicherungen gemacht hat, so daß die Bürgerschaft hierüber erfreut vom Rathaus ins Wirtshaus zog und von da aus ruhig sich nach Haus begab.

3. In Wüstenrot fand eine Bewegung gegen den Schultheißen Cordier und den dortigen Gemeinderat statt. Die Bürger erschienen in Masse auf dem Rathause und verlangten das Abtretten der lebenslänglichen Gemeinderäte, welchem Wunsche jedoch nur insoferne entsprochen wurde, als letztere ihre sämtlichen Nebenämter niederlegten. Sonst kamen gestern keine Exzesse vor. Auch ist die Nacht in allen Orten ruhig vorübergegangen.

Ist aber auch die äußere Ruhe im Augenblick hergestellt, so gärt es um so stärker in den Gemütern. Ich kenne meine Leute und kann ein hohes Ministerium versichern, daß die Bewohner der gutsherrlichen Bezirke alle wie Ein Mann entschlossen sind, in Zukunft keine gutsherrlichen Abgaben mehr zu bezahlen, und wie die Grundholden in dem hiesigen Oberamtsbezirk denken und zu handeln entschlossen sind, so ist es auch bei allen übrigen von Weiler bis nach Mergentheim der Fall.

Schultheiß, Gemeinderat und einfacher Bürger sind in dieser Beziehung ganz einverstanden, und die nächste Zukunft wird es lehren, daß keine obrigkeitliche Gewalt mehr ausreicht, die gutsherrlichen Abgaben beizutreiben. Exekution zu Beitreibung grundherrlicher Gefälle ist durchaus nicht anwendbar. In weitem Umkreise ließ sich in diesem Augenblicke nicht ein Mann finden, um sich als Presser in irgendeinem gutsherrlichen Orte gebrauchen zu lassen, viel weniger aber wären Realexekutionen ausführbar, da kein Mensch irgendetwas kaufen würde.

Die Gerichte vermögen gegen die Empörer ihre Gewalt gleichfalls nicht auszuüben.

Gestern hat der Oberamtsrichter und sein Aktuar die Untersuchung in Neuhütten geschlossen. Nach der mündlichen Äußerung des Oberamtsrichters dachte keiner der Angeschuldigten daran, irgendetwas in Abrede zu stellen. Als es sich aber davon handelte, die zehn Rädlensführer, welche am Sonntag abend in den Straßen durch den Polizeidiener bekanntmachen ließen, daß sich dem Zuge nach Weiler jeder Bürger bei schwerer Strafe (Anzünden des Hauses oder Totschlagen) anzuschließen habe, zu verhaften und aus dem Ort abzuführen, erschien die ganze Bürgerschaft und verlangte, daß alle ohne Ausnahme oder keiner abgeführt werde. Die in Neuhütten befindliche Kompagnie Soldaten trat unters Gewehr und machte Miene zu schießen, wenn von seiten der Bürgerschaft zur Befreiung der Gefangenen Gewalt gebraucht werden wollte. Allein die Bürger entblößten ihre Brust und riefen den Soldaten zu: „Schießt uns nieder, wir fürchten den Tod nicht." Zugleich hoben sie wie bei einem Eidschwur die drei Finger der rechten Hand in die Höhe und erklärten feierlich: „Gott im Himmel hat uns den Gedanken zum Verbrennen der Akten in die Seele gelegt, wir sind rein und unschuldig, wir werden sterben, aber nun und nimmermehr werden wir die ungerechten Abgaben an die Grundherren fortbezahlen, keiner darf daher fort oder alle."[1]) Es wäre daher ohne Blutvergießen die Abführung der Gefangenen nicht möglich gewesen, weshalb der Oberamtsrichter dieselben alsbald wieder auf freien Fuß stellte.

Dieser Geist des Widerstandes beseelt die ganze Bevölkerung; jeder Gemeinderat, jeder Schultheiß ist einverstanden; sie stellen sich nur äußerlich, als wären sie dagegen, im Herzen aber rufen sie den Empörern vollen Beifall zu.

Die Fahne des Aufruhrs wurde durch Einwohner von Neuhütten, welche als Holzhauer an der Grenze von Baden bei Möckmühl arbeiten, in ihre Heimat getragen. Die Einwohner von Neuhütten sind kräftige Menschen, von Keckheit, Entschlossenheit und Tatkraft. Durch ihren Terrorismus haben sie die Bewohner von Maienfels und Brettach, welche matt sind an Körper und Seele, in ihrem Zuge nachgeschleppt, und auch die Oberhambacher[2]) behaupten, es seie ihnen von Neuhütten gedroht worden, ihr Dorf an vier Ecken anzuzünden, wenn sie sich der Unternehmung gegen die Grundherrschaft nicht anschließen wollen.

Der innere Grund der Bewegung ist lediglich zu suchen in der furchtbaren Belastung der Einwohner mit Abgaben an ihre Grundherren.

Fasse man nur den Sterbfall und Handlohn, der überall in diesen Gegenden 5 %, an manchen sogar noch mehr beträgt, ins Auge. Diese Abgabe wurde zu einer Zeit eingeführt, wo die Güter vielleicht kaum den 5. Teil des Wertes hatten, den sie in unsern Tagen haben; hiedurch allein schon ist diese Abgabe gegen früher um das Fünffache gestiegen. Allein es kommt noch hinzu, daß in früherer Zeit die Bevölkerung und die Güterzerstücklung weit nicht so groß waren als jetzt und daß die Veränderungsfälle in unserer Zeit eine weit höhere Zahl ersteigen als ehemals.

Man darf ohne Übertreibung behaupten, daß diese Abgabe den Grundherrn in der Gegenwart einen zehnmal höhern Ertrag gewährt als noch vor sechzig Jahren, daß sie aber auch in demselben Verhältnisse die Grundholden stärker drückt und um so mehr schwächt und entkräftet.

Haben sich einerseits die Einnahmen der Grundherrn vermehrt, so suchen sie oder wenigstens ihre Beamten sich aller Verbindlichkeiten gegen ihre Grundholden zu entziehen.

---

[1]) In einem Bericht vom 16. 3. 1848 bemerkte Oberamtmann Zais, „daß in dem Widerstand und der Auflehnung der grundherrlichen Einwohner auch ein religiöses Element wirkt; sie suchen ihre Handlungsweise aus biblischen Sprüchen und Lehren, z. B. ‚Du sollst nicht zwei Herren dienen', abzuleiten und zu rechtfertigen" (E 146, Bü 1933 a. S., UFasz. Weinsberg). In Neuhütten wie in Maienfels gab es eine größere Zahl von „Dissenters" (Baptisten): OAB Weinsberg (1861), S. 281, 306.
[2]) Oberhambach = Oberheimbach (OAB Weinsberg (1861), S. 290).

Ist von dem Fürsten oder Freiherrn nach altem, oft unwidersprechendem Herkommen ein Schulhaus, eine Kirche zu bauen, so wird desungeachtet ein Prozeß angefangen und die Befriedigung des dringendsten Bedürfnisses auf diesem Wege auf eine lange Reihe von Jahren hinausgezogen. Ich will nur ein Beispiel anführen: Nach fast 20jährigem Prozesse ist der Fürst von Bartenstein schon im Jahr 1837 von dem K. Obertribunal in letzter Instanz zur Erweiterung der Kirche in Mainhardt verurteilt worden; den Künsten seines Hofrates Geßler ist es aber gelungen, es dahin zu bringen, daß trotz des gerichtlichen Erkenntnisses bis heute noch kein Stein zu diesem Zwecke angeregt (!) worden ist und daß bis heute von der 5000 Seelen zählenden Kirchengemeinde nicht einmal der zehnte Teil sich gemeinschaftlich dem Gottesdienste widmen kann[3]).

In allen grundherrlichen Orten hatten die Einwohner in der Regel das Waidrecht, das Recht auf Laubstreu und Leseholz, allein alle diese Rechte werden in neuerer Zeit bestritten, verkümmert und deren Ausübung unmöglich gemacht. Wo ein Recht auf Laubstreu existiert, da verwandeln die Grundherren ihre Laubholz- in Tannenwaldungen; ist das nicht empörend?[4]) Ich kenne Gemeinden, die jetzt 1000 bis 1500 fl für Laub ausgeben müssen, während sie früher nicht 1 fl für diesen Zweck aufzuwenden hatten.

In Weingegenden beziehen die Grundherren stets die siebte Maß. Gerne hätten schon da und dort die Grundholden den siebenten Teil ihres Grund und Bodens abgegeben, allein die Grundherrn gingen nicht darauf ein aus dem natürlichen Grunde, weil der Weingärtner auch die Pfähle kaufen, den Boden bearbeiten, den Dung hergeben und die Lese besorgen muß. Trotz dieser ungeheuren Abgabe unterhalten manche Grundherrn wie z. B. der Fürst von Löwenstein ihre Keltern so schlecht, daß den Weingärtnern ihr in denselben aufbewahrtes Geschirr verfault.

Es ist daher unter den bestehenden Verhältnissen den Grundholden unmöglich, sich eine menschenwürdige Existenz zu verschaffen trotz allen Fleißes, aller Sparsamkeit und Entbehrung.

Wer die wahre Lage dieser Leute kennt, ihr Ringen und Kämpfen um eine erbärmliche Existenz seit Jahren beobachtet, der findet in ihrer jetzigen Empörung nichts als den Ausbruch der Verzweiflung; und ich bin überzeugt, daß Ruhe und Ordnung nicht bälder wiederkehren, sondern Widerstand und Aufruhr intensiv und extensiv wachsen, als bis die gutsherrlichen Verhältnisse durch ein Gesetz reguliert sind.

Es ist zwar allerdings richtig, daß ein allgemeines Gesetz dieser Art nicht im Augenblicke gegeben werden kann. Allein die augenblickliche Aufhebung der verhaßtesten aller Abgaben, des Sterbfalls und Laudemiums unter Vorbehalt der Festsetzung einer angemessenen Entschädigung der Grundherrn wäre bei gegenwärtig versammeltem Landtag doch wohl in wenigen Tagen auf gesetzlichem Wege durchzuführen möglich. Die gesetzliche Aufhebung dieser einzigen Abgabe würde eine große Wirkung hervorbringen, die Gemüter be-

---

[3]) Ein langwieriger Prozeß um die Verpflichtung zum Wiederaufbau der völlig ruinierten Kirche in Maienfels hatte seit Jahren die Stimmung gegenüber der Grundherrschaft weiter verschlechtert: *Nefflen*, S. 40 f, 43 ff.
[4]) Vgl. Darstellung, S. 408.

ruhigen, von seiten der Regierung Tatkraft beweisen und das Vertrauen des Volkes in sie befestigen.

Da diese Abgabe, wenn sie auch rechtlich noch besteht, unter den jetzigen Verhältnissen in der Wirklichkeit doch nicht erhoben werden kann, so dürfte wohl die Kammer der Standesherrn dem Zustandekommen eines dahin zielenden, aus einem einzigen Paragraphen bestehenden Gesetzes nicht entgegentreten.

Nr. 152   1848 April 16, Wolfegg

Bericht des Bezirksamts Wolfegg an das Innenministerium über die im Amtsbezirk herrschende Stimmung

E 146, Bü 1933 a. S., UFasz. Wangen. Ausfertigung. Unterschrift: Rugl.

Abwehr des Gerüchts, in Kißlegg herrsche gegen die waldburgischen Standesherrschaften eine aufgeregte Stimmung, „welche leicht Unruhen hervorrufen könnte".

Wie überall im Lande, so entstand im vorigen Monat auch in Kißlegg und dessen Umgebung eine allgemeine Aufregung und bemächtigte sich der Gemüter selbst der ruhigsten Bürger. Diese Bewegung hatte aber gleich von Anfang an im allgemeinen einen weit ruhigeren Charakter als an andern Orten des Landes, und wenn es auch hier einige mehr und weniger erhebliche Wünsche und Beschwerden, insbesondere gegen die beiden sich in den Besitz von Kißlegg teilenden fürstlichen Standesherrschaften Wolfegg und Wurzach vorzubringen gab, so geschah dies von den einzelnen Gemeinden innerhalb der gesetzlichen Schranken auf ruhige, nicht verletzende Weise meist in schriftlichen Eingaben. *Nur in der Gemeinde Sommersried zwang die Bürgerschaft Gemeinderat und Schultheißen zum Rücktritt und wählte einen neuen, beliebten Ortsvorsteher. Seitdem ist keinerlei Störung mehr vorgekommen.*

Daß übrigens damals auch der weniger beliebte fürstlich Wurzach'sche Rentbeamte Wörz in Kißlegg bedroht und dadurch veranlaßt worden sein solle, sich zur Gegenwehr bereitzuhalten, hat das Bezirksamt erst später erfahren, nachdem sich diese angebliche Drohung wie so viele andere in jenen Tagen gehörte schon als völlig ungegründet erwiesen hatte. Jetzt herrscht aber in sämtlichen Gemeinden des Amtsbezirks wieder vollkommene Ruhe und Ordnung und zeigt die Bürgerschaft selbst, insbesondere der wohlhabendere und der jüngere Teil derselben, allenthalben rege Teilnahme an den in der Bildung begriffenen Bürgerwehren, wie sehr ihr in eigenem Interesse an deren Erhaltung gelegen ist. [...]

Nr. 153 1848 Juni 13, Heiligkreuztal

An die Ministerien des Innern und der Finanzen. Anzeige von Kameralverwalter Greiner über die Mißstimmung des Landvolks wegen der bevorstehenden nochmaligen Erhebung des Naturalzehnten

E 146, Bü 80, Q 89. Ausfertigung.

Der Kameralbeamte hat heute einer Versammlung von ein paar hundert Landleuten in Riedlingen angewohnt, welche zum Zweck einer Besprechung über die bevorstehende nochmalige Erhebung des Zehenten angesagt ward, und er glaubt, seine Beobachtungen den hohen Ministerien ehrerbietig vorlegen zu sollen.

Schon seit vierzehn Tagen waren von einzelnen Orten Anmeldungen zu Ablösung der Zehenten hier eingereicht worden, *doch hat das Kameralamt die Pflichtigen darüber belehrt, daß erst ein besonderes Zehntablösungsgesetz erscheinen müsse und daher für dieses Jahr noch die bisherige Zehnterhebung fortdauere.*

Inzwischen war auch eine ähnliche Belehrung im Schwäbischen Merkur zu lesen, welche durch die Lokalblätter allgemein gemacht worden ist.

Ein großer Teil der Landleute war wirklich der Meinung, auf den Grund des Gesetzes vom 14. April dürfe schon heuer der Zehente nicht mehr gereicht werden, und die Belehrung kam denselben sehr unerwünscht. Manche Zehentpflichtige, wie z. B. die Riedlinger Pflichtigen des Fürstenberg'schen Rentamts Neufra, reichen ein etwas hohes jährliches Fixum, manche andere werden bei der Naturalverzehentung von seiten der Geistlichen und anderer Berechtigten nicht mit der von ihnen gewünschten Konnivenz, hie und da werden sie vielleicht auch wirklich nicht mit Billigkeit behandelt, daher der allgemeine Wunsch, daß die Zehentablösung noch vor der Ernte bewerkstelligt werden möchte, welcher Wunsch dadurch noch stärker wird und sich beinahe zur Forderung steigert, daß die Leute fürchten, es könnte am Ende die Zehentablösung ganz wieder rückgängig gemacht werden, in welcher Beziehung sie namentlich eine starke reaktionäre Tätigkeit der Geistlichen als entschieden annehmen.

Bei der Versammlung hat der Kameralbeamte dahin gewirkt, daß der Rechtsboden nicht verlassen wird, er ist natürlich dem Bestreben der Versammlung durch eine heute noch abzuschickende Eingabe an die Regierung, die Beschleunigung der Erlassung des Zehentablösungsgesetzes oder, so dies vor der Ernte nicht mehr möglich wäre, die Erlassung einer vorläufigen Verfügung auf den (!) Grund des § 89 der Verfassung[1]) auszuwirken, in keiner Weise entgegengetreten, dagegen hat er sich entschieden gegen jede Zehentverweigerung ausgesprochen und denen, welche (in nicht geringer Zahl) von solcher ohne Scheu gesprochen haben, unter Hervorhebung der hohen Bedeutung einer gesetzmäßigen Handlungsweise das Gewissen geschärft.

---

[1]) „§ 89. Der König hat aber das Recht, ohne die Mitwirkung der Stände die zu Vollstreckung und Handhabung der Gesetze erforderlichen Verordnungen und Anstalten zu treffen und in dringenden Fällen zur Sicherheit des Staates das Nötige vorzukehren."

Wie weit das Zehentablösungsgesetz bei den hohen Ministerien vorbereitet ist, kann dem Unterzeichneten nicht bekannt sein, so viel aber ist ihm klar, daß es keinesfalls bald genug erlassen werden kann, um auf alle Zehenten heuer noch angewendet werden zu können, denn die Heuernte hat teilweise schon begonnen, und die Repsernte steht unmittelbar vor der Türe. Eine schleunige Verfügung der Regierung scheint dem Unterzeichneten aber bei diesem nahen Eintritt der Ernte einzelner Produkte, bei der Stimmung einer großen Zahl der Pflichtigen dringend nötig zu sein, und zwar entweder die offizielle Erklärung, daß unter den obwaltenden Umständen das Zehentablösungsgesetz für die heurige Ernte nicht mehr gegeben werden könne, daß dasselbe aber in sicherer Aussicht stehe und daß daher alle Zehentpflichtigen ermahnt werden, den rechtlichen Ansprüchen der Berechtigten für heuer noch zu genügen, oder aber eine Verfügung auf den (!) Grund des § 89 der Verfassungsurkunde in der Richtung etwa, daß der heurige Zehentertrag, soweit er nicht in schon festgestellten Beträgen gereicht wird, urkundlich abgeschätzt werden solle und daß sich dieser Abschätzung Berechtigte wie Pflichtige zu unterwerfen haben. Die Pflichtigen würden sich aber hiebei nur dann für befriedigt erachten, wenn zugleich ausgesprochen würde, daß die heurige Leistung als Abschlagszahlung an dem Ablösungskapital zu betrachten sei.

[...] Noch hat der Kameralbeamte zu bemerken, daß er gleich nach der Versammlung durch Rücksprache mit den Kapitelsvorstehern von Riedlingen und andern Geistlichen dahin zu wirken gesucht hat, daß diese, welche die Zehenten in der Regel noch durch Selbsteinzug beziehen, für heuer ein Übereinkommen wegen Reichung eines Äquivalents mit den Pflichtigen, wozu dieselben eher geneigt sind, treffen möchten, um Reibungen so viel möglich zu vermeiden. [...]

Nachschrift vom 14. Juni.

[...] Heute hatte er Gelegenheit, noch mit einer Anzahl Geistlichen zu sprechen. Der Pfarrer von Offingen (Kirchenrat Keller) sagte ihm, daß ihm der Heuzehente bereits verweigert worden sei und er sich deshalb an das Amtsgericht Marchtal gewendet habe. Kirchenrat Koch von Ahlen sagte, daß seine Zehentknechte sich weigern, aufs Feld zum Zehenteinzug zu gehen, weil sie fürchten, es könnte ihnen Leids geschehen. Noch mehrere machen sich auch auf Verweigerung gefaßt, während andere glauben mit ihren Pflichtigen zurechtkommen zu können. *Der Beamte hat im Interesse der öffentlichen Ruhe zu billigen Abkommen mit den Pflichtigen geraten; sollten diese auch hierauf nicht eingehen, so wären energische Maßregeln nötig.*

Nr. 154   1848 Juni 16, Ulm

Eingabe von Oberjustizprokurator Wiest an die Ministerien der Justiz und des Innern. Bitte, im Gegensatz zur Verfügung der Ministerien vom 1. 6. 1848 die Naturalverzehntung schon für dieses Jahr abzustellen

E 146, Bü 80, Q 80. Ausfertigung.

Königliche Ministerien der Justiz und des Innern!
Hochdenselben erlaube ich mir, geradezu meine Überzeugung unumwunden auszusprechen, daß die ebengedachte Verfügung[1]) bei der Stimmung des Volkes im Oberland allgemein nicht durchzuführen sei.
In Nro 42 meines Blattes[2]) sprach ich offen meine rechtliche Überzeugung von der Schuldigkeit aus, dieses Jahr noch den Naturalzehenten zu entrichten. Wie sehr ich damit angestoßen [bin] und welche Stimmung überhaupt über die eingetretene Verzögerung des Zehentablösungsgesetzes im Oberland herrscht, beweist der anliegende Brief des Schultheiß Göppel von Thanheim (!), Oberamts Leutkirch[3]). Zu gleicher Zeit schrieb mir der Schultheiß Zweifel in Gutenzell, Oberamts Biberach: „Ihr letzter Donaubote hat uns sehr überrascht; allgemein war man der Ansicht, selbst von Berechtigten, daß für die kommende Ernte der Zehente nicht mehr in natura geleistet werden dürfe. Sie werden sehen, dieses gibt Ungelegenheiten und Unordnungen dahier. Möge die Staatsregierung beizeiten Vorkehrungen treffen. Daß die Vollziehungsinstruktion etc. so lange auf sich warten läßt, beklage ich sehr, man spricht sich verschieden darüber aus, und manche fürchten, daß Reaktion im Spiele sei." Schultheiß Mayr von Aichstetten, Oberamts Leutkirch, schreibt unterm 6ten d. M.[4]), daß in der ganzen Umgebung der Zehente nicht mehr gereicht werden wolle und eine

---

[1]) Verfügung der Ministerien der Justiz und des Innern betr. den Fortbezug des Zehenten vom 1. 6. 1848 (RegBl 1848, S. 252). Veranlaßt wurde sie durch verschiedene Eingaben von Berechtigten, die um schleunige Bekanntmachung der Instruktion zum Gesetz vom 14. 4. 1848 und darum baten, die Pflichtigen über die einstweilige Fortdauer des Naturalzehntbezugs aufzuklären (E 146, Bü 80, Q 64 ff; ein entsprechendes Schreiben Wiests vom 24. 5. 1848 in E 221, 47, 7, Q 1).
[2]) Der Donaubote.
[3]) Beilage Nr. 1 zu der Eingabe von Wiest: Schreiben des Schultheißen Göppel von Tannheim an Wiest vom 1. 6. 1848:
„[...] Der Aufsatz in Nro 42 Ihres Blattes die fernere Zehentabreichung in natura betreffend ist allseits mit großem Widerwillen aufgenommen worden. Auch waren dieser Tagen mehrere benachbarte Vorsteher bei mir, die ein gleiches aus ihren Gemeinden sagten.
Es ist im Oberlande die allgemeine Sage, daß das Gesetz vom 14. April d. J. wieder wie die 1817 erschienenen Edikte ein wahrscheinlich nie in Erfüllung bringen wollendes Versprechen sei, sonst würden die Modalitäten dieses Gesetzes schon längst erlassen worden sein. Im übrigen wollen sich mehrere Gemeinden an die Staatsregierung wenden und dieselbe um Entwerfung des noch zur Naturalzehentablösung ausständige[n] Gesetz[es] bitten.
Es ist hier auch vielseitig die Rede, daß die Gefällberechtigten, sowohl geistlich als weltlich, im allgemeinen und besonders die Zehentablösung zu untertruken und zu hintertreiben suchen und somit ein großer Teil Pflichtiger die Absicht hat, selbst auch wenn durch ein Gesetz nicht Ermittlung geschehe, für die Zukunft keinen Zehenten mehr liegen zu lassen, wohl aber ihren Ablosungsschilling, welcher aus vorgehenden Rechnungen berechnet werden könne, gerne bezahlen wollen."
[4]) Beilage 2 zu Wiests Schreiben.

große Gärung zu befürchten sei. Das Gleiche, daß auch in Orten des Oberamts Riedlingen der Zehenten in natura nicht mehr gereicht werden will, erhellet aus dem Brief des Ortsvorstehers Maichel in Aderzhofen⁵). Die große Gemeinde Unlingen hat einstimmig beschlossen, heuer den Zehenten nicht mehr zu geben. Bürgerversammlungen sind deshalb angekündigt, um eine Assoziation zu gründen, wodurch der Bauernstand, was er schnell begriff, stark wird. Im Riedlinger Wochenblatt lud eine große Anzahl von Zehentpflichtigen alle [Pflichtigen] des Oberamts und selbst auch die Schultheißen zu einer Versammlung in Riedlingen auf den 13ten d. M. ein, weil die Berechtigten die Absicht zu erkennen gegeben, den Zehenten in natura zu beziehen. Um ungesetzliche Schritte zu verhüten, schrieb ich an Adlerwirt Blersch in Unlingen und riet ihm mitzuwirken, daß nur eine Petition eingereicht werde. Einen gewissen Schirmer in Uttenweiler bat ich, sich gleichfalls zu bemühen, daß von dem Wege der Ordnung und des Rechts nicht abgewichen werde. Das Schreiben, das ich über das Ergebnis dieser „großen Versammlung" Zehentpflichtiger erhielt, schließe ich hier an⁶). Dieselben sind entschlossen, den Zehenten in natura nicht mehr abzureichen, gleichwohl aber sich mit den Berechtigten über eine Geldabgabe, welche auf Abschlag an der künftig zu berechnenden Zehentablösungsschuldigkeit entrichtet wird, zu verständigen, weil sonst „leider große Reaktionen" zu befürchten wären. Ein weiteres Schreiben von Klienten, Gemeindegerechtigkeitsbesitzern in Braunenweiler, kam mir heute zu, welchem die angeschlossene Nachschrift angehängt war⁷). Wie aus einigen andern Schreiben, so erhellt auch aus diesem Mißtrauen gegen die Regierung, das sich selbst auch noch weiter auf die Art. 1 bis 17 des Ablösungsgesetzes ausdehnt, ungeachtet dieselben die Vollziehung schon in sich selbst tragen.

Im Oberamtsbezirk Saulgau herrscht die gleiche Stimmung, welche selbst sogar von dem landwirtschaftlichen Verein daselbst Nahrung erhält, wie aus der Anlage erhellet⁸), wonach dem Gesetz eine ganz irrige Auslegung gegeben und hiernach den Zehentpflichtigen geradezu geraten wird, den Zehenten nur auf Abrechnung am künftigen Ablösungskapital zu reichen. Es ist mir diese Auslegung um so auffallender, als der Sekretär Neidlein Oberamtsgerichtsaktuar war und als ihm und dem ganzen Ausschuß meine unumwundene Erklärung in meinem Blatt, daß streng rechtlich der Zehenten noch gereicht werden müsse, nicht unbekannt sein können. Die gleiche Ansicht und Absicht wie im Oberamt Riedlingen herrscht im Oberamt Laupheim. Am 14ten dies (!) versammelten sich die Pflichtigen des Hospitals Biberach und viele des Oberamts

---

⁵) Beilage 3 zu Wiests Schreiben.
⁶) Schreiben von Adlerwirt Blersch aus Unlingen (Beilage 4 zu Wiests Schreiben); aus ihm stammen die wörtlichen Zitate im folgenden Text.
⁷) Beilage 6. In dem Schreiben heißt es u. a.: „Die Regierung versprach viel zu erleuterung der Grundbesitzer. Allein wie einem Kinde hällt die Regierung den Apfel vor dem Mund, will daß Kind aber geniesen – dan wird der Bissen zurückgezogen. So verhält es sich mit dem Versprechen der Regierung – Es ist kein Wunder wen man mißtrauisch wird. und zum Aufstand gereizt wird. man versprach von Zentablösung nun stehen 100 Beschwerden im Weege. Daß Lehenwesen soll aufgehoben sein nach Gesetz, und nun raunt man uns in die Ohren, daß auch dieses wieder zurückgenommen werde. Dan Gute Nacht. Dan ist alles nichts."
⁸) Amts- und Intelligenzblatt für den Oberamtsbezirk Saulgau, Nr. 46, 10. 6. 1848, S. 205 (Beilage 7 zu Wiests Schreiben).

Laupheim in Laupheim, kündigten es öffentlich an und fügten bei, daß ich dazu eingeladen sei⁹). Eine Deputation lud mich ein und hinterbrachte, daß der Oberamtmann wünsche, daß ich dabei erscheine. Ich entsprach dem Wunsch. Derselbe sprach seine Ansicht dahin aus, daß die Pflichtigen gerne bereit seien, eine Abschlagszahlung zu machen, daß sie aber die Naturalleistung zu verweigern entschlossen seien. Dasselbe versicherte mich der Oberamtsrichter Boscher, beifügend, daß nach seiner vollen Überzeugung die richterliche und auch die Militärgewalt nicht imstande seien, die Ministerialverfügung durchzusetzen. Dies ist auch meine Überzeugung. Der Geist des Ungehorsams ist leider auch ins Militär eingedrungen, und es ist zu fürchten, daß er immer mehr um sich greife. Die Soldaten, gewöhnlich Söhne von Bauern, würden schwerlich Gewalt gegen diese anwenden, zumal in Interessen, die über kurz oder lang auch die ihrigen werden.

Durch die dreißigjährige Vorenthaltung der Versprechungen des Edikts von 1817 sind die Bauern mißtrauisch geworden. Sie fürchten, es möchte mit dem Gesetz von 1848 auch so ergehen. Das Mißtrauen ist grundlos, aber es ist einmal vorhanden. Für ihr Verlangen, jetzt schon in den Genuß der Wohltat des Artikels 19 eingesetzt zu werden, spricht unstreitig die Fassung des ganzen Gesetzes selbst, besonders der Artikel 19, wodurch von der Regierung selbst die Hoffnung erregt worden, daß das weitere Gesetz noch vor der Ernte werde gegeben werden. Der Staatsrat Römer sagte in einer Kammersitzung, daß die neuen Stände in wenigen Wochen werden berufen werden; im Einbringungsvortrag ist versprochen, daß die Regierung mit der Vorbereitung des weitern Zehentgesetzes sogleich sich beschäftigen werde, und im Artikel 19 ist zugesichert, daß es demnächst werde erlassen werden. Wenn die Ständeversammlung auch ein vollständiges Zehentablösungsgesetz nicht mehr sollte verabschieden können, so ists doch möglich zu verordnen, daß der Zehente nicht mehr in natura, sondern in Geld und dieses sowie das Zehentgeldsurrogat als Abschlagszahlung an der Ablösungssumme zu geben und jener daher zu schätzen sei. Wenn der Rechtszustand bestehen bleiben soll, so ist nach meiner Überzeugung diese Maßregel nötig, möge sie nun auf dem Gesetzgebungs- oder Verordnungsweg nach § 89 der Verfassungsurkunde gegeben werden.

Nr. 155   1848 Juli 26, Aalen

Bericht des Oberamts Aalen an das Innenministerium „betreffend einen angeblichen Zustand der Zügellosigkeit unter dem größten Teile der Bürgerschaft zu Essingen"

E 146, Bü 1930 a. S., UFasz. Aalen. Ausfertigung. Unterschrift: Bürger.

Anlaß für das Innenministerium, das Oberamt zum Bericht aufzufordern, war eine anonyme Anzeige mehrerer Bürger aus Essingen.

---

⁹) Wiest war Abgeordneter des Oberamts Laupheim.

Die Anzeigen wegen Ausschreitungen in Essingen sind angesichts der geordneten wirtschaftlichen Verhältnisse in der Gemeinde und bei der Arbeitsamkeit der Bewohner gänzlich unbegründet. Die Ansicht von eingerissener Zügellosigkeit kann sich nur auf zwei Vorfälle beziehen, die einzig und allein in den Zerwürfnissen der Grundholden mit der Wöllwarth'schen Gutsherrschaft ihre Ursache haben und nach meiner Ansicht von dieser selbst herbeigeführt worden sind.

Der erste ist folgender:

Im Merz d. J., als der Sturm der Grundholden gegen die Gutsherrschaften in vielen Orten des Landes losbrach, Akten verbrannt und sonstiger Unfug verübt wurde, blieb es in Essingen ruhig. Der Rentbeamte beging aber die Unvorsichtigkeit, eine Kiste mit Akten aus seiner Registratur zuerst in das Pfarrhaus und dann auf das zunächst bei Essingen gelegene Schloß Hohenroden zu flüchten. Dieses wurde ruchbar und erregte in der Gemeinde den höchsten Grad von Mißtrauen.

Es gingen nun viele Bürger nach Hohenroden hinauf und fragten nach der Kiste, deren Vorhandensein man ihnen ableugnete, was natürlich ihr Mißtrauen verstärkte. Nachdem sie die Herausgabe der Kiste erzwungen hatten, brachten sie dieselbe nach Essingen zurück und schickten, ohne weder die Akten anzurühren noch die Kiste zu öffnen, einen Boten an den Oberamtsrichter nach Aalen mit dem Ersuchen, er möchte die Akten unter Siegel legen. Dieses geschah, und es wurde die Kiste an das Oberamtsgericht Aalen gebracht. Gleichzeitig versiegelte der Oberamtsrichter auch noch einige Aktenkästen in der Wohnung des Rentbeamten und einen im gutsherrlichen Schlosse, alles im Einverständnisse mit dem Rentamte, und so ward die sehr aufgeregte Gemeinde zufriedengestellt.

In dem nun folgenden Streit zwischen Gemeinde und Gutsherrschaft über das Recht, in die versiegelten Akten Einsicht zu nehmen, löste der Rentbeamte eigenmächtig mehrere Siegel von den Kästen. Nachdem die Gemeindevorsteher mit Zustimmung des Rentbeamten die Siegel wieder angelegt hatten, warf eine randalierende Menge junger Leute mehrere Scheiben der Rentamtswohnung ein und begab sich anschließend vor das Schloß Hohenroden, wo sie eine Katzenmusik veranstaltete und Fenster einwarf.

Auf die Anzeige des Rentbeamten hin begab sich der Oberamtmann am folgenden Tag zur Untersuchung nach Essingen.

Der Rentbeamte machte der Gemeinde sofort das Zugeständnis, daß die versiegelten Akten von ihm und einer Deputation der Gemeinde durchgangen, dasjenige, was die Gemeinde einzusehen wünsche, besonders beiseite gelegt, verschlossen und wegen der Einsichtnahme weitere Entschließung der Gutsherrschaft abgewartet werden solle.

Diese Handlung ist meines Wissens inzwischen vor sich gegangen und eine Störung der Ordnung und Ruhe nicht mehr vorgekommen.

Der Oberamtmann leitete wegen der Katzenmusik eine polizeiliche Untersuchung ein, ermahnte die im Wirtshaus größtenteils versammelte Bürgerschaft zu einem gesetzmäßigen und geordneten Benehmen und drohte ihr bei wiederholten Exzessen mit militärischer Exekution.

Bei dieser Unterredung hatte ich aber auch Gelegenheit zu erfahren, wie unendlich verhaßt und verachtet der Gutsherr Freiherr Carl von Wöllwarth, königlicher Rittmeister a. D. und ritterschaftlicher Abgeordneter, bei seinen Grundholden ist.

Es wurden Dinge erzählt, die ich nicht nachsagen mag, es wurden die endlosen Prozesse, welche er wegen des Schulhausbaues und der Kirchhofererweiterung mit der Gemeinde veranlaßt habe, erwähnt [...].

Es wurde behauptet und bestättigt, daß den Grundholden, als ihnen im Jahr 1846 ihre Felder beinahe gänzlich verhagelt worden seien und sie kaum die Aussaat bekommen haben, doch die beträchtlichen Gülten bis auf das letzte Körnchen abgefordert, lediglich kein Nachlaß bewilligt und sie, da sie keine Frucht eingeerntet haben, genötigt worden seien, ihre Abgabe zu den enormen Preisen des Teurungsjahrs in Geld zu bezahlen.

Als die Gemeinde im Winter 1847 zu Ernährung ihrer Armen um Abgabe von Früchten aus den gutsherrlichen Vorräten in einem ermäßigten Preise gebeten habe, sei ihr von dem ebengenannten Freiherrn Carl von Wöllwarth der Bescheid erteilt worden, wegen der vielen Zerwürfnisse mit dem Gemeinderat und Ortsvorsteher könne sich die Gutsherrschaft zu keinem Gnadenpreise verstehen, sie gebe die Früchte bloß zu den laufenden Preisen ab, so daß der dritte Gutsteilhaber, Oberhofgerichtsrat von Wöllwarth in Mannheim, selbst hingeschrieben habe, es sei ein verwerflicher Grundsatz, Böses mit Bösem zu vergelten, er könne aber nicht gegen seinen Mitgenossen stimmen. Der Schultheiß zeigte mir dieses Schreiben, wovon ich hier eine Abschrift beilege und es genau zu lesen bitte[1]).

Man sprach nun von Zehentverweigerung und dergleichen, und ich hatte Mühe, die versammelte Menge von der Rechtswidrigkeit eines solchen Unternehmens zu überzeugen. Ich ermahnte sie nachdrücklich, doch keine Rechtsverletzungen und Gewalttaten zu begehen, und tröstete sie, daß diese Zustände nach den gegebenen und zu erwartenden Gesetzen wohl die längste Zeit gedauert haben werden.

Ich glaube auch, daß infolge dieser Erinnerung statt eine Zehentverweigerung nun ein Zehentpacht zwischen dem Rentamt und der Gemeinde zustande gekommen ist.

Ich verließ Essingen in später Nacht mit der vollkommensten Überzeugung, daß in der Gemeinde keine Zügellosigkeit und kein Auflehnen gegen die Gesetze und Ordnungen des Staats, wohl aber eine Erbitterung und ein Haß

---

[1]) Nach der beiliegenden Abschrift hatte der Kirchenkonvent von Essingen darum gebeten, 10 Schfl Dinkel etwa 1/4 unter dem laufenden Marktpreis abzugeben, da angesichts der mißratenen Ernte „nicht weniger als 94 Herdhalter" unterstützungsbedürftig seien (25. 1. 1847). Doch hatten alle drei Mitinhaber der Herrschaft das Ersuchen abgelehnt, nicht zuletzt mit dem Hinweis, die Gemeinde selbst sei wohlhabend genug, mehr für ihre Armen zu tun, als bisher geleistet habe. Gerade auch Oberhofgerichtsrat Wilhelm Freiherr v. Wöllwarth betonte übrigens, angesichts des üblen Willens der Gemeinde gegen die Gutsherrschaft solle man die Gemeinde als Korporation nicht unterstützen, sondern nur einzelne Hilfsbedürftige.
Schon am 8. 3. 1848 hatte Oberamtmann Bürger über große „Erbitterung in den gutsherrlichen Orten, namentlich in der wöllwarthschen Gemeinde Essingen" berichtet; hier seien angesichts der „vieljährigen Zerwürfnisse und Prozesse zwischen der Gutsherrschaft und der Gemeinde" Ausschreitungen möglich (E 146, Bü 1930 a. S., UFasz. Aalen).

gegen die Gutsherrschaft und namentlich gegen den Rittmeister von Wöllwarth vorhanden ist, der alle meine Vorstellungen, die ich bisher davon hatte, übersteigen und welche derselbe Baron mir gegenüber immer dem Schultheißen allein in die Schuhe zu schieben bemüht war.

Nr. 156   1848 März 9

Eingabe an den ständischen Ausschuß: Wünsche und Beschwerden der Bewohner von Kemmeten, Neufels und Neureut, Oberamt Künzelsau

E 146, Bü 1419 a. S., UFasz. VI. Kein Verfasser genannt. 41 Unterschriften.

Die wichtigsten Forderungen der Hohenloher sind:
1. die gänzliche Abschaffung oder Unmöglichmachung des Schadens durch das Wild,
2. die Aufhebung sämtlicher aus früheren Zeiten herstammenden fürstlichen Grundabgaben als Handlohn, Sterbfall, Gült und dergleichen,
3. die Aufhebung der fürstlichen Polizei und Gerichtsbarkeit und Zuteilung der hohenlohenschen Orte einzig unter königliche Beamtungen.
ad 1: Der Wildschaden ist in den genannten Orten besonders groß; in manchen Jahren hatte man einen Schaden von 1000 bis 1500 fl, ohne daß es gelungen wäre, irgendeine Entschädigung dafür zu bekommen. Eine Änderung dieser Verhältnisse ist notwendig.
ad 2: Die verschiedenartigen Abgaben an die fürstliche Standesherrschaft sind von der Art, daß sie unseren Kräften bei der gegenwärtigen Zeit beinahe unmöglich fallen und wir bei dem längeren Bestehen derselben unserem gänzlichen Vermögenszerfall entgegensehen müssen. Es ist aber auch drückend, etwas zahlen zu müssen, wofür wir lediglich nichts haben. Unsere Steuern und Abgaben an den Staat zahlen wir gerne, denn dafür haben wir doch etwas, aber von unserer Standesherrschaft haben wir nichts mehr. In früheren Zeiten, wo wir noch nicht der Krone Württemberg zugeteilt waren, da war es anders, da mußte die Standesherrschaft für uns sorgen und uns beschützen, jetzt aber ist dies nicht mehr der Fall, und so wie dieses eine aufgehört hat, so sollte das andere, das Zahlen nemlich, auch aufhören.
ad 3. Die verschiedenen fürstlichen Ämter sollten gänzlich aufgehoben werden, denn wir wollen nicht bloß halb, sondern ganz königlich sein und nur königliche Beamte zu unseren Vorgesetzten haben. Es ist für den Staatsbürger lästig, in einem Falle unter fürstlichen und in einem andern unter königlichen Beamten zu stehen.
Bitte, die Straße von Öhringen nach Künzelsau möglichst bald auf Staatskosten herzustellen.

Nr. 157   1848 März 11, Jagsthausen

Eingabe sämtlicher Bürger der Gemeinde Jagsthausen an den König „Wünsche und Beschwerden gegen die Grundherrschaft betreffend"

E 146, Bü 1950 a. S., UFasz. betr. Volkswünsche... über Feudallasten, Q 25. Ausfertigung. Verfasser nicht genannt. 102 Unterschriften von Schultheiß, Gemeinderat, Bürgerausschuß und Bürgern.

Eurer Königlichen Majestät
wagen wir, die untertänigst Unterzeichneten, unsre Bitten und Beschwerden ehrfurchtsvollst vorzutragen, um deren allergnädigste Abhilfe wir untertänigst bitten.
Wir leiden unter dem außerordentlichen Druck der Feudallasten so sehr, daß wir nicht imstande sind, solchen noch länger zu ertragen, denn wir tragen die Überzeugung in uns, daß wenn wir die uns von der Grundherrschaft zu Rest geschriebenen Abgaben derselben bezahlen müssen, wir unser sämtliches Besitztum zu verlassen gezwungen sind, ohne der laufenden Abgaben zu gedenken, als da sind: Handlohn; Gült von Acker, Wiesen, Weinberg und Gewerbe; Sterbfall; Heuzehenten; Brachzehenten; Schutzgeld. (Gegen den allgemeinen großen Zehenten und die Staatssteuer wollen wir uns nicht beklagen.)
Infolge des Gesetzes haben wir zwar bereits die Jagdfronen, Fuhr- und Taglöhne für Schloßbaufronen, Geflügelgülten, Botendienste, Kelterbaufronen, Spann- und Handfronen und Erntefuhren abgelöst, deren Betrag wir aber nie zu bezahlen imstande sind! Die Grundherrschaft aber kauft, sobald ein Grundstück feil wird, solches von denen uns widerrechtlich abgenommenen Geldern für sich an, so daß am Ende alles ihnen gehört, der arme Mann aber gar nicht imstande ist, für sich ein Grundstück zu erwerben.
Statt der vielen nur ein Beispiel der außerordentlichen Lasten: Seit sechs Jahren wird nun ein Grundstück zum fünften Mal verkauft, und es beträgt also der geforderte Handlohn beinahe den Kaufpreis des Grundstücks selbst.
Die Schäferei beschlägt die Grundherrschaft, wir aber müssen die Schafe auf unserem Eigentum sommers und winters füttern, ohne daß wir irgendeinen Nutzen davon haben.
Endlich in betreff des Straßenbaues berufen wir uns auf unsre untertänigste Eingabe vom 24. Juli v. Jahrs und der vom 21. Februar d. Jahrs; dort schon haben wir die gänzliche Vermögenslosigkeit unserer Gemeinde und Gemeindeglieder dargestellt, ohne jedoch zu sagen, daß diese außerordentliche Verarmung nur von den grundherrlichen Abgaben herrührt. Wir wünschen und bitten daher, daß

1. sämtlich berechneten rückständigen Grundlasten im Betrag von ca. 40000 fl unverzüglich nachgelassen werden,
2. um Rückzahlung der bereits an dem Ablösungskapital bezahlten Summe sowie um Nachlaß des Restes,
   3. die laufenden grundherrlichen Lasten aufgehoben werden,
   4. die Grundherrschaft keine Liegenschaft mehr ankaufen darf,
   5. der bevorzugte Adel völlige Steuergleichheit mit den Bürgern leiste, so-

nach zu Gemeinde-, Amtsschaden sowie zu andern Gemeindelasten wie die übrigen Bürger gleichmäßig verbunden sind; daß endlich

6. auf unsere zwei Eingaben den Straßenbau betreffend möglichst schnell gnädigst Resolution erfolge.

Wir bitten nun dringend, wir bitten inständig, unsre Wünsche baldmöglichst zu gewähren, denn nur nach erfolgter Garantie von Einräumungen und Zugeständnissen ist es uns möglich, noch traurigern Begebnissen zu begegnen, denn ohne Garantie kann kein Vertrauen erzeugt werden.

Indem wir unsre untertänigsten Wünsche und Bitten im vollsten Vertrauen vor dem königlichen Throne niederlegen, ersterben wir in tiefster Ehrfurcht
Eurer Königlichen Majestät untertänigste *folgen die Unterschriften*[1]).

Nr. 158 1848 März 12, Gaildorf

Erklärung der Gaildorfer Versammlung über die bestehende Notlage von Ackerbau und Gewerbe und die Mittel zu ihrer Heilung

Der Beobachter, Nr. 17 vom 19. 3. 1848, S. 67 f, und Nr. 18 vom 20. 3. 1848, S. 71.

Initiator und Verfasser der Gaildorfer Erklärung, die im Druck weiterverbreitet wurde, war Schildwirt und Glasfabrikant Rau aus Gaildorf, ein Vorkämpfer republikanischer Ideen in dieser Gegend, „eine Mischung von religiösem Schwärmer und politischem Revolutionär" (Wilhelm Zimmermann, Die deutsche Revolution, S. 65). Zu Rau, der 1848/49 in der demokratischen Bewegung Württembergs nicht zuletzt durch die Herausgabe der Zeitung „Die Sonne" eine wichtige Rolle spielte, vgl. Zimmermann, a.a.O., S. 65 ff; Peter Müller, Württemberg und die badischen Erhebungen, S. 164 ff; Bernhard Mann, Die Wahlen zur deutschen Nationalversammlung im Wahlkreis Hall-Gaildorf-Crailsheim, in: Württembergisch Franken 53, NF 43, 1969, S. 113 f, 121.

Bereits am 3. 3. 1848 berief Rau durch Schreiben an sämtliche Ortsvorsteher des Oberamts Gaildorf die Bürger auf den folgenden Tag zu einer Versammlung in der Oberamtsstadt zwecks „Besprechung der Zeitereignisse" ein und warb hier in einer „höchst aufregenden" Rede für die republikanische Regierungsform. Durch seine Agitation verstand er seinen Einfluß während der folgenden Wochen und Monate vor allem bei der „sittlich und ökonomisch tief gesunkenen Bevölkerung" in einer Reihe außerordentlich armer grundherrlicher Gemeinden erheblich zu vergrößern. Seine „Lehre", man brauche nichts mehr zu zahlen, wurde gierig aufgegriffen, Staatssteuern und Amtsschaden kamen nicht mehr ein, Presser wies man höhnisch zurück, Realexekutionen hatten wegen fehlender Käufer keinen Erfolg. Die Pflichtigen von Unterrot wollten sogar früher gezahlte Fronablösungsgelder wieder zurückholen. Die Gemeinde Altersberg wies das Angebot der Gräfin von Waldeck zurück, die Gefälle im halben Betrag des

---

[1]) Das Oberamt Neckarsulm übersandte die Eingabe „wegen Dringlichkeit der Sache ohne oberamtlichen Beibericht" nach Stuttgart. Am 4. 4. 1848 ließ das Innenministerium die Bittsteller durch das Oberamt auf das demnächst erscheinende Ablösungsgesetz verweisen.

zu erwartenden gesetzlichen Maßstabs ablösen zu lassen, und forderte entschädigungslose Aufhebung (Berichte von Oberamtmann Fleischhauer vom 6. und 21. 3., 26. 4. 1848: E 146, Bü 1931 a. S., Fasz. Gaildorf; vom 13. 3. 1848: E 175/ 176, Bü 1247. Bericht von Oberregierungsrat v. Sautter vom 10. 4. 1848; E 146, Bü 1931 a. S., Fasz. Gaildorf).

Die am 12. März zu Gaildorf abgehaltene Volksversammlung beratet und nimmt an folgende Erklärung, deren Verbreitung zugleich beschlossen wird:

Wir schließen uns dem allerwärts in Deutschland sich erhebenden Streben nach deutscher Einheit von ganzem Herzen an. Wir erblicken in dem für unser Land jetzt bestehenden Ministerium Römer, Pfizer etc. die Garantie für das Eingehen der Staatsregierung auf eine neue volkstümliche Bahn, die Garantie für Wahrung und Ausbildung der materiellen, geistigen und politischen Rechte des Volkes. Diese Gefühle führen uns die dringende Aufgabe vor Augen, der Staatsregierung bei ihrem Bestreben, den Volksbedürfnissen gerecht zu werden, unsere lebhafte Unterstützung zuzuwenden durch offene Beleuchtung der Volksschäden und der Mittel zu ihrer Heilung.

Noch Ein Fehljahr, und der Jammer von Irland, Flandern, Schlesien und Galizien bricht unaufhaltsam auch über uns herein mit all seiner haarsträubenden Gräßlichkeit. Wir weisen einfach hin auf die Vorboten solcher Zeiten, die in erschreckendem Maß wachsende Zahl der Gantfälle von Woche zu Woche, wir machen aufmerksam auf die gänzliche Stockung in Gewerben und Handel, die uns bei der Ungunst unserer geographischen Lage noch weit härter drücken wird als andere Völker, wir erinnern an die Größe des Geldmangels, an die Möglichkeit einer abermaligen Mißernte des Hauptnahrungsmittels unseres Volks, der Kartoffelpflanze, wir machen aufmerksam auf die Möglichkeit eines europäischen Völkerkampfs und fragen einfach: Ist es denkbar, diesen furchtbar wachsenden Größen von Not, Elend und Gefahr erfolgreich mit Preßfreiheit, Schwurgerichten, Volksbewaffnung, deutschem Parlament und ähnlichen Maßregeln allein entgegenzutreten? Wachsen und reifen die Früchte aus solchen guten Saaten, die schon vor und seit 30 Jahren dem dankbaren Boden des Volkslebens hätten anvertraut werden sollen, schnell genug, um unsere sterbende Generation zu halten?

Mit innerster Überzeugung sagen wir: Nein! – Jene großen Verbesserungen allein sind nicht imstande, den tiefen Krebsschaden der geistigen und materiellen Verkümmerung des Volks aus dem Staatskörper herauszutreiben, er hat zu tief gefressen, es ist zu spät!

In den zwei großen Volkstätigkeiten, dem Ackerbau und der Industrie, auf welchen wie auf zwei Füßen der ganze Staatskörper steht, ist eine Schwäche und eine Hülflosigkeit eingetreten, welche dem ganzen staatlichen Verein den Einsturz droht. Ohne Herstellung jener zwei Grundpfeiler giebt es für die Bewohner unseres Landes keine Zukunft mehr!

In Ansehung des ersten Grundpfeilers der Existenz unseres Volks, des Ackerbaues, halten wir es für ein Gebot der Wahrheit, der Ehre und der Religion, auszusprechen: Alle Grund- und Feudallasten, alle Zehenten und Gefälle, sie mögen Namen haben, welche sie wollen, müssen an Einem Tage ohne Entschädigung fallen!

Diese Lasten jetzt abzulösen, das hieße bei der furchtbar wachsenden Verarmung und dem aus natürlichen, schwer zu beseitigenden Gründen immer mehr wachsenden Geldmangel, den Krebsschaden von dem linken Arm auf den rechten verpflanzen und beide Hände arbeitsunfähig machen. Man müßte die Augen ganz zumachen, wenn man nicht sehen und zugeben wollte, daß gerade die bisherigen Ablösungen des Adels die furchtbare Plage, den Geldmangel, bedeutend vermehrten. Entweder gingen die Ablösungsgelder direkte ins Ausland zu Börsen-, Hazardspiel und dergleichen, oder sie wanderten mit den vom Adel ausgekauften Landleuten nach Amerika.

Wohl kann man die ernste Frage aufwerfen: ist dieses Verlangen des Volks, seine drückendsten Lasten ohne Ablösung loszuwerden, auch ein gerechtes? Ist es denn für billige Ablösungen wirklich zu spät? Ja! sagen wir, es ist zu spät! Ja! sagen wir, jenes Verlangen ist darum ein gerechtes, weil, wenn es nicht in Erfüllung geht, in naher Zukunft Tausende dem Verbrechen anheimfallen, Tausende dem Hungertod. Die Not bricht Eisen, sie bricht deshalb auch ein sogenanntes wohlerworbenes, verjährtes Recht, meist das Recht früherer Willkür und Gewalt. Es möchte dem Adel sehr schwerwerden, sein wohlerworbenes Recht auf jene Lasten zu begründen und seine Gültigkeit jetzt zu beweisen, nachdem seit langen Jahren die Last des Regierens von seinen Schultern genommen und dem Hause Württemberg extra bezahlt wurde. Es gehört nur ein Blick auf 11 Millionen jährlicher Staatslasten, ein Blick auf die Masse der Korporations- und Gemeindelasten dazu, um sich davon zu überzeugen, daß der Adel durch Enthebung vom Regieren um eine ungeheure Last erleichtert ist, während ihm der Lohn für das Regieren, die Grund- und Feudallasten verblieben sind. Man denke nur an die stehenden Heere mit ihrem Aufwand, an die Konskription, an die Besoldungen, an das Pensionswesen, und bald wird man zu der Überzeugung gelangen, daß diese Verhältnisse eine enorme Verletzung der Bürger enthalten. – Hieran reihen wir eine weitere wichtige Tatsache als zweiten Hauptgrund dafür, daß die Grundherren bereits genugsam entschädigt sind. Die Korporationen wurden im Interesse der Zivilisation von den Staatsbeamtungen seit 30 Jahren angehalten, mit enormen Kosten Straßen zu bauen. So hat die Korporation des Bezirks Gaildorf innerhalb dieser Zeit etwa eine halbe Million Gulden zu diesem Zweck aus den Beuteln der Steuerpflichtigen gezogen oder Schulden gemacht, ohne daß die Gutsherrschaften und die Staatsfinanzverwaltung mit etwa 27 000 Morgen Waldungen in unserem Bezirk namhaft dazu beigetragen hätten. Im Gegenteil wurde an mehrere Gemeinden die Forderung gestellt, denjenigen Boden, den die neuen Straßen bedecken, zehentfrei zu machen. Durch diese Straßen hauptsächlich hat sich der Wert jener Waldungen verdoppelt, so daß die Besitzer derselben um etwa 1 1/2 Millionen reicher geworden sind, während die Masse der Bevölkerung unter der Last mehr und mehr verarmte. So ernteten die Gutsherren da, wo sie nicht gesät haben. Deshalb ist die Neusteuerbarkeit der adeligen Besitzungen eine weitere enorme Verletzung der Bürger.

In Erwägung dieser Verhältnisse und in Betracht, daß die ungerechten Lasten so lange rücksichtslos erhoben worden sind und, was wir später näher nachweisen werden, der hiesige Bezirk für Ablösungen seit Jahren hohe Summen bezahlt hat – in Betracht, daß die Wildschadenskalamität in mancher Gegend des Landes an Bäumen und Früchten so lange erduldet werden mußte – in Betracht, daß die auf Grund- und Feudallasten bezüglichen Urkunden seinerzeit von den Gutsherren ohne näheren Nachweis behalten und das, was für den Bürger etwa günstig war, möglicherweise entfernt worden ist – in Betracht ferner, daß die Grund- und Feudallasten den politischen, moralischen und leiblichen Tod der Bevölkerung zur Folge haben, wie wir dieses in Schlesien, Galizien und anderen Teilen Europas wahrnehmen, fühlen wir uns vor Gott, der Mit- und Nachwelt verpflichtet, die Grund- und Feudallasten, Zehenten und Gefälle aller Art als tödlichen Krankheitsstoff zu bezeichnen, den der Körper des Volks unversäumt auszustoßen hat. Die Befreiung von diesen Lasten ist eine Ermunterung zum Anbau vieler Ödungen und Waldungen, die Kulturkosten tragen alsdann ihren Lohn.

Dagegen halten wir uns für verpflichtet, die eigenen Grundbesitzungen des Adels, ihre Gebäulichkeiten, ihre Personen vor jeder Unbill zu schützen und diesen Schutz, was auch kommen möge, feierlich auszusprechen für den Fall, daß der Adel die Lebensbedingnisse des Volkes, die obenbezeichnete vollständige Befreiung des Bodens erfüllt, wogegen seine Verbindlichkeiten für Kirchen und Schulen etc. soweit solche auf jene Lasten basiert sind, von selbst fallen. Geschieht dies, so erblicken wir in dem Adel edle deutsche Mitbürger, mit welchen wir unter Gleichheit vor dem Gesetz bessere Tage für das gemeinsame deutsche Vaterland erringen können und nach Maßgabe der Kraft einer für alle und alle für einen stehen. Geschieht das Notwendige aber nicht und hält der Adel seine sogenannten wohlerworbenen Rechte fest, diktiert er dadurch Tausenden den moralischen und leiblichen Tod, so erachten wir uns nicht für verpflichtet, denselben bei den dunkeln Gefahren der Gegenwart und der Zukunft zu beschützen, sondern wir müßten ihn lediglich dem Zufall überlassen.

Fortsetzung der Gaildorfer Erklärung in: Der Beobachter, Nr. 18 (20. 3. 1848), S. 71: Der Staat und das gesamte Volk müssen für das notleidende Gewerbe ins Mittel treten. 738 Unterschriften für die Erklärung waren schon am 12. 3. gesammelt worden; man erwartete noch etwa 1500 Unterschriften aus dem Oberamtsbezirk.

Nr. 159   1848 März 14, Aulendorf

Zuschrift der Wahlmänner und Bürger von Aulendorf an den Abgeordneten des Oberamtes Waldsee zur Übergabe an den ständischen Ausschuß oder die Ständekammer

E 146, Bü 1419 a. S., UFasz. II. Ausfertigung. 57 Unterschriften.

Außer den allgemeinen Wünschen des Volkes – Pressfreiheit, Volksbewaffnung, Öffentlichkeit der Gerichte, Vertretung des deutschen Volkes beim Bundestage – bitten die Unterzeichneten um Erledigung folgender Punkte:
1. Revidierung des Bürgerrechtsgesetzes: Dem Gemeinderat und Bürgerausschuß soll künftig angemessene Gewalt gelassen werden, neue Bürger in

ihre Gemeinden aufzunehmen, damit man ihnen nicht verarmte Bürger wider Willen aufdrängen kann.

2. Strengere Vorschriften betreffend die Heuratserlaubnisse der Armen und Unbemittelten.

3. Die Hagelversicherung ist zur Staatsanstalt zu erheben, wobei der Staat angemessene Zuschüsse leisten soll.

4. Forstfrevel sollen künftig nicht mehr vor die Forstpolizei, sondern vor den ordentlichen Richter gebracht werden.

5. Das Feudal- und Lehenwesen betreffend, so ist unter den Pflichtigen nur eine Stimme, ein Wunsch um Erlösung vor dem Drucke der Lehenherrn, aber

6. wäre ebenso wünschenswert

a) ein Gesetz gegen zu große Güterzerstückelung und

b) ein Verbot gegen zu große Güteranhäufung; denn wir haben Beispiele, daß adelige Familien, die schon einen Grundbesitz von sechs- bis zehntausend Morgen Felder und Waldungen haben, dennoch feilgebotene Höfe an sich kaufen, einen Pächter darauf setzen und so dem selbstständigen Bauernstande empfindlichen Schaden zufügen.

7. Alsbaldige Fixierung der Zehenten und Aufhebung des Bluts- sowie des Neubruchszehents;

8. Wo nicht unentgeldliche Aufhebung, so doch billige Ablösung des Jagdrechts.

9. Aufhebung der Lebenslänglichkeit bei Gemeinderäten und Ortsvorstehern, nur sechsjährige Amtszeit.

10. Beiziehung der Grundherren zu Tragung der Gemeindelasten sowie zu Unterhaltung der Ortsarmen.

11. Aufhebung der Patrimonialbezirksämter.

12. Revision des Schulgesetzes: Mädchen sollen nach dem 12., Knaben nach dem 13. Lebensjahr aus der Schule entlassen werden; Vereinfachung der Lehrgegenstände.

13. Ein Zwangsarbeitshaus auch für den Donaukreis; die Gemeinden sollen das Recht haben, Menschen dorthin einzuweisen, die der Gemeinde notorisch zur Last fallen.

14. Übernahme der Vizinalstraßen, die als Poststraßen benutzt werden, durch die Staatsverwaltung.

---

[1]) Daß die vorliegende Zuschrift für die Ansichten des eigentlichen Bauerntums jener Gegend (und Oberschwabens überhaupt) kennzeichnend ist, zeigen die Wünsche und Beschwerden, welche die Wahlmännerversammlung in Waldsee am 11. 3. 1848 in 31 Punkten zusammenstellte, und die ihnen beiliegenden Bitten einiger Gemeinden, darunter auch der obigen Zuschrift aus Aulendorf. Neben allgemeinen Forderungen nach Minderung der Staatsausgaben, Beseitigung aller Privilegien und Aufhebung der Feudallasten stehen Wünsche ausgesprochen konservativen Charakters mit dem Ziel, die bäuerlichen Interessen gegenüber den Unterschichten abzusichern: Heiratsbeschränkungen, strengere Handhabung des Niederlassungsrechts, Maßnahmen gegen die Güterzerstückelung — vgl. hierzu auch Nr. 198 —, Schutz der Realgemeindeberechtigten gegenüber den Ansprüchen der politischen Gemeinde, Erhaltung der alten Holzrechte, Herabsetzung des Schulalters und Beschränkung der Schulzeit im Sommer besonders für arme Kinder u. ä. m.

Nr. 160　　　　　　　　　　　　　　1848 März 14, Oberdischingen

Petition der Gemeinden Oberdischingen und Bach (Grundherrschaft Graf Schenk von Castell) an die Kammer der Abgeordneten

E 146, Bü 1419, UFasz. VI. Verfasser: Verwaltungsaktuar Mak, Oberdischingen. 130 Unterschriften aus den beiden Gemeinden.

Hochansehnlicher Ständekammer in Stuttgart!

Unter dem durchdrungensten Gefühle der Ergebenheit gegen unsern Landesregenten, den allgeliebten König Wilhelm, wollen wir es nicht versäumen, in dem dermaligen Zeitpunkte die uns tiefer am Herzen liegende, aus reiner Lebenserfahrung aufgegriffene Wünsche, Bitten und Beschwerden in Untertänigkeit vorzutragen, welche neben dem Anschlusse an die von allen Seiten unseres Vaterlandes eingekommenen insbesondere folgende wären:

Wir bitten um baldigen Vollzug der Fallehensallodifikation, Ablösung und beziehungsweise Fixierung sämtlicher auf Grund und Boden lastender Gefällen, Zwangs- und Bannrechten nach einer in jeder Hinsicht gemäßigten Norm, die gegen jene des Staates nie höhergestellt werden solle.

Wir bitten, daß der größere Teil der uns gegenüberstehenden Vorrechte des Adels aufgehoben werde, und heben insbesondere hervor:

1. befreiten Gerichtsstand,
2. Ausübung der Rechtspflege, Forstgerichtsbarkeit, Polizeiverwaltung und der im Falle des Verzichts auf solche statt derselben bis jetzt eingeräumten Surrogate,
3. Steuerfreiheit, insoweit solche durch das Gesetz vom 15. Juli 1821 besteht[1]),
4. Teilnahme an Militäraufwand, namentlich an Einquartierungs- und Vorspannskosten,
5. Teilnahme an den Oberamts- und Gemeindelasten nach Verhältnis des Steuerfußes wie jeder andere Steuerpflichtige und sofortige Aufhebung der Neusteuerbarkeit,
6. die zur Erhaltung der Familiengüter bestehenden Institute wie Fideikommisse, Majorate etc.,
7. Aufhebung der Ersten Kammer.

Diese unsere vorgebrachten Wünsche und Bitten haben ihren einzigen Grund auf dem von uns und unsern Voreltern gelasteten Drucke des Feudalismusses.

Der zeitgemäße Fortschritt erheischt es und fordert uns auf, für Verbesserung unseres bisherigen Zustandes dasjenige mitzuwirken, was in unsern Kräften liegt.

Wollten wir nur einen kurzen Blick auf die Vergangenheit zurückwerfen,

---

[1]) Gesetz, die Herstellung eines provisorischen Steuerkatasters betreffend, vom 15. 7. 1821, RegBl S. 457 ff. Nach § 3 waren u. a. von der Steuerpflicht befreit die „dem vormaligen reichsständischen und dem ritterschaftlichen Adel eigentümlich oder als Lehen zustehenden, bis zur allgemeinen Einführung der Besteurung steuerfrei gewesenen Schloßgebäude, Schloßgärten und Parks, letztere jedoch unter Vorbehalt einer genauen Ausscheidung".

so könnten wir viele der gerechtesten Beschwerden vorbringen, denen wir durch Ausübung der grundherrlichen Rechte unterworfen waren.

Unser Los war nur dasjenige des Gehorchens und des Leistens, wie man von uns begehrte. So z. B., daß wo die Gemeinde im Jahre 1846/47 Demonstrationen wegen Einweisung der hiesigen Grundherrschaft in die Surrogate der Polizeiverwaltung vorbringen wollte und bereits vorgebracht hatte, von letzterer augenblicklich die Erteilung von Verpfändungskonsensen aufgehoben wurde unter der Androhung, daß solche niemanden und insolange nicht mehr werde erteilt werden, als die Gemeindebehörden sich nicht dafür verwenden, daß die hiesige Grundherrschaft in gedachte Surrogate eingewiesen werde. Tägliche Klagen, Bitten und Beschwerden wurden bei der Gemeindeobrigkeit von denjenigen vorgebracht, die zu Erhaltung ihrer Familienexistenz notgedrungen waren, den Gnadenakt der Konsenserflehung bei der Grundherrschaft in Anspruch nehmen zu müssen. Wollten oder wollten die Gemeindebehörden nun nicht, sie waren genötigt, alles dasjenige anzuerkennen und als tatsächlich zu bezeichnen, was ihnen von seiten der Grundherrschaft zur Unterschrift vorgelegt wurde.

Ferner war es früher hier nicht selten der Fall, daß bei der Übergabe von Fallehengebäuden den Lehenträgern der Kaufschilling als Bestand eingetragen wurde, der nun in Veränderungsfällen entrichtet werden solle. Wenn derartige Laudemien nun ganz und in gar keinem Verhältnisse mit dem Lehensobjekte stehen, so werden die Beteiligten gleichdem für Entrichtung dieser enormen Ansätze verbunden erklärt, wenn sie schon dem vollen Werte des Lehenobjektes bereits gleichstehen.

Ebendieselben Willkürlichkeiten kamen auch mit Auflegung, Einführung und Erhöhung von Konsens- und Hausgelder, Kanzlei- und Schreibtaxen vor, deren Bezug größernteils nur unter dem Vorwande eingeführt wurde, weil er bei andern Herrschaften auch bestehe.

Auch dürfte erwähnungswert sein, daß vor ca. 50 bis 55 Jahren auf hiesiger Markung zwei Vizinalstraßen angelegt wurden, wozu man Güter der betreffenden Inhaber verwendete, ohne daß denselben weder Entschädigung für ihr Eigentum noch Erlassung der auf diesen entzogenen Güter geruhten Gefälle von seiten der Herrschaft zuteil geworden wäre, die diese Straßenanlage willkürlich vollziehen ließ. Im Gegenteile ließ dieselbe Bäume an erwähnten Straßen setzen, die sie noch heutzutage zum Teile ganz, zum Teile zur Hälfte mit Eigentum und Benützung angesprochen und ausgeführt hatte. Auch hat man hier bereits wieder begonnen, statt der abgelösten Jagdfronen neue einzuführen, insoferne die armen Leseholzsammler für diese Erlaubnis wieder neuerdings bei Treibjagden verwendet wurden.

Möge es nun einer hochansehnlichen Ständekammer gefallen, aus diesen Notizen sich ein Bild von der Lage der Lehensleute vorzustellen! So können und dürfen wir mit gerechter Zuversicht erwarten, daß unsere Vorbringen nicht vergebens sein dürfen, worauf wir vertrauensvoll hoffen und ehrerbietigst verharren.

Nr. 161　　　　　　　　　　　　　　　　　　1848 März 16, Mühlhausen a. N.

Petition der Gemeindekollegien von Mühlhausen an die Kammer der Abgeordneten „um Aufhebung sämtlicher Feudal- und ähnlicher Abgaben und des grundherrlichen Präsentationsrechts bei Besetzung der geistlichen und weltlichen Stellen"

E 146, Bü 1419 a. S., UFasz. VI. Ausfertigung. Verfasser: Verwaltungsaktuar Mayer in Mühlhausen. 14 Unterschriften von Gemeinderat und Bürgerausschuß.

Bedeutsamkeit der gegenwärtigen Zeit. Hinweis auf die bestehenden Mißstände. Die Verhältnisse in Mühlhausen:
Die Grundherrschaft (v. Palm) bezieht von bestimmten Gütern 5 % des Verkaufspreises als Handlohn, von den Bürgerannahmegebühren, die 14 fl für einen Mann betragen, 10 fl, ca. ¹/₇ des Schafweidepachtgeldes und den Genuß von 28 Freipferchnächten, ohne etwas zu dem Aufwand für die Schäferei beizutragen, ferner Gülten und Zinsen verschiedener Art.

Alle diese Abgaben und Bezüge der Grundherrschaft sind um so drückender, als dieselbe durchaus keine Gegenverbindlichkeiten zu erfüllen, auch bis jetzt an den Gemeindelasten gar nichts beizutragen hat, die Gemeinderevenüen unbedeutend sind und der größere Teil der der Gemeinde obliegenden Lasten durch Umlage bestritten werden muß, als ferner von der Gemeinde schon bedeutende Opfer gebracht worden sind, um die lästigsten dieser Abgaben auf dem Wege des Vertrags aufzuheben und allmählig die Spuren der einer finsteren Zeit angehörigen Feudalherrschaft zu verwischen.

So haben die Besitzer der sogenannten vierteiligen Weinberge die allem Fleiße spottende, in dem 4. Teil des Ertrags bestehende Abgabe im Jahre 1834 zur Ablösung gebracht und hiefür mehrfach eine Abkaufssumme bezahlt, die dem nachherigen Verkaufswerte der abgelösten Grundstücke gleichkam, ihn sogar überstieg. Gleichwohl wird auch jetzt noch der Handlohn von diesen Grundstücken bezogen, es dauert also nach Aufhebung der Ursache die Wirkung noch fort.

1840 zahlte die Gemeinde nach langen Unterhandlungen für die rückständigen leibeigenschaftlichen Abgaben von 1830 bis 1836 die Summe von 4870 fl 6 kr. Die Feudallasten müssen jetzt abgelöst werden, wobei der Staat, die Gesamtheit, ins Mittel treten muß, wenn nicht der einzelne erdrückt werden solle.

Für einen weiteren, den jetzigen Zeit- und Staatsverhältnissen nicht anstehenden Mißstand halten wir

II. das Präsentationsrecht der Grundherren und Körperschaften bei Besetzung der geistlichen und weltlichen Stellen.

Diese Prärogative der Grundherren erinnern noch allzu sehr an die Zeiten der drückenden Feudalherrschaft, und wenn deren Aufhebung nur den Zweck hätte, die Erinnerung an diese Zeiten vollends zu verwischen, so wäre schon

---

¹) In einer weiteren Petition an die Kammer der Abgeordneten vom gleichen Tag baten die Gemeindekollegien namens der ganzen Bürgerschaft darum, die Neusteuerbarkeit, d. h. die Freiheit grundherrschaftlicher Besitzungen von den Amts- und Gemeindeumlagen, aufzuheben (E 146, Bü 1419 a. S., UFasz. VI).

Grund genug vorhanden, hier einen sicherlich von allen beteiligten Gemeinden mit Freuden aufgenommenen Schritt zu tun.

Abgesehen davon, daß wir uns den übrigen Gemeinden des Landes gleichgestellt wissen möchten, daß wir es für ersprießlicher halten, wenn der Staat seine Diener, die er prüft und von deren sittlichen und geistigen Eigenschaften und Fähigkeiten nur er genauere Kenntnis haben kann, selbst und unmittelbar anstellt, glauben wir noch überdies, daß insbesondere bei der Besetzung von Ortsvorsteherstellen das Interesse der Gemeinde besser gewahrt wäre durch eine von der Regierung ausgehende Wahl bzw. Bestätigung der Wahl, wobei Privatrücksichten weit weniger eintreten und die Wahl der Gemeinde selbst unbezweifelt eine freiere ist. [...]

Nr. 162   1848 März 18

Petition von 11 Gemeinden des Oberamts Neresheim an Prinz Karl von Öttingen-Wallerstein

FÖAW VI 22 b. 1. „Acta die Volksbewegung im Württembergischen ... betr.", Bl. 26—32. Ausfertigung. Verfasser nicht genannt.

Über den Verlauf der Bauernunruhen in der Standesherrschaft Öttingen-Wallerstein vgl. Müller, Beiträge, S. 278 ff und Kessler, Politische Bewegungen, S. 38 ff (für den bayerischen Teil der Standesherrschaft). Die vorliegende Petition stimmt in ihren Forderungen inhaltlich weitgehend mit entsprechenden Eingaben der wallerstein'schen Grundholden auf bayerischem Gebiet und der Grundholden des Hauses Öttingen-Spielberg überein — nicht nur eine Folge konsequenter Nachahmung, sondern mehr noch ein Zeichen dafür, daß sich die Verhältnisse und Beziehungen zwischen den öttingenschen Standesherrschaften und ihren Pflichtigen insgesamt recht ähnlich entwickelt hatten. An der Abfassung der vorliegenden Petition war nach der Vermutung des Fürsten Karl Oberamtmann Preu von Neresheim beteiligt. Unterschrieben ist die Petition von den Schultheißen der Gemeinden Oberdorf, Kirchheim, Aufhausen, Utzmemmingen, Röttingen, Pflaumloch, Dirgenheim, Baldern, Flochberg, Unterriffingen und Trochtelfingen.

Die Vorsteher der Gemeinden des untern Wallersteinischen Bezirks im württembergischen Ries tragen die Volkswünsche in betreff der Milderung bzw. Beseitigung des drückenden Feudalsystems zum Behuf der Wiederherstellung ausgebrochener Unruhen und Erhaltung der Ordnung pflichtschuldig vor.

Seiner Durchlaucht, dem Herrn Fürsten Carl von Oettingen Wallerstein, Kurator des fürstlichen Erbprinzen zu Wallerstein!
Die Aufregung unserer Gemeinden, der Bevölkerung sämtlicher Orte des untern wallersteinischen Bezirks im württembergischen Ries und Umgebung ist es, die uns, die Ortsvorsteher dieser Gemeinden, bestimmen muß, Eurer fürst-

lichen Durchlaucht die Lage der Dinge wahrheitsgetreu vorzuführen und die Volkswünsche daranzuknüpfen.

Seit Jahren schon gärt eine bedenkliche Stimmung unter den Grundholden Eures fürstlichen Hauses.

Die jetzige Generation weiß kaum mehr was von der früheren Reichsunmittelbarkeit des fürstlichen Hauses, während die frühere noch in ihm sein angestammtes Regentenhaus verehrte; mit dem Verschwinden dieses Bewußtseins steigen aber auch im Volke Zweifel gegen die Rechtmäßigkeit der Feudalabgaben auf, weil der Forderungsgrund von ihnen nicht mehr erkannt wird und das Landvolk überhaupt keinen Begriff von dem sogenannten historischen Recht hat[1]).

Wenn nun diese geschichtlichen und wirklichen Tatsachen ohne Verschulden irgendeiner [Seite] Mißstimmung im Volke, das kaum mehr die Staatssteuern, Amts- und Korporationslasten erschwingen kann, erregt haben, so können wir es Eurer fürstlichen Durchlaucht nicht verhehlen, daß die Art und Weise der Geltendmachung der Forderungen, das Eintreiben der Abgaben, die stete Verweigerung der Gegenleistungen, die unausgesetzten Prozesse gegen die Grundholden, überhaupt das ganze Regiment Eurer Durchlaucht Beamten als sehr drückend dem Volke erschienen sind.

Leute, die noch Eurer Durchlaucht hochfürstlichem Vater unmittelbare Untertanen waren, können nur eine traurige Parallele zwischen dem Damals und Jetzt ziehen, da Eurer Durchlaucht Beamten unnachsichtlich streng gegen die Grundholden waren und sind.

Wir glauben, wenn Eure fürstliche Durchlaucht früher unmittelbare Anschauung von dem Zustande der Dinge genommen hätten, wir wären jetzt dieser Vorstellung enthoben.

Unter solchen Voraussetzungen bedurfte es nur einen Funken Zündstoffes, und die längst angefachte Gärung schlug in Flammen.

Die Begebenheiten in andern grundherrlichen Besitzungen, die Volksjustiz einerseits und die Konzessionen der Grundherrn anderseits, lassen es uns schwerwerden, die Bewegung noch in den gesetzlichen Schranken zu halten; besonders der Umstand, daß Eurer Durchlaucht verwandtes fürstliches Haus Oettingen Spiegelberg [!] so bedeutende Konzessionen seinen Grundholden bewilligt hat[2]) und von Eurer Durchlaucht noch nichts Erhebliches zur Beruhigung geschehen ist, hat die Aufregung auf die höchste Spitze getrieben. Unter diesen Umständen wird es nicht als eine aufgeregte Anmaßung erscheinen, wenn wir Eure fürstlichen Durchlaucht die bescheidenen Wünsche eines Volks, dem wir in bürgerlicher Beziehung sehr nahestehen, vorlegen, wie sie in Bürgerversammlungen der einzelnen Gemeinden beraten und angenommen worden sind:

1. Die Standesherrschaft solle erklären, daß sie keine Absicht habe, die Gerichtsbarkeit zu übernehmen;

2. sie soll die verhaßte und dem Grundholden seinen allmähligen Untergang herbeiführende Neusteuerbarkeit in ihrem ganzen Umfange aufgeben;

---

[1]) Randbemerkung von Prinz Karl (?): „hat das wohl ein Bauer oder der Oberamtmann aufgesetzt?"
[2]) Vgl. H. *Keßler*, Politische Bewegungen, S. 48 ff.

3. solle sie alle dem Volk aufs äußerste verhaßte und ruinierende Feudalprozesse, überhaupt alle Prozesse über grundherrliche Abgaben aufgeben, bis die letztern durch billige Gesetze geregelt sind;

4. sie soll eine billige Vereinbarung über alle Lehensabgaben mit den Grundholden nicht nur versprechen, sondern sogleich einleiten;

5. sie soll alle Gegenleistungen, als Kirchen-, Pfarr- und Schulhausbauten etc., welche schon lange auf eine höchst auffallende Weise verweigert und durch diesfallsige Prozesse den Gemeinden vielseitiger Aufwand verursacht worden ist, unverweilt leisten und wie in den klösterlichen und gräflichen Zeiten den Bezug von Streu, Holz, Gras etc. wieder ungeschmälert herstellen, da das Kloster und die Grafschaft mit den Rechten auch die Gegenleistungen an die Standesherrschaft übertragen hat;

6. der Zehnten soll fixiert werden und

7. das lästige Fruchtmaßgeld wegfallen;

8. der Fürst solle sich aller neuen Auflagen von Grundbeschwerden ohne Ausnahme enthalten, worunter namentlich auch

9. die geforderten Abgaben von Juden von ihren Totenbegräbnisplätzen und Synagogen begriffen sind;

10. der Fürst wird sich einer billigen Ablösung nicht nur nicht widersetzen, sondern auch

11. alle Konzessionen, die er seinen bayrischen Grundholden macht, den württembergischen nicht vorenthalten³), besonders

12. bei der Ablösung diejenigen Leistungen, welche ihres Ursprungs wegen als widerrechtlich erscheinen, ohne alle Entschädigung aufheben;

13. sollen die den Grundholden durch neuere Verträge und Vergleiche auferlegten Leistungen sogleich aufgehoben werden;

14. da die Grundholden durch ihre bisherige drückende Leistungen in ihrem Vermögen so heruntergekommen sind, daß ihnen die Ablösung der verschiedenartigen Abgaben auch in einem niedrigen Betrag, ohne sich vollends ganz zu ruinieren, unmöglich werden müßte, so möchten unter Berücksichtigung des Umstands, daß die Pflichtigen ihre letzten Opfer dem Fürsten gebracht haben, billige und höchst schonende Rücksichten ein nicht unbilliges Verlangen sein.

In dieser Beziehung wäre zunächst den Pflichtigen dasjenige abzurechnen, was dieselben schon viele Jahre ohne rechtliche Verbindlichkeit bezahlt haben, wozu speziell die bezogenen beständigen Steuern, die erhöhten Kuchengefälle und dergleichen mehr begriffen sind⁴);

15. sollen die verschiedenen Gemeinden entzogenen Schafweiderechte unverweilt wieder zurückgegeben und

16. von dem Anspruch auf Novalzehnten abgestanden werden. Wollen Euer fürstlichen Durchlaucht Euren durchlauchtigsten Mündel das Erbe seiner Ahnen erhalten, so ist es dringende Pflicht, diesen Wünschen, die wir zu mäßigen gesucht haben, nachzugeben, weil wir durch vorläufige Versicherungen

---

³) Die bayerischen Grundholden der Standesherrschaft trugen ihre Forderungen am 16. 3. 1848 vor der Domänialkanzlei in Wallerstein ultimativ vor (H. *Keßler*, Politische Bewegungen, S. 56 f); am 23. 3. machte Prinz Karl Deputationen aus dem bayerischen Teil der Standesherrschaft in einem Vergleich erhebliche Zugeständnisse (ebd., S. 67 ff, 319 ff).

⁴) Vgl. hierzu Nr. 83—84.

der Grundherrschaft nicht imstande wären, der entfesselten Volkswut Einhalt zu tun[5]).

Wir müssen Euer fürstlichen Durchlaucht dringend bitten, ungeschmälert diese Wünsche zu gewähren und in aller Bälde uns ein Instrument darüber auszustellen, weil wir – es ist gewiß nicht Drohung, sondern Gebot der Pflicht, es Euer Durchlaucht nicht zu verheimlichen – für die Ordnung und öffentliche Ruhe nicht mehr einstehen sowie Angriffe auf fürstliche Besitzungen nicht länger mehr hindern können. Überhaupt könnten wir für weitere traurige Folgen bei der zur Fieberhitze gereizten Stimmung des Volks nicht ferner bürgen, wenn nicht, wie schon erwähnt, unverweilte befriedigende Entschließungen erlassen werden sollten.

Wir enthalten uns, Eurer Durchlaucht die Gefahr mit grellen Farben zu zeichnen, und hoffen von der hohen Standesherrschaft Rechtssinn unverweilte Gewährung dieser rechtlichen und billigen Volkswünsche, dann wollen wir für Ordnung und Ruhe einstehen und verharren in dieser Hoffnung

Euer Fürstlichen Durchlaucht
ergebene, von unsern Gemeinden beauftragte Vorsteher
folgen die Unterschriften.

---

[5]) Randbemerkung von Prinz Karl (?): „Wer das Feuer anbläst, kann leicht sagen, es werde brennen."

[6]) Einen Eindruck von den Forderungen, welche die Grundholden auf württembergischem Gebiet gegenüber der Standesherrschaft Öttingen-Wallerstein erhoben, vermittelt eine Aufstellung über den Inhalt der verschiedenen Petitionen bis etwa zum 28. 3. 1848 (FÖAW II 16. 72, Fasz. 96). Sie werden im folgenden nach abnehmender Häufigkeit der jeweiligen Forderung aufgeführt; in Klammern ist die Zahl der Gemeinden angegeben, welche die entsprechenden Forderungen erhoben. Hierbei ist zu beachten, daß überall dort, wo 11 und mehr Gemeinden verzeichnet sind, auch die vorliegende Petition von 11 Gemeinden einbezogen ist:
1. Streu-, Holz- und Grasbezug wie früher um billigen Preis bzw. unentgeltlich (17). 2. Aufhebung der Neusteuerbarkeit (14). 3. Aufhebung der beständigen Steuern und Rückerstattung derselben (14). 4. Übernahme der Kirchen-, Pfarr- und Schulhausbauten (13). 5. Fixierung der Zehnten (13). 6. Billige Ablösung (13). 7. Rückgabe entzogener Schafweiderechte (13). 8. Verzicht auf den Novalzehnten (12). 9. Nichtübernahme der Gerichtsbarkeit (11). 10. Niederschlagung der Gefällprozesse (11). 11. Vereinbarung über alle Lehenabgaben (11). 12. Verzicht auf das Fruchtmeßgeld (11). 13. Keinerlei neue Auflagen (11). 14. Nachlaß der Judenbegräbnis- und Synagogengelder (11). 15. Gleiche Zugeständnisse wie an die bayerischen Grundholden (11). 16. Aufhebung aller in ihrem Ursprung widerrechtlichen Leistungen ohne Entschädigung (11). 17. Aufhebung aller durch neuere Verträge und Vergleiche auferlegten Leistungen (11). 18. Abrechnung der zuviel gezahlten Gefälle vom Ablösungskapital (11). 19. Befreiung von Hand- und Spanndiensten (9). 20. Aufhebung der Dienstgelder (7). 21. Verzicht auf Gefälle von Neubauten (6). 22. Verzicht auf Erhöhungen der Küchengefälle (5). 23. Nachlaß der Handlöhne von Witwen und Erben (5). 24. Abmessen der Gült im alten Maß (5). 25. Befreiung vom Hundshaber (4). 26. Aufhebung aller leibeigenschaftlichen Gefälle und Sterbfälle (4). 27. Verzicht auf Handlohn von Häusern (4). 28. Verzicht auf den Kleinhandlohn (4). 29. Verzicht auf alle An- und Einsprüche bei Heiraten, Veräußerungen, Bürgeraufnahmen, Geldanleihen, Bauten und sonstigem (3). 30. Regulierung der Laudemien nach gemeinderätlicher Taxation (3). 31. Aufhebung der Handlöhne durch Fixierung oder Ablösung (3). 32. Verzicht auf das Geäckerich in Privat- und Gemeindewaldungen (3). 33. Erlaß aller streitigen Rückstände an Gefällen und Fronen (2). 34. Einräumen der Waldweide (2). 35. Abgabe von Brennholz ohne Versteigerung um billigen Preis (2). 36. Aufhebung des Handlohns bei Gutsübergaben von Eltern an Kinder (1). 37. Freiheit der Gemeinderechte von Zins- und Lehensherrlichkeit (1).

Nr. 163   1848 März 19, Hohebuch

Petition von Hohenloher Bauern an das Innenministerium

E 146, Bü 1950 a. S., UFasz. betr. Wünsche und Beschwerden über Feudallasten, Q 38. Ausfertigung. Verfasser nicht genannt. Unterschriften aus den Gemeinden bzw. Gemeindeparzellen Hohebuch, Haag, Künsbach, Oberhof, Etzlinsweiler, Eschental, Ulrichsberg, Kupferzell, Feßbach, Obereppach, Goggenbach, Eschelbach, Kesselfeld, Beltersrot, Mangoldsall, Belzhag, Hesselbronn, Bauersbach, Westernach.

Petitionen mit fast gleichlautendem Text, z. T. auch von Angehörigen der obengenannten Gemeinden unterschrieben, vom 19. und 20. 3. ebd., Q 43 und 45.

Eine neue Zeit beginnt für Württemberg. Der Polizeistaat ist gefallen und durch Seine Majestät Männer mit den wichtigsten Posten betraut, die das Zutrauen des Landes im vollen Maße genießen.

Mit inniger Befriedigung nahmen wir die Proklamation der neuen Minister auf, sehen uns aber durch die Aussicht auf Ablösung nicht befriedigt.

Wir unterzeichnete Bauern aus Hohenlohe stellen daher folgendes Gesuch an das hohe Ministerium und erwarten eine baldige Erfüllung derselben. Wir bitten

1. um Aufhebung aller Feudallasten, sie mögen Namen haben, welche sie wollen, bis auf den Zehnten.

2. Der Zehnte werde um ein Drittel vermindert und fixiert, so daß er nimmer gesteigert werden kann, dafür möge aber der Zehntherr die Schul- und Kirchenbauten übernehmen.

3. Zurückgabe der Jagden an die Gemeinden, die sie einem aus derselben übertragen oder verpachten kann.

4. In den Weinorten, wo ein Siebter statt den Zehnten existiert[1]), [ist] derselbe vor der allgemeinen Fixierung dahin zu modifizieren.

5. Allgemeine gleiche Besteurung.

6. Vereinfachung der Staatsverwaltung,

7. Aufhebung der ersten Kammer,

8. freie Wahl der Schultheißen und ihr periodisches Abtreten,

9. gerichtliche Aufbewahrung der fürstlichen Lagerbücher bis zur ausgemachten Sache.

Dieses sind die Hauptwünsche, die wir Hohenloher offen und vertrauend vorzutragen die Ehre haben. Es wird der hohen Kammer nicht entgehen, daß die unter Nro 1 und 2 angeführten Wünsche die Lebensfrage für alle so Belasteten ist. Wir wissen wohl, daß es formelle Gründe gegen die sofortige unvergütete Aufhebung gibt, aber in Erwägung, daß seit einer langen Reihe von Jahren der Schatzungsfuß, die Grundlage dieser Ansprüche, gänzlich verlassen wurde und

---

[1]) Bei herrschaftlichem Kelterzwang erhoben die Berechtigten neben dem Zehnten noch etwa 3,5–6 % des Mosts als Kelter- und Baumwein; vgl. Darstellung, S. 223; für Hohenlohe OAB Öhringen (1865), S. 73.

vielfach erhöht, daß Teilungs- und Einschreibgebühr sowie Konsensgeld, der ganz unrechtmäßig erhobene Handlohn und Sterbfall nach dem sich immer erhöhenden Kaufwert gesteigert sowie alle übrige Forderungen, sie mögen Namen haben, welche sie wollen, unausgesetzt verlangt, der Zehnte auf Versteigerungswege immer mehr erhöht wurde, dagegen aber die Fürsten von Hohenlohe weder die Armen, wie es früher ihre Gegenpflicht erheischte, unterhielten noch irgendetwas zu den sich immer steigenden Amts- und Kommunschaden beigetragen, daß sie uns nicht mehr schützen können – im Gegenteil, sie unsern Schutz verlangen, überhaupt die Grundlage der früheren Verhältnisse gänzlich geschwunden ist, glauben wir, daß das Königl. Ministerium sich auf den Standpunkt stellen wird, auf dem, durch ein erhöhtes Gerechtigkeitsgefühl geleitet, alle einzelne „Für und Wider" sich gegenseitig auflösen werden und die [!] Erfüllung aller unserer Bitten nichts im Wege steht.

Wir verbinden mit dem Ausdrucke aufrichtiger Anhänglichkeit an König und Vaterland die Hoffnung, daß unsere lange Leiden von uns genommen und wir von nun an gleich den andern Würtenbergern gehalten werden.

Nr. 164   1848 April 12, Hochdorf
Petition der Gemeinde Hochdorf um Abbau der gutsherrschaftlichen Rechte

E 146, Bü 1950 a. S.. Ausfertigung. Unterschriften von Gemeinderat und Bürgerausschuß.

Wünsche und Bitten des hiesigen Gemeinderats und Bürgerausschusses im Namen der Bürgerschaft an eine hohe Staatsregierung in Beziehung der bisherigen Rechte der hiesigen Gutsherrschaft.

Königliche Staatsregierung!

Bei dem gegenwärtigen Umschwung der Dinge möchten auch wir, die gehorsamst Unterzeichneten, uns erlauben, im Auftrag der hiesigen Bürgerschaft unsere Wünsche und Beschwerden, welche so lange schon auf der hiesigen Bürgerschaft lasten, einer hohen Staatsregierung vorzutragen.

In Rücksicht, daß die hiesige Gutsherrschaft auf eine sehr drückende Weise gegen die Bürgerschaft ihre Rechte ausgeübt und bisher bezogen hat, sehen wir uns um so mehr veranlaßt, unsere Wünsche und Bitten vorzubringen, als wir hoffen dürfen, daß diese unsere Wünsche hohen Orts Gehör finden und womöglich nicht unerfüllt bleiben werden.

Unsere und der hiesigen Bürgerschaft Wünsche und Bitten in Beziehung der hiesigen Gutsherrschaft sind folgende:

1. Abtrettung der Schafweide von seiten des Freiherrn v. Tessin dahier an die Gemeinde.

Der Freiherr v. Tessin besitzt die Schafweide auf der ganzen hiesigen Markung und hat das Recht, 300 Stück laufen zu lassen; durch auswärtige gepachtete Sommerschafweiden laufen aber von Martini bis Georgii hier mindestens 1200 Stück. Durch diese Überschlagung leidet der Landwirt namentlich an den Futterkräutern sehr bedeutenden Schaden, ohne den Verlust des Pferches in Anschlag zu bringen, von welchem die Gemeinde gleichfalls nichts zu genießen hat. Dieser Umstand hat seither zu langwierigen und kostspieligen Prozessen Veranlassung gegeben, und gegenwärtig liegt ein solcher noch schon 2½ Jahr vor dem Königlichen Obertribunal im Rekurswege, obgleich der Königliche Gerichtshof in Esslingen denselben ganz zu unsern Gunsten entschieden hat. Die Bürger glauben zwar, daß die Schafweide früher Eigentum der Gemeinde gewesen; wie dieselbe aber solche verloren, darüber ist nichts bekannt. Es ist ganz natürlich, daß der Gemeinde alle ältern Akten mangeln, da die hiesige Gutsherrschaft früher die hohe und niedere Justiz hatte und allen Anschein nach die bedeutenderen Akten für sich behalten hat, wodurch dann der Gemeinde das Bewußtsein ihrer Rechte entzogen wurde.

2. Ablösung aller Gülten und Bodenzinse in billigem Maßstab [...].

3. Abschaffung der Bürgerannahmsgebühren und des Rechts der Einsprache der Gutsherrschaft nach Artikel 67 des revidierten Bürgerrechtsgesetzes.

Die hiesige Gutsherrschaft hat noch das Recht, von jedem neu angenommenen Bürger 2 fl und von einer Frauensperson 1 fl Annahmgebühr zu beziehen, was der Gemeinde bei Festsetzung der Bürgerannahmsgebühren in Abzug gebracht wurde und somit für dieselbe nachteilig ist. Ebenso wäre zu wünschen, daß die Einsprache der Gutsherrschaft nach Artikel 67 des Bürgerrechtsgesetzes[1]) aufgehoben würde.

4. Abschaffung der Zahlung von Beisitzgeldern gegen die Gutsherrschaft. Dieselbe spricht von jedem in der Gemeinde aufgenommenen Beisitzer jährlich 3 fl an, was freilich dadurch beseitigt wurde, als kein Beisitzer mehr aufgenommen wurde; es wäre aber doch zu wünschen, daß auch dieses Recht aufgehoben würde, wenn staatsbürgerliche Freiheit und Gleichheit allgemein eingeführt sein soll.

5. Abschaffung des Patronatsrechts der Gutsherrschaft. Dieselbe behauptet das Recht, die Geistlichen und Schullehrer in der Gemeinde zu ernennen; dies erscheint als eine Bevormundung der Gemeinde, und wäre daher die Auflösung desselben zu wünschen.

6. Abschaffung des Rechts der Ernennung der Ortsvorsteher. Gleichfalls hat die Gutsherrschaft das Recht, den Ortsvorsteher zwar nach der Stimmenmehrheit zu ernennen, was insofern wünschenswert wäre aufgehoben zu werden, als hiedurch die Gemeinde an Selbständigkeit verliert und als Untergeordnete gegen die Gutsherrschaft erscheint.

7. Abschaffung des Kelternbannrechts für die Weinberge.

Gleichfalls steht der Gutsherrschaft das Kelternbannrecht der hiesigen Weinberge zu, und in Betracht, daß der Boden-, Keltern- und Zehndwein, der

---

[1]) Nach Art. 67 des Bürgerrechtsgesetzes vom 4. 12. 1833 hatte der Gemeinderat „in standesherrlichen sowie in denjenigen ritterschaftlichen Orten, wo solches hergebracht oder als Surrogat der Ortspolizei besonders zugestanden ist, die Erklärung der Gutsherrschaft einzuholen" vor jeder Aufnahme eines neuen Bürgers; der Gutsherrschaft stand eine 15tägige Einspruchsfrist zu.

sehr bedeutend ist, in natura genau erhoben wird, so hält dieses die Eigentümer von der Anlage der Weinberge zurück, da im ganzen zwischen dem 6. und 7. Imi Wein 1 Imi der Gutsherrschaft gebührt, alle Jahr über die Erhebungsweise Kollisionen zwischen der Gutsherrschaft und den Pflichtigen entstehen; in dieser Rücksicht wäre zu wünschen, daß dieses Recht aufgehoben und der Gemeinde überlassen würde, in welchem Fall hier mehrere Weinberge angelegt würden und der beinahe verödete Platz zu einem erklecklichen Ertrag gebracht werden könnte.

8. Abschaffung der Hand- und Weglassungen von den Weinbergen und Häusern.

Ebenso bezieht die Gutsherrschaft Hand- und Weglassungsgelder von verkauften Weinbergen, von 100 fl Kaufschilling 48 kr, welches zur Hälfte von dem Käufer, zur Hälfte von dem Verkäufer getragen werden muß. Der Grund des Erhebungsrechts ist niemand bekannt, und überhaupt scheint es nicht gegründet zu sein, da die Wege um die Weinberge Allmand sind und somit Gemeindeeigentum, ein anderer Rechtstitel aber nicht bekannt ist.

9. Aufhebung der Neusteuerbarkeit und Beiziehung der Gutsherrschaft zu den Gemeindelasten nach ihrem Steuerfuß.

Dies ist die drückendste Last der hiesigen Gemeinde; die Gutsherrschaft besitzt beinahe die Hälfte der Ortsmarkung, die Gemeinde war aber bisher verpflichtet, die Wege bei ihren kärglichen Revenüen sowie die Bronnen auf ihre Kosten zu unterhalten; beides genießt und benutzt die Gutsherrschaft nach dem Umfange ihres Guts, was in Beziehung der Kosten dem größern Teil der Einwohner, die in beschränkten und sogar armen Verhältnissen sind, sehr schwerfällt, daher diese Beiziehung zu den Gemeindelasten dringend zu wünschen ist.

10. Aufhebung der Gerichtsbarkeit der Gutsherrschaft und Unterordnung unter die Gemeindegerichte.

Die Gutsherrschaft hat noch einen Bezirk in der Umgebung des Schlosses, wo sie das niedere Polizeistrafrecht ausübt, auf das weitere auf ihrem Eigentum hat sie wegen Aufstellung eines Beamten verzichtet; die Ausübung in einem gewissen Bezirke ist zwar für die Gemeinde nicht lästig, wohl aber der privilegierte Gerichtsstand, bei einem höheren Richter zu klagen, was manchen veranlaßt, lieber Schaden zu leiden, als bei dem Gerichtshof eine adeliche Person zu belangen.

11. Abtrettung des Jagdrechts an die Gemeinde.

Ebenso besitzt die Gutsherrschaft das niedere Jagdrecht auf hiesiger Markung; in verflossener Zeit, wo das Wild gepflegt wurde, war es lästig für den Landwirt; um nun alle Klagen zu beseitigen, wäre die Abtrettung an die Gemeinde zu wünschen.

12. Beschränkung des Ankaufs von Gütern auf hiesiger Markung.

Wenn gerade auch dieser Punkt als ein Eingriff in die bürgerliche Freiheit erscheint, so ist doch hier der besondere Umstand anzuführen, daß die Gutsherrschaft beinahe die halbe Ortsmarkung besitzt, während 680 Einwohner der hiesigen Gemeinde auf den andern Teil angewiesen sind und die hiesige Ortsmarkung nur ungefähr 1500 Morgen Ackerfeld umfaßt; wenn nun die hiesige Gutsherrschaft ihr großes Kapitalvermögen in Gütern hier anlegen wollte, so wäre dies offenbar ein großer Nachteil für die hiesige Gemeinde, und es wäre daher in dieser Richtung eine Beschränkung von seiten der Gutsherrschaft geboten.

13. Wiederaufnahme des Fronablösungsvertrags vom Jahr 1844 und gründliche Untersuchung desselben.

Infolge des Fronablösungsgesetzes von 1836 kam es zwischen Gutsherrschaft und Gemeinde zu einem langjährigen Prozeß über die Natur der bisher geleisteten Fronen; diese wurden schließlich nicht als leibeigenschaftlicher Herkunft, sondern als dingliche Fronen anerkannt. Die Gemeinde hat das Gefühl, von den dann festgesetzten 6000 fl 2000 fl zuviel gezahlt zu haben; die Gutsherrschaft hatte das Recht, von jedem Bürger zehn Tage Spann- oder Handfron zu verlangen, bei Hauptbauten noch einmal zehn Tage gegen angemessenes Essen und Trinken. Letztere Fronen kamen nie vor, erstere wurden schon seit vielen Jahren auf jährliche zwei Gulden festgesetzt; als man nun zur Ablösung schreiten wollte, machte die Gutsherrschaft eine solche Berechnung, die für die Gemeinde nicht zum Aufbringen gewesen wäre, da sie beiderlei Fronen in Anrechnung brachte und für jeden Tag das Taggeld eines gewöhnlichen Taglöhners samt Kost ansetzte, was die Gemeinde bewog, übereinzukommen und mehr zu versprechen, als sie schuldig gewesen wäre. *Hoffnung, daß die Regierung die Bitten erfüllt*[2]).

Nr. 165   1848 März 24, Blaubeuren

Eingabe von Stiftungsrat, Stadtrat und Bürgerausschuß der Stadt Blaubeuren an die Kammer der Abgeordneten. Bitte um volle Entschädigung für drohende Ablösungsverluste

E 146, Bü 1419 a. S., Fasz. VI. Ausfertigung.

Der hiesige Hospital hat an jährlichen Gülten und Zehenten 820 Scheffel Frucht nach Rauhem zu beziehen; er würde nach durchschnittlichen Fruchtpreisen, den Scheffel Dinkel zu 5 fl gerechnet, 1800 fl an seinem jährlichen Einkommen oder, zu 4$^1/_2$ % gerechnet, ein Kapital von 40 000 fl verlieren; der Grundstock der Stiftung würde dadurch angegriffen, bei gleichbleibenden Leistungen würde sich fortwährend ein Defizit herausstellen, das durch die politische Gemeinde gedeckt werden müßte. Diese Last könnten die Steuerpflichtigen, die zu drei Vierteln aus ärmeren Gewerbsleuten bestehen, unmöglich erschwingen, zumal sie aus dem Ablösungsgesetz nur geringen Nutzen zu erwarten haben. Wir bitten zu bedenken, daß hauptsächlich der Gewerbestand es ist, dem durch alle zu Gebot stehende Mittel kräftig unter die Arme gegriffen werden muß [...]. Auf dem Lande herrscht in unserer Umgegend im allgemeinen ein verhältnismäßiger Wohlstand, und wir sind überzeugt, daß die Landleute eine

---

[2]) Randnotiz vom 6. 5. 1848: „Der Regierung des Neckarkreises, um das Geeignete wahrzunehmen."

gezwungene Ablösung der Gefälle im 16fachen Betrage und zu so niedern, weit unter dem Durchschnitte stehenden Fruchtpreisen nicht einmal verlangen, ihre Grundabgaben unweigerlich fortreichen oder doch mit einer dem Kapitalwert entsprechenden Ablösung sich zufrieden erklären würden.

Wir bitten die hohe Ständekammer, sich kräftig dahin zu verwenden, daß wenigstens bei Korporationen, die sonst einen Teil ihrer Zwecke unerfüllt lassen müßten, ein dem Recht und der Billigkeit entsprechender Maßstab für die Ablösung zugrunde gelegt oder daß denselben auf andere Weise volle Entschädigung zuteil werde.

Nr. 166   1848 Dezember 7/27, Schwäbisch Hall

Eingabe der Gültberechtigten zu Schwäbisch Hall an die Ständeversammlung. Bitte um vollständige Entschädigung bei der Ablösung von Gültkäufen und Renten notfalls durch Staatszuschüsse

E 146, Bü 24, Q 379. Ausfertigung. Verfasser: Rechtskonsulent Bausch.

Eine ähnliche Eingabe der Gült- und Handlohnberechtigten zu Schwäbisch Hall an die Ständeversammlung bereits vom 22. 3. 1848 in E 146, Bü 1419 a. S., UFasz. VI. Wiederholte Bitte der Gültberechtigten zu Schwäbisch Hall vom 22. 1. 1849 wegen Teilentschädigung aus der Staatskasse und der Möglichkeit direkter Vereinbarung mit den ehemaligen Pflichtigen: E 146, Bü 24, Q 379 Beilage.

Hinweis auf den Unterschied zwischen Lehens- und Grundherrlichkeitsgefällen und den Grundrenten einzelner Privatberechtigter. Bürger der Reichsstadt Hall kauften schon früh Landgüter oder Bauernhöfe, die sie durch eigene Dienstleute oder durch sogenannte Hauptbauern gegen den halben Gutsertrag oder auch durch Pächter betrieben, während andere es vorzogen, ihre Güter gegen gewisse jährliche Einkünfte an Früchten usw. sowie für Veränderungsfälle gegen Verabreichung von Hauptrecht und Handlöhnen (gewöhnlich von 5 % des Gutswerts) abzugeben. Daneben entstanden umfangreiche Gülten durch Gültkäufe. An solchen privaten Gülten kamen zur Zeit der Mediatisierung jährlich ca. 1200 Scheffel Frucht in die Stadt. An den Gültgerechtigkeiten sind 60 bis 70 Familien beteiligt; ihr Wert beläuft sich nach den vor dem Gesetz vom 14. April 1848 gültigen Normen auf einen Wert von etwa 136 400 Gulden, während sich der Wert der Gültgerechtigkeiten der hiesigen Stadtpflege auf ca. 240 000 fl und bei der Hospitalverwaltung auf ca. 117 400 fl beläuft.

Die Gültgerechtigkeiten der Privatberechtigten bildeten aber bei den meisten das Hauptvermögensobjekt und das einzige Subsistenzmittel, sonach die Grundlage der Existenz des Fortkommens mit ihren Familien. Man hielte diese Vermögensobjekte für so sicher als jedes Grundeigentum oder jedes auf ein Gut versicherte Kapital, daher sie auch bis auf die neueste Zeit gegen hohe, den Revenüen entsprechende Preise im Verkehr waren *(fol. 6 b)*. Bei einer Ab-

lösung dieser Gefälle nach dem Gesetz vom 14. April ergäbe sich, daß durch den so nieder gehaltenen Maßstab der Ablosung im 16- resp. 12fachen Betrag sowie auch noch durch die niedersten Fruchtpreise schon vorweg die Hälfte unsers wohlerworbenen Eigentums geradezu vernichtet, die andere Hälfte aber mit 25jährigen Zielerzahlungen beschwert wäre, so daß auch dieser gerettete Rest nicht als ein disponibles Gut erachtet werden könnte (fol. 7 a/b). Mit solch verzettelten Zahlungen kann die künftige Existenz der betroffenen Familien nicht gesichert werden. Hinweis auf weitere bedenkliche und nachteilige Bestimmungen des Gesetzes für die Berechtigten. Am nachteiligsten aber sind die 25jährigen Zahlungsfristen zu dem niedrigen Zinssatz von 4 %. Im Hallischen Distrikt ist bekanntlich der Wohlstand auf dem Lande, und diesen solle jetzt der anerkannt gedrückte Gewerbsstand in der Stadt unter Hingebung seines Notpfennings erhöhen, die armen Witwen und Waisen ihr Vermögen demjenigen, welcher vielleicht ein Vermögen von 10, 20–30 000 fl besitzt, zum Opfer bringen! Während, wie man bereits hört, diese Gültpflichtigen sogleich oder in wenigen Zielern ihre Ablösungsschillinge abtragen und als freie und wohlhabende Bürger auftreten werden, müssen wir, die Berechtigten, sich dafür in 25jährige Fesseln legen, mit auswärtigen Grundherrschaften und deren Grundholden [...] in eine 25jährige Einbußgesellschaft treten und zusehen, wie das uns von Gott und Rechts wegen gehörige Geld von unsern eigenen Schuldnern den adelichen Grundherrschaften zuströmt und was und wieviel uns die Zeitereignisse übriglassen werden *(fol. 18 a/b). Wunsch, sich ohne Dazwischenkunft der Ablösungskasse direkt mit den Pflichtigen zu einigen.*

Betrachten wir überhaupt die Lage der Berechtigten gegen die der Verpflichteten, so steht uns fürwahr der Verstand stille, um zu begreifen, wie unsere Vermögensobjekte, für welche der gleiche Rechtsboden und Rechtssicherheit bestand, so geradezu den Verpflichteten zum Opfer ausgesetzt werden konnten. Selbst nach den Grundsätzen des Kommunismus, vor welchem sich noch jeder Vernünftige sträubt, würden wir noch besser hinweggekommen sein, da hier nach dem Grundsatz gleicher Verteilung wir doch wenigstens die Hälfte unsers Eigentums zunächst unbeschränkt und unbedingt zur freien Disposition erhalten hätten, während wir aber nach den Grundsätzen des April-Ablösungsgesetzes meist nicht die Hälfte, die übrige Hälfte aber nicht einmal frei, sondern in 25jährige Fesseln geschmiedet erhalten sollen *(fol. 19 a–20 a). Der Pflichtige wird jetzt offenbar auf Kosten des Berechtigten bereichert. Forderung nach voller Entschädigung.* Der Wert unserer Gefälle war bis zum Erscheinen des neuesten Gesetzes ein sicherer und würde heute noch ohne dieses Gesetz derselbe geblieben sein *(fol 21 b).* Im ganzen Hallischen Bezirk herrschte zu dieser Zeit die größte Ruhe. Jetzt von Martini 1848 an hätte jeder Berechtigte darauf rechnen können, daß sein Fruchtbedürfnis befriedigt und für die Ernährung seiner Familie gesorgt gewesen wäre. In welche Entrüstung und Aufregung muß er nun aber verfallen, wenn er seine Ernte auf fremden Fruchtkasten führen und in Ermanglung eines Äquivalents die bange Sorge für den Unterhalt seiner Familie gleich einem Alp auf sich drücken sieht! Und dieses alles infolge eines Akts der Staatsgewalt, deren Aufgabe es sein solle, jedem Untertanen gleichen Rechtsschutz, gleiche Sicherheit für Person und Eigentum, gleiche Sorge für das Wohl seiner Familie zuzuwenden. Wer will uns auf 25jährige Annuitäten hin

Geld leihen oder uns solche abkaufen, wenn wir nicht wieder einen erklecklichen Teil zum Opfer bringen und unser so sicher geglaubtes Vermögensobjekt nach und nach einbrocken wollen? (fol. 23 b–24 a). Die Einbußen der Korporationen fallen teils auf den Staat, teils auf die Gemeinden zurück; die Gefälle des Adels stammen zum größten Teil aus der früheren Grundherrlichkeit und Oberlehenherrlichkeit, die die Berechtigten auch nach der Mediatisierung behielten und ohne Rücksicht auf die Ablösungsgesetze vom Jahr 1817 ausbeuteten, z. T. sogar steigerten. Im Gefühl der eigenen Schuld hat der Adel dem Aprilgesetz zugestimmt.

Es wurde den zeitgemäßen Ansprüchen der Verpflichteten auf Kosten der Berechtigten zu viele Rechnung getragen (fol. 27 a); die meisten Pflichtigen im Hallischen Bezirk werden zur sofortigen Ablösung schreiten, um ihre Güter schon jetzt zu befreien, aber auch die weniger bemittelten können das benötigte Ablösungskapital gegen Verpfändung der befreiten Güter leicht anleihen. Daher Bitte um ein Zusatzgesetz, das den Ablösungsmaßstab für Gülten und Veränderungsgebühren auf den 22½fachen Betrag notfalls unter Beteiligung der Staatskasse heraufsetzt und die Bezahlung der Ablösungssummen an die Berechtigten in dreijährigen Zielern zu 4½ % von Martini 1848 an vorschreibt. Ferner sollte für den Hallischen Distrikt eine besondere Ablösungskasse errichtet werden neben der Möglichkeit, daß die Berechtigten und Verpflichteten sich über die Bezahlung der Ablösungssumme ohne Dazwischenkunft jener Ablösungskasse vereinigen dürfen[1]).

Nr. 167   1849 März 11, Reutlingen

Eingabe der Stiftungsbehörden in Reutlingen an das Innenministerium. Bitte um Entschädigung aus Staatsmitteln für die Verluste der Stiftungen infolge der Ablösungsgesetze

E 146, Bü 24, Q 423. Ausfertigung. Ohne Verfasserangabe. Unterschriften von Bürgerausschuß und Stiftungsrat.

Königliches Ministerium des Innern!
Die hiesigen Stiftungen erleiden nach der angeschlossenen Berechnung durch die neuen Ablösungsgesetze einen Verlust von ca. 66 324 fl, der größten-

---

[1]) Beilage: „Übersicht über die den Privaten zustehenden Gültgerechtigkeiten und den Wert nach dem alten und neuesten Ablösungsgesetz". Hier werden 65 Berechtigte namentlich aufgeführt z. T. mit näherer Angabe ihrer Gefällberechtigungen, dann mit dem Wert ihrer Gefälle nach dem II. Edikt von 1817 und nach dem Gesetz vom 14. 4. 1848 sowie dem daraus sich ergebenden Verlust.
Dabei ergibt sich folgende Summe:
Wert nach dem II. Edikt von 1817   136 421 fl 58 kr
Wert nach dem Gesetz vom 14. 4. 1848   70 376 fl 4 kr
Verlust   66 045 fl 54 kr
Die höchste Summe traf auf Pflugwirt Happold, der Gefälle aus 33 verschiedenen Hofgütern bezog im Wert von 18 535 fl 56 kr/8991 fl 44 kr, also einen Verlust erlitt von 9544 fl 12 kr. Die kleinste Summe traf auf Oberamtstierarzt Rapp mit einem Wert von 22 fl/11 fl 30 kr, also einem Verlust von 10 fl 30 kr.

teils von Teilgebühren herrührt[1]). Diese Teilgebühren haben unsere Vorfahren auf dem rechtlichsten Wege erworben: Große Flächen von Grundstücken hatten mit ehrlich erworbenem Gelde die früheren Spitäler resp. Schulpflegen käuflich an sich gebracht und, um die Aufsicht und Verwaltung zu erleichtern, gegen Abgabe eines bestimmten Teiles des Ertrages den Ortseinwohnern der Nachbarschaft vertragsmäßig überlassen. Keine Scholle, kein Kreuzer ist durch Eroberung oder Bedrückung angeeignet worden. Die Bauern in unserer Umgegend erhalten nun aus dem Vermögen der hiesigen Stiftungen die Summe von ca. 66 324 fl rein geschenkt. Die Bauern werden reich, die Stiftungen arm, und wenn man nach den Gründen einer solchen durch Gesetze veranlaßten Vermögensentziehung fragt, so solle geschichtliches Unrecht dadurch aufgehoben und durch Entfesselung des Bodens die Volkswohlfahrt erhöht werden. Gerade in dem ersten Grunde liegt aber für die hiesigen Stiftungen ein großes Unrecht, das das Gesetz begeht, weil hier kein geschichtliches Unrecht vorhanden ist; und wenn der zweite Grund auch sehr beherzenswert ist und wir es auch nicht tadeln wollen, wenn der Staat mittelst seiner Kräfte eine solche Verbesserung

---

[1]) Nach den Beilagen berechneten sich die Verluste folgendermaßen:

	Wertanschlag			
	nach dem Gesetz vom 14. 4. 1848		nach dem früheren (22fachen) Maßstab	
Gefälle der Kirchenpflege				
a) in 16fachem Betrag:	fl	kr	fl	kr
1. ständige Gefälle (Fruchtgülten, ewige Zinse)	26 169	28	43 364	23
2. Fruchtzehnten	15 952	16	27 117	56
3. Heuzehnten	956		1 314	30
4. Gottesgaben	263	44	329	40
	43 341	28	72 126	29
b) in 12fachem Betrag:				
1. Teilgebühren				
an Frucht	13 226	14	29 406	18
an Wein	101	31	169	12
2. Handlohn	2	16	4	9
	13 330	1	29 579	39
	56 671	29	101 706	8

Verlust: 45 034 fl 39 kr (44,3 %)

Gefälle der Armenpflege				
a) in 16fachem Betrag:	fl	kr	fl	kr
1. ständige Fruchtgülten	11 193	36	18 404	6
2. Fruchtzehnten	12 775	12	21 895	8
3. Heuzehnten	2 718	24	3 737	48
4. Weinzehnten	105	20	144	50
5. Gottesgaben	42	40	53	20
	26 835	12	44 235	12
b) in 12fachem Betrag:				
1. Teilgebühren				
an Frucht	3 035	33	6 838	22
an Wein	131	48	219	40
	3 167	21	7 058	2
	30 002	33	51 293	14

Verlust: 21 290 fl 41 kr (41,5 %)

ausführt, so ist doch zuviel zugemutet, wenn sie auf Kosten von Stiftungen geschehen solle, die ganz keine Verbindlichkeiten gegen die Bauern haben. Wir wissen wohl, daß bei der gegenwärtigen Richtung der Zeit man uns zu Antwort geben wird, es habe jeder, einzelne wie Korporationen, Opfer für das Ganze zu bringen. Wenn sie für das Gemeinwohl zu bringen sind, scheuen wir sie auch nicht. In dem vorliegenden Falle ist aber doch noch eine große Kluft zwischen dem Gemeinwohl und dem Privatnutzen der Bauern. Denn diese haben die Güter alle, welche jetzt um die Hälfte wohlfeiler denn früher ausgelöst werden können, auch um die Hälfte wohlfeiler gekauft, und die andere Hälfte schenkt ihm nun der Gesetzgeber, aber nicht aus öffentlichen Mitteln, sondern aus Mitteln, aus denen Gemeindeschulen gepflegt, die Armen versorgt werden sollen und die ein anderer Stand, der Gewerbestand vorzugsweise hier, wieder aus seinen Mitteln ergänzen muß. Kein Unrecht tut weher als ein durch Gesetze sanktioniertes, und ein Gesetz, das die Stiftungen ruiniert, um den gegenwärtig am wenigsten leidenden Stand der Bauren zu bereichern, kann vor dem Richterstuhle des vernünftigen Volkswillens nicht Recht finden.

Wir bitten, uns diese Sätze nicht übel zu deuten; wir wollen niemand damit beleidigen, müssen sie aber aussprechen, damit wir vor unsern Nachkommen gerechtfertigt sind, wenn sie einst darnach fragen, wo das Stiftungsvermögen hingekommen seie.

Die Aufforderung des hohen Ministeriums, Wünsche und Beschwerden in Ablösungssachen vorzutragen, ermuntert uns auf das neue, diese Sätze geltend zu machen und mit der Bitte zu schließen, eine hohe Staatsregierung wie die hohe Kammer der Stände mögen das den Stiftungen zugestoßene Unrecht beherzigen und als Gesetz aufstellen, daß aus Staatsmitteln den Stiftungen Ersatz zu gewähren seie für den Verlust, den sie durch die Ablösungsgesetze erleiden.

Nr. 168—171   **Die Ablösungsgesetze von 1848/49**

Vgl. Darstellung, S. 480 ff, 498 ff. Hier werden nur die wichtigsten Gesetzestexte wiedergegeben.

Nr. 168   **1848 April 14, Stuttgart**

Gesetz betreffend die Beseitigung der auf dem Grund und Boden ruhenden Lasten

RegBl 1848, S. 165—171.
Textausgaben und Kommentare: *Baumann*, Handausgabe, Erste Abteilung; *Schwarz*, Grundlastenablösungsgesetz; *Werner*, Die neuesten Ablösungsgesetze, Erste Abteilung.

Zur Entstehungsgeschichte vgl. Darstellung, S. 480 ff. Gesetzentwurf mit Begleitungsvortrag und Motiven: KdS 1848, S. 45—51 und KdA 1848, Beil.Bd. II, S. 134—140.

Wilhelm, von Gottes Gnaden König von Württemberg.

Zu vollständiger Beseitigung der auf dem Grund und Boden ruhenden Lasten verordnen und verfügen Wir nach Anhörung Unseres Geheimen Rats und unter Zustimmung Unserer getreuen Stände wie folgt:

A. Lehens- und Grundherrlichkeitsverband

Art. 1. Alle aus dem Lehen- und Grundherrlichkeitsverband entspringenden bäuerlichen Lasten sind unter Aufhebung dieses Verbandes selbst abzulösen (vgl. jedoch Art. 8). Dasselbe findet in Beziehung auf den Blutzehnten statt.

Die Auflegung neuer Grundlasten und die Bildung neuer Bauerlehen ist und bleibt unstatthaft.

Art. 2. Für die aufzuhebenden Gefälle werden die Berechtigten durch Geldkapitalien entschädigt, welche, sofern sie von den Verpflichteten nicht früher abbezahlt werden, in Zeitrenten nach einem Zinsfuß von vier vom Hundert längstens binnen einer fünfundzwanzigjährigen Tilgungszeit zu entrichten sind.

Diese Zeitrenten sind von dem Besitzer des früher verpflichteten Grundstücks abzubezahlen und genießen das Vorzugsrecht von Realrenten (Prioritätsgesetz vom 15. April 1825, Art. 4)[1]).

Art. 3. Die Gemeinden sind berechtigt, die Entschädigung für sämtliche auf der Markung haftende Grundlasten oder für einzelne Arten derselben zu übernehmen und in bestimmten jährlichen Leistungen abzutragen. In diesem Fall treten die Gemeinden den einzelnen Pflichtigen gegenüber in die Entschädigungsforderungen des Berechtigten ein.

Bei Blutzehnten hat diese Vertretung durch die Gemeinde notwendig stattzufinden, wenn die Verpflichtung nicht bloß auf einzelnen Hofgütern ruht.

Art. 4. Im Namen und auf Kosten des Staats tritt zwischen die Pflichtigen und die Privatberechtigten sowie diejenigen öffentlichen Körperschaften, welche diese Vermittlung anrufen, eine Ablösungskasse, an welche die Entschädigungsansprüche jener Berechtigten übergehen, wogegen sie denselben vierprozentige Obligationen in runden Summen auf den Inhaber oder auf den Namen ausstellt[2]).

Die unter die Aufsicht des Finanzministeriums und der Oberrechnungskammer gestellte Kasse wird auf Kosten des Staats verwaltet und hat für den Einzug der ihr überwiesenen Zeitrenten möglichste Sorge zu tragen.

Für Verluste, welche durch die Untreue der Beamten entstehen, haftet die Staatskasse vorbehältlich des Regresses an den Schuldigen. In Beziehung auf

---

[1]) RegBl 1825, S. 261 f.
[2]) Die Absicht dieser Bestimmung war es, angesichts der kritischen Situation, die sich im März 1848 abzeichnete, eine direkte Konfrontation zwischen Pflichtigen und Berechtigten bei den Ablösungen zu vermeiden und den Berechtigten eine gewisse Garantie für ihre Ansprüche zu gewährleisten. Wiederholte Eingaben von Privatberechtigten veranlaßten Regierung und Landtag dazu, die Zwangsbestimmung durch ein eigenes Gesetz vom 13. 6. 1849 zu beseitigen. Danach blieb es der freien Übereinkunft der Pflichtigen und Privatberechtigten einschließlich der nicht württembergischen Korporationen überlassen, in einer Frist von 60 Tagen schriftlich oder mündlich auf die Vermittlung der Ablösungskasse zu verzichten; eine Rückkehr zur Vermittlung der Ablösungskasse war dann nicht mehr möglich. Für eine gütliche Übereinkunft zwischen den Beteiligten ohne amtliche Mitwirkung räumte das Gesetz eine Frist von drei bis höchstens neun Monaten ein; hatten sich die Beteiligten bis dahin nicht geeinigt, so wurde der Ablösungsschilling von Amts wegen festgestellt. RegBl 1849, S. 177–179.

alle sonstigen Ausfälle übernimmt der Staat keine Garantie; vielmehr werden Verluste dieser Art von der Gemeinschaft der Berechtigten nach dem Verhältnis ihrer Forderungen getragen[3]).

Art. 5. Die Obligationen der Ablösungskasse werden in fünf Serien geteilt, und es erhält jeder Berechtigte so viel möglich aus jeder Serie gleich viel Obligationen. Summen unter hundert Gulden zahlt die Kasse bar aus.

Sämtliche Obligationen der Kasse sind auf Einen Termin zu verzinsen.

Art. 6. Von den jährlichen Einnahmen werden zunächst die Jahreszinse bestritten, sodann werden die für Summen unter einhundert Gulden der Kasse geleisteten Vorschüsse zurückbezahlt; der Überrest aber wird zu Ablösung von Obligationen in der Art verwendet, daß die abzulösenden Obligationen nach dem Vorrang der Serien durch das Los bestimmt werden.

Art. 7. Mit dem Tage der Verkündigung dieses Gesetzes, dem 18. April, sind alle in Art. 1 genannten Gefälle, soweit sie Privatberechtigten angehören, sowie der Lehensverband gegenüber von Privatberechtigten aufgehoben, wie auch von diesem Zeitpunkte an die Gegenleistungen der Berechtigten aufhören. Die Verzinsung der Ablösungskapitalien beginnt von demselben Tage an.

Ständige Grundabgaben haben die bisherigen Gefällpflichtigen auf Abrechnung ihrer Ablösungsschuldigkeiten vorläufig in dem früheren Betrag an die Ablösungskasse fortzuentrichten; bei unständigen Abgaben steht ihnen frei, auch vor Bestellung der Ablösungssummen Abschlagszahlungen an die Ablösungskasse in beliebiger Größe zu machen[4]).

Art. 8. Die Gefällpflichtigen und Lehensleute des Staatskammerguts, der Hofdomänenkammer, der unter öffentlicher Aufsicht stehenden Körperschaften und Kirchenpfründen sind berechtigt, die Aufhebung des Lehens- und Grundherrlichkeitsverbands unter denselben Bedingungen wie die Gefällpflichtigen der Privatberechtigten zu verlangen. Umgekehrt haben aber auch jene Verwaltungen die Befugnis, die Ablösung der Gefälle in Anspruch zu nehmen.

In beiden Fällen erfolgt die Aufhebung der Grundlasten und des Lehens- und Grundherrlichkeitsverbands sofort mit der Anmeldung zur Ablösung. Von diesem Zeitpunkte an wird aber die Abgabe im bisherigen Betrage auf Abrechnung des Ablösungskapitals fortentrichtet.

Die Finanzverwaltung und die Hofdomänenkammer beziehen die festgestellten Zeitrenten unmittelbar; den Verwaltungen öffentlicher Körperschaften und Kirchenpfründen ist unter Genehmigung der Aufsichtsbehörden gestattet, die Vermittlung der Ablösungskasse anzurufen.

Art. 9. Das Entschädigungskapital beträgt bei allen Arten von Besitzveränderungsgebühren, bei Teilgebühren und bei Blutzehnten das Zwölffache, bei Gülten, Zinsen und allen übrigen Arten von Grundabgaben und Leistungen das Sechzehnfache des durchschnittlichen Jahresertrags nach Abzug des Verwaltungsaufwandes[5]).

---

[3]) Nähere Bestimmungen zu diesem Artikel in der Instruktion des Finanzministeriums für die Verwaltung der Gefälleablösungskasse vom 1. 9. 1848, RegBl 1848, S. 413–424.
[4]) Nähere Bestimmungen in der Verfügung der Ministerien des Innern und der Finanzen vom 25. 5. 1848, RegBl 1848, S. 254–256.
[5]) Die genaueren Bestimmungen der Instruktion zu dem Gesetz vom 23. 10. 1848 wurden in das ergänzende Gesetz vom 24. 8. 1849 übernommen: Nr. 169.

Art. 10. Bei Ermittlung des jährlichen Betrags der Besitzveränderungsgebühren wird nach den Grundsätzen der Königlichen Verordnung vom 13. September 1818[6]) je auf fünfundzwanzig Jahre Eine Besitzveränderung und zwar ohne allen Unterschied angenommen und hinsichtlich der Größe der Gebühr ein Durchschnitt aus den letzten fünfundsiebenzig Jahren, soweit dieses aber nicht möglich ist, eine billige Schätzung zugrunde gelegt.

Der Wert von Fronen bleibt nach den Bestimmungen des Gesetzes vom 28. Oktober 1836[7]) festgesetzt.

Art. 11. Bei Berechnung des Werts von Naturalien werden folgende Sätze angenommen:

1 Scheffel Kernen	9 fl	36 kr
1 Scheffel Weizen, Erbsen, Linsen, Welschkorn	8 fl	–
1 Scheffel Mühlfrucht	7 fl	12 kr
1 Scheffel Roggen, Ackerbohnen	6 fl	24 kr
1 Scheffel Gerste, gemischtes Korn	5 fl	36 kr
1 Scheffel Wicken	4 fl	48 kr
1 Scheffel Dinkel	4 fl	–
1 Scheffel Einkorn und Ehmer	3 fl	12 kr
1 Scheffel Haber	2 fl	40 kr
1 Wanne Heu	8 fl	48 kr
1 Fuder Stroh	8 fl	–
1 Pfund Käse	–	4 kr
1 altes Huhn	–	10 kr
1 junges Huhn	–	5 kr
100 Stück Eier	–	50 kr

Wein nach einem zehenjährigen Durchschnitt der Herbstpreise des Orts.

Sind Gefällweine verkauft worden, so werden die hiefür erlösten Preise unverkürzt, andernfalls aber drei Vierteile der mittleren bürgerlichen Herbstpreise in Berechnung genommen.

Holz nach einem dreijährigen Durchschnitt der Orts- oder Revierpreise.

In beiderlei Beziehungen werden den Durchschnittsberechnungen die der Ablösung nächstvorangegangenen Jahre zugrunde gelegt.

Ist die Naturalleistung schon in einen unveränderlichen Geldbetrag verwandelt, so wird dieser in Berechnung genommen[8]). Liegt zwar eine solche Verwandlung nicht vor, sind aber gleichwohl in den der Ablösung vorangegangenen zehen Jahren die Naturalien ununterbrochen mit Geld bezahlt worden, so bildet der Durchschnitt dieser Zahlungen den Vergütungspreis[9]).

---

[6]) Nr. 55.
[7]) Nr. 119.
[8]) Bis hierher ist Artikel 11 eine fast wörtliche Wiederholung des Artikels 12 des Bedengesetzes vom 27. 10. 1836 (Nr. 118). Nach der Erklärung von Innenminister Duvernoy hatte die Regierung die Preise aus den Ablösungsgesetzen von 1836 übernommen, damit der Entwurf in der Kammer der Abgeordneten auf möglichst wenig Einwände stoße (KdA 1848, S. 237).
[9]) Dieser Passus wurde aufgehoben durch das Ergänzungsgesetz vom 24. 8. 1849, Art. 4 (Nr. 169).

Der Wert der hier nicht namentlich aufgeführten Gegenstände wird nach dem Durchschnitt der Ortspreise von den letzten zwölf Jahren berechnet.

Art. 12. Die weiteren Vorschriften über das Verfahren bei Ausmittlung des Werts des jährlichen Ertrags der Grundlasten werden im Wege der Instruktion erteilt[10]).

Art. 13. Solche Gegenleistungen der Gefällberechtigten, welche entweder einer einzelnen, zur Ablösung kommenden Grundlast gegenüberstehen oder mit dem Lehens- und Grundherrlichkeitsverhältnis im allgemeinen zusammenhängen, sind nach ihrem durchschnittlichen Jahreswert von dem Werte der Leistungen abzuziehen. Ist der Wert der Gegenleistungen größer als der Wert der Leistungen, so ist der Mehrbetrag im sechszehenfachen Maßstabe abzulösen.

Art. 14. Wenn auf den zur Ablösung kommenden Gefällen besondere Lasten ruhen, so sind die bei Erfüllung dieser Verbindlichkeiten beteiligten Personen oder Körperschaften durch verhältnismäßige Zuscheidung von Ablösungskapitalien zu entschädigen. Über die Austeilung haben, falls keine gütliche Vereinigung stattfindet, die Gerichte zu entscheiden. Solange auf die eine oder die andere Art das Verhältnis nicht bereinigt ist, können die betreffenden Obligationen nicht abgelöst werden.

Im übrigen sollen die in dem Zehntablösungsgesetz (Art. 19) zu erlassenden Normen über die Sicherung der auf dem Zehntrecht ruhenden Verbindlichkeiten auch auf die übrigen Gefälle, welche mit besonderen Verbindlichkeiten belastet sind, Anwendung finden.

Art. 15. Die Besitzer der zur Ablösung kommenden Rechte, welche Bestandteile von Familienfideikommissen oder von Ritterlehen bilden, sind verpflichtet, die erhaltenen Ablösungskapitalien auf eine die Rechte der Agnaten und Lehensherren sicherstellende Weise anzulegen und dabei die vorhandenen hausgesetzlichen Bestimmungen, die Lehensgesetze und das Herkommen zu beachten.

Art. 16. Alle Ablösungen, welche durch die Vermittlung der Ablösungskasse zustande kommen, werden durch eine unter dem Ministerium des Innern stehende Kommission, deren Mitglieder wenigstens zur Hälfte aus zum Richteramte befähigten Männern genommen werden müssen, geleitet. Diese Kommission bedient sich zu Vollziehung der Ablösung der Bezirkspolizeiämter oder besonderer Kommissäre, und es sind derselben sowie ihren Beauftragten alle zur Feststellung der Entschädigungsforderungen nötigen Dokumente und Notizen zu liefern.

Wenn das Ablösungskapital und seine Abbezahlung in Zeitrenten festgestellt ist, übergibt die Kommission der Ablösungskasse die hierüber ausgefertigte Urkunde und ermächtigt dieselbe zur Ausstellung der nötigen Zahl von Obligationen beziehungsweise zur Ausbezahlung kleinerer Summen.

Art. 17. Über alle Streitigkeiten, welche sich über die Vollziehung der Ablösung, möge diese durch die Vermittlung der Ablösungskasse oder ohne dieselbe geschehen, erheben, entscheidet die Ablösungskommission in erster Instanz. Nach Ablauf von dreißig Tagen, von Eröffnung der Entscheidung an gerechnet, kann diese nicht weiter angefochten werden. Innerhalb jenes Zeit-

---

[10]) Die Instruktion vom 23. 10. 1848 mit Beilagen im RegBl 1848, S. 509–564.

raums ist eine Beschwerde an den Königl. Geheimen Rat zulässig. Eine besondere Rekursbelehrung findet jedoch nicht statt.

Streitigkeiten über das Recht auf den Bezug einer Grundabgabe sind vor den Gerichten zu verhandeln.

B. Zehntrechte

Art. 18. Das Zehntrecht aus Grundstücken, aus welchen bisher kein Zehnten erhoben worden ist (Neubruch-Zehntrecht), wird ohne Entschädigung aufgehoben.

Art. 19. Alle übrigen Arten von Zehnten, welche in diesem Gesetze nicht besonders genannt sind, sind vorbehältlich der in Art. 8 enthaltenen Bestimmungen im sechszehnfachen Betrage der durchschnittlichen reinen Einnahmen unter Zugrundlegung der in Art. 11 (mit Ausnahme des vorletzten Absatzes desselben)[11]) vorgeschriebenen Preise von Naturalien abzulösen. Die näheren Modalitäten dieser Ablösung werden durch ein demnächst zu erlassendes Gesetz festgestellt werden.

Unsere Ministerien des Innern und der Finanzen sind mit der Vollziehung dieses Gesetzes beauftragt.

Nr. 169   1849 August 24, Stuttgart

Gesetz betreffend die Erläuterung und teilweise Abänderung einiger Bestimmungen des Gesetzes vom 14. April 1848 über die Beseitigung der auf dem Grund und Boden ruhenden Lasten

RegBl 1849, S. 485—489.
Textausgaben und Kommentare: *Schwarz*, Neueste Ablösungsgesetze, S. 22 ff; *Baumann*, Handausgabe, Zweite Abteilung, S. 17 ff und Anhang S. 10 ff.

Regierung und Stände waren sich darüber einig, daß dem Ministerium beim Vollzug des äußerst knapp und allgemein gehaltenen Gesetzes vom 14. 4. 1848 ein weiter Spielraum gelassen werden müsse. Die Instruktion vom 23. 10. 1848 (RegBl 1848, S. 509 ff) enthielt jedoch Bestimmungen, die nach Ansicht der Kammer der Abgeordneten in den Bereich der Gesetzgebung gehörten. Sie stellte daher am 5. 3. 1849 diejenigen Bestimmungen heraus, die durch ein Gesetz sanktioniert werden müßten, und wünschte in diesem Zusammenhang, daß der vorletzte Absatz von Art. 11 des Gesetzes vom 14. 4. 1848 aufgehoben würde, damit die gesetzlich vorgeschriebenen niedrigen Naturalienpreise allen Pflichtigen zugute kämen (KdA 1848/49, S. 2026 ff; Bericht der Ablösungskommission: KdA 1848/49, Beil. Bd. I, S. 423 ff).

Die Regierungsvorlage wurde am 12.–14. 6. 1849 in der Kammer der Abgeordneten beraten und am folgenden Tag mit Abänderungen angenommen (KdA 1848/49, S. 4205 ff, 4222 ff, 4249 ff, 4261). Die Kammer der Standesherren

---

[11]) Diesen Zusatz empfahl die Kammer der Abgeordneten, um Zehntpflichtige, die seit längerer Zeit Geld statt der Naturalien zahlten, nicht durch höhere Ablösungssummen zu benachteiligen.

hatte sich bereits am 26. 5. 1849 wegen Beschlußunfähigkeit aufgelöst und war daher am Zustandekommen des Gesetzes nicht mehr beteiligt. Da das Ministerium nicht zugestehen wollte, daß Art. 11 des Gesetzes vom 14. 4. 1848 abgeändert wurde, kam dieser Punkt am 27. 7. und 2. 8. erneut zur Sprache, doch beharrte die Kammer bei ihrem Beschluß (Art. 4), so daß die Regierung schließlich nachgab (ebd., S. 4950 ff, 5123). Weitere Zusätze der Kammer der Abgeordneten waren die Art. 7 und 8.

Wilhelm, König von Württemberg

Nach Anhörung Unseres Geheimen Rates und unter Zustimmung Unserer getreuen Stände verordnen und verfügen Wir nachträglich zu dem Ablösungsgesetze vom 14. April 1848[1]) wie folgt:

Art. 1. Alle auf einzelnen Grundstücken oder Hofgütern, auf bestimmten Realitäten und Rechten, namentlich auch auf dem einer Kirchenpfründe oder einem Hospital zustehenden Besitzkomplex radizierten unablöslichen Abgaben und Leistungen, Meßnergarben, Läutgarben, Läutbrode, fallen unter die Bestimmungen des Gesetzes vom 14. April 1848, wofern nicht für einzelne Arten dieser Abgaben durch ausdrückliche gesetzliche Bestimmungen, insbesondere durch das Gesetz über Beseitigung der Überreste älterer Abgaben vom heutigen Tage[2]), etwas anderes vorgeschrieben ist.

Art. 2. Für die Berechnung des Verwaltungsaufwands, welcher nach Art. 9 des Gesetzes vom 14. April 1848 von dem Werte der unter dieses Gesetz fallenden Grundabgaben in Abzug zu bringen ist, werden nachstehende Sätze als Regel angenommen unbeschadet des Rechts der Beteiligten, den Gegenbeweis zu führen, daß dieselben im einzelnen Falle zu hoch oder zu niedrig sind.

1) Bei allen abzulösenden ständigen und unständigen Geld- und Fruchtgefällen sowie bei dem bisher in Geld bezogenen Blutzehenten ist der Verwaltungsaufwand auf 4 Prozent des jährlichen Rohertrags zu berechnen. Bei tennfälligen Früchten werden die Kosten der Beifuhr vom Gefällorte bis zur nächsten Ablieferungsstätte des Berechtigten nach örtlichen zwölfjährigen Durchschnittspreisen noch besonders hinzugerechnet, desgleichen die Kosten des Einheimsens und Dreschens, wo dieses der Berechtigte zu besorgen hatte.

2) Bei allen Arten von Weingefällen werden als Verwaltungsaufwand 8 Prozent des jährlichen Rohertrags berechnet.

3) Bei dem Blutzehenten, dessen Jahreswert auf den Grund der Naturalerhebung berechnet wird, findet eine Ermittlung des wirklichen Aufwands statt, wofür der Durchschnitt derselben Periode, aus welcher der durchschnittliche Jahresertrag des Gefälls erhoben wird, den Maßstab gibt.

Soweit die Gefällpflichtigen bisher rechtlich verbunden waren, zur Belohnung der Rentbeamten mittelbar oder unmittelbar gewisse Gebühren zu entrichten, sind diese nach zwölfjährigem Durchschnitt von dem Verwaltungsaufwand abzuziehen. Der durchschnittliche Betrag von Gebühren dieser Art, welche bei Entrichtung unständiger Abgaben zu bezahlen waren, wird nach denselben Normen wie der durchschnittliche Betrag der Abgabe selbst ermit-

---

[1]) Nr. 168.
[2]) Nr. 171.

telt. Nebenlaudemien (Kleinhandlohn, Nachwandelgebühr usw.) bilden nur dann einen Gegenstand der Ablösung, wenn sie den dinglichen Charakter angenommen haben und keine Beziehung auf die Belohnung des Rentbeamten für seine Geschäfte bei Besitzveränderungen haben. Ein etwa den Verwaltungsaufwand übersteigender Betrag der obengenannten Gebühren fällt ohne Entschädigung weg.

Art. 3. Die Ablösungssummen für die dem Staatskammergute, der Hofdomänenkammer und den unter Aufsicht des Staats stehenden Körperschaften und Kirchenpfründen zustehenden Gefälle werden von dem Tage der Ablösungsanmeldung, diejenigen der berechtigten Privaten vom 18. April 1848 an verzinst. Soweit es sich von Gefällen handelt, welche regelmäßig in bestimmten Zeiten wiederkehren, beginnt die Verzinsung der Ablösungskapitalien mit dem der Ablösungsanmeldung beziehungsweise dem 18. April 1848 vorausgegangenen letzten Verfalltermin.

Art. 4. Die Bestimmung des Art. 11 des Gesetzes vom 14. April 1848:

„Liegt zwar eine solche Verwandlung nicht vor, sind aber gleichwohl in den der Ablösung vorangegangenen zehen Jahren die Naturalien ununterbrochen mit Geld bezahlt worden, so bildet der Durchschnitt dieser Zahlungen den Vergütungspreis",

wird aufgehoben.

Der in diesem Artikel für Mühlfrucht festgesetzte Preis von 7 fl 12 kr für den Scheffel versteht sich nur für den Fall, wenn nach dem örtlichen Herkommen Weizen oder Kernen unter der Mühlfrucht enthalten ist. Wo dagegen ausschließlich wohlfeilere Fruchtsorten zur Mühlfrucht genommen wurden, ist der Preis nach dem Durchschnitte des Preises dieser Fruchtsorten ohne Rücksicht auf das Verhältnis der Mischung zu bestimmen.

Art. 5. Die Ernennung der im Falle der Einleitung eines Schätzungsverfahrens zu bestellenden Sachverständigen, deren Zahl immer eine ungerade sein muß, steht den Partieen gemeinschaftlich zu. Vereinigen sich dieselben über die Zahl und die Personen dieser Sachverständigen nicht innerhalb acht Tagen, von der Aufforderung an gerechnet, so hat jede Partie binnen einer weiteren kurzen Frist je einen Sachverständigen zu ernennen, und dem Oberamte kommt die Ernennung des dritten zu, falls sich die beiden Sachverständigen über diesen nicht vereinigen können.

Die Schätzer fassen ihre Beschlüsse durch Stimmenmehrheit. Wenn bei der Schätzung eine die Hälfte der Stimmenzahl übersteigende Mehrheit für eine und dieselbe Summe sich nicht ergibt, so gilt diejenige Summe als Schätzung der Mehrheit, in welcher, von der höchsten Schätzung stufenweise auf die niedrigere zurückgeschritten, zuerst die Mehrheit der Schätzer zusammentrifft.

Art. 6. Bei Gütern, welche in einem Trägereiverbande stehen, ist es jedem einzelnen Teilhaber an der Gemeinschaft gestattet, das auf sein Gut rechtsgültig repartierte Gefäll für sich allein und unabhängig von den übrigen Teilbesitzern des Trägereiguts abzulösen.

Art. 7. Zur Anmeldung aller aus dem Lehen- und Grundherrlichkeitsverbande entspringenden bäuerlichen Abgaben und Leistungen mit Einschluß der Zehenten und der auf diesen Rechten ruhenden Gegenleistungen und Lasten sowie zu Geltendmachung von Rückersatzansprüchen der Pflichtigen gegen die

Berechtigten, sei es daß diese aus jenem oder aus einem andern, wie aus dem vogteilichen oder schutzherrlichen Verbande hergeleitet werden, sollen unmittelbar nach der Verkündigung der Ablösungsgesetze die Berechtigten und die Pflichtigen unter dem Rechtsnachteil aufgefordert werden, daß nach Ablauf von achtzehn Monaten – vom Tage des Aufrufs an – weder Ersatzansprüche noch die genannten Rechte und Leistungen weiter geltend gemacht werden können, soweit solche nicht in den Güter- oder Unterpfandsbüchern oder in den bei den Gerichten verwahrten, die Stelle dieser Bücher vertretenden Urkunden vorgetragen sind.

Eine Wiedereinsetzung in den vorigen Stand ist ausgeschlossen.

Art. 8. Das Oberamt ist befugt und verpflichtet, den Gefällberechtigten und Gefällpflichtigen behufs der Vornahme eines Vergleichsversuches zu Vorlegung aller derjenigen Urkunden anzuhalten, die über das abzulösende Gefäll und die auf demselben ruhenden Lasten Aufschluß geben können.

Sollte der Vergleich mißlingen und werden die Beteiligten an das Gericht gewiesen, so steht diesem die gleiche Befugnis zu.

Sollte sich der Streit auf die Urkundenedition beschränken, so hat das Gericht hierüber summarisch zu verhandeln und sofort zu entscheiden. Gegen die Entscheidung findet nur eine Berufung innerhalb einer Frist von dreißig Tagen statt.

Durch den Inhalt des gegenwärtigen Gesetzes sind die §§ 1, 9, 12, 37 und 39 der Instruktion vom 23. Oktober 1848[3]) teils abgeändert, teils modifiziert.

Unsere Ministerien des Innern und der Finanzen sind mit der Vollziehung dieses Gesetzes beauftragt.

Nr. 170   **1849 Juni 17, Ludwigsburg**

Gesetz betreffend die Ablösung der Zehenten

RegBl 1849, S. 181–206; Berichtigungen ebd., S. 316.
Textausgaben und Kommentare: *Baumann*, Handausgabe, Teil 3; *Schwarz*, Das Zehentablösungsgesetz (zwei Ausgaben); *Werner*, Die neuesten Ablösungsgesetze, Teil 2.

Vgl. *Darstellung, S. 499 f. Die Regierung brachte den Gesetzentwurf am 22. 9. 1848 in der Kammer der Abgeordneten ein (KdA 1848/49, Beil.Bd. I, S. 21–29, Motive: ebd., S. 29–36). Die wichtigsten Differenzpunkte in den Landtagsdebatten der folgenden Monate waren die Berechnung des abzulösenden Reinertrags, die Verzinsung des ermittelten Ablösungskapitals und das Problem, auch die auf den Zehnten haftenden Verpflichtungen abzulösen.*

Der Regierungsentwurf legte im wesentlichen die Ablösungsvorschriften des Gesetzes vom 14. 4. 1848 zugrunde (Nr. 168). Doch wegen der großen Bedeutung der Zehnten gerade auch für Staat, Gemeinden und Stiftungen und angesichts der niedrigen Ablösungspreise und des 16fachen Ablösungsmaßstabs trat das Ministerium für eine Verzinsung der Ablösungsobligationen zu 5 %

---

[3]) Vgl. Nr. 168, Anm. 10.

und nicht nur zu 4 % als angemessen ein, stieß hierbei aber auf den mehrheitlichen Widerstand der Ablösungskommission der Zweiten Kammer (7 gegen 2 Stimmen; KdA 1848/49, Beil.Bd. I, S. 190–202) wie der Zweiten Kammer selbst (42 gegen 34 Stimmen), die vom 15. 11.–1. 12. 1848 den Entwurf in erster Lesung diskutierte (KdA 1848/49, Bd. I, S. 433–704). Zugunsten der Pflichtigen entschieden die Abgeordneten auch für weitgehende Abzüge vom Rohertrag zur Ermittlung des Reinertrags (Art. 8 ff), für die rückwirkende Berechnung der Baulasten (Art. 32 f) und für die Bestimmung, daß im Zweifelsfall für die kirchliche Natur der Zehnten zu vermuten sei (Art. 36). In der Hauptabstimmung am 16. 2. 1849 wurden gegen 58 Ja-Stimmen nur 13 Nein-Stimmen (darunter 10 ritterschaftliche Abgeordnete und zwei Vertreter der Kirche) abgegeben (KdA 1848/49, S. 1807–1815). Der Versuch der Standesherren, diese einschneidenden Eingriffe in die Regierungsvorlage doch noch zu verhindern (Kommissionsbericht: KdS 1848/49, Beil.Bd. II, S. 164–185; Beratung vom 14.–18. 4. 1849: KdS 1848/49, S. 317–357), scheiterte: Die Kammer der Abgeordneten hielt nach erneuter Beratung (2.–3. 5. 1849; KdA 1848/49, S. 2832 ff, 2857 ff) an den wesentlichen Änderungen des Entwurfs fest, vor allem an der vierprozentigen Verzinsung der Ablösungsobligationen (62 gegen 11 Stimmen; KdA 1848/49, S. 2836 f). Die Standesherren gaben am 26. 5. 1849 in der Frage des Zinssatzes nach (KdS 1848/49, S. 447–454); auf die endgültige Ausgestaltung des Gesetzes konnte die Erste Kammer wegen Beschlußunfähigkeit keinen Einfluß mehr nehmen.

Die Hauptinstruktion zum Gesetz datiert vom 22. 3. 1850 (RegBl 1850, S. 73 ff).

Inhaltsübersicht:
I. Bedingungen der Ablösbarkeit: Art. 1–7 – II. Ausmittlung des Ablösungskapitals: Art. 8–13 – III. Verzinsung und Tilgung des Ablösungskapitals: Art. 14–21 – IV. Von Rechten Dritter: Art. 22–41 (1. Im allgemeinen: Art. 22–26 – 2. Besondere Bestimmungen hinsichtlich der Zehentlasten: Art. 27–41) – V. Vom Verfahren: Art. 42–68 (1. Bei der Ablösung der Zehenten berechtigter Privaten: Art. 42–57 – 2. Bei der Ablösung der Zehentrechte des Staatskammerguts, der Hofdomänenkammer und der Körperschaften: Art. 58–62 – 3. Schlußbestimmungen: Art. 63–65 – 4. Verfahren bei streitigem Recht auf den Zehentbezug oder auf die Zehentlast: Art. 66–68).

Wilhelm, König von Württemberg
Hinsichtlich der in dem Gesetze vom 14. April 1848[1]), Art. 19 ausgesprochenen Ablösung der Zehenten verordnen und verfügen Wir nach Anhörung unseres Geheimen Rats und unter Zustimmung Unserer getreuen Stände wie folgt:

Erster Abschnitt: Bedingungen der Ablösbarkeit
Art. 1. Das gegenwärtige Gesetz bezieht sich auf alle Gattungen von Zehenten mit Ausnahme des Blutzehenten und des Neubruchzehentrechts (Gesetz vom 14. April 1848, Art. 1, 2, 3, 8, 9, 18, 19).

---
[1]) Nr. 168.

Der Art. 18 des letzteren Gesetzes findet auf alle Grundstücke Anwendung, aus welchen bis zur Verkündigung gegenwärtigen Gesetzes kein Zehenten erhoben worden ist, mag es sich dabei von Neubrüchen im eigentlichen Sinn oder von Grundstücken handeln, welche erst im Falle einer Kulturveränderung dem Zehentrechte unterliegen würden.

In Zukunft kann keinerlei Art von Zehenten mehr auferlegt werden.

Art. 2. Die Zehentgefälle des Staatskammerguts, der Hofdomänenkammer und der unter öffentlicher Aufsicht stehenden inländischen Körperschaften und Kirchenpfründen unterliegen auf das Verlangen der Pflichtigen oder der Berechtigten der Ablösung nach den Bestimmungen des gegenwärtigen Gesetzes.

Bei den Zehentgefällen berechtigter Privaten hat diese Ablösung unabhängig von dem Verlangen des Berechtigten oder Pflichtigen einzutreten (Gesetz vom 14. April 1848, Art. 19, vergl. mit Art. 8).

Auf einen Zehenten, welcher zwischen Berechtigten aus den zwei verschiedenen, in Absatz 1 und 2 des gegenwärtigen Artikels bezeichneten Klassen von Berechtigten geteilt ist, kommt, wenn die Berechtigten aus der Klasse des ersten Absatzes den unzweifelhaft größeren Anteil besitzen, die Bestimmung des ersten Absatzes, in den übrigen Fällen aber die des zweiten Absatzes zur Anwendung.

Art. 3. Die Ablösung des Zehenten geschieht in der Regel nach Markungen in der Art, daß die in der Markung einem und demselben Berechtigten zustehenden Zehentgefälle von den Pflichtigen gemeinschaftlich in einer Verhandlung abzulösen sind. Wo die Markungs- und Zehentgrenze nicht gleichgestellt ist, wird der Zehentbezirk als Markung im Sinne des gegenwärtigen Gesetzes angesehen, in welchem Fall die hinsichtlich der Mitwirkung der Gemeinde bei der Zehentablösung in dem gegenwärtigen Gesetze enthaltenen Bestimmungen (Art. 6, 7, 17, 18, 23, 42, 43, 58) für diejenige Gemeinde gelten, zu deren Markung der größere Teil des Zehentbezirks gehört.

Ist der Zehentbezug von denselben Grundstücken einer Markung zwischen verschiedenen Berechtigten geteilt, so hat, mögen die Berechtigungen nach den Gewächsgattungen und Bezugsjahren geschieden sein oder nicht, die Ablösung der Zehentpflicht gegenüber den mehreren Berechtigten gleichzeitig zu geschehen.

Art. 4. Von den Bestimmungen des Art. 3 finden folgende Ausnahmen statt:

1) Der Weinzehenten kann abgesondert von den demselben Berechtigten auf der Markung zustehenden sonstigen Zehenten abgelöst werden; ebenso der Wiesen-, der Garten- und der Holzzehenten.

2) Den Besitzern geschlossener, ein zusammenhängendes Ganzes bildender Hofgüter ist gestattet, die Gesamtheit der auf diesen Gütern haftenden Zehenten außer Verbindung mit dem auf der übrigen Markung lastenden Zehenten abzulösen.

3) Weitere Ausnahmen von den Bestimmungen des Art. 3 können durch das Einverständnis der Berechtigten, der Pflichtigen und, wenn besondere Leistungen auf dem Zehenten haften (Art. 27, 28), der Leistungsberechtigten in denjenigen Fällen herbeigeführt werden, in welchen die Zehentablösung von dem Verlangen der Pflichtigen oder der Berechtigten abhängt (Art. 2, erster Absatz).

Art. 5. Ist der Zehentbezug von denselben Grundstücken zwischen mehreren Berechtigten in der Art geteilt, daß der Anteil des einen nicht ohne den des andern abgelöst werden kann (Art. 3, 4), so gibt bei einer zwischen den Berechtigten stattfindenden Uneinigkeit in Beziehung auf das von ihrer Seite zu stellende Verlangen der Ablösung der Wille des Ablösungslustigen den Ausschlag, wenn sein Anteil an dem Zehenten nicht entschieden geringer an Wert ist als derjenige der andern Teilhaber, oder wenn das Wertverhältnis zweifelhaft ist.

Art. 6. Durch einen unter Zustimmung des Bürgerausschusses gefaßten Beschluß des Gemeinderats kann die Ablösung von Zehenten, die auf Grundstücken der Gemeindemarkung haften, auf die Gemeinde übernommen werden.

Soweit die letztere nicht eintritt, ist die Ablösung unmittelbar Sache der Zehentpflichtigen.

Mehrere Zehentpflichtige, welche gemeinschaftlich abzulösen haben (Art. 3, 4), bilden eine Gesamtheit, deren Beschlüsse für die einzelnen Pflichtigen bei allen auf die gemeinschaftliche Ablösung sich beziehenden, hienach nicht ausdrücklich ausgenommenen Fragen bindende Kraft haben.

Als Gesamtheitsbeschluß ist dasjenige anzusehen, wofür die Besitzer des nach dem Flächengehalt berechneten größeren Teils der zehentpflichtigen Grundstücke sich ausgesprochen haben.

Namentlich wird auf die vorstehende Weise über das Verlangen der Ablösung von seiten der Pflichtigen in denjenigen Fällen entschieden, in welchen nach Art. 2, Absatz 1 die Ablösung durch das Verlangen des Pflichtigen oder Berechtigten bedingt ist.

Art. 7. Führt die Gemeinde die Ablösung aus, so haftet sie dem Berechtigten für die Ablösungsschuld und tritt dagegen den einzelnen Pflichtigen gegenüber in die Entschädigungsansprüche des Berechtigten für die abzulösenden Zehenten ein.

Zweiter Abschnitt: Ausmittlung des Ablösungskapitals

Art. 8. Zur Ausmittlung des jährlichen Reinertrags des Zehenten, in dessen sechszehnfachem Betrage das Ablösungskapital besteht, wird zuvörderst der Rohertrag desselben nach dem Durchschnitt der achtzehn Jahre 1830 bis 1847 bestimmt. Als Quelle für die Erhebung des Ertrags dieser Jahre dienen die vorhandenen urkundlichen Nachweisungen (Rechnungen, Pachtverträge usw.), für die Jahrgänge, aus welchen solche Nachweisungen fehlen, tritt Schätzung des Ertrags ein. Dieselbe tritt auch zur Erhebung des Rohertrags von Feldern ein, welche nur einige Jahre nacheinander angebaut werden, hierauf aber wieder eine Reihe von Jahren unbebaut bleiben. Erweiterungen oder Einschränkungen des Zehentfeldes, welche im Laufe der achtzehnjährigen Periode durch Neubruch oder gänzliches Aufgeben der Kultur herbeigeführt wurden, sind in der Art zu beachten, daß ersteren Falls, sofern nicht die betreffenden Grundstücke unter die Bestimmung des Art. 18 des Gesetzes vom 14. April 1848 fallen, für die Jahre, in welchen die Zehenterhebung noch nicht stattfand, ein durch Schätzung zu bestimmender Zehentertrag in die Durchschnittsberechnung aufgenommen, andernfalls der Ertrag der außer Kultur gesetzten Felder außer Berechnung gelassen wird. Ein Jahr, in welchem der Zehente in Geld entrichtet wurde, wohin jedoch der Fall der Auslösung eines festgesetzten Früchtequantums in

Geld nicht zu rechnen ist, wird als ein solches angesehen, aus welchem die urkundliche Nachweisung des Rohertrags mangelt. Wenn jedoch der Zehente von Gegenständen, welche in Art. 11 des Gesetzes vom 14. April 1848 nicht namentlich aufgeführt sind (vergl. den letzten Absatz dieses Artikels), während der Durchschnittsperiode nicht in Natur, sondern in Geld in der Art erhoben wurde, daß nicht der Naturalertrag, sondern nur die Geldeinnahme bekannt ist, so ist aus dieser der achtzehenjährige Durchschnitt zu berechnen und der Ablösung zugrund zu legen.

Zu Ausmittlung des Werts der Kartoffeln sind, wenn derselbe nach einem Durchschnitt der örtlichen Preise zu bestimmen ist (vergl. Art. 11 des Gesetzes vom 14. April 1848), diese Preise nach einem Durchschnitte der 12 Jahre 1833 bis 1844 zu berechnen. In allen Fällen aber, in welchen statt der Naturalleistung ein unveränderlicher Geldbetrag gereicht worden ist, ist solcher der Ablösung zugrund zu legen.

Art. 9. Von dem Geldwerte des jährlichen Rohertrags, der nach den in Art. 11 des Gesetzes vom 14. April 1848 mit Ausnahme des vorletzten Absatzes dieses Artikels enthaltenen Bestimmungen veranschlagt wird (vergl. jedoch Art. 8, Abs. 2), kommen zur Ermittlung des Reinertrags in Abzug:

1) die Bezugskosten, namentlich

a) die von den Berechtigten in der Durchschnittsperiode aufgewendeten Kosten der Flur- und Felderbeschreibungen und der Selbsteinsammlung des Zehenten oder, wenn derselbe verpachtet war, der Abschätzung und Verleihung, soweit die letzteren Kosten nicht von den Pächtern zu bezahlen waren.

Zu den Kosten des Selbsteinsammelns gehört insbesondere der Aufwand auf das Auszählen, Einführen und Ausdreschen sowie auf die Lieferung und das Aufschütten auf die Kästen oder bei dem Wein auf das Auspressen des nach Rauhem erhobenen Zehenten (vergl. hienach lit. b und Art. 10, Ziffer 3), desgleichen auf die Anschaffung und Unterhaltung der zur Zehentsammlung erforderlichen Gerätschaften. Hiebei ist auch der Wert der etwa verwendeten Frondienste nach Maßgabe der bestehenden Normen in Rechnung zu nehmen.

b) Der Aufwand des Berechtigten auf Zehentscheuern und Zehentkeltern oder der die Benützung eigener derartiger Lokale vertretende Mietzins. Jener Aufwand besteht in dem vierprozentigen Interesse des Kaufwerts der Gebäude und dem mittleren Betrag der jährlichen Kosten ihrer Unterhaltung, einschließlich der bezahlten Brandversicherungsbeiträge. Wurden jedoch die genannten Gebäude nur während eines Teils der Durchschnittsperiode von dem Zehentberechtigten mittelbar oder unmittelbar zum Zehentbezuge benützt, so ist bloß für diejenigen Jahre, innerhalb welcher jene Benützung stattfand, von dem Rohertrage ein entsprechender Abzug zu machen. Sind die Gebäude noch für weitere Zwecke als für die Einsammlung des abzulösenden Zehenten bestimmt, so wird nur der dem letzteren Zwecke entsprechende Teil des Aufwandes in Abzug gebracht.

2) Die durch eine Verminderung oder Beschädigung des Rohertrags veranlaßten Nachlässe.

3) Die Gegenleistungen des Berechtigten.

Sind unter den Abzügen Naturalien begriffen, so werden sie nach den

Bestimmungen des Art. 11 des Gesetzes vom 14. April 1848 zu Geld angeschlagen.

Soweit die Bestimmung des Rohertrags des Zehenten der Schätzung anheimfällt (Art. 8), wird ebendieselbe auch zur Bemessung der Bezugskosten (oben Ziff. 1) angewendet.

Im übrigen ist der Betrag der Abzüge zwar zunächst aus den vorhandenen urkundlichen Nachweisungen zu erheben, jedoch wo diese fehlen oder eine Unrichtigkeit enthalten, durch Schätzung zu ergänzen oder zu berichtigen, durch welche auch der Gebäudewert und der Betrag ihrer Unterhaltungskosten (oben Ziff. 1, lit. b) bestimmt wird.

Art. 10. Wenn dem Zehentberechtigten gegen die Pflichtigen die Verbindlichkeit zur Unterhaltung einer von ihnen zu benützenden Kelter obliegt oder wenn der von dem Zehentberechtigten unterhaltenen Kelter ein Bannrecht gegen die Pflichtigen zusteht, so ist die Beseitigung dieser Verhältnisse mit der Ablösung des Zehenten in folgender Weise zu verbinden:

1) Es wird

a) der durchschnittliche jährliche Aufwand, welchen die Unterhaltung der Kelterngebäude und des Kelternwerks, der Kelternbetrieb und die etwaige Benützung der Kelter für sonstige Zwecke dem Kelternbesitzer verursacht, sowie andererseits

b) der durchschnittliche Jahresertrag, den er von dem Kelternbetrieb und der etwaigen sonstigen Benützung der Kelter bezogen hat,

nach den Bestimmungen des Art. 8 und 9 des gegenwärtigen Gesetzes berechnet und ein bei der Vergleichung beider Summen sich ergebender Überschuß des Aufwandes zu a den nach Art. 9 von dem Rohertrag des Zehenten abzuziehenden Bezugskosten, ein Überschuß des Ertrags zu b aber dem abzulösenden Reinertrag des Zehenten hinzugezählt.

2) Infolgedessen geht mit der endgültigen Festsetzung des Ablösungskapitals das Eigentum der Kelter mit den auf derselben ruhenden Rechten und Verbindlichkeiten in Beziehung auf dritte Personen an die Besitzer der bisher zehentpflichtigen Weinberge über, wobei jedoch dem Berechtigten, wenn er die Kelter bisher für die Zubereitung eigenen Weinerzeugnisses oder den Bezug noch anderer als der abgelösten Weingefälle benützt hat, diese Benützung gegen den bei der Ertragsberechnung zu Ziff. 1, b diesfalls in Anschlag genommenen Lohn oder Nutzen vorbehalten bleibt.

3) Eine besondere Berechnung des Aufwandes des Zehentberechtigten auf die Auskelterung seines Zehentertrags (Art. 9, lit. a und b) findet da, wo auf die betreffende Kelter die Bestimmungen der vorstehenden Ziff. 1 und 2 zur Anwendung kommen, nicht statt.

Art. 11. Steht im Falle des Art. 10 der Kelter ein Bannrecht gegen nicht zehentpflichtige Weinbergbesitzer zu, so wird die Aufhebung dieses Bannrechts getrennt von dem derselben Kelter etwa gegen die zehentpflichtigen Weinbergsbesitzer zukommenden gleichen Rechte nach den allgemeinen Bestimmungen des Gesetzes vom 8. Juni d. J. (Reg.-Blatt S. 159 ff) über die Aufhebung der Bannrechte behandelt. Die nach diesen Bestimmungen für dasselbe zu leistende Entschädigung fällt dem bisherigen Kelternbesitzer zu, wogegen bei der in Art. 10, Ziff. 1 angeordneten Berechnung sowohl von dem Aufwand auf die

Kelter, als von dem Ertrage derselben ein dem bisherigen Anteil der nicht zehentpflichtigen Bannkunden an der Benützung der Kelter entsprechender Abzug zu machen ist.

Art. 12. Wenn mindestens der zehente Teil der Weinberge des bisherigen Bezirks einer unter die Bestimmung des Art. 10 fallenden Kelter im Besitze des Zehentberechtigten sich befindet, so kann derselbe für die Dauer dieses Verhältnisses die Beibehaltung der Kelter im Wege einer Ausnahme von den in Art. 10 zu Ziff. 1 und 2 enthaltenen Bestimmungen ansprechen, jedoch muß dieser Anspruch, um wirksam zu sein, vor der endgültigen Festsetzung des Ablösungskapitals erhoben werden. In einem solchen Falle unterliegt die Aufhebung einer dem ablösenden Zehentpflichtigen obliegenden Bannpflicht gegen die im Besitze des Zehentberechtigten bleibende Kelter den allgemeinen Bestimmungen über Aufhebung der Bannrechte; dagegen sind die Zehentpflichtigen, wenn ihnen ein Recht auf die Benützung der Kelter ohne eine Verbindlichkeit hiezu zusteht und wenn sie auf dieses Recht verzichten wollen, zu verlangen berechtigt, daß der ihrem Anteil an der Benützung der Kelter entsprechende Teil des oben in Art. 10, Ziff. 1 bemerkten jährlichen Aufwandes auf die Kelter und des vierprozentigen Jahreszinses aus dem Kaufwerte des Kelterngebäudes und Kelterninventars mit der aus ihrem Benützungsanteil für den Kelternbesitzer entstandenen Einnahme verglichen und ein sich ergebender Überschuß auf der Seite des Aufwandes als eine Gegenleistung des Zehentberechtigten von dem Rohertrag des von ihnen abzulösenden Zehenten abgezogen werde. Als Kaufswert des Kelterngebäudes wird hiebei der ihm unabhängig von dem Kelternbetrieb zukommende Wert berechnet.

Art. 13. Die Bestimmungen des Art. 10 finden auch auf Keltern von Zehentberechtigten Anwendung, bei welchen zwar das Dasein eines der im Eingang dieses Artikels bezeichneten Rechtsverhältnisse nicht nachgewiesen ist, die aber bis daher ausschließlich zum Auskeltern des Weinerzeugnisses der ablösenden Zehentpflichtigen mit oder ohne den Zehenteinzug des Berechtigten von denselben benützt worden sind.

Dritter Abschnitt: Verzinsung und Tilgung des Ablösungskapitals

Art. 14. Die Verzinsung und Tilgung des Ablösungskapitals liegt den Besitzern der zehentpflichtigen Grundstücke als solchen ob.

Der Zins beträgt vier vom Hundert dem Jahre nach und ist vom ersten Januar des Jahrs an zu berechnen, in welchem der Zehente erstmals nicht mehr oder erstmals auf Abrechnung an der Ablösungsschuld (Art. 20) bezogen wird.

Art. 15. Die Abtragung der Zins- und Kapitalschuld geschieht, wenn die Beteiligten nicht anders übereinkommen, in Zeitrenten (Annuitäten) mit 25jähriger Tilgungszeit.

Durch einen Gesamtbeschluß der Pflichtigen (Art. 6) kann eine andere Abtragungsart dem einzelnen Pflichtigen nicht aufgelegt werden. Bei der Zahlung in Zeitrenten bleibt dem Pflichtigen die Befugnis vorbehalten, einzeln oder in Gemeinschaft mehrerer nach drei Monaten zuvor geschehener Ankündigung Zuzahlungen zu der verfallenen Rente zu machen, welche jedoch nicht weniger als fünfhundert Gulden oder als den Rest der Gesamtschuld der Zuzahlenden betragen dürfen (vergl. jedoch Art. 17).

Art. 16. Das für mehrere Pflichtige zusammen festgesetzte Ablösungskapital wird zum Behufe seiner Verzinsung und Tilgung, wenn die Beteiligten nicht über eine andere Norm unter sich übereinkommen, auf die zehentbaren Gründe nach folgenden Bestimmungen verteilt:

1) Wenn das Ablösungskapital die Zehenten von verschiedenen Kulturflächen (Äckern, Wiesen, Gärten, Weinbergen, Wäldern) umfaßt, so ist zuvörderst der Anteil einer jeden dieser Kulturflächen auszuscheiden.

2) Innerhalb der einzelnen Kulturfläche wird das ihr zukommende Kapital auf die einzelnen Grundstücke nach dem Flächenmaß und der Ertragsfähigkeit derselben verteilt.

3) Wenn einzelnen Grundstücken die auf dem übrigen Bezirk ruhende Verpflichtung zur Naturalverzehentung gegen ein für immer festgesetztes Surrogat erlassen war, so dient das letztere zum Maßstabe für die Bestimmung des der Verteilung zugrund zu legenden Rohertrags dieser Grundstücke, so daß, je nachdem das abzulösende Gefäll im 10., 9., 8. etc. Teile des Rohertrags des betreffenden Feldbezirks besteht, der 10-, 9-, 8fache etc. Betrag des Surrogats als Rohertrag jener Grundstücke gilt.

4) Für einzelne Grundstücke, welche einen größeren oder geringeren als den sonst üblichen Teil des Rohertrags als Zehenten zu erlegen hatten, wird der bei der Verteilung zugrund zu legende Ertragsanschlag verhältnismäßig erhöht oder ermäßigt.

Art. 17. Durch übereinstimmenden Beschluß des Gemeinderats und Bürgerausschusses, wenn die Gemeinde Zehentablösung übernommen hat (Art. 6), oder im andern Falle durch einen mit der Mehrheit von zwei Dritteilen gefaßten Beschluß der gemeinschaftlich ablösenden Pflichtigen kann zum Zweck der Aufbringung der Mittel für die Verzinsung und Tilgung des Ablösungskapitals die fortgesetzte Einsammlung der abgelösten Zehenten oder einer an deren Stelle tretenden Naturalabgabe festgesetzt werden. Diese Naturalabgabe ist, falls die sämtlichen Beteiligten nicht unter sich übereinkommen, nach den Normen des gegenwärtigen Gesetzes auszumitteln[2]).

Art. 18. Die Bezahlung der Zehentablösungsschuld ist dem Bezugsberechtigten an dem der Berechnung der Zehentbezugskosten zugrund gelegten Zehenteinzugsort kostenfrei und aus einer Hand zu leisten, zu welchem Ende, wenn die Gemeinde die Ablösung nicht übernommen hat, von den in Ablösungsgemeinschaft stehenden Pflichtigen Träger zu bestellen sind, welche obrigkeitlich verpflichtet werden und auf Verlangen der Pflichtigen Kaution zu leisten haben.

Art. 19. Die laufenden sowie die von den zwei nächstvorangegangenen Jahren rückständigen Zeitrenten, in welchen die Zehentablösungsschuld zu bezahlen ist, genießen gegenüber den einzelnen Schuldnern derselben das Vorzugsrecht der Realrenten (Prioritätsgesetz vom 15. April 1825, Art. 4, Ziff. 4).

Für Zahlungsrückstände der Träger von Ablösungsgemeinschaften gegen die Berechtigten können diese die pflichtigen Gutsbesitzer der Gemeinschaft samt und sonders in Anspruch nehmen.

Art. 20. Der in der Zwischenzeit von der Verkündigung des gegenwärtigen Gesetzes bis zur endgültigen Festsetzung des Ablösungskapitals anfallende

---

[2]) Zur Wirksamkeit dieser Bestimmung vgl. Darstellung, Kap. 3, Anm. 660.

Zehente berechtigter Privaten wird zwar noch von dem bisherigen Berechtigten, aber auf Abrechnung an der Ablösungsschuld der Pflichtigen erhoben.

Das gleiche geschieht bei dem Zehenten anderer Berechtigten, welcher nach der durch die Pflichtigen oder Berechtigten verlangten Ablösung, aber vor der endgültigen Festsetzung des Ablösungskapitals anfällt. Ein zur Zeit der letzteren begonnener Zehenteinzug wird auf Abrechnung an der Ablösungsschuld vollendet.

In den vorgenannten Fällen bleibt es den Beteiligten überlassen, sich über ein statt des Naturalzehenten zu zahlendes Geldsurrogat zu vereinigen, das seinerzeit an der Ablösungsschuld der Pflichtigen in Abzug kommt[3]).

Der Zehentertrag des Jahrs 1848 wird an der Ablösungsschuld in dem Falle zugunsten der Pflichtigen abgerechnet, wenn die letzteren nach der Verkündigung des Gesetzes vom 14. April 1848 die urkundliche Aufnahme dieses Ertrags durch eine vorläufige Ablösungsanmeldung (vergl. Ministerialverfügung vom 17. Juni 1848, Reg.Blatt S. 284) veranlaßt haben. Ebenso wird der in Geld oder in vertragsmäßig bestimmten Fruchtquantitäten bestehende Zehentertrag des Jahrs 1848 an der Ablösungsschuld in dem Falle zugunsten der Pflichtigen abgerechnet, wenn die letzteren nach der Verkündigung des Gesetzes vom 14. April 1848 und vor der Lieferung die Ablösung angemeldet haben.

Art. 21. Im Namen und auf Kosten des Staats tritt zwischen die Pflichtigen und diejenigen zehentberechtigten Privaten und inländischen öffentlichen Körperschaften und Kirchenpfründen, welche diese Vermittlung innerhalb der hienach bestimmten Frist anrufen, eine Ablösungskasse, an welche die Entschädigungsansprüche der anrufenden Berechtigten übergehen, wogegen sie denselben vierprozentige Obligationen in runden Summen auf den Inhaber oder den Namen ausstellt.

Die Vermittlung der Ablösungskasse kann von einem Zehentberechtigten nicht bloß für einen Teil seiner nach den Bestimmungen des gegenwärtigen Gesetzes zur Ablösung kommenden Gefälle in Anspruch genommen werden, sondern sie hat sich, wenn der Berechtigte überhaupt davon Gebrauch machen will, auf alle solche Gefälle einer Markung zu erstrecken.

Die Frist für die Anrufung der Vermittlung der Ablösungskasse, welche bei dem Oberamte zu geschehen hat, beträgt 90 Tage und beginnt für die zehentberechtigten Privaten von der Verkündigung des gegenwärtigen Gesetzes, für die Körperschaften vom Tage der ihnen amtlich eröffneten Ablösungsanmeldung der Pflichtigen oder, wenn sie selbst die Ablösung anmelden, vom Tage dieser Anmeldung an zu laufen. Zu der Anrufung von seiten der Körperschaften wird die Genehmigung der den Verwaltungen derselben vorgesetzten Aufsichtsbehörden erfordert.

Die Zehentablösungskasse wird in der Verwaltung von der in dem Gesetze vom 14. April 1848 vorgesehenen Gefällablösungskasse getrennt gehalten, es finden aber die in Art. 4, Abs. 2 und 3, Art. 5 und 6 dieses Gesetzes enthaltenen Bestimmungen auch auf die Zehentablösungskasse Anwendung[4]).

---

[3]) Genauere Bestimmungen über das hierbei zu beachtende Verfahren brachte ein Gesetz vom 27. 7. 1849; RegBl 1849, S. 313—315.
[4]) Durch Verfügung des Finanzministeriums vom 6. 11. 1849 wurde die Verwaltung der Zehntablösungskasse der gleichen Kommission übertragen, welche die Gefällablösungs-

Vierter Abschnitt: Von Rechten Dritter

1) Im allgemeinen

Art. 22. Die auf dem abzulösenden Zehenten haftenden Rechte Dritter gehen auf das Ablösungskapital über, sofern sie in den öffentlichen Büchern vorgemerkt sind oder nach der in Art. 44, Ziff. 2 folgenden Bestimmung gewahrt werden; andernfalls haben die Inhaber dieser Rechte sich lediglich an den Zehentberechtigten zu halten. Für die Wahrung des Fideikommiß- oder Lehenverbandes abgelöster Zehenten gilt die Vorschrift des Art. 15 des Gesetzes vom 14. April 1848.

Art. 23. Der Pächter eines zur Ablösung kommenden Zehenten hat, wenn der Pacht nicht früher endigt, im Falle des zweiten Absatzes des Art. 2 mit der Verkündigung des gegenwärtigen Gesetzes, in andern Fällen aber nach der Anmeldung der Ablösung vom Pachte abzutreten, es wäre denn, daß das Pachtjahr bereits zu laufen angefangen hätte, in welchem Falle der Pächter den Zehenten von diesem Jahre zu beziehen hat. Auf die bis dahin von dem Pächter zu entrichtenden Zehentpachtschillinge findet die Bestimmung des Art. 20 Anwendung. Einen Entschädigungsanspruch wegen des ihm durch die Zehentablösung aufgelegten vorzeitigen Pachtaustritts kann der Zehentpächter nur gegen den Zehentberechtigten und auch gegen diesen nur, wenn die Zehentablösung durch dessen Verlangen herbeigeführt worden ist (Art. 2), geltend machen. In keinem Falle aber kann der vorzeitige Pachtaustritt für die politische oder Realgemeinde oder für die Gesamtheit der Zehentpflichtigen einer Markung hinsichtlich des auf der eigenen Markung gepachteten Zehenten einen Entschädigungsanspruch begründen.

Art. 24. Der Pächter eines zehentpflichtigen Guts ist, wenn der Verpächter die Zehentpflicht ablöst, schuldig, demselben für die Pachtjahre, in welchen der Zehente oder dessen Surrogat von ihm nicht mehr erhoben wird, den vollen Betrag des jährlichen Zehenten oder dessen Surrogat zu entrichten, sofern nicht der Verpächter sich mit der fünfprozentigen Verzinsung des festgesetzten Ablösungskapitals begnügen sollte.

Art. 25. Der Lehensherr, welchem ein Fallehen nach der erfolgten Ablösung der Zehentpflicht desselben durch den nutzbaren Eigentümer heimfällt, ist verbunden, dem letzteren oder dessen Rechtsnachfolger das bezahlte Ablösungskapital oder den bezahlten Teil desselben, jedoch mit Ausschluß der bis dahin aus dem Ablösungskapitale verfallenen Zinse zu ersetzen.

Art. 26. Der Wertszuwachs, welchen ein Fallehen oder Zinsgut durch die Ablösung des Zehenten gewinnt, kann bei der Veranschlagung des Gutswerts für die Bemessung von Besitzveränderungsgebühren nicht in Berechnung genommen werden.

2) Besondere Bestimmungen hinsichtlich der Zehentlasten

Art. 27. Für privatrechtliche Verbindlichkeiten zu besonderen Leistungen, welche auf dem Zehentbezuge haften (Zehentlasten), ist bei der Ablösung des Zehenten eine Abfindung aus dem Ablösungskapitale zu schöpfen. Zu solchen Leistungen gehören namentlich:

---

kasse zu verwalten hatte, doch blieben die beiden Kassen selbst getrennt; RegBl 1849, S. 725–728.

1) Kompetenzen von Geistlichen, Lehrern und Meßnern;
2) Baulichkeiten von Pfarrkirchen, Kapellen, von Pfarr-, Schul- und Meßnerhäusern, auch für Friedhöfe;
3) sonstige Kirchen- und Schulrequisiten;
4) Faselviehhaltung.

Art. 28. Der Anspruch auf die Abfindung wird durch diejenigen, zu deren Gunsten die Leistungsverbindlichkeit besteht, und bei Leistungen für öffentliche oder unter öffentliche Aufsicht gestellte Zwecke durch die Kirchen-, Körperschafts- oder Staatsbehörden, zu deren Wirkungskreis zunächst die Wahrung des Zwecks gehört, vertreten.

Art. 29. Die Festsetzung der Abfindung bleibt zunächst dem gütlichen Übereinkommen der Beteiligten überlassen. Hat die Übereinkunft Zwecke einer Gemeinde, der Kirche oder Schule zum Gegenstand, so hängt die Gültigkeit derselben von der Genehmigung der betreffenden Aufsichtsbehörde nach den allgemeinen gesetzlichen Bestimmungen ab. In Ermanglung eines Übereinkommens treten die nachfolgenden Bestimmungen ein.

Art. 30. Die Abfindung besteht im Sechszehnfachen des zu Geld angeschlagenen Jahresbetrags der Leistung[5]).

Dem Geldanschlag werden die in dem Gesetz vom 14. April 1848, Art. 11 enthaltenen Bestimmungen zugrunde gelegt, mit Ausnahme des vorletzten Absatzes dieses Artikels.

Ist die Größe der jedesmaligen Leistung nicht festgestellt oder nach den aufzuwendenden Kosten veränderlich, so wird zu Bemessung derselben der Durchschnitt der Leistungen aus den jüngstvergangenen 18 Jahren, oder wenn in diesem Zeitraume weniger als drei Leistungsfälle vorkamen, der Durchschnitt der letzten drei Fälle gezogen. Bei dem Mangel der für diese Durchschnittsberechnung erforderlichen Notizen tritt Schätzung ein. Umfaßt die Wiederkehrsperiode der Leistung mehrere Jahre, so wird der Jahresbetrag derselben durch die Teilung der Größe der Leistung mit der Zahl der Jahre, in denen sie wiederkehrt, ausgemittelt, die Größe der Wiederkehrsperiode aber, wenn sie veränderlich ist, ebenfalls entweder nach dem Durchschnitte der drei letzten Wiederkehrsperioden oder, wenn urkundliche Notizen hiefür fehlen, durch Schätzung bestimmt.

Art. 31. Bei der Abfindung von Bauverbindlichkeiten wird zwischen der Unterhaltung eines Gebäudes und dem Neubau desselben unterschieden.

Art. 32. Die Abfindung für die Unterhaltsverbindlichkeit besteht im Sechszehenfachen des durch Schätzung bestimmten durchschnittlichen Jahresbetrags der Unterhaltungskosten. Ergibt die Schätzung, daß die Unterhaltungskosten des dermaligen Gebäudes mit denen des künftig an seine Stelle tretenden Neubaues nicht auf den gleichen Jahresbetrag sich zurückführen lassen, so wird dieser Jahresbetrag je für die Periode vor und nach dem Neubau besonders bestimmt und zugleich die Dauer der ersten Periode (bis zum nächsten

---

[5]) Die Ablösungskommission der Zweiten Kammer hatte mehrheitlich auf den 20fachen Ablösungsmaßstab angetragen mit der Begründung die auf den Zehnten haftenden Verbindlichkeiten hätten Vorrang auf Befriedigung, und nur ein Ertragsüberschuß stehe den Zehntinhabern zu. Die Kammer lehnte den Antrag nach lebhafter Diskussion mit 60 gegen 15 Stimmen ab (KdA 1848/49, S. 636 ff, 656 ff).

Neubau) bemessen. Der Jahresbetrag der laufenden Periode wird sofort mit sechszehen ins Kapital erhoben und,

1) wenn die Unterhaltungskosten der laufenden Periode kleiner sind als die der ferneren Perioden, obigem Kapitale noch der für den bevorstehenden Rest der laufenden Periode mit 3 Prozent Zins und Zinseszins diskontierte Wert des sechszehenfachen Minderbetrags hinzugefügt;

2) wenn die Unterhaltungskosten der laufenden Periode größer sind als die der ferneren Perioden, von obengenanntem Kapitale der auf die vorhin erwähnte Art diskontierte Wert des sechszehenfachen Mehrbetrags abgezogen.

Art. 33. Die Abfindung für die Verbindlichkeit zum Neubau besteht in dem sechszehenfachen Betrag einer Jahresrente, welche innerhalb der ordentlichen Periode von einem Neubau zum anderen mit Zinsen und Zinseszinsen zu drei Prozent zu der erforderlichen Neubausumme anwächst.

Ist indessen die Zwischenzeit von jetzt bis zum nächsten Neubau kürzer als die spätere (ordentliche) Neubauperiode, so ist die nach Absatz 1 ermittelte Rente, soweit sie der Vergangenheit angehört, vollständig nach ihrem jetzigen mit Zinsen und Zinseszinsen zu drei Prozent berechneten Werte zu entschädigen und dieser Entschädigung der im Absatze 1 bestimmte sechszehenfache Betrag der Rente hinzuzufügen[6]).

Sollte dagegen die Periode von jetzt an bis zum nächsten Neubau länger sein als die späteren Bauperioden, so besteht die Abfindung der Bauverbindlichkeit in einer Summe, die binnen derjenigen Zahl von Jahren, um welche die von jetzt an laufende Periode die folgenden übersteigt, mit Zinsen und Zinseszinsen zu drei Prozent zu dem der Bestimmung des ersten Absatzes des gegenwärtigen Artikels entsprechenden Abfindungsbetrag anwächst.

Die Bauperioden sowohl als die Kosten des Neubaus werden durch Schätzung bestimmt.

Art. 34. Hat die auf dem Zehentbezug ruhende Bauverbindlichkeit nur aushülfsweise, soweit die Mittel eines näher Verpflichteten nicht zureichen, einzutreten, so kommt es der Staatsverwaltungsbehörde zu, den Umfang der verwendbaren Mittel des zunächst Verpflichteten zu ermessen, und nur für das durch diese nicht gedeckte Erfordernis wird eine aus dem Zehentablösungskapital zu schöpfende Abfindung nach Maßgabe der voranstehenden Art. 31–33 berechnet.

In gleicher Weise ist der Wert der einem Dritten obliegenden Beihülfe zu dem Bauwesen von dem durch die Abfindung zu deckenden Kostenbetrag abzuziehen.

Gegen die Ermäßigung der Staatsverwaltungsbehörde ist sowohl dem zunächst Baupflichtigen und dem zur Bauhülfe Verbundenen als dem Zehentberechtigten die Berufung auf den Rechtsweg gestattet.

Vorstehende Bestimmungen finden auch auf andere auf dem Zehentbezuge nur aushülfsweise ruhende Leistungen[7]) Anwendung.

Art. 35. Der Schätzung der Baukosten wird die in der Gegend übliche Weise zu bauen samt dem örtlichen Preis der Materialien und der Arbeit zu-

---

[6]) Diese Rückberechnung des Abfindungskapitals galt den Berechtigten als besonders schwerer Nachteil.
[7]) Z. B. Deckung des Defizits bei Stiftungspflegen.

grunde gelegt, auch ist bei derselben der Einfluß der Bestimmung des Gebäudes auf die Unterhaltungskosten, auf das früher oder später eintretende Bedürfnis eines Neubaues und auf die Größe des letzteren sowie die Verschiedenheit der Neubauperioden, welche zwischen mehreren zusammen ein Ganzes bildenden Gebäuden stattfinden kann, gebührend zu beachten.

Art. 36[8]). Bei Streitigkeiten über die Verbindlichkeit zur Unterhaltung und Erbauung kirchlicher Gebäude soll an dem Grundsatze festgehalten werden, wonach im Zweifelsfalle für die kirchliche Natur des Zehenten zu vermuten ist, unbeschadet der durch besondere Verhältnisse gerechtfertigten Ausnahmen.

Die nähere Entwicklung dieses Grundsatzes bleibt einem demnächst zu erlassenden Gesetze vorbehalten.

Diese Bestimmung gilt auch dann, wenn die Pflichtigen des Staats- und Hofkammerguts, der unter öffentlicher Aufsicht stehenden Körperschaften und Kirchenpfründen die Ablösung der Zehenten nicht anmelden. Ebenso ist dieselbe in bereits anhängigen Rechtsstreitigkeiten anzuwenden.

Art. 37. Reicht das Zehentablösungskapital zu der gesetzlich vorgeschriebenen Abfindung der auf dem Zehenten lastenden Verbindlichkeiten nicht zu, so ist der Zehentberechtigte durch Abtretung des gesamten Ablösungskapitals dieser Verbindlichkeiten, soweit sie ihm nicht aus einem anderen Titel als dem Zehentablösungskapital stattfinden, berichtigt.

Inwiefern gegen den Zehentberechtigten neben dem Ablösungskapital ein weiterer Anspruch auf vollständige Erfüllung einer vor Verkündigung dieses Gesetzes entstandenen, auf dem zur Ablösung gekommenen Zehenten ruhenden Leistung geltend gemacht werden kann, ist nach allgemeinen Rechtsgrundsätzen zu entscheiden.

Über die Verteilung der Abfindung zwischen verschiedenen Berechtigten hat in einem solchen Falle, wenn eine gütliche Vereinigung derselben nicht zustande kommt, der Zivilrichter zu erkennen. Bis zur endgültigen Entscheidung des letzteren unterliegt die Ausbezahlung von Zinsen aus dem Abfindungskapital oder eine Bezahlung an dem letztern selbst (vergl. Art. 39) der richterlichen Verfügung.

Art. 38. Die in dem Zeitraume, während dessen der Zehenten auf Abrechnung der Ablösungsschuld entrichtet wird (Art. 20), verfallenden Leistungen hat noch der Zehentberechtigte oder eintretendenfalls an seiner Stelle die Zehentablösungskasse (Art. 21) auf Abrechnung an der Abfindungsschuld zu bestreiten.

Art. 39. Der Abfindungsberechtigte hat die vierprozentige Verzinsung des Abfindungskapitals vom 1. Januar des Jahrs an anzusprechen, in welchem der Zehente erstmals von dem Berechtigten nicht mehr oder nur auf Abrechnung

---

[8]) Dieser Artikel wurde von der Zweiten Kammer in den Entwurf eingefügt. Der Widerspruch von Regierung und Erster Kammer erreichte nur eine Abschwächung der ursprünglichen Formulierung. Die Regierung hat die angekündigte Gesetzesvorlage trotz wiederholter Aufforderungen aus der Kammer der Abgeordneten nicht eingebracht, da sich eine allgemein gültige Regel für die verschiedenartigen Rechtsverhältnisse in den einelnen Landesteilen nicht aufstellen lasse. Vgl. KdA 1851/52, Beil. Bd. I 1, S. 190 f, 310 f, 555 ff.

an seiner Forderung für Zehentablösung erhoben worden ist. Die Tilgung vom Kapital und Zins der Abfindung geschieht in Ermanglung anderen Übereinkommens der Beteiligten in einer der Zahl der Zeitrenten, in welcher die Zehentablösungsschuld getilgt wird (Art. 15), gleichen Zahl solcher Renten, welche dem Abfindungsberechtigten in einem verhältnismäßigen Anteil an jeder der für die Zehentablösung festgesetzten Zeitrenten angewiesen werden.

In Fällen jedoch, in welchen die Zehentablösungskasse zwischen den Zehentberechtigten und die Pflichtigen tritt, wird von dieser die Lastenabfindung durch Obligationen unter den gleichen Bestimmungen, wie sie bei dem Zehentablösungskapital stattfinden, berichtigt.

Art. 40. Die Abfindungssummen werden den Gemeinden, Stiftungen, übrigen Körperschaften und Berechtigten (vergl. Art. 28) zugewiesen, zu deren Gunsten die Leistungsverbindlichkeit besteht.

Die Abfindungssummen, durch welche Leistungen für öffentliche oder unter öffentliche Aufsicht gestellte Zwecke abgelöst werden, bleiben diesen Zwecken gewidmet, und es steht den Kirchen-, Körperschafts- oder Staatsbehörden die Aufsicht über deren Verwaltung zu.

Art. 41. Die vorstehenden Bestimmungen über die Abfindung der Lastenberechtigten finden nur auf die auf dem Zehenten allein ruhenden Lasten Anwendung.

Die Abfindung der zugleich auf anderem Eigentum, namentlich auf inkorporierten und inkammerierten Gerechtsamen ruhenden Leistungen bleibt einem andern Gesetz vorbehalten[9]).

Fünfter Abschnitt: Vom Verfahren

1) Bei der Ablösung der Zehenten berechtigter Privaten

Art. 42. Nach der Verkündigung des gegenwärtigen Gesetzes haben in allen Gemeinden, in welchen berechtigten Privaten der Bezug von Zehenten zusteht, die Gemeinderäte und Bürgerausschüsse die Frage, ob die gebotene Ablösung dieser Zehenten (Art. 2) von der Gemeinde übernommen werden soll, nach vorheriger Vernehmung der Zehentpflichtigen in Beratung zu ziehen und Beschluß über dieselbe zu fassen.

Kommt ein übereinstimmender Beschluß beider bürgerlicher Kollegien für die Übernahme der Ablösung auf die Gemeinde zustande, so hat der Gemeinderat weiter zu handeln, welchem zukommt, drei oder mehrere Geschäftsführer zu bestellen. Im andern Fall ist den Zehentpflichtigen wegen der nun von ihnen zu besorgenden Ablösung Eröffnung zu machen, und es sind die zu gemeinschaftlicher Ablösung Verpflichteten unter denselben (Art. 3, 4) zu veranlassen, für die Vollziehung der Ablösung durch eine von dem Ortsvorsteher zu leitende Wahl, bei welcher die Stimmenmehrheit nach Köpfen zu berechnen ist, drei bis neun Geschäftsführer zu bestellen.

Sollte die Wahl nicht zustande kommen, so ernennt der Gemeinderat diese Geschäftsführer.

---

[9]) Diese Bestimmung, die den größten Teil der Bau- und sonstigen Verbindlichkeiten betraf, ist ein Zusatz der Zweiten Kammer. Erst das Komplexlastengesetz von 1865 löste das Problem; vgl. Darstellung, S. 510.

Art. 43. Von dem Ergebnis der in Art. 42 angeordneten Verhandlung hat der Gemeinderat binnen acht Tagen unter näherer Bezeichnung der Zehenten und der Zehentberechtigten sowie der ihm bekannten auf dem Zehenten haftenden Rechte Dritter (Art. 22, 27) dem Oberamte Anzeige zu machen, welchem von Amts wegen zukommt, zur Festsetzung des Ablösungskapitals und der Abfindung von Zehentlasten Vorkehr zu treffen.

Die Stelle des Oberamts kann bei der Zehentablösung durch einen von der Ablösungskommission (Art. 55) aufgestellten Kommissär vertreten werden.

Art. 44. Vorgängig der weiteren Verhandlung hat das Oberamt

1) die Veranstaltung zu treffen, daß der Betrag des auf Abrechnung an der Ablösungsschuld zur Erhebung kommenden Zehenten (Art. 20) samt den Bezugskosten urkundlich aufgenommen werde;

2) die Inhaber von Rechten, welche auf den abzulösenden Zehenten ruhen (Art. 22, 27), soweit ihre Rechte nicht in den öffentlichen Urkunden vorgemerkt sind, durch öffentlichen Aufruf zur Anmeldung ihrer Ansprüche an das Ablösungskapital bei dem Oberamt binnen neunzig Tagen unter dem im Art. 22 ausgesprochenen Rechtsnachteil aufzufordern.

Art. 45. Wenn die Berechtigten und die Pflichtigen übereinstimmend die Absicht erklären, im Wege gütlicher Verhandlung oder schiedsrichterlicher Entscheidung ohne amtliche Mitwirkung ihre Auseinandersetzung zu versuchen, so hat das Oberamt hiezu eine den Umständen des einzelnen Falls angemessene Frist von wenigstens drei Monaten, welche jedoch in keinem Falle über neun Monate erstreckt werden kann, anzuberaumen, nach deren Ablauf, wenn ein gütliches Übereinkommen nicht zustande gekommen ist, die Verhandlung zur amtlichen Feststellung des Ablösungskapitals eintritt.

In gleicher Weise ist für die nach Art. 29 zunächst der Übereinkunft der Beteiligten zu überlassende Bestimmung der Lastenabfindung von dem Oberamte eine Frist anzuberaumen.

Art. 46. Zur Rechtsgültigkeit des gütlichen Übereinkommens über die Zehentablösung zwischen den Berechtigten und den Pflichtigen wird auf Seite der letzteren, wenn die Gemeinde die Ablösung übernommen hat, die Übereinstimmung des Gemeinderats und Bürgerausschusses, im andern Falle aber bei einer Ablösungsgemeinschaft die Zustimmung der letzteren durch einen nach Art. 6 gefaßten Gesamtheitsbeschluß erfordert.

Dagegen ist die Gültigkeit der Übereinkunft durch die Zustimmung von Fideikommiß- oder Lehensagnaten oder des Lehensherrn nicht bedingt.

Reicht das durch solche Übereinkunft festgestellte Ablösungskapital zur Abfindung der auf dem Zehenten haftenden, aus den öffentlichen Büchern bekannten oder rechtzeitig angemeldeten Rechte Dritter (Art. 44) nicht zu und sind nicht andere bereite Mittel zur Ergänzung des Mangels gegeben, so können die einer Verkürzung ausgesetzten Inhaber solcher Rechte binnen 30 Tagen von der ihnen deshalb durch das Oberamt gemachten urkundlichen Eröffnung an bei dem letzteren auf amtliche Festsetzung des Ablösungskapitals antragen. Wird innerhalb dieser Frist kein Antrag gestellt, so ist das Ablösungskapital auch gegenüber von dritten Berechtigten als gültig festgestellt zu betrachten.

Art. 47. Zum Behuf der amtlichen Festsetzung des Ablösungskapitals und der Lastenabfindung ist der Zehentberechtigte schuldig, dem Oberamte binnen neunzig Tagen von der hiezu erhaltenen Aufforderung an

1) eine kurze Darstellung des abzulösenden Zehentrechts,

2) die in seinem Besitze befindlichen Notizen für die nach Art. 8 vorzunehmende Berechnung des Rohertrags und für den nach Art. 9 zu ermittelnden Reinertrag des Zehenten unter Belegung mit den erforderlichen Nachweisen,

3) im Falle der Vollständigkeit der zu Ziffer 2 erwähnten Notizen eine auf dieselbe gegründete Berechnung des Ablösungskapitals,

4) eine mit Urkunden belegte Darstellung der auf dem Zehenten haftenden Lasten und, sofern es sich nicht von Baulasten handelt, eine Berechnung der Abfindung nach Vorschrift des Art. 30 zu liefern.

Einer Erstreckung der vorgemerkten Frist kann nur aus erheblichen Gründen und höchstens auf 60 Tage durch ein keinem Rekurse unterliegendes oberamtliches Erkenntnis stattgegeben werden.

Das Oberamt hat die Darstellung sowie die Notizen und Urkunden zu prüfen und etwaige Mängel durch den Zehentberechtigten innerhalb einer weiteren kurzen Frist ergänzen zu lassen.

Im Falle des Ungehorsams in der Übergabe dieser Grundlagen für das Ablösungsverfahren oder in der Ergänzung derselben tritt auf die Dauer des Ungehorsams die Zinsberechnung aus dem Ablösungskapital (Art. 14, 20) zum Nachteile des Berechtigten außer Wirkung.

In beiden Fällen hat das Oberamt die zu Einleitung des Ablösungsverfahrens erforderlichen Anordnungen von Amts wegen zu treffen.

Art. 48. Das Oberamt ist befugt und verpflichtet, den Zehentberechtigten und den Pflichtigen behufs der Vornahme eines Vergleichsversuchs (vergl. Art. 54) zu Vorlegung aller derjenigen Urkunden anzuhalten, die über das abzulösende Zehentrecht und die auf demselben ruhenden Lasten Aufschluß geben können. Sollte der Vergleich mißlingen und werden die Beteiligten an das Gericht gewiesen, so steht diesen die gleiche Befugnis zu. Sollte sich der Streit auf die Urkundenedition beschränken, so hat das Gericht hierüber summarisch zu verhandeln und sofort zu entscheiden. Gegen diese Entscheidung findet nur eine Berufung innerhalb einer Frist von dreißig Tagen statt.

Art. 49. Den Zehentpflichtigen sowie den Vertretern von Abfindungsansprüchen für Zehentlasten (Art. 28) hat das Oberamt zur Vernehmlassung über die Erklärung des Berechtigten (Art. 47) eine angemessene Frist, welche aus erheblichen Gründen erstreckt werden kann, anzuberaumen und die Einsicht der von den Berechtigten vorgelegten Urkunden innerhalb dieser Frist zu gestatten. Bei versäumter Frist wird, ohne daß der Partei ein Recht auf eine nochmalige Fristanberaumung zukommt, nach Maßgabe der vorliegenden Akten und Dokumente weiter verfahren. Anstände, welche sich durch die Vernehmlassung ergeben und auf die Schätzung Einfluß haben, sind womöglich vor der Einleitung des Schätzungsverfahrens zu erledigen.

Art. 50. Die Schätzungen, welche nötig werden (Art. 8, 9, 10, 30–35), sind durch sachverständige, rechtliche, bei der Sache selbst nicht beteiligte Männer vorzunehmen. Die Zahl derselben muß bei jeder Schätzung eine ungerade sein.

Ihre Ernennung steht den Parteien gemeinschaftlich zu, wenn sie sich über den einen oder die mehreren zu beauftragenden Sachverständigen vereinigen. Kommt diese Vereinigung binnen einer von dem Oberamt anzusetzenden Frist nicht zustande, so hat jede Partei innerhalb einer weiteren kurzen Frist je einen Sachverständigen zu ernennen, und dem Oberamte kommt die Ernennung des dritten zu, falls sich die beiden Sachverständigen über diesen nicht vereinigen können.

Art. 51. Das Gutachten der Schätzer wird den Parteien durch das Oberamt eröffnet.

Auf Vervollständigung der Schätzung oder auf eine zweite Schätzung kann die Partei nur binnen 30 Tagen von der vorgedachten Eröffnung an bei dem Oberamte den Antrag stellen.

Über den Antrag auf Vervollständigung erkennt das Oberamt, welches dieselbe wie die höhere Stelle auch von Amts wegen anordnen kann.

Wird von den Parteien der Ausspruch der Schätzungskommission wegen formeller oder materieller Mängel, welche denselben unglaubwürdig machen, angefochten und eine zweite Schätzung beantragt, so erkennt hierüber die Ablösungskommission, welche, im Falle sie die Beschwerde für begründet erkennt, ein neues Schätzungsverfahren anordnet, für welches die nämlichen Vorschriften wie für das erste Schätzungsverfahren gelten.

Der Antrag auf eine dritte Schätzung ist unzulässig.

Bloße Unzufriedenheit mit dem Resultate kann das Recht auf eine neue Schätzung nicht begründen.

Art. 52. Die Schätzer sind, sofern es von den Parteien oder von einer derselben verlangt wird, auf die gewissenhafte Vornahme ihres Geschäfts feierlich zu beeidigen.

Von dem Oberamte sind ihnen die zu begutachtenden Fragen und die auf ihre Aufgabe sich beziehenden Akten und Urkunden mitzuteilen; auch sind sie in Stand zu setzen, die für nötig erachteten örtlichen Besichtigungen vorzunehmen und von den Parteien weitere Aufklärungen einzuziehen.

Bei Ertrags- und Aufwandsschätzungen sind ihnen die vorhandenen Notizen über die wirklich eingetretenen Ergebnisse zur Beachtung mitzuteilen. Ihre Beschlüsse fassen sie durch Stimmenmehrheit.

Wenn bei der Schätzung eine die Hälfte der Stimmenzahl übersteigende Mehrheit für eine und dieselbe Summe sich nicht ergibt, so gilt diejenige Summe als Schätzung der Mehrheit, in welcher, von der höchsten Schätzung stufenweise auf die niedrigern zurückgeschritten, zuerst die Mehrheit der Schätzer zusammentrifft.

Art. 53. Bei den zur Bestimmung der Abfindungssummen für Baulasten, die auf den Zehenten haften, vorzunehmenden Schätzungen (Art. 31–35) tritt eine Ausnahme von den Bestimmungen der Art. 50 und 51 dahin ein, daß ein für diesen Zweck von dem Ministerium des Innern zu bestellendes Kollegium von mindestens drei höheren Bauverständigen für jede Schätzung einen außer seiner Mitte gewählten Sachverständigen zu bestimmen hat, dem zwei weitere Sachverständige durch die Parteien auf die in Art. 50 bestimmte Weise beizugeben sind, und daß, wenn der gegen die Schätzung dieser Sachverständigen von einer Partei rechtzeitig erhobenen Einsprache stattgegeben wird (Art. 51), das Kollegium selbst eine Revision der Schätzung auf den Grund der Vernehmung beider Parteien und, wenn es nötig ist, weiterer von ihm angeordneter Augenscheinseinnahme vorzunehmen hat.

Art. 54. Nach geschlossener Verhandlung hat das Oberamt einen Sühneversuch zwischen den Parteien zu veranstalten und, soweit dieser mißlingt, die Entscheidung der streitig gebliebenen Punkte einzuleiten.

Art. 55. Die Entscheidung der über die Auslegung und Anwendung der Bestimmungen des gegenwärtigen Gesetzes entstehenden Streitigkeiten kommt vorbehältlich der in den Art. 51 und 64 bezeichneten Ausnahmen in erster Instanz der in Art. 16 und 17 des Gesetzes vom 14. April 1848 vorgesehenen Ablösungskommission zu.

Auf den Rekurs gegen die Entscheidungen der Ablösungskommission in den hievor bemerkten Streitigkeiten findet die Bestimmung des Art. 17 des Gesetzes vom 14. April 1848 Anwendung.

Art. 56. Nach endgültiger Feststellung des Ablösungskapitals und der Abfindung für die Zehentlasten wird, wenn zugleich die in Art. 22 und 44, Ziff. 2 bezeichnete Frist abgelaufen ist, über diese Festsetzung durch oberamtliche Fürsorge eine von den Beteiligten zu unterzeichnende Urkunde ausgefertigt und der zuständigen Gerichtsbehörde behufs der Vormerkung in den öffentlichen Büchern Anzeige gemacht. Die diesfallsige Handlung des Gerichts geschieht kostenfrei, und die Zehentablösung und Lastenabfindung unterliegt keiner Art von Abgaben.

Art. 57. Die aus den öffentlichen Büchern bekannten oder rechtzeitig angemeldeten Rechtsansprüche Dritter auf den Zehenten (Art. 22 und 44, Ziff. 2), welche sich nicht auf die nach den Bestimmungen des gegenwärtigen Gesetzes zu behandelnden Zehentlasten beziehen, werden von dem Oberamte der zuständigen Gerichtsbehörde zu der ihr zukommenden gesetzmäßigen Verfügung (vergl. Art. 22) mitgeteilt.

2) Bei der Ablösung der Zehentrechte des Staatskammerguts, der Hofdomänenkammer und der Körperschaften

Art. 58. Auf das schriftliche oder mündlich zu Protokoll erklärte Ansuchen von mindestens einem Zehentteil der Grundbesitzer, welche dem Staatskammergute, der Hofdomänenkammer oder einer unter öffentlicher Aufsicht stehenden inländischen Körperschaft oder Kirchenpfründe zu einem in Gemeinschaft abzulösenden Zehenten (Art. 3, 4) verpflichtet sind, hat der Ortsvorsteher diese Grundbesitzer zur Beratung und Fassung eines Gesamtheitsbeschlusses (Art. 6) über das Verlangen der Zehentablösung zu versammeln. Fällt der Beschluß bejahend aus, so ist über die Frage, ob die Ablösung von der Gemeinde übernommen oder von den Pflichtigen besorgt werden soll, nach Vorschrift des Art. 42 weiterzuverhandeln.

Ein zur Einzelablösung berechtigter Pflichtiger (Art. 3 und 4) hat seinen Entschluß, von diesem Rechte Gebrauch zu machen, dem Ortsvorsteher schriftlich oder mündlich zu Protokoll anzumelden.

Das angemeldete Ablösungsverlangen ist von dem Ortsvorsteher unter Beobachtung der Vorschriften des Art. 43 dem Oberamte anzuzeigen.

Art. 59. Will einer der in Art. 58 bezeichneten Zehentberechtigten von dem ihm zustehenden Anspruch auf Ablösung (Art. 2) Gebrauch machen, so hat er dieses dem Oberamte schriftlich unter näherer Bezeichnung des Zehenten und der auf demselben haftenden Lasten zu erklären, auch im Falle des Art. 5 die Voraussetzung seiner Befugnis, die Ablösung ohne die Zustimmung der Mitberechtigten zu verlangen, nachzuweisen. Von dem Ablösungsverlangen des Berechtigten setzt das Oberamt, eintretendenfalls nach vorgängiger Beseitigung der gegen dessen Gültigkeit vorliegenden Anstände, die Pflichtigen durch den Ortsvorsteher in Kenntnis, welcher letztere sofort wegen Übernahme der Ablösung auf die Gemeinde oder ihrer Besorgung durch die Pflichtigen die in Art. 42 vorgesehenen Verhandlungen zu veranlassen hat.

Art. 60. Für die Aufnahme des nach geschehener Ablösungsanmeldung auf Abrechnung an der Ablösungsschuld zur Erhebung kommenden Zehenten (Art. 20) hat das Oberamt nach Art. 44, Ziff. 1 zu sorgen.

Art. 61. Das einmal in vorstehender Weise (Art. 58 und 59) bei dem Oberamt angemeldete Ablösungsverlangen kann nicht mehr zurückgenommen werden.

Art. 62. Mit vorstehenden Abweichungen (Art. 58 bis 61) kommen bei der Ablösung des Zehenten der in Art. 58 benannten Berechtigten die Bestimmungen der Art. 44 bis 57 des gegenwärtigen Gesetzes zur Anwendung.

3) Schlußbestimmungen

Art. 63. Nach endgültig festgesetztem Ablösungskapital wird der nach den Bestimmungen des zweiten Abschnitts des gegenwärtigen Gesetzes zu berechnende Reinertrag der von dem Berechtigten auf Abrechnung an der Ablösungsschuld bezogenen Zehenten (Art. 20, 44 und 60) zunächst mit der nach Art. 14 verfallenen Zinsschuld aus dem Ablösungskapitale verglichen und ein sich hiebei ergebender Überschuß des Zehentertrags von dem Kapitale selbst abgezogen.

Eine ähnliche Vergleichung wird zwischen den von dem Berechtigten kraft der Bestimmung des Art. 38 auf Abrechnung an der Lastenabfindungsschuld bestrittenen Leistungen und dem nach Art. 39 zu berechnenden Betrag des bis dahin aus dem Abfindungskapital verfallenen Zinses angestellt und ein Überschuß der Leistungen über die Zinsschuld von dem Abfindungskapital abgezogen.

In beiden vorstehenden Fällen werden die entrichteten Naturalien nach den zur Zeit der Entrichtung bestandenen örtlichen Mittelpreisen, das Getreide nach den zwischen Martini und Lichtmeß des betreffenden Jahrs sich ergebenden Mittelpreisen der für den betreffenden Ort maßgebenden Fruchtschranne angeschlagen.

Art. 64. Die Verteilung der Ablösungsschuld beziehungsweise der Lastenabfindung auf die zehentbaren Grundstücke nach den Bestimmungen der Art. 16 und 39 steht der Gemeindebehörde zu, welche den jedem Grundstücke zugewiesenen Anteil dem Besitzer desselben sowie dem Berechtigten zu eröffnen, auch diese Anteile in den öffentlichen Büchern vorzumerken hat.

Eine Beschwerde gegen die Verteilung kann innerhalb dreißig Tagen von der Eröffnung an bei dem Oberamte vorgebracht werden, von dessen Entscheidung innerhalb gleicher Frist ein weiterer und letzter Rekurs an die Ablösungskommission stattfindet.

Art. 65. Die Kosten des wegen der Zehentablösung eintretenden Verfahrens hat jede Partei, soweit sie für sie besonders erwachsen sind, auf sich zu leiden. Die Kosten der zur Ausmittlung des Zehentablösungskapitals vorgenommenen erstmaligen Schätzung haben die Berechtigten und Pflichtigen nach vorausgegangener Ermäßigung derselben durch die Ablösungskommission zu gleichen Teilen zu tragen.

Die Kosten der Verteilung des Zehentablösungs- und beziehungsweise Lastenabfindungskapitals auf die zehentbaren Grundstücke (Art. 16 und 39) liegen den Zehentpflichtigen zu bestreiten ob.

Die Kosten der für die Lastenabfindung erforderlichen Schätzungen sind im ersten Schätzungsfall von den Zehentberechtigten und dem Inhaber des Abfindungsanspruchs gemeinschaftlich zu gleichen Teilen zu tragen.

Wird wegen der Ausmittlung des Zehentablösungs- oder des Lastenabfindungskapitals auf eine zweite Schätzung erkannt, so richtet sich die Zuscheidung der Kosten derselben nach zivilprozessualischen Grundsätzen, jedoch werden bei der Revision einer Baulastenschätzung durch das in Art. 53 vorgesehene Kollegium die Kosten der technischen Versendung zu einer von diesem Kollegium angeordneten Augenscheinseinnahme in dem Falle auf die Staatskasse übernommen, wenn die Berufung auf diese Revision als begründet erkannt wird.

4) Verfahren bei streitigem Recht auf den Zehentbezug oder auf die Zehentlast

Art. 66. Waltet über das Bestehen einer angesprochenen Zehentberechtigung Streit ob, so können sich zwar die Parteien über den Antrag auf die Verhandlung der Ablösung vereinigen, die Anordnung der Ablösungsverhandlung selbst hängt aber von dem Erkenntnis der Ablösungskommission ab.

Betrifft der Rechtsstreit den Umfang der Berechtigung oder die Person des Berechtigten, so wird vorbehältlich der Erledigung des Streites im Zivilrechtswege dem Ablösungsverfahren der gerichtlich anerkannte Besitzstand zugrunde gelegt. Hiebei hat jedoch, wenn und solange die Person des Berechtigten streitig ist, die Ablösungsbehörde der nicht im Besitze des Zehentbezugs befindlichen Partei Gelegenheit zu geben, ihr eventuelles Interesse bei der Ablösungsverhandlung wahrzunehmen, sowie in diesem Falle von dem Gerichte die künftige Abrechnung der Pflichtigen über den von ihnen während der Ablösungsverhandlung fortzuentrichtenden Zehenten (Art. 14, 20 und 63) durch die geeignete Verfügung sicherzustellen und nach endgültig festgesetztem Ablösungskapital darüber, ob und an wen Zinse aus demselben und Abbezahlungen am Kapital entrichtet werden können und sollen, Weisung zu erteilen ist.

Art. 67. Ist das Dasein oder der Umfang einer auf dem abzulösenden Zehenten haftenden privatrechtlichen Leistungsverbindlichkeit bestritten, so wird mit der zu bemessenden Abfindung für die bestrittene Last oder den bestrittenen Teil derselben nach richterlicher Anweisung verfahren.

Art. 68. Alle über das Zehentrecht und die Zehentlasten sowie über Grundlasten überhaupt und die damit verbundenen Rechte Dritter entstehenden Streitigkeiten sind von den Bezirksgerichten in erster Instanz zu verhandeln und zu entscheiden [10]).

Unsere Ministerien des Innern und der Finanzen sind mit der Vollziehung dieses Gesetzes beauftragt.

Nr. 171   1849 August 24, Stuttgart

Gesetz betreffend die Beseitigung der Überreste älterer Abgaben

RegBl 1849, S. 480–485.
Textausgaben und Kommentare: *Schwarz*, Neueste Ablösungsgesetze, S. 70–157; *Baumann*, Handausgabe, Zweite Abteilung, S. 12–17 und Anhang, S. 30–102.

Vgl. Darstellung, S. 500 f. Bei dem Entwurf des Gesetzes vom 14. 4. 1848 (Nr. 168) war die Regierung von der Annahme ausgegangen, daß die persönlichen Abgaben auf Grund der Gesetze von 1817 und 1836 vollständig abgelöst seien und nun nur noch die Beseitigung der bäuerlichen Reallasten anstehe. Doch wies die Feudalkommission der Zweiten Kammer schon am 24. 3. 1848 darauf hin, daß dies besonders in den Standesherrschaften Öttingen-Wallerstein und Öttingen-Spielberg, aber auch bei einzelnen Gemeinden und Abgaben nicht zutraf. Die Kammer der Abgeordneten richtete daher am 28. 3. 1848 den Antrag an die Regierung, „sie möchte im Wege der Gesetzgebung auf dem nächsten Landtage dafür sorgen, daß die Reste etwa noch bestehender leibeigenschaftlicher und Bedenabgaben sowie der persönlichen Fronen aufgehoben werden, und dabei diejenigen Pflichtigen, welche wegen des Widerstandes ihrer Berechtigten bisher nicht ablösen konnten, in der Weise angemessen berücksichtigen, daß auf sie der Maßstab des gegenwärtigen Gesetzes angewendet wird" (KdA 1848, S. 248). Die neugewählte Abgeordnetenkammer verschärfte nach Diskussion am 7. und 10. 11. 1848 den Antrag dahin, alle noch bestehenden persönlichen und dinglichen Feudallasten öffentlichen Ursprungs entschädigungslos zu beseitigen (KdA 1848/49, S. 354, 360 ff, 388, 397 ff). Aus den schon vorher eingeleiteten Erhebungen der Regierung ergab sich, daß 1. die Gutsherrschaften noch Bürgeraufnahmegebühren, Bürgersteuern und ähnliche Abgaben in größerem Umfange bezogen, 2. viele persönliche und dingliche Fronen und Abgaben, die sich auf das Jagdwesen bezogen, von den Pflichtigen nicht abgelöst worden waren, 3. einzelne persönliche Leistungen, die eigentlich unter die Gesetze von 1836 gefallen wären, noch fortdauerten, 4. einige dingliche Abgaben steuerartiger oder vogteilicher Natur vorkamen, die das Bedengesetz von 1836 nicht erfaßt hatte und die auch nur mit Schwierigkeit unter das Gesetz vom 14. 4. 1848 subsumiert werden konnten (KdA 1848/49, Beil. Bd. I, S. 640 f;

---

[10]) Dieser Artikel, eine Ergänzung der Zweiten Kammer, sollte Verteuerungen der Prozesse und Verzögerungen des Ablösungsverfahrens vermeiden, wie sie infolge des privilegierten Gerichtsstandes vieler Berechtigter und Pflichtiger, vor allem auch des mediatisierten Adels, dadurch unvermeidlich gewesen wären, daß Prozesse nur vor höheren Gerichten schriftlich durchgeführt werden konnten. Die befreiten Gerichtsstände wurden erst durch Gesetz vom 17. 8. 1849 ab dem 1. 9. 1849 aufgehoben; RegBl 1849, S. 463–465.

Akten: E 33/34, G 386; E 146, Bü 84–85; E 221, 40, 3). Ziel des Gesetzentwurfs, der am 8. 5. 1849 in der Zweiten Kammer eingebracht wurde, war es, die bestehende Gesetzeslücke zu schließen ud die Landesgesetzgebung mit der inzwischen ergangenen Reichsgesetzgebung (Grundrechte § 35–37) in Einklang zu bringen.

Gesetzentwurf: KdA 1848/49, Beil.Bd. I, S. 641–643; Motive zu dem Gesetzentwurf: Ebd., S. 643–647; Begleitungsvortrag von Innenminister Duvernoy: Ebd., S. 640 f.

Die Kammer der Abgeordneten beriet den Entwurf am 13.–15. 6. 1848 (KdA 1848/49, S. 4225–4280) und billigte ihn mit einer Reihe von Abänderungsvorschlägen am 9. 7. (ebd., S. 4561). Doch bedurfte es noch eines längeren Schriftwechsels mit der Regierung, da diese den Forderungen der Kammer nicht in vollem Umfange zustimmen wollte, bis die Kammer nach mehrfachen Kommissionsberichten und Beratungen teilweise nachgab. Die Meinungsdifferenz entstand vor allem dadurch, daß die Stände alle Abgaben öffentlich-rechtlichen Ursprungs unentgeltlich aufheben wollten, die Regierung aber für alle Abgaben und Leistungen, die auf bestimmte Grundstücke radiziert waren, die Ablösung verlangte, soweit sie nicht die Natur wahrer Steuern an sich trugen.

Wilhelm, König von Württemberg

Zu Vervollständigung der bisherigen Gesetze über Beseitigung älterer Abgaben und in Gemäßheit der §§ 35, 36 und 37 der Grundrechte des deutschen Volks[1]) verordnen und verfügen Wir nach Vernehmung Unseres Geheimen Rates und unter Zustimmung Unserer getreuen Stände wie folgt:

Art. 1. Die noch vorhandenen in dem Bedengesetze vom 27. Oktober 1836, Art. 1, 2 und 3 genannten oder derselben Gattung angehörigen (vgl. Art. 8 jenes Gesetzes) alten steuerartigen Abgaben persönlicher oder dinglicher Natur sind unentgeltlich aufgehoben.

Art. 2. Eine weitere Anforderung früherer leibeigenschaftlicher Leistungen oder einer Entschädigung für dieselben ist unter keinem Vorwande, auch nicht unter dem Titel der früheren Erbuntertänigkeit oder Landeshörigkeit oder unter dem Titel der Realleibeigenschaft gestattet.

Hieher sind namentlich die auf Absterben eines Gefällpflichtigen aus dessen beweglichem oder dem Gesamtnachlasse erhobenen Abgaben zu rechnen, wogegen die Frage, ob die in Prozenten des Gutswerts bestehenden Sterbfallsabgaben unter einen der im ersten Absatze dieses Artikels genannten Titel fallen, im Streitfalle der richterlichen Entscheidung unterstellt bleibt[2]).

Der in Art. 30 des Gesetzes vom 29. Oktober 1836 auf die Versäumung der Frist für die Anmeldung leibeigenschaftlicher Leistungen gesetzte Rechtsnachteil ist aufgehoben und demnach den Pflichtigen gestattet, die leibeigenschaft-

---

[1]) § 167–169 der Frankfurter Reichsverfassung.
[2]) Die Kammer der Abgeordneten hatte ursprünglich Hauptrecht oder Sterbfall als früher leibeigenschaftliche Abgabe entschädigungslos aufheben wollen (KdA 1848/49, S. 4233), stimmte dann aber einem Regierungsvorschlag mit der Erweiterung zu, daß die Abgaben aus dem beweglichen oder dem Gesamtnachlaß des Pflichtigen unentgeltlich aufgehoben würden (ebd., S. 5118 f), während bei Sterbfallsabgaben, die vom Gutswert erhoben wurden, notfalls die richterliche Entscheidung vorbehalten blieb.

liche Natur solcher Leistungen, sei es durch eine Klage oder eine Einrede, zu behaupten.

Art. 3. Ohne Entschädigung sind weiter aufgehoben:

1) der den Grundherrn bisher zugestandene Bezug von Bürger- und Beisitzerannahmegebühren, von Bürger- und Beisitzsteuern, von Rekognitionsgebühren, Wohnsteuern, Hausgenossen-, Herberg-, Stüblesgeldern, von Schutz- und Schirmgeldern und allen sonstigen für das Wohnen an einem gewissen Ort entrichteten Gebühren;

2) alle sonstigen aus dem guts- und schutzherrlichen oder einem Untertanenverbande fließenden persönlichen Abgaben, mögen dieselben unmittelbar von einzelnen oder von Gemeinden gefordert werden, namentlich

a) sämtliche in dem Art. 4 und im Art. 5, Ziff. 1 des Gesetzes vom 27. Oktober 1836 teils als ablösbar, teils als gegen Entschädigung aufgehoben bezeichneten Abgaben, desgleichen die in Art. 5, Ziff. 2 ebendieses Gesetzes genannten Abgaben von Gebäuden, sofern auf sie nicht die Bestimmung des Art. 6, Abs. 2 des gegenwärtigen Gesetzes Anwendung findet;

b) die aus älterer Zeit stammenden Gebühren von Pottaschensieden, ebenso die Abgaben, welche wie Rüden-, Hunde- und Pferchgelder oder Pferchkäse auf die Ausübung der Schäferei sich beziehen;

c) Marktstandgelder und Begräbnisgelder,

soweit in den bei b und c genannten Fällen die Abgabe nicht den Charakter einer Entschädigung an sich trägt (Art. 6);

3) die auf ganzen Markungen ruhenden vogteilichen oder schutzherrlichen Abgaben, sofern sie nicht schon aufgehoben, abgelöst oder in einen privatrechtlichen Anspruch verwandelt sind;

4) die nicht für Staats-, Kirchen- oder Gemeindezwecke (Gesetz vom 28. Oktober 1836 betreffend die Ablösung der Fronen, Art. 1) zu leistenden persönlichen Fronen und Fronsurrogate, desgleichen die noch nicht abgelösten dinglichen Fronen und Frongelder, sofern solche nicht erweislich aus dem Lehen- oder Grundherrlichkeitsverbande hervorgehen. Leistungen und Abgaben der letzteren Art sind im sechzehnfachen Maßstabe abzulösen; der Wert derselben ist nach dem Gesetze vom 14. April 1848 festzusetzen.

Art. 4. Wo der grundherrliche Bezug von Bürger- und Beisitzerannahmegebühren, von Bürger- und Beisitzsteuern und von Rekognitionsgebühren (Art. 3, Ziff. 1) in einer Quote der von der Gemeinde erhobenen Gebühren dieser Art bestund, wächst diese Quote der Gemeinde zu, vorbehältlich einer etwaigen neuen Regulierung dieser Abgabe.

Art. 5. Alle Jagddienste, Jagdfronen und andere Leistungen für Jagdzwecke, mögen sie dinglicher oder persönlicher Natur sein, namentlich auch die den Gemeinden oder einzelnen Personen obliegende oder auf einzelnen Gütern oder Gemeindediensten haftende Pflicht zur Haltung von Jagdhunden und die Surrogate hiefür sind unentgeltlich aufgehoben.

Art. 6. Durch die in den Art. 1, 2 und 3 ausgesprochene Aufhebung von Abgaben und Leistungen werden diejenigen wechselseitigen Verbindlichkeiten nicht abgeändert, welche auf Erfüllung eines gemeinschaftlichen öffentlichen Zwecks, z. B. die Unterhaltung einer Straße, eines Dammes, einer Brücke, eines kirchlichen Gebäudes und dergleichen gerichtet sind.

Desgleichen bleiben vorbehalten solche Abgaben, welche als Gegenleistung für eingeräumte Nutzungen oder Entschädigung für entgehende Gerechtsame, z. B. für entgehenden Zehenten, Bodenwein und dergleichen erscheinen, in welchen Fällen die Ablösung in Gemäßheit des Gesetzes vom 14. April 1848 geschieht.

Art. 7. Die Aufhebung der in den Art. 1–3 und 5 bezeichneten Abgaben, soweit solche bis daher rechtmäßig noch bestanden, ist mit dem 17. Januar 1849 als dem Tage, an welchem das Reichsgesetz über die Grundrechte des deutschen Volks in Wirksamkeit trat, oder, sofern die Abgaben auf bestimmte Termine verfielen, mit dem letzten vor dem genannten Tag eingetretenen Verfalltermin als erfolgt zu betrachten.

Von dem gleichen Zeitpunkte an hören auch die auf die aufgehobenen Abgaben und Leistungen sich beziehenden Gegenleistungen und Lasten der Berechtigten auf.

Art. 8. Gegen Entrichtung des zehenfachen Betrages des jährlichen Reinertrags sind aufgehoben:

1) die aus der Schutzherrlichkeit (Vogtei) entstandenen Abgaben, soweit sie auf einzelnen Grundstücken haften;

2) die auf einzelnen Realitäten wie Feuerwerkstätten, Ziegelhütten, Apotheken, Bleichen und dergleichen gelegten Gewerbezinse;

3) die von Wasserwerken jeder Art erhobenen Konzessionsgebühren, soweit sie nicht von dem Staate für die Benützung des Wassers erhoben werden oder eine Gegenleistung für die Benützung von Realitäten oder Wasserbaueinrichtungen bilden;

4) die auf dinglichen Gewerbsberechtigungen wegen eines Bannrechts oder einer Ausschließungsbefugnis ruhenden Verbindlichkeiten gegen andere als die Bannpflichtigen oder die der Ausschließungsbefugnis Unterworfenen. Ruhen jedoch derlei Verbindlichkeiten unausgeschieden auf dem Bann- oder Ausschließungsrecht und auf andern Gerechtsamen, so sind die Anteile der letzteren Gerechtsame an der Gesamtleistung nach billigem Ermessen auszuscheiden, und es erfolgt sofort die Aufhebung dieser Anteile gegen die Entrichtung des Zehen- oder Zwölffachen ihres jährlichen Reinertrags, wenn die Gerechtsame selbst gegen einen dieser Beträge der Ablösung oder Aufhebung unterliegt; oder aber, wenn die Ablösung oder Aufhebung der Gerechtsame nur gegen eine höhere Entschädigung oder gar nicht stattfindet, gegen Entrichtung des sechszehenfachen jährlichen Reinertrages.

Die Aufhebung dieser Abgaben erfolgt mit dem der Erscheinung dieses Gesetzes zunächst vorangegangenen Verfalltermine, und wo kein Verfalltermin stattfindet, mit dem Tage der Erscheinung des Gesetzes, ohne Unterschied der Berechtigten. Die Ausmittlung und Bezahlung der Ablösungssumme geschieht nach den Bestimmungen des Gesetzes vom 14. April 1848 und der Zusatzgesetze vom 13. Juni dieses Jahrs und [vom] heutigen Tage[3]).

Art. 9. Auf die vormaligen Grundholden der fürstlichen Familien Oettingen-Wallerstein und Oettingen-Spielberg, welche von der Anwendung der Gesetze vom 27. und 28. Oktober 1836 bis zur neueren Zeit ausgeschlossen waren,

---

[3]) Vgl. Nr. 168, Anm. 2 und Nr. 169.

finden bezüglich der in diesen Gesetzen als ablösbar bezeichneten Abgaben und Leistungen die in dem gegenwärtigen Gesetze und im Gesetze vom 14. April 1848 enthaltenen Bestimmungen gleichfalls Anwendung.

Es wird ihnen zur Ablösung der im Lehen- und Grundherrlichkeitsverbande ruhenden Fronen und zu der eintretendenfalls für die Aufhebung der auf Gebäude gelegten Abgaben nach Art. 3, Ziff. 2 a und Art. 6 des gegenwärtigen Gesetzes zu leistenden Entschädigung der vierte Teil des im sechszehenfachen Betrage bestehenden Entschädigungskapitals vom Staat in Zeitrenten mit fünfjähriger Tilgungszeit beigetragen.

Ferner werden diesen Gefällpflichtigen die durch die Art. 1 und 4 des Gesetzes vom 27. Oktober 1836 aufgehobenen Abgaben und zwar die in Art. 1 aufgehobenen bis zu dem Zeitpunkt, in welchem das mit der Abgabe belegte Gut der allgemeinen Staatssteuer unterworfen wurde, die durch den Art. 4 aufgehobenen aber bis zu dem der Verkündigung des Gesetzes vom 27. Oktober 1836 unmittelbar vorangegangenen Verfalltermine, soweit sie dieselben innerhalb dieser Zeiträume wirklich entrichtet haben, zurückvergütet[4]).

Art. 10. Die den Kreisregierungen in den Gesetzen vom 27., 28. und 29. Oktober 1836 übertragenen Funktionen gehen auf die in Gemäßheit des Gesetzes vom 14. April 1848 niedergesetzte Ablösungskommission über.

Die in jenen Gesetzen begründete Zentralablösungskommission wird aufgehoben, und es findet von den Entscheidungen der Ablösungskommission auch bei Streitigkeiten über die Anwendung der Gesetze von 1836 nur ein Rekurs nach Maßgabe des Art. 17 des Gesetzes vom 14. April 1848 statt.

Art. 11. Streitigkeiten, welche über die Anwendung des gegenwärtigen Gesetzes, insbesondere über die Frage, ob eine Leistung nach diesem Gesetz ohne Entschädigung oder gegen eine Ablösungssumme aufgehoben ist, entstehen, sind von der Ablösungskommission vorbehältlich des innerhalb dreißig Tagen auszuführenden Rekurses an die höhere Instanz zu entscheiden, wogegen Streitigkeiten über das Recht auf eine gewisse Leistung, abgesehen von der durch dieses Gesetz begründeten Aufhebung, sowie über den Umfang derselben von den ordentlichen Gerichten entschieden werden.

Art. 12. Die in dem vorhergehenden Artikel gegebene Kompetenzbestimmung gilt auch für Streitigkeiten über die Anwendung des Gesetzes vom 14. April 1848.

Art. 13. Die bloße Tatsache der Erhebung (Quasibesitz) einer Abgabe oder Leistung befreit denjenigen, welcher eine solche Abgabe oder Leistung als ein Recht geltend macht, nicht von der Beweislast.

Dasselbe gilt hinsichtlich der Ausübung oder Duldung irgendeines anderen Rechtes in allen Fällen, wo deshalb auf Anerkennung des Rechts (konfessorisch) oder der Freiheit von demselben (negatorisch) geklagt wird.

Die rechtlichen Wirkungen des Herkommens und der Verjährung bleiben hierdurch unangetastet.

---

[4]) Im Gesetzentwurf waren als Art. 7 noch nähere Bestimmungen vorgesehen, die den beiden öttingenschen Standesherrschaften die Entschädigungen nach den Gesetzen vom 27. und 28. Oktober 1836 sichern sollten. Wegen des hartnäckigen Widerstandes der Zweiten Kammer ließ die Regierung den Artikel fallen (vgl. *Schwarz*, Neueste Ablösungsgesetze, S. 83).

Unsere Ministerien des Innern und der Finanzen sind mit der Vollziehung dieses Gesetzes beauftragt.

Nr. 172–187 Vollzug und finanzielle Ergebnisse der Ablösungsgesetze von 1848/49

Vgl. Darstellung, S. 511 ff. Nr. 172–181 dokumentieren die Schwierigkeiten, die sich noch bis in das Spätjahr 1849 der Einleitung des Ablösungsverfahrens entgegenstellen konnten. Den hartnäckigsten Widerstand leisteten unter dem Einfluß demokratischer Propaganda die Pflichtigen in den hohenloheschen Standesherrschaften (Nr. 176, 178, 179), doch zeigte sich dieser Einfluß auch in anderen Gegenden des Königreichs, wenngleich weniger massiert und stärker lokal begrenzt. Der Ministerialbericht vom 14. 11. 1852 (Nr. 182) gibt einen zusammenfassenden Überblick über die Ablösungserfolge bis zu diesem Zeitpunkt und über die dabei aufgetauchten Probleme. Der weitere Verlauf der Grundentlastung wird aus Nr. 183 ersichtlich. Die Ablösungsgelder, die den verschiedenen Gruppen der bisherigen Berechtigten zuflossen, sind in Nr. 184–187 erfaßt. Für die Standesherren konnte auf Grund des vorhandenen Materials die Liquidation der Gefälle und Zehnten mit ihren Auswirkungen auf Vermögenslage und Einkünfte des hohen Adels detailliert verfolgt werden (Nr. 185–186).

Nr. 172 1849 Januar 27/31, Alfdorf

Bericht von Ablösungskommissär Brecht an die Ablösungskommission über die Anstände bei den Gefällablösungen in Alfdorf

E 184, Bü 35, Fasz. 67 II, Q 12. Ausfertigung.

Am 30. (?) 9. 1848 erteilte die Ablösungskommission an das Oberamt Welzheim die Weisung, das Ablösungsgeschäft im Oberamtsbezirk selbst zu übernehmen; die bisher angemeldeten Gefälle von Privatberechtigten seien nicht so bedeutend, daß ein eigener Kommissär deshalb aufgestellt werden müsse. Doch bald meldete das Kameralamt Lorch Anstände wegen des Fortbezugs der Gefälle besonders in der Gemeinde Alfdorf (Herrschaft Freiherr v. Holtz). Daraufhin wurde Ablösungskommissär Brecht angewiesen, die Anstände durch beschleunigten Ablösungsvollzug zu beseitigen (Akten E 184, Bü 35, Fasz. 67 II).

Nachdem ich von dem Königlichen Kameralamt Lorch [...] die schon früher reklamierten Akten und das Haischbuch des Rentamts Alfdorf erhalten hatte, verfügte ich mich hieher, versammelte die bürgerlichen Kollegien auf dem Rathaus, belehrte diese über die nun beginnende Ablösung und deren wohltätigen Folgen sowohl in Beziehung auf die Befreiung des Grund und Bodens von den bisher darauf gehafteten lehensherrlichen Lasten als auch der gemeindeweisen Beseitigung derselben und die zunächst dieser vorangehende von sämtlichen Pflichtigen dahier gewünschte Untersuchung ihrer Gefälle, die sie durchaus zu bezahlen verweigert haben, ehe dieselbe erfolgt seie, und übernahm sofort von dem gutsherrlichen Rentamt sämtliche Grunddokumente und Haischbücher. Sofort berief ich die Bürger der Reihe nach einzeln vor, erklärte ihnen, aber jedem besonder, seine Gefällschuldigkeit Posten für Posten und wies auf Verlangen ihre Liquidität aus den Lagerbüchern nach und forderte hierauf jeden Pflichtigen auf, seine Erklärung abzugeben, ob er seine Schuldigkeit anerkenne oder nicht.

Gleich anfangs verspürte ich schon bei mehreren Zensiten den ihnen von einigen Übelgesinnten eingeimpften Stoff der Streitsucht und der Widerspenstigkeit, und nur einige stille und ruhige Bürger anerkannten ihre Schuldigkeiten ohne besondere Einwendungen an.

Während ich nun dieses Geschäft fortsetzte, erschien der hiesige Färber Pfister mit mehreren der vorgeladenen und noch nicht vorgeladenen Bürger und erklärte, daß von einer Anerkennung der ihnen aufgerechneten Schuldigkeiten gar keine Rede seie, er wolle sich einzig an die Reichsgesetze halten und sich höhern Orts weiter befragen, denn nach dem Art. 35 der Grundrechte[1]) seien ja – wie er sogleich aus seinem mitgebrachten Exemplar vorzulesen begann – alle diese Lasten, die man lange genug bezahlt habe und gar nie hätte bezahlen sollen, jetzt ohne Entschädigung aufgehoben, und nur dann, wann man von der höhern Behörde darüber genügend und überzeugend belehrt seie, daß von diesen Gefällen nicht noch manche nach den Grundrechten ohne Entschädigung wegfallen, wie z. B. die Laudemien, dann werde man weitersehen. Die Grundrechte seien neuer als das Ablösungsgesetz, und da werde noch manches ohne Ablösung oder Entschädigung wegfallen, deshalb könne von einer Zahlung sowie von einer Ablösung durchaus keine Rede sein, und wenn man einmal unterschrieben habe, dann müsse man auch bezahlen.

Alle Belehrungen und Ermahnungen von meiner Seite, alle Vorstellungen des Ortsvorstehers waren ohne den geringsten Erfolg und fanden schlechterdings kein Gehör, denn der Terrorismus des Pfister übt seinen schlimmen Einfluß in sehr bedauerlicher Weise auf manchen sonst ordentlichen und ruhigen Bürger aus. Wohl gibt es dessen ungeachtet doch noch solche Pflichtige, die diesen üblen Agitationen kein Gehör geben, sondern ihre Schuldigkeiten zufrieden anerkennen, aber es sind ihrer im Verhältnis nur wenige.

In der letzten Bürgerversammlung hob Pfister diesen Gegenstand besonders hervor, beutete den von ihm ganz mißverstandenen Art. 35 der Grundrechte nach seinem Gefallen aus und beharrte trotz aller Belehrungen und Vorstellungen des hiesigen Ortsgeistlichen auf seiner fixen Idee, die bei manchem morosen Gemüt ihre Wurzeln schlug.

Auch von einem hiesigen Gemeinderat werden viele Pflichtige dahin

---

[1]) = § 167 der Frankfurter Reichsverfassung: Ohne Entschädigung sind aufgehoben „2. Die aus dem guts- und schutzherrlichen Verbande fließenden persönlichen Abgaben und Leistungen."

bearbeitet, vorderhand gar nichts anzuerkennen, sondern alles auf gerichtliche Entscheidung auszusetzen, was auch die meisten nun ohne weiteres verlangen.

Schon früher hatten sich mehrere auswärtige Gefällpflichtige der Erklärung der hiesigen angeschlossen, und voraussichtlich wird dies noch von manchen geschehen, wenn nicht mit Entschiedenheit diesen anarchischen Aufreizungen entgegnet wird. Die Belehrungen des Kameralbeamten blieben ganz unbeachtet, von ungleich besserem und wirksamerem Erfolg dürfte aber eine nachdrückliche und geschärfte Zurechtweisung von seiten des Oberbeamten oder Bezirksrichters sein, zu dessen Kompetenz die vielen Streitigkeiten gehören.

Daß ich unter diesen Umständen hier eine äußerst schwierige Aufgabe zu lösen habe, ist außer allem Zweifel, und nur der Umstand, daß ich die Verhältnisse aus früheren Zeiten her noch kenne, gewährt mir einige Erleichterung. [...]

Nachtrag am 14. Februar 1849 (Welzheim).

Die von dem Ortsgeistlichen oben erwähntermaßen in der Bürgerversammlung erteilte Belehrung an Pfister geschahe nicht in Gegenwart des Kommissärs, dem dieser Herd, auf welchem diese anarchischen und demokratischen Tendenzen und Beschlüsse gebraut werden, ganz fremd ist, sondern er erfuhr aus sicherem Munde diese Besprechung und ist hier durchaus weit entfernt, dem Pastor das Wort zu reden oder ihn zu rechtfertigen, vielmehr hegt er die Überzeugung, daß eben dieser Ortsgeistliche ganz und gar derjenige ist, der nicht allein das Feuer unter diesem Herde angezündet hat, sondern es auch fortwährend unterhält, daß er aber auch die Absicht hat, bloß andere für sich die Kastanien aus dem Feuer holen zu lassen, ohne sich die Finger dabei zu verbrennen.

Nr. 173   1849 Februar 28, Alfdorf

Bericht von Ablösungskommissär Brecht an die Ablösungskommission über den Stand des Ablösungsgeschäfts in Alfdorf

E 184, Bu 35, Fasz. 67 II, Q 1. Ausfertigung.

Bei den unterm 27. Januar d. J. von mir angezeigten besondern Verhältnissen[1] gelang es selbst der höhern Orts hierauf angeordneten oberamtlichen Einwirkung nicht, hinsichtlich des Beweisverfahrens und der übrigen hievon abhängigen Verhandlungen aller Belehrungen und Vorstellungen ungeachtet ein günstigeres Resultat herbeizuführen.

Mancher Pflichtige war nicht zufrieden mit zwei- bis dreimaliger Belehrung, sondern kam sogar vier- bis sechsmal und verlangte Auskunft aus den Grunddokumenten, deren nicht weniger denn 78 Lager- und Haischbücher Tag vor Tag mit wahrhaft eiserner Geduld nachgeschlagen und den einzelnen zur Einsicht vorgelegt werden mußten.

---

[1]) Vgl. Nr. 172.

Mehrere dieser Haischbücher aus der neuesten Zeit sind von sämtlichen Pflichtigen eigenhändig unterschrieben und somit ihre Schuldigkeiten anerkannt; dessen ungeachtet bestreiten bei weitem die meisten derselben die ihnen gar wohl bekannten Gefälle und behaupten mit grenzenloser Hartnäckigkeit, sie unterschreiben und bezahlen eben schlechterdings nichts, sondern verlangen durchaus gerichtliche Entscheidung, ja einige gingen so weit, daß sie das gesamte seit Jahren bezahlte Gefäll in ganz barscher und trotziger Weise wieder herausverlangten.

Die oberamtliche Belehrung hatte doch wenigstens zur Folge, daß 42 Pflichtige von ihren irrigen Ansichten und Begriffen abließen und ihre Gefälle, die sie zuvor schon bestritten hatten, nachträglich anerkannten; bei weitem aber der größere Teil blieb hartnäckig bei der Verweigerung und will auf dem Rechtsweg verfolgt werden, wozu denn nun von seiten des Rentamts auch die geeigneten Schritte getan werden.

Diejenigen, welche teilweise schon anfangs oder infolge der oberamtlichen Belehrung ihre Gefälle anerkannt haben, werden von der streitenden Mehrheit deshalb angefeindet, besonders aber ich, der nach der ganz irrigen Meinung vieler bloß von der Gutsherrschaft berufen hiehergekommen seie, die Pflichtigen zur Anerkennung ihrer Gefälle zu veranlassen oder, wie man sich hier auszudrücken pflegt, „abzufangen". Selbst der Oberbeamte, wird allgemein behauptet, seie nicht in höherem Auftrag, sondern nur auf Anrufen des Rentbeamten, der tags zuvor zufällig in Geschäften zu Welzheim war, hiehergekommen und habe die Bürgerschaft eigenmächtig mit falschen Angaben belogen.

Mit solchen und andern Behauptungen werden die leichtgläubigen und zum Teil auch an sich schon sehr morosen Bürger hier und im Bezirk betört und aufgeregt, ohne irgendeiner vernünftigen Belehrung von seiten der betreffenden Bezirksbeamten nur einigen Glauben zu schenken.

Hieraus läßt sich denn nun die äußerst unangenehme Stellung, in der ich mich hier befinde, leicht erklären, zumal sogar einige Gemeinderatsmitglieder gleich anfangs im Sinne hatten, mich ohne weiteres tüchtig durchzuprügeln und mit meinen Akten wieder springen zu lassen. [...]

Nr. 174 1849 April 18, Welzheim

Bericht des Oberamts Welzheim an die Ablösungskommission über die Ablösungshindernisse in Alfdorf

E 184, Bu 35, Fasz. 67 II, Q 17. Ausfertigung. Unterschrift: Heinz.

Vgl. Nr. 172 und 173.

[...] Schon vor dem Einlaufe des angeschlossenen Marginaldekrets der K. Ablösungskommission vom 6. d. Mts., vermöge dessen mir der Auftrag erteilt worden ist, zu versuchen, ob nicht durch geeignete Belehrung und Verwarnung vor mutwilligem Prozessieren wenigstens die besseren, wie es scheine großenteils bloß irregeleiteten Pflichtigen zu Alfdorf doch noch zur Anerkennung und einstweiliger Fortentrichtung ihrer Gefällschuldigkeit zu bewegen seien, und das Ergebnis meiner Bemühungen berichtlich anzuzeigen, kam mir die Weigerung der Alfdorfer Bürger zur Kenntnis, indem ich gelegenheitlich einer Amtsreise den Kameralverwalter v. Bauer in Alfdorf traf, der mir mitteilte, daß alle seine Versuche und Belehrungen an dem beharrlichen Willen der Pflichtigen gescheitert seien.

Eben deshalb und da mir sonst bekannt wurde, welche Abneigung bei den Alfdorfer Bürgern gegen die Ablösung Wurzel gefaßt habe, unterließ ich, einer vom K. Kameralamte Lorch an mich gestellten Requisition auch meines Orts die Pflichtigen zu belehren, zu entsprechen, überzeugt, daß eine Belehrung hier gänzlich nutzlos wäre und bloß dem amtlichen Ansehen geschadet werden dürfte, sofern bei den Gefällpflichtigen die Meinung entstehen könnte, daß das K. Oberamt die Sache des mit seinen Pflichtigen in Zerwürfnissen lebenden Freiherrn vom Holz vertreten wolle.

Als aber die K. Ablösungskommission mich mit dem diesfallsigen Auftrage beehrte, nahm ich keinen Augenblick Anstand, meiner Dienstpflicht zu genügen, und beauftragte sogleich nach dem Empfang des diesfallsigen Dekrets den Ortsvorsteher, seine Gefällpflichtigen auf Freitag, den 9. Februar, vormittags 10 Uhr auf das Rathaus zu bescheiden, um ihnen im höhern Auftrage eine Belehrung erteilen zu können.

Bei meiner Ankunft besprach ich mich zunächst mit dem Ablösungskommissär, der mir vertraulich mitteilte, daß von den Bürgern in Alfdorf ganz übereinstimmend bei Gelegenheit einer tags zuvor abgehaltenen, vom Pfarrer Scholl, einem entschiedenen Gegner seines bisherigen Grundherrn, präsidierten Versammlung des sog. Märzvereins der Entschluß gefaßt worden sei, auf der Weigerung einstimmig zu beharren.

So wenig Aussicht auf günstigen Erfolg sonach meine Belehrungen erwarten ließen, so unterzog ich mich doch, eingedenk meiner Berufspflichten, dem eben nicht angenehmen Auftrag und eröffnete die Verhandlung in einer Rede über die wohltätigen Absichten der Staatsregierung, welche dem Ablösungsgesetze zugrunde liegen, so wie ich mich zugleich über die Stellung des Ablösungskommissärs und des K. Kameralamts [...] verbreitete und endlich mich vor der allenfallsigen Meinung entschieden verwahrte, als ob ich im Interesse des mit mir in ganz keiner nähern Berührung stehenden Freiherrn vom Holz spreche, wie es denn auch rein zufällig sei, daß gerade dieser das gefällberechtigte Subjekt bilde, das ebensogut aus dem Staat, einzelnen Korporationen, Stiftungen und Privatpersonen bestehen könnte.

Nach diesen einleitenden Bemerkungen suchte ich an der Hand des Berichts des Ablösungskommissärs die gegen die Anerkennung der Gefälle, welche in Alfdorf selbst aus Hellerzinsen, Auf- und Abfahrten (fixierten Laudemien) und kaum 25 fl betragenden Baukanons bestehen, erhobenen Bedenken speziell zu widerlegen, indem ich insbesondere den Färber Pfister, der aus dem Art. 8, § 35 der Grundrechte die Aufhebung der Gefälle beweisen wollte, belehrte, daß der angezogene Paragraph bloß Leistungen im Auge habe, welche aus der Leibeigenschaft, insbesondere der sogenannten Hörigkeit hervorgegangen seien, keineswegs aber Reallasten, dingliche Forderungsrechte, wie sie die

Gutsherrschaft bisher bezogen, berühre, daß vielmehr der § 36 [der] Grundrechte diese Abgaben, welche selbst in einem unvordenklichen Herkommen ihre Rechtsquelle finden können, ausdrücklich als ablösbar bezeichne und daß er sich ein Verdienst um die Aufklärung seiner Mitbürger erworben hätte, wenn er die Gefällpflichtigen nicht bloß mit dem § 35, sondern auch mit den Bestimmungen des § 36 der Reichsgesetze bekannt gemacht haben würde. Auf seine Einwendung, daß im § 36 bloß von Zehenten die Rede sei, konnte ich ihn mit dem ganzen Inhalt dieser Gesetzesbestimmung leicht widerlegen und reihte daran auf seine Entschuldigung, daß er eben die Sache nicht recht verstanden habe, die freundliche Versicherung, daß ich ihm dies so wenig als den übrigen Gefällpflichtigen bei der mangelnden tiefern Einsicht in die Verhältnisse übelnehme, daß aber diejenigen, welche etwa möglicherweise die Ratgeber der Bürgerschaft in der Sache machen, schärfer die Begriffe auseinanderhalten und nicht irrige Meinung hervorrufen und die Pflichtigen irreleiten sollten, daß vielmehr es das einfachste sei, wenn sie sich in ihren Bürgerversammlungen durch einen Rechtsfreund die nötigen Aufschlüsse geben lassen werden. *Der Oberamtmann wies auch die Ansicht zurück, als könne die Gemeinde aufgrund neuer gesetzlicher Bestimmungen wenigstens einen Teil des Fronablösungskapitals zurückverlangen.*

Nachdem ich endlich noch die Gefällpflichtigen in Gemäßheit des mir gewordenen Auftrags vor dem mutwilligen Prozessieren verwarnt und ihnen zu bedenken gegeben hatte, daß die Prozeßführung im Falle ihrer Sachfälligkeit für sie mit Kosten verknüpft seie und daß sie bei ihrer ferneren Weigerung zu erwarten haben, daß das Rentamt eine beliebige Zahl Gefällpflichtiger gerichtlich belangen werde, für welchen Fall ich ihnen raten möchte, ihre etwaige Ratgeber zu veranlassen, daß sie durch sie wegen der Prozeßkosten sichergestellt werden, fand ich wohl, daß bei der Bürgerschaft mein Vortrag Anklang gefunden hatte, allein keiner wollte, ohne Zweifel im Hinblick auf die vorangegangene Verabredung, den Anfang zum Nachgeben machen, bis ich endlich eröffnete, daß diejenige Gefällpflichtige, welche es auf den Prozeßweg ankommen lassen wollen, nunmehr entlassen seien, wogegen ich mit denjenigen Bürgern, welche dies nicht zu tun gemeint wären, einen Durchgang halten und sie unter Zuziehung des Ablösungskommissärs und des Rentbeamten über jede einzelne Abgabe ausführlich belehren wolle.

Bei dem sofort wirklich begonnenen Durchgange haben dann auch 18 Gefällpflichtige ihre Verbindlichkeiten auf die erhaltene Belehrung, insbesondere auf Bekanntmachung mit den lagerbüchlichen und mit den einschläglichen gesetzlichen Bestimmungen anerkannt.

Einzelne der Gefällpflichtigen meinten, daß sie schon früher unterschrieben, wenn sie nicht die Ansicht gehabt hätten, daß die Abgaben noch ganz aufgehoben werden könnten, ja einer entblödete sich nicht zu sagen, daß ja auch die alten Gemeinderäte fortgeschafft worden seien und er gedacht habe, das gleiche Schicksal könnten auch noch die Abgaben erfahren.

Als ich nun nachmittags den Durchgang fortsetzen wollte, [...] erschienen die Mitglieder des Gemeinderats und Bürgerausschusses, welche mit den Gefällpflichtigen gemeinschaftliche Sache machten und unter ihnen der für politische Dinge rührige Gemeinderat Erzinger [...] in corpore auf dem Rathause, nachdem zuvor, wie ich hörte, über die Mittagszeit in einem Wirtshause mit den Gefällpflichtigen Konferenz gehalten wurde, unter der Versicherung, daß die Gemeinde Alfdorf ein guter Geist beherrsche, daß auch die Abgabepflichtigen sich nicht weigern, ihre Abgaben zu bezahlen, sondern bloß eine rechtliche Überzeugung vorausgehen lassen wollen, und insbesondere äußerte Gemeinderat Erzinger, daß die Alfdorfer bei der höhern Behörde schlecht angeschrieben sein müssen und von niemand aufgehetzt worden seien, wie dies heute früh der Herr Oberbeamte geäußert hatte. *Der Oberamtmann wies diese Behauptung zurück.*

In der offenbaren Besorgnis, daß noch viele Bürger von ihrer Weigerung abstehen könnten, was nachteilig auf die Ratgeber zurückfiele, versicherten mich nun die Mitglieder der bürgerlichen Kollegien (zugleich Gefällpflichtige), daß wenn der Ablösungskommissär so ausführlich, als von mir geschehen, die Bürgerschaft belehrt hätte, an eine Weigerung nicht zu denken gewesen wäre, und daß wenn in der von mir eingehaltenen Prozedur nunmehr durch den Ablösungskommissär unter Zuziehung des Rentbeamten und zwei Urkundspersonen in der Person des Schultheißen und des Obmanns des Bürgerausschusses mit dem Durchgang fortgefahren werde, wohl keine zehn Pflichtigen die Abgaben verweigern werden, ja, sie, die Gemeinderats- und Bürgerausschußmitglieder und unter ihnen ausdrücklich auch Erzinger, hätten sogar nunmehr alsbald unterzeichnet, wenn ich ihnen nicht gesagt hätte, daß dies nun keine Eile habe, sondern sie auf erhaltene Belehrung über die einzelnen Abgaben dies des andern Tags vor dem Kommissär und der bestellten Deputation füglich nachholen können.

In der Hauptsache erklärte ich aber den bürgerlichen Kollegien, daß es mich freuen werde, wenn die Gemeinderäte nun selbst richtige Meinungen über die Abgaben unter ihre Mitbürger zu verbreiten suchten, daß ich aber weit entfernt sei, irgend jemand zur Anerkennung zu persuadieren [...].

Nachdem sich die bürgerlichen Kollegien, mit denen ich mich wohl über zwei Stunden abgegeben hatte, hierauf in friedlicher Stimmung entfernten, zweifelte ich keinen Augenblick an dem günstigen Resultat der Fortsetzung des Durchgangs, den ich dem Ablösungskommissär vor meinem Abgang überließ [...].

Leider habe ich mich aber sehr getäuscht, denn mit dem nächsten Botentage, wo ich eine kurze Anzeige des Kommissärs über die Bereinigung der Sache erwartete, lief statt dessen die Meldung ein, daß bei dem vom Kommissär fortgesetzten Durchgang bloß noch 24 Gefällpflichtige sich zur unterschriftlichen Anerkennung ihrer Schuldigkeiten herbeigelassen, mithin im ganzen nur 42 Pflichtige infolge der am 9. Febr. d. J. der versammelten Bürgerschaft in höherem Auftrag erteilten Belehrung ihre Anerkennung nachträglich durch ihre Unterschrift bekräftigt haben, wozu noch 50 Pflichtige kommen, welche vor der Belehrung unterschrieben hätten. Im übrigen beharrten nicht weniger als 134 Pflichtige auf ihrer früheren Erklärung, nichts anzuerkennen, sondern alles gerichtlicher Entscheidung zu überlassen. Damit verband der Ablösungskommissär die Anzeige, wie der Umstand, daß der Rentbeamte den Tag vor der Belehrung in Welzheim gewesen, zu der höchst irrigen (wohl besser erdichteten) Meinung Anlaß gegeben habe, der Oberbeamte seie keineswegs im höhern

Auftrage, sondern nur auf Ansuchen des Rentbeamten nach Alfdorf gekommen, weshalb auch, um der Sache auf die richtige Spur zu kommen, der Pfarrer Scholl von sämtlichen Streitigen am Sonntag, dem 11. Febr. d. J., an das Königliche Ministerium des Innern nach Stuttgart abgesandt worden sei.

Bald darauf reichten dann auch die Gemeinderäte eine Beschwerdeschrift beim Königlichen Ministerium des Innern ein, womit sie jedoch auf den Grund angestellter Recherchen nach allen Teilen durch Entschließung vom 28. v. Mts. unter der Erwartung abgewiesen wurden, wie sich das K. Ministerium zu ihnen versehe, daß sie sich hüten, die Reden und Handlungen des Oberbeamten zu mißdeuten und seine amtliche Wirksamkeit, statt zu fördern, zu lähmen. [...]¹)

Nr. 175   1849 Februar 1, Stuttgart

Zirkularerlaß des Innenministeriums an sämtliche Oberämter

E 146, Bü 24, Q 396. Konzept.

Der Runderlaß wurde durch eine Note des Finanzministeriums veranlaßt, in der eine entsprechende Weigerung der Grundholden der Grundherrschaft v. Kniestädt in Kleinbottwar erwähnt wurde (Note vom 26. 1. 1849; ebd., Q 395).

Es ist dem Unterzeichneten von seiten des Finanzministeriums die Mitteilung gemacht worden, daß manche Privatgefällpflichtigen gegen die Bestimmungen des Gesetzes vom 14. April v. J. Art. 7 und der Ministerialverfügung vom 25. Mai v. J. sich weigern, die seitherigen Abgaben als Abschlagszahlung fortzuleisten namentlich, weil sie günstigere Ablösungsbedingungen hoffen und jeden Akt der ferneren Leistung als präjudizierlich betrachten.

---

¹) Nach weiteren Berichten von Ablösungskommissär Brecht (E 184, Bü 35, Fasz. 67 II) herrschte ein ähnlicher Geist wie in Alfdorf auch in den meisten anderen Gemeinden des Oberamtsbezirks, in denen er die Ablösungsverhandlungen führte. Nur die Gemeinde Wäschenbeuren machte durch vollständige Anerkennung ihrer Grundlasten und Bereitwilligkeit zur Ablösung eine ehrenvolle Ausnahme, während in anderen Gemeinden noch im Juni 1849 eine „vollständige Reaktion" eintrat. „Es muß daher auch im diesseitigen Bezirk mit aller Vorsicht und Mäßigung gehandelt und alles angewendet werden, um die Leute in der Ruhe und Ordnung zu erhalten, da selbst solche, die noch vor kurzem als besonnen und ruhig galten, durch den auf sie ausgeübten falschen Meinungsterrorismus der stets um sich greifenden Wühler plötzlich umschlugen und auch andere noch mit sich fortreißen. Selbst Ortsvorsteher ergreifen zum Teil ihre Partie oder sind als gänzlich eingeschüchtert zu furchtsam oder zu schwach, diesem unheilvollen Treiben mit Energie entgegenzutreten [...]." (Bericht vom 29. 6. 1849).
Als die Schwierigkeiten fortdauerten, wurde der Ablösungsbezirk Mitte 1850 zwischen zwei Ablösungskommissären aufgeteilt. In Alfdorf scheint das Ablösungsgeschäft erst Ende 1853 beendet worden zu sein, da die Pflichtigen bereits anerkannte Abgaben unter einem nachfolgenden Ablösungskommissär wieder bestritten. Hier wie in den anderen Orten hemmte zudem die weit fortgeschrittene Güterzerstückelung einen rascheren Ablösungsvollzug: Es erwies sich oft als äußerst schwierig, die pflichtigen Objekte zu ermitteln und die Entschädigungssummen auf sie aufzuteilen; in der Gemeinde Wäschenbeuren allein handelte es sich um 3398 Objekte (Bericht von Ablösungskommissär Brecht vom 29. 6. 1849).

Das [Oberamt] wird daher angewiesen, in solchen Fällen auf Anrufen der Kameralämter die geeignete Belehrung der Pflichtigen eintreten zu lassen, wenn aber dies fruchtlos bleiben sollte, die Kameralämter von dem Stande der Sache mit dem Bemerken in Kenntnis zu setzen, daß ihnen hienach nichts übrig bleibe, als gegen die Säumigen nach den Bestimmungen des Exekutionsgesetzes vorzufahren.

Nr. 176 1849 Februar 23, Stuttgart

Bericht von Regierungsrat Daniel über seine in Ablösungssachen unternommene Dienstreise ins Hohenlohesche

E 146, Bü 24, Q 412 Beilage. Ausfertigung.

Infolge des samt Beilagen angeschlossenen Ministerialerlasses vom 13. l. M.[1]) und der später sowohl mit dem Herrn Vorstand des Departements des Innern als den Mitgliedern der Ablösungskommission stattgehabten Besprechungen habe ich mich Mittwoch, den 14. l. M., nachts nach dem Hohenloheschen auf den Weg gemacht, um an Ort und Stelle über die dienlichen Maßregeln wegen der gegen Vollziehung der Ablösungsgesetze erhobenen Anstände Grund zu machen.

Ablösungskommissär Linsenmann in Künzelsau erklärte sich am 15. 2. mit dem Fortgang des Geschäfts in der Stadt Künzelsau sehr zufrieden; nur etwa 5 % der Pflichtigen hätten in der einen oder anderen Richtung Anstände erhoben[2]).

Die Herausgabe aller möglicher Urkunden findet von seiten der berechtigten Standesherrschaft keinen Anstand; es haben auch schon einzelne Pflichtige von den ältern bis in das 15. Jahrhundert zurückreichenden Büchern Einsicht genommen, natürlich aber ohne aus solchen, welche sie ja nicht einmal lesen können, klüger geworden zu sein.

Der Kommissär weiß sich, soviel ich hören konnte, das Vertrauen der Leute zu erwerben und ist mit seiner Stellung ganz zufrieden. Von einer unruhigen Stimmung im Bezirk wußte man im allgemeinen nichts.

Nachmittags ging ich nach Langenburg weiter und kommunizierte mit dem dortigen Ablösungskommissär Stapf, dem Bezirksamtmann Bohnenberger und dem Justizassessor Kern, welcher statt des alten Vorstands die Seele des Oberamtsgerichts bildet, desgleichen am andern Tag mit dem Oberamtmann Süskind von Gerabronn, wohin ich die eben genannten Beamten mitnahm. Von allen wurde mir übereinstimmend versichert, daß ein persönliches Auftreten gegenüber von einer größeren Anzahl von Pflichtigen und deren Führer im Augenblick lediglich keinen Erfolg haben würde, wie dies auch schon der Abgeordnete des Oberamtsbezirks, Egelhaaf, vorausgesagt hatte. Es hatte am Dienstag zuvor

---

[1]) Nicht bei den Akten.
[2]) Vgl. aber Nr. 178 und 179.

eine größere Versammlung stattgefunden, an welcher auch die Ruhigeren und Unterrichteten der Gegend teilnahmen. Hiebei wurde ein Ausschuß von 7 Personen gewählt, um die Wünsche der Hohenloher zu beraten und zusammenzustellen, welche dann bei einer weitern Versammlung des sogenannten Hohenloher Landwirtschaftlichen Vereins in Künzelsau am 2. März weiter durchgesprochen und in einer Riesenpetition an die Stände niedergelegt werden sollen.

Der Hauptagitator in der Gegend, Verwaltungsaktuar Bumiller zu Schrozberg, wohnte nicht an, da ihm die Leiter der Versammlung nicht weit genug gehen; auch soll eine Rede des frühern Stadtschultheißen Schuster von Kirchberg, nun zu Lendsiedel, welcher von Sturm und Gewalt u. s. f. gesprochen habe, keinen Anklang gefunden haben.

Unter solchen Umständen hielt ich es, um der Regierungsgewalt nichts zu vergeben, für angemessen, meiner Anwesenheit ostensibel bloß den Charakter einer Art Visitation des Kommissärs zu verleihen und mehr nur außeramtlich mit einigen einflußreicheren Personen zu verkehren. Hieher gehört der gerade anwesende Schultheiß Schleebach von Rot am See und der Rechtskonsulent Geßler von Langenburg. Dieselben versicherten, daß sie gar wohl einsehen, wie das Treiben des Bumiller, dessen Gegner sie seien, ganz gegen das wahre Interesse der Pflichtigen laufe, daß aber die allgemeine Stimmung derzeit geschont werden müsse, wenn nicht die Leitung der Bewegung ganz in die unrechten Hände übergehen solle. Es wurde auch die Hoffnung ausgesprochen, daß schon die Künzelsauer Resolutionen sehr gemäßigt ausfallen dürften, was freilich bei der voraussichtlichen Anwesenheit des Rechtskonsulenten Müller, welcher hinter Bumiller zu stehen scheint, kaum anzunehmen sein wird. Zugleich steht sehr dahin, ob die Obgenannten reinen Wein eingeschenkt haben.

Eine weitere Bekanntschaft machte ich an dem Gutsbesitzer Peter vom Kupferhof, welcher, früher Hausknecht auf der Post in Langenburg, durch die Heirat mit einer reichen Witwe zu Ansehen gelangt ist und nun die Stelle eines Vorstands des Volksvereins für den Oberamtsbezirk Gerabronn einnimmt. Da er an der Spitze eines guten Teils der Renitenten steht, so versuchte ich ihn wenigstens dafür zu gewinnen, daß vorläufig auf Abrechnung fortgeleistet werde und das Ablösungsgeschäft vorbehältlich des Erfolgs der bei dem Richter und Gesetzgeber zu versuchenden Schritte vorwärtsgehe.

Zu diesem Behufe ließ ich den Kommissär am Samstag eine Art Probeverhandlung mit ihm vornehmen, wozu er mehrere Pflichtige mitbrachte und auf besondere Aufforderung auch einige Azenroder Bauern erschienen. Das Protokoll hierüber ist angeschlossen[1]). Peter zeigte sich hiebei, ohne Zweifel um sich vor den andern im vollen Glanze darzustellen, einer Belehrung und Verständigung noch weniger offen als am Tage zuvor. Er sprach längere Zeit im Sinne seiner früheren Protestation meist unverdautes Zeugs und verlas eine, wie es scheint, großenteils aus seiner Feder geflossene Petition des Volksvereins an die Stände, wobei ich ihn natürlich gewähren ließ, wie ich auch den Kommissär und den Vertreter der Standesherrschaft nachher aufforderte, dem Wesen des Volksstamms gebührend Rechnung zu tragen und sich mit Geduld zu waffnen. Das Resultat blieb trotz der geeigneten Auseinandersetzung, daß jedenfalls der Erfolg der neuern Schritte abgewartet werden wolle.

Darüber waren auch die Beamten und andern Kundige einig, daß vor Abschluß der Ablösungsgesetzgebung und solange nicht ein abschlägiger Bescheid auf die verschiedenen Eingaben an Stände und Regierung die Hoffnung auf Änderung des Gesetzes vom 14. April v. J. zerstöre, an eine Durchführung desselben nicht zu denken sei. Ist man einmal mit der Gesetzgebung im reinen, so wird die Sache voraussichtlich leicht in das rechte Geleise kommen. Zwar können die Pflichtigen nicht gehindert werden, die Leistungen als unrechtmäßig zu bestreiten und damit die Verhandlungen auf den Prozeßweg zu spielen, allein hiezu ist doch keine besondere Neigung vorhanden; wenn auch die Streitsucht nicht gering ist, so schrecken doch die Kosten, und wenn die Leute aus einigen richterlichen Erkenntnissen ersehen, daß die Grundsätze über Verjährung und Beweiskraft der Urkunden die gleichen geblieben sind, so werden sie ihre Rechtsfreunde bald mit Mißtrauen ansehen.

Hinsichtlich der Dokumente habe ich dem Kommissär empfohlen, dieselben dem Wunsche der Pflichtigen gemäß stets zu requirieren und zur Einsicht zu stellen, wo eine Auskunft über die Natur der Abgaben zu hoffen und nicht geradezu anzunehmen sei, daß andere mit dem Ablösungsgeschäft nicht in Verbindung stehende Zwecke verfolgt werden. Zugleich nahm ich Rücksprache mit dem Domänenrat Schuster, welcher sich geneigt zeigte, seinerseits für unbedingte Öffnung der Archive zu wirken, wie denn Rechtskonsulent Müller dieselben längere Zeit eingesehen und alles erhalten habe, was er gewünscht.

In der Tat ist es den Pflichtigen jetzt auch nicht mehr um die Urkunden zu tun, von welchen sie schon wissen, daß nichts Günstiges für sie darinsteht, sondern sie vermeinen, damit zu gewinnen, daß die Herrschaft keine weitern habe, durch die sie die „Entstehungsverträge" nachweisen könne; hierauf geht das allgemeine Geschrei, da man wohl weiß, daß hier etwas in der Regel Unmögliches verlangt wird. [...] Nach Bartenstein begab ich mich nicht, da der Kommissär noch zu kurz anwesend ist und auch über Anstände nichts berichtet hat. [...]

Überdem tritt der günstige Umstand ein, daß mit andern als hohenlohischen, besonders Rothenburgschen Ortschaften angefangen werden kann, wo durchaus keine Renitenz zu befürchten sein soll.

Die Beiziehung von Vertrauensmännern brachte ich auch zur Sprache, und der Gedanke fand Beifall, ohne daß jedoch für jetzt in der Sache selbst hiedurch eine günstigere Wendung herbeigeführt werden dürfte. Wegen der Kosten soll sich beraten werden.

Den schlimmsten Einfluß hat der schon erwähnte Bumiller, welcher z. B. in Schrozberg einen eigenen Verein gebildet hat im Gegensatz von einem frühern daselbst, welchem der praktische Arzt Dr. Baumann vorsteht. Diesen sowie den Postmeister Gundlach von Blaufelden, beide Universitätsbekannte von mir, hörte ich am Samstagnachmittag am letztern Ort, wo sich der Eilwagen längere Zeit aufhält. Auch sie bestätigten, daß man die Leute etwas gewähren lassen müsse, worauf es den Gemäßigteren schon gelingen werde, sie wieder zur Besinnung zu bringen. Auch ist der Stern Bumillers im Erbleichen; eine Gemeinde nach der anderen kündigt ihm als Verwaltungsaktuar auf, sein Haus soll wegen Schulden verkauft werden, und die andern Volksleiter werden den Augenblick mit Vergnügen ergreifen, wo sie sich eines unangenehmen Rivalen entledigen können. Ein redendes Beispiel von dem Wankelmut der Menge ist Schultheiß Walter von Herrenthierbach, welcher mit persönlicher Aufopferung früher den Vorkämpfer gegen die Standesherrschaften gemacht hat. Weil er nicht in das allgemeine Horn bläst, so gilt er jetzt für „a'g'stochen" um 4000 Gulden von den Standesherrn, und es wird auf seine Resignation hinagitiert; ja es sollte mich gar nicht wundern, wenn eine in Ellwangen eingereichte Denunziation, daß er zu gewaltsamem Widerstand gegen die Regierung aufgefordert haben solle, aus derselben Quelle flösse.

Anlangend die Wildereivergehen, so werden sie wegen Mangels an Objekten zumeist ihr Ende gefunden haben; die Jäger schießen selbst, was sie nur bekommen. Es scheint hier, obschon der Fürst in Entschädigungen liberal war, früher eben großer Mißbrauch stattgefunden zu haben, so daß der Strom der Unzufriedenheit endlich überfluten mußte. Die Beamten wußten keine mit dem Zweck im richtigen Verhältnis stehende Mittel zur Abhilfe anzugeben als die baldige Einleitung von Untersuchungen. Das Oberamtsgericht hat in dieser Beziehung wegen Geschäftsüberladung um Abordnung eines besondern Kommissärs gebeten, wie ich aber später in Ellwangen erfuhr, ist dies in den letzten Tagen abgeschlagen und Justizassessor Kern mit alsbaldiger Vornahme des Geschäfts beauftragt worden; auch wollen die Beamten eine Warnung in die Lokalblätter einrücken lassen.

Noch habe ich zu bemerken, daß das Beispiel des Dr. Horlacher[3]), welcher den Amlishagern alle Veränderungsgebühren erlassen hat, nachteilig wirkt; doch hat er gleich seine übrigen Grundholden, welche dasselbe verlangten, mit den Worten abgewiesen: „Ja, nehmet mir nur noch den Rock, vergesset aber auch die Hosen nicht." Sodann scheint das Kameralamt zur rechten Zeit im Gefälleinzug nicht tätig gewesen zu sein.

Endlich kann die Ungewißheit in der allgemeinen politischen Lage auch hier nicht anders als störend sein, und es fehlt natürlich nicht an Versuchen, die Leute in kommunistisch-revolutionärem Sinn aufzuregen. Doch glaube ich, soweit ich den Menschenschlag aus mehrjähriger Erfahrung kenne, nicht, daß eine besondere Gefahr vorhanden ist. Würde es im allgemeinen „losgehen" und zwar mit günstigem Erfolg, so wären viele auch dabei; im ganzen aber ist noch zu viel Wohlhabenheit vorhanden, um einen Sieg des Proletariats mit seinen Folgen fürchten zu lassen. Die Hohenloher sind ein leichtblütiges, schnell erregbares Völklein, das besonders in der Aufregung den Mund etwas vollnimmt, so daß ein Unkundiger glauben könnte, man habe es mit lauter „Blutroten" und zwar mit einer recht maliziösen Klasse zu tun; es ist aber alles so böse nicht gemeint, im ganzen ist der Stamm sehr gutmütig, und wenn sich so ein „G'scheidter" gehörig expektoriert hat, so läßt er auch mit sich reden, zumal wenn er sieht, daß es Ernst werden will und ihn ferneres Widerstreben in einen tätlichen Konflikt mit der öffentlichen Macht bringen könnte.

---

[3]) Der preußische General-Divisionsarzt a. D. v. Horlacher kaufte 1821/30 das Rittergut Amlishagen; hierzu gehörte u. a. das Pfarrdorf Amlishagen mit der ganzen Markung. Von den Erblehen waren bei Besitzveränderungen in Todesfällen oder Alters halber 10 %/o Sterbhandlohn, sonst 10 %/o Bestehhandlohn, ferner Hauptrecht im Wert des besten Stücks Vieh, soweit Anspann vorhanden war, andernfalls im Wert des vorhandenen besten Kleides zu entrichten; OAB Gerabronn (1847), S. 107 und 110.

Zum Schluß noch einige Bemerkungen und Anträge:

1. Auf die Berichte an die Ablösungskommission hätten unverzüglich die früher besprochenen Bescheide und Belehrungen zu erfolgen, besonders daß spätere Änderungen in der Gesetzgebung durch die an den Staat zu leistenden Abschlagszahlungen nicht ausgeschlossen werden, daß überhaupt, wie schon ausgeschrieben worden, bei den noch vor den Ständen liegenden Punkten der Abschluß des Geschäfts zu sistieren sei und daß Urkundenedition in der oben bemerkten Richtung stattfinden, sowie welche Nachteile die jetzige Renitenz habe.

2. Dem Minist[er] des Innern wäre der Bericht mit dem Anfügen vorzulegen, daß davon der beste Erfolg zu erwarten sein werde, wenn die dortigen Petenten bald beschieden und die Erledigung der bei der Kammer der Abgeordneten eingekommenen Anträge tunlichst betrieben werde.

3. Ref[erent] ist durch alles, was er hörte, in seiner Ansicht bestärkt worden, daß die hohenlohischen Verhältnisse von Regierungs wegen durch eine juridisch gebildete Kommission gründlich untersucht und eine Bereinigung in der Richtung einer unter Zuziehung der Pflichtigen vorzunehmenden Revision der Revenüenausscheidung angestrebt werde.

4. Für die entstehenden Prozesse würde der bisherige Gerichtsgang zu schleppend sein, auch könnten bei seitheriger Einrichtung Vorgänge nicht den gehörigen Einfluß äußern; die Bildung eines eigenen Gerichts für Feudal- und Ablösungssachen wird gewiß nötig werden.

5. Ebenso wird man mit den gewöhnlichen gesetzlichen Exekutivmaßregeln nicht ausreichen, besonders sind die Ortsbehörden teils widerwillig, teils machtlos, und doch muß der ordentliche Weg erschöpft sein, ehe man zu andern Maßregeln greift. Bei Bestreiten ist ohnehin nichts anzufangen; auf das früher in solchen Dingen übliche possessorium summarissimum[4]) werden unsere gegenwärtigen Gerichte wohl nicht mehr eingehen.

Nr. 177   1849 Mai 31, Balingen

Bericht von Ablösungskommissär Vayhinger an die Ablösungskommission über den Stand seiner Arbeit

E 184, Bu 29, Fasz. 6 II, Q 5. Ausfertigung.

Die Nefflen'sche Broschüre über das Ablösungswesen[1]), die zur Zeit bestehende und täglich sich mehrende Unsicherheit in allen unsern Verhältnissen,

---

[4]) Rechtsmittel zum Schutze des Besitzes, speziell zur Erhaltung des ungestörten Besitzes. *Reyscher*, Privatrecht I, S. 236: „Ist der juristische Besitz selbst bestritten, so entscheidet, bis diese Frage ausgemittelt ist, die Tatsache des jüngsten (faktischen) Besitzes, welche auf dem kürzesten Wege (possessorium summarissimum) auszumitteln und worüber sodann durch eine vorläufige, nicht in Rechtskraft übergehende Verfügung zu erkennen ist."

[1]) Es handelt sich um die Schrift „Kein Zehnten und keine Ablösung. Ein Wort zu seiner Zeit für alle Zehntpflichtigen in Schwaben" (Stuttgart 1849) von dem auch als Dialektdichter bekannten Johannes Nefflen. Nefflen, selbst ein tüchtiger Landwirt, hatte sich

die Offenburger Beschlüsse[1a]) und deren Folgen haben auf die Durchführung der Grundgefällablösung so störend eingewirkt, daß ein großer Teil der Pflichtigen vor der Hand zur Ablösung auf den Grund des Gesetzes vom 14. April 48 sich durchaus nicht mehr herbeilassen will, wie z. B. in Endingen, in welchem Ort ich am 7. d. M. die unterschriftliche Anerkennung des Ablösungsgeschäfts von den Pflichtigen einholen wollte, zwei Drittel derselben solche durchaus verweigerten und als Grund der Weigerung ihre Hoffnung auf unentgeldliche Aufhebung der Grundlasten aussprachen. Unter diesen Umständen glaubte ich deswegen mit Fortsetzung des Geschäfts um so mehr aussetzen zu sollen, als bei den bis jetzt bearbeiteten Ablösungen es sich zunächst nur noch um Ergänzung der unterschriftlichen Anerkennung handelt und von den noch zu besorgenden Ablösungen weiterer Privatberechtigter Notizen über den neuesten Besitzstand der belasteten Objekte etc. noch ausstehen[2]).

Nr. 178   1849 Juni 14, Künzelsau
Bericht von Ablösungskommissär Linsenmann an die Ablösungskommission über den Stand des Ablösungsgeschäfts

E 184, Bu 32, Fasz. 30 II, Q 29. Ausfertigung.

In einem Erlaß an sämtliche Ablösungskommissäre vom 9. 6. 1849 beschwerte sich die Ablösungskommission über den langsamen Gang der Ablösungsgeschäfte und sah den Grund des bisherigen geringen Erfolgs außer in der

---

    schon 1836 als Landtagsabgeordneter des Oberamts Marbach in der Begründung seiner Motion für ein umfassendes Agrikulturgesetz höchst negativ über die Ungerechtigkeit und Schädlichkeit des Zehntwesens geäußert (KdA 1836, Beil. H. 3, S. 47 ff). Während der Revolution von 1848/49 trat Nefflen für die Republik ein, spielte dabei eine führende Rolle in der demokratischen Bewegung von Heilbronn. Anfang 1849 floh er aus nicht ganz geklärten Gründen nach Straßburg und wanderte nach dem Scheitern der Revolution noch im gleichen Jahr in die USA aus. Vgl. die biographischen Notizen bei Hermann *Fischer,* Beiträge zur Literaturgeschichte Schwabens, 1. Reihe, Tübingen 1891, S. 229 f, und das Lebensbild von *Gaese.*
    In seiner Broschüre verband Nefflen die Werbung für die Republik als „das einzige Rettungsmittel aus der jetzigen Not und Verwirrung" (S. 66) mit der Forderung, alle noch bestehenden Zehntrechte entschädigungslos aufzuheben, da sie spätestens seit Inkrafttreten der Verfassung von 1819 eine Doppelsteuer geworden sein. Daß diese „General-Pest-Anstalt" noch nicht beseitigt sei, liege im Wesen der konstitutionellen Monarchie, „die den Hauptgrundsatz, die Erhaltung des Bestehenden, die Heilung allzu großer Gebrechen mit lindernden Mitteln und die Vermeidung jeder Radikalkur mit einer Zähigkeit festhält, welche allen Glauben an ein ernstes, redliches Streben einer konstitutionellen monarchischen Gesetzgebung nach geistiger und materieller Wohlfahrt des Volkes bis in die tiefste Tiefe des Gefühls vernichtet" (S. 28 f). Die jetzige Ständeversammlung handle mit der Zustimmung zu dem geplanten Ablösungsgesetz gegen den Volkswillen. Da die alte Verfassung gestorben sei, müsse eine neue konstituierende Ständeversammlung aus dem Volk gewählt werden. „Das Ablösungsgesetz, wenn es anders zustande kommt, kann also, sobald wieder ein wirklicher Rechtszustand eingetreten ist, zu jeder Zeit als null und nichtig umgestoßen werden." (S. 76).
[1a]) Vgl. Nr. 179, Anm. 1.
  [2]) Die Ablösungskommission wies Vayhinger am 9. 6. 1849 an, mit dem Ablösungsgeschäft nicht auszusetzen, sondern gegen Renitenten die Rechtsvorschriften der Instruktion vom 23. 10. 1848 energisch zu handhaben.

dermaligen politischen Aufregung auch in dem Mangel an erforderlicher Energie und Tätigkeit mancher Kommissäre.

Linsenmanns eigene Erfahrungen: Bei Beginn seiner Tätigkeit hatten die Berechtigten die Vorbereitungsgeschäfte für viele Orte noch nicht einmal begonnen, so daß er sich die erforderlichen Unterlagen erst allmählich beschaffen mußte, um die Verhandlungen mit den Pflichtigen vorbereiten zu können. Bei den Verhandlungen selbst entstehen die wesentlichen Hindernisse für einen schnelleren Ablösungsfortgang:

Schon bei der einfachen Vorladung der Pflichtigen zeigen sich Bedenken, weil die Ablösungsgesetze und Instruktionen nirgends noch so publiziert worden sind, daß die Leute nur wissen, was und in welchem Maßstab sie abzulösen haben und ob die Ablösung für sie ein Zwang oder ob sie in ihren freien Willen gestellt ist.

Sind die Ortsvorstände, Gemeindekollegien, ja auch sämtliche Gemeindeangehörige von dem Kommissar vielleicht mit vieler Mühe belehrt und glaubt letzterer vertrauensvoll, die Verhandlung mit den Beteiligten nun mit Erfolg beginnen zu können, so zeigen sich erst die Hauptschwierigkeiten, denn entweder

1) erscheinen die Pflichtigen gar nicht, oder
2) verweigern sie mit oder ohne Grund aus Angst oder auch aus Mutwillen die Anerkenntnis der an sie gestellten Forderungen, ja sogar oft jedes Einlassen in die Verhandlung.

Die Gründe sind einfach zu suchen

ad 1) in Verblendung, absichtlichem Ungehorsam oder mangelhafter Vorladung.

Ad 2) a) Mangel an Intelligenz,

b) Mißtrauen gegen die grundherrlichen Beamten und Dokumente,

c) Abneigung gegen die Ablösung selbst, welche hervorgerufen wird durch Volksversammlungen und daraus wieder folgender Aufreizung durch einzelne, welche wie jene die gänzliche unentgeltliche Aufhebung aller Grundlasten in Aussicht stellen, oder endlich

d) darin, daß die Pflichtigen von Dritten aufgefordert werden, vor dem Erscheinen der durch Regierung und Stände zugesicherten Zusatzgesetze sich auf nichts einzulassen.

Weitere Schwierigkeiten, die sich beim Ablösungsgeschäft ergeben, sind vor allem in den ungünstigen Zeitverhältnissen und in der mangelnden Klarheit der Gesetzgebung über manche Abgaben begründet. Im Kommissariat Künzelsau wirkte sich der Mißerfolg in Ingelfingen aus:

Die anderen Orte berufen sich auf Ingelfingen, das ja auch renitiere und doch nicht gezwungen werde. *Linsenmann hat zwecks energischen Einschreitens gegen die Gemeinde berichtet, doch ist darauf keine Resolution erfolgt.* Ich habe bis jetzt nirgends die Präjudizien in der strengen Weise zur Anwendung gebracht, wie es scheint, daß sie die Königl. Kommission angewendet haben will, weil ich nicht wußte, daß dies in ihrem Willen liege, ich kann aber deshalb beruhigt sein, weil ich ganz bestimmt weiß, daß diese Maßregel derzeit weder in Ingelfingen noch in Morsbach oder Dörzbach zum Ziel führen würde. Die Ingelfinger, denen ich damit gedroht, haben sogleich in pleno gegen eine solche Maßregel feierlich protestiert.

Die politische Aufregung und namentlich die Abneigung gegen die Ablösung ist seit einiger Zeit, besonders seit der Offenburger, der Reutlinger und der Dörzbacher Volksversammlung im hiesigen Bezirk so groß geworden, daß sie nicht nur lähmend auf das Ablösungsgeschäft einwirkt, sondern die eigentlichen Verhandlungen für die nächsten Zeiten wenigstens nahezu unmöglich macht, wenn ich nicht von oben und so durch das Oberamt unterstützt werde. Meine Belehrungen, wobei ich mir gewiß alle erdenkliche Mühe gebe, einen Erfolg zu erzielen, fruchten meist nichts, denn sie kommen vom Kommissär, so heißt es, und der hälts nicht mit dem Volk, daher müssen von anderer Seite die Gemeinden belehrt werden. [...]¹)

Nr. 179   1849 Juli 20, Kommissariat Künzelsau

Bericht von Ablösungskommissär Linsenmann an die Ablösungskommission über die Hemmungen beim Ablösungsgeschäft

E 184, Bu 32, Fasz. 30 II, Q 35. Ausfertigung.

[...] An der Spitze der Hindernisse stund seither der fast allgemeine Widerwillen gegen die Ablösung überhaupt, welcher hervorgerufen wurde dadurch, daß von so vielen Seiten das Landvolk belehrt wurde, diese Lasten seien der Ausfluß reiner Willkür von seiten der Fürsten und ihrer Beamten und es liege außer allem Zweifel, daß sie unentgeltlich aufgehoben werden müssen. Daher kam es, daß die Pflichtigen sich nicht nur gegenüber von dem Kameralamt bezüglich des einstweiligen Fortbezugs der Abgaben, sondern auch gegenüber den Kommissären, wenngleich hier schon weniger, bezüglich des eigentlichen Ablösungsverfahrens renitent zeigten. Diese Renitenz wäre ohne Zweifel durch Zwangsmaßregeln zu beseitigen gewesen; allein sie wurde begünstigt

1) durch die Zeitverhältnisse; denn öffentliche Versammlungen wie die in Offenburg und Reutlingen¹) mußten die Leute in ihren Meinungen vollends bestärken, wenn auch nicht die Bemühungen einzelner schon hingereicht hätten, die Köpfe konfus zu machen;

2) durch die Zweifel, welche die Gesetzgebung selbst übrig gelassen; denn die Leute wußten, daß sie Zusatzgesetze zu erwarten hatten, auf die sie große Hoffnungen setzten; endlich dadurch, daß

3) die Renitenz in manchen Orten und Fällen eben doch begründet erschien,

---

¹) Der vorliegende und der folgende Bericht (Nr. 179) bieten eine Art Zusammenfassung der Schwierigkeiten, auf die Linsenmann bei seiner Tätigkeit im Ablösungsbezirk Künzelsau bis in das Jahr 1850 hinein stieß. Seine Berichte seit Anfang Januar 1849 in E 184, Bu 32, Fasz. 30 II und III.

¹) Offenburger Volksversammlung vom 13. 5. 1849 (vgl. Valentin II, S. 511 ff); Reutlinger Volksversammlung vom 27./28. 5. 1849, auf der die württembergischen Radikalen die Zusammenarbeit mit den Aufständischen in Pfalz und Baden zu gemeinsamer Verteidigung der Reichsverfassung anbahnen wollten (ebd., S. 501). Zu dem Programm beider Versammlungen zählte auch die unentgeltliche Aufhebung der „Feudallasten".

indem sich da und dort zeigte, daß in den Bezug der abzulösenden Grundlasten Mißbräuche sich wirklich eingeschlichen haben.

Jene Zeitverhältnisse, worunter die politischen Bewegungen zu verstehen sind, bewogen wohl die Kameralämter, ihre Gefälleinzüge nicht mittelst Exekution zu betreiben, während die Berechtigten durch sie veranlaßt wurden, ihre Klagen gegen die Renitierenden bei den Gerichten zurückzuhalten, und die Gerichte endlich, wenn auch die Kläger erschienen wären, würden bei dem schwebenden Stand der Gesetzgebung in Ablösungssachen sich veranlaßt gefunden haben, ihre Entscheidung auf das Erscheinen der Zusatzgesetze aufzuschieben.

Wenn man diese Punkte ins Auge faßt – und man wird sie im vorliegenden Falle beachten müssen –, so kommt man zu der Überzeugung, daß der Grund des seitherigen ungünstigen Erfolgs bei dem Vollzug der Ablösungsgesetze nicht in den von den Vollzugsbehörden getroffenen Maßregeln, sondern in den Zeitverhältnissen zu suchen ist.

Der Kommissär spricht sich gegen besondere Maßnahmen aus, um die Renitenz der Pflichtigen zu bekämpfen. Künftig wird infolge der veränderten Zeitverhältnisse die Ablösung rascher fortschreiten[2]).

Nr. 180   1849 Juli 15, Aalen

Bericht von Ablösungskommissär Germann an die Ablösungskommission über das Stocken des Ablösungsgeschäfts in dem Bezirk Aalen und Schwäbisch Gmünd

E 184, Bu 29, Fasz. 4 II, Q 2. Ausfertigung.

Eine tabellarische Übersicht über den Fortgang der Verhandlungen kann nicht gegeben werden, denn in sämtlichen Gemeinden, in welchen ich bis jetzt

---

[2]) Ähnliche Schwierigkeiten hatten die Ablösungskommissäre in den Oberämtern Gerabronn und Öhringen zu überwinden. Die Mehrzahl der Pflichtigen sträubte sich bis Mitte 1849 gegen den Vollzug der Ablösungsgesetze, weil sie noch vorteilhaftere gesetzliche Regelungen erhoffte, während die Berechtigten angesichts der politisch bewegten Zeiten vor gerichtlicher Klage gegen die Renitenten zurückschreckten. Auch nach dem Erlaß der Gesetze vom 24. 8. 1849 – vgl. Nr. 169 und 171 – ging die Ablösung im Oberamt Gerabronn nur sehr zögernd voran, weil viele Pflichtige glaubten, nun müsse „eine große Anzahl von Gefällen, namentlich die Sterbfallsabgaben jeder Art, unentgeltlich wegfallen. Eben deshalb fehlt es an Einwendungen und Einreden jeder Art bei Einleitung der Ablösungsverhandlungen nicht, und fast durchgängig muß entweder irgendeine Gefällforderung als bestritten an die ordentlichen Gerichte verwiesen werden oder sind einzelne Gefällarten der Entscheidung der hohen Kommission zu unterstellen, wodurch notwendig Verzögerungen herbeigeführt werden müssen" (Bericht von Ablösungskommissär Stapf vom 1. 12. 1849; E 184, Bu 32, Fasz. 21 II). Als besonders großes Hindernis erwiesen sich im Oberamt Öhringen „die Agitationen des Rechtskonsulenten Müller in Künzelsau", „welcher die Pflichtigen dahin zu instruieren pflegt, daß sie die fürstlichen Abgaben weder förmlich bestreiten, noch auch anerkennen sollen. Durch diese Manipulation ist es den Pflichtigen häufig gelungen, die Tätigkeit des Oberamtsgerichts in Anhaltung der Ortsvorsteher zu Erfüllung ihrer Amtspflichten zu lähmen, weil man sich mit der allgemeinen Erklärung begnügte, daß die Gefälle zur Zeit zwar nicht bestritten, aber auch nicht anerkannt werden, bis solche durch den Ablösungskommissär untersucht seien." Dieser konnte allerdings sicher sein, daß er bei entsprechenden Untersuchungen auf zahlreiche „neue Ausflüchte", Zweifel in die Rechtsnatur der Gefälle, Anspruch auf unentgeltliche Aufhebung der Abgaben usw. stieß (Bericht von Ablösungskommissär Neuffer vom 18. 7. 1851). Derartige Widerstände dauerten noch bis tief in das folgende Jahr fort (E 184, Bu 34, Fasz. 45 II), vgl. Darstellung, Kap. 3, Anm. 662.

mit dem Geschäfte begonnen, und diese sind der Zeitfolge nach Horn, Laubach, Lautern, Hohenstatt, Schechingen, Neubronn, Leinzell, Göggingen und Pommertsweiler, haben sich, ehe mit den einzelnen Pflichtigen der Durchgang ihrer verschiedenen zur Ablösung sich eignenden Schuldigkeiten vorgenommen, fortgesetzt oder beendigt werden konnte, solche Anstände ergeben, daß bis zu deren Erledigung das Geschäft eingestellt werden mußte.

Bald bringen die Pflichtigen Ansichten, Wünsche und Beschwerden gegen den Gutsherrn vor, vor deren entsprechender Lösung sie sich nicht zur Ablösung verstehen, bald genügen ihnen die vorgelegten Lager-, Saal- und Haischbücher etc. nicht, weil deren Inhalt häufig nicht gleichlautend ist und sie von dem Vorhandensein älterer lagerbüchlicher Dokumente wissen.

In beiderlei Beziehungen ist meiner Mahnungen unerachtet von seiten der Gutsherrn bis jetzt nicht entsprochen, mit Ausnahme von Horn nicht einmal eine Erklärung abgegeben worden. Der Hauptgrund aber, warum die Gefällablösung im diesseitigen Bezirke (in manchen andern wird derselbe Fall eintreten) bis jetzt nicht weiter gediehen ist und gedeihen konnte, liegt in dem allgemeinen und vollsten Mißtrauen gegen die betreffenden Gutsherren, hervorgegangen aus der seitherigen Behandlung der Pflichtigen entweder von seiten des Gutsherrn selbst oder dessen Rentbeamten. [...]

Nr. 181 1849 November 25, Weinsberg

Bericht von Ablösungskommissär Benignus an die Ablösungskommission über seine Tätigkeit in den Grundherrschaften v. Weiler und v. Gemmingen

E 184, Bu 35, Fasz. 66 I, Q 3. Ausfertigung.

Die Bauernunruhen, welche im Frühjahre 1848 auch in dem hiesigen Oberamtsbezirke zu dem Zwecke stattfanden, durch Vernichtung der in den Händen der grundherrlichen Beamten befindlichen Lagerbücher und anderer Dokumente den Weiterbezug der Feudallasten unmöglich zu machen, und bei denen sich die armen, hauptsächlich unter dem Drucke dieser Abgaben leidenden Bewohner des sogenannten – in früherer Zeit wohlhabend zu nennenden – „Burgfriedens" besonders beteiligten[1]), haben nach dem Erscheinen der Ablösungsgesetzgebung vom Jahr 1848 die K. Ablösungskommission veranlaßt, [...] dem Ablösungskommissär des Bezirks die Weisung zu erteilen, behufs der Durchführung des Gesetzes die Rentbeamten der Grundherrschaften v. Weiler und v. Gemmingen in der durch die teilweise gelungene Verbrennung der betreffenden Grund- etc. Bücher notwendig gewordenen neuen Erhebung ihrer Gefällansprüche zu unterstützen.

Mühevoller Fortgang der Ablösungsverhandlungen in Oberheimbach, obwohl die meisten Pflichtigen die gemachten Anforderungen anerkannt haben.

---

[1]) Vgl. Nr. 150 und 151.

Am meisten beanstandet, obgleich als Verpflichtung anerkannt, wurden die unständigen Gefälle, Handlohn- und Sterbfallgebühren, und in Betracht der schwierigen Erhebungsweise und des vergleichungsweise unbedeutenden Betrags der Abgabe von den Rentbeamten hierauf auf die letztere Art von Gefäll, nemlich den Sterbfall, Verzicht geleistet.

Schwierigkeit der Aktenbelege vor allem bei der Herrschaft Weiler, bei der die Akten fast restlos verbrannt sind.

Ich habe schon erwähnt, daß die Gefälle in dem geforderten Betrage von dem größten Teile der vernommenen Pflichtigen anerkannt wurden; das geschah aber in der Regel nur, nachdem sie durch die angestellten Nachforschungen in den vorliegenden Akten die Überzeugung erlangt hatten, daß ein unbedingtes Ableugnen zu nichts führen könne. Zum Vorzeigen ihrer Quittungen konnten manche nicht vermocht werden, sie gaben vor, daß solche verlorengegangen seien; viele, welche die Richtigkeit der Abgabe nicht in Abrede ziehen konnten, namentlich Bewohner von den Parzellen Busch und Kreuzle, verweigerten demungeachtet ihre Unterschrift im Protokoll, und andere, denen zwar der Betrag ihrer bisher bezahlten Abgaben im ganzen namhaft gemacht, aber das pflichtige Objekt nicht bezeichnet werden konnte, leugneten teilweise ohne weiteres, etwas schuldig zu sein. Eine Neigung zur Ablösung zeigte sich nur bei wenigen, und die Vorstellungen des Kommissärs, zum Beispiel daß sie bei einer 24jährigen Tilgungszeit ja wenig mehr als bisher ohnehin alljährlich bezahlen müßten, um von ihrer Abgabe ganz befreit zu werden, fanden selten Eingang.

Es war unverkennbar, daß die meisten dieser Leute sich auf unentgeldliche Aufhebung der fraglichen Lasten Rechnung gemacht hatten und daß sie auch jetzt noch derartige Hoffnungen hegen, worauf hauptsächlich die verweigerten Unterschriften hinweisen. Die Gesinnung dieser Landleute sehr bezeichnend ist der einfach listige Grund, mit welchem sie die Verweigerung ihrer Unterschriften zu motivieren pflegten; sie fragten: Wenn die geforderten Gefälle in den Akten enthalten seien und sie solche auch nicht bestreiten, warum sie alsdann noch unterschreiben sollen? Und klar ist, daß sie hier an die Möglichkeit dachten, solche später um so leichter bestreiten zu können, wenn kein neues Anerkenntnis durch Unterschrift vorliege. Die erteilten Belehrungen hatten in dieser Beziehung keine Wirkung – es blieb beim Nichtunterschreiben.

Unverkennbar war es weiter, daß beinahe alle geneigt gewesen wären, ihre Verbindlichkeiten kurzweg abzuleugnen, wenn gar keine Beweise mehr hätten vorgelegt werden können. Ihre ausweichenden Antworten und das komische Erstaunen, welches sich kundgab, wenn sie von dem Wahne, es seien alle Bücher verbrannt, enttäuscht wurden, zeigen dies. Die örtlichen Güter- und Kaufbücher würden nur selten den gehörigen Aufschluß gegeben haben.

Unter diesen Umständen fragt es sich von selbst: Was hat zu geschehen, wenn auch bei dem eigentlichen Ablösungsverfahren dieser passive Widerstand fortgesetzt und z. B. das Anerkenntnis der festgesetzten Ablösungssumme verweigert wird? Und in Bezug hierauf muß ich mir schon jetzt Belehrung ausbitten. [...]

Im allgemeinen mag es mir verstattet sein, noch folgendes beizufügen: Wahr ist es, daß die Bewohner der Burgfriedorte durch die Feudalabgaben auf eine Weise belastet sind, wie es wohl selten im Lande vorkommen wird und nicht entfernt im Verhältnis mit dem Werte und dem Ertrage der belasteten Grundstücke und zu dem Vermögensstande der Pflichtigen steht. Glaubwürdige, mit der Sachlage vertraute Männer haben mir die Versicherung gegeben, daß der Wert des gesamten Burgfriedens nicht gleichkomme dem Betrag der darauf ruhenden Schulden in Verbindung mit den jetzt noch dazukommenden Ablösungskapitalien. Nicht sehr zu verwundern ist es daher, wenn die armen Bewohner eines rauhen, unergiebigen Bodens, Leute, die mit allen möglichen Beschwerden des Lebens zu kämpfen haben und denen strenge Rechtsbegriffe durch Erziehung und durch das Einwirken anderer beklagenswerter Verhältnisse fremd geworden sein mögen, sich dem vielseitigen Drucke der Abgaben auf eine nicht in dem Willen des Gesetzes liegende Art möglichst zu entziehen suchen.

Ich bin versucht zu glauben, daß das Ablösungswerk, worunter ich im vorliegenden Falle auch die Abzahlung des Ablösungskapitals verstehe, in diesen Orten nur dann den erwünschten Fortgang nehmen wird, wenn der Staat hier ein Opfer bringt und zu dem Ablösungskapital aus Gründen der Billigkeit einen Beitrag verwilligt[2]).

Nr. 182   1852 November 14, Stuttgart

Bericht des Innenministers v. Linden an den König über die Tätigkeit der Ablösungskommission und den Stand der Ablösungsgeschäfte

E 150, Bü 1, Q 16. Konzept.

Von den Gefällablösungen sind den Ablösungsbehörden eine große Zahl nicht bekannt geworden, weil das Gesetz bei Hofdomänenkammer, Staatsfinanzverwaltung, öffentlichen Körperschaften und Kirchenstellen die Ablösung durch Privatübereinkunft gestattet. Die entsprechende Übersicht der Ablösungskommission ist daher sehr unvollständig, während sie die Zehntablösungen vollständig erfaßt.

Zwischen den einzelnen Landesteilen zeigen sich hinsichtlich des Geschäftsumfangs und der Ablösungsfortschritte erhebliche Unterschiede:

---

[2]) Durch Weisung vom 29. 11. 1849 gestand die Ablösungskommission zu, daß die Unkosten des Ablösungsgeschäfts auf die Staatskasse übernommen wurden (E 184, Bu 35, Fasz. 66 II, Q 4). Der Widerstand der einstigen Pflichtigen aber dauerte fort; die Renitenz wurde ihnen dadurch erleichtert, daß sie häufig als Holzarbeiter oder Hausierer abwesend waren. Noch Anfang 1851 verschwand in der Gemeinde Neuhütten das Güterbuch, angesichts des weitgehenden Verlustes sonstiger Dokumente eines der wichtigsten Beweisstücke für die früheren grundherrlichen Ansprüche, und war trotz oberamtlicher Untersuchung nicht mehr aufzufinden. Auf Vorladung erschienen die Pflichtigen vielfach nicht. Noch im April 1852 bestritten die Pflichtigen in der Gemeinde Brettach geschlossen, in der Gemeinde Neuhütten vereinzelt ihre Schuldigkeiten, so daß die Berechtigten ihre Forderungen einklagen mußten (ebd., Q 5 ff).

	Neckarkreis	Schwarzwaldkreis	Jagstkreis	Donaukreis	Summe
1. Zahl der Gefällablösungen	621	1 307	3 265	3 048	8 241
2. Zahl der Gefällablösungen in % der Gesamtsumme	7,5	15,9	39,6	37	100
3. Zahl der erledigten Fälle	428	914	2 359	2 678	6 379
4. Verhältnis von 3. zu 1. in %	68,9	69,9	72,3	87,9	77,4
5. Ablösungssumme in fl	524 129	832 364	1 505 796	4 020 967	6 883 256
6. Ablösungssumme in % der Gesamtsumme	7,6	12,1	21,9	58,4	100
7. Durchschnittliche Summe je Ablösungsfall in fl	1 225	911	638	1 501	1 079

Nähere Erläuterungen zu den Zahlen. Die einzelnen Ablösungsfälle im Jagstkreis sind oft unbedeutend. Im Schwarzwald- und Neckarkreis sind Standesherren und Ritterschaft weniger stark begütert, die meisten Gefälle bezog dort die Finanzverwaltung.

Bei den Zehnten beträgt die

	Neckarkreis	Schwarzwaldkreis	Jagstkreis	Donaukreis	Summe
1. Zahl der Zehntablösungen	1 068	1 168	3 020	2 708	7 964
2. Zahl der Zehntablösungen in % der Gesamtsumme	13,4	14,7	37,9	34	100
3. Zahl der erledigten Fälle	530	588	1 576	1 788	4 482
4. Verhältnis von 3. zu 1. in %	49,6	50,3	52,2	66	56,3
5. Ablösungssumme in fl	3 976 623	4 778 609	4 172 235	8 259 775	21 187 242
6. Ablösungssumme in % der Gesamtsumme	18,8	22,6	19,7	39	100
7. Durchschnittliche Summe je Ablösungsfall in fl	7 503	8 127	2 647	4 620	–

Erläuterung der Zahlen. Die unterschiedliche Größe der durchschnittlichen Ablösungssummen für den einzelnen Fall rührt daher, daß im Neckar- und Schwarzwaldkreis große geschlossene Gemeinden mit ansehnlichen Markungen vorherrschen, während im Jagst- und Donaukreis kleinere Markungen in größerer Zahl vorhanden sind. Im Jagstkreis sind zudem die Zehntrechte unter viele Berechtigte zersplittert.

Überblick über den Ablösungsstand nach Oberämtern.

Immerhin aber zeigt die Übersicht des vorgelegten Details, daß die Ablösungsgeschäfte in den dreieinhalb Jahren des Vollzugs der betreffenden Gesetze weit vorgerückt sind, daß die vollendeten Ablösungen den weit größeren Teil der Gefälle und beträchtlich mehr als die Hälfte der Zehentgefälle umfassen und daß die Verhandlungen über die noch unerledigten Fälle zum größern Teil ziemlich weit gediehen sind. Es ergibt sich aus diesem Stande der Sache, auf welche unübersteigbaren Schwierigkeiten eine Revision der Ablösungsgesetze den Pflichtigen gegenüber, wie sie schon beabsichtigt wurde, stoßen müßte.

Nähere Zahlenangaben über die Vermittlungstätigkeit der Ablösungskassen.

Nach den bisherigen Erfahrungen ziehen bei den Zehntablösungen etwa $7/8$ der Berechtigten die unmittelbare Zahlung durch die Pflichtigen, für welche meist die Gemeinden eintreten, der Beteiligung an der Zehntablösungskasse vor, während bei den Gefällen ca. $2/3$ der Ablösungssummen durch Vermittlung der Gefällablösungskasse bezahlt werden.

Ablösungsstand bei den Bannrechten und dinglichen Gewerbsberechtigungen. Es kamen 314 Fälle dieser Art in Verhandlung, und es können, da der Entschädigungsanspruch binnen 90 Tagen von Erscheinen des Gesetzes an bei Verlust des Entschädigungsanspruchs geltend zu machen war, keine weiteren Fälle nachkommen. [...] Diese wenn schon im ganzen nicht zahlreichen Bann- und Gewerbsrechte mit Ausschließungsbefugnis machten doch fast sämtlich viele Verhandlungen nötig, weil diese vor Jahrhunderten unter völlig anderen Gewerb- und Territorialverhältnissen entstandenen Berechtigungen häufig ihrer Existenz und ihrem Umfang nach unbestimmt oder bestritten oder teilweise außer Übung gekommen waren, die Mitbeteiligung der Finanzverwaltung die Zahl der Interessenten vermehrte und die Normen über die Ausmittlung der Entschädigungssummen einen so weiten Spielraum lassen, daß diese durch die Schätzer sehr verschieden bestimmt werden können.

Überblick über den Geschäftsbereich der Ablösungskommission.

Die Geschäfte der Kommission begreifen

1) die Organisation des ganzen äußeren Dienstes, die Ernennung, Beaufsichtigung und Entlassung der Ablösungsbeamten und ihrer Gehülfen, die Bildung der Kommissariatsbezirke und die angemessene Verteilung der Geschäfte, die Behandlung des ganzen Rechnungswesens der Kommission und der Kommissäre und die Sorge für den Kanzleidienst;

2) den dienstlichen Verkehr mit den vorgesetzten Behörden, die Feststellung der gegenseitigen Beziehungen zu den Gerichtsbehörden, der Kommission für die Verwaltung der Ablösungskasse, dem Bauschätzungskollegium, der Ablösungsvollzugskommission, den Kreisregierungen und den Oberaufsichtsbehörden über Kirchen- und Schulstellen und die Unterhaltung des amtlichen Verkehrs mit diesen Behörden;

3) die Verhandlung und Entscheidung in allen Streitigkeiten über die Anwendung der Ablösungsgesetze. Diese Aufgabe hatten wesentlich die rechtsverständigen Mitglieder der Kommission zu lösen, deren Arbeiten bei den oft sehr verwickelten Verhältnissen und der großen Menge älterer Akten, auf welche zurückzugehen war, sowie wegen der Notwendigkeit, die oft nicht immer mit den wesentlichen Grundsätzen eines streitigen Verfahrens vertrauten Ablösungsbeamten durch ausführliche Instruktion zu belehren, sehr mühevoll waren, wozu noch besonders das Gesetz vom 24. August 1849 über die Beseitigung der Überreste älterer Abgaben[1]) durch die Zurückweisung auf den historischen Ursprung mancher Leistungen beitrug. Außerdem haben die rechtsverständigen Mitglieder für die Wahrung der Rechte Dritter, für die Beaufsichtigung der Abschlagszahlungen an Gefäll- und Lastenberechtigte sowie für den Verkehr mit den Gerichtsstellen zu sorgen. [...]

4) Die Leitung und Finalisierung des Ablösungsverfahrens bei allen Ablösungen, für welche die Vermittlung der Ablösungskasse oder die amtliche Festsetzung der Ablösungssumme in Anspruch genommen ist. Hiebei bildet die Revision der Ablösungsurkunde, welche oft sehr mühsam und schwierig ist, ein Hauptgeschäft [...]. [...]

5) Die Einweisung der allerseits festgestellten und genehmigten Ablösungsurkunden bei den Ablösungskassen.

Neben 14 Oberamtmännern, welche die Gefällablösungen in ihren Bezirken ganz oder teilweise besorgten, und neben 5 Oberamtmännern, welche auch die Zehntablösungen durchführten, belief sich die Zahl der Ablösungskommissäre nach dem höchsten Stand im vorigen Jahr auf 128. Diese Zahl ist jedoch zweckmäßigerweise auf 49 zurückgeführt worden unter Ausscheidung der minder brauchbaren Arbeiter und nötigenfalls unter Beigebung von Gehülfen an tüchtige Kommissäre mit größeren Bezirken. Diese Einrichtung wäre auch von Anfang an besser gewesen als die große Häufung der Bezirke und die Anstellung zu vieler Kommissäre, bei denen es oft nicht genau genommen wurde. Am besten wurde die Sache besorgt, wo tüchtige und gesetzkundige Oberamtmänner den Vollzug übernahmen wie in Eßlingen, Stuttgart, Hall, Kirchheim, Ulm, da das Ansehen und die Lokalkenntnis dieser Beamten den Geschäften sehr förderlich sein mußten. [...]

Die Ablösungskommission hat insgesamt Bedeutendes geleistet. Es läßt sich zwar denken, daß wenn die Vollziehung der Ablösungen mehr in die Hände von Kameralbeamten, welche mit dem Gefällwesen zuvor schon praktisch vertraut waren, gelegt und die nötige formelle Prüfung der Ablösungsverträge von Justitiaren besorgt worden wäre, eine raschere Erledigung der Ablösungen hätte erzielt und die Entstehung vieler Streitigkeiten hätte verhütet werden können, zu welchen die mit dem Gefällwesen praktisch minder vertrauten gesetzlichen Organe bei ganz unangefochten bestehenden Leistungen oft selbst Veranlassung gaben. Gehört auch die Entscheidung über das Recht und den Umfang einer Grundlast nicht in die Zuständigkeit der Ablösungsbehörden, so glaubten diese doch verpflichtet zu sein, eine ausdrückliche Erklärung der Verpflichteten, daß das Recht in dem behaupteten Umfang anerkannt sei, zu fordern, was häufig Mißtrauen und den Versuch hervorrief, ganz klare Rechtsver-

---
[1]) Nr. 171.

hältnisse zu bestreiten. Wurden auch solche Streitigkeiten in der Regel schnell von den Gerichten gegen die Pflichtigen entschieden, so wurden doch die Verhandlungen aufgehalten und den Berechtigten durch solche Verzögerungen Schaden zugefügt. Kameralbeamte würden Lasten, welche durch die Leistung von 50 und mehr Jahren durch Saal- und Lagerbücher und durch Einzugsregister etc. nachgewiesen waren, als unzweifelhaft zu Recht bestehend behandelt und die Pflichtigen nicht zu dem Gedanken, ob nicht etwa die ganze Last bestritten werden könne, veranlaßt haben. Mit dem Gefällwesen vertraute Geschäftsmänner würden in der Regel über die Klassifikation der Lasten unter die gesetzlichen Kategorien sogleich richtig geurteilt und dadurch manche überflüssige Untersuchung über Entstehung von Abgaben, welche ihnen nicht wie den Ablösungskommissären ganz neu waren, abgeschnitten haben. Ein in Ablösungen schon zuvor geübter Kameralist hätte namentlich bei den schwierigen Ablösungen von Laudemien durch Darlegung der Vorteile eines vereinfachten Verfahrens und durch die Sicherheit der Behandlung eine viel schnellere Erledigung bewirken können als Beamte, welche sich erst in diese Materie einarbeiten mußten. Bei der Behandlung der Ablösungen unter der Leitung der Ablösungskommission fehlte besonders anfangs den dazu benützten Organen großenteils die genaue praktische Kenntnis des Gefällwesens, wogegen das juristische Element in der Zusammensetzung der leitenden Behörde vorherrsche.

Allein wenn auch hierin ein Mangel zu erkennen sein mag, so trifft doch die Ablösungskommission deshalb keine Schuld. Der Fehler liegt vielmehr in dem Gesetz, welches die Zusammensetzung der Ablösungskommission so bestimmte, daß eine halbe Justizbehörde daraus wurde[2]), was in der Wirklichkeit um so stärker hervortrat, weil die rechtsverständigen Mitglieder die kenntnisreicheren und begabteren waren. Zu den unmittelbaren Organen bestimmt das Gesetz die Bezirkspolizeibeamten, von welchen zwar einzelne der Aufgabe sich gewachsen zeigten, die Mehrzahl dagegen nicht gehörig mit dem Gegenstande vertraut und durch die übrigen amtlichen Geschäfte in Anspruch genommen ist, und Kommissäre, deren Qualifikation nicht näher bezeichnet ist. Neben einigen Kameralamtsbuchhaltern, welche sich am brauchbarsten zeigten, und einigen Oberamtsaktuaren, welche sich nur teilweise eigneten, mußten Personen aus dem Schreibereistande genommen werden, welche, wenn sich auch einige brauchbare Leute darunter fanden oder heranbildeten, der Mehrzahl nach in ein ihnen bisher ziemlich fremdes Feld eintraten und sich erst Kenntnisse sammeln mußten. Eine nicht unbedeutende Zahl erwies sich als träge und unbrauchbar. Die Ablösungskommission hatte aber allerdings keine andere Wahl, als es auch mit solchen Personen zu versuchen, da ihr das Gesetz eigentlich tüchtige Beamte nicht zur Verfügung stellte und die Annahme einer Kommissärsstelle lediglich Sache des freien Willens ist. Dieser Mangel des Gesetzes hat sich nun allerdings dadurch etwas ausgeglichen, daß die untüchtigen Kommissäre allmählich entlassen wurden und nur solche noch angestellt sind, welche sich durch Brauchbarkeit, Kenntnisse, Pünktlichkeit und Fleiß bewährt haben. Dagegen ist die vorwiegende formell-juristische Richtung, welche durch

---

[2]) Nach Art. 16 des Gesetzes vom 14. 4. 1848 (Nr. 168) mußte die Ablösungskommission zur Hälfte „aus zum Richteramte befähigten Männern" bestehen.

die Zusammensetzung der Ablösungskommission und einzelne Bestimmungen der Gesetze den Ablösungsverhandlungen gegeben worden ist, nicht wohl zu beseitigen, selbst wenn eine gesetzliche Änderung der Zusammensetzung jenes Kollegiums eingeleitet werden wollte, da einmal alle Ablösungsgeschäfte in diesem Weg eingeleitet, alle Beteiligten damit bekannt sind und Abänderungen des bisherigen Verfahrens nicht ohne bedeutende Verwicklungen einzuführen wären.

Bei der Beurteilung der Wirksamkeit der Ablösungskommission und ihrer Organe darf ferner nicht außer acht gelassen werden, daß die Gesetze, welche zu vollziehen waren, auch abgesehen von den zugrund liegenden Prinzipien an manchen Mängeln leiden. Das Gesetz vom 14. April 1848[3]) enthielt nur die allgemeinsten Grundzüge und konnte ohne nähere Entwicklung derselben gar nicht zur Ausführung gebracht werden. Dadurch verzog sich der eigentliche Beginn der Geschäfte umso mehr bis in das Jahr 1849, als die äußere Organisation zu schaffen war und manche Bestimmungen der erlassenen Instruktion angefochten wurden. Die Stände schickten sich an, an dem ersten Gesetz wieder zu rütteln und für die Pflichtigen in einzelnen Beziehungen noch günstigere Bestimmungen durchzusetzen. Bei einer solchen Lage der Gesetzgebung in Verbindung mit der aufgeregten Stimmung der untern Volksklasse in jener Zeit konnte die Vollziehung des Gesetzes vom 14. April 1848 keine großen Fortschritte machen, zumal da bestimmte Geschäftsformen erst festgesetzt werden mußten. Nachdem die Ungewißheit über die Gesetzgebung zwar beendigt war, brachte die Art, wie dieses durch das Gesetz vom 24. August 1849 geschah, welches die einfache Unterscheidung von dinglichen und persönlichen Abgaben verließ und von der rechtshistorischen Entstehung einzelner Abgaben ihre Behandlung abhängig machte, eine bedeutende Verwicklung in die Ablösungsgeschäfte, indem den Pflichtigen ein neuer Weg gezeigt wurde, durch gewöhnlich ganz unbegründete Behauptungen sich der Entschädigungspflicht zu entziehen oder doch die Verhandlungen hinauszuziehen, und auf die mit aller Gründlichkeit und mit Zurückgehen auf frühere Jahrhunderte gepflogenen Untersuchungen der Natur alter Gefälle, deren Betrag in der Regel ganz unbedeutend war, viele Mühe und Zeit unnütz aufgewendet werden mußte, worüber die Hauptsache verzögert wurde.

Das Zehentablösungsgesetz vom 17. Juni 1849 ist zwar sorgfältiger ausgearbeitet, dennoch läßt es manche praktisch wichtige Fragen unentschieden, über welche längere Zeit zwischen den Behörden verschiedene Ansichten herrschten, und enthält manche für den Vollzug höchst schwierige Bestimmungen. Namentlich gehört hieher die Bestimmung, daß, wenn der Naturalertrag der Zehenten in den 18 Jahren der Durchschnittsperiode ganz oder nur für einzelne Jahre nicht bekannt ist, für diese Jahre einzeln durch Schätzung der Naturalertrag und der Betrag der Bezugskosten ausgemittelt werden müsse. Diese Schätzung des Ertrags von Fluren in den einzelnen Jahrgängen von 1830 bis 1847 ist in den meisten Fällen nicht möglich, weil es in der Regel außer der Kenntnis der Größe der angeblümten Fläche und der Bonität der zehentpflichtigen Felder im allgemeinen an allen sicheren Anhaltspunkten fehlte, um für jedes einzelne Jahr von 1830 bis 1847 rückwärts den Einfluß der Witterung und der guten oder

---
[3]) Nr. 168.

schlechten Bestellung auf den Ertrag beurteilen zu können, und daher ganz in der Willkür der Schätzer liegt, wie sie den Ertrag der einzelnen Jahre bestimmen wollen. Indem das Gesetz den Grundsatz, daß der Durchschnittsnaturalertrag der Jahre 1830 bis 1847 der Ablösung zugrund zu legen sei, in abstrakter Weise allgemein durchführen wollte, wurde übersehen, daß der menschliche Scharfsinn nicht hinreicht, den wirklichen Jahresertrag einer Markung ohne Anschauung der Ergebnisse der hier zusammenwirkenden natürlichen und künstlichen Faktoren oder ohne die Aufzeichnung dieser Ergebnisse durch Schlußfolgerungen zu erraten. Das natürliche Mittel in solchen Fällen, den durchschnittlichen Ertrag im allgemeinen nach denselben Grundsätzen, nach welchen er auch zum Zweck der Besteuerung zu erheben ist, ermitteln zu lassen, ist nicht gewählt. Diese mangelhafte Bestimmung des Gesetzes, welches auch sonst von Schätzungen zuviel abhängig macht, erschwert die Vollziehung des Gesetzes in allen Fällen, in welchen keine urkundlichen Aufzeichnungen über den Naturalertrag vorhanden sind. Wenn auch die Behörden möglichst dahin streben, die Partien zu einer andern billigen Art der Feststellung des Rohertrages zu vermögen, so können diese doch nicht dazu gezwungen werden, und es entstehen dann, wenn die willkürlichen Schätzungen vorzunehmen sind, in der Regel Streitigkeiten und Anfechtungen. In ähnlicher Weise ist auch in dem Gesetze über die Bannrechte dem Ermessen der Schätzer zuviel überlassen, auch wenn die Frage über die Wertverminderung einer gewerblichen Anlage durch positive Anhaltspunkte entschieden werden könnte. Über die meisten einzelnen Fälle wird deshalb in allen Instanzen gestritten, was zur Verzögerung der Geschäfte führen muß.

Endlich ist bei Beurteilung der Tätigkeit der Ablösungskommission der von ihr selbst angeführte Umstand in Betracht zu ziehen, daß die Personalbesetzung dieses Kollegiums beständig gewechselt hat. Mit Ausnahme des Vorstands sind alle gegenwärtigen Mitglieder der Kommission erst im Verlauf ihrer Wirksamkeit eingetreten, während zehn Mitglieder in den Jahren 1849 bis 1852 aus der Kommission ausgeschieden sind. Erst in neuester Zeit wurde der Normalstand des Kollegiums wiederhergestellt, während längere Zeit die Besetzung unvollständig war und durch Übertragung von Kollegialgeschäften an den Sekretär oder an Kanzleiassistenten notdürftig gesorgt werden mußte. [...]

Man soll die Kommission unter Anerkennung ihrer bisher geleisteten Arbeit auffordern, die nunmehr gesammelten Erfahrungen und verbesserte Organisation zu rascher Beseitigung der noch vorhandenen Rückstände zu benützen.

Nr. 183

Übersicht über den Vollzug der Ablösungen von Gefällen, Zehnten und Bannrechten im Königreich Württemberg auf Grund der Gesetze vom 14. 4. 1848 und 24. 8. 1849, 17. 6. 1849 und 8. 6. 1849

Zusammengestellt nach den Berichten der Ablösungskommission an das Innenministerium. E 150, Bü 1.

Da Artikel 4 des Gesetzes vom 14. 4. 1848 (Nr. 168) und ergänzend das Gesetz vom 13. 6. 1849 (RegBl 1849, S. 177 ff) die Ablösung durch Privatüberein-

kunft zwischen ehemals Berechtigten und Pflichtigen freigaben, ist die Übersicht über die Gefällablösungen sehr unvollständig – nur wenig mehr als 60 % der Ablösungssummen sind erfaßt (vgl. Nr. 184). Dagegen mußten alle Ablösungen von Zehnten und Bannrechten der Ablösungskommission mitgeteilt werden.

Datum	Gefällablösungen Zahl der Ablösungsfälle					Summe der Ablösungskapitalien bei den erledigten Fällen		
	Gesamtzahl	davon erledigt mit Vermittlung der Ablösungskasse	davon erledigt ohne Vermittlung der Ablösungskasse	Summe	unerledigt	mit Vermittlung der Ablösungskasse fl	ohne Vermittlung der Ablösungskasse fl	Summe fl
1. 9. 1852	8 241	3 226	3 153	6 379	1 862	4 555 089	2 328 167	6 883 256
31. 12. 1853	10 048	4 276	4 584	8 860	1 188	6 482 823	3 282 866	9 765 689
31. 12. 1854	11 531	4 959	5 823	10 782	749	7 240 668	3 809 119	11 049 787
31. 12. 1855	12 387	5 372	6 723	12 095	292	7 697 325	4 111 478	11 808 803
31. 12. 1856	12 720	5 536	7 033	12 569	151	7 898 841	4 304 670	12 203 511
31. 12. 1857	12 897	5 602	7 185	12 787	110	7 935 995	4 415 864	12 351 859
31. 12. 1859	13 085	5 637	7 365	13 002	83	7 954 577	4 504 950	12 459 527
31. 12. 1860	13 172	5 654	7 446	13 100	72	7 965 879	4 527 161	12 493 041
31. 12. 1861	13 241	5 659	7 489	13 148	93	7 966 057	4 536 269	12 502 326
31. 12. 1862	13 293	5 673	7 559	13 232	61	7 967 088	4 555 273	12 522 361
31. 12. 1863	13 323	5 681	7 592	13 273	50	7 967 260	4 582 135	12 549 395
31. 12. 1887	14 544							12 726 116

Zehntablösungen

Datum	Zahl der Ablösungsfälle					Summe der Ablösungskapitalien bei den erledigten Fällen		
	Gesamtzahl	erledigt mit Vermittlung der Ablösungskasse	erledigt ohne Vermittlung der Ablösungskasse	Summe	unerledigt	mit Vermittlung der Ablösungskasse	ohne Vermittlung der Ablösungskasse	Summe
1. 9. 1852	7 964	653	3 829	4 482	3 482	2 711 881	18 475 361	21 187 242
31. 12. 1853	9 939	1 020	6 821	7 841	2 098	4 298 070	32 341 588	36 639 658
31. 12. 1854	10 540	1 166	8 718	9 884	656	5 014 738	37 825 888	42 840 626
31. 12. 1855	10 870	1 224	9 345	10 569	301	5 440 046	40 160 320	45 600 366
31. 12. 1856	11 040	1 234	9 663	10 897	143	5 577 243	41 134 162	46 711 405
31. 12. 1857	11 103	1 242	9 765	11 007	96	5 652 777	41 524 528	47 177 305
31. 12. 1859	11 204	1 256	9 866	11 122	82	5 699 556	41 863 011	47 562 567
31. 12. 1860	11 233	1 256	9 897	11 153	80	5 699 556	42 010 945	47 710 501
31. 12. 1861	11 273	1 256	9 942	11 198	75	5 699 556	42 136 917	47 836 473
31. 12. 1862	11 291	1 256	9 972	11 228	63	5 699 556	42 183 106	47 882 662
31. 12. 1863	11 311	1 260	9 988	11 248	63	5 780 684	42 259 213	48 039 897
31. 12. 1887	11 340							48 513 724

	Bannrechtsablösungen			Summe der Ablösungen		
Zahl d. Ablösungsfälle			Ablösungs-kapital	erledigte Fälle	Ablösungs-summe	unerledigte Fälle
Summe	erledigt	un-erledigt			fl	
314	213	101	151 239	11 074	28 225 736	5 445
329	263	66	193 741	17 130	46 599 088	3 352
331	282	49	238 583	20 984	54 128 996	1 454
334	297	37	273 766	22 961	57 682 936	630
335	303	32	276 461	23 769	59 191 377	326
333	329	4	276 461	24 123	59 805 626	210
333	332	1	277 261	24 456	60 299 355	166
333	332	1	277 261	24 585	60 480 803	153
333	333	–	277 261	24 679	60 616 060	168
333	333	–	277 261	24 793	60 682 284	124
333	333	–	277 261	24 854	60 866 553	113
333	333	–	276 645		61 516 485	

Nr. 184

Übersicht über die nach den Gesetzen von 1848/49 abgelösten Gefälle und Zehnten, die Ablösungsbeträge, die geschätzten Verluste der Berechtigten und Gewinne der Pflichtigen

KdA 1856/61, Beil.Bd. I 4, S. 2812 f. Als Unterlage dienten Zusammenstellungen der Ablösungskommission, vgl. ebd., S. 2775 f.

Aus einem Vergleich mit den Zahlen in Nr. 185–187 geht hervor, daß in der vorliegenden Übersicht für die Standesherren der Ablösungsstand von 1856 wiedergegeben wird, während für die anderen Gruppen offensichtlich neuere Daten verfügbar waren.

Hauptklassen der Berechtigten	Abgelöster Reinertragswert von taxierten Naturalien	Abgelöster Reinertragswert von sonstigen Leistungen	Im Ganzen	Erhöhung der Ablösungs-Fruchtpreise um 25 %	Erhöhter Reinertrags-Wert
	1.	2.	3.	4.	5.
	fl	fl	fl	fl	fl
1) Staatsfinanzverwaltung	1 352 113	451 448	1 803 561	338 028	2 141 589
2) Standesherren	411 563	175 478	587 041 (Liquidierter Betrag 585 810)	102 891	689 932
3) Frühere Reichsritterschaft	122 237	55 767	178 004	30 559	208 563
4) Hofdomänenkammer	151 876	51 236	203 112	37 969	241 081
5) Landsässiger Adel	34 244	17 074	51 318	8 561	59 879
6) Evangelische Kirchen- u. Schulstellen	136 379	36 733	173 112	34 095	207 207
7) Katholische Kirchen- u. Schulstellen	279 088	82 619	361 707	69 772	431 479
8) Stiftungen und Korporationen	358 452	151 288	509 740	89 613	599 353
9) Sonstige Berechtigte	362 114	116 452	478 566	90 528	569 094
Hauptsumme	3 208 066	1 138 095	4 346 161	802 016	5 148 177
Hievon fallen auf Gefälle[1]	806 548	537 726	1 344 314	201 647	1 545 961
Hievon fallen auf Zehnten[1]	2 401 478	600 369	3 001 847	600 369	3 602 216

Fünfundzwanzigfacher Kapitalwert			Ablösungskapital					
des erhöhten Reinertrags	der Verwaltungs- und Bezugskosten	der früheren Leistung	Betrag	%-Verhältnis von Spalte 9. zu 8.	Gewinn der Pflichtigen	%-Verhältnis von Spalte 11. zu 8.	Verlust der Berechtigten	%-Verhältnis von Spalte 13. zu 6.
6.	7.	8.	9.	10.	11.	12.	13.	14.
fl	fl	fl	fl		fl		fl	
53 539 725	3 212 375	56 752 100	28 403 295	50	28 348 805	50	25 136 430	46,9
17 248 300	1 034 900	18 283 200	9 102 277	49,8	9 180 923	50,2	8 146 023	47,2
5 214 075	312 845	5 526 920	2 747 243	49,7	2 779 677	50,3	2 466 832	47,3
6 027 025	361 625	6 388 650	3 196 786	50	3 191 864	50	2 830 239	47
1 496 975	89 819	1 586 794	787 037	49,6	799 757	50,4	709 938	47,4
5 180 175	310 800	5 490 975	2 759 207	50,4	2 731 768	49,6	2 420 968	46,7
10 786 975	647 225	11 434 200	5 735 909	50,2	5 698 291	49,8	5 051 066	46,8
14 983 825	899 025	15 882 850	7 909 108	49,8	7 973 742	50,2	7 074 717	47,2
14 227 350	853 641	15 080 991	7 551 315	50,1	7 529 676	49,9	6 676 035	46,9
128 704 425	7 722 255	136 426 680	68 192 177	50	68 234 503	50	60 512 248	47
38 649 025	2 318 951	40 967 976	20 162 592	49,2	20 805 384	50,8	18 486 433	47,8
90 055 400	5 403 304	95 458 704	48 029 585	50,3	47 429 119	49,7	42 025 815	46,7

---

[1]) Eine vollständige Aufschlüsselung dieser Summen nach den Berechtigten fehlt. Für einige Gruppen bieten Nr. 185–187 genauere Daten nach dem Stand von 1856. Eine Aufstellung, die ebenfalls auf dem Stand der Ablösungsgeschäfte von 1856 beruht, suchte die noch nicht erfolgten Anmeldungen schätzungsweise einzubeziehen, allerdings z. T. mit leicht

überhöhten Ansätzen (KdA 1856/58, Beil. Bd. I 2, S. 1022; vgl. KdA 1856/61, Beil. Bd. I 4, S. 2775):

Hauptklassen der Berechtigten	Ablösungskapitalien					
	von Gefällen fl	(%)	von Zehnten fl	(%)	Insgesamt fl	(%)
1. Staatsfinanzverwaltung	7 020 000	(33,9)	22 006 000	(45,7)	29 026 000	(42,2)
2. Hofdomänenkammer	800 000	(3,9)	2 400 000	(5,0)	3 200 000	(4,6)
3. Adel:						
a) Standesherren	4 340 000	(21,0)	4 740 000	(9,8)	9 080 000	(13,2)
b) frühere Reichsritterschaft	1 914 000	(9,3)	1 370 000	(2,8)	3 284 000	(4,8)
c) landsässiger Adel	473 000	(2,3)	270 000	(0,6)	743 000	(1,1)
4. Juristische Personen:						
a) evangelische Kirchen- und Schulstellen	164 000	(0,8)	2 621 000	(5,4)	2 785 000	(4,0)
b) katholische Kirchen- und Schulstellen	785 000	(3,8)	5 049 000	(10,4)	5 834 000	(8,5)
c) Stiftungen und Korporationen	3 947 000	(19,1)	3 978 000	(8,3)	7 925 000	(11,5)
5. Sonstige Berechtigte (ausländischer Adel, ausländische Kirchen- und Schulstellen, Körperschaften, Stiftungen und Staatsfinanzverwaltungen)	1 243 000	(6,0)	5 710 000	(11,9)	6 953 000	(10,1)
Summe	20 686 000	(100)	48 144 000	(100)	68 830 000	(100)

Nr. 185—186 Übersicht über die Ablösungen von Gefällen und Zehnten nach den Gesetzen vom 14. 4. 1848, 17. 6. und 24. 8. 1849 bei den württembergischen Standesherren

Den Aufstellungen liegen Berechnungen der Standesherrschaften zugrunde (E 143, Bü 19). Sie sollten der Regierung für die geplante Nachtragsentschädigung der Berechtigten die erforderlichen Anhaltspunkte liefern; vgl. Darstellung, S. 508 f. Die Ablösungskommission der Zweiten Kammer veröffentlichte die vorliegenden Übersichten in stark verkürzter und geglätteter Form (KdA 1856/58, Beil.Bd. I 2, S. 1034 f). Die dort reproduzierten Zahlen sind in die folgenden Tabellen übernommen (Nr. 185, Spalten 4–8 und 12; Nr. 186, Spalten 3–7). Die übrigen Daten wurden nach E 143, Bü 19 zusammengestellt. Unterlagen für die Standesherrschaft Ysenburg-Büdingen-Meerholz fehlten; daraus erklärt sich die Differenz zu den Summen in Nr. 187.

Unstimmigkeiten im Zahlenmaterial konnten nicht durchweg beseitigt werden. Kleinere Differenzen zwischen den Spalten 8–11 und 13 in Nr. 185, 7–8 und 9 in Nr. 186 erklären sich aus der Rundung der Beträge auf ganze fl; im Einzelfall wichtiger sind zusätzliche herrschaftliche Nachlässe gegenüber den Pflichtigen, das Auslassen bestrittener Gefälle, das Einbeziehen von Baulastenabfindungen bei den Zehntablösungen. Insgesamt bleiben die dadurch im Zahlenmaterial verursachten Differenzen geringfügig.

Nr. 185

Übersicht über die Gefällablösung bei den württembergischen Standesherren nach den Gesetzen vom 14. 4. 1848 und 24. 8. 1849

Standesherrschaften	ohne Entschädigung aufgehobene Gefälle fl	Abgelöste Gefälle				Summe Rohertrag fl
		Geldgefälle fl	% von Sp. 4	Naturalgefälle nach den gesetzl. Preisanschlägen fl	% von Sp. 4	
	1.	2.		3.		4.
Fürsten:						
Fürstenberg	–	2 379	23	7 907	77	10 286
Hohenlohe-Kirchberg	103	9 272	81	2 107	19	11 379
Hohenlohe-Langenburg	177	8 450	67	4 086	33	12 536
Hohenlohe-Öhringen	60	14 019	67	6 790	33	20 810
Hohenlohe-Waldenburg	43	7 775	80	1 923	20	9 699
Hohenlohe-Bartenstein	414	7 158	74	2 544	26	9 703
Hohenlohe-Jagstberg	5	5 043	63	2 930	37	7 973
Löwenstein-Wertheim-Freudenberg	222	?	?	?	?	5 072
Löwenstein-Wertheim-Rosenberg	?	83	5	1 492	95	1 575
Oettingen-Wallerstein	177	8 444	42	11 712	58	20 156
Oettingen-Spielberg	210	1 944	57	1 488	43	3 432
Solms-Braunfels	45	650	87	99	13	749
Thurn und Taxis	8 985	26 770	25	79 885	75	106 655
Waldburg-Wolfegg-Waldsee	260	19 746	47	22 480	53	42 226
Waldburg-Zeil-Trauchburg	–	8 471	61	5 412	39	13 884
Waldburg-Wurzach	10	7 937	55	6 612	45	14 554
Windischgrätz	–	757	77	221	23	978
Grafen:						
Königsegg-Aulendorf[1])	56	4 765	32	10 074	68	14 840
Plettenberg-Mietingen	344	1 459	33	2 906	67	4 365
Pückler-Limpurg	53	743	72	286	28	1 030
Quadt-Isny	61	5 185	56	4 136	44	9 396
Schäsberg-Tannheim	–	1 371	33	2 838	67	4 209
Törring-Gutenzell	–	2 618	43	3 463	57	6 081
Waldbott-Bassenheim	18	1 769	40	2 668	60	4 606
Waldeck-Limpurg	25	715	83	144	17	860
Neipperg	–	240	4	5 388	96	5 628
Rechberg	110	2 211	31	4 857	69	7 069
Summe						349 751

	Abzüge			Mehrwert einzelner Gegenleistungen
Verwaltungs-aufwand	Gegen-leistungen	Summe		
fl	fl	fl	% von Spalte 4	fl
5.	6.	7.		8.
411	2 651	3 061	29,8	671
198	587	785	6,9	168
443	–	443	3,5	–
428	2	430	2,1	–
43	250	293	3,0	–
231	–	231	2,4	–
175	–	175	2,2	–
155	–	155	3,1	–
51	–	51	3,2	–
795	30	825	4,1	–
132	185	317	9,2	155
26	8	34	4,5	–
5 785	20 464	26 250	24,6	1 938
1 689	6 507	8 196	19,4	–
555	5 400	5 955	42,9	400
582	5 092	5 673	39,0	1 212
41	50	91	9,3	8
583	4 663	5 245	35,3	–
131	–	131	3,0	–
25	1	26	2,5	–
284	5 266	5 550	59,1	2 455
168	454	622	14,8	–
243	2 904	3 147	51,8	–
245	65	310	6,7	–
12	–	12	1,4	–
216	–	216	3,8	–
283	–	283	4,0	–
13 931	54 401	68 332	19,5	7 008

Standesherrschaften	Zur Ablösung gebrachter jährlicher Reinertrag			
	10fach	12fach	16fach	Summe
	fl	fl	fl	fl
	9.	10.	11.	12.
Fürsten:				
Fürstenberg	37	378	7 481	7 896
Hohenlohe-Kirchberg	28	6 895	3 839	10 762
Hohenlohe-Langenburg	–	5 698	6 395	12 093
Hohenlohe-Öhringen	18	7 390	12 972	20 380
Hohenlohe-Waldenburg	–	5 515	3 891	9 406
Hohenlohe-Bartenstein	–	4 412	5 059	9 471
Hohenlohe-Jagstberg	–	3 233	4 565	7 798
Löwenstein-Wertheim-Freudenberg	26	2 024	2 867	4 917
Löwenstein-Wertheim-Rosenberg	?	?	?	1 524
Oettingen-Wallerstein	54	2 703	16 574	19 331
Oettingen-Spielberg	29	480	2 761	3 270
Solms-Braunfels	–	127	589	716
Thurn und Taxis	484	10 117	71 743	82 344
Waldburg-Wolfegg-Waldsee	150	4 907	28 973	34 030
Waldburg-Zeil-Trauchburg	76	2 479	5 773	8 328
Waldburg-Wurzach	162	2 901	7 030	10 093
Windischgrätz	–	74	821	895
Grafen:				
Königsegg-Aulendorf[1])	–	1 042	8 552	9 594
Plettenberg-Mietingen	–	851	3 383	4 234
Pückler-Limpurg	1	201	801	1 003
Quadt-Isny	253	809	5 239	6 301
Schäsberg-Tannheim	1	959	2 626	3 586
Törring-Gutenzell	69	1 504	1 361	2 934
Waldbott-Bassenheim	–	–	4 296	4 296
Waldeck-Limpurg	–	334	513	847
Neipperg	–	–	5 412	5 412
Rechberg	54	586	6 145	6 785
Summe				288 247

Ent-schädigungs-kapital	jährlicher Zins daraus zu 4 %	
fl	fl	% von Spalte 12
13.	14.	
124 613	4 985	63,1
144 457	5 778	53,7
170 689	6 828	56,5
296 374	11 855	58,2
128 430	5 137	54,6
133 892	5 356	56,6
111 832	4 473	57,4
70 824	2 833	57,6
20 873	835	54,8
298 102	11 924	61,7
50 015	2 001	61,2
10 924	437	61,0
1 273 378	50 935	61,9
523 871	20 955	61,6
122 880	4 915	59,0
152 178	6 087	60,3
14 025	561	62,7
149 340	5 974	62,3
64 338	2 574	60,8
15 242	610	60,8
99 406	3 976	63,1
53 544	2 142	59,7
46 528	1 861	63,4
64 970	2 599	60,5
12 228	489	57,7
86 432	3 457	63,9
105 892	4 236	62,4
4 345 277	173 813	60,3

---

[1]) ohne die Herrschaft Königseggwald, wo die herrschaftlichen Gegenleistungen die bäuerlichen Lehenabgaben überwogen; vgl. Darstellung, Kap. 3, Anm. 235.

Nr. 186

Übersicht über die Zehntablösung bei den württembergischen Standesherren nach den Gesetzen vom 14. 4. 1848 und 17. 6. 1849

Standesherrschaften	Jährlicher Rohertrag		
	Geld-gefälle	Naturalgefälle nach den gesetzl. Preis-anschlägen	Summe
	fl	fl	fl
	1.	2.	3.
Fürsten:			
Fürstenberg	1 540	14 702	16 242
Hohenlohe-Kirchberg	4 238	17 875	22 113
Hohenlohe-Langenburg	3 035	16 952	19 987
Hohenlohe-Öhringen	7 396	29 297	36 694
Hohenlohe-Waldenburg	4 618	15 008	19 626
Hohenlohe-Bartenstein	2 569	14 195	16 764
Hohenlohe-Jagstberg	2 859	15 364	18 222
Löwenstein-Wertheim-Freudenberg	3 011	4 345	7 356
Löwenstein-Wertheim-Rosenberg	645	4 367	5 012
Öttingen-Wallerstein	5 246	20 700	25 945
Öttingen-Spielberg	349	–	349
Solms-Braunfels	317	906	1 223
Thurn und Taxis	5 381	67 606	72 988
Waldburg-Wolfegg-Waldsee	1 025	11 748	12 773
Waldburg-Zeil-Trauchburg	254	2 287	2 541
Waldburg-Zeil-Wurzach	20	4 737	4 757
Windischgrätz	–	–	–
Grafen:			
Königsegg-Aulendorf	7	3 036	3 042
Plettenberg-Mietingen	23	1 467	1 490
Pückler-Limpurg-Gaildorf	550	1 553	2 103
Quadt-Wykradt-Isny	197	1 879	2 076
Schaesberg-Tannheim	–	6 015	6 015
Törring-Gutenzell	102	3 998	4 100
Waldbott-Bassenheim	96	1 171	1 268
Waldeck-Limpurg-Pyrmont	368	843	1 211
Neipperg	8	7 363	7 371
Rechberg	2 005	7 743	9 748
Summe	45 859	275 157	321 016

Bezugs- u. Verwaltungskosten fl	Abzüge		Zur Ablösung gebrachter jährlicher Reinertrag fl	Davon nur im 12-fachen Jahresbetrag abgelöst fl	Entschädigungskapital (16- bzw. 12-facher Jahresreinertrag) fl	Jährl. Zins daraus zu 4 % fl
	Gegenleistungen fl	Summe fl				
4.	5.	6.	7.	8.	9.	10.
589	15	604	15 638	–	250 209	10 008
2 271	6	2 277	19 836	162	306 888[1])	12 276
1 257	–	1 257	18 731	175	298 992	11 960
1 937	44	1 981	34 713	141	553 020[2])	21 341
720	–	720	18 907	10	302 436	12 097
848	–	848	15 916	56	254 440	10 178
1 162	–	1 162	17 060	46	272 779	10 911
435	–	435	6 922	10	110 537	4 421
493	578	1 071	3 941	–	63 063	2 523
1 823	–	1 823	24 122	26	385 847	15 434
–	–	–	349	–	5 586	223
19	14	33	1 190	–	19 042	762
4 334	378	4 712	68 275	5	1 092 383	43 695
1 007	–	1 007	11 766	–	188 261	7 530
158	274	432	2 109	–	33 747	1 350
958	–	958	3 799	–	60 776	2 431
–	–	–	–	–	–	–
521	–	521	2 522	–	40 345	1 614
128	–	128	1 363	–	21 800	872
121	–	121	1 982	–	31 719	1 269
176	–	176	1 900	–	30 400	1 216
705	–	705	5 310	–	84 957	3 398
592	–	592	3 508	4	56 107	2 244
62	–	62	1 206	–	19 296	772
53	9	62	1 149	3	18 376	735
111	–	111	7 260	8	116 130	4 645
1 043	–	1 043	8 706	–	122 637[2])	4 905
21 522	1 318	22 840	297 563	646	4 739 773	188 810

---

[1]) Nachlaß von 9851 fl Ablösungskapital im Wege der Übereinkunft.
[2]) Verrechnung von Lastenabfindungskapital.

Nr. 187

Übersicht über das Entschädigungskapital für Gefälle und Zehnten nach den Gesetzen vom 14. 4. 1848, 17. 6. und 24. 8. 1849 an Adel, Kirchen- und Schulstellen, Stiftungen und Körperschaften

Quelle: für die verschiedenen Gruppen des Adels KdA 1856/61, Beil.Bd. I 4, S. 2816–2819 (das gleiche Material in etwas anderer Anordnung und z. T. fehlerhaft in KdA 1856/58, Beil. Bd. I 2, S. 1024–1030); für die Kirchen- und Schulstellen, Stiftungen und Körperschaften KdA 1856/58, Beil.Bd. I 2, S. 1032. Offensichtliche Fehler sind berichtigt, die Geldbeträge auf ganze fl gerundet.

Bei den Standesherren wird die Entschädigung nach den Ablösungsgesetzen von 1836 (vgl. Nr. 138) mit der von 1848/49 zusammengestellt, um für diese Gruppe der Berechtigten die finanzielle Bedeutung der verschiedenen Ablösungsgesetze vergleichen zu können. Dabei ist zu beachten, daß der Ablösungsmaßstab 1836 mindestens 25 % über dem von 1848/49 lag.

Berechtigte: A. Standesherren	Ablösungskapital 1836		Ablösungskapital 1848/49					Summe 1848/49	Gesamt-betrag 1836 u. 1848/49
			Gefälle		Zehnten				
	fl	% des Gesamt-betrags	fl	% des Gesamt-betrags	fl	% des Gesamt-betrags		fl	fl
Fürst von Fürstenberg	27 187	6,8	124 613	31,0	250 209	62,2		374 822	402 009
„ „ Hohenlohe-Kirchberg	173 534	27,8	144 457	23,1	306 888	49,1		451 345	624 879
„ „ Hohenlohe-Langenburg	203 280	30,2	170 689	25,4	298 992	44,4		469 680	672 960
„ „ Hohenlohe-Öhringen	472 993	35,8	296 374	22,4	553 020	41,8		849 394	1 322 387
„ „ Hohenlohe-Waldenburg	246 383	36,4	128 430	19,0	302 436	44,7		430 866	677 249
„ „ Hohenlohe-Bartenstein	221 655	36,3	133 892	21,9	254 440	41,7		388 332	609 987
„ „ Hohenlohe-Jagstberg	122 281	24,1	111 832	22,1	272 779	53,8		384 611	506 892
„ „ Löwenstein-Wertheim-Freudenberg	44 693	19,8	70 824	31,3	110 537	48,9		181 360	226 053
„ „ Löwenstein-Wertheim-Rosenberg	3 075	3,5	20 873	24,0	63 063	72,5		83 936	87 011
„ „ Oettingen-Wallerstein			298 102		385 847			683 949	
„ „ Oettingen-Spielberg			50 015		5 586			55 601	
„ „ Solms-Braunfels	13 788	31,5	10 924	25,0	19 042	43,5		29 967	43 755
„ „ Thurn und Taxis	251 498	9,6	1 273 378	48,7	1 092 383	41,7		2 365 760	2 617 258
„ „ Waldburg-Wolfegg	271 635	27,6	523 871	53,3	188 261	19,1		712 132	983 767
„ „ Waldburg-Zeil-Trauchburg	154 219	49,6	122 880	39,5	33 747	10,9		156 627	310 846

Berechtigte:

A. Standesherren	Ablösungskapital 1836 fl	% des Gesamtbetrags	Ablösungskapital 1848/49						Summe 1848/49 fl	Gesamtbetrag 1836 u. 1848/49 fl
			Gefälle		Zehnten					
			fl	% des Gesamtbetrags	fl	% des Gesamtbetrags				
" " Waldburg-Zeil-Wurzach	138 229	39,4	152 178	43,3	60 776	17,3			212 954	351 183
" " Windischgrätz	9 072	39,3	14 025	60,7	—	—			14 025	23 097
Graf von Königsegg-Aulendorf	103 610	35,3	149 340	50,9	40 345	13,8			189 685	293 295
" " Plettenberg-Mietingen	14 300	14,2	64 338	64,1	21 800	21,7			86 138	100 438
" " Pückler-Limpurg	11 411	19,5	15 242	26,1	31 719	54,3			46 961	58 372
" " Quadt-Wykradt-Isny	33 503	20,5	99 406	60,9	30 400	18,6			129 806	163 309
" " Schäsberg-Tannheim	23 566	14,5	53 544	33,0	84 957	52,4			138 502	162 068
" " Törring-Gutenzell	18 222	15,1	46 528	38,5	56 107	46,4			102 635	120 857
" " Waldbott-Bassenheim	10 707	11,3	64 970	68,4	19 296	20,3			84 266	94 973
" " Waldeck-Limpurg	27 428	47,3	12 228	21,1	18 376	31,7			30 604	58 032
" " Ysenburg-Büdingen-Meerholz	8 677	33,5	9 889	38,2	7 327	28,3			17 216	25 893
" " Neipperg	21 417	9,6	86 432	38,6	116 130	51,8			202 562	223 979
" " Rechberg	85 489	27,2	105 892	33,7	122 637	39,1			228 528	314 017
	2 711 852	23,0	4 355 166	36,9	4 747 100	40,1			9 102 266	11 814 118

Berechtigte	Gefäll-	Zehnt-	Gesamt-
	Ablösungskapital 1848/49		
	fl	fl	fl

B. Vormals reichsritterschaftlicher Adel

Berechtigte	Gefäll- fl	Zehnt- fl	Gesamt- fl
Grafen von Adelmann	36 442	32 836	69 278
„ „ Beroldingen	64 796	93 570	158 366
„ „ Degenfeld-Schomburg	66 945	38 848	105 793
„ „ Reischach-Riet	5 378	18 439	23 817
„ „ Reuttner von Weyl	21 414	10 036	31 450
„ „ Soden	22 570	–	22 570
„ „ Stadion-Stadion-Tannhausen	133 609	20 842	154 451
Freiherrn von Adelsheim-Wachbach	10 433	47 378	57 811
„ „ Bautz, gen. Cappler	635	9 742	10 377
„ „ Berlichingen	9 191	50 572	59 763
„ „ Crailsheim	37 627	47 595	85 222
„ „ Ellrichshausen	9 064	39 061	48 125
„ „ Enzberg	28 123	57 673	85 796
„ „ Eyb	14 582	29 337	43 918
„ „ Freiberg-Eisenberg-Allmendingen	76 968	27 952	104 920
„ „ Gaisberg	23 955	9 900	33 855
„ „ Gemmingen	58 933	107 096	166 029
„ „ Göler	2 325	22 400	24 725
„ „ Gültlingen	8 428	–	8 428
„ „ Hiller v. Gärtringen	5 322	908	6 230
„ „ Hofer v. Lobenstein	21 481	–	21 481
„ „ Holtz	35 622	4 338	39 960
„ „ Hornstein	52 290	15 721	68 010
„ „ Ifflinger v. Granegg	8 613	6 732	15 345
„ „ Kechler	8 593	2 550	11 143
„ „ Lang	17 059	357	17 416
„ „ Leutrum-Ertingen	16 275	561	16 837
„ „ Linden	12 586	3 423	16 009
„ „ Massenbach	25 952	17 170	43 121
„ „ Münch	21 465	16 581	38 046
„ „ Ow	19 694	34 975	54 668
„ „ Palm	59 995	22 900	82 895
„ „ Phull-Rieppur	2 779	–	2 779
„ „ Racknitz	–	11 183	11 183
„ „ Raßler	43 362	8 604	51 966
„ „ Reichlin-Meldegg	5 648	207	5 855
„ „ Saint André	13 935	2 157	16 092
„ „ Schott v. Schottenstein	810	–	810
„ „ Seckendorff-Gutend	48 278	1 470	49 748
„ „ Speth	74 412	31 179	105 590
„ „ Stetten	34 039	116 849	150 888
„ „ Sturmfeder	11 990	47 933	59 923

Berechtigte	Gefäll-	Zehnt-	Gesamt-
	\multicolumn{3}{c}{Ablösungskapital 1848/49}		
	fl	fl	fl
„ „ Tessin	12 082	63	12 145
„ „ Tannhausen	3 065	–	3 065
„ „ Thumb-Neuburg	18 486	–	18 486
„ „ Ulm-Erbach	165 422	62 828	228 250
„ „ Varnbüler	5 378	–	5 378
„ „ Weiler	14 762	102 621	117 383
„ „ Wöllwarth	92 039	60 153	152 191
		1 234 736	2 717 586
Hierzu ohne Vermittlung der Ablösungskommission abgelöst 2 Prozent	29 657	–	29 657
Gesamtablösungskapital	1 512 508	1 234 736	2 747 243

C. Landsässiger Adel

	Gefäll-	Zehnt-	Gesamt-
Grafen von Bissingen-Nippenburg	21 220	14 066	35 287
„ „ Dillen	689	13 825	14 513
„ „ Fugger-Kirchberg-Weißenhorn	84 906	17 683	102 589
„ „ Görlitz	25 378	2 044	27 422
„ „ Leutrum	1 532	–	1 532
„ „ Maldeghem	102 960	78 279	181 240
„ „ Normann-Ehrenfels	90	272	362
„ „ Salm-Reifferscheid-Dyk	32 516	10 089	42 604
„ „ Zeppelin	14 184	–	14 184
Freiherrn von Besserer v. Thalfingen	11 049	24 447	35 496
„ „ Brusselle	41 036	41 176	82 212
„ „ Cotta v. Cottendorf	8 037	35 252	43 289
„ „ Gumppenberg-Pöttmös	10 986	3 135	14 121
„ „ Hayn	84	–	84
„ „ Hermann	44 153	–	44 153
„ „ Hügel	6 306	35 545	41 850
„ „ König	6 372	272	6 644
„ „ Maucler	949	–	949
„ „ Münchingen	33	–	33
„ „ Pflummern	3 185	–	3 185
„ „ Podewils	1 149	–	1 149
„ „ Schertel v. Burtenbach	1 511	–	1 511
„ „ Seutter	2 832	–	2 832

Berechtigte	Gefäll-	Zehnt-	Gesamt-
	Ablösungskapital 1848/49		
	fl	fl	fl
„ „ Süßkind	25 300	–	25 300
„ „ Wagner v. Frommenhausen	1 014	–	1 014
„ „ Weidenbach	11 500	–	11 500
Adelige von Baldinger	15 823	–	15 823
„ „ Kauffmann	4 343	–	4 343
„ „ Kolb	1 316	–	1 316
„ „ Neubronner	2 569	–	2 569
„ „ Schad v. Mittelbiberach	13 057	158	13 215
„ „ Werner v. Kreit	4 701	–	4 701
	500 779	276 243	777 022
Hierzu ohne Vermittlung der Ablösungskasse abgelöst 2 Prozent	10 016	–	10 016
Gesamtablösungskapital	510 794	276 243	787 037
D. Sonstiger Adel			
Graf Castell-Dischingen	136 650	25 201	161 852
Freiherr von Liebenstein	13 245	24 332	37 577
„ „ Stauffenberg	38 729	78 473	117 202
Adeliger von Plessen	172	–	172
	188 796	128 007	316 803
Hierzu ohne Vermittlung der Ablösungskasse abgelöst 2 Prozent	3 776	–	3 776
Gesamtablösungskapital	192 572	128 007	320 579
Zusammenstellung			
A. Standesherrlicher Adel	4 355 168	4 747 110	9 102 278
B. Vormaliger reichsritterschaftlicher Adel	1 512 508	1 234 736	2 747 243
C. Landsässiger Adel	510 794	276 243	787 037
D. Sonstiger Adel	192 572	128 007	320 579
Hauptsumme	6 571 042	6 386 095	12 957 137

Berechtigte	Gefäll-	Zehnt-	Gesamt-
	Ablösungskapital 1848/49		
	fl	fl	fl

I. Evangelische Konfession:

1) Kirche	122 028	2 454 388	2 576 411
2) Schule	34 674	120 803	155 477
Summe ad. I.	156 703	2 575 191	2 731 889

II. Katholische Konfession:

1) Kirche	668 450	4 909 131	5 577 581
2) Schule	99 992	44 337	144 329
Summe ad II.	768 442	4 953 468	5 721 910

III. Stiftungen und Körperschaften:

1) im Neckarkreis	464 249	951 082	1 415 332
2) im Schwarzwaldkreis	485 043	1 060 670	1 545 713
3) im Jagstkreis	789 191	404 710	1 193 901
4) im Donaukreis	2 132 936	1 480 055	3 612 991
Summe ad III.	3 871 419	3 896 518	7 767 937
Gesamtsumme I.–III.	4 769 563	11 425 172	16 221 735

Nr. 188-203   Grundentlastung und Güterzerstücklung

Vgl. Darstellung, S. 545 ff. Die Güterzerstücklung wurde im Zusammenhang mit der „Bauernbefreiung" nicht nur in Württemberg zu einem lebhaft erörterten Problem. Die folgende Quellenauswahl verfolgt die Entwicklung und die sie begleitende Diskussion vor allem am Beispiel der besonders stark betroffenen oberschwäbischen Gebiete bis in das letzte Viertel des 19. Jahrhunderts.

Nr. 188   1818 Januar 20, Ulm

Zirkularerlaß der Kreisfinanzkammer Ulm an die Kameralämter des Donaukreises über Lehenallodifikation und Güterhandel

E 234, Bü 500. Konzept. (Leicht abweichender Druck bei Waldbott-Bassenheim, S. 260–262).

Vgl. Darstellung, S. 547. Das Zirkular ist ein früher Beleg für behördliche Gegenmaßnahmen gegen die Aktivität der Güterhändler. Es wurde veranlaßt durch eine Anzeige des Kameralamts Wangen vom 12. 1. 1818, in dieser Gegend hätten sich einige Gesellschaften gebildet, die besonders Fallehenbesitzern in schlechten Vermögensverhältnissen ihre Güter im Tausch gegen kleinere Anwesen und gegen bares Geld bereits vor der Allodifikation abkauften (E 234, Bü 500).

Da bei Königl. Finanzkammer für den Donaukreis die Anzeige eingekommen ist, daß die Träger von herrschaftlichen Fall- oder Schupflehen öfters die zu ihren Lehen gehörigen Häuser und Güter entweder an einzelne Personen, welche sich mit diesem wucherlichen Gewerbe beschäftigen, oder an ganze Gesellschaften solcher Spekulanten verkaufen oder vertauschen, ehe sie ihre Lehen durch die wirklich vollzogene Allodifikation als Eigentum an sich gebracht haben, und daß sich sogar mehrere Lehensinhaber haben beigehen lassen, ihre Lehen, die sie auf eine solche unbefugte Weise gegen den ausdrücklichen Inhalt des Lehenskontrakts an einen Händler abgetreten hatten, ohne Vorwissen der Lehensbeamtung zu verlassen, dadurch aber den Lehengütern großer Schaden zugehet, das lehensherrschaftliche Interesse gefährdet wird und überdies allerlei Streitigkeiten und Unordnungen entstehen, so siehet man sich veranlaßt, zu Abwendung der sowohl für die Lehensinhaber selbst als für die Lehensherrschaft hieraus entstehenden großen Nachteile folgendes zu verordnen:
   1) Jede Verfügung, welche ein Lehenmann vor erfolgter und genehmigter Allodifikation über sein Lehen trifft, soll als null und nichtig angesehen werden.
   2) Jedes Fall- oder Schupflehen, das von seinem Inhaber verlassen wird, ehe er solches durch einen mit der Lehensbeamtung abgeschlossenen und von

der Lehensherrschaft genehmigten Vertrag als Eigentum an sich gebracht hat, soll sogleich vermöge des der Lehensherrschaft kraft des Lehenkontrakts zustehenden Rechts, einen Lehenmann, der auch nur einen Teil eines Lehens veräußert, für lehenfällig zu erklären, durch die Lehensbeamtung in Beschlag genommen und davon an die Königliche Finanzkammer Bericht erstattet werden, worauf von seiten der Lehensherrschaft darüber verfügt werden wird.

3) Sind die Ortsmagistrate durch das Kameralamt aufzufordern, über einen Verkauf oder Tausch von einem Lehen nicht eher zu erkennen, als der abtretende Teil durch einen Allodifikationsvertrag erwiesen haben wird, daß das Kauf- oder Tauschobjekt sein wirkliches Eigentum sei, indem die Lehensherrschaft, wenn ihr durch eine solche unbefugte Handlung Schaden zugefügt werden sollte, ihren Regreß auch gegen die Ortsmagistrate suchen würde.

Übrigens wird dem Kameralamt

4) noch weiter aufgegeben, im Fall sich ein Lehenträger um Allodifikation seines Guts melden würde, immer zuvörderst genau zu untersuchen, ob schuldenhalber oder aus welchem Beweggrund er die Allodifikation nachsuche.

Im ersteren Fall hat der Kameralbeamte noch weiter zu eruieren zu suchen, woher die Schulden des Lehenmanns rühren, ob aus wucherlichen Kontrakten mit Juden und andern Gesellschaften, wovon sofort die Umstände genau anzugeben sind, um nach Erfund der Umstände die Allodifikation entweder gestatten oder versagen zu können.

Diese Verordnung nun hat das Kameralamt in seinem ganzen Bezirk allgemein bekanntzumachen, auch das Oberamt unter der amtlichen Aufforderung davon in Kenntnis zu setzen, auch seines Orts nachdrücklich mitzuwirken, daß den so häufig zum völligen Ruin der Lehenleute eingerissenen Unordnungen und Unterschleifen beim Verkauf von Lehen mit allem Ernst und Nachdruck begegnet werden möge[1]).

Nr. 189   1828 April 15, Stuttgart

Bericht des Finanzministers v. Varnbüler an den König über die "Ablösungsnormen bei Allodifikation mehrerer Gattungen handlohnpflichtiger Güter im Jaxtkreise"

E 13, Bü 159, Q 11. Ausfertigung.

Der König hatte gegenüber dem Finanzministerium, das etwas höhere Ablösungssätze als bisher beantragt hatte, durch Note vom 10. 3. 1828 das Bedenken geäußert, ob dadurch nicht der so wünschenswerte Fortgang der Allodifi-

---

[1]) Daß damals auch in Hohenlohe der Güterhandel recht schwunghaft betrieben wurde, zeigt eine Weisung des Oberamts Gerabronn vom 8. 5. 1817. In ihr wird anläßlich wiederholter Vorfälle vor Illegalitäten wie Scheinkäufen von Christen mit jüdischen Hintermännern, vor Zerschlagen von Gütern ohne lehenherrliche Genehmigung und ohne ausreichende Information der Käufer über Rechtsverhältnisse und Gutsbelastung, schließlich vor unerlaubt hohen Nebengebühren für Wirtshauszechen bei der Versteigerung gewarnt; die Magistrate werden zu angemessenen Vorsichtsmaßnahmen aufgefordert. Archiv Neuenstein, K II W 307, ad Q 23.

kationen werde gehemmt werden. *Der Finanzminister weist nach, daß selbst bei den neuen Normen die Allodifikation im Jagstkreis im Vergleich mit anderen Ländern und auch mit anderen Teilen Württembergs sehr begünstigt sei.*

In Beziehung auf die Beförderung solcher Ablösungen glaube ich jedoch noch einige Bemerkungen in Untertänigkeit beifügen zu dürfen.

So günstig auch die Befreiung des Grundeigentums von dem Lehensverbande auf die Kultur desselben einwirken muß und so wohltätig daher dereinst die Folgen derselben sein müssen, so kann dennoch nicht in Abrede gezogen werden, daß in manchen Gegenden des Landes und namentlich in solchen, in welchen die Allodifikationen allgemeiner stattgefunden haben, wie z. B. in manchen Gemeinden der Kameralämter Zwiefalten, Heiligkreuztal und namentlich auch des Kameralamts Ellwangen, der Wohlstand der Grundbesitzer durch dieselben wenigstens für die gegenwärtige Zeitperiode gelitten hat.

Die Erfahrung lehrt, daß immer eine nicht unbedeutende Zahl der Allodifikanten in kurzer Zeit in Vermögenszerfall gerät und daß häufig die Erledigung ihres Schuldenwesens durch die Gerichte um so größere Schwierigkeiten findet, als die allodifizierten Grundstücke bei der bedeutenden Menge solcher Güter, welche durch die Eignung verkäuflich werden, nicht veräußert werden können.

Was insbesondere die in Frage stehende Fallehen betrifft, so hat die Finanzkammer angezeigt, daß gegenwärtig die Besitzer von mehr als 100 solcher beinahe durchgängig bedeutender Lehengüter in dem vormaligen Fürstentum Ellwangen sich zur Allodifikation gemeldet haben. Die Absicht aller dieser Lehenbesitzer ist nicht die Ablösung der Laudemien, zu welcher sich dieselbe überhaupt nur als einer notwendigen Bedingung der Allodifikation verstehen, weil in der Regel kein Grundbesitzer geneigt ist, eine später, gewöhnlich erst nach seinem Tode fällige Abgabe abzukaufen, vielmehr ist ihr Zweck bei der Eignung allein, ihr Lehengut mehr oder weniger zu zerstückeln und zu veräußern.

Es ist fast unvermeidlich, daß die Käuflichkeit einer so großen Menge von Güterparzellen, welche in einem verhältnismäßig beschränkten Distrikte auf einmal durch die nachgesuchte Allodifikationen eintritt, den in der dortigen Gegend überhaupt gesunkenen Güterwert nicht noch mehr herabdrücken muß, und zwar besonders, weil alle diese Güterparzellen nur von den Laudemien, nicht aber von den jährlichen ständigen Abgaben frei werden, vielmehr verhältnismäßig damit belastet und im Trägereiverbande zu bleiben haben.

Würde daher auch gegen alle Wahrscheinlichkeit angenommen werden, daß infolge der in Antrag gebrachten Normen die Eignungen der befragten Lehen nicht in so großer Zahl auf einmal, sondern mehr allmählig eintreten würden, so dürfte in vorliegendem besonderen Falle ein solcher Aufschub in dem Augenblick mehr vorteilhaft als nachteilig für das Grundeigentum der dortigen Gegend sein, die Rechte der einzelnen aber um so weniger gefährden, als bei Erlassung der angetragenen Vorschriften überall von einer Beschränkung der gesetzlichen, den Lehenbesitzern bewilligten Begünstigungen nicht die Rede sein kann. [....][1])

---

[1]) Am 21. 4. 1828 genehmigte der König die Anträge des Finanzministers vom 6. 3.; ebd.

Nr. 190 1833 Januar 11, Ulm

Bericht der Finanzkammer des Donaukreises an das Finanzministerium über die Behandlung von Erbteilungen bei Fallehen

E 221, Bü 2320, UFasz. betr. Erbteilungen bei Fallehen, Q 3. Ausfertigung. Unterschrift: Müller. Referent: Finanzrat Raaser.

Auf die uns mitgeteilte, hier zurückfolgende Note der Königlichen Hofdomänenkammer vom 22. Oktober v. J. den nebenbemerkten Gegenstand betreffend haben wir von denjenigen Kameralämtern Berichte in der Sache eingefordert, bei welchen das Fallehenssystem vorherrschend ist, und nachdem solche eingekommen sind[1]), säumen wir nicht, unter Anschluß derselben [...] folgendes ehrerbietigst zu berichten:

Die Hofkammerliche Note enthält die Angabe, daß in dem Bezirke des Oberamtsgerichts Ravensburg seit einigen Jahren bei Vermögensübergaben und Verlassenschaftsteilungen die Lehengüter gleich dem Allodialvermögen angeschlagen und zur Masse des Gesamtvermögens gezogen werden, wodurch sich für den Lehenerben der bedeutende Nachteil ergebe, daß ihm das Fallehen zwar nicht entzogen, aber doch mit so großen Abfindungssummen zugunsten seiner Geschwister belastet werde, daß ihm die Behauptung desselben für sich und seine Sukzession am Ende unmöglich werden müsse, und führt zugleich ein Beispiel von einem Neuzubelehnenden an, welcher durch die Drohung mit der Allodifikation des Fallehens zu solch hohen Abfindungen genötigt worden sei und sich jetzt deshalb beschwere.

Zugleich stellt dieselbe die Frage auf, ob bei dem Königlichen Finanzdepartement solche Beschwerden schon vorgekommen und ob und welche allgemeine Maßregeln in einem solchen Falle bereits getroffen worden seien oder etwa würden getroffen werden, um der angeführten Vernachteiligung der Fallehenserben zu begegnen?

Nach dem Berichte des Kameralamts Weingarten hatte nun bis zum Jahr 1819 der Lehengebrauch bestanden, daß die Fallehen bei den Erbteilungen und Gutsübergaben nicht angeschlagen, sondern den Erben, welchen die Fallehen nach der Observanz zufielen, ohne Wertsbestimmung überlassen worden sind – eine Behandlung, die ganz dem Wesen des Fallehenssystems gemäß war und auch den in der v. Gaisberg'schen Schrift „Über die Rechtsverhältnisse bei Schupflehen", S. 30 und 31 § 13 ad p. 3 niedergelegten Ansichten entsprechend ist.

Der gegenwärtige Kameralbeamte gibt aber an, er habe gleich nach seinem Dienstantritt im Jahr 1819 das Oberamtsgericht in Ravensburg zu der Vorkehr veranlaßt, daß alle Fallehen des Staats, der Stiftungen und Gemeinden, auf welche das Edikt vom 18. November 1817 seine Anwendung findet, gerade wie Allodialgüter mit alleiniger Abrechnung des wahrscheinlichen Allodifikationsschillings in Anschlag gebracht werden.

---

[1]) Die Berichte befinden sich in E 234, Bü 501, Q 12 Beilagen. Meist traten sie in altwürttembergischem Geist für gleiche Erbansprüche der Geschwister ein und wandten sich gegen den Egoismus der adligen Grundherrschaften, die in „mittelalterlichen" Gewohnheiten verharrten.

Zu dieser Maßregel, sagt der Beamte, sei er durch die Betrachtung veranlaßt worden, daß jetzt ein Neubelehnter sein Fallehen sogleich allodifizieren und, wenn es von Bedeutung war, sich durch den Verkauf desselben ein Vermögen von 10–12 000 fl erwerben konnte, während die übrigen Geschwistrigen leer ausgingen. Dies sei aber eine große Ungerechtigkeit gegen die letzteren, welche doch gleiche Erbansprüche hätten.

Nach dem Bericht des Kameralamts Friederichshafen, welches ebenfalls Weingartische Lehen in der Verwaltung hat, und nach dem Schreiben der Amtsnotariate von Ravensburg und Friederichshafen werden die Lehen jedoch in der Regel nicht angeschlagen (v. Gaisberg § 13), hingegen wird nach freier Übereinkunft der Beteiligten das Dominium utile in Anschlag gebracht.

Anders, gibt das Kameralamt Weingarten an, werde es aber bei den Gutsherrschaften gehalten, bei welchen das Edikt von 1817 nicht zum Vollzug gekommen sei.

Diese geben den Anschlag der Fallehen nicht zu, erlauben aber dem Neubelehnten zum Nachteil seiner Geschwister, das Dominium utile an einen Dritten abzutreten, und beziehen für diese Bewilligung von der sogenannten Abwichssumme eine Taxe von 10 Prozent.

Das Kameralamt behauptet, daß die Familien der unmittelbaren Lehenleute, bei welchen die Lehentaxationen stattfinden, sich weit glücklicher schätzen als die der gutsherrlichen, bei welchen die Taxation der Lehen nicht eingeführt sei, und es sei gegen diese Schätzung seither noch keine Klage bekanntgeworden.

In den Kameralamtdistrikten von Tettnang und Waldsee werden die Fallehen nicht in Anschlag gebracht.

In dem Distrikt des Kameralamts Heiligkreuztal findet das nämliche Verfahren statt; der übernehmende Lehenmann hat aber, wie es überhaupt in Oberschwaben üblich ist, seinen Geschwistern einen sogenannten Abwich (Abfindungssumme, welche nicht bedeutend ist) zu geben *ganz im Sinn der genannten Schrift von v. Gaisberg.*

In dem Oberamtsgerichtsbezirke Wangen geschieht die Taxation des Dominii utilis ebenfalls nicht. Sowohl das Oberamtsgericht als das Gerichtsnotariat beklagen das zum Nachteil der Erbsinteressenten bestehende Unterlassen derselben, woran hauptsächlich die Gutsherrschaften, welche den größten Teil der Fallehen im Oberamtsbezirke besitzen, die Schuld tragen sollen. Das Gerichtsnotariat gibt dieses Verfahren als die natürliche Ursache an, warum in seinem Bezirk so wenig Sporteln fallen.

Aus diesem Vortrage geht nun hervor, daß im Donaukreise und zwar in den Bezirken, wo das Fallehenssystem vorherrschend ist, eine Verschiedenheit in der Behandlung der Fallehen bei Erbteilungen stattfinde.

Der sogenannte Abwich, welcher da stattfindet, wo die Lehenstaxationen nicht eingeführt sind, ist zwar dem Lehengebrauch gemäß, aber nicht von großem Belang und kann für die übrigen Erbsinteressenten gegenüber von dem, welcher das Lehen übernimmt und mit demselben die Befugnis der Allodifikation, also die Erwerbung eines außerordentlichen Vermögens erhält, nicht sehr tröstlich sein. Wir glauben daher, daß die Taxation des Dominii utilis von Fallgütern bei Staats- und Korporationslehen zum Besten sämtlicher Erbsinteressenten allgemein eingeführt werden sollte, und es fragt sich also nur noch, ob diese Taxation nicht auch bei den gutsherrlichen Fallehen stattfinden soll?

In der Regel steht dem Lehenmann die freie Disposition über das Dominium utile zu. Allein bei den Fallehen Oberschwabens ist sie durch den Lehenherrn beschränkt. Wenn derselbe aber, wie wir oben bei Weingarten angeführt haben, den Verkauf des Nutznießungsrechts zu seinem Vorteil zuläßt, warum sollte derselbe die Taxation bei den Erbteilungen zum Vorteil der Erbsinteressenten nicht auch zugeben können, da es ihm an seinem Eigentumsrecht keinen Nachteil bringt?

Er wird einwenden, der Lehenmann komme dadurch in Schulden und werde deswegen außerstand gesetzt, sein Lehen gehörig zu betreiben.

Diese Einwendung verliert aber ihr Gewicht, wenn ihr die gerechten Ansprüche gegenübergestellt werden, welche die Geschwister des Lehenübernehmers an denselben machen können; sie kann von keiner Bedeutung werden, wenn der Lehenherr oder dessen Beamten und die Waisengerichte darauf sehen, daß die Taxationen innerhalb der Grenze der Billigkeit geschehen.

Ist der Lehensmann ein tüchtiger Haushälter, so darf ihn die Furcht vor einer angemessenen Schuldenlast von der Übernahme des Guts nicht abschrecken.

Hiernach sollte die Einführung der Fallehenstaxationen bei Erbteilungen auch in den gutsherrlichen Distrikten keine große Schwierigkeiten finden.

Was das in der Hofkammerlichen Note angeführte Beispiel von einer zu hohen Lehenstaxation durch eine Drohung mit der Allodifikation betrifft, so ist eine solche Beschwerde bei uns bis jetzt nicht eingekommen. Eine solche Drohung kann keine Wirkung hervorbringen, wenn sich der Bedrohte an die Lehenherrschaft wendet, weil Allodifikationen nicht erzwungen werden dürfen. Die Ermäßigung der zu hohen Taxation aber wird, wie wir oben bemerkt haben, Sache des Königlichen Hofkameralamts und des betreffenden Waisengerichts sein[2]).

---

[2]) Die weiteren Meinungsäußerungen der Behörden aus Donau- und Jagstkreis ergaben, daß nicht nur viele Bezirksbeamte, sondern auch Gerichtsstellen und die Kreisfinanzkammern selbst zu der Ansicht neigten, die Fallehen sollten bei Erbteilungen in die Taxation einbezogen werden. Um der Gefahr vorzubeugen, daß sich bei den Teilungsbehörden eine neue Observanz zuungunsten des Gutsübernehmers bildete, erließ das Finanzministerium am 23. 6. 1834 Monitorien an die Finanzkammern von Jagst- und Donaukreis, das bisher gültige Erbrecht bei Fallehen auch im Interesse der Lehenherrschaft selbst streng einzuhalten; eine entsprechende allgemeine Verfügung, die das Obertribunal schon am 9. 5. 1832 an die zuständigen Gerichtsstellen erlassen hatte, sollte nun auch den Kameralämtern mitgeteilt werden. E 221, Bü 2320, UFasz. betr. Erbteilungen bei Fallehen.

Nr. 191   1834 März 3, Ulm

Bericht der Regierung des Donaukreises an das Innenministerium „betreffend den seit einigen Jahren in Oberschwaben statthabenden Güterhandel auf Spekulation und die damit verbundene Zerstücklung der Güter"

E 150, Bü 673, Q 5. Ausfertigung. Unterschrift: Holzschuher. Referent: Regierungsrat Schmalzigaug.

Am 26. 9. 1833 machten Oberamtsgericht und Oberamt Leutkirch Anzeige von dem sprunghaften Ansteigen des Güterhandels auf Spekulation und schilderten die zweifelhaften Praktiken der Güterhändler und die bedenklichen Folgen für den Wohlstand der betroffenen Gemeinden, da sie für wachsende Armenlasten aufkommen müßten. Der Güterhandel auf Spekulation sollte daher allgemein wie für die Israeliten beschränkt werden (E 179, Generalia 38, UFasz. 2, Q 2 Beilage).

Durch Erlaß vom 25. 10. 1833 wies die Kreisregierung Ulm daraufhin sämtliche Oberämter an, ihre Amtsuntergebenen vor solchen Güterhändlern und ihren „Schmusern" zu warnen, und forderte Bericht über die bisherige Entwicklung in ihren Bezirken (ebd., Q 2). Die einkommenden Oberamtsberichte (ebd., Q 3–28) bildeten die Unterlage für den folgenden Bericht der Kreisregierung. Sie wurden bereits verwertet von Fallati, Freier Verkehr.

[...] Der Güterhandel ist ein Ergebnis unserer Zeit, eine natürliche Folge der neueren Gesetzgebung über die Entfesselung des Grundeigentums von dem Lehenverbande. Seitdem durch die Gesetze und besonders durch das II.te Edikt vom 18. November 1817 neben der Verwandlung der Erblehen in Zinsgüter in Beziehung auf das hauptsächlich in Oberschwaben herrschende Fallehensystem jedem Lehensmann das Recht eingeräumt ist, gegen Entschädigung des Lehenherrn sein Besitztum in freies Eigentum zu verwandeln, sind eine Menge Güterbesitzer teils aus eigenem Antrieb, um sich freier bewegen zu können, teils durch die Überredung und die Vorspieglungen gewinnsüchtiger Spekulanten bewogen worden, zunächst ihre Lehenhöfe zu allodifizieren und sodann, entweder um sich ihre Schulden zu erleichtern oder um die bloße, häufig von anderen geweckte und genährte Lust nach einer Veränderung ihrer Lage zu befriedigen p.p., ihre nunmehr zu Eigen gemachten Güter zu verkaufen.

Solche Gelegenheiten benützten nun teils jene Spekulanten von selbst, um Gewinn davon zu ziehen, teils aber waren auch die Verkäufer, weil sie selbst weder Zeit noch Geschick zu solchen Händeln hatten oder weil ihnen die anderen Lehenbauern aus Neid und Mißgunst über die gelungene Allodifikation durchaus nicht abkaufen wollten, genötigt, sich an dieselben zu wenden, welche bald auf kommissionsweise Überlassung ihrer Güter zum stückweisen Verkauf, bald auf einen Gesamtverkauf mit ihnen kontrahierten[1]).

Anfangs waren es die Juden, welche sich mit diesem Geschäfte befaßten; seitdem aber dieselbe vermöge des Gesetzes über die Verhältnisse der Israeli-

---

[1]) Berichte von Leutkirch, Ravensburg, Biberach, Ehingen, Waldsee, Wiblingen, Blaubeuren.

ten vom Jahre 1828[2]) den Güterhandel wenigstens öffentlich nicht mehr treiben dürfen, sind die Christen an deren Stelle getreten, welche solchen meistens unter heimlicher, zum Teil aber auch offener Mitwirkung der Juden auf eine nicht minder jüdische Weise betreiben.

Auf diese Weise ist das neue Gewerbe des Güterhandels entstanden, welches besonders in Oberschwaben so viele Menschen aus fast allen Klassen durch die verführerische Hoffnung des Gewinns in Tätigkeit setzt und das jedenfalls wegen der Art und Weise, wie es betrieben wird, und der daraus entstehenden nachteiligen Folgen mit Recht die Aufmerksamkeit der Regierung auf sich gezogen hat.

Wie viele solcher Güterhändel in den verschiedenen Bezirksämtern des Donaukreises schon vorgekommen sind, ist aus den beigeschlossenen Berichten des näheren zu ersehen.

Die meisten haben hienach in den Oberämtern Münsingen, Ehingen, Leutkirch, Wiblingen und Blaubeuren stattgehabt. Im Oberamt Münsingen wurden in fünf Jahren 35, im Oberamt Ehingen in vier Jahren ebenfalls 35, im Oberamt Leutkirch in wenigen Jahren 15, im Oberamt Wiblingen in 15 Jahren 65 und im Oberamt Blaubeuren nur allein in den letzten fünf Jahren 53 Bauernhöfe von Güterhändlern auf Spekulation gekauft und von diesen stückweise wieder verkauft[3]).

Viele dieser Güterhändel sind mit nicht unbedeutendem Gewinn für die Güterhändler abgeschlossen worden, obgleich auch öfters Verluste damit verbunden waren[4]). Viele haben die Verkäufer wie die Käufer dem Verderben preisgegeben und besonders die ersteren nicht selten aus den günstigsten

---

[2]) Vgl. Darstellung, Kap. 4, Anm. 116.
[3]) Berichte der betreffenden Oberämter. Aus einigen Berichten sind genauere Angaben über die Gewinne der Güterhändler zu entnehmen:

	Oberamt Ehingen	Oberamt Leutkirch	Oberamt Münsingen	Amt Obermarchtal	Oberamt Saulgau
Beobachtungsperiode	1830/33	1829/33	1828/33	1832/33	1828/33
Zahl der angekauften Güter	35	15	37	4	10
Ankaufspreis (in fl)	191 151	45 650 (10 Güter)	141 415 (34 Güter)	15 970 (3 Güter)	66 659 (8 Güter)
Verkaufserlös (in fl)	206 297	52 122	153 500 (mindestens)	18 251	73 709
Gesamtgewinn (in fl)	15 146	6 472	12 085 (mindestens)	2 281	7 050
Durchschnittsgewinn in % des Ankaufspreises	7,9	14,2	8,5	14,3	10,6
Wiederverkäufe mit Verlust	unbekannt	—	7 Verkäufe mit ca. 3300 fl Verlust	—	—

[4]) Berichte von Münsingen, Saulgau, Leutkirch und Blaubeuren.

Vermögensverhältnissen in Schulden und Konkurse gestürzt und in verderbliche Prozesse verwickelt, wozu namentlich der Ort Wiblingen auffallende Beispiele liefert[5]).

Die gewöhnliche Behandlungsweise, welche die Güterhändler, die man spottweise Hofmetzger nennet, bei den Käufen und Verkäufen von Hofgütern zu beobachten pflegen, ist nach den vorliegenden Akten ungefähr folgende[6]):

Sobald ein Güterhändler erfährt, daß ein Hofgutsbesitzer entweder schuldenhalber etwas im Gedränge ist (wozu manchmal die Güterhändler selbst durch ihre Konnexionen ihr möglichstes beitragen) oder daß er aus Unzufriedenheit mit seiner Lage nach einer Veränderung derselben sich sehnt, so sucht er teils selbst, teils durch andere dem Bauer seinen Hof zu entleiden. Er stellt ihm die Vorteile der Allodifikation sehr glänzend vor, eröffnet ihm die Aussicht auf den vorteilhaften Ankauf eines andern, bessern und doch wohlfeilern Hofes oder auf eine andere, bequemere und angenehmere Lage und bewegt ihn dadurch vorerst zur Allodifikation.

Ist diese bewerkstelliget, so beredet er ihn zur kommissionsweisen Überlassung des Hofguts zum stückweisen Verkauf oder zum Gesamtverkauf und zeigt sich endlich selbst als Kaufsliebhaber. Nun setzt er dem Bauer mehr und mehr zu und läßt ihm keine Ruhe mehr, bis er einen Vertrag mit ihm eingegangen hat. Bei dem Verkaufe wird gewöhnlich eine gewisse Summe baren Geldes und der übrige Kaufschilling in meistens unendlich vielen Zielern bedungen.

Der Güterhändler, welcher nicht selten wenig oder gar kein eigenes Vermögen besitzt, beginnt sogleich nach der gerichtlichen Bestätigung des Kontrakts mit der Versteigerung des Inventars oder der Fahrnis, bezahlt von dem Erlöse dem Verkäufer die bar bedungene Summe und steckt den Überrest in die Tasche. Wenn alles, was an Vieh, Schiff und Geschirr, Dünger und anderen Vorräten vorhanden war, verkauft ist, alsdann schreitet er zu dem Verkauf der noch auf dem Felde stehenden Früchte und Futterkräuter und womöglich auch noch zu Holzfällungen und Veräußerungen im Walde.

Nun erst, nachdem das Hofgut gleichsam nackt und von allem entblößt ist, wird von dem Händler der Versuch gemacht, dasselbe stückweise am liebsten

---

[5]) Berichte von Ravensburg, Wangen, Biberach, Ehingen, Blaubeuren und Wiblingen. Nach dem Bericht des Schultheißen von Wiblingen (30. 11. 1833) waren in der Gemeinde Wiblingen seit 1811/12 von den damals vorhandenen 5 Bauernhöfen inzwischen 4 mitsamt 3 Söldgütern zerstückelt worden. Hierzu führte „einzig die Verkaufssucht und die von christlichen und jüdischen Schmusern vorgebrachte Hoffnung, waß magst du lange dich mit so viel güter plagen und halb tot arbeiten, verkauf dein Gut, es bleiben dir ja einige tausend Gulden übrig, dann bist du ein Kapitalist, kannst Geld ausleihen, bist angesehen und kannst vom Zins leben." So vollzog sich in Wiblingen „eine bedeutende Veränderung in dem Güterbesitztum, kleine Häuschen haben sich erhoben, und große Besitzungen sind zertrümmert und haben den Anschein, in diesem Seculum nicht wieder emporzukommen, weil im Durchschnitt zu Unbemittelte und mit Schulden überladene Leute sich darauf befinden, die genug zu tun haben, ihre Leiber fortzubringen und bei allem ihrem Fleiß doch dem Schuldenlast unterliegen müssen [...]".
Demgegenüber konnte sich nach den Erfahrungen des Schultheißen auch ein hoch verschuldeter Mann durch teilweisen Haus- oder Güterverkauf unter der Leitung der Dorfobrigkeit weitgehend entschulden und dabei noch einen Besitz behalten, der zur Ernährung einer Familie ausreichte.

[6]) Die folgende Schilderung richtet sich vor allem nach dem Bericht des Oberamts Biberach vom 3. 12. 1833 und dem der Armenfondsverwaltung von Ravensburg vom 28. 11. 1833; E 179, Generalia 38, UFasz. 2, Q 11 und Beilage zu Q 7.

603

an fremde, mit dem Klima und den sonstigen Verhältnissen unbekannte Ansiedler zu verkaufen. Die besten Grundstücke finden leicht Käufer. Die mittleren und schlechten bringt er lange nicht an Mann. Inzwischen verfallen ein oder mehrere Zieler. Der Verkäufer will bezahlt sein, um ein anderes Gut kaufen zu können; der Käufer hat aber kein Geld und ebensowenig der Bürge. Der Verkäufer ist zu klagen genötiget und muß am Ende mit seinem eigenen Hof, von welchem Pferde, Vieh, Schiff und Geschirr und die besten Güter verkauft sind, wieder bezahlt werden.

Gelingt dem Güterhändler der stückweise Verkauf, so ist dem Verkäufer die Bezahlung gewisser. Gewöhnlich aber hat in diesem Fall der Verkäufer zu bereuen, daß er nicht selbst und ohne die Dazwischenkunft eines Händlers verkauft hat.

Der stückweise Verkauf wird unter Benützung der gemeinsten Kunstgriffe und unter den lästigsten Bedingungen vorgenommen. Der Verkauf wird gewöhnlich zur Abend- und Nachtzeit im Wirtshause veranstaltet. Wenn die Kaufliebhaber versammelt sind, preisen der Händler und seine Genossen das Haus, die Güter an, erzählen von anderen Händeln und halten die Käufer, welchen der Wirt inzwischen Bier, Wein, Branntwein p.p. nach Belieben angeblich auf Kosten der Händler zu reichen angewiesen ist, so lange hin, bis sie, von Getränken erhitzt, die ganz auf den Vorteil des Güterhändlers berechneten Bedingungen nicht mehr gehörig zu überlegen imstande sind, sich durch Helfershelfer des Händlers steigern lassen und am Ende Käufe eingehen, die sie am andern Morgen bereuen müssen.

Wieviel bei solchen Verkaufsverhandlungen verzehrt wird, ergibt sich daraus, daß oft die Wirtszechen auf 200, 300 bis 400 fl sich belaufen[7]).

Zu den Bedingungen, welche den Käufern gewöhnlich gemacht werden, gehören z. B., daß die Unkosten der Käufer zu bezahlen habe mit 1 bis 4 kr vom Gulden, daß für kein Maß garantiert werde, daß sich kein Käufer über den ihm zugeschiedenen Teil beklagen dürfe, daß Steuern und Abgaben werden repartiert werden und die Käufer die auf Martini fälligen Geld- und Fruchtgülten, den Zehnten etc. zu entrichten haben und dergleichen[8]). Dabei ist noch zu bemerken, daß solche Gesamtverkäufe mit den Parzellenveräußerungen oft nicht nur mehrere Monate, sondern Jahr und Tage dauern können, bis sie gänzlich vollendet sind[9]).

Die nächsten Folgen hievon sind, daß während dieser Zeit alle Agrikultur- und feldwirtschaftliche Geschäfte versäumt und schlecht verrichtet, die Güter deterioriert, die Grund- und Zehntherren benachteiliget, die Gläubiger des bisherigen Eigentümers gefährdet, die öffentlichen Lasten und Abgaben gar nicht oder doch nicht zur Zeit geleistet und die neuen Ansiedler, welche ohne Früchte, Futter und andere Vorräte und von Geld gewöhnlich entblößt sind und doch die öffentlichen Lasten, die Gülten und Zehnten usw. bestreiten und die Saatfrüchte anschaffen sollen, gleich von vornherein ruiniert werden. So werden die Gemeinden mit Familien überladen, welche den Keim ihrer Verarmung schon

---

[7]) Berichte von Ulm und Ehingen.
[8]) Berichte von Leutkirch, Ravensburg, Biberach, Ehingen, Tettnang, Wiblingen und Blaubeuren.
[9]) Berichte von Ravensburg, Biberach und des Schultheißen von Wiblingen.

mit sich bringen, die der nächste Unfall über den Haufen wirft und die auch die Bemittelteren nach und nach zu sich herabziehen, zumal da solche öffentliche Lasten, welche nur von den größeren Güterbesitzern prästiert werden können, wie Fuhrfronen und dergleichen, auf eine immer kleinere Zahl von Güterbesitzern verteilt werden und hiedurch der Wohlstand der Gemeinde gefährdet wird[10]).

Aber nicht bloß auf die Käufer und Verkäufer wirken diese Verkäufe nachteilig ein, sondern auch auf die Güterhändler selbst, indem diese ihre ordentlichen Geschäfte vernachlässigen, unsicheren Spekulationen nachreisen, Tag und Nacht in den Wirtshäusern sitzen und so häufig in ihren Vermögensumständen immer weiter zurückkommen, während ihre Demoralisation von Tag zu Tag zunimmt. Mancher Landmann, welcher zu Hause ein schönes Gut besitzt, überläßt solches nunmehr der Bearbeitung fremder Hände und der Vernachlässigung, mancher bisher fleißige Professionist versäumt sein Gewerbe und gibt sich der Sucht zum Güterhandel hin im Wahne, den Juden ihre Spekulationen und Ränke abgelernt zu haben, ohne sie jedoch mit gleichem Glücke zu betreiben. Von Jahr zu Jahr vermehrt sich in einzelnen Oberämtern wenigstens der Geschmack dieser unseligen Beschäftigungsweise, welche in neuerer Zeit eine Menge verdorbener Bauern, Wirte und andere Spekulanten, ja sogar gutsherrliche Beamte und Ortsvorsteher mit Begierde ergriffen haben[11]).

Dies ist die Schattenseite der Güterhändel und der damit verbundenen Zerstücklungen des Grundeigentums. Wir glauben jedoch auch dasjenige anführen zu müssen, was zugunsten derselben in Berichten einzelner Bezirksämter enthalten ist.

Das Oberamt Geislingen versichert, daß bis jetzt von diesen Güterzerstücklungen in allen seinen Amtsorten, vier ausgenommen, mehr ein wohltätiger als nachteiliger Einfluß auf den öffentlichen und Privatwohlstand wahrgenommen worden sei, indem hiedurch die unbegüterten Einwohner – was ihnen bei der früheren Unteilbarkeit der Güter unmöglich gewesen – Gelegenheit bekommen haben, sich die zu ihrer Nahrung erforderlichen Güter und Vieh eigentümlich zu verschaffen, daß die Güter bei der gleichen Verteilung weit besser gebaut und zu einem ungleich höheren Ertrag gebracht werden und daß auch das finanzielle Interesse dadurch wirklich gefördert werde. Übrigens werde von allen Seiten anerkannt, daß die Lust zum Güterkaufen allerorten so ziemlich befriedigt sei und durch die Herstellung einer gleichmäßigeren Verteilung des Grundeigentums die Zerstücklung größerer Hofgüter bereits ihr Ziel von selbst erreicht haben dürfte. Damit stimmt in der letzteren Beziehung auch das Oberamt Ulm überein.

Das königl. fürstl. taxische Amt Scheer sagt, daß in den Orten seines Bezirks, wo Güterzerstücklungen vorgekommen seien, solche aus dem Grunde keine Nachteile gehabt hätten, weil dadurch mehrere Bürger in einen angemessenen Güterbesitz gekommen, welcher in Orten, wo das Lehenssystem herrsche, ohnehin sehr ungleich sei.

---

[10]) Berichte von Leutkirch, Ravensburg, Biberach, Ehingen, Geislingen, Wiblingen und Blaubeuren.
[11]) Berichte von Biberach, Wiblingen und Blaubeuren.

Auch das Oberamt Waldsee erkennt die Vorteile der Güterdismembrationen in Rücksicht auf die Kultur in landwirtschaftlicher Beziehung im allgemeinen an, während es ihre Nachteile mit lebhaften Farben schildert.

Das Oberamt Blaubeuren endlich bemerkt, daß obgleich der Güterhandel besonders auch in moralischer Beziehung immer weit mehr gegen als für sich behalte, doch auch in einzelnen wenigen Fällen seine Vorteile habe. Manchem verkaufslustigen Güterbesitzer, welcher von Schulden zwar gedrängt, aber nicht überschuldet sei, gelinge es, sein Gut mit Vorteil zu verkaufen, sich seiner Schulden zu entledigen und anderwärts sich vorteilhaft wieder anzukaufen und so zu besseren Glücksumständen als vorher zu gelangen, so wie auch öfters ein fleißiger Bürger durch den Güterhandel Gelegenheit finde, ein oder einige Grundstücke, die er um bares Geld an sich zu bringen nicht vermögend gewesen wäre, auf Zieler und vielleicht um billigen Preis zu erwerben und dadurch zu einem gewissen Grade von Wohlhabenheit zu gelangen. Insbesondere aber sei es bei großen Bauerngütern, welche manchmal 200 Morgen und darüber begreifen und zum Teil eine Stunde und noch weiter vom Ort entfernt liegen, der Fall, daß der Besitzer weder Vieh noch Zeit genug habe, alle diese Güter, besonders die entfernteren, gehörig in der Besserung zu erhalten, wo sie dann entweder als Ausbaufelder benützt, d. h. neun bis zwölf Jahre öde liegen gelassen und nach Verfluß dieses Zeitraums wieder drei bis sechs Jahre angebaut, jedoch nicht mit Dünger versehen oder aber auf die letztere Weise zelglich benützt werden, hingegen in beiden Fällen nur einen geringen Ertrag gewähren und kaum die Mühe lohnen, die zum Nachteil der andern Güterstücken darauf verwendet worden. Bei der Zerstücklung solcher großen Bauernhöfe geschehe es zuweilen, daß minder begüterte, aber sonst gut bemittelte und mit ordentlichem Viehstand versehene Landleute derlei Güter sehr wohlfeil an sich bringen, durch Fleiß und hinreichenden Dünger in guten Stand setzen und zu ebenso hohem Ertrag bringen als in der Regel nur die besseren und hochgültigen Güter in der Nähe des Orts gewähren, so daß bei dem Güterhandel nicht nur der Käufer seinen Vorteil erreicht, sondern auch die landwirtschaftliche Kultur überhaupt gewinne.

Nach dem bisher Vorgetragenen glauben wir unsere Ansicht über den fraglichen Gegenstand in folgendem darlegen zu müssen:

Wenn es gleich nicht zu bezweifeln sein dürfte, daß der Wohlstand, welcher noch in einem großen Teile von Oberschwaben gefunden wird, hauptsächlich den großen geschlossenen Gütern in dieser Gegend des Landes zu verdanken ist, so wird doch auch nicht widersprochen werden können, daß Güter von großer Ausdehnung wie von 100 bis 200 Morgen und darüber in dem Besitze einer einzigen Familie teils wegen Mangels an Dünger, teils wegen Mangels an Zeit und wegen ihrer teilweise oft entfernten Lage nicht durchaus gehörig angebaut und nicht zu dem hohen Ertrag gebracht werden können, welcher sich daraus erzielen ließe mit dem Viehstande und den Kräften, welche ihr Umfang notwendig erforderlich macht.

Noch weit nachteiliger würde allerdings das andere Extrem erscheinen, wenn das Grundeigentum durchgehends in so viele und so kleine Parzellen, daß diese ihre Besitzer selbst bei allem Fleiße derselben kaum zu ernähren vermögen, zersplittert und so der allgemeine Wohlstand des Landvolks in Armut und

Dürftigkeit verwandelt würde. Nur das Mittel zwischen diesen beiden Extremen, nur eine Zerstücklung des Grundeigentums bis auf ein gewisses Minimum, das von dem Besitzer übersehen und zu dem höchstmöglichen Ertrage gebracht werden kann, möchte sonach im Interesse der Landwirtschaft als wünschenswert sich darstellen.

Wie dem aber auch sein mag – denn die Staatswirtschaftslehrer sind hierüber verschiedener Ansicht –, so wird in keinem Falle der Verkauf der großen geschlossenen Güter und der Güterhandel insbesondere mit der damit verbundenen Zerstücklung des Grundeigentums weder ganz verboten noch bis auf eine gewisse Morgenzahl beschränkt werden können, ohne in die Eigentumsrechte der Staatsangehörigen verfassungswidrig einzugreifen und dem Grundsatze des freien Verkehrs zuwiderzuhandeln, der nach unserer Ansicht auch in Beziehung auf die Veräußerung und Erwerbung von Grund und Boden aufrechterhalten werden muß.

Der bekannte Wohlstand desjenigen Teils von Württemberg, der das Oberschwaben bildet, beruht auf dem größeren unveräußerlichen Güterbesitze; er erhielt sich selbst in jenen Zeiten aufrecht, wo das ganze Land von einer allgemeinen Teuerung heimgesucht war. Dieser Wohlstand wird mit dem emporkommenden Systeme der unbeschränkten Güterzerstücklung dahinsinken, wie auch die Oberämter Ehingen, Ravensburg, Tettnang, Wangen und Wiblingen in ihren Berichten anerkennen und worüber der Ort Wiblingen ein besonderes Beispiel darbietet.

Im Interesse der fortdauernden Aufrechterhaltung dieses Wohlstandes im Donaukreise ist die Minderzahl der Mitglieder unseres Kollegiums der Ansicht, daß zwar zum Vorteile der Beförderung der Landwirtschaft eine Verteilung zu großer Güter für zulässig erkannt, dieselbe jedoch im Wege der Gesetzgebung auf ein Minimum dahin beschränkt werde, daß die bestehenden Hofgüter nicht weiter als auf ein Besitztum von solcher Größe und Ertragsfähigkeit verteilt werden dürfen, durch dessen Reinertrag die Aufrechterhaltung des Nahrungsstandes einer Familie begründet sei.

Auch selbst die neueste baierische Gesetzgebung ließ eine Beschränkung der Verteilung des Grundbesitzes insoweit eintreten, als sie die Teilung grundbarer Güter mit Ausnahme freiwilliger Übereinkunft des Grundherrn und Grundholden nur in solche Parzellen für zulässig erklärte, auf welchen noch ein Steuersimplum von 45 kr Grundsteuer haftet (Gesetz über Ansässigmachung vom 11. September 1825 § 3, Gesetzblatt für das Königreich Bayern vom Jahre 1825, Seite 115).

Da übrigens jedenfalls der nachteilige Einfluß des Güterhandels bei der Art und Weise, wie er betrieben wird, mit den vielen dabei stattfindenden Ordnungswidrigkeiten und den daraus entstehenden schlimmen Folgen sich nicht verkennen läßt, so kann wohl keinem Zweifel unterliegen, daß die Regierung nicht allein berechtigt, sondern sogar verpflichtet ist, dem herrschenden Unfuge und den daraus entspringenden Nachteilen durch die ihr zu Gebot stehenden Mittel auf die geeignete Weise entgegenzuwirken.

Diese Mittel dürften nach unserem ehrerbietigen Dafürhalten darin bestehen,

1. daß eine Warnung vor den Güterhändlern und den Kunstgriffen, deren

sie sich bei Abschließung der Güterkäufe und -verkäufe zu bedienen pflegen, und eine Belehrung über die nach den bisherigen Erfahrungen aus den Güterhändeln und den damit verbundenen Zerstücklungen häufig entstandenen traurigen Folgen öffentlich bekanntgemacht und besonders auch die Ortsvorsteher und Notare erinnert werden, an diesem ihrer amtlichen Stellung nicht angemessenen Gewerbe keinen Teil zu nehmen;

2. daß sodann Anordnung getroffen werde,

a) daß die Gesamt- wie die stückweisen Verkäufe nur unter der Leitung der ersten Ortsvorsteher und eines Gemeinderats sowie unter Beiziehung des Notars bei Vermeidung der Nichtigkeit des Kontrakts abgeschlossen werden dürfen, damit die Kontrakte, die Repartition der Reallasten, die Steueranschläge p.p. der einzelnen Gutsteile mit der Sorgfalt und Pünktlichkeit zu Protokoll genommen und die nachteiligen und lästigen Kaufbedingungen, auf welche die Notare die Käufer besonders aufmerksam zu machen, sowie die übermäßige Getränkereichung und das leidenschaftliche Aufschlagen, wovor dieselben ebenfalls die Kaufsliebhaber zu warnen hätten, und die ohnehin gesetzlich verbotene Teilnahme der Juden an den Güterhändeln als Mäkler und Unterhändler so viel möglich verhütet werden.

b) Daß den Käufern der einzelnen Gutsteile die Auflage gemacht werde, daß sie, wenn sie nicht im Orte ansässig sind, einen Stellvertreter für sich aufstellen müssen, welcher die öffentlichen Lasten und Abgaben, namentlich auch die Fronen, sowie die Gülten und Zehnten insolange, bis sie sich wieder in den Händen von Angesessenen befinden, zu leisten hat.

c) Daß der Entwurf über die Repartition der Gülten und sonstigen Grundabgaben vor dem Zerstückeln der Güter zur Kenntnis des betreffenden Gefällberechtigten gebracht und alsdann bei dem Einzelverkauf zur Grundlage genommen werde, um Irrungen in den Bezugsregistern wie unter den Pflichtigen zu begegnen.

d) Daß über ein verpfändetes Gut nicht eher gerichtlich erkannt werden dürfe, als bis der Pfandgläubiger bar bezahlt oder schriftlich von ihm eingewilligt sein werde, daß er den neuen Besitzer des verpfändeten Guts zu seinem Schuldner annehme und auch die stipulierte Zielerzahlungen sich gefallen lasse; und endlich

e) daß der Erlös aus der Fahrnis, wie solche der Güterhändler wieder verkauft, obrigkeitlich eingezogen und davon zuvörderst die öffentlichen Abgaben bezahlt und hierauf zunächst die bekannten Kurrentgläubiger und dann die Hypothekargläubiger befriediget werden.

Wir haben jedoch alles dem höheren Ermessen ehrerbietigst anheimzustellen.

Nr. 192 1836 April 18 (Stuttgart)

Motion des Abgeordneten v. Rummel, die Zerschlagung geschlossener Güter zu verbieten

KdA 1836, Beil.H. 2, S. 75—84.

v. Rummel, Regierungsdirektor in Reutlingen, Abgeordneter des Oberamts Leutkirch, war Vizepräsident der Kammer der Abgeordneten; er zählte zum ministeriell-konservativen Flügel.

Ich habe den Antrag an die hohe Kammer gestellt, die Regierung zu bitten, den Ankauf geschlossener Güter zum Zweck der Zerschlagung allgemein zu verbieten.

Der Art. 28. des Gesetzes über die öffentlichen Verhältnisse der israelitischen Glaubensgenossen[1]) verbietet diesen den Erwerb liegender Güter zum Wiederverkauf; durch dieses Verbot im Hinblick auf andere desfalls bestehende Verordnungen glaubte man den Schacherhandel mit Gütern wo nicht ganz zu entfernen, doch wenigstens sehr zu vermindern. Diese Hoffnung wurde jedoch nicht verwirklicht, vielmehr trieben nun die Christen, nachdem die [76] Konkurrenz der Juden ausgeschlossen war, den Güterhandel nur um so ungescheuter und schonungsloser.

Der Auftrag meiner Kommittenten, dahin zu wirken, daß von seiten der Regierung dagegen kräftiger und allgemeiner eingeschritten werden möchte, stimmte mit meinem längst schon gehegten Wunsche vollkommen überein. Ich trage die Überzeugung in mir, daß der Schacherhandel mit Gütern, er mag von Christen oder Juden betrieben werden, für den Staat nachteilig und für die einzelnen im allgemeinen, besonders aber da verderblich sei, wo die Bewohner mit einem weniger dankbaren Boden und einem rauheren Klima zu kämpfen, also eine größere Fläche für ihren Unterhalt nötig haben.

Der Grundbesitz ist der Schwerpunkt im Staatsleben, er ist der Ballast, mit dem das Staatsschiff ruhig und sicher im Strome der Zeit hinsegeln kann; der Boden, den eine Familie von den Ahnen ererbt bebaut und der sie bei mäßigem Fleiße und Sparsamkeit gut nährt, ist ein heiliges Band, das Ruhe und Friede gewährt, Vaterlandsliebe, Mut und Kraft gibt. Diesen zum Gegenstand des Schachergewerbes zu machen und das Ruhige und Feste im Staate auf diese Art der Bewegung in die Arme zu werfen, ist eine Versündigung an den wahren Interessen des Staates.

Man würde mir unrecht tun, wenn man hieraus die Schlußfolge ziehen wollte, ich beabsichtige damit den Lehensverband zu verteidigen. Dies will ich nicht; ich bin für das Eigentum der Güter, aber nicht für eine in das Unendliche gehende Teilbarkeit des Bodens; ich will einen Bauernstand auf eigenen, aber geschlossenen Gütern von angemessenem Umfange erhalten wissen. Der Staat, in dem der Grundbesitz zweckmäßig verteilt ist und dessen meiste Bewohner mit Grundeigentum angesessen sind, hat hierin die meiste Sicherheit für ihren

---
[1]) Vgl. Darstellung, Kap. 4, Anm. 116.

Unterhalt, für sich aber die größte Bürgschaft seiner Ruhe, [77] denn nur das auf die gute Bearbeitung des Bodens gegründete Glück ist dauerhaft, und der mehr oder weniger blühende Zustand der Agrikultur ist der Maßstab für das Wohl der Völker und die Weisheit der Regierungen. Diesem tritt der Schacherhandel mit geschlossenen Gütern gerade entgegen, er ist auf die völlige Zersplitterung des Bodens berechnet, diese aber führt zur Verarmung und erzeugt eine leichte, in steter Aufregung lebende arme Volksklasse, die ohne eigentliche Heimat von einem Gute auf das andere wandert, bis sie endlich erwerb- und güterlos andern zur Ernährung anheimfällt. Wo der Boden einmal so zerstückelt ist, daß er nicht mehr mit dem Pfluge, sondern nur mit der Hacke bearbeitet werden kann, wo jeder kaum so viel besitzt, als er zum Anbau seiner Brodfrüchte bedarf, dort leidet Ackerbau und Viehzucht, alles seufzet unter dem Drucke einer Übervölkerung, der Mittelstand ist untergegangen, es gibt nur viele Arme und wenige Reiche, das Ganze muß sich endlich in ein Fabrikleben umgestalten, und da, wo einst ein kräftiger, religiös-sittlicher, zufriedener Menschenschlag lebte, wird man jene bleichen, abgemagerten, schwindsüchtigen, demoralisierten Fabrikmenschen finden, und erreicht einmal die Fabrikation ihre Grenze, die sie bei einer durch zwei Weltteile immer steigenden Gewerbeproduktion notwendig finden muß, so muß die eine Hälfte sich in weiter Ferne eine Heimat suchen, damit die andere leben kann.

Wenn ich mich hier gegen die Zersplitterung des Grundeigentums überhaupt und gegen den Schacherhandel mit Gütern insbesondere ausspreche, so bin ich darum nicht gegen jede Verteilung des Grundeigentums; ich will den Besitz der Güter, wie er sich durch das Lehenssystem im Laufe von Jahrhunderten gebildet hat, nicht unabänderlich festhalten; ich kenne die Nachteile zu gut, die ein zu ausgedehnter Grundbesitz für die Volkswirtschaft im allgemeinen und den Besitzer im beson-[78]dern hat; ich wünsche vielmehr, daß ein angemessener Teil einer jeden Markung, auf der bisher nur geschlossene Güter bestanden haben, in freie walzende Grundstücke verwandelt werde, damit jede fleißige und sparsame Familie sich Grundeigentum erwerben könne und der größere Gutsbesitzer nicht in die traurige Lage komme, entweder das in dem Gutsbesitze ihm folgende Kind schon bei dem Antritte des Guts mit Schulden zu überlasten oder die übrigen Kinder vermögenslos ihrem Schicksale hinzugeben. Ich lege aber auch für die Erhaltung eines guten Bauernstandes ein großes Gewicht darauf, daß da, wo noch geschlossene Güter bestehen, wenigstens die Hälfte der Markung in eigenen, aber geschlossenen Gütern erhalten werde, die zwar im ganzen veräußert, aber nie zertrümmert werden können.

Aus dem bisher Gesagten geht hervor, daß ich nicht jene Gegenden im Auge habe, wo der Weinbau vorherrschend ist und der fleißige Arbeiter zu jeder Zeit selbst im strengen Winter Beschäftigung findet, wo eine Familie nicht den dritten Teil einer Fläche zu ihrem vollständigen und guten Unterhalt nötig hat, den sie dort bedarf, wo der Boden weniger ergiebig, das Klima weniger mild ist, wo Getreidebau und Viehzucht die vorzüglichsten Erwerbsquellen für den Landwirt sind und derselbe mehr Vieh und Arbeitskräfte für den Landbau nötig hat, die ihm nur ein größeres Gut gewähren kann. Auch liegt es nicht in meinem Antrage, hier die Momente für ein Agrikulturgesetz, so sehr wir ein solches auch bedürfen, niederzulegen und ein Minimum zu bezeichnen, bis zu welchem geschlossene Güter verteilt werden können. Ich kenne das Schwierige dieser Aufgabe zu gut; man hat sie schon vielfach zu lösen gesucht, und noch liegt sie ungelöst vor. [...] [79] Indessen beweist die Schwierigkeit einer Aufgabe nur für den Wert derselben, ohne daß die Hoffnung für die Ausführbarkeit aufzugeben wäre, um so weniger, als die traurigen Erscheinungen der neuern Zeit die Notwendigkeit eines solchen Gesetzes so nahelegen. Aber eben darum dürfte es an der Zeit sein, wenigstens dahin zu wirken, daß einem künftigen Gesetze nicht durch eine unzeitige Beschleunigung der Zertrümmerung so vorgegriffen werde, daß es bei seinem Erscheinen kein Feld mehr für seine wohltätigen Wirkungen finde. Es dürfte gewiß an der Zeit sein, wenigstens jene Trugmittel zu entfernen, die bisher bei der Zerstückelung der größeren Güter von den sogenannten Hofschächtern angewendet wurden und werden mußten, um der Zerstückelung auch da Eingang und Gewinn zu verschaffen, wo sie mit den Bedürfnissen der Einwohner und der Ertragsfähigkeit des Bodens im Widerspruch steht. Ist in einer Gegend eine Verkleinerung des Grundbesitzes angemessen, so wird sich diese für sich selbst machen und nie weiter gehen, als es den vorwaltenden Umständen und dem Bedürfnis der Einwohner angemessen ist; es bedarf daher solcher Mittel nicht. Ist es aber notorisch, daß sie doch angewendet werden, ist es nicht zu widersprechen, daß eine allzu große Zerschlagung der Güter schon an und für sich zur Verarmung führt, so muß diese um so sicherer und schneller folgen, wenn man noch täuschende Formen zur Hülfe nimmt, um sie in das Leben hineinzudrängen. Wer aber noch zweifeln könnte, daß eine unbeschränkte Zersplitterung des Grundeigentums nachteilig auf den Staat, nachteilig auf die Gemeinden und verderblich auf den einzelnen einwirke, der möge sich die Mühe nehmen, nähere Notizen über den Zustand der Orte Andelfingen, Binzwangen, Erisdorf, Pflummern, Wolpertsschwende, Niedersweiler, Hagendorn, Baind, Vogt, Schmalegg, Salach u.s.w. einzuziehen, wie er vor der dort so häufig erfolgten Zer-[80]schlagung der Güter war und wie er jetzt ist, und dann eine Vergleichung mit den Nachbargemeinden anzustellen, die mit jenen Orten in gleicher Lage sind, aber ihre geschlossenen Güter beibehalten haben, und ich zweifle nicht, er wird von jener falschen Theorie, daß das Glück und der Wohlstand eines Staats allein in einer großen Bevölkerung bestehe, die nur durch eine unbeschränkte Teilbarkeit des Bodens herbeigeführt werden könne, geheilt werden, die so viele unserer neueren Geschäftsmänner festhalten, nicht weil sie ihre Wirkungen im Leben gesehen, sondern weil sie diese Behauptungen in Schriften gelesen haben.

Es sei mir erlaubt, hier noch einige Beispiele zu Unterstützung meiner Behauptung anzuführen. In den Gemeindeparzellen Wolpertsschwende, Niedersweiler und Hatzenthurn wurden durch die Hofschächter vier Güter zerschlagen, die früher vier Familien reichlich nährten; gegenwärtig sitzen zweiunddreißig Familien auf diesem Areal. Zu Greut wurde ein Bauerngut von 43 Morgen zerschlagen, das jetzt vier Familien mit vier Stücken Vieh bewirtschaften, während der frühere Besitzer dasselbe mit 18–20 Stücken Vieh umgetrieben hat. Zu Dietenberg wurde ein Hof von 44 Morgen an fünf Familien verkauft, die drei Stücke Vieh darauf halten, während der frühere Besitzer 20–24 Stücke hatte. Zu Edensbach wurde ein Hof von 65 Morgen an vier Familien verkauft, die ihn mit einem Viehstand von 9–10 Stücken umtreiben, auf dem der frühere Besitzer aber 30 Stücke unterhielt. Diesen wenigen Beispielen will ich nur noch die Bemerkung beifügen, daß nach den mir zugekommenen Notizen in mehreren Orten die dermaligen Besitzer nicht einmal imstande sind, das wenige Feld, das sie besitzen, umzutreiben, und daß namentlich in Vogt eines der schönsten Bauerngüter schon einige Jahre als Egerte[2]) benützt wird.

Auf diese traurigen Erscheinungen hin wird die Frage erlaubt sein, ob durch diese Zerstückelung der Staat, die Landwirtschaft, die Gemeinden oder die einzelnen gewonnen [81] haben? – Nur die Bevölkerung hat zugenommen, und wo früher 7 Familien lebten, leben jetzt 49, aber wie leben sie? Nach der Versicherung aller, die mit ihrer Lage bekannt sind, leben sie mit weniger Ausnahme in der drückendsten Armut, ohne Aussicht auf Verbesserung ihrer Lage, ja selbst ohne Hoffnung, nur in dieser und in ihrem kleinen Besitztume sich behaupten zu können. Die größere Zahl von ihnen weiß die öffentlichen und grundherrlichen Abgaben nicht aufzubringen, diese müssen in der Regel im Exekutionswege beigetrieben werden.

Notwendig müssen sich dadurch auch die Privatschulden mit jedem Jahre mehren, und die Verkäufe der Güter im Exekutionswege sind an der Tagesordnung, so daß beinahe in jeder Zeit des Jahres das Anwesen der einen oder der andern Familie von Gerichts wegen zum Verkauf ausgeschrieben ist. Durch diese fortwährenden Verkäufe und Verkaufsversuche kommen selbst die Gemeindebezirke in Verruf, so daß von auswärts selten Käufer mit genügenden Mitteln erscheinen und im Orte selbst es an Leuten fehlt, die kaufen können; die Güter sinken im Preise, der Kredit der einzelnen und der Gemeinden geht verloren, und bei dem Mangel an den nötigen Mitteln zum Betrieb der Güter muß die völlige Verarmung dieser Familien erfolgen, die ohne alle Fähigkeit und Gelegenheit zu einem andern Erwerb oder nur zu einem erklecklichen Beitrag ihren Unterhalt dem kärglich zugemessenen schlechten Boden abgewinnen sollen, den der Wucher der Hofhändler unter harten Bedingungen ihnen eingeräumt und den sie ohne alle Rücksicht auf die für einen solchen Boden nötige Arbeitskräfte mit Aufopferung des väterlichen Erbes und ihrer eigenen Ersparnisse größtenteils auf Schulden erworben haben. Ist nun eine Vermehrung der Bevölkerung, welche Verarmung der Familien, Vermehrung des Bettels, Unsicherheit des Eigentums, erhöhte Gemeindeumlagen zu Unterstützung der Verarmten, religiöses und sittliches Verderben in ihrem Gefolge [82] hat, ein Glück für den Staat, ein Glück für die Gemeinden, ein Glück für den einzelnen?

Wenn ich auch die Überzeugung habe, daß durch eine erhöhte Bevölkerung die Kultur des Bodens zunehmen wird, so hat doch auch diese ihre Grenze, und es ist nie zu erwarten, daß in einer Gegend, wo der Landwirt mit einem weniger ergiebigen Boden und mit einem rauheren Klima zu kämpfen hat, die Kultur des Bodens so gesteigert werden könne, daß, um die angeführten Beispiele zu verfolgen, die Fläche, die zuvor 7 Familien bewirtschafteten, nun von 49 Familien umgetrieben, den gleichen Wirtschaftsüberschuß gewähren und

---

[2]) Wechselfeld.

der Ertrag sich versiebenfachen werde. Wenn jeder, der nur so viele Mittel besitzt, um ein paar Morgen Landes und eine Hütte zu erwerben, eine Familie gründen darf, so ist die notwendige Folge, daß die Kultur des Bodens zwar auf einen höheren Grad gebracht wird, daß aber bei dem geringen Umfang des Grundbesitzes jede einzelne Familie nur so viel erzeugen kann, als sie zu ihrem höchst notdürftigen Unterhalt bedarf, so daß sich weder im allgemeinen noch im einzelnen ein Wirtschaftsüberschuß ergibt, dem gegenwärtig Oberschwaben seinen Wohlstand verdankt, und die Nachkommen werden dann erst einsehen, daß mit dem höchsten Grade der Kultur die Armut des Grundbesitzers Hand in Hand gehe, wie gegenwärtig eine vielleicht etwas niedrigere Kultur selbst unter den Lasten des Lehensverbandes sich mit dem allgemeinen Wohlstande gepaart hat.

Hieraus wird sich unverkennbar ergeben, daß die Zertrümmerungen geschlossener Güter nur da von wohltätigen Folgen sein werden, wo sie von solchen Gutsbesitzern durchgeführt werden, denen der Umfang des Gutes zu groß ist, den sie durch Veräußerung eines Teils desselben auf eine ihren Betriebskräften angemessene Größe reduzieren. Nur hier wird die Kultur mit den Wirtschaftsüberschüssen steigen, weil das Hauptgut in ein richtiges Verhältnis zu den Arbeitskräften gebracht ist und die abgerissenen [83] Teile nur in die Hände bereits ansässiger Familien kommen, die ohne die Täuschungen der Hofschächter sie aus eigenen Mitteln und als eine Beihülfe zu ihrer schon begründeten Existenz erwerben. Hieraus wird aber auch die Notwendigkeit hervorgehen, durch ein Kulturgesetz zu bestimmen, bis auf welches Minimum ein geschlossenes Gut mit Rücksichtnahme auf die Güte des Bodens und des Klimas zurückgebracht werden darf.

Die traurigen Erfahrungen, die der Gegenwart vor Augen liegen, haben die Fallehensbesitzer so abgeschreckt, daß die Allodifikationsgesuche mit jedem Tage seltener werden. Jede Gemeinde hält es für ein großes Unglück, wenn in ihrem Bezirke ein Gut zum Zweck der Zerschlagung allodifiziert wird; daher kommt es auch, daß solche Gemeinden an die Gutsherrschaften sich mit den dringendsten Bitten wenden, entweder das Gut nicht allodifizieren zu lassen, oder dasselbe selbst anzukaufen, damit es doch wenigstens nicht durch die sogenannten Hofschächter zum Ruin der Gemeindeangehörigen zerschlagen werde.

Auf das Verfahren, das diese Hofschächter bei der Zerschlagung solcher Güter einhalten, und die Mittel, die sie gebrauchen, um die Güter an sich zu bringen und wieder stückweise mit Gewinn zu verkaufen, will ich nicht eingehen; dasselbe ist schon öfters in öffentlichen Blättern treffend geschildert worden, auch liegen hierüber schon viele Vorstellungen der Gemeinden und viele Berichte der öffentlichen Behörden vor. Nur die Wahrheit will ich wiederholt aussprechen, daß sich die große Mehrheit des Volkes längst gegen die Zertrümmerung der gebundenen Güter ausgesprochen hat, daß sie ihren Abscheu gegen die Art und Weise, wie diese von den sogenannten Hofschächtern ausgeführt wird, auf eine unverkennbare Weise dargelegt hat und daß es unter solchen Umständen an der Zeit sei, die Regierung zu bitten, daß sie, wenn sie auch ein Kulturgesetz in dieser Richtung nicht an die Stände bringen wolle, wenigstens im Wege der Verordnung den Ankauf [84] geschlossener

Güter zum Zwecke der Zerschlagung oder den Schacherhandel mit Gütern allgemein verbieten möge[3]).

Nr. 193 1837 Februar 6, Ulm

Bericht der Regierung des Donaukreises an das Innenministerium über mögliche Maßnahmen gegen Güterhandel „in gewinnsüchtiger Absicht" und Güterzerstücklung

E 150, Bü 673, Q 20. Ausfertigung. Unterschrift: Holzschuher. Referent: Regierungsrat Schmalzigaug.
Die Berichte der Ober- und Bezirksämter sowie einzelner Schultheißen, auf denen das Gutachten der Kreisregierung beruht, befinden sich in E 179, Generalia Bü 38, UFasz. 2, Q 40—57.

Vgl. Darstellung, S. 548 f. Auf eine Motion des Fürsten zu Hohenlohe-Kirchberg vom 11. 6. 1836 gegen Güterhandel und Güterzerstücklung (KdS 1836, S. 1510 ff, 1542 ff) beschloß die Kammer der Standesherren, die Regierung in einer Adresse darum zu bitten, 1. durch ein Gesetz den Güterhandel auf Spekulation zu untersagen und die Verkleinerung der noch bestehenden größeren Höfe unter ein näher zu bestimmendes Minimum zu verbieten und 2. auf dem Verordnungswege die eingerissenen gefährlichen Mißbräuche beim Güterhandel zu unterbinden (KdS 1836, S. 1878 ff, 1903 ff). Eine entsprechende Adresse der Ersten Kammer erging unter dem 16. 7. 1836 an den Geheimen Rat, nachdem die Kammer der Abgeordneten den Anträgen nicht beigetreten war (KdS 1836, S. 1905 f, 2487 f, 2493, 2521 f). Das Innenministerium, zur Berichterstattung hierüber aufgefordert, wies am 31. 8. 1836 die 4 Kreisregierungen an, sich zu folgenden 3 Fragen zu äußern:

„Zu 1. Ob es zweckmäßig wäre, den Ankauf von Gütern zum Wiederverkauf an und für sich oder doch bei dem Vorhandensein gewisser genau zu bezeichnender Voraussetzungen zu verbieten und, im Falle diese Frage bejaht werden sollte, in welcher Weise ein solches Verbot zu erlassen und wie dessen Beobachtung sicherzustellen sein möchte?

Zu 2. Ob die bisher (privatrechtliche Beschränkungen durch Lehens- und Fideikommißverband ausgenommen) frei gewesene Verteilung des Grundeigentums beschränkt werden und, im bejahenden Falle, in welcher Art dieses geschehen soll? Ob mehrere zwar topographisch geschiedene, aber im Besitze desselben Eigentümers befindliche Grundstücke, sofern sie ein gewisses Gesamtmaß oder einen Gesamtreinertrag nicht übersteigen, als ein rechtliches Ganzes

---

[3]) Die begutachtende Kommission der Kammer der Abgeordneten vertrat am 13. 7. 1836 die Ansicht, das Problem der Güterzerstücklung könne nur durch Bestimmen eines Güterminimums im Rahmen eines umfassenden Agrikulturgesetzes geregelt werden; den Mißbräuchen der Güterhändler bei öffentlichen Verkaufshandlungen solle die Regierung durch polizeiliche Verfügung entgegenwirken (KdA 1836, Beil. Bd. III, S. 782—785). Demgegenüber beschloß die Kammer nach kurzer Diskussion, die Motion auf sich beruhen zu lassen, da entsprechende Maßnahmen entweder nicht wirksam seien oder ihre möglichen Nachteile als zu groß erschienen (KdA 1836, 91, S. 43—50). Zu der abweichenden Haltung der Kammer der Standesherren vgl. Nr. 193, Einleitung.

behandelt und für unteilbar erklärt werden sollen und wie der Meßgehalt oder Reinertrag, über welchen hinaus eine weitere Verteilung nicht stattfände, zu bestimmen wäre? Oder ob jedes einzelne Grundstück, sobald dasselbe einen gewissen Meßgehalt nicht übersteigt, für unteilbar erklärt und aus gleichem Grunde die Zusammenlegung von Grundstücken unter diesem Meßgehalt begünstigt werden soll? Auch im Falle die eine oder die andere dieser Fragen bejaht wird, wie die zur Erreichung des Zweckes erforderlichen gesetzlichen Bestimmungen im einzelnen lauten sollen? usw.

Zu 3. Ob und was zu Unterdrückung der geschilderten Mißbräuche auf den Grund der bestehenden Gesetze zu verfügen sein möchte? Oder wenn und soweit dieses unzureichend gefunden wird, ob und welche neue gesetzliche Bestimmungen deshalb für angemessen zu erachten wären?" (E 150, Bü 673, Q 11).

Die Regierungen von Jagst-, Schwarzwald- und Neckarkreis beschränkten sich in ihren Berichten auf die Äußerung der eigenen Ansicht (ebd., Q 16, 17, 21). Sie hielten die gesetzliche Bestimmung eines Güterminimums für unausführbar, schlugen dagegen verschiedene Maßnahmen gegen die Mißbräuche beim Güterhandel vor; die Regierung des Neckarkreises wollte diesen als unproduktive Gewerbegattung sogar völlig verboten wissen. Der vorliegende Bericht der Regierung des Donaukreises, wo der Frage besondere Bedeutung zukam, zeigt am besten die unterschiedlichen Ansichten der Behörden.

[...] Zu 1 a)
Mehrere Oberämter wie Geislingen, Münsingen und Tettnang halten ein Verbot des Ankaufs größerer Hofgüter zum Zwecke des parzellenweisen Wiederverkaufs nicht für zweckmäßig, teils weil anerkanntermaßen eine möglichst gleiche Verteilung des Grundeigentums in jeder Beziehung dem Nationalwohlstande weit zuträglicher sei, als wenn sich dasselbe in den Händen nur weniger befinde, teils weil ein solches Verbot als ein Eingriff in das Eigentumsrecht und eine Beschränkung des freien Verkehrs viele Gegner finden und schwer durchzuführen sein würde.

Das Oberamt Ravensburg aber erachtet den Güterhandel und die Güterhändler nicht nur für zuträglich, sondern sogar für notwendig und meint, es hieße die Regierung in den grellsten Widerspruch mit sich selbst setzen, wenn sie auf einer Seite das Grundeigentum von allen Fesseln und Lasten befreien und auf der andern den Güterhandel verbieten würde, indem durch die Güterverkäufe und die Güterhändler als Mittelspersonen zwischen Verkäufern und Kaufsliebhabern den Grundeigentümern das zu den Allodifikationen, Ablösungen von Grundlasten p.p., kurz zur Befreiung ihrer Güter erforderliche Geld in die Hände geschafft werde. Dasselbe erklärt daher jedes Verbot von Güterankauf zum Zweck des Wiederverkaufs, selbst bei den Juden, für ungerecht und ungeeignet[1]).

---

[1]) In seinen Berichten vom 1. 11. 1833 (vgl. Nr. 191) und 23. 9. 1836 betonte das Oberamt Ravensburg, grundsätzlich erweise sich der Güterhandel in seiner Vermittlungsfunktion zwischen Käufern und Verkäufern so notwendig wie der Getreidehandel. Sein großer Nachteil liege „allein in der Willkür und Schrankenlosigkeit dieser Geschäfte mit Grund und Boden" (1. 11. 1833); „die Zertrümmerung dem blinden Ohngefähr, den Leidenschaf-

Ganz entgegengesetzter Ansicht sind die Oberämter Biberach, Blaubeuren, Kirchheim, Leutkirch, Wangen und Wiblingen sowie mehrere Ortsvorsteher des Oberamts Tettnang. Diese sprechen sich insgesamt entschieden dahin aus, daß sie bei der offenbaren Schädlichkeit des Güterhandels auf Spekulation für unverständige, unvorsichtige oder leichtsinnige Bürger in pekuniärer sowohl als moralischer Hinsicht und bei den für den Wohlstand der einzelnen wie ganzer Gemeinden immer gefährlicher werdenden Zerstücklungen des Grundeigentums zwar nicht ein Verbot des Erwerbs von Gütern zum Wiederverkauf an und für sich, wohl aber ein Verbot des Ankaufs geschlossener Güter und Bauernhöfe in gewinnsüchtiger Absicht zum stückweisen Wiederverkauf nicht allein für zweckmäßig, sondern vielmehr für dringend notwendig halten und glauben, daß solche Käufe überhaupt und insbesondere auch die Teilnahme aller öffentlichen Diener an den Güterhändeln verboten werden sollten. Zur Sicherstellung der Beobachtung eines solchen Verbotes bringen die Bezirksämter teils die Bestimmung, daß alle und jede Gutsverkäufe der Obrigkeit angezeigt und unter deren Leitung vorgenommen werden müssen, teils die Androhung von strengen Strafen in Kontraventionsfällen, Konfiskation des Gewinns der Güterhändler und Nichtigkeit der Verträge, teils die Ausdehnung der Vorschrift des Artikels 28 des Gesetzes über die Verhältnisse der israelitischen Glaubensgenossen[2]) auf die christlichen Güterhändler in Antrag. Sie sind des Dafürhaltens, daß die Verkäufer und beziehungsweise Käufer, um wieder zu ihrem Gute oder zu dem ihnen entzogenen Gewinn zu gelangen, leicht zur Anzeige von der Übertretung des Verbots sich bestimmen lassen dürften und daß, da die Christen geradeso der List, des Betrugs und aller anderen verwerflichen Mittel bei den Güterhändeln wie die Israeliten sich bedienen und da die wucherlichen Verträge ebenfalls auf gleiche Weise verboten und verpönt seien, der Staat zu solchen Maßregeln um des allgemeinen Besten willen nicht nur berechtigt, sondern sogar verpflichtet sei.

Wenn man jedoch Bedenken tragen sollte, ein solches Verbot zu erlassen, so sind einige Oberämter, wie Kirchheim und Münsingen, der Ansicht, es möchte wenigstens gesetzlich zu bestimmen sein, daß der Käufer eines geschlossenen oder größeren Bauernguts dasselbe nicht eher wieder verkaufen dürfe, als bis er es vorher eine Reihe von etwa drei bis sechs Jahren selbst bewirtschaftet hätte. Andere aber, wie Wiblingen, meinen, es dürfte wenigstens die Frage von einem jeden solchen Gutsverkaufe vor allen Dingen der Beratung der Ortsbehörde hinsichtlich der Zweckmäßigkeit und unabweislichen Notwendigkeit desselben zu unterwerfen und im Falle der anerkannten Notwendigkeit oder des beharrlichen Willens des Verkäufers die Verkaufsverhandlung jedesmal unter obrigkeitliche Leitung zu stellen, jeder Privatkontrakt hingegen für null und nichtig zu erklären sein. Ebenso sollte auch jede Verhandlung über den Wiederverkauf unter obrigkeitlicher Leitung vorgenom-

---

ten, dem Eigennutz wie bisher heimgeben heißt, diese in der wichtigsten Angelegenheit des Volkswohls, in der Bodenverteilung, zur Herrschaft setzen" (23. 9. 1836). Diese Entwicklung sollte man durch öffentliche Aufsicht, behördliche Prüfung von geplanten Hofzerteilungen und Neuansiedlungen, durch die Vorsorge für die Existenzfähigkeit neuer Anwesen und durch die jeweilige Bestimmung eines Minimums durch die Gemeinden verhindern.

[2]) Vgl. Darstellung, Kap. 4, Anm. 116.

men werden müssen und, ehe und bevor sie von der gerichtlichen Behörde anerkannt und bestätiget wäre, für den Käufer keine rechtliche Verbindlichkeit haben.

Zu 1 b)

Die bisher frei gewesene Verteilung des Grundeigentums zu beschränken ist nach der Meinung der Oberämter Biberach, Blaubeuren, Kirchheim, Tettnang und Wangen weder zweckmäßig noch notwendig. Die Einwürfe gegen die unbeschränkte Güterverteilung, daß Übervölkerung und Armut dadurch herbeigeführt werden, daß nur die größeren Güter den Betrieb einer rationellen Landwirtschaft zulassen, daß Unglücksfälle weniger verderblich auf diese einwirken und dergleichen, seien teils ungegründet, teils beruhen sie auf der irrigen Voraussetzung, als ob keine größeren Güterkomplexe mehr bestehen könnten, wenn ihre Verteilung gestattet sei. Im Gegenteil werde eine Beschränkung der Verteilung manchen die Möglichkeit benehmen, Grundeigentum zu erwerben, und manchem, der Schulden habe, ohne überschuldet zu sein, die Mittel entziehen, durch teilweise Veräußerung sich vom Vermögenszerfall zu retten. Sodann aber greife sie zu tief in die Rechte der einzelnen und des Eigentums ein, und es wäre die größte Ungerechtigkeit, den Taglöhner oder Handwerker, welcher Zeit hätte, neben seinem Hauptgewerbe noch ein kleines Feld zu bebauen, ohne die Mittel zu besitzen, sich das Minimum des Flächengehalts zu erwerben, von allem Gutsbesitze ausschließen zu wollen. Auch lehre die Erfahrung unwidersprechlich, daß durch die Verteilung der großen Bauerngüter die Feldkultur und der Viehstand bedeutend gewonnen haben.

Wenn es aber auch ratsam wäre, die Güterverteilung zu beschränken, so sei es rein unmöglich, einen allgemeinen Maßstab für das Minimum eines Grundbesitzes auszumitteln; denn wollte man als Minimum einen Flächengehalt festsetzen, welcher genüge, einen Landwirt und seine Familie reichlich zu ernähren, so falle von selbst in die Augen, daß dieses Minimum je nach der Qualität und Lage der Güter sehr verschieden sein könne und müsse. Es lasse sich somit dieses Minimum nicht in einer Zahl festsetzen, sondern es müsse dasselbe für jede Gegend, ja fast für jedes Gut besonders reguliert werden, was zu den größten Willkürlichkeiten notwendig Veranlassung gäbe[3]).

Obgleich auch die übrigen Oberämter – Ravensburg, Geislingen, Leutkirch, Münsingen und Wiblingen – damit übereinstimmen, daß sich ein allgemeiner Maßstab zu Feststellung eines Minimums nicht auffinden lasse, so haben sich doch diese alle gegen das Fortbestehen der bisherigen willkürlichen Zertrümmerungen der Bauernhöfe entschieden erklärt. Denn so nachteilig ein durchgängig großer Güterbesitz sei, so wirke doch eine unbegrenzte Teilbarkeit der Güter noch nachteiliger auf den Nationalwohlstand, indem hiedurch die Bevölkerung zu einem Aggregat kleiner Grundbesitzer ausarte, die der kleinste Unfall niederwerfe, die Armut zum stationären Feind fremden Eigentums gemacht und am Ende eine Übervölkerung mit allen ihren traurigen Folgen herbeigeführt werde[4]).

Besonders gründe sich der Wohlstand Oberschwabens auf den größeren geschlossenen Güterbesitz des einzelnen und den seit Jahrhunderten bis jetzt

---
[3]) Berichte von Biberach und Wangen.
[4]) So besonders der Bericht von Ravensburg.

festgehaltenen Grundsatz der Unteilbarkeit der Bauernhöfe. Derselbe sei jedoch durch die Hofmetzgerei schon bedeutend erschüttert worden, indem in manchen Gemeinden, wo sonst eine große Zahl von Bauernhöfen gewesen, kaum noch einer oder zwei jetzt anzutreffen seien. Die Zerstücklung des Grundeigentums und mit ihr die Verarmung greifen wie eine verderbliche Seuche immer weiter um sich, und der Artikel 28 des Gesetzes über die öffentlichen Verhältnisse der Israeliten, welcher dem einreißenden Übel Einhalt tun sollte, vermöge keinen Schutz dagegen zu gewähren, indem die Christen längst die Rolle der israelitischen Güterhändler übernommen haben und gewerbsmäßig durch die niedrigsten Kunstgriffe den Wohlstand der einfältigen Landleute so gut als die israelitischen Glaubensgenossen zu untergraben verstehen.

Der Ankauf von Bauerngütern zum Wiederverkauf sei nicht wie ein anderes Handelsgeschäft anzusehen. Es handle sich hiebei gleich um die Subsistenz und den eigenen Herd von ganzen Familien. Die Erfahrung lehre zur Genüge, daß wenn nicht alle, doch der größte Teil solcher Familien, welche ihre Güter an dergleichen Händler verkauft haben, an den Bettelstab kommen und so den Gemeinden zur Last fallen, während es bei der nötigen und rechtzeitigen Fürsorge nicht schwer gewesen wäre, dieselben auf einem Teile ihrer Güter zu erhalten und ihnen ein ordentliches, schuldenfreies Vermögen zu sichern[5]).

Um nun der so gefährlichen gewerbsmäßigen Güterzertrümmerung Einhalt zu tun und den noch vorhandenen Wohlstand der größeren Güterbesitzer zu erhalten, glauben die gedachten Bezirksämter, daß eine Beschränkung der Verteilung der Bauernhöfe zweckmäßig und notwendig sei. Hinsichtlich der Art und Weise, wie solche ins Werk gesetzt werden solle, machen dieselben verschiedene Vorschläge.

Im wesentlichen gehen ihre Anträge dahin, daß alle Verkäufe und Wiederverkäufe von Bauerngütern der öffentlichen Aufsicht und der Prüfung und Beratung der obrigkeitlichen Behörden in Ansehung ihrer Notwendigkeit und Zweckmäßigkeit nach den vorliegenden Verhältnissen unterstellt und, wenn die Veräußerung nicht wegen der Erfüllung rechtlicher Verbindlichkeiten unabweislich geboten wäre, ein gewisser Flächengehalt, wie er zur Haltung eines hinreichenden Viehstandes und zur nachhaltigen Ernährung einer Familie mittleren Umfangs vonnöten sei, je nach dem besonderen Zustand und der Ertragsfähigkeit des Bodens, des Klimas und sonstiger berücksichtigungswerter Umstände als ein unteilbares Ganzes ausgemittelt und ein Minimum des Güterbesitzes festgesetzt werden dürfte, wofern nicht der vorhandene Güterkomplex bereits weniger als das festzusetzende Minimum betrage. Auch würde den obrigkeitlichen Behörden zur Pflicht zu machen sein, bei jeder schicklichen Gelegenheit, besonders bei Teilungen dahin zu wirken, daß die bereits unter das Minimum zerstückelten Güter, soviel es tunlich sei, wieder in einen Bauernhof vereiniget werden.

Bei der Bestimmung dieses Minimum aber können wegen der großen Verschiedenheit der Ertragsfähigkeit des Bodens und der sonst hiebei in Betracht kommenden Verhältnisse der Flächengehalt oder Reinertrag im allgemeinen zunächst nicht zum Anhaltspunkte dienen; nur der Wert des Guts wäre nach der

---

[5]) Bericht des Schultheißenamts Unterbalzheim, Oberamt Wiblingen.

Meinung des Oberamts Leutkirch zugrund zu legen. Weil aber der Geldwert nach Zeit und Umständen steige und falle, so müsse man auf ein Mittel zurückkommen, das auf den Ertrag des Guts basiert und der Wandelbarkeit nicht so sehr wie der Geldwert eines Gutes unterworfen sei, und dieses sei die Steuer. Das Minimum dürfte daher am zweckmäßigsten in so viel Flächenraum bestehen, als zur ordentlichen Unterhaltung einer Familie von ungefähr fünf Köpfen ohne Nebenverdienst nötig und so groß sei, daß es außer der Gebäudesteuer noch auf eine einfache Anlage 1 fl bezahle.

Übrigens sollte nach der Meinung einiger Oberämter einem Gutsbesitzer in der Regel der Verkauf von Grundstücken nur so weit zugestanden werden, als sein Gut dadurch nicht geschwächt werde, d. h. daß er imstande bleibe, den bisherigen Viehstand noch zu halten u. dergl. und nur im äußersten Fall, wenn Schulden, Unglück p.p. den Besitzer nötigen, mehr zu veräußern, als der Stand des Guts erlaube, und wenn hiedurch das Gut in die Hände eines Güterhändlers übergehen würde, dürfte bloß die Beibehaltung des Minimum zu gestatten sein[6].

Diese Bestimmung könne übrigens nur auf die zur Zeit noch bestehenden größeren Güter Anwendung finden, jedoch ohne Unterschied, ob solche topographisch ein geschlossenes Ganzes bilden oder aus verschiedenen zerstreut gelegenen Parzellen bestehen, wenn sie nur im Besitze desselben Eigentümers sich befinden. Güter von geringerem Flächengehalt möchten nicht für unteilbar zu erklären, sondern dem freien Verkehr zu überlassen sein, weil sonst dem fleißigen und sparsamen, aber weniger bemittelten Bürger jede Gelegenheit abgeschnitten wäre, sich ein Grundeigentum zu erwerben[7].

Wie die zu Erreichung des Zwecks erforderlichen gesetzlichen Bestimmungen im einzelnen lauten sollen, darauf haben sich die Bezirksämter, das Oberamt Münsingen ausgenommen, nicht eingelassen: Sie glauben, daß die näheren Bestimmungen schwer festzustellen und daher in jedem einzelnen Fall der Autonomie der Gemeindeobrigkeit zu überlassen sein möchten.

Zu 2)

Was endlich die bei den fraglichen Güterverkäufen statthabenden Mißbräuche anbelangt, so glauben die Bezirksämter, daß zu deren Unterdrückung die bestehenden Gesetze nicht zureichen. Würde das beantragte Verbot des in gewinnsüchtiger Absicht des stückweisen Wiederverkaufs unternommenen Ankaufs geschlossener Bauerngüter erlassen werden, so würden damit zugleich auch die fragliche Mißbräuche von selbst hinwegfallen. Wenn aber ein solches Verbot nicht genehmigt werden sollte, so dürfte zur Unterdrückung jener Mißbräuche zu bestimmen sein, daß bei stückweisen Güterversteigerungen keine Spende von Speisen und Getränken sowie keine zum Zwecke der Anreizung der Lizitanten gemachte Zusicherung von Vorteilen und keine Andingung von sogenannten Schlüsselgeld- oder Verkaufskosten außer den gesetzlichen bei Strafe der Nichtigkeit des Vertrags zulässig sei, was den Verkäufer nötigen würde, ein gesetzliches Verfahren einzuhalten, weil er sonst bei jedem Käufer der Gefahr ausgesetzt wäre, daß dieser später bei besserer Besinnung die Nichtigkeit des Kaufs in Anspruch nehmen würde. Sodann sollte die Vornahme

---
[6] Berichte von Leutkirch und Wiblingen.
[7] Berichte von Leutkirch, Wiblingen und Münsingen.

der Verkaufsverhandlungen an Sonn- und Feiertagen, zur Nachtzeit und bei Trinkgelagen in den Wirtshäusern bei empfindlicher Strafe verboten und verordnet werden, daß dieselben nur auf den Rathäusern unter der Leitung der Ortsobrigkeit und unter Beiziehung des Notars zu geschehen haben. Ferner möchte auch zu verfügen sein, daß die Kontrakte durch den Notar sorgfältig protokolliert und zum voraus die auf jede Gutsparzelle fallenden Reallasten, Steueranschläge p.p. ausgeschieden und berechnet und jedem Kaufsliebhaber genau bekanntgemacht werden. Und endlich sollte kein Vertrag über einen Verkauf oder Wiederverkauf rechtliche Gültigkeit haben, welcher nicht zuvor gerichtlich geprüft und als gültig anerkannt worden wäre[8]).

Die Kreisregierung schließt ihr eigenes Gutachten an:

Zu 1 a) Sowohl nach allgemeinen staatswirtschaftlichen Grundsätzen als nach den vielfachen unleugbaren Zeugnissen der Erfahrung ist die Freiheit im Verkehr die Seele aller Gewerbe, so wohltätig und notwendig für den Landmann als für den Handwerker, den Fabrikanten und den Handelsmann. Insbesondere ist es die Landwirtschaft, welche als das wichtigste, das ausgedehnteste und das einflußreichste Gewerbe im Staate jede Begünstigung von seiten der Staatsregierung durch Hinwegräumung der ihr im Wege stehenden Hindernisse und durch Ablösung der ihr angelegten Fesseln verdient. Zu diesen gehört aber namentlich auch die Geschlossenheit des großen Grundeigentums, weil diese den Fortschritten der landwirtschaftlichen Kultur und der Gewinnung eines höheren Ertrags aus Grund und Boden hemmend entgegentritt. Denn mit dem Fortschreiten des Feldbaues wird das Bedürfnis nützlicher Austauschungen von Grundstücken und Arrondierungen zum Behuf einer besseren Bewirtschaftung immer dringender, wie solche bei geschlossenen Gütern nicht möglich sind[9]). Sodann mögen zwar die geschlossenen Bauerngüter und sonstigen großen Grundbesitzungen den Besitzern einen größeren Wohlstand gewähren, dagegen erfordern sie aber auch, abgesehen davon, daß dieser Wohlstand nur auf Kosten der übrigen Kinder des Hauses aufrechterhalten werden kann, einen weit größeren Aufwand auf Gebäude, Gesinde und die Anschaffung anderer Bedürfnisse; ferner ist es unzweifelhaft, daß die große Sorgfalt und Industrie, mit welcher der kleine Grundbesitzer jeden denkbaren Vorteil berücksichtiget, bei der Bewirtschaftung des großen Grundbesitzes selten stattfindet und deshalb die Gesamtsumme des rohen Ertrags auf gleichem Flächenraum und bei gleicher Güte des Bodens bei zerschlagenen Grundstücken jedesmal größer ist als bei der Bewirtschaftung des großen Grundeigentums.

Selbst A. Thaer, welcher früher die Meinung hegte, größere Güter seien dem Feldbau günstiger als zerstückelte, hat in seiner Rationellen Landwirtschaft, 1811, 1. Band, § 132, Seite 57 seine frühere Ansicht von den großen Gütern bedeutend geändert. [...]

Überdies haben alle Staatsbürger gleiche Ansprüche auf die Erwerbung von Grundeigentum zu machen und dürfen nicht durch den Staat davon aus-

---

[8]) Berichte von Ravensburg, Geislingen, Wangen, Kirchheim, Leutkirch, Biberach, Wiblingen, Münsingen und Blaubeuren.
[9]) Eine Serie von kritischen Zeichen und Bemerkungen am Rand des Schriftstücks von dieser Stelle ab zeigt, daß man im Innenministerium mit der Argumentation der Kreisregierung für die Teilbarkeit des Bodens nicht voll übereinstimmte.

geschlossen werden, welcher vielmehr jedem die Benützung von Grund und Boden soviel möglich zu erleichtern hat. Die Trennung der geschlossenen Güter aber gibt jeder Klasse der Staatsangehörigen, den Vermöglicheren wie den Unvermöglicheren, die Mittel hiezu; und nicht nur wenige zu bereichern, sondern vielen ihr Auskommen zu verschaffen und allgemeinen Wohlstand zu verbreiten, muß das Bestreben jeder Regierung sein.

Es ist kein günstiges Verhältnis für einen Staat, wenn er lauter oder meist große Grundbesitzer hat und somit das Grundeigentum in den Händen von nur wenigen Bürgern zusammengehäuft ist, während der größere Teil derselben als ungebildete, auf die glückliche Lage ihrer Mitbürger eifersüchtige, durch Unglück und Mangel verschlechterte, dem Staate gefährliche Proletärs eine armselige Existenz hinschleppen müssen, wie dies in England, Irland, in vielen Provinzen Italiens und anderen Ländern der Fall ist. Eine soviel möglich gleichmäßige Verteilung des Grundbesitzes ist daher in nationalökonomischer, rechtlicher, sittlicher und politischer Hinsicht einem solchen Zustande weit vorzuziehen.

Wir halten es aus den angeführten Gründen jedenfalls für Pflicht der Gesetzgebung, statt der früheren Tendenz zur Vergrößerung der Güter vielmehr ihr Bestreben auf die Verkleinerung derselben zu richten, und wir vermögen darum auch die Ansicht derjenigen Oberbeamten, welche auf die Erlassung eines Verbots antragen, durch welches der Ankauf geschlossener Güter und Bauernhöfe in gewinnsüchtiger Absicht zum stückweisen Wiederverkauf untersagt werden soll, nicht zu teilen, sondern glauben, daß der Erwerb solcher Güter weder an und für sich, noch unter der gedachten Voraussetzung zu verbieten sein dürfte und verboten werden könne, ohne den Grundsätzen des freien Verkehrs zuwiderzuhandeln und der gleichmäßigeren Verteilung des Grundeigentums zum großen Nachteil der Staatsangehörigen Hindernisse in den Weg zu legen, dessen nicht zu gedenken, daß bei dem bloßen Verbot des Güterverkaufs in gewinnsüchtiger Absicht zum Zweck des parzellenweisen Wiederverkaufs und bei der Unmöglichkeit eines unbedingten Verbotes die List und Schlauheit der jüdischen und christlichen Güterhändler leicht Mittel und Wege finden dürfte, ein solches Verbot zu umgehen und die Aufsichtsbehörden zu täuschen.

Zu 2) Die Kreisregierung will damit nicht für eine unbedingte und unbegrenzte Teilbarkeit des Grundeigentums eintreten, sondern nur für die Freiheit im allgemeinen.

Bei den Nachteilen und Gefahren, welche die unbegrenzte Güterzersplitterung in vielen Gegenden Deutschlands und besonders Württembergs gezeigt hat, ist die Regierung im wohlverstandenen Interesse der Staatsangehörigen nicht nur berechtigt, sondern sogar verpflichtet, dieser Entwicklung durch Festsetzen eines gesetzlich zu bestimmenden Minimums Einhalt zu tun. Nähere Vorschläge hierzu. Das Minimum muß eine Bauernfamilie von wenigstens 5 Köpfen samt Gesinde ausreichend ernähren können. Darüber hinaus vorhandene Flächen sowie kleinere Güter sollen in der freien Verfügungsgewalt der Gutsbesitzer bleiben. Unter dem Vorbehalt von Rekursmöglichkeiten ist die Autonomie der Gemeinden bei der Feststellung des Minimums zu empfehlen. Bei zu weit fortgeschrittener Zerstückelung der Güter sollte jeder Landwirt vor seiner Ansässigmachung und Verheiratung das nötige Minimum an Grundbesitz nachweisen können. Darüber hinaus wünscht die Minderheit des Kollegiums der Kreisregierung ein Gesetz, daß die derzeit noch bestehenden Lehengüter im bisherigen Lehensverband unzertrennt bleiben sollen und auch bei ihrer Allodifikation nicht zertrennt werden dürfen.

Zu 3) Gegen Mißbräuche beim Güterhandel sind neue Bestimmungen durch Gesetz und Verordnung nötig. Hinweis auf die Vorschläge im Bericht vom 3. 3. 1834[10]) [11]).

Nr. 194   1841 November 25, Stuttgart

Gutachten des Geheimen Rats über die Rätlichkeit von Maßnahmen gegen gewerbsmäßigen Güterhandel und Güterzerstücklung

E 150, Bü 673, Q 47 Beilage. Ausfertigung. Unterschrift: Maucler; Referent: Geheimer Rat v. Pistorius; Korreferent: Geheimer Rat v. Gaerttner. Die betreffenden Akten des Geheimen Rats in E 33/34, Bü 380, Q 15—17.

Zur Vorgeschichte vgl. Nr. 193, Anm. 11.

Die Diskussion der Frage auf dem Landtag von 1836. Die Petition der Kammer der Standesherren vom 16. 7. 1836[1]). In seinem Bericht vom 18. 12. 1840 handelt der Minister des Innern nachstehende drei Fragen ab:
I. Ob die bisher (privatrechtliche Beschränkungen durch Lehens- oder Fideikommißverband ausgenommen) gesetzlich erlaubte Zerstücklung des Grundeigentums beschränkt werden und, im bejahenden Falle, in welcher Art dieses geschehen soll?
II. Ob es zweckmäßig wäre, den Ankauf von Gütern zum Wiederverkauf an und für sich oder doch bei dem Vorhandensein gewisser Voraussetzungen zu verbieten, und, im Bejahungsfalle, wie ein solches Verbot zu erlassen und dessen Beobachtung sicherzustellen sein möchte?
III. Ob und was zu Unterdrückung der bei solchem Güterhandel vorkommenden Mißbräuche auf den Grund der bestehenden Gesetze zu verfügen sei oder ob und welche neue gesetzliche Bestimmungen deshalb zu erlassen sein dürften?

Zu I) Nach Darstellung der Gründe pro und contra faßt der Ministerialbericht das Ergebnis selbst kurz dahin zusammen:
Übervölkerung und allgemeine Verarmung sei nicht als unmittelbare und notwendige Folge der Freiheit der Bodenverteilung anzusehen, und die Besorg-

---

[10]) Vgl. Nr. 191.
[11]) Obwohl die Berichte der Kreisregierungen bis zum 7. 2. 1837 vorlagen und die Zentralstelle des Landwirtschaftlichen Vereins ihre Meinung unter dem 27. 10. 1837 äußerte (E 150, Bü 673, Q 27), erstattete Innenminister v. Schlayer das verlangte Gutachten erst am 18. 12. 1840 (E 150, Bü 673, Q 46; Ausfertigung: E 33/34, Bü 380, Q 9). Zu seinem Inhalt vgl. Nr. 194. Auf Wunsch des Geheimen Rates gab Justizminister v. Prieser am 5. 3. 1841 eine eigene Stellungnahme ab (E 33/34, Bü 380, Q 14). Das Gutachten des Geheimen Rates datiert vom 25. 11. 1841; vgl. Nr. 194.
[1]) Vgl. Nr. 192 und 193, Einleitung.

nisse, die daraus abgeleitet werden wollen, seien nicht wahrscheinlich. Die Festsetzung eines unteilbaren Minimums aber sei, abgesehen von den Schwierigkeiten der Ausführung, unvereinbar mit dem Geiste der Zeit, mit der dem Privatrechte schuldigen Achtung und mit sonstigen Grundsätzen der Nationalökonomie und der Politik; sie erscheine überdies als unzureichend für den Zweck, während andererseits die Freiheit der Bodenverteilung anerkannte Vorteile gewähre und nach dem natürlichen Gang der Dinge zu der Annahme berechtige, daß – vorübergehende Notstände abgerechnet, gegen welche es überhaupt kein sicheres Mittel gebe – in jedem Zeitabschnitte die den Umständen angemessene Verteilung der Ländereien sich von selbst herstellen werde[2]).

Der Minister des Innern stellt daher im Einverständnis mit der Oberregierung und drei Kreisregierungen[3]) seinen untertänigsten Antrag zu I) dahin:

daß von Einleitung zu einer Beschränkung der bisher frei gewesenen Verteilung des Bodens im Wege der Gesetzgebung abzustehen sei.

Wir stimmen vollkommen diesem Antrage und im wesentlichen auch der Ausführung bei, auf welche derselbe gestützt wird. *Auch gibt die vorliegende Petition der Kammer der Standesherren keine Veranlassung, auf die nur in einem Agrikulturgesetz zu lösende allgemeine Frage einzugehen, ob Geschlossenheit der Güter oder freie Teilbarkeit derselben als Regel für das ganze Land aufzustellen sei* – eine Frage, deren Erörterung ohnehin schon wegen der großen Verschiedenheit der hiebei in Betracht kommenden örtlichen Verhältnisse schwerlich je zu einem sichern und unbedingten Ergebnisse führen dürfte. Es möchte sich vielmehr jetzt nur darum handeln, ob es zweckmäßig und notwendig sei, gegen die Teilung größerer Feldgüter (Höfe) weitere Fürsorge zu treffen. Hiebei mögen allerdings auch Betrachtungen über den staatswirtschaftlichen Wert geschlossener Güter in Erwägung kommen, aber doch nur in der beschränkten Beziehung, ob es von Nutzen sei, neben frei teilbarem Grundeigentum auch geschlossene Güter zu erhalten. Diese Frage aber wird man bejahen müssen, man mag theoretisch der Teilbarkeit oder der Gebundenheit als gesetzlicher Regel den Vorzug einräumen; denn einmal nötigt schon die Verschiedenheit der den landwirtschaftlichen und nationalökonomischen Wert der Teilbarkeit oder Gebundenheit bedingenden örtlichen Verhältnisse, Ausnahmen von einer angenommenen Regel zuzulassen, sodann aber folgt aus dem

---

[2]) Innenminister v. Schlayer gebrauchte in seinem Bericht politische und sozialpolitische Argumente, die der altwürttembergischen Tradition entstammten: Dem Staat müsse auch aus politischen Gründen an der Erhaltung eines wohlhabenden Bauernstandes gelegen sein. Bei völliger Gebundenheit des Bodens aber bestehe die Gefahr, daß „eine dürftige, ungebildete, von den Grundeigentümern abhängige und aller Selbstständigkeit entbehrende Taglöhnerklasse erzeugt" werde, die keine Möglichkeit habe, ihren Nahrungsstand zu verbessern. Das beste Mittel gegen die Armut infolge Übervölkerung sei „die bei uns bestehende Freiheit in dem Zutritt zu den Gewerben, Künsten und Wissenschaften, die freie Wahl des Aufenthaltsorts und die erleichterte Übersiedlung". Die Güterzerstücklung werde nur in angemessenen Grenzen stattfinden, „wenn der natürliche Gang der Dinge nicht aufgehalten wird", die günstigste Bodenverteilung stelle sich von selbst her. „Immerhin hat die freie Teilbarkeit den großen Vorzug, daß das Nationalvermögen gleichmäßiger verteilt wird und auch in der ländlichen Bevölkerung ein Mittelstand sich bildet, welcher, indem er das Schroffe einer Abscheidung in Bauern und Taglöhner entfernt hält, der Träger des Gemeinsinns und der ländlichen Gesittung ist". E 33/34, Bü 380, Q 9.
[3]) Die Kreisregierung Ulm trat ebenso wie die Zentralstelle des Landwirtschaftlichen Vereins für ein Güterminimum ein; vgl. Nr. 193.

623

rechtlich wie staatswirtschaftlich gebotenen Grundsatz, das Verfügungsrecht der Eigentümer zu achten, von selbst, daß Geschlossenheit der Güter so wenig als Teilung derselben gesetzlich geboten werden könnte. Die Zulassung der einen wie der andern entspricht auch ganz der vaterländischen Gesetzgebung. Schon in dem Herzogtum Württemberg fanden sich neben frei teilbarem Grundeigentum geschlossene Güter, und selbst ganze Distrikte, wie z. B. der Schwarzwald, behielten die Geschlossenheit der Güter als Regel bei.

Auch widerlegt die Erfahrung in Württemberg selbst die Vorwürfe, die der Teilbarkeit der Güter gemacht zu werden pflegen [...]. Ob in den Gegenden, wo Teilung der Güter, oder in denjenigen, wo Geschlossenheit der Güter vorherrscht, im Verhältnisse zur Bevölkerung mehr der öffentlichen Unterstützung bedürftige Arme sich finden, ist zwar nicht statistisch nachgewiesen, aber bekannt ist es, daß da, wo gebundene Güter vorherrschen, den Bauern eine Zahl kleinbegüterter Söldner oder bloßer Taglöhner, welche die Bauern mit einem kleinen Allmandstücke, mit einer Holzgabe abzufertigen pflegen, gegenüberstehen – Menschen, deren Fortkommen wenigstens nicht gesicherter ist als der kleineren Güterbesitzer in Gegenden von geteiltem Grundeigentum. Bekannt ist es ferner, daß Gemächlichkeit, Arbeitsscheue und Üppigkeit, diese reichsten und bedenklichsten Quellen der Verarmung, sich in den Gegenden von geteiltem Eigentum seltener finden als in denjenigen, wo geschlossene Güter vorherrschen. Bekannt ist es aber auch, daß nicht nur in den letzten Kriegszeiten, in denen die Gegenden des Unterlands gewiß so schwer als Oberschwaben betroffen worden, dort weit mehr durch gleichbaldige Umlage gedeckt und weniger Schulden gemacht wurden als hier und daß jene von den Kriegsdrangsalen sich mindestens ebenso schnell erholt haben als diese. Tatsachen dieser Art sind doch wohl entscheidender als Besorgnisse, die auf Vermehrung der Bevölkerung und dergleichen Prämissen gegründet werden. Besonders aber ist auch zu erwägen, daß die Gemeindeverwaltung, diese wesentliche Stütze des Nationalwohlstandes, da, wo geschlossene Güter und mit ihnen das Vereinödungssystem vorherrschen, in keiner Beziehung so gesichert ist wie in Dorfgemeinden, die der Grundbesitzer viele in sich vereinigen.

Möge man übrigens die Sache in nationalökonomischer und politischer Beziehung betrachten, wie man wolle, der nicht wohl zu beseitigende Anstand bleibt immer übrig, daß jede direkte Einschreitung der Gesetzgebung zu Erhaltung der geschlossenen (Hof-) Güter zu einem Widerstreite mit der bestehenden Gesetzgebung und zu Eingriffen in das Verfügungsrecht der Eigentümer führen würde.

Die Gesetzgebung hat es seither dem Ermessen der einzelnen überlassen, ob und inwieweit sie ihr Grundeigentum teilen wollen; die neueren Gesetze aber haben die Freiheit der Grundeigentümer noch dadurch zu fördern gesucht, daß sie die Ablösung der Lehensverhältnisse und der auf den Gütern haftenden grundherrlichen Lasten, letztere sogar mit großen Opfern der Staatskasse einzuleiten suchten. Das II. Edikt vom 18. Novbr. 1817 A § 3[4]) enthält sogar die Bestimmung, daß Fallehen nur in Zinsgüter, nicht in erbliche oder Lehengüter anderer Art umgewandelt werden dürfen. In welchen Widerstreit würde

---

[4]) Nr. 44.

sich nun die Gesetzgebung setzen, wenn sie jenen die Freiheit des Grundeigentums befördernden Gesetzen ein neues an die Seite stellte, das dem Eigentümer sein Verfügungsrecht beschränkte, das ihm unmöglich machte, von der mit Opfern erkauften Freiheit seines Grundeigentums den ihm dienlich scheinenden Gebrauch zu machen?

Mit dem Rechte ist offenbar nur vereinbar, den Eigentümer in der Benützung seines Guts nicht zu beschränken. Ein Verbot der Teilung aber enthält so gewiß eine solche Beschränkung, als letztere in einem Gebot der Teilung liegen würde, und in Beziehung auf das Recht ist es gleichviel, ob die Beschränkung für das Ganze oder nur für einen Teil des Besitztums eintritt; die Nachteile sind auch im letzteren Falle für den Besitzer und seine Familie noch sehr bedeutend. Hat er auch nicht früher schon Opfer für die Freimachung seines Guts gebracht, so behält doch dasselbe den Wert nicht, den es bei stückweisem Verkauf gehabt hätte, und es wird dadurch der Kredit des Besitzers um so gewisser geschwächt werden, als diejenigen, bei welchen er Anlehen aufnehmen will, in der durch die Teilung des Guts in Quoten, die stückweise, und in solche, die nur zusammen verkauft werden können, vermehrten Schwierigkeit des Angriffs des Guts und in der größeren Ungewißheit, vollständige Befriedigung zu erlangen, Gründe finden dürften, auf das Anlehen nicht oder nur unter lästigen Bedingungen für den Schuldner einzugehen. Diese Schwierigkeiten werden besonders dann eintreten, wenn Anlehen aufgenommen werden wollen, deren Betrag die Verpfändung des ganzen Guts nicht rechtfertigt und wofür nur Teile der vom stückweisen Verkauf ausgeschlossenen Quoten verpfändet werden wollen. Außerdem ist, wie in dem Berichte des Ministers des Innern bemerkt ist, der Gutsbesitzer der Gefahr ausgesetzt, daß er, ohne überschuldet zu sein, wegen einer Schuldforderung, welche mit dem Erlös aus stückweise verkaufbaren Gütern hätte befriedigt werden können, im Exekutionswege aus dem Besitze seines ganzen Guts gesetzt wird. Überhaupt ist aber vorherzusehen, daß der Besitzer des Guts durch das Verbot, einen Teil des letzteren stückweise zu veräußern und zu vererben, als Familienvater und als Landwirt in manche Verlegenheiten geraten und manche Vorteile sich nicht mehr oder wenigstens nur unvollständig und mit größerer Mühe verschaffen könnte.

Inzwischen möchten wohl, wenn von dem Einfluß des erwähnten Verbots auf Privatrecht die Rede ist, auch die Familienglieder und die Gläubiger der bereits aufgenommenen Schulden in Betracht kommen, denn auch auf sie wirkt jenes Verbot ein. Jedenfalls würden zum Schutze derer, die bereits Rechte auf das Gut oder auf Teile desselben erworben haben, besondere Bestimmungen notwendig werden; es dürfte aber sehr dahin stehen, ob solche in der Art gegeben werden könnten, daß sie jede Beeinträchtigung beseitigten.

Die rechtlichen Anstände werden noch dadurch bedeutend verstärkt, daß die Festsetzung des Güterminimums dem Ermessen der Gemeinderäte überlassen werden müßte. Die Bedenken gegen die Folgen einer solchen unerhörten Maßregel können auch nicht durch die Möglichkeit des Rekurses an die höheren Staatsbehörden beseitigt werden, denn dieses Mittel ist jedenfalls unzureichend und führt zu neuen Anständen. Auch würden alle Vorlagen, die der standesherrlichen Petition entsprechen, an der Zweiten Kammer scheitern. Der Geheime Rat ist daher wie der Innenminister der Ansicht, daß der Bitte, die Ver-

kleinerung der geschlossenen Bauerngüter unter ein zu bestimmendes Minimum gesetzlich zu verbieten, keine Folge zu geben sei.

Zu II) *Die zweite Hauptfrage* wird von dem Ministerium des Innern in Übereinstimmung mit der Ansicht dreier Kreisregierungen und der Oberregierung verneint. Nur die Regierung des Neckarkreises trug, auf die Analogie des Artikel 28 des Gesetzes über die Verhältnisse der Israeliten sich berufend, darauf an, gesetzlich zu verbieten, daß erkaufte geschlossene Güter oder in einem Gesamtkauf erworbene Güter, die sich früher in einer Hand befunden, vor Ablauf von drei Jahren wieder verkauft werden dürfen. Die gedachte Kreisregierung wollte übrigens Ausnahmen von diesem Verbote [...] zulassen, *so bei überzeugendem Nachweis, daß keine Spekulation beabsichtigt war. Das Ministerium des Innern hält dagegen ein allgemeines Verbot des Spekulationshandels mit Gütern für unbegründet und für nicht ausführbar;* darin, daß in einzelnen Fällen verwerfliche Mittel bei dem fraglichen Handel angewendet werden, kann nur ein Grund liegen, solchen Mißbräuchen zu steuern [...]. Die Abstellung jenes Handels überhaupt läßt sich damit um so weniger begründen, als ähnliche, gleich schädliche Mißbräuche auch bei andern Arten des Verkehrs, die man doch nicht verbietet und verbieten kann, vorkommen können. Versuche, die Gewinnsucht aus dem Verkehr zu verbannen, können nur zum Schaden des letztern gemacht werden. Sie läßt sich niemals und aus keiner Art des Verkehrs entfernen, und vermöchte man auch eine sichere Grenze für ein teilweises Verbot der Spekulation zu ziehen, so wäre es doch kaum zu begründen, der Gewinnsucht, wo sie etwa stärker, als einziger Zweck, erscheint, entgegenzutreten, während man sie sonst gewähren läßt.

Mag auch der Spekulationshandel an sich als minder produktive Gewerbsart angefochten werden, zugeben wird man doch müssen, daß er nicht nur unentbehrlich, sondern auch durch das Leben, das er in dem Verkehr erhält, nützlich ist. Dies gilt auch von dem Spekulationshandel mit Gütern [...].

Ein allgemeines Verbot des spekulativen Güterhandels ist kaum durchführbar. Es müßte auch jede Form des Vollmachtsverkaufs verboten werden; eine solche Bestimmung aber würde einen besonders für die in Verkehrssachen häufig ungeübten Landleute sehr empfindlichen Eingriff in die Freiheit der einzelnen enthalten und in dem Verkehre große Störung verursachen. *Auch alle weiteren Erwägungen – Notwendigkeit von Strafnormen, Nichtigkeitserklärung gesetzeswidriger Käufe von Amts wegen, Notwendigkeit zu Erlaubnis von Dispensationen – sprechen gegen ein solches Gesetz.*

III) *Zur dritten Hauptfrage – Unterdrückung der beim Güterhandel vorkommenden Mißbräuche – hat der Minister des Innern neue gesetzliche Bestimmungen vorgeschlagen:*

a) das Verbot des Anbedingens von Zech- und Kaufkosten außer dem Weinkaufe und

b) die Ungültigkeitserklärung der Verzichte auf die Reuzeit, auf die Klage und Einrede der Verletzung und auf Gewährung eines bestimmten Meßgehalts.

Hierzu meint der Geheime Rat:

Die fraglichen Vorschläge sind weitgreifend und für die Ausführung und Handhabung mit besonderen Schwierigkeiten verbunden; sie scheinen daher eine gründlichere Begutachtung durch die Gerichtshöfe noch zu fordern. Dieselben hätten dann Gelegenheit, auch noch andere, vielleicht leichter zu handhabende Bestimmungen vorzuschlagen, und es würde sich erst zeigen, ob überhaupt am Ende für angemessen gefunden würde, einen Gesetzesentwurf oder wenigstens den wesentlichen Inhalt eines solchen vorzulegen. *Das Justizministerium soll entsprechende Auskünfte bei den Gerichtshöfen einholen.*

Mit den Vorschlägen des Innenministers für eine Ministerialverfügung an die Ortsvorsteher und Gemeinderäte ist der Geheime Rat einverstanden. *Diese Verfügung sollte möglichst bald von den Ministerien der Justiz und des Innern erlassen werden, um wenigstens einigen Schutz gegen die weitere Ausdehnung der sog. Hofmetzgerei zu gewähren*[5]).

Nr. 195 1845 Februar 28, Ulm
Bericht der Kreisregierung Ulm an das Innenministerium über die im Donaukreis bestehenden Privatleihkassen
E 179, Generalia 69, UFasz. 819, Q 29. Konzept.

Vgl. Darstellung, S. 553 f. Durch Weisung vom 14. 1. 1845 forderte das Innenministerium die Kreisregierung zum Bericht über die Privatleihkassen im Donaukreis auf. Anlaß hierzu war das Ergebnis einer Untersuchung über die private Spar- und Leihkasse in Heidenheim: Diese Kasse hatte in drei Jahren über 1,5 Mill. fl aufgenommen und zu einem erheblichen Teil auch für den Erwerb von „Güterzielern" benutzt; sie hatte dabei auf dem regionalen Kapitalmarkt eine Machtstellung gewonnen, die es ihr z. T. ermöglichte, hohe Provisionen und wucherliche Zinsen zu erheben. Nicht zuletzt die irrige Annahme, daß die Geschäfte der Kasse unter öffentlicher Kontrolle oder Garantie stünden, hatte zu den hohen privaten Kasseneinlagen beigetragen. E 179, Generalia 69, UFasz. 819.

---

[5]) Durch Reskript vom 9. 12. 1841 an Justiz- und Innenminister erklärte sich der König mit den Anträgen des Geheimen Rats einverstanden. Bereits unter dem 22. 12. 1841 erging eine Verfügung der beiden Ministerien „betreffend die Mißbräuche bei der Veräußerung von Grundstücken und insbesondere bei der Zertrennung größerer Bauerngüter" (RegBl 1842, S. 10 f). Sie beschränkte sich im wesentlichen auf die Vorschrift, den Mißbräuchen des Güterhandels „mit allen tunlichen Mitteln entgegenzuwirken", die Gemeindeangehörigen vor den Umtrieben der Güterhändler zu warnen und Käufer vor Vertragsabschluß über die Lasten zu informieren, die auf den einzelnen Grundstücken lagen. Ortsvorsteher und Gemeinderäte wurden daran „erinnert, jeder eigenen Teilnahme an solchen Mißbräuchen, durch welche ihr amtliches Ansehen gefährdet würde, sich zu enthalten".
In einem Gutachten vom 3. 5. 1842, das sich auf die Berichte der Kreisgerichtshöfe stützte, gelangte Justizminister v. Prieser zu der Ansicht, „daß den bei dem Güterhandel eingeschlichenen Mißbräuchen auf wirksame Weise, ohne in die Rechte der Privaten tief einzugreifen, durch gesetzliche Bestimmungen nicht begegnet werden kann" und man sich daher darauf beschränken solle, sie durch polizeiliche Verfügungen, „soweit es möglich", zu bekämpfen. Nur der Zivilsenat des Kreisgerichtshofs Ulm hatte über die Verfügung vom 22. 12. 1841 hinaus gesetzliche Gegenmaßnahmen befürwortet (E 33/34, Bü 380, Q 19). Der Geheime Rat schloß sich dem Votum des Justizministers durchweg an (E 150, Bü 673, Q 55).

Die Kreisregierung hat Berichte der Oberämter eingeholt[1]).

Der bedeutende Umfang, welchen die Privatleihkassen des diesseitigen Kreises erlangt haben, sowie die fortwährende Vermehrung der Zahl derselben bildet nach unserer Ansicht eine sehr unwillkommene Erscheinung der neueren Zeit, die in mehr als einer Beziehung die Aufmerksamkeit der Staatsbehörden in Anspruch nimmt und die Ergreifung besonderer Maßregeln notwendig machen würde, wenn ihrem ferneren Umsichgreifen ein Ziel gesetzt werden sollte.

Ihre Entstehung fällt zum größten Teile in diejenige Periode, in welcher der maßlosen Ausdehnung der Korporationsleihkassen von Aufsichts wegen Schranken gesetzt bzw. deren Auflösung herbeigeführt wurde[2]). Die namhaften Überschüsse, welche bei diesen Kassen vornehmlich durch den nicht in ihrem ursprünglichen Zwecke liegenden Betrieb lukrativer Geldgeschäfte in kurzer Zeit erzielt worden waren, und gleich günstige Erfolge bei einzelnen schon länger bestehenden Privatleihkassen konnten nicht verfehlen, da und dort die Habsucht anzureizen und zu Gründung ähnlicher Institute anzulocken.

Nach der angeschlossenen Übersicht bestehen in unserem Kreise gegenwärtig nicht weniger als 36 solcher Privatanstalten, die, bloß auf den Gewinn der Unternehmer berechnet, sich mit dem Betrieb lukrativer Geldgeschäfte aller Art, vorzüglich aber mit dem Erwerb von Güterzielern befassen und welchen zur Zeit ohne Einrechnung der Göppinger Anstalt (welche die diesfallsige Notiz verweigert hat) eine Summe von 11 068 168 fl fremder Kapitalien anvertraut ist[3]).

Hievon nehmen wir allein aus die Sparkasse zu Biberach, welche diesen löblichen Zweck nicht überschreitet, und etwa auch die Leihkasse zu Seibranz im Amtsbezirke Zeil, welche vornehmlich nur Lehenleute, die zur Verpfändung ihrer Lehengüter keine Erlaubnis erhalten oder welche die enorme Konsensabgabe nicht aufbringen können[4]), mit Anlehen unterstützt, wogegen die übrigen Kassen nur auf den Privatvorteil der Unternehmer berechnet sind.

Zwar haben diese Kassen in der Regel gleichzeitig auch die Eigenschaft und den Namen von Sparkassen angenommen; allein es tritt dieser Zweck ganz in den Hintergrund gegen die großartigen Spekulationen, welche nur mit größeren, fremden Mitteln unternommen werden können. Diese Eigenschaft scheint vielmehr bloß darauf berechnet zu sein, derlei Unternehmungen eine edlere Tendenz zu unterstellen und ihnen gegenüber von den Staatsbehörden oder in den Augen des Publikums einige sittliche Haltung zu verleihen, wobei wir jedoch nicht unbemerkt lassen wollen, daß die Wirksamkeit dieser Anstalten in ihrer Eigenschaft als Sparkassen in einzelnen Bezirken, z. B. in Geislingen und Münsingen, als eine wohltätige anerkannt wird.

---

[1]) Nicht bei den Akten.
[2]) Vgl. Darstellung, S. 552 f. 1837/38 bestanden im Donaukreis noch 6 Oberamtskassen mit einem Aktivstand (Passivstand) von 1 271 005 fl (1 220 836 fl) und 26 Gemeindeleihkassen mit 529 035 fl (504 906 fl). Bis 1845/46 hatte sich der Bestand auf 4 Oberamtskassen mit 894 064 fl (834 416 fl) vermindert. E 179, Generalia 69, UFasz. 820/821.
[3]) In der Übersicht wird allein bei zwanzig Kassen ihre Bedeutung für den Güterhandel betont oder sie werden direkt als „Güterzielererwerbskassen" bezeichnet; ihr Kapital betrug fast 8,9 Mill. fl oder rund 80 % des Kapitals sämtlicher Spar- und Leihkassen im Donaukreis.
[4]) Vgl. Darstellung, Kap. 3, Anm. 228.

Von den meisten Bezirkspolizeiämtern, in deren Bezirken sich solche Privatleihkassen befinden, ist zwar angezeigt worden, daß ihnen ein nachteiliger Einfluß derselben auf den Geldmarkt oder Verfehlungen gegen die Wuchergesetze nicht bekannt seien; allein mehrere andere Bezirksämter, namentlich Geislingen, Göppingen, Münsingen, Obermarchtal, Scheer und Ulm bestätigen, daß diese Kassen auf den Geldverkehr insofern nachteilig einwirken, als den Kapitalisten die Gelegenheit, ihre Gelder an Privaten unmittelbar und gegen hypothekarische Sicherheit unterzubringen, genommen oder wenigstens erschwert wird, so daß namentlich öffentliche Kassen mit dem Ausleihen ihrer Gelder in Verlegenheit geraten und ihre Zuflucht selbst schon zu den Privatleihkassen genommen haben, als ferner bei solchem Zusammenfluß disponibler Gelder in den Leihkassen auch die Geldbedürftigen die erforderlichen Anlehen nicht leicht anderswo erhalten können als bei den Leihkassen, welchen sie sofort 5 % Zins[5]) bezahlen müssen.

Beweise für den nachteiligen Einfluß der Leihkassen auf den Kapitalmarkt: Einige Gemeinden des Oberamts Geislingen erhielten auf Geldgesuche zum Zweck der Gefällablösung keine Anträge; die Oberämter Ulm und Göppingen weisen darauf hin, daß die Leihkassen geldbedürftigen Gewerbetreibenden kaum annehmbare Bedingungen stellen, insbesondere Provision, Verzinsung von 14 Tagen oder vier Wochen früher, als das Geld abgegeben wird, sechsprozentige Verzinsung und häufig auch noch weitere Abzüge. Doch haben die Beteiligten niemals wegen wucherlicher Zinsen geklagt. Die Kreisregierung ist der Ansicht, daß überhaupt der Zwischenhandel mit Geld, welcher von den Leihkassen betrieben wird und vermöge dessen der unmittelbare Verkehr der Kapitalisten mit den Geldbedürftigen immer mehr verdrängt wird, kein Bedürfnis ist und daher aus allgemeinen staatswirtschaftlichen Gründen als schädlich bezeichnet werden muß.

Eine weitere nachteilige Wirkung dieser Privatanstalten äußert sich aber vornehmlich auch in der Beförderung des Güterhandels, der sogenannten Hofmetzgerei, worauf namentlich von den Oberämtern Biberach, Geislingen, Münsingen, Ulm und von dem standesherrlichen Amte Scheer aufmerksam gemacht wird.

Der größte Gewinn, welchen die Leihkassen machen, besteht darin, daß sie Güterzieler gegen Rabatt erwerben; ihr Bestreben ist daher darauf gerichtet, soviel als möglich Güterzieler anzukaufen, und es geht dieses Bestreben so weit, daß sie, um nur Güterzieler zu bekommen, manchen Güterbesitzer zum Verkaufe veranlassen und ihm sein Anwesen durch ihre Unterhändler feilzumachen suchen.

Ein solcher Güterhändler und Hofmetzger kann dieses Geschäft ohne eigene Mittel oder wenigstens mit geringen Mitteln betreiben, indem er an den Leihkassen, welche ihm sogleich nach vollbrachtem Wiederverkauf die Zieler abkaufen, einen Rückhalt findet.

Durch die Manipulationen der Güterhändler wird aber auch der Güterwert erfahrungsgemäß auf eine unnatürliche Höhe gesteigert, indem durch die

---

[5]) Bei privaten Geldgeschäften betrug der Zinssatz zwischen 1830/40 4 % und stieg erst in der zweiten Hälfte der 1840er Jahre auf 4½ %, in den frühen 1850er Jahren auf 5 %. *Schremmer,* Bauernbefreiung, S. 140, Anm. 637.

Leichtigkeit, sich Grundstücke zu erwerben, ohne sie bar bezahlen zu müssen, mancher zu unbesonnenem Aufstreich verführt wird.

Auf diese Weise geht das Interesse der Güterzielerkassen und der Hofhändler Hand in Hand; der Umfang dieser Kassen dehnt sich ins Ungemessene aus, wie denn in unserem Kreise die Leihkasse zu Hofstett-Emerbuch, Oberamts Geislingen, jetzt schon einen Passivstand von 826 751 fl, die Güterzielererwerbskasse zu Blaubeuren einen solchen von 1 476 160 fl und diejenige zu Stubersheim, Oberamts Geislingen, sogar von 1 900 000 fl nachweist.

Diese fortschreitende Ausdehnung wird voraussichtlich nur dann einen Stoß erleiden, wenn die Zielerkassen seinerzeit bei wieder sinkendem Güterwert an ihren Zielern Schaden nehmen, nachdem das wirksamste Gegenmittel, das in der Beschränkung des freien Verkehrs mit Grundeigentum gelegen wäre, die höchste Genehmigung nicht erhalten hat.

Die Kreisregierung überprüfte die Statuten derartiger Erwerbsgesellschaften auf mögliche Gesetzeswidrigkeiten und strich alles, was den teilweise deutlich beabsichtigten Irrtum erregen konnte, als stehe die Anstalt unter öffentlicher Aufsicht und Leitung; sie beauftragte die Oberämter mit der polizeilichen Überwachung und erinnerte Ortsvorsteher und andere Gemeindebeamte, die sich maßgeblich an der Gründung von Kassen beteiligten, an die Ministerialverfügung vom 22. 12. 1841 über die Mißbräuche bei der Veräußerung von Grundstücken[6]*). Die Anlage von Geldern öffentlicher Kassen bei den Privatleihkassen wurde abgestellt. Die Kreisregierung befürwortet entsprechende allgemeine Maßnahmen und eine Bekanntmachung über die Verhältnisse der Privatleihkassen*[7]*).*

Nr. 196   1847 November 19, Ulm

Bericht der Regierung des Donaukreises an das Innenministerium über den Güterhandel und die dabei vorkommenden Mißbräuche

E 150, Bü 673, Q 83. Ausfertigung. Unterschrift: Schmalzigaug. Referent: Regierungsrat Hochstetter.

Am 25. 5. 1847 teilte die Kreisregierung Ulm dem Innenministerium eine Äußerung des Stadtschultheißen von Ravensburg mit, in der dieser die Güterzerstückelung, „diese Pest des Oberlandes", als eine Hauptquelle des zunehmenden Pauperismus bezeichnete und die Beschränkung des spekulativen Güterhandels auch für Christen und strengere Baugesetze forderte, um beliebige Ansiedlungen zu verhindern (E 150, Bü 673, Q 72 Beilage). Durch Erlaß vom 5. 6. 1847 forderte das Innenministerium die Kreisregierungen auf, über ihre neueren Erfahrungen mit dem Güterhandel und über mögliche Maßregeln zu seiner Bekämpfung zu berichten. Anlaß für diese Initiative dürfte die damals anlaufende Gesetzesplanung zur allgemeinen Allodifikation der Bauernlehen

---

[6]) Vgl. Nr. 194, Anm. 5.
[7]) Eine Reaktion des Innenministeriums auf den Bericht scheint nicht erfolgt zu sein.

gewesen sein; vgl. Darstellung, S. 478 ff und 554. Die Berichte der Regierungen von Neckar-, Schwarzwald- und Jagstkreis mit Beilagen in E 150, Bü 673, Q 76, 80 und 87.

[...] Es liegt in der Verschiedenheit der Bodenbesitz- und sonstigen hierauf bezüglichen Verhältnisse, daß die Erfahrungen, Ansichten und Vorschläge über den vielbesprochenen, wiederholt in Frage gestellten Gegenstand auf Seite der hierüber vernommenen Bezirkspolizeiämter manchfach und z. T. wesentlich unter sich abweichen.

Einzelne Bezirksämter wie Saulgau, Tettnang, Ulm kommen auf die als erledigt zu betrachtende Frage von der Erlassung eines Verbots der Zerstücklung des Grundeigentums und des gewinnsüchtigen Ankaufs von Gütern zum Wiederverkauf oder wenigstens auf weitergehende Beschränkungen des Güterhandels und auf die gesetzliche Feststellung eines Minimums des Güterbesitzes zurück, indem sie neuerdings für ein solches Verbot oder für jene Beschränkungen sich erklären. Andere Bezirksämter wie Blaubeuren, Riedlingen, Wangen sind geradezu jeglicher Einschreitung in diesen Richtungen entgegen, weil, wie das Oberamt Wangen sagt, die Übel der Freiheit sich nicht heben lassen, ohne die Übel der Unfreiheit zu begründen. Das Oberamt Blaubeuren rühmt selbst die entschieden vorteilhaften Wirkungen, welche die sogenannte Hofmetzgerei auf der Alp und dem sogenannten Hochsträß gezeigt, indem sie es möglich gemacht habe, einzelnes Grundeigentum zu erwerben, die Existenz mancher Familie besser zu begründen und die raschere Kultivierung öden Feldes zu vermitteln. [...]

Aus den Bezirken Göppingen, Kirchheim, Obermarchtal, Obersulmentingen und Riedlingen wird angezeigt, daß die sogenannte Hofmetzgerei höchst selten vorkomme. Auch die Bezirksämter Blaubeuren, Münsingen, Riedlingen, Tettnang, Ulm und Waldsee wollen die Erfahrung gemacht haben, daß die Hofmetzgerei sich bedeutend vermindert oder an Ausdehnung verloren habe und noch weiter verlieren werde, je mehr auch die Privatleih- und Zielerkassen unter den dermaligen Verhältnissen des Geldmarktes und dem gegen sie sich erhebenden Mißkredit mit manchem Hofmetzger selbst in Verfall geraten[1]); denn daß diese Kassen als Quellen, als Hebel und als Zufluchtsstätten der Hofmetzgerei anzusehen sind, darüber stimmen jene Bezirksämter alle überein.

Weil aber nach der Ansicht des Oberamts Münsingen andere Zeitverhältnisse und Gewinnsucht die Hofmetzgerei immer wieder verbreiten können und weil denn doch solche mit allen daraus hervorgehenden Mißbräuchen und Übervorteilungen nach der Anzeige der Bezirksämter Biberach, Buchau, Ehingen, Scheer und Wolfegg noch immer vorkommt, so finden es die obengenannten Bezirksämter an der Zeit, daß diesen Mißbräuchen und den darüber bekannten Klagen entschieden gesteuert werde.

---

[1]) Den Rückgang des Güterhandels bestätigen auch die Berichte aus Jagst- und Schwarzwaldkreis (E 150, Bü 673, Q 80 und 87); im Neckarkreis fand die Hofmetzgerei ohnehin nur geringen Spielraum (ebd., Q 73). Oberamt Blaubeuren wies auf einen entscheidenden Grund für diese Entwicklung hin: Der allgemeine Anstieg des Zinsfußes bis auf 5 % vernichtete das bisherige Geschäft mit den gängigen fünfprozentigen Güterzielern (ebd., Q 83, Beilage 49).

Die Ministerialverfügung vom 22. 12. 1841²) ist in ihrer Wirksamkeit umstritten, da ihre Handhabung vom guten Willen der Behörden abhängt. Sie würde von den Bezirksämtern Blaubeuren und Wangen für ausreichend erachtet, wenn solche mit Nachdruck gehandhabt würde. Aber eben ihre Handhabung wird von den Bezirksämtern Buchau, Kirchheim, Ulm und Wolfegg nicht genügend gefunden, und es bemerkt namentlich das Oberamt Ulm, daß die diesfälligen Vorschriften nur zu häufig von den Ortsvorstehern der Vorteile wegen umgangen werden, welche ihnen der Güterhandel selbst bietet.

Zur Beseitigung der Mißbräuche des Güterhandels sind sofort folgende Maßregeln neuerdings vorgeschlagen worden, welche großenteils über das Gebiet der polizeilichen Fürsorge, wie sie nach den bestehenden Gesetzen möglich wäre, hinausgehen und Anordnungen erheischen, die nur im Wege der Gesetzgebung erteilt werden können:

1. Aufhebung des gesetzlichen Weinkaufs³) und Verbot des Anbedingens von Zech- und Kaufkosten⁴).

2. Ungültigerklärung des Verzichts auf
   a) die gesetzliche Reuzeit⁵),
   b) die Klage und Einrede der Verletzung und
   c) auf Gewährung eines bestimmten Meßgehalts⁶).

3. Verbot der Vornahme der Verkaufsverhandlungen in Wirtshäusern und zur Nachtzeit⁷).

4. Leitung und Beaufsichtigung des Verkaufs durch die Ortsvorsteher und ein Mitglied des Gemeinderats unter Verwendung eines beeidigten Ausrufers⁸).

5. Ausdehnung des Artikels 28 des Gesetzes über die Verhältnisse der Israeliten vom Jahre 1828 auf christliche Güterhändler mit Zulassung der Verpachtung und von Ausnahmen im Wege der Dispensation⁹).

6. Besteurung des Güterhandels¹⁰).

7. Beschränkung der Verehelichung und Aufhebung des Zwangsübersiedlungsrechts¹¹).

Die Ansichten der Bezirksämter zu den einzelnen Punkten. Bei einer Untersuchung über unerlaubten Güterhandel im Oberamt Laupheim stellte sich heraus, daß seit mehreren Jahren in fünf Gemeinden Güterhändler Käufer und Verkäufer grob übervorteilt hatten und hierbei von Ortsvorstehern und Gemeinderäten in pflichtvergessener Weise begünstigt worden waren. Insbesondere waren es die Ortsvorsteher und Gemeinderäte selbst, welche zur Verdeckung des unerlaubten Treibens der Güterhändler durch Scheinkäufe und -verkäufe tätig mitgewirkt und dabei ihren Vorteil in der Art gefunden haben,

---

²) Vgl. Nr. 194, Anm. 5.
³) 6 Bezirksämter.
⁴) 12 Bezirksämter.
⁵) 10 Bezirksämter. Gewöhnlich traten sie für eine Reuzeit von 3–6 Tagen ein, Saulgau sogar für 14 Tage.
⁶) 5 Bezirksämter.
⁷) 7 Bezirksämter.
⁸) 7 Bezirksämter.
⁹) 5 Bezirksämter.
¹⁰) Oberamt Ulm.
¹¹) Bezirksamt Wolfegg.

daß einer der Ortsvorsteher von dem Güterhandel sich eigentlich ernährt haben solle.

Die Kreisregierung hält daher weitergehende Maßregeln gegen die Mißbräuche beim Güterhandel für notwendig; sie stimmt den Vorschlägen Nr. 1, 2 a, 3 und 4 zu und stellt weitere Anträge; wegen der Gefährlichkeit und Verderblichkeit der ganz unbeschränkten Freiheit des Verkehrs mit Grund und Boden und der maßlosen Zerstücklung des Grundeigentums spricht sie sich schließlich erneut für ein lokales Minimum des Bodenbesitzes aus unter Hinweis auf ihre Berichte vom 3. 3. 1834 und 6. 2. 1837[12]) sowie auf die gesetzlichen Vorschriften in Bayern, Tirol und Vorarlberg[13]).

Nr. 197   1847 Dezember 10, Stuttgart
Note der Zentralstelle des Landwirtschaftlichen Vereins an das Ministerium des Innern „betreffend die Mißbräuche beim Verkehr mit Grundstücken"

E 150, Bü 673, Q 84. Ausfertigung. Unterschriften: Sautter, Hochstetter.

Bei der im August d. J. abgehaltenen Versammlung von Landwirten kam auch die Fortdauer der Hofmetzgerei zur Sprache. Als Mittel gegen die bestehenden Übelstände wurden vorgeschlagen:
1. Größere Förmlichkeit der Verträge als Voraussetzung für ihre Gültigkeit,
2. Revision der gegenwärtigen Gesetzgebung über das Reurecht.

Die Zentralstelle kämpft gegen die fortschreitende Zerstückelung des Grundeigentums, will aber die Freiheit der Bodenparzellierung durch kein Gesetz direkt beschränkt, sondern das Recht der freien Verfügung über das Eigentum erhalten wissen. Besonders nachteilig wären beschränkende Maßnahmen in den augenblicklichen Zeitverhältnissen, welche es bedenklich machten, die zahlreiche Masse der Besitzlosen noch mehr zu vergrößern und die Anhäufung größerer Kapitalien in den Händen einer kleineren Zahl von Staatsangehörigen,

---
[12]) Vgl. Nr. 191 und 193.
[13]) In Bayern bestand nach dem revidierten Ansässigmachungs- und Verehelichungsgesetz vom Jahre 1834 die Bestimmung, Voraussetzung für die Ansässigkeit sei ein eigener oder einem Kolonarverhältnis unterliegender Grundbesitz, der dem gesetzlichen Steuerminimum entspreche und bis zum Kapitalbetrag dieses Minimums schuldenfrei sei. Das Steuerminimum war für Landgemeinden unter Ausschluß der nötigen Wohn- und Wirtschaftsgebäude auf ein Grundsteuersimplum von 1–2 fl oder eine Jahressteuer von 4–8 fl festgesetzt.
Ein Gubernialzirkular vom 10. 4. 1835 über die Norm für die Grundzerstückelungen in Vorarlberg übernahm mit einigen Modifikationen Vorschriften, die in Tirol bereits bestanden. Es sorgte u. a. für die nötige amtliche Kontrolle, die vorschriftsmäßige Verteilung der Grundsteuern und anderer Reallasten und bestimmte ein Parzellenminimum für walzende Grundstücke – bei Acker ca. 1,1 Mg, bei Wiese die Hälfte und bei Weinbergen ein Viertel hiervon. Die Zerstückelung eines geschlossenen Bauernguts in mehrere Teile war nur gestattet, wenn sich auf jedem Teil eine Familie ausreichend ernähren konnte; Landverkäufe aus einem geschlossenen Bauerngut durften dessen Subsistenzfähigkeit nicht berühren, die ausgebrochenen Grundstücke mußten mit einem anderen Anwesen vereinigt werden. Zwei beeidigte Sachverständige hatten jeweils zu beurteilen, ob die Betriebsgröße für eine Familie ausreichte oder nicht. E 150, Bü 673, Q 83, Beilage 57.

als welche ohnehin in der Richtung der Zeit gelegen zu sein scheint, durch künstliche Mittel zu befördern. Wohl mag es jedem Staate erwünscht sein, einen soliden, tüchtigen Bauernstand in seiner Mitte zu haben. Aber ein solcher Stand kann nicht durch Gesetze geschaffen oder erhalten werden, wenn nicht in den Verhältnissen der bürgerlichen Gesellschaft selbst, von welchen die Verteilung des Nationalvermögens unter die einzelnen abhängt, die Bedingungen dazu vorhanden sind. Jede Maßregel der Gesetzgebung, welche in den durch die gegebenen Zustände vorgezeichneten Gang der Vermögensverteilung eingreifen sollte, würde entweder an sich unwirksam bleiben oder andere Nachteile für die sozialen Verhältnisse zur Folge haben. Als ein solcher Nachteil würde bei uns die Vermehrung der Zahl der Armen und Besitzlosen sich einstellen. Welche Beschwerden und Lasten hieraus für die Gemeindekassen und die Staatskasse entstehen, haben die Erfahrungen der neuesten Zeit hinreichend gezeigt. Es wird aber durch eine solche Vermehrung der Besitzlosen auch die bürgerliche und sittliche Ordnung verschlimmert. Der kleine Landwirt, der mit der Hacke sein Kartoffelland baut, ist nach allen Erfahrungen immer noch ein besseres Glied der bürgerlichen Gesellschaft als der Arbeiter, der, von allem Vermögen entblößt, so gerne jede Störung der öffentlichen Ordnung dazu benützt, um nach fremdem Eigentum zu greifen. Wir können es daher nur für erwünscht erkennen, daß es in Württemberg infolge der Befreiung, welche ein großer Teil des Grunds und Bodens schon im Laufe einer längeren Reihe von Jahren erlangt hat, auch dem kleineren Gewerbsmann, dem Fabrikarbeiter und dem Taglöhner möglich gemacht ist, Grundstücke für sich zu erwerben und zu bewirtschaften, und daß dadurch auch dieser Klasse von Staatsangehörigen ein Interesse an der Erhaltung der bestehenden sozialen Ordnung eingepflanzt worden ist.

Die Parzellierung des Bodens findet ihre naturgemäße Grenze in dem Bestreben der Vermöglicheren, große geschlossene Güter zu erwerben oder durch Zusammenkaufen kleinerer Grundstücke ihren Besitz zu arrondieren und zu vergrößern. Ein *Gegengewicht gegen übermäßige Parzellierung* ist es auch, daß der standesherrliche und ritterschaftliche Adel sein Absehen darauf gerichtet hat, für die ihm durch Ablösung von Grundgefällen flüssig werdenden Kapitalien wiederum Grundeigentum zu erwerben. Solche Erwerbungen sind dem Vernehmen nach schon infolge der Ablösungsgesetze von 1836 in nicht unbedeutendem Umfang vorgekommen, und sie werden auch künftig sich wiederholen, und zwar in demselben Maße, in welchem die Ablösung der Grundgefälle selbst fortschreiten wird.

Maßnahmen gegen die ungünstige soziale Entwicklung dürfen nicht bei der Bodenverteilung ansetzen, sondern müßten die Gültigkeit des altwürttembergischen Erbrechts (Realteilung) für die Bauern beschränken. Die Verehelichung dürfte nur bei gesichertem Familienunterhalt gestattet werden.

Als bestes Mittel gegen die Mißbräuche beim Güterhandel sind geeignete Bestimmungen über das Reurecht zu empfehlen.

Nr. 198   1849 November 28, Königseggwald

Eingabe von Güterbesitzern aus den Gemeinden Königseggwald, Guggenhausen, Riedhausen, Hoßkirch und Hüttenreute an den König. Bitte, der Güterzerstücklung in Oberschwaben vorzubeugen

E 150, Bü 673, Q 89. Ausfertigung. Auf besonderes Verlangen verfaßt von Ablösungskommissär Reichle, z. Zt. Königseggwald.

Königliche Majestät!
Wer mit einem richtigen und sorgsamen Blicke die wirtschaftliche Lage von Oberschwaben vor der Grundlastenablösung würdigte, dem konnte ein gewisser behaglicher Wohlstand des oberschwäbischen Landmannes nicht entgehen. Ob es aber der Experimentalpolitik des Jahres 1848 gelingen wird, jenes Faktum ohne das Dazwischentreten gewisser gesetzlicher Maßregeln auf die Dauer zu sichern, steht sehr zu bezweifeln, und schon wenige Jahrzehnde freier Bewegung dürften das Übel bis zur Unverbesserlichkeit führen.
Vor allem wagen wir es ehrerbietigst, unsere untertänigste Bitte durch nachfolgende Momente zu motivieren:
I. Oberschwaben, fast durchaus auf Landbau und Viehzucht angewiesen, dankt seinen Zustand, wie er ist, der bisher mehr oder minder bestandenen Geschlossenheit seines Bodens. Diese Beschränkung legte das Lehensystem auf, dessen Druck wohl nicht so hart war, als man sich in der Regel vorstellt und als es sich namentlich Männer dachten, verdächtigten und zuletzt verdammten, die sein Wesen zwar durch Bücher und andere Hülfsmittel, aber nicht durch eigene Anschauung kennen und in Wahrheit würdigen lernten. In dieses Verdammungsurteil – gleichsam zum Modeartikel des letzten Jahres geworden – vermögen wir ohne einen dankbaren Gedanken an das seinerzeit ehrwürdige Institut nicht unbedingt einzustimmen.
Wahr ist,
a) daß durch den Grund- und Lehenherrn die persönliche Freiheit des Grundholden und seine wirtschaftliche Tätigkeit gar manchfach beschränkt und gelähmt und daß die Bodenkultur und das Aufblühen der Viehzucht vielfach durch die Lehenverhältnisse gehemmt wurden; wahr ist,
b) daß der Druck der Feudalabgaben schwer auf dem Lehenmanne lastete und daß er neben der reellen Leistung oft noch ewigen Neckereien, Plackereien, ja offenbaren Gewalttätigkeiten von seiten seiner Grund- und Lehenherrschaft ausgesetzt war und daß es fast keinen Akt in seinem wirtschaftlichen Wirken ohne Opfer an den Lehenherrn gab; wahr ist
c) der Grundsatz frei Gut, frei Mann, und daß Fleiß, Einsicht, Tüchtigkeit und Wirtschaftlichkeit es auf eigenem Grund und Boden weiterbringen als auf geteiltem Eigentum und daß man deshalb auch glauben sollte, daß freier Boden für den Wohlstand eines gegebenen Territoriums ungleich günstigere Resultate ergebe als beschränktes Eigentum.
Allein wahr sind auch die Lichtseiten und die großen Vorteile des untergegangenen Systems:
a) Der Lehenmann, in der Regel mit seinem Verhältnis aufgewachsen, fand sein Los nicht so herb, als es manchem theoretischen Filantropen [!] vielleicht

scheinen mochte. Ihm war vielmehr seine Lehenherrschaft eine stete Stütze und Hülfe. Abgesehen davon, daß er mit wenigem Kapital in den Besitz seines Anwesens kam, war er bei jener meist auch genußberechtigt; er hatte nicht nur zu leisten, sondern auch zu empfangen. Er hatte Baubeiträge an Holz, Ziegeln etc., er hatte Brennholz, Zaunholz, Torf und oft noch ganz andere Gegenleistungen anzusprechen. Da der Preis derselben in früheren Zeiten nicht hoch stand, so waren sie um so reichlicher zugemessen, und daher kommt es auch, daß es so viele Passivlehen gibt, wo der bisherige Lehenherr neben seinen Revenüenverlusten noch bedeutende pekuniäre Opfer bringen muß[1]).

b) Hatte der Lehenmann Unglück, sei es durch Feuer, Hagel, Krankheit, Seuchen etc. gewesen, so fand er in seiner Lehenherrschaft seine nächste und natürliche Hülfe, und zur Ehre der Wahrheit und gebaut auf aktenmäßige Überzeugung muß hier gesagt werden, daß die Hülfe die Regel war. Es mußte mit Frucht, Holz, Vieh, Lebensmitteln, oft Geld ausgeholfen werden, um dem Bauern wieder aufzuhelfen. Wer tut dies künftig?

c) Die Leistung der Naturalgefälle fiel dem Bauern nie so schwer als Geldprästationen. Er war Martini[2]) gewöhnt; stand die Frucht hoch im Preise, so konnte er leicht etwas abtreten; stand sie nieder, so fiel ihm die Leistung auch nicht so schwer.

d) Namentlich aber heben wir hervor, daß unsere früheren Lehen- und Grundherrn mit sehr wenigen Ausnahmen ein mildes Regiment führten, den Bauern nicht plagten, ihm jederzeit beistanden, und daß dieses einstige Verhältnis unstreitig vieles zur Einfachheit, Häuslichkeit, Fleiß, Zucht und Ehre in den Lehengemeinden beitrug. Diese Zierden unserer alten Lehenzustände und die Folgen derselben werden nicht aufgewogen durch die Lehren unserer modernen Volksbeglücker, und wir möchten diesen raten, sich von einem verständigen alten Lehenbauern die Bilance zwischen einst und jetzt in dieser Hinsicht ziehen zu lassen. Unsere alten Lehenherrn waren fast durchgängig wohlwollende Leute, die natürlichen Berater und Helfer ihrer Grundholden, und es bestand eine Art patriarchalischen Verhältnisses zwischen dem Herrn und Bauern. Aber das Gift der jetzigen Zivilisation reformierte auch das Lehenwesen bis auf den Grund. Seit den letzten Jahrzehenden, welche durch Entsittlichung, Verweichlichung, Wohlleben und Luxus die festen Naturen und Charaktere mit ihren Vorzügen sehr gelichtet haben, waren auch unsere jüngere Lehenherrn anders geworden. Kaum in den Besitz ihrer Herrschaften getreten, ging das Regieren und Reformieren an. Man stellte Beamte an, welche kosteten und die man nicht brauchte, man träumte sich Staat im Staate, man lebte auf großartigem Fuße, verschleuderte wohl auch durch ungeschickte Administration viel Geld; all deswegen mußte man mit den Grundholden genauer sein, man drückte und chikanierte sie, zog die früher milde regierten Zügel schroffer an, erregte dadurch allgemeine Unzufriedenheit, und als der Sturm im Frühjahr v. J. losbrach, warf er auch das durch Alter ehrwürdige Feudalwesen in wenigen Tagen nieder, wahrscheinlich um nie wieder aufzustehen. Wäre man auf der alten, beson-

---

[1]) Vgl. Darstellung, Kap. 3, Anm. 235.
[2]) Martini, 11. November, war der wichtigste Termin für die Abgaben an den Grundherrn, vor allem für die Fruchtgült.

nenen und weisen Bahn fortgefahren, so wäre vieles nicht geschehen, denn die Pflichtigen wünschten im allgemeinen keine Vernichtung, sondern nur eine zeitgemäße Reform des Lehenwesens, und es ist zu bezweifeln, ob diejenigen, welche in Ständesälen und auf Volksversammlungen ewig gegen die Barbarei und Schmach desselben deklamierten und stets zu seinem gewaltsamen Umsturz aufforderten, nur ein Lehengärtle besaßen.

II. *Durch die Auflösung des Lehensverbandes droht die Zerstückelung des Grund und Bodens und das Absinken der Bauern in das Häuslerwesen.* Im Interesse stabilerer sozialer Verhältnisse muß verhütet werden, daß derjenige Teil des Nationalkapitals, dessen Besitzer infolge natürlicher Verhältnisse die Stütze der bestehenden Staatsordnung bilden, gleichsam verschleudert wird oder, mit andern Worten, daß das Proletariat auch bei der landbautreibenden Klasse Oberschwabens eingeführt wird. *Bei ungehinderter Bodenteilung ist Übervölkerung, mangelnde Überschußproduktion und damit sinkender Wohlstand zu erwarten.*

III. Für die Erhaltung einer bestehenden Staatsordnung ist ein wohlhabender Bauernstand eine wesentliche Bedingung. Die letzte Zeit bewies dies. Wohl wurde auch gelärmt und geschrien, allein es stellte sich heraus trotz aller schamlosen Bemühungen der Gegenpartei, daß eine Unzufriedenheit mit der Staatsregierung nicht bestand, vielmehr wendete sich der Unwillen der oberschwäbischen Bauern gegen die Art und Weise, wie hie und da das Lehensystem in praxi exerziert wurde, nicht einmal gegen dasselbe selbst. Wie wenig geneigt auch die große Mehrzahl der Bauern eine politische Veränderung liebt, tut die Verachtung kund, welche den lärmenden Subjekten in den Gemeinden bezeugt wird und die sich in eigentümlichen Spottnamen äußert. Dem Bauern im allgemeinen ist Despotie wie Republik, er bemißt die Tüchtigkeit einer Staatsform eben nach der Größe der Abgaben. Derselbe hat erreicht, was er wollte, und sogar mehr, als er hoffte, damit zufrieden erkennt er das Geschehene an, wartet auf höhere Fruchtpreise und ist und bleibt wie sein Boden konservativ. In seiner Haltung fand auch die Komödie, welche diesen Sommer in Riedlingen und anderwärts aufgespielt werden wollte, neben andern Ursachen ihr schmähliches und lächerliches Ende. *Bitte um eine angemessene Gesetzgebung gegen die Gefahren der Güterzerstückelung.*

Nr. 199   1852 März 23, Münsingen

Eingabe des landwirtschaftlichen Bezirksvereins Münsingen an den König. Bitte um gesetzliche Maßnahmen gegen den Güterhandel

E 150, Bü 673, Q 103. Ausfertigung. Unterschrift: Dieterich.

Der Bezirksverein wollte mit seiner Eingabe an den König die Bitte der Kammer der Abgeordneten und der Kammer der Standesherren vom 16. bzw. 23. 2. 1852 um ein Gesetz gegen den Güterhandel unterstützen. Der landwirtschaftliche Bezirksverein Ehingen schloß sich am 10. 4. 1852 der Eingabe an

(ebd., Q 104). Eine undatierte Eingabe des Münsinger Vereins an die Kammer der Abgeordneten ebd., Q 100 Beilage.

Königliche Majestät!
Der untertänigst unterzeichnete landwirtschaftliche Bezirksverein hat seit zwei Jahrzehnten dem gewerbsmäßigen Güterhandel, „der Hofmetzgerei", aus nächster Nähe zusehen müssen. Er mußte daher auf die wirtschaftlichen Folgen dieser früher ganz unbekannten Industrie aufmerksam werden. Und was einzelne Vereinsmitglieder von Anfang an befürchteten, ist in beklagenswertem Umfange schmerzliche Wirklichkeit geworden. In manchen Gemeinden sind die größeren Höfe fast ganz verschwunden; ihre Leistungsfähigkeit in bezug auf allgemeine Anlagen ist dadurch sehr vermindert. Diejenigen aber, welche bei hofmetzgerischen Verkäufen Güter erworben haben, haben sich meistens dadurch so tief in Schulden gestürzt, daß sie gutenteils schon wieder die erkauften Güter um niedrigere Preise weggeben mußten oder doch ihr früheres schuldenfreies Eigentum mit zu Unterpfändern zu verwenden genötigt waren, um die neueren Gütererwerbungen behaupten zu können. Viele Taglöhner, die früher bei den größeren Hofbauren einen regelmäßigen Sommerverdienst fanden, sind durch die Zersplitterung der vielen Höfe um denselben gekommen; ihr eigener, auch z. T. neuerer Güterbesitz gibt ihnen natürlich bei weitem nicht hinreichende Beschäftigung, und so ist ihre angebliche Unabhängigkeit von „ihren Bauren" sehr teuer erkauft. Da sie aber ihren Güterbesitz doch nicht so ausdehnen können, um von dessen Erträgen ein unabhängiges Fortkommen zu begründen, so bringt sie jedes ungünstige Fruchtjahr in die Lage, die Unterstützung der Gemeinde in Anspruch zu nehmen. Und kommen wie jetzt mehrere Unglücksjahre nacheinander, so sind sie reif zu dem Entschluß, die heimatliche Erde, die ihnen angeblich zu enge geworden ist, in armseligen Umständen zu verlassen; ja sie werden gleich einer unerträglichen Last von den Gemeinden über Bord geworfen.

Es ist unsere lebendigste Überzeugung, daß, seitdem die moderne Anschauung und Gesetzgebung die unbedingte Mobilisierung des Grundeigentums grundsätzlich anerkannt hat, mit der nun folgenden Zertrümmerung des vermöglicheren Baurenstandes die unheilvolle Quelle des ländlichen Proletariats aufgeschlossen worden ist, ganz in derselben Weise, wie die Erleichterung der Übersiedelung und die Hinneigung zu dem Grundsatz der Gewerbefreiheit dem städtischen Proletariat seine verderbliche Verbreitung gegeben hat. Freilich verstößt diese Ansicht gegen die Idee des „Rechtsstaates", wonach jedes Individuum als Mensch an sich zu allem und jedem ein Recht oder eine Befugnis haben soll. Aber dieser Rechtsstaat ist ein Phantasiegebilde, bei welchem die unerläßlichen materiellen Bedingungen der Existenz des einzelnen und des Staats ganz außer Berechnung gelassen sind. Zu diesen materiellen Bedingungen des wirklichen Staats von der physischen und psychischen Eigentümlichkeit, die dem Staate Württemberg zukommt, rechnen wir die Erhaltung eines vermöglicheren bürgerlichen Grundbesitzerstandes, der in guten Zeiten seine überschüssigen Bodenrenten teils zu intensiver Verbesserung seines Betriebs, teils zum Einkauf einer Masse von Erwerbserzeugnissen verwenden kann, in schweren Zeitläufen aber sich auch bei größeren Opfern fürs gemeine Wesen ohne wesentliche Verletzung seines Grundstocksvermögens durchzuschlagen vermag. Denn wenn es dazu käme, daß die Masse derer, welche den Boden bebauen, nur den Bedarf des eigenen Unterhalts erzeugten, so müßte eine wachsende Verarmung zunächst der ländlichen und weiterhin der ganzen Staatsbevölkerung die unausbleibliche Folge sein.

Diese Erwägungen werden es rechtfertigen, wenn der untertänigst unterzeichnete Verein an Eure Königliche Majestät die ehrfurchtsvolle, aber dringende Bitte richtet,

es möchte auf dem Wege der Gesetzgebung der weiteren Zertrümmerung der größeren Hofgüter ein Ziel gesetzt werden.

So wenig es nämlich moralisch zulässig ist, in gewinnsüchtiger Absicht sich mit dem Güterhandel zu befassen, ebenso wenig scheint es uns rechtlich gestattet, zugunsten der Gewinnsucht eine daurende Grundlage des Staatswohls niederzureißen. Wir bitten daher ehrfurchtsvollst um ein Gesetz, wodurch allen und jeden (Juden und Christen) verboten wird, Grundeigentum zum bloßen Wiederverkauf zu erwerben, und wodurch allgemein geboten wird, käuflich erworbene Güter wenigstens drei Jahre lang selbst zu bewirtschaften, ehe zum Wiederverkauf geschritten werden dürfe, und zwar in der Weise, daß, was in einem Kauf erworben worden, wieder als ein Verkaufsobjekt auszubieten sei. Denn wir sind überzeugt, daß durch gelindere Mittel, etwa durch Aufhebung des Verzichts auf die Reuzeit, ja auch durch ein Verbot eines Reukaufgeldes nicht wesentlich geholfen wird. Im Hinblick aber darauf, daß im Baurenstande selbst das unter den Zeiteinflüssen abgeschwächte Standesbewußtsein sehr einer Kräftigung bedarf, fügen wir die weitere untertänigste Bitte bei, es möchte die Errichtung bäuerlicher Fideikommisse erleichtert und gesetzlich so geordnet werden, daß eine bedeutende Verletzung der nachgeborenen Kinder ausgeschlossen würde.

Indem wir glauben, bei diesen unseren Bitten ebensosehr das Interesse der wahren bürgerlichen Freiheit als das der Ordnung und des innern Friedens im Auge zu haben, verharren wir in tiefster Ehrfurcht,

Eurer Königlichen Majestät
untertänigster landwirtschaftlicher Bezirksverein Münsingen

Nr. 200 1852 Oktober 8, Stuttgart

Gutachten des Geheimen Rats über den Gesetzentwurf gegen Mißbräuche beim Güterhandel

E 150, Bü 673, Q 115 Beilage. Ausfertigung. Unterschrift: Neurath. Referent: Staatsrat v. Köstlin. Kein Korreferent.

Eine Bitte der Zweiten Kammer um ein Gesetz gegen die Mißbräuche beim Güterhandel (16. 2. 1852), der sich die Kammer der Standesherren am 23. 2. 1852 anschloß, veranlaßte die Regierung, sich wieder intensiver mit den nachteiligen Auswirkungen von Güterhandel und Güterzerstückelung zu befassen. Am 24. 6. 1852 legten Justiz- und Innenminister einen entsprechenden Gesetzent-

wurf vor (E 33/34, Bü 380, Q 28). Vorakten E 150, Bü 673, Q 99 ff. Vgl. Darstellung, S. 558 f.

Überblick über die Entwicklung des Problems seit der Petition der Kammer der Standesherren von 1836[1]*). Die Verfügung vom 22. 12. 1841*[2]*).*
Seitdem hat der Stand der Dinge in einer Richtung sich geändert, durch welche der Gutszerstückelung noch ein ungleich weiterer als der frühere Spielraum geöffnet worden ist, da der Lehensverband, welcher bei zahlreichen Bauerngütern eine starke Schutzwehr ihres ungetrennten Bestandes bildete, durch die Gesetzgebung von 1848 gegen eine sehr mäßige Entschädigungsleistung nicht für diesen Verband selbst, sondern nur für die aus ihm geflossenen Gefälle teils unmittelbar aufgehoben, teils für ablösbar erklärt wurde. Nachdem dieses letzte Band gefallen ist, so steht fortan der bis zur äußersten Grenze fortgesetzten Zerstückelung des bäuerlichen Grundeigentums und der ausgedehntesten Entwicklung des Spekulationshandels mit bäuerlichen Grundstücken keine rechtliche Schranke mehr entgegen.

Auf der andern Seite haben die seit der letzten amtlichen Beratung des vorliegenden Gegenstandes verflossenen Jahre ernste und wichtige Erfahrungen in betreff der Wirkungen der unbedingten Teilbarkeit des Grund und Bodens geliefert. Wenn im Jahr 1841 noch gezweifelt werden konnte, ob in den Landesgegenden, wo die Zerstückelung, oder in denjenigen, wo die Geschlossenheit der Güter vorherrsche, das Verhältnis des öffentlicher Unterstützung bedürftigen Bevölkerungsteils zur Gesamtbevölkerung günstiger stehe, so hat man jetzt in zwei Perioden eines durch teilweisen Mißwachs der Feldfrüchte herbeigeführten Notstandes die Erfahrung gemacht, daß die Bezirke des Vorherrschens der geschlossenen Güter gemeinhin diesen Notstand nur wenig empfanden und dem Unterstützungsbedürfnis ihrer ärmeren Bevölkerung mit eigenen Kräften vollkommen gewachsen waren, während die Gemeinden und Bezirke der seit längerer Zeit vorherrschenden Teilbarkeit des Bodens fast durchaus einer Unterstützung von außen bedürftig wurden und die Größe dieses Bedürfnisses ziemlich gleichen Schritt mit dem Grade hielt, bis zu welchem die Bodenteilung in denselben fortgeschritten war. Eben diese Erfahrungen haben auch bedeutende Aufschlüsse über die Ausdehnung des ländlichen Proletariats und das Elend seiner Zustände gegeben. Wir bezeichnen mit diesem Stand zunächst diejenigen Klassen von Landbewohnern, welche aus ihrem beschränkten Bodenbesitz in guten Jahren höchstenfalls das für sie und ihre Familien erforderliche Quantum einfacher, meist in Kartoffeln bestehender Nahrungsmittel gewinnen und allenfalls noch durch den Ertrag einer beschränkten Viehhaltung einige Mittel für Bestreitung sonstiger Lebensbedürfnisse sich verschaffen können. Wenn diesen Zwergwirten im vollsten Sinne des Wortes nicht die Gelegenheit gegeben ist, neben der Bebauung ihrer eigenen Felder die ihnen von derselben freigelassene Zeit und Arbeitskraft zu anderem lohnenden Erwerb zu verwenden, so schleppen sie ein kümmerliches Dasein hin, und jede minder günstige Ernte gibt sie der Gefahr des Verhungerns preis. Wir haben die frische Erfahrung vor uns, wie

---

[1]) Vgl. Nr. 193, Einleitung.
[2]) Vgl. Nr. 194, Anm. 5.

infolge einer mißratenen Kartoffelernte bei im übrigen gar nicht sehr hochgesteigerten Preisen der Lebensmittel unter Verhältnissen, welche in den Städten und bei dem sonst die Teurung der Lebensmittel am empfindlichsten fühlenden städtischen Proletariat keinen erheblichen Notstand mit sich brachten, in einer Menge ländlicher Gemeinden die öffentliche und die Privatwohltätigkeit zur Hülfe kommen mußten, um eine zahlreiche Bevölkerung vor dem Hunger zu schützen, und wie dabei überall in diesen Gemeinden nach Gelegenheit zu Erwerbsbeschäftigung gerufen und geseufzt, ihrem Mangel hauptsächlich das große Elend zugeschrieben wurde. Diese Gelegenheit aber mindert sich für die Zwergwirte in demselben Maß, in welchem in ihrer Umgebung die größeren Gutswirtschaften abnehmen, und der aus dieser Abnahme entstehende Erwerbsverlust wirkt um so empfindlicher, da ohnehin der neuerliche Entwicklungsgang der Gewerbstätigkeit den Verdienst, welchen sonst die ärmeren Landleute neben ihrem Feldbau in ihren Wohnungen mit Arbeiten des Spinnens und Webens sich verschaffen konnten, je mehr und mehr versiegen machen.

Betrachten wir die Sache vom allgemeinen nationalwirtschaftlichen Standpunkt, so stellt sich unter diesem Gesichtspunkte die zunehmende Zahl der Zwergwirtschaften ebenso als in vielen Beziehungen nachteilig wirkend dar wie unter dem Gesichtspunkt der Zustände der einzelnen Zwergwirte. Dasselbe Quantum von Früchten wird von diesen Zwergwirtschaften mit einem ungleich größeren Aufwand an Kräften, Zeit und Geld hervorgebracht als von größeren Wirtschaften. Der Gewinn eines Reinertrags, die Ziehung von Überschüssen aus der Wirtschaft, mit welchen andere Werte ausgeglichen und das Nationalkapital vermehrt werden könnte, wird immer mehr vermindert, und nur allzu häufig schlägt das Ergebnis des Wirtschaftens in das Gegenteil seines Zweckes um. Die Getreideausfuhr, welche Württemberg noch besitzt, geht ihrem Hauptbestandteil nach von Bezirken aus, in welchen noch größere Gutswirtschaften vorherrschen, in einem großen Teil der Bezirke oder Gemeinden einer weit getriebenen Bodenteilung hat die frühere Ausfuhr von Getreide, sei es nach dem Ausland oder nach andern Distrikten und Ortschaften des Landes aufgehört und ist sogar Einfuhr an die Stelle derselben getreten, ohne daß der Ausfall durch eröffnete andere, etwa industrielle Hülfsquellen ersetzt ist.

Es ist ein bequemer, aber leider nicht haltbarer Trost, welchen man für diese Übelstände in dem Satze sucht, daß dieselbe Freiheit des Verkehrs, welche die Bodenteilung herbeiführe, auch ihre Übelstände ausgleiche. Von diesem Satz ist nur so viel richtig, daß auch eine weit getriebene Zerstückelung des Grundeigentums unter gewissen Verhältnissen unnachteilig sei, wie dieses z. B. in der Nähe großer Städte, welche ihrer ländlichen Umgebung den Markt für die Produkte eines gartenmäßig betriebenen Feldbaus und zugleich Gelegenheit zu andern lohnenden Erwerbsarbeiten darbieten, in Industriebezirken, wo eine zumeist von industriellen Arbeiten lebende hoch angehäufte Bevölkerung neben diesen Arbeiten zugleich kleinen Feldbau betreibt, oder in vorzugsweise vom Handel lebenden Küstenländern der Fall sein kann. Gewiß aber ist, daß die unbedingte Freiheit des Verkehrs mit Grund und Boden diesen auch da teilt und zu teilen fortfährt, wo der entschiedenste Übelstand mit der Teilung verbunden ist. Abgesehen von der Unfähigkeit so vieler einzelner, ihr eigenes Interesse richtig zu beurteilen oder künstlich herbeigeführten Täuschungen über dasselbe zu entgehen, und von den Einflüssen, welche die Spekulation in dieser Beziehung ausübt, so haben hier natürliche, aber an und für sich irrationelle Mächte, wie namentlich die eine gleiche Verteilung des elterlichen Gutsbesitzes zwischen den Kindern verlangende Kindesliebe, einen Spielraum, der fortgesetzt neue Teilung bewirkt. Die Erfahrung in Württemberg zeigt es uns, daß die ungebundene Freiheit auf Teilung fortwirkt, auch wo sie längst eine Quelle großen Volkselendes geworden ist. Von den Heilmitteln, welche das Vorhandensein eines größeren Privatreichtums und einer reich entwickelten Industrie dem Übelstand eines allzu verteilten Bodens bringen kann, ist in Württemberg nach seinem jetzigen Zustand wenig zu hoffen.

Sicherlich ist es den vergangenen Jahrhunderten nicht so leichthin, wie eine wohlfeile nationalökonomische Lehre es tut, als ein Fehler anzurechnen, daß sie – wenn auch vielleicht weniger von klar erkannten Prinzipien als von eigensüchtigen Berechnungen geleitet – die Verhältnisse der Bodenkultur und ihres Betriebs nicht unbedingt den Schwankungen des Verkehrs preisgaben, sondern einer festen Organisation unterwarfen. Eher wird es unweise genannt werden dürfen, wenn man die Unbegrenztheit des Eigentumsrechts an beweglichen oder durch menschliche Kunst zum Dasein gebrachten Dingen unbedingt auch auf das Eigentumsrecht an Grund und Boden, an der durch die Natur geschaffenen und verliehenen, durch Kunst nicht zu erweiternden Urquelle aller menschlichen Gesellschaft, anwenden will. Hier bringt im Gegenteil, wie man es bei einem Teil des Grundeigentums, bei dem an Waldungen fast allgemein anerkennt, die Natur der Sache und das allgemeine Interesse es mit sich, daß der Gesellschaft im ganzen gewisse Rechte vorbehalten bleiben müssen, durch welche das individuelle Eigentumsrecht beschränkt wird. Diese Rechte treten auch da, wo man im Grundsatz dem unbeschränktesten Grundeigentumsrecht huldigt, doch in mannigfachen Einschränkungen dieses Rechts, in gezwungenen Enteignungen, welche als Folge allgemeiner gesetzlicher Normen oder zugunsten einzelner gemeinnütziger Unternehmungen nirgends so häufig vorkommen als bei dem Grundeigentum, in gesetzlichen Dienstbarkeiten, welche sich der Grundeigentümer gefallen zu lassen, in Einrichtungen und Veranstaltungen für das allgemeine Interesse der Grundeigentümer, welchen er sich trotz seiner widerstrebenden Ansicht oder seines entgegenstehenden Sonderinteresses zu unterwerfen hat, etc. hervor. Wenn daher gegen eine der Teilbarkeit des Grund und Bodens zu setzende Schranke die Beeinträchtigung eingewendet wird, welche das freie Verfügungsrecht der Grundeigentümer dadurch erleide, so möchte man zuvörderst den Beweis verlangen, daß in der Natur des Grundeigentums ein unbedingtes Verfügungsrecht, vermöge dessen der Boden in die kleinsten Stücke, sei es mit noch so großem Schaden für die Landeskultur, verteilt werden dürfe, begriffen sei.

Diesen Betrachtungen gegenüber legt sich die Frage dringend dar, ob nach aufgehobenem Lehensverband der kostbare Rest der bisher noch durch dieses Band zusammengehaltenen größeren Bauerngüter ebenfalls einem unbedingten Zerstücklungsrecht und eben dadurch ein bisher auf diesen Gütern angesessener wohlhabender Bauernstand der Gefahr ausgesetzt bleiben soll, allmählich in ein ländliches Proletariat umgewandelt zu werden, so daß die diesem Stande mit schweren Opfern von Staat, Körperschaften und Privaten verschaffte Befreiung von Grundlasten durch die Hinzufügung einer nicht begehrten weiteren Freiheit zuletzt zum Verderben für ihn ausschlagen könnte.

Über den vorliegenden Gesetzentwurf hinaus, mit dessen Grundsätzen der Geheime Rat einverstanden ist, wird eine Erörterung der Frage nötig, ob und unter welchen Bestimmungen es als zulässig und angemessen erscheinen könnte, der Güterzerstückelung eine direkte gesetzliche Schranke entgegenzustellen. Einzelbemerkungen zu dem Entwurf[3]).

Nr. 201   1877 März 9, Ulm

Bericht der Regierung des Donaukreises an das Innenministerium über die Anwendung von Art. 11 des Gesetzes vom 23. 6. 1853 gegen Mißbräuche bei Liegenschaftsveräußerungen

E 150, Bü 673, Q 165. Ausfertigung. Unterschrift: Majer. Referent: Regierungsrat v. Staengel.

Unter Hinweis auf die verschiedenen Ansichten über den Güterhandel und die Einschränkung des Bodenverkehrs durch das Gesetz vom 23. 6. 1853 forderte das Innenministerium die Kreisregierungen durch Erlaß vom 9. 10. 1876 dazu auf, über die Auswirkungen des Gesetzes und darüber zu berichten, „ob dieses künstliche Zusammenhalten von Liegenschaftsbesitz unter den dermalen bestehenden Erwerbs- und Vermögensverhältnissen mit richtigen volkswirtschaftlichen Grundsätzen sich vereinigen lasse oder ob nicht durch die gesetzliche Hemmung des freien Verkehrs mit Grundstücken Nachteile für den Volkswohlstand herbeigeführt werden" (E 150, Bü 673, Q 158). Ein Antrag aus der Kammer der Abgeordneten, das Gesetz zu revidieren, gab den Anstoß zu der Umfrage (14. 6. 1876; KdA 1875/76 Beil. Bd. I 2, S. 791 und Prot. Bd. IV, S. 1997, 2116 ff). Die Berichte der Kreisregierungen E 150, Bü 673, Q 163 ff. Die Regierungen von Neckar-, Schwarzwald- und Donaukreis sprachen sich für die Aufhebung der beschränkenden Vorschriften von Art. 11 des Gesetzes aus (keine Zerstückelung von Gütern über 10 Mg Fläche vor dreijähriger Besitzdauer, soweit nicht Dispensation erteilt wird), die Regierung des Jagstkreises wünschte wenigstens keine Verschärfung der gesetzlichen Bestimmungen.

Die Kreisregierung referiert über die Ergebnisse der Erhebungen bei den Ortsbehörden[1]). 1853–1876 ist gut 1 % der Gesamtfläche des Kreises zerstückelt worden. Freilich sind die Zerstückelungen durch unmittelbaren oder

---

[3]) Zu dem Gesetz vom 23. 6. 1853 vgl. Darstellung, S. 558 f.
[1]) Die nach Oberämtern aufgeschlüsselten Daten in einer beiliegenden Tabelle: Während 23 Jahren wurde in 531 Fällen für eine Fläche von 7226 ha die Dispensation zur stückweisen Wiederveräußerung erteilt. Vgl. die genauen Daten für 1857/66 und 1867/76 in Nr. 202.

durch Vollmachtsverkauf dabei nicht erfaßt. Von 267 Gemeindebehörden haben nur 14 erklärt, die Enderwerber hätten durch den Kauf Schaden erlitten. 4 Oberämter sprechen sich für strikte Handhabung, 3 für milde Anwendung, 8 für die Aufhebung des strittigen Artikels 11 aus, freilich nur z. T., weil sie den unbeschränkten Güterhandel befürworten; die übrigen sehen in ihm unter den veränderten Verhältnissen keine Gefahr oder halten Art. 11 für gänzlich wirkungslos bzw. nachteilig für den Verkäufer, da ein Güterverkauf ohne Zwischenhändler infolge Mißtrauen und Ungeschicklichkeit der bäuerlichen Bevölkerung fast unmöglich sei.

Die Ansicht der Kreisregierung:
Der kritische Artikel 11 käme wohl nur selten zur Anwendung, wenn sich die Gutsbesitzer, die sich, sei es aus irgendeinem Grunde, zum Verkauf ihres Eigentums entschließen, herbeilassen würden oder es verstünden, den Verkauf unmittelbar mit dem Käufer abzuschließen. Daß dies in Wirklichkeit nicht geschieht, ist ausschließlich der Grund, warum der Art. 11 überhaupt besteht. Derselbe will lediglich dem Zwischenhandel und den verwerflichen Mitteln, die hiebei gebraucht werden, entgegentreten. Die Ursache, daß der unmittelbare Verkauf unterbleibt, liegt in einer Eigentümlichkeit unserer ländlichen Bevölkerung, welche bekanntlich an ihren hergebrachten Vorurteilen mit einer einer besseren Sache würdigen Zähigkeit festzuhalten pflegt.

Der Bauer kann keine Kuh oder anderes Stück Vieh, geschweige denn ein Grundstück oder gar ein ganzes Hofgut ohne Vermittlung eines Unterhändlers verkaufen, denn ohne diese Vermittlung findet er keinen Käufer. Deshalb ist denn auch der Schmuser bei allen derartigen Geschäften, insbesondere auch auf den Märkten, eine ebenso gewöhnliche wie unentbehrliche Person. Ist nun aber der Landwirt nicht dahin zu bringen, unmittelbar, d. h. ohne die Vermittlung eines Zwischen- oder eines Unterhändlers, einen Gutshandel abzuschließen, so liegt nur noch die Frage vor, ob durch die Vorschrift des Artikels 11 bis jetzt der Zwischenhandel verhindert worden ist und ob letzterer durch jene Vorschrift überhaupt verhindert werden kann?

Zu Beantwortung dieser Frage wird es dienlich sein, zunächst das Verfahren, wie es in solchen Fällen eingehalten wird, näher ins Auge zu fassen. Dasselbe ist folgendes:

Der Gutsbesitzer verkauft im ganzen oder doch in Teilen von größerem Flächenumfang an den Zwischenhändler und überläßt diesem den Wiederverkauf im kleinen. Der Zwischenhändler macht in der Regel die Bedingung, daß ihm der Verkäufer die zur Zerstücklung erforderliche Erlaubnis der Kreisregierung auszuwirken habe und daß im Falle der Verweigerung dieser Erlaubnis dem Käufer freistehe, von dem als Zwischenhändler abgeschlossenen Kauf zurückzustehen. So geschieht es nicht selten, daß nicht der Zwischenhändler, welcher für seine Rechnung die Güterzerstücklung vornehmen will, sondern der ursprüngliche Verkäufer oder daß auch beide gemeinschaftlich unter Darstellung der Gründe, welche den Gutsbesitzer zum Verkauf gedrängt haben, um die Erlaubnis zur stückweisen Wiederveräußerung einkommen, nicht ohne das gemeinderätliche Zeugnis darüber beizubringen, daß der stückweise Wiederverkauf nach den besonderen Verhältnissen der Gemeinde als vorteilhaft erscheine. Dieser teils nur vorgeschützte, teils in den tatsächlichen Verhältnissen wirklich begründete Vorteil besteht regelmäßig darin, daß die Verteilung des Grundbesitzes hinter dem landwirtschaftlichen Bedürfnis der einzelnen Gemeindegenossen zurückgeblieben und daß es daher insbesondere für die unbemitteltere Klasse derselben (Taglöhner und Handwerker) günstig sei, wenn die Gelegenheit geboten werde, kleinere, dem Einzelbedürfnis entsprechende Gutsparzellen erwerben zu können. Auf den Grund eines solchen Zeugnisses kann die Kreisregierung nicht umhin, die Erlaubnis zum Wiederverkauf des Areals in der gewünschten Weise zu erteilen. [...]

Darin nun, daß das Schwergewicht der Entscheidung im einzelnen Fall auf der gemeinderätlichen Begutachtung ruht, liegt die Leichtigkeit und Vielfältigkeit der Umgehung des Gesetzes, denn die Gemeinderäte nehmen die Sache, wie auch aus den Äußerungen der Oberämter erhellt, auf die leichte Achsel und haben gewöhnlich allein das Interesse des von seinen Gläubigern gedrängten Gutsbesitzers, der sich durch den Verkauf letztere vom Halse schaffen will, im Auge. Da der verschuldete Gutsbesitzer verkaufen muß, aber nur vermittelst eines Zwischenhändlers verkaufen kann, so hängt allerdings nur zu häufig die Vermeidung seines gänzlichen Ruins von der Erlaubniserteilung ab, und so läßt sich unschwer erklären, warum eine die letztere nicht befürwortende gemeinderätliche Äußerung zu den äußersten Seltenheiten gehört. Aber auch wo der Notstand des Gutsverkäufers nicht in dem berührten Maß vorhanden ist, weiß derselbe von seinem Gemeinderat unter Beihilfe seines oder seiner Unterhändler das sein Vorhaben fördernde Zeugnis herauszuschlagen. Denn daß sich der Gemeinderat und insbesondere auch der Ortsvorsteher hiebei nicht immer bloß von ihrer Überzeugung leiten lassen, daß vielmehr persönliche Verhältnisse, Rücksichten und Einflüsse nur zu oft den Ausschlag geben, dies wird jeder außer Frage stellen, dem die Behandlungsweise derartiger persönlicher Angelegenheiten in Dorfgemeinden kein Geheimnis ist. Hierauf hat auch der Abgeordnete Winter unverblümt in der Sitzung der Abgeordnetenkammer vom 11. April 1853 hingewiesen (cf. Kammerverhandlung 1851/53 VI, Seite 1444).

Der angedeutete Weg mittelst Einholung der Regierungserlaubnis ist aber nun nicht der einzige, auf welchem das Verbot mit indirekter Hilfe der Ortsbehörde ohne Schwierigkeit umgangen werden kann. Ein großer Teil der Güterzerstückelungen wird vielmehr außerdem noch dadurch ins Werk gesetzt, daß der verkaufende Gutsbesitzer mittelst Ausstellung einer Vollmacht einen Unterhändler mit dem Verkauf des Guts im kleinen beauftragt. Letzterer läßt sich selbstverständlich von dem Verkäufer eine nicht geringe Provision bezahlen, abgesehen von anderen lästigen Bedingungen, während er im Falle des Selbstankaufs und nachfolgenden Wiederverkaufs seinen Gewinn dadurch herauszuschlagen sucht, daß er im ganzen von den Einzelkäufern einen den von ihm zu entrichtenden Kaufschilling überschreitenden Erlös mittelst der namentlich dem jüdischen Gutshändler geläufigen Manipulationen zweifelhafter Moralität zu erzielen weiß. Im einen Fall ist es der ursprüngliche Verkäufer, im anderen Fall sind es die schließlichen Erwerber, auf deren Kosten der Geschäftsgewinn des Zwischen- oder Unterhändlers aufgebracht wird. Doch ist es Tatsache, daß dieselben nicht immer ein gutes Geschäft machen, namentlich wenn ein Teil der Parzelle nicht alsbald wieder um einen annehmbaren Preis verkauft werden kann.

Außer diesem Verkauf mittelst Bevollmächtigung von Unterhändlern wird dem Gesetz dadurch entgegengehandelt, daß ein Gut nicht auf einmal angekauft und wiederverkauft wird, daß vielmehr der Zwischenhändler in längeren Pausen nur einzelne Gutsteile unter zehn Morgen ankauft und wieder veräußert. In dieser Weise kann ein Gut sukzessive zertrümmert werden, ohne daß auch nur eine Erlaubnis der Regierungsbehörde hiezu erforderlich wäre.

Gegen Artikel 11 des Gesetzes sprechen auch folgende Erwägungen:

Man wird davon ausgehen dürfen, daß nicht Übermut oder Leichtsinn das Motiv zu den Gutsverkäufen bilden, daß vielmehr in der Regel nur solche Gutsbesitzer zu einer Veräußerung ihres Grundeigentums schreiten, welche entweder der Weggang aus ihrem seitherigen Niederlassungsort oder die Not, nämlich die Unmöglichkeit der gewinnbringenden Gutsbewirtschaftung und der in Aussicht zu nehmende Bankerott dazu zwingt. Ein solch heruntergekommener Gutsbesitzer muß, um sich der auf ihm lastenden Bürde zu entledigen, entweder zu dem Mittel des stückweisen Wiederverkaufs durch Zwischenhändler mit Erlaubnis der Kreisregierung oder des für ihn viel weniger nützlichen unmittelbaren stückweisen Verkaufs mittelst bevollmächtigter Unterhändler, sei es auf einmal, sei es in verschiedenen Zwischenperioden, greifen.

Im einen wie im anderen Fall tritt die Zerstückelung des Guts, welche das Gesetz verhindern will, ein, und die Absicht desselben, nämlich die Erhaltung größerer Güterkomplexe in einer Hand, wird durch das Gesetz selbst nicht erreicht. Für diese Erhaltung wirken andere mit dem Gesetz in keiner Verbindung stehende Faktoren, nämlich teils die Anhänglichkeit des Bauern an seinen ererbten Grundbesitz, teils die lokalen Verhältnisse im einzelnen Fall und die natürlichen, den Bestand des landwirtschaftlichen Betriebs bedingenden Voraussetzungen. Ein Hofgut kann nämlich nicht so ohne weiteres zertrümmert werden, was namentlich bei den in einem großen Teil von Oberschwaben vorherrschenden Einödhöfen zutrifft. Einesteils können die Gutsstücke einzeln nur etwa an die an das zu verkaufende Gut angrenzenden Gutsbesitzer abgesetzt werden, in welchem Fall die verkauften Parzellen Bestandteile eines andern Gutskomplexes werden; andernteils können die Gebäulichkeiten, ohne welche ein Hofgut nicht denkbar ist, nur in Verbindung mit einer gewissen Anzahl von Grundstücken, welche in ihrer Gesamtheit die Sicherheit für die Subsistenz einer bäuerlichen Familie gewähren, verwertet werden, so daß auch hier nicht von einer Zertrümmerung, sondern etwa nur von einer Verminderung des Flächengehalts des Bauerngüts die Rede sein kann.

Nebenbei wollen wir hier nur bemerken, daß für größere Bauernhöfe es zur Zeit sehr an Liebhabern fehlt, indem die bezüglich der landwirtschaftlichen Dienstboten bestehende Kalamität, wonach die Anforderungen derselben maßlos gesteigert, die Dienstleistungen aber quantitativ und qualitativ möglichst verringert werden, den landwirtschaftlichen Betrieb keineswegs als irgend verlockend erscheinen lassen. Es wird daher zur Zeit auch nicht behauptet werden können, daß Gutsverkäufe durch einen von den Güterhändlern ausgehenden Anreiz veranlaßt werden. Dieser Anreiz liegt vielmehr einesteils in den ökonomischen Verhältnissen des Gutsbesitzers, andernteils in den eben bezeichneten, den landwirtschaftlichen Betrieb sehr erschwerenden und die Grundrente merklich herabdrückenden Übelstand. In Beachtung dieser Umstände wird man sich darüber nicht wundern dürfen, daß zur Zeit in Beziehung auf den Güterhandel das Angebot die Nachfrage übersteigt.

Was sodann die angebliche Steigerung der Güterpreise infolge des Gewinns der Zwischenhändler betrifft, so stellt sich – abgesehen davon, daß sich auch diese Preise stets nach den allgemeinen Gesetzen des Handels regulieren werden – der diesfälligen Behauptung das bereits oben berührte, in überwiegendem Maß übereinstimmende Zeugnis der Ortsbehörden entgegen, wonach die schließlichen Erwerber keinen Nachteil aus den stückweisen Wiederverkäufen erlitten haben.

Anbelangend endlich das schädliche Eindrängen der Güterhändler in die innersten Privatverhältnisse der Bauern, so läßt sich dieses Eindrängen in keinem Fall durch das seiner Natur nach so illusorische Verbot des Art. 11 verhindern. Nicht der Gutsverkauf an sich, sondern die bedrängte ökonomische Lage des Gutsbesitzers nötigt denselben, sich in die Arme des jüdischen oder christlichen Geschäftsmanns zu werfen und sich damit der sicheren Gefahr wucherischer Übervorteilung auszusetzen. Geldvorschüsse und Kreditgewährungen anderer Art sowie teilweise der Viehhandel ermöglichen genugsam das Eindrängen solcher Blutsauger in die intimsten Verhältnisse des geldbedürftigen Bauern, ohne daß es des letzten Mittels, nämlich des Gutsverkaufs, bedürfte, um dessen Ruin zu vervollständigen. Und hier ist einer weiteren Eigentümlichkeit unseres Landvolks zu erwähnen. Im Falle eines notwendigen Geldbedürfnisses wendet sich der Bauer nicht an die in der Oberamtsstadt bestehende Vorschußbank oder an die Sparkasse, sondern er macht eine lange Reise nach einem Judenort, um daselbst gegen wucherische Zinse Geld zu erlangen. Diese Eigentümlichkeit hängt mit der Scheu zusammen, sich durch Geldverlegenheit bei Bekannten und Verwandten bloßzustellen.

Antrag, Artikel 11 als insgesamt nachteilig und dem volkswirtschaftlichen Grundsatz der Freiheit des Erwerbslebens *zuwiderlaufend aufzuheben oder wenigstens eine strengere Handhabung zu verhindern.*

Nr. 202

Übersicht über die Güterzerstücklungen im Donaukreis, soweit sie anhand der Dispensationen von Art. 11 des Gesetzes gegen Mißbräuche bei Liegenschaftsveräußerungen (23. 6. 1853) erfaßt werden konnten, 1857/66, 1867/76 und 1877/1886

E 150, Bü 673, Q 196 Beilage.

Oberamt	1857 – 1866					1867 – 1876				
	Zahl der Fälle	Flächengehalt der verkauften Anwesen ha	% der landwirtschaftlich genutzten Fläche des Bezirks[1]	Kaufschilling RM	beteiligte israelitische Händler	Zahl der Fälle	Flächengehalt der verkauften Anwesen ha	% der landwirtschaftlich genutzten Fläche des Bezirks[1]	Kaufschilling RM	beteiligte israelitische Händler
Biberach	18	301,9	0,9	507 681	2	45	602,0	1,8	1 293 485	26
Blaubeuren	6	70,6	0,3	118 543	1	19	292,5	1,4	479 237	11
Ehingen	9	158,5	0,6	357 417	1	54	779,7	2,8	1 376 965	42
Geislingen	5	72,4	0,3	109 481	–	4	37,9	0,2	82 269	3
Göppingen	4	28,2	0,2	38 451	–	1	6,6	–	14 143	–
Kirchheim	–	–	–	–	–	–	–	–	–	–
Laupheim	9	46,7	0,2	93 518	–	23	252,8	1,1	453 801	12
Leutkirch	3	56,8	0,2	60 686	1	14	301,1	1,0	308 232	2
Münsingen	3	31,2	0,1	111 600	–	32	364,1	1,2	545 218	25
Ravensburg	6	58,4	0,2	69 106	1	18	339,6	1,1	179 455	6
Riedlingen	8	83,2	0,3	141 413	4	71	822,8	2,9	1 939 503	42
Saulgau	2	24,0	0,1	51 089	–	55	803,4	2,9	1 533 075	38
Tettnang	3	69,3	0,4	93 086	–	13	175,0	0,9	411 806	1
Ulm	5	86,0	0,3	108 411	1	8	133,2	0,5	251 798	7
Waldsee	7	111,6	0,3	178 603	3	47	870,5	2,7	1 364 292	29
Wangen	4	20,7	0,1	23 665	–	17	115,0	0,5	156 584	2
Insgesamt	92	1 219,4	0,3	2 062 750	14	421	5 896,1	1,6	10 389 863	246

1877–1886[2]

1. Oberamt	2. a) Dispensationsfälle	2. b) in Gemeinden	3. Zahl der landwirtschaftlichen Betriebe im Bezirk	4. Prozentverhältnis zwischen 2. und 3.	5. Flächengehalt der veräußerten Anwesen ha	6. Flächengehalt des landwirtschaftlich genutzten Areals im Bezirk ha	7. Prozentverhältnis zwischen 5. und 6.	8. Kaufpreis der veräußerten Grundstücke RM	9. Flächengehalt der veräußerten Anwesen					10. beteiligte israelitische Zwischenhändler
									unter 5 ha	5<10 ha	10<15 ha	15<20 ha	über 20 ha	
Biberach	80	33 von 44	4 757	1,7	1 163,4	33 985,0	3,4	2 279 923	6	28	12	13	21	49
Blaubeuren	28	17 von 32	3 155	0,9	297,4	21 002,5	1,4	555 333	3	14	5	4	2	19
Ehingen	37	26 von 47	4 178	0,9	458,1	27 408,6	1,7	891 931	6	14	4	6	7	29
Geislingen	52	25 von 37	4 675	1,1	823,8	22 119,7	3,7	1 601 174	1	15	18	9	9	49
Göppingen	22	13 von 34	6 386	0,3	233,6	17 241,3	1,4	518 150	6	6	5	2	3	21
Kirchheim	1	1 von 25	5 724	0,0	3,6	12 224,5	0,0	7 700	1	–	–	–	–	1
Laupheim	60	29 von 41	4 345	1,4	557,3	22 172,6	2,5	1 143 652	7	34	12	3	4	40
Leutkirch	15	11 von 25	3 510	0,4	239,4	29 530,4	0,8	195 919	1	2	3	3	6	6
Münsingen	27	20 von 48	4 596	0,6	386,9	29 549,1	1,3	543 702	1	11	6	2	7	20
Ravensburg	18	12 von 23	4 425	0,4	304,7	30 544,4	1,0	424 494	2	5	3	4	4	5
Riedlingen	108	44 von 53	4 656	2,3	1 036,6	28 015,2	3,7	2 256 865	14	53	22	11	8	67
Saulgau	57	37 von 50	4 368	1,3	760,0	27 457,8	2,8	1 212 440	7	24	13	4	9	38
Tettnang	15	10 von 22	3 245	0,5	175,1	18 556,3	0,9	279 073	5	2	3	2	3	7
Ulm	48	26 von 37	4 221	1,1	605,9	27 669,9	2,2	1 330 485	8	15	11	7	7	41
Waldsee	45	24 von 31	3 770	1,2	650,7	32 056,9	2,0	907 199	7	14	9	3	12	23
Wangen	5	5 von 24	2 965	0,2	69,8	23 864,8	0,3	75 426	1	1	1	–	2	–
Insgesamt	618[3]	333 von 573	68 976	0,9	7 766,3	403 399,0	1,9	14 223 466	76	238	127	73	104	415

¹) Berechnet aus der Tabelle für die Jahre 1877–1886, Spalte 6.
²) In ihrem Bericht vom 27. 1. 1887 (E 150, Bü 673, Q 196) interpretierte die Kreisregierung Ulm das Ergebnis der Erhebungen:
Am geringsten sind die Veräußerungen in den zum mittleren Neckar gehörigen Oberämtern Kirchheim und Göppingen, wo infolge milden Klimas, industrieller Entwicklung und dichter Bevölkerung die Teilung von Grund und Boden schon weit fortgeschritten ist. Im Gebiet der Schwäbischen Alb (Oberämter Geislingen, Münsingen, Blaubeuren und Ulm), wo vor allem Fruchtbau betrieben wird, ist die Zahl der Dispensationsfälle in den letzten 10 Jahren erheblich angestiegen. Den größten Umfang erreichte der Güterhandel im Donaugebiet (Oberämter Laupheim, Biberach, Ehingen, Riedlingen, Saulgau, Waldsee). Dagegen geht die Güterzerstückelung wieder erheblich zurück in den zum Allgäu gehörigen Oberämtern Leutkirch und Wangen und in den Oberämtern am Bodensee (Ravensburg und Tettnang).
„Aus Vorstehendem ergibt sich, daß der Güterhandel vorzugsweise solche Gegenden heimgesucht hat, wo der Fruchtbau vorherrscht, wo Grund und Boden nicht allzusehr verteilt und der intensive Betrieb der Landwirtschaft weniger entwickelt ist. In den Wirtschaften dieses Gebietes hängt der erfolgreiche Betrieb der Landwirtschaft wesentlich von einem gesunden Verhältnis zwischen dem Boden und Betriebskapital ab, die Landwirte sind vorzugsweise auf den Absatz ihrer Produkte angewiesen und daher vom Gang der allgemeinen volkswirtschaftlichen Verhältnisse abhängig; die natürliche Folge hievon unter den heutigen ungünstigen Verhältnissen ist aber die, daß eine große Anzahl landwirtschaftlicher Betriebe unhaltbar wird und den Besitzer wechseln muß.
Diese Entwicklung des Güterhandels hat schon in der Periode 1867–1876 begonnen [...]. 1857–1866 stand der landwirtschaftliche Betrieb noch unter günstigen Verhältnissen, die noch wenig entwickelten Verkehrsmittel ließen eine drohende Konkurrenz nicht aufkommen, die Landwirte hatten eine Reihe guter Jahre, und die gewerbliche Tätigkeit war in gedeihlicher Entwicklung begriffen, und so fehlte es dem Landwirt, da auch die auswärtigen Marktverhältnisse noch unverrückt waren, nicht an günstigem Absatz. Während der zweiten Periode ist aber die jetzt noch fortwirkende Krisis über die Landwirtschaft hereingebrochen; große Schuldenlast der Landwirte, erdrückende auswärtige Konkurrenz im Getreidehandel, Mißverhältnisse zwischen den Preisen und Betriebskosten bilden die ständige Klage der Landwirte; daher schon damals der Zusammenbruch vieler Wirtschaften, so daß der Umfang des Güterhandels 76 % von dem in der neuesten Periode erreichte [...]."
Die Mißbräuche, die zu dem Gesetz Veranlassung gaben, haben im wesentlichen aufgehört, doch besteht im Wesen nach kein großer Unterschied zwischen dem früheren und jetzigen Gebaren der Güterhändler. Zwischenhändler sind meist beteiligt, „da, wie in anderen Landesteilen, so auch im Donaukreis unter der bäuerlichen Bevölkerung eine weitverbreitete Abneigung besteht, Grund und Boden unmittelbar vom seitherigen Eigentümer zu erwerben, sondern sie es vorzieht, von der Mehrzahl nach jüdischen Güterhändlern zu kaufen. [...] Dazu kommt weiter der meistens dringende Bedarf an barem Geld bei den Verkäufern, welche in der Regel eben nur auf Zieler verkaufen können, wodurch eine weitere Befestigung des Zwischenhandels bewirkt wird."
Es kommt jetzt selten vor, daß Güterhändler Bauern ohne triftigen Grund zum Verkauf ihres Hofes verleiten. Vielfach kommen die Bauern selbst zu ihnen.
Insgesamt scheint der Besitzwechsel von Grund und Boden im Donaukreis in den letzten 10 Jahren nicht so bedeutend, „denn selbst die Verhältniszahlen des am meisten beteiligten Bezirks Riedlingen (2,31 % der landwirtschaftlichen Betriebe und 3,70 % des landwirtschaftlichen Areals in 10 Jahren) deuten auf sehr langsame Zersplitterung des gesamten Grundbesitzes hin.
Hiebei darf aber allerdings nicht außer acht gelassen werden, daß sich der größte Teil des Verkehrs im Grund und Boden außerhalb des Gesetzes von 1853 und daß auch auf dem Weg der Vollmacht viele Gutszerstückelungen vorkommen."
³) Demgegenüber wurden nur 14 Dispensationsgesuche zurückgewiesen.
Die Tabelle, die verkürzt wiedergegeben wird, enthält auch Angaben über die Veranlassung zum Verkauf: In 233 Fällen spielten persönliche und Familienverhältnisse die entscheidende Rolle, in 230 Fällen Vermögensverhältnisse, in den verbleibenden 155 Fällen verschiedene andere Gründe.

Nr. 203

Übersicht über die Güterzerstücklungen im Jagstkreis, soweit sie anhand der Dispensationen von Art. 11 des Gesetzes gegen Mißbräuche bei Liegenschaftsveräußerungen (23. 6. 1853) erfaßt werden konnten, 1853/76 und 1877/87

E 150, Bü 673, Q 170 (9. 3. 1877) für 1853/76; für 1877/87 E 150, Bü 673, Q 184 ad 182 (1. 9. 1887).

Aus dem Bericht der Kreisregierung Ellwangen vom 9. 3. 1877, der die Ansichten der Gemeinden und Oberämter sehr ausführlich referiert, ergibt sich, daß die Gemeinden ganz überwiegend die Vorteile hervorhoben, die der Güterhandel für die Kleinbesitzenden durch die Möglichkeit zu Grunderwerb bringe. Nur ausnahmsweise wurden arrondierte Güter zerstückelt. Die Kreisregierung selbst trat dafür ein, die bisherige milde Praxis bei der Handhabung von Artikel 11 des Gesetzes beizubehalten (E 150, Bü 673, Q 169). Auch in ihrem Bericht vom 13. 9. 1887 hielt die Kreisregierung an der Ansicht fest, das Verbot in Artikel 11 des Gesetzes sei wohltätig und heilsam (E 150, Bü 673, Q 182).

1853–1876

1. Oberamt	2. Zahl der betroffenen Gemeinden[1]	3. Flächengehalt der veräußerten Anwesen Mg	4. Flächengehalt des landwirtschaftlich genutzten Areals[2] Mg	5. Prozentverhältnis zwischen 3. und 4.[3]	6. Kaufpreis fl	7. Beteiligte Güterhändler Christen	Juden
Aalen	14 von 19	1 332	60 370	2,2	365 062	11	16
Crailsheim	26 von 26	4 776	77 877	6,1	1 304 725	82	207
Ellwangen	24 von 27	3 355	113 729	2,9	945 561	29	79
Gaildorf	23 von 23	5 708	68 951	8,3	1 376 911	78	57
Gerabronn	32 von 35	6 809	114 723	5,9	1 936 862	37	134
Gmünd	16 von 26	1 368	62 488	2,2	309 989	20	9
Hall	25 von 29	5 906	71 223	8,3	1 657 582	108	63
Heidenheim	13 von 29	821	80 658	1,0	339 400	14	17
Künzelsau	35 von 49	4 541	83 424	5,4	1 229 136	34	82
Mergentheim	30 von 48	3 992	90 392	4,4	1 585 223	13	84
Neresheim	29 von 34	3 747	85 757	4,4	1 152 200	24	68
Öhringen	34 von 43	4 592	82 950	5,5	1 668 773	–	–
Schorndorf	4 von 28	164	32 150	0,5	67 959	1	4
Welzheim	12 von 12	1 465	42 813	3,4	413 764	1	21
	317 von 428	48 576	1 067 505	4,6	14 353 147	452	841

---

[1]) Die Gesamtzahl der Gemeinden nach: Das Königreich Württemberg (1863), S. 883 ff.
[2]) Nach WJB 1860 II, S. 6 ff.
[3]) Hier wurde zugrunde gelegt, daß es sich bei den zerstückelten Flächen (Spalte 3) ausschließlich um landwirtschaftlich genutztes Areal handelte.

1877–1887

1. Oberamt	2. genehmigte	3. abgelehnte	4. Flächengehalt der genehmigten Zerstückelungen ha	5. Flächengehalt des landwirtschaftlich genutzten Areals ha[1])	6. Prozentverhältnis zwischen 4. und 5.[2])	7. Kaufpreis bzw. Tauschwert d. genehmigten Fälle RM
	Dispensationsgesuche					
Aalen	46	3	498	19 027	2,6	842 525
Crailsheim	85	1	799	24 544	3,3	1 282 052
Ellwangen	68	9	761	35 844	2,1	1 308 557
Gaildorf	68	2	882	21 731	4,1	1 176 986
Gerabronn	105	6	1 312	36 157	3,6	2 392 640
Gmünd	71	1	878	19 694	4,5	1 615 478
Hall	67	3	707	22 447	3,1	1 206 179
Heidenheim	48	1	647	25 421	2,5	1 918 745
Künzelsau	55	2	677	26 293	2,6	1 129 635
Mergentheim	93	4	1 294	28 489	4,5	2 399 642
Neresheim	101	1	1 293	27 028	4,8	2 352 636
Öhringen	52	9	734	26 143	2,8	1 319 924
Schorndorf	6	–	30	10 133	0,3	70 375
Welzheim	35	3	416	13 493	3,1	626 378
	900	45	10 929	336 444	3,2	19 641 752

---

[1]) In ha umgerechnet nach WJB 1860 II, S. 6 ff. Die Veränderung der landwirtschaftlichen Fläche seit 1860 wurde dabei vernachlässigt.

[2]) Hier wurde zugrunde gelegt, daß es sich bei den zerstückelten Flächen (Spalte 4) ausschließlich um landwirtschaftlich genutztes Areal handelt.

Nr. 204-206 Die Allmendfrage

Vgl. Darstellung, S. 561 ff. Die Quellenauswahl beschränkt sich auf drei zentrale Quellenstücke. Nr. 204 und 205 beleuchten die Absicht der Regierung während der Rheinbundära, auch in der Allmendfrage die bisher gebundene Agrarverfassung im Interesse intensiverer landwirtschaftlicher Kultur aufzulockern. Das Reskript über die bürgerlichen Verhältnisse der Einwohner vom 6. 7. 1812 (Nr. 205), das in engem Zusammenhang mit dem Reskript über die Allodifikation der Lehen vom gleichen Tage (Nr. 35) entstanden ist, bildete die Grundlage der württembergischen Allmendpolitik während der folgenden Jahrzehnte. Nr. 206 vermittelt nicht nur einen Einblick in die Realität von Allmendbestand und Allmendnutzung um 1820: Der Bericht des Innenministeriums nimmt bereits die Entscheidung der Regierung vorweg, keine allgemeinverbindlichen Maßnahmen zu intensiverer Nutzung der Allmende zu ergreifen, sondern hierin der Initiative der Gemeinden einen weiten Spielraum zu lassen.

Nr. 204   1806 Januar 28, Stuttgart
Gutachten des Staats- und Kabinettsministers Graf von Normann Ehrenfels über die Allmendverteilung in Irslingen und anderen Ortschaften des Stadt- und Landoberamts Rottweil

E 146, Bü 1046 a. S., Q 1. Konzept.

Vgl. Darstellung, S. 564 f.

Euer Königlichen Majestät soll gehorsamst Unterzeichneter über die rückgehenden Akten, die Gemeindeverteilung in mehrern Ortschaften des Stadt- und Landoberamts Rottweil betreffend, folgendes alleruntertänigst vortragen.

Vormals hat man die Frage über die Kultivierung und Verteilung der Allmanden zu einem Gegenstande rechtlicher Erörterungen gemacht und dadurch weitläufige Diskussionen und unendliche Prozesse veranlaßt, unter denen zuletzt die Landeskultur mit den Untertanen Not litt.

Neuerlich hat man den Gegenstand von einem richtigern Gesichtspunkt aufgefaßt und die Frage, ob Allmanden kultiviert und verteilt, auch wie sie benutzt werden sollen, der obersten Polizeigewalt im Staate als eine bloße Regiminalsache anheimgestellt und diesen Grundsatz selbst bei den Reichsgerichten geltend zu machen gesucht.

Es kann daher keiner weitern, das allgemeine Beste nur verzögernden Erörterung mehr unterworfen sein, ob die unkultivierte Weiddistrikte zu Irslingen und in den übrigen Rottweilischen Amtsdörfern Epfendorf, Bissingen, Seedorf, Winzeln und Herrenzimmern kultiviert und auch geteilt werden sollen.

Da es vielmehr vermöge der Akten anerkannt ist, daß diese Veränderung vorteilhafter als die bisherige Benutzungsart ist, so genügt es, daß Euer Königliche Majestät solche befehlen und die Art und Weise bestimmen, wie dieselbe bewerkstelligt werden solle.

Die allgemeine Normen, welche die Königliche Oberlandesregierung hiefür vorschlägt, sind mit einigen Modifikationen folgende und dürften den Kollegien für jeden künftigen Fall zur besondern Berücksichtigung zu empfehlen sein:

a) Zu weit von den Ortschaften entfernte Allmanden sollen womöglich zu besondern Höfen adaptiert und als solche verpachtet werden;

b) Verteilung großer Allmanden solle nicht auf einmal, sondern nur nach und nach geschehen, so wie es die Bedürfnisse der Inwohnerschaften im Verhältnis gegen die bereits kultivierte Güter erfordern;

c) ein Teil der kultivierten Allmanden soll für die Besoldung öffentlicher Staats- und Kommundiener, insbesondere der Schullehrer bei der Kommun bleiben;

d) es soll im Anfang ein entfernterer Weideplatz für das junge Vieh zurückbehalten und

e) minder kulturfähige Gründe besonders in der Nähe der Waldungen sollen zum Holzwuchs bestimmt werden.

Die meisten Schwierigkeiten bei Allmandverteilungen macht gewöhnlich die Frage, in welchem Verhältnis jedes Gemeindemitglied an dem zur Kultur bestimmten Distrikt partizipieren solle? Auch hier hat man rechtlichen Streitigkeiten Platz gegeben, wo offenbar nur die Polizei zu entscheiden hatte. Man hat Weiderezesse und Dorfordnungen, welche nur durch das Bedürfnis der Zeit und den jedesmaligen Grad der Kultur erzeugt wurden, für rechtliche Normen angenommen, welche diesem oder jenem für ewige Zeiten besondere Rechte zuteilen, und hat auf diese Art die Einwirkung der Landespolizei und das gemeine Beste zu verhindern gesucht, und indem man hiernach gewöhnlich den reichen Bauren nach Verhältnis seines Güter- und Viehbesitzes entschädigte, den Zweck der Allmandausteilung völlig vereitelt.

Dies würde auch in vorliegendem Fall geschehen, wenn man in Irslingen nach den nemlichen Grundsätzen handlen wollte. Die Allmandausteilung würde ihren Zweck einer Vermehrung der Kultur und einer Erhöhung der Industrie durchaus nicht erreichen.

Es sind daselbst 15 Bauren, welche bereits 1008 Jauchert gebauten Felds besitzen, währenddem 56 Taglöhnerfamilien nur 230 Jauchert innehaben. Wollte man jenen reichen Güterbesitzern noch den größten Teil der Allmand zuteilen, so würden sie es der Mühe nicht wert halten, den unkultivierten Boden erst mit Mühe urbar zu machen, und den güterarmen Taglöhnern würde so wenig zuteil, daß weder ihr individueller Wohlstand noch das Beste des Staats dabei etwas gewänne.

Überhaupt, wo einmal eine kluge Staatsverwaltung durch Aufhebung des Lehenszwangs jedem fleißigen Bürger Gelegenheit gibt, sich Grundeigentum zu erwerben, wo einmal die Gemeinden zu einer ordentlichen Munizipalverfassung sich erhoben haben, wo mithin die Rechte jedes bürgerlichen Gemeindemitglieds gleich sind, da müssen die Prätensionen der Bauren über ihre Mitbürger, den Handwerker und Taglöhner, aufhören und der Wohlstand der letztern einer gleichen Berücksichtigung gewürdigt werden.

Wo demnach nicht rechtsgültige Verträge ein anderes bestimmen, teilt man, was auch in Altwürttemberg der Fall ist, jedem bürgerlichen Gemeindemitglied ohne Unterschied gleiche Rechte von dem Gemeindegut zu, und nur dann kann auch der Zweck der Landeskultur erreicht werden.

Inzwischen gewinnt der reichere Bauer auch bei diesem Grundsatz noch immer, wenn nur nicht das Eigentum der Gemeindegüter den einzelnen vollkommen und umsonst überlassen wird. Teilt man dagegen das Allmandfeld nur zur lebenslänglichen Nutznießung den Gemeindemitgliedern zu und läßt sie von ihren Teilen einen verhältnismäßigen Pachtschilling zur Gemeinde zahlen, so partizipiert der reichere Güterbauer hieran wieder um so viel mehr, als er sonsten aus seinem größern Gütervermögen an den Gemeindelasten zu übernehmen gehabt hätte, und es bleibt daher das Verhältnis zwischen dem vormaligen Weidegenuß und dem jetzigen Vorteil selbst für diejenige gleich, welche vormals mehreres Vieh auf die Weide zu treiben berechtigt waren.

Nach diesen Betrachtungen dürften als weitere Generalnormen für die Allmandverteilungen aufgestellt werden:

f) Das ausgeteilte Allmandfeld ist nicht mit dem vollen Eigentum, sondern nur zur lebenslänglichen Nutznießung und gegen Bezahlung eines mäßigen Pachtschillings den Gemeindegliedern zu überlassen. Nach dem Tod eines Bürgers oder seiner Witwe fällt sein Anteil der Gemeinde heim und wird dem zunächst eintretenden Bürger verliehen.

g) Nur einzelne kleine Allmandstücke, welche für die Benutzung der Angrenzer vorteilhaft gelegen sind, können verkauft werden und zwar größere Distrikte nur dann mit besonderer allerhöchsten Legitimation, wenn die Gemeinde aus dem Erlös einen besondern Vorteil sich zu verschaffen weiß. Gehorsamst Unterzogener hält diese Bestimmung deswegen für nötig, weil sonst leicht das Vermögen der Gemeinde dilapidiert und diejenigen Mittel ihr entzogen werden, wodurch sie sich im Fall der Not Hülfe und Kredit verschaffen kann.

h) Alle bürgerlichen Gemeindemitglieder ohne Unterschied und ohne Rücksicht auf ihren bisherigen durch polizeiliche Weiderezesse oder Dorfsordnungen bestimmten Weidegenuß erhalten gleiche Teile, es müßten dann rechtsgültige Verträge dem einen oder dem andern ein bestimmt größeres Recht einräumen.

Nach diesen allgemeinen Normen werden alle künftige Allmandteilungen keinen großen Schwierigkeiten mehr unterworfen sein, sobald sie von einem verständigen Teilungscommissarius dirigiert werden.

Vorschläge für die Allmendaufteilung in Irslingen nach diesen allgemeinen Grundsätzen.

Noch hat gehorsamst Unterzeichneter in aller Untertänigkeit zu bemerken, daß die in den Rottweilischen Dörfern in neuren Zeiten eingeführte Gewohnheit, nach welcher in denselben nur eine bestimmte Anzahl von Häusern befindlich und nur die Besitzer derselben an den bürgerlichen Vorteilen teilnehmen, alle übrige und selbst geborne Bürger aber davon ausgeschlossen sein sollen, als der Bevölkerung und dem Wohlstande der Untertanen in hohem Grade nachteilig sich gezeigt hat, indem nach den eingekommenen neuern Akten in Irslingen seit 50 Jahren die Anzahl der Familien sich nur um eine einzige vermehrt hat.

Diese aus ganz irrigen Ansichten bei der vormalig reichsstädtischen Verfassung entsprungene Verordnung, welche die Königliche Oberlandesregierung auf eine auffallende Weise in Schutz nimmt, möchte daher aufzuheben und dagegen allergnädigst zu verordnen sein,

daß jedem gebornen Bürgerssohn, wenn er eine Familie zu ernähren imstande ist, das Heuraten in seinem Geburtsort nach erlangter Volljährigkeit ebensowenig als die Erbauung eines neuen Hauses erschwert und daß mit seiner Verheuratung auch der mit dem Bürgerrecht verbundene bürgerliche Nutzen ihm zuteil werden, überhaupt aber die Aufnahme in das Bürgerrecht und das Ansiedln neuer Familien, welche ihr Auskommen finden können, niemalen erschwert werden solle[1]).

Nr. 205   1812 Juli 6, Ludwigsburg
Königliches Reskript an das Staatsministerium, die bürgerlichen Verhältnisse der Einwohner in Absicht auf Gemeindeverfassung und Gemeinheitsrechte betreffend

RegBl 1812, S. 333—336.

Vgl. Darstellung, S. 565. Aus den Vorakten in E 150, Bü 540 und E 10, Bü 39, UFasz. 5 geht hervor, daß Streitigkeiten über die Realgemeinderechte in Honhardt den entscheidenden Anstoß gaben. Möglicherweise wurde König Friedrich erst durch den hierüber erstatteten Vortrag die Tatsache bewußt, „wie nicht nur in gedachtem Orte, sondern auch in mehreren Gegenden des Reichs die Einrichtung bestehe, daß statt wie sonst im Königreich herkömmlich ein wirkliches Gemeindeeigentum bestünde, in jeder Gemeinde nur einzelne Glieder und Familien an den sogenannten Gemeinderechten teilnehmen können und als aktive Bürger betrachtet werden, indes die übrigen Gemeindeglieder unter den Namen Beisitzer, Kleinhäusler etc. von den Gemeindenutzungen ausgeschlossen bleiben. Da nun eine solche Einrichtung, wodurch Untertanen des Reichs in Erwerbung bürgerlicher Gerechtsamen auf eine so kränkende Weise beschränkt sind, abgesehen von dem Übelstand, den dieselbe in staatswirtschaftlicher und finanzieller Hinsicht hat, schon in privatrechtlichem Gesichtspunkt eine unbillige Beschränkungen enthält", forderte der Monarch Vortrag im Staatsrat darüber, „ob nicht diese Einrichtung da, wo solche noch besteht, aufgehoben und hierunter eine Gleichstellung nach Maßgabe der in Unsern alten Landen bestehenden Verordnungen erzielt werden könnte" (Reskript vom 5. 3. 1812; E 150, Bü 540).

---

[1]) Ein Normalreskript vom 30. 1. 1806 bestätigte die Anträge des Ministers. Als in den folgenden Jahren die Beamten aus Unkenntnis z. T. andere Grundsätze in Allmendangelegenheiten verfolgten, machte ein Generaldekret des Oberlandesökonomiekollegiums vom 2. 11. 1808 „die Kultivierung und Verteilung der Allmand betreffend" die Normalverordnung von 1806 allgemein bekannt (RegBl 1808, S. 581 f); E 146, Bü 1406 a. S., Q 3 f.

In Sitzungen vom 2.–4. 7. 1812 wurde die Frage der Gemeinderechte zusammen mit dem Problem der Lehenallodifikation diskutiert (vgl. Nr. 35). Das Reskript vom 6. 7. 1812 basierte auf den Anträgen der drei Referenten und auf den vom König selbst vorgeschriebenen Normalbestimmungen.

Friderich, von Gottes Gnaden König von Württemberg, souverainer Herzog in Schwaben und von Teck etc. etc.

Liebe Getreue! Wir haben nach Anhörung Unseres Staatsrats über die bürgerlichen Verhältnisse der Einwohner Unseres Königreichs in Absicht auf Gemeindeverfassung und Gemeinheitsrechte beschlossen und verordnen hiedurch:

I. Die Mitglieder einer jeder bürgerlichen Gemeinde sind entweder Bürger oder Beisitzer. Alle andere Benennungen in Hinsicht auf die Gemeindegenossenschaft hören auf.

II. Beide Klassen von Orts- und Gemeindeangehörigen genießen vollkommen gleiche Rechte in Absicht ihrer persönlichen Verhältnisse, so daß also künftig die eine wie die andere Klasse zu öffentlichen Magistrats- und Kommunämtern, auch Ortsvorstehersstellen gelangen kann und das Recht hat, jedes zünftige und unzünftige Gewerbe zu treiben und alle Gattungen von Privateigentum zu erwerben.

III. Das Bürger- und Beisitzrecht beruht nicht auf dem Besitze eines Guts, sondern ist ein persönliches Recht, welches durch die Geburt oder die Aufnahme in die bürgerliche Genossenschaft erworben wird.

Kinder der Bürger und Beisitzer bedürfen keiner besondern Aufnahme und haben für das Bürger- und Beisitzrecht kein besonderes Aufnahmsgeld zu bezahlen.

Die begüterte Tochter eines Bürgers überträgt ihr Bürgerrecht auf den Bürger oder Beisitzer eines andern Orts, der sie heiratet, wenn er sich im Orte niederläßt und das Aufnahmsgeld bezahlt.

Einem Beisitzer, der die Lasten eines Bürgers zu übernehmen und das Aufnahmsgeld zu bezahlen imstande ist, darf auf sein Verlangen die Aufnahme in das Bürgerrecht nicht verweigert werden.

IV. Zum Genusse der bürgerlichen Rechte und Nutzungen gelangen unverheiratete Bürgerssöhne, sobald sie eine eigene Haushaltung anfangen oder ein Gewerb auf eigene Rechnung treiben und deshalb von dem Ortsmagistrate in das Bürgerbuch eingeschrieben werden.

Ledige Bürgerstöchter haben nur alsdann an den Genuß der bürgerlichen Nutzungen Ansprache zu machen, wenn sie bei Betreibung eines eigenen Gewerbs oder bei dem Besitze eigener Feldgüter eine eigene Haushaltung führen und deswegen unter der Bedingung, daß sie die den Bürgern obliegenden persönlichen Dienstleistungen durch einen andern in ihrem Namen versehen zu lassen haben, unter die Zahl der wirklichen Bürger aufgenommen worden sind.

Witwen bleiben, wenn sie gleich nur die Hälfte des Bürgergelds bezahlen, solange sie eine eigene Haushaltung fortführen, in dem Genusse der Rechte, welche ihr verstorbener Ehmann gehabt hat. Zu persönlichen Gemeindefronen sind sie aber nur alsdann verbunden, wenn sie eigene Knechte halten oder wenn sie Söhne haben, welche über 18 Jahre alt und bei der Mutter noch im Hause sind.

Bürger, welche ihre Güter an ihre Kinder auf ein Leibgeding abgeben, behalten, solange sie nicht auch die eigene Haushaltung aufgeben, ihre persönliche Verbindung mit der Gemeindekorporation samt den darauf ruhenden bürgerlichen Rechten. Sie haben aber auch die Bürgersteuer fortzureichen und die bürgerliche Personalbeschwerden zu tragen, insoferne sie nicht wegen ihres Alters oder aus andern Gründen die Personalfreiheit anzusprechen haben.

V. Eben diese Bestimmungen im Art. IV sind auch auf die Beisitzer, deren Witwen, ledige Söhne und Töchter anzuwenden.

VI. Wer aus einer Kommun in die andere ziehen will, kann, wenn er in ersterer begütert ist, mithin die Reallasten fortträgt, sein Bürgerrecht beibehalten. Veräußert er aber seine Liegenschaften, so ruht sein Bürgerrecht, und es erwacht nur dann wieder, wenn er bei seinem Wiedereintritt in die Kommun neue liegende Güter erwirbt. Die Wiederaufnahme in das Bürgerrecht darf ihm in diesem Falle nicht versagt werden.

Unter diesen Bestimmungen kann einer Bürger an mehreren Orten zugleich sein. Die Personalrechte der Gemeindeglieder aber genießt ein solcher an mehreren Orten Verbürgerter sowie auch ein temporär Abwesender nur insoweit an dem Orte, wo er seinen Wohnsitz nicht hat, als er auch die Personallasten außer seinem Aufenthaltsorte durch einen Stellvertreter trägt. Zur Konskription wird er, wenn er derselben noch unterworfen ist, als Untertan am Orte seines gegenwärtigen Wohnsitzes gezogen.

VII. Der Anteil der Ortsangehörigen an dem Kommuneigentume, Kommunnutzungen und andern Gemeinheitseinnahmen richtet sich nach der Lokalverfassung eines jeden Orts.

Wollen die Minderberechtigten einen größern Anteil an den Gemeindsnutzungen, als sie bisher genossen, so können sie dies, wenn ihre Ansprüche nicht auf rechtlichen Gründen beruhen, nur durch Vergünstigung der im Besitze Stehenden erhalten.

Besondere Vorzugsrechte aber, welche Einzelne ansprechen, müssen streng rechtlich und in Ermanglung eines Rechtstitels durch einen Besitzstand von wenigstens 30 Jahren erwiesen werden.

Wofern nicht durch Verträge oder andere Rechtstitel der einen oder der andern Klasse der Ortsangehörigen ein gewisses Vorzugsrecht als Privatrecht eingeräumt ist, so hängt es von dem Gutbefinden der Gemeindekorporation und der Erkenntnis der höheren Administrativbehörden ab, die Grundstücke, wenngleich der Genuß davon einzelnen überlassen war, zu den gemeinschaftlichen Korporationsbedürfnissen zu verwenden oder die Art und das Verhältnis des Genusses nach Erfordernis der Umstände zu bestimmen. Insbesondere findet dieses bei den Allmanden Anwendung, deren Umbruch und Anbau durch den Umstand, daß sie bisher von den einzelnen Bürgern zur Weide benützt worden sind, nicht gehindert werden kann und bei deren Verteilung die Generalverordnung vom 4. Nov. 1808[1]) zur Richtschnur zu nehmen ist.

VIII. Ebenso verbleibt es in Ansehung der an einigen Orten vorhandenen besondern Gemeinheitsgüter, deren Besitz und Genuß gewissen Personen oder Grundeigentumsbesitzern in unzertrennter Gemeinschaft zusteht und von denselben wie anderes Privateigentum vererbt, verliehen und veräußert werden

---

[1]) Vgl. Nr. 204, Anm. 1.

kann, bei den auf giltiges Herkommen, Verträgen, richterlichen Urteilssprüchen und andern rechtlichen Erwerbungstiteln sich gründenden Bestimmungen.

IX. Wenn aber bisher mit dem Besitze und Genusse solcher Gemeinheitsgüter oder sogenannter Gemeinderechte auch die ausschließende Übernahme der Gemeindelasten verbunden war, welche nach den nun bestehenden gesetzlichen Verhältnissen auf die sämtlichen Gemeindeglieder zu verteilen sind, so müssen die Besitzer der Gemeinderechte den übrigen Ortsangehörigen für die diesen zuwachsende Last die gebührende Entschädigung leisten, und den Oberbeamten liegt es zunächst ob, die Einleitung zu einem Vergleiche zu treffen. Diese Entschädigung kann in den meisten Fällen am ehesten dadurch geschehen, daß diejenige, welche bisher von dem Gemeinderecht ausgeschlossen waren, zu Mitteilnahme daran zugelassen werden.

X. Um die über die Ansprüche der einzelnen an die Gemeinheitsgüter und deren Genuß oder über die Verteilung derselben entstehenden Irrungen und Streitigkeiten womöglich außergerichtlich zu beseitigen und die Erledigung derselben in diesem Wege zu bewirken, wird eine eigene Behörde, bestehend unter dem Präsidio des 1ten Chefs der Sektion der Kommunverwaltung, aus 3 Mitgliedern dieser, 4 Mitgliedern der Sektion der innern Administration und 1 Mitgliede des Ober-Justizcollegii niedergesetzt[2]).

An diese Behörde sind alle solche Streitigkeiten, bevor sie vor Gericht angenommen werden dürfen, zu bringen. Sie zieht über den Gegenstand des Streits nähere Berichte ein und ernennt erforderlichenfalls Lokalkommissäre, wozu die Landvogteisteuerräte, nächstgelegene Kameralverwalter oder andere zum Geschäfte taugliche angestellte Diener gebracht werden können, um die Ansprüche jedes Teils zu untersuchen und den Weg einer gütlichen Ausgleichung und außergerichtlichen Auseinandersetzung einzuleiten. Von dem Erfolge haben die Beamte und Kommissäre Berichte an die Behörde zu erstatten.

Beruhen die Ansprüche des einen Teils auf einem zweifelhaften Rechte, so sind solche in Entstehung einer gütlichen Ausgleichung, welche die Behörde durch zweckdienliche Mittel herbeizuführen sich angelegen sein lassen wird, an die Gerichte, jedoch nur insoweit zu verweisen, als der Gegenstand streitige Rechte betrifft.

Wenn aber das Recht an sich nicht streitig ist und es sich bloß von Anwendung bestehender Verordnungen und staatswirtschaftlichen Rücksichten handelt, so hat die Behörde den Fall zu entscheiden und findet, insoferne von einer bloßen administrativen Verfügung die Rede ist, keine Provokation an die Gerichte statt.

Ganz unstatthafte Ansprüche sind von der Behörde mit dem Verbote, weiter dagegen zu querulieren, zurückzuweisen.

Nur in außerordentlichen Fällen hat die Behörde die Angelegenheit Uns zur allerhöchsten Verfügung vorzulegen.

Indem Wir Euch diese Unsere allerhöchste Willensmeinung zur weiteren Verfügung zu erkennen geben, wollen Wir, daß solche durch das Staats- und Regierungsblatt zur Nachachtung allgemein bekannt gemacht werde. Und wird der Minister des Innern mit der Vollziehung des Ganzen besonders beauftragt.

---

[2]) Kommission für Gemeindenutzungen und Lehensallodifikation. Fragmentarischer Aktenbestand für die Tätigkeit der Kommission bis 1817 in D 56.

Nr. 206   1821 Oktober 1, Stuttgart

Bericht des Ministeriums des Innern an den König über die im Königreich vorhandenen Allmenden

E 146, Bü 1046 a. S., Q 32. Konzept des Referenten, Regierungsrat Waldbauer.

Durch eine Staatssekretariatsnote vom 24. Februar 1819[1]) wurde das Ministerium des Innern aufgefordert, unter Kommunikation mit der Zentralleitung des Wohltätigkeitsvereins und mit der Zentralstelle des Landwirtschaftlichen Vereins umfassenden Bericht und Gutachten zu erstatten
   1. über die Morgenzahl sämtlicher Allmanden im Königreiche und zwar
      a) der gebauten sowohl als
      b) der ungebauten;
   2. über die bisherige Benützungsweise der erstern und die Verbesserungen, die hierinnen getroffen werden könnten, und
   3. überhaupt über die zweckmäßigste Art, die Verteilung und Kultivierung der Allmanden, wo solche noch nicht stattgehabt hat, zu bewirken und zu befördern.

Die hierüber eingezogenen Berichte der Kreis- und Bezirksbehörden sind von der Zentralstelle des Landwirtschaftlichen Vereins bearbeitet worden[2]). *Das Innenministerium gibt aus den vorliegenden Notizen einen möglichst gedrängten Auszug mit den entsprechenden Vorschlägen der Zentralstelle und äußert seine eigene Ansicht zu der Sache.*

Die Morgenzahl sämtlicher Allmanden soll sich nach dem angeschlossenen Verzeichnis im ganzen auf 299 211 Morgen belaufen, wovon derzeit 117 646$^{1}/_{8}$ Morgen angebaut und 181 364$^{7}/_{8}$ Morgen ungebaut sein sollen[3]). Diese Angaben können jedoch nicht als ganz zuverlässig angenommen werden, weil

---

[1]) E 146, Bü 1046 a. S., Q 13.
[2]) Die Berichte der Kreisregierungen (18. 5.–12. 10. 1819) ebd., Q 15, 18, 19, 22 a. Die ihnen zugrunde liegenden Oberamtsberichte wurden der Zentralstelle des Landwirtschaftlichen Vereins zur Bearbeitung zugeleitet. Diese erstattete ihren Bericht erst am 9. 2. 1821 (Q 29). Das Interesse des Königs an der Frage geht aus wiederholten Terminmahnungen des Staatssekretariats beim Innenministerium hervor.
[3]) Bei den Berichten der Kreisregierungen (vgl. Anm. 2) befinden sich Tabellen mit näheren Angaben über den Allmendbestand in den einzelnen Oberämtern. Trotz vieler Ungenauigkeiten – vgl. hierzu den vorliegenden Innenministerialbericht – vermitteln die Zahlen doch einen einigermaßen zutreffenden Eindruck von dem Umfang und der Nutzung der Allmende. Im folgenden werden die Flächenangaben auf ganze Mg auf- bzw. abgerundet wiedergegeben.

1. Neckarkreis (ebd., Q 15). In den Zahlen nicht enthalten sind Waldungen, soweit sie nicht neu angelegt wurden (z. B. beim Oberamt Böblingen 451 Mg, beim Oberamt Eßlingen 38 Mg, beim Oberamt Leonberg 150 Mg).

Oberamt	gebaut	ungebaut	Summe
Backnang	1 496	4 534	6 030
Besigheim	110	365	475
Böblingen	1 078	1 851	2 929
Brackenheim	83	406	489
Cannstatt	1 029	745	1 774
Eßlingen	1 274	753	2 027
Heilbronn	2 094	92	2 186

Oberamt	gebaut	ungebaut	Summe
Leonberg	453	2 117	2 570
Ludwigsburg	385	466	851
Marbach	112	289	401
Maulbronn	517	540	1 057
Neckarsulm	1 637	292	1 929
Stuttgart, Amt	361	669	1 030
Vaihingen	272	573	845
Waiblingen	153	488	641
Weinsberg	265	376	641
Summe	11 319	14 555	25 874

Nach Ansicht der Oberämter und der Kreisregierung konnte die Nutzung der ungebauten Allmende z. T. durch Aufstocken mit Wald noch verbessert werden.

2. Schwarzwaldkreis (ebd., Q 19). Unter der gebauten, vielfach aber auch der ungebauten Allmende befanden sich z. T. erhebliche Waldflächen. Die ungebaute Allmende wurde meist als Weide genutzt, und zwar oft rentabler, als dies bei einem Umbruch in Ackerland möglich gewesen wäre. Die Kreisregierung hielt deshalb die Urbarmachung von weiterem Land nur selten für möglich und ratsam. Zur gebauten Allmende wurden neben Ackerland auch Wiesen, Baumgärten, Wälder und Torfstiche gerechnet.

Oberamt	gebaut	ungebaut	Summe
Balingen	3 205	14 122	17 327
Calw	349	4 555	4 903
Freudenstadt	53	1 680	1 733
Herrenberg	119	583	701
Horb	492	508	1 000
Nagold	1 176	928	2 104
Neuenbürg	354	2 362	2 715
Nürtingen	1 070	4 453	5 523
Oberndorf	7 192	1 389	8 581
Reutlingen	4 784	9 813	14 596
Rottenburg	1 449	3 208	4 657
Rottweil	8 310	7 337	15 647
Spaichingen	5 950	7 573	13 523
Sulz	2 784	4 472	7 256
Tübingen	2 048	2 663	4 711
Tuttlingen	5 173	7 838	13 011
Urach	4 948	7 736	12 684
Summe	49 452	81 217	130 669

3. Jagstkreis (ebd., Q 22 a). Die Kreisregierung hatte die Zahlen nach folgenden Kategorien aufgeschlüsselt:
a) Allmendgenuß auf Grund des persönlichen Bürgerrechts,
b) Allmendgenuß mit gewissen Vorzugsrechten einzelner Klassen der Oberamtsangehörigen durch Vertrag oder Herkommen,
c) Allmendgenuß bestimmter Grundeigentumsbesitzer (z. B. Gemeinderechtsbesitzer in unzertrennter Gemeinschaft); diese Allmende konnte wie anderes Privateigentum behandelt werden.

Oberamt		gebaut	ungebaut	Summe	davon Wald
Aalen	a)	899	2 364	3 263	1 746
	b)	462	338	800	178
	c)	—	9 372	9 372	8 171
		1 361	12 074	13 434	10 095
Crailsheim	a)	—	—	—	—
	b)	—	—	—	—
	c)	—	3 375	3 375	310
		—	3 375	3 375	310

44 Bauernbefreiung II

Oberamt		gebaut	ungebaut	Summe	davon Wald
Ellwangen	a)	1 797	3 961	5 757	244
	b)	730	1 318	2 048	70
	c)	—	—	—	—
		2 527	5 279	7 805	314
Gaildorf	a)	—	—	—	—
	b)	—	—	—	—
	c)	—	1 859	1 859	521
		—	1 859	1 859	521
Gerabronn	a)	436	274	710	68
	b)	50	40	90	2
	c)	—	7 606	7 606	1 527
		486	7 920	8 406	1 596
Gmünd	a)	1 716	1 798	3 514	298
	b)	920	718	1 638	456
	c)	—	179	179	15
		2 636	2 695	5 331	769
Hall	a)	217	34	250	—
	b)	—	—	—	—
	c)	—	3 174	3 174	262
		217	3 207	3 424	262
Heidenheim	a)	2 770	3 780	6 551	340
	b)	—	—	—	—
	c)	—	602	602	6
		2 770	4 382	7 153	346
Künzelsau	a)	624	855	1 479	9
	b)	172	542	713	96
	c)	—	58	58	—
		796	1 455	2 251	105
Mergentheim	a)	1 311	1 306	2 617	—
	b)	—	—	—	—
	c)	—	975	975	—
		1 311	2 281	3 591	—
Neresheim	a)	1 317	1 209	2 526	447
	b)	—	116	116	—
	c)	—	56	56	—
		1 317	1 381	2 698	447
Öhringen	a)	209	726	935	92
	b)	—	—	—	—
	c)	—	1 141	1 141	927
		209	1 867	2 076	1 019
Schorndorf	a)	1 481	1 175	2 655	594
	b)	—	—	—	—
	c)	—	—	—	—
		1 481	1 175	2 655	594
Welzheim	a)	914	2 042	2 956	1 593
	b)	1 280	1 279	2 558	1 135
	c)	—	2 375	2 375	1 041
		2 194	5 696	7 890	3 768
Summe		17 303	54 644	71 946	20 146

1. nach einem richtigen Begriffe mit dem Worte Allmanden eigentlich nur diejenigen Grundstücke bezeichnet werden sollen, welche in der Vorzeit, als sich nach und nach Städte und Dörfer mit geschlossenen Markungen bildeten, als Weideplätze nicht in das Privateigentum übergegangen, sondern zur gemeinschaftlichen Beweidung vorbehalten worden sind, dieser Begriff aber nicht überall festgehalten, sondern von einzelnen Oberämtern alles Grundeigentum der Gemeinden an ursprünglich gebauten Grundstücken, an Waldungen, Steinbrüchen, Leimengruben, Seen, Straßen und Wegen in Berechnung genommen worden ist; weil

2. schon in dem ehemaligen Herzogtume Württemberg bei der allgemeinen Landesvermessung im vorigen Jahrhundert viele Allmandplätze, welche damals gar keinen Ertrag gewährten, nicht gemessen worden sind und auch inzwischen keine Vermessung derselben stattgefunden hat, weil dieses auch in einem großen Teile der neuen Lande der Fall ist und daher der angegebene Meßgehalt der Allmanden häufig nur auf einer ungefähren Schätzung beruht; und

3. weil auch da, wo in dem ehemaligen Herzogtume die Allmanden bei der allgemeinen Landesvermessung gemessen wurden, seit 100 Jahren durch die Fortschritte in der landwirtschaftlichen Kultur große Veränderungen vorgegangen sind, ein großer Teil der Allmanden inzwischen auf verschiedene Weise in das Privateigentum übergegangen ist, ohne daß solches in den öffentlichen Büchern von dem ehemaligen Meßgehalte der Allmanden abgezogen worden wäre; und weil insbesondere in den Waldgegenden damals der größere Teil des Bodens mit Holz bewachsen war und hievon inzwischen manches ausgestockt wurde, was nun entweder als gebautes Feld oder als Viehweide benutzt wird.

Eine zuverlässige Berechnung der gegenwärtig im Königreiche vorhande-

---

Von der ungebauten Allmende galten 26256 Mg als nicht kulturfähig. Von den kulturfähigen Allmenden bestanden 20201 Mg aus Wald, 83 Mg waren mit Bäumen bepflanzt, 3204 Mg wurden als Weide für Rindvieh, Pferde und Schafe benötigt. Nur 4899 Mg konnten nach Ansicht der Behörden als Wiesen oder Äcker vorteilhafter als bisher genutzt werden.

4. Donaukreis (ebd., Q 18). Ein großer Teil der ungebauten Allmende bestand aus sehr schlechtem Boden, der den Aufwand intensiverer Bestellung nicht lohnen würde, so daß die bisherige Nutzungsart – vor allem als Schafweide – vorzuziehen sei.

Oberamt	gebaut	ungebaut	Summe
Albeck	2 417	2 317	4 734
Biberach	5 802	4 258	10 059
Blaubeuren	612	1 469	2 081
Ehingen	1 248	2 040	3 288
Geislingen	3 118	10 432	13 550
Göppingen	2 988	4 761	7 749
Kirchheim	1 642	5 118	6 760
Leutkirch	5 398	4 277	9 675
Münsingen	2 836	8 770	11 606
Ravensburg	790	216	1 006
Riedlingen	3 080	2 539	5 619
Saulgau	5 620	443	6 063
Tettnang	–	41	41
Ulm	1 110	1 169	2 278
Waldsee	1 816	2 066	3 882
Wangen	11	119	130
Wiblingen	1 086	1 160	2 246
Summe	39 573	51 193	90 766

Hinzu kamen noch 2230 Mg ungebaute Allmende der Residenzstadt Stuttgart.

nen Allmanden und insbesondere derjenigen, welche nicht angebaut sind, sondern als Weide benutzt werden, ist daher erst alsdann möglich, wenn die begonnene allgemeine Landesvermessung beendigt sein wird.

II. Die bisherige Benutzungsweise der gebauten Allmanden ist sehr verschieden; in allen Gemeinden, in welchen sich Allmanden befinden, die des Anbaus wert erachtet wurden, haben früher schon Verteilungen unter den einzelnen Gemeindegliedern stattgehabt, und die verteilten Allmanden sind den Gemeindegliedern teils mit dem vollen Eigentumsrechte entweder unentgeltlich oder gegen Bezahlung eines bestimmten Kaufpreises, teils mit dem Rechte der lebenslänglichen Nutznießung bald unentgeltlich, bald gegen Entrichtung eines mäßigen jährlichen Zinses an die Gemeindekasse überlassen worden. Da nun, wo in einer Gemeinde die Bürgerschaft Allmandteile von größerem Meßgehalte besitzt, werden dieselben ebenso wie das übrige Grundeigentum als Ackerfeld mit oder ohne Brache, als Wiesen, Weinberge, Baumgärten etc. benutzt. Wo hingegen die Allmandteile der einzelnen Bürger von geringerem Meßgehalte und öfters nur wenige Ruten groß sind, da werden diese gewöhnlich als sogenannte Länder mit Gartengewächsen, Erdbiren, Hanf, Flachs und dergl. alle Jahre angebaut.

Ein großer Teil der angebauten Allmanden befindet sich aber auch gegenwärtig noch in dem vollen Eigentume der Gemeinden, und ihre Benutzungsart besteht darinnen, daß dieselben

a) entweder den Kirchen- und Schuldienern, den Gemeindevorstehern und Gemeindedienern als Besoldungsteile,

b) oder an die armen Einwohner zur Nutznießung überlassen worden sind,

c) oder zum Vorteil der Gemeindekasse verpachtet

d) oder auf Rechnung derselben gebaut werden.

Viele Gemeinden beziehen aus verpachteten Allmanden bedeutende jährliche Einkünfte, welche zu Bestreitung der Gemeindeausgaben verwendet werden, und wenn es schon in der Regel unzweckmäßig ist, Allmandfelder auf Rechnung der Gemeindekasse bauen zu lassen, weswegen auch diese Benützungsart in der Regel nicht geduldet werden soll, so finden doch bei einzelnen Gemeinden öfters solche Umstände statt, welche eine Ausnahme von der Regel vollkommen rechtfertigen. So geschieht es z. B., daß einzelne Gemeinden, in welchen die Verbindlichkeit zu Haltung des Faselviehs nicht einem Dritten obliegt, dasselbe auf Rechnung der Gemeindekasse halten und einen Teil ihrer Allmanden dazu benützen, um durch Anbauung derselben das nötige Futter und Stroh ohne Kosten zu gewinnen, weil die Feldarbeiten durch die Gemeindsglieder in der Fron verrichtet werden.

Verbesserungen, welche in der bisherigen Benützungsart der gebauten Allmanden getroffen werden könnten, sind so sehr von den eigentümlichen Verhältnissen der einzelnen Gemeinden und ihrer Einwohner abhängig, daß von seiten der Regierung allgemeine Vorschriften deswegen nicht erteilt werden können. Dadurch, daß diese Allmanden gebaut werden, wird die erste Forderung einer guten Landwirtschaft erfüllt; wie aber dieselben gebaut werden sollen, um ihnen den höchstmöglichen Ertrag abzugewinnen, das hängt teils von dem Klima, teils von der natürlichen Beschaffenheit des Bodens, teils von dem größern oder geringern Wohlstande der einzelnen Gemeinden ab, und sowenig man dem Landmanne Vorschriften geben kann, wie er sein Grundeigentum bauen solle, ebensowenig ist dieses bei gebauten Allmandfeldern möglich, welche früher unter den einzelnen Einwohnern der Gemeinden mit dem Rechte des Eigentums oder der Nutznießung verteilt worden sind.

Ganz zweckmäßig erscheint es, daß da, wo die Gemeinden Kirchen- und Schuldiener ganz oder teilweise zu besolden haben, diesen und daß den Gemeindevorstehern und -dienern Allmandfelder als Besoldungsteile überlassen werden, weil dadurch der doppelte Zweck erreicht wird, daß die Allmandfelder gebaut und die Gemeinden in ihren baren Ausgaben erleichtert werden. Ebenso zweckmäßig ist es, den armen Ortseinwohnern, wenn sie arbeitsfähig sind und es ihnen an Gelegenheit zur Arbeit fehlt, statt einer Unterstützung in Geld Allmandfelder zum Anbau zu überlassen und ihnen dadurch Gelegenheit zu geben, ihren Unterhalt durch Arbeiten zu erwerben.

Gegen das Verpachten der Allmandfelder kann zwar eingewendet werden, daß dieselbe in Abgang kommen, weil die Pächter, zumal wenn die Pachtzeit von kürzerer Dauer ist, auf die mögliche Verbesserung keine Kosten verwenden, daß es daher zweckmäßiger wäre, dieselbe entweder unter der Bürgerschaft zu verteilen oder zu verkaufen. Es kommt aber dagegen in Betracht, daß in vielen Gemeinden die Morgenzahl der kulturfähigen Allmanden unbedeutend, die Zahl der Bürger aber groß ist und daß, wenn man die Allmanden unter sämtlichen Bürgern verteilte, die einzelnen Teile viel zu klein würden, als daß solche mit Nutzen gebaut werden könnten; in andern Gemeinden aber, wo die Verteilung der Allmanden nach der Zahl der Bürger zwar zulässig wäre, kann die Gemeindekasse das jährliche Pachtgeld aus den Allmanden nicht entbehren, ohne zu Bestreitung der Gemeindeausgaben entweder neue Umlagen auf die Einwohner machen oder die gewöhnlichen Umlagen erhöhen zu müssen. In einem solchen Falle ist die Verpachtung der Allmand der Verteilung vorzuziehen; denn es würde ungerecht sein, die Allmanden unentgeltlich oder gegen einen mäßigen jährlichen Zins unter der Bürgerschaft zu verteilen und das, was der Gemeindekasse am Bestandgelde entgeht, nach dem Steuerfuße umzulegen; wollte man aber bei der Verteilung den jährlichen Zins nach dem früher gefallenen Bestandgelde bestimmen, so würden die einzelnen Bürger keinen Vorteil davon haben; überdies würden bei einer solchen Verteilung auch die Begüterten ihre Teile erhalten, statt daß die Verpachtung vorzüglich den Minderbegüterten Gelegenheit gibt, ihren Feldbau zu vergrößern.

Der Verkauf von solchen Allmandfeldern, welche der Gemeindekasse eine gewisse jährliche Einnahme gewähren, ist um deswillen nicht rätlich, weil der Kaufschilling, wenn er auch mit aller Sicherheit zu einem verzinslichen Kapital angelegt wird, im Laufe der Zeit durch verschiedene Zufälle zugrunde gehen und so die Gemeinde Kapital und Zins verlieren kann, statt daß dieselbe, wenn sie im Eigentume der Allmanden bleibt, aus diesen alle Jahre eine nach Zeit und Umständen sich richtende Einnahme bezieht und in Zeiten der Not ein Hülfsmittel hat, sich durch Verpfändung derselben Kredit zu den nötigen Kapitalaufnahmen zu verschaffen.

Die Selbstverwaltung der Allmanden auf Rechnung der Gemeindekassen ist in der Regel allerdings nachteilig, und eine Ausnahme möchte allein in dem oben angezeigten Falle stattfinden. In mehreren Gemeinden, welche die Verbindlichkeit zu Erhaltung des Faselviehs haben und diese Verbindlichkeit durch Verpachtung erfüllen, werden den Pächtern gewöhnlich die zu Erzeugung des Futters und Strohs nötigen Allmandfelder mit in den Pacht gegeben. Da aber die Verbesserung der Viehzucht hauptsächlich auf der Vorzüglichkeit des Faselviehs beruht, so ist es immer gewagt, die Anschaffung und Erhaltung desselben einem Pächter zu überlassen, weil dieser mehr seinen eigenen als den Vorteil der Gemeinde im Auge hat und das Faselvieh gewöhnlich durch die eigene Nachzucht anschafft, statt daß da, wo die Viehzucht noch nicht emporgekommen ist, solches auswärts von den vorzüglichsten Rassen gekauft und der dadurch entstehende größere Aufwand nicht gescheut werden sollte.

Es erscheint daher als ganz zweckmäßig, daß die Gemeinden das Faselvieh auf eigene Rechnung anschaffen und erhalten und Futter und Stroh für dasselbe durch die Anbauung von Allmandfeldern erzeugen, weil auf diese Art am besten für die Anschaffung des zu Verbesserung der Viehzucht nötigen Faselviehs gesorgt werden kann.

Was sodann
III. die Vorschläge betrifft, auf welche Weise die Verteilung und Kultivierung der Allmanden da, wo solche noch nicht stattgehabt hat, am zweckmäßigsten befördert werden könnte, so habe ich im voraus untertänigst zu bemerken, daß überall, wo die Gemeinden kulturfähige Allmanden besitzen, solche wenigstens zum Teil angebaut werden und daß, je bevölkerter eine Gemeinde oder eine Gegend ist, desto weniger ungebaute Allmanden in denselben vorhanden sind. Der Beweis hievon liegt in dem Verzeichnis der in den einzelnen Oberämtern vorhandenen ungebauten Allmanden:

Auf der Markung der Residenzstadt Stuttgart sind alle Allmanden angebaut. Im Neckarkreise in den Oberämtern Besigheim, Brackenheim, Cannstatt, Eßlingen, Heilbronn, Ludwigsburg, Marbach, Maulbronn, Neckarsulm, Stuttgart Amt, Vaihingen, Waiblingen und Weinsberg, im Schwarzwaldkreise in den Oberämtern Herrenberg, Horb und Nagold, im Jagstkreise in den Oberämtern Künzelsau, Öhringen und Schorndorf, im Donaukreise im Oberamte Ulm befinden sich verhältnismäßig wenige ungebaute Allmanden, und selbst das, was in dem Verzeichnis als ungebaut angegeben ist, wird zum Teil angebaut, denn mehrere Oberämter haben diejenigen Allmandfelder, welche als Wiesboden benützt und auf Rechnung der Gemeindekasse verpachtet werden, irrigerweise unter den unangebauten Allmanden aufgeführt; ebenso ist von einzelnen Oberämtern das, was früher schon von den Allmanden zu Wald angelegt wurde, in der Morgenzahl der ungebauten Allmanden mit eingerechnet worden.

Dasjenige, was in diesen Oberämtern an ganz ungebauten Allmanden vorhanden ist, kann z. T. gar nicht urbar gemacht werden, weil solches entweder in ganz steilen, nicht kulturfähigen Bergen oder aus Steinbrüchen, aus Leimen-, Sand- und Kiesgruben besteht oder an den Ufern der Flüsse gelegen ist und durch Überschwemmungen öfters verwüstet wird. Aber auch diese Plätze werden benützt und gewähren nicht selten den Gemeindekassen einen bedeutenden Ertrag, indem die nicht kulturfähigen Berge hauptsächlich den Schafen zur Weide dienen, Steinbrüche, Leimen-, Sand- und Kiesgruben für jede Gemeinde nötig und die an den Ufern der Flüsse gelegenen Allmandfelder entweder mit

Obstbäumen, wovon das Obst jährlich verkauft wird, oder mit [...?], Weiden, Erlen etc. besetzt sind und durch die alle vier bis fünf Jahre mögliche Abstümmelung derselben nicht nur das zu Befestigung der Ufer nötige Faschinenholz, sondern auch ein für holzarme Gegenden wohltätiges Brennmaterial gewonnen wird. Auch werden in mehreren Weinorten Allmandfelder zu Düngung der Weinberge benutzt, indem die Wasen und die gute Erde von denselben in die Weinberge getragen wird.

Wo aber auch noch kulturfähige Allmanden vorhanden sind, da haben dieselbe eine andere, den individuellen Bedürfnissen der einzelnen Gemeinden angemessene Bestimmung: Sie werden zu Tuchbleichen, zu Röstung des Hanfs und Flachses auf trockenem Wege, zu Kelter- und Zimmerplätzen, zur Weide für Schafe, Schweine und Gänse benützt, und diese Plätze sind gewöhnlich noch entweder mit Obst- oder mit Waldbäumen besetzt. Überall, wo die Gemeinden Schäfereien besitzen, sind zur Weide derselben Allmandfelder unentbehrlich: wenn auch da, wo die Brache weniger angebaut wird, die Schafe vor der Ernte ihre Hauptnahrung im Brachfeld finden, so bedürfen dieselben doch eines trockenen Allmandplatzes, auf dem sie weiden können, wenn durch Regenwetter das Brachfeld durchweicht und die Weide auf denselben ihrer Gesundheit schädlich ist; da aber, wo der größere Teil der Brache jährlich angebaut wird, wie dies in den meisten der benannten Oberämter der Fall ist, müssen die Schafe vor der Ernte die meiste Zeit auf den Allmanden erhalten werden, und ohne diese könnte eine Schäferei vor der Ernte gar nicht bestehen. Da nun die Schafzucht ein höchst wichtiger Teil der Landwirtschaft ist, nicht nur, weil Württemberg durch Schafe und Wolle einen bedeutenden Aktivhandel mit dem Auslande treibt, sondern auch weil die Gemeinden durch die Verpachtung der Schäfereien und durch den Verkauf des Pförchs eine bedeutende jährliche Einnahme erhalten und überdies noch der Pförch ein vorzügliches Düngungsmittel und gerade in den kultiviertesten Gegenden am wenigsten entbehrlich ist, so würde es von nicht zu berechnenden nachteiligen Folgen sein, wenn die für die Schafweiden nötigen Allmanden um deswillen, weil sie kulturfähig sind, urbar gemacht und dadurch die vorhandenen Schäfereien zugrunde gerichtet würden.

Übrigens befinden sich auch noch in solchen Oberämtern, welche zu den bevölkertern zu zählen sind, größere Strecken ungebauter Allmanden; dies ist namentlich der Fall in den Oberämtern Göppingen, Kirchheim und Nürtingen. Mehrere Gemeinden in diesen Oberämtern sind aber am Fuß der Alp und auf derselben gelegen, ihre ungebauten Allmanden befinden sich größtenteils entweder an oder auf dem Alpgebirge, und weil sie zur Kultur weniger geeignet sind, so werden sie vorzüglich zur Schafweide und zum Teil auch zur Weide für die Pferde und das Rindvieh benützt, und die Oberämter sind mit den Gemeindevorstehern einstimmig der Meinung, daß diese Benützungsart die bessere und einer mit großen Kosten verbundenen, im Ertrag aber ungewissen Urbarmachung vorzuziehen sei.

Dagegen sind in den Oberämtern Gaildorf, Neresheim, Ravensburg, Saulgau, Tettnang und Wangen, obgleich in denselben die Bevölkerung in Vergleichung mit dem Flächeninhalt nicht groß ist, wenige ungebaute Allmanden; man würde sich jedoch irren, wenn man deswegen auf einen erhöhten Zustand der landwirtschaftlichen Kultur schließen wollte, vielmehr befinden sich in diesen Oberämtern die ehemaligen Allmanden im Privateigentum der Gutsbesitzer, weil solche früher schon mit dem vollen Eigentumsrechte unter denselben verteilt worden sind, und insbesondere in den Oberämtern Ravensburg, Saulgau, Tettnang und Wangen die Gemeinden beinahe gar kein Grundeigentum mehr besitzen, sondern solches bei den unter den vorigen Regierungen sehr begünstigten Vereinödungen in das Privateigentum der Bürger übergegangen ist, welche, wenn sie größere Einödhöfe besitzen, einen Teil des Bodens als Weide benützen.

Die größten Strecken von ungebauten Allmanden befinden sich

a) auf dem Schwarzwalde in den Oberämtern Calw, Freudenstadt, Neuenbürg, Sulz,

b) auf dem Heuberge und in dessen Nähe in den Oberämtern Balingen, Rottweil, Spaichingen, Tuttlingen,

c) auf der Alp und am Fuße derselben in den Oberämtern Aalen, Alpeck (das nun zum Oberamte Ulm gehört), Blaubeuren, Ehingen, Geislingen, Gmünd, Heidenheim, Münsingen, Reutlingen, Riedlingen, Urach,

d) auf dem sogenannten Welzheimer Wald, wohin ein Teil der Oberämter Backnang und Welzheim gehört,

e) in Oberschwaben in den Oberämtern Biberach, Leutkirch, Waldsee und Wiblingen,

f) in der Nähe des Jagst- und des Kocherflusses, in den Oberämtern Crailsheim, Ellwangen, Gerabronn und Hall; auch ist

g) in den Oberämtern Böblingen, Leonberg, Mergentheim, Rottenburg und Tübingen eine verhältnismäßig größere Morgenzahl von ungebauten Allmanden vorhanden.

Auf dem Schwarzwalde, auf dem Heuberge, auf der Alp und auf dem Welzheimer Walde ist der Boden und das Klima der landwirtschaftlichen Natur weniger günstig, und die vorzügliche Nahrungsquelle der Einwohner besteht in der Viehzucht an Pferden, Rindvieh und Schafen, zum Teil in Verbindung mit dem Holzhandel. Für die Pferde- und Schafzucht sind Weiden unentbehrlich, und wenn schon nach allgemeinen Grundsätzen bei dem Rindvieh die Stallfütterung der Weide vorgezogen wird, so lehrt doch die Erfahrung, daß da, wo die Stallfütterung des Rindviehs eingeführt ist, der Viehstand geringer und die Viehzucht hauptsächlich auf die Mastung beschränkt ist, weswegen das zum Feldbau erforderliche Rindvieh, weil solches nicht in den Ställen erzogen werden kann, in jenen Gegenden gekauft werden muß, bei welchen die Vermehrung der Nachzucht der Hauptzweck der Viehzucht ist. Für die Nachzucht des Rindviehs aber sind Weiden ebenfalls unentbehrlich. Übrigens wird in jenen Gegenden nicht allein das junge Rindvieh, sondern auch das Zug- und Melkvieh auf die Weide getrieben, vorzüglich um deswillen, weil der Viehstand überhaupt groß, zu dem schweren Ackerbau viel Zugvieh erforderlich und Mangel an natürlichen Wiesen vorhanden ist, die ungebauten Allmandfelder ihrer natürlichen Beschaffenheit nach nicht zu Wiesen angelegt werden können und auf diesen sowohl als auf den gebauten Feldern der Anbau von Futterkräutern zu sehr von dem Einfluß des Klima und der Witterung abhängig ist, als daß auf einen nachhaltigen Ertrag derselben sichere Rechnung gemacht werden könnte. Wenn daher gleich auch in diesen Gegenden Futterkräuter gepflanzt werden, so ist doch der Ertrag derselben nicht so ergiebig, um die Weide für das erwachsene Vieh entbehren zu können. Überdies läßt sich die Stallfütterung auch um deswillen nicht allgemein einführen, weil die Viehstallungen großenteils schlecht eingerichtet sind, weder die erforderliche Höhe noch den nötigen Luftzug haben und daher das Rindvieh, wenn es sich in den heißen Sommertagen in denselben aufhalten müßte, an seiner Gesundheit Schaden leiden würde.

Jedoch nicht alle als ungebaut angegebenen Allmanden in jenen Gegenden werden ausschließlich zu Weide benützt; ein Teil derselben, insbesondere auf dem Schwarzwalde, ist mehr oder weniger mit Holz bewachsen und als Wald zu betrachten, und ein anderer Teil wird als Wechselfeld gebaut, indem in mehreren Gemeinden jährlich ein größeres oder kleineres Stück unter der Bürgerschaft ausgeteilt und von dieser drei oder vier Jahre lang, solang die natürliche Fruchtbarkeit des wilden Bodens keine Düngung fordert, mit Getreide und andern Gewächsen angebaut und alsdann wieder zur Weide liegengelassen, dagegen aber ein anderes Stück Allmandfeld umgebrochen wird.

In Oberschwaben und in den Oberämtern Crailsheim, Gerabronn und Hall ist zwar das Klima der landwirtschaftlichen Kultur günstiger, dagegen steht die Bevölkerung mit dem Flächeninhalte nicht im Verhältnis, und der Landmann besitzt in jenen Gegenden im Durchschnitte an gebautem Felde bereits mehr, als er gehörig bauen und bessern kann. In Oberschwaben befinden sich an den Ufern der Donau und der Iller große Strecken ungebauten Landes, weil dieselben Überschwemmungen ausgesetzt und deswegen für die landwirtschaftliche Kultur weniger geeignet sind; auch trifft man daselbst viele Moorgründe an, welche von Natur ganz unfruchtbar sind und mit großen Kosten urbar gemacht werden können und eben deswegen, weil ein Überfluß an bereits gebauten Feldern vorhanden ist, nicht urbar gemacht, dagegen großenteils zum Torfstich benützt werden und so ein für jene Gegenden notwendiges Brennmaterial liefern.

Im Oberamt Ellwangen ist Klima und Boden ungefähr ebenso wie auf dem Schwarzwalde, und sowohl hierinnen als in dem weiteren Umstande, daß auch dorten ein Überfluß an gebautem Felde vorhanden ist, liegt der Grund, warum noch so viele ungebaute Allmanden angetroffen werden, welche übrigens nach dem gegenwärtigen Zustande der landwirtschaftlichen Kultur zur Weide hauptsächlich für die Pferde und das Rindvieh nötig sind, weil dorten die Pferde- und Rindviehzucht bedeutend und bedeutender als die Schafzucht ist.

Die ungebauten Allmanden in den Oberämtern Böblingen, Leonberg, Mergentheim, Rottenburg und Tübingen bestehen zum Teil in steilen Bergen, welche nicht kulturfähig sind; der größere Teil derselben aber wird zur Schafweide benützt, und die Schafzucht ist in diesen Oberämtern sehr bedeutend.

Überblick über die bestehende Allmendgesetzgebung. Auf Grund der Bestimmungen von 1806, 1808 und 1812 wurden sehr viele Allmenden verteilt und urbar gemacht, solange die Preise für landwirtschaftliche Erzeugnisse hochstanden und der Feldbau eine reichliche Nahrungsquelle darstellte. Seitdem die Preise für landwirtschaftliche Produkte und damit auch die Güterpreise stark gesunken sind, haben die Gesuche um weitere Allmendverteilungen fast aufgehört.

Frage, ob es notwendig und zweckmäßig sei, die Gemeinden von seiten der Regierung zu Verteilung und Urbarmachung der ungebauten Allmanden aufzufordern. Das Innenministerium stimmt mit der Zentralstelle des Landwirtschaftlichen Vereins darin überein, daß die Regierung keine allgemeinen Vorschriften über die Benutzungsart der Allmenden geben kann, zumal es sich bei den Allmenden um Eigentum der Gemeinden handelt. Doch wendet es sich gegen den Antrag der Zentralstelle, durch einen eigenen Verein den Umbruch der Allmende zu befördern: Es fehlt hierzu an geeigneten Leuten, die eine ehrenamtliche Tätigkeit von derartigem Umfang ausüben könnten. Auch besteht hierzu keine Notwendigkeit, da alle Möglichkeiten zur Allmendverteilung für den Bedarfsfall eröffnet worden sind. Die bisherigen Verteilungen waren oft übertrieben, so daß die Allmendfelder jetzt nicht bestellt, aber auch nicht als Viehweide benutzt werden. Bei dem gesunkenen Wert der landwirtschaftlichen Produkte und Güter erscheint der gegenwärtige Zeitpunkt für weitere Allmendverteilungen ungeeignet.

Ebendeswegen sind auch gegenwärtig die Gesuche um Allmandverteilungen so selten; sobald sich aber die gegenwärtigen Umstände geändert haben und der Feldbau wieder größere Vorteile gewähren wird, werden sich diese Gesuche von selbst wieder vermehren, und die Regierung wird dadurch Veranlassung bekommen, nach näherer Untersuchung der zu beachtenden Verhältnisse das Geeignete zu verfügen. Die Besorgnis der Zentralstelle des Landwirtschaftlichen Vereins, daß die Allmandverteilungen durch die Unwissenheit oder den Eigennutz der Gemeindevorsteher verhindert werden[4]*, ist nicht ganz gegründet; es ist zwar häufig der Fall, daß die Gemeindevorsteher den Allmandverteilungen entgegen sind, weil sie gewöhnlich zur wohlhabenden Klasse gehören, welche den Allmandverteilungen meistens abgeneigt ist; die Erfahrungen in den letzten zwanzig Jahren aber haben es bewiesen, daß der ärmere Teil einer Gemeinde, wenn er von seinen Vorstehern mit der Bitte um Allmandverteilung abgewiesen worden ist, diese Bitte an die Regierung gebracht hat und viele Allmandverteilungen gegen den Widerspruch der Gemeindevorsteher zustande gekommen sind. Dies wird auch künftig der Fall sein; der minder begüterte Landmann ist von selbst darauf bedacht, seinen Feldbau zu vermehren, und findet da, wo kulturfähige Allmanden vorhanden sind, das leichteste Mittel dazu in der Verteilung derselben; er wird daher auch, sobald er sich von deren Anbau einen Vorteil verspricht, die Verteilung wünschen; er wird, wenn er bei seinen Vorstehern kein Gehör findet, sich an die Regierung wenden und dieser da-*

---

[4] In ihrem Bericht vom 9. 2. 1821 (ebd., Q 29) wies die Zentralstelle des Landwirtschaftlichen Vereins auf die Notwendigkeit hin, daß den Gemeinden besonders mit Rücksicht auf die Schafzucht Weide- und Wirtschaftsplätze verblieben und „daß in einem Staat wie Württemberg die Erhaltung einer verhältnismäßigen Morgenzahl unkultivierter Grundstücke für die Nationalwirtschaft wesentlich notwendig ist". Sie meinte aber auch, daß manche Ortschaften mit beschränkter landwirtschaftlicher Nutzfläche sich durch zweckmäßigen Anbau der Allmenden aus ihrer Dürftigkeit reißen könnten, doch aus Unerfahrenheit, Untätigkeit und Befangenheit der Ortsvorsteher oder aus Uneinigkeit der Gemeindeglieder keine entsprechenden Beschlüsse fassen könnten. Da allgemeine Vorschriften über die Allmendnutzung sich nicht geben ließen und Einzelregelungen kein befriedigendes Gesamtergebnis bewirkten, schlug die Zentralstelle die Gründung eines freiwilligen Verbandes von sachverständigen und patriotischen Männern vor, der die nötigen Notizen einholen, die Gemeinden beraten und über seine Erfahrungen öffentliche Rechenschaft ablegen sollte.

durch Veranlassung geben, die örtlichen Verhältnisse näher zu untersuchen und, wenn eine Allmandverteilung für das Allgemeine zuträglich ist, diese anzuordnen.

Eine Aufforderung zu Verteilung der Allmanden könnte leicht zu Mißverständnissen und zur Unzufriedenheit in den Gemeinden Veranlassung geben: Viele Gemeinden besitzen Allmanden, welche entweder längst als Acker- oder Wiesfeld benützt werden, aber nicht unter der Bürgerschaft verteilt, sondern für Rechnung der Gemeindekassen verpachtet oder für die Schafweide unentbehrlich sind und den Gemeindekassen auf die eine oder andere Art eine bedeutende jährliche Einnahme gewähren. Die Verteilung solcher Allmanden ist sehr häufig von der ärmern Klasse nachgesucht worden, weil sie in der irrigen Meinung steht, daß alle Bürger einer Gemeinde ohne Unterschied gleiche Anteile an dem Gemeindeeigentum zu fordern haben, daß ihnen also auch an jenen Allmandfeldern gleiche Anteile entweder unentgeltlich oder gegen einen geringen jährlichen Zins gebühren und daß sodann die der Gemeindekasse durch die Verteilung entgehende Einnahme durch eine steuerfußmäßige Umlage unter sämtlichen Gemeindegliedern zu decken sei. Eine Aufforderung von seiten der Regierung würde daher viele solche Allmandverteilungsgesuche zur Folge haben, welche aber nicht gewährt werden könnten, weil das Gemeindeeigentum zunächst dazu bestimmt ist, daß von seinem Ertrage die Ausgaben der Gemeindekasse bestritten werden, weil also Allmandfelder, welche den Gemeindekassen bereits einen ergiebigen Ertrag gewähren, nicht unter den Bürgern gegen einen mäßigen jährlichen Zins verteilt und die der Gemeindekasse entgehenden Einnahmen durch Umlagen nach dem Steuerfuße gedeckt werden dürfen.

In Erwägung eben dieser Umstände bin ich im Einverständnisse mit der Oberregierung des Dafürhaltens, daß es an den bereits gegebenen Gesetzen wegen Verteilung und Benützung der Allmanden genüge, daß es einer besondern Aufforderung hiezu wenigstens zur Zeit nicht bedürfe, daß da, wo eine Gemeinde selbst eine weitere Allmandverteilung wünscht und Gemeinderat und Bürgerausschuß über die Art der Verteilung unter sich einig sind, dieselbe von seiten der Regierung zu genehmigen und daß da, wo Streitigkeiten deswegen entstehen, solche von der Regierung nötigenfalls unter Rücksprache mit der Zentralstelle des Landwirtschaftlichen Vereins nach vorgängiger Untersuchung der örtlichen Verhältnisse und nach Maßgabe der Gesetze vom 4. November 1808[5]) und 6. Juli 1812[6]) zu entscheiden seien[7]).

---

[5]) Vgl. Nr. 204, Anm. 1.
[6]) Nr. 205.
[7]) Eine Staatssekretariatsnote vom 13. 10. 1821 teilte dem Innenministerium mit, daß der König mit den Ansichten und Grundsätzen des Ministeriums „im wesentlichen vollkommen einverstanden sind, im übrigen aber sich beglaubigen, daß namentlich in dem Neckar- und Jagstkreise, wo die größere Bevölkerung die Urbarmachung aller noch nicht zur Kultur gebrachten Grundstücke sowie die Verteilung der außerdem mit geringerem Vorteile zu benützenden Allmanden dringender fordert, die Urbarmachung solcher Grundstücke und die Verteilung solcher Allmandplätze, jedoch nach Maßgabe der jeweiligen Lokalverhältnisse und Bedürfnisse, möglichst zu begünstigen und wenigstens wo immer möglich auf desfalls eingereichte Gesuche der Gemeinden eine Verteilung zu lebenslänglicher Benützung zuzulassen sein werde" (ebd., Q 33). Ein entsprechender Erlaß des Innenministeriums an die vier Kreisregierungen erging am 18. 10. 1821 (Druck bei *Reyscher* XV 2, S. 45 f).

Nr. 207-211   Die Bauernbefreiung im Königreich Württemberg in Einzelbeispielen

Die folgende Auswahl von Herrschaften und Gemeinden, bei denen Voraussetzungen, Durchführung und Ergebnisse der „Bauernbefreiung" im einzelnen untersucht werden, konzentriert sich auf Oberschwaben. Ausgewählt wurde hier jeweils ein Ort aus einer geistlichen Herrschaft (Schussenried; Nr. 207), einer Adelsherrschaft (Waldburg-Zeil-Trauchburg; Nr. 208) und einer städtischen Herrschaft (Spital Biberach; Nr. 209). Gegenüber den insgesamt recht einheitlichen oberschwäbischen Verhältnissen ähnelt die Agrarverfassung in der Herrschaft Öttingen-Wallerstein (Nr. 210) derjenigen Hohenlohes (vgl. hierzu die Arbeiten von Sänger, Trumpfheller und Schremmer). Am Beispiel der Gemeinde Kornwestheim (Nr. 211) wird die Agrarverfassung in den altwürttembergischen Realteilungsgebieten veranschaulicht. Trotz aller Unterschiede in der Ausgestaltung der Herrschaftsverhältnisse und ihrer wirtschaftlichen Auswirkungen zeigt sich bei allen fünf Beispielsgemeinden gegen Ende des 18. Jh.s doch, daß die Belastung des Bruttofeldertrags nicht allzu stark voneinander abwich; vgl. Darstellung, S. 291.

Nr. 207

Kloster Schussenried — Gemeinde Michelwinnaden

a) Das Klosterterritorium:

Das Prämonstratenserkloster Schussenried wurde 1183 als Priorat begründet und von Kloster Weißenau aus besetzt. Sein eigentlicher Aufschwung begann im 14./15. Jahrhundert durch den Erwerb zahlreicher Patronate und mehrerer Ortschaften. Seit 1440 selbständige Abtei, erhielt Schussenried bald auch Sitz und Stimme auf Reichs- und Kreistagen. 1512 verlieh Maximilian I. dem Kloster den Blutbann bis auf Mord und Totschlag, 1521 den vollen Blutbann für alle Orte, in denen es die niedere Gerichtsbarkeit besaß[1]). Bis ins 18. Jahrhundert konnte das Kloster sein Territorium durch Käufe erweitern und zu relativer Geschlossenheit abrunden. Die bedeutendsten Ortschaften des Gebiets neben Schussenried selbst waren: Reichenbach (1339), Steinhausen (1365), Otterswang (1420), Michelwinnaden (1479), Stafflangen (1607), Winterstettendorf (1709), Allmannsweiler (1746).

Zum Zeitpunkt der Säkularisation, durch die Schussenried an die Grafen von Sternberg-Manderscheid fiel, schätzte man die Herrschaft auf 2 Quadratmeilen. Sie umfaßte 13 Dörfer, von denen das größte, Stafflangen, 51 Feuerstätten zählte, 8 Weiler und inner- und außerhalb des Gebietes 60 größere und kleinere Lehen und Kammerhöfe mit insgesamt 453 Familien[2]).

---

[1]) Kasper, Steinhausen, S. 210.
[2]) E 221, 60, 1.

b) Leibeigenschaft:

Die bäuerlichen Rechtsverhältnisse hatten sich in dem fast geschlossenen Territorium unter wechselseitiger Einwirkung von Herrschaft und Lehenleuten sehr einheitlich gestaltet. Fast sämtliche Bauerngüter waren Fallehen des Klosters und konnten nur von klösterlichen Leibeigenen – in der Regel auf einen Leib – bestanden werden. Doch nicht nur die Lehenleute mußten sich in die Leibeigenschaft des Gotteshauses ergeben, sondern auch jeder, der als Untertan in der Herrschaft aufgenommen werden wollte. Wer sich unter dem Gotteshaus niederließ, ohne ihm mit Leibeigenschaft zugetan zu sein, wurde zwar als Hintersasse auf Wohlverhalten geduldet, konnte aber im Unterschied zu den Leibeigenen jederzeit aus dem Territorium gewiesen werden[1].

Die Leibeigenschaft vererbte sich dann unabhängig vom Besitz eines Gutes auf die Kinder der „leibeigenen Untertanen" fort.

Die Verschmelzung von Leibeigenschaft und Untertänigkeit scheint das Kloster im Gleichklang mit der oberschwäbischen Entwicklung seit dem späten 14. Jahrhundert forciert und im Lauf des 15. Jahrhunderts durchgesetzt zu haben, indem es seine Leibherrschaft über einen bisher offensichtlich nicht erfaßten Personenkreis ausdehnte und seine daraus ableitbaren Rechte erweiterte oder strenger als bisher ausübte. Darauf weisen Urkunden über umfangreiche Leibeigenschaftsergebungen vor allem aus den Jahren 1381 und 1386 hin. In ihnen werden, nach Orten gegliedert, in denen das Kloster Lehen besaß, ganze Gruppen neuer Leibeigener aufgeführt; besonders mußten sich die Betroffenen bei Verlust ihres liegenden und fahrenden Vermögens dazu verpflichten, keinen anderen Herrn zu suchen und sich nicht unter einer anderen Herrschaft niederzulassen[2] – ein Vorgang, der auf wirtschaftliche wie politische Gründe hindeutet angesichts des Menschenmangels im Zeichen der spätmittelalterlichen Agrarkrise und angesichts der verstärkten Territorialisierungsbestrebungen jener Zeit[3].

Grundlegende Bedeutung für die herrschaftlich-bäuerlichen Rechtsverhältnisse bis ins 19. Jahrhundert gewannen mehrere Verträge aus dem 15. Jahrhundert (1439, 1448, 1483), die das Kloster mit seinen pflichtigen Bauern, der „geburschaft gemainlich, rych und arm, man und frowen, so zue dem ... gotzhus zuo Schussenried ... von aigenschaft wegen gehören" (1439) nach wiederholten Streitigkeiten vor allem über Lehenbesitz und leibeigenschaftliche Sterbfallsgebühr schloß[4].

c) Bäuerliche Besitzrechte:

Aus den Verträgen scheint sich zu ergeben, daß damals in der Herrschaft kein freies bäuerliches Eigen (mehr?) bestand[1], sondern das Kloster das Eigen-

---
[1] Verzeichnis von 1627 über die Tagwerker in der Herrschaft, die nicht leibeigen sind. B 505, Bü 98.
[2] Abschriften der Urkunden in B 505, Bü 96.
[3] Vgl. Darstellung, S. 149 ff, bes. S. 156 ff; neuerdings speziell für Kloster Schussenried *Blickle* u. a., Spätmittelalterliche Leibeigenschaft, S. 12 ff, bes. S. 14 ff.
[4] Abschriften der Untertanenverträge in B 505, Bü 97; vgl. jetzt *Blickle* u. a., Spätmittelalterliche Leibeigenschaft, S. 18 ff; der Vertrag von 1448 ebd., S. 28 ff.
[1] Zur evtl. vorhandenen Möglichkeit, über die strikt wahrgenommenen leibherrlichen Rechte, speziell durch den Einzug der halben Hinterlassenschaft beim Tod eines Leibeigenen bis 1439 – vgl. Nr. 207 d – bäuerliches Eigenland zu „vergrundherrschaften", vgl. *Blickle* u. a., Spätmittelalterliche Leibeigenschaft, S. 16 f, 25 f.

tum über sämtlichen Grund und Boden beanspruchte, auch über die den Gotteshausgütern zugeschriebenen und mit ihnen stets als untrennbar betrachteten „Gemeinden"[1a]).

Wohl vor allem um seine Leheneinnahmen zu steigern, hatte das Kloster versucht, die bäuerlichen Besitzrechte zu mindern. Hiergegen sicherten sich die Lehenleute für die Zukunft ab: Die Bauern sollten auf den Gotteshausgütern – offenbar schon damals durchweg Fallehen – ihr Lebtag ohne Abgabensteigerung bleiben und durften nur bei besonderem Anlaß wie Vernachlässigung der Güter oder säumigem Zahlen von Zins und Hubgeld abgestiftet werden (Vertrag von 1439). Die Witwen verstorbener Gutsinhaber hatten nach dem Vertrag von 1448 den Anspruch, auf dem Gut bis zu ihrem Tod fortzuhausen; erst dann konnte die Herrschaft das Lehen wieder nach Belieben vergeben und die Besitzwechselgebühr, Handlohn oder Ehrschatz, nach Gefallen ansetzen. Trotz dieser vertraglichen Regelung lassen sich im 16. Jahrhundert häufig Belege dafür finden, daß die Frau den Hof auf ihren Leib gegen einen Ehrschatz neu bestand. Erst im 17. Jahrhundert scheint sich die Sitte des sogenannten „Sitzgeldes" allgemein eingebürgert zu haben[2]): Die Witwe mußte, solange sie den Hof weiterführte, ein Sitzgeld entrichten, das 4 % vom Ehrschatz ihres verstorbenen Mannes betrug; heiratete sie erneut, so wurde ihr Mann mit dem Gut belehnt.

Der Ansatz der Besitzwechselgebühr, die jeweils vom neuen Gutsübernehmer zu entrichten war, stand nach den Untertanenverträgen des 15. Jahrhunderts im Belieben der Herrschaft. Für ihre Entwicklung lassen sich bei Schussenried die gleichen Konjunkturschwankungen wie in den übrigen Falllehengebieten verfolgen: Dem erheblichen Anstieg in der zweiten Hälfte des 16. und im ersten Viertel des 17. Jahrhunderts folgte ein jähes Absinken infolge der Einwirkung des Dreißigjährigen Kriegs und ein langsameres Wiederansteigen bis zur Mitte des 18. Jahrhunderts, wobei der Höchststand aus dem frühen 17. Jahrhundert z. T. nicht mehr erreicht und öfters nicht wesentlich übertroffen wurde[3]). Offenbar erst im 18. Jahrhundert bildete sich zur Bemessung des Ehrschatzes das folgende Regulativ heraus:

Für Häuser und Gebäude groß	50 fl
Für Häuser und Gebäude mittel	40 fl
Für Häuser und Gebäude klein	30 fl
Für Häuslein ohne Grundstücke	15–25 fl
Für 1 Jcht Acker oder	
Für 1 Mannsmahd „reduzierte" Wiese	1 Golddukaten
Für 1 Jcht Garten	2 Golddukaten[4]).

[1a]) Daß dieser Anspruch nicht unproblematisch war, zeigen die Verträge aus dem 15. Jahrhundert. Nach den Verträgen von 1439 und 1448 hatten die Bauern von den bisher und künftig gereuteten Äckern und Wiesen Zins und Gült zu reichen. Andererseits mußte der Vertrag von 1448 den Lehenbesitzern ausdrücklich das Recht zugestehen, Zaun- und Brennholz nach Bedarf aus den „Gemeinden" zu nehmen; und nach dem Vertrag von 1483 war der Prälat befugt, die „Gemeinden" gegen Zins zu verleihen und Holz aus ihnen zu verkaufen.

[2]) Dies ergibt sich aus den Ehrschatzbüchern des Klosters; B 508, Sch 64 und 66.

[3]) Vgl. Anm. 2 und das Beispiel in Abschnitt t.

[4]) Eintrag aus dem Jahr 1722 in B 508, Sch 66, S. 311 f. Allgemeine Angaben über die Ehrschatzberechnung in F 98, Bd. 950, S. 15 ff. Im 18. Jahrhundert berechnete das Kloster für 1 Golddukaten 4 fl 15 kr. Das bedeutete gut den 2½fachen Betrag der jährlichen Gült bei Ackerland (vgl. Abschnitt t).

d) *Sterbfallgebühr:*

Das Gegenstück zum Ehrschatz, der beim Antritt eines Gutes erlegt werden mußte, bildete das Mortuar, in den Untertanenverträgen des 15. Jahrhunderts Hauptrecht und Fall, später „Fall und Schlauf" genannt. Diese Abgaben, die beim Tod des Lehenträgers oder seiner Frau erhoben wurden, waren leibeigenschaftlichen Ursprungs, wenn sich auch bereits im 15. Jahrhundert infolge der engen Verbindung von Leibeigenschaft und Lehenbesitz eine Tendenz zur Verdinglichung der Leistung zeigte[1]). Für ihre Bemessung bildeten ebenfalls die Untertanenverträge des 15. Jahrhunderts die verbindliche Rechtsgrundlage: Gegen eine einmalige Abfindungssumme in der Höhe einer halben Jahresgült verzichtete das Kloster 1439 darauf, von seinen Leibeigenen künftig noch wie bisher die halbe Hinterlassenschaft einzuziehen, und erhob seitdem von jedem Leibeigenen den Kleiderfall und ein Hauptvieh[1a]). Der Kleiderfall bestand bei Mann und Frau im besten Gewand, wie es an hohen Festtagen getragen wurde. Diese Abgabe wurde schon früh in Geld verwandelt; im 18. Jahrhundert forderte das Kloster hierfür gewöhnlich 5 fl. Das Hauptrecht bestand für den Mann im besten Stück Vieh (bestes Roß, bester Ochs), für die Frau in der besten Kuh. Schussenried beanspruchte noch im 18. Jahrhundert z. T. die Naturalleistung, zweifellos um das Vieh in seinem landwirtschaftlichen Betrieb zu verwenden, andernfalls in Geld nach gerichtlicher Taxation[2]). Zusätzlich hatten die Leibeigenen als Amtstaxe den sogenannten „Kleinfall" zu entrichten – 4 kr je fl Mortuar, also 6 $^2/_3$ % der Hauptabgabe.

Ehrschatz und Mortuar fielen in größeren Zeitabständen von jedem Lehen an. Durchschnittlich rechnete man mit der vielfach zu kurz gegriffenen Frist von 25 Jahren. Ihnen standen insgesamt sehr viel erheblichere jährliche Abgaben und Leistungen gegenüber.

e) *Ständige Lehengefälle:*

Die bedeutendste ständige Lehenabgabe war die Fruchtgült. Über ihre Bemessung liegen für die Zeit vor dem späten 17. Jahrhundert keine näheren Angaben vor. Als Abt Tiberius Mangold 1685 die Renovation und Neuvermessung sämtlicher Güter der Klosterherrschaft anordnete, um den Verlust der älteren Urbarien während des Dreißigjährigen Krieges zu ersetzen, bestimmte er auch neue allgemeine Normen mit dem Ziel, die Gülten, Steuern und sonstigen jährlichen Schuldigkeiten der Lehen nach möglichst einheitlichen Grundsätzen zu normieren[1]).

Die Gült wurde nun für alle Lehen nach dem gleichen Hohl- und Flächenmaß berechnet:

---

[1]) So bestimmte der Vertrag von 1448 wegen der Mortuarien: Falls jemand sein Gut abtrete, so sei dies dem Gotteshaus unnachteilig und werde die Schuldigkeit bei dem Gut gesucht. Die gleiche Verdinglichung mag bei der Henne vorliegen, die gewöhnlich auf jedem Haus und Hof lag. So ist in H 233, Bd. 291 (Compendium der Güter von 1714) für die Lehen Nr. 34 und 38 in Abschnitt n fast gleichlautend vermerkt „ist nit leibeigen, gibt also kein henne", bei den Lehen 35–37 dagegen werde die Henne gegeben, „quia mancipium".

[1a]) Zur endgültigen Regelung über Hauptrecht und Fall in den Verträgen von 1448 und 1483 vgl. *Blickle* u. a., Spätmittelalterliche Leibeigenschaft, S. 20 f.

[2]) Nach Einsicht der Verhörsprotokolle in B 507; weitere Bemerkungen in F 98, Bd. 950.

[1]) Hierzu und zum folgenden H 233, Bd. 281, Einleitung.

Auf 3 Jcht Acker zu je 51 840 Nürnberger Quadratschuh (50 a) entfiel ohne Unterschied der Bodenqualität eine Gült von 8 Vtl Veesen (Dinkel) oder 4 Vtl Roggen als Winter- und 4 Vtl Haber als Sommerfrucht, alles in Biberacher Meß (1 Schfl = 8 Vtl = 188,3 l); das bedeutete eine jährliche Abgabe von ½ Schfl rauhe Frucht pro Jcht[2]).

Dieses Regulativ brachte zumindest bei einem Teil der Lehen eine Gülterhöhung[3]). Seitdem blieb die Gült konstant, auch als eine sorgfältige Katastrierung der herrschaftlichen Lehengüter seit 1758 einen vielfach größeren Flächeninhalt der pflichtigen Grundstücke ergab. Erst 1800 bestimmte Abt Siard generell, künftig sollten bei Neubelehnungen die Abgaben nach den neuen Grundbüchern berechnet werden[4]).

Die Gült beanspruchte ca. 11–13 % des Bruttogetreideertrags der Lehen; zur Berechnung vgl. Abschnitt g.

Hinter der Gült standen die übrigen ständigen Lehenabgaben weit zurück. Genaue Bemessungsnormen wie für die Gült existierten für sie nicht. Der Hauszins, eine Geldauflage auf die Lehengebäude, war in der Herrschaft Schussenried vergleichsweise gering, belastete aber die kleinen Lehen verhältnismäßig stärker als die großen Güter.

Ähnliches gilt für die Küchengefälle (Hennen, Hühner, Eier). Auf jedem Lehen lag grundsätzlich eine Henne, möglicherweise als Symbol für die Leibeigenschaft des Lehenträgers (vgl. Abschnitt d, Anm. 1), je nach der Größe der Lehen 2–4 Hühner und 30–200 Eier. Das Kloster erhob diese Abgaben stets in natura; erst die Standesherrschaft Sternberg-Manderscheid setzte für sie seit 1803 ein widerrufliches Geldsurrogat an. Bei Hauszins und Küchengefällen läßt sich am ehesten der Versuch der Herrschaft feststellen, die jährlichen Reichnisse bei Neuvergabe der Lehen zu erhöhen und so wenigstens die fortlaufende Minderung des Geldwertes auszugleichen; doch scheinen derartige Leistungssteigerungen im Vergleich mit anderen oberschwäbischen Territorien geringfügig geblieben zu sein. Häufiger erhöhte das Kloster bei größeren Lehen die jährlichen Geldzinse durch die Neuauflage von „Seefahrten" bzw. ein dafür angesetztes Geldsurrogat; vgl. Abschnitt f.

f) Fronen:

Die Fronen, offensichtlich meist Leistungen an die Gerichtsherrschaft[1]), hatten schon früh den Charakter dinglicher, mit dem Lehenbesitz verbundener Verpflichtungen angenommen. Nach den Lehenbriefen des Klosters waren die Leheninhaber zu täglich ungemessenen Diensten verbunden, soweit diese nicht bereits in ein festes Dienstgeld verwandelt waren. Das Kloster benutzte die Fronen hauptsächlich zur Holzfuhr, Weinfuhr („Seefahrten" an den Bodensee) und zu landwirtschaftlichen Arbeiten auf seiner Eigenwirtschaft, die 1802, abgesehen von Gartenland und Weinbergen, nahezu 500 Jcht Acker und 240 Jcht

---

[2]) Allein Molpertshaus gab wegen der schlechten Qualität seiner Äcker pro Jcht nur 2 Vtl Hafer.
[3]) Das geht hervor aus B 508, Sch 66, S. 99.
[4]) F 402, Bü 173.
[1]) So waren auch Untertanen, die ihre Lehen von anderen Grundherrschaften empfangen hatten, fronpflichtig, während das Kloster von Dörfern und Höfen unter fremder Jurisdiktion und Kollektation im allgemeinen keine Fronen bezog. F 211, Bü 253, Q 23.

Wiese umfaßte. Die herrschaftlichen Gegenleistungen bei den Naturalfronen waren mit fast 50 % des Fronwertes ungewöhnlich hoch (vgl. Nr. 1).

Spätestens im 18. Jahrhundert spielte sich eine zumindest teilweise Bemessung der Dienste ein. So ist im Compendium Universale von 1728[2]), dem Steuerkataster der Herrschaft Schussenried, die Zahl der Personen bestimmt, die jedes Lehen in die Ernte oder den Schnitt zu schicken hatte. Ein Regulativ von 1780 bemaß die Zahl der zu transportierenden Holzklafter und Sägblöcke für jedes Lehen nach dem Bestand der vorhandenen Pferde und Zugochsen[3]). Noch stärker zeigt sich das Bemühen um eine gleichmäßige Verteilung der unbestimmten Fronlasten auf die einzelnen Lehen in einem Verzeichnis über die Naturalfronen 1801, das dazu bestimmt war, die Grundlage für eine künftige Ablösung bzw. Verwandlung der Fronen in ein Geldsurrogat zu bilden[4]). Der Plan selbst sah vor, daß jeder zu Zug- und Handfron verpflichtete Lehenmann neben einem bestimmten Quantum weiterhin zu leistender Holzfuhren je Jcht Lehengut 18 kr, jeder nur zu Handfronen verpflichtete Lehenbesitzer 9 kr je Jcht Lehengut entrichtete. Das Abkommen scheint nicht zustande gekommen zu sein.

Die neue Herrschaft Sternberg-Manderscheid, welche die einstigen klösterlichen Kameralgüter verpachtete und daher die meisten Naturalfronen nicht mehr benötigte, schloß deshalb mit den Pflichtigen 1806 und 1823 längerfristige Fronverträge ab. Die Lehenleute konnten hierbei eine zunehmende Minderung des Geldsurrogats erreichen: Nach dem Ansatz von 1801 betrugen die Frongelder 1546 fl, nach dem von 1806 1248 fl, nach dem von 1823 nur noch 983 fl. Dementsprechend zahlte 1806 (1823) die erste Klasse der Fronpflichtigen mit 4 Zugstücken, die weiterhin bestimmte Sägblockfuhren und Seefahrten zu leisten hatte, je Jcht Lehen ein Frongeld von 14 kr (10 kr), die zweite Klasse mit nur 2 Zugstücken 15 kr (10 kr) je Jcht, die dritte Klasse – Handfronpflichtige mit mehr als 2 Jcht Lehen – 7 1/2 kr (7 1/2 kr) je Jcht, die vierte Klasse – Handfronpflichtige mit weniger als 2 Jcht Lehen – 15 kr (15 kr).

Weitere von der bäuerlichen Landschaft nur eventuell bzw. unregelmäßig zu leistende Frondienste ergaben sich aus einem Abkommen zwischen Kloster und Landschaftsvertretern von 1718: Gegen teilweisen Nachlaß von landschaftlichen Schulden gegenüber dem Kloster verpflichteten sich die Bauern zu ungemessenen Diensten bei anfallenden Bauten des Gotteshauses oder beim Säubern der Fischteiche, doch sollte ein Bauer hierfür höchstens 7–8 Tage im Jahr beansprucht werden, ein Söldner entsprechend weniger[5]).

Eine eigene Fronkategorie bildeten die Jagdfronen. Auch für diese Verpflichtung hatte sich bis ins 18. Jahrhundert eine an Lehenbesitz und Holzberechtigung orientierte Norm herausgebildet: Sämtliche mit Gebäuden und

---

[2]) H 233, Bd. 292.
[3]) B 507, Bü 78; danach entfielen auf 1 Pferd durchschnittlich 4 Klftr Holz und zusätzlich auf Besitzer von 3 Pferden ein Sägblock, von 4 Pferden 2 Sägblöcke, von 5 Pferden 3–4 Sägblöcke, von 6 Pferden 4 Sägblöcke; auf einen Ochsen entfielen 2 Klftr Holz. 1 Bauer mit 4 Pferden hatte demnach 16 Klftr Brennholz und 2 Sägblöcke zu transportieren. Nach den Preisansätzen von 1801 entsprach dies einer Leistung von 9 Ackerfronen mit 2 Zugstücken und einem Mann.
[4]) B 507, Bü 78.
[5]) B 507, Bü 80, UFasz. 3.

Grundstücken belehnten holzberechtigten Untertanen hatten ungemessene Jagdfronen zu leisten, holzberechtigte Kleinhäusler gemessene Jagdfronen von 2–4 Tagen. Nach den vorliegenden Angaben kann man für das 18. Jahrhundert 7 Jagdtage im Herbst als ein Maximum annehmen, wobei nur ein Teil der Pflichtigen aufgeboten wurde; Gegenreichnisse waren nicht üblich[6]).

g) Zehnt:

Der Zehntpflicht waren der gesamte Feldertrag, Wiesen, Gärten und Obstbäume sowie die meisten Nutztierarten unterworfen.

Weitaus das größte ökonomische Gewicht besaß der Großzehnt[1]). Zur Abgrenzung zwischen Groß- und Kleinzehnten vgl. Abschnitt k. Wie das allein erhaltene Zehntbuch von 1743/57 zeigt, ließ das Kloster den Fruchtzehnten meist auf dem Felde auszählen, wobei es den Bauern vielfach gestattete, die Zehntgarben gegen Stroh und Gebrüts (Dreschabfall) einzufahren und im Zehntstadel auszudreschen. Erwies sich der Naturaleinzug als zu schwierig oder zu unrentabel, so erhob es von den Pflichtigen ersatzweise ein jährlich neu vereinbartes Fruchtquantum „Kaufmannsware"[2]). Soweit sich hiernach durchschnittliche Zehntbelastung und Gült um die Mitte des 18. Jahrhunderts vergleichen läßt, lag die Gült nach Scheffeln etwa 5–15 % über dem Zehnten. Bei Verkauf gegen Frucht wurde der Zehnt wie die Gült in Dinkel und Hafer geliefert, allerdings mit einem größeren Haferanteil, so daß Gült und Zehnt etwa den gleichen Ernteanteil erfordert haben dürften (zu den Ertragsverhältnissen bei Winter- und Sommerfrucht vgl. Abschnitt t).

Für Heu- und Öhmdzehnten, soweit ein solcher auf den Wiesen lag – viele Wiesen waren zumindest vom Öhmdzehnt frei –, erhoben die Berechtigten in der Herrschaft Schussenried häufig ein bestimmtes Geldsurrogat. Das Kloster selbst errechnete es anläßlich der Neuvermessung von 1685 anhand der gleichen Bonitierung, die es für den Steueranschlag bei den Wiesen vornahm: Vereidigte Schätzer hatten die Wiesen in vier Qualitätsklassen einzustufen und auf eine gute Qualität einmähdiger Wiese zu „reduzieren", so daß Brachwiesen sehr gering, Gärten, Bainden und Öhmdwiesen dagegen doppelt, schlechte Öhmdwiesen wenigstens mit 1 1/3 reduzierter Wiese angeschlagen wurden. Von jedem Mannsmahd reduzierter Wiese forderte das Kloster, soweit ihm das Zehntrecht zustand, seit 1685 8 kr, seit 1716 16 kr Heuzehntgeld „revocabiliter".

Obst- und Kleinzehnt wurden gewöhnlich in natura erhoben; der Blutzehnt war durch ein Geldsurrogat ersetzt. Vgl. die Angaben für Michelwinnaden in Abschnitt k.

h) Steuer:

Die neue Güterbeschreibung von 1685 ff (vgl. Abschnitt e) diente auch als Basis für eine neue Steuerveranlagung. Nach einer Phase stärkerer Grundstücksmobilität, die Neukatastrierungen nötig machte, fixierte die Herrschaft

---

[6]) F 80, Bü 188 und 189 (Ablösungsakten von 1832/38) und F 402, Bü 179; vgl. B 507, Bü 80, UFasz. 5.
[1]) Nach der Zehntablösung in Michelwinnaden betrug der Wert von Klein-, Heu-, Obst- und Blutzehnten knapp 8 % von dem des Großzehnten; vgl. Abschnitt r.
[2]) B 508, Sch 33.

endgültig 1714 den Steueranschlag für jedes Gut, indem sie für die Zukunft Gütertausch und Kulturveränderungen untersagte[1]).

Die einfache Steueranlage jedes Hofes berechnete sich nach folgenden Grundsätzen: Es wurden erhoben

1. von jeder Hofstatt, ob bebaut oder öde,   15 kr
2. pro Jcht Acker   2 kr 4 h

(nur Molpertshaus zahlte wegen seiner schlechten Äcker die Hälfte)

3. pro Mannsmahd reduzierte Wiese   4 kr
4. Gärten, Bainden und Öhmdwiesen gaben den doppelten Anschlag, da sie zweimal im Jahr genutzt werden konnten; bei besonders schlechten Öhmdwiesen erhöhte sich der Ansatz nur um $1/3$.
5. Eigene Wiesen und Äcker zahlten ebenfalls um $1/3$ höhere Steuern als Fallehengüter.

Bei den Gebäuden konnte die Herrschaft deren Größe und Qualität berücksichtigen und entsprechend von der genannten Norm abweichen. Handwerk, Mobilien und Aktivkapitalien wurden nicht veranlagt. Grundsätzlich unterlagen nur Immobilien der Steuerpflicht. Eine Ausnahme machten die Beisassen. Sie hatten je Ehe und Anlage einige Kreuzer Steuer zu zahlen[2]).

Je nach Bedarf erhob man das ermittelte Simplum im vielfachen Betrag. In der zweiten Hälfte des 18. Jahrhunderts waren 8 Simpla als durchschnittliche Steueranlage während Friedenszeiten die Regel[3]). Die Steuer floß in eine eigene, von den eigentlichen Herrschaftsrevenüen getrennt verwaltete Landschaftskasse, doch stand die Kassenführung unter herrschaftlicher Oberaufsicht. Über die Verwendung der Steuergelder vgl. Darstellung, S. 233 ff.

i) Sonstige Abgaben; Gegenleistungen:

Mit den genannten Abgaben sind die wesentlichen bäuerlichen Lasten in der Herrschaft Schussenried erfaßt. Eine Reihe weiterer, meist geringfügiger oder auch nur von einigen Pflichtigen erhobener Gefälle sei wenigstens erwähnt:

Gewerbszinse von einzelnen Gütern mit bestimmten Gewerbeberechtigungen (Mühle, Wirtschaft, Schmiede);

Hunds- oder Kapaunengelder für die ursprüngliche Verbindlichkeit verschiedener Lehen, der Herrschaft Hunde oder Kapaunen zu halten;

Brunnengeld als Gegenleistung für das Holz, das die Herrschaft zu den Brunnen ihrer Lehen oder der ganzen Gemeinde lieferte.

Eine Abgabe an den Pfarrer war das Banalgeld; es wurde aber bei der engen Verbindung von Pfarreien und Kloster mit den übrigen Lehengefällen eingezogen: jährlich je Ehe, je Feuerstätte und je Garten 1 kr.

---

[1]) H 233, Band 291 (Compendium der Güter von 1714, Vorbemerkung).
[2]) Nach einem Güterverzeichnis von 1703 (H 233, Band 284) gaben Tagwerker oder Beisassen je Anlage für die Ehe $11^{1}/_{2}$ kr; die Generaltabelle von 1807 (D 21, Bü 167) nennt eine jährlich fixierte Summe von 1 fl 30 kr zur Landschaftskasse. Den gleichen Betrag erhielt die Herrschaft als Beisitzgeld. Im Compendium Universale von 1728 (H 233, Band 292) wird eine derartige Veranlagung nicht erwähnt.
[3]) D 21, Bü 175, Tabelle 5 und 6.

Ein Geldsurrogat für den Verzicht auf ein altes Vorkaufsrecht des Klosters stellte das Kälbergeld dar: Nach altem Herkommen hatten die Untertanen alle Kälber, die sie nicht selbst aufziehen wollten, der Herrschaft zu einem sehr niedrigen Preis anzubieten (für Haut und Eingeweide 20 kr, je Pfund Fleisch 2 1/2 kr; die überbringende Person erhielt 1 Brot gratis). Wegen der vielfältigen Unterschleife verwandelte das Kloster 1791 durch Übereinkunft mit den Pflichtigen die Abgabe in ein ständiges Geldsurrogat: Künftig sollten die Lehenleute von jeder Kuh jährlich 6 kr zahlen; sie erhielten dafür die freie Verfügung über ihre Kälber, hatten jedoch vor jedem Verkauf Anzeige bei der Großkellerei zu machen, damit diese im Bedarfsfall binnen der nächsten 2 Tage das Vieh zu laufenden Preisen kaufen konnte[1]).

Anhand der gegebenen Daten läßt sich die Abgabenbelastung der Schussenrieder Lehenleute für die zweite Hälfte des 18. Jahrhunderts annähernd berechnen. Vgl. das Beispiel in Abschnitt t.

Dabei ergibt sich freilich u. a. die Schwierigkeit, die herrschaftlichen Gegenleistungen zu bewerten, selbst wenn man sich auf die Gegenleistungen beschränkt, die dem einzelnen Pflichtigen zukamen, und den herrschaftlichen Aufwand für die Wahrnehmung gemeinsamer Aufgaben, die Verpflichtungen zu Kirchen- und Schulbau u. ä. m. unberücksichtigt läßt. Neben den üblichen kleinen Reichnissen bei der Gültablieferung (4 kr statt eines Laibs Schwarzbrot) und der Fronatzung bestanden sie für die Lehen des Klosters Schussenried, wie in Oberschwaben weithin üblich, in der Abgabe des Bauholzes und der Hälfte der Dachplatten bei Hauptreparaturen, welche die Lehenherrschaft offenbar als Leheneigentümerin in diesem Umfang übernahm, ferner in einem bestimmten jährlichen Quantum Brennholz, dem sog. Gerechtigkeitsholz. Da die Untertanenverträge des 15. Jahrhunderts den Lehenleuten freies Schlagrecht „in den Gemeinden, die zu denselben Gütern gehören", einräumten, dagegen für die Fronwälder ausdrücklich verwehrten, in späterer Zeit aber bei den Gemeinden oder einzelnen Lehen kein Wald mehr vorhanden ist, dürfte das Kloster ihn zum Herrschaftswald gezogen und den Lehenleuten dafür ein festes Holzdeputat angesetzt haben. Der Wert dieser „Gegenleistung" wuchs angesichts steigender Holzpreise seit der zweiten Hälfte des 18. Jahrhunderts so erheblich, daß vor allem kleinere Lehen zu „Passivlehen" wurden[2]).

j) Gemeinde Michelwinnaden:

Michelwinnaden, ursprünglich in der Hand von Ortsadel, wechselte im 14. und 15. Jh. wiederholt den Besitzer. 1479 erwarben Abt Peter und der Konvent von Schussenried Burg und Dorf mit Herrlichkeiten, Gewaltsamen und Vogteien (hoher und niederer Gerichtsbarkeit) und allem Zubehör (Ehehaften, Zinsen, Gülten, Gütern und Grundstücken) von Georg Truchseß von Waldburg für 9500 rheinische Goldgulden[1]).

In der Verkaufsurkunde werden neben zwei Gütern zu Lenatweiler für Michelwinnaden außer der Schmiede, Badstube und Mühle 32 herrschaftliche

---

[1]) F 98, Bd. 950, S. 12 ff.
[2]) Vgl. Abschnitt I, Spalte 23. Darstellung, S. 119 f.
[1]) Abschrift der Verkaufsurkunde in B 507, Bd. 9, S. 11–13.

Güter, 1 Söldhaus, mehrere einzelne Äcker, ferner 1 Heiligengut genannt. Nach den Angaben über die Lehenbesitzer scheint die Mehrzahl, keineswegs aber die Gesamtheit der Lehenleute herrschaftliche Leibeigene gewesen zu sein. Ein Gültregister, das vermutlich im Zusammenhang mit dem Verkauf des Ortes angefertigt worden ist[2]), nennt für Michelwinnaden 36 Pflichtige.

Nur mit Vorsicht kann ein Vergleich der Belastung im 15. und im 18. Jh. (vgl. Abschnitt l) versucht werden:

Abgaben	1479	um 1750	
Hennen	36	36	
Hühner	301	97	
Eier	1260	1780	
Roggen (Schfl)	63	66	
Dinkel (Schfl)	75	180	
Hafer (Schfl)	118	110	
Dienstgeld	40 Pfd h = 28 fl 40 kr	41 fl 26 kr	
Geld	124 Pfd 14 sh 8 h = 89 fl 30 kr	65 fl 8 kr 32 fl	Hauszins (für 4 Seefahrten)
		9 fl 30 kr	Heuzehntgeld
		3 fl 36 kr	Krautlandzins
Abgaben Geld insgesamt	118 fl 10 kr	151 fl 40 kr	

In welchem Ausmaß die Gült bis ins 18. Jh. gesteigert worden ist, läßt sich aus den vorliegenden Angaben schwer erschließen, da für das 15. Jh. weder das Scheffelmaß noch die Ackerflächen bekannt sind. Zudem hatten im 15. Jh. mehrere Äcker flürliche Gülten zu entrichten, die in den obigen Angaben nicht enthalten sind. Insgesamt aber scheint die Dinkelgült im Gegensatz zu Roggen und Hafer erheblich gestiegen zu sein. Aus der Gülterhöhung zu Ende des 17. Jh.s (vgl. Abschnitt e) läßt sich dies nur teilweise erklären. In den Ehrschatzbüchern, die bis zur Mitte des 16. Jh.s zurückgehen und in denen Abgabensteigerungen offenbar regelmäßig vermerkt wurden, findet sich sonst kein Anhaltspunkt für Gültsteigerungen. So dürfte ein großer Teil des Mehrertrags auf das Einbeziehen der flürlichen Gülten und auf Abgaben von Ackerland zurückgehen, das erst nach 1479 umgebrochen worden ist. Das Heuzehntgeld an die Pfarrei Michelwinnaden wurde erst seit 1518 eingeführt; vgl. Abschnitt k. Auch der Krautlandzins, eine Rekognitionsgebühr an die Herrschaft für neu angelegte Krautländer, entstand erst in späterer Zeit.

---

[2]) H 233, Bd. 324.

k) Zehntverhältnisse in Michelwinnaden:

Da die bäuerlichen Besitzrechte und Verpflichtungen denen in der übrigen Herrschaft entsprachen, genügen hier die notwendigen Angaben über die Zehntverhältnisse in Michelwinnaden.

Die Großzehntrechte auf der Markung waren bis ins 19. Jahrhundert zwischen mehreren Berechtigten geteilt. Erst 1609 gewann Kloster Schussenried einen Anteil, indem es Waldburg einen Laienzehnten abkaufte; von der Deutschordenskommende Altshausen konnte es 1754 Patronatsrechte und Widdumhof, nicht aber den damit verbundenen Kirchenzehnten erwerben. Dieser ging 1817 von der Hofdomänenkammer an den Staat über. Der Ankauf der Standesherrschaft Sternberg-Manderscheid brachte 1835 fast das gesamte Großzehntrecht auf der Ortsmarkung in staatlichen Besitz; nur bei 35 von 780 Jcht Acker war die Kirchenfabrik Michelwinnaden großzehntberechtigt[1]).

Zum großen Zehnten rechneten sämtliche Getreidesorten und Mischfrucht; alle übrigen Gewächse zählten zum Kleinzehnten, gleichgültig, ob sie im Sommerfeld oder in der Brache angebaut wurden. Das Recht zum Bezug des Kleinwie des Obstzehnten lag bei der Herrschaft Schussenried. Der lebendige oder Blutzehnt (von Kälbern, Füllen, Gänsen, Enten, Hühnern, Schweinen, Schafen und Bienen) stand dagegen bis ins 19. Jahrhundert der Ortspfarrei Michelwinnaden zu: Für jedes Stück Jungvieh entrichteten die Pflichtigen ein geringes, für jede Viehgattung festgesetztes Geldsurrogat, z. B. je Kalb 1 kr, je Schwein 3 kr.

Streitigkeiten wegen des Heuzehnten, den die Ortspfarrei offenbar erstmals 1518 beanspruchte, wurden dahin entschieden, daß die Gemeinde künftig eine unveränderliche Summe von 10 Pfd 1 sh als Geldsurrogat auf die einzelnen Güter nach ihrer Größe umlegte. Von Wiesen dagegen, die erst später angelegt wurden, bezog die Pfarrei den Heuzehnten in natura[2]).

l) Güterbesitz und Abgabenbelastung in der Gemeinde Michelwinnaden:

Quelle: Spalten 1—17 nach B 507, Bd. 9, S. 20 ff (Stand von 1753) auf Grund des Compendium Universale von 1728 (H 233, Bd. 292).

Spalten 18—23 nach F 80, Bü 180, Q 14, Beilage 1 (Stand von 1840). Bei der Berechnung der Lehengefälle wurden die Preise der Verordnung vom 13. 9. 1818 (vgl. Nr. 55) zugrunde gelegt, bei der Berechnung des Holzwertes laufende Revierpreise. Der Bauholzaufwand wurde dabei in angemessener Relation zu den Brennholzgerechtigkeiten geschätzt.

Spalte 24 nach F 98, Bd. 949, S. 401 ff (Stand von 1760).

Spalten 25—27 nach F 98, Bd. 950, S. 214 ff.

Nicht erfaßt sind in der Aufstellung kleine Geldzinse an die Gemeinde und an den Ortsheiligen.

Zur Berechnung der gesamten Abgabenlast an einem Einzelbeispiel vgl. Abschnitt t.

---

[1]) Abschriften von Verträgen über die Zehntrechte auf der Markung Michelwinnaden in B 507, Bd. 9; für das 19. Jahrhundert: F 98, Bd. 949, S. 111 ff.
[2]) B 507, Bd. 9, S. 49 ff; F 98, Bd. 949, S. 399 ff.

Flächenmaße (nach D 55, Bü 1, Maßtabelle 1806–1810, S. 504 ff):

Jauchert oder Mannsmahd	Quadrat-ruten	Quadrat-schuh		
1	518,4	51 840	=	0,501 ha
	1	100	=	0,0967 a
		1	=	0,0967 qm

Hohlmaße (ebd.):

Malter	Scheffel	Viertel	Imi	Viertele		
1	2	16	64	256	=	376,60 l
	1	8	32	128	=	188,30 l
		1	4	16	=	23,5375 l
			1	4	=	5,8844 l
				1	=	1,4711 l

Vgl. Lutz, S. 154; dort ist allerdings der Scheffel irrtümlich nur zu 4 Vierteln berechnet.

Nr.	Lehen	Acker Jcht	Wiese Mm	Wiese reduziert Mm	Öhmd- boden Mm
1.	2.	3.	4.	5.	6.
1.	S. Catharina	57 11/16	18 3/4	8 13/16	4 1/4
2.	S. Kunegundis	40 3/16	7 7/16	6 13/16	3 3/8
3.	S. Praxedis	50 1/2	24 5/8	16 1/16	5/8
4.	S. Barbara	35 13/16	11 7/16	6 5/16	3/8
5.	S. Clara	37 11/16	8 3/8	7 15/16	7/8
6.	S. Albina	41 3/16	12 1/8	6 15/16	2 1/2
7.	S. Secunda	34 1/8	6 5/16	4 3/4	2 1/4
8.	S. Caecilia (Mühle)	19 1/8	4 7/16	2 3/16	1/8
9.	S. Martha	21 11/16	8 13/16	3 1/8	–
10.	S. Rosa	2 7/8	–	–	1
11.	S. Apollonia	10 3/16	2 5/16	1 7/8	3/8
12.	S. Justa (Badstube)	4 3/4	–	–	1/4
13.	S. Basilissa	8	11/16	9/16	1/2
14.	S. Asella	3 5/16	1 1/8	15/16	–
15.	S. Nympha	3 1/8	–	–	1/2
16.	S. Pudentiana	8 1/16	4 13/16	2 1/2	5/8
17.	S. Agnes	22 1/8	11 1/16	6 1/8	1 3/4
18.	S. Lucia	3 7/8	1 1/4	1/2	5/8
19.	S. Coleta	31 1/2	8 9/16	6 1/8	1/2
20.	S. Gertrudis	31 1/2[1]	8 3/16	6	1/4
21.	S. Marcellina	58 7/16	18 3/4	9 11/16	7 3/4
22.	S. Ripsimis[2]	–	–	–	1 3/8
23.	S. Christina	5 5/16	1 5/8	1 1/4	1 3/8
24.	S. Scholastica (Schmiede)	12 3/16	1 5/8	1 3/8	3/8
25.	S. Genofeva	19 7/16[3]	6 7/8	3 9/16	7/8
26.	S. Bibiana (Wirtshaus)	41 1/8	9	5 1/4	7/8
27.	S. Juliana	1 15/16	–	–	3/8
28.	S. Dorothea	17 9/16	3 5/8	1 13/16	7/8
29.	S. Oliva	10 1/4	3 11/16	2 13/16	1/4
30.	S. Justina	40	13 1/8	7 13/16	5 1/8
31.	S. Theresia	5 13/16	3 15/16	2 15/16	5/8
32.	S. Lydwina	3 1/8	1	5/16	5/8
33.	S. Euphemia	2 13/16	1 3/16	5/8	–
34.	S. Emerantia (Widdum)	44 1/16	12 13/16	7 5/16	4 1/4
35.	S. Petronilla	5 3/4	3 1/16	15/16	1/4
36.	S. Bona	–	–	–	5/8
37.	S. Abundantia	3/4	–	–	5/8
38.	S. Sibilla	5 3/4	1/16	1/16	3/4

Veesen		Gült Roggen		Haber		Hennen	Hühner	Eier	Hauszins		
Schfl	Vtl I	Mltr	Vtl	Schfl	Vtl I				fl	kr	h
7.		8.		9.		11.	10.	12.	13.		
15	1 3	2	–	9	4 3	1	4	120	1	48	4
13	3 –	–	–	6	5 2	1	4	100	2	25	5
16	6 2	5	–	8	3 1	1	4	100	1	30	4
11	7 2	–	–	5	7 3	1	4	100	1	45	–
12	4 2	–	–	6	2 1	1	4	100	3	8	6
13	5 3	–	–	6	6 3	1	4	60	1	30	–
13	3 –	–	–	2	5 2	1	4	80	2	–	–
4	3 –	5	–	3	1 2	1	4	50	4	–	–
7	1 3	–	–	3	4 3	1	2	30	1	8	4
–	7 2	–	–	–	3 3	1	2	30	1	8	4
3	3 –	–	–	1	5 2	1	2	40	1	8	4
1	4 2	–	–	–	6 1	1	2	30	4	–	–
2	5 1	–	–	1	2 2	1	2	30	1	26	–
1	– 3	–	–	–	4 1	1	2	30	1	8	4
1	– 1	–	–	–	4 –	1	2	30	1	8	4
2	5 2	–	–	1	2 3	1	2	30	1	42	6
4	3 –	1	4	3	5 2	1	3	40	1	36	–
1	2 1	–	–	–	5 –	1	2	30	1	8	4
4	1 1	3	–	5	– 2	1	4	60	2	34	2
3	5 1	3	–	4	6 2	1	4	50	1	20	–
7	3 3	6	–	9	5 3	1	4	70	3	–	–
–	– –	–	–	–	– –	1	2	30	1	12	–
1	6 –	–	–	–	7 –	1	2	30	1	17	2
2	– 2	1	–	2	– 1	1	2	60	6	51	2[4])
6	2 1	–	–	3	1 –	1	2	60	1	4	6
5	5 2	4	–	6	6 3	1	4	120	4	30	–
–	5 –	–	–	–	2 2	1	2	20	1	8	4
3	6 3	1	–	2	7 1	1	2	30	2	11	7
3	3 1	–	–	1	5 2	1	2	30	1	–	–
9	2 2	2	–	6	5 2	1	4	90	2	–	–
1	7 2	–	–	–	7 3	1	2	40	1	8	4
1	– 1	–	–	–	4 –	1	2	30	–	52	4
–	7 2	–	–	–	3 3	1	2	30	1	8	4

Zum Kloster gültfrei
Heiligengut, zum Kloster gültfrei   1
Heiligengütle, zum Kloster gültfrei   1
Heiligengütle, zum Kloster gültfrei   1
Heiligengütle (Meßnerhaus)

Nr.	Lehen	See-fahrt	Dienst-geld		Kraut-land-zins	Steuer-anlage Simplum			Betrag der Lehen-gefälle	
			fl	kr	kr	fl	kr	h	fl	kr
1.	2.	14.	15.		16.	17.			18.	
1.	S. Catharina	1	2	–	6	3	31	3	162	18
2.	S. Kunegundis	–	1	30	6	2	36	1	?	
3.	S. Praxedis	1	2	–	6	3	28	–	146	24
4.	S. Barbara	–	1	20	6	2	11	2	101	50
5.	S. Clara	–	1	30	6	2	24	3	108	36
6.	S. Albina	–	2	–	6	2	35	5	111	18
7.	S. Secunda	–	1	30	6	2	8	2	100	35
8.	S. Caecilia (Mühle)	–	1	30	6	1	12	–	117	29
9.	S. Martha	–	1	12	6	1	21	5	65	44
10.	S. Rosa	–	–	40	6	–	26	1	13	37
11.	S. Apollonia	–	1	–	6	–	49	3	33	10
12.	S. Justa (Badstube)	–	–	20	6	–	27	7	18	48
13.	S. Basilissa	–	–	40	6	–	39	2	allodifiziert,	
14.	S. Asella	–	1	–	6	–	27	–	15	38
15.	S. Nympha	–	–	20	6	–	24	6	13	31
16.	S. Pudentiana	–	1	–	6	–	47	5	30	54
17.	S. Agnes	–	1	12	6	1	41	6	72	48
18.	S. Lucia	–	–	20	6	–	29	1	?	
19.	S. Coleta	–	1	30	6	1	57	6	80	16
20.	S. Gertrudis	–	1	30	6	1	54	3	73	15
21.	S. Marcellina	1	1	48	6	3	50	6	159	23
22.	S. Ripsimis[2])	–	1	12	6	–	15	–	–	–
23.	S. Christina	–	1	12	6	–	38	6	19	7
24.	S. Scholastica (Schmiede)	–	1	–	6	–	52	3	108	12
25.	S. Genofeva	–	1	12	6	1	19	7		
26.	S. Bibiana (Wirtshaus)	1	–	–	6	2	22	2	?	
27.	S. Juliana	–	–	30	6	–	21	2	7	48
28.	S. Dorothea	–	1	–	6	1	9	5	80	29
29.	S. Oliva	–	–	30	6	–	52	7		
30.	S. Justina	–	3	–	6	2	46	6	114	24
31.	S. Theresia	–	1	–	6	–	43	6	22	1
32.	S. Lydwina	–	1	–	6	–	26	4	13	–
33.	S. Euphemia	–	–	30	6	–	24	4	?	
34.	S. Emerantia (Widdum)	–	2	–	6	2	51	3	132	46
35.	S. Petronilla	–	–	48	6	–	34	1	2	13
36.	S. Bona	–	–	20	6	–	17	4	1	38
37.	S. Abundantia	–	–	20	6	–	19	3	1	19
38.	S. Sibilla	–	–	–	–	–	32	5	–	41

Gegen-leistung		Bau-holz	Brenn-holz	Das Lehen ist somit				Heuzehnt-geld			Letzter Ehrschatz		Allodifikation
				aktiv		passiv							
fl	kr	Klftr	Klftr	fl	kr	fl	kr	fl	kr	h	Datum	Summe fl	Jahr
19.		20.	21.	22.		23.		24.			25.	26.	27.
54	40	1 1/4	8	107	38	–		1	6	–	1834	398	1844
?	?	?	?	?		?		?			?	?	?
54	40	1 1/4	8	91	44	–		?			1809	377	1848
42	55	1	6 1/4	58	55	–		–	30	–	1826	330	1849
42	55	1	6 1/4	65	41	–		–	50	–	1804	240	1842
54	40	1 1/4	8	56	38	–		–	31	–	1799	260	1849
42	55	1	6 1/4	57	40	–		–	32	–	1813/25	330	1850/51
60	12	1 1/4	9	57	17	–		–	12	–	1807/29	407	1844
37	23	1	5 1/4	28	21	–		?			1824	175	1850
31	10	3/4	4 1/2	–		17	33	–	12	–	1820	70	1842
37	23	1	5 1/4	–		4	13	–	15	–	1821	100	1852
31	10	3/4	4 1/2	–		12	22	–	16	4	1820	100	1842
sämtliche Holzrechte abgelöst								–	3	4	?	?	1836
31	10	3/4	4 1/2	–		15	32	–	10	–	1832	102	1852
31	10	3/4	4 1/2	–		17	39	–	4	4	1836	50	1843
35	19	3/4	5 1/4	–		4	25	–	6	–	1805	150	1843
42	55	1	6 1/4	29	53	–		–	13	–	1801/26	261	1842
?	?	?	?	?				–	6	–	1826	25	1839
42	55	1	6 1/4	37	21	–		–	14	–	1800	250	?
42	55	1	6 1/4	30	20	–		–	14	–	1805	180	?
54	40	1 1/4	8	104	43	–		–	40	–	1779	450	1842
								–	12	–			
31	10	3/4	4 1/2	–		12	3	–	12	–	1797	66	1852
42	55	1	6 1/4	65	17			–	18	4	1809	400	1842
								–	14	4			
?	?	?	?	?				24	–		1803/25	700	1848
11	4	–	2	–		3	16	–	?		1814/26	49	1838
								17	2		1829	35 1/2	1839
42	55	1	6 1/4	37	34			–	17	–	1814	211	1849
54	40	1 1/4	8	59	44	–		–	16	4	1805	270	1849
37	23	1	5 1/4	–		15	22	–	10	–	1823	95	1852
22	52	3/4	3	–		9	52	–	4	–	1820	50	1843
?	?	?	?	?				–	4	–	?	?	?
54	40	1 1/4	8	78	6	–		–	26	–	1826	355	1843
31	6	3/4	1 1/4	–		28	53	–	4	4	?	?	?
31	6	3/4	1 1/4	–		29	28	–	1	–	?	?	?
31	6	3/4	1 1/4	–		29	47	–	1	–	?	?	?
31	6	3/4	1 1/4	–		30	25	–	12	2	?	?	?

[1]) Davon 1 3/4 Jcht Heiligengut.
[2]) Öde Hofstatt, zu Lehen Nr. 21 gehörig.
[3]) Davon 9/16 Jcht Heiligengut.
[4]) Davon 4 fl Schmittenzins.

m) *Formular eines Lehenbriefs des Klosters Schussenried aus dem 18. Jahrhundert*

B 507, Bü 79. Gedrucktes Formular, in das handschriftliche Passagen eingetragen sind (in eckige Klammern gesetzt).

Wir Nicolaus von Gottes Gnaden Abte und Herr des heiligen Römischen Reichsstift und Gottshaus Schussenried, der Prämonstratenser Chorherren, im Costanzer Bistum gelegen etc., bekennen offentlich und tun kund männiglich mit disem Brief, daß wir Unserm und Unsers Gottshaus lieben getreuen leibeignen Undertanen [Georg Wetzel von Brunsperg] auf sein untertänig Bitt und Anlangen sein Weil und Lebenlang, aber nicht füro noch länger, Unser und Unsers Gottshaus eigentumliches [Sct. Eustachii Gut], zu [Brunsperg] gelegen, so vormals [Johannes Fessler von dar] bestandweis besessen, und in sich halt [12⅞] Jaucharten Ackers und [1⅝] Mansmat Wisen, reduziert [⁹/₁₆ Jauch.], Embt und Garten [3¾ Madt] samt dem Haus mit all dessen Recht und Gerechtigkeiten, auch Ein- und Zugehörden zu Lehen gnädig geliehen und verliehen haben, verleihens ihme auch hiemit dergestalten und also, daß er Uns und Unserem Gottshaus zu Ehrschatz und Handlohn bezahle [85 fl], sodan dieses Sct. Eustachii Gut selbsten persönlich besitzen, nutzen und nießen, aber nichts darvon weder verleihen, versetzen, verkaufen, vertauschen oder sonsten verändern, in keinen Weg, sondern mit aller Zugehör in bäulichem Wesen und Ehren, nach seinem besten Vermögen getreulich haben und halten, disemnach kein Heu, Stroh, Gebrüets oder Tung verkaufen oder vergeben, sondern alles und jedes wider ins Gut verwenden und darbei, in was gestalten er darvon käme, unansprüchig hinderlassen sollte. Item soll er Uns und Unserm Gottshaus jedes Jahr besonder zu Rent und Zins [benanntlichen Hauszins 1 fl 31 kr, Frohn in natura oder davor 2 fl, Heuzehenden in das wohllöbliche Priorat 1 fl 9 kr], Hennen [1], Hühner [2], Ayer [30] und dann die getroschene Gült, Biberacher Meß, benanntlichen Roggen – Malter – Viertel – Imi, Veesen [4] Schöffel [2] Viertel [1] Imi, Haber [2] Schöffel [1] Viertel – Imi nach Inhalt unsers Gottshausses Urbar, Rödel, Zins- und Landgarbenbücher und was sonsten von Alters hero zu tun und zu geben bräuchig gewesen, jedes zu seiner Zeit, Ziel und Tag, an End und Ort, wohin er bescheiden wird, bei der besten Kaufmannswaar und Herrengült zu unseren sicheren Handen und Gewalt ohne Minderung, bösen Besuch, Abgang und gänzlich ohne Unser und Unsers Gottshaus Kosten und Schaden richten und antworten, allen Unsern und Unsers Gottshaus Nachteil wenden, den Nutzen befördern und, so er was Unrechts zu Dorf, Feld oder Holz Unserer Herrschaft sihet, dasselbig Uns oder Unseren Ambtleuten anzeigen soll. Ingleichem soll er Uns, Unseren Nachkommen und Gottshaus getreu, hold, gewärtig, gericht-, vogt-, raiß- und steurbar, zu täglich ungemessenen Diensten gesessen und alles das gehorsamlich zu tun und zu lassen schuldig sein, was ihme Unsers Gottshaus Statuta, insonderheit daß er ohne Spezialbewilligung kein Fuhrwerk treibe, einige Landstürzer oder Gehäuset nicht einnemme, einigerlei Holz vor sich selbsten nicht fälle noch fällen lasse, und andere Ordnungen, Gebott und Verbott auferlegen werden und insonderheit gemeiner Gottshausleut Brief ausweist. Solle hiebei auch bei etwan ereignender Auswahl zur Defension des gemeinen Vatterlands und Unsers Gotteshauses sich gebrauchen lassen und hierzu mit mannlichen Wehr und Waffen versehen sein, nächst disem Unsers Gottshaus Ehehäftin, oberherrlich Recht und Gerechtigkeiten zu Hand haben, nichts versaumen, zumahlen auch wo möglich jährlich einen Baum imbten. Wäre es aber auch Sach, daß er einen oder mehr Artikul übertretten, auch alles das, inmaßen obstehet, nicht halten, den bemelten Ehrschatz zu bestimmten Fristen nicht bezahlen und disem allem nicht gehorsamlich nachgeleben oder mit Tod abgehen wurde, welches sich also begebe und zutruge, so ist dann vilgemeltes [Sct. Eustachii Gut] mit all seiner Zugehörd Uns und Unserem Gottshaus frei, ledig wider anheimgefallen und mögen Wir demnach solches in andere Händ und Weis wohl verleihen, auch damit gefahren, handlen, tun und lassen nach Unserem Willen und Wohlgefallen wie mit andern Unsers Gottshaus unansprüchig heimgefallenen Gütern, von ihme, seinen Erben, auch männiglich von ihretwegen ohngehindert, getreulich und ohn Gefährde. Dessen zu wahrem Urkund haben Wir ihme disen Bestandsbrief under Unserm Abtei minderen Sekret Insigel verfertigter zustellen lassen, so geben und geschehen den [29ten Novembris 1773.][1]

n) *Entwicklung des Ehrschatzes (Handlohns) 1543–1812 beim Lehen St. Catharina in Michelwinnaden (Abschnitt I, Nr. 1):*

Bei dem Fehlen älterer Güterbeschriebe ließ sich über die Entwicklung von Größe und Abgaben des Gutes vor dem 18. Jahrhundert nur wenig ermitteln. Zwischen 1674 und 1725 wurde das Gut nicht unerheblich vergrößert:

Nach dem Ehrschatzbuch *B 508, Sch 66, S. 687 f betrugen Größe und Abgaben des Gutes

	1674	1725
Acker	44 3/8 Jcht	57 11/16 Jcht
Wiese	12 1/8 Mm	18 3/4 Mm + 4 1/4 Mm Öhmd
Veesen	10 Schfl 6 Vtl	15 Schfl 1 Vtl 3 I
Roggen	2 Mltr	2 Mltr
Haber	7 Schfl 3 Vtl	9 Schfl 4 Vtl 3 I
Hauszins	1 fl 8 kr 4 h	1 fl 48 kr 4 h
Henne	1	1
Hühner	4	4
Eier	100	120
Dienstgeld	2 fl	2 fl
Krautgartenzins	6 kr	6 kr

---

[1] Veränderungen in den Lehenbriefformularen spiegeln meist bestimmte herrschaftliche Intentionen oder besonders dringende Probleme wirtschaftlicher Art wider. So untersagt z. B. das Formular um die Mitte des 17. Jahrhunderts besonders, daß der Lehenmann sich ohne gnädiges Bewilligen der Herrschaft Zimmer-, Zaun- und Brennholz aus den klösterlichen „und eingelegten Hölzern" besorgt und dieses und „auch das, was er jezo von einer Gemaindt hat oder künftig bekombt", verkauft, als Vermögenswert anschlägt oder unter die Erben verteilt. Seit 1780 droht das Kloster Lehenleuten verschärfte Strafen an, wenn sie sich ohne Wissen und Genehmigung des Oberamts in Bürgschaften einlassen oder etwas von ihrem Vermögen inner- oder außerhalb der Herrschaft verpfänden.

Ehrschatz

Quelle	Jahr	Beständer	Ehr-schatz (fl)	Bemerkungen
*B 508 Sch 64 fol. 213 a	1543	Stephan Oth	71	
-„- fol. 231 a	1583	Barbara Kürzin (Witwe v. Stephan Oth)	115	
-„- fol. 238 a	1610	Hans Oth (Sohn)	351	
*B 508 Sch 66 S. 687 f	1626	Jakob Ott (Sohn)	320	
-„-	1640	Jakob Peiter	20	Ehrschatz oder Rekognitionszins
-„-	1649	Michael Hepp, alt	–	kein Ehrschatz, sondern Verpflichtung, das zerstörte Haus wieder aufzubauen; 1650 gültfrei.
-„-	1674	Michael Hepp, jung (Sohn)	280	künftiger Beständer soll eine Seefahrt nach Meersburg verrichten.
-„-	1725	Antonius Forstenhäusler (Schwiegersohn)	350	
-„-	1735	Jakob Marx von Winterstettendorf		tauscht sein St. Innocentigut mit Forstenhäusler, zahlt 15 fl Rekognitionsgeld.
-„-	1769	Florian Marx (Sohn)	370	
-„-	1812	Michael Marx (Sohn)	398	

(Ein weiteres Beispiel in Abschnitt t, 1)

Die Grundentlastung

o) Die Entwicklung bis 1836:

Infolge der Säkularisation fiel das Kloster Schussenried an die bisher linksrheinisch begüterte Standesherrschaft Sternberg-Manderscheid. Diese widersetzte sich wie die übrigen württembergischen Standesherrschaften der Durchführung des 2. Edikts vom 18. 11. 1817. Erst nachdem der Staat 1835 die Herrschaft erworben hatte, konnten die Bauern mit der Ablösung einzelner Gefälle beginnen und ihre Lehen allodifizieren, doch nahm die Allodifikation keinen stürmischen Verlauf (vgl. Abschnitt l, Spalte 27).

Bis 1835 blieben die Abgaben und Leistungen weithin wie im 18. Jahrhundert bestehen, während es zwischen der Standesherrschaft und ihren Lehenleuten darüber wiederholt zu Streitigkeiten kam (vgl. Darstellung S. 408 ff). Allerdings brachten die Fronverträge von 1806 und 1823 den Naturalfronpflichtigen durch die fortlaufende Minderung des Geldsurrogats eine erste Erleichterung der Lehenabgaben (vgl. Abschnitt f).

Eine andere Maßnahme bedeutete kaum eine Verminderung, bewirkte aber eine gerechtere Verteilung der Lasten auf die einzelnen Pflichtigen, wobei die Herrschaft zweifellos vor allem die Absicht verfolgte, besonders umstrittene Leistungen in den Bereich der Grundherrschaft hinüberzuretten: Seit 1821 konnten interessierte Lehenleute durch freiwillige vertragliche Übereinkunft Fall und Schlauf, Kleinfall und Manumissionsgebühren in eine jährliche Lehenabgabe nach folgender Klasseneinteilung verwandeln lassen:

Der Inhaber eines Lehengutes von	45–80	Jcht	zahlte	4 fl	6 kr
	30–44	¹⁵/₁₆ Jcht		3	42
	20–29	¹⁵/₁₆ Jcht		3	18
	15–19	¹⁵/₁₆ Jcht		2	54
	6–14	¹⁵/₁₆ Jcht		2	30
	3– 5	¹⁵/₁₆ Jcht		2	6
bis zu	2	¹⁵/₁₆ Jcht			
jeder, der wenigstens 2 Kühe hielt				1	30
wer eine Kuh hielt				1	
wer weniger als 1 Jcht Lehengrund besaß, zahlte nur für den Schlauf[1].				–	25

p) Die Ablösungsgesetze von 1836:

Von den Ablösungsgesetzen von 1836 bedeutete das Bedengesetz für die Lehenleute der ehemaligen Herrschaft Schussenried nur wenig. Dagegen wurden auf Grund des Leibeigenschaftsgesetzes die Mortuarien, die inzwischen zu einem erheblichen Teil in ständige Gefälle verwandelt worden waren, nach längeren Streitigkeiten über die Rechtsnatur dieser Leistung für die Pflichtigen unentgeltlich aufgehoben.

Ebenso dauerte es einige Jahre, bis sich Finanzverwaltung und Pflichtige über Rechtsursprung und Ablösungsmaßstab für Dienstgelder und Naturalfronen geeinigt hatten, da die Lehenleute im eigenen Interesse zunächst die leibeigenschaftliche oder wenigstens persönliche Natur dieser Verpflichtungen behaupteten.

Gesetzesvollzug im Gemeindebezirk Michelwinnaden (Michelwinnaden mit den Parzellen Gensenweiler, Hervetsweiler, Lenatweiler, Wattenweiler und Hagnaufurt):

Nach dem Bedengesetz wurde das Kälbergeld unentgeltlich aufgehoben, das Banalgeld (jährlich 2 fl 15 kr) im zehnfachen Betrag (28 fl 30 kr) gegenüber dem Kameralamt Schussenried abgelöst[1]).

Auf Grund des Leibeigenschaftsgesetzes entfielen für die Zukunft die Mortuarien ohne Entschädigung durch die Pflichtigen[2]).

Am stärksten wirkte sich für die Pflichtigen das Frongesetz aus. Nachdem die Pflichtigen sich bereits im April 1838 fast einstimmig für die Ablösung der Fronen und Dienstgelder ausgesprochen hatten, kam am 7. 10. 1842 zwischen

---

[1]) Protokoll der Übereinkünfte vom 24. 4.–1. 9. 1821; B 505, Bü 101.
[1]) Ablösungsurkunde vom 10. 2. 1841; F 211, Bü 254.
[2]) F 98, Bd. 950, S. 18 f, 24.

der Staatsfinanzverwaltung und der Gesamtgemeinde der Ablösungsvertrag mit folgendem Inhalt zustande[3]):

1. Ständige Fron- und Dienstgelder werden als persönliche Leistung zehnfach abgelöst:

	Jahresbetrag	Ablösungsbetrag
Michelwinnaden	45 fl 56 kr	459 fl 20 kr
Gensenweiler	8 fl	80 fl
Hagnaufurt	2 fl	20 fl
Lenatweiler	4 fl	40 fl
	59 fl 56 kr	599 fl 20 kr

2. Die als dinglich erkannten Naturalfronen oder Surrogatgelder werden im sechzehnfachen Betrag abgelöst:

	Jahresbetrag	Ablösungsbetrag
Gensenweiler	27 fl 18 kr	437 fl
Hervetsweiler	50 fl 39 kr	810 fl 28 kr
Wattenweiler	64 fl 57 kr	1 039 fl 14 kr
	142 fl 55 kr	2 286 fl 42 kr

3. Sägblockfuhren werden unentgeltlich aufgehoben.

4. Seefahrten werden als dingliche Leistung 16fach abgelöst, wobei für 1 Seefahrt nur 4 fl als Jahresbetrag berechnet werden, obwohl von 15 Pflichtigen 7 bisher 8 fl zahlen mußten:

	Jahresbetrag	Ablösungsbetrag
15 Pflichtige	88 fl	960 fl

5. Die Jagdfronen sind als persönliche Leistung 10fach abzulösen; gerechnet werden je Pflichtigen 4 Tage à 12 kr = 48 kr als Jahresbetrag, 8 fl als Ablösungssumme

	Jahresbetrag	Ablösungsbetrag
55 Pflichtige	44 fl	440 fl

Die Gemeinde hat die gesamte Ablösungssumme – 4 286 fl 2 kr – in zehn Jahresraten samt 4 % Zins an das Kameralamt Schussenried zu entrichten.

Bei einer bisherigen Leistung von ca. 350 fl Wert bedeutete dies für 10 Jahre eine Mehrbelastung von rund 25 %.

---

[3]) F 211, Bü 248; F 80, Bü 192.

Die Ablösung nach den Gesetzen von 1848/49:

q) *Ablösung der Grundgefälle:*
Gesamtangaben über die Ablösungen in Michelwinnaden nach den Gesetzen vom 14. 4. 1848 und 24. 8. 1849 und über die dabei ermittelten Ablösungsbeträge liegen nicht vor. Da 1840 bereits wegen der umfangreichen Holzberechtigungen nicht wenige Lehen „passiv" waren — für Michelwinnaden vgl. Abschnitt 1, Spalte 23 —, hatte oft genug die Finanzverwaltung durch Aufrechnen von Leistungen und Gegenleistungen den Lehenbesitzern Abfindungssummen auszuzahlen.

Ein Beispiel: Gefällablösung des Fallehens St. Apollonia (22³/₈ Mg Fläche)[1])

	fl	kr	h
Ständige Gefälle:			
Geldzins	2	32	4
Früchte: Dinkel (3 Schfl 7 Sri à 4 fl)	15	30	
Hafer (1 Schfl 7 Sri 2 V à 2 fl 40 kr)	5	10	
	23	12	4
Laudemium: 100 fl, tut à 1/25	4		
Summe	27	12	4
Abzüge:			
Verwaltungskosten à 4 %	1	5	2
Gültgebühr		4	
5 1/4 Klftr Nadelholz samt Abfall à 4 fl 14 kr 3 h	22	15	5
Jährlicher Wert der Baumaterialiengerechtsame	12	44	6
Summe	36	9	4
Reiner Jahreswert passiv	8	57	
Ablösungskapital (16facher Jahreswert)	143	12	
Davon Abzug für die Erwartung der auf dem Gute stehenden beerenden Bäume[2])	4	18	
Hauptsumme	138	54	

Infolge bereits geleisteter Brennholzlieferungen vermindert sich die Ablösungsschuld der Staatsfinanzverwaltung gegenüber dem Lehenbesitzer auf   121 fl   56 kr;
sie ist mit 4 % Zins von Martini (11. 11.) 1852 an zu zahlen.

Selbst wenn die Lehen nicht „passiv" waren, reduzierte sich die Ablösungsschuld durch das Aufrechnen der Gegenleistungen gewöhnlich erheblich. So

---
[1]) Abschrift des Ablösungsvertrags vom 7. 9./28. 12. 1853 in F 80, Bü 145.
[2]) Die Herrschaft Schussenried erhob Anspruch auf das Holz aller auf den Lehen wachsenden Fruchtbäume.

bezog z. B. das Fallehen St. Augustinus in Hervetsweiler (86 Mg = 27,3 ha), das mit jährlichen Lehenabgaben von 95 fl 3 kr belastet war (4 fl 1 kr Geldzins, 84 fl Frucht in Ablösungspreisen, Laudemium zu ¹/₂₅ 11 fl 2 kr), Bau- und Brennholz in einem durchschnittlichen Jahreswert von 37 fl 58 kr. Unter Aufrechnung von Abschlagszahlungen und Zinsen ergab sich 1853 eine Ablösungsschuldigkeit von 838 fl 25 kr, die in 24 Jahresraten (1853–1876) zu je 54 fl 59 kr zu zahlen war. Amortisationsrate und Jahreswert der bisherigen Holzrechte zusammen lagen hier also noch unter dem jährlichen Betrag der in Ablösungspreisen berechneten bisherigen Lehenabgaben[3]).

r) Zehntpacht und Zehntablösung:

Seit 1820 ging die staatliche Finanzverwaltung dazu über, ihre Zehntrechte in Michelwinnaden langfristig zu verpachten. Der mengenmäßige Ertrag des Großzehnten hat sich dabei 1809/17–1838/49 je Mg geringfügig (schätzungsweise um ca. 5 %) erhöht: Nach den jährlichen Verleihungen von 1809/17 erbrachte der Großzehnt von 787 Mg Acker je Mg durchschnittlich 0,262 Schfl rauhe Frucht und 0,5 Bund Stroh, nach der Zehntpacht 1820/37 von der gleichen Fläche 0,267 Schfl rauhe Frucht und 0,1 Bund Stroh je Mg, nach der Zehntpacht 1838/49 von 1149 Mg 0,282 Schfl rauhe Frucht und 0,4 Bund Stroh je Mg. Der Anteil der Fruchtsorten blieb dabei fast konstant[1]).

Verglichen mit dem Großzehnten hatten die übrigen Zehntrechte nur geringe Bedeutung: Von dem Zehntablösungskapital der Zehntgemeinde Michelwinnaden entfielen auf den

Großzehnt	17 900	(92,1 %)
Kleinzehnt	1 118	(5,7 %)
Heu- und Öhmdzehnt	377	(1,9 %)
Obstzehnt	12	(0,1 %)
Blutzehnt	35	(0,2 %)
	19 443	(100,0 %)[2]

Bis auf ganz geringe Ausnahmen wurden die Zehntrechte erst nach 1849 abgelöst. Die Ablösung nach dem Gesetz vom 17. 6. 1849 zeigt das übliche Bild: Selbst wenn man die niedrigen Naturalienpreise des Zehntgesetzes zugrunde legt, waren die jährlichen Abzahlungsraten infolge Reinertragsberechnung, Ablösungsmaßstab, Verzinsung der Ablösungssumme und Zeitraum der Amortisation geringer als die früheren jährlichen Zehntabgaben.

---

[3]) F 80, Bü 145.
[1]) E 179, Spec. 205 a, UFasz. II ad 5, Beil. 6; F 98, Bd. 949, S. 111 ff.
[2]) Das Ablösungskapital gegenüber der Staatsfinanzverwaltung betrug 1852 18 607 fl (F 80, Bü 114 und Gemeindearchiv Michelwinnaden, Bd. 115); 1838 waren Heu- und Öhmdzehnt von 11 Mg für 110 fl, 1841 der Blutzehnt für 35 fl abgelöst worden (F 80, Bü 99 und 100). Hinzu kam von 52 Mg Acker, auf dem der Kirchenpflege Michelwinnaden selbst Groß- und Kleinzehntrecht zustanden, ein Ablösungskapital von 690 fl (662 fl für den Großzehnten, 28 fl für den Kleinzehnten) (F 211, Bü 297).

Beispiel: Zehntablösung der Zehntgemeinde Michelwinnaden

Bisheriger Pflichtiger:	Zehntgemeinde Michelwinnaden
Bisheriger Berechtigter:	Kameralamt Schussenried
Lastenberechtigter:	Pfarrstelle und Kirchenpflege Michelwinnaden
Zehntrechte:	Großer Zehnt auf 1 170 7/8 Mg flürlich gebautem Acker, dem vormaligen Pfarrwiddumgut, dem Kunigundisgut (77 2/8 Mg). Kleiner Zehnt und Obstzehnt auf der ganzen Markung, Heuzehnt von 36 Lehengütern. Von 66 1/2 Mg steht das Zehntrecht der Heiligenpflege Michelwinnaden zu.

	fl	kr
Rohertrag (Durchschnitt 1830–1847)	1 231	39
Abzüge (1830–1847)	68	41
Jährlicher Reinertrag (Durchschnitt 1830–1847)	1 162	58
Ablösungskapital (16facher Reinertrag)	18 607	18
zu viel gelieferte Abschlagszahlungen der Pflichtigen	1 332	22
Rest der Ablösungsschuldigkeit	17 274	56
Zeitrenten:		
Zahl 22		
Datum 1. 1. 1853–1. 1. 1874		
Jährliche Rentenschuldigkeit inkl. 4 % Verzinsung	1 195	24[3]

s) Weitere Ablösungen, vor allem auf Grund des Komplexlastengesetzes:

Weitere noch bestehende Verbindlichkeiten bzw. Rechtsansprüche wurden während der 1860er Jahre abgefunden:

1863 löste das Forstamt Ochsenhausen gegenüber der Ortsgemeinde Michelwinnaden mit 387 fl die Verpflichtung ab, das Holz für Brücken, Stege, Geländer usw. auf der Ortsmarkung unentgeltlich zu liefern[1].

1865 übernahm die Ortsgemeinde die auf dem Pfarrwiddum St. Emerantia haftende Last der Farrenhaltung gegen eine Abfindung von 700 fl (Jahreswert der Leistung: 43 fl 45 kr)[2].

1866 erhielt die Schulgemeinde Michelwinnaden 176 fl Ablösungskapital vom Forstamt Ochsenhausen für ihren bisherigen Anspruch auf 2 Klftr Tannenholz zur Heizung der Schule[3].

1868 löste die Staatsfinanzverwaltung die ihr obliegende subsidiäre Baulast an der Pfarrkirche mit Innenbau, Turm und Kirchhofsmauer sowie die subsidiäre Verpflichtung, das Defizit der Kultkosten zu decken, gegenüber der Kirchenpflege Michelwinnaden mit 3500 fl Kapital ab – 18,7 % des Zehntablösungskapitals, das ihr selbst zugeflossen war[4].

---
[3]) Zehntablösungsurkunde vom 8. 11. 1852; F 80, Bü 114.
[1]) F 80, Bü 182, Q 2 Beilage.
[2]) F 211, Bü 270, UFasz. Michelwinnaden, Q 15.
[3]) F 80, Bü 238, Q 3.
[4]) F 211, Bü 323; F 80, Bü 239.

t) Abgabenbelastung des St. Apollonia-Gutes in Michelwinnaden um 1780, 1841/43, 1879/81 und 1889/91:

Zur Größe des Lehens vgl. Abschnitt l, Nr. 11.

Nach dem Güterbuch der Gemeinde Michelwinnaden von 1838 (Gemeindearchiv Michelwinnaden, Bd. 74, fol. 183 ff) gehörten zu dem Lehen 1/8 Mg Fläche von Gebäude und Hofraite, 5/8 Mg Gärten und Länder, 16 3/8 Mg Acker und 5 2/8 Mg Wiese, zusammen 22 3/8 Mg = 7,1 ha.

1. Entwicklung des Ehrschatzes 1546–1848/49:

Quelle	Jahr	Beständer	Ehrschatz (fl)	Bemerkungen
*B 508, Sch 64, fol. 214 a	1546	Franz Holl	15	
–„– fol. 233 b	1588	Michael Holl (Sohn)	30	
*B 508, Sch 66, S. 717	1630/32	Witwe von Michael Holl		zahlt jährlich ein Sitzgeld von 4 fl (das entspräche einem Ehrschatz von 100 fl)
–„–	1642	Hans Wundhaas (?)	6	„Erschatz oder Rekognitionsgeld" „NB Ist hinweggezogen"
–„–	?	Franz Haimb	?	
–„–	1675	Hans Butscher von Tettnang, „Ehnachfolger" von Franz Haimb	45	
–„–	1734	Matthäus Butscher (Sohn)	65	40 Eier statt bisher 30
–„–	1763	Josef Haller von Steinhausen, „Ehnachfolger" von Matthäus Butscher	78	
–„–	1777	Oswald Butscher, Sohn von Matthäus Butscher	100	
–„–	1821	Donat Krapf	100	

2. Abgabenbelastung um 1780:

Die folgende Schätzung des Ackerertrags bildet die Grundlage für den Wertanschlag des Zehnten in der anschließenden Aufstellung; sie ermöglicht einen Vergleich zwischen der Größe der Abgaben und dem Rohertrag des Feldbaues. Über die Großzehnterträge im 18. Jahrhundert lagen für Michelwinnaden keine exakten Angaben als Anhaltspunkt vor. Nach den bekannt niedrigen Werten des provisorischen Steuerkatasters von 1821 ff ist in Michelwinnaden für einen Morgen besseren Acker eine Ernte von 6 Schfl Dinkel im Winterfeld und 4 Schfl Hafer im Sommerfeld anzunehmen. Bei einer Ackerfläche von ca. 16 1/2 Mg und der in Michelwinnaden damals üblichen Bestellung nach dem

Schema der Dreifelderwirtschaft betrug demnach die Ernte im Winterfeld von 5½ Mg Acker 33 Schfl Dinkel, im Sommerfeld von 5½ Mg Acker 22 Schfl Hafer, zusammen also 55 Schfl rauhe Frucht, und der Zehnt ergab ungefähr 5½ Schfl oder auf einen Mg ca. 0,3 Schfl rauhe Frucht. Nach den Zehntverpachtungen der Staatsfinanzverwaltung seit 1820 (F 98, Bd. 949, S. 111 ff) erbrachte der Zehnt je Mg durchschnittlich allerdings nur 0,27–0,28 Schfl rauhe Frucht (vgl. Abschnitt r).

Im folgenden wird als wahrer Wert ein durchschnittlicher Zehntertrag von 0,3 Schfl rauher Frucht je Mg und Jahr angenommen; die Gült betrug demgegenüber rund 0,35 Schfl rauhe Frucht je Mg und Jahr.

Der Kleinzehnt ist mit 1/15 des Großzehnten für das späte 18. Jahrhundert wohl bereits hoch veranschlagt; vgl. Abschnitt r.

Der Rohertrag des Feldbaues wird durch Verzehnfachung des Zehnten ermittelt.

Die Getreidepreise des Revenüenetats von 1792/1801 (Nr. 1) sind um 25 % vermindert, um sie dem Preisniveau von 1780 anzunähern: 1 Vtl Dinkel = 27 kr, 1 Vtl Hafer = 21 kr.

	fl	kr	h	% der gesamten Leistung
Ehrschatz (von 100 fl jährlich 1/25 berechnet)	4			8,1
Gült: Dinkel 3 Schfl 3 Vtl	12	9		
Hafer 1 Schfl 5 Vtl 2 Imi	4	43	4	
	16	52	4	34,1
Hauszins	1	8	4	2,3
Krautgartenzins		6		0,2
Küchengefälle (Preis nach dem Revenüenetat von 1792/1801)				
1 Henne		12		
2 Hühner		16		
40 Eier		20		
		48		1,6
Mortuar (geschätzter Jahresbetrag)	2	30		5,1
Dienstgeld	1			2,0
Wiesenzins an die Pfarrei		15		0,5
Kälbergeld (geschätzt für 2 Kühe)		12		0,4
Zehnt: Großer Zehnt (geschätzt)	15			
Kleiner Zehnt (geschätzt)	1			
	16			32,4
Steuer (8 Simpla)	6	35		13,3
	49	27		100,0

Geschätzter Rohertrag des Feldbaues: 160 fl. Die Abgaben hierauf betrugen nach obiger Berechnung 31 %.

In die Abgaben nicht einbezogen wurden die noch zu leistenden Jagdfronen (schätzungsweise 7 Tage).

Beim Vergleich dieser und der folgenden Berechnung mit der Steuerbelastung 1779/81 und 1789/91 ist zu berücksichtigen, daß zu dem Lehen bis zur Ablösung 1853 (vgl. Abschnitt q) erhebliche Bau- und Brennholzgerechtigkeiten gehörten, durch die das Lehen schließlich zu einem „Passivlehen" wurde.

3. Abgabenbelastung um 1841/43:

Die Preisansätze für die Naturalien sind die württembergischen Durchschnittspreise von 1841/43:

1 Schfl Dinkel = 6 fl 20 kr, 1 Schfl Hafer = 4 fl 20 kr

	fl	kr	h	% der gesamten Leistung
Ehrschatz (von 100 fl jährlich ¹/₂₅ gerechnet)	4			4,8
Gült: Dinkel 3 Schfl 7 Sri	24	32	4	
Hafer 1 Schfl 7 Sri 2 Imi	8	23	6	
	32	56	2	39,5
Hauszins	1	8	4	1,4
Krautgartenzins		6		0,1
Küchengefälle (Geldsurrogat, wie 1780)		48		1,0
Mortuar: aufgehoben	–			–
Dienstgeld (Ablösungsrate, auf zehnjährige Ablösungsfrist gerechnet) ca.	1			1,2
Wiesenzins an die Pfarrei		15		0,3
Kälbergeld: aufgehoben	–			–
Zehnt: Großer Zehnt (je Mg Acker auf 0,3 Schfl rauhe Frucht geschätzt)				
3 Schfl Dinkel	19			
2 Schfl Hafer	8	40		
Kleiner Zehnt (geschätzt)	2			
	29	40		35,6
Summe der Abgaben ohne Steuern	69	53	6	83,9

Steuer: Nach dem Güterbuch von 1838 (Gemeindearchiv Michelwinnaden) gehörten zu dem Gut noch 5½ Mg Gemeindelehen, etwas verteiltes Gemeindeland und fast 3 Mg Eigenland; zieht man hierfür von dem Grundsteueranschlag ungefähr ⅓ ab, so ergibt sich etwa folgende Steuerbelastung:

	fl	kr	h	%
Grundsteuer	5	54		
Gebäudesteuer	1	26		
Staatssteuer	7	20		8,8
Amtsschaden		37		0,7
Gemeindeschaden	5	4		6,1
Bürgersteuer		22	4	0,4
Ortsschaden	–			–
Steuersumme	13	23	4	16,1
Gesamtbelastung	83	17	2	100,0

Die Abgaben betrugen nach dieser Berechnung ca. 28 % vom Rohertrag des Ackerlandes (auf rund 300 fl geschätzt).

4. Steuerbelastung um 1879/81 und 1889/91:
Zur Gefällablösung des Lehens vgl. Abschnitt q.
1848/49–1873/74 löste der Hofbesitzer die Zehnten durch eine jährliche Rate von durchschnittlich 18 fl 15 kr ab (Gemeindearchiv Michelwinnaden, Bd. 116).
Bei der folgenden Berechnung wurden von der Grundsteuer des gesamten Gutes 25 % als der Steueranteil für Gemeinde- und Eigenland abgezogen. Anhand der Steuerbücher der Gemeinde (Gemeindearchiv Michelwinnaden), ergaben sich auf diese Weise folgende Beträge:

	1879/81		1889/91	
	RM	Pf	RM	Pf
Grundsteuer	25	77	9	87
Gebäudesteuer	6	43	5	99
Staatssteuer	32	20	15	86
Amtsschaden	6	90	4	01
Gemeindeschaden	7	00	7	20
Bürgersteuer	1	50	1	50
Ortsschaden	17	92	22	05
gesamte Steuersumme	65	52	50	62
(in fl	38 fl	6 kr	29 fl	26 kr)

Nr. 208

Herrschaft Zeil – Gemeinde Reichenhofen

Die Herrschaft Zeil, bestehend aus den Gemeinden Diepoldshofen, Gospoldshofen, Hauerz, Reichenhofen und Seibranz, kam im 14. Jahrhundert zunächst pfandweise, 1525 als Reichs-Mannlehen auf Dauer in den Besitz des Hauses Waldburg; 1628 wurde sie zur Reichsgrafschaft erhoben.

Innerhalb des Territoriums war der Herrschaftsinhaber der größte Grundherr; kraft seiner Hoheitsrechte forderte er darüber hinaus von fremden Grundholden und Besitzern von Eigenland vor allem leibeigenschaftliche Leistungen und Fronen bzw. Fronsurrogate.

a) Bäuerliche Besitzrechte und Lehenabgaben:
Im späten 18. Jahrhundert war das meiste Land in fallehenbarer Eigenschaft verliehen. Ursprünglich gab es gerade in diesem Raum viel bäuerliches Eigenland, doch gelangte ein erheblicher Teil davon im Laufe der Zeit offensichtlich durch Kauf und nach dem Dreißigjährigen Krieg auch dadurch in grundherrlichen Besitz, daß die Landesherrschaft verödete Eigengüter für sich einzog[1]).

Die Fallehen wurden in der Regel gegen einen Ehrschatz (Handlohn, Laudemium) auf zwei Leiber vergeben. Der Bestäner mußte, auch wenn er noch nicht verheiratet war, das Gut für seine künftige Frau mitbestehen. Starb einer der Ehepartner und der verbleibende Teil heiratete erneut, so hatte der Neuaufziehende den Ehrschatz für seine Person nachzuentrichten. Die Größe der Abgabe zeigt in der Herrschaft Zeil die auch sonst üblichen konjunkturellen Schwankungen (vgl. das Beispiel in Abschnitt g). In der zweiten Hälfte des 18. Jahrhunderts spielte sich als flexible Bemessungsnorm der Ansatz von 100 fl Handlohn je Roßbau für 2 Leiber ein, wobei jedoch nach Qualität des Lehens und sonstigen Umständen Abweichungen vorkamen[2]).

Im allgemeinen hatte nach dem Absterben der Lehenleute sogleich ein neuer Lehenträger das Gut zu bestehen; nur in Ausnahmefällen gestattete die Herrschaft für kurze Zeit auch das Forthausen der ledigen Kinder, setzte dann aber bis zur neuen Gutsübernahme einen fünfprozentigen Zins vom Ehrschatz als Willensgeld an[3]).

Wollten Falleheninhaber ihr Nutzungsrecht an einen Dritten veräußern, so mußten sie den hierfür erforderlichen Konsens der Lehenherrschaft mit einer Konsensgebühr von 10 % des Verkaufspreises bezahlen; dies galt auch für den Gütertausch, soweit einer der Tauschpartner zusätzlich eine Ausgleichssumme zu zahlen hatte[4]).

Die jährlichen Abgaben der Fallehen regulierte die Herrschaft Zeil offensichtlich in der zweiten Hälfte des 17. Jahrhunderts nach einem einheitlichen Schema, als nach dem Dreißigjährigen Krieg eine neue Urbarisierung notwendig wurde. Relativ feste Richtlinien bestanden bereits im 16. Jahrhundert, wie das Beispiel des St. Antonius-Lehens zu Reichenhofen zeigt (vgl. Abschnitt g). Danach lagen als wichtigste Abgaben auf einem Roßbau 1 Mltr Hafer, 30 Eier, ca.

---

[1]) Belege für den Einzug von Eigenland in der Periode des Dreißigjährigen Krieges ZAZ 2185, S. 234; ebendort weitere Beispiele unter dem Stichwort „Gütererwerbungen". Die Tendenz zum Aufkauf von Eigenland läßt sich in der Herrschaft Zeil bis ins 19. Jahrhundert verfolgen; vol. Abschnitt e, Spalte 3. Zum Eigenland der Bauern im Allgäu Blickle, Bäuerliches Eigen.

[2]) Nach Einsicht in die Amtsprotokolle. Die Tendenz zu möglichst hohem Ansatz bei fehlender direkter Deszendenz z. B. ZAZ 2101 (1772/1773), S. 77. Der Ehrschatz für eine Selde auf 2 Leiber betrug etwa 30 fl: ZAZ 2101, S. 78.

[3]) Altes Güterbuch der Gemeinde Reichenhofen, Rathaus Unterzeil.

[4]) Z. B. ZAZ 2185, S. 112, 115.

4 Pfd Werg, 2 Hühner und als Geldzins 1 Pfd 5 sh. Im Urbar von 1676 ist die Gült auf etwa hälftig Dinkel und Hafer umgestellt, wobei sie beim St. Antonius-Lehen von 3 Mltr (= 51 Vtl) auf 57 Vtl 3 l erhöht erscheint; da aber die Ernteerträge bei Dinkel- die bei Haferanbau übertrafen, kann man von einer wirklichen Gültsteigerung kaum sprechen. Insgesamt sind die Abgaben 1676 strenger normiert und am Lehenbesitz orientiert, indem nun auch die Fronsurrogatgelder und leibeigenschaftliche Abgaben als Gutslasten aufgeführt werden[5]).

Die Größe der Lehenabgaben richtete sich im wesentlichen nach der Zahl der Roßbäu, die zu jedem Lehen gehörten. Der Roßbau – eigentlich das landwirtschaftliche Areal, zu dessen Bestellung ein Roß benötigt wurde[6]) – stellte ähnlich wie die sogenannte „Winterfuhr" in der Herrschaft Trauchburg keine exakt abgemessene Größe dar, sondern war eine dynamische, nach Zusammensetzung aus Acker und Wiese und nach Bodenbonität im Umfang variierende Flächeneinheit, die offenbar schon seit langem als Steuerfuß wie als Berechnungsgrundlage für die herrschaftlichen Abgaben diente. Die neue Güterbeschreibung von 1676 ff setzte die Größe des Roßbaues in der Herrschaft Zeil für die einzelnen Orte dauerhaft fest. Danach betrug ein Roßbau im Tal ca. 10 Jcht Acker und 1½–3 Tw Wieswachs, in Haid ausnahmsweise 13 Jcht Acker und nur ½ Tw Wieswachs, auf dem Berg (Starkenhofen und Wengenreute) wegen der geringeren Bodenqualität 12 Jcht Acker und 2–4 Tw Wiese[7]).

Auf einem Roßbau ruhten bei Lehen der Herrschaft Zeil mit einzelnen Abweichungen folgende Lasten:

Gült: Mindestens 1 Mltr rauhe Frucht, etwa je zur Hälfte Dinkel und Hafer; bei besseren Böden wurde auch eine höhere Gült gefordert[8]). Die Lehenleute hatten die Gült in altem Zeiler Maß mit Hieb und Stoß zu liefern. Wie die Einzelberechnung bei Reichenhofen zeigt (vgl. Abschnitt g), entsprach die Gült ungefähr 10 % des Bruttogetreideertrages.

Heugeld: Das Heugeld, ein Wiesenzins, betrug mit Abweichungen je Roßbau 1 Pfd Pfennig = 1 fl 8 kr 4 h, bei besonders umfangreichem Wieswachs auch mehr, bei quantitativ oder qualitativ geringen Wiesen weniger[9]).

Küchengefälle: 1 Henne je Lehen, ferner je Roßbau 2 Hühner, 25 Eier, ¼ Reisten (= 4 Pfd) Werg. Die Küchengefälle wurden zumindest während des 18. Jahrhunderts gewöhnlich in Geld entrichtet.

Weitere Abgaben hatten auch Güter zu leisten, die bäuerliches Eigen oder Lehen anderer Grundherrschaften waren, so neben leib- oder schutzherrlichen

---

[5]) Vgl. Ende dieses Abschnitts, ferner Abschnitt e (Lehentabelle von Reichenhofen, Spalte 17–24).
[6]) Diese Relation hat sich ungefähr erhalten, wie ein Vergleich über Roßbauzahl und Viehbestand in Vermögensbeschreibungen und Inventuren zeigt, z. B. ZAZ 1305 (Vermögensbeschreibung der Herrschaft Zeil von etwa 1620), ähnlich ZAWu 1136 (Beschreibung der Roßbäu und Untertanen Zeilscher Herrschaften nach der Eidsteuer von 1620) und ZAWu 3381 ff (Inventuren und Teilungen in der Herrschaft Wurzach).
[7]) Nach den Urbaren von 1676 ff (ZAZ 1978–1982).
[8]) Nach den Urbaren von 1676 ff (ZAZ 1978–1982; in Reichenhofen, Diepoldshofen und Haid betrug die Gült je Roßbau 9 Vtl 2 l Dinkel und 9 Vtl 3 l Hafer, in Unterzeil je 10 Vtl 2½ l Dinkel und Hafer, in Herbrazhofen je 10 Vtl 1½ l Dinkel und Hafer, in Attenhofen und Auenhofen je 8 Vtl 2 l Dinkel und Hafer und 2 Vtl Roggen, in Wengenreute 5 Vtl Dinkel und 12 Vtl Hafer, in Starkenhofen 17 Vtl (= 1 Mltr) Hafer.
[9]) Die niedrigste Summe in Diepoldshofen (54 kr), die höchste in Wengenreute (1 fl 25 kr 5 h).

Abgaben wie Leibhenne (6 kr je Lehen) und „Steur" (6 kr 6 h je Lehen) als Leistungen an den Gerichtsherrn vor allem Fronsurrogatgelder: je Lehen 12 kr Scheitgeld und 15 kr Eheklafter (beides Surrogate für Holzfronen), je Roßbau 40 kr Jaggeld und 30 kr Hundsmiete; vgl. auch Abschnitt c. Immer häufiger wurden diese Gelder in eine Summe als „jährlich Zins und Geld" zusammengezogen. So hatte in der Regel jedes Söldgut, ob herrschaftliches Lehen oder nicht, statt der genannten Fronsurrogatgelder außer dem Eheklafter der Herrschaft Zeil jährlich 1 fl 30 kr als „Zins und Geld" zu zahlen[10]).

Auch die Verpflichtung der Untertanen, der Gerichtsherrschaft Kälber zu einem festgesetzten niedrigen Preis zu liefern, wurde 1751 in ein Geldsurrogat, das sog. „Kälbergeld", verwandelt und auf Grund und Boden umgelegt: vom Roßbau jährlich 8 kr, vom halben Roßbau 6 kr, von der ganzen Sölde 4 kr, von der halben Sölde 2 kr. Der Vertrag hierüber, ursprünglich nur auf 6 Jahre geschlossen, blieb bis zur Ablösung (1839) gültig[11]).

b) Leibeigenschaft:

In der auf das ganze Gebiet ausgedehnten Leibeigenschaft dokumentierte sich der herrschaftliche Hoheitsanspruch gegenüber den Untertanen wie gegenüber konkurrierenden Herrschaftsträgern in einer für Oberschwaben weithin charakteristischen Form. Die Bemühungen um territorialen Abschluß der Leibeigenschaft dauerten hier bis ins späte 16. Jahrhundert an[1]). Im 18. Jahrhundert waren sämtliche Untertanen in der Grafschaft Zeil leibeigen und hatten bis auf wenige vertraglich geregelte Ausnahmen der Herrschaft Sterbfall, ledigen Anfall und Manumission zu entrichten, auch wenn die Güter einem Dritten lehenbar oder bäuerliches Eigen waren[2]). Schon früh läßt sich die Radizierung der leibeigenschaftlichen Abgaben auf Haus oder Grundbesitz feststellen. Spätestens im 17. Jahrhundert galt der Grundsatz, daß der Sterbfall auf der Herdplatte, d. h. auf dem Besitz einer eigenen Wohnung ruhe[3]). Der Sterbfall wurde ursprünglich als Besthaupt (bestes Stück Vieh für den Mann, beste Kuh für die Frau) in natura erhoben; im ausgehenden 17. Jahrhundert entwickelte sich die Norm, daß die Zahl der Roßbäu die Bemessungsgrundlage für ein Geldsurrogat darstellte, wobei die Herrschaft allerdings die individuellen Verhältnisse (Qua-

---

[10]) Vgl. Abschnitt e (Lehentabelle von Reichenhofen, Spalte 13). Offensichtlich handelt es sich bei dieser Summe um eine Vermischung von Dienst- und Schutzgeld.

[11]) Amtsverhörprotokoll der Herrschaft Zeil 1750/54, S. 224—226; ZAZ.

[1]) Der Abschließungsprozeß dürfte durch die Nähe zu den Freien auf der Leutkircher Heide erschwert worden sein; das zeigt auch ein Verzeichnis über die Freien und fremde Leibeigene in der Herrschaft, das vermutlich aus der ersten Hälfte des 16. Jahrhunderts stammt. Noch 1591 bemühte sich die Herrschaft um einen Leibeigenenaustausch mit dem Reichserbmarschall Alexander zu Pappenheim; am 13. 9. 1597 einigten sich die verschiedenen Linien des Hauses Waldburg vertraglich darüber, daß ihre Untertanen sich beim Zug hinter eine der anderen waldburgischen Herrschaften zunächst von der Leibeigenschaft loskaufen und sich dann der neuen Herrschaft wieder neu ergeben müßten. ZAZ 1346.

[2]) So besaß z. B. Kloster Weingarten in Seibranz und in der Herrschaft Altmannshofen einige Lehen, von denen es die ledigen Anfälle und Manumissionsgebühren allein bezog, bei Todfällen aber nur $^2/_3$, die Herrschaft Zeil $^1/_3$. Von einem Baindtschen Gut zu Altmannshofen bezogen das Kloster Baindt und die Herrschaft Zeil jeweils die Hälfte des Todfalls, während Manumissionen und ledige Anfälle ausschließlich an die Herrschaft Zeil gingen. Bericht des Oberrentamts Zeil vom 14. 12. 1824; F 180, Bü 35.

[3]) Nach ZAZ 2185, S. 203 (1629).

lität des Gutes, Vermögensumstände des Verstorbenen, Zahl der hinterbliebenen Kinder usw.) berücksichtigte. Während des 18. Jahrhunderts waren beim Tod des Mannes etwa 15 bis 25 fl, beim Tod der Frau 15 bis 20 fl je Roßbau zu zahlen[4]).

Als ledigen Anfall bezog die Herrschaft ursprünglich die Hälfte, später noch den dritten Teil von der Hinterlassenschaft verstorbener volljähriger Lediger statt des sonst üblichen Sterbfalls.

Die Manumission von wegziehenden Untertanen konnte die Herrschaft nach Willkür ansetzen. Die Gebühr betrug je nach dem Vermögen des Abziehenden zwischen 1 und 30 fl; hinzu kam eine Manumissionstaxe als Besoldungsanteil für den herrschaftlichen Beamten (2 fl 28 kr bei größeren, 1 fl 14 kr bei kleineren Vermögen); bei Vermögenslosigkeit entfielen Manumissionsgebühr sowie „Abzug und Nachsteuer", die sehr viel erheblichere zehnprozentige Vermögensabgabe beim Abzug aus der Herrschaft, eine Verpflichtung gegenüber dem Gerichts- bzw. Landesherrn[5]).

Leibeigenschaftlichen Ursprungs waren wahrscheinlich „Steur" und Leibhenne, möglicherweise auch die Verpflichtung zu einzelnen Frondiensten, z. B. zum Aufmachen von einem Klafter Holz je Ehe („Eheklafter").

c) Fronen und Fronsurrogatgelder:

Über die fortschreitende Verwandlung der ursprünglich ungemessenen Naturalfronen in Fronsurrogatgelder in den waldburgischen Herrschaften vgl. Darstellung, S. 202 ff.

Erst mit dem Fronakkord vom 20. 3. 1723[1]) begann in der Grafschaft Zeil eine gewisse Sonderentwicklung gegenüber Waldsee und Wolfegg, als die Herrschaft beschloß, den eigenen Feldbau zu Zeil und Attenhof zu verpachten und die bisher beanspruchten Feldbaufronen ablösen zu lassen. Die Pflichtigen zahlten der Herrschaft künftig pro Roßbau 45 kr für die Mähnfron, für die Handfron von jedem Gut oder jeder Sölde 1 fl 20 kr. Die ungemessene Jagdfron dauerte daneben ebenso fort wie die Verpflichtung, im Herbst je Roßbau 1 Klftr Holz auf Schloß Zeil zu transportieren.

Obwohl die Herrschaft es sich vorbehielt, nach Belieben wieder zu der alten Naturalleistung zurückzukehren, blieb der für sie zweifellos günstige Vertrag auf Dauer in Kraft. Die Dienste und Dienstgelder hatten auch Inhaber eigener Güter oder fremder Lehen zu leisten, soweit sie sich unter der Hoheit der Herrschaft Zeil befanden. Doch waren sämtliche Fronen nur von Güterbesitzern zu entrichten, nicht auch von den bloßen „Hintersäss", Besitzern von „leeren Häusle" ohne Grundbesitz und Gemeinderecht oder bei Bauern eingemieteten Taglöhnern; diese zahlten der Ortsherrschaft als Schutz- und Fronsurrogatgeld jährlich 1 fl 12 kr „Hintersässgeld"[2]).

---

[4]) Bericht des Oberrentamts Zeil vom 22. 2. 1826: F 180, Bü 35. Eine Sölde zahlte ungefähr 5—10 fl: ZAZ 2101, S. 96 f.
[5]) Aus Nr. 4, Posten 17 und 25 ergibt sich, daß in der Grafschaft Zeil die Manumissionen nur ein knappes Fünftel der Einnahmen aus Abzug und Nachsteuer erbrachten, sich demnach auf ca. 1,7 % des abziehenden Vermögens beliefen.
[1]) F 180, Bü 37, Auszug aus dem Protokoll der Grafschaft Zeil.
[2]) F 180, Bü 32.

Die Jagdfronen beanspruchten die Pflichtigen im 19. Jahrhundert ca. 4–5 Tage im Jahr, so daß man für sie und für außerdem unregelmäßig anfallende Wildprettransporte im 18. Jahrhundert eine zeitliche Belastung von höchstens einer Woche ansetzen kann. Im 18. Jahrhundert erhielten die Fröner täglich 3–4 kr als Gegenleistung, bei Wildlieferungen 6 kr je Reh, 15 kr je Stück größeres Wild[3]).

d) Steuern:

Das Steuersimplum in der Grafschaft Zeil läßt sich auf 50 kr je Roßbau berechnen[1]). In den Friedenszeiten während der zweiten Hälfte des 18. Jahrhunderts wurden durchschnittlich 8 Simpla = 6 fl 40 kr je Roßbau erhoben. Die Steuer lag ausschließlich auf Bauern- und Söldgütern. Nur in Kriegszeiten wurden auch die sonst steuerfreien Güter (z. B. die von pia corpora) veranlagt[2]).

e) Güterbesitz und Abgabenbelastung in der Gemeinde Reichenhofen:

Die folgende Übersicht zeigt die herrschaftlich-bäuerlichen Rechtsverhältnisse und ihre wirtschaftlichen Auswirkungen in der Herrschaft Zeil während der 2. Hälfte des 18. Jh.s am Einzelbeispiel. Als Grundlage für die Aufstellung diente das Urbar von 1756 (ZAZ 1985), das nach der von der Gemeinde selbst gewünschten Vereinödung (1754/55) angelegt wurde. Die dortigen Angaben wurden teilweise mit Hilfe des Güterbuches der Gemeinde Reichenhofen aus der 1. Hälfte des 19. Jh.s (Rathaus Unterzeil) sowie standesherrlicher und staatlicher Akten ergänzt. (Spalte 21 nach F 180, Bü 42, Q 21; Spalte 25 nach NZAZ 1250; die Spalten 26 und 27 nach NZAZ 2191 geben den Stand von 1832/41 wieder).

Infolge der Vereinödung haben sich Areal wie Acker-Grünlandverhältnis bei den Höfen durchweg mehr oder weniger verändert, weil das Land in geschlossenen Stücken nach Bonitätsverhältnissen neu ausgeteilt wurde, nicht zuletzt aber auch deshalb, weil die Gemeinde das bisherige Weideland, das sog. Gereutfeld, mit herrschaftlicher Erlaubnis so weit wie möglich in die Neuverteilung einbezog, so daß nur noch ein Restbestand weiterhin als Viehtrieb diente. Hieraus resultiert der Zins aus dem Gereutboden an die Herrschaft (Spalte 15). Besonders fällt die flächenmäßige Vergrößerung bei den Selden auf, deren Haus- und Landbesitz durchweg mit ¼ Roßbau veranschlagt ist. Dies erklärt sich daraus, daß die Selden ihr Land nun durchweg geschlossen auf dem ehemaligen Gereutfeld erhielten und entsprechend der geringeren Qualität dieses Landes größere Landstücke zugewiesen bekamen.

Die Abgabenverhältnisse selbst hat die Vereinödung nicht berührt, denn die bäuerlichen Leistungen waren nach der unveränderten Zahl der Roßbäu normiert. Nach dem Urbar von 1676 (ZAZ 1979) umfaßte ein Roßbau zu Reichenhofen 10 Jcht Acker und 2 Tw Wieswachs; darauf lag eine Gült von 9 Vtl

---

[3]) F 180, Bü 37, Bericht des Oberamts Leutkirch vom 19. 5. 1832; F 180, Bü 42, Q 30.
[1]) Nach OAB Leutkirch (1843), S. 200. Ein Aktenbestand, der über die Steuerentwicklung in der Herrschaft Zeil befriedigende Auskunft gäbe, ist auf Schloß Zeil nicht mehr vorhanden.
[2]) D 21, Bü 175, UFasz. ss, Tabelle 5 und 6.

2 l Dinkel und 9 Vtl 3 l Hafer, als Heugeld 1 Pfd Pfennig = 1 fl 8 kr 4 h, ferner die bereits oben genannten Abgaben und Fronsurrogatgelder.

Das Urbar von 1756 erfaßt in der Regel nur die Leistungen an die Herrschaft Zeil, bei Eigengütern und Lehen anderer Grundherrschaften also nur die Verpflichtungen gegenüber Zeil als Orts- und Gerichtsherrschaft. Soweit Abgaben an andere Grundherrschaften festgestellt werden konnten, sind sie durch eckige Klammern kenntlich gemacht. Weitere kleine Geld- und Hellerzinse z. B. an den Ortsheiligen oder die St. Martins-Pflege in Leutkirch wurden in die Übersicht nicht aufgenommen; sie dürften durch Stiftungen oder Gültkauf entstanden sein.

Zu den einzelnen Posten vgl. die bisherige Darstellung. Die Bezeichnung der Güter mit Heiligennamen (Spalte 2), offensichtlich eine Nachahmung der Praxis in den geistlichen Territorien Oberschwabens während des 18. Jh.s, wurde später wieder aufgegeben. Unter „Zins und Geld" (Spalte 13) sind bei den Selden Heugeld, Dienstgeld, Scheitgeld, Jaggeld und Hundsmiete in einer normierten Summe zusammengefaßt. Die Hundsmiete (Spalte 24) ist offensichtlich ein Ersatz für die ehemalige Pflicht, für die Herrschaft Hunde zu halten (F 94, Bü 184, Q 18, Beilage 3).

Flächenmaß: Altzeiler Maß, Acker in Jauchert, Wiese in Tagwerk berechnet.

Jauchert	Quadratruten	(Nürnberger) Quadratschuh	
1	432	43 200	= 0,4173 ha
	1	100	= 9,6597 qm
		1	= 0,0966 qm

Tagwerk	Quadratruten	Quadratschuh	
1	576	57 600	= 0,5564 ha
	1	100	= 9,6597 qm
		1	= 0,0966 qm

Der Nürnberger Schuh ist zu 31,08 cm gerechnet (vgl. Scherer, S. 73). (Die Maßtabelle von 1806–1810 in D 55, Bü 1 rechnet den Schuh mit 30,44 cm).

Hohlmaß: Altzeiler Maß (nach Lutz, S. 158)

Malter	Viertel	Imi	Viertele	
1	8	32	128	= 212,39 l
	1	4	16	= 26,5487 l
		1	4	= 6,6372 l
			1	= 1,6593 l

Nr.	Bauerngut	Grundherrschaft	Roßbau	Acker Jcht	Wiese Tw
1.	2.	3.	4.	5.	6.
1.	S. Aloysius[1]	eigene leere Söld mit Hofstattrecht			
2.	S. Andreas	Hummlische Stiftung	5 3/4	78 1/2	18 3/4
3.	S. Ambrosius (Schneider)	Zeil	1/2	19 1/4	–
4.	S. Antonius	Zeil	3	30 1/2	5
	–„–	Eigen	1/2	8 3/4	2 3/4
5.	S. Augustinus (Weber)	Zeil	1/2	20	5
6.	S. Balthasar	Zeil	1/4	4 3/4	–
7.	S. Bartholomaeus	Zeil	2	24 1/4	3
8.	S. Bernhardus wegen einer Sold oder Beund	Zeil	2	21 1/2	2 3/4
9.	S. Blasius	Heiligenpflege Reichenhofen	1 1/2	22	5
10.	S. Carolus (Weber)	–„–	1/2	12 1/2	–
11.	S. Caspar (Küfer)	Zeil	1/4	1	1/2
12.	S. Christophorus	Heiligenpflege Reichenhofen	1/2	9 3/4	3
		Eigen[2])	1/4	9	–
13.	S. Cosmas	Eigen	1/4	6 1/4	1/4
14.	S. Crispinus	Zeil	1	6 1/2	1 1/2
		Eigen, 1757 Zeil	1/2	5 3/4	1
15.	S. Cyriacus	S. Josephi Bruderschaftspflege Reichenhofen	1/4	6 1/2	
16.	S. Damianus (Chirurg)	Heiligenpflege Reichenhofen	1/2	5 1/2	3/4
17.	S. Dionysius (Maurer)	–„–	1/2	8 1/2	–
18.	S. Egidius (Krämerei)	Zeil	herrschaftliche Erlaubnis zu Hausbau; Hofplatz und Sommergärtle (29 QR). Keine Abgaben genannt.		
19.	S. Erasmus	Heiligenpflege Reichenhofen	1	30 3/4	–
		Eigen	1/2	12 3/4	–
20.	S. Eulogius (Schmitte)	Zeil	1/4	8	1/4
21.	S. Eustachius	Heiligenpflege Reichenhofen	1/4	8	–
22.	S. Franciscus[3] (Mühle, Säge)	Zeil	4	27 3/4	12 1/4
23.	S. Gallus[4]	Kißlegg	1/2	8 1/4	1/4

Veesen Vtl Imi	Haber Vtl Imi	Hennen (Stück à 10 kr)	Hühner (Stück à 5 kr)	Eier (100 Stück à 40 kr)	Werg (Pfd à 6 kr)	Zins u. Geld an Herrschaft Zeil fl kr h	Heugeld fl kr h
7.	8.	9.	10.	11.	12.	13.	14.
						1 30	
[57 –	58 2	1	12	150	24]	15 52 4	
?	?	1	1	13	2		– 34 2
28 2	29 1	1	6	75	12	1 13 1	3 25 4
9 2	9 3	2	2	25	4	30 2	– 34 2
						1 30	
18 4	19 2	1	4	50	8		2 17 1
19 –	19 2	1	4	50	8		2 17 1
[12 3	16 2	1	2	38	6]		[2 22 4]
–	–	[1	1	13	2]	2 30	[3 26 2[10])]
[4 3	4 3 1/2	1	1	13	2]		[34 2]
						– 36 5	
						1 – 6	
4 3	4 3 1/2	1	1	13	2	8 – –	34 2
5 –	5 –	1	2	25	2	1 16 1	
						1 48 4	[3 – –]
	[9 2	1	1	13	2]		[– 34 2]
	[8 2	1	1	13	2]		[– 34 2]
	[6 2]	[1	2	25	4]		[2 34 4]
						1 30 –	
						1 30 –	
28 2	29 1	3 (+ 1 Kapaun à 30 kr) [17]	9	125	12	50[12]) – –	4 – –
						1 56 3 1/2	

Nr.	Bauerngut	Grundherrschaft	Zins für Gereutboden			Steuer		Leibhenne	Mähnfron		
			fl	kr	h	kr	h	kr	fl	kr	h
1.	2.	3.	15.			16.		17.	18.		
1.	S. Aloysius[1]	eigene leere Söld mit Hofstattrecht									
2.	S. Andreas	Hummlische Stiftung	4	5	3 1/2				4	30	–
3.	S. Ambrosius (Schneider)	Zeil	–	52	4	6	6	6	–	22	4
4.	S. Antonius	Zeil	2	12	6	6	6	6	2	37	4
	–„–	Eigen				6	6	6			
5.	S. Augustinus (Weber)	Zeil	–	59	1 1/2	6	6	6	–	45	–
6.	S. Balthasar	Zeil	–	45	6 1/2						
7.	S. Bartholomaeus	Zeil	1	32	5	6	6	6	1	30	
8.	S. Bernhardus wegen einer Sold oder Beund	Zeil	2	41	6 3/4	13 6	5 6	12 6	1	30	–
9.	S. Blasius	Heiligenpflege Reichenhofen	1	19	2	6	6	6	1	7	4
10.	S. Carolus (Weber)	–„–	–	52	4	6	6	6	–	22	4
11.	S. Caspar (Küfer)	Zeil		45	6 1/2						
12.	S. Christophorus	Heiligenpflege Reichenhofen Eigen[2])		59	1 1/2	6	6	6	–	33	6
13.	S. Cosmas	Eigen									
14.	S. Crispinus	Zeil Eigen, 1757 Zeil	1	19	2	6	6	6	–	45	–
15.	S. Cyriacus	S. Josephi Bruderschaftspflege Reichenhofen	–	45	6 1/2				–	–	–
16.	S. Damianus (Chirurg)	Heiligenpflege Reichenhofen	–	52	4	6	6	6	–	22	4
17.	S. Dionysius (Maurer)	–„–	–	52	4	6	6	6	–	22	4
18.	S. Egidius (Krämerei)	Zeil									
19.	S. Erasmus	Heiligenpflege Reichenhofen Eigen	1	19 13	2 3	6	6	6	–	45 22	– 4
20.	S. Eulogius (Schmitte)	Zeil		45	6 1/2						
21.	S. Eustachius	Heiligenpflege Reichenhofen		45	6 1/2						
22.	S. Franciscus[3]) Mühle, Säge	Zeil		48	2	13	5	12	3	–	–
23.	S. Gallus[4])	Kißlegg		52	4					22	4

Handfron		Dienstgeld			Eheklafter	Scheitgeld	Jaggeld		Hundsmiete		Kälbergeld	Holzfuhrfron	Holzgerechtigkeit
fl	kr	fl	kr	h	kr	kr	fl	kr	fl	kr	kr	Klftr	Klftr
19.		20.			21.	22.	23.		24.		25.	26.	27.
					15						2		
1	20				15						48	5 1/2	5
1	20		26	1	15	12	–	20	–	15	6	1/2	2 1/2
1	20	2	36	6	15	12	2	–	1	30	24	3 1/2	5
						12					4		
1	20	–	26	1	15	12	–	20	–	15	4	1/2	1 1/4
1	20				15						4		2 1/2
1	20	1	44	4	15	12	1	20	1	–	16	2	3 1/2
1	20	1	44	4	15	24	1	20	1	–	16	2	?
			12			12	–	24					
1	20	1	18	3	15	12	1	–	–	45	12	1 1/2	3
1	20	–	26	1	15	12	–	20	–	15	6	1/2	2 1/2
1	20				15								2 1/2
1	20	–	26	1	15	12	–	20	–	15	4	1/2	2 3/4
											2		
1	20	–	26	1	15	12	–	20	–	15	8	1	3
			26	1						20			
1	20				15						4	–	2 1/2
1	20	–	26	1	15	12	–	20	–	15	6	1/2	2 1/2
1	20	–	26	1	15	12	–	20	–	15	6	1/2	2 1/2
1	20	–	52	2	15	12	–	40	–	30	8	1	3
											4		
1	20				15						4		2 1/2
1	20				15						4		2 1/2
2	40	3	29	1	30	24	2	40	2	–	32	4	5
1	20				15						6	1/2	2 1/2

Nr.	Bauerngut	Grundherrschaft	Roßbau	Acker Jcht	Wiese Tw
1.	2.	3.	4.	5.	6.
24.	S. Georgius⁵) (Pfeifenmacher)	Eigen Heiligenpflege Reichenhofen	3/4 1/2	8 1/4 12 1/4	1/4 –
25.	S. Hieronymus	Zeil Eigen	1/4 1/4	3 1/4 10	 1/4
26.	S. Ignatius	Gotteshaus Mariae Rosengart zu Wurzach	3	27 3/4	12 1/2
	S. Jacobus (maior)	–„–	1 1/2	23	3 1/4
	S. Jacobus (minor)	Eigen	3/4	7	–
27.	S. Johannes⁶)	Eigen	1 1/2	24 3/4	4 1/4
28.	S. Josephus⁷) (Wirtschaft)	Zeil	2 1/2	22 3/4	10 1/4
29.	S. Lampertus	Zeil	1/4	6 1/4	–
30.	S. Laurentius	Pfarrwiddum	3	30 3/4	11 1/2
31.	S. Leonhardus	Heiligenpflege Reichenhofen	2	25 1/4	1 1/2
32.	S. Liberatus	Eigen, seit 1759 Zeil	1 1/2	27	4
33.	S. Longinus	Zeil	1/4	4 3/4	–
34.	S. Matthaeus	Zeil	1 1/2	24 1/4	2 1/2
35.	S. Mauritius	Eigen, seit 1757 Zeil	1 1/4	13 1/2	–
36.	S. Maximilianus	Zeil	3 1/2	43 3/4	16 1/2
37.	S. Melchior	Eigen, seit 1758 Zeil	1/4	4	–
38.	S. Michael	Heiligenpflege Reichenhofen	1/4	3 1/2	3/4
39.	S. Panthaleon	Zeil	1 1/8	11 3/4	1
40.	S. Paulus	Zeil Eigen	1/2 1/2	5 1/4 10 1/4	2 1/2 4
41.	S. Peregrinus	Eigen, seit 1758 Zeil	1/4	3 3/4	–
42.	S. Petrus	Eigen, seit 1757 Zeil	1	16 1/4	1/2
43.	S. Philippus (Schuster)	Zeil	1	21 3/4	1 1/2
44.	S. Sebastianus⁸)	Spital Waldsee	3	40 3/4	8 1/2
45.	S. Simon⁹)	Eigen	1/4	2 1/4	3/4
46.	S. Thomas	Zeil	2	12 1/4	15 3/4
47.	S. Vitus	Heiligenpflege Reichenhofen	1 1/2	21 1/2	3/4
48.	S. Wolfgang (Meßmer)	–„–	1/4	5 1/4	–
49.	S. Wunibaldus	Zeil	3	27 1/2	8 1/4
50.	S. Xaverius	Eigen (Meßmergut)	1	6	3/4

Veesen Vtl Imi	Haber Vtl Imi	Hennen (Stück à 10 kr)	Hühner (Stück à 5 kr)	Eier (100 Stück à 40 kr)	Werg (Pfd à 6 kr)	Zins u. Geld an Herrschaft Zeil fl kr h	Heugeld fl kr h
7.	8.	9.	10.	11.	12.	13.	14.
[4 3]	[4 3 1/2]	[1	1	13	2]	1 47 1	
	2 1/2					1 30	
	[6 1/2]					− 45 6 1/4	[30 2]
						2 17 1	
[14 1]	[14 2 1/2]	[1	3	38	6]	3 22	[1 32 −]
						1 22 2 1/2	
						3 55 5 1/2	
14 1	14 2 1/2	1	3	38	6	18[13])	1 42 6
						1 30 −	
[17 −]	68[11]) [16 4]	[1	4	50	8]		[2 17 −]
10 −	10 −	1	2	25	2	13 46 −	
						2 30	
14 1	14 2 1/2	1	3	38	6		1 42 6
10 −	10 −	1	2	25	2	22 8	
33 1	34 1/2	1	7	88	14		3 59 6
						6 53 5 1/4	
						1 30	
10 3	10 3 1/2	1	2	28	4 1/2		1 41 2
4 3	4 3 1/2	1	1	13	2		34 2
						− 8 3	
						7 30 −	
10 −	10 −	1	2	25	2	9 34 −	
9 2	9 3	1	2	25	4		1 8 4
4 Schfl[14])	4 Schfl[14])					7 − −	
						1 50 3	
19 −	19 2	2	4	50	8	5[15])	2 17 1
	[22 −]	[1	2	25	4]		[1 23 4]
[3 fl Zins u. 2 Vtl Haber an Heiligenpflege Reichenhofen]						2 30 −	
28 2	28 5	1	6	75	12		3 25 4
						1 30	

Nr.	Bauerngut	Grundherrschaft	Zins für Gereutboden			Steuer		Leibhenne	Mähnfron		
			fl	kr	h	kr	h	kr	fl	kr	h
1.	2.	3.	15.			16.		17.	18.		
24.	S. Georgius[5]) (Pfeifenmacher)	Eigen Heiligenpflege Reichenhofen								33 22	6 4
25.	S. Hieronymus	Zeil Eigen		52	4					11	2
26.	S. Ignatius	Gotteshaus Mariae Rosengart zu Wurzach	2	5	5 1/2	6	6	6	2	15	–
	S. Jacobus (maior)	–„–	1	39	2 1/2				1	41	2
	S. Jacobus (minor)	Eigen							–	33	6
27.	S. Johannes[6])	Eigen							1	7	4
28.	S. Josephus[7]) (Wirtschaft)	Zeil	1	46	–	6	6	6	–	7	4
29.	S. Lampertus	Zeil		45	6 1/2						
30.	S. Laurentius	Pfarrwiddum	1	59	3						
31.	S. Leonhardus	Heiligenpflege Reichenhofen	1	32	5	6	6	6	1	30	–
32.	S. Liberatus	Eigen, seit 1759 Zeil	1	19	2				1	18	6
33.	S. Longinus	Zeil		45	6 1/2						
34.	S. Matthaeus	Zeil	1	19	2	6	6	6	1	7	4
35.	S. Mauritius	Eigen, seit 1757 Zeil	1	12	4 1/2	6	6	6	–	45	–
36.	S. Maximilianus	Zeil	2	12	6	6	6	6	2	37	4
37.	S. Melchior	Eigen, seit 1758 Zeil		45	6 1/2				1	37	2
38.	S. Michael	Heiligenpflege Reichenhofen		45	6 1/2						
39.	S. Panthaleon	Zeil	1	9	1 3/4	13	5	12		50	5
40.	S. Paulus	Zeil Eigen	1	5	7	6	6	6		22 22	4 4
41.	S. Peregrinus	Eigen, seit 1758 Zeil		45	6 1/2						
42.	S. Petrus	Eigen, seit 1757 Zeil	1	5	7	6	6	6	1	7	4
43.	S. Philippus (Schuster)	Zeil	1	5	7	6	6	6	–	45	–
44.	S. Sebastianus[8])	Spital Waldsee	1	59	3	13	5	12	2	15	–
45.	S. Simon[9])	Eigen									
46.	S. Thomas	Zeil	1	39	2 1/2	6	6	6	1	30	–
47.	S. Vitus	Heiligenpflege Reichenhofen	1	19	2	6	6	6	1	7	4
48.	S. Wolfgang (Meßmer)	–„–	–	45	6 1/2						
49.	S. Wunibaldus	Zeil	1	59	3	6	6	6	2	15	–
50.	S. Xaverius	Eigen (Meßmergut)	1	5	7						

Handfron		Dienstgeld			Eheklafter	Scheitgeld	Jaggeld		Hundsmiete		Kälbergeld	Holzfuhrfron	Holzgerechtigkeit
fl	kr	fl	kr	h	kr	kr	fl	kr	fl	kr	kr	Klftr	Klftr
19.		20.			21.	22.	23.		24.		25.	26.	27.
1	20				15								2 1/2
			26	1		20	-	15			6		
1	20												
1	20	1	44	4	15	12	1	20	1	-	24	3	4
1	20				15						12		
											6		
1	20	1	18	3	15	12	1	-	-	45	20	1 1/2	7 1/2
1	20				15						4		2 1/2
													10
1	20	1	44	4	15	12	1	20	1	-	16	2	3 1/2
1	20				15						14	1 1/2	3
1	20				15						4		2 1/2
1	20	1	18	3	15	12	1	-	-	45	12	1 1/2	3
1	20	-	52	2	15	12	-	40	-	30	10	1	3
1	20	3	3	-	15	12	2	20	1	45	28	3 1/2	4
					15						2		2 1/2
1	20				15						4		2 1/2
1	20	1	-	4	15	24	-	45	-	34	9		
1	20		26	1	15	12	-	20	-	15	10	1	3
			26	1									
1	20				15						4		2 1/2
1	20	1	18	3	15	12	1	-	-	45	8	1	3
1	20	-	52	2	15	12	-	40	-	30	8	1	3
2	40	2	36	6	30	24	2	-	1	30	24	3	4
1	20	1	44	4	15	12	1	20	1	-	18	2	3 1/2
1	20	1	18	3	15	12	1	-	-	45	12	1 1/2	3
1	20	2	28	6	15	12	2	-	1	30	24	3	4

f) Zehntverhältnisse:

Auf etwa 87 % der Markung – nach den Angaben von 1848/49 auf 1068 Mg – bezog die Pfarrei Reichenhofen Groß-, Klein- und Heuzehnten, auf ca. 90 Mg das Hospital Waldsee und auf 6 Mg das Rentamt Zeil Groß- und Kleinzehnten[1]). Die gesamte Markung war der Zehntpflicht unterworfen; Zehntfreiheit genoß nur das Pfarrwiddumgut mit 38 Mg Acker und 19 Mg Wiese.

Zum Großzehnten rechneten observanzmäßig sämtliche Getreidesorten, alle übrigen angebauten Gewächse zählten zum Kleinzehnten. Unter den Heuzehnten fiel nur der erste Schnitt von Gras und Klee, während der Öhmdschnitt zehntfrei blieb.

Eine Vorstellung von der Wertrelation zwischen den einzelnen Zehntrechten vermittelt die Berechnung des Ablösungskapitals für die Pfarrei Reichenhofen nach dem Durchschnitt von 1830/46 in den Preisen des Zehntablösungsgesetzes: Vom jährlichen Rohertrag (1676 fl) entfielen auf den Großzehnten 1466 fl (87,5%), auf den Kleinzehnten 155 fl (9,2%) und auf den Heuzehnten 55 fl (3,3 %). Klein- und Heuzehnten machten demnach 14,2 % vom Bruttoertrag des Großzehnten aus. Während der zweiten Hälfte des 18. Jahrhunderts dürften daher Klein- und Heuzehnten zusammen kaum viel mehr als 10 % des Großzehnten erbracht haben.

Auf dem Großzehntrecht haftete die Verpflichtung zu Neubau und Unterhaltung des Pfarrhauses samt Nebengebäuden sowie die subsidiäre Baulast (Unterhaltung, Neubau, Erweiterung) an der Pfarrkirche nebst Hochaltar, Kanzel, Turm und Kirchhofmauer und am Meßnerhaus. Nach der Berechnung der Ablösungskapitalien für diese auf dem Zehnt ruhenden Lasten von 1861, verglichen mit den Ablösungskapitalien für die Zehntrechte, betrug der Aufwand knapp 10 % vom Rohertrag des Großzehnten[2]).

g) Ständige Gefälle und Ehrschatz des St. Antonius-Lehens der Herrschaft Zeil in Reichenhofen:

---

[1]) S. Aloysius: 24½ QR Fläche, gehört zu S. Ignatius.
[2]) S. Christophorus: Die Eigensölde wurde 1759 dem Heiligen zu Reichenhofen um 275 fl gegen einen jährlichen Zins von 8 fl 15 kr (= 3 %) verkauft.
[3]) S. Franciscus: Da zu dem Lehen 2 Hausgerechtigkeiten gehören, liegen auf ihm zum Teil doppelte Abgaben (Steuer, Handfronen, Eheklafter, Scheitgeld).
[4]) S. Gallus: Gehört zu S. Andreas.
[5]) S. Georgius: Ist zu S. Bernhardus gezogen.
[6]) S. Johannes: Zu S. Franciscus gehörig.
[7]) S. Josephus: 1757 schlug die Herrschaft dem Lehen einen von der Gemeinde gekauften Roßbau Eigenland gegen einen jährlichen Zins von 18 fl zu.
[8]) S. Sebastianus: Aus zwei Lehen zusammengesetzt, daher wie bei S. Franciscus zum Teil doppelte Abgaben (Steuer, Handfronen, Eheklafter, Scheitgeld).
[9]) S. Simon: Zu S. Thomas gehörig.
[10]) Frucht- und Heugeld.
[11]) Wegen Vogtrecht der Herrschaft Zeil.
[12]) Aus der Mahl- und Sägmühle.
[13]) Lehenzins aus dem Roßbau, den die Herrschaft dem Lehen zuschlug.
[14]) Waldseer Meß (1 Schfl = 8 Vtl = 187,02 l; vgl. Lutz, S. 158).
[1]) Diese und die folgenden Angaben nach den Ablösungsakten von 1849 ff; F 180, Bü 111. Etwas abweichende Angaben in OAB Leutkirch (1843), S. 217.
[2]) Vgl. Abschnitt j.

Im Urbar der Herrschaft Zeil von 1583
(ZAZ 1969, fol. 68 ff) wird die Größe des
Gutes angegeben mit   Acker: 15 Jcht 1 Vtl
                                                        Wiese: 3 Tw 1 Vtl
1630 wird sein Umfang mit 2 Roßbau bezeichnet
(ZAZ 1969, fol. 74 b).
1639 schlug die Herrschaft 1 Roßbau heimgefallenes
Eigenland dem Lehen zu (ZAZ 1969, fol. 74 b ff).
Das Urbar von 1676 (ZAZ 1979, fol. 113 ff)
gibt die Größe des Gutes an mit   Acker: 31 Jcht 4 Vtl
                                                        Wiese: 3¹/₂ Tw

1. Ständige Gefälle:

Jahr:	1521	1551	1591	1639	1676	1756
Quelle:	ZAZ 1965 fol. 17	ZAZ 1965 fol. 17	ZAZ 1969 fol. 74 b	ZAZ 1969 fol. 74 b	ZAZ 1979 fol. 117	ZAZ 1985 S. 273
Veesen					28 Vtl 2 I	28 Vtl 2 I
Haber	2 Mltr	2 Mltr	2 Mltr	3 Mltr	29 Vtl 1 I	29 Vtl 1 I
Hennen			1	1	1	1
Hühner	4	4	4	4	6	6
Eier	60	60	60	90	75	75
Werg			8 Pfd	16 Pfd	12 Pfd	12 Pfd
Zins oder	1 Pfd	2 Pfd	2 Pfd	3 Pfd	fl kr h	fl kr h
Heugeld	10 ßh	10 ßh	10 ßh	15 ßh	3 25 4	3 25 4
Steuer					13 5	6 6
Leibhenne					12	6
Dienstgeld					2 36 6	2 36 6
Scheitgeld					24	12
Jaggeld					2	2
Hundsmiete					1 30	1 30
Zins für Gereutboden						2 12 6
Mähnfron						2 37 4
Eheklafter						15
Kälbergeld						24

Bei den Gefällen, die erstmals 1676 und 1756 aufgeführt werden, handelt es sich nicht um neue Auflagen, sondern um Surrogatgelder für früher in natura geleistete Fronen (Dienstgeld, Scheitgeld, Jaggeld, Hundsmiete) und um Abgaben, die bisher nicht im Urbar verzeichnet wurden, da es sich um persönliche Abgaben handelte (Steuer, Leibhenne). Das gleiche dürfte für Henne und Werg gelten, die 1591 erstmals im Urbar genannt werden.

Die Minderung bei Steuer, Leibhenne und Scheitgeld 1756 auf die Hälfte erklärt sich wohl daraus, daß die Herrschaft das Lehen 1676 als aus 2 Lehen zusammengesetzt betrachtete (Zuschlag von 1 Roßbau Eigenland 1639!) und daher diese Gebühren zunächst doppelt erhob.

Zu den übrigen 1756 auftauchenden Abgaben vgl. Abschnitt e (Zins für den Gereutboden), Abschnitt c (Mähnfron), Abschnitt b (Eheklafter), Abschnitt a (Kälbergeld).

2. Für die Entwicklung des Ehrschatzes konnten folgende Daten ermittelt werden:

Quelle	Jahr	Inhaber	Ehrschatz fl		
ZAZ 1965 fol. 17	1551	Georg Kunig (?) und Frau	60	auf 2 Leib	
ZAZ 1969 fol. 74 a	1558	?	31	auf 1 Leib	
ZAZ 1969 fol. 74 b	1591	Melchior Häfelin und Frau	(70)	auf 2 Leib	statt des Ehrschatzes soll Häfelin das abgebrannte Haus auf dem Gut, das er aufgibt, wieder aufbauen.
–„–	1628	Hans Häfelin (Sohn) u. Frau Barbara Halderin	150	auf 2 Leib	
–„–	1630	Georg Benedikt (2. Ehemann der Barbara Halderin)	75	auf 1 Leib	
–„–	1639	Georg Manz und Frau	(30)		Der Ehrschatz wurde für 2 Leib auf 30 fl angesetzt; stattdessen sollte der Beständer 150 fl Schulden übernehmen.
–„–	1649	Christian ...? und Frau	21	auf 2 Leib	
–„–	1651	Georg Müller und Frau	10	auf 2 Leib	
ZAZ 1979 fol. 116 b	1688	Hans Müller (Sohn) und Frau	80 (?)	auf 2 Leib	

(Weitere Verehrschatzungen waren nicht zu ermitteln.)

Im 18. Jahrhundert betrug der Ehrschatz auf 2 Leib in der Herrschaft Zeil je Roßbau an die 100 fl, so daß das St. Antonius-Lehen ca. 300 fl Ehrschatz zu entrichten hatte. Freilich handelte es sich hierbei um eine obere Grenze.

3. Abgabenbelastung des Lehengutes St. Antonius in Reichenhofen um 1780:

Aus den Getreidezehnterträgen der Pfarrei Reichenhofen von 1830/46 und den Angaben des provisorischen Steuerkatasters[1]) läßt sich für die erste Hälfte des 19. Jahrhunderts die durchschnittliche Größe des Getreidezehnten und der Getreideernten annähernd berechnen und mit der Gültbelastung vergleichen.

---

[1]) E 253.

Die Vereinödung des Ortes hatte den Übergang zur Vierfelderwirtschaft ermöglicht. Auf zweijährigen Getreidebau folgte zweijährige Brache, wobei die Brache im vierten Jahr als Weide diente, bei besserem Acker im dritten Jahr auch noch mit Klee beblümelt wurde. Die Zehnteinnahmen der Pfarrei von 1830/46 lassen je Morgen Ackerland eine Ernte von $5^{1}/_{2}$ Schfl rauher Frucht während der zwei Jahre Getreideanbau erschließen. Nach den niedrigen Werten des provisorischen Katasters von 1823 trug der württembergische Morgen besseren Ackers im Winterfeld ca. $5^{1}/_{2}$ Schfl Dinkel, im Sommerfeld ca. 4 Schfl 1 Sri Hafer. Umgerechnet erhält man als Ertrag von 10 Jcht Acker (der Ackerfläche eines Roßbaues in Reichenhofen) für ein Jahr 110 Vtl Dinkel und $82^{1}/_{2}$ Vtl Hafer. Der Zehnt davon betrug 11 Vtl Dinkel und $8^{1}/_{4}$ Vtl Hafer, zusammen also 19 Vtl 1 I rauhe Frucht gegenüber einer Gült von 9 Vtl 2 I Dinkel und 9 Vtl 3 I Hafer, zusammen ebenfalls 19 Vtl 1 I rauhe Frucht.

Großzehnt und Gült dürften demnach im späten 18. Jahrhundert jeweils etwa 10 % des Getreiderohertrags beansprucht haben.

Auf Grund der errechneten Ernteerträge erbrachten $30^{1}/_{2}$ Jcht Acker um 1780 ca. 302 fl, 1 Vtl Dinkel zu 30 kr und 1 Vtl Hafer zu 26 kr gerechnet. Wahrscheinlich ist dieser Ansatz zu niedrig, denn nach der Zehntablösung von 1852 belief sich der Rohertrag sämtlicher Zehnten in Reichenhofen je Mg Fläche trotz der niedrigen Ablösungspreise auf 1 fl 34 kr, und selbst wenn man den Strohertrag abrechnet, der mit 32 % des Getreidezehnten ungewöhnlich hoch ist, auf 1 fl 7 kr. Legt man für 1780 je Jcht Acker nur den 10fachen Betrag hiervon zugrunde (11 fl 10 kr), so belief sich der jährliche Rohertrag des Lehens vom Acker auf 340 fl.

Leistung	fl	kr	% der gesamten Leistung
1. Ehrschatz für 3 Roßbau (300 fl, auf 25 Jahre gerechnet)	12		10,6
2. Gült	26	55	23,9
3. Küchengefälle	2	22	2,1
4. Zins für den Gereutboden	2	13	2,0
5. Mortuar (auf 1 Jahr gerechnet)	4	30	4,0
6. Leibhenne		6	0,1
7. „Steur"		7	0,1
8. Steuer (8 Simpla)	20		17,8
9. Mähnfron	2	38	2,3
10. Handfron	1	20	1,2
11. Dienstgeld	2	37	2,3
12. Eheklafter		15	0,2
13. Scheitgeld		12	0,2
14. Jaggeld	2		1,8
15. Hundsmiete	1	30	1,3
16. Kälbergeld		24	0,4
17. Heugeld	3	26	3,0
18. Großzehnt (geschätzt)	27	37	24,5
19. Kleinzehnt (geschätzt)	2	32	2,3
	112	42	100,0

Auf den Ackerertrag umgerechnet betrug die Abgabenbelastung 37,2 %/o bei einem Jahresertrag von 302 fl, 32 %/o bei einem Jahresertrag von 340 fl, 29,6 %/o bei einem Jahresertrag von 380 fl (hierbei ist ein jährlicher Ertrag von 11 fl 10 kr bzw. 12 fl 30 kr je Jcht Acker zugrunde gelegt).

Nicht einbezogen wurden die (geschätzten) 7 Tage Jagdfrondienst und die Verpflichtung, je Roßbau 1 Klafter Holz auf Schloß Zeil zu liefern. Nach dem Ablösungsanschlag von 1839 hatten diese Leistungen einen Jahreswert von 4 fl 43 kr.

Die Grundentlastung in der Herrschaft Zeil — Gemeinde Reichenhofen

h) Die Ablösungen nach den Gesetzen von 1836:

Die Grundentlastung konnte in der Herrschaft Zeil erst infolge der Gesetze von 1836 beginnen, da sämtliche Linien des Hauses Waldburg bis zum Ausbruch der Märzrevolution trotz wachsender Einsicht in die Notwendigkeit weiterer Ablösungen die Geltung des Zweiten Edikts vom 18. 11. 1817 und der darauf basierenden Verordnung vom 13. 9. 1818 nicht anerkannten[1]). Nur die Lehenleute anderer Grundherrschaften (Kirchenpflegen, Spitäler usw.) konnten schon vor 1848 ihre Güter allodifizieren und mit der Ablösung von Grundlasten beginnen[2]).

Allerdings zeigt ein Vergleich der Ablösungssummen, die der Standesherrschaft Waldburg-Zeil-Trauchburg infolge der Ablösungsgesetze von 1836 und 1848/49 zuflossen, daß hier durch die Gesetze von 1836 nahezu die Hälfte sämtlicher Entschädigungsgelder einkam[3]).

Ablösungsvollzug in der Gemeinde Reichenhofen:

Die folgenden Aufstellungen beziehen sich größtenteils auf die politische Gemeinde Reichenhofen einschließlich der zugehörigen Parzellen.

---

[1]) Vgl. Nr. 80 und 82.
[2]) F 180, Bü 73.
[3]) Vgl. Nr. 138 und 185—187.

1. Ablösungen in der Gemeinde Reichenhofen gegenüber der Standesherrschaft Waldburg-Zeil-Traudhburg nach dem Beden-Gesetz:

Quelle	NZAZ 1250	NZAZ 1250	NZAZ 1250	NZAZ 1250	NZAZ 1250
Datum der Ablösungsurkunde	18. 6. 1839	1.7. 1839	6. 1. 1840	29. 8. 1840	1. 9. 1840
abgelöste/aufgehobene Abgabe	Kälbergeld	Baukonzessionsgelder	Hundsmiete	Hintersassengeld	Gemeindegeld
Pflichtiger	Schultheißerei Reichenhofen	2 Pflichtige	Pflichtige aus der Schultheißerei Reichenhofen	15 Hintersassen in der Schultheißerei Reichenhofen	Gemeinde Reichenhofen und Parzellen Auenhofen und Herbrazhofen

STANDESHERRSCHAFT WALDBURG - ZEIL - TRAUCHBURG

Berechtigter					
jährliche Leistung	24 fl 30 kr	24 kr	67 fl 41 3/8 kr	18 fl	7 fl 8 1/2 kr
Aufhebungs- bzw. Ablösungstermin	Martini 1835	Martini 1838	Martini 1839	Martini 1839	Martini 1838
Entschädigung an den Berechtigten	490 fl (20fach)	8 fl (20fach)	1353 fl 47 kr 4 h (20fach)	360 fl (20fach)	112 fl 30 kr (22 1/2 fach) 42 50 (20 fach) 155 20
davon: durch die Staatskasse	490 fl (20fach)	1 fl 36 kr (4fach)	676 fl 53 kr 6 h (10fach)	180 fl (10fach)	83 fl 55 kr
durch die Pflichtigen	–	6 fl 24 kr (16fach)	676 fl 53 kr 6 h (10fach)	180 fl (10fach)	71 fl 25 kr (10fach)
Zahlungsmodus durch die Pflichtigen	–	1 Rate	10 Jahresraten zu 4 % Zins an Kameralamt Waldsee	2 Jahresraten zu 4 % Zins an Kameralamt Waldsee	2 Jahresraten zu 4 % Zins an Kameralamt Waldsee

2. Ablösung von Fronen und Fronsurrogatgeldern in der Gemeinde Reichenhofen gegenüber der Standesherrschaft Waldburg-Zeil-Trauchburg:

Quellen: Ablösungsurkunde vom 6. 12. 1839 (NZAZ 1286). Bericht des Kameralamts Waldsee über die Fronablösung in der Herrschaft Zeil vom 11. 1. 1840 (F 94, Bü 189, Q 29).

A. Persönliche und dingliche Fronsurrogatgelder

			Jahresbetrag		
1. Mähnfrongeld	(dinglich)		113 fl	48 kr	4 h
2. Handfrongeld	(„	)	133	59	6
3. Dienstgeld	(„	)	118	11	1 1/2
4. Scheitgeld	(„	)	15	39	
5. Jaggeld	(„	)	90	54	
6. Seefahrt	(„	)	11		
7. Eheklafter	(persönlich)		24	30	
			508	2	3 1/2

Ablösungssumme:

für	75 fl	23 kr	1 h	20 fach	=	1 507 fl	42 kr	4 h
	432	39	2 1/2	22 1/2 fach	=	9 734	42	
						11 242	24	4

Davon zahlen die Pflichtigen für den
10–16fachen Jahresbetrag   7 981 fl   39 kr

die Staatskasse für den 4–12 1/2fachen
Jahresbetrag   3 260 fl   45 kr   4 h

B. Persönliche Naturalfronen

	Jahreswert	Ablösungs-maßstab	Ablösungs-kapital
1. Holzfuhr von 138 5/6 Klftr à 1 fl 12 kr	166 fl 36 kr	20fach	3 332 fl
2. Jagdfron von 93 Mann je 4 Tage = 372 Tage à 9 1/2 kr	58 54	20fach	1 178
	225 fl 30 kr		4 510 fl

Davon zahlen die Staatskasse und die Pflichtigen je 2 255 fl.

Gesamte Ablösungsleistung der Pflichtigen	10 236 fl	39 kr		(65 %)
–„– –„– der Staatskasse	5 515	45	4 h	(35 %)
	15 752	24	4	(100 %)

Die Gemeinde Reichenhofen zahlt den Betrag von 10236 fl 39 kr in 10 gleichen Jahresraten samt 4 % Verzinsung an das Kameralamt Waldsee.

Die Pflichtigen wurden durch die Ablösung für die zehn Jahre also um rund 40 % höher belastet als durch die bisherige Jahresleistung.

3. Entschädigung der Standesherrschaft Waldburg-Zeil-Trauchburg für leibeigenschaftliche Leistungen in der Schultheißerei Reichenhofen (Reichenhofen, Unterzeil, Auenhofen, Herbrazhofen, Mailand, Brunnentobel, Haid und Zeil) nach dem Gesetz vom 29. 10. 1836:

	Manumissionen	ledige Anfälle	Todfälle (Mortuarien)
Quelle	NZAZ 1231	NZAZ 1231	NZAZ 1232
Datum	11. 4./29. 7. 1838	11. 4./29. 7. 1838	14. 4./3. 5. 1840
Berechnungsperiode	1806/17	1793/1817	1793/1817
	fl kr	fl kr	fl kr
Rohertrag	414	1604 55	4712 30
8 % Abzug	33 7	128 23	377
durchschnittlicher			
Jahresertrag	31 44	59 4	173 25
20fache Entschädigung	634 48	1181 15	3468 25

Die gesamte Entschädigung von 5284 fl 28 kr übernahm die Staatskasse.

Die Ablösungen nach den Gesetzen von 1848/49:

i) Ablösung der Grundgefälle:

Die Ablösungsgesetze von 1848/49, in erster Linie das Gesetz vom 14. 4. 1848, suchte Fürst Konstantin in seiner Standesherrschaft ohne Dazwischenkunft der Ablösungskasse durch direkte Vereinbarung mit den ehemaligen Pflichtigen durchzuführen, um die Entschädigungsgelder in möglichst wenigen Raten bar statt in Obligationen zu erhalten, die Kursschwankungen unterworfen waren und im Bedarfsfalle zunächst erheblich unter ihrem Nennwert verkauft werden mußten[1]. Für den Vorteil, nach kurzer Zeit über größere Summen disponieren und mit ihnen noch zu günstigen Bedingungen Grund und Boden erwerben zu können, gewährte der Fürst den bisherigen Pflichtigen außer den gesetzlich vorgeschriebenen Abzügen von 4 % des Rohertrags bei Gefällen zusätzliche Nachlässe, deren Umfang sich vor allem nach der größeren oder geringeren Zahl der Ablösungsraten richtete; durchschnittlich betrugen sie 3 %. Die Zahlung erstreckte sich bei den privaten Ablösungsverträgen relativ selten über einen längeren Zeitraum als 8 bis 12 Jahre, doch kamen auch Fristen bis zu 16 Jahren vor. Nicht wenige Pflichtige konnten Summen von 500 fl und mehr bar oder in wenigen Zielern aufbringen, offenbar ohne fremden Kredit zu beanspruchen – ein Zeichen für die Wohlhabenheit der oberschwäbischen Bauern[2].

---

[1] NZAZ 1203, 1278.
[2] Belege in NZAZ 1203, 1264 f, 1278.

Da die Gemeinde Reichenhofen ca. 380 Mg Wald besaß[3]), aus denen die Lehen Brenn- und Bauholz bezogen, brauchte die Lehenherrschaft hier kaum Gegenreichnisse aufzurechnen. Sehr oft aber hatten die Lehenbesitzer anderer Orte erhebliche Holzansprüche in den herrschaftlichen Waldungen. Für das Revier Zeil berechnete die fürstliche Forstverwaltung die Abgaben der holzberechtigten Lehenleute während der Jahre 1832–1841 insgesamt auf 42 468 fl, die Gegenreichnisse der Herrschaft auf 53 500 fl; dies bedeutete ein Defizit von 11 032 fl[4]).

Durch die niedrigen Naturalienpreise der Ablösungsgesetze von 1848/49 verschob sich die Wertrelation weiter zuungunsten der bisherigen Lehenherrschaft; die Ablösenden hatten durch Aufrechnung der Gegenleistungen oft nur ein geringes Ablösungskapital zu entrichten oder erhielten als Inhaber von „Passivlehen" selbst Summen ausgezahlt.

Beispiele aus der Gemeinde Reichenhofen:

NZAZ 1203, Protokoll über die Gefällablösungen durch Privatverträge fol. 39 b/40

Vertragsdatum:					1. 9. 1849							1. 9. 1849		
Lehen:					S. Antonius							S. Philippus		
Abgaben:	Schfl	Sri	Vlg	E	fl	kr	h	Schfl	Sri	Vlg	E	fl	kr	h
a) unständige: (Ehrschatz)					300							100		
jährlich					12							4		
12fach					144							48		
b) ständige: Geldzins					8	53	1					2	12	5
Früchte:														
Veesen	4	3	2	4	17	48	6	1	3	3	4	5	56	2
Haber	3	1	3	6	8	38	6	1	4		6	4	3	6
Summe b)					35	20	5					12	12	5
16fach					565	30						195	22	
Ablösungskapital					709	30						243	22	
Abzüge					59	30						34		
zu zahlende Summe:					650							209	22	

50 fl bar; der Rest wird vom 1. 9. 1849 an zu 4 % verzinst und in 12 Jahreszielern à 63 fl 56 kr abgetragen; erster Zahlungstermin: 1. 1. 1850.	vom 1. 9. 1849 an zu 4 % verzinslich in drei Wochen bar zu zahlen.

---

[3]) NZAZ 2191 und NZAVN 129 (Güterbuch der Gemeinde Reichenhofen I, fol. 389).
[4]) NZAZ 1717. Freilich ist aus der Aufstellung nicht ersichtlich, was unter „Lehenreichnissen" verstanden wird, ob z. B. auch die unständigen Abgaben miteinberechnet worden sind. Belege über die Ablösung von Passivlehen nach den Gesetzen von 1848/49 in NZAZ 1270–1271.

j) Zehntablösung:

Groß-, Klein- und Heuzehnten hatte die Gemeinde Reichenhofen hauptsächlich gegenüber der Ortspfarrei abzulösen[1]). Wegen der relativ hohen Bezugskosten und sonstigen Abzüge (24,4 % des Rohertrags) lag die 23jährige Ablösungsrente (Zinsen und Amortisation), ungerechnet die niedrigen Ablösungspreise für Naturalien, um 18,6 % unter dem durchschnittlichen Rohzehntertrag von 1830/46:

	fl	kr	h
jährlicher Rohertrag der Zehnten (von 1 068 Mg)	1 675	8	2
Abzüge (Bezugskosten, Nachlässe, Gegenleistungen)	409	11	7
Zehntreinertrag	1 265	56	3
Zehntablösungskapital (einschließlich Zinsrückstand von 12 fl 32 kr)	20 267	34	
jährliche Ablösungsrente (23 Zeitrenten vom 1. 1. 1852 bis 1. 1. 1874)	1 364	11	

Die auf dem großen Fruchtzehnten ruhende Verpflichtung zu Unterhalt und Neubau des Pfarrhauses samt Zubehör und die subsidiäre Baulast an Kirche und Meßnerhaus, soweit die Kirchenpflege dazu die nötigen Mittel nicht aufbringen konnte, löste die Pfarrstelle 1861 mit einem Kapital von 2 281 fl (gut 11 % des Zehntablösungskapitals) gegenüber der Kirchenpflege Reichenhofen ab[2]).

Nr. 209

Spital Biberach — Gemeinde Burgrieden

a) Um die Mitte des 13. Jahrhunderts gegründet, ging das Heilig-Geist-Spital Biberach seit 1320 aus privater Hand in Besitz und Verwaltung der Stadt über. Durch Schenkungen und mehr noch durch Eigenerwerb aus erheblichen Einnahmeüberschüssen konnte es eine ziemlich geschlossene Grundherrschaft aufbauen und bis ins 16. Jahrhundert hinein ausdehnen. Sie bildete bis zur Mediatisierung (1802) im wesentlichen das Territorium der Reichsstadt Biberach[1]).

---

[1]) F 180, Bü 111; vgl. Abschnitt f.
[2]) Nach F 180, Bü 152, Q 158 f betrug das gesamte Ablösungskapital 2374 fl; davon entfielen 2281 fl auf die Pfarrstelle Reichenhofen.
[1]) Zusammenfassende Literaturangaben über die Geschichte von Stadt und Spital Biberach zuletzt bei *Heimpel*. Besonders wichtig unter der älteren Literatur ist *Ernst*, Biberacher Spital; vgl. ferner die Einleitung zu dem Inventar des Spitalarchivs von *Roland Seeberg-Elverfeldt* (Inventare der nichtstaatlichen Archive in Baden-Württemberg, Heft 5; 1958), S. V ff.

Die bäuerlichen Rechtsverhältnisse entsprachen in den Grundzügen denen der benachbarten Territorien, doch bestand diesen gegenüber ein auffallender Unterschied in der offenbar stets geringen und seit Mitte des 16. Jahrhunderts ganz schwindenden Bedeutung der Leibeigenschaft[2]. Biberach scheint im Gegensatz zu der sonstigen oberschwäbischen Entwicklung nicht den Versuch gemacht zu haben, die Grundherrschaft des Spitals durch eine möglichst umfassende und geschlossene Territorialleibeigenschaft zu befestigen und auszubauen. Im Zuge der Reformation wurde die Leibeigenschaft gegenüber Stadt und Spital aufgehoben; die gewichtigsten leibeigenschaftlichen Abgaben wie Hauptrecht und Fall waren daher in der Grundherrschaft des Spitals seit der Mitte des 16. Jahrhunderts so gut wie unbekannt[3]. Um jedoch mögliche Eingriffe fremder Leibherrschaften in das Biberacher Territorium zu verhindern, untersagte die Spitalordnung die Aufnahme nicht manumittierter fremder Leibeigener oder auch nur solcher, die eine fremde Leibeigene zur Frau hatten, als In- oder Beiwohner im Spitalgebiet[4].

Bäuerliche Besitzrechte und Lehenabgaben:

b) Neben umfangreichen Zehntrechten bildete der Besitz bäuerlicher Lehengüter die wichtigste Einnahmequelle des Spitals.

Schon das älteste erhaltene Urbar von ca. 1524/26 zeigt, daß das Grundeigentum des Spitals abgesehen von den Waldungen fast ausschließlich als Fallehen vergeben war: 251 Fallehen mit 94,07 % der lehenbaren Fläche standen 24 Erblehen mit 2,58 % der lehenbaren Fläche gegenüber[1]. Durch Aufkauf der bäuerlichen Erbgerechtigkeiten konnte das Spital die noch bestehende Zahl von Erblehen weiter verringern[2]. Zum Besitzrecht der Fallehen vgl. Darstellung, S. 106 ff.

c) Besitzwechselgebühren:

Das Spital verlieh seine Fallehen gegen Handlohn oder Ehrschatz auf einen Leib; von dem abtretenden oder verstorbenen Gutsinhaber erhob es noch im 16. Jahrhundert häufig eine relativ geringfügige fixierte Weglöse, doch ist diese Abgabe offenbar im Laufe der nächsten Jahrhunderte mehr und mehr in Vergessenheit geraten[1]. Witwen durften das Gut für noch unmündige Kin-

---

[2] Hinweise bei *Heimpel*, S. 13 u. 32; *Ernst*, Biberacher Spital, S. 22 und 24.
[3] 1804 bezog die Hospitalverwaltung nur von den Inhabern zweier Bauernhöfe und zweier Leerhäuser in Baltringen die Leibeigenschaftsabgaben Schlauf und Fall; es dürfte sich bei diesen Anwesen um spätere Erwerbungen des Spitals handeln (Bericht der Hospitalverwaltung vom 10. 3. 1804; Spitalarchiv Biberach A 503). Das Leibbuch des Spitals von 1528 (Spitalarchiv Biberach B 3118) führt offenbar nur Leibeigene außerhalb der Grundherrschaft des Spitals auf.
[4] Spitalordnung von 1491, fol. 2. Spitalarchiv Biberach B 3445; vgl. ebd. A 1258/1259 (Urkunden über Entlassung aus der Leibeigenschaft und Geburtsbriefe).
[1] Spitalarchiv Biberach B 3113–3116; *Ernst*, Biberacher Spital, S. 21; *Heimpel*, S. 4 f.
[2] Vgl. die Hinweise bei *Ernst*, Biberacher Spital, S. 23 u. 112; für Burgrieden vgl. Abschnitt h.
[1] Eine Weglöse ist im Urbar von 1524/26 bei vielen Lehen erwähnt, kommt aber in den Handlohnbüchern später nur noch gelegentlich vor.

der bestehen und weiterführen, bis diese selbst den Hof übernehmen konnten.

Der Betrag der Besitzwechselgebühr schwankte hier wie anderwärts entsprechend der allgemeinen Konjunkturentwicklung. Seine große wirtschaftliche Bedeutung scheint der Handlohn allerdings erst im 16. Jahrhundert erlangt zu haben. Bis zum Dreißigjährigen Krieg läßt sich ein besonders starker Anstieg verzeichnen; nach dem tiefen Einbruch infolge der Kriegsauswirkungen folgt bis zum Ende des 18. Jahrhunderts wieder ein ziemlich kontinuierliches, wenngleich weniger rapides Anwachsen[2]).

Erst während der zweiten Hälfte des 18. Jahrhunderts lassen sich Versuche feststellen, den Ansatz des Handlohns zu normieren. Um 1770 galt ungefähr folgendes Regulativ:

Der Handlohn betrug

je Kahr Haus und Stadel	10 fl
je Jcht Garten	10 fl
„ „ Acker oder Wiese gut	7 fl – 7 fl 30 kr
„ „ „ „ „ mittel	6 fl – 6 fl 30 kr
„ „ „ „ „ schlecht	5 fl – 5 fl 30 kr[3]).

Doch suchte die Spitalverwaltung im späten 18. Jahrhundert die Ansätze höherzutreiben, bis nach längeren Streitigkeiten zwischen Stadt und Land über diese und andere Steigerungen 1803 schon unter badischer Herrschaft der Handlohn folgendermaßen bestimmt wurde:

je Kahr Haus oder Stadel	10 fl
je Jcht Garten	15 fl
„ „ Wiese	12 fl
„ „ Acker	10 fl
„ „ Holzboden	6 fl[4]).

Im übrigen berücksichtigte die Spitalverwaltung bei der Berechnung die jeweiligen Umstände (Besitzdauer, Zustand der Gebäude, Zahl der hinterbliebenen Kinder, Vermögensverhältnisse, Übergang des Lehens an nicht verwandten Beständer). Im späten 18./frühen 19. Jahrhundert entsprach der Handlohn durchschnittlich etwa 10 % des Gutswertes[5]).

d) Jährliche Lehengefälle:

Die weitaus bedeutendste jährliche Lehenabgabe war die Gült. Im Spitalgebiet bestand sie bis ins 19. Jahrhundert überwiegend in Roggen und Hafer als Winter- bzw. Sommerfrucht, während sonst in Oberschwaben der Roggen

---

[2]) Nach Durchsicht der Handlohnbücher, Spitalarchiv Biberach B 1858 ff; vgl. die Beispiele in Abschnitt k.
[3]) Spitalarchiv Biberach, Neue Akten Kasten XI, Fach 4, Fasz. 7, 12 u. 13.
[4]) F 155, Bü 25.
[5]) Vgl. Abschnitt j, Spalte 18 und 21; E 146, Bü 21, Q 55 fol. 51 f.

meist von Dinkel als dem robusteren und lagerfähigeren Getreide verdrängt worden war[1]). Durch Vergleich mit den Zehnterträgen läßt sich die Gült für die Gemeinde Burgrieden zu Beginn des 19. Jahrhunderts auf gut 10 % des Getreiderohertrags berechnen; dies entspricht etwa der üblichen Gültbelastung in Oberschwaben (genauere Angaben in den Abschnitten i und k).

Während die Gült, soweit sich dies zurückverfolgen läßt (zumindest seit dem 16. Jahrhundert), konstant blieb, nutzte die Herrschaft die anderen, sehr viel weniger gewichtigen jährlichen Natural- und Geldgefälle der Lehen neben den Besitzwechselgebühren auch in beschränktem Umfang dazu, unterschiedliche Belastungen auszugleichen, den sinkenden Wert der Geldreichnisse aufzufangen oder an steigendem bäuerlichem Wohlstand zu partizipieren.

Die Küchengefälle wurden, soweit sie in Geflügel und Eiern bestanden, noch bis zu ihrer endgültigen Verwandlung in Geld (1825) in natura erhoben, falls die Pflichtigen nicht die Zahlung zu laufenden Preisen vorzogen; dies war bis ins 19. Jahrhundert hinein überwiegend nicht der Fall[2]). Der Geldansatz folgte der allgemeinen Preisentwicklung. Es waren zu zahlen für

	um 1725	um 1770/80	um 1790
1 Henne	12 kr	16 kr	20 kr
1 Huhn	6 kr	8 kr	10 kr
10 Eier	5 kr	5 kr	8 kr

Die in natura erhobenen Küchengefälle dienten dem Eigenbedarf der Hospitalpflege; daneben wurde ein erheblicher Teil gratis oder zu Vorzugspreisen an Obrigkeit und Honoratioren der Stadt abgegeben.

Die Belastung mit Küchengefällen war nicht genau normiert. Auf jedem Lehen lag eine Fastnachtshenne, wie es in Oberschwaben üblich war. Die Zahl der zu liefernden Hühner und Eier differierte nach der Größe des Anwesens: Eine Sölde entrichtete gewöhnlich 2 Hühner und etwa 25–60 Eier, ein Bauernhof 4 oder mehr Hühner und 100–120 Eier. Küchengefälle wie Öl und Wachs usw. waren in der Regel schon im 16. Jahrhundert in ein Geldsurrogat verwandelt und wurden mit den übrigen ständigen Geldgefällen verrechnet.

Die ständigen Geldgefälle setzten sich bei jedem Lehen aus verschiedenen Posten zusammen; außer dem Hauszins bestanden sie gewöhnlich in Geldsurrogaten für eigentlich zu leistende Naturalien (z. B. Ölgeld, Heugeld, Wahlbaum, Fleischgeld)[3]). Da sie zu einer Summe zusammengezogen wurden, ist es oft kaum mehr möglich, den Anteil der einzelnen Posten festzustellen.

---

[1]) Erst in der ersten Hälfte des 19. Jahrhunderts suchte die Spitalverwaltung die Roggenin eine Dinkelgült zu verwandeln: Spitalarchiv Biberach, Neue Akten Kasten VIII, Fach 6, Fasz. 2.
[2]) Diese und die folgenden Angaben nach den Küchengefällbüchern; Spitalarchiv Biberach B 1911 ff.
[3]) Das folgende nach den Handlohnbüchern und Lehenakten des Spitals.

1) *Hauszins:* Ein Hauszins lag im 18. Jahrhundert gewöhnlich auf allen Höfen, Sölden oder bloßen Wohnhäusern, belastete freilich die einzelnen Lehen sehr unterschiedlich; bei den Bauernhöfen, die ursprünglich neben den Küchengefällen keinen besonderen Hauszins entrichtet hatten, wurde er allgemein offenbar erst im 17. Jahrhundert eingeführt und blieb auch dann im Vergleich mit den kleineren Anwesen relativ gering.

2) *Das Heugeld* wurde als ein Grundzins von den Lehenwiesen erhoben. Eine einheitliche Bemessungsnorm scheint bis ins späte 18. Jahrhundert nicht bestanden zu haben.

3) *Der Wahlbaum* – ein Geldsurrogat für das Recht der Herrschaft, im Garten des Leheninhabers einen Obstbaum nach eigener Wahl abzuernten, also eine Art Gartenzins – ist eine Abgabe, die offenbar nur in der Biberacher Grundherrschaft üblich war. Allgemein eingeführt wurde sie erst seit der Mitte des 16. Jahrhunderts.

4) *Fleischgeld:* 1603 wies der Magistrat der Stadt die Hospitalverwaltung an: Da die hospitalischen Bauerngüter im Unterschied zu den Söldgütern und den bloßen Wohnhäusern neben den Küchengefällen keinen besonderen Hauszins zu zahlen hätten und daher geringer belastet seien, solle man bei ihrer Wiederverleihung den neuen Beständern die regelmäßige Aufzucht eines vom Spital gestellten Kalbes anbedingen. Für diese Verpflichtung führte man bald als Geldsurrogat ein jährliches „Fleischgeld" von 2 fl ein. Das Fleischgeld lag also nur auf Bauernhöfen als eine Art Ausgleichsabgabe für den nicht bestehenden oder relativ geringen Hauszins[4]).

5) Weitere Geldsurrogate für einstige Naturalleistungen, z. B. für Küchengefälle wie Öl oder Wachs.

Angesichts der wachsenden Diskrepanz zwischen den steigenden Güter- und Naturalienpreisen und den konstant bleibenden Geldgefällen suchte der Magistrat von Biberach 1787 unter Hinweis auf den allgemein bekannten Wohlstand der Bauern die Geldgefälle der hospitalischen Lehen beträchtlich zu steigern[5]), indem er nun wohl erstmals feste Richtlinien für die Bemessung der Abgaben bestimmte. Bei künftigen Belehnungen sollte berechnet werden

als Hauszins		
je Kahr Gebäude	1 fl	
als Wahlbaum		
je Jcht Garten	2 fl	
als Heugeld unter Verzicht auf das bisherige Fleischgeld		
je Jcht zweimähdiger Wiese und Garten	1 fl	30 kr
je Jcht einmähdiger Wiese		45 kr
als Zins		
je Jcht Lehenwaldung		30 kr.

---
[4]) F 178, Bü 88, Q 7.
[5]) Zum folgenden Spitalarchiv Biberach, Neue Akten Kasten VIII, Fach 1, Fasz. 1 und 7.

Trotz wiederholter Beschwerden der Landschaft über diese Abgabenerhöhung hielt der Magistrat mit geringen Modifikationen an der Normierung fest; erst 1803 kam unter badischer Herrschaft ein Vergleich zustande, in dem der Stadt für ihren Verzicht auf die Neubemessung der Geldgefälle die gleichzeitig vorgenommene Erhöhung der Laudemienansätze (vgl. Abschnitt c) zugestanden wurde.

e) Fronen und Frongelder:

Die Fronen, ursprünglich ungemessen, sind in den Handlohnbüchern bereits seit Mitte des 16. Jahrhunderts für jedes einzelne Lehen nach Anzahl und Qualität (Hand- oder Spanndienst) als Gutslast verzeichnet. Auch Lehen unter fremder Jurisdiktion hatten zu fronen. Den Maßstab für den Umfang der Dienste bildeten Hofgröße und Anspann: Spitalbauern mit 6–8 Pferden Bespannung hatten jährlich bis zu zwölf Wagendiensten zu leisten, die anderen Lehenbesitzer entsprechend weniger. Auf einen mittleren Hof trafen 3–4 Wagendienste, auf die kleinen Bauern oder die nicht spannfähigen Söldner 1–4 Handdienste. Da die Spitalverwaltung gewöhnlich nicht sämtliche Fronen benötigte, setzte sie schon früh ein verschiedentlich erhöhtes Geldsurrogat fest und rechnete die wirklich geleisteten Dienste davon ab. Im 18. Jahrhundert betrug das Surrogat je Wagendienst zunächst 20, dann 24 und 30 kr, seit 1762 1 fl, je Handdienst während des ganzen 18. Jahrhunderts 12 kr. Das Hospital verwandte die Wagendienste, die grundsätzlich mit 4 Pferden Anspann einen Tag lang zu leisten waren[1]), vor allem zum Einbringen der Zehnten, zu Holzfuhren aus den Hospitalwäldern sowie zum Transport von Getreide und Baumaterial in die Stadt, die Handdienste zu Garten-, Wald-, Wege- und Feldarbeiten. Als Gegenleistung erhielten die fronenden Lehenleute je Wagen- oder Handdienst 1 Pfund Brot[2]).

f) Zur Wertrelation zwischen den genannten Lehenabgaben und -leistungen vgl. das Einzelbeispiel in Abschnitt k, 3. Die Steuertaxation von 1725[1]) gewährt für das Territorium von Stadt und Spital einen guten Einblick in die Bedeutung der verschiedenen Abgaben, da sie die onera realia der Lehen (ohne Zehnten und Steuern) berechnet. Als Beispiel wird der Ort Burgrieden herausgegriffen, dessen Güter bis auf einen Hof Lehen des Spitals Biberach waren (vgl. Abschnitt h ff):

---

[1]) Vielfach bildeten sich für die Pflichtigen günstigere Observanzen heraus, z. B. daß ein Frontag höher bewertet wurde, wenn der Pflichtige mittags seinen Hof nicht erreichen konnte; so galt eine Zehntfahrt von Burgrieden nach Biberach für 1½ Tage Fron: Spitalarchiv Biberach, Neue Akten Kasten VIII, Fach 4, Fasz. 2, Q 6 Beilage.
[2]) Spitalarchiv Biberach, Neue Akten Kasten VIII, Fach 4, Fasz. 1 u. 2; F 155, Bü 33.
[1]) Spitalarchiv Biberach A 1330.

onera realia	Menge	Preis je Mltr oder Stück	Wert fl kr h	% des Gesamtbetrags
Gült:				
Roggen	102 Mltr 7 Vtl 1 I	4 fl	411 37 4	
Hafer	46 Mltr 2 Vtl 2 I	4 fl	184 37	
			596 14 4	53,3
Geldzinse:				
Hauszins u. Heugeld			198 15 3	
Fleischgeld			20	
Wahlbäume	30	30 kr	15	
			233 15 3	20,9
Küchengefälle:				
Hennen	42	12 kr	8 24	
Hühner	124	6 kr	12 24	
Eier	2770	50 kr je 100 Stück	23 5	
			43 53	3,9
Laudemien:				
(4206 fl Bestandgelder, auf 20 Jahre umgerechnet)			210 18	
Weglöse			2 25 5	
			212 43 5	19,0
Fronen:				
Wagendienste	62	20 kr	20 40	
Handdienste	56	12 kr	11 12	
			31 52	2,9
			1 117 58 4	100,0

Der Anteil der Gülten an den eigentlichen Lehenabgaben und -leistungen belief sich demnach zu einer Zeit, in der die Getreidepreise keineswegs besonders hoch standen, auf 53,3 %. Rechnet man eine Großzehntlast in gleicher Höhe wie die Gült hinzu, so betrug der Anteil des Getreides am Gesamtwert der Lehenabgaben und Zehnten 69,5 %. Dabei ist zu bedenken, daß Getreide nur von den Bauern und Söldnern mit Ackerbesitz geliefert wurde, während die Taglöhner und Handwerker in der Regel nur Geld und Küchengefälle entrichteten[2]).

Die überragende Bedeutung von Gülten und Zehnten für das Biberacher Hospital verdeutlicht auch eine Übersicht über seine Besitzungen, Einnahmen und Ausgaben von 1807[3]). Nach zehnjährigem Durchschnitt entfielen von einer Bruttoeinnahme von 55 543 fl (100 %) 17 743 fl (31,9 %) auf die Gültfrucht, 13 242 fl (23,8 %) auf die Zehntfrucht, auf Gült und Zehntfrucht zusammen 55,8 %.

Zehnt: Die Zehntverhältnisse im Spitalgebiet wiesen keine Besonderheiten auf. Vgl. die Angaben für die Beispielsgemeinde Burgrieden in Abschnitt i.

g) Steuern:

Da die Steuerrechnungen für die Landschaft offenbar nicht erhalten sind, konnte die Steuerbelastung der Bauern während des 18. Jahrhunderts nicht exakt berechnet werden. Bis zur Mediatisierung erhob die Stadt von der Landschaft eine fixierte Steuer im Betrag von 951 fl 26 kr 2 h; die Grundsätze ihrer Veranlagung waren dem städtischen Magistrat selbst unbekannt[1]). Vermutlich handelte es sich um einen alten Pauschalbeitrag der Landschaft zu den allgemeinen Verwaltungsleistungen der Stadt. Die Extraumlagen, nach Bedarf ausgeschrieben, forderte man im 16. und 17. Jahrhundert als Vermögensabgabe nach jeweils neu gefertigten Vermögensbeschreibungen ein[2]). Erst als sich die Extrasteuern vor allem infolge wachsenden militärischen Aufwands seit dem Spanischen Erbfolgekrieg zu einer Dauerinstitution entwickelten, entstand auch das Bedürfnis nach längerfristig gültigen Veranlagungsnormen. Ein umfangreicher Kataster von 1705/08 stieß auf mancherlei Kritik, blieb aber trotz eines

---

[2]) Nach einer Aufstellung von 1725 (Spitalarchiv Biberach B 3132) bestand zwischen den verschiedenen Einwohnerkategorien folgendes numerisches Verhältnis:

	Grundherrschaft des Spitals	Burgrieden
Bauern	128	8
Halbbauern oder Söldner	157	12
Tagwerker	93	15
Handwerker	46	7

[3]) Spitalarchiv Biberach B 3456, S. 205 ff, 323 f.
[1]) Bericht von Bürgermeister Stecher vom 13. 2. 1807 über die Stadt Biberach; D 21, Bü 173.
[2]) Vgl. Ernst, Biberacher Spital, S. 29 f; einige Steuerbücher der Spitalischen Hintersassen auf dem Land vom 16. bis 18. Jahrhundert in Spitalarchiv Biberach B 1317 ff.

Revisionsversuches von 1725 bis zum provisorischen Kataster von 1821 die offenbar unveränderte Grundlage für die Steuererhebung auf dem Lande[3]). Mobiliarvermögen, Vieh, Kapitalien und Gewerbe wurden nicht in die Steuer gezogen; der Kataster erfaßte nur Haus- und Grundbesitz nach der Schätzung vereidigter Taxatoren, wobei man die Häuser nach ihrer Größe, Grund und Boden in drei Bonitätsklassen (gut – mittel – schlecht) bewertete. Von dem so erzielten Wertanschlag wurden bei Fallehen ein Viertel als Lehenquart oder Lehenschaft sowie die jährlichen Geld- und Naturalabgaben an die Lehenherrschaft im einfachen Jahresbetrag abgezogen, um das Steuerkapital zu ermitteln. Von diesem waren 2 h je fl (ca. 0,42 %) als einfache Anlage zu entrichten. Die Zahl der Anlagen richtete sich nach dem jeweiligen Bedarf; 1806 lag sie bei 8[4]). Während der zweiten Hälfte des 18. Jahrhunderts wird man daher 5 Anlagen als Durchschnitt annehmen können.

h) Gemeinde Burgrieden:

Ursprünglich ganz oder teilweise im Eigentum von Ortsadel, befand sich Burgrieden im 15. Jahrhundert weitgehend in der Hand des Ulmer Spitals, dann (seit 1453) des Ulmer Patriziers Hans Ritter (Reuter, Reiter), bevor dessen Burgriedener Besitz durch Verkauf 1466 an das Spital Biberach gelangte: Gericht, Zwing und Bann mit Holzmarken und Ehehaften (Wirtschaft, Schmiede, Holzmühle, Badstube, Fischwasser) und neben weiterem Zubehör vor allem 6 Höfe und 4 Sölden; davon waren 4 Höfe nur auf Lebenszeit verliehen, die übrigen Güter waren Erblehen[1]). Doch gelang es dem Spital im Verlauf des nächsten Jahrhunderts, die Erbgerechtigkeiten der meisten Erblehen aufzukaufen und so das Fallehenrecht allgemein durchzusetzen[2]). Im 18. Jahrhundert existierte in Burgrieden kein Erblehen mehr.

Neben dem Spital behauptete sich im Ort nur noch das Kloster Heggbach als Grundherrschaft mit dem Besitz eines Lehens. Durch einen Vergleich von 1533 mit der Herrschaft Fugger-Kirchberg über die malefizische Obrigkeit in Burgrieden erhielt das Spital alle Malefizsachen inner Etters zugesprochen, dazu außer Etters die Bußen und Strafen, die wegen Übermähens, Überackerns, Marksteinverrückens, heimlichen Holzabhauens und -wegführens und ähnlicher Frevel anfielen; die Strafgewalt über alle anderen malefizischen Händel und Bußen außerhalb Etters standen der Herrschaft Kirchberg zu[3]).

Die bäuerlichen Rechtsverhältnisse und Abgaben in Burgrieden entsprachen den bereits geschilderten in der Grundherrschaft des Spitals. Es sind noch genauere Angaben über die Zehnten nötig, um die Abgabenbelastung der Bauern abschätzen zu können.

---

[3]) Hierzu und zum folgenden Spitalarchiv Biberach B 3129–3133; Bericht von Bürgermeister Stecher (vgl. Anm. 1), S. 174 ff.
[4]) Bericht von Bürgermeister Stecher (vgl. Anm. 1), S. 174 ff.
[1]) Urkunde vom 5. 8. 1466, Spitalarchiv Biberach U 813; Abschrift in B 3220, S. 86–128; zu den älteren Daten vgl. Inventar des Spitalarchivs U 443, 509, 608, 662, 702, 709, 726, 742, 755, 799, 813; OAB Laupheim (1856), S. 145 f.
[2]) Urbar von 1524/26 (Spitalarchiv Biberach B 3113), fol. 118 b ff; Belege für den Aufkauf von Gütern und Erbgerechtigkeiten im 15. und 16. Jahrhundert z. B. in Spitalarchiv Biberach U 1137, 1161/62, 1254/55, 1296/97, 1531 usw.
[3]) Urkunde vom 17. 5. 1533, Spitalarchiv Biberach U 1802; Abschrift ebd. B 3220, S. 407 ff.

i) Zehntverhältnisse in Burgrieden:

Das Zehntrecht auf der Markung Burgrieden war teils nach Distrikten, teils nach Höfen und einzelnen Parzellen zwischen dem Hospital und der Ortspfarrei geteilt mit Ausnahme einiger Äcker, die den Zehnten an die Pfarreien Oberholzheim und Bronnen reichten[1]). Im Distrikt Gartenheim, der nicht zur eigentlichen Ortsmarkung gehörte, besaß das Spital seit 1466 das Universalzehntrecht. Dagegen bezogen auf der Ortsmarkung nach dem Stand 1848/49, der ohne erhebliche Abweichungen auch für die vorgehenden Jahrhunderte gilt, den Großzehnten

das Spital Biberach von	423	Mg
die Pfarrei Burgrieden von	402	Mg
die Pfarrei Bronnen von	3 1/2	Mg
die Pfarrei Oberholzheim von	7 3/4	Mg.

Der Ortspfarrei standen auf der gesamten Markung Kleinzehnten, Garten-, Obst- und Blutzehnten zu. Zum Kleinzehnten gehörten die auf den Äckern angebauten Kleinzehntfrüchte, soweit sie schon in älteren Zeiten hierzu gerechnet wurden (Erbsen, Bohnen, Linsen, Flachs – Wicken zählten schon seit langem zum Großzehnten). Wegen neuer Früchte wie Kartoffeln, Hanf, Raps und Klee, für die sich noch keine feste Observanz herausgebildet hatte, bestimmte nach längerer Unklarheit 1801 ein Generalreskript des Stadtrats für den Großzehntbezirk des Spitals: Soweit diese Früchte im Winter- und Sommerfeld angebaut würden, sollte der Zehnt hiervon als Surrogat für den entgehenden Großzehnten dem Spital gehören.

Exakte Angaben über die Großzehnterträge auf der Markung Burgrieden konnten erst für die erste Hälfte des 19. Jahrhunderts ermittelt werden. Für 1810–1824 berechnete das Spital pro Mg (Jcht) Acker einen durchschnittlichen Zehntertrag von 0,3 (0,555) Schfl rauhe Frucht[2]). Bei den späteren Verpachtungen ergaben sich infolge genauerer Vermessung und Schätzung z. T. erheblich höhere Erträge[3]). Legt man für das 18. Jahrhundert den niedrigsten Schätzwert zugrunde, so beanspruchte die Gült zwischen 8 % und 16 % des Getreiderohertrags und lag damit mengenmäßig etwas über den durchschnittlichen Zehnteinkünften[4]). Entsprechende Werte sind bereits für das 16. Jahrhundert ermittelt worden[5]).

---

[1]) Hierzu und zum folgenden die Zehntbeschreibung von Burgrieden, Spitalarchiv Biberach B 3156.
[2]) Spitalarchiv Biberach, Neue Akten Kasten VIII, Fach 1 b, Fasz. 2, Q 1 ad 5; vgl. Abschnitt m.
[3]) Vgl. Abschnitt m.
[4]) Z. B. Lehen Nr. 26: ca. 8 %; Nr. 3, 5, 20 und 49: ca. 10 %; Nr. 1: ca. 11 %; Nr. 21: ca. 12 %; Nr. 10 und 18: ca. 12,5 %; Nr. 8: ca. 13,5 %; Nr. 7, 22 und 25: ca. 14 %; Nr. 23: ca. 15 %; Nr. 19: ca. 15,5 %; Nr. 6: ca. 16,5 %. Eine wachsende Gültbelastung mit abnehmender Gutsgröße läßt sich nicht feststellen. Ursache für die erheblichen Abweichungen dürften neben den Unterschieden der Bodenqualität auch Gültkäufe gewesen sein; z. B. Spitalarchiv Biberach U 1627, 1648, 1660, 1775, 1797 usw.
[5]) Heimpel, S. 22. Sollten sich die für das 18. Jahrhundert angenommenen Erträge nicht als allzu niedrig erweisen, so wird in einem Vergleich mit den Durchschnittserträgen in den 1850er Jahren ersichtlich, wie erheblich die landwirtschaftliche Produktivität während der ersten Hälfte des 19. Jahrhunderts anstieg: Nach OAB Laupheim (1856), S. 144, erbrachte 1 Mg Acker durchschnittlich 7,5 Schfl Dinkel, 2,5 Schfl Roggen, 3 Schfl Gerste, 4 Schfl Hafer – umgerechnet in rauhe Frucht also gut 5,5 Schfl.

j) Güterbesitz und Abgabenbelastung in der Gemeinde Burgrieden, Stand 1810:

Quelle: Spitalarchiv Biberach B 3134/3135. Korrekturen und Ergänzungen nach den Lehenakten des Spitals: Neue Akten Kasten XI, Fach 4/5. Aus ihnen sind die Daten in Spalte 22 und 23 entnommen und die Angaben über das weitere Schicksal verschiedener Lehen am Schluß der Tabelle.

In Spalte 4 fehlen bei den kleinen Anwesen weitgehend die Flächenangaben; es scheint, als sei hier nur die Fläche der Hofraiten berechnet worden. In Klammern gesetzte Angaben wurden den Lehenakten entnommen.

In Spalte 12 sind verschiedene Geldabgaben wie Hauszins, Heugeld, Wahlbaum, Fleischgeld und Ölgeld zusammengezogen; bei Lehen 49, das bereits 1809 allodifiziert wurde, sind hierunter auch Frongeld und das Surrogat für die Küchengefälle begriffen.

Die Flächenangaben (Spalte 4–9) sind noch im Biberacher Meß gehalten (der Schuh zu 30,7 cm gerechnet; nach D 55, Bü 1):

Jauchert	Viertel	Quadratruten	Quadratschuh		
1	4	614,4	61 440	=	0,579 ha
	1	153,6	15 360	=	0,1448 ha
		1	100	=	9,425 qm
			1	=	0,094 qm

Die Getreideabgaben (Spalte 10–11) sind bereits in württembergisches Maß übertragen (vgl. Nr. 211, d).

Nr.	Leheninhaber	Wohn- Öko- nomie- Gebäude	Fläche von Gebäude u. Hofraite			Baum-, Gras- u. Gemüse- gärten			Acker		
			Jcht	Vtl	QR	Jcht	Vtl	QR	Jchtl	Vtl	QR
1.	2.	3.	4.			5.			6.		
1.	Jakob Wiedersatz	2 1	–	1/2	64	–	3 1/2	22	31	–	65
2.	Georg Bopp, jung	1 –	–	1	21	–	–	27	3	2 1/2	73
3.	Magnus Schmid	1 1	–	–	45	–	1 1/2	32	5	–	3
4.	Georg Bopp, alt	1 –	–	–	40	–	1/2	60	10	3 1/2	49
5.	Christian Mehrat	1 –	–	–	48	–	1	67	7	2	16
6.	Michael Anderer	1 –	–	1/2	6	–	1	68	24	3	63
7.	Matthäus Sättele	1 1	–	–	49	–	1/2	44	5	1	70
8.	Georg Zieher	1 1	–	–	55	–	1	59	7	–	67
9.	Matthäus Mehrat (Schmied)	1 1	–	–	34	–	–	30	4	1/2	2
10.	Xaver Hirsch (Küfer)	1 –	–	–	27	–	2	44	2	1 1/2	58
11.	Joh. Caspar Wilh. Linder (Wirt)	1 4	–	1/2	35	–	3 1/2	14	44	1	57
12.	Ignaz Magnus Spiegele	1 1	–	–	24	–	1/2	30	1	3	34
13.	Ignaz Braun (Schuster)	1 –	(4 Kahr)			–	2	12	2	1	49
14.	Aloys Vogt	1 –	–	–	42	–	1 1/2	38	2	1 1/2	41
15.	Gottfried Schmid	1 1	–	1/2	56	–	2	35	40	1 1/2	37
16.	Alban Knoll (Schuster)	1 –	–	–	18	–	–	35	2	1 1/2	13
17.	Dominicus Ott (Rechenmacher)	1 –	–	–	18	–	–	35	3	1/2	49
18.	Gottfried Romer	1 –	–	1/2	24	–	2	65	14	1 1/2	31
19.	Franz Joseph Romer	1 1	–	–	36	–	–	68	5	1	3
20.	Sebastian Göz	1 2	–	1/2	35	–	1	2	31	3	43
21.	Chrysostomus Karrenmann	1 1	–	1/2	11	–	2	21	27	2 1/2	32
22.	Anton Wilhelm	1 1	–	–	71	–	2 1/2	25	18	2	23
23.	Anton Schenk (Chirurg)	1 –	–	–	49	–	2	72	6	2 1/2	37
24.	Johann Seiz (Schuster)	1 –	–	–	16	–	1/2	11	2	1	56
25.	Andreas, dann Anton Erne	1 3	–	1/2	59	2	1	53	33	2 1/2	14

Wiese			Wald			Summe der Grundstücke			Ständige Gültfrüchte Roggen			
Jcht	Vtl	QR	Jcht	Vtl	QR	Jcht	Vtl	QR	Sri	Vlg	E	Vtle
7.			8.			9.			10.			
16	2 1/2	4	10	1	16	59	1/2	19	57	–	6	3
1	2 1/2	51	–	–	–	5	3	20	6	3	3	–
1	3	61	–	–	–	7	1	63	7	2	6	2
2	1 1/2	43	–	–	–	13	2 1/2	40	11	3	6	1
2	1 1/2	37	–	–	–	10	1 1/2	16	11	–	5	1
5	2 1/2	72	–	–	–	31	–	57	60	2	3	1
3	3 1/2	16	–	–	–	9	2	27	11	–	5	1
3	2 1/2	–	–	–	–	11	1/2	29	13	3	2	1
–	2	24	–	–	–	4	3	14	11	1	3	2
–	–	–	–	–	–	3	–	53	4	1	–	–
15	1/2	14	–	–	–	60	2	45	100	1	5	–
–	1 1/2	18	–	–	–	2	1 1/2	30	3	–	6	–
–	–	–	–	–	–	2	3	61	4	1	–	–
–	–	–	–	–	–	2	3 1/2	45	5	1	2	–
27	1/2	30	3	2 1/2	29	72	–	37	62	2	6	–
1	2	–	–	–	–	3	3 1/2	65	4	1	–	–
4	2	29	–	–	–	7	3	54	6	–	3	2
10	1 1/2	61	–	–	–	25	2 1/2	29	27	2	4	2
–	2 1/2	27	–	–	–	6	–	58	8	2	–	–
11	1/2	25	–	–	–	43	1 1/2	29	51	3	2	2
14	1	51	–	–	–	42	2 1/2	39	48	3	5	–
4	1 1/2	37	–	–	–	23	3	4	39	1	2	3
1	2 1/2	9	–	–	–	9	–	15	17	2	6	1
1	1	21	–	–	–	3	3	28	4	1	–	–
15	1 1/2	52	1	1	21	52	3 1/2	47	70	2	2	2

Nr.	Leheninhaber	Ständige Gültfrüchte Haber				Ständige Geldgefälle			Frongelder	
		Srl	Vlg	E	Vtle	fl	kr	h	fl	kr
1.	2.	11.				12.			13.	
1.	Jakob Wiedersatz	34	–	7	–	7	12	–	6	–
2.	Georg Bopp, jung	6	3	–	3	3	4	–	–	24
3.	Magnus Schmid	7	1	6	–	4	10	5	1	–
4.	Georg Bopp, alt	16	–	6	3	6	32	1	2	–
5.	Christian Mehrat	11	–	5	1	3	36	2	2	–
6.	Michael Anderer	61	2	5	1	9	35	3	4	–
7.	Matthäus Sättele	10	2	4	–	4	13	3	2	–
8.	Georg Zieher	13	3	2	1	4	47	1	2	–
9.	Matthäus Mehrat (Schmied)	11	3	4	2	3	25	–	–	24
10.	Xaver Hirsch (Küfer)	4	1	–	–	3	9	5	–	24
11.	Joh. Caspar Wilh. Linder (Wirt)	76	–	–	3	13	58	–	8	–
12.	Ignaz Magnus Spiegele	3	–	6	–	4	3	–	–	24
13.	Ignaz Braun (Schuster)	4	1	–	–	3	53	3	–	24
14.	Aloys Vogt	4	1	–	–	5	7	–	–	24
15.	Gottfried Schmid	58	1	6	–	10	20	–	6	–
16.	Alban Knoll (Schuster)	4	1	–	–	1	36	–	–	12
17.	Dominicus Ott (Rechenmacher)	6	3	5	–	2	4	–	–	12
18.	Gottfried Romer	25	2	–	2	9	–	2	2	–
19.	Franz Joseph Romer	17	–	–	1	7	42	5	–	24
20.	Sebastian Göz	35	–	4	3	5	16	–	4	–
21.	Chrysostomus Karrenmann	48	3	5	–	6	46	–	4	–
22.	Anton Wilhelm	36	–	4	3	4	43	–	4	–
23.	Anton Schenk (Chirurg)	10	2	4	–	4	6	3	–	48
24.	Johann Seiz (Schuster)	4	1	–	–	3	6	3	–	24
25.	Andreas, dann Anton Erne	63	3	1	1	5	30	–	6	–

Küchengefälle		Laudemium			Wertanschlag			Allodifikation	
Hennen	Hühner	Eier	Jahr	Betrag (fl)	Brandversicherung der Gebäude (fl)	gerichtl. Anschlag der Grundstücke (fl)	Summe (fl)	Datum	Allodifikationsbetrag (fl)
14.	15.	16.	17.	18.	19.	20.	21.	22.	23.
1	4	120	1786	400	1 600	2 724	4 324	1811	1 300
1	2	50	1802	33	350	323	673	1814	200
1	2	60	1794	99	400	512	912	1810	300
1	4	100	1779	108	450	435	885	1814	350
1	2	60	1801	94	500	536	1 036	1812	250
1	6	120	1770 1772	304	800	2 081	2 881	1816	930
1	2	60	1791	84	400	345	745	1813	200
1	2	60	1772 1777 1784	109	550	538	1 088	1813	390
1	2	50	1806	160	500	368	868	1816	350
1	2	60	1798	60	350	256	606	1817	150
1	8	180	1747 1766 1773	678	2 925	2 792	5 717	1811	1 579
1	2	60	1788	45	400	?	?	1836	146
1	2	60	1789	55	350	?	?	1836	82
1	2	60	1792	58	400	194	594	1814	160
1	4	120	1801	470	1 075	3 150	4 225	1810/15	1 617
1	–	30	1800 1806	51	425	155	580	1813	130
–	2	30	1785 1798	31	400	226	626	1813	190
1	6	60	1802	250	600	1 044	1 644	1818	600
1	4	60	1799	82	450	[1 210]	[1 660]	1832	300
1	6	120	1772	370	800	2 616	3 416	1811	950
1	4	120	1806	500	800	2 191	2 991	1815	1 000
1	6	120	1802	200	600	1 686	2 286	1816/37	964
1	4	60	1802	250	800	409	1 209	1814	400
1	2	60	1791	50	300	?	?	1836	103
1	4	120	1805	485	1 125	?	?	1822/35	1 624

Nr.	Leheninhaber	Wohn-Öko-nomie-Gebäude	Fläche von Gebäude u. Hofraite			Baum-, Gras- u. Gemüse-garten			Acker		
			Jcht	Vtl	QR	Jcht	Vtl	QR	Jcht	Vtl	QR
1.	2.	3.	4.			5.			6.		
26.	Damian Jäger	1	–	–	– 32	–	1/2	70	2	2	56
27.	Conrad Mehrat	1	–	–	– 40	–	2 1/2	59	2	1	45
28.	Michael Göz	1 1	–	–	67	–	1/2	32	3	2	68
29.	Alois Weyger (Jäger)	2/3	–	–	–	–	–	–	30	1	– 75
30.	Gottfried Herzog (Müller)	1 3	–	–	74	2	–	43	5	2 1/2	51
31.	Aloys Stähle	1	–	–	–	–	–	19	–	–	–
32.	David Baur	1	–	–	–	–	–	–	–	–	–
33.	Anton Stump	1	–	–	– 24	–	–	39	–	–	–
34.	Ludwig Krezinger	1	–	–	–	–	–	37	–	–	–
35.	Martin Weber (Schneider)	1	–	–	– 7	–	–	7	–	–	–
36.	Josef Wecken-mann	1	–	–	1/2 4	–	3 1/2	6	–	–	–
37.	Franz Müller	1	–	–	–	–	–	–	–	–	–
38.	Xaver Schmid	1	–	(3 1/2 Kahr)		–	–	–	–	–	–
39.	Augustin Gaupp	1	–	–	– 6	–	–	2	–	–	–
40.	Konrad Gerster	1/2	–	–	–	–	–	–	–	–	–
41.	Lorenz Kon-stanzer	1	–	–	–	–	–	7	–	–	–
42.	Johann Geisel-mann	1	–	–	–	–	–	–	–	–	–
43.	Xaver Jäger	1/3	–	–	–	–	–	–	–	–	–
44.	Hirtenhaus der Gemeinde	1	–	–	–	–	–	–	–	–	–
45.	Ignaz Stump	1	–	–	– 11	–	–	71	–	–	–
46.	Zachäus Schmid	1/2	–	–	– 2	–	–	18	–	–	–
47.	Aloys Wecken-mann (Küfer)	1	–	(3 1/2 Kahr)		–	–	11	–	–	–
48.	Christian Bailer	1	–	(3 Kahr)		–	–	30	–	–	–
49.	Gotthard Kranz-egger	1	–	–	– 75	1	2	1	10	1/2	4
50.	Anton Bailer	(Lehen des Klosters Heggbach; nähere Angaben fehlen)									

Wiese			Wald			Summe der Grundstücke			Ständige Gültfrüchte Roggen			
Jcht	Vtl	QR	Jcht	Vtl	QR	Jcht	Vtl	QR	Sri	Vlg	E	Vtle
	7.			8.			9.			10.		
1	2	52	–	–	–	4	1 1/2	58	2	3	5	2
1	–	40	–	–	–	4	1/2	32	4	–	1	2
1	–	62	–	–	–	5	–	1	7	2	4	2
–	–	–	–	–	–	1	1/2	29	2	–	4	–
15	–	43	–	–	–	22	3 1/2	59	43	3	7	3
									+ 34 Sri 3 Vtle Kernen			
–	–	–	–	–	–	–	–	19	–	–	–	–
–	–	–	–	–	–	–	–	–	–	–	–	–
–	–	–	–	–	–	–	–	63	–	–	–	–
–	–	–	–	–	–	–	–	37	–	–	–	–
–	–	–	–	–	–	–	–	14	–	–	–	–
–	–	–	–	–	–	1	–	10	–	–	–	–
–	–	–	–	–	–	–	–	–	–	–	–	–
–	–	–	–	–	–	–	–	–	–	–	–	–
–	–	–	–	–	–	–	–	8	–	–	–	–
–	–	–	–	–	–	–	–	–	–	–	–	–
–	–	–	–	–	–	–	–	7	–	–	–	–
3	2	–	–	–	–	3	2	–	–	–	–	–
–	–	–	–	–	–	–	–	–	–	–	–	–
–	–	–	–	–	–	–	–	–	–	–	–	–
–	–	–	–	–	–	–	1/2	6	–	–	–	–
–	–	–	–	–	–	–	–	20	–	–	–	–
–	–	–	–	–	–	–	–	11	–	–	–	–
–	–	–	–	–	–	–	–	30	–	–	–	–
1	2	65	–	–	–	13	1	69	16	–	–	–

Nr.	Leheninhaber	Ständige Gültfrüchte Haber				Ständige Geldgefälle			Frongelder	
		Sri	Vlg	E	Vtle	fl	kr	h	fl	kr
1.	2.	11.				12.			13.	
26.	Damian Jäger	2	3	1	1	2	41	–	–	24
27.	Conrad Mehrat	4	–	3	3	2	54	3	–	24
28.	Michael Göz	9	1	1	2	4	12	–	2	–
29.	Alois Weyger (Jäger)	2	–	4	–	2	5	–	–	48
30.	Gottfried Herzog (Müller)	9	3	4	3	44	32	–	4	–
31.	Aloys Stähle	–	–	–	–	3	1	3	–	24
32.	David Baur	–	–	–	–	2	–	–	–	12
33.	Anton Stump	–	–	–	–	2	55	15	–	24
34.	Ludwig Krezinger	–	–	–	–	2	57	3	–	24
35.	Martin Weber (Schneider)	–	–	–	–	2	51	3	–	24
36.	Josef Weckenmann	–	–	–	–	3	20	–	–	24
37.	Franz Müller	–	–	–	–	2	51	3	–	24
38.	Xaver Schmid	–	–	–	–	2	52	–	–	24
39.	Augustin Gaupp	–	–	–	–	2	51	3	–	24
40.	Konrad Gerster	–	–	–	–	2	51	3	–	36
41.	Lorenz Konstanzer	–	–	–	–	2	56	3	–	48
42.	Johann Geiselmann	–	–	–	–	2	30	–	–	–
43.	Xaver Jäger	–	–	–	–	2	5	–	–	48
44.	Hirtenhaus der Gemeinde	–	–	–	–	1	9	–	–	–
45.	Ignaz Stump	–	–	–	–	2	58	3	–	24
46.	Zachäus Schmid	–	–	–	–	2	–	–	–	24
47.	Aloys Weckenmann (Küfer)	–	–	–	–	2	58	3	–	24
48.	Christian Bailer	–	–	–	–	2	5	–	–	24
49.	Gotthard Kranzegger	16 +16 Sri Dinkel	–	–	–	9	11	2		
50.	Anton Bailer									

Küchengefälle		Laudemium			Wertanschlag			Allodifikation	
Hennen	Hühner	Eier	Jahr	Betrag (fl)	Brandversicherung der Gebäude (fl)	gerichtl. Anschlag der Grundstücke (fl)	Summe (fl)	Datum	Allodifikationsbetrag (fl)
14.	15.	16.	17.	18.	19.	20.	21.	22.	23.
1	2	60	1781	55	350	324	674	1818	180
1	2	50	1805	85	425	351	776	1818	215
1	2	60	1776	80	500	367	867	1817	300
1	2	25	1805	40	400	61	461	1814	90
1	4	120	1787 1789 1797	584	2 900	?	?	1819	1 550
1	2	60	1803	33	300	?	?	1831	60
1	2	25	1774	20	225	–	225	1812	240
1	2	60	1773	40	200	21	221	1818	125
1	2	25	1802	45	200	?	?	1841	63
1	2	50	1802	21	200	–	200	1837	41
1	2	25	1807	50	300	150	450	1816	110
1	2	60	1797	40	200	–	200	1837	110
1	2	50	1795	30	200	–	200	1835	37
1	2	50	1776	25	200	3	203	1812	50
1	2	25	1801	30	150	–	150	1815	40
1	2	25	1806	24	375	8	383	1817	100
–	–	–	1794	18	?	?	?	1835	33
1	2	25	1794	25	(225)	–	(225)	1810	75
–	–	–	?	?	800	–	800	?	?
1	2	60	1801	28	200	?	?	1842	90
1	2	25	1765	30	150	19	169	1813	80
1	2	25	1801	32	250	?	?	1840	62
1	2	60	1794	36	250	?	?	1835	38
			–		500	609	1 109	1809	450

Über das weitere Schicksal der einzelnen Lehen ist aus den Lehenakten des Spitals kein vollständiges Bild zu gewinnen. Angaben werden hier nur gemacht, soweit die Zerstückelung der Güter festgestellt werden konnte (Spitalarchiv Biberach, Kasten XI, Fach 4, Fasz. 1 ff).

Nr. 1: 1811 allodifiziert der Besitzer das Lehen, da er ein Gut in seinem Geburtsort übernehmen will, und verkauft es an mehrere Güterhändler.

Nr. 2: 1814 allodifiziert; nach dem Trägereibrief von 1837 unter 4 Zensiten geteilt.

Nr. 3: Nach dem Trägereibrief von 1837 ist es unter 7 Zensiten geteilt, doch befinden sich noch zwei Drittel in einer Hand.

Nr. 4: Nach der Allodifikation (1814) wird ein Teil des Gutes stückweise verkauft, bleibt aber zunächst überwiegend in einer Hand.

Nr. 5: Der Besitzer allodifiziert 1812, um durch den Verkauf von Äckern Schulden zu begleichen. Als er 1823 in Konkurs gerät, besitzt er nur noch Haus und Garten; das übrige Land war verkauft oder an Gläubiger verfallen.

Nr. 6: Der Leheninhaber Michael Anderer muß 1816 allodifizieren, um durch teilweisen Güterverkauf einen Teil seiner Schulden abzutragen. Weitere Güterverkäufe werden 1822 nötig. Ein Trägereizettel von 1825 nennt außer Anderer als Träger mit den Gebäuden und ca. 7 Jcht Fläche 8 weitere Zensiten. 1827 gerät Anderer in Konkurs. Ein Trägereizettel von 1839 läßt die fortschreitende Zerstückelung des Gutes sichtbar werden: 25 Zensiten teilen sich in das Gut; davon besitzen 9 weniger als 1 Mg, der Träger 15 1/2 Mg.

Nr. 10: Der Inhaber allodifiziert 1817 aus Geldnot. 1824 gerät er in Konkurs; sein Gut wird von Güterhändlern gekauft und zerstückelt.

Nr. 12: 1834 teilweise zerstückelt.

Nr. 15: Das Gut wird 1810–1815 in verschiedenen Teilen allodifiziert, um durch Landverkauf Gläubiger zu befriedigen. Der erneuerte Zinsträgereizettel von 1835 führt 38 Zensiten auf, wobei Wirt Linder (Lehen Nr. 11) als Träger 15 3/8 Mg besitzt.

Nr. 18: Allodifikation 1818 zwecks Verpfändung und teilweisen Verkaufs; 1828 Vergantung. Der Zinsträgereizettel von 1837 führt 12 Zensiten auf, darunter Wirt Linder (Lehen Nr. 11) mit fast 29 Mg als Träger.

Nr. 20: Seit 1824 wachsende Verschuldung. Nach dem Zinsträgereizettel von 1837 haben 22 Zensiten Anteil an dem Lehen, wobei der ursprüngliche Inhaber als Träger von 77 1/8 noch 19 5/8 Mg besitzt.

Nr. 21: 1835 besitzt der ursprüngliche Inhaber noch die Hälfte des Gutes, in die andere Hälfte teilen sich 15 Zensiten.

Nr. 22: Hohe Verschuldung infolge Wucherborg führt seit 1812 zur Allodifikation fast des ganzen Gutes, zu seiner Vergantung und Zerstückelung (1816). Nach dem Trägereibrief von 1839 sind 44 Mg unter 22 Zensiten geteilt; davon besitzt der Träger, Wirt Linder (Lehen Nr. 11), nur 6 3/4 Mg.

Nr. 23: 1835 unter 9 Zensiten geteilt.

Nr. 25: Infolge hoher Verschuldung des Inhabers wird das Gut seit 1822 stückweise zwecks Landverkaufs allodifiziert. 1835 besitzt der ehemalige Hofinhaber als Zinsträger noch knapp die Hälfte des Gutes; der Rest ist unter 14 Zensiten geteilt.

Nr. 30: Nach lange angewachsener hoher Verschuldung gerät das Gut 1824 in Konkurs und wird um 5575 fl mit Inventar versteigert.

Nr. 31: 1831 allodifiziert; 1834 ist es bereits veräußert.

Nr. 32: Die Spitalverwaltung versteigert 1812 das heimgefallene Lehen als Zinsgut für 240 fl.

Nr. 49: Der Besitzer gerät nach wachsender Verschuldung und teilweisem Landverkauf 1832 in den Konkurs.

k) *Handlohnentwicklung und Abgabenbelastung in der Grundherrschaft des Spitals Biberach:*

Zunächst wird am Beispiel eines großen Hofes und eines bloßen Hauslehens die Entwicklung der jährlichen Lehenabgaben und des Handlohns verfolgt; anschließend wird versucht, die gesamte Abgabenbelastung eines Lehens um 1770/80 zu ermitteln.

1. Lehenabgaben und Handlohn vom Gut des Gottfried Schmid (Lehentabelle Nr. 15):

Nach dem Urbar von 1526 (Spitalarchiv Biberach B 3113, fol. 101–102 b) gehörten in das Lehen:

Haus, Brunnen, Stadel, Garten (ungefähr 1 Jcht), 1 Stück Wald (ungefähr 3 Jcht), 23 Tw Wiesen, 49 Jcht 2 Vtl Acker.

Der Hof war nach Spitalarchiv Biberach U 813 schon 1466 ein Fallehen.

Quelle (Bandzahl/ fol. oder S.)	Jahr	Beständer	Hand-lohn (fl)	Roggen Mltr	Roggen Vtl	Haber Mltr	Haber Vtl	Heugeld
Spitalarchiv Biberach U 813	(1466)	Jörg Rohmer		10	4	5	–	2 Pfd h
B 3113	(1526)	Martin Haß (Schwiegersohn)		11	–	5	4	2 Pfd h
–„–	1546	Hans Haß (Sohn)	unter 70	11	–	5	4	„
B 1861/31 b	1572	Hans Haß (Sohn)	200	11	–	5	4	6 Pfd h
B 1863/159	1599	Hans Haß (Sohn)	250	11	–	5	4	„
B 1864/180	1607	Sebastian Hunger	400	11	–	5	4	„
B 1864/235	1610	Michael Settelin	400	11	–	5	4	„
B 1866/66	1626	Margareta Beck (Wwe. v. M. Settelin)	250	11	–	5	4	7 Pfd h
B 1868/88	1636	Adam Settelin (Sohn)	200	11	–	5	4	4 fl
B 1868/166	1640	Georg Reiser	80	11	–	5	4	4 fl
B 1870/95	1659	Hans Claß	275	11	–	5	4	5 fl
B 1872/100	1692	Matthäus Schmidtberger	100	11	–	5	4	5 fl
B 1872/239 b	1699	Jörg Hardtmann (Ehnachfolger)	200	11	–	5	4	5 fl
B 1875/73 b	1736	Sebastian Karrenmann	275	11	–	5	4	5 fl
B 1876/166	1761	Bernhard Schick	500	11	–	5	4	5 fl
B 1878/78	1792	Anton Schick (Sohn)	500	11	–	5	4	8 fl 54 kr
B 1879/19	1801	Gottfried Schmid (Ehnachfolger)	470	11	–	5	4	8 fl 54 kr

Hauszins	Henne	Hühner	Eier	Wagen-dienste	Wahl-baum	Fleisch-geld	Weglöse
–	1	4	100	–	–	–	2 Pfd h
–	1	4	100	–	–	–	2 Pfd h
–	1	4	100	–	–	–	2 Pfd h
–	1	4	100	–	–	–	Weglöse nicht mehr erwähnt
–	1	4	100	4	1	–	
–	1	4	100	4	1	–	
–	1	4	100	4	1	1 Hauptvieh sommern u. wintern	
8 Pfd 15 s h	1	4	100	4	1	3 Pfd 10 s h	
5 fl	1	4	100	4	1	2 fl	
5 fl	1	4	100	4	1	2 fl	
3 fl	1	4	120	6	1	2 fl	
3 fl	1	4	120	6	1	2 fl	
3 fl	1	4	120	6	1	2 fl	
3 fl	1	4	120	6 à 24 kr	20 kr	2 fl	
3 fl	1	4	120	6 à 30 kr	20 kr	2 fl	
6 fl 45 kr	1 à 20 kr	4 à 10 kr	120	6 à 1 fl	1 fl	2 fl	
6 fl 45 kr	1 à 20 kr	4 à 10 kr	120	6 à 1 fl	1 fl	2 fl	

2. Lehenabgaben und Handlohn des Söldhäusleins von Aloysius Stehle in Burgrieden (Lehen Nr. 31):

Die jährlichen Lehenabgaben und Leistungen bestanden seit Mitte des 16. Jahrhunderts in 5 Pfd h (= 2 fl 51 kr 3 h) Hauszins (vor 1552/53 nur 2 Pfd h), 1 Henne, 2 Hühnern, 60 Eiern und 2 Handdiensten; seit 1748 kamen 10 kr Wahlbaum hinzu.

Quelle	Jahr	Beständer	Handlohn (fl)	Bemerkungen
Spitalarchiv Biberach				
B 1861/30 b	1572	Jörg Sandherr	10	
B 1861/144	1578	Jakob Treitlin	17 Pfd 10 s h	
B 1861/156	1579	Peter Treitlin (Sohn)	15	
B 1863/180	1601	Balthus Schenck	12	
B 1865/166 b	1620	Witwe von Balthus Schenck	12	Seit 1627 war Balthus Schenck (Sohn) Inhaber des Lehens. 1642 ff „ledig", von Balthus Schenck zusammen mit anderer Sölde genutzt.
B 1871/66	1671	Hans Erhardt von Engetsweiler	–	Soll auf seine Kosten ein Haus bauen, wozu ihm 2–3 Stück Eichen und 200 Schäub Stroh zum Decken bewilligt werden. Hauszins und Gefälle erst ab 1673.
B 1872/104	1692	Martin Mühlen von Laupheim	23	
B 1874/180 b	1726	Jakob Mühlen (Sohn)	23	
B 1876/3 b	1748	Josef Rohmer	30	
B 1877/154 b	1775	Balthasar Rohmer (Sohn)	28	
B 1879/58 b	1803	Aloysius Stehle von Laupheim (Schwiegersohn)	33	Taxe 4 fl

3. Abgabenbelastung des Lehens von Jakob Wiedersatz in Burgrieden um 1770/80 (Abschnitt j, Lehen Nr. 1):

Der Berechnung liegen folgende Daten zugrunde:

Durch Verpachtung seiner Großzehntrechte auf der Markung Burgrieden erhielt das Spital Biberach nach einer aufgebesserten Durchschnittsberechnung von 1810/24 jährlich je Jcht Getreidefeld 7 3/4 württ. Sri rauhe Frucht im Winterösch, 5 1/2 Sri rauhe Frucht im Sommerösch[1]. Danach betrug die Ernte des Lehens bei einer Ackerfläche von 31 Jcht nach dem Schema der üblichen Drei-

---

[1]) Spitalarchiv Biberach, Neue Akten Kasten VIII, Fach 1 b, Fasz. 1 ad 5.

felderwirtschaft (bei 10 ¹/₃ Jcht Brache) Winterfrucht von 10 ¹/₃ Jcht = ca. 801 Sri rauhe Frucht, Sommerfrucht von 10 ¹/₃ Jcht = ca. 568 Sri rauhe Frucht. Der Einfachheit halber ist dafür im Winterfeld nur Dinkel, im Sommerfeld nur Hafer gerechnet.

Die Getreidepreise wurden einer württembergischen Durchschnittsberechnung von 1766/86 entnommen, wonach
1 Schfl Dinkel   3 fl 43 kr,
1 Schfl Hafer   2 fl 43 kr,
1 Schfl Roggen   6 fl 2 kr kostete²).

Nach diesem Ansatz erbrachte das Lehen um 1770/80 einen Bruttogetreideertrag im Wert von 563 fl; der Zehnt hiervon belief sich auf 56 fl 19 kr.

Da die oberschwäbischen Getreidepreise wegen der günstigen Absatzmöglichkeiten in Schweiz und Vorarlberg gewöhnlich nicht unwesentlich über denen in Altwürttemberg lagen, dürfte die Schätzung an der unteren Grenze liegen. Dagegen ist der Wert des kleinen Zehnten für diesen Zeitpunkt mit 10 % des Großzehnten hoch angesetzt³).

Der Feldertrag, mit dem Zehnfachen von Groß- und Kleinzehnten veranschlagt, berechnet sich auf 619 fl 30 kr. Die Abgabenbelastung hierauf machte nach der folgenden Aufstellung 28,2 % aus:

	fl	kr	% der gesamten Leistung
Handlohn (400 fl, auf 20 Jahre verrechnet⁴))	20		11,4
Gült: Roggen 57 Sri 6 E 3 Vtle	42	54	
Hafer 34 Sri 7 E 3 Vtle	11	24	
	54	18	31,0
Geldgefälle	7	12	4,1
Küchengefälle: 1 Henne		16	
4 Hühner		32	
120 Eier		48	
	1	36	0,9
Frongelder	6		3,4
Zehnt: großer Zehnt⁵)	56	19	
kleiner Zehnt	5	38	
	61	57	35,4
Steuer⁶)	23	55	13,7
	174	58	100,0

²) Vgl. Nr. 90, Anm. 2.
³) Vgl. Abschnitt m, Anm. 4 und 5.
⁴) Laut Lehenakten (Spitalarchiv Biberach, Neue Akten Kasten XI, Fach 4, Fasz. 1) war der Handlohn 1786 deshalb so niedrig angesetzt worden, weil der Gutsvorgänger erhebliche Meliorationen durchgeführt hatte; der niedrige Anschlag wird hier durch Umrechnung auf nur 20 Jahre Besitzdauer ausgeglichen.
⁵) Daß der Wert des großen Zehnten etwas über der Gült liegt, erklärt sich daraus, daß als Winterfrucht nur Dinkel angesetzt ist, während bei der Gült der relativ billigere Roggen als Wintergetreide gegeben wurde.
⁶) Nach den Lehenakten (vgl. Anm. 4) betrug ein Jahresordinarium für das Lehen 4 fl 47 kr; als vermutlicher Steuerbetrag im letzten Viertel des 18. Jahrhunderts wurden 5 Ordinarianlagen angesetzt.

Die Grundentlastung

1) *Die Entwicklung bis 1848:*

Die staatliche Ablösungsgesetzgebung konnte in Burgrieden von Anbeginn ohne besondere Schwierigkeiten durchgeführt werden.

Der zunächst bedeutsamste Vorgang waren die unmittelbaren Auswirkungen der seit 1809 einsetzenden Allodifikationen: Infolge hoher Kriegslasten und durch den Ausbruch einer Rinderseuche gerieten viele Lehenbesitzer in so große Schulden, daß sie sich wenigstens zu stückweisem Verkauf der allodifizierten Güter genötigt sahen; mehrere Höfe verfielen in Gant oder wurden geschlossen an Güterhändler verkauft, die sie oft gänzlich zerstückelten[1]. Die Spitalverwaltung trug zu dieser Entwicklung bei, indem sie bis 1818 die Allodifikationen bei Übergaben nach relativ hohen Bemessungsnormen (das $2\,2/3$-fache vom letzten Handlohn oder $26\,2/3\,\%$ der laufenden Taxation) forcierte[2]. Während der ersten Hälfte des 19. Jahrhunderts wurden auf diese Weise fast alle größeren Güter in Burgrieden zerschlagen oder wenigstens in ihrem Bestand durch Verkäufe vermindert – eine Entwicklung, die hier besonders weit gegangen zu sein scheint, aber auch in der gesamten übrigen Grundherrschaft des Spitals zu beobachten ist. Die bisher unbekannte Bodenmobilität bewirkte eine erhebliche Besitzumschichtung innerhalb des Ortes, das Absinken bäuerlicher Anwesen und den Aufstieg von bisherigen Söldnern zu stattlichen Bauern[3]. Die notwendig gewordene Einführung von Trägereibriefen veranlaßte unter den Pflichtigen wegen der Lehenabgaben zahlreiche Streitigkeiten; das Spital mußte infolgedessen manchen Einnahmeausfall hinnehmen und sah vor allem die ihm geschuldeten Fronleistungen durch die verminderte Spannfähigkeit vieler Pflichtiger gefährdet[4].

Im übrigen suchte die Spitalverwaltung umfangreiche Gefällablösungen zu vermeiden. Bis 1832 gestattete sie nur die Ablösung kleinerer Gefälle unter 1 fl 30 kr, seitdem wegen der anwachsenden Güterzerstückelung und der damit verbundenen Schwierigkeit, die Abgaben einzutreiben, auch die Ablösung höherer Beträge im 30fachen Maßstab. Doch machten die Pflichtigen von dieser Möglichkeit nur selten Gebrauch[5].

Offene Widerspenstigkeit der Lehenholden gegen die gewohnten Abgaben und Leistungen ist nur bei den Fronen, hier allerdings in wachsendem Maße

---

[1] Vgl. Abschnitt j, Bemerkungen zu den einzelnen Lehen.
[2] 34 von 50 Lehen wurden 1809–1818 allodifiziert, darunter fast sämtliche größeren Güter (vgl. Abschnitt j, Spalte 22). Die Spitalverwaltung suchte auch nach Erlaß des zweiten Edikts vom 18. 11. 1817 höhere Beträge zu erlangen, als nach den gesetzlichen Bestimmungen erhoben werden konnten. So erzielte sie bei 62 Allodifikationen 1831/35 26 601 fl statt 20 512 fl, mithin einen Überschuß von fast 30 % (Spitalarchiv Biberach, Neue Akten Kasten VIII, Fach 1, Fasz. 6).
[3] Vgl. Anm. 1 und 4. Ein Hauptnutznießer dieser Entwicklung war die Gastwirtschaft (Lehen Nr. 11), deren geschäftstüchtiger Inhaber es im Laufe der Jahrzehnte verstand, durch zahlreiche Landkäufe eine umfangreiche Musterwirtschaft aufzubauen; vgl. die Anmerkungen zu Abschnitt j und OAB Laupheim (1856), S. 143.
[4] Zahlreiche Hinweise in den Akten des Spitals. 1830 baten Schultheiß und Gemeinderat von Burgrieden unter Hinweis auf die vielen Güterzerstückelungen den Stiftungsrat des Spitals um die Anfertigung eines neuen Zins- und Gültbuches für die Gemeinde, um die Streitigkeiten wegen der Trägereien und den umständlichen Einzug der Abgaben zu beseitigen (Spitalarchiv Biberach, Neue Akten Kasten VIII, Fach 8, Fasz. 10, Q 5).
[5] Spitalarchiv Biberach, Neue Akten Kasten VIII, Fach 6, Fasz. 3.

wahrzunehmen, so daß der Stiftungsrat sich wiederholt beim Oberamtsgericht Amtshilfe ausbitten mußte und 1832 schließlich für eine dauerhafte Verwandlung in Geld eintrat[6]). Die Fronen waren auch die einzige Last, die auf Grund der Gesetze von 1836 in Burgrieden abgelöst werden konnten: Leibeigenschaftliche Leistungen existierten seit Jahrhunderten nicht mehr, ebenso fielen keine Abgaben unter das Bedengesetz[7]). Nach längerem Streit über die Natur der Fronen – die Lehenleute wollten deren Dinglichkeit ursprünglich nicht anerkennen – kam 1846 ein Ablösungsvertrag mit den meisten Pflichtigen aus dem Dorf Burgrieden zustande: Für Fron- und Dienstgelder mit einem Jahreswert von 74 fl 48 kr erhielt das Spital den 20–22½fachen Betrag (1 518 fl 30 kr); davon trug der Staat 321 fl 42 kr (21,2 %), die bisherigen Pflichtigen hatten den 16fachen Jahreswert (1 196 fl 48 kr = 78,8 % der Gesamtsumme) in 8 Jahreszielern zuzüglich 4 % Zinsen zu entrichten, mußten also während dieser Zeit gut den doppelten Betrag wie bisher zahlen[8]).

m) Zehntpacht und Zehntablösung:

Die Quellen über die Ablösungen nach den Gesetzen vom 14. 4. 1848 und 24. 8. 1849 in Burgrieden sind nur lückenhaft erhalten. Das Beispiel der Zehntablösung dürfte genügen, die Auswirkung der Gesetze von 1848/49 für die Pflichtigen zu verdeutlichen.

Während die Pfarrei Burgrieden die ihr zustehenden Zehnten bis 1848 fast durchweg selbst einzog, hatte das Spital Biberach seit 1826 nach dem Vorbild der staatlichen Kameralverwaltung seine Zehntrechte auf mehrere Jahre gegen Frucht (Großzehnt) und Geldsurrogate (Klein- und Heuzehnt) an die Pflichtigen verpachtet[1]). Dabei ergaben sich für den Großzehnten zwischen 1810 und 1848 erhebliche Pachtsteigerungen nicht zuletzt infolge exakterer Ertragsschätzungen und genauerer Vermessung der zehntpflichtigen Ackerflur:

Durchschnitts-periode	Zehntfläche (Mg)	Rauhe Zehntfrucht (Schfl Sri)		Schfl je Mg	Index
1810–1824	399	114	2	0,286	100
1826–1835	399	119	7	0,300	104,9
1836–1841	405	122	–	0,301	105,2
1842	423	181	5	0,429	150
1843–1847	423	179	6	0,425	148,6

Gemessen an der rauhen Fruchtmenge stieg die Zehntpacht zwischen 1810/24 und 1842 ff je Mg um rund 50 %, nach den Ablösungspreisen von 1848 in Geld umgerechnet um gut 40 %. Bei der Ablösung kam es den Pflichtigen zugute, daß das Zehntgesetz den durchschnittlichen Zehntertrag der Periode von

---
[6]) Spitalarchiv Biberach, Neue Akten Kasten VIII, Fach 4, Fasz. 1 und 2.
[7]) F 178, Bü 88.
[8]) Spitalarchiv Biberach, Neue Akten Kasten VIII, Fach 4, Fasz. 4.
[1]) Nach Spitalarchiv Biberach, Neue Akten Kasten VIII, Fach 16, Fasz. 1 ad 5; F 178, Bü 93.

1830/47 zugrunde legte; dieser betrug nur 140 Schfl 5 Sri rauhe Frucht, auf den Mg umgerechnet ergab sich ein abzulösender jährlicher Reinertrag von 1 fl 11 kr.

Zehntablösung auf der Markung Burgrieden durch die katholische Pfarrstelle Burgrieden 1856[2]) und das Spital Biberach 1860[3]) (auf ganze Mg und fl auf- bzw. abgerundet):

	Katholische Pfarrstelle Burgrieden	Spital Biberach
Abgelöste Zehntrechte	Großzehn von 402 Mg, Kleinzehn von 752 Mg, Heuzehn von 30 Mg, Obstzehn in den Gärten[4])	Großzehn von 423 Mg, Kleinzehn von 62 Mg, Heuzehn von 36 Mg[5])
Rohertrag der Zehnten	825 fl	565 fl
Abzüge (Bezugskosten usw.)	150 fl	28 fl
Reinertrag	675 fl	537 fl
Ablösungskapital	10 805 fl	8 586 fl
Bereits geleistete Abschlagszahlungen über die Zinsen hinaus	1 578 fl	–
Auf dem Zehnten ruhende Lasten und hierfür bestimmte Abfindungen		Halbe Baulast an der Kirche zu Burgrieden (743 fl); ein Drittel der Baulast an den Pfarrgebäuden (529 fl); zwei Fünftel der Baulast am Meßnerhaus (956 fl); Gesamtbetrag: 2 227 fl
Verbleibende Ablösungsschuldigkeit	9 227 fl	6 359 fl
Art und Zeit der Tilgung	1857–1873 758 fl jährliche Ratenzahlung	1860–1873 540 fl jährliche Ratenzahlung, davon 263 fl an die Hospitalverwaltung Biberach, 208 fl an die Stiftungspflege Burgrieden und 70 fl an die Pfarrstelle Burgrieden

---

[2]) F 178, Bü 92, Q 64.
[3]) F 178, Bü 93, oberstes Q.
[4]) Aus den Akten ergibt sich als Rohertrag (Reinertrag)
  je Mg Großzehntfläche   1 fl 41 kr   (1 fl 22 kr)
  je Mg Kleinzehntfläche   8,5 kr   (7,1 kr)
  je Mg Heuzehntfläche   1 fl 7 kr   (54 kr).
[5]) Reinertrag je Mg Großzehntfläche 1 fl 11 kr, je Mg Kleinzehntfläche 16,5 kr, je Mg Heuzehntfläche 37 kr.

1866 löste die Hospitalverwaltung Biberach auf Grund des Komplexlastengesetzes die von ihr zu leistende Fruchtbesoldung der Pfarrei Burgrieden (3 Schfl 2 Sri Roggen, 3 Schfl Hafer mit einem Jahreswert von 28 fl 48 kr) gegen 461 fl ab[6]). Rechnet man diesen Betrag wie die Bauverpflichtungen (vgl. die vorangehende Aufstellung) als Zehntlast, so beanspruchte diese 31,3 % des Zehntablösungskapitals, welches das Spital erhielt.

Im Vergleich mit den genannten Ablösungen waren die Ablösung des Blutzehnten gegenüber der Pfarrei Burgrieden durch 353 fl Kapital[7]) und der Zehntrechte von einigen Wiesen gegenüber der Pfarrei Oberholzheim durch 136 fl Kapital[8]) unbedeutend.

n) *Auswirkung der Ablösungen auf Einkünfte und Vermögen des Spitals:*

Einen Eindruck von den Einnahme- und Vermögensverlusten des Spitals infolge der Ablösungsgesetze von 1848/49 vermittelt eine Berechnung vom 21. 9. 1871 (Spitalarchiv Biberach, Neue Akten, Kasten VIII, Fach 7, Fasz. 6 b):

Die reinen Einnahmen des Spitals betrugen 1848

	nach Durchschnittspreisen 1830/47	nach Ablösungspreisen
von Zehnten	18 271 fl	11 316 fl
aus Lehen und Zinsgütern	26 186 fl	16 884 fl
Insgesamt	44 457 fl (100 %)	28 200 fl (63,4 %)

Berechnete man den Wert der Einnahmen nach den Preisen von 1830/47 durch Kapitalisierung im 25fachen Maßstab, so minderte sich der ursprüngliche Wert wegen des nur 12–16fachen Ablösungsmaßstabs von 1 111 431 fl (100 %) auf 476 804 fl (42,9 %).

Dennoch vermochte das Spital den zunächst empfindlichen Rückgang der Einnahmen vor allem durch wachsende Überschüsse aus seiner Forstwirtschaft wieder auszugleichen; daneben erbrachten die Kapitalzinsen die höchsten Erträge (vgl. im einzelnen Darstellung, S. 527 f):

---

[6]) F 178, Bü 100.
[7]) F 178, Bü 95.
[8]) F 178, Bü 97.

Einnahmen, Ausgaben und verzinslicher Kapitalbestand des Heilig-Geist-Spitals Biberach a. d. Riß nach 5jährigem (2jährigem) Durchschnitt (zusammengestellt nach Spitalarchiv Biberach B 2196/2197):

Periode	durch- schnitt- liche Jahres- ein- nahmen	davon aus Wald	aus Kapital- zinsen (davon aus Ab- lösungs- geldern)	verzins- licher Kapital- bestand	durch- schnitt- liche Jahres- aus- gaben	davon Bedarf für Stif- tungs- zwecke
	fl	fl	fl	fl	fl	fl
1833/34–1837/38	56 214	16 278	559		45 720	24 193
1838/39–1842/43	71 461	23 040	826		53 556	30 223
1843/44–1847/48	84 236	26 421	2 434		74 199	43 421
1848/49–1852/53	49 902	22 227	16 017		55 176	35 020
1853/54–1857/58	54 263	25 019	21 780 (16 857)		50 557	30 655
1858/59–1862/63	72 950	39 262	23 186 (12 439)	243 478	56 757	33 508
1863/64–1867/68	85 493	46 955	29 098 (8 551)	459 057	95 192	50 669
1868/69–1872/73	85 768	47 149	30 233 (3 566)	565 983	79 556	53 017
1873/74–1874/75	106 586	64 805	30 562 (196)	652 286	95 156	60 207

Nr. 210

Herrschaft Öttingen-Wallerstein — Gemeinde Kerkingen

a) Bäuerliche Besitzrechte:

Die grundherrlich-bäuerlichen Verhältnisse hatten sich in den öttingenschen Territorien infolge wiederholter Erbteilungen zwischen verschiedenen Linien des Hauses und starker Vermischung des Besitzes und der Untertanen mit anderen Herrschaften lokal differenziert entwickelt. Stärker als in Oberschwaben oder im Herzogtum Württemberg existierten verschiedene Besitzrechte nebeneinander. Insgesamt überwog das Erblehen. Daneben bestanden leibfällige Güter, besonders zahlreich offensichtlich bei den Klöstern (Kloster Neresheim, Kloster Kirchheim)[1]; doch hatte sich ihr Rechtsstatus dem der Erblehen vielfach so weitgehend angeglichen, daß ihre Fallehennatur fast in Vergessenheit geraten war[2].

Auffallend in den öttingenschen Territorien ist die erhebliche Zahl von Hauslehen (Lehen ohne oder mit nur ganz geringfügigem Grundbesitz), von Feldlehen ohne zugehörige Behausung und von „eigenen" Feldgütern. Diese

---

[1]) Die meisten Lehengüter des Klosters Neresheim waren z. B. Fallehen; Jahrbuch des Historischen Vereins für Nördlingen und Umgebung, Bd. 15 (1931), S. 52 ff.
[2]) Vgl. Darstellung, S. 415.

Besonderheiten ergaben sich vor allem aus der Lehenpolitik der Grafen. Schon früh, offenbar verstärkt seit der Mitte des 17. Jahrhunderts, hatten sie es gestattet, Hoflehen in halbe Hoflehen, Hauslehen und Feldlehen oder auch in „wandelbare" oder „eigene" Güter zu zerschlagen.

Feldlehen waren kleinere, meist aus mehreren Grundstücken zusammengesetzte Güter, die der Lehenverband als Wirtschaftseinheit zusammenhielt. Da sich das Untertanenverhältnis nach dem Hausbesitz richtete, konnten auch ausherrische Untertanen derartige „fliegende Feldlehen" erwerben³).

Der beträchtliche Umfang der „wandelbaren" oder „eigenen" Güter läßt sich wohl nur zu einem geringen Teil auf ursprünglich vorhandenes und durch die Jahrhunderte erhaltenes bäuerliches Eigenland zurückführen; häufig entstammte es Allmendaufteilungen. Großenteils aber handelte es sich nur um „walzend eigene" Grundstücke, die zwar im Unterschied zu den eigentlichen Lehen (Hof-, Haus-, Feldlehen) nie im Lehenverband gestanden hatten oder, ganz aus ihm entlassen, nach Belieben der jeweiligen Eigentümer vertauscht, verkauft, verpfändet und weiter zertrennt werden konnten, ansonsten jedoch mit Grundabgaben, oft genug auch mit Besitzwechselgebühren (Bestehhandlohn oder fixierter Auf- und Abfahrt) belastet blieben. Gewöhnlich verwandelte die Herrschaft bei der „Eigenmachung" einen Teil der Naturalabgaben in Geld und legte die Summe auf die einzelnen Grundstücke nach ihrer Qualität um; nicht selten zog sie gleichzeitig ein fixiertes Steuerquantum mit dem Grundzins zu einem Einheitsgefälle, der sogenannten „beständigen Steuer" zusammen, so daß hier bis ins späte 18. Jahrhundert grundherrliche und ursprünglich steuerartige Gefälle vermischt worden sind⁴).

Die Tendenz zur „Eigenmachung" von Lehen läßt sich besonders seit dem Dreißigjährigen Krieg nachweisen. Das herrschaftliche Geldbedürfnis gab hierzu wohl den stärksten Antrieb: Die Einnahmen aus Konsensgeldern für die Lehenzertrümmerungen erbrachten recht ansehnliche Beträge; gleichzeitig benutzte die Ortsherrschaft die zunehmende Güterzerstückelung und die dadurch verursachte Vermehrung der kleinen Anwesen (Sölden, Hauslehen, Gnadenhäuser), um ihre Einnahmen durch Auflegen von Grund- und Herbstzinsen, Küchengefällen, Dienst- und Schutzgeldern zu steigern⁵); freilich minderte sich auf diese Weise auch die Zahl der vollbäuerlichen Stellen zusehends⁶).

Die Entwicklung zwischen 1663 / 1717 / 1741 und 1832 in der Grafschaft Öttingen-Wallerstein verdeutlicht die folgende Übersicht⁷):

---

³) Vgl. Materialien zur öttingenschen ältern und neuern Geschichte. Eine periodische Schrift, Bd. 2, Wallerstein 1771, S. 350—359.
⁴) Belege in FÖAW III 12. 2 b.
⁵) Eine Aufstellung über die Verwandlung von Hof- und Lehengütern sowie emphyteutischen Gütern in Eigengüter unter Albrecht Ernst II. von Öttingen-Öttingen 1690—1728 weist eine Einnahme von 188 355 fl Konsensgeld und einen Gefällzuwachs von jährlich 5180 fl aus; FÖAW VI 22 b. 6.
⁶) Die Sorge vor dem zu starken Anwachsen eines vermögenslosen Taglöhnerstandes veranlaßte auch gegenteilige Verhaltensweisen der Herrschaften; deshalb vor allem wandte sich die Kammerordnung von Franz Wilhelm Graf zu Öttingen-Baldern und Söttern aus dem Jahr 1784 gegen den „Unfug" des einreißenden Güterhandels (FÖAW III 15. 5 c). Der Kampf gegen die Zertrennung der Lehenhöfe und Sölden ausherrischer Untertanen war gleichzeitig von der Besorgnis bestimmt, die Vermehrung fremder Mannschaft schwäche die eigene Vormachtstellung.

		Grafschaft Öttingen-Wallerstein	
		früher	1832
Zahl der gerichtsbaren Familien		2 267	3 301
Zahl der ausherrischen Untertanen		469	–
Hofgüter		221	156
Mühl- und Besitzlehen		112	96
Feldlehen		170	166
Sölden und Gnadenhäuser		1 864	2 610
Diesseitig handlöhnige und dienstbare Hof- und Lehengüter			
	Acker (Mg)	12 985	9 704
	Wiese (Mg)	2 852	2 291
	Holz (Mg)	1 421	1 224
	Summe (Mg)	17 258	13 219
Walzende und dismembrierte Stücke			
	Acker (Mg)	6 929	10 991
	Wiese (Mg)	1 844	2 773
	Holz (Mg)	269	604
	Summe (Mg)	9 042	14 368
Herrschaftliche Einkünfte hieraus			
Geld (fl)		6 493	15 553
Getreidegült (Mltr Nördlinger Maß)		2 702	2 414
Herrschaftliche Besitzungen			
	Gebäude	126	134
	Acker (Mg)	1 463	1 420
	Wiese (Mg)	756	854
	Holz (Mg)	7 232	9 527
	Summe (Mg)	9 451	11 801

b) *Leibeigenschaft:*

Die Leibeigenschaft besaß in den öttingenschen Territorien nur geringe Bedeutung. Später als in Oberschwaben lassen sich hier Tendenzen zu ihrem Ausbau und ihrer Territorialisierung fassen mit dem Ziel, fremdherrschaftliche Einflüsse abzuwehren.

Die u. a. im Amt Wallerstein geltende Lokalleibeigenschaft scheint sich erst im frühen 17. Jahrhundert voll entwickelt zu haben[1]). Ihr waren alle mit

---

[7]) Nach FÖAW I 23. 10. Als Unterlagen über den „früheren" Zustand dienten die Wallerstein'schen Kompilationslibelle von 1663 und 1717 und das öttingsche Kompilationslibell von 1741. Für die Gebiete, die erst später (durch die Säkularisation) anfielen, wurden andere Quellen herangezogen. Die Gesamtübersicht gibt also keinen eindeutigen Aufschluß über den genauen Zeitpunkt von „früher".

[1]) So erklärten die Grafen Ernst II. von Öttingen-Wallerstein und Johann Albrecht von Öttingen-Spielberg in Dekreten von 1617 und 1618, man habe mißfällig wahrgenommen, daß einige Untertanen aus- und inländischen Herrschaften mit der Leibeigenschaft zugetan seien, während Reichsstädte, Ritterschaft und Ritterorden keine fremden Leibeigenen mehr in ihrer Herrschaft dulden wollten. Ma solle daher künftig keinen fremden Leibeigenen mehr in die Herrschaft aufnehmen, die bereits im Lande befindlichen ausherrischen Leibeigenen aber zum Abkauf der Leibeigenschaft nötigen. FÖAW I 3. 18.

Hausbesitz versehenen Untertanen unterworfen außer den Räten und Kanzleiverwandten der Herrschaft und wenigen durch besonderes Privileg befreiten Hausbesitzern[2]). Neben geringen jährlichen Leistungen (Leibzins, Weisat), die spätestens seit Mitte des 17. Jahrhunderts wie Hauszinse behandelt wurden[3]), erhob die Herrschaft bei jeder Verehelichung ein Ungenossengeld von 1 fl (möglicherweise eine Ablösungssumme für die einst geltende Ungenossame) und – als größte Belastung durch die Leibeigenschaft – das Mortuar. Es ruhte wie Leibzins und Weisat auf dem Haus, ging als Verpflichtung auf den jeweiligen Hausbesitzer über und entfiel bei Abzug in ein anderes Amt oder hinter eine fremde Herrschaft ohne Entschädigung; eine besondere Manumission war unbekannt[4]).

Das Mortuar bestand ursprünglich neben dem Kleiderfall im besten Stück Vieh beim Mann, bei der Frau in der besten Kuh, doch trat an die Stelle dieser Leistungen schon frühzeitig ein Geldsurrogat. Seit der zweiten Hälfte des 17. Jahrhunderts suchte die Herrschaft stärker als bisher die vielfach willkürlich angesetzten Beträge dem Vermögen der Verstorbenen anzupassen, bis sie um die Mitte des 18. Jahrhunderts dazu überging, einen bestimmten Prozentsatz des hinterlassenen Vermögens zu erheben: 3 % des Vermögens für das „Hauptrecht" (Mortuar des Mannes), 2 % für den „Leibfall" (Mortuar der Frau); doch durften nach einem Generale von 1767 höchstens 90 fl für das Hauptrecht, 40 fl für den Leibfall erhoben werden, ferner ein Viertel des anfallenden Mortuars als Kleiderfall[5]).

c) Steuer:

Das Steuersystem der Grafschaft Öttingen-Wallerstein beruhte in den Jahrhunderten vor der Mediatisierung auf den Grundsätzen einer allgemeinen Vermögenssteuer, in der zumindest seit dem 17. Jahrhundert Gebäude samt Zubehör, Acker, Wiese und Wald, Vieh und Gewerbe veranlagt wurden.

Da der Bestand an Gebäuden wie an Grund und Boden sich nur langsam veränderte und man sich bei den Mobilien ebenso wie bei den Gewerben der Einfachheit halber weithin mit Pauschalsummen begnügte, erforderte nur der Viehbestand eine jährliche Neuaufnahme. Sie erfolgte jeweils zu der Zeit, wo der Bauer im Frühjahr mit dem nötigen Zugvieh für die Feldarbeit versehen sein mußte.

Grundlage für die Berechnung der Steuern bis ins 19. Jahrhundert bildete die Revision der Steuersätze, die sich nach dem Dreißigjährigen Krieg als ein dringendes Bedürfnis erwies, um „eine durchgehende Gleichheit und Proportion" zu schaffen[1]): Man schlug die Gebäude nach ihrem Schätzwert an – die-

---

[2]) Bericht über Leib- und Kleiderfall in der Grafschaft Öttingen-Wallerstein vom 13. 5. 1651; FÖAW III 13. 12 c.
[3]) Der Leibzins betrug je Bauer oder Söldner 4 kr 4 h; bei einer Teilung der Anwesen wurde auch der Leibzins geteilt. Vgl. Abschnitt e, Spalte 20 und 21.
[4]) Vgl. Anm. 2.
[5]) Generalverordnungen von 1666 und 1675 bestimmten, wegen Hauptrecht, Leib- und Kleiderfall solle künftig an Fürst oder Rentkammer genau berichtet und darauf die Weisung abgewartet werden; Regierungsdekrete von 1743 und 1767 setzten unter Angabe näherer Modalitäten die Prozentsätze für das Mortuar fest; FÖAW VII 4 a. 5 c. 9; F 188, Bü 646.
[1]) Hierzu und zum folgenden Steuerbeschreibung des Amtes Wallerstein von 1654, Einleitung: FÖAW IX 14. 11.

ser wurde dann freilich nicht regelmäßig überprüft, sondern blieb, einmal festgesetzt, sehr lange in gleicher Höhe bestehen – und bestimmte danach die Pauschale für den Zubehör. Für Grund und Boden wurden folgende Einheitswerte berechnet:

1 Mg eigener Acker oder 1 Tw eigene Öhmdwiese	60 fl
1 Mg Hof- oder Lehenacker oder 1 Tw Hof- oder Lehenöhmdwiese	30 fl
1 Tw eigene Herbstwiese (einmähdig)	30 fl
1 Tw Hof- oder Lehenherbstwiese (einmähdig)	20 fl
1 Mg Wald	15 fl

Von dieser Norm wich man nur bei besonders schlechter Bodenqualität ab. Auch der Steueranschlag für das Vieh blieb seit 1654 weithin konstant[2]. Er betrug z. B. für ein Pferd je nach Qualität bis zu 50 fl, für einen dreijährigen Stier 20 fl, einen einjährigen Stier 8 fl, eine Kuh 15 fl, ein Schwein 2 fl, eine Ziege 1 fl 30 kr.

Auf dem so ermittelten Hauptgut lag nach dem Ansatz von 1656[3] eine Ordinari- oder Landsteuer von 1,07 % des Vermögenswertes. Neben dieser Steuer, die in die herrschaftliche Oberamtskasse als Beitrag zu den Regierungslasten floß, wurden nach dem gleichen Anlagefuß Extraordinaristeuern in wechselnder Höhe je nach Bedarf erhoben und in einer gesonderten Steuerkasse verrechnet. Sie dienten in erster Linie den Ausgaben für die Zwecke von Kreis und Reich, vor allem für militärische Aufwendungen (Kontributionen, Kreiskontingent). Im 18. Jahrhundert waren ein bis zwei Extrasteuern die Regel; erst während der 1780er Jahre stieg ihre Zahl auf 3 bis 5 an[4].

d) Gemeinde Kerkingen:

In Kerkingen hatte das Haus Öttingen, seit 1336 Inhaber des Kirchenpatronats, bis zur Mitte des 16. Jahrhunderts den größten Teil der Güter erworben[1], doch gelang es ihm bis zur Mediatisierung nicht, alle anderen Herrschaften aus dem Ort zu verdrängen; 1791 zählten zu der Gemeinde neben 54 Untertanen von Öttingen 20 auswärtige Untertanen[2] – kennzeichnend für die territoriale Zersplitterung in diesem Raum. Kerkingen fiel nach wiederholtem Besitzwechsel zwischen den verschiedenen öttingenschen Linien 1798 endgültig an Öttingen-Wallerstein.

Die jeweilige öttingensche Herrschaft besaß laut Steuer- und Lagerbuch von 1791[3] in Ort und Flur Kerkingen alle Arten der hohen Landessuperiorität, die Niedergerichtsbarkeit oder Vogteilichkeit mit den ihr anhängenden Rechten sowie die Forsteilichkeit, im Dorfetter selbst auch die Hochgerichtsbar-

---

[2] Nach Vergleich der Steuerbeschreibung von 1654 (vgl. Anm. 1) und des Steuer- und Lagerbuches von Kerkingen von 1791 (FÜAW II 12. 14).
[3] FÜAW IX 14. 11, Steuerbeschreibung von 1656, Einleitung.
[4] Nach Durchsicht der Steuerbücher FÜAW X 19. 12–13.
[1] OAB Neresheim (1872), S. 333 f.
[2] 10 von der Reichsstadt Nördlingen, 4 von der Reichsstadt Bopfingen, 4 von der Markgrafschaft Brandenburg, 2 von Amberg; Kerkinger Steuer- und Lagerbuch von 1791 (FÜAW II 12. 14).
[3] FÜAW II 12. 14, Bd. I, fol. 45 b ff.

keit, während diese auf der Flur der gemeinsamen öttingenschen Landvogtei gehörte. Den übrigen im Ort eingesessenen „Herrlichkeiten" standen über ihre Angehörigen dagegen nur die niedere Botmäßigkeit, Inventarisation und Bestrafung geringer bürgerlicher Vergehen zu, die in deren Häusern geschehen waren.

e) Güterbesitz und Abgabenbelastung in der Gemeinde Kerkingen:

Eine Vorstellung von den Besitzverhältnissen und der Abgabenbelastung der bäuerlichen Lehengüter vermittelt die folgende Übersicht über einen Teil der öttingenschen Lehen in Kerkingen. Auffallend ist die geringe Zahl von Hofgütern mit größerem Grundbesitz – nicht zuletzt das Ergebnis von Güterzerschlagungen (vgl. z. B. Lehen Nr. 1, 10, 19 und 20; 3 und 4; 6 und 7; 11, 27 und 28; 23–26). Die Hauslehen oder Sölden waren meist nur mit bescheidenen Ländereien verbunden. Der größte Teil der Markung bestand aus Feldlehen und „eigenen" Gütern.

Im Kerkinger Steuer- und Lagerbuch von 1791, das die Grundlage der Aufstellung bildet (FÖAW II 12.14), sind allein die Leistungen an die damalige Herrschaft Öttingen-Baldern exakt verzeichnet, nicht aber die an auswärtige Herrschaften. Auch aus dem öttingenschen Lehenbestand bietet die Übersicht wegen der starken Besitzzersplitterung nur eine Auswahl. Schließlich bleibt zu beachten, daß sie nur die Leheneinheiten angibt, nicht aber den Besitz des jeweiligen Leheninhabers, der nicht selten über mehrere Lehen verfügte – vgl. z. B. Lehen Nr. 12 und 30; 22 und 23; 15 und 25; 10 und 28 –, bei Hausbesitz durchweg einen ganzen oder halben Gemeindsnutzen beanspruchen konnte – vgl. Spalte 10 – und daneben weitere „eigene" Güter besaß. Angaben über den Umfang der „eigenen" Güter werden beispielshalber zu den Lehen Nr. 11 und 12 gemacht (Anm. 1 und 2).

Der Gemeindsnutzen bestand am Ende des 18. Jahrhunderts vor allem in der Teilhabe an der Weide und an einigen gemeinsam genutzten Wiesen, dann je ganzen Gemeindsnutzen in 3/4 Mg Acker und 1/4 Tw Öhmdwiese sowie 2 Krautbeeten.

Die Flächenmaße (Nördlinger Maß) Mg (bei Acker) und Tw (bei Wiese) entsprechen ca. 1 1/2 württembergischen Morgen (0,48 ha). Wie ungenau die alte Flächenvermessung allerdings war, zeigt ein Vergleich zwischen den alten und neuen Maßangaben in den Ablösungsakten: Die Relation schwankt zwischen 1 : 1 und 1 : 2 (FÖAW III 12. 2 b); vgl. auch das Beispiel in Abschnitt h. Die vorliegende Aufstellung bietet die Flächenangaben des Steuer- und Lagerbuchs von 1791.

Hohlmaße: In Kerkingen wurden zwei leicht voneinander abweichende Hohlmaße benutzt, das Deininger Meß für die Gült, das etwas größere Wallersteiner oder Nördlinger Meß für die Zehntberechnung. Bei beiden war der Malter für die einzelnen Getreidesorten verschieden groß; er faßte 8 Viertel Kern oder Roggen, 13 Viertel Gerste und 20 Viertel Hafer.

1 Vtl alt Deininger Meß (= 4 Metzen) = 18,646 l (Lutz, S. 156).

1 Vtl Wallersteiner oder Nördlinger Meß (= 4 Metzen oder Vlg) = 19,662 l (Lutz, S. 158).

Steuer- u. Lagerbuch Blatt Nr.	Nr.	Lehen (Besitzer)	Haus	Stadel	Hofraite	Garten Tw	Acker Mg	Wiese Tw
1.	2.	3.	4.	5.	6.	7.	8.	9.
1	1.	St. Ottilien Pfarrhauslehen (Franz Josef Salvason)	1	1	1	1/16	3 1/2	1 1/4
18	2.	Hauslehen (Ignaz Abele)	1	1	1	1/4	–	–
24	3.	halbes Hauslehen (Franz Josef Fridelmayr)	1/2	–	–	–	–	–
30	4.	halbes Hauslehen (Caspar Braunauer)	1/2	–	–	–	–	–
37	5.	Hauslehen (Moritz Gloning)	1	1	1	Garten	8	2
56	6.	halbe Sölde (Josef Pflanz)	1/2	1/2	1	1/8	–	–
62	7.	halbe Sölde (Johann Abele)	1/2	1/2	1	1/8	–	–
68	8.	Sölde (Franz Anton Roser)	1	1	1	1/8	–	–
77	9.	Hauslehen (Bernhard Ladenburger)	1	1	1	1/4	7	2 1/4
128	10.	St. Ottilien Pfarrhauslehen (Lorenz Ruff)	1	1	1	1/8	3	2 3/4
141	11.	Hofgut (Josef Billmayr)[1]	1	2	1	1	31 7/8	10
184	12.	Sölde (Kaspar Egetemayr)[2]	1	1	1	1/2	–	–
189	13.	kleines Häuschen auf der Gemeind (Jos. Anton Gerstmayr)	1	1	–	Gärtlein	–	–
193	14.	kleines Häuschen auf der Gemeind (Caspar Graf)	1	1	–	Gärtlein	–	–
207	15.	Hauslehen (Josef Anton Graf)	1	1	1	1/4	6 3/4	2 1/2
228	16.	Wirtschaft (Hofgut) (Josef Ladenburger)	1	1 + Stall + Bräustatt	1	–	21 1/4	9 3/4
278	17.	(zu eigen gemachtes) Haus (Franz Hopfensitz)	1	1	1/2	1/4	–	–

Ge- meinds- nutzen	Roggen Mltr Vtl	Dinkel Mltr Vtl	Haber Mltr Vtl	Gänse	Küchengefälle Hen- nen	Küchengefälle Hüh- ner	Eier	in Geld fl	in Geld kr	in Geld h
10.	11.	12.	13.	14.	15.	16.	17.	18.		
1	dem Heiligen zu Kerkingen 28 kr aus der Hofraite und 1 Pfd Wachs oder 36 kr aus den Grundstücken			–	1	2	50	–	55	–
1	– –	– –	– –	–	2	4	90	1	45	–
1/2	– –	– –	–		1	2	45	–	52	4
1/2	– –	– –	–	–	1	2	45	–	52	4
1	– –	1 2	1 –	–	2	4	90	1	45	–
1/2	– –	– –	– –	–	1/2	1	30	–	30	–
1/2	– –	– –	– –	–	1/2	1	30	–	30	–
1	– –	– –	– –	–	1	2	60	1	–	–
1	– –	1 2	1 –	–	2	4	90	1	45	–
1	dem Heiligen zu Kerkingen 28 kr Zins			–	1	2	50	–	55	–
1	3 –	3 –	3 2	2	1	2	100	2	20	–
1	– –	– –	– –	–	1	2	60	1	–	–
1	an die Gemeinde jährlich 15 kr Zins			–	1	2	30	–	45	–
1	an die Gemeinde jährlich 15 kr Zins			–	1	2	30	–	45	–
1	– –	1 2	1 –	–	2	4	90	1	45	–
1	1 4	2	1 1/2 2	1/2	–	2	4	90	1	45	–
1/2	– –	– –	– –		bisheriger Grundzins und Küchengefälle: 1 fl 44 kr 6 h; neuer Grundzins: 2 fl					

Steuer- u. Lager- buch Blatt Nr.	Nr.	Lehen (Besitzer)	Herbstzins			Leibzins		Weisat		Lehengut Steuermasse	
			fl	kr	h	kr	h	kr	h	fl	kr
1.	2.	3.	19.			20.		21.		22.	
1	1.	St. Ottilien Pfarrhauslehen (Franz Josef Salvason)	–	54	2	4	4	–	–	242	30
18	2.	Hauslehen (Ignaz Abele)	–	41	2	4	4	1	4	100	–
24	3.	halbes Hauslehen (Franz Josef Fridelmayr)	–	17	2	2	2	–	–	60	–
30	4.	halbes Hauslehen (Caspar Braunauer)	–	17	2	2	2	–	–	60	–
37	5.	Hauslehen (Moritz Gloning)	–	41	2	4	4	1	4	360	–
56	6.	halbe Sölde (Josef Pflanz)	–	8	7	2	2	–	6	45	–
62	7.	halbe Sölde (Johann Abele)	–	8	7	2	2	–	6	45	–
68	8.	Sölde (Franz Anton Roser)	–	8	–	4	4	1	4	80	–
77	9.	Hauslehen (Bernhard Ladenburger)	–	41	2	4	4	1	4	295	–
128	10.	St. Ottilien Pfarrhauslehen (Lorenz Ruff)	–	3	1	4	4	–	–	240	–
141	11.	Hofgut (Josef Billmayr)[1]	1	20	–	4	4	9	–	1 248	45
184	12.	Sölde (Kaspar Egetemayr)[2]	–	11	–	4	4	1	4	125	–
189	13.	kleines Häuschen auf der Gemeind (Jos. Anton Gerstmayr)	–	–	–	4	4	–	–	80	–
193	14.	kleines Häuschen auf der Gemeind (Caspar Graf)	–	–	–	4	4	–	–	90	–
207	15.	Hauslehen (Josef Anton Graf)	–	41	4	4	4	1	4	347	30
228	16.	Wirtschaft (Hofgut) (Josef Ladenburger)	2	33	4	4	4	–	–	1 000	–
278	17.	(zu eigen gemachtes) Haus (Franz Hopfensitz)	–	–	–	–	–	–	–	200	–

Lehengut Ordinaristeuer			Fahrnis Steuermasse		Ordinaristeuer			Bestehhandlohn	Auf- und Abfahrt	Dienstgeld		
fl	kr	h	fl	kr	fl	kr	h			fl	kr	h
23.			24.		25.			26.	27.	28.		
2	35	5	60	–	–	38	4	10 %	–	–	6	2
1	4	1 1/3	40	–	–	25	5	10 %	–	–	–	–
–	38	4	60	–	–	38	4	–	–	–	–	–
–	38	4	60	–	–	38	4	–	–	–	–	–
3	51	–	85	–	–	54	4	1 Pfd h	–	–	–	–
–	28	7	30	–	–	19	2	–	–	–	1	4
–	28	7	40	–	–	25	5	–	–	–	1	4
–	51	2 2/3	50	–	–	32	1	–	–	–	3	–
3	9	2	80	–	–	51	2	10 %	–	–	–	–
2	34	–	60	–	–	38	4	10 %	–	–	–	–
13	21	2 2/3	125	–	1	20	2	10 %	–	–	–	–
1	20	1	110	–	1	10	5	–	–	–	3	–
–	51	2	50	–	–	32	1	–	–	–	–	–
–	57	6	65	–	–	41	3	–	–	–	–	–
3	43	–	85	–	–	54	4	1 Pfd h	–	–	–	–
10	41	5 2/3	125	–	1	20	2	10 %	–	–	–	–
2	8	1	80	–	–	51	2	10 %	2 fl	–	–	–

Steuer- u. Lagerbuch Blatt Nr.	Nr.	Lehen (Besitzer)	Haus	Stadel	Hofraite	Garten Tw	Acker Mg	Wiese Tw
1.	2.	3.	4.	5.	6.	7.	8.	9.
360	18.	Hauslehen (Josef Hänle)	1	1	1 (?)	1/4	7 3/4	4 3/4
383	19.	St. Ottilien Pfarrhauslehen (Josef Anton Müller)	1	1	1	1/8	5 3/4	1
393	20.	St. Ottilien Pfarrhauslehen (Aloysius Müller)	1	1	1	1/8	7	2 1/4
411	21.	Behausung (Joseph Weber)	1	1	1	1	–	–
433	22.	Sölde (Hans Martin Mayr)	1	1	–	1/8	–	–

Feldlehen:

515	23.	Pfarrwiddum-Feldlehen (Hans Martin Mayr)	–	–	–	–	6	2
527	24.	Pfarrwiddum-Feldlehen (Anton Ignaz Mayr)	–	–	–	–	6	4
554	25.	Pfarrwiddum-Feldlehen (Josef Anton Graf)	–	–	–	–	5 1/8	2 3/4
567	26.	halbes Pfarrwiddum-Feldlehen (Joh. Mayr)	–	–	–	–	3	2
579	27.	fliegendes Hoffeldlehen (Josef Ladenburger)	–	–	–	–	6 1/2	1 1/2
593	28.	fliegendes Hoffeldlehen (Lorenz Ruff)	–	–	–	–	6 1/2	1 1/2
608	29.	Feldlehen (Anton Ignaz Mayr)	–	–	–	–	6	1 1/4
620	30.	halbes fliegendes Hof- oder Feldlehen (Kaspar Egetemayr)	–	–	–	–	17 1/4	5 7/8
645	31.	Hälfte des Ziegelbaurischen Hofguts zu Feld (Albanus Konle)	–	–	–	–	12 1/8	4 1/8

							Küchengefälle			in Geld		
Gemeinds-nutzen	Roggen		Dinkel		Haber		Gänse	Hennen	Hühner	Eier			
	Mltr	Vtl	Mltr	Vtl	Mltr	Vtl					fl	kr	h
10.	11.		12.		13.		14.	15.	16.	17.	18.		
1	–	–	1	–	–	10	–	1	2	–	–	30	–
1	dem Heiligen zu Kerkingen jährlich 42 kr Zins						–	1	2	50	–	55	–
1	dem Heiligen zu Kerkingen jährlich 1 fl 6 kr Zins						–	1	2	50	–	55	–
1	–	–	–	–	–	–	–	1	2	40	–	50	–
1	–	–	–	–	–	–	–	–	–	–	–	–	–
–	–	–	–	13	–	12 1/2	–	–	–	–	–	–	–
–	–	–	–	13	–	12 1/2	–	–	–	–	–	–	–
–	–	–	–	13	–	13	–	–	–	–	–	–	–
–	–	–	–	6 1/2	–	–	6 1/4	–	–	–	–	–	–
–	1/2	–	1		2		1	–	–	–	–	–	–
–	1/2	–	1	–		1	–	–	–	–	–	–	–
–	–	–	1	–		1	–	–	–	–	–	–	–
–	1 1/2	3	2	–	2	–	1	–	–	–	–	30	–
–	–	–	1	6	1	6	–	–	–	–	–	–	–

Steuer- u. Lager- buch Blatt Nr.	Nr.	Lehen (Besitzer)	Herbstzins			Leibzins		Weisat		Lehengut Steuermasse	
			fl	kr	h	kr	h	kr	h	fl	kr
1.	2.	3.	19.			20.		21.		22.	
360	18.	Hauslehen (Josef Hänle)	1	30	–	4	4	–	–	435	–
383	19.	St. Ottilien Pfarr- hauslehen (Josef Anton Müller)	–	–	–	4	4	–	–	265	–
393	20.	St. Ottilien Pfarr- hauslehen (Aloysius Müller)	–	–	–	4	4	–	–	355	–
411	21.	Behausung (Joseph Weber)	2	10	4	4	4	–	–	100	–
433	22.	Sölde (Hans Martin Mayr)	–	7	4	4	4	–	–	80	–

Feldlehen:

515	23.	Pfarrwiddum-Feld- lehen (Hans Martin Mayr)	–	57	4	–	–	–	–	242	30
527	24.	Pfarrwiddum-Feld- lehen (Anton Ignaz Mayr)	1	30	–	–	–	–	–	270	–
554	25.	Pfarrwiddum-Feld- lehen (Josef Anton Graf)	–	57	4	–	–	–	–	208	45
567	26.	halbes Pfarrwiddum- Feldlehen (Joh. Mayr)	–	28	6	–	–	–	–	128	45
579	27.	fliegendes Hoffeld- lehen (Josef Laden- burger)	–	20	–	–	–	–	–	218	45
593	28.	fliegendes Hoffeld- lehen (Lorenz Ruff)	–	20	–	–	–	–	–	218	45
608	29.	Feldlehen (Anton Ignaz Mayr)	–	30	–	–	–	–	–	205	–
620	30.	halbes fliegendes Hof- oder Feldlehen (Kaspar Egetemayr)	–	52	4	–	–	5	4	635	–
645	31.	Hälfte des Ziegel- baurischen Hofguts zu Feld (Albanus Konle)	1	4	–	–	–	Boden- zins 3 fl 48 kr 2 h		?	?

Lehengut Ordinaristeuer			Fahrnis Steuermasse		Ordinaristeuer			Bestehhandlohn	Auf- und Abfahrt	Dienstgeld		
fl	kr	h	fl	kr	fl	kr	h			fl	kr	h
23.			24.		25.			26.	27.	28.		
4	35	7 1/3	70	–	–	44	7	10 %	–	–	–	–
2	50	–	65	–	–	41	5	10 %	–	–	3	1
3	47	6	85	–	–	54	4	10 %	–	–	3	1
1	4	–	65	–	–	41	5	–	–	–	–	–
–	51	2	85	–	–	54	4	–	4 fl 40 kr	–	–	–
2	35	5	–	–	–	–	–	–	4 fl 20 kr; beim Absterben des Pfarrers 6 fl	–	–	–
2	53	2	–	–	–	–	–	–	wie Nr. 23	–	–	–
2	13	7	–	–	–	–	–	–	wie Nr. 23	–	–	–
1	22	5	–	–	–	–	–	–	wie Nr. 23	–	–	–
2	20	3	–	–	–	–	–	10 %	–	–	–	–
2	20	3	–	–	–	–	–	10 %	–	–	–	–
2	11	4	–	–	–	–	–	10 %	–	–	–	–
6	47	3	–	–	–	–	–	10 %	–	–	–	–
?	?	?	–	–	–	–	–	10 %	–	–	–	–

f) Bemerkungen zu den Lehenleistungen:

Für die Lehenleistungen lassen sich im einzelnen meist keine so genauen Bemessungsnormen wie z. B. in den oberschwäbischen Territorien ermitteln. Nähere Angaben sollen hier nur zu Gült, Besitzwechselabgaben und zu den Fronen gemacht werden, obwohl diese eigentlich eine Leistung an den Gerichtsherrn darstellen.

Gült: Ein Vergleich mit dem geschätzten mittleren Zehntertrag – vgl. Abschnitt g und h 3 – ergibt für die öttingenschen Lehen in Kerkingen eine Gültbelastung zwischen ca. 8 % und 15 % des Getreidebruttoertrags. Ob bei diesen erheblichen Unterschieden die Bodenqualität eine Rolle spielte, ist unklar; doch scheinen die kleineren Lehen durchschnittlich stärker belastet gewesen zu sein, z. T. nachweislich infolge von Lehenzerschlagungen[1]*). Eine Ausnahme hiervon machen vor allem die verschiedenen Pfarrwiddumfeldlehen*[2]*).*

Besitzwechselgebühren (Laudemien): Die öttingenschen Lehengüter im Amt Wallerstein waren fast durchweg erbrechtig und zahlten bei Besitzwechsel 10 % des geschätzten Gutspreises als Bestehhandlohn; dessen Betrag stieg und fiel daher mit der Entwicklung der Agrarkonjunktur und der Grundstückspreise (vgl. Abschnitt h). Fixiertes Laudemium oder fixierte Auf- und Abfahrt kamen bei Lehen selten, bei walzenden Gütern häufiger vor, doch waren gerade auf der Kerkinger Flur die wandelbaren Grundstücke fast durchweg bestandgeldfrei; auch viele Häuser hatten kein Laudemium zu entrichten[3]*). Bei dem sogenannten Zuschreibhaber – vgl. Abschnitt h –, der im Amt Wallerstein von den lehenbaren Besitzungen neben dem Bestehhandlohn in Frucht oder Geld erhoben wurde, handelt es sich um eine Amtstaxe.*

Fronen: Die öttingenschen Untertanen in Kerkingen waren zu ungemessenen Zug- und Handfronen verpflichtet[4]*). Für die Handfronen bezog die Herrschaft im 18. Jahrhundert ein Geldsurrogat von 1–2 fl je Hausbesitzer, von*

Zu S. 760 ff:
1) Josef Billmayr besaß außerdem als eigenes Land 2³/₈ Mg Acker in 5 Parzellen, der von einer Steuermasse von 142 fl 30 kr eine Ordinaristeuer von 1 fl 31 kr gab, ½ Mg Acker, der 1 fl ständige Steuer reichte; von ½ Tw Wiese hatte er 1 fl 40 kr Herbstzins zu zahlen, von 2¹/₈ Tw in 3 Parzellen entrichtete er auf 56 fl 15 kr Steuermasse 35 kr Ordinaristeuer; ¼ Tw Wiese war steuerfrei.
2) Kaspar Egetemayr gehörten eigene Güter:

	Steuermasse	Ordinaristeuer/Abgabe
4 ³/₄ Mg Acker in 8 Parzellen	285 fl	3 fl 2 kr
1 Mg Acker aus zu eigen gemachtem Hoflehen		2 fl beständige Steuer
1 ½ Mg Acker aus zu eigen gemachtem Hoflehen (2 Parzellen)	82 fl 30 kr	53 kr
2 Tw Wiese in 5 Parzellen	60 fl	38 kr 4 h
¹¹/₁₆ Tw Wiese aus zu eigen gemachtem Hoflehen (3 Parzellen)		2 fl beständige Steuer
2 ¼ Tw Heiligenwiese		steuer- und quartierfrei, zahlt jährlich 4 fl an den Heiligen zu Kerkingen

Zu S. 766:
1) Z. B. Lehentabelle Nr. 9: 13,7 %; Nr. 29: 13,4 %; Nr. 27: 15,3 %; Nr. 28: 14,7 %; demgegenüber bei Nr. 11, aus dem Nr. 27 und 28 herausgebrochen worden waren, nur 10,7 %; Nr. 16: 10,1 %; Nr. 30: 12,8 %.
2) Nr. 23, Nr. 24 und Nr. 26: 8,0 %; Nr. 25: 9,9 %; Nr. 18: 7,7 %.
3) Kerkinger Steuer- und Lagerbuch von 1791, fol. 37 a/b (FÖAW II 12. 14).
4) Zum folgenden Kerkinger Steuer- und Lagerbuch von 1791, fol. 497 a–499 b (FÖAW II 12. 14).

Hausgenossen und Schutzverwandten pro Person 30 kr, also je Ehepaar 1 fl. Die zu Zugfronen Verpflichteten leisteten ihren Dienst bis in die 1760er Jahre fast durchweg mit dem Anspann, ein ganzer Bauer mit einem ganzen Wagen (= 4 Zugochsen oder 2 Pferde), ein halber Bauer oder Söldner mit einem halben Wagen (= 2 Zugochsen oder 1 Pferd). Die Herrschaft Öttingen-Baldern, an die der Ort 1764 fiel, erhob dagegen immer häufiger ein Geldsurrogat.

Zu Treib- und anderen Jagden mußte jede „diesseitige" Familie, wenn sie eine separate Haushaltung führte, eine Person schicken; befreit hiervon waren nur diejenigen, die Pferde für den Jagd- und Wildpretkarren zu stellen hatten. Die ausherrischen Untertanen in Kerkingen unterlagen offensichtlich nicht der Fronpflicht an die Niedergerichtsherrschaft Öttingen; nur solche, die ein öttingensches Feldlehen besaßen, mußten den Dienst mit 4 fl ablösen.

g) Zehnt:

Die Herrschaft Öttingen bezog auf der Markung Kerkingen 1. den großen Zehnten, 2. den Neubruchzehnten, den die Herrschaft als Regal in ihrem ganzen Territorium beanspruchte, 3. bis auf geringe Ausnahmen den Heu- und Öhmdzehnten und 4. den Brach- und Kleinzehnten von umgebrochenen Wiesen, der Pfarrer den kleinen Zehnten und im Ort selbst den Obst- und den Blutzehnten. Der Zehnt von Wiesen und Äckern in den Gärten stand dem Flurwächter für die Haltung des Ortsfarrens zu[1]).

Den großen Zehnten, zu dem sämtliche Halmfrüchte zählten, ließ die Herrschaft im 18. Jahrhundert noch weitgehend auf dem Feld einheimsen; im frühen 19. Jahrhundert wurde die jährliche Verpachtung im Aufstreichverfahren üblich. Der Zehntertrag blieb offensichtlich während des 18. Jahrhunderts ziemlich konstant[2]). Auf dem großen Zehnten ruhte die subsidiäre Baulast bei Unterhaltung und Neubau von Pfarrkirche, Pfarrgebäuden, Schul- und Meßnerhaus. Eine Verpflichtung, die ursprünglich wohl ebenfalls auf dem Zehnten ruhte, war die Kompetenz der Pfarrstelle zu Kerkingen (105 fl, 30 Mltr Frucht, 9 Klftr Holz). Nach den Ablösungsverträgen des 19. Jahrhunderts beanspruchten diese Verpflichtungen 68,5 %, und selbst wenn man die Ablösungspreise von 1848/49 um ein Viertel erhöht, 63 % der gesamten herrschaftlichen Zehnterträge (vgl. Abschnitt i). Der Heu- und Öhmdzehnt erbrachte zwischen 1807 und 1846 jährlich mindestens 205 fl Pachtgeld – ca. 17 % des Großzehntertrags[3]).

h) Abgabenbelastung des Hofguts von Josef Bühlmeier (Lehen Nr. 11) um 1775/80[1]):

1. Lehengröße und Abgabenverpflichtungen:

Nach dem Sal- und Lagerbuch von 1621 bestand das ganze Gut (Erblehen) aus Haus, Stadel, Stall, Garten,
42 Mg Acker und 15 Tw Wiese.

---

[1]) Lagerbuch Kerkingen 1791, fol. 497 a ff (FÖAW II 12. 14).
[2]) Der große Zehnt erbrachte 1708/20 im Durchschnitt jährlich 121 Mltr Frucht (FÖAW II 13. 3, fol. 130 a und X 20), 1807/28 124,5 Mltr (Jahresrechnungen des Rentamts Kirchheim, FÖAW); dabei waren im späten 18. Jahrhundert ca. 20 Mg Gemeindeweide in Acker verwandelt und damit auch der Zehntpflicht unterworfen worden.
[3]) FÖAW VI 78. 1; vgl. Abschnitt i.
[1]) Das folgende nach dem Bericht der Domanialkanzlei Wallerstein über die Regulierung des Handlohns vom Hofgut des Josef Bühlmeier, 21. 5. 1844 (FÖAW III 12. 23 a).

Davon wurden 1653 12 Mg Acker und 3 Trv Wiese abgetrennt und als Feldlehen veräußert, so daß bei dem Gut noch

30 Mg Acker und 12 Trv Wiese blieben.

Spätere Dokumente geben etwas abweichende Zahlen an.

Nach dem Steuer- und Lagerbuch von 1791 gehörten zu dem Gut

31⁷/₈ Mg (15,1 ha) Acker und 10 Trv (4,8 ha) Wiese.

Diese Flächenangaben waren jedoch zu gering:

Nach dem württembergischen Primärkataster umfaßte der Hof

80¹/₈ Mg (25,2 ha) Acker und Wiese, während die Fläche von 1791, auf württembergisches Maß umgerechnet, nur

63 Mg (19,9 ha) Acker und Wiese betrug.

	Deininger Maß	württembergisches Maß
Gült (seit 1653): Roggen	3 Mltr	(= 2 Schfl 5 Sri 1 Vlg)
Dinkel	3 Mltr	(= 6 5 1)
Hafer	3 Mltr 2 Vtl	(= 6 7 −)

Sonstige Zinse (Geflügel und Eier nach den geltenden Preisen zu Geld gerechnet):

	1655/56			1791			1813		
	fl	kr	h	fl	kr	h	fl	kr	h
Wiesengeld (Herbstzins)	1	20	−	1	20	−	1	20	−
Weisat		9	−		9	−		9	−
Leibzins		4	4		4	4		4	4
2 Gänse	1	−	−	1	−	−	1	12	−
1 Fastnachthenne		12	−		15	−		20	−
2 Herbsthühner		12	−		15	−		24	−
100 Eier		40	−		50	−		50	−
	3	37	4	3	53	4	4	19	4

Dienstpflicht: Ungemessener Dienst. Nach dem Fronregulativ, das im späten 18. Jahrhundert galt, hatte das Hofgut Zugdienste mit einem Anspann zu 5 Stück zu leisten und speziell zur Jagdzeit in der Tannhauser Gegend 2 Pferde zum Führen des Jagdwagens oder Wildpretkarrens zu stellen[2]).

Besitzveränderungsgebühren: Bei jeder Besitzveränderung hatte der Gutserwerber 10 % des wahren Gutswertes als Handlohn oder Bestandgeld, ferner als Amtsgebühr spätestens im 18. Jahrhundert 1 Mltr „Zuschreibhaber" zu entrichten.

Steuer[3]):

Die Steuermasse des Hofgutes betrug während des 18. Jahrhunderts

---

[2]) Auf Grund eines Vergleiches fixierte die Herrschaft 1833 die Dienste des Gutes als grundherrlichen Spannfrondienst auf 4 vierspännige Tagesfuhren und eine zweispännige Jagdfuhr jährlich (FÖAW III 4. 15 b, Fasz. Kerkingen). Berechnet man die vierspännige Fuhre mit 1 fl 30 kr und die zweispännige Fuhre mit 1 fl, so ergibt sich ein Jahreswert der Fronen von 7 fl.

[3]) Die folgenden Angaben nach den Steuerbüchern Kerkingen 1731, fol. 16 b; 1744, fol. 13 b; Lagerbuch Kerkingen 1791, S. 181; Herbstgefällbezugsregister 1807, fol. 23 a (FÖAW II 12. 14); Steuer- und Zinsbezugsregister des Amtes Baldern 1785–1788, fol. 16 a (FÖAW IX 10. 11).

	fl	kr	h
konstant	1248	45	
die darauf entfallende Ordinaristeuer	13	21	2
Die Steuermasse der dazugehörenden Fahrnis veranschlagte man zunächst auf	100		
spätestens seit 1744 auf	125		
die hierauf entfallende Fahrnissteuer betrug	1	20	2
Hinzu kam die Viehsteuer, bei einem angenommenen durchschnittlichen Viehbestand von 3 Pferden, 2 Stieren, 4 Kühen, einigen Kälbern, Schafen und Schweinen etwa	2	40	
Eine Ordinaristeuer auf Hofgut mit Fahrnis und Vieh betrug also rund	17	20	

2. Entwicklung des Handlohns 1651–1844:

(Es sind nur die Veränderungen erfaßt, bei denen der Verkaufs-, Übergabe- oder Taxationspreis vorlag[4]))

Jahr des Besitz- wechsels	Wertermittlung durch	Gutswert oder Gutspreis	Handlohn	
		fl	fl	kr
1651	Verkauf	75	7	30
1653	Verkauf	145	14	30[5])
1685/6	Übergabe	600	60	
1719	Übergabe	1200	120	
1724/5	Taxation	1500	135[6])	
1737	Verkauf	2035	203	30[7])
1741	Verkauf	1775	177	30
1752/3	Verkauf	2600	260	
1787	Übergabe (Taxation)	2675	267	30
1826/7	Übergabe (Taxation)	1865	186	30
1844	Übergabe (Taxation)	6750	675[8])	

[4]) Vgl. Anm. 1.
[5]) Im gleichen Jahr wurden 12 Mg (5,7 ha) Acker und 3 Tw (1,6 ha) Wiese aus dem Gut als eigenes Feldlehen herausgebrochen.
[6]) 15 fl Nachlaß aus Gnade.
[7]) Von diesem Besitzwechsel an wird zusätzlich ein Mltr Zuschreibhaber erwähnt.
[8]) Nach dem Tod von Josef Bühlmeier (1844) entstanden wegen der Handlohnberechnung Streitigkeiten, weil die verschiedenen Taxationen erheblich voneinander abwichen und die Herrschaft eine ungewohnt hohe Summe forderte:

	für die Hofgebäude fl	für die Grundstücke fl	Summe fl
Taxation des Gemeinderats von Kerkingen	1 535	4 391	5 926
Taxation des Zehntmeisters von Kerkingen	1 264	5 092	6 356
Unterpfandsschätzung			12 431
Brandversicherungsanschlag	3 000		

Allerdings lag der Brandversicherungsanschlag gewöhnlich über dem eigentlichen Wert der Gebäude; ebenso war die Unterpfandsschätzung in Württemberg zugunsten des Schuldners oft bis um 50 % über den wahren Gutswert getrieben. Die Domanialkanzlei berechnete daher die Grundstücke nach dem Durchschnitt der beiden Taxationen auf 4750 fl und bewertete die Gebäude mit $2/3$ des Brandversicherungsanschlags (2000 fl).

3. *Abgabenbelastung um 1775/80:*

Grundlage der Lastenberechnung ist der Ackerertrag, wie er sich aus den Angaben der Zehnteinschätzungen von 1814/22 über guten, mittleren und schlechten Ertrag ergibt. Die folgenden Daten lassen sich auch für das 18. Jahrhundert verwenden: Es handelt sich um Mittelwerte, die bei den Zehntversteigerungen oft weit überboten wurden. Zudem scheinen die Getreidezehnterträge seit der ersten Hälfte des 18. Jahrhunderts nicht erheblich gestiegen zu sein; vgl. dazu Abschnitt g, Anm. 2.

Angenommener Ackerertrag je Mg altes Meß (0,48 ha): Roggen 4,5 Mltr, Dinkel 4 Mltr, Gerste und Hafer je 3,25 Mltr Nördlinger Meß. Die Preise von 1786/95 (vgl. Nr. 7) wurden um 1/4 vermindert, um das Preisniveau dem der Jahre 1775/80 anzunähern.

Anhand der Zehntbeschreibungen ergibt sich ein Anbauverhältnis von 2/3 Dinkel und 1/3 Roggen im Winterfeld, von je 1/2 Gerste und Hafer im Sommerfeld. Der Kleinzehnt ist mit 10 % des Großzehnten bereits hoch angesetzt.

Leistung	fl	kr	% der gesamten Leistung
Handlohn (geschätzte Jahresrate)	11		6,3
Gült	55	36	31,8
Küchengefälle	2	20	1,3
Geldzinse	1	33	0,9
Mortuar (geschätzte Jahresrate)	5		2,9
Fronen (geschätzter Jahreswert)	7		4,0
Großzehnt	52	27	30,0
Kleinzehnt	5	15	3,0
Steuern (1 Ordinari- und 1 Extraordinaristeuer)	34	40	19,8
	174	51	100,0

Der Bruttofeldertrag wird mit dem Zehnfachen von Groß- und Kleinzehnten angesetzt: 577 fl. Die Abgabenbelastung hierauf machte einschließlich der Naturalfron 30,3 %, ohne die Naturalfron 29,1 % aus.

Dabei ist zu berücksichtigen, daß die Fläche des Hofes um gut 20 % zu gering berechnet ist; vgl. Ziffer 1.

Die angeführten Abgaben blieben bis zur Ablösung 1848/49 ff bestehen. Der Wert von Gült und Zehnt variierte mit den jeweiligen Preisen, die Geldansätze für die Küchengefälle erhöhten sich geringfügig, der Laudemienansatz stieg erheblich. Die Steuer scheint sich eher vermindert zu haben: Nach dem Steuerabrechnungsbuch der Gemeinde Kerkingen von 1838/39 (Rathaus Kerkingen) belief sich die gesamte Steuerschuld von Josef Bühlmeier (von Lehen, „Eigenland" und Gemeindeland) einschließlich Amtsschaden und Gemeindeabgaben auf 36 fl 31 kr.

i) Grundentlastung und Zehntablösung

Die beiden Standesherrschaften Öttingen verhinderten in ihrer gesamten Grundherrschaft bis 1848/49 die Wirksamkeit der staatlichen Ablösungsgesetze von 1817/18 und 1836; vgl. Darstellung, S. 412 ff. Die Streitigkeiten mit Pflichtigen auch in Kerkingen über verschiedene Abgaben, so besonders über beständige Steuern, Schutz- und Dienstgelder, ungemessene Fronen, Küchengefälle und Handlohn zogen sich durch den ganzen Vormärz hin.

Nach 1848/49 verzögerte sich die Ablösung gerade in der Standesherrschaft Öttingen-Wallerstein infolge zahlreicher Prozesse über die Frage, welche Leistungen nach den Gesetzen von 1848/49 unentgeltlich aufgehoben und welche nach diesen und den Gesetzen von 1836 abzulösen seien. Anhand der verfügbaren Akten war kein ganz klares Bild über die Grundentlastung in Kerkingen zu gewinnen. Die Ablösungen nach dem Gesetz vom 14. 4. 1848 wurden 1855/57 verurkundet; sie erbrachten der Herrschaft ein Kapital von 11570 fl[1]). Erst 1865/66 kam der Vertrag über Zehntablösung und Lastenabfindung zustande. Danach erbrachte der Großzehnt von 415 Mg Acker einen jährlichen Rohertrag (Reinertrag) von 956 fl (921 fl), der Heu- und Öhmdzehnt von 181 Tagwerk 226 fl Roh- wie Reinertrag; das Zehntablösungskapital belief sich auf 18353 fl. Für die subsidiäre Baulast bei Unterhaltung und Neubau von Pfarrkirche, Pfarrgebäuden, Schul- und Meßnerhaus hatte die zehntberechtigte Standesherrschaft eine Abfindung von 5320 fl oder 29 % des Zehntablösungskapitals zu zahlen[2]).

Am 28. 1. 1868 löste die Standesherrschaft die Kompetenz der Pfarrstelle zu Kerkingen – 105 fl, 80 Schfl Roggen, 26½ Schfl Dinkel, 20 Schfl Hafer und 9 Klftr Holz, zusammen nach Ablösungspreisen ein Jahreswert von 456 fl – mit einem Kapital von 7292 fl ab[3]). 69 % des Zehntablösungskapitals mußte die Standesherrschaft also wieder zur Abfindung der (direkten oder indirekten) Zehntlasten aufwenden.

Auf Grund der Gesetze von 1848/49 wurde ferner eine Fülle kleinerer Verpflichtungen zwischen verschiedenen Parteien – zum Teil zwischen Mitgliedern der Gemeinde Kerkingen selbst – abgelöst[4]).

Am erheblichsten war die Zehntablösung der Gemeinde gegenüber der Pfarrei Kerkingen (1852): Für den Kleinzehnt von 1002 Mg mit einem Rohertrag (Reinertrag) von 120 fl (114 fl), den Heu- und Öhmdzehnt von 39 Mg und den Obstzehnt mit einem Gesamtertrag von 58 fl hatten die Pflichtigen 2777 fl Kapital in 23 Jahren durch jährliche Raten von 189 fl zu tilgen[5]). Gegenüber der Staatsfinanzverwaltung wurde 1854/78 der Neubruchzehnt von 150 Mg mit einem Jahresertrag von 59 fl durch jährliche Raten von 67 fl 26 kr amortisiert (Ablösungskapital 1054 fl)[6]).

---

[1]) FÖAW Urkunden II 4543 e, 4572 d, 4598 c, 4608 a.
[2]) FÖAW Urkunden II 4914 a.
[3]) FÖAW Urkunden II 4975 a.
[4]) F 188, Bü 427 ff, 514, 524.
[5]) F 188, Bü 898.
[6]) F 188, Bü 900.

Nr. 211   **Herzogtum Württemberg — Gemeinde Kornwestheim**

a) Kornwestheim im Strohgäu liegt im altwürttembergischen Realteilungsgebiet. 1303 kaufte Württemberg den Ort „Westheim" mit Leuten, Gütern und Vogtei. Seitdem baute Württemberg durch gezielte Erwerbspolitik seinen zunächst geringfügigen Landbesitz zur größten Grundherrschaft im Ort aus; durch die Säkularisation des Klosters Bebenhausen im Zeitalter der Reformation vermochte es die Rechte des bedeutendsten grundherrlichen Konkurrenten vollends seinem Einflußbereich zu integrieren[1]). Innerhalb von Zwing und Bann besaß die Herrschaft Württemberg die volle Landeshoheit[1a]).

Ausflüsse der Landeshoheit waren u. a. die Fronen und die in Kornwestheim herrschende Lokalleibeigenschaft.

Fronen: Nach den Lagerbüchern waren die Kornwestheimer der Herrschaft Württemberg zu keinen bestimmten Diensten verbunden, sollten aber als gehorsame Untertanen die geforderten Fronen leisten. Es handelte sich vor allem um den Transport von Jagdgerät und Jagdbeute. Die Handfröner verwandte man außer bei Jagden vor allem zum Botenlaufen. Insgesamt belasteten die Fronen den einzelnen Pflichtigen nur geringfügig[2]).

Leibeigenschaft: Als Ausfluß der Landeshoheit muß die in Kornwestheim herrschende Lokalleibeigenschaft gelten[3]). Für die Einwohner wirkte sie sich in Form einer Vermögens- bzw. Erbschaftssteuer aus: Von allem liegenden und fahrenden Vermögen des bzw. der Verstorbenen wurden je 100 Pfd h (71 fl 40 kr) des geschätzten Wertes beim Tod eines Mannes 1 fl, beim Absterben einer Frau 30 kr als Hauptrecht oder Fall eingezogen, also maximal 1,4 %/o bzw. 0,7 %/o des Vermögens[4]).

Weitere Abgaben an die Herrschaft Württemberg als Inhaberin von Vogtei, Gerichts- oder Ortsherrschaft waren Rauchhennen, jährliche Steuer und jährliches Steuerkorn: Von jeder mit eigenem Herd versehenen Wohnung zu Kornwestheim wurde jährlich eine Rauchhenne erhoben[5]). Jährliche Steuer und jährliches Steuerkorn (Roggen) waren offensichtlich sehr alte vogteiliche

---

[1]) Zur Entwicklung der Herrschafts- und Grundbesitzverhältnisse in Kornwestheim während des späten Mittelalters vgl. Boelcke, Kornwestheim, S. 25 ff.
[1a]) Stab, Geleit, Obrigkeit, Gebot und Verbot, hohe und niedere Gerichtsbarkeit, forsteiliche Gerichtsbarkeit, Frevel, Strafen und Bußen. Lagerbuch der Kastkellerei Stuttgart von 1572, Stadtarchiv Kornwestheim B 185; Lagerbuch der Kastkellerei Stuttgart von 1696, HStASt Lagerbücher weltlich, Nr. 1671, fol. 8 ff; Christoph Ludwig Kerner, Beschreibung des Herzoglich Würtembergischen Marktfleckens Kornwestheim im Jahr 1787 (künftig zitiert: Kerner, Kornwestheim), fol. 57 ff, 80 ff.
[2]) Kerner, Kornwestheim, setzt in seiner sorgfältigen Lastenberechnung (vgl. Nr. 9) für Fronen keinen Geldwert an. 1838 wurde der Jahreswert der Jagdfronen auf 53 fl 9 kr berechnet (vgl. Abschnitt g, Anm. 2). Doch konnten die unbestimmten Leistungen bei unkontrolliertem Gebrauch recht lästig werden, vor allem wenn die Herrschaft große Jagden abhielt oder Unterbehörden ohne Befugnis bei jeder Gelegenheit Handfröner zum Botenlaufen anforderten. Klagen über derartige Mißbräuche und Anordnungen dagegen: Stadtarchiv Kornwestheim A 402.
[3]) Die Lokalleibeigenschaft wird in dem Urbar von Stadt und Amt Asperg aus der Mitte des 14. Jahrhunderts noch nicht erwähnt; vgl. Müller, Urbare, S. 129 ff. Die Lokalleibeigenschaft dürfte daher erst während des folgenden Jahrhunderts eingeführt worden sein. Spätere Lagerbücher nennen sie als gültiges Recht.
[4]) Da der gerichtliche Vermögensanschlag niedrig auszufallen pflegte, dürfte die Abgabe tatsächlich etwa 1 %/o bzw. 1/2 %/o betragen haben.
[5]) Lagerbuch von 1696 (HStASt Lagerbücher weltlich, Nr. 1671), fol. 13.

Abgaben, welche die Gemeinde Kornwestheim in unveränderter Höhe Jahrhunderte hindurch zu entrichten hatte[6]):

Jährliche Steuer 15 Pfd 10 sh (= 11 fl 4 kr 4 h)
Jährliches Steuerkorn 67 Schfl 5 Sri 1½ Vlg.

Unsicher ist es, ob die ewig unablösigen Hellerzinsen an die Herrschaft Württemberg aus Häusern, Scheuern, Hofraiten und Baumgärten als Abgaben an die Ortsherrschaft oder als eigentliche Lehenzinse zu bewerten sind[7]). Zu den landschaftlichen und sonstigen Steuern vgl. Abschnitt f.

b) Besitzrechte:

Der Besitz an Grund und Boden auf der Markung Kornwestheim (Gesamtfläche 4608 Mg = 1452 ha) verteilte sich um die Mitte des 18. Jahrhunderts nach Eigentumsrechten etwa folgendermaßen:

1. Freieigen   ca. 835 Mg
2. Zinseigen
   a) zelgliche Gültäcker   91 Mg
   b) Teiläcker   354 Mg
3. 36 Lehen und Gülthöfe   ca. 3090 Mg[1]).

Während das freieigene Land durch Steuern und fast durchgehend auch durch den Zehnten belastet war, hafteten auf zinseigenem Boden und Lehengütern außerdem vor allem Getreidegülten.

Zinseigenes Land („eigene Zelg- und Teiläcker"[2])) unterlag keinem Lehenverband und durfte daher nach Belieben auch parzellenweise vertauscht, verkauft, verschenkt oder verpfändet werden. Nach Art der Gültbelastung unterschied man zwischen zelglichen Gültäckern und Teiläckern. Von den zelglichen Gültäckern war eine Gült nur dann zu reichen, wenn sie mit Getreide bebaut waren; in der Brache blieben sie gültfrei. Nach mittleren Werten erforderte die Gült hier etwa 8–10 % der bestellten Ackerfläche. Die Besitzer von Teiläckern mußten der Gültherrschaft einen bestimmten Ernteanteil reichen. Diese Abgabenform, noch im 14. Jahrhundert auch in Kornwestheim weit verbreitet[3]), war durch Verwandlungen in feste Gülten zunehmend zurückgedrängt worden. Um 1780 reichten noch etwa 354 Mg (8,7 % der Ackerfläche) die 4. bis 9. Garbe (= 25 % bis 11 %) des Ertrages, wobei vier- und fünfteilige Äcker gut 80 % ausmachten[4]).

---

[6]) Ebd., fol. 49 ff; die jährliche Steuer war auf Martini an den Landvogt von Cannstatt zu liefern, das Steuerkorn an die Kellerei Stuttgart. Schon um die Mitte des 14. Jahrhunderts nennt das Urbar von Stadt und Amt Asperg für Kornwestheim die gleiche Menge „stiurkorn": 100 Malter (Müller, Urbare, S. 131) in Gröninger Kasten-Einmeß (zur Umrechnung vgl. Lutz, S. 30 und 60).
[7]) Ebd., fol. 58 ff.
[1]) Die Flächenangaben nach dem Steuersubrevisionsprotokoll des Amtes Ludwigsburg von 1733/34 (A 261, Bü 1161) und nach Kerner, Kornwestheim (vgl. Rümelin, S. 158 f).
[2]) So die Bezeichnung in den Inventuren und Teilungen.
[3]) Müller, Urbare, S. 129 f.
[4]) F 98, Bd. 597, fol. 108 ff.

Die 36 Hof- und Lehengüter nahmen mit rund 3090 Mg Fläche gut zwei Drittel der Markung ein. Selbst aus einer kleineren Zahl älterer Höfe entstanden, bildeten sie schon längst keine Wirtschaftseinheiten mehr – zu 21 gehörten keinerlei Häuser, Ökonomiegebäude oder Hofraiten[5]). Obwohl der Obereigentümer seine Zustimmung zu Veränderungen und Teilungen geben mußte, wurden sie im Lauf der Jahrhunderte unter einer wachsenden Zahl von Teilhabern aufgeteilt; nur das Trägereisystem hielt sie gegenüber der Gültherrschaft noch als Abgabeneinheit zusammen[6]). Dennoch konnten sich gerade in Kornwestheim auch während der ersten Hälfte des 19. Jahrhunderts gesunde Betriebsgrößen erhalten[7]).

c) Lehenabgaben:

Im Unterschied zu den Lehenabgaben in den bisher behandelten Herrschaften und Orten fehlten in Kornwestheim völlig Frondienste, die dem einzelnen Gut zugeteilt waren, fast gänzlich Geldzinse, Küchengefälle und Besitzveränderungsgebühren; vgl. Abschnitt d. Auch die sonst meist feststellbare Tendenz zur Abgabenvereinheitlichung läßt sich hier nicht beobachten.

Gültbelastung der Lehen: Der durchschnittliche Ernteertrag in Kornwestheim betrug nach Angaben aus dem späten 18. Jahrhundert[1]) je Mg Acker

	gut		mittel		schlecht	
	Schfl	Sri	Schfl	Sri	Schfl	Sri
Roggen	3	4	3		2	
Dinkel	8		6		4	
Hafer	5		3		2	4

Legt man die mittlere Qualität als Durchschnitt zugrunde, so waren bei der in Kornwestheim üblichen Drei-Felder-Wirtschaft 8 %–15 % der Ertragsfläche nötig, um die Gült zu produzieren[2]).

---

[5]) Vgl. Abschnitt d, Spalte 3–5. Z. T. ist die ursprüngliche Zusammengehörigkeit verschiedener Lehen an den Losungsrechten noch bis ins 19. Jahrhundert hinein erkennbar: Losungsrechte bestanden zwischen Lehen Nr. 10 und 11 und Nr. 12–17 (Abschnitt d). Vgl. im übrigen *Boelcke*, Kornwestheim, bes. S. 26 ff.
[6]) Über die zunehmende Güterzersplitterung in der zweiten Hälfte des 18. Jahrhunderts klagt Kerner, Kornwestheim, fol. 188 b ff.
[7]) Vgl. OAB Ludwigsburg (1859), S. 243; *Rümelin*, S. 191 ff.
[1]) Kerner, Kornwestheim, fol. 29 b.
[2]) Besonders gering erscheint die Belastung bei den Lehen Nr. 4 (ca. 2 %) und Nr. 3 (ca. 4,5 %); annähernde Prozentwerte für einige andere Lehen: Nr. 32: 6,5 %, Nr. 8: 7,6 %, Nr. 6: 7,8 %, Nr. 9 und 10: 8,7 %, Nr. 11: 9,2 %, Nr. 30: 10,4 %, Nr. 21: 11 %, Nr. 33: 11,3 %, Nr. 12–14: 12,2 %, Nr. 5 und 7: 13,5 %, Nr. 17: 14 %, Nr. 23: 14,8 %, Nr. 18: 16,4 %. Nach den Angaben von Kerner, Kornwestheim, entfiel auf eine Ackerfläche von 4074 Mg ein jährlicher Produktionswert (einschließlich der Brachfrüchte und des Strohs) von 63 252 fl, also auf den Mg 15 fl 32 kr, nach Abzug der Brachfrüchte und des Strohs nur 49 812 fl oder 12 fl 14 kr auf den Mg. Der jährliche Wert der Gült von den Lehengütern betrug je Mg Acker 1 fl 14 kr, also 7,9 % vom Bruttoproduktionswert einschließlich Brachfrüchte und Stroh, bei Abzug von Brachertrag und Strohwert ziemlich genau 10 %.

d) *Verzeichnis der Hof- und Lehengüter in Kornwestheim:*
Quelle: Kerner, Kornwestheim, fol. 223 b—229 a.

Der Aufstellung von Kerner liegt das Steuerrenovationsprotokoll von 1754 (Stadtarchiv Kornwestheim B 289) zugrunde. Offensichtliche Abschreibe- und Additionsfehler wurden nach Möglichkeit verbessert, zum Teil unter Heranziehen von Akten des Stadtarchivs Kornwestheim B 186 ff, 289. Die Summierungen in Spalte 11 sind meist etwas geringer als in der Vorlage; die Ursache für die dortigen höheren Additionen ist unklar.

Flächenmaße:

Morgen	Achtel	Quadratruten			
1	8	384	=	0,315174	ha
	1	48	=	3,93968	a
		1	=	8,2077	m²

Hohlmaße:

Scheffel	Simri	Vierling	Achtel	Ecklein	Viertelein			
1	8	32	64	256	1024	=	177,2263	l
	1	4	8	32	128	=	22,1533	l
		1	2	8	32	=	5,5383	l
			1	4	16	=	2,7692	l
				1	4	=	0,6923	l
					1	=	0,1731	l

Nr.	Lehen	Gültherrschaft	Häuser	Wirtschaftsgebäude	Hofraiten	Garten- u. Krautländer Mg	Acker Mg
1.	2.	3.	4.	5.	6.	7.	8.
1.	Schafhof	Kastkellerei Stuttgart	2	2	1	1 2/8	218 5/8
2.	Spottenlehen oder Stickelhof	Kastkellerei Stuttgart und Bebenhäusische Pflege Stuttgart	–	–	–	–	67 1/8
3.	Philipp-Hannemanns-Lehen	Kastkellerei Stuttgart	–	–	–	–	20
4.	Seuferts-Lehen	– „ –	–	–	–	–	19 2/8
5.	Bartlen-Wildenhof	– „ –	2	3	2	1 2/8	118
6.	Lorenz-Hannemanns-Lehen	– „ –	–	–	–	5/8	91 3/8
7.	Peter-Maiers-Lehen	– „ –	–	–	–	–	44 6/8
8.	Peter-Öttingers-Lehen	– „ –	1	1	1	1/8	73 2/8
9.	Simon-Rohleders-Lehen	– „ –	1	1	1	–	65 3/8
10.	Schmauz-Wedels-Lehen	– „ –	–	–	–	–	59 7/8
11.	Matthäus-Degen-Lehen	– „ –	–	–	–	–	69 6/8
12.	Wolfarts-Lehen	– „ –	–	–	–	–	77 5/8
13.	Michael-Hannemanns-Spottenlehen	– „ –	–	–	–	–	46
14.	Krecken-Lehen	– „ –	–	–	–	–	46 4/8
15.	Peter-Brodbecken-Lehen	– „ –	–	–	–	–	22 4/8
16.	Bauhagen-Lehen	– „ –	–	–	–	–	14 7/8
17.	Joos-Knollen-Lehen	– „ –	–	–	–	–	19 4/8
18.	Böblinger-Lehen	Geistl. Verwaltung Cannstatt	–	–	–	–	25 3/8
19.	Verwalters-Lehen	– „ –	–	–	–	–	15 4/8
20.	Alt-Lorenz-Ihlens-Lehen	– „ –	–	–	–	–	13 4/8
21.	Jakob-Gablers-Lehen	– „ –	–	–	–	–	30 6/8
22.	Kochhansen-Hof	– „ –	–	–	–	5/8	110 3/8
23.	Zehend- oder Klosters-Hof	Bebenhäusische Pflege Stuttgart	2	2	1	1 7/8	168 3/8
24.	Widdumshof	– „ –	2	2	1	1 2/8	92 1/8
25.	Mäulens-Hof	– „ –	2	2	5	7/8	173
26.	Jakob-Stahls-Lehen	– „ –	4	–	–	–	9 7/8
27.	Junghansen-Hof	Stiftsverwaltung Stuttgart	3	2	2	4/8	195 7/8

Wiese	Wein-berge	Gesamt-fläche	Erbsen		Roggen (Kernen)			Dinkel		Haber			Sonstige Abgaben Geld			Natura-lien
Mg	Mg	Mg	Sri	V	Schfl	Sri	V	Schfl	Sri	Schfl	Sri	V	fl	kr	h	
9.	10.	11.	12.		13.			14.		15.			16.			17.
15 5/8	–	235 4/8	–	–	13	3	1	80	–	30	7	2	–	6	3	–
6/8	–	67 7/8	–	–	–	–	3 1/2	10	1	5	1	1	–	38	4	8 Sommer-hühner
–	3/8	20 3/8	–	–	–	1	3	–	–	1	4	1 1/2	–	15	–	–
–	–	19 2/8	–	–	–	1	3	–	–	–	4	1/2	–	6	3	3 Sommer-hühner
2 1/8	4/8	121 7/8	–	–	7	1	1/2	16	–	16	4	–	–	–	–	–
6 4/8	1	99 4/8	–	–	5	2	3 1/2	6	–	6	1	2	–	–	–	–
–	–	44 6/8	–	–	3	4	2	5	–	6	1	2	–	–	–	–
1 7/8	–	75 2/8	–	–	3	4	2	5	–	5	1	1/2	–	–	–	–
1 4/8	1 3/8	68 2/8	–	–	3	4	2	5	–	5	1	1/2	–	–	–	–
–	–	59 7/8	–	–	2	5	1 1/2	5	–	5	3	1	–	–	–	–
–	–	69 6/8	–	–	3	1	–	6	–	6	5	2	–	–	–	–
–	7/8	78 4/8	–	–	3	4	2	10	–	10	2	2	–	–	–	–
–	–	46	–	–	2	2	–	5	4	6	1	2	–	–	–	–
1	–	47 4/8	–	–	2	1	3 1/2	5	4	6	1	2	–	–	–	–
1/8	–	22 5/8	–	–	1	6	1	4	–	4	1	–	–	–	–	–
1 4/8	2/8	16 5/8	–	–	–	7	1/2	2	4	3	–	3	–	–	–	–
1/8	–	19 5/8	–	–	–	7	1/2	3	–	3	–	3	–	–	–	–
–	–	25 3/8	–	–	2	1	3 1/2	4	–	4	1	–	–	–	–	–
5/8	–	16 1/8	1	3 1/2	1	6	2 1/2	2	–	2	–	1 1/2	–	–	–	–
–	–	13 4/8	–	–	1	1	–	–	–	1	2	1	–	2	3	–
–	–	30 6/8	–	–	3	1	–	3	4	3	4	2 1/2	–	–	–	–
1 3/8	–	112 3/8	1	1 1/2	8	2	1/2	9	4	9	5	2	–	–	–	1/4 Pfund Wachs
1 3/8	1 3/8	173	–	–	19	5	1	20	–	20	3	1	–	–	–	–
2 6/8	1 3/8	97 4/8	4	2	6	5	1/2	10	–	10	5	2	–	–	–	–
6 5/8	–	180 4/8	7	1	17	7	–	20	–	20	5	–	–	–	–	–
–	–	9 7/8	–	–	–	7	1/2	–	–	1	–	1/2	–	–	–	–
14 2/8	–	210 5/8	–	–	14	3	3	27	–	28	1	1	–	–	–	–

Nr.	Lehen	Gültherrschaft	Häuser	Wirtschaftsgebäude	Hofraiten	Garten- u. Krautländer Mg	Acker Mg
1.	2.	3.	4.	5.	6.	7.	8.
28.	Grashof	Armenkasten Eßlingen	2	1	2	1 5/8	86 6/8
29.	Stahls-Lehen	Spital Eßlingen	–	–	–	–	15 7/8
30.	Kochveiten-Hof	– „ –	–	–	–	2/8	107 4/8
31.	Knollenhof	Kastkellerei Stuttgart, Stiftsverwaltung Stuttgart und Cannstatt, Siechenpflege Stuttgart	3	1	1	1/8	80 6/8
32.	Grempen- oder Imlens-Hof	Kastkellerei Stuttgart, v. Leutrum	1	1	1	3/8	224 1/8
33.	Rebstockshof	Stiftsverwaltung Stuttgart, Siechenpflege Stuttgart, Spital Eßlingen	3	3	2	1 3/8	162 5/8
34.	Reusenhof	Prof. Mayer zu Tübingen, Geistl. Verwaltung Cannstatt	–	–	–	5/8	157 1/8
35.	Küchenmeisters-Hof	Kastkellerei Stuttgart, Geistl. Verwaltung Cannstatt	2	1	1	1 3/8	134 5/8
36.	Kelternhof	Bebenhäusische Pflege Stuttgart, je ein Bürger zu Brackenheim und Stuttgart	3	2	1	–	105 5/8

Bemerkungen zu einzelnen Lehen: (Soweit nicht anders vermerkt, nach Kerner, Kornwestheim, fol. 46 b ff; einige kleine Abgaben an den „Heiligen" in Kornwestheim bleiben unerwähnt).

Nr. 1: Zu dem Hof gehörte vor allem als wichtige „Beinutzung" die alleinige Pferchgerechtigkeit der herrschaftlichen Schäferei bis auf 12 Wochen im Jahr und das Recht, 100 Schafe bei der herrschaftlichen Schäferei einzuschlagen. Damit verbunden waren verschiedene Dienstbarkeiten. Für das Pferchrecht hatten die Inhaber 10 Schfl Dinkel und fast 31 Schfl Hafer zu entrichten. Diese Beträge sind in den Tabellenangaben enthalten.

Nr. 2: Gibt bei jeder Veränderung der Lehenträgerschaft durch Kauf, Erbschaft, Tausch usw. 1 fl 5 kr Handlohn (F 166, Bü 170, Q 1).

Nr. 5: Gibt für die zwei Häuser an die Bebenhäusische Pflege Stuttgart 10 kr 5 h und 2 Herbsthühner.

Nr. 9: Beinutzung aus 3 Mg 2½ Vtl Weinberg: 11 Imi 2½ Maas Bodenwein.

Nr. 10 und 11: Haben gegeneinander das Losungsrecht, da ursprünglich ein Lehen.

Nr. 12–17: Haben Losungsrecht gegeneinander, da ursprünglich ein Lehen.

Nr. 21: Die Gült muß vom Hof geholt werden.

Wiese	Weinberge	Gesamtfläche	Erbsen		Roggen (Kernen)			Dinkel		Haber			Geld			Sonstige Abgaben Naturalien
Mg	Mg	Mg	Sri	V	Schfl	Sri	V	Schfl	Sri	Schfl	Sri	V	fl	kr	h	
9.	10.	11.	12.		13.			14.		15.			16.			17.
2 4/8	4 1/8	95	–	–	1	–	–	8	–	9	–	–	–	16	–	1/2 Pfund Wachs
–	–	15 7/8	–	–	2	6	1	–	–	2	1	1	–	–	–	–
–	–	107 6/8	–	–	9	–	–	9	–	9	–	–	–	–	–	–
6	1 4/8	88 5/8	–	3	8	6	1	7	–	11	2	3	–	30	2	8 Sommerhühner u. 1 1/2 Gänse
2	–	226 4/8	–	–	10	7	3 1/2	12	–	12	4	–	–	4	2	3 Sommerhühner
–	–	164	–	–	13	3	2	15	–	15	2	2	–	–	–	–
4 6/8	–	162 4/8	–	–	11	5	2	17	–	17	5	3	–	–	–	–
3 1/8	5/8	139 6/8	–	–	5	5	–	18	–	5	5	–	–	–	–	1 Pfund Wachs
4	7/8	110 4/8	2	–	10	5	2	13	–	13	3	1	4 sh			2 Vlg Wachs, 5 Sommerhühner

Nr. 22: Bei Veränderungen betrugen Handlohn und Weglöse ursprünglich jeweils 5 fl; seit 1813 wird bei Veränderungen pro Mg 1 fl 30 kr angesetzt (F 166, Bü 170, Q 1).
Nr. 23: Bezieht den Heuzehnten von 131 Mg Wiesen in Kornwestheim. Sooft der Teil des Trägers verändert wird, sind als Handlohn und Weglöse zusammen 43 kr 2 h zu leisten (F 166, Bü 170, Q 1).
Nr. 24: Zehnt-, fron- und dienstfrei; die Inhaber haben das Faselvieh zu halten (2 Farren, 1 Eber).
Nr. 25: Die Gült muß vom Hof geholt werden.
Nr. 27: 7 Imi 8 Maas Bodenwein als Beinutzung aus 3 Mg 1 Vtl Weinberg.
Nr. 28: 5 Imi Bodenwein als Beinutzung aus 2 Mg 3½ Vtl Weinberg.
Nr. 31: Als Beinutzung aus verschiedenen Häusern und Gütern 18 kr, 3 Hühner, 4 Gänse, 6 Imi 2 Maas Bodenwein.
Nr. 32: Beinutzungen: Aus 4 Mg Acker den vierten Teil, aus 7 Mg Acker den fünften Teil, 4 Sommerhühner, 3 kr 3 h.
Nr. 34: Bei jeder Gutsveränderung auch von einzelnen Güterteilen als Handlohn und Weglöse 1 fl 5 kr; 5 Imi Bodenwein Beinutzung.

e) Zehnt:

Die gesamte Markung von Kornwestheim war bis auf 112 Mg (Widdumhof und Pfarrbesoldungsäcker) der Verzehntung unterworfen. Kloster Bebenhausen hatte die vorher zersplitterten Zehntrechte im letzten Viertel des 13. Jahrhunderts durch Kauf weitgehend in seine Hand gebracht[1]). Die ihm zustehenden Rechte auf Groß- und Weinzehnt gingen im 16. Jahrhundert an das evangelische Kirchengut über; Grundstücke, die erst nach 1553 zehntbar wurden, hatten den Novalzehnt an den Landesherrn zu reichen[1a]). Die Ortspfarrei beanspruchte den Klein- und den Heuzehnten aus Baum- und Grasgärten, während das Zehntrecht der meisten Wiesen auf der Markung in den Zehnthof gehörte.

Besondere Schwierigkeiten bereitete die Abgrenzung zwischen Groß- und Kleinzehnten. Zum Großzehnten zählten außer sämtlichen Getreidesorten auch Linsen und Wicken – ein Zeichen, daß diese Früchte schon seit langem auch in der Ackerflur angebaut wurden; die übrigen Früchte aus Garten und Brache rechneten zum Kleinzehnten mit folgenden Ausnahmen: Die Sommergerste im Winterfeld kam dem Großdezimator zu, der Winterreps wurde zwischen Groß- und Kleindezimator geteilt; Kartoffeln galten ursprünglich als Kleinzehntfrucht, fielen aber nach längeren Auseinandersetzungen seit 1825 an den Großzehntberechtigten, soweit sie im Sommerfeld angebaut wurden.

Für die 1780er Jahre ergibt sich nach dem Preisniveau der Zeit für den Großzehnt (einschließlich 206 fl Surrogatgelder, doch ohne den Strohzehnt mit einem Jahreswert von 1200 fl) ein Jahreswert von 4616 fl, für den Kleinzehnt von 250 fl[2]).

Daß der Kleinzehnt nur 5,4 % des Großzehntwerts erreichte, erklärt sich vor allem aus den Weiderechten der herzoglichen Schäferei auf der Ortsmarkung: Von rund 1350 Mg Brachfeld konnten um 1785 nur etwa 120 Mg (9 %) mit Klee und Kartoffeln bestellt werden[3]).

f) Steuer- und gesamte Abgabenbelastung:

Die Größe der Steuerbelastung im Verhältnis zu den übrigen Abgaben während des 18. Jahrhunderts ist für Kornwestheim vor allem wegen des zersplitterten Güterbesitzes im Einzelfall schwierig zu ermitteln. Die erhaltenen Steuerbücher aus dem 18. Jahrhundert[1]) geben für den gesamten Ort während der Friedensperiode zwischen 1770/90 eine jährliche Durchschnittsbelastung durch

---

[1]) Vgl. Boelcke, Kornwestheim, S. 26.
[1a]) Hierzu und zum folgenden HStASt Lagerbücher weltlich, Nr. 1671, fol. 15 a; Kerner, Kornwestheim, fol. 54; F 98, Bd. 595, S. 53 ff.
[2]) Rümelin, S. 144. Nach den Ertragsangaben von Kerner, Kornwestheim, betrug der Wert des gesamten Zehnten je Mg Acker 1 fl 33 kr, der des Großzehnten allein ohne Stroh 1 fl 13 kr (vgl. Abschnitt c, Anm. 2); bei der Umrechnung des Zehntertrags auf die zehntpflichtige Fläche, ca. 3960 Mg, ergeben sich je Mg Acker 1 fl 25 kr bzw. 1 fl 11 kr. Der Getreideertrag des Großzehnten entsprach damit ziemlich genau der Gültbelastung bei den Lehenäckern; vgl. Abschnitt c, Anm. 2.
[3]) Rümelin, S. 134 f. Ein Vergleich zwischen Schäferei und Gemeinde von 1782 bestimmte, daß Besitzer von weniger als 8 Mg 1 Mg Klee und 1/4 Mg Kartoffeln, Besitzer von 8–15 Mg 1 Mg Klee und 1/2 Mg Kartoffeln, Besitzer von mehr als 15 Mg 2 Mg Klee und 1/2 Mg Kartoffeln in der Brache anbauen dürften; darüber hinaus war der Brachanbau untersagt. Kerner, Kornwestheim, fol. 25.
[1]) Stadtarchiv Kornwestheim R 322 ff, dazu R 1 ff. Für 1770/90 R 27 ff und R 352 ff.

Ordinari- und Extrasteuer, Sommer- und Winteranlage, Amts- und Kommunschaden von annähernd 3300 fl an. Diese Summe ruhte ebenso wie weitere kleinere Gemeindeumlagen für bestimmte Zwecke weitgehend auf Grund und Boden und Gebäuden, so daß sie der Einfachheit halber als auf diesen Objekten haftend angenommen werden soll.

Nach der Kerner'schen Beschreibung von 1787 läßt sich der jährliche Wert der „Feudalabgaben" (grundherrliche und vogteiliche Abgaben, Zehnt) auf 13013 fl, der Jahresbetrag der direkten Staatssteuern auf 2777 fl und der Jahresbetrag von Gemeinde- und Amtsschaden auf 1277 fl berechnen[2]. Die direkten Steuern betrugen demnach insgesamt 4054 fl oder 31 % der „Feudalabgaben".

Daraus ergibt sich z. B. für 1 Mg Lehenacker mit einem durchschnittlichen jährlichen Rohertrag von 15 fl 33 kr[3]) etwa folgende Belastung:

Wert der jährlichen Gült	1 fl 14 kr
Wert der Zehntabgabe	1 fl 33 kr
Belastung durch direkte Steuern (geschätzt)	45 kr[4])
	3 fl 32 kr

Die Abgaben beanspruchten bei den Lehenäckern also ca. 23 % des Bruttoertrags. Fast der gleiche Prozentsatz ergibt sich für die Abgabenbelastung des Bruttoprodukts der Gemeinde Kornwestheim: nach der Berechnung von Kerner 25,8 %, nach einer aufgerundeten Berechnung 23,7 %[5]). Allein auf den Ackerertrag bezogen – vgl. Abschnitt c, Anm. 2 – beliefen sich die gesamten Abgaben auf 28,1 %.

Die Grundentlastung

g) Verlauf der Ablösung in Kornwestheim:

Die Grundentlastung verlief in Kornwestheim ohne besondere Schwierigkeiten, wobei sich neben dem Fehlen adliger Grundherrschaften, die sich der staatlichen Ablösungsgesetzgebung hätten widersetzen können, die Wohlhabenheit der Bewohner und die Aktivität der Gemeinde günstig auswirkte: Diese übernahm fast durchweg die Ablösungen von den einzelnen Pflichtigen. In der folgenden Übersicht sind die wichtigsten Ablösungen in der Gemeinde Kornwestheim zusammengefaßt:

---

[2]) Vgl. Nr. 9.
[3]) Vgl. Abschnitt c, Anm. 2.
[4]) Hierbei wird angenommen, daß die direkte Steuer bei den Lehengütern nur etwa 25 % der „Feudalabgaben" betrug, da diese Abgaben vom Steuerkapital abgezogen wurden, ferner ein Teil der Steuer auf Gebäuden, Gewerben usw. ruhte.
[5]) Nach Kerner belief sich der jährliche Bruttoertrag aus der Landwirtschaft auf 68 763 fl; nach Rümelin, S. 143 ff kann er auf rund 75 000 fl veranschlagt werden. Vgl. Abschnitt h.

Quelle	Jahr	Gesetzl. Grundlage	Pflichtiger	Berechtigter
F 66 Bü 170 Q 9	1820/22	2. Edikt vom 18. 11. 1817	Pflichtige aus Kornwestheim	Kameralverwaltung Ludwigsburg
F 181 Bü 61	1838	Frongesetz vom 28. 10. 1836	Gemeinde Kornwestheim	– „ –
F 66 Bü 194 Q 3	1839	Bedengesetz vom 27. 10. 1836	– „ –	– „ –
F 66 Bü 194 Q 3	1839	– „ –	verschiedene Pflichtige	– „ –
F 66 Bü 170 Q 1	1840	2. Edikt vom 18. 11. 1817	4 Lehen (von Gemeinde übernommen)	– „ –
F 66 Bü 170 Q 27	1844	2. Edikt vom 18. 11. 1817	Gemeinde Kornwestheim	– „ –
F 66 Bü 171 Q 8	1847	– „ –	18 1/2 Mg ehemaliger Weinberg (von Gemeinde übernommen)	– „ –
F 181 Bü 106 Fasz. 2 Q 8	1850	Zehntgesetz vom 17. 6. 1849	Besitzer von 86 3/8 Mg Wiese (160 Personen)	Besitzer des Zehnthofs (150 Personen)
F 66 Bü 122 Q 26	1852	– „ –	Gemeinde Kornwestheim	Kameralverwaltung Ludwigsburg
F 66 Bü 138 Q 32	1853	Zehntgesetz vom 17. 6. 1849	Zehntpflichtige von Kornwestheim	Pfarrei Kornwestheim
F 181 Bü 77	1852/53	Gesetz vom 14. 4. 1848	Gültpflichtige der Lehen Nr. 31–34 und 36	Dr. Breyer, Stuttgart; Frhr. v. Leutrum-Ertringen; Hospitalverwaltung Stuttgart

Abgaben oder Leistungen	jährlicher Wert nach jeweiligen Ablösungspreisen fl / kr	Ablösungsmaßstab für die Pflichtigen	Ablösungskapital (ohne Zinsen u. Nachzahlungen) fl	Abzahlungsmodus
leibeigenschaftliche Abgaben	aufgehoben			
Hellerzinse und Fruchtgülten bis 1 fl 30 kr	74 / 11[1])	16–20fach	1 200	
Jagdfronen	28 / 11[2])	10fach	282	10 Jahresraten zu 4 %/o Zins
jährliche Vogtsteuer	11 / 5	10fach		
Steuerkorn: 64 Schfl 6 Sri 2 V Roggen	414 / 46[3]) ─────── 425 / 51	10fach	4 258	10 Jahresraten zu 4 %/o Zins
Hellerzinse, Sommerhühner, Baukonzessionszinse	7 / 41	16fach	123	3 Jahresraten zu 4 %/o Zins
Laudemien[4])	13 / 50	16fach	221	
ständige Geldzinse und Fruchtgülten (incl. Landacht)[5])	209 / 2 3 076 / 36 ───────── 3 285 / 38	20fach 25fach	4 831 76 915 ────── 81 746	15 Jahresraten zu 3 1/2 %/o Zins
Bodenwein 1 Ai 2 I 9 M	25 / 13	20fach	504	5 Jahresraten zu 5 %/o Zins
Heuzehnt	110 / 10	16fach	1 763	
Großzehnt auf der Ortsmarkung, Surrogatgelder für Heuzehnten u. Weinzehnten; Obstzehnt von der Allmende	6 062 / 26 (Reinertrag nach Durchschnitt von 1830/47)[6])	16fach	96 999	23 Jahresraten zu 4 %/o Zins
Kleinzehnt, Heuzehnt aus Baum- u. Grasgärten	1 100 (geschätzter Reinertrag)	16fach	17 600	23 Jahresraten zu 4 %/o Zins
Gülten	Rohertrag: 312 / 20 Reinertrag: 296 / 27	16fach	4 743	

Weitaus die bedeutendsten Ablösungsobjekte waren die Gülten und Zehnten. Während die Gemeinde bereits 1844 die ständigen Geldzinse und Fruchtgülten gegenüber der Staatsfinanzverwaltung ablöste und daher die Vorteile des Gesetzes vom 14. 4. 1848 nicht nutzen konnte, profitierte sie in vollem Umfang von dem Zehntgesetz. In den vorangehenden Jahrzehnten hatte die Gemeinde bereits den Großzehnten gegen eine praktisch fixierte Menge von Naturalien und Surrogatgeldern auf ein oder mehrere Jahre gepachtet, wobei die Naturalien zu laufenden Mittelpreisen in Geld gezahlt werden konnten[7]). Gewöhnlich machte die Gemeinde von dieser Möglichkeit Gebrauch, indem sie ohne Rücksicht auf die Bodenqualität die Summe auf die gesamte pflichtige Ackerfläche umlegte. Für den Großzehnten ergab sich so von 1838/39 bis 1847/48 eine durchschnittliche Belastung von 2 fl 18 kr je Mg Acker.

Noch genauer fixiert waren die Zehntabgaben an die Ortspfarrei: Seit 1830 verpachtete der Pfarrer die ihm zustehenden Klein-, Obst- und Heuzehnten an die Gemeinde für jährlich 1000 fl. Die Gemeinde erhob die Pachtsumme von den Zehntpflichtigen, indem sie auf die gesamte zehntpflichtige Ackerfläche je Mg jährlich 11–12 kr umlegte, je Mg Garten und Wiese ca. 1 fl 20 kr forderte und den Obstzehnten nach Ernteschätzungen berechnete[8]). Freilich lag die Pachtsumme unter dem wahren Wert des Kleinzehnten selbst nach Abzug des Verwaltungsaufwandes[9]). Bei der Ablösung einigte man sich daher auf einen jährlichen Reinertrag von 1100 fl.

---

[1]) Nach 1822 blieb nur noch ein Jahresbetrag von 6 fl 44 kr unabgelöst (F 66, Bü 170, Q 9).

[2]) Nach den 15jährigen Durchschnittsberechnungen von 1822/23 bis 1836/37 entfiel auf 181 jagdpflichtige Männer, 41 Pferde und 52 Paar Ochsen eine jährliche Fronleistung von 191 Handfrontagen und einem Spannfrontag für 6 Pferde, wobei für einen Handfrontag 15 kr, für einen Spannfrontag je Pferd 54 kr gerechnet wurden; der Jahreswert der Jagdfronen betrug demnach 53 fl 9 kr, wovon nach den gesetzlichen Bestimmungen für die Handfronen 1/2, für die Spannfronen 4/5 des Reinertragswerts bei den Ablösungsberechnungen eingesetzt wurde. F 181, Bü 61.

[3]) Da das Steuerkorn in unterschiedlicher Höhe auf den Gütern und Äckern lag, war auch das Ablösungskapital entsprechend unterschiedlich gestaffelt; so entfielen auf den Mg Eigenacker 1 fl 19 kr, auf den Mg Hofacker 53 kr und auf den Mg Teilacker 40 kr, während von 1 Mg Acker des Lehens Nr. 28 (Grashof) in zwei Zelgen 3 fl 16 kr, in 1 Zelge sogar 7 fl 48 kr zu entrichten waren; hier hatte das Steuerkorn je Mg 3 Sri Roggen betragen, also bei einer angenommenen mittleren Ernte von 3 Schfl Roggen je Mg 12,5 % des Rohertrags.

[4]) Es handelte sich um die Lehen Nr. 2, 22, 23, 34; auf ihre Fläche von 516 Mg umgerechnet, betrug das Laudemium nach 40jährigem Durchschnitt jährlich 1,6 kr je Mg.

[5]) Gegenstand der Gültablösung waren 4 fl 46 kr Geldzins und 997 Schfl 7 Sri rauhe Frucht. Die Gemeinde übernahm die Ablösungsschuldigkeit auf die Gemeindekasse und zog für ihre Rechnung die bisherigen Grundgefälle in natura oder zu laufenden Geldpreisen ein, bis die Ablösung vollzogen war; den einzelnen Pflichtigen stand es jedoch frei, ihre Abgaben bei der Gemeindekasse abzulösen. Gültablösungsrechnungen 1843/44 ff im Stadtarchiv Kornwestheim R 742.

[6]) Der Zehntrohertrag betrug nach dem Durchschnitt von 1830 bis 1847 6335 fl, die Abzüge (Bezugskosten, Nachlässe, Gegenleistungen) betrugen 272 fl = 4,3 % des Rohertrags. Infolge Mehrleistungen der Gemeinde verblieben 1852 als Ablösungsschuldigkeit noch 92 826 fl; die 23jährige Rentenschuldigkeit betrug jährlich 6248 fl, lag also selbst nach dem Nominalwert unter dem bisherigen Rohertrag.

[7]) Hierzu und zum folgenden F 98, Bd. 595, S. 53 ff und Bd. 597, fol. 108 ff; F 66, Bü 122; Stadtarchiv Kornwestheim R 727 (Zehntfruchtrechnungen).

[8]) Stadtarchiv Kornwestheim R 730.

[9]) Nach einer zehnjährigen Ertragsberechnung für die Jahre 1804/13 bei allerdings hohen Fruchtpreisen warf der Kleinzehnt einen Rohertrag von 1417 fl, einen Reinertrag von über 1200 fl ab: F 66, Bü 138, Q 18, Beilage.

Die durchschnittliche Zehntbelastung je Mg Ackerland belief sich demnach im Jahrzehnt vor der Ablösung auf 2 fl 29 kr (2 fl 18 kr Großzehnt, 11 kr Kleinzehnt). Demgegenüber war von 1853 bis 1875 je Mg Acker im Durchschnitt ein jährliches Zehntablösungskapital von 1 fl 44 kr (69,8 %/o der bisherigen Summe) zu bezahlen[10]).

Zu den bereits angeführten Ablösungen kommen noch hinzu: Die Ablösung der „Beinutzungen" zwischen Berechtigten und Pflichtigen innerhalb der Gemeinde selbst[11]*). Ähnlich lösten die Inhaber des Widdumhofs 1855 die Faselviehhaltung gegenüber der Gemeinde Kornwestheim durch 3600 fl Kapital ab (jährliche Aufwendung für das Zuchtvieh: 240 fl)*[12]*).*

Äußerst wichtig für die Landwirtschaft der gesamten Gemeinde wurde die Ablösung der staatlichen Schafweidegerechtigkeit auf der Markung und des damit verbundenen Übertriebsrechts auf 9 benachbarten Markungen[13]*). Der Wert der Berechtigung hatte sich während des 18. Jh.s bis ins 19. Jh. hinein erheblich erhöht: 1737/90 erbrachte sie im Jahr durchschnittlich 451 fl, 1810/27 dagegen 1473 fl*[14]*). Während die Staatsfinanzverwaltung mit dem Schafweiderecht verbundene Verpflichtungen 1840/41 mit 6975 fl größtenteils ablöste*[15]*), erhielt sie gleichzeitig selbst für den Verzicht auf das Übertriebsrecht auf 9 Markungen ein Entschädigungskapital von 8740 fl. Seitdem durfte sie die Markung Kornwestheim nur noch mit 550 Schafen beschlagen, nicht mehr wie bisher mit 1000 Schafen. Die wachsenden Kollisionen zwischen Schäferei und Landwirtschaft infolge des zunehmenden Brachanbaues veranlaßten die Gemeinde, die Schäferei 1861 endgültig gegen 12117 fl abzulösen*[16]*). Erst dadurch wurde der volle Brachanbau möglich.*

h) Vergleich der Abgabenbelastung in Kornwestheim um 1787 und 1860:

Da für Kornwestheim einigermaßen zuverlässige Daten über Erträge und Abgaben von 1787 und 1860 vorliegen, ist es hier möglich, am Einzelbeispiel die Entwicklung der landwirtschaftlichen Produktivität während des genannten Zeitraums und den Wandel in der Abgabenbelastung infolge der Bauernbefreiung zu verfolgen[1]*).*

Für 1787 berechnete Kerner den Gesamtertrag der landwirtschaftlichen Nutzfläche auf 68763 fl; Rümelin erhöhte diesen Anschlag unter Berücksichtigung der Brachweide und des zu niedrigen Zehntansatzes auf 75000 fl. Dagegen schätzte Rümelin den Rohertrag der Kornwestheimer Landwirtschaft um 1860 auf rund 170000 fl in Preisen von 1787, auf 225000–250000 fl in laufenden Preisen. Dies entsprach einer Ertragssteigerung von 126 %[2]*), während die Bevölkerung sich im gleichen Zeitraum nur von 838 auf 1373 Einwohner, also um 64 % vergrößerte.*

---

[10]) Stadtarchiv Kornwestheim R 733 ff.
[11]) F 181, Bü 77.
[12]) F 181, Bü 64, Q 8.
[13]) Zum folgenden F 66, Bü 205.
[14]) F 66, Bü 205, Q 11.
[15]) F 66, Bü 240, Q 29 und Bü 205, Verträge vom 12. 10. 1841.
[16]) F 66, Bü 205, Q 140 ff.
[1]) Zum folgenden vgl. Rümelin, S. 144 ff.
[2]) Ebd., S. 149 berechnet Rümelin ohne nähere Angabe seiner Berechnungsgrundlagen die Steigerung auf 133 %.

Die entscheidenden Ursachen für diesen Produktivitätszuwachs waren[3])
1. der Bracheinbau, der die Ackerfläche um nahezu ein Drittel vergrößerte und damit eine Ertragserhöhung von 30 % bewirkte;
2. die Steigerung der Roherträge je Flächeneinheit durch intensivere Bewirtschaftung:
Ein Morgen ertrug z. B. durchschnittlich

	1787	1860	Steigerung
Dinkel	6 Schfl	9–10 Schfl	50– 67 %
Roggen	3 „	4 „	33 %
Hafer	3 „	6– 7 „	100–132 %
Heu	33 Ztr	51 Ztr	55 %

Für die gesamte landwirtschaftlich genutzte Fläche ergaben sich hierdurch Ertragssteigerungen je Flächeneinheit von 50 %.
3. Neuer oder ausgedehnterer Anbau von Kulturpflanzen, die höhere Erträge als die früher vorherrschenden Halm- und Hülsenfrüchte abwarfen (Handelsgewächse, Knollen-, Wurzel- und Futterpflanzen), bewirkten einen Wertanstieg von etwa 14 % je Flächeneinheit.

Gleichzeitig verbesserte sich die Viehzucht nach Quantität und Qualität um nahezu 50 %[4]).

Lassen sich die Gesamteinnahmen aus Landwirtschaft, Gewerbe und Handel für 1787 auf etwa 95000 fl schätzen, so veranschlagte Rümelin für 1860 mindestens 250000–280000 fl[5]).

Demgegenüber beliefen sich die Abgaben 1787 auf rund 18000 fl[6]), 1860 auf rund 19000 fl[7]) oder nach Reduktion um ein Viertel (dem Preisniveau von 1787 entsprechend) auf 14250 fl. Auf die Einwohner des Ortes umgerechnet ergibt sich daher 1787 ein Prokopfbruttoeinkommen von 113 fl, eine Prokopfbelastung von rund 21 fl oder 18,6 %, 1860 in laufenden Preisen bei einem Bruttoertrag von 265000 fl ein Prokopfbruttoeinkommen von rund 193 fl, eine Prokopfbelastung von knapp 14 fl oder ca. 7 %.

Allein auf die landwirtschaftliche Fläche bezogen stand 1787 einem Rohertrag von 75000 fl eine Abgabenbelastung von rund 18000 fl (= 24 %), 1860 einem Rohertrag von mindestens 225000 fl eine Belastung von 19000 fl (= 8,5 %) gegenüber.

Das starke Absinken der relativen Belastung resultiert also vor allem aus dem erheblichen Wachstum der Erträge, während die absolute Belastung zu laufenden Preisen nur geringfügig anwuchs, zu konstanten Preisen sich recht erheblich verminderte.

---

[3]) Zum folgenden Rümelin, S. 144 ff.
[4]) Ebd., S. 154 f.
[5]) Ebd., S. 176.
[6]) Vgl. Nr. 9.
[7]) A.a.O., S. 173 ff berechnet Rümelin nur 15 000 fl, weil er als Geldsurrogat für den Zehnten nach dem Stand von 1860 irrtümlich nur 3300 fl ansetzt. Nach den Ablösungsurkunden von 1852/53 betrug die jährliche Amortisationsrate für Klein- und Großzehnten bis 1874/75 aber 7394 fl (Stadtarchiv Kornwestheim B 387). Zusammen mit den direkten und indirekten Steuern an den Staat (7918 fl) und dem Amts- und Gemeindeschaden (3352 fl) ergibt sich eine Gesamtbelastung von 18 664 fl oder von rund 19 000 fl, wenn man sonstige kleinere Posten berücksichtigt.